《中国人民政治协商会议年鉴(2008)》

中国人民政治协商会议

年 鉴

2008

中国文史出版社

中國人民政治協商會議會徽

EMBLEM OF THE CHINESE PEOPLE'S POLITICAL CONSULTATIVE CONFERENCE

全国政协十一届一次会议

中国人民政治协商会议第十一届全国委员会第一次会议会场。

贾庆林主席

王刚副主席

廖晖副主席

杜青林副主席

阿沛·阿旺晋美
副主席

帕巴拉·格列朗杰
副主席

马万祺副主席

白立忱副主席

陈奎元副主席

阿不来提·阿不都热西提
副主席

李兆焯副主席

黄孟复副主席

董建华副主席

张梅颖副主席

张榕明副主席

钱运录副主席

孙家正副主席

李金华副主席

郑万通副主席

邓朴方副主席

万钢副主席

林文漪副主席

厉无畏副主席

罗富和副主席

陈宗兴副主席

王志珍副主席

2008年3月3日，政协第十一届全国委员会第一次会议主席团常务主席贾庆林在全国政协十一届一次会议上作常务委员会工作报告。

2008年3月3日，政协第十一届全国委员会第一次会议主席团常务主席王刚同志主持全国政协十一届一次会议开幕会。

2008年3月3日，政协第十一届全国委员会第一次会议主席团常务主席张梅颖在全国政协十一届一次会议上作提案工作情况报告。

2008年3月4日，中共中央总书记、国家主席、中央军委主席胡锦涛参加全国政协十一届一次会议的民革、台盟、台联组委员联组讨论会，听取委员们的意见和建议。

2008年3月4日，中共中央政治局常委、十一届全国人大一次会议主席团常务主席吴邦国参加全国政协十一届一次会议的民建、工商联组委员联组讨论会，听取委员们的意见和建议。

2008年3月4日，中共中央政治局常委、国务院总理温家宝参加全国政协十一届一次会议的经济、农业组委员联组讨论会，听取委员们的意见和建议。

2008年3月4日，中共中央政治局常委、全国政协十一届一次会议主席团会议主持人贾庆林参加全国政协十一届一次会议的中共组委员联组讨论会，听取委员们的意见和建议。

2008年3月4日，中共中央政治局常委李长春参加全国政协十一届一次会议的文艺组委员联组讨论会，听取委员们的意见和建议。

2008年3月4日，中共中央政治局常委、中央书记处书记习近平参加全国政协十一届一次会议的体育、医卫组委员联组讨论会，听取委员们的意见和建议。

2008年3月4日，中共中央政治局常委李克强参加全国政协十一届一次会议的科协、科技组委员联组讨论会，听取委员们的意见和建议。

2008年3月4日，中共中央政治局常委、中央纪委书记贺国强参加全国政协十一届一次会议的民盟、农工党组委员联组讨论会，听取委员们的意见和建议。

2008年3月4日，中共中央政治局常委、中央政法委书记周永康参加全国政协十一届一次会议的民族组委员联组讨论会，听取委员们的意见和建议。

2008年3月14日，贾庆林主席主持全国政协十一届一次会议闭幕会。

2008年3月20日，全国政协召开十一届一次会议提案交办会。

中共中央总书记、国家主席、中央军委主席胡锦涛在新年茶话会上发表重要讲话。

胡锦涛、吴邦国、温家宝、贾庆林、李长春、习近平、李克强、贺国强、周永康等党和国家领导人与各民主党派、人民团体和各族各界人士欢聚一堂，共庆2008年元旦。

中共中央政治局常委、全国政协主席贾庆林主持全国政协新年茶话会。

民进中央主席严隽琪代表各民主党派中央、全国工商联和无党派人士在新年茶话会上讲话。

全国政协2008年新年茶话会。

2008年7月2日，全国政协十一届二次常委会议在北京开幕。

2008年7月2日，中共中央政治委员、国务院副总理张德江在全国政协十一届二次常委会议上作《关于当前经济形势和国有企业改革、就业再就业、社会保障工作》的报告。

2008年10月15日，中共中央政治局委员、国务院副总理回良玉在全国政协十一届三次常委会议上作《关于中共十七届三中全会会议情况和会议精神》的报告。

2008年6月24日，全国政协就“防止经济增长由偏快转为过热，防止价格由结构性上涨演变为明显通货膨胀，促进国民经济又好又快发展问题”召开专题协商会。

2008年9月2日，全国政协就“统筹城乡发展，促进形成城乡经济社会发展一体化新格局问题”召开专题协商会。

目 录

中共中央重要文献

全国委员会篇

领导人讲话、报告、发言、文章

决议、决定

制度建设

重要会议、活动

经常性工作

【委员视察工作】

【专门委员会工作】

组织情况

机关建设

报刊社论

2008 年大事记

地方委员会篇

中共中央重要文献

中国共产党第十七届中央委员会第二次全体会议公报

（2008年2月27日中国共产党第十七届中央委员会第二次全体会议通过）

中国共产党第十七届中央委员会第二次全体会议，于2008年2月25日至27日在北京举行。

出席这次全会的有中央委员204人，候补中央委员167人。有关负责同志列席了会议。中央政治局主持会议。中央委员会总书记胡锦涛同志作了重要讲话。

全会审议通过了中央政治局在广泛征求党内外意见、反复酝酿协商的基础上提出的拟向十一届全国人大一次会议推荐的国家机构领导人员人选建议名单和拟向全国政协十一届一次会议推荐的全国政协领导人员人选建议名单，决定将这两个建议名单分别向十一届全国人大一次会议主席团和全国政协十一届一次会议主席团推荐。全会审议通过了在广泛征求意见的基础上提出的《关于深化行政管理体制改革的意见》和《国务院机构改革方案》，同意把《国务院机构改革方案》提请十一届全国人大一次会议审议。

全会认为，开好十一届全国人大一次会议和全国政协十一届一次会议，对于全面贯彻党的十七大精神，高举中国特色社会主义伟大旗帜，以邓小平理论和“三个代表”重要思想为指导，深入贯彻落实科学发展观，进一步动员全党全国各族人民为夺取全面建设小康社会新胜利、开创中国特色社会主义事业新局面而团结奋斗，具有重大的意义。

全会指出，坚持和完善人民代表大会制度和中国共产党领导的多党合作和政治协商制度，加强和改进人大工作和政协工作，是巩固党的执政地位、巩固社会主义政权、巩固爱国统一战线的必然要求，是发展社会主义民主政治的重要任务。要进一步坚持好、完善好、发展好人民代表大会制度和中国共产党领导的多党合作和政治协商制度，为党和国家事业发展提供重要的政治制度保障。发展社会主义民主政治是党始终不渝的奋斗目标，必须更高地举起人民民主的旗帜。中国特色社会主义政治发展道路是我国发展社会主义民主政治的正确道路，必须更加坚定不移地走中国特色社会主义政治发展道路。政治体制改革是社会主义政治制度自我完善和发展，必须深化政治体制改革。改革开放以来，我们适应我国经济基础发生的深刻变化和人民民主意识的不断增强，积极稳妥推进政治体制改革，取得了显著成效。同时，同我国经济社会发展的新形势相比，同保障人民民主权利、维护社会公平正义的新要求相比，我国政治体制还有一些不适应的地方，需要进一步加以完善。我们要按照党的十七大作出的部署，从落实中国特色社会主义事业总体布局，实现全面建设小康社会奋斗目标的战略高度出发，在科学总结和正确运用实践经验的基础上，深化政治体制改革，发展社会主义民主政治，进一步巩固和发展民主团结，生动活泼、安定和谐的政治局面。要坚持发挥党总揽全局。协调各方的领导核心作用，切实保证国家一切权力属于人民，全面落实依法治国基本方略，充分发挥社会主义政治制度的特点和优势，以坚持和完善人民代表大会制度、中国共产党领导的多党合作和政治协商制度，民族区域自治制度以及基层群众自治制度为重点，推进社会主义民主政治制度化、规范化、程序化，为党和国家兴旺发达、长治久安提供政治和法律制度保障。

全会强调，深化行政管理体制改革是发展社会主义市场经济和发展社会主义民主政治的必然要求，是政治体制改革的重要内容。全会通过的《关于深化行政管理体制改革的意见》和《国务院机构改革方案》，贯彻党的十七大关于加快行政管理体制改革，建设服务型政府的要求，着眼于推动科学发展、保障和改善民生，在加大机构整合力度、探索职能有机统一的大部门体制等方面迈出重要步伐。要深刻认识深化行政管理体制和政府机构改革的重要性和紧迫性，贯彻精简统一效能的原则和决策权、执行仅、监督权既相互制约又相互协调的要求，着力转变职能、理顺关系，优化结构、提高效能，做到权责一致、分工合理、决策科学、执行顺畅、监督有力，按照到2020年建立起比较完善的中国特色社会主义行政管理体制的总目标，坚持统筹兼顾、突出重点、积极稳妥、分步实施，坚定不移地把行政管理体制改革推向前进，推动构建充满活力、富有效率、更加开放、有利于科学发展的体制机制，为改革开放和社会主义现代化建设提供重要制度保障。

全会认为，1月中旬以来，我国南方一些地区遭受了严重的低温、雨雪冰冻灾害，给受灾地区群众生产生活造成严重困难。在严峻考验面前，受灾地区各级党委和政府坚决按照中央的部署带领广大党员、干部和人民群众奋起抗灾救灾，各级干部以身作则，靠前指挥，各有关部门和单位迅速行动、全力以赴，人民解放军、武警部队和公安民警勇挑重担、顽强拼搏，全国各地积极支援、众志成城，千方百计保交通、保供电、保民生，抗灾救灾斗争取得了重大阶段性胜利。事实再一次说明，只要紧紧依靠广大人民群众，充分发挥社会主义制度能够集中力量办大事的政治优势，我们就一定能够战胜前进道路上的各种挑战和风险，不断把中国特色社会主义伟大事业推向前进。要大力宣传这次抗灾救灾斗争中涌现出来的模范人物和先进事迹，进一步激发全党全国各族人民为改革开放和社会主义现代化建设而团结奋斗的热情。当前，要切实做好生产自救和灾后重建工作，切实安排好受灾地区群众生活，努力实现今年经济社会发展的目标。要认真总结这场抗灾救灾斗争的经验，更好地应对各种可能发生的重大自然灾害和突发事件，更好地走科学发展道路，更好地推进现代化建设。

全会强调，党的十七大以来，全党全国认真学习贯彻党的十七大精神，统一思想，明确思路，完善政策，加强工作，全面推进经济建设、政治建设、文化建设、社会建设和党的建设，我国发展形势总的是好的。我们要把学习贯彻党的十七大精神继续引向深入，特别是要围绕党的十七大确立的主题和提出的重大理论观点、重大战略思想，重大工作部署，继续在武装头脑、指导实践、推动工作上狠下功夫，更加自觉地把继续解放思想落实到坚持改革开放、推动科学发展、促进社会和谐上来。要着力转变经济发展方式，坚决贯彻执行中央关于加强和改善宏观调控的决策部署，及时掌握和分析国内外经济形势的发展变化，科学把握宏观调控的节奏和力度，努力实现速度质量效益相协调、消费投资出口相协调、人口资源环境相协调、改革发展稳定相协调。要着力保持良好思想舆论环境，牢牢把握正确舆论导向，切实做好引导社会思潮、凝聚社会共识的工作，努力营造倍加顾全大局、倍加珍视团结，倍加维护稳定的良好氛围。要着力保障和改善民生，认真落实优先发展教育的政策措施，大力实施扩大就业的发展战略，加快建立覆盖城乡居民的社会保障体系，建立基本医疗卫生制度，大力发展公共文化服务体系，不断朝着努力使全体人民学有所教，劳有所得、病有所医、老有所养、住有所居的目标前进。要着力促进社会和谐，妥善处理人民内部矛盾，积极化解各类社会矛盾，加强基层基础工作，确保社会大局稳定。要广泛开展迎奥运、讲文明、树新风活动，切实办好北京奥运会和残奥会。要着力加强领导班子和干部队伍建设，把提高党的执政能力、保持和发展党的先进性体现到各级领导班子领导科学发展、促进社会和谐的能力上来，落实到各级领导班子解决好人民最关心、最直接、最现实的利益问题的本领上来，为党和国家事业发展提供重要的组织保障。各级领导干部一定要牢记党和人民的重托，一定要牢记自己肩负的职责，一定要牢记“两个务必”，讲党性、重品行、作表率，带头坚持立党为公、执政为民，带头坚持求真务实、真抓实干，带头坚持廉洁自律、警钟长鸣，切实做到为民、务实、清廉。

全会号召，全党全国各族人民更加紧密地团结起来，在以胡锦涛同志为总书记的党中央领导下，高举中国特色社会主义伟大旗帜，坚定不移地坚持中国特色社会主义道路，坚定不移地坚持中国特色社会主义理论体系，坚持改革创新、求真务实、团结奋进，扎扎实实做好各项工作，努力在继续解放思想上迈出新步伐、在坚持改革开放上实现新突破、在推动科学发展上取得新进展，在促进社会和谐上见到新成效，为实现党的十七大确定的各项目标任务而努力奋斗。

（新华社北京讯，2 月 28 日《人民日报》）

关于深化行政管理体制改革的意见

（2008年2月27日中国共产党第十七届中央委员会第二次全体会议通过）

为贯彻落实党的十七大精神，中国共产党第十七届中央委员会第二次全体会议研究了深化行政管理体制改革问题，提出如下意见。

一、深化行政管理体制改革的重要性和紧迫性

党中央、国务院历来高度重视行政管理体制改革。改革开放特别是党的十六大以来，不断推进行政管理体制改革，加强政府自身建设，取得了明显成效。经过多年努力，政府职能转变迈出重要步伐，市场配置资源的基础性作用显著增强，社会管理和公共服务得到加强；政府组织机构逐步优化，公务员队伍结构明显改善；科学民主决策水平不断提高，依法行政稳步推进，行政监督进一步强化；廉政建设和反腐败工作深入开展。从总体上看，我国的行政管理体制基本适应经济社会发展的要求，有力保障了改革开放和社会主义现代化建设事业的发展。

当前，我国正处于全面建设小康社会新的历史起点，改革开放进入关键时期。面对新形势新任务，现行行政管理体制仍然存在一些不相适应的方面。政府职能转变还不到位，对微观经济运行干预过多，社会管理和公共服务仍比较薄弱；部门职责交叉、权责脱节和效率不高的问题仍比较突出；政府机构设置不尽合理，行政运行和管理制度不够健全；对行政权力的监督制约机制还不完善，滥用职权、以权谋私、贪污腐败等现象仍然存在。这些问题直接影响政府全面正确履行职能，在一定程度上制约经济社会发展。深化行政管理体制改革势在必行。

行政管理体制改革是政治体制改革的重要内容，是上层建筑适应经济基础客观规律的必然要求，贯穿我国改革开放和社会主义现代化建设的全过程。必须通过深化改革，进一步消除体制性障碍，切实解决经济社会发展中的突出矛盾和问题，推动科学发展，促进社会和谐，更好地维护人民群众的利益。

二、深化行政管理体制改革的指导思想、基本原则和总体目标

深化行政管理体制改革，要高举中国特色社会主义伟大旗帜，以邓小平理论和“三个代表”重要思想为指导，深入贯彻落实科学发展观，按照建设服务政府、责任政府、法治政府和廉洁政府的要求，着力转变职能、理顺关系、优化结构、提高效能，做到权责一致、分工合理、决策科学、执行顺畅、监督有力，为全面建设小康社会提供体制保障。

深化行政管理体制改革，必须坚持以人为本、执政为民，把维护人民群众的根本利益作为改革的出发点和落脚点；必须坚持与完善社会主义市场经济体制相适应，与建设社会主义民主政治和法治国家相协调；必须坚持解放思想、实事求是、与时俱进，正确

处理继承与创新、立足国情与借鉴国外经验的关系；必须坚持发挥中央和地方两个积极性，在中央的统一领导下，鼓励地方结合实际改革创新；必须坚持积极稳妥、循序渐进，做到长远目标与阶段性目标相结合、全面推进与重点突破相结合，处理好改革发展稳定的关系。

深化行政管理体制改革的总体目标是，到 2020 年建立起比较完善的中国特色社会主义行政管理体制。通过改革，实现政府职能向创造良好发展环境、提供优质公共服务、维护社会公平正义的根本转变，实现政府组织机构及人员编制向科学化、规范化、法制化的根本转变，实现行政运行机制和政府管理方式向规范有序、公开透明、便民高效的根本转变，建设人民满意的政府。今后 5 年，要加快政府职能转变，深化政府机构改革，加强依法行政和制度建设，为实现深化行政管理体制改革的总体目标打下坚实基础。

三、加快政府职能转变

深化行政管理体制改革要以政府职能转变为核心。加快推进政企分开、政资分开、政事分开、政府与市场中介组织分开，把不该由政府管理的事项转移出去，把该由政府管理的事项切实管好，从制度上更好地发挥市场在资源配置中的基础性作用，更好地发挥公民和社会组织在社会公共事务管理中的作用，更加有效地提供公共产品。

要全面正确履行政府职能。改善经济调节，更多地运用经济手段、法律手段并辅之以必要的行政手段调节经济活动，增强宏观调控的科学性、预见性和有效性，促进国民经济又好又快发展。严格市场监管，推进公平准入，规范市场执法，加强对涉及人民生命财产安全领域的监管。加强社会管理，强化政府促进就业和调节收入分配职能，完善社会保障体系，健全基层社会管理体制，维护社会稳定。更加注重公共服务，着力促进教育、卫生、文化等社会事业健康发展，建立健全公平公正、惠及全民、水平适度、可持续发展的公共服务体系，推进基本公共服务均等化。

各级政府要按照加快职能转变的要求，结合实际，突出管理和服务重点。中央政府要加强经济社会事务的宏观管理，进一步减少和下放具体管理事项，把更多的精力转到制定战略规划、政策法规和标准规范上，维护国家法制统一、政令统一和市场统一。地方政府要确保中央方针政策和国家法律法规的有效实施，加强对本地区经济社会事务的统筹协调，强化执行和执法监管职责，做好面向基层和群众的服务与管理，维护市场秩序和社会安定，促进经济和社会事业发展。按照财力与事权相匹配的原则，科学配置各级政府的财力，增强地方特别是基层政府提供公共服务的能力。

合理界定政府部门职能，明确部门责任，确保权责一致。理顺部门职责分工，坚持一件事情原则上由一个部门负责，确需多个部门管理的事项，要明确牵头部门，分清主次责任。健全部门间协调配合机制。

四、推进政府机构改革

按照精简统一效能的原则和决策权、执行权、监督权既相互制约又相互协调的要求，紧紧围绕职能转变和理顺职责关系，进一步优化政府组织结构，规范机构设置，探索实行职能有机统一的大部门体制，完善行政运行机制。

深化国务院机构改革。合理配置宏观调控部门的职能，做好发展规划和计划、财税政策、货币政策的统筹协调，形成科学权威高效的宏观调控体系。整合完善行业管理体制，注重发挥行业管理部门在制定和组织实施产业政策、行业规划、国家标准等方面的作用。完善能源资源和环境管理体制，促进可持续发展。理顺市场监管体制，整合执法监管力量，解决多头执法、重复执法问题。加强社会管理和公共服务部门建设，健全管理体制，强化服务功能，保障和改善民生。

推进地方政府机构改革。根据各层级政府的职责重点，合理调整地方政府机构设置。在中央确定的限额内，需要统一设置的机构应当上下对口，其他机构因地制宜设置。调整和完善垂直管理体制，进一步理顺和明确权责关系。深化乡镇机构改革，加强基层政权建设。

精简和规范各类议事协调机构及其办事机构，不再保留的，任务交由职能部门承担。今后要严格控制议事协调机构设置，涉及跨部门的事项，由主办部门牵头协调。确需设立的，要严格按规定程序审批，一般不设实体性办事机构。

推进事业单位分类改革。按照政事分开、事企分开和管办分离的原则，对现有事业单位分三类进行改革。主要承担行政职能的，逐步转为行政机构或将行政职能划归行政机构；主要从事生产经营活动的，逐步转为企业；主要从事公益服务的，强化公益属性，整合资源，完善法人治理结构，加强政府监管。推进事业单位养老保险制度和人事制度改革，完善相关财政政策。

认真执行政府组织法律法规和机构编制管理规定，严格控制编制，严禁超编进人，对违反规定的限期予以纠正。建立健全机构编制管理与财政预算、组织人事管理的配合制约机制，加强对机构编制执行情况的监督检查，加快推进机构编制管理的法制化进程。

五、加强依法行政和制度建设

遵守宪法和法律是政府工作的根本原则。必须严格依法行政，坚持用制度管权、管事、管人，健全监督机制，强化责任追究，切实做到有权必有责、用权受监督、违法要追究。

加快建设法治政府。规范行政决策行为，完善科学民主决策机制。加强和改进政府立法工作。健全行政执法体制和程序。完善行政复议、行政赔偿和行政补偿制度。

推行政府绩效管理和行政问责制度。建立科学合理的政府绩效评估指标体系和评估机制。健全以行政首长为重点的行政问责制度，明确问责范围，规范问责程序，加大责任追究力度，提高政府执行力和公信力。

健全对行政权力的监督制度。各级政府要自觉接受同级人大及其常委会的监督，自觉接受政协的民主监督。加强政府层级监督，充分发挥监察、审计等专门监督的作用。依照有关法律的规定接受司法机关实施的监督。高度重视新闻舆论监督和人民群众监督。完善政务公开制度，及时发布信息，提高政府工作透明度，切实保障人民群众的知情权、参与权、表达权、监督权。

加强公务员队伍建设。完善公务员管理配套制度和措施，建立能进能出、能上能下的用人机制。强化对公务员的教育、管理和监督。加强政风建设和廉政建设，严格执行党风廉政建设责任制，扎实推进惩治和预防腐败体系建设。

六、做好改革的组织实施工作

深化行政管理体制改革意义重大、任务艰巨，各地区各部门要在党中央、国务院的领导下，精心组织，周密部署，狠抓落实。

要认真组织实施国务院机构改革方案，抓紧制定地方政府机构改革、议事协调机构改革、事业单位分类改革的指导意见和方案，制定和完善国务院部门“三定”规定，及时修订相关法律法规。

要严肃纪律，严禁上级业务主管部门干预下级机构设置和编制配备，严禁突击提拔干部，严防国有资产流失。重视研究和解决改革过程中出现的新情况、新问题，加强思想政治工作，正确引导舆论，确保改革顺利推进。

（新华社北京讯，3 月 5 日《人民日报》）

中国共产党第十七届中央委员会第三次全体会议公报

（2008 年 10 月 12 日中国共产党第十七届中央委员会第三次全体会议通过）

中国共产党第十七届中央委员会第三次全体会议，于 2008 年 10 月 9 日至 12 日在北京举行。

出席这次全会的有，中央委员 202 人，候补中央委员 166 人。中央纪律检查委员会常务委员会委员和有关方面负责同志列席了会议。党的十七大代表中从事农业农村工作的部分基层同志和研究农业、农村、农民问题的部分专家学者也列席了会议。

全会由中央政治局主持。中央委员会总书记胡锦涛作了重要讲话。

全会听取和讨论了胡锦涛受中央政治局委托作的工作报告，审议通过了《中共中央关于推进农村改革发展若干重大问题的决定》。回良玉就《决定（讨论稿）》向全会作了说明。

全会充分肯定党的十七届一中全会以来中央政治局的工作。一致认为，中央政治局全面贯彻党的十七大和十七届一中、二中全会精神，高举中国特色社会主义伟大旗帜，以邓小平理论和“三个代表”重要思想为指导，深入贯彻落实科学发展观，继续解放思想，坚持改革开放，推动科学发展，促进社会和谐，团结带领全党全国各族人民紧紧抓住发展机遇，积极应对来自国际国内形势复杂变化和自然界的严峻挑战，奋勇夺取抗击南方部分地区严重低温雨雪冰冻灾害和四川汶川特大地震抗震救灾斗争重大胜利，成功举办北京奥运会、残奥会，圆满完成神舟七号载人航天飞行任务，全面推进社会主义经济建设、政治建设、文化建设、社会建设和党的建设，各项工作取得新进展，社会安定团结大局得到巩固和发展。

全会全面分析了形势和任务特别是经济形势，强调我国总体形势是好的，经济保持较快增长，金融业稳健运行，我国经济发展的基本态势没有改变。当前，国际金融市场动荡加剧，全球经济增长明显放缓，国际经济环境中不确定不稳定因素明显增多，国内经济运行中也存在一些突出矛盾和问题，我们必须增强忧患意识、积极应对挑战。最重要的是要把我国自己的事情办好。要更加自觉、更加坚定地抓好发展这个党执政兴国的第一要务，更加自觉、更加坚定地推动科学发展，坚定信心、冷静观察，多管齐下、有效应对，采取灵活审慎的宏观经济政策，着力扩大国内需求特别是消费需求，保持经济稳定、金融稳定、资本市场稳定，保持社会大局稳定，做好保障和改善民生工作，继续推动经济社会又好又快发展。

全会研究了新形势下推进农村改革发展的若干重大问题，认为在改革开放 30 周年之际，系统回顾总结我国农村改革发展的光辉历程和宝贵经验，进一步统一全党全社会认识，加快推进社会主义新农村建设，大力推动城乡统筹发展，对于全面贯彻党的十七大精神，深入贯彻落实科学发展观，夺取全面建设小康社会新胜利、开创中国特色社会主义事业新局面，具有重大而深远的意义。

全会指出，农业、农村、农民问题关系党和国家事业发展全局。在革命、建设、改革各个历史时期，我们党坚持把马克思主义基本原理同我国具体实际相结合，始终高度重视。认真对待，着力解决农业、农村、农民问题，成功开辟了新民主主义革命胜利道路和社会主义事业发展道路。1978 年，党的十一届三中全会作出把党和国家工作中心转移到经济建设上来、实行改革开放的历史性决策。我们党全面把握国内外发展大局，尊重农民首创精神，率先在农村发起改革，并以磅礴之势推向全国，领导人民谱写了改革发展的壮丽史诗。农村改革发展的伟大实践，极大调动了亿万农民积极性，极大解放和发展了农村社会生产力，极大改善了广大农民物质文化生活。更为重要的是，农村改革发展的伟大实践，为建立和完善我国社会主义初级阶段基本经济制度和社会主义市场经济体制进行了创造性探索，为实现人民生活从温饱不足到总体小康的历史性跨越、推进社会主义现代化作出了巨大贡献，为战胜各种困难和风险、保持社会大局稳定奠定了坚实基础，为成功开辟中国特色社会主义道路、形成中国特色社会主义理论体系积累了宝贵经验。实践充分证明，只有坚持把解决好农业、农村、农民问题作为全党工作重中之重，坚持农业基础地位，坚持社会主义市场经济改革方向，坚持走中国特色农业现代化道路，坚持保障农民物质利益和民主权利，才能不断解放和发展农村社会生产力，推动农村经济社会全面发展。

全会指出，当前，国际形势继续发生深刻变化，我国改革发展进入关键阶段。我们要抓住和用好重要战略机遇期，胜利实现全面建设小康社会的宏伟目标，加快推进社会主义现代化，就要更加自觉地把继续解放思想落实到坚持改革开放、推动科学发展、促进社会和谐上来，毫不动摇地推进农村改革发展。继续解放思想，必须结合农村改革发展这个伟大实践，大胆探索、勇于开拓，以新的理念和思路破解农村发展难题，为推动党的理论创新、实践创新提供不竭源泉。坚持改革开放，必须把握农村改革这个重点，在统筹城乡改革上取得重大突破，给农村发展注入新的动力，为整个经济社会发展增添新的活力。推动科学发展，必须加强农业发展这个基础，确保国家粮食安全和主要农产品有效供给，促进农业增产、农民增收、农村繁荣，为经济社会全面协调可持续发展提供有力支撑。促进社会和谐，必须抓住农村稳定这个大局，完善农村社会管理，促进社会公平正义，保证农民安居乐业，为实现国家长治久安打下坚实基础。

全会认为，我国农村正在发生新的变革，我国农业参与国际合作和竞争正面临新的局面，推进农村改革发展具备许多有利条件，也面对不少困难和挑战，特别是城乡二元结构造成的深层次矛盾突出。农业基础仍然薄弱，最需要加强；农村发展仍然滞后，最需要扶持；农民增收仍然困难，最需要加快。我们必须居安思危、加倍努力，不断巩固和发展农村好形势。

全会认为，我国总体上已进入以工促农、以城带乡的发展阶段，进入加快改造传统农业、走中国特色农业现代化道路的关键时刻，进入着力破除城乡二元结构、形成城乡经济社会发展一体化新格局的重要时期。我们要牢牢把握我国社会主义初级阶段的基本国情和当前发展的阶段性特征，适应农村改革发展新形势，顺应亿万农民过上美好生活新期待，抓住时机、乘势而上，努力开辟中国特色农业现代化的广阔道路，奋力开创社会主义新农村建设的崭新局面。

全会强调，要全面贯彻党的十七大精神，高举中国特色社会主义伟大旗帜，以邓小平理论和“三个代表”重要思想为指导，深入贯彻落实科学发展观，把建设社会主义新农村作为战略任务，把走中国特色农业现代化道路作为基本方向，把加快形成城乡经济社会发展一体化新格局作为根本要求，坚持工业反哺农业、城市支持农村和多予少取放活方针，创新体制机制，加强农业基础，增加农民收入，保障农民权益，促进农村和谐，充分调动广大农民的积极性、主动性、创造性，推动农村经济社会又好又快发展。

全会提出，到2020年，农村改革发展基本目标任务是：农村经济体制更加健全，城乡经济社会发展一体化体制机制基本建立；现代农业建设取得显著进展，农业综合生产能力明显提高，国家粮食安全和主要农产品供给得到有效保障；农民人均纯收入比2008年翻一番，消费水平大幅提升，绝对贫困现象基本消除；农村基层组织建设进一步加强，村民自治制度更加完善，农民民主权利得到切实保障；城乡基本公共服务均等化明显推进，农村文化进一步繁荣，农民基本文化权益得到更好落实，农村人人享有接受良好教育的机会，农村基本生活保障、基本医疗卫生制度更加健全，农村社会管理体系进一步完善；资源节约型、环境友好型农业生产体系基本形成，农村人居和生态环境明显改善，可持续发展能力不断增强。

全会强调，实现上述目标任务，要遵循以下重大原则：必须巩固和加强农业基础地位，始终把解决好十几亿人口吃饭问题作为治国安邦的头等大事；必须切实保障农民权益，始终把实现好、维护好、发展好广大农民根本利益作为农村一切工作的出发点和落脚点；必须不断解放和发展农村社会生产力，始终把改革创新作为农村发展的根本动力；必须统筹城乡经济社会发展，始终把着力构建新型工农、城乡关系作为加快推进现代化的重大战略；必须坚持党管农村工作，始终把加强和改善党对农村工作的领导作为推进农村改革发展的政治保证。

全会对当前和今后一个时期推进农村改革发展作出了部署，强调要大力推进改革创新，加强农村制度建设；积极发展现代农业，提高农业综合生产能力；加快发展农村公共事业，促进农村社会全面进步。

全会提出，实现农村发展战略目标，推进中国特色农业现代化，必须按照统筹城乡发展要求，抓紧在农村体制改革关键环节上取得突破，进一步放开搞活农村经济，优化农村发展外部环境，强化农村发展制度保障。要稳定和完善农村基本经营制度、健全严格规范的农村土地管理制度、完善农业支持保护制度、建立现代农村金融制度、建立促进城乡经济社会发展一体化制度、健全农村民主管理制度。

全会提出，发展现代农业，必须按照高产、优质、高效、生态、安全的要求，加快转变农业发展方式，推进农业科技进步和创新，加强农业物质技术装备，健全农业产业体系，提高土地产出率、资源利用率、劳动生产率，增强农业抗风险能力、国际竞争能力、可持续发展能力。要明确目标、制定规划、加大投入，集中力量办好关系全局、影响长远的大事。要确保国家粮食安全、推进农业结构战略性调整，加快农业科技创新、加强农业基础设施建设、建立新型农业社会化服务体系、促进农业可持续发展、扩大农业对外开放。要加强农业标准化和农产品质量安全工作，严格全程监控，切实落实质量安全监管责任，杜绝不合格产品进入市场。

全会提出，建设社会主义新农村，形成城乡经济社会发展一体化新格局，必须扩大公共财政覆盖农村范围，发展农村公共事业，使广大农民学有所教、劳有所得、病有所医、老有所养、住有所居。要繁荣发展农村文化、大力办好农村教育事业、促进农村医疗卫生事业发展、健全农村社会保障体系、加强农村基础设施和环境建设、推进农村扶贫开发、加强农村防灾减灾能力建设、强化农村社会管理。

全会强调，推进农村改革发展，关键在党。要把党的执政能力建设和先进性建设作为主线，以改革创新精神全面推进农村党的建设，认真开展深入学习实践科学发展观活动，增强各级党组织的创造力、凝聚力、战斗力，不断提高党领导农村工作水平。要完善党领导农村工作体制机制，强化党委统一领导、党政齐抓共管、农村工作综合部门组织协调、有关部门各负其责的农村工作领导体制和工作机制。各级党委和政府要坚持把农村工作摆上重要议事日程，在政策制定、工作部署、财力投放、干部配备上切实体现全党工作重中之重的战略思想，加强对农村改革发展理论和实践问题的调查研究，坚持因地制宜、分类指导，创造性地开展工作。要加强农村基层组织建设，以领导班子建设为重点、健全党组织为保证、三级联创活动为载体，把党组织建设成为推动科学发展、带领农民致富、密切联系群众、维护农村稳定的坚强领导核心。要加强农村基层干部队伍建设，着力拓宽农村基层干部来源，提高他们的素质，解除他们的后顾之忧，调动他们的工作积极性。要巩固和发展先进性教育活动成果，做好发展党员工作，改进党员教育管理，增强党员意识，建设高素质农村党员队伍。要加强农村党风廉政建设，推进农村惩治和预防腐败体系建设，弘扬求真务实、公道正派、艰苦奋斗的作风，以维护农民权益为重点，围绕党的农村政策落实情况加强监督检查，切实纠正损害农民利益的突出问题，严肃查处涉农违纪违法案件。广大党员、干部要坚持权为民所用、情为民所系、利为民所谋，关心群众疾苦，倾听群众呼声，集中群众智慧，讲实话、办实事、求实效，坚决反对形式主义、官僚主义，努力创造实实在在的业绩。

全会按照党章规定，决定递补中央委员会候补委员王新宪为中央委员会委员。

全会审议并通过了《中共中央纪律检查委员会关于于幼军同志问题的审查报告》，决定撤销于幼军中央委员会委员职务，确认中央政治局2008年9月5日作出的给予其留党察看两年处分。

全会号召，全党同志要紧密团结在以胡锦涛同志为总书记的党中央周围，锐意改革，加快发展，在推进中国特色社会主义伟大事业进程中努力开创农村工作新局面！

（新华社北京讯，10月13日《人民日报》）

中共中央关于推进农村改革发展若干重大问题的决定

（2008年10月12日中国共产党第十七届中央委员会第三次全体会议通过）

中国共产党第十七届中央委员会第三次全体会议全面分析了形势和任务，认为在改革开放三十周年之际，系统回顾总结我国农村改革发展的光辉历程和宝贵经验，进一步统一全党全社会认识，加快推进社会主义新农村建设，大力推动城乡统筹发展，对于全面贯彻党的十七大精神，深入贯彻落实科学发展观，夺取全面建设小康社会新胜利、开创中国特色社会主义事业新局面，具有重大而深远的意义。全会研究了新形势下推进农村改革发展的若干重大问题，作出如下决定。

一、新形势下推进农村改革发展的重大意义

农业、农村、农民问题关系党和国家事业发展全局。在革命、建设、改革各个历史时期，我们党坚持把马克思主义基本原理同我国具体实际相结合，始终高度重视、认真对待、着力解决农业、农村、农民问题，成功开辟了新民主主义革命胜利道路和社会主义事业发展道路。

1978年，党的十一届三中全会作出把党和国家工作中心转移到经济建设上来、实行改革开放的历史性决策。我们党全面把握国内外发展大局，尊重农民首创精神，率先在农村发起改革，并以磅礴之势推向全国，领导人民谱写了改革发展的壮丽史诗。在波澜壮阔的改革开放进程中，我们党坚持以马克思列宁主义、毛泽东思想、邓小平理论和“三个代表”重要思想为指导，深入贯彻落实科学发展观，解放思想、实事求是、与时俱进，不断推进农村改革发展，使我国农村发生了翻天覆地的巨大变化。废除人民公社，确立以家庭承包经营为基础、统分结合的双层经营体制，全面放开农产品市场，取消农业税，对农民实行直接补贴，初步形成了适合我国国情和社会生产力发展要求的农村经济体制；粮食生产不断跃上新台阶，农产品供应日益丰富，农民收入大幅增加，扶贫开发成效显著，依靠自己力量稳定解决了13亿人口吃饭问题；乡镇企业异军突起，小城镇蓬勃发展，农村市场兴旺繁荣，农村劳动力大规模转移就业，亿万农民工成为产业工人重要组成部分，中国特色工业化、城镇化、农业现代化加快推进，切实巩固了新时期工农联盟；农村社会主义民主政治建设和精神文明建设不断加强，社会事业加速发展，显著提高了广大农民思想道德素质、科学文化素质和健康素质；农村党的建设不断加强，以村党组织为核心的村级组织配套建设全面推进，有效夯实了党在农村的执政基础。农村改革发展的伟大实践，极大调动了亿万农民积极性，极大解放和发展了农村社会生产力，极大改善了广大农民物质文化生活。更为重要的是，农村改革发展的伟大实践，为建立和完善我国社会主义初级阶段基本经济制度和社会主义市场经济体制进行了创造性探索，为实现人民生活从温饱不足到总体小康的历史性跨越、推进社会主义现代化作出了巨大贡献，为战胜各种困难和风险、保持社会大局稳定奠定了坚实基础，为成

功开辟中国特色社会主义道路、形成中国特色社会主义理论体系积累了宝贵经验。

实践充分证明，只有坚持把解决好农业、农村、农民问题作为全党工作重中之重，坚持农业基础地位，坚持社会主义市场经济改革方向，坚持走中国特色农业现代化道路，坚持保障农民物质利益和民主权利，才能不断解放和发展农村社会生产力，推动农村经济社会全面发展。

当前，国际形势继续发生深刻变化，我国改革发展进入关键阶段。我们要抓住和用好重要战略机遇期，胜利实现全面建设小康社会的宏伟目标，加快推进社会主义现代化，就要更加自觉地把继续解放思想落实到坚持改革开放、推动科学发展、促进社会和谐上来，毫不动摇地推进农村改革发展。继续解放思想，必须结合农村改革发展这个伟大实践，大胆探索、勇于开拓，以新的理念和思路破解农村发展难题，为推动党的理论创新、实践创新提供不竭源泉。坚持改革开放，必须把握农村改革这个重点，在统筹城乡改革上取得重大突破，给农村发展注入新的动力，为整个经济社会发展增添新的活力。推动科学发展，必须加强农业发展这个基础，确保国家粮食安全和主要农产品有效供给，促进农业增产、农民增收、农村繁荣，为经济社会全面协调可持续发展提供有力支撑。促进社会和谐，必须抓住农村稳定这个大局，完善农村社会管理，促进社会公平正义，保证农民安居乐业，为实现国家长治久安打下坚实基础。

我国农村正在发生新的变革，我国农业参与国际合作和竞争正面临新的局面，推进农村改革发展具备许多有利条件，也面对不少困难和挑战，特别是城乡二元结构造成的深层次矛盾突出。农村经济体制尚不完善，农业生产经营组织化程度低，农产品市场体系、农业社会化服务体系、国家农业支持保护体系不健全，构建城乡经济社会发展一体化体制机制要求紧迫；农业发展方式依然粗放，农业基础设施和技术装备落后，耕地大量减少，人口资源环境约束增强，气候变化影响加剧，自然灾害频发，国际粮食供求矛盾突出，保障国家粮食安全和主要农产品供求平衡压力增大；农村社会事业和公共服务水平较低，区域发展和城乡居民收入差距扩大，改变农村落后面貌任务艰巨；农村社会利益格局深刻变化，一些地方农村基层组织软弱涣散，加强农村民主法制建设、基层组织建设、社会管理任务繁重。总之，农业基础仍然薄弱，最需要加强；农村发展仍然滞后，最需要扶持；农民增收仍然困难，最需要加快。我们必须居安思危、加倍努力，不断巩固和发展农村好形势。

全党必须深刻认识到，农业是安天下、稳民心的战略产业，没有农业现代化就没有国家现代化，没有农村繁荣稳定就没有全国繁荣稳定，没有农民全面小康就没有全国人民全面小康。我国总体上已进入以工促农、以城带乡的发展阶段，进入加快改造传统农业、走中国特色农业现代化道路的关键时刻，进入着力破除城乡二元结构、形成城乡经济社会发展一体化新格局的重要时期。我们要牢牢把握我国社会主义初级阶段的基本国情和当前发展的阶段性特征，适应农村改革发展新形势，顺应亿万农民过上美好生活新期待，抓住时机、乘势而上，努力开辟中国特色农业现代化的广阔道路，奋力开创社会主义新农村建设的崭新局面。

二、推进农村改革发展的指导思想、目标任务、重大原则

新形势下推进农村改革发展，要全面贯彻党的十七大精神，高举中国特色社会主义

伟大旗帜，以邓小平理论和“三个代表”重要思想为指导，深入贯彻落实科学发展观，把建设社会主义新农村作为战略任务，把走中国特色农业现代化道路作为基本方向，把加快形成城乡经济社会发展一体化新格局作为根本要求，坚持工业反哺农业、城市支持农村和多予少取放活方针，创新体制机制，加强农业基础，增加农民收入，保障农民权益，促进农村和谐，充分调动广大农民的积极性、主动性、创造性，推动农村经济社会又好又快发展。

根据党的十七大提出的实现全面建设小康社会奋斗目标的新要求和建设生产发展、生活宽裕、乡风文明、村容整洁、管理民主的社会主义新农村要求，到2020年，农村改革发展基本目标任务是：农村经济体制更加健全，城乡经济社会发展一体化体制机制基本建立；现代农业建设取得显著进展，农业综合生产能力明显提高，国家粮食安全和主要农产品供给得到有效保障；农民人均纯收入比2008年翻一番，消费水平大幅提升，绝对贫困现象基本消除；农村基层组织建设进一步加强，村民自治制度更加完善，农民民主权利得到切实保障；城乡基本公共服务均等化明显推进，农村文化进一步繁荣，农民基本文化权益得到更好落实，农村人人享有接受良好教育的机会，农村基本生活保障、基本医疗卫生制度更加健全，农村社会管理体系进一步完善；资源节约型、环境友好型农业生产体系基本形成，农村人居和生态环境明显改善，可持续发展能力不断增强。

实现上述目标任务，要遵循以下重大原则。

——必须巩固和加强农业基础地位，始终把解决好十几亿人口吃饭问题作为治国安邦的头等大事。坚持立足国内实现粮食基本自给方针，加大国家对农业支持保护力度，深入实施科教兴农战略，加快现代农业建设，实现农业全面稳定发展，为推动经济发展，促进社会和谐，维护国家安全奠定坚实基础。

——必须切实保障农民权益，始终把实现好、维护好、发展好广大农民根本利益作为农村一切工作的出发点和落脚点。坚持以人为本，尊重农民意愿，着力解决农民最关心最直接最现实的利益问题，保障农民政治、经济、文化、社会权益，提高农民综合素质，促进农民全面发展，充分发挥农民主体作用和首创精神，紧紧依靠亿万农民建设社会主义新农村。

——必须不断解放和发展农村社会生产力，始终把改革创新作为农村发展的根本动力。坚持不懈推进农村改革和制度创新，提高改革决策的科学性，增强改革措施的协调性，充分发挥市场在资源配置中的基础性作用，加强和改善国家对农业农村发展的调控和引导，健全符合社会主义市场经济要求的农村经济体制，调整不适应农村社会生产力发展要求的生产关系和上层建筑，使农村经济社会发展充满活力。

——必须统筹城乡经济社会发展，始终把着力构建新型工农、城乡关系作为加快推进现代化的重大战略。统筹工业化、城镇化、农业现代化建设，加快建立健全以工促农、以城带乡长效机制，调整国民收入分配格局，巩固和完善强农惠农政策，把国家基础设施建设和社会事业发展重点放在农村，推进城乡基本公共服务均等化，实现城乡、区域协调发展，使广大农民平等参与现代化进程、共享改革发展成果。

——必须坚持党管农村工作，始终把加强和改善党对农村工作的领导作为推进农村改革发展的政治保证。坚持一切从实际出发，坚持党在农村的基本政策，加强农村基层组织和基层政权建设，完善党管农村工作体制机制和方式方法，保持党同农民群众的血肉联系，巩固党在农村的执政基础，形成推进农村改革发展强大合力。

三、大力推进改革创新，加强农村制度建设

实现农村发展战略目标，推进中国特色农业现代化，必须按照统筹城乡发展要求，抓紧在农村体制改革关键环节上取得突破，进一步放开搞活农村经济，优化农村发展外部环境，强化农村发展制度保障。

（一）稳定和完善农村基本经营制度。以家庭承包经营为基础、统分结合的双层经营体制，是适应社会主义市场经济体制、符合农业生产特点的农村基本经营制度，是党的农村政策的基石，必须毫不动摇地坚持。赋予农民更加充分而有保障的土地承包经营权，现有土地承包关系要保持稳定并长久不变。推进农业经营体制机制创新，加快农业经营方式转变。家庭经营要向采用先进科技和生产手段的方向转变，增加技术、资本等生产要素投入，着力提高集约化水平；统一经营要向发展农户联合与合作，形成多元化、多层次、多形式经营服务体系的方向转变，发展集体经济、增强集体组织服务功能，培育农民新型合作组织，发展各种农业社会化服务组织，鼓励龙头企业与农民建立紧密型利益联结机制，着力提高组织化程度。按照服务农民、进退自由、权利平等、管理民主的要求，扶持农民专业合作社加快发展，使之成为引领农民参与国内外市场竞争的现代农业经营组织。全面推进集体林权制度改革，扩大国有林场和重点国有林区林权制度改革试点。推进国有农场体制改革。稳定和完善草原承包经营制度。

（二）健全严格规范的农村土地管理制度。土地制度是农村的基础制度。按照产权明晰、用途管制、节约集约、严格管理的原则，进一步完善农村土地管理制度。坚持最严格的耕地保护制度，层层落实责任，坚决守住18亿亩耕地红线。划定永久基本农田，建立保护补偿机制，确保基本农田总量不减少、用途不改变、质量有提高。继续推进土地整理复垦开发，耕地实行先补后占，不得跨省区市进行占补平衡。搞好农村土地确权、登记、颁证工作。完善土地承包经营权权能，依法保障农民对承包土地的占有、使用、收益等权利。加强土地承包经营权流转管理和服务，建立健全土地承包经营权流转市场，按照依法自愿有偿原则，允许农民以转包、出租、互换、转让、股份合作等形式流转土地承包经营权，发展多种形式的适度规模经营。有条件的地方可以发展专业大户、家庭农场、农民专业合作社等规模经营主体。土地承包经营权流转，不得改变土地集体所有性质，不得改变土地用途，不得损害农民土地承包权益。实行最严格的节约用地制度，从严控制城乡建设用地总规模。完善农村宅基地制度，严格宅基地管理，依法保障农户宅基地用益物权。农村宅基地和村庄整理所节约的土地，首先要复垦为耕地，调剂为建设用地的必须符合土地利用规划、纳入年度建设用地计划，并优先满足集体建设用地。改革征地制度，严格界定公益性和经营性建设用地，逐步缩小征地范围，完善征地补偿机制。依法征收农村集体土地，按照同地同价原则及时足额给农村集体组织和农民合理补偿，解决好被征地农民就业、住房、社会保障。在土地利用规划确定的城镇建设用地范围外，经批准占用农村集体土地建设非公益性项目，允许农民依法通过多种方式参与开发经营并保障农民合法权益。逐步建立城乡统一的建设用地市场，对依法取得的农村集体经营性建设用地，必须通过统一有形的土地市场、以公开规范的方式转让

土地使用权，在符合规划的前提下与国有土地享有平等权益。抓紧完善相关法律法规和配套政策，规范推进农村土地管理制度改革。

（三）完善农业支持保护制度。健全农业投入保障制度，调整财政支出、固定资产投资、信贷投放结构，保证各级财政对农业投入增长幅度高于经常性收入增长幅度，大幅度增加国家对农村基础设施建设和社会事业发展的投入，大幅度提高政府土地出让收益、耕地占用税新增收入用于农业的比例，大幅度增加对中西部地区农村公益性建设项目的投入。国家在中西部地区安排的病险水库除险加固、生态建设等公益性建设项目，逐步取消县及县以下资金配套。拓宽农业投入来源渠道，整合投资项目，加强投资监管，提高资金使用效益。健全农业补贴制度，扩大范围，提高标准，完善办法，特别要支持增粮增收，逐年较大幅度增加农民种粮补贴。完善与农业生产资料价格上涨挂钩的农资综合补贴动态调整机制。健全农产品价格保护制度，完善农产品市场调控体系，稳步提高粮食最低收购价，改善其他主要农产品价格保护办法。充实主要农产品储备，优化农产品进出口和吞吐调节机制，保持农产品价格合理水平。完善粮食等主要农产品价格形成机制，理顺比价关系，充分发挥市场价格对增产增收的促进作用。健全农业生态环境补偿制度，形成有利于保护耕地、水域、森林、草原、湿地等自然资源和农业物种资源的激励机制。

（四）建立现代农村金融制度。农村金融是现代农村经济的核心。创新农村金融体制，放宽农村金融准入政策，加快建立商业性金融、合作性金融、政策性金融相结合，资本充足、功能健全、服务完善、运行安全的农村金融体系。加大对农村金融政策支持力度，拓宽融资渠道，综合运用财税杠杆和货币政策工具，定向实行税收减免和费用补贴，引导更多信贷资金和社会资金投向农村。各类金融机构都要积极支持农村改革发展。坚持农业银行为农服务的方向，强化职能、落实责任，稳定和发展农村服务网络。拓展农业发展银行支农领域，加大政策性金融对农业开发和农村基础设施建设中长期信贷支持。扩大邮政储蓄银行涉农业务范围。县域内银行业金融机构新吸收的存款，主要用于当地发放贷款。改善农村信用社法人治理结构，保持县（市）社法人地位稳定，发挥为农民服务主力军作用。规范发展多种形式的新型农村金融机构和以服务农村为主的地区性中小银行。加强监管，大力发展小额信贷，鼓励发展适合农村特点和需要的各种微型金融服务。允许农村小型金融组织从金融机构融入资金。允许有条件的农民专业合作社开展信用合作。规范和引导民间借贷健康发展。加快农村信用体系建设。建立政府扶持、多方参与、市场运作的农村信贷担保机制。扩大农村有效担保物范围。发展农村保险事业，健全政策性农业保险制度，加快建立农业再保险和巨灾风险分散机制。加强农产品期货市场建设。

（五）建立促进城乡经济社会发展一体化制度。尽快在城乡规划、产业布局、基础设施建设、公共服务一体化等方面取得突破，促进公共资源在城乡之间均衡配置、生产要素在城乡之间自由流动，推动城乡经济社会发展融合。统筹土地利用和城乡规划，合理安排市县域城镇建设、农田保护，产业聚集、村落分布、生态涵养等空间布局。统筹城乡产业发展，优化农村产业结构，发展农村服务业和乡镇企业，引导城市资金、技术、人才、管理等生产要素向农村流动。统筹城乡基础设施建设和公共服务，全面提高财政保障农村公共事业水平，逐步建立城乡统一的公共服务制度。统筹城乡劳动就业，加快建立城乡统一的人力资源市场，引导农民有序外出就业，鼓励农民就近转移就业，扶持农民工返乡创业。加强农民工权益保护，逐步实现农民工劳动报酬、子女就学、公共卫生、住房租购等与城镇居民享有同等待遇，改善农民工劳动条件，保障生产安全，扩大农民工工伤、医疗、养老保险覆盖面，尽决制定和实施农民工养老保险关系转移接续办法。统筹城乡社会管理，推进户籍制度改革，放宽中小城市落户条件，使在城镇稳定就业和居住的农民有序转变为城镇居民。推动流动人口服务和管理体制创新。扩大县域发展自主权，增加对县的一般性转移支付、促进财力与事权相匹配，增强县域经济活力和实力。推进省直接管理县（市）财政体制改革，优先将农业大县纳入改革范围。有条件的地方可依法探索省直接管理县（市）的体制。坚持走中国特色城镇化道路，发挥好大中城市对农村的辐射带动作用，依法赋予经济发展快、人口吸纳能力强的小城镇相应行政管理权限，促进大中小城市和小城镇协调发展，形成城镇化和新农村建设互促共进机制。积极推进统筹城乡综合配套改革试验。

（六）健全农村民主管理制度。坚持党的领导、人民当家作主、依法治国有机统一，发展农村基层民主，以扩大有序参与、推进信息公开、健全议事协商、强化权力监督为重点，加强基层政权建设，扩大村民自治范围，保障农民享有更多更切实的民主权利。逐步实行城乡按相同人口比例选举人大代表，扩大农民在县乡人大代表中的比例，密切人大代表同农民的联系。继续推进农村综合改革，2012 年基本完成乡镇机构改革任务，着力增强乡镇政府社会管理和公共服务职能。完善与农民政治参与积极性不断提高相适应的乡镇治理机制，实行政务公开，依法保障农民知情权、参与权、表达权、监督权。健全村党组织领导的充满活力的村民自治机制，深入开展以直接选举，公正有序为基本要求的民主选举实践，以村民会议、村民代表会议、村民议事为主要形式的民主决策实践，以自我教育、自我管理、自我服务为主要目的的民主管理实践，以村务公开，财务监督、群众评议为主要内容的民主监督实践，推进村民自治制度化、规范化、程序化。加强农村法制建设，完善涉农法律法规，增强依法行政能力，强化涉农执法监督和司法保护。加强农村法制宣传教育，搞好法律服务，提高农民法律意识，推进农村依法治理。培育农村服务性、公益性、互助性社会组织，完善社会自治功能。采取多种措施增强基层财力，逐步解决一些行政村运转困难问题，积极稳妥化解乡村债务。继续做好农民负担监督管理工作，完善村民一事一议筹资筹劳办法，健全农村公益事业建设机制。

四、积极发展现代农业，提高农业综合生产能力

发展现代农业，必须按照高产、优质、高效、生态、安全的要求，加快转变农业发展方式，推进农业科技进步和创新，加强农业物质技术装备，健全农业产业体系，提高土地产出率、资源利用率、劳动生产率，增强农业抗风险能力、国际竞争能力、可持续发展能力。要明确目标、制定规划、加大投入，集中力量办好关系全局，影响长远的大事。

（一）确保国家粮食安全。粮食安全任何时候都不能放松，必须常抓不懈。加快构建供给稳定、储备充足、调控有力、运转高效的粮食安全保障体系。把发展粮食生产放在现代农业建设的首位，稳定播种面积，优化品种结构，提高单产水平，不断增强综合生产能力。各地区都要明确和落实粮食发展目标，强化扶持政策，落实储备任务，分担

国家粮食安全责任。抓紧实施粮食战略工程，推进国家粮食核心产区和后备产区建设，加快落实全国新增千亿斤粮食生产能力建设规划，以县为单位集中投入、整体开发，今年起组织实施。支持粮食生产的政策措施向主产区倾斜，建立主产区利益补偿制度，加大对产粮大县财政奖励和粮食产业建设项目扶持力度，加快实现粮食增产、农民增收、财力增强相协调，充分调动农民种粮、地方抓粮的积极性。完善粮食风险基金政策，逐步取消主产区资金配套。产销平衡区和主销区要加强产粮大县建设，确保区域内粮田面积不减少，粮食自给水平不下降。坚持放开市场，积极搞活流通，完善产销衔接。提高全社会节粮意识，强化从生产到消费全过程节粮措施。加强粮食领域国际交流合作，为改善全球粮食供给作出贡献。

（二）推进农业结构战略性调整。以市场需求为导向、科技创新为手段、质量效益为目标，构建现代农业产业体系。搞好产业布局规划，科学确定区域农业发展重点，形成优势突出和特色鲜明的产业带，引导加工、流通、储运设施建设向优势户区聚集。采取有力措施支持发展油料生产，提高食用植物油自给水平。鼓励和支持优势产区集中发展棉花、糖料、马铃薯等大宗产品，推进蔬菜、水果、茶叶、花卉等园艺产品集约化、设施化生产，因地制宜发展特色产业和乡村旅游业。加快发展畜牧业，支持规模化饲养，加强品种改良和疫病防控。推进水产健康养殖，扶持和壮大远洋渔业。发展林业产业，繁荣山区经济。发展农业产业化经营，促进农产品加工业结构升级，扶持壮大龙头企业，培育知名品牌。强化主要衣产品生产大县财政奖励政策，完善农产品加工业发展税收支持政策。加强农业标准化和农产品质量安全工作，严格产地环境、投入品使用、生产过程、产品质量全程监控，切实落实捉产品生产、收购、储运、加工、销售各环节的质量安全监管责任，杜绝不合格产品进入市场。支持发展绿色食品和有机食品，加大农产品注册商标和地理标志保护力度。加强海峡两岸农业合作。

（三）加快农业科技创新。农业发展的根本出路在科技进步。顺应世界科技发展潮流，着眼于建设现代农业，大力推进农业科技自主创新，加强原始创新，集成创新和引进消化吸收再创新，不断促进农业技术集成化、劳动过程机械化、生产经营信息化。加大农业科技投入，建立农业科技创新基金，支持农业基础性、前沿性科学研定，力争在关键领域和核心技术上实现重大突破。加强农业技术研发和集成，重点支持生物技术，良种培育、丰产栽培、农业节水、疫病防控、防灾减灾等领域科技创新，实施转基因生物新品种培育科技重大专项，尽快获得一批具有重要应用价值的优良品种。适应农业规模化、精准化、设施化等要求，加快开发多功能、智能化、经济型农业装备设施，重点在田间作业、设施栽培、健康养殖、精深加工、储运保鲜等环节取得新进展。推进农业信息服务技术发展，重点开发信息采集、精准作业和管理信息、农村远程数字化和可视化、气象预测预报和灾害预警等技术。深化科技体制改革，加快农业科技创新体系和现代农业产业技术体系建设，加强对公益性农业科研机构和农业院校的支持。依托重大农业科研项目、重点学科、科研基地，加强农业科技创新团队建设，培育农业科技高层次人才特别是领军人才。稳定和壮大农业科技人才队伍，加强农业技术推广普及，开展农民技术培训。加快农业科技成果转化，促进产学研、农科教结合，支持高等学校、科研院所同农民专业合作社、龙头企业、农户开展多种形式技术合作。继续办好国家农业高新技术产业示范区。发挥国有农场运用先进技术和建设现代农业的示范作用。

（四）加强农业基础设施建设。以农田水利为重点的农业基础设施是现代农业的重要物质条件。大规模实施土地整治，搞好规划、统筹安排、连片推进，加快中低产田改造，鼓励农民开展土壤改良，推广测土配方施肥和保护性耕作，提高耕地质量，大幅度增加高产稳产农田比重。搞好水利基础设施建设，加强大江大河大湖治理，集中建成一批大中型水利骨干工程，加快大中型灌区，排灌泵站配套改造，水源工程建设，力争2020年基本完成大型灌区续建配套和节水改造任务。加快病险水库除险加固，确保2010年底完成大中型和重点小型水库除险加固任务。创新投资机制，采取以奖代补等形式，鼓励和支持农民广泛开展小型农田水利设施、小流域综合治理等项目建设。推广节水灌溉，搞好旱作农业示范工程。支持农用工业发展，加快推进农业机械化。按照现代化水平高、覆盖范围广的要求，加强良种繁育体系和农产品批发市场网络建设，加快建设现代粮食物流体系和鲜活农产品冷链物流系统。

（五）建立新型农业社会化服务体系。建设覆盖全程、综合配套、便捷高效的社会化服务体系，是发展现代农业的必然要求。加快构建以公共服务机构为依托、合作经济组织为基础、龙头企业为骨干、其他社会力量为补充，公益性服务和经营性服务相结合、专项服务和综合服务相协调的新型农业社会化服务体系。加强农业公共服务能力建设，创新管理体制，提高人员素质，力争三年内在全国普遍健全乡镇或区域性农业技术推广、动植物疫病防控、农产品质量监管等公共服务机构，逐步建立村级服务站点。支持供销合作社、农民专业合作社、专业服务公司、专业技术协会，农民经纪人、龙头企业等提供多种形式的生产经营服务。开拓农村市场，推进农村流通现代化。健全农产品市场体系，完善农业信息收集和发布制度，发展农产品现代流通方式，减免运销环节收费，长期实行绿色通道政策，加快形成流通成本低、运行效率高的农产品营销网络。保障农用生产资料供应，整顿和规范农村市场秩序，严厉惩治坑农害农行为。

（六）促进农业可持续发展。按照建设生态文明的要求，发展节约型农业、循环农业、生态农业，加强生态环境保护。继续推进林业重点工程建设，延长天然林保护工程实施期限，完善政策、巩固退耕还林成果，开展植树造林，提高森林覆盖率。实施草原建设和保护工程，推进退牧还草，发展灌溉草场，恢复草原生态植被。强化水资源保护。加强水生生物资源养护，加大增殖放流力度。推进重点流域和区域水土流失综合防治，加快荒漠化石漠化治理，加强自然保护区建设。保护珍稀物种和种质资源，防范外来动植物疫病和有害物种入侵。多渠道筹集森林、草原、水土保持等生态效益补偿资金，逐步提高补偿标准。积极培育以非粮油作物为原料的生物质产业，推进农林副产品和废弃物能源化、资源化利用。推广节能减排技术，加强农村工业、生活污染和农业面源污染防治。

（七）扩大农业对外开放。坚持“引进来”和“走出去”相结合，提高统筹利用国际国内两个市场、两种资源能力，拓展农业对外开放广度和深度。按照鼓励出口劳动密集型和技术密集型产品、适度进口结构性短缺产品的原则，完善农产品进出口战略规划和调控机制，加强国际市场研究和信息服务。强化农产品进出口检验检疫和监管，提高出口优势产品附加值和质量安全水平。引导外商投资发展现代农业。健全符合世界贸易组织规则的外商经营农产品和农业生产资料准入制度，建立外资并购境内涉农企业安全审查机制。统筹开展对外农业合作，培育农业跨国经营企业，逐步建立农产品国际产销加工储运体系。积极参与国际农产品贸易规则和标准制定，促进形成公平合理的贸易秩序。

五、加快发展农村公共事业，促进农村社会全面进步

建设社会主义新农村，形成城乡经济社会发展一体化新格局，必须扩大公共财政覆盖农村范围，发展农村公共事业，使广大农民学有所教、劳有所得、病有所医、老有所养、住有所居。

（一）繁荣发展农村文化。社会主义文化建设是社会主义新农村建设的重要内容和重要保证。坚持用社会主义先进文化占领农村阵地，满足农民日益增长的精神文化需求，提高农民思想道德素质。扎实开展社会主义核心价值体系建设，坚持用中国特色社会主义理论体系武装农村党员、教育农民群众，引导农民牢固树立爱国主义、集体主义、社会主义思想。推进广播电视村村通、文化信息资源共享、乡镇综合文化站和村文化室建设、农村电影放映、农家书屋等重点文化惠民工程，建立稳定的农村文化投入保障机制，尽快形成完备的农村公共文化服务体系。扶持农村题材文化产品创作生产，开展农民乐于参与、便于参与的文化活动，建立文化科技卫生“三下乡”长效机制，支持农民兴办演出团体和其他文化团体，引导城市文化机构到农村拓展服务。重视丰富农民工文化生活，帮助他们提高素质。广泛开展文明村镇、文明集市、文明户，志愿服务等群众性精神文明创建活动，倡导农民崇尚科学、诚信守法、抵制迷信、移风易俗，遵守公民基本道德规范，养成健康文明生活方式，形成男女平等、尊老爱幼、邻里和睦、勤劳致富、扶贫济困的社会风尚。加强农村文物、非物质文化遗产历史文化名镇名村保护。发展农村体育事业，开展农民健身活动。

（二）大力办好农村教育事业。发展农村教育，促进教育公平，提高农民科学文化素质，培育有文化、懂技术、会经营的新型农民。巩固农村义务教育普及成果，提高义务教育质量，完善义务教育免费政策和经费保障机制，保障经济困难家庭儿童，留守儿童特别是女童平等就学、完成学业，改善农村学生营养状况促进城乡义务教育均衡发展。加快普及农村高中阶段教育，重点加快发展农村中等职业教育并逐步实行免费。健全县域职业教育培训网络，加强农民技能培训，广泛培养农村实用人才。大力扶持贫困地区、民族地区农村教育。增强高校为农输送人才和服务能力，办好涉农学和专业，鼓励人才到农村第一线工作，对到农村履行服务期的毕业生代偿学费和助学贷款，在研究生招录和教师选聘时优先。保障和改善农村教师工资待遇和工作条件，健全农村教师培养培训制度，提高教师素质。健全城乡教师交流机制，继续选派城市教师下乡支教。发展农村学前教育、特殊教育、继续教育。加强远程教育，及时把优质教育资源送到农村。

（三）促进农村医疗卫生事业发展。基本医疗卫生服务关系广大农民幸福安康，必须尽快惠及全体农民。巩固和发展新型农村合作医疗制度，提高筹资标准和财政补助水平，坚持大病住院保障为主、兼顾门诊医疗保障。完善农村医疗救助制度。坚持政府主导，整合城乡卫生资源，建立健全农村三级医疗卫生服务网络，重点办好县级医院并在每个乡镇办好一所卫生院，支持村卫生室建设，向农民提供安全价廉的基本医疗服务。加强农村卫生人才队伍建设，定向免费培养培训农村卫生人才，妥善解决乡村医生补

贴，完善城市医师支援农村制度。坚持预防为主，扩大农村免费公共卫生服务和免费免疫范围，加大地方病、传染病及人畜共患病防治力度。加强农村药品配送和监管。积极发展中医药和民族医药服务。广泛开展爱国卫生运动，重视健康教育。加强农村妇幼保健，逐步推行住院分娩补助政策。坚持计划生育的基本国策，推进优生优育，稳定农村低生育水平，完善和落实计划生育奖励扶助制度，有效治理出生人口性别比偏高问题。

（四）健全农村社会保障体系。贯彻广覆盖、保基本、多层次、可持续原则，加快健全农村社会保障体系。按照个人缴费、集体补助、政府补贴相结合的要求，建立新型农村社会养老保险制度。创造条件探索城乡养老保险制度有效衔接办法。做好被征地农民社会保障，做到先保后征，使被征地农民基本生活长期有保障。完善农村最低生活保障制度，加大中央和省级财政补助力度，做到应保尽保，不断提高保障标准和补助水平。全面落实农村五保供养政策，确保供养水平达到当地村民平均生活水平。完善农村受灾群众救助制度。落实好军烈属和伤残病退伍军人等优抚政策。发展以扶老、助残、救孤、济困、赈灾为重点的社会福利和慈善事业。发展农村老龄服务。加强农村残疾预防和残疾人康复工作，促进农村残疾人事业发展。

（五）加强农村基础设施和环境建设。把农村建设成为广大农民的美好家园，必须切实改善农民生产生活条件。科学制定乡镇村庄建设规划。加快农村饮水安全工程建设，五年内解决农村饮水安全问题。加强农村公路建设，确保“十一五”期末基本实现乡镇通油（水泥）路，进而普遍实现行政村通油（水泥）路，逐步形成城乡公交资源相互衔接、方便快捷的客运网络。推进农村能源建设，扩大电网供电人口覆盖率，推广沼气、秸秆利用、小水电、风能、太阳能等可再生能源技术，形成清洁、经济的农村能源体系。实施农村清洁工程，加快改水、改厨、改厕、改圈，开展垃圾集中处理，不断改善农村卫生条件和人居环境。推进广电网、电信网、互联网“三网融合”，积极发挥信息化为农服务作用。发展农村邮政服务。健全农村公共设施维护机制，提高综合利用效能。

（六）推进农村扶贫开发。搞好新阶段扶贫开发，对确保全体人民共享改革发展成果具有重大意义，必须作为长期历史任务持之以恒抓紧抓好。完善国家扶贫战略和政策体系，坚持开发式扶贫方针，实现农村最低生活保障制度和扶贫开发政策有效衔接。实行新的扶贫标准，对农村低收入人口全面实施扶贫政策，把尽快稳定解决扶贫对象温饱并实现脱贫致富作为新阶段扶贫开发的首要任务。重点提高农村贫困人口自我发展能力，对没有劳动力或劳动能力丧失的贫困人口实行社会救助。加大对革命老区、民族地区、边疆地区、贫困地区发展扶持力度。继续开展党政机关定点扶贫和东西扶贫协作，充分发挥企业、学校、科研院所、军队和社会各界在扶贫开发中的积极作用。加强反贫困领域国际交流合作。

（七）加强农村防灾减灾能力建设。我国农村自然灾害多、受灾地域广、防灾抗灾力量弱，必须切实加强农村防灾减灾工作。加强灾害性天气、地质灾害、地震监测预警，提高监测水平，完善处置预案，加强专业力量建设，提高应急救援能力，宣传普及防灾减灾知识，提高灾害处置能力和农民避灾自救能力。加强防洪排涝抗旱设施和监测预警能力建设，加快农村危房改造，提高农村道路、供电、供水、通信设施抗灾保障能力，提高农村学校、医院等公共设施建筑质量，落实安全标准和责任。全力做好汶川地震灾区农村恢复重建工作，加大投入，对口支援，发动群众，加快受灾农户住房重建，搞好农业生产设施重建，尽早恢复农业生产和农村经济。采取综合措施，促进灾区生态环境尽快修复并不断改善。

（八）强化农村社会管理。坚持服务农民、依靠农民，完善农村社会管理体制机制，加强农村社区建设，保持农村社会和谐稳定。健全党和政府主导的维护农民权益机制，拓宽农村社情民意表达渠道，做好农村信访工作，加强人民调解，及时排查化解矛盾纠纷。农村广大干部要进村入户做好下访工作，切实把矛盾和问题解决在基层、化解在萌芽状态。深入开展平安创建活动，加强农村政法工作，推进农村警务建设，实行群防群治，搞好社会治安综合治理。建立健全农村应急管理体制，提高危机处置能力。巩固和发展平等团结互助和谐的社会主义民族关系。全面贯彻党的宗教工作基本方针，依法管理宗教事务。反对和制止利用宗教、宗族势力干预农村公共事务，坚决取缔邪教组织，严厉打击黑恶势力。

六、加强和改善党的领导，为推进农村改革发展提供坚强政治保证

推进农村改革发展，关键在党。要把党的执政能力建设和先进性建设作为主线，以改革创新精神全面推进农村党的建设，认真开展深入学习实践科学发展观活动，增强各级党组织的创造力、凝聚力、战斗力，不断提高党领导农村工作水平。

（一）完善党领导农村工作体制机制。强化党委统一领导、党政齐抓共管、农村工作综合部门组织协调、有关部门各负其责的农村工作领导体制和工作机制。各级党委和政府要坚持把农村工作摆上重要议事日程，在政策制定、工作部署、财力投放、干部配备上切实体现全党工作重中之重的战略思想，加强对农村改革发展理论和实践问题的调查研究，坚持因地制宜、分类指导，创造性地开展工作。党委和政府主要领导要亲自抓农村工作，省市县党委要有负责同志分管农村工作，县（市）党委要把工作重心和主要精力放在农村工作上。加强党委农村工作综合部门建设，建立职能明确、权责一致、运转协调的农业行政管理体制。注重选好配强县乡党政领导班子特别是主要负责人。坚持和完善“米袋子”省长负责制、“菜篮子”市长负责制。完善体现科学发展观和正确政绩观要求的干部考核评价体系，把粮食生产、农民增收、耕地保护、环境治理、和谐稳定作为考核地方特别是县（市）领导班子绩效的重要内容。支持人大、政协履行职能，发挥民主党派、人民团体和社会组织积极作用，共同推进农村改革发展。

（二）加强农村基层组织建设。党的农村基层组织是党在农村工作的基础。以领导班子建设为重点、健全党组织为保证、三级联创活动为载体，把党组织建设成为推动科学发展、带领农民致富、密切联系群众、维护农村稳定的坚强领导核心。改革和完善农村基层组织领导班子选举办法，抓好以村党组织为核心的村级组织配套建设，领导和支持村委会、集体经济组织、共青团、妇代会、民兵等组织和乡镇企业工会组织依照法律法规和章程开展工作。创新农村党的基层组织设置形式，推广在农村社区、农民专业合作社、专业协会和产业链上建立党组织的做法。加强农民工中党的工作。健全城乡党的基层组织互帮互助机制，构建城乡统筹的基层党建新格局。抓紧村级组织活动场所建设，两年内覆盖全部行政村。

（三）加强农村基层干部队伍建设。建设一支守信念、讲奉献、有本领、重品行的

农村基层干部队伍，对做好农村工作至关重要。着力拓宽农村基层干部来源，提高他们的素质，解除他们的后顾之忧，调动他们的工作积极性。注重从农村致富能手、退伍军人、外出务工返乡农民中选拔村干部。引导高校毕业生到村任职，实施一村一名大学生计划。鼓励党政机关和企事业单位优秀年轻干部到村帮助工作。加大从优秀村干部中考录乡镇公务员和选任乡镇领导干部力度。探索村党组织书记跨村任职。通过财政转移支付和党费补助等途径，形成农村基层组织建设、村干部报酬和养老保险、党员干部培训资金保障机制。整合培训资源，广泛培训农村基层干部，增强他们带领农民建设社会主义新农村的本领。扎实推进农村党员干部现代远程教育，两年内实现全国乡村网络基本覆盖。

（四）加强农村党员队伍建设。巩固和发展先进性教育活动成果，做好发展党员工作，改进党员教育管理，增强党员意识，建设高素质农村党员队伍。扩大党内基层民主，尊重党员主体地位，保证党员按照党章规定履行义务、行使权利。组织农村党员学习党的理论和路线方针政策、法律法规、实用技术。广泛开展党员设岗定责、依岗承诺、创先争优等活动。关心爱护党员，建立健全党内激励、关怀、帮扶机制，增强党组织的亲和力。加强和改进流动党员管理，建立健全城乡一体党员动态管理机制。加大在优秀青年农民中发展党员力度。探索发展党员新机制，不断提高发展党员质量。

（五）加强农村党风廉政建设。大力发扬党的优良传统和作风，密切党群干群关系，是做好农村改革发展工作的重要保证。坚持教育、制度、监督、改革、纠风、惩治相结合，推进农村惩治和预防腐败体系建设。以树立理想信念和加强思想道德建设为基础，深入开展反腐倡廉教育，弘扬求真务实、公道正派、艰苦奋斗的作风，筑牢党员、干部服务群众、廉洁自律的思想基础。以规范和制约权力运行为核心，全面推进政务公开、村务公开、党务公开，健全农村集体资金、资产、资源管理制度，做到用制度管权、管事、管人。以维护农民权益为重点，围绕党的农村政策落实情况加强监督检查，切实纠正损害农民利益的突出问题，严肃查处涉农违纪违法案件。广大党员、干部要坚持权为民所用、情为民所系、利为民所谋，关心群众疾苦，倾听群众呼声，集中群众智慧，讲实话、办实事，求实效，坚决反对形式主义、官僚主义，努力创造实实在在的业绩。

实现全面建设小康社会的宏伟目标，最艰巨最繁重的任务在农村，最广泛最深厚的基础也在农村。全党同志要紧密团结在以胡锦涛同志为总书记的党中央周围，锐意改革，加快发展，在推进中国特色社会主义伟大事业进程中努力开创农村工作新局面！

（新华社北京讯，10 月 20 日《人民日报》）

在纪念党的十一届三中全会召开30周年大会上的讲话

（2008年12月18日）

胡锦涛

同志们：

1978年12月18日，也就是30年前的今天，党的十一届三中全会隆重召开。这次会议，实现了新中国成立以来我们党历史上具有深远意义的伟大转折，开启了我国改革开放历史新时期。从此，党领导全国各族人民在新的历史条件下开始了新的伟大革命。

今天，我们在这里集会，纪念党的十一届三中全会召开30周年，就是要充分认识改革开放的重大意义和伟大成就，深刻总结改革开放的伟大历程和宝贵经验，坚持党的十一届三中全会精神，高举中国特色社会主义伟大旗帜，以马克思列宁主义、毛泽东思想、邓小平理论和“三个代表”重要思想为指导，深入贯彻落实科学发展观，在中国特色社会主义道路上，继续把改革开放伟大事业推向前进。

党的十一届三中全会是在党和国家面临向何处去的重大历史关头召开的。1976年10月粉碎“四人帮”之后，广大干部群众强烈要求纠正“文化大革命”的错误，彻底扭转十年内乱造成的严重局势，使党和国家从危难中重新奋起。但是，这一顺应时势的愿望遇到严重阻碍，党和国家工作在前进中出现徘徊局面。与此同时，世界经济快速发展，科技进步日新月异，国家建设百业待兴，真理标准讨论热潮涌起、国内外大势呼唤我们党尽快就关系党和国家前途命运的大政方针作出政治决断和战略抉择。

在邓小平同志领导下和其他老一辈革命家支持下，党的十一届三中全会开始全面认真纠正“文化大革命”中及其以前的“左”倾错误，坚决批判了“两个凡是”的错误方针，充分肯定了必须完整、准确地掌握毛泽东思想的科学体系，高度评价了关于真理标准问题的讨论，确定了解放思想、开动脑筋、实事求是、团结一致向前看的指导方针，果断停止使用“以阶级斗争为纲”的口号，作出了把党和国家工作中心转移到经济建设上来、实行改革开放的历史性决策。

党的十一届三中全会标志着我们党重新确立了马克思主义的思想路线、政治路线、组织路线，标志着中国共产党人在新的时代条件下的伟大觉醒，显示了我们党顺应时代潮流和人民愿望、勇敢开辟建设社会主义新路的坚强决心。在党的十一届三中全会春风吹拂下，神州大地万物复苏、生机勃发，拨乱反正全面展开，解决历史遗留问题有步骤进行，社会主义民主法制建设走上正轨，党和国家领导制度和领导体制得到健全，国家各项事业蓬勃发展。我们伟大的祖国迎来了思想的解放、经济的发展、政治的昌明、教育的勃兴、文艺的繁荣、科学的春天，党和国家又充满希望、充满活力地踏上了实现社会主义现代化的伟大征程。

新时期最鲜明的特点是改革开放。党带领人民进行改革开放，目的就是要解放和发展社会生产力，实现国家现代化。让中国人民富裕起来，振兴伟大的中华民族；就是要推动我国社会主义制度自我完善和发展，赋予社会主义新的生机活力，建设和发展中国特色社会主义；就是要在引领当代中国发展进步中加强和改进党的建设，保持和发展党的先进性，确保党始终走在时代前列。

30年来，以邓小平同志为核心的党的第二代中央领导集体、以江泽民同志为核心的党的第三代中央领导集体和党的十六大以来的中央领导集体，团结带领全党全国各族人民，承前启后，继往开来，接力推进改革开放伟大事业，谱写了中华民族自强不息、顽强奋进新的壮丽史诗。我们党先后召开6次全国代表大会、45次中央全会，及时研究新情况、解决新问题、总结新经验，集中全党全国各族人民智慧，形成了党的基本理论、基本路线、基本纲领、基本经验，制定和作出了指导改革开放和社会主义现代化建设的一整套方针政策和工作部署，成功开辟了中国特色社会主义道路。

今天，13亿中国人民大踏步赶上了时代潮流，稳定走上了奔向富裕安康的广阔道路，中国特色社会主义充满蓬勃生机，为人类文明进步作出重大贡献的中华民族以前所未有的雄姿巍然屹立在世界东方。

30年来，我们始终以改革开放为强大动力，在新中国成立以后取得成就的基础上，推动党和国家各项事业取得举世瞩目的新的伟大成就。

我们锐意推进各方面体制改革，使我国成功实现了从高度集中的计划经济体制到充满活力的社会主义市场经济体制的伟大历史转折。我们建立和完善社会主义市场经济体制，建立以家庭承包经营为基础、统分结合的农村双层经营体制，形成公有制为主体、多种所有制经济共同发展的基本经济制度，形成按劳分配为主体、多种分配方式并存的分配制度，形成在国家宏观调控下市场对资源配置发挥基础性作用的经济管理制度。在不断深化经济体制改革的同时，不断深化政治体制、文化体制、社会体制以及其他各方面体制改革，不断形成和发展符合当代中国国情、充满生机活力的新的体制机制，为我国经济繁荣发展、社会和谐稳定提供了有力制度保障。

我们不断扩大对外开放，使我国成功实现了从封闭半封闭到全方位开放的伟大历史转折。我们坚持对外开放的基本国策，打开国门搞建设，加快发展开放型经济、从建立经济特区到开放沿海、沿江、沿边、内陆地区再到加入世界贸易组织，从大规模“引进来”到大踏步“走出去”，利用国际国内两个市场、两种资源水平显著提高，国际竞争力不断增强。从1978年到2007年，我国进出口总额从206亿美元提高到21737亿美元、跃居世界第三，外汇储备跃居世界第一，对外投资大幅增长，实际使用外资额累计近10000亿美元。广泛深入的国际合作加快了我国经济发展，也为世界经济发展作出了重大贡献。

我们坚持以经济建设为中心，我国综合国力迈上新台阶。从1978年到2007年，我国国内生产总值由3645亿元增长到24.95万亿元，年均实际增长9.8%，是同期世界经济年均增长率的3倍多，我国经济总量上升为世界第四。我们依靠自己力量稳定解决了13亿人口吃饭问题。我国主要农产品和工业品产量已居世界第一，具有世界先进水平的重大科技创新成果不断涌现，高新技术产业蓬勃发展，水利、能源、交通、通信等基础设施建设取得突破性进展，生态文明建设不断推进，城乡面貌焕然一新。

我们着力保障和改善民生，人民生活总体上达到小康水平。这30年是我国城乡居民收入增长最快、得到实惠最多的时期。从1978年到2007年，全国城镇居民人均可支配收入由343元增加到13786元，实际增长6.5倍；农民人均纯收入由134元增加到4140元，实际增长6.3倍；农村贫困人口从2.5亿减少到1400多万。城市人均住宅建筑面积和农村人均住房面积成倍增加。群众家庭财产普遍增多，吃穿住行用水平明显提高。改革开放前长期困扰我们的短缺经济状况已经从根本上得到改变。

我们大力发展社会主义民主政治，人民当家作主权利得到更好保障。政治体制改革不断深化，人民代表大会制度、中国共产党领导的多党合作和政治协商制度、民族区域自治制度以及基层群众自治制度日益完善，中国特色社会主义法律体系基本形成，依法治国基本方略有效实施，社会主义法治国家建设取得重要进展，公民有序政治参与不断扩大，人权事业全面发展。爱国统一战线发展壮大，政党关系、民族关系、宗教关系、阶层关系、海内外同胞关系更加和谐。

我们大力发展社会主义先进文化，人民日益增长的精神文化需求得到更好满足。社会主义核心价值体系建设取得重大进展，马克思主义思想理论建设卓有成效，群众性精神文明创建活动、公民道德建设、青少年思想道德建设全面推进，文化事业生机盎然，文化产业空前繁荣，国家文化软实力不断增强，人们精神世界日益丰富，全民族文明素质明显提高，中华民族的凝聚力和向心力显著增强。

我们大力发展社会事业，社会和谐稳定得到巩固和发展。城乡免费九年义务教育全面实现，高等教育总规模、大中小学在校生数量位居世界第一，办学质量不断提高。就业规模持续扩大，全社会创业活力明显增强。社会保障制度建设加快推进，覆盖城乡居民的社会保障体系初步形成。公共卫生服务体系和基本医疗服务体系不断健全，新型农村合作医疗制度覆盖全国。社会管理不断改进，社会大局保持稳定。

我们坚持党对军队绝对领导，国防和军队建设取得重大成就。军队革命化、现代化、正规化建设全面加强，新时期军事战略方针扎实贯彻，中国特色军事变革加速推进，中国特色精兵之路成功开辟，裁减军队员额任务顺利完成，军队武器装备建设成效显著。军队、武警部队停止一切经商活动。军政军民团结不断巩固。人民军队履行新世纪新阶段历史使命能力全面增强，在保卫祖国、建设祖国特别是抗击各种自然灾害中发挥了重要作用。

我们成功实施“一国两制”基本方针，祖国和平统一大业迈出重大步伐。香港、澳门回归祖国，“一国两制”、“港人治港”、“澳人治澳”、高度自治的方针得到全面贯彻执行，香港特别行政区、澳门特别行政区保持繁荣稳定。祖国大陆同台湾的经济文化交流和人员往来不断加强，两岸政党交流成功开启。两岸全面直接双向“三通”迈出历史性步伐，反对“台独”分裂活动斗争取得重要成果，两岸关系和平发展呈现新的前景。

我们坚持奉行独立自主的和平外交政策，全方位外交取得重大成就。我们恪守维护世界和平、促进共同发展的外交政策宗旨，同发达国家关系全面发展，同周边国家睦邻友好不断深化，同发展中国家传统友谊更加巩固。我国积极参与多边事务，承担相应国际义务。我国国际地位和国际影响显著上升，在国际事务中发挥了重要建设性作用。

我们坚持党要管党、从严治党，党的领导水平和执政水平、拒腐防变和抵御风险能力明显提高。党的建设新的伟大工程全面推进，执政能力建设和先进性建设深入进行，思想理论建设成效显著，党内民主不断扩大，党内生活准则和制度不断健全，党的各级组织不断加强，干部队伍和人才队伍朝气蓬勃，党的作风建设全面加强，党内法规更加完善，反腐倡廉建设深入推进，党领导改革开放和社会主义现代化建设能力显著提高，党在中国特色社会主义事业中的领导核心作用不断增强。

30年来，国际局势风云变幻，改革任务艰巨繁重，党和人民经历和战胜了前所未有的严峻考验和挑战。我们从容应对一系列关系我国主权和安全的国际突发事件，战胜在政治、经济领域和自然界出现的困难和风险。无论是面对东欧剧变、苏联解体和国内严重政治风波，还是面对西化、分化图谋和所谓的“制裁”，无论是面对历史罕见的洪涝、雨雪冰冻、地震等重大自然灾害和“非典”等重大疫病，还是面对亚洲金融危机和当前这场国际金融危机，党和人民始终同心同德、奋勇向前。特别是在决定党和国家前途命运的重大历史关头，我们党紧紧依靠全国各族人民，坚持党的十一届三中全会以来的路线不动摇，排除各种干扰，坚定不移地捍卫中国特色社会主义伟大事业，保证了改革开放和社会主义现代化建设航船始终沿着正确方向破浪前进。今年以来，抗击南方部分地区严重低温雨雪冰冻灾害和四川汶川特大地震灾害斗争取得重大胜利，北京奥运会、残奥会圆满成功，神舟七号载人航天飞行任务顺利完成，应对国际金融危机取得积极成效，这些都生动展现了在改革开放中不断发展壮大的中国共产党和中国社会主义国家政权的伟大力量，展现了阔步前进的13亿中国人民的伟大力量，展现了改革开放的伟大力量，展现了中国特色社会主义的伟大力量。

经过30年的不懈奋斗，我们胜利实现了我们党提出的现代化建设“三步走”战略的前两步战略目标，正在向第三步战略目标阔步前进。30年的伟大成就，为我们党、我们国家、我们人民继续前进奠定了坚实基础。实践充分证明，党的十一届三中全会以来我们党团结带领人民开辟的中国特色社会主义道路、形成的理论和路线方针政策是完全正确的。党的十一届三中全会的伟大意义和深远影响，已经、正在并将进一步在党和国家事业蓬勃发展的进程中充分显现出来。

改革开放的伟大成就，是全党全国各族人民团结奋斗的结果。一切亲身经历了这30年伟大变革并贡献了自己力量的中华儿女，一切关心祖国命运的华夏子孙，都有理由为我国改革开放的历史性成就感到自豪。在这里，我代表党中央、国务院，向各条战线上为改革开放和社会主义现代化建设贡献了智慧和力量的广大工人、农民、知识分子、干部、解放军指战员、武警部队官兵、公安民警，向各民主党派、各人民团体、各界爱国人士，致以崇高的敬意！向为祖国现代化建设和祖国和平统一大业作出积极努力的香港特别行政区同胞、澳门特别行政区同胞、台湾同胞和海外侨胞，致以诚挚的问候！向一切关心和支持中国现代化建设的外国朋友和世界各国人民，表示衷心的感谢！

此时此刻，我们更加深切地怀念毛泽东同志、邓小平同志等老一辈革命家。没有以毛泽东同志为核心的党的第一代中央领导集体团结带领全党全国各族人民浴血奋斗，就没有新中国，就没有中国社会主义制度。没有以邓小平同志为核心的党的第二代中央领导集体团结带领全党全国各族人民改革创新，就没有改革开放历史新时期，就没有中国特色社会主义。此时此刻，我们要向以江泽民同志为核心的党的第三代中央领导集体致以崇高的敬意，他们团结带领全党全国各族人民高举邓小平理论伟大旗帜，继承和发展了改革开放伟大事业，把这一伟大事业成功推向21世纪。全党全国各族人民要永远铭记党的三代中央领导集体的伟大历史功绩！

同志们!

改革开放以来我们取得一切成绩和进步的根本原因，归结起来就是：开辟了中国特色社会主义道路，形成了中国特色社会主义理论体系。在30年的创造性实践中，我们经过艰辛探索，积累了宝贵经验。概括起来说，就是党的十七大阐明的“十个结合”。

（一）必须把坚持马克思主义基本原理同推进马克思主义中国化结合起来，解放思想、实事求是、与时俱进，以实践基础上的理论创新为改革开放提供理论指导。30年来，我国改革开放取得伟大成功，关键是我们既坚持马克思主义基本原理、又根据当代中国实践和时代发展不断推进马克思主义中国化，形成和发展了包括邓小平理论、“三个代表”重要思想以及科学发展观等重大战略思想在内的中国特色社会主义理论体系，赋予当代中国马克思主义勃勃生机。

马克思主义是我们立党立国的根本指导思想。坚持和巩固马克思主义指导地位，是党和人民团结一致、始终沿着正确方向前进的根本思想保证。同时，马克思主义只有同本国国情和时代特征紧密结合，在实践中不断丰富和发展，才能更好发挥指导实践的作用。党的十一届三中全会重新确立了党的思想路线，这就是：一切从实际出发，理论联系实际，实事求是，在实践中检验真理和发展真理。在改革开放实践中，我们坚持解放思想和实事求是的统一，大力发扬求真务实精神，不断深化对共产党执政规律、社会主义建设规律、人类社会发展规律的认识，自觉把思想认识从那些不合时宜的观念、做法和体制的束缚中解放出来，从对马克思主义的错误的和教条式的理解中解放出来，从主观主义和形而上学的桎梏中解放出来，以实践基础上的理论创新回答了一系列重大理论和实际问题，为改革开放提供了体现时代性、把握规律性、富于创造性的理论指导，开辟了马克思主义新境界。中国特色社会主义理论体系是马克思主义中国化最新成果，是党最可宝贵的政治和精神财富，是全国各族人民团结奋斗的共同思想基础，是扎根于当代中国的科学社会主义。我们要始终坚持用中国特色社会主义理论体系武装全党、教育人民，不断提高全党的马克思主义理论水平，使中国特色社会主义理论体系更加深入人心、更好发挥指导作用。

（二）必须把坚持四项基本原则同坚持改革开放结合起来，牢牢扭住经济建设这个中心，始终保持改革开放的正确方向。30年来，我们毫不动摇地坚持党的基本路线，既以四项基本原则保证改革开放的正确方向，又通过改革开放赋予四项基本原则新的时代内涵，坚持把以经济建设为中心同四项基本原则、改革开放这两个基本点统一于发展中国特色社会主义的伟大实践，使中国特色社会主义在当今世界的深刻变化和当代中国的深刻变革中牢牢站住了、站稳了，成为充满生机活力的社会主义。

我们党作出我国仍处于并将长期处于社会主义初级阶段的科学论断，形成了党在社会主义初级阶段的基本路线，这就是：领导和团结全国各族人民，以经济建设为中心，坚持四项基本原则，坚持改革开放，自力更生，艰苦创业，为把我国建设成为富强民主文明和谐的社会主义现代化国家而奋斗。以经济建设为中心是兴国之要，是我们党、我们国家兴旺发达和长治久安的根本要求。四项基本原则是立国之本，是我们党、我们国家生存发展的政治基石；改革开放是强国之路，是我们党、我们国家发展进步的活力源泉。一个中心、两个基本点，是相互贯通、相互依存、不可分割的统一整体，须臾不可偏离、丝毫不可偏废，必须全面坚持、一以贯之。离开经济建设这个中心，社会主义社会的一切发展和进步就会失去物质基础；离开四项基本原则和改革开放，经济建设就会迷失方向和丧失动力。发展中国特色社会主义，最根本的就是一切都要从社会主义初级阶段这个最大的实际出发。在社会主义初级阶段这个不发达阶段，社会主要矛盾是人民日益增长的物质文化需要同落后的社会生产之间的矛盾。这就决定了社会主义的根本任务是解放和发展社会生产力，不断改善人民生活。中国解决所有问题的关键在于依靠自己的发展。30年来，我们既毫不动摇地坚持发展是硬道理的战略思想，牢牢扭住经济建设这个中心，不断解放和发展社会生产力，不断夯实我国社会主义制度的物质基础，又毫不动摇地坚持四项基本原则、坚持改革开放。党的基本路线是兴国、立国、强国的重大法宝，是实现科学发展的政治保证，是党和国家的生命线、人民群众的幸福线。我们要始终坚持党的基本路线不动摇，做到思想上坚信不疑、行动上坚定不移，决不走封闭僵化的老路，也决不走改旗易帜的邪路，而是坚定不移地走中国特色社会主义道路。

（三）必须把尊重人民首创精神同加强和改善党的领导结合起来，坚持执政为民、紧紧依靠人民、切实造福人民，在充分发挥人民创造历史作用中体现党的领导核心作用。30年来，我们坚持人民创造历史这一马克思主义科学原理，真诚代表中国最广大人民的根本利益，紧紧依靠人民，最广泛地调动人民群众的积极性、主动性、创造性，从人民中汲取智慧，加强和改善党的领导，使党得到人民充分信赖和拥护，始终发挥领导核心作用，为改革开放和社会主义现代化建设凝聚起强大力量、提供根本政治保证。

人民群众是党的力量源泉和胜利之本，改革开放是人民的要求和党的主张的内在统一，是亿万人民自己的事业。我们坚持一切为了群众、一切依靠群众，从群众中来，到群众中去，把党的正确主张变为群众的自觉行动，坚持尊重社会发展规律与尊重人民历史主体地位的一致性，坚持为崇高理想奋斗与为最广大人民谋利益的一致性，坚持完成党的各项工作与实现人民利益的一致性。我们把人民拥护不拥护、赞成不赞成、高兴不高兴、答应不答应作为制定各项方针政策的出发点和落脚点，一切以是否有利于发展社会主义社会生产力、有利于增强社会主义国家综合国力、有利于提高人民生活水平这“三个有利于”为根本判断标准，坚持问政于民、问需于民、问计于民，既通过提出和贯彻正确的理论和路线方针政策带领人民前进，又从人民的实践创造和发展要求中获得前进动力。我们尊重人民主体地位，发挥人民首创精神，贯彻尊重劳动、尊重知识、尊重人才、尊重创造的重大方针，坚持全心全意依靠工人阶级，发挥我国工人阶级和农民阶级、其他劳动群众推动我国生产力发展基本力量的作用，又支持新的社会阶层发挥中国特色社会主义事业建设者的作用，使全体人民都满腔热情地投身改革开放伟大事业。我们坚持全心全意为人民服务的根本宗旨，坚持立党为公、执政为民，通过改革发展为人民群众造福，实现好、维护好、发展好最广大人民的根本利益。我们要始终坚持同广大人民群众心连心、同呼吸、共命运，在人民的实践创造中吸取营养，丰富和完善党的主张，使我们党在世界形势深刻变化的历史进程中始终走在时代前列，在应对国内外各种风险考验的历史进程中始终成为全国各族人民的主心骨，在发展中国特色社会主义的历史进程中始终成为坚强领导核心。

（四）必须把坚持社会主义基本制度同发展市场经济结合起来，发挥社会主义制度的优越性和市场配置资源的有效性，使全社会充满改革发展的创造活力。30年来，我们既在深刻而广泛的变革中坚持社会主义基本制度，又创造性地在社会主义条件下发展市场经济，使经济活动遵循价值规律的要求，不断解放和发展社会生产力，增强综合国力，提高人民生活水平，更好实现经济建设这个中心任务。建立和完善社会主义市场经济体制，是我们党对马克思主义和社会主义的历史性贡献。

我们党带领人民干的是社会主义事业，必须坚持党的领导、保证人民当家作主，必须坚持公有制为主体、按劳分配为主体，同时又必须积极探索能够极大解放和发展社会生产力、充分发挥全社会发展积极性的体制机制，放手让一切劳动、知识、技术、管理、资本的活力竞相迸发，让一切创造社会财富的源泉充分涌流。我们党提出把社会主义市场经济体制确立为我国经济体制改革的目标模式，正确解决了关系整个社会主义现代化建设全局的一个重大问题。我们着力建立和完善社会主义市场经济体制，发挥市场在资源配置中的基础性作用，推动建立现代产权制度和现代企业制度，同时又注重加强和完善国家对经济的宏观调控，克服市场自身存在的某些缺陷，促进国民经济充满活力、富有效率、健康运行。我们毫不动摇地巩固和发展公有制经济、发挥国有经济主导作用，积极推行公有制多种有效实现形式，增强国有经济活力、控制力、影响力，同时又毫不动摇地鼓励、支持、引导非公有制经济发展，形成各种所有制经济平等竞争、相互促进新格局。我们坚持和完善按劳分配为主体、多种分配方式并存的分配制度，既鼓励先进、促进发展，又注重社会公平、防止两极分化。我们要始终坚持社会主义市场经济的改革方向，继续完善社会主义市场经济体制，继续加强和改善宏观调控体系，不断为经济社会又好又快发展提供强大动力。

（五）必须把推动经济基础变革同推动上层建筑改革结合起来，不断推进政治体制改革，为改革开放和社会主义现代化建设提供制度保证和法制保障。30年来，我们既积极推进经济体制改革，又积极推进政治体制改革，发展社会主义民主政治，建设社会主义法治国家，保证人民当家作主，不断推动我国社会主义上层建筑与经济基础相适应，社会主义民主政治展现出更加旺盛的生命力。

我国是工人阶级领导的、以工农联盟为基础的人民民主专政的社会主义国家。人民民主是社会主义的生命，人民当家作主是社会主义民主政治的本质和核心。没有民主就没有社会主义，就没有社会主义现代化。我们顺应经济社会发展变化、适应人民政治参与积极性不断提高，以保证人民当家作主为根本，以增强党和国家活力、调动人民积极性为目标，不断发展社会主义政治文明。我们依法实行民主选举、民主决策、民主管理、民主监督，保障人民的知情权、参与权、表达权、监督权，坚持科学执政、民主执政、依法执政，推进决策科学化、民主化，最广泛地动员和组织人民依法管理国家事务和社会事务、管理经济和文化事业。我们坚持科学立法、民主立法，建立和完善中国特色社会主义法律体系，树立社会主义法治理念，坚持公民在法律面前一律平等，尊重和保障人权，推进依法行政，深化司法体制改革，推进国家各项工作法治化，维护社会公平正义，维护社会主义法制的统一、尊严、权威。我国政治体制改革是社会主义政治制度自我完善和发展，必须坚持中国特色社会主义政治发展道路，坚持党的领导、人民当家作主、依法治国有机统一，坚持社会主义政治制度的特点和优势，坚持从我国国情出发。我们需要借鉴人类政治文明有益成果，但绝不照搬西方政治制度模式。我们要始终坚定不移地发展社会主义政治文明，深化政治体制改革，坚持和完善人民代表大会制度、中国共产党领导的多党合作和政治协商制度、民族区域自治制度以及基层群众自治制度，壮大爱国统一战线，推进社会主义民主政治制度化、规范化、程序化，更好保证人民当家作主，巩固和发展民主团结、生动活泼、安定和谐的政治局面。

（六）必须把发展社会生产力同提高全民族文明素质结合起来，推动物质文明和精神文明协调发展，更加自觉、更加主动地推动文化大发展大繁荣。30年来，我们既重视物的发展即社会生产力的发展，又重视人的发展即全民族文明素质的提高，坚持物质文明和精神文明两手抓，实行依法治国和以德治国相结合，以科学的理论武装人、以正确的舆论引导人、以高尚的情操塑造人、以优秀的作品鼓舞人，着力培育有理想、有道德、有文化、有纪律的公民，不断提高全民族的思想道德素质和科学文化素质，为改革开放和社会主义现代化建设提供强大精神动力和智力支持、营造良好舆论环境。

中国特色社会主义是全面发展、全面进步的事业，是物质文明和精神文明相辅相成、协调发展的事业。物质贫乏不是社会主义，精神空虚也不是社会主义。人的素质是历史的产物，又给历史以巨大影响。任何时候都不能以牺牲精神文明为代价换取经济的一时发展。我们把社会主义核心价值体系建设作为主线，贯穿到国民教育和精神文明建设全过程，坚持不懈地用马克思主义中国化最新成果武装全党、教育人民，用中国特色社会主义共同理想凝聚力量，用以爱国主义为核心的民族精神和以改革创新为核心的时代精神鼓舞斗志，用社会主义荣辱观引领风尚，巩固全党全国各族人民团结奋斗的共同思想基础。我们积极探索用社会主义核心价值体系引领社会思潮的有效途径，既尊重差异、包容多样，又有力抵制各种错误和腐朽思想的影响。我们着力发展面向现代化、面向世界、面向未来的，民族的科学的大众的社会主义文化，贴近实际、贴近生活、贴近群众，深化文化体制改革，大力推进文化创新，激发全民族文化创造活力，提高国家文化软实力，推动文化事业和文化产业不断发展、文化市场更加繁荣，使人民基本文化权益得到更好保障。我们要始终坚持社会主义先进文化前进方向，兴起社会主义文化建设新高潮，在中国特色社会主义的伟大实践中进行文化创造，让人民共享文化发展成果，使社会文化生活更加丰富多彩、人民精神风貌更加昂扬向上。

（七）必须把提高效率同促进社会公平结合起来，实现在经济发展的基础上由广大人民共享改革发展成果，推动社会主义和谐社会建设。30年来，我们既高度重视通过提高效率来增强社会活力、促进经济发展，又高度重视在经济发展的基础上通过实现社会公平来促进社会和谐，坚持以人为本，以解决人民最关心最直接最现实的利益问题为重点，着力发展社会事业，着力完善收入分配制度，保障和改善民生，走共同富裕道路，努力形成全体人民各尽其能、各得其所而又和谐相处的局面，为改革开放和社会主义现代化建设营造良好社会环境。

实现社会公平正义是中国特色社会主义的内在要求，处理好效率和公平的关系是中国特色社会主义的重大课题。讲求效率才能增添活力，注重公平才能促进和谐，坚持效率和公平有机结合才能更好体现社会主义的本质。我们通过深化改革、实行正确方针政策，努力提高全社会推动经济发展和其他各项事业发展的积极性，最大限度激发全社会的创造活力和发展活力。同时，在我国改革发展关键阶段，在经济体制深刻变革、社会结构深刻变动、利益格局深刻调整、思想观念深刻变化的条件下，我们把提高效率同更加注重社会公平结合起来，最大限度增加和谐因素，最大限度减少不和谐因素，不断促进经济效率提高、促进社会和谐。我们把实现好、维护好、发展好最广大人民的根本利益作为党和国家一切工作的出发点和落脚点，坚持发展为了人民、发展依靠人民、发展成果由人民共享，优先发展教育，大力促进就业，不断提高城乡居民收入，加快建立覆盖城乡居民的社会保障体系，加快发展医疗卫生事业，切实加强社会管理，加强生态文明建设，努力使全体人民学有所教、劳有所得、病有所医、老有所养、住有所居。我们要始终按照民主法治、公平正义、诚信友爱、充满活力、安定有序、人与自然和谐相处的总要求，大力发展社会事业，促进社会公平正义，努力形成社会和谐人人有责、和谐社会人人共享的生动局面。

（八）必须把坚持独立自主同参与经济全球化结合起来，统筹好国内国际两个大局，为促进人类和平与发展的崇高事业作出贡献。30 年来，我们既高度珍惜并坚定不移地维护中国人民经过长期奋斗得来的独立自主权利，又坚持对外开放的基本国策，始终站在国际大局与国内大局相互联系的高度审视中国和世界的发展问题，思考和制定中国的发展战略，坚持独立自主的和平外交政策，坚持和平发展道路，坚持互利共赢的开放战略，推动建设持久和平、共同繁荣的和谐世界，为我国发展争取良好国际环境，也为世界和平与发展作出重要贡献。

当代中国的前途命运已日益紧密地同世界的前途命运联系在一起。中国的发展离不开世界，世界的发展也需要中国。在当今世界，任何国家关起门来搞建设都是不能成功的。我们全面分析判断世界多极化趋势增强、经济全球化深入发展的外部环境，全面把握当今世界发展变化带来的机遇和挑战，既坚持独立自主，又勇敢参与经济全球化。在我们这样一个人口众多的发展中社会主义大国，任何时候都必须把独立自主、自力更生作为自己发展的根本基点，任何时候都要坚持中国人民自己选择的社会制度和发展道路，始终把国家主权和安全放在第一位，坚决维护国家主权、安全、发展利益，坚持中国的事情按照中国的情况来办、依靠中国人民自己的力量来办，坚决反对外部势力干涉我国内部事务。对于一切国际事务，都要从中国人民的根本利益和各国人民的共同利益出发、根据事情本身的是非曲直确定我们的立场和政策，按照冷静观察、沉着应对的方针和相互尊重、求同存异的精神进行处理，不屈从于任何外来压力，同时，我们在坚持和平共处五项原则的基础上同所有国家开展交流合作，积极促进世界多极化、推进国际关系民主化，尊重世界多样性，反对霸权主义和强权政治。我们不断扩大对外开放，把“引进来”和“走出去”紧密结合起来，认真学习借鉴人类社会创造的一切文明成果，坚持趋利避害，形成经济全球化条件下参与国际经济合作和竞争新优势，推动经济全球化朝着均衡、普惠、共赢方向发展，共同呵护人类赖以生存的地球家园，促进人类文明繁荣进步。我们要始终高举和平、发展、合作旗帜，既利用和平的国际环境发展自己，又通过自己的发展维护世界和平。

（九）必须把促进改革发展同保持社会稳定结合起来，坚持改革力度、发展速度和社会可承受程度的统一，确保社会安定团结、和谐稳定。30 年来，我们既大力推进改革发展，又正确处理改革发展稳定关系，坚持改革是动力、发展是目的、稳定是前提，把不断改善人民生活作为处理改革发展稳定关系的重要结合点，在社会稳定中推进改革发展，通过改革发展促进社会稳定，在当今世界发生广泛而深刻的变化、当代中国发生广泛而深刻的变革的大环境下，始终保持社会大局稳定。

实现改革发展稳定的统一，是关系我国社会主义现代化建设全局的重要指导方针。

推动社会主义现代化不断前进，必须自觉调整和改革生产关系与生产力、上层建筑与经济基础不相适应的方面和环节。我们既坚定不移地大胆探索、勇于创新，又总揽全局、突出重点，先易后难、循序渐进，在实践中积累经验，不断提高改革决策的科学性、增强改革措施的协调性，推进经济体制、政治体制、文化体制、社会体制以及其他各方面体制改革相协调，使改革获得广泛而深厚的群众基础。我们及时总结改革的实践经验，对的就坚持，不对的赶快改，新问题出来抓紧研究解决。同时，我们深刻认识到，发展是硬道理，稳定是硬任务，没有稳定，什么事情也办不成，已经取得的成果也会失去。我们正确把握和处理经济社会生活中出现的各种矛盾，加强和改进思想政治工作，健全党和政府主导的维护群众权益机制，及时妥善处理人民内部矛盾，依法打击各种违法犯罪活动，警惕和防范国内外敌对势力的渗透破坏活动，坚决维护社会稳定和国家安全。我们要始终从维护我国发展的重要战略机遇期、维护国家安全、维护最广大人民根本利益的高度出发，全面把握我国社会稳定大局，有效应对影响社会稳定的各种问题和挑战，确保人民安居乐业、社会安定有序、国家长治久安。

（十）必须把推进中国特色社会主义伟大事业同推进党的建设新的伟大工程结合起来，加强党的执政能力建设和先进性建设，提高党的领导水平和执政水平、拒腐防变和抵御风险能力。30年来，我们既紧紧围绕推进中国特色社会主义事业来推进党的建设，又通过加强和改进党的建设来推进中国特色社会主义事业，顺应世情、国情、党情的新变化，明确党的历史方位，坚持党要管党、从严治党，坚持以改革创新精神加强党的自身建设，不断提高党的执政能力、保持和发展党的先进性，不断增强党的阶级基础和扩大党的群众基础，不断提高拒腐防变和抵御风险能力，始终保持党同人民群众的血肉联系，使党始终成为中国特色社会主义事业的坚强领导核心。

坚持和改善党的领导，是我们事业胜利前进的根本保证。要把十几亿人的思想和力量统一和凝聚起来，齐心协力发展中国特色社会主义，没有中国共产党的坚强统一领导是不可设想的。我们深刻认识到，党的先进性和党的执政地位都不是一劳永逸、一成不变的，过去先进不等于现在先进，现在先进不等于永远先进；过去拥有不等于现在拥有，现在拥有不等于永远拥有。党要承担起人民和历史赋予的重大使命，必须认真研究自身建设遇到的新情况新问题，在领导改革发展中不断认识自己、加强自己、提高自己，我们坚持不懈地加强党的自身建设，在不断解放思想中统一全党思想，在加强党的执政能力建设和先进性建设中推进高素质干部队伍建设，在增强党的阶级基础的同时扩大党的群众基础，在继承党的优良传统的同时弘扬时代精神，使党始终坚持工人阶级先锋队、中国人民和中华民族先锋队的性质，坚持马克思主义指导地位，坚持全心全意为人民服务的宗旨，发扬优良传统和作风，不断增强创造力、凝聚力、战斗力。我们高度重视提高党员、干部队伍素质特别是思想政治素质，使广大党员、干部坚持把党和人民利益摆在第一位，牢记“两个务必”，做到权为民所用、情为民所系、利为民所谋，坚持讲党性、重品行、作表率，经受住长期执政考验、改革开放考验、发展社会主义市场经济考验。我们要始终坚持以改革创新精神加强党的建设，把党的执政能力建设和先进性建设作为主线，坚持党要管党、从严治党，贯彻为民、务实、清廉的要求，以坚定理想信念为重点加强思想建设，以造就高素质党员、干部队伍为重点加强组织建设，以保持党同人民群众的血肉联系为重点加强作风建设，以健全民主集中制为重点加强制度建设，以完善惩治和预防腐败体系为重点加强反腐倡廉建设，使党始终成为立党为公、执政为民，求真务实、改革创新，艰苦奋斗、清正廉洁，富有活力、团结和谐的马克思主义执政党。

30年来，我们在一个十几亿人口的发展中社会主义大国取得的摆脱贫困、加快现代化进程、巩固和发展社会主义的宝贵经验，闪耀着马克思主义的真理光芒，是辩证唯物主义和历史唯物主义的胜利。我国人口多、底子薄，发展很不平衡。我们在推进改革开放和社会主义现代化建设中所肩负任务的艰巨性和繁重性世所罕见，我们在改革发展稳定中所面临矛盾和问题的规模和复杂性世所罕见，我们在前进中所面对的困难和风险也世所罕见。要妥善解决这些矛盾和问题、战胜这些困难和风险，就必须善于从千头万绪、纷繁复杂的事物和事物的普遍联系中抓住主要矛盾和矛盾的主要方面，同时又必须善于统筹协调、把握平衡，在事物的普遍发展中形成有利于突破主要矛盾和矛盾主要方面的合力，不断提高驾驭复杂局面、解决复杂问题能力，不断推动经济社会向前发展。

30年来，我们党的全部理论和全部实践，归结起来就是创造性地探索和回答了什么是马克思主义、怎样对待马克思主义，什么是社会主义、怎样建设社会主义，建设什么样的党、怎样建设党，实现什么样的发展、怎样发展等重大理论和实际问题。30年的历史经验归结到一点，就是把马克思主义基本原理同中国具体实际相结合，走自己的路，建设中国特色社会主义。30年的经验是极为宝贵的财富，全党同志要倍加珍惜和自觉运用这些宝贵经验，

同志们！

中华民族具有5000多年的悠久历史。在漫长的历史长河中，我国各族人民团结奋斗、自强不息，开发了祖国的锦绣河山，创造了灿烂的中华文明，为人类文明进步作出了不可磨灭的巨大贡献。鸦片战争以后，由于西方列强的侵略和封建统治的腐朽，中国逐步沦为半殖民地半封建社会，国家积贫积弱，社会战乱不已，人民生灵涂炭。为了实现中华民族伟大复兴，无数仁人志士奋起寻求救国救民、振兴中华的道路。近一个世纪以来，我国先后发生3次伟大革命。第一次革命是孙中山先生领导的辛亥革命，推翻了统治中国几千年的君主专制制度，为中国的进步打开了闸门。第二次革命是中国共产党领导的新民主主义革命和社会主义革命，推翻了帝国主义、封建主义、官僚资本主义在中国的统治，建立了新中国，确立了社会主义制度，为当代中国一切发展进步奠定了根本政治前提和制度基础。第三次革命是我们党领导的改革开放这场新的伟大革命，引领中国人民走上了中国特色社会主义广阔道路，迎来中华民族伟大复兴光明前景。

我们的伟大目标是，到我们党成立100年时建成惠及十几亿人口的更高水平的小康社会，到新中国成立100年时基本实现现代化，建成富强民主文明和谐的社会主义现代化国家。只要我们不动摇、不懈怠、不折腾，坚定不移地推进改革开放，坚定不移地走中国特色社会主义道路，就一定能够胜利实现这一宏伟蓝图和奋斗目标。

30年来，我们取得了伟大成就，但同我们的远大目标相比，同人民群众对美好生活的期待相比，我们没有任何理由骄傲自满、固步自封。我们必须清醒地看到，我国仍处于并将长期处于社会主义初级阶段的基本国情没有变，人民日益增长的物质文化需要同落后的社会生产之间的矛盾这一社会主要矛盾没有变，当前我国发展呈现出一系列新的阶段性特征、我国生产力水平总体上还不高，自主创新能力还不强，长期形成的结构

性矛盾和粗放型增长方式尚未根本改变，影响发展的体制机制障碍依然存在，城乡贫困人口和低收入人口还有相当数量，农业基础薄弱、农村发展滞后的局面尚未改变，缩小城乡、区域发展差距和促进经济社会协调发展任务艰巨，社会建设和管理面临诸多新课题，党和国家工作中还存在缺点和不足，人民群众还有不少不满意的地方。在前进道路上，我们还会遇到这样那样的困难和风险。改革发展任重道远。全党同志一定要更加兢兢业业地工作，永远不辜负人民的信任和期望，全国各族人民一定要更加同心同德地奋斗，永远保持和发扬自强不息的进取精神。

党的十一届三中全会以来30年的伟大历程和伟大成就深刻昭示我们：改革开放是决定当代中国命运的关键抉择，是发展中国特色社会主义、实现中华民族伟大复兴的必由之路；只有社会主义才能救中国，只有改革开放才能发展中国、发展社会主义、发展马克思主义；改革开放符合党心民心、顺应时代潮流，方向和道路是完全正确的，成效和功绩不容否定，停顿和倒退没有出路。

在新的国际国内形势下和新的历史起点上，我们必须坚定不移地坚持党的十一届三中全会以来开辟的中国特色社会主义道路，坚定不移地坚持党的基本理论、基本路线、基本纲领、基本经验，勇于变革、勇于创新，永不僵化、永不停滞，不为任何风险所惧，不被任何干扰所惑，继续奋勇推进改革开放和社会主义现代化事业。

我们一定要坚持高举中国特色社会主义伟大旗帜，继续推进马克思主义中国化。高举中国特色社会主义伟大旗帜，最根本的就是要坚持中国特色社会主义道路和中国特色社会主义理论体系。经过30年的实践探索和理论创新，我们对中国特色社会主义在认识上更深化、把握上更深刻了。中国特色社会主义道路，就是在中国共产党领导下，立足基本国情，以经济建设为中心，坚持四项基本原则，坚持改革开放，解放和发展社会生产力，巩固和完善社会主义制度，建设社会主义市场经济、社会主义民主政治、社会主义先进文化、社会主义和谐社会，建设富强民主文明和谐的社会主义现代化国家。在当代中国，坚持中国特色社会主义道路，就是真正坚持社会主义；坚持中国特色社会主义理论体系，就是真正坚持马克思主义。《共产党宣言》问世以来160年的实践证明，马克思主义是与时俱进的开放的理论体系。中国特色社会主义理论体系，既展现了当代中国马克思主义的勃勃生机，又为我们继续进行理论创新打开了广阔空间。发展中国特色社会主义是一项长期历史任务，必须坚持不懈地为之奋斗。发展中国特色社会主义理论体系也是一项长期历史任务，必须随着中国特色社会主义实践的发展而发展。我们要坚持解放思想、实事求是、与时俱进，坚持以我国改革开放和现代化建设的实际问题、以我们正在做的事情为中心，着眼于马克思主义理论的运用，着眼于对实际问题的理论思考，着眼于新的实践和新的发展，深入研究和回答重大理论和现实问题，不断把党带领人民创造的成功经验上升为理论，不断赋予当代中国马克思主义鲜明的实践特色、民族特色、时代特色，不断推动当代中国马克思主义大众化，让当代中国马克思主义放射出更加灿烂的真理光芒。

我们一定要坚持改革开放的正确方向，着力构建充满活力、富有效率、更加开放、有利于科学发展的体制机制。这30年来，中国人民的面貌、社会主义中国的面貌、中国共产党的面貌之所以能够发生历史性变化，最根本的就是我们在党的基本路线指引下始终坚持改革开放的正确方向。中国未来的发展也必须靠改革开放，实践永无止境，探索和创新也永无止境。世界上没有放之四海而皆准的发展道路和发展模式，也没有一成不变的发展道路和发展模式。我们既不能把书本上的个别论断当作束缚自己思想和手脚的教条，也不能把实践中已见成效的东西看成完美无缺的模式。我们要适应国内外形势新变化、顺应人民新期待，坚定信心，砥砺勇气，坚持不懈地把改革创新精神贯彻到治国理政各个环节，继续推进经济体制、政治体制、文化体制、社会体制改革创新，加快重要领域和关键环节改革步伐，坚决破除一切妨碍科学发展的思想观念和体制机制弊端，促进现代化建设各个环节、各个方面相协调，促进生产关系与生产力、上层建筑与经济基础相协调，不断完善适合我国国情的发展道路和发展模式。我们要坚持对外开放的基本国策，拓展对外开放广度和深度，提高开放质量，完善内外联动、互利共赢、安全高效的开放型经济体系，加强同世界各国的经济技术交流合作，继续以自己的和平发展促进世界各国共同发展。

我们一定要坚持抓好发展这个党执政兴国的第一要务，更好地做到发展成果由人民共享。在当前国际形势深刻变化特别是国际金融危机不断扩散和蔓延的情况下，我们要更加自觉、更加坚定地牢牢扭住经济建设这个中心，继续聚精会神搞建设、一心一意谋发展，坚持走生产发展、生活富裕、生态良好的文明发展道路。要深入贯彻落实科学发展观，坚持第一要义是发展、核心是以人为本、基本要求是全面协调可持续、根本方法是统筹兼顾，按照统筹城乡发展、统筹区域发展、统筹经济社会发展、统筹人与自然和谐发展、统筹国内发展和对外开放的要求，着力把握发展规律、创新发展理念、转变发展方式、破解发展难题，全面推进社会主义现代化事业，更好实施科教兴国战略、人才强国战略、可持续发展战略，加快推进经济结构战略性调整，加快提高自主创新能力、建设创新型国家，加快建设资源节约型、环境友好型社会，不断增强经济实力、科技实力、综合国力，提高国际竞争力和抗风险能力，为发展中国特色社会主义打下坚实基础。我们要切实实施好进一步扩大内需、促进经济增长的各项措施，妥善应对国际金融危机以及来自国际经济环境的各种风险，全力保持经济平稳较快发展。我们党领导人民全面建设小康社会、进行改革开放和社会主义现代化建设的根本目的，是要通过发展社会生产力，不断提高人民物质文化生活水平，促进人的全面发展。我们要时刻把群众的安危冷暖放在心上，真诚倾听群众呼声，真实反映群众愿望，真情关心群众疾苦，多为群众办好事、办实事，特别是要千方百计帮助困难群众排忧解难，切实抓好地震灾区灾后恢复重建，切实保障人民经济、政治、文化、社会权益，不断促进社会和谐稳定。

我们一定要坚持戒骄戒躁、艰苦奋斗，不断开创改革开放和社会主义现代化事业新局面。我们的事业是面向未来的事业。实现全面建设小康社会的目标还需要继续奋斗十几年，基本实现现代化还需要继续奋斗几十年，巩固和发展社会主义制度则需要几代人、十几代人甚至几十代人坚持不懈地努力奋斗。艰苦奋斗是我们的传家宝。我们党靠艰苦奋斗起家，我们的事业靠艰苦奋斗发展壮大，我们的幸福生活和美好未来也要靠艰苦奋斗去开创、去实现。全党全国各族人民要长期奋斗、顽强奋斗、不懈奋斗。我们要增强忧患意识，始终居安思危，保持清醒头脑，充分估计前进道路上种种可以预料和难以预料的困难和风险，进一步抓住和用好我国发展的重要战略机遇期，不断创造新的业绩。我们要增强学习的紧迫感和自觉性，刻苦学习马克思列宁主义、毛泽东思想特别是邓小平理论、“三个代表”重要思想以及科学发展观等重大战略思想，学习做好工作所需要的一切新知识，坚持求真务实，加强战略思维，树立世界眼光，提高对发展中国特色社会主义的规律性认识，增强工作的原则性、系统性、预见性、创造性，提高推动科学发展、促进社会和谐能力。我们要深入开展党风廉政建设和反腐败斗争，坚持标本兼治、综合治理、惩防并举、注重预防的方针，继续旗帜鲜明地反对腐败，切实改进作风，始终保持共产党人的蓬勃朝气、昂扬锐气、浩然正气。我们要自觉维护全党的团结统一，保持党同人民群众的血肉联系，巩固全国各族人民的大团结，加强海内外中华儿女的大团结，促进中国人民同世界各国人民的大团结，进一步把我们自己的事情办好，在发展中国特色社会主义的历史画卷上描绘出更新更美的图画。

同志们！

我们取得的成就已经载入史册，新的更加艰巨繁重的任务正摆在我们面前。我们的事业崇高而神圣，我们的前景光明而美好，我们的责任重大而光荣。让我们更加紧密地团结起来，坚定不移地沿着党的十一届三中全会以来开辟的中国特色社会主义道路奋勇前进，继续解放思想，坚持改革开放，推动科学发展，促进社会和谐，为夺取全面建设小康社会新胜利、开创中国特色社会主义事业新局面、实现中华民族伟大复兴而团结奋斗，努力为人类作出新的更大的贡献！

（新华社北京12月18日电）

携手推动两岸关系和平发展　同心实现中华民族伟大复兴

——在纪念《告台湾同胞书》发表30周年座谈会上的讲话

（2008年12月31日）

胡锦涛

同志们，朋友们：

明天是2009年元旦。每逢佳节倍思亲。在这里，我谨代表祖国大陆各族人民，向广大台湾同胞致以诚挚的问候和衷心的祝福！

1979年元旦，全国人民代表大会常务委员会发表《告台湾同胞书》，郑重宣示了争取祖国和平统一的大政方针，两岸关系发展由此揭开新的历史篇章。《告台湾同胞书》明确提出，实现中国的统一，是人心所向，大势所趋；一定要考虑现实情况，完成祖国统一的大业，在解决统一问题时尊重台湾现状和台湾各界人士的意见，采取合情合理的政策和办法，不使台湾人民蒙受损失。《告台湾同胞书》明确提出，我们寄希望于台湾人民，也寄希望于台湾当局。《告台湾同胞书》明确倡议，通过商谈结束台湾海峡军事对峙状态，撤除阻隔两岸同胞交往的藩篱，推动自由往来，实现通航、通邮、通商，开展经济文化交流。《告台湾同胞书》的发表标志着我们解决台湾问题的理论和实践进入了一个新的历史时期。

自1949年台湾问题形成以来，我们始终把解决台湾问题、完成祖国统一大业作为自己的神圣职责，进行了长期不懈的努力。1978年，党的十一届三中全会作出把党和国家工作中心转移到经济建设上来、实行改革开放的历史性决策，中国的发展从此进入历史新时期。《告台湾同胞书》就是在这个重要历史背景下发表的。30年来，我们为促进台湾问题的解决，提出了一系列对台方针政策。邓小平同志根据国际国内形势发展变化，从中华民族根本利益和国家发展战略全局出发，在毛泽东同志、周恩来同志关于争取和平解决台湾问题思想的基础上，创造性地提出"一国两制"伟大构想，为确立"和平统一、一国两制"的方针作出了历史性贡献。江泽民同志提出现阶段发展两岸关系、推进祖国和平统一进程的八项主张，丰富和发展了对台方针政策。党的十六大以来，我们就对台工作作出重大决策部署，提出一系列新主张新举措，赋予对台方针政策新的内涵。反分裂国家法的制定和实施，把我们关于解决台湾问题的大政方针法律化，表达了我们坚持和平统一的一贯立场和最大诚意，同时表明了全中国人民坚决反对"台独"、捍卫国家主权和领土完整的共同意志和坚定决心。

《告台湾同胞书》发表以来，在两岸同胞和各界人士共同努力下，两岸关系发生重大变化。1987年底，两岸同胞长期隔绝状态被打破，两岸同胞交往日益密切，两岸经济合作蓬勃发展，形成互补互利的格局。1992年，两岸达成"九二共识"，双方在此基础上举行首次“汪辜会谈”。2005年，国共两党领导人实现历史性会谈，达成“两岸和平发展共同愿景”。今年3月，台湾局势发生积极变化，两岸关系迎来难得历史机遇。5月以来，本着建立互信、搁置争议、求同存异、共创双赢的精神，两岸协商在“九二共识”的基础上得到恢复并取得重要成果，两岸全面直接双向“三通”迈出历史性步伐。双方妥善处理一系列问题，保持两岸关系改善和发展势头，推动两岸关系展现出和平发展的前景。今天，两岸同胞往来之频繁、经济联系之密切、文化交流之活跃、共同利益之广泛是前所未有的。中国人民维护台海和平、推动两岸关系发展、实现祖国和平统一的事业日益赢得国际社会理解和支持，世界各国普遍承认一个中国的格局不断巩固和发展。

30年来两岸关系发展的实践告诉我们：推动两岸关系发展，实现祖国和平统一，最重要的是要遵循“和平统一、一国两制”的方针和现阶段发展两岸关系、推进祖国和平统一进程的八项主张，坚持一个中国原则决不动摇，争取和平统一的努力决不放弃，贯彻寄希望于台湾人民的方针决不改变，反对“台独”分裂活动决不妥协，牢牢把握两岸关系和平发展的主题，真诚为两岸同胞谋福祉、为台海地区谋和平，维护国家主权和领土完整，维护中华民族根本利益。

30年的实践充分证明，我们制定和实施的对台工作大政方针，顺应了时代潮流和历史趋势，把握了民族根本利益和国家核心利益，体现了尊重历史、尊重现实、尊重人民愿望的实事求是精神，反映了对两岸关系发展规律的深刻认识，从而推动两岸关系发展取得了历史性成就。我们要继续长期坚持和全面贯彻这些被实践证明是正确的大政方针，继续推动祖国和平统一进程不断向前迈进。

30年的实践充分证明，祖国大陆改革开放和现代化建设不断取得巨大进步，是推动两岸关系发展，实现祖国和平统一的雄厚基础和可靠保障，决定了两岸关系的基本格局和发展方向。

30年的实践充分证明，海峡两岸中国人有能力、有智慧把两岸关系的前途掌握在自己手中，通过交流合作增进感情融合、增加共同利益，通过协商谈判积累共识、减少分歧，循序渐进解决问题。

30年的实践还充分证明，“台独”分裂势力及其分裂活动违背两岸同胞共同利益，损害中华民族根本利益，拂逆中国发展不可阻挡的历史潮流，是对两岸关系和平发展的最大威胁，必然遭到两岸同胞共同反对。任何人、任何势力把台湾从中国分割出去的企图都是注定要失败的。

同志们、朋友们！

经过30年的改革开放，中国的面貌发生了历史性变化，中国同世界的关系发生了历史性变化。两岸关系历经风雨坎坷，站在了新的历史起点上。回顾近代民族之艰难奋斗历程，展望未来民族之光明发展前景，我们应该登高望远、审时度势，本着对历史、对人民负责的态度，站在全民族发展的高度，以更远大的目光、更丰富的智慧、更坚毅的勇气、更务实的思路，认真思考和务实解决两岸关系发展的重大问题。

解决台湾问题的核心是实现祖国统一，目的是维护和确保国家主权和领土完整，追求包括台湾同胞在内的全体中华儿女的幸福，实现中华民族伟大复兴。以和平方式实现祖国统一最符合包括台湾同胞在内的中华民族根本利益，也符合求和平、谋发展、促合作的时代潮流。我们一定要以最大诚意、尽最大努力净取祖国和平统一。首先要确保两岸关系和平发展，这有利于两岸同胞加强交流合作、融洽感情，有利于两岸积累互信、解决争议，有利于两岸经济共同发展、共同繁荣，有利于维护国家主权和领土完整、实现中华民族伟大复兴。

为此，我们要牢牢把握两岸关系和平发展的主题，积极推动两岸关系和平发展，实现全民族的团结、和谐、昌盛。我们应该把坚持大陆和台湾同属一个中国作为推动两岸关系和平发展的政治基础，把深化交流合作、推进协商谈判作为推动两岸关系和平发展的重要途径，把促进两岸同胞团结奋斗作为推动两岸关系和平发展的强大动力，携手共进，戮力同心，努力开创两岸关系和平发展新局面。

一、恪守一个中国，增进政治互信。维护国家主权和领土完整是国家核心利益。世界上只有一个中国，中国主权和领土完整不容分割。1949 年以来，大陆和台湾尽管尚未统一，但不是中国领土和主权的分裂，而是上个世纪 40 年代中后期中国内战遗留并延续的政治对立，这没有改变大陆和台湾同属一个中国的事实。两岸复归统一，不是主权和领土再造，而是结束政治对立。两岸在事关维护一个中国框架这一原则问题上形成共同认知和一致立场，就有了构筑政治互信的基石，什么事情都好商量。两岸应该本着建设性态度，积极面向未来，共同努力，创造条件，通过平等协商，逐步解决两岸关系中历史遗留的问题和发展过程中产生的新问题。继续反对"台独"分裂活动是推动两岸关系和平发展的必要条件，是两岸同胞的共同责任。凡是有利于两岸关系和平发展的事都应该大力推动，凡是破坏两岸关系和平发展的事都必须坚决反对。

二、推进经济合作，促进共同发展。两岸同胞要开展经济大合作，扩大两岸直接"三通"，厚植共同利益，形成紧密联系，实现互利双赢。我们继续欢迎并支持台湾企业到大陆经营发展，鼓励和支持有条件的大陆企业到台湾投资兴业。我们期待实现两岸经济关系正常化，推动经济合作制度化，为两岸关系和平发展奠定更为扎实的物质基础、提供更为强大的经济动力。两岸可以为此签定综合性经济合作协议，建立具有两岸特色的经济合作机制，以最大限度实现优势互补、互惠互利。建立更加紧密的两岸经济合作机制进程，有利于台湾经济提升竞争力和扩大发展空间，有利于两岸经济共同发展，有利于探讨两岸经济共同发展同亚太区域经济合作机制相衔接的可行途径。

三、弘扬中华文化，加强精神纽带。中华文化源远流长、瑰丽灿烂，是两岸同胞共同的宝贵财富，是维系两岸同胞民族感情的重要纽带。中华文化在台湾根深叶茂，台湾文化丰富了中华文化内涵。台湾同胞爱乡爱土的台湾意识不等于"台独"意识。两岸同胞要共同继承和弘扬中华文化优秀传统，开展各种形式的文化交流，使中华文化薪火相传、发扬光大，以增强民族意识、凝聚共同意志，形成共谋中华民族伟大复兴的精神力量。尤其要加强两岸青少年交流，不断为两岸关系和平发展增添蓬勃活力。我们将继续采取积极措施，包括愿意协商两岸文化教育交流协议，推动两岸文化教育交流合作迈上范围更广、层次更高的新台阶。

四、加强人员往来，扩大各界交流。两岸同胞要扩大交流，两岸各界及其代表性人士要扩大交流，加强善意沟通，增进相互了解。对于任何有利于推动两岸关系和平发展的建设性意见，我们都愿意作出积极回应。我们将继续推动国共两党交流对话，共同落实“两岸和平发展共同愿景”。对于部分台湾同胞由于各种原因对祖国大陆缺乏了解甚至存在误解、对发展两岸关系持有疑虑，我们不仅愿意以最大的包容和耐心加以化解和疏导，而且愿意采取更加积极的措施让越来越多的台湾同胞在推动两岸关系和平发展中增进福祉。对于那些曾经主张过、从事过、追随过“台独”的人，我们也热诚欢迎他们回到推动两岸关系和平发展的正确方向上来。我们希望民进党认清时势，停止“台独”分裂活动，不要再与全民族的共同意愿背道而驰。只要民进党改变“台独”分裂立场。我们愿意作出正面回应。

五、维护国家主权，协商涉外事务。我们一贯致力于维护台湾同胞在国外的正当权益。我们驻外使领馆要加强同台湾同胞的联系，诚心诚意帮助他们解决实际困难。我们了解台湾同胞对参与国际活动问题的感受，重视解决与之相关的问题。两岸在涉外事务中避免不必要的内耗，有利于增进中华民族整体利益。对于台湾同外国开展民间性经济文化往来的前景，可以视需要进一步协商。对于台湾参与国际组织活动问题，在不造成“两个中国”、“一中一台”的前提下，可以通过两岸务实协商作出合情合理安排。解决台湾问题、实现国家完全统一是中国内部事务，不受任何外国势力干涉。

六、结束敌对状态，达成和平协议。海峡两岸中国人有责任共同终结两岸敌对的历史，竭力避免再出现骨肉同胞兵戎相见，让子孙后代在和平环境中携手创造美好生活。为有利于两岸协商谈判、对彼此往来作出安排，两岸可以就在国家尚未统一的特殊情况下的政治关系展开务实探讨。为有利于稳定台海局势，减轻军事安全顾虑，两岸可以适时就军事问题进行接触交流，探讨建立军事安全互信机制问题。我们再次呼吁，在一个中国原则的基础上，协商正式结束两岸敌对状态，达成和平协议，构建两岸关系和平发展框架。

两岸同胞是血脉相连的命运共同体。包括大陆和台湾在内的中国是两岸同胞的共同家园，两岸同胞有责任把她维护好、建设好。实现中华民族伟大复兴要靠两岸同胞共同奋斗，两岸关系和平发展新局面要靠两岸同胞共同开创，两岸关系和平发展成果由两岸同胞共同享有。我们要坚持以人为本，把寄希望于台湾人民的方针贯彻到各项对台工作中去，理解、信赖、关心台湾同胞，体察他们的意愿，了解他们的诉求，为他们排忧解难，满腔热情为台湾同胞多办好事、多办实事，依法保护台湾同胞正当权益，最广泛地团结台湾同胞一道推动两岸关系和平发展。台湾的前途系于两岸关系和平发展，系于中华民族伟大复兴。在推动两岸关系和平发展、实现中华民族伟大复兴的道路上，台湾同胞将同大陆同胞一道，共享一个伟大国家的尊严和荣耀，以做堂堂正正的中国人而骄傲和自豪。

长期以来，广大香港同胞、澳门同胞和海外侨胞心系祖国统一大业，是反“独”促统的重要力量。我们衷心希望香港同胞、澳门同胞和海外侨胞为推动两岸关系和平发展、实现祖国和平统一作出新的贡献。

多年来，国际社会对中国政府和中国人民维护台海和平、推动两岸关系发展、实现国家完全统一的事业给予了积极支持。中国政府对此表示赞赏和感谢。中国的统一，不会损害任何国家的利益。只会促进亚太地区和世界繁荣稳定，只会有利于中国人民为人类和平与发展的崇高事业作出新的更大的贡献。

同志们、朋友们！

两岸统一是中华民族走向伟大复兴的历史必然。尽管前进道路上还会出现困难和阻碍，但只要我们坚定信心、不懈努力，紧紧依靠两岸同胞，就一定能够开创两岸关系和平发展新局面，迎来中华民族伟大复兴的锦绣前程。

（新华社北京讯，2009 年 1 月 1 日《人民日报》）

全国委员会篇

领导人讲话、报告、发言、文章

在全国政协新年茶话会上的讲话

（2008 年 1 月 1 日）

胡 锦 涛

同志们，朋友们：

今天是 2008 年元旦。在这辞旧迎新的喜庆时刻，我们欢聚一堂，同庆佳节，畅叙友情，共商国是，感到格外高兴。首先，我代表中共中央、国务院和中央军委，向各民主党派、工商联和无党派人士、各人民团体，向全国广大工人、农民、知识分子、干部和各界人士，向人民解放军指战员、武警官兵和公安民警，向香港特别行政区同胞、澳门特别行政区同胞、台湾同胞和海外侨胞，向关心和支持中国现代化建设的国际友人，致以节日的祝福！祝大家新年好！

刚刚过去的 2007 年，是党和国家事业发展进程中的重要一年。全党全国各族人民坚持以邓小平理论和“三个代表”重要思想为指导，深入贯彻落实科学发展观，继续深化改革、扩大开放，全面推进社会主义经济建设、政治建设、文化建设、社会建设和党的建设，各项事业取得了新的重大进展。我们加快转变经济发展方式，增强宏观调控的科学性、预见性、有效性，着力提高经济增长质量和效益，国民经济保持了增长较快、结构优化、效益提高、民生改善的良好态势。我们坚持扩大社会主义民主，全面实施依法治国基本方略，推进社会主义法治国家建设，人民各项权益得到更好保障。我们大力推进社会主义核心价值体系建设，深化文化体制改革，加快发展文化事业和文化产业，人民文化生活更加丰富多彩。我们以解决人民最关心、最直接、最现实的利益问题为重点，加快发展社会事业，促进社会公平正义，和谐社会建设取得重要成果。我们隆重庆祝中国人民解放军建军 80 周年，加强军队革命化、现代化、正规化建设，推动国防和军队建设又好又快发展。我国首次月球探测工程取得圆满成功，开启了中国人走向深空探索宇宙奥秘的时代。我们隆重庆祝香港回归祖国 10 周年，坚持贯彻“一国两制”、“港人治港”、“澳人治澳”、高度自治的方针，扩大内地同香港、澳门的交流合作，促进香港、澳门长期繁荣稳定。我们牢牢把握两岸关系和平发展的主题，积极扩大两岸交流合作，坚决反对和遏制“台独”分裂势力及其活动，维护台海地区和平稳定。我们坚持统筹国内国际两个大局，开展全方位外交，致力于推进国际热点问题的妥善解决，为我国发展营造了良好外部环境，为推动建设和谐世界作出了新的贡献。我们全面推进党的思想建设、组织建设、作风建设、制度建设和反腐倡廉建设，党的建设取得新的成效，为经济社会发展提供了根本政治保证。

回顾党的十六大以来的5年，全党全国各族人民同心同德、开拓进取，战胜各种困难和风险，围绕全面建设小康社会的奋斗目标，奋力推进改革开放和社会主义现代化建设，开创了中国特色社会主义事业新局面，开拓了马克思主义中国化新境界。5年来取得的重大成就，是全党全国各族人民团结奋斗的结果，为我们在新的历史起点上继续全面建设小康社会、发展中国特色社会主义奠定了坚实基础。

同志们、朋友们！

党的十七大，科学回答了党在改革发展关键阶段举什么旗、走什么路、以什么样的精神状态、朝着什么样的发展目标继续前进等重大问题，提出了实现全面建设小康社会奋斗目标的新要求，对推进中国特色社会主义伟大事业和党的建设新的伟大工程作出全面部署。今后5年，全党全国的任务归结起来说，就是要把党的十七大作出的各项部署落到实处，把党的十七大描绘的宏伟蓝图变为现实。

2008年，是全面贯彻落实党的十七大作出的战略部署的第一年，是实施“十一五”规划承上启下的一年；我们将迎来改革开放30周年，还要举办北京奥运会和残奥会。做好今年的工作，对保持和发展我国改革发展稳定的大局具有重大意义。当前，国际国内形势继续深刻变化，我国发展面临的机遇前所未有，挑战也前所未有，机遇大于挑战。我们要全面贯彻党的十七大精神，高举中国特色社会主义伟大旗帜，以邓小平理论和“三个代表”重要思想为指导，深入贯彻落实科学发展观，继续牢牢抓住和切实用好重要战略机遇期，增强忧患意识，做到居安思危，始终戒骄戒躁，继续艰苦奋斗，不断开创党和国家各项工作新局面。

在新的一年里，我们要把学习贯彻党的十七大精神作为全党全国的首要政治任务抓紧抓好，在武装头脑、指导实践、推动工作上狠下功夫，切实使学习贯彻党的十七大精神的过程成为推动科学发展、促进社会和谐的过程。我们要坚持以经济建设为中心，紧紧围绕转变经济发展方式和完善社会主义市场经济体制，继续加强和改善宏观调控，着力控总量、稳物价、调结构、促平衡，积极推进改革开放和自主创新，着力优化经济结构和提高经济增长质量，切实加强节能减排和生态环境保护，更加重视改善民生和促进社会和谐，推动经济社会又好又快发展。我们要坚持党的领导、人民当家作主、依法治国有机统一，坚持和完善人民代表大会制度、中国共产党领导的多党合作和政治协商制度、民族区域自治制度以及基层群众自治制度，扩大社会主义民主，建设社会主义法治国家，推进行政管理体制改革，发展社会主义政治文明。我们要坚持社会主义先进文化前进方向，推进社会主义核心价值体系建设，深化文化体制改革，加快发展文化事业和文化产业，更加自觉、更加主动地推动社会主义文化大发展大繁荣。我们要加快推进以改善民生为重点的社会建设，扩大公共服务，完善社会管理，落实教育优先发展的政策措施，实施扩大就业的发展战略，合理调节国民收入分配，完善社会保障体系，加快建立基本医疗制度，着力解决城市低收入家庭住房困难，切实维护社会稳定，促进社会和谐。我们要着眼于全面履行新世纪新阶段军队历史使命，加快中国特色军事变革，加速推进国防和军队现代化建设。

我们要以改革创新精神全面推进党的建设新的伟大工程，把党的执政能力建设和先进性建设作为主线，全面加强党的建设，切实增强党的创造力、凝聚力、战斗力，不断提高党的执政能力、保持和发展党的先进性。

在新的一年里，我们要坚定不移贯彻“一国两制”、“港人治港”、“澳人治澳”、高度自治的方针，严格按照特别行政区基本法办事，全力支持特别行政区政府依法施政，着力发展经济、改善民生、推进民主，鼓励香港、澳门各界人士在爱国爱港、爱国爱澳的旗帜下和衷共济，加强内地与香港、澳门交流合作，共同促进香港、澳门长期繁荣稳定。

在新的一年里，我们要坚持“和平统一、一国两制”的基本方针和现阶段发展两岸关系、推进祖国和平统一进程的八项主张，坚持一个中国原则决不动摇，争取和平统一的努力决不放弃，贯彻寄希望于台湾人民的方针决不改变，反对“台独”分裂活动决不妥协，牢牢把握两岸关系和平发展的主题，真诚为两岸同胞谋福祉、为台海地区谋和平，继续实施和充实惠及广大台湾同胞的政策措施，同包括台湾同胞在内的全体中华儿女一道努力，继续推进祖国和平统一大业。

在新的一年里，我们要高举和平、发展、合作旗帜，坚持独立自主的和平外交政策，始终不渝走和平发展道路，始终不渝奉行互利共赢的开放战略，坚持在和平共处五项原则的基础上同所有国家发展友好合作，推动同发达国家关系长期稳定健康发展，加强同周边国家的睦邻友好和务实合作，加强同发展中国家的团结合作，积极参与多边事务，继续同世界各国人民一道推进人类和平与发展的崇高事业。

要胜利完成今年的各项任务，我们必须大力发扬改革创新、求真务实、团结奋进的精神。改革创新，就是要坚持解放思想，锐意创新，开拓进取，毫不动摇地坚持改革方向，加快重要领域和关键环节改革步伐，着力构建充满活力、富有效率、更加开放，有利于科学发展的体制机制，充分激发全社会的创造活力。求真务实，就是要坚持立足我国国情、一切从实际出发，真抓实干，埋头苦干，按照客观规律和科学规律办事，切实推动科学发展、促进社会和谐。团结奋进，就是要坚持团结一切可以团结的力量、调动一切积极因素，万众一心，齐心协力，保持党同人民群众的血肉联系，巩固全国各族人民的大团结，为夺取全面建设小康社会新胜利、谱写人民美好生活新篇章凝聚起战无不胜的强大力量。

同志们，朋友们！

今年是我国实行改革开放30周年。改革开放是党在新的时代条件下带领人民进行的新的伟大革命，是对我们党和国家发展具有划时代意义的伟大事业。经过全党全国各族人民不懈努力，我国综合国力大幅度提高，我国人民生活显著改善，中国特色社会主义展示了蓬勃生机和活力。我们要按照党的十七大精神，联系党和国家工作全局，对改革开放进行系统回顾总结，以生动的事实、伟大的成就、成功的经验对全党全国人民进行坚持改革开放的教育，深刻领会改革开放是决定当代中国命运的关键抉择，深刻领会改革开放是发展中国特色社会主义、实现中华民族伟大复兴的必由之路，深刻领会只有改革开放才能发展中国、发展社会主义、发展马克思主义，进一步坚定走中国特色社会主义道路、坚持中国特色社会主义理论体系的决心和信心，在新的时代条件下继续把改革开放伟大事业推向前进。

同志们，朋友们！

在过去的一年里，人民政协高举爱国主义、社会主义旗帜，牢牢把握团结和民主两大主题，积极履行政治协商、民主监督、参政议政职能，充分发挥协调关系、汇聚力量、建言献策、服务大局的作用，为推动科学发展、促进社会和谐。推进“一国两制”实践和祖国和平统一大业作出了重要贡献。

在前进道路上，我们要巩固和壮大最广泛的爱国统一战线，坚持和完善中国共产党领导的多党合作和政治协商制度，团结全体社会主义劳动者、社会主义事业的建设者、拥护社会主义的爱国者、拥护祖国统一的爱国者，不断促进政党关系、民族关系。宗教关系、阶层关系、海内外同胞关系的和谐，为建设中国特色社会主义服务。人民政协要按照党的十七大的有关部署，紧紧围绕党和国家工作大局，保持和发扬人民政协的优良传统，扩大团结面，增强包容性，加强调查研究，关注社情民意，积极开展政治协商，完善民主监督机制，提高参政议政实效，推进履行职能的制度化、规范化、程序化，为全面建设小康社会、加快推进社会主义现代化作出新的更大贡献。

同志们，朋友们!

我国的发展前景无比美好，我们的伟大事业催人奋进。让我们高举中国特色社会主义伟大旗帜，大力发扬改革创新、求真务实、团结奋进的精神，同心同德，扎实工作，为实现党的十七大确定的目标任务而努力奋斗!

（新华社北京1月1日电）

在全国政协新年茶话会上的讲话

（2008年1月1日）

严隽琪

同志们，朋友们：

一元复始，万象更新，在2008年到来之际，我们在这里欢聚一堂，喜迎新春。在这美好的欢庆时刻，我谨代表各民主党派中央、全国工商联和无党派人士，向伟大的中国共产党致以崇高的敬意；向全国各族人民致以节日的祝贺；向香港特别行政区同胞、澳门特别行政区同胞、台湾同胞和海外侨胞致以节日的问候！恭祝大家新年快乐，万事如意！

2007年，是我国发展史上非常重要的一年，也是十分振奋人心的一年。在以胡锦涛同志为总书记的中共中央领导下，全国各族人民坚持以邓小平理论和“三个代表”重要思想为指导，深入贯彻落实科学发展观，开拓进取、扎实工作，我国民族团结，社会稳定，人民安居乐业，呈现出一派欣欣向荣的美好景象。

2007年，中国共产党第十七次全国代表大会胜利召开，这是在我国改革发展关键阶段召开的一次十分重要的大会。中共十七大所提出的各项任务和奋斗目标，充分体现了社会主义的本质要求和当代中国发展的要求，反映了广大人民群众的根本利益和共同愿望，得到了全国各族人民的热烈欢迎和竭诚拥护。我们各民主党派中央和全国工商联，要认真学习、深刻领会、全面把握、努力贯彻中共十七大精神，坚定不移地走中国特色社会主义政治发展道路，坚持和完善中国共产党领导的多党合作和政治协商制度，充分履行参政党职能，为促进科学发展、构建和谐社会，夺取全面建设小康社会新胜利作出应有的贡献。

2007 年，国务院新闻办公室发表了《中国的政党制度》白皮书。白皮书概括了几十年来特别是改革开放以来，我国多党合作积累的主要经验，深刻揭示了中国多党合作制度具有的历史必然性、伟大创造性和巨大优越性，科学总结了中国多党合作制度的重要价值、功能和在中国特色社会主义建设中的重要作用，进一步明确了中国共产党和各民主党派在国家政治生活中的地位、作用和相互关系。这对于推动我国多党合作事业的发展具有重要的现实意义和深远的历史意义。

2007 年，多党合作事业继续在创新中发展。各民主党派和全国工商联坚持以邓小平理论和“三个代表”重要思想为指导，深入贯彻落实科学发展观，认真履行参政党职能，为国家的经济发展、社会进步和祖国统一大业作出了新的贡献，不久前，各民主党派和工商联分别召开了全国代表大会，认真回顾总结了过去 5 年的工作，明确了今后一个时期的主要任务，选举产生了新的中央领导集体。这对于搞好政治交接，继承发扬各民主党派和工商联的优良传统，坚持中国共产党领导的多党合作和政治协商制度，坚持走中国特色社会主义道路，为我国经济建设、政治建设、文化建设、社会建设作出新贡献具有重要意义。

2007 年，中共中央和中央人民政府采取一系列重大举措，推进“一国两制”实践和祖国和平统一大业。我们坚定不移地贯彻“一国两制”、“港人治港”、“澳人治澳”、高度自治的方针，严格按照特别行政区基本法办事，全力支持特别行政区政府依法施政，着力发展经济、改善民生、推进民主，保持了香港、澳门的繁荣稳定，解决台湾问题、实现祖国完全统一，是全体中华儿女的共同心愿。我们要继续坚持“和平统一、一国两制”的方针和现阶段发展两岸关系、推进祖国和平统一进程的八项主张，深入贯彻胡锦涛总书记关于新形势下发展两岸关系的四点意见，坚决反对和遏制“台独”分裂势力及其活动，努力推动两岸关系继续朝着和平稳定的方向发展，进一步推动两岸同胞加强交流、交往与合作。我们深信，海内外中华儿女紧密团结、共同奋斗，祖国完全统一就一定能够实现。

同志们、朋友们，新的一年孕育着蓬勃的生机和活力，寄托着美好的希望，显示着美好的前景。让我们更加紧密地团结在以胡锦涛同志为总书记的中共中央周围，高举中国特色社会主义伟大旗帜，同心同德，开拓奋进，为夺取全面建设小康社会新胜利、实现中华民族的伟大复兴而努力奋斗！

（新华社北京 1 月 1 日电）

在会见中国基督教第八次代表会议代表时的讲话（摘要）

（2008年1月13日）

贾 庆 林

过去五年来，中国基督教界高举爱国爱教旗帜，认真贯彻党的宗教工作基本方针，深入落实《宗教事务条例》，积极推进神学思想建设，努力引导基督教与社会主义社会相适应；坚持独立自主自办原则，坚决抵御境外利用宗教进行的渗透；大力开展社会服务事业，为促进社会和谐发挥了积极作用；切实加强自身建设，基督教团体和院校办公办学条件得到明显改善。实践证明，广大基督教界人士和信教群众是值得信赖的，不愧为建设中国特色社会主义的积极力量。

党中央历来高度重视宗教工作。前不久，中共中央政治局专门学习研究宗教问题和宗教工作，胡锦涛总书记发表重要讲话，对做好新形势下的宗教工作作出重要指示。广大宗教界人士要认真学习贯彻胡锦涛总书记的重要讲话精神，坚持党的宗教工作基本方针，积极主动地做好宗教工作，努力把宗教界人士和信教群众紧紧团结在党和政府周围，为夺取全面建设小康社会新胜利而共同奋斗。希望中国基督教三自爱国运动委员会和中国基督教协会新一届领导班子继承和发扬优良传统，学习中国基督教界老一辈爱国人士的崇高品质，在党的领导下，团结带领广大信教群众，不断开创中国基督教各项事业的新局面，为促进经济社会发展发挥积极作用。

（摘自《人民政协报》）

全面贯彻落实党的十七大精神
不断开创统一战线工作新局面

——在全国统战部长会议上的讲话（摘要）

（2008年1月14日）

贾 庆 林

党的十六大以来，在以胡锦涛同志为总书记的党中央坚强领导下，统一战线始终高举爱国主义、社会主义旗帜，牢牢把握大团结大联合的主题，围绕中心、服务大局，求真务实、开拓创新，巩固和发展了团结、和谐、开拓、奋进的良好局面，为全面建设小康社会、实现中华民族伟大复兴提供了强大的力量支持。

学习贯彻党的十七大精神，是当前和今后一个时期全党全国的首要政治任务，也是统一战线的首要政治任务。要采取多种形式和有效措施，把广大统一战线成员的思想和行动统一到党的十七大精神上来，把智慧和力量凝聚到实现党的十七大提出的各项任务上来。要高举中国特色社会主义伟大旗帜，正确把握统一战线的前进方向，坚持中国特色社会主义道路不动摇，坚持中国特色社会主义理论体系不动摇。要深入贯彻落实科学发展观，牢牢把握发展这个第一要义，坚持把发展作为统一战线广大成员团结奋斗的第一要务；牢牢把握以人为本这个核心，始终把实现好、维护好、发展好最广大人民的根本利益作为统战工作的出发点和落脚点；牢牢把握全面协调可持续这个基本要求，引导统一战线广大成员走科学发展之路；牢牢把握统筹兼顾这个根本方法，全面提高统战工作水平和实效。要坚持我国社会主义政党制度的特点和优势，不断巩固多党合作的政治格局；坚持各民族共同团结奋斗、共同繁荣发展的主题，巩固和发展平等团结互助和谐的社会主义民族关系；坚持党的宗教工作基本方针，发挥宗教界人士和信教群众在促进经济社会发展中的积极作用；坚持新的社会阶层人士统战工作方针，为全面建设小康社会凝聚新力量；坚持大团结大联合的主题，努力形成全体中华儿女共同致力于祖国统一和民族复兴的良好局面。

坚持党的领导，是统一战线事业蓬勃发展的根本保证。各级党委要从实现全面建设小康社会奋斗目标、发展中国特色社会主义的战略高度，进一步认识新世纪新阶段巩固和壮大统一战线的重大意义，进一步加强和改善党对统一战线工作的领导，进一步发挥统一战线的重要法宝作用，在坚持和发展中国特色社会主义的伟大历史进程中，不断开拓统一战线工作新局面。要健全领导机制，巩固和发展全党重视、全社会支持的统战工作良好格局。要深入调查研究，切实以理论创新推动工作创新。要加强队伍建设，为统一战线事业发展奠定坚实的组织基础。

（摘自《人民政协报》）

在中国经济社会理事会二届五次会议上的讲话（摘要）

（2008年1月14日）

王忠禹

2007年理事会圆满完成了各项工作任务，在前进的道路上又迈出了坚实的步伐。团内工作有新拓展，紧紧围绕国家经济和社会发展领域的热点和难点，对在华跨国公司劳资关系与工会组建等问题开展多种形式调研，召开国际金融问题研讨会，提供咨询，取得积极成果，向国家有关部门报送建议，受到各方好评。对外交往成果显著，多边领域取得重大成就。去年6月，圆满履行经社理事会和类似组织国际协会主席国职责，在北京成功承办了国际协会第十次全体会议。这次会议是国际协会历史上规模最大、层次最高、与会人士最多的一次盛会。理事会对外双边交往有了新进展，正式启动了与欧盟经济社会委员会的圆桌会议交流机制，会议成果得到中欧领导人的充分肯定。

在发展中国特色社会主义的历史征程中理事会发展前景广阔，工作大有可为。希望理事会在2008年继续围绕构建社会主义和谐社会和推动建设和谐世界开展工作，针对我国经济社会发展中的问题开展研究，并进一步加强理事会的自身建设。

（摘自《人民政协报》）

在会见全国宗教工作系统先进集体和先进工作者时的讲话

（2008年1月16日）

贾　庆　林

党的十六大以来，在以胡锦涛同志为总书记的党中央领导下，各级党委、政府和宗教工作部门认真贯彻落实中央精神，普遍加强宗教工作，取得了显著成绩，为维护改革发展稳定的大局作出了积极贡献。这些成绩的取得，是党中央、国务院正确领导的结果，也是与各级宗教工作部门和广大宗教工作干部的辛勤努力和扎实工作分不开的。长期以来，宗教工作战线的同志们忠于职守、甘于吃苦、乐于奉献、勇于进取，表现出良好的精神风貌和思想品质，涌现出一大批优秀集体和个人。这次受到表彰的先进集体和个人，就是其中的杰出代表，他们的模范事迹和优良品质，值得广大宗教工作干部认真学习和大力弘扬。

党的十七大强调，要全面贯彻党的宗教工作基本方针，发挥宗教界人士和信教群众在促进经济社会发展中的积极作用。前不久，胡锦涛总书记在中央政治局第二次集体学习时发表重要讲话，对做好宗教工作进一步提出了明确要求。我们要深入学习贯彻十七大精神，学习贯彻胡锦涛总书记的重要讲话，充分认识做好新形势下宗教工作的重要性，积极主动地做好宗教工作，促进宗教关系的和谐，努力把宗教界人士和信教群众团结在党和政府周围，为全面建设小康社会、加快推进社会主义现代化而奋斗。

切实做好新形势下的宗教工作，一是要坚持党的宗教工作基本方针，全面准确地理解和把握其精神实质和基本要求，真正把它贯彻落实到宗教工作的各个方面，推动宗教工作不断取得新的成绩；二是要做好信教群众工作，着力把他们的积极性引导到促进发展、改善生活上来，同广大不信教群众团结一致，为完成十七大确定的各项任务共同奋斗；三是要加强爱国宗教人士队伍建设，努力造就一支政治上靠得住、学识上有造诣，品德上能服众的教职人员队伍，不断壮大爱国爱教力量；四是要努力建设高素质的宗教工作干部队伍，加强学习培训，强化业务能力，增强大局意识和责任意识，不断提高依法管理宗教事务的水平。

（摘自《人民政协报》）

关于第十一届全国政协委员人选建议名单的说明(摘要)

(2008 年 1 月 23 日)

杜 青 林

这次全国政协换届，是在中共十七大后进行的一次重要的换届，国内外十分关注。做好这次换届人事安排工作，把全国政协有关组成人员选好，对于进一步坚持和完善我国的基本政治制度，充分发挥全国政协在社会主义民主政治建设中的作用，推进社会主义民主制度化、规范化、程序化，推进建设社会主义政治文明的进程，具有十分重要的意义。中共中央对这次换届高度重视，明确了换届人事安排的要求和有关政策。中共中央统战部同各民主党派中央、全国工商联负责人和无党派代表人士进行协商，对第十一届全国政协人事安排的总要求和规模、构成、人选条件等重大政策性问题，取得了一致意见。

第十一届全国政协委员维持第十届的总规模，仍为 2200 名左右。界别设置保持第十届格局，设 34 个界别。中共委员不超过 40%、非中共委员不少于 60%，妇女委员的比例要高于第十届（16.7%），56 个民族都要有代表进入全国政协。

人选建议名单总体上体现了中共中央的有关精神，反映了全国政协作为爱国统一战线组织的要求，具有以下特点：

一是人选具有广泛的代表性。人选中有因工作需要参加全国政协的有关方面现职领导干部；在经济、政治、文化、社会建设中作出突出贡献的代表人士、专家学者；部分从现职岗位上退下来的副省部级以上、军队正军职以上领导干部和部分中央金融机构、在京中央企业主要负责人；各民主党派、工商联负责人、无党派代表人士以及有关人民团体的负责人；爱国爱港爱澳、拥护“一国两制”方针的香港、澳门各界知名人士；为维护国家统一、民族团结、社会稳定作出积极贡献的少数民族代表和宗教界人士；新的社会阶层中爱国、敬业、诚信、守法、贡献大的优秀代表人士；其他方面的对巩固和发展爱国统一战线有突出作用的代表人士。

二是整体结构比较合理。中共委员人选占 39.9%，非中共委员人选占 60.1%，符合中共、非中共委员的比例要求。妇女委员人选占 17.7%，比第十届时高了 1 个百分点。56 个民族都有委员人选。平均年龄比第十届下降了近 2 岁。

三是进退比例比较适当。人选中第十届全国政协委员继续提名的占 44.9%，新提名的占 55.1%。少数超过提名年龄的特殊代表性人物，主要是知名专家学者和民族、宗教方面的代表人物，根据工作需要也作了安排。第十届全国政协委员在履行职责的五年中，围绕国家的中心任务，积极参政议政，为巩固和发展爱国统一战线做了卓有成效的工作。他们中有一部分同志将退下来，这些同志对全国政协怀有深厚的感情，五年来认真履行职责，对政协工作倾注了大量心血，作出了重要的贡献，为统一战线和人民政协留下了宝贵的财富。第十一届全国政协吸收了一大批各党派、各族各界新的代表人士，增添了新鲜血液，充分反映出统一战线和人民政协事业兴旺发达、后继有人。

四是人选素质比较高。各地各单位在推荐、提名人选时，注意严格把关，多方面听取意见，人选总体素质有了进一步提高。普遍具有良好的思想政治素质、较好的群众基础和较强的参政议政能力，模范遵纪守法，社会形象比较好。具有大专以上学历的委员人选占 92.4%，比第十届时高了近 7 个百分点。

杜青林说，全国政协换届，是我国人民政治生活中的一件大事。中共中央在中共十七大后就立即部署了全国政协换届的有关工作，并专门进行研究。中共中央领导同志十分重视这项工作，多次听取有关人选提名情况的汇报，及时提出要求。各地各单位把全国政协有关人选推荐工作作为大事来抓，精心组织，统筹安排。在推荐、提名过程中，注意充分发扬民主，严格按规定程序办事，注意坚持人选条件与广泛代表性的统一，严格把好政治素质关，注意统筹兼顾、全面安排，努力完善各方面结构。去年 12 月 28 日，中共中央统战部召开了各民主党派中央、全国工商联领导人，全国政协非中共副主席和无党派代表人士民主协商会，就人选初步名单进行协商，取得了基本一致的意见。在各党派各单位各方面充分协商的基础上，经中共中央政治局常委会讨论同意，最后形成了中共中央提出的第十一届全国政协委员人选建议名单。

（摘自《人民政协报》）

在政协十届常委会第二十次会议闭幕会上的讲话(摘要)

（2008 年 1 月 25 日）

贾 庆 林

十届政协五年来，在人民政协这个大舞台上，在履行职能的火热实践中，各位常委和广大委员为了国家富强和民族振兴，为了人民政协事业发展，尽职尽责、殚精竭虑，做了大量富有成效的工作，结下了真挚深厚的友谊。十届政协创造的每一项业绩，工作取得的每一项进展，对国家和社会作出的每一份贡献，都凝聚着各位常委和广大委员的智慧、心血和汗水。

人民政协事业的发展，是一个继往开来、薪火相传的历程。本次会议的一项重要成果，就是协商产生了政协第十一届全国委员会委员。十一届全国政协的委员组成，适应了我国经济社会发展的新形势，体现了巩固和壮大爱国统一战线的新要求，具有广泛的代表性和包容性，为今后五年人民政协事业的发展奠定了坚实的组织基础。十届全国政协的很多委员，有的由于工作岗位变动调整、多数由于年龄关系需要从委员、常委的岗位上退下来。在协商讨论中，大家对此都表示理解和支持，表现出了高尚的情操和宽广的胸怀。退下来的委员和常委，依然是党和国家的宝贵财富，依然是政协大家庭的重要成员，依然是政协事业发展的重要力量。

即将召开的全国政协十一届一次会议，是人民政协换届的会议，是我国政治生活中的一件大事。会议的组织筹备工作时间紧、任务重、要求高。大会秘书处、各工作机构和全体工作人员，要认真贯彻中共中央关于开好大会的指导思想和工作要求，提高认识、统一思想、加强协作，扎扎实实地做好各项筹备工作，确保全国政协十一届一次会议胜利召开。

（摘自《人民政协报》）

在政协十届常委会第十四次学习讲座上的讲话（摘要）

（2008 年 1 月 25 日）

贾　庆　林

实施月球探测工程，是党中央、国务院着眼我国社会主义现代化建设全局，把握世界科技发展大势，为推动我国航天事业发展、促进我国科技进步和创新、提高我国综合国力作出的一项重大战略决策。参加工程组织实施、研制、建设、试验和科学应用的全体同志，大力弘扬无私奉献、顽强拼搏、万众一心、精益求精的精神，高标准、高质量、高效率地实施了工程任务，为推动我国航天科技跨越式发展作出了突出贡献，为祖国、为人民、为民族建立了卓越功勋。我们要认真学习贯彻中共十七大精神，按照自主创新、重点跨越、支撑发展、引领未来的指导方针，加大自主创新的投入，激发创新的活力，增强创新动力，努力建设创新型国家。

长期以来，广大政协委员特别是科协和科技界的政协委员，为推动科技进步和创新作出了突出贡献，赢得了社会的广泛赞誉。在新的历史条件下，各级政协组织和广大政协委员要更加自觉地走中国特色自主创新道路，围绕实施科教兴国战略、落实国家中长期科学和技术发展规划纲要、建设国家创新体系、深化科技管理体制改革、优化科技资源配置等重大问题进行深入调查研究，提出高水准的意见和建议，为提高自主创新能力、建设创新型国家作出新的更大的贡献。

（摘自《人民政协报》）

在纪念薄一波同志诞辰一百周年座谈会上的讲话

（2008 年 1 月 28 日）

贾　庆　林

同志们：

今天，我们怀着崇敬的心情在这里举行座谈会，纪念薄一波同志诞辰 100 周年，深切缅怀他为民族独立、人民解放和国家富强、人民幸福建立的历史功绩，追思和学习他为党和人民事业不懈奋斗的崇高风范，进一步激励全党全国人民在中国特色社会主义道路上开拓奋进。

薄一波同志是中国共产党的优秀党员，伟大的共产主义战士，杰出的无产阶级革命家，我党经济工作的卓越领导人。在八十多年的革命生涯中，他为中国革命、建设和改革事业倾注了全部心血，鞠躬尽瘁、奋斗不已，作出了重大贡献。

薄一波同志出生于山西省定襄县一个农民家庭。他的青少年时代，正值中国社会危难深重和急剧变革的时期。他受到新思想斯文化的影响，在对各种社会思潮的比较中接受了马克思列宁主义，薄一波同志 1925 年秋加入中国共产主义青年团，同年 12 月转为中国共产党党员，从此把共产主义事业作为终生不渝的奋斗目标。

大革命失败后，薄一波同志长期坚持白区斗争，历任中共山西临时省委委员、顺直省委军委常委等职务。1929 年后在北平、天津、唐山等地从事兵运工作。由于白区工作环境险恶，他先后四次被捕，两次入狱。在狱中，他带领同志们对敌人进行坚决斗争，保持了共产党人的崇高气节。1936 年夏秋之际，经党中央批准，关押在草岚子监狱的薄一波等 54 位同志被营救出狱。对于薄一波等同志在草岚子监狱中的英勇斗争，毛泽东同志后来给予充分肯定和很高的评价。

薄一波同志出狱后，遵照中共中央北方局指示赴山西，组成以他为书记的中共山西公开工作委员会。他创造性地运用党的统一战线思想，成功地与国民党地方实力派阎锡山建立了特殊形式的上层统一战线，接办、改组山西牺牲救国同盟会，组建山西新军即山西青年抗敌决死队，把山西抗日救亡运动轰轰烈烈地开展了起来。抗日战争全面爆发后，他率决死队第一纵队到晋东南抗日前线，参与领导创建了太岳抗日根据地。与阎锡山上层统一战线工作的成功开展，对华北的抗日战争具有重要意义，对全国抗战也产生了积极影响。党中央和毛泽东同志关于把山西作为全国抗日战争战略支点的伟大构想由此得到实现。

1939 年底，薄一波同志率领新军，在八路军的支持和配合下粉碎了阎锡山企图消灭新军的阴谋，新军各部队正式编入八路军序列。1940 年后，薄一波同志任冀南、太行、太岳行政联合办事处副主任，领导太岳抗日根据地的建党、建政、建军工作。从这时起，他开始涉足根据地财政经济工作这一全新的领域。1941 年起，薄一波同志先后任八路军太岳军区司令员兼政治委员、太岳纵队政治委员、晋冀鲁豫边区政府副主席、中共太行分局委员、太岳区委书记，为晋冀鲁豫抗日根据地的发展壮大建立了显著功绩。1945年，薄一波同志在延安参加党的七大，当选为中央委员。

抗日战争胜利后，薄一波同志任中共晋冀鲁豫中央局副书记兼晋冀鲁豫军区副政治委员等重要领导职务，协助邓小平同志主持晋冀鲁豫中央局日常工作。

1947年夏季刘邓大军挺进中原后，他任晋冀鲁豫中央局第一副书记、代理书记，负责主持中央局工作。他正确执行党中央的方针政策，领导了晋冀鲁豫解放区的土地改革运动；结合实际贯彻党的工商业政策，推动了解放区经济的恢复和发展。

1948年5月起，薄一波同志先后任中共中央华北局第二书记、第一书记兼华北军区政治委员，主持华北局的全面工作。他提出“安定团结，发展生产”的方针，领导华北局开展了整党、建政、生产、支前和成立大党校、大军校、大党报及华北大学等项工作。1948年9月华北人民政府成立，薄一波同志兼任华北人民政府第一副主席、党组干事会书记，随后兼任平津卫戍司令部政治委员。他参与部署领导了接管北平、天津两大城市的工作，指导华北局的工作重心及时从乡村转入城市，为党中央从乡村进入城市和确定以北平为首都筹备建立新中国创造了良好的条件。对此，党中央给予高度评价。1949年3月起，薄一波同志列席中共中央书记处会议，参与党中央一些重大决策的讨论。7月，任党中央财政经济委员会副主任，参与组建中央人民政府各部委等多项工作，并当选为中央人民政府委员。

中华人民共和国成立后，薄一波同志任政务院政务委员、财政经济委员会副主任、中央人民政府财政部部长，后又担任全国编制委员会主任，仍兼任华北局第一书记。在陈云同志直接领导下，他和中财委的同志一起，精心组织了稳定物价和统一财经的重大斗争，取得了新中国成立后财经战线上第一个具有重大意义的胜利。他还担任过中央人民政府节约检查委员会主任，参与指导全国的“三反”、“五反”斗争。

1954年第一届全国人大第一次会议后，薄一波同志任国务院第三办公室主任，协助周恩来总理分管重工业口工作，先后兼任国家建设委员会主任、国家经济委员会主任。这时，国家实行第一个五年计划，薄一波同志着重抓了156项重点工程，并参与组织领导了我国原子能工业的筹建工作。1956年9月党的八大召开，他再次当选为中央委员，随即任中央政治局候补委员；11月，任国务院副总理。从这时起，薄一波同志参与对国家全局经济工作的领导。他注重从实际出发，尊重和按照客观经济规律办事。1958年“大跃进”运动开始后，他多次强调要注意综合平衡，他不赞成盲目追求建设速度、违反经济规律的一些做法，曾写信给毛泽东同志反映家乡群众生活问题和农业上的一些浮夸之风。国民经济调整时期，薄一波同志积极贯彻党中央制订的“八字方针”，工作卓有成效，受到毛泽东同志的赞扬。1963年他兼任国家计委副主任，参与制定第三个五年计划。他直接组织领导了试办“托拉斯”这一改革我国经济管理体制的重大而有益的试验，还领导了物资管理体制的改革，为探索符合中国情况的社会主义建设道路作出了不懈努力和重要贡献。

“文化大革命”中，薄一波同志遭受残酷迫害。他刚正不阿、坚持真理，同林彪、江青集团的倒行逆施进行了不屈不挠的斗争。1978年12月，党中央为他彻底平反，恢复名誉。薄一波同志在古稀之年又走上了党和国家的领导岗位。

重新工作之后，薄一波同志先后担任国务院财政经济委员会委员、国务院副总理。在党的十一届四中全会上，被增补为中央委员。他全身心地投入新时期社会主义建设的伟大事业，坚决拥护党的十一届三中全会把党和国家工作重心转移到经济建设上来的战略方针，坚决支持改革开放的一系列重大决策，坚决支持以邓小平同志为核心的党的第二代中央领导集体的工作。他积极参加调查研究，思考和总结建国以来经济工作正反两方面的经验，探寻经济改革和发展的新路子新办法。在兼任国家经济体制改革委员会第一副主任、党组书记期间，他围绕计划与市场、速度与效益、中央与地方的关系，以及财政、外贸、工业体制改革等重大课题，领导展开深入研究，进行综合改革试点，做了大量开拓性的工作。对于邓小平同志倡导创办经济特区这一新生事物，他从一开始就给予高度关注和大力支持，为探索我国社会主义新的经济体制，推进改革开放和现代化建设倾注了大量心血。

1982 年至 1992 年，薄一波同志担任中共中央顾问委员会常务副主任，先后协助邓小平、陈云同志主持中顾委日常工作，为废除实际存在的干部领导职务终身制，建立和实行领导干部离退休制度，推进领导干部的新老合作与交替，培养选拔优秀中青年干部等，做了大量卓有成效的工作。其间，他曾经以很大精力投入全国整党指导工作；协助中央主持了全国人大六届、全国政协六届、中顾委、党的十三大换届人事安排的有关工作。他还担任中央党史领导小组副组长，对党史部门的工作提出了许多重要指导意见。他撰写的《若干重大决策与事件的回顾》、《领袖元帅与战友》等力作，得到党内外和学术界、理论界的高度评价。

党的十三届四中全会以后，薄一波同志尽管年事已高，但始终关心党和国家的工作，始终支持以江泽民同志为核心的第三代中央领导集体和以胡锦涛同志为总书记的党中央作出的一系列重大决策，始终对中国特色社会主义伟大事业充满信心。1992 年党的十四大闭幕后，他从领导工作岗位上完全退了下来，将主要精力投入组织撰写尚未完成的回忆与研究性的党史著作，直到生命的最后阶段。

同志们！

薄一波同志的一生，是光辉战斗的一生，是无私奉献的一生。他为新中国的成立、社会主义建设和改革开放事业的发展，建立了不朽的历史功绩，受到广大人民群众的尊敬和爱戴。百年沧桑，英名永存，薄一波同志的光辉业绩和崇高风范，永远镌刻在党和人民心中。

今天，我们纪念薄一波同志，就要学习他始终坚持共产主义理想信念，无限忠诚于党和人民的事业。薄一波同志献身革命八十余年，无论环境多么艰苦、战斗多么频繁、情况多么险恶，始终坚守共产主义的理想和情操，坚持共产党人的气节和风骨。身陷国民党监狱、面对生死考验时，他大义凛然，用革命理想和气节教育影响战友，鼓舞斗志。受到不公正对待甚至打击和迫害时，他坚信前途是光明的，刻苦学习马列著作，并告诫亲属加倍努力奋斗，继续革命。晚年岁月中，他曾动情地说，我一生信仰马列主义、共产主义，直至生命的尽头，这个信仰是始终不渝的。坚定的信仰和炽烈的革命情怀，使他坚韧不拔、宠辱不惊，无私无畏地革命和战斗，无怨无悔地把自己的全部生命献给了党和人民，薄一波同志的光辉实践证明，树立共产主义的崇高理想并造就千百万为实现这一理想而自觉奋斗的共产党员，正是党的事业蓬勃发展、继往开来的根本保证。

我们纪念薄一波同志，就要学习他求真务实，勇于在实践中开拓工作新局面。薄一波同志不尚空谈、勤于实践，具有开创工作新局面的胆略和才干。抗日战争全面爆发前夜，在创建山西特殊形式的上层统一战线过程中，他立足于山西实际，灵活运用党的策略方针，实行了一整套符合山西特点的新政策，创造了党的统一战线工作的成功典范。解放战争后期，特别是北平、天津解放后，面临即将到来的全国胜利，主持华北局工作的薄一波同志着眼于华北广大地区已经处于相对和平环境的情况，大力推动以经济建设为中心的工作方针，适时领导了将华北局工作重心由乡村向城市的转变。改革开放新时期，他主持国家经济体制改革委员会工作后，广泛走访基层和党内外同志，听取意见和建议，领导国家体改委围绕计划与市场等重大课题展开深入研究，并在江苏常州、湖北沙市进行综合试点，为寻找适合中国特点的经济体制改革道路进行了重要的探索，积累了宝贵的经验。薄一波同志是我们党内为数不多的连续参与党的三代中央领导集体工作的老同志。求真务实、开拓创新使他始终能够与时代同步伐，为党为人民屡建功勋。

我们纪念薄一波同志，就要学习他善于结合实际进行理论思考，重视对现实和历史经验的总结。薄一波同志善于从中国实际出发，运用马克思主义基本原理，以马克思主义的立场、观点和方法，对中国革命、建设和改革的丰富实践经验进行概括和总结。他提出的许多真知灼见，至今仍闪烁着解放思想、实事求是、与时俱进的光辉，新中国建立初期，在农业和农村工作如何贯彻《共同纲领》、实现从新民主主义向社会主义过渡的重大问题上，他坚持以生产力发展作为解决问题的出发点，认为在过渡时期私人财产必须保护，党的政策应当允许单干和雇工，强迫组织起来搞合作化的思想和做法是错误的。在领导试办“托拉斯”的工作中，他冲破保守思想和习惯势力的束缚，为我国经济管理体制改革积累了经验和思想理论财富。党的十一届三中全会后，薄一波同志坚持解放思想，为阐发党中央改革开放的战略决策和党在社会主义初级阶段的基本路线，继续贡献自己的智慧和才干。他精心撰写的《若干重大决策与事件的回顾》一书是对社会主义建设的经验教训的系统回顾和深刻总结，是带有规律性的宝贵认识，值得我们好好珍视。

我们纪念薄一波同志，就要学习他严于律己、清正廉洁，永远保持共产党人的政治本色和革命精神。薄一波同志党性坚定、襟怀坦白，时时处处以身作则、率先垂范，顾大局、讲原则，坚持以模范行动影响和带动群众。他自觉与人民群众结合在一起，把人民利益作为工作的出发点和归宿，与人民群众共命运、心连心。他廉洁自律，生活俭朴，始终保持劳动人民的本色。1997 年，他把二十多万元稿费全部捐献给了希望工程。他生前时刻自勉：必须把党和人民赋予的权力用来为绝大多数人谋利益；必须吃苦在前、享受在后，先人后己、先公后私，自觉地将个人利益服从于党和人民的利益；必须兢兢业业、艰苦奋斗。他说，一个人的立志，需要一辈子的努力来实现。立共产主义的志，做一个共产党员，需要靠一辈子艰苦奋斗来实现。薄一波同志是这样说的，也是这样做的。他为坚持共产党人的品德操守战斗了一生，为我们树立了光辉的榜样。

同志们！当前，全党全国各族人民正在深入学习贯彻党的十七大精神。我们纪念薄一波同志，就是要继承老一辈无产阶级革命家的遗志，努力把各行各业、各个方面的工作做得更好。让我们更加紧密地团结在以胡锦涛同志为总书记的党中央周围，高举中国特色社会主义伟大旗帜，以马克思列宁主义、毛泽东思想、邓小平理论和“三个代表”重要思想为指导，深入贯彻落实科学发展观，锐意创新、开拓进取，在全面建设小康社会、实现中华民族伟大复兴的宏伟事业中，创造新的业绩，作出新的贡献！

谢谢大家。

（新华社北京1月28日电）

万众一心　迎难而上　坚决打好抗灾救灾这场硬仗

——在安徽慰问抗灾救灾干部群众时的讲话

（2008年2月）

贾　庆　林

这次雨雪冰冻灾害是几十年以来不多见的，加上冬季用煤用电增加、春运高峰到来等因素，给煤电油运保障工作带来了严峻挑战。各地区、各部门要紧急行动起来，采取切实有效措施，加强运输组织，保障交通畅通，保障市场供应；合理安排发电生产，搞好电能资源优化配置，保证设备安全运行；继续搞好成品油和天然气的生产、运输和销售，确保成品油不断档、不脱销，确保城市居民生活用气和重点单位用气；加强协调调度，优先保障群众生活需要，优先保障受灾地区、重要地区和重点单位需要；坚持安全第一，坚决防范重大安全事故发生。

各级党委和政府一定要从保持党同人民群众血肉联系的高度，切实把群众利益放到第一位，全面了解掌握受灾群众的生产生活情况和遇到的实际困难，满腔热情地帮助困难群众排忧解难，努力提高受灾群众防灾意识和自救能力，尤其要安排好受灾地区群众的生产生活，确保人民群众都能过上一个欢乐祥和的春节。要加强组织领导，统筹做好抗灾救灾的各项工作，充分发挥各级党组织的领导核心作用和共产党员的先锋模范作用，努力把灾害造成的损失减少到最低限度，确保人民生命财产安全，确保经济平稳正常运行，确保社会和谐稳定。要大力弘扬万众一心、众志成城的精神，团结互助、和衷共济的精神，迎难而上、敢于胜利的精神，树立战胜灾情的昂扬斗志和必胜信念，努力形成共克时艰的强大合力。

为抗灾救灾贡献力量，是统一战线和人民政协围绕中心、服务大局的必然要求，也是统一战线成员和广大政协委员应当肩负的重要责任。各级政协组织和统战部门要充分发挥自身优势，紧紧围绕抗灾救灾中的重大问题深入调查研究，积极建言献策。要广泛动员政协委员和统一战线成员积极投身抗灾救灾第一线，协助党和政府解决好涉及受灾群众切身利益的问题，多做协调关系、化解矛盾、理顺情绪的工作，为夺取抗灾救灾的胜利作出贡献。

（摘自《人民政协报》）

在全国性宗教团体负责人迎春座谈会上的讲话(摘要)

(2008 年 2 月 2 日)

贾 庆 林

过去的一年，是党和国家事业发展进程中的重要一年，也是宗教工作取得丰硕成果的一年。从总体上看，我国宗教领域继续保持了和谐稳定的良好局面，宗教界人士努力团结和引导信教群众积极投身现代化建设，为建设中国特色社会主义事业营造了良好的氛围。2008 年，是全面贯彻落实党的十七大作出的战略部署的第一年，是实施“十一五”规划承上启下的一年。我们将迎来改革开放 30 周年，还要举办北京奥运会和残奥会。做好今年的宗教工作具有十分重要的意义。党的十七大强调，要全面贯彻党的宗教工作基本方针，发挥宗教界人士和信教群众在促进经济社会发展中的积极作用。这是对做好新形势下宗教工作的根本要求。前不久，中央政治局集体学习又专门研究当代世界宗教和加强我国宗教工作，胡锦涛总书记发表重要讲话，对进一步做好宗教工作提出了明确要求。面对新的形势和任务，我们要全面贯彻党的十七大精神，认真学习领会胡锦涛总书记关于宗教工作的一系列重要指示精神，坚持党的宗教工作基本方针，积极主动地做好宗教工作，为夺取全面建设小康社会新胜利作出更大的贡献。

宗教界人士和各宗教团体坚持以人为本，深入细致地做好信教群众工作，密切与他们的联系，维护他们的合法权益，最大限度地把广大信教群众团结起来，把他们的智慧和力量凝聚到全面建设小康社会、加快推进社会主义现代化的共同目标上来。要坚持服务社会，进一步发挥宗教的积极作用，努力促进社会的团结和谐，不断增强与社会主义社会相适应的能力。要坚持对外交往，大力宣传我国宗教信仰自由的真实状况，展示我国各宗教和谐共处的良好关系，抵御境外利用宗教进行的渗透。要坚持强基固本，着力加强中青年宗教教职人员的培养，不断增强他们的领导能力、服务能力和管理能力，使他们切实成为适合我国国情、符合时代要求、能够真正代表和引领信教群众的代表人士。

当前我国南方部分地区出现了罕见的低温、雨雪冰冻极端天气，给受灾地区生产、生活秩序带来严重影响。各宗教团体和广大宗教界人士，要发扬我国宗教界服务社会的优良传统，为打好这场抗灾救灾的硬仗作出应有的贡献。

(摘自《人民政协报》)

在全国政协机关春节团拜会上的讲话(摘要)

(2008年2月4日)

贾 庆 林

十届全国政协以来的五年，是人民政协事业发展不平凡的五年。五年来，我们在以胡锦涛同志为总书记的党中央领导下，团结奋斗、扎实工作，开创了人民政协事业发展的新局面，为推进改革开放和社会主义现代化建设作出了重要贡献。

2008年是全面贯彻落实党的十七大作出的战略部署的第一年，我们将迎来改革开放30周年。今年还是奥运之年，全国政协换届之年，做好今年的政协工作意义重大。在新的一年里，我们要全面贯彻党的十七大精神，以邓小平理论和“三个代表”重要思想为指导，深入贯彻落实科学发展观，突出抓好思想理论建设、干部队伍建设和工作作风建设，不断探索机关工作的特点和规律，努力建设“学习型、服务型，创新型”机关，为新一届全国政协履行职能提供有力保障。

最近，我国南方一些地区发生了一场持续时间长、涉及范围广的历史罕见的低温雨雪冰冻灾害，给群众生活带来很大困难。面对严重的自然灾害，党中央、国务院高度重视，周密部署，各有关部门和地区紧急行动，全力以赴，全国上下众志成城、奋勇抢险，谱写了一曲中华民族撼天动地的抗灾壮歌。

一方有难，八方支援，是中华民族的传统美德；树立全国一盘棋的思想，集中力量打攻坚战，是社会主义制度优越性的突出体现。雨雪冰冻灾害发生后，广大统一战线成员和政协委员十分关心灾情，捐款捐物，奉献爱心，踊跃投身于抗灾救灾工作之中，以实际行动支援灾区。为抗灾救灾贡献力量，是人民政协围绕中心、服务大局的必然要求。

各级政协组织、广大政协委员和政协机关干部要迅速行动起来，积极参与抗灾救灾斗争，组织开展为灾区送温暖、献爱心的活动。要及时了解灾区情况，反映灾区群众的心声，协助政府解决灾区的问题。要认真调查研究，围绕抗灾救灾、恢复生产、完善应急机制等重大问题积极建言献策。我们坚信，有党中央国务院的坚强领导，有优越的社会主义制度，有强大的物质基础，全国人民万众一心，军民团结奋战，一定能战胜困难，夺取抗灾救灾斗争的全面胜利。

全国政协十一届一次会议3月3日就要召开了，机关广大干部职工要以饱满的热情和充足的干劲，高质量、高标准、高效率地做好各项组织、筹备和服务工作，确保全国政协十一届一次会议胜利召开。

(摘自《人民政协报》)

在《政协委员一日》出版座谈会上的讲话(摘要)

(2008年2月29日)

陈 奎 元

人民政协的文史资料工作是一项富有统一战线和政协特点的重要工作，在“存史、资政、团结、育人”方面发挥了独特的作用，为巩固和发展最广泛的爱国统一战线，为坚持和完善中国共产党领导的多党合作和政治协商制度，为推动社会主义革命、建设和改革开放事业作出了特殊贡献。进入新世纪新阶段，文史资料工作面临着前所未有的机遇和挑战。《政协委员一日》征文活动及其图书的出版是探索建立新形势下文史资料征集工作机制所做的一次成功尝试，为广大政协委员更好地参与文史资料工作搭建了新平台。《政协委员一日》作为记录人民政协、展示人民政协，宣传人民政协的重要载体，作为广大群众了解人民政协、认识人民政协的重要窗口，必将对进一步促进人民政协工作和扩大人民政协影响发挥积极的作用。

(摘自《人民政协报》)

中国人民政治协商会议全国委员会常务委员会工作报告

——在政协第十一届全国委员会第一次会议上

(2008年3月3日)

贾 庆 林

各位委员：

我代表中国人民政治协商会议第十届全国委员会常务委员会，向大会报告过去五年的工作，对十一届全国政协的工作提出建议，请予审议。

一、过去五年工作的回顾

中国人民政治协商会议第十届全国委员会任期的五年，是人民政协事业蓬勃发展的五年。五年来，在以胡锦涛同志为总书记的中共中央领导下，政协全国委员会及其常务委员会高举爱国主义、社会主义旗帜，牢牢把握团结和民主两大主题，切实贯彻《中共中央关于加强人民政协工作的意见》，紧紧围绕党和国家的中心工作，积极履行政治协商、民主监督、参政议政职能，为全面推进社会主义经济建设、政治建设、文化建设、社会建设作出了重要贡献。

（一）巩固团结合作的思想政治基础，促进社会主义民主政治建设

人民政协作为我国政治体制的重要组成部分，在社会主义民主政治建设中具有不可替代的作用。我们把思想理论建设摆在人民政协各项建设的首要位置，不断夯实做好人民政协工作的思想政治基础。把“三个代表”重要思想同马克思列宁主义、毛泽东思想、邓小平理论一道确立为人民政协的指导思想，深入贯彻落实科学发展观，不断增强参加人民政协的各党派团体和各族各界人士走中国特色社会主义道路的自觉性和坚定性。建立健全经常性的学习制度，加强学习工作，举办常委会组成人员学习讲座 14 次，组织全国政协委员学习培训，基本实现了每一位全国政协委员届内参加一次集中学习培训的目标。

加强同民主党派和无党派人士的合作共事。支持各民主党派和无党派人士参与国家重大方针政策的讨论协商及其履行职责的各种活动，尊重和保障各民主党派在政协的各种会议上以本党派名义发表意见的权利，尊重和保障各民主党派和无党派人士开展视察、提出提案、举报、反映社情民意以及参与调查和检查活动的权利。重点安排民主党派和无党派人士代表发言，重点办理和充分反映他们提出的提案和社情民意信息。重要视察、考察、协商和外事活动，都有计划地邀请民主党派和无党派人士参加。

充分发挥人民政协这一政治组织和民主形式的重要作用。全体会议期间，政协委员听取政府工作报告和其他重要报告，围绕修改宪法、制定反分裂国家法等重要法律法规以及关系国计民生的重大问题提出意见和建议。中共中央领导同志与委员共商国是，参加分组讨论 71 场；中共中央、国务院以及有关部门负责人听取政协大会发言，参加小组讨论 1300 多人次。召开 10 次专题议政性常委会议、5 次专题协商会，就经济社会发展中的重大问题同到会的中共中央、国务院领导及有关部委负责同志进行互动交流，为更好地贯彻落实国家重大决策提供了重要依据和参考。这些会议和活动，集中展示了人民政协履行职能的重要成果，生动体现了重要问题在决策之前和决策执行过程中在人民政协进行协商的精神，彰显了中国特色社会主义民主政治的独特优势和强大生命力。

（二）围绕党和国家中心工作咨政建言，促进经济社会全面协调可持续发展

常委会认为，围绕中心、服务大局，是人民政协履行职能必须遵循的重要原则。我们紧紧围绕制定和实施“十一五”规划、构建社会主义和谐社会、加强和改善宏观调控、建设社会主义新农村、建设创新型国家、建设资源节约型和环境友好型社会、调整经济结构和转变发展方式等重大问题，提出了许多重要意见和建议。五年来，共受理提案 23000 余件，形成视察报告 100 多份，提出调研报告 270 多份，组织大会发言 4000 余篇，反映社情民意信息 6600 多篇。其中，关于推进西部大开发、振兴东北地区等老工业基地、促进中部地区崛起的建议，推动了国家区域发展总体战略的完善；关于促进天津滨海新区开发开放、海峡西岸经济发展、大连大窑湾保税港区建设的建议，为这些地区纳入国家发展规划发挥了重要作用；关于推进广西北部湾经济区开发与建设的专题调研和协商，对推动西南地区开发开放、完善我国沿海沿边经济布局具有重要意义；关于完善金融和国有资产管理体制改革的意见，对国家金融和国有企业改革的决策和部署具有重要价值；关于促进非公有制经济健康发展的建议，为国务院制定促进非公有制经济发展的指导性文件提供了决策参考；关于首钢搬迁和曹妃甸工业区建成循环经济生态工业园区的建议，推动了曹妃甸工业区的建设和发展；关于“三江源”生态保护、退牧还草的调研以及“保护长江万里行”、“关注森林”等系列活动，有效促进了环境保护和生态建设。

重点围绕教育公平、劳动就业、收入分配、农村最低生活保障、计划生育、医疗服务体系建设等问题开展调研，协助党和政府推进以改善民生为重点的社会建设。就深化科技体制改革、整合科技资源、提高自主创新能力提出意见和建议，对落实国家中长期科学和技术发展规划纲要、建设创新型国家起到了积极的推动作用。围绕国家文化软实力建设开展专题协商，就公共文化服务体系建设、文化产业发展、中华文化传承和对外交流、历史文化名城保护等问题积极建言，对推动社会主义文化建设产生了重要影响。其中，关于昆曲艺术的保护和扶持、南水北调工程中的文物保护、京杭大运河保护与申遗工作等方面的意见和建议，已经转化为决策思路或政策部署。

（三）贯彻党和国家的民族、宗教政策，增进民族团结和宗教和睦

民族关系、宗教关系始终是涉及党和国家工作全局的重大关系，民族工作、宗教工作始终是关系党和人民事业发展的重要工作。我们围绕民族区域自治法的贯彻执行组织视察，推动民族区域自治制度的完善和发展；组织青藏铁路视察和西藏天然草场保护的考察，推动了相关地区的生态环境建设；连续四年开展武陵山民族地区经济社会发展调查研讨，探索跨省交界少数民族贫困地区连片扶贫开发的新形式；提出发挥新疆优势、加快经济发展的意见建议，为国务院制定关于进一步促进新疆经济社会发展的若干意见提供了重要参考；开展民族地区人才培养和义务教育、保护少数民族传统文化等方面的调研，对加快民族地区的教育、科技、文化等社会事业发展作出了贡献。围绕贯彻落实宗教事务条例组织考察调研，促进了一大批宗教房产等问题的解决；连续两年召开宗教界为构建社会主义和谐社会作贡献经验交流会，探索宗教界人士促进社会和谐的途径和方法；召开中国宗教界纪念中国人民抗日战争暨世界反法西斯战争胜利60周年座谈会，郑重发表《中国宗教界和平文告》；举办海峡两岸暨港澳佛教、道教界近万名信教群众参加的和平祈祷活动，充分展示中国宗教界促进祖国统一和维护世界和平的真诚愿望。

（四）开展促进祖国统一和海外联谊工作，不断增强中华民族的凝聚力

常委会认为，实现祖国统一和中华民族的伟大复兴，是全体中华儿女的共同心愿，也是需要全体中华儿女共同为之奋斗的伟大事业。我们通过多种方式和途径，积极宣传党和政府对香港、澳门的方针政策，及时向港澳委员通报国家经济社会发展情况和政协常委会议精神，精心组织港澳委员在内地12个省、自治区、直辖市开展视察、考察活动，鼓励他们为国家发展献计出力。高度重视发挥港澳委员在香港、澳门社会政治事务中的作用，探索相关工作机制，支持港澳委员为维护香港、澳门繁荣稳定作出贡献。深入学习贯彻胡锦涛总书记关于新形势下发展两岸关系的四点意见，认真做好台湾岛内有关党派团体和各界人士的工作，加强与各界台胞的联系，推动两岸人员往来和经济文化交流。举办孙中山诞辰140周年纪念活动。支持海外侨胞以各种形式开展“反独促统”活动，为推进祖国和平统一大业发挥了积极作用。开展与海外侨胞的联谊活动，邀请侨胞代表列席全国政协全体会议，组织他们回国参观考察，组织海外侨胞中的专家学者建言献策，使政协海外侨胞的团结联谊工作与参政议政工作有机结合起来。

（五）扩大交流合作，形成人民政协对外交往新格局

人民政协的对外交往是我国总体外交的重要组成部分，是增进中国人民同各国人民了解和友谊的重要桥梁。我们按照国家外交工作部署，发挥人民政协对外交往的特点和优势，积极、务实、稳妥地开展人民外交，为争取良好的国际环境和周边环境、促进世界和平与发展贡献力量。五年来，全国政协主席会议组成人员对近70个国家进行访问，共接待46位副议长以上级别代表团来访。在对外交往中，我们着力介绍我国改革开放和现代化建设的辉煌成就，推动与有关国家的经贸合作；着力阐明中国奉行独立自主的和平外交政策，有针对性地开展增信释疑工作；着力宣传中国共产党领导的多党合作和政治协商制度，进一步树立我国民主、开放、文明、进步的国际形象；着力就台湾、西藏等涉及国家核心利益的问题开展工作，维护国家主权、安全、发展利益。成功举办“21世纪论坛”2005年会议。中国经济社会理事会承办经社理事会国际协会第十次全体会议，通过了《北京宣言》，并与欧盟经社委员会建立圆桌会议机制。中国宗教界和平委员会积极宣传我国的宗教政策和宗教信仰自由的真实情况，推动我国宗教界参加世界宗教和平运动。各专门委员会有序开展对外交流与考察。截至目前，全国政协已同121个国家的211个机构和12个国际或区域性组织建立联系并开展友好交往。

（六）加强人民政协理论研究，以理论创新推动工作创新

常委会认为，实践是理论的基础，理论是实践的先导，人民政协只有通过理论创新推动工作创新才能永葆生机。胡锦涛总书记在庆祝人民政协成立55周年大会上的讲话和《中共中央关于加强人民政协工作的意见》提出了一系列重大理论观点，强调人民政协事业是中国特色社会主义事业的重要组成部分；人民政协是中国共产党把马克思列宁主义统一战线理论、政党理论和民主政治理论同中国具体实践相结合的伟大创造；人民通过选举、投票行使权利和人民内部各方面在重大决策之前进行充分协商，是我国社会主义民主的两种重要形式等。我们进行了认真学习，并有计划、有组织地开展理论研究，取得了一批重要理论成果，初步确立了人民政协理论的思想体系和基本框架。隆重举办纪念邓小平同志诞辰100周年暨邓小平关于人民政协理论研讨会，成立中国人民政协理论研究会，举办首次人民政协理论研讨会。人民政协理论研究队伍逐步形成，人民政协理论正在纳入党政领导干部培训计划，列入各地党校、行政学院、干部学院、社会主义学院的教学计划。

人民政协理论研究工作的开展，不仅深化了对关系人民政协事业发展全局的重大理论和实践问题的认识，而且推动了人民政协经常性工作的创新。我们积极探索政协提案、委员视察、专题调研、反映社情民意信息、新闻宣传、文史资料等工作的特点和规律，先后召开了6个相关专题座谈会，制定了6项加强和改进相关工作的意见。建立健全提案工作协调办理机制，突出委员视察咨政建言、民主监督的工作定位，明确专题调研“高层参与、协同配合、注重实效”的特点，完善反映社情民意信息的收集、报送和反馈机制，强调政协新闻宣传工作要注重体现统一战线、民主协商、界别作用的特色，提出新形势下文史资料工作的方针、原则和任务。

各位委员！

十届政协工作的成绩，是以胡锦涛同志为总书记的中共中央坚强领导的结果，是人民政协各参加单位、各级组织和广大委员团结奋斗的结果，是各级党委、政府和全社会大力支持的结果。在这里，我代表全国政协常委会，向大家表示衷心的感谢！

回顾五年来的工作，也要清醒地看到，我们的工作与新形势新任务的要求相比，与广大政协委员的期望相比，还有一定的差距，还有不少工作需要加强和改进。比如，如何进一步加强制度建设，使人民政协履行职能更加规范有序；如何适应经济社会发展的实际情况，研究并合理设置界别、发挥界别作用；如何加强政协委员队伍建设，充分发挥他们的积极性、主动性、创造性；如何协调配合，进一步发挥专门委员会在履行职能中的基础性作用等。这些都需要我们认真研究，并在今后的工作中切实加以解决。

二、过去五年工作的主要经验

十届全国政协继承和发扬历届政协的优良传统，着眼于新世纪新阶段人民政协工作面临的新形势新任务，研究新情况，解决新问题，不断深化对人民政协事业发展特点和规律的认识，不断深化对人民政协在党和国家事业全局中地位和作用的认识，在实践中积累了许多有益经验。这些经验，既是长期形成的宝贵财富，也是今后人民政协工作必须坚持的重要原则，值得倍加珍惜。

——坚持中国共产党对人民政协的领导。中国共产党是中国特色社会主义事业的领导核心。中国共产党领导的多党合作和政治协商制度是我国的一项基本政治制度，人民政协事业是中国特色社会主义事业的重要组成部分。坚持中国共产党对社会主义事业的领导核心地位，决定了人民政协必须把坚持中国共产党的领导作为自己的根本原则。中国共产党对人民政协的领导是政治领导，即政治原则、政治方向和重大方针政策的领导。坚持中国共产党的领导，要求我们必须坚定不移地贯彻党的基本理论、基本路线、基本纲领、基本经验，坚定不移地贯彻执行党关于人民政协的方针政策，在思想和行动上与中共中央保持高度一致；必须始终围绕党的重大决策部署来研究谋划政协工作，把党的重大决策和工作部署贯彻到人民政协的全部工作中去，为实现党在各个历史时期的发展战略和发展目标建真言、献良策、出实力；必须充分发挥政协委员和政协机关中中共党员的先锋模范作用，带头遵守政协章程，自觉按章程办事，广交、深交党外朋友，自觉接受监督，努力成为合作共事的模范、发扬民主的模范、廉洁奉公的模范。中国共产党的领导，是历史的选择、人民的选择。坚持中国共产党的领导，人民政协事业的发展就有了可靠的政治保证，就能始终沿着正确的政治方向前进。

——坚持团结和民主两大主题。在中国共产党领导下实行团结和民主，是人民政协性质的集中体现，是人民政协产生和发展的历史和现实根据。人民政协作为中国人民最广泛的爱国统一战线组织，是大团结、大联合的象征，以其广泛的代表性和巨大的包容性，把一切可以团结的力量都团结起来，把一切可以调动的积极因素都调动起来，集中全国各族人民的智慧，凝聚全体中华儿女的意志，为实现国家富强、人民幸福和祖国统一而携手奋斗，这是人民政协义不容辞的神圣使命。人民政协作为中国共产党领导的多党合作和政治协商的重要机构，从诞生之日起就是我国政治生活中发扬人民民主的重要形式。

本着团结、民主、和谐的精神，体现合作、参与、协商的特点，广泛吸收各党派团体和各族各界人士参与国事，广开言路、集思广益、尊重多数、照顾少数，不断扩大公民有序的政治参与，不断巩固多党合作的政治格局，不断发展民主团结、生动活泼、安定和谐的政治局面，这是人民政协基本属性的内在要求。团结和民主这两大主题，如车之两轮、鸟之双翼，彼此联系、相得益彰。实现紧密团结，发展民主才更有基础；发扬广泛民主，加强团结才更有力量。以坚强的团结保证我们的民主健康有序，以充分的民主保证我们的团结坚实有力，人民政协事业就能永远保持蓬勃生机和旺盛活力。

——坚持把促进发展作为人民政协履行职能的第一要务。发展是硬道理，是解决中国一切问题的关键。只有发展了，才能解决前进过程中出现的矛盾和问题；只有发展了，才能从根本上把握人民的意愿和要求。在当代中国，任何组织和团体能否在社会生活中找到自己的位置，体现应有的价值，归根结底取决于在促进发展方面的成效。同样，人民政协只有围绕国家发展的大目标，立足整个国家建设的大格局，才能有所作为、多作贡献。这就要求我们，必须牢牢扭住经济建设这个中心，深入贯彻落实科学发展观，围绕发展谋划工作，紧贴发展开展工作，为推动实现以人为本、全面协调可持续的科学发展服务；必须充分发挥政协的优势和特点，突出综合性、全局性、前瞻性，选择党和政府重视、人民群众关心、政协有条件做好的课题，以专门委员会为依托、政协委员为主体，多层次地开展专题调研活动，为党和政府有关决策提供参考依据；必须坚持协商于决策之前和决策执行过程中的原则，围绕党和国家大政方针的制定和实施过程中的重大问题，组织好常委会议、主席会议等协商议政活动，组织好专题协商会，促进党和政府决策的科学化、民主化。人民政协把促进发展作为履行职能的第一要务，把握了时代的主题，顺应了党和人民的期待。人民政协讲作为，要从围绕中心的实践中去看待；讲成绩，要从服务大局的实效中来评判。这是衡量人民政协工作成效的重要尺度。

——坚持把实现好、维护好、发展好最广大人民的根本利益作为人民政协工作的出发点和落脚点。人民是建设中国特色社会主义的主体。历史已经并将继续证明，革命、建设、改革最深厚的力量来自于人民。实现好、维护好、发展好最广大人民的根本利益，是中国各项事业成功的根本保证。坚持以人为本、履职为民，是人民政协固有属性的体现，是人民政协履行职能的应有之义。偏离了这一条，人民政协就会背离自身的性质和使命，履行职能、发挥作用就会成为无源之水、无本之木。这就要求我们，必须把履行职能的实践和最广大人民的根本利益紧密联系起来，常怀爱民之心，常谋富民之策，常为利民之举，协助党和政府解决好教育、就业、医疗、社会保障、住房和环境保护等事关民生的突出问题。各级政协委员是各界群众的代表人士，应当具有“先天下之忧而忧、后天下之乐而乐”的崇高境界，真诚倾听群众呼声，真实反映群众愿望，真情关心群众疾苦，自觉承担社会责任，努力为群众解难事、办实事、做好事。把关心群众、服务群众的工作切实做好了，我们就能始终保持同人民群众的血肉联系，从人民群众创造历史的伟大进程中汲取智慧和力量，为人民政协事业的发展注入不竭的动力。

——坚持推进人民政协履行职能的制度化、规范化、程序化。加强人民政协的“三化”建设，是我国社会主义民主政治建设的重要内容，也是人民政协履行职能的重要保障。通过“三化”建设，使人民政协履行职能的各项工作建立起相应的规章制度，各个环节都按步骤、按程序开展，可以有效避免政协工作的盲目性和随意性，更好地发挥人民政协的特点和优势。推进政协的“三化”建设，必须从我国社会主义民主政治建设的全局出发，将人民政协的制度建设纳入我国社会主义政治制度自我完善和发展的总体布局加以推进，遵守宪法和法律，贯彻政协章程，切实提高人民政协履行职能的成效；必须立足政协事业实践，认真分析和研究政协工作中存在的问题，有针对性地制定和完善各项规章制度，使人民政协的工作更加规范有序、富有成效；必须注重总结经验，对实践中形成的好的做法和经验，加以归纳、提炼，上升为规范，上升为制度，更好地指导和推动人民政协工作。制度建设关系人民政协事业的长远发展。只有不断加强政协履行职能的制度化、规范化、程序化，人民政协事业才能持续健康发展，才能体现时代性、把握规律性、富于创造性，更好地为发展社会主义民主政治，为改革开放和社会主义现代化建设服务。

——坚持全面加强人民政协的自身建设。加强自身建设，是人民政协强基固本的重要工作。面对新形势新任务，人民政协只有把自身建设摆在重要位置，进一步促进党派合作、突出界别特色、发挥委员主体作用、加强机关建设，才能不断提高履行职能的实效，更好地推进人民政协事业的发展。这就要求我们，必须贯彻长期共存、互相监督、肝胆相照、荣辱与共的方针，加强中国共产党同民主党派和无党派人士的合作共事，充分尊重和保障他们的各项民主权利，为他们在政协中发挥作用创造良好的条件；必须注重体现界别的优势，积极探索行之有效的方法和途径，切实发挥政协界别作为扩大社会各界有序政治参与的重要民主渠道的作用；必须强化委员的主体观念和责任意识，促进政协委员提高自身素质，鼓励和引导他们在做好本职工作的同时，履行好委员的职责；必须推进“学习型，服务型、创新型、和谐型”机关建设，加大机关干部的学习、培训、交流力度，努力造就一支政治坚定、作风优良、学识丰富、业务熟练的政协工作干部队伍。实践证明，人民政协只有按照“四位一体”的总体布局，大力加强自身建设，才能更好地承担起党和人民赋予的光荣使命。

实践在发展，时代在进步。人民政协必须立足于生动实践，坚持继承与创新的统一，不断丰富和发展源于实践而又具有指导意义的原则和经验，切实提高认识和把握人民政协工作规律的能力，把人民政协事业进一步推向前进。

三、今后五年的工作建议

今后五年，是全国人民为夺取全面建设小康社会新胜利而团结奋斗的五年，也是人民政协创造新业绩、谱写新篇章的五年。人民政协的各参加单位、各级组织和广大政协委员要把学习贯彻中共十七大精神作为当前和今后一个时期的首要政治任务，以邓小平理论和“三个代表”重要思想为指导，深入贯彻落实科学发展观，牢牢把握团结和民主两大主题，进一步落实《中共中央关于加强人民政协工作的意见》，积极开展政治协商，完善民主监督机制，提高参政议政实效，充分发挥协调关系、汇聚力量、建言献策、服务大局的重要作用，努力开创人民政协事业发展新局面。

（一）用马克思主义中国化最新成果武装头脑。要高举中国特色社会主义伟大旗帜，坚持中国特色社会主义道路，坚持中国特色社会主义理论体系，坚定不移地把中国特色社会主义作为参加人民政协的各党派团体、各族各界人士的共同理想信念、共同前进方向、共同奋斗目标。要适应政协换届后形势和任务的需要，有针对性地加强委员的学习培训，组织委员认真学习党和国家的重大方针政策，学习统一战线和人民政协的理论和规章制度，学习履行职责必需的各方面知识，不断提高委员的综合素质和参政议政能力。要抓住改革开放30周年和建国60周年的重要机遇，全面总结建国以来特别是在改革开放的伟大历史进程中，人民政协取得的重大成就和宝贵经验，深入探索人民政协工作的规律和特点，不断推进人民政协事业发展。加强人民政协理论建设和创新，制定研究规划，建立研究基地，开展人民政协理论建设工程，进一步丰富中国特色社会主义民主政治理论。

（二）紧紧围绕贯彻落实科学发展观献计出力。要开展学习实践科学发展观活动，全面把握科学发展观的科学内涵、精神实质和根本要求，切实增强贯彻落实科学发展观的自觉性和坚定性。要把科学发展观贯穿于人民政协履行职能的各个方面，围绕完善宏观调控政策、增强改革措施的协调性、推进城乡经济社会发展一体化、发展中国特色的现代农业、确保国家粮食安全、发展现代服务业、建设国家创新体系、金融改革与发展、资源能源的合理开发利用、增加城乡居民收入、生态文明建设、气候变化与我国经济发展的关系、完善应急管理体制机制等重大课题建言献策，推动经济社会又好又快发展。要高度关注民生，围绕教育、就业、社会保障、公共医疗卫生服务、住房保障等方面的建设，组织委员运用提案、视察、专题调研、反映社情民意信息等多种形式，协助党和政府解决好人民最关心、最直接、最现实的利益问题，多做协调关系、化解矛盾、理顺情绪的工作，为正确处理人民内部矛盾、维护改革发展稳定的大局作贡献。

（三）促进政党关系、民族关系、宗教关系、阶层关系、海内外同胞关系的和谐。要不断拓展各民主党派在人民政协参政议政的平台，切实加强中国共产党同各民主党派和无党派人士的合作共事，巩固和发展多党合作的政治格局；深入开展纪念中共中央发布"五一"劳动节口号60周年和人民政协成立60周年活动，举办多种形式的报告会、研讨会、座谈会，认真回顾我国人民民主发展的历史进程，系统总结多党合作的基本经验。以庆祝广西壮族自治区和宁夏回族自治区成立50周年为契机，深入宣传和贯彻执行党和国家的民族政策；积极推进少数民族和民族地区经济社会发展，巩固和发展平等团结互助和谐的社会主义民族关系。要全面贯彻宗教信仰自由政策，落实宗教事务条例，围绕宗教工作中重点、难点问题深入调查研究，引导宗教界人士和信教群众发展生产、改善生活，发挥他们在促进社会和谐中的积极作用。要密切与新的社会阶层人士的联系，关注他们的利益诉求，畅通利益表达渠道，加强思想政治工作，引导他们自觉承担社会责任，做合格的中国特色社会主义事业的建设者。要着眼于促进海外华侨华人资源的可持续发展，积极开展知名爱国侨领、融入主流社会的华侨华人和华裔新生代的工作，推动海外华文教育，弘扬中华民族优秀文化，推进海内外中华儿女的大团结。

（四）切实推动社会主义文化大发展大繁荣。要牢牢把握社会主义先进文化的前进方向，坚持马克思主义的指导地位，大力弘扬以爱国主义为核心的民族精神和以改革创新为核心的时代精神，大力提倡以"八荣八耻"为主要内容的社会主义荣辱观，努力使社会主义核心价值体系成为参加政协的各党派团体、各族各界人士的自觉追求。积极组织委员围绕促进城乡区域文化协调发展、推动和谐文化建设、挖掘和保护民族文化、弘扬中华文化、推进文化创新、保障人民基本文化权益、办好奥运会与残奥会和世博会等重大问题，深入调查研究。认真做好文史资料的征集、抢救、编辑和出版工作，发挥"存史、资政、团结、育人"的社会作用。继续组织科技、文艺、医疗卫生"三下乡"活动，鼓励他们为促进社会主义文化大发展大繁荣贡献力量。

（五）认真做好港澳台侨人士团结联谊工作。要坚定不移地贯彻"一国两制"、"港人治港"、"澳人治澳"、高度自治的方针，推动内地同香港、澳门的交流合作，加强与香港、澳门政团、社团及代表人士的联系，发展壮大爱国爱港、爱国爱澳力量。引导港澳委员在“一国两制”条件下更好地发挥作用，广泛团结香港、澳门各界同胞，促进香港、澳门长期繁荣稳定。坚决贯彻中央对台工作方针政策，充分发挥人民政协海内外联系广泛的特点和优势，着力做好台湾人民的工作，积极促进两岸人民的接触交往，增进相互了解，推动两岸经济、科技、教育、文化交流，共同反对和遏制“台独”分裂活动。办好纪念辛亥革命100周年活动。继续加强与海外华侨华人和归侨侨眷的联系，多做凝聚侨心、汇聚侨智、发挥侨力、维护侨益的工作，一如既往地支持全球华侨华人“反独促统”活动，为促进祖国和平统一贡献力量。

（六）进一步扩大对外友好交往。要继续按照国家外交的总体部署和目标，不断开辟新的对外交往渠道，拓展新的对外交往领域。继续开展同有关国家的互访，有计划、有重点、多层次地发展同有关国家的相关机构、国际组织及非政府组织的友好往来。切实加强人民政协的对外宣传工作，大力宣传中国特色社会主义政治制度的优越性，宣传人民政协在我国政治生活中的重要地位和作用，宣传人民政协的性质、职能、任务等基本情况，增进国际社会对人民政协的了解。支持中国经济社会理事会开展对外交往工作，加强中国人民与各国人民的友谊，促进中国与世界各国的发展与合作。发挥中国宗教界和平委员会的独特作用，同世界宗教和平组织与宗教界人士开展友好交往，为推动世界和平与发展作出积极贡献。

各位委员！中共十七大描绘了在新的时代条件下继续全面建设小康社会、加快推进社会主义现代化的宏伟蓝图。我们伟大的祖国正从新的历史起点出发，迈上更加壮丽的征程。面向未来，人民政协要继续肩负起时代赋予的光荣使命，在推动国家各项事业的发展中再创新的辉煌。让我们更加紧密地团结在以胡锦涛同志为总书记的中共中央周围，高举中国特色社会主义伟大旗帜，以邓小平理论和“三个代表”重要思想为指导，深入贯彻落实科学发展观，锐意进取，开拓创新，为夺取全面建设小康社会新胜利、谱写人民美好生活新篇章而努力奋斗！

（新华社北京3月14日电）

中国人民政治协商会议全国委员会常务委员会关于提案工作情况的报告

——在政协第十一届全国委员会第一次会议上

（2008年3月3日）

张 梅 颖

各位委员：

我受政协第十届全国委员会常务委员会委托，向大会报告十届政协的提案工作情况，请审议。

十届政协以来，常委会坚持“围绕中心、服务大局、提高质量、讲求实效”的提案工作方针，积极探索提高提案质量、办理质量和服务质量的新举措。经过各方面的共同努力，在提案数量不断增加的情况下，提案质量稳步提高，提案办理取得新进展，提案工作活跃有序、富有成效。

一

十届政协以来，政协委员、政协各参加单位和政协各专门委员会，牢牢把握团结和民主两大主题，紧紧围绕贯彻落实科学发展观、深化改革开放、促进国民经济又好又快发展、构建社会主义和谐社会等一系列重大战略任务，着眼于人民最关心、最直接、最现实的利益问题，积极运用提案形式建言献策。五年来，共提交提案23081件，经审查立案21843件。其中，委员提案20825件，各民主党派中央和全国工商联提案782件，有关人民团体提案7件，界别、小组提案218件，政协专门委员会提案11件。这些提案有情况、有分析、有具体建议，多数具有较强的针对性、可行性、前瞻性，在协助中国共产党和国家机关实现决策科学化民主化，促进社会主义经济、政治、文化和社会建设等方面，发挥了重要作用。

比如，在经济方面，提案围绕建设创新型国家、建设资源节约型和环境友好型社会、建设社会主义新农村、促进区域经济协调发展、加快民族地区发展、加快金融领域改革开放、加强内地同港澳的交流与合作等重大问题，提出了大量有价值的意见建议，受到决策机关的高度重视。其中，关于加快环渤海地区建设、推进天津滨海新区发展、建设海峡西岸经济区等建议，在多方面的共同努力下，有关内容已吸收到“十一五”规划纲要中。关于完善征地制度、发展农民专业经济合作组织、完善农村金融服务体系、加大兴边富民行动、保护和科学利用水资源等建议，已体现在有关发展规划和相应工作中。在政治、法律方面，提案提出的从源头上治理腐败、保障社会公平正义、改革所得税制度、修订《义务教育法》、制定物权法、深化户籍制度改革、出台宗教事务条例等建议，为制定和修改相关政策法规提供了重要参考。在文化方面，提案提出的弘扬中华文化、发展文化产业、加强文化遗产保护、以奥运为契机加强精神文明建设等建议，有力推进了相关工作。在和谐社会建设方面，提案高度关注民生问题，呼吁解决群众看病就医难、农村饮水不安全等问题，建议落实义务教育经费保障机制、治理教育乱收费、建立健全农村新型合作医疗制度、调节收入分配、保护妇女儿童权益、关爱老年人、大力发展慈善事业、狠抓安全生产、加强食品安全监管、取消春运期间客运票价上浮等，促进了相关问题的解决。实践证明，政协提案已经成为人民政协履行政治协商、民主监督、参政议政职能最广泛、最直接、最有效的一种方式。

中共中央、国务院高度重视人民政协的提案工作，主要领导同志多次作出重要批示。2003年，中办、国办联合转发了全国政协办公厅关于办理政协提案的意见，有力推动了提案办理工作迈上新台阶。提案承办单位进一步加强领导，完善制度，把办理政协提案与改进部门工作紧密结合起来。有的主要领导同志亲自督办重点提案、审改办理复文；有的加大了对民主党派提案和重点提案的办理力度；有的对承诺解决的问题及时进行跟踪办理；有的通过座谈、调研、上门走访等多种方式与提案者进行面对面的沟通协商。截至2008年2月20日，99.13%的提案已经办复，提案反映的许多问题已经解决、许多工作取得了阶段性进展。有些提案提出的建议虽然暂时未采纳，但承办单位通过多种方式与提案者沟通协商，增进了理解和共识。

二

十届政协期间，常委会为进一步推进提案工作整体发展，着力开展了以下工作：

（一）确立提案工作的全局性定位，提出加强和改进提案工作的总体要求

2004年，召开了第五次提案工作座谈会（从六届政协起每届召开一次），讨论修订了提案工作条例，确立了提案工作是人民政协一项全局性工作的定位。

2006年，为认真贯彻《中共中央关于加强人民政协工作的意见》，进一步规范履行职能的各项工作，首先召开了提案工作座谈会，研究了提案工作创新的思路。会后下发的《全国政协关于加强和改进提案工作的意见》，提出了以提高提案质量为基础、以增强办理实效为目标、以制度化建设为保障，增强提案工作合力的总体要求，对全面提升提案工作水平发挥了重要指导作用。

（二）狠抓提案质量，夯实提案工作基础

质量是提案工作的生命。常委会把提高提案质量作为着力点，在各个环节采取了一系列举措：向委员提供提案选题参考、提案全文检索光盘，每年编印一卷《把握人民的意愿——政协提案及复文选》，召开民主党派、港澳委员等不同范围、不同形式的提案工作会议，举办提案工作讲座，修改充实提案首页内容，完善提案处理程序，细化提案审查立案标准。

（三）加强协商沟通，切实增强办理实效

对研究确定的重点提案，采取提案委员会、提案者、承办单位“三结合”的方式，进行面对面的协商或联合调研，促进重点提案的办理。通过召开办理工作座谈会、上门走访承办单位、参与协调办理工作，进一步加大提案办理力度。五年来，共召开提案办理协商会48次，进行重点提案调研24次，走访承办单位31次，参与协调办理工作29次，推动了办理质量的提高。

（四）积极创新工作方式，不断推进提案工作的制度化、规范化、程序化

2003年创办了《重要提案摘报》，五年来，共报送189期，向中共中央、国务院和全国政协领导反映了大量意见和建议。通过修订提案工作条例、印发《全国政协关于加强和改进提案工作的意见》、制定《关于开展全国政协专门委员会提案工作的暂行办法》，不断健全提案工作规章制度。

（五）及时总结推广经验，提升提案工作整体水平

通过召开形式多样的座谈会、参加地方政协相关会议、走访地方政协，积极推广新鲜经验，加强工作指导。十届政协期间，召开了2次全国范围的提案工作座谈会、5次办理工作座谈会，并对优秀提案和先进承办单位进行了表彰。参加地方政协有关会议25次，与14个省、自治区、直辖市政协分别进行了交流。

（六）加大宣传力度，扩大政协提案影响

通过召开提案工作情况通气会、邀请新闻单位参加有关活动，运用报刊、广播、电视、网络等媒体形式，大力宣传政协委员运用提案参政议政的典型事例，宣传高质量提案的形成过程、主要内容和办理成效，不断扩大政协提案及提案工作的影响。

三

各位委员，回顾过去，提案工作在实践中开拓前进；面对未来，我们任重道远，大有可为。按照中共十七大对人民政协工作提出的新要求，提案质量、办理质量、服务质量都有待进一步提高。为更好地发挥政协提案的作用，提出以下建议：

坚持以质量求发展。紧密围绕党和国家的中心工作、人民群众普遍关注的热点问题，找准服务大局与发挥政协优势的结合点，认真选题，深入调研，在提高提案质量上下功夫。进一步规范提案审查程序，不断完善提案质量标准，继续夯实提案工作基础。

增强提案办理实效。健全提案办理的督促检查、信息反馈制度，加大重点提案跟踪办理力度，加强办理过程中的协商沟通，推动办理工作不断取得新进展。

完善提案工作机制。进一步加强领导，统筹协调政协内外力量，增强工作合力。加强民主党派、人民团体提案工作，充分发挥政协专委会作用，积极探索体现界别特色的工作思路和方法。

加强提案工作机构自身建设。进一步充实队伍力量，提高队伍素质，完善网络管理系统，健全各项规章制度，推进提案工作制度化、规范化、程序化建设。

大力宣传提案工作。更加广泛地运用各种媒体形式，生动形象地扩大提案工作的影响。

各位委员，新一届政协已经开始工作，让我们更加紧密地团结在以胡锦涛同志为总书记的中共中央周围，高举中国特色社会主义伟大旗帜，以邓小平理论和“三个代表”重要思想为指导，深入贯彻落实科学发展观，同心同德，再接再厉，努力开创人民政协提案工作的新局面！

（新华社北京3月14日电）

全力以赴办好奥运会和残奥会
推动首都经济社会又好又快发展

——在参加十一届全国人大一次会议北京代表团审议时的讲话

（2008年3月5日）

贾　庆　林

温家宝总理所作的政府工作报告，充分肯定了5年来我国改革开放和现代化建设取得的重大成就，明确提出了今年政府工作的基本思路和主要任务，通篇贯穿着党的十七大和十七届二中全会精神，体现了科学发展观的根本要求，顺应了各族人民过上更好生活的新期待，是一个求真务实、催人奋进的好报告。我完全赞成。

过去的5年，以胡锦涛同志为总书记的党中央团结带领全国各族人民，战胜各种困难和风险，在中国特色社会主义道路上奋勇前进，朝着全面建设小康社会的目标迈出了坚实步伐。北京市委、市政府坚决贯彻中央的决策和部署，紧紧围绕实现“新北京、新奥运”战略构想，锐意进取、扎实工作，首都各项事业取得了新的重大进展。

今年是全面贯彻党的十七大作出的战略部署的第一年。2008年奥运会和残奥会将在北京举办。做好今年的各项工作，关系全局，影响重大。要深入贯彻落实科学发展观，更加重视加强和改善宏观调控，更加重视推进改革开放和自主创新，更加重视调整经济结构和提高发展质量，更加重视节约资源和保护环境，更加重视改善民生和促进社会和谐，全面推进首都社会主义经济建设、政治建设、文化建设、社会建设，努力建设繁荣、文明、和谐、宜居的首善之区。

举办奥运会，是中华民族的百年盛事，是中华儿女的共同企盼。我们要进一步增强责任感和紧迫感，广泛凝聚各界力量，充分整合各方资源，努力举办一届有特色、高水平的奥运会和残奥会，圆满完成党和人民赋予的光荣使命。要精心做好服务保障工作，确保奥运会顺利举行；继续深入开展丰富多彩的“迎奥运、讲文明、树新风”活动，营造喜庆热烈的奥运氛围；大力发展奥运经济，最大限度地发挥奥运经济效益。

北京市具备较强的以工促农、以城带乡的能力，要切实加大统筹城乡发展力度，率先形成城乡经济社会发展一体化新格局。要大力推动基础设施和公共事业向农村延伸，在统筹城乡公共服务一体化方面走在前列；大力发展农村二、三产业，推进都市型现代农业建设，在统筹城乡产业发展一体化方面走在前列；大力培育新型农民，挖掘农业内部就业潜力，促进农民转移就业，在统筹城乡就业一体化方面走在前列。

（摘自《人民政协报》）

在政协十一届一次会议闭幕会上的讲话

（2008年3月14日）

贾　庆　林

各位委员：

刚才，我们表决通过了政协十一届一次会议关于常务委员会工作报告的决议、关于政协十一届一次会议提案审查情况的报告和政协十一届一次会议政治决议。至此，中国人民政治协商会议第十一届全国委员会第一次会议，已经圆满完成了预定的各项议程。

昨天，全体会议选举产生了政协第十一届全国委员会主席、副主席、秘书长、常务委员。感谢各位委员的信任，选举我们组成政协第十一届全国委员会常务委员会。此时此刻，我们深感使命光荣、责任重大。我们一定不辜负党和人民的重托，不辜负大家的期望，谦虚谨慎、戒骄戒躁，团结奋斗、扎实工作，不断把人民政协事业推向前进。部分十届全国政协委员因年龄等原因，没有继续提名为十一届全国政协委员，他们为人民政协事业的发展作出了重要贡献。我们向他们表示诚挚的感谢和崇高的敬意！

政协第十一届全国委员会第一次会议是在全国各族人民深入学习贯彻中共十七大精

神，为夺取全面建设小康社会新胜利而奋斗的新形势下召开的。在中共中央、全国人大常委会、国务院的高度重视和有关部门的大力支持下，经过全体委员的共同努力，这次大会开得圆满成功，取得丰硕成果，是一次与时俱进、继往开来的大会，是一次民主团结、凝聚力量的大会，是一次求实鼓劲、催人奋进的大会。

会议期间，胡锦涛总书记和吴邦国同志、温家宝同志、曾庆红同志、李长春同志、习近平同志、李克强同志、贺国强同志、周永康同志，以及党和国家其他领导同志，出席开幕会和闭幕会，参加小组讨论，与委员共商国是。胡锦涛总书记在看望参加本次会议的民革、台盟、台联委员时就发展两岸关系、促进祖国和平统一大业发表的重要讲话，对于切实做好新形势下的对台工作具有重要指导意义，在广大政协委员和社会各界产生了强烈反响。这些都充分体现了以胡锦涛同志为总书记的中共中央对人民政协的高度重视，体现了党和国家领导同志与政协委员共商国是的民主作风。

中共中央和国务院有关部门负责人听取大会发言，参加小组讨论；最高人民法院、最高人民检察院负责人听取委员们对“两高”报告的意见，都对政协工作给予了大力支持。让我们以热烈的掌声，对他们表示衷心的感谢！

会议期间，委员们继承和发扬人民政协平等协商、求同存异、合作共事的优良传统，畅所欲言、集思广益，营造了民主、和谐、宽松、活跃的良好氛围。委员们通过大会发言、提交提案、反映社情民意信息、参加小组讨论等形式，重点就转变经济发展方式和完善社会主义市场经济体制、发展社会主义民主政治、推动社会主义文化大发展大繁荣、办好北京奥运会和残奥会、保障和改善民生等问题咨政建言，提出了很多有价值的意见和建议，充分体现了人民政协这一政治组织和民主形式的独特优势，展示了广大政协委员致力发展、关注民生的时代风采。

各位委员！

今年是全面贯彻落实中共十七大作出的战略部署的第一年，也是十一届全国政协的开局之年。做好今年的各项工作，意义重大，影响深远。人民政协要按照中共十七大作出的战略部署，适应形势发展的新变化，顺应人民群众的新期待，紧紧围绕党和国家工作大局，充分发挥自身特点和优势，更好地履行政治协商、民主监督、参政议政职能，为全面建设小康社会、坚持和发展中国特色社会主义作出新的贡献。要高举中国特色社会主义伟大旗帜，始终坚持党的领导、人民当家作主、依法治国有机统一，坚持和完善中国共产党领导的多党合作和政治协商制度，坚定不移地走中国特色社会主义政治发展道路，巩固和发展民主团结、生动活泼、安定和谐的政治局面。要坚持把促进发展作为履行职能的第一要务，深入学习实践科学发展观，进一步增强贯彻落实科学发展观的自觉性和坚定性，有组织、有计划地选择具有战略性、全局性、前瞻性的重大课题，深入调查研究，积极建言献策，促进经济社会又好又快发展。要牢牢把握团结和民主两大主题，扩大团结面、增强包容性，积极促进政党关系、民族关系、宗教关系、阶层关系、海内外同胞关系的和谐，巩固和壮大最广泛的爱国统一战线，团结一切可以团结的力量，调动一切积极因素，为全面建设小康社会提供强大力量支持。要切实加强人民政协的学习工作，搞好对政协委员特别是新委员的学习培训，进一步增强委员的政治观念、大局观念、群众观念、法制观念，进一步认识和把握人民政协工作的特点、规律、方式、方法，不断提高履行职责的能力和水平。

各位委员，2008年是回顾展望之年，更是开启征程之年。让我们更加紧密地团结在以胡锦涛同志为总书记的中共中央周围，以邓小平理论和“三个代表”重要思想为指导，深入贯彻落实科学发展观，高举爱国主义、社会主义旗帜，继承和弘扬优良传统，汇聚一切有利于改革发展的积极力量，为夺取全面建设小康社会新胜利、实现中华民族伟大复兴谱写新的篇章！

（选自《人民政协报》）

在政协十一届常委会第一次会议上的讲话（摘要）

（2008年3月15日）

贾 庆 林

刚刚闭幕的全国政协十一届一次会议选举产生了新一届常务委员会组成人员。我们要充分认识常委会在政协工作中的重要地位和作用，积极履行职责，扎实开展工作，不辜负党和人民的重托，不辜负广大政协委员的期望。

我对做好十一届政协常委会的工作提三点要求。第一，要认真学习领会中共十七大和十七届二中全会精神，准确把握和贯彻发展社会主义民主政治的战略思想，把中国共产党领导的多党合作和政治协商制度坚持好、完善好、发展好，把人民政协这一政治组织和民主形式的独特优势运用好、发挥好，不断推进社会主义民主政治建设。要切实增强走中国特色社会主义政治发展道路的自觉性和坚定性，切实搞好中国共产党同民主党派、无党派人士在人民政协的合作共事，切实加强人民政协履行职能的制度建设。第二，要紧紧围绕经济社会发展中的重大问题议政建言，为推动科学发展、促进社会和谐贡献力量。要坚持把促进发展作为人民政协履行职能的第一要务，进一步增强贯彻落实科学发展观的自觉性和坚定性。认真选择具有战略性、全局性、前瞻性的课题开展专题调研，精心组织好常委会议、专题协商会等重要活动，积极做好提案、委员视察、反映社情民意信息等工作。第三，要以改革创新的精神切实加强常委会自身建设，包括思想建设、组织建设和作风建设等各方面建设，不断提高履行职能的能力和水平，努力增强人民政协事业发展的生机和活力。

时代的发展、人民的期望和委员的信任，使我们深感责任重大、使命光荣。政协十一届一次会议的圆满成功，为本届政协工作创造了一个良好的开局。我们一定要完成好党和人民交给的光荣任务，为推动人民政协事业的新发展，为实现中共十七大确定的各项任务，作出应有的贡献。

（摘自《人民政协报》）

约见新华社记者就拉萨打砸抢烧严重暴力犯罪事件发表的谈话

（2008年3月23日）

阿沛·阿旺晋美

近日在西藏自治区拉萨市发生的打砸抢烧严重暴力犯罪事件，给当地人民群众生命财产造成重大损失，人民安居乐业的生活和社会秩序受到严重破坏。在其他藏区少数地方也发生了类似事件，甚至在国外多个国家几乎同时发生暴力分子冲击中国驻外机构的事件。这显然是达赖集团内外勾结有组织、有预谋、精心策划和指挥的。达赖集团企图借我国即将举办2008年奥运会之际闹事，在国际上制造声势，以达到将西藏从祖国分裂出去的目的。拉萨少数暴徒的野蛮行径，激起了西藏社会各界的强烈愤慨和严厉谴责。为了维护法律尊严、维护最广大人民的根本利益、维护西藏社会稳定，有关部门依法采取有效措施妥善处置是非常及时的，完全必要的。

西藏是中国不可分割的领土。从古至今，世界上任何一个国家，任何一届政府都未承认过“西藏独立”。就是在清朝末年、国民党统治时期，国家积贫积弱，还面临帝国主义的侵略，在这样的形势下，企图将西藏分裂出去的梦想，都没能得逞。西藏和平解放后，极少数人不顾历史事实、不顾广大藏族群众意愿，企图把西藏从祖国分裂出去的活动从未间断过。1959年，在国外敌对势力的支持和策划下，发动了武装叛乱妄图实现“西藏独立”。当时新中国成立不久，人民民主专政还不完全巩固，西藏旧地方政府和旧制度仍然存在，即使在这样一个情况下，1959年叛乱不但没有得逞，而且加速了民主改革的到来。人民翻身得解放，当家做了主人。20世纪80年代境内外分裂势力再次挑起拉萨骚乱，最后又以失败告终。这一切充分证明，搞“西藏独立”是违背西藏人民意愿的，是不得人心的。这次拉萨发生的事件是一场分裂与反分裂的斗争，只要我们团结一心，依靠群众，在西藏自治区党委和政府的正确领导下，一定会取得反分裂斗争的最后胜利。

我是西藏百年历史变迁的目睹者，也是亲身经历了西藏两种不同社会制度的见证人。只要曾经在西藏新旧两个社会制度下生活过的人，不管是上层人士还是基层群众，只要他站在客观、公正的立场上，只要他尊重历史，正视现实，都会得出一个共识，那就是西藏人民只有在中国共产党的领导下走中国特色社会主义道路才能真正当家做主。西藏只有在中华人民共和国这个大家庭中，社会才会进步发展，西藏人民才会幸福安康。和平解放五十多年来，西藏翻天覆地的变化有力地证明了这一论断。分裂与反分裂的斗争是长期的、复杂的。我们要有足够的思想准备。不管分裂势力用何种方式、何种手段，企图破坏祖国统一、民族团结、社会稳定，都必将遭到失败。

我衷心希望西藏各族各界群众，在中国共产党的领导下，为维护祖国统一、民族团结，为建设小康西藏、平安西藏、和谐西藏做出应有的贡献。

（摘自《人民政协报》）

始终坚持社会主义政治制度的特点和优势

（2008 年 4 月）

杜 青 林

建立在不同国情基础上的各国政治制度，反映了各国的政治发展道路，呈现出不同的特点。我国是社会主义国家，我国现行的政治制度深深植根于中国土壤，体现了中国社会发展的内在规律和客观要求，符合全国各族人民的根本利益。坚持和发展中国特色社会主义，必须坚持社会主义政治制度的特点和优势，推进社会主义民主政治制度化、规范化、程序化，为党和国家长治久安提供政治和制度保障。

一、坚持中国共产党的领导、人民当家作主和依法治国的有机统一

这是我国政治制度区别于西方国家政治制度的本质特征，也是坚持和完善我国政治制度必须遵循的基本方针和政治准则。党的领导是人民当家作主和依法治国的根本保证，人民当家作主是社会主义民主政治的本质要求，依法治国是党领导人民治理国家的基本方略。只有把这三者贯穿于社会主义民主政治建设实践的全过程，才能从根本上坚持社会主义政治制度的特点和优势。

中国共产党的领导是历史的选择、人民的选择，是发展中国特色社会主义的根本保证。我国是一个拥有 13 亿人口的多民族的发展中大国，在这样一个国家里领导人民进行现代化建设，除了共产党没有任何其他政治力量具备这种能力。实践证明，中国共产党始终坚持全心全意为人民服务的宗旨，始终保持与时俱进的品格，具有强大的创造力、凝聚力和战斗力。只有坚持共产党的领导，中国才能实现人民解放、国家富强和民族振兴。统一战线广大成员要自觉在政治上与中国共产党保持一致，维护中国共产党的领导，与中国共产党同心同德、团结奋斗，共同推进中国特色社会主义伟大事业。

人民当家作主是社会主义民主政治的本质和核心，是发展社会主义民主政治的根本出发点和落脚点。社会主义民主是人民当家作主的民主，是反映绝大多数人意愿的民主，只有社会主义才能实现真正的民主。中国共产党执政就是领导和支持人民当家作主，着眼于一切为了人民、一切依靠人民、一切权力属于人民，通过丰富民主形式，扩大公民有序的政治参与，实现最广泛的人民民主。要始终坚持尊重人民的主体地位，切实保障人民群众管理国家事务和社会事务的权利，切实反映各方面群众的愿望和要求，维护和实现人民群众的根本利益。

依法治国是党领导人民治理国家的基本方略，是发展社会主义民主的重要保障。宪法和法律是党的主张和人民意志的统一，任何组织和个人都不允许有超越宪法和法律的

特权。必须依法执政、依法办事，执法必严、违法必究，保证各项法律的实施。要牢固树立社会主义法治理念，维护宪法和法律的尊严和权威，维护社会公平正义，推动实现国家各项工作法治化，确保人民民主权利不受侵犯，确保人民的意志和要求通过法律程序得到有效贯彻实施。

二、坚持人民代表大会制度、中国共产党领导的多党合作和政治协商制度、民族区域自治制度和基层群众自治制度的有机统一

人民代表大会制度、中国共产党领导的多党合作和政治协商制度、民族区域自治制度和基层群众自治制度，构成了我国社会主义民主政治的基本制度框架。必须充分发挥这四项制度在不同层次、不同方面的功能，更好地体现我国民主政治的广泛性和包容性。

人民代表大会制度是我国人民当家作主、参与管理国家事务和社会事务的根本政治制度。我国的政治结构、政治体制和运行规则，没有采用西方国家实行的“三权分立”原则，而是根据我国国情实行“议行合一”。表现在政治体制上，就是实行人民代表大会制度。全国人民代表大会是我国的最高权力机关和最高立法机关。国务院作为我国的最高行政机关，最高人民法院和最高人民检察院作为我国的司法机关，都由人大选举、受人大监督、对人大负责。实践证明，我国实行的“议行合一”原则，具有很大优越性。邓小平同志明确指出：“我们实行的就是全国人民代表大会一院制，这最符合中国实际。如果政策正确，方向正确，这种体制益处很大，很有助于国家的兴旺发达，避免很多牵扯。”要始终坚持和完善人民代表大会制度，支持人民代表大会依法履行职能，保障人大代表依法行使职权，确保立法、决策更好地体现国家意志、维护人民利益，切实发挥人大在国家政权建设、国家事务管理、国家方针政策和法律法规制定执行中的重要作用。

中国共产党领导的多党合作和政治协商制度，既是我国的一项基本政治制度，也是具有中国特色的社会主义政党制度。我国的多党合作制度是马克思主义统一战线理论和政党学说与中国实际相结合的重大成果，是中国人民政治智慧和政治经验的结晶，具有历史必然性、伟大独创性和巨大优越性。这项制度以合作、参与、协商为基本精神，以团结、民主、和谐为本质属性，具有政治参与、利益表达、社会整合、民主监督、维护稳定等重要功能，有利于最大限度地集中社会资源，形成统一意志。这项制度坚持尊重多数与照顾少数的统一，坚持广泛民主与集中领导的统一，有利于进一步把各种社会力量纳入政治体制，畅通和拓宽社会利益表达渠道，使人民群众的知情权、参与权、表达权和监督权得到更好的保障，使社会各方面的愿望和要求得到更充分的反映和实现，使中国特色社会主义民主更加充满生机和活力。要坚持长期共存、互相监督、肝胆相照、荣辱与共的方针，加强同民主党派和无党派人士合作共事，支持他们更好地履行参政议政、民主监督职能，巩固和发展我国各政党之间民主团结、生动活泼的良好政治关系。

民族区域自治制度是解决我国民族问题、实现民族平等、维护国家统一和领土完整的一项基本政治制度。民族区域自治制度是中国共产党在探索解决我国民族问题的过程中，坚持把马克思主义民族基本理论同我国民族问题实际相结合的重大成果，是符合中国国情的唯一正确选择。这项制度体现了民族因素与区域因素、政治因素与经济因素、

历史因素与现实因素、制度因素和法律因素的有机结合，实现了我国社会主义多民族国家在民主基础上的高度统一。这项制度能够保障少数民族享有自治权利，广泛参与国家和本民族内部事务的管理，维护和保障少数民族和民族自治地方的合法权益。要坚持民族区域自治制度，牢牢把握各民族共同团结奋斗、共同繁荣发展的主题，加快少数民族和民族地区经济社会发展，尊重和保障少数民族的合法权益，大力培养少数民族干部和各类人才，推进民族团结进步事业，坚决打击民族分裂活动，巩固和发展平等团结互助和谐的社会主义民族关系。

基层群众自治制度是最直接体现人民当家作主的一项重要政治制度。基层群众自治制度是广大人民群众在城乡基层单位和组织中，依法直接行使民主选举、民主决策、民主管理和民主监督权利的民主制度。自《中华人民共和国村民委员会组织法》和《中华人民共和国城市居民委员会组织法》实施以来，全国绝大多数农村和城市已进行了六次以上的村（居）民委员会换届选举。85%的农村建立了实施民主决策的村民大会或村民代表大会，90%以上的农村建立了保障民主监督的村民理财小组、村务公开监督小组等组织，村务公开、民主评议等活动普遍开展。89%的城市社区建立了居民（成员）代表大会，64%的社区建立了协商议事委员会，不少社区建立了业主委员会，居民评议会、社区听证会等城市基层民主形式普遍推行。要继续促进基层民主的发展，扩大基层群众自治范围，完善民主管理制度，推动基层群众自治机制不断完善，帮助提高群众的民主素质和民主管理能力，努力把城乡社区建设成为管理有序、服务完善、文明祥和的社会生活共同体，切实保障人民群众的民主权利得到充分实现。

三、坚持选举民主、协商民主、自治民主、监督民主等民主实现形式的有机统一

新中国成立以来，我国探索和形成了选举、协商、自治和监督等多种社会主义民主的实现形式，为人民群众行使当家作主的权利提供了有效渠道。这些形式互相补充、相得益彰，既符合社会主义民主政治本质的要求，又体现我国社会主义政治制度的优势。

选举民主是人民通过选举、投票来行使民主权利。选举权和被选举权是公民一项重要的政治权利，参加选举是公民行使管理国家权利的重要途径。我国实行的选举制度，保证每一位公民都能在平等的基础上参加选举，同时任何人都不能在选举上享有特权。这一民主形式有利于充分发扬社会主义民主，使人民真正选出自己了解、信得过的人民代表，保障各族人民行使管理国家的权利。要在实践中进一步完善选举民主的程序和方法，完善选举程序，增强选举的透明度，扩大差额选举的比例，使我国的民主政治建设走上健康发展之路。

协商民主是人民内部各方面在重大决策之前和决策执行过程中进行充分协商。协商民主是中国共产党和中国人民在社会主义民主形式方面的伟大创造，是确保人民当家作主的重要形式。这一民主形式有利于实现最广泛的政治参与，能够广开言路、广求良策、广谋善举，在充分、民主、平等、真诚的协商讨论中达成一致。要把协商纳入党和国家民主决策的程序，建立健全相关制度和机制，努力促进协商民主的制度化、规范化和程序化。要保持宽松稳定、团结和谐的政治环境，让广大群众和各界人士敢于提出不同意见，真正做到知无不言、言无不尽，造成既有集中又有民主、既有纪律又有自由、既有统一意志又有个人心情舒畅的生动活泼的政治局面。

自治民主是由人民群众实行自我管理、自我教育、自我服务。自治是保证人民群众直接行使民主权利、依法管理自己事情的重要民主形式，是中国特色社会主义民主最具体和最生动的体现。这一民主形式能够有效地保障人民群众最关心、最直接、最现实的利益，能够实现政府行政管理和社区自我管理的有效对接，有利于巩固党执政的群众基础。要正确引导和不断激发人民群众实行自治的积极性和主动性，进一步推进和完善村民自治、城市居民自治和企事业单位民主管理等基层群众自治，不断丰富自治民主的内容和形式，使之更好地体现社会主义民主的本质要求。

监督民主是人民群众对公共权利和公共事务拥有监督权。监督是民主制度的试金石，是反映社情民意的重要途径。要通过努力，在我国逐步形成比较完备的监督体系。要充分发挥人民民主的监督功能，建立健全决策权、执行权、监督权既相互制约又相互协调的权力结构和运行机制。把党内监督与党外监督、专门机关监督与人民群众监督、法律监督与社会监督有机结合起来，使其相互配合，共同作用，形成监督合力。加强监督的制度化建设，提高监督实效，确保权力在阳光下运行，始终用来为人民谋利益。

四、坚持我国社会主义政治制度自我完善和发展的原则方向

我国政治制度要始终保持旺盛的生命力，必须在中国特色社会主义事业不断推进的前提下，遵循长期以来形成的重要原则，不断汲取新的时代要素、体现新的时代精神，始终沿着社会主义民主政治建设的正确方向前进。

推进社会主义政治制度自我完善和发展，要始终坚持走中国特色社会主义政治发展道路。中国共产党团结带领中国人民走出了一条具有鲜明中国特色的政治发展道路。这条政治发展道路符合中国国情，能够为经济快速发展和社会稳定和谐提供根本的政治保障，对我国政治制度的自我完善和发展起着方向性、规定性的作用。要充分认识坚持走中国特色社会主义政治发展道路的重大意义，全面领会其丰富内涵，准确把握其基本要求，增强走中国特色社会主义政治发展道路的自觉性和坚定性，使这条道路越走越坚实、越走越宽广。

推进社会主义政治制度自我完善和发展，要适应我国经济社会发展和人民政治参与积极性不断提高的新要求。只有使政治制度的完善和发展与经济社会发展的总进程相协调，才能紧跟时代发展步伐、永葆强大生机活力；只有与人民政治参与积极性不断提高相适应，才能受到人民拥护、得到人民支持。要科学认识和正确把握我国经济社会发展要求，促进形成一整套更加成熟、更加完备的政治体制，使政治建设更好地体现改革开放的伟大成果，更好地促进经济社会又好又快发展。要准确把握人民群众的意愿，更好地代表和反映他们的政治诉求，从各个层次、各个领域扩大有序的政治参与，推动社会主义民主政治建设取得新进展。

推进社会主义政治制度自我完善和发展，要吸收借鉴人类政治文明成果，但绝不照抄照搬别国的政治发展模式。人类政治文明成果是人类社会共同的智慧结晶，是丰富多彩、不断交融的。中国特色政治制度是在不断吸收和借鉴人类政治文明成果的过程中发展和完善的。要立足我国的基本国情，善于借鉴人类政治文明有益成果，推动社会主义政治制度的自我完善和发展，坚决抵御西方两党制、多党制和议会制的影响，绝不盲目效仿和照抄照搬西方政治制度和政党制度模式，始终坚持走中国特色社会主义政治发展

道路。

五、充分发挥统一战线在社会主义政治制度自我完善和发展中的独特作用

统一战线作为最广泛的政治联盟，能够团结一切可以团结的力量，调动一切可以调动的积极因素，增进团结、凝聚力量，为完成党在各个历史时期的中心任务提供强大的力量支持。统一战线在我国的政治制度建设和发展中具有独特的优势和作用。

发挥统一战线在扩大有序政治参与中的优势，使我国社会主义政治制度更具包容性。统一战线坚持求同存异的原则，在根本利益一致的基础上尊重社会各界成员在信仰、利益和观念等方面的差异，通过政治协商、参政议政、民主监督，为社会各界提供了更加广泛、有序的政治参与形式和途径，从而进一步扩大我国政治制度的包容性。要准确把握统一战线广大成员的民主意识和政治参与意识，通过各种民主形式，使社会各群体中个别、分散的意见、要求和见解，得到有组织、有秩序的表达，得到最大限度、最大范围的包容和吸纳，确保社会主义民主健康、有序发展。

发挥统一战线在畅通利益表达渠道中的优势，使我国社会主义政治制度更具有效性。统一战线是中国共产党加强同各方面群众联系、充分反映社情民意的重要渠道，能够有效地把社会各界的利益要求反映到国家政治生活的各个层面，既反映多数人的普遍愿望，又吸纳少数人的合理主张；既接受支持的、一致的意见，又听取批评的、不同的声音，进一步增强我国政治制度运转的效率和效果。要进一步畅通下情上达和上情下达的渠道，使社会各阶层正当合理的利益诉求体现到党和国家的各项重大决策中，努力实现不同社会群体利益的统筹兼顾和总体协调。要发挥统一战线高度的社会整合功能，调动各方面的积极性，协调各方面的利益关系，促进各党派、各阶层、各群体和各界人士的团结合作，使我国社会主义政治制度的优势得到有效发挥。

发挥统一战线在推进制度化建设中的优势，使我国社会主义政治制度更具科学性。统一战线与我国社会主义政治制度密切相关，在其形成和发展过程中发挥了重要作用。推动中国特色社会主义政治制度建设，发展社会主义民主政治，建设社会主义政治文明，是统一战线为中国特色社会主义作贡献的重要方面。要充分发挥统一战线在坚持和完善我国社会主义政治制度中的独特优势和作用，进一步推进我国社会主义民主政治制度化、规范化、程序化。要健全完善统一战线广大成员政治参与的制度和机制，及时总结实践中的有益做法和成功经验，并上升为规章制度，使我国社会主义政治制度更加科学规范。

（选自《人民政协报》）

在十一届全国政协民宗委第一次全体会议上的讲话(摘要)

(2008年4月1日)

阿不来提·阿不都热西提

3月14日发生在西藏自治区首府拉萨市的打砸抢烧暴力事件是由达赖集团有组织、有预谋、精心策划煽动的，是由境内外“藏独”分裂势力相互勾结制造的，其目的是破坏社会稳定，破坏人民群众的安定和谐生活，干扰和破坏北京奥运会，危害国家主权、安全和领土完整。这起事件充分说明了境外敌对势力始终没有放弃利用民族、宗教问题对我国进行渗透和分裂的图谋，反映了民族宗教工作的重要性、长期性和复杂性。

今年我们要把学习贯彻中共十七大精神作为当前和今后一个时期的首要政治任务，积极开展政治协商，完善民主监督机制，提高参政议政实效，充分发挥协调关系、汇聚力量、建言献策、服务大局的重要作用，努力开创人民政协事业的新局面，推动民族和宗教委员会工作再上新台阶。

希望与会同志认真学习贯彻十七大、十七届二中全会和两会精神，增强做好民族宗教工作的自觉性和主动性；充分认识民族宗教工作具有重要性、长期性、复杂性，切实做好新形势下民族和宗教工作；充分发挥专委会的作用，调动委员的积极性，开创民族和宗教委员会新局面。

(摘自《人民政协报》)

进一步做好政协专委会工作

——在政协第十一届全国委员会第一次专门委员会主任会议上的讲话(摘要)

(2008年4月2日)

贾 庆 林

政协专门委员会是政协工作的重要基础，是政协履行职能的重要方式。做好专委会工作，有利于保持同政协委员的经常联系，调动委员履行职责的积极性和主动性，发挥委员的主体作用；有利于突出政协的界别特色，反映各界群众的愿望和诉求，扩大公民有序政治参与；有利于发挥政协优势，围绕关系国计民生的重大问题咨政建言，促进党和政府决策的科学化、民主化；有利于体现政协作为统一战线组织的性质和特点，维护社会稳定和民族团结，促进祖国和平统一，加强同各国人民的友好往来和合作。

我对进一步做好政协专委会的工作提四点要求。第一，坚持着眼大局、突出重点，更好地服从服务于党和国家事业的发展。要牢固树立大局意识和全局观念，自觉地把政协工作放到党和国家工作全局中加以谋划，把专委会工作放到政协工作全局中加以部署。要紧紧围绕中共十七大提出的重大理论观点、重大战略思想、重大工作部署，精心选题，深入实践，认真调研，努力提出现实针对性强的对策建议，为推动科学发展、促进社会和谐贡献智慧和力量。第二，坚持民主协商、平等议事，更好地促进各方面的团结合作。要把民主协商、平等议事的要求贯彻到开展工作的各个环节，落实到履行职能的整个过程，加强各党派团体的合作，促进各界别间的交流，加强专委会内部的协作，充分调动各方面的积极性、主动性，不断增强专委会工作的合力。第三，坚持发挥优势、讲求质量，更好地提高专题调研的实效。要充分发挥专委会“专家多、大家多、名家多”的优势，注重提高专题调研的质量，注重调研成果的转化，注重专题调研的宣传工作，努力推出一批有高度、有深度、有力度的调研报告，为党和政府科学民主决策服务。第四，坚持求真务实、强基固本，更好地推进专委会自身建设。要自觉加强学习，建立健全制度，切实改进作风，努力提高履行职责的能力和水平。

（摘自《人民政协报》）

进一步增强做好政协新闻出版工作的荣誉感和责任感 不断开创政协新闻出版工作新局面

——在人民政协报社考察调研时的讲话（摘要）

（2008 年 4 月 3 日）

王　刚

多年来，在政协全国委员会的正确领导下，在各有关方面的大力支持下，经过全体干部职工的共同努力，政协新闻出版工作取得了很大成绩。政协新闻出版战线的同志们，爱岗敬业、辛勤工作、默默无闻、甘于奉献，为营造全党全国关心和支持人民政协工作的良好氛围，为促进人民政协事业发展，作出了重要贡献。

人民政协的新闻出版工作，是党的宣传思想工作的重要组成部分。做好人民政协的新闻出版工作，对于推动人民政协事业发展、促进社会主义文化大发展大繁荣，具有重要意义。要进一步增强做好新闻出版工作的荣誉感和责任感，不断开创政协新闻出版工作新局面。

第一，要始终坚持正确舆论导向。要旗帜鲜明地坚持党管媒体的原则，按照政治家办报、办刊、办社的要求，牢固树立政治意识和全局观念，严格遵守党的新闻宣传纪律，无论什么时候、什么情况下，都要在思想上政治上行动上同党中央保持高度一致。要坚持团结稳定鼓劲、正面宣传为主，紧紧围绕党和国家的中心工作，围绕全国政协的工作部署，大力宣传党的主张、弘扬社会正气、通达社情民意、引导社会热点、疏导公众情绪、搞好舆论监督，充分发挥主阵地和主渠道作用，努力营造人民政协事业发展的良好舆论环境。坚持正确的舆论导向，必须注重开展重大主题的宣传，切实把宣传贯彻党的十七大精神不断引向深入；必须大力唱响社会主义核心价值体系这一主旋律，引导更多的人自觉践行社会主义荣辱观。

第二，要不断提高新闻出版水平。要坚持立足政协、服务统战、面向社会，紧紧围绕党和政府关注、广大政协委员关心的重大问题和热点问题，切实把党和国家的大事要事宣传好，把全国政协重要会议活动宣传好，把政协提案、委员视察调研和反映社情民意等工作宣传好，及时反映政协工作的新进展、新成绩和新经验，不断提高围绕中心、服务大局的水平。要进一步强化改革创新的意识，准确把握政协新闻出版工作的特点和规律，坚持用创新的思维、改革的办法寻找发展动力、保持工作活力，着力在改进方法、强化手段、丰富内容上下功夫，使政协新闻出版工作充分体现时代性、把握规律性、富于创造性。要坚持选好角度、讲求艺术，充分体现特色、发挥优势，更加关注不同界别、不同阶层、不同群体的呼声，更好地体现统一战线特色、民主协商特色、界别特色和人才荟萃特色，不断提升新闻出版作品的格调和品位，进一步增强政协新闻出版作品的吸引力、说服力和感染力。

第三，要着力加强新闻出版队伍建设。要引导广大干部职工增强学习的自觉性和主动性，努力学习中国特色社会主义理论体系和中央的重大决策部署，熟练掌握做好本职工作所需要的专业知识和技能，不断增强做好新闻出版工作的本领。要坚持把改进工作作风放在队伍建设的突出位置来抓，在干部职工中大力弘扬宣传思想战线的好传统好作风，努力造就一支政治强、业务精、纪律严、作风正的政协新闻出版队伍。特别是要重点加强领导班子建设，真正把那些政治立场坚定、熟悉宣传思想工作、富有改革创新精神的优秀干部选拔到领导岗位上来。

（摘自《人民政协报》）

在纪念中共中央发布“五一口号”60周年理论研讨会上的讲话（摘要）

（2008年4月17日）

杜青林

各民主党派、无党派人士积极响应中共中央“五一口号”，是一个在统一战线、多党合作乃至我国民主政治建设发展史上具有里程碑意义的重大历史事件。纪念“五一口号”发布60周年，就是要继承和发扬多党合作的优良传统，巩固多党合作的共同思想基础；总结多党合作的历史经验，推进多党合作事业蓬勃发展；着眼实现全面建设小康社会奋斗目标、推进中国特色社会主义伟大事业，充分发挥多党合作的巨大优越性。

“五一口号”发布60年来，我国多党合作事业走过了光辉历程，在维护国家政局稳定，推动经济社会发展，促进中国共产党科学执政、民主执政、依法执政，加强国家政权建设和推进我国民主政治建设中发挥了重要作用。60年不平凡的历程给我们诸多深刻启示：要把马克思主义中国化最新成果，科学发展观的基本要求，贯彻落实到多党合作事业的各个方面。必须面向实际，坚持走中国特色的政治发展道路；必须充分发扬民主，逐步扩大公民有序的政治参与；必须广泛凝聚力量，充分体现大团结大联合的主题；必须倡导包容存异，努力营造宽松稳定的政治环境；必须不断创新发展，始终保持多党合作的生机活力。

在新的历史起点上推进多党合作事业实现新发展，要求我们始终坚持中国特色社会主义这一根本方向，坚持“长期共存、互相监督、肝胆相照、荣辱与共”这一基本方针，坚持服务全面建设小康社会伟大实践这一中心任务，坚持推进多党合作制度化、规范化、程序化建设这一重要保障。当前，要集中各方智慧和力量，深入研究、回答和解决构建中国特色社会主义政党制度理论体系，确保多党合作坚持走中国特色政治发展道路，参政党在国家政治社会生活中的功能定位，新一代党外代表人士的人才培养，完善多党合作运行机制等重大理论和实践问题，不断推动多党合作制度的完善和实践的发展，使这一基本政治制度更加富有中国特色，更加富有生机活力，更加富有实效，在推进中国特色社会主义事业伟大进程中再铸新的辉煌。

（摘自《人民政协报》）

在参加全国政协绿色奥运专题调研时的讲话（摘要）

（2008年4月）

王　刚

绿色奥运是北京奥运会的重要理念，实现绿色奥运是我国在申办奥运会时作出的庄严承诺。6年多来，北京奥组委和有关方面从贯彻落实科学发展观、履行我国向国际社会庄严承诺的高度，认真贯彻中央的决策部署，积极实践绿色奥运理念，在加强生态环境建设和大气环境治理方面作出了巨大努力，取得了很大成绩。一是态度非常坚决，始终把实践绿色奥运理念、加强环境质量保障作为成功举办奥运会的关键环节来抓，通过制定和执行最严格的环保和能耗标准、健全最严格的节能减排工作责任制，确保各项目标和任务的落实。二是措施非常有力，制定《奥运行动计划——生态环境保护专项规划》，场馆建设中严格落实各项节能环保措施，大力开展城乡环境综合整治，先后组织实施14个阶段大气污染控制措施。三是成效非常显著，北京环境质量特别是大气质量有了明显好转，水污染防治、噪音控制和固体废弃物处理等取得新的进展，为真正举办一届绿色奥运打下了良好的基础。

要进一步增强做好绿色奥运保障工作的责任感和紧迫感，继续加大工作力度，努力形成工作合力，确保奥运会期间北京具有良好的环境质量。各级政协组织和广大政协委员要积极参与到奥运会筹办工作中来，充分发挥专家学者较多、人才智力资源密集的优势，为成功举办北京奥运会积极建言献策、作出应有贡献。

（摘自《人民政协报》）

在司徒美堂诞辰140周年座谈会上的讲话（摘要）

（2008年4月26日）

万　钢

司徒美堂先生的一生，是爱国的一生，是追求真理、追求进步、追求光明的一生，是致力于致公党事业的一生。司徒美堂先生是海外爱国华侨的光辉典范，是中华民族奋发自强的楷模，是致公党的优秀创始人之一。今天我们纪念司徒美堂先生，就要继承他的高贵品质和修养，薪火相传，进一步提高自身建设和履行参政党职能的能力和水平，推动多党合作事业的可持续发展；就是要按照凝聚侨心、汇集侨智、发挥侨力、维护侨益的要求，最大限度地把归侨侨眷和海外侨胞团结起来，最大限度地把归侨侨眷和海外侨胞的积极性调动起来，最大限度地把归侨侨眷和海外侨胞的独特优势发挥出来，进而汇聚起全民族为实现中华民族伟大复兴而共同奋斗的强大合力。

（摘自《人民政协报》）

在会见中国国民党荣誉主席连战一行时的讲话（摘要）

（2008年4月28日）

贾　庆　林

连主席这次来访，向北京奥林匹克体育中心赠送台湾著名雕塑艺术家的作品，表达台湾同胞支持北京奥运的美好心意，我们深表感谢。北京举办2008年奥运会，是包括台湾同胞在内的全体中华儿女的世纪盛事。台湾体育健儿来北京参加奥运会，大陆同胞一定会以最热情的方式表示欢迎，为他们加油喝彩。我们衷心祝愿台湾奥运健儿在北京奥运会上再创佳绩。

3年前，连主席率中国国民党代表团来大陆进行首次和平之旅。胡锦涛总书记与连主席举行了历史性的会谈，掀开了国共两党关系崭新的一页。这次访问和国共两党领导人的会谈，载入了两岸关系发展的史册。这些年来，国共两党进行多种形式的交流对话，达成了许多重要共识，产生了广泛的积极影响。近来，台湾局势发生了重大变化，两岸关系朝着和平稳定方向发展的势头增强。这是两岸同胞共同努力的结果。这一局面来之不易。连主席为促进国共两党关系发展，为增进两岸同胞相互了解、加强合作，为反对“台独”分裂活动，付出了大量心血，作出了杰出的贡献。

胡锦涛总书记不久前在博鳌会见了萧万长先生，就加强两岸经济交流合作交换意见，台湾各界给予了高度评价。这反映了台湾民众普遍希望两岸加强交流、增进合作、实现双赢的心声。当前，两岸关系和平发展已经具有更坚实的基础、更强劲的动力、更有利的条件。希望两岸同胞更紧密地团结起来，牢牢把握两岸关系和平发展的主题，共同开创两岸关系和平发展新局面。

（摘自《人民政协报》）

在纪念中共中央发布“五一口号”60周年座谈会上的讲话(摘要)

（2008年4月29日）

贾　庆　林

1948年4月30日，中共中央发布纪念“五一”劳动节口号，号召“各民主党派、各人民团体、各社会贤达迅速召开政治协商会议，讨论并实现召集人民代表大会，成立民主联合政府”，得到各民主党派、无党派人士的热烈响应。

各民主党派、无党派人士热烈响应“五一口号”，标志着各民主党派、无党派人士自觉选择了中国共产党的领导，走上了新民主主义、社会主义的道路，揭开了我国多党合作事业发展的历史新篇章。60年来，我国多党合作事业蓬勃发展，为社会主义革命、建设和改革事业作出了重要贡献。

实践充分证明，中国共产党领导的多党合作和政治协商制度，是我国的一项基本政治制度，具有巨大的优越性，一定要始终不渝地坚持；是符合中国国情的伟大创造，具有强大的生命力，一定要毫不动摇地发展；是实现社会主义民主的重要形式，具有独特的作用，一定要坚定不移地推进。60年来，中国共产党和各民主党派、无党派人士在团结合作的实践中积累了丰富经验，为继续推动多党合作事业发展提供了重要启示，这就是必须坚持中国共产党的领导，必须坚持大团结大联合，必须坚持发扬社会主义民主，必须坚持平等协商，必须坚持民主监督。

当前，我国正处于改革发展的关键时期，多党合作事业面临着新的形势和任务。要以纪念中共中央发布“五一口号”60周年为契机，继承和发扬各民主党派、无党派人士在同中国共产党团结合作中形成的优良传统和宝贵经验，进一步推动多党合作事业蓬勃发展，巩固和壮大最广泛的爱国统一战线，共同把中国特色社会主义事业推向前进。要高举中国特色社会主义伟大旗帜，确保多党合作事业始终沿着正确方向前进；要努力推动科学发展，共同致力于实现全面建设小康社会奋斗目标；要坚持长期共存、相互监督、肝胆相照、荣辱与共的方针，搞好团结合作，发展我国各政党民主团结、生动活泼的和谐政治关系；要加强自身建设，把执政党建设和参政党建设更好地统一于多党合作、共创伟业的历史进程中，努力形成执政党建设同参政党建设相互促进的良好局面。

（摘自《人民政协报》）

在北京奥运会倒计时100天誓师动员大会上的讲话（摘要）

（2008年4月30日）

贾庆林

举办奥运会是中华民族历史上具有重要意义的大事，标志着我们国家综合实力显著增强、国际地位大幅提升，标志着中国人民正以朝气蓬勃、昂扬向上的精神风貌阔步走向世界。这是中华民族近百年来历经磨难、奋斗不息、顽强拼搏的结果。百年奥运梦想，百年期待向往，即将在我们这一代人的手中实现。我们为有机会参与这一历史盛事而感到自豪，我们对举办一届有特色、高水平的奥运会充满信心。

在2008年奥运会即将到来之际，在即将写下中华民族新的历史篇章之时，我们更要保持清醒的头脑，把满腔的爱国热情凝聚成克服一切困难办好奥运会的强大力量，落实到科学、严谨、扎实的筹办工作中，办好奥运会，当好东道主，不辱光荣使命，为国家和民族争光。贾庆林提出四点要求。第一，始终保持奋发进取的精神状态。第二，牢固树立科学严谨的工作作风。第三，充分发挥举国体制的强大优势。第四，努力营造欢乐祥和的奥运环境。

再过100天，中华民族的百年奥运梦想就将成为现实。让我们紧密团结在以胡锦涛同志为总书记的党中央周围，高举中国特色社会主义伟大旗帜，以邓小平理论和“三个代表”重要思想为指导，深入贯彻落实科学发展观，振奋精神、扎实工作，全力完成奥运筹办的各项任务，为成功举办一届有特色、高水平的奥运会作出新的更大贡献！

（摘自《人民政协报》）

继往开来 共创友谊与合作的美好明天

——在罗马尼亚参议院全体会议上的演讲

（2008年5月5日）

贾庆林

尊敬的沃克罗尤参议长阁下，各位议员朋友，女士们，先生们，朋友们：

在这春和景明的美好时节，我来到素有“天堂一角”美誉的罗马尼亚进行正式友好访问，感到十分高兴。首先，我向在座各位并通过你们，向热情友好的罗马尼亚人民致以诚挚的问候，向长期为中罗友好事业无私奉献的罗马尼亚各界朋友致以崇高的敬意！

罗马尼亚风光秀丽，历史悠久，文化灿烂。民族英雄斯特凡大公、勇敢的米哈伊保家卫国的神奇故事传扬四方，民族诗人埃米内斯库的《金星》等浪漫主义诗作脍炙人口，民间乐曲《云雀》、《霍拉舞曲》广为流传。勤劳、勇敢、智慧的罗马尼亚人民为欧洲和世界文明作出了重要贡献。

中罗两国人民之间的友谊，犹如长江和多瑙河源远流长。300 多年前，一个名叫斯帕达鲁的罗马尼亚人来到中国，撰写了《中国漫记》一书，最先把中国古老文明介绍到中东欧，开创了中罗交往的先河。此后，两国人民在争取国家独立和建设美好家园的奋斗历程中，结下了深厚的友谊。我们不会忘记，69 年前，布库尔·柯列然夫妇和达维德·扬库三名罗马尼亚医生，不远万里来到中国，支援中国人民的抗日战争，为中国人民的解放事业献出了宝贵的青春和生命。我们不会忘记，59 年前的 10 月 5 日，新中国刚刚诞生，罗马尼亚就同新中国建立了外交关系，成为第三个承认中华人民共和国的国家。我们不会忘记，37 年前，罗马尼亚作为提案国支持恢复中华人民共和国在联合国的合法席位。罗马尼亚人民对中国人民的真情和友谊将永载两国关系史册。

中罗建交近 60 年来，尽管国际形势和两国各自国内情况都发生了很大变化，但两国关系一直平稳发展，在国际事务和各自国家的建设中始终相互支持、相互帮助。两国一直保持高层接触。近年来，江泽民主席、胡锦涛主席、吴邦国委员长等中国领导人先后访罗，罗马尼亚总统、总理、参众两院议长分别到华访问。特别是 2004 年胡锦涛主席访罗，双边关系提升为全面友好合作伙伴关系。中罗友好交流与合作呈现多层次、宽领域、机制化的特点，两国政府、政党、民间和地方交往频繁，合作涵盖经贸、科技、教育、文化、卫生、环境、旅游等各个领域，并不断深化。2007 年，中罗双边贸易额达到 23.6 亿美元，罗马尼亚已成为中国在中东欧地区的第四大贸易伙伴。双方友好城市达 22 对。中国在罗马尼亚投资 3 亿美元，兴办中资公司近 9000 家。目前，中罗两国已成为全方位合作的好伙伴，两国人民已成为全天候的好朋友，中罗关系已成为国家关系的好榜样。

随着罗马尼亚加入欧盟、中国改革开放不断深入，中罗关系面临新的发展机遇。我们的共同任务是，承前启后、继往开来，不断开创中罗全面友好合作伙伴关系新局面，以更好地造福中罗两国和两国人民。为此，我提议双方重点在以下四个方面作出努力。

第一，增进政治互信。双方应继续相互尊重，平等相待，互不干涉内政，照顾彼此关切。要保持两国高层交往，密切政府、立法机构和政党之间的交流与合作，增进相互了解，深化友谊与互信，夯实双边关系持续发展的政治基础。

第二，扩大经贸合作。双方应本着优势互补、平等互利原则，扩大贸易和投资等领域的合作。继续发挥两国经济联委会机制的宏观指导作用，鼓励和支持两国企业界加强接触，共同探讨扩大合作的新途径、新方式。我们支持中方企业对罗投资，参与罗基础设施建设，也欢迎罗公司、企业参与中国西部大开发和东北地区等老工业基地振兴。希望罗以参加 2010 年上海世博会为契机，寻求双边合作的新亮点。

第三，深化人文交流。继续深化两国在文化、科技、教育、体育、卫生、旅游等领域的交流与合作，不断丰富双边关系内涵。希望两国青年组织积极举办形式多样的活动，为加强两国年轻人交流创造更多机会。进一步扩大两国民间和地方交流，巩固中罗友好基础，增强双边关系发展活力。希望双方积极筹划并隆重庆祝明年两国建交60周年。

第四，加强国际协调。继续加强两国在国际事务中的协调与配合，共同致力于建立一个公平、公正、以规则为基础、由联合国发挥中心作用的多边国际体系。中方愿与罗方在联合国改革、能源、环保、气候变化、打击恐怖主义和跨国有组织犯罪等领域加强对话与合作。

我深信，在双方的共同努力下，建立在传统友谊基础上的中罗关系一定会迎来更加灿烂的明天。

女士们、先生们、朋友们！

今年是中国改革开放30周年。30年来，中国人民以一往无前的进取精神和波澜壮阔的创新实践，奋力推进改革开放和社会主义现代化建设，使中国成功实现了从高度集中的计划经济体制到充满活力的社会主义市场经济体制、从封闭半封闭到全方位开放的伟大历史转折。中国的面貌发生了历史性变化。

30年来，我们始终坚持以经济建设为中心，实现了经济实力的显著提升。从1978年到2007年，中国的国内生产总值从2165亿美元增长到3.28万亿美元，年均增长9.8%，经济总量跃居世界第四。进出口总额从206亿美元增长到2.17万亿美元，成为世界第三大贸易体。外汇储备从1.67亿美元增长到1.53万亿美元，位居世界第一。中国用占世界不到10%的耕地成功解决了占世界20%多人口的吃饭问题。三峡大坝、青藏铁路、西气东输、西电东送、南水北调等重大工程捷报频传，载人航天飞行和首次月球探测工程取得圆满成功。中国的发展不仅造福中国人民，而且使世界人民从中受益。

30年来，我们始终坚持走中国特色社会主义政治发展道路，保证了广大人民有效地行使当家作主的民主权利。我们坚持党的领导、人民当家作主、依法治国有机统一，坚持和完善人民代表大会制度、中国共产党领导的多党合作和政治协商制度、民族区域自治制度以及基层群众自治制度，不断推进社会主义政治制度自我完善和发展。我们着力加强社会主义法制建设，以宪法为核心的中国特色社会主义法律体系已经初步形成，国家政治、经济和社会生活的主要方面基本做到了有法可依，中国人民的公民权利、政治权利和基本自由依法得到维护和保障，民主团结、生动活泼、安定和谐的政治局面进一步巩固和发展。中国社会主义民主政治展现出更加旺盛的生命力。

30年来，我们始终坚持加强文化建设，丰富了人民的精神文化生活。我们在加强物质文明建设的同时，加强精神文明建设，大力发展文化事业和文化产业，不断满足人民群众日益增长的精神文化需求。我们继承中华民族的优秀传统文化，加强对文化遗产的保护和利用，弘扬以爱国主义为核心的民族精神和以改革创新为核心的时代精神，不断增强中华民族的凝聚力和向心力。我们大力加强对外文化交流，积极吸收和借鉴世界各国优秀文明成果，推动中华文化走向世界。即将举办的北京奥运会和残奥会，将向世界展示中华民族的悠久历史和灿烂文化，展示中国人民昂扬向上的精神风貌。

30年来，我们始终坚持保障和改善民生，提高了中国人民的生活水平。1978年至2007年，城镇居民人均可支配收入从343元增长到13786元，农村居民人均纯收入从134元增长到4140元。九年义务教育基本普及，青壮年文盲基本扫除，农村义务教育阶段学生学杂费全部免除，全国各类高等教育在校生总规模超过2700万，高等教育毛入学率达到23%。社会保障体系框架初步形成，医疗、就业等民生问题逐步解决。近几年来，平均每年城镇新增就业1000多万人。农村贫困人口从1978年的2.5亿减少到2007年的约1500万。人民生活实现了从温饱不足到总体小康的历史性跨越。

在看到成绩的同时，我们也清醒地认识到，中国人口多、底子薄，发展很不平衡，仍然是世界上最大的发展中国家。中国基本实现现代化，实现全体中国人民共同富裕，使13亿人民都过上幸福生活，还有很长的路要走，需要一代又一代人长期艰苦奋斗。中国过去30年的快速发展，靠的是改革开放。中国未来的发展也必须靠改革开放。我们将以改革开放30周年为新的起点，深入贯彻落实科学发展观，坚定不移地沿着改革开放的伟大道路走下去，继续为全面建设小康社会、进而基本实现现代化而奋斗。

女士们、先生们、朋友们！

当今世界正处在大变革大调整之中。和平与发展仍然是时代主题，求和平、谋发展、促合作已经成为不可阻挡的时代潮流。在世界多极化不可逆转、经济全球化深入发展、科技革命加速推进的世界大势之下，中国的前途命运日益紧密地同世界的前途命运联系在一起。

中国是一个热爱和平的国家。中华民族一直以和为贵，历来把“万邦咸宁”、“天下太平”作为崇高的理想境界。近代以来，中国人民曾饱受列强的欺压凌辱，经历长期的动荡战乱，更加懂得和平的珍贵。我们将始终不渝走和平发展道路，尊重各国人民自主选择发展道路的权利，不干涉别国内部事务，不把自己的意志强加于人，致力于和平解决国际争端，奉行防御性国防政策，永远不称霸，永远不搞扩张。中国始终是维护世界和平的坚定力量。

中国是一个崇尚互惠互利的国家。我们将始终不渝奉行互利共赢的开放战略，坚持按照通行的国际经贸规则扩大市场准入，在实现本国发展的同时兼顾对方特别是发展中国家的正当关切，支持国际社会帮助发展中国家增强自主发展能力、改善民生，支持完善国际贸易和金融体制、推进贸易和投资自由化便利化，支持各国共同防范金融风险、维护能源安全，坚持通过磋商协作妥善处理经贸摩擦，推动各国共同分享发展机遇，共同应对各种挑战。

中国是一个追求人与自然和谐相处的国家。地球是人类赖以生存的共同家园，加强环境保护、应对气候变化是世界各国的共同责任。我们将始终不渝推进生态文明建设，把建设资源节约型、环境友好型社会放在工业化、现代化发展战略的突出位置，加强节能技术、环保技术、可再生能源技术的研发和推广，减少温室气体排放，加强生态保护，推动环境和气候变化领域的国际合作，推动实现人类社会永续发展。

女士们、先生们、朋友们！

有句谚语说得好：“如果我们想要更多的玫瑰花，就必须种植更多的玫瑰树。”回顾过去，中罗友谊之树在双方领导人和人民的精心培育下已经根深叶茂，结出了累累硕果。展望未来，中罗友好合作一定会焕发出新的生机和活力，迎来更加美好的前景。让我们携起手来，为巩固和加强中罗传统友谊、深化和发展中罗全面合作，推动人类和平与发展的崇高事业而不懈努力！

谢谢大家。

（新华社布加勒斯特5月5日电）

在中匈企业家早餐会上的讲话（摘要）

（2008年5月9日）

贾 庆 林

中匈两国建交59年来，始终本着相互尊重、平等互利等原则积极发展双边关系。特别是2004年两国建立友好合作伙伴关系以来，双边关系取得蓬勃发展，两国业已成为政治上高度互信的好朋友、经济上互利合作的好伙伴。中国的发展将为包括匈牙利在内的世界各国提供广阔的合作平台和难得的发展机遇。中国将继续坚持改革开放，始终不渝地奉行互利共赢开放战略，推动经济全球化朝着均衡、普惠、共赢方向发展，推动各国共享发展机遇，共同应对风险挑战。

经贸合作是中匈友好合作伙伴关系的重要内容，也是双边关系持续健康发展的重要动力。中匈经贸合作拥有坚实基础和广阔前景。近年来，中匈经贸合作发展迅速，双边贸易额已从2000年的不足10亿美元上升到2007年的62亿美元。匈牙利已成为中国在中东欧地区的重要贸易伙伴，双方相互投资与合作涉及金融、航空、家电、通讯、农牧、旅游等领域。中匈经贸合作给两国人民带来了实实在在的利益。

进一步扩大中匈双边经济合作规模，提升合作水平和质量，是摆在两国政府和企业家面前的共同任务。

为此，建议：第一，进一步加强两国企业界的交流，加强市场、商品、贸易信息交流，更好了解对方市场，深挖合作潜力，不断扩大贸易规模，提高贸易产品的技术含量和附加值。第二，努力开发大型合作项目，扩大相互投资。中方欢迎匈牙利企业来华投资兴业，也支持本国有实力的企业到匈牙利发展。希望两国企业把贸易往来与投资合作相结合，在节能环保、汽车制造、基础设施建设等领域选择条件成熟的项目作为投资重点，扶持和开发大型合作项目。第三，积极探索高新技术领域合作，努力提高合作档次。匈牙利素有“发明家民族”的美誉，具备一定科技、人才优势。中国也在大力推进科技创新，加快发展高新技术产业，注重采用高新技术改造和提升传统产业。双方可进一步拓宽经济技术合作领域，在新能源、新材料、生物技术等领域开展技术创新和研发合作。

（摘自《人民政协报》）

深化互利合作　实现共赢发展

——在中克经贸论坛开幕式上的致辞

(2008年5月14日)

贾　庆　林

女士们，先生们，朋友们：

在中克建交16周年之际，我很高兴来到美丽的萨格勒布，出席由中国贸促会和克罗地亚商会联合举办的中克经贸论坛。在此，我谨对论坛的隆重召开表示热烈的祝贺，并向长期致力于中克经贸合作的两国各界人士表示衷心的感谢！

克罗地亚是中东欧地区的重要国家，有着悠久的历史和灿烂的文化。克罗地亚人民勤劳、勇敢、智慧，为世界文明作出了重要贡献。近年来，贵国经济蓬勃发展，民族和睦相处，国际地位日益提高。我们为贵国取得的发展成就感到高兴，衷心祝愿贵国人民在这片美丽富饶的土地上创造更大辉煌。

中国和克罗地亚虽然相距遥远，但两国人民在长期的友好交往中结下了深厚友谊。建交16年来，在双方的共同努力下，双边关系平稳发展。特别是2005年，中克建立全面合作伙伴关系，成为两国关系发展史上的重要里程碑。3年来，中克关系又有新的发展。

双方高层对话频繁，政治互信和相互了解不断加深，国际事务中沟通与协调密切，经贸、文化、教育、科技、旅游、体育等领域的务实合作富有成果。2007年，中克贸易额达到15.8亿美元，比上年增长69.6%，呈现出强劲的发展势头。中克关系已进入两国建交以来最好的发展时期，给两国人民带来了实实在在的利益，为世界和地区的和平、稳定与发展作出了积极贡献。

回顾过去，我们对双边关系的良好发展感到满意。展望未来，我们对两国关系的发展前景充满信心。巩固传统友谊，深化互利合作，实现双赢发展，是两国人民的共同愿望，符合两国的根本利益。中国政府历来高度重视发展同克罗地亚的友好合作关系，始终视克罗地亚为中国在中东欧地区的重要合作伙伴。我们愿与克方一道，继续本着相互尊重、平等互利原则，推动两国关系全面深入发展。

经贸合作是中克全面合作伙伴关系的重要内容，也是双边关系持续健康发展的重要动力。近年来，中克两国经济都实现了较快发展，为双方深化经贸合作奠定了坚实基础。更为可喜的是，随着中国改革开放深入发展和贵国加入欧盟一体化进程加快，双方相互需求日益上升，共同利益不断增多，提升合作规模和质量的热情空前高涨。为进一步推动中克经贸合作在互利双赢基础上取得新进展，双方应着力从以下三个方面共同努力。

第一，积极发挥政府作用。继续发挥两国政府经贸混委会的宏观指导作用，加强市场、商品、贸易信息交流，鼓励双方企业通过互办展览、洽谈等活动，不断挖掘合作潜力，探索新的合作途径，推动两国经贸合作向全方位、宽领域发展。希望贵国以参加2010年上海世博会为契机，为两国经贸合作创造新的增长点。

第二，不断优化贸易结构。积极开展两国在电信、医药、机械制造、交通运输、食品加工等领域的互利合作，逐步扩大高新技术产品在双边贸易中的比重，推动贸易结构多元化。我们欢迎克罗地亚名优产品更多进入中国市场，希望两国贸易在不断发展中逐步实现积极平衡。

第三，努力扩大相互投资。继续推动两国企业加强直接接触，特别是推动两国中小企业开展合作，扩大双向投资。希望克罗地亚企业界充分发挥自身优势，积极参与中国西部大开发、东北地区等老工业基地振兴。中国也将继续支持本国有实力的企业更多地来克投资兴业。要进一步发挥两国地方省市合作的积极性，建立两国经贸合作的新平台。

女士们、先生们、朋友们!

今年是中国改革开放30周年。30年前，在邓小平先生的倡导和带领下，中国人民踏上了改革开放的伟大征程，开启了建设中国特色社会主义的历史新时期。从那时以来，中国人民以一往无前的进取精神和波澜壮阔的创新实践，奋力推进改革开放和社会主义现代化建设，谱写了中华民族自强不息、顽强奋进新的壮丽史诗，中国的经济实力、综合国力、人民生活水平都上了大台阶，中国的面貌发生了历史性变化。从1978年到2007午，中国的国内生产总值从2165亿美元增长到3.28万亿美元，年均增长9.8%，经济总量由世界第十位跃居世界第四位；进出口总额从206亿美元增长到2.17万亿美元，成为世界第三大贸易体；外汇储备由1.67亿美元增加到1.53万亿美元，居世界首位。城镇居民人均可支配收入从343元增长到13786元，农村居民人均纯收入从134元增长到4140元。中国农村贫困人口从2.5亿减少到约1500万，人民生活从温饱不足发展到总体小康，三峡大坝、青藏铁路、西气东输、西电东送、南水北调等重大工程捷报频传，以神舟飞船为代表的一大批重大科技成果先后涌现。现在，中国社会主义市场经济体制初步建立，全方位对外开放格局基本形成，政治体制改革逐步深化，民主法制建设不断加强，科技、教育、文化、卫生事业全面发展，民族团结，边疆巩固，人民安居乐业，到处是欣欣向荣的蓬勃景象。

中国的发展不仅造福中国人民，而且有力地促进了世界经济和贸易增长。中国经济对世界经济增长的贡献率超过10%，对国际贸易增长的贡献率超过12%。2001年以来，中国年均进口额近5600亿美元，为相关国家和地区创造了约1000万个就业机会。改革开放的实践证明，中国发展进步离不开世界，世界繁荣稳定也离不开中国。面向未来，我们将继续解放思想，坚持改革开放，推动科学发展，促进社会和谐，为夺取全面建设小康社会新胜利而奋斗。我们将高举和平、发展、合作旗帜，坚持独立自主的和平外交政策，始终不渝走和平发展道路，始终不渝奉行互利共赢的开放战略，推动建设持久和平、共同繁荣的和谐世界、中国人民愿与包括克罗地亚在内的各国人民一道，共同分享发展机遇，共同应对风险挑战，共同推进人类和平与发展的崇高事业。

女士们、先生们、朋友们!

大家知道，5月12日，中国四川省汶川县发生了7.8级的严重地震，致使道路、交通、通讯中断，房屋倒塌严重，给人民群众生命财产造成重大损失。地震发生后，中国政府高度重视，迅速采取措施，全面部署抗震救灾。各级政府和各有关部门紧急行动起来，人民解放军、国家地震减灾救援队、医疗卫生人员迅速赶赴灾区，全力抢救受伤人员，中国四川的地震灾情也引起了国际社会的广泛关注和同情。许多国家领导人纷纷向中国政府和人民表示深切同情和诚挚慰问。在地震发生当日，克罗地亚总统梅西奇代表克罗地亚政府和人民向中国国家主席胡锦涛和中国人民表示慰问。我们对此表示感谢。我相信，有党中央、国务院的坚强领导，有全国人民的团结奋斗，有国际社会的大力支持，我们一定能够夺取抗震救灾斗争的胜利。

女士们、先生们、朋友们！

当前，中克关系正处在新的历史起点上，面临着继往开来的新机遇，我相信，在两国经济工商界有识之士的共同努力下，中克经贸合作的明天一定会更加灿烂光明！

预祝中克经贸论坛取得圆满成功！

谢谢大家！

（新华社萨格勒布5月14日电）

抗震救灾是统一战线和人民政协当前最重要最紧迫的任务

（2008年5月16日）

贾　庆　林

在中央的统一部署下，各级统战部门、政协组织、各地政协委员、各民主党派和工商联成员、无党派人士，都已紧急行动起来。在不同的岗位上，以各种形式向灾区伸援手、献爱心、送温暖，以实际行动为受灾群众解难、为国家分忧，已成为当前抗震救灾的一支重要力量。这充分展现了中华民族一方有难、八方支援的优秀品格，展现了社会主义中国万众一心、众志成城的伟大精神，展现了统一战线同心协力、和衷共济的巨大力量。

这次特大地震灾害牵动着港澳同胞、台湾同胞和海外侨胞的心。灾情发生后，港澳地区各级政协委员和各界同胞都纷纷慷慨解囊，捐款捐物、送医送药。台湾同胞及各社会团体也十分关注灾区的灾情，心系灾区群众的安危，捐赠出大笔善款支援灾区。海外华人华侨也纷纷向灾区伸出援助之手、奉献温暖之心。灾难无情人有情，生动彰显了两岸及港澳同胞和海外华人华侨守望相助、血浓于水的骨肉深情，充分体现了我国各族各界人士高尚的爱国主义精神和博大的人道主义情怀。

目前抗震救灾的各项工作正在有力有序有效进行，我们相信，在党中央、国务院的坚强领导下，有灾区干部群众不屈不挠、顽强奋战的大无畏英雄气概，有全国人民万众一心、共克时艰的社会主义协作精神，有改革开放30年来形成的雄厚经济基础做保障，我们一定能够战胜这场特大地震灾害，重建美好家园。

（摘自《人民政协报》）

在2008年第一期全国政协干部培训班开班式上的讲话(摘要)

(2008年5月16日)

阿不来提·阿不都热西提

广大政协委员和政协干部要特别加强对中国特色社会主义理论体系的学习，在全面把握这一科学理论体系的基础上，深刻认识党的十七大提出的一系列新思想、新观点、新论断、新举措，切实把思想和行动统一到党的十七大精神上来，把智慧和力量凝聚到实现党的十七大确定的各项任务上来。要加强对人民政协基本理论和基础知识的学习，着重把握好十七大以来中共中央对政协工作的新要求，紧紧围绕党和国家全局开展政协工作；着重把握好对《中共中央关于加强人民政协工作的意见》和政协章程的学习，巩固理论基础、推动工作创新。

各级政协组织要按照党中央和国务院的有关部署，认真贯彻贾庆林主席的重要指示，全力组织各参加单位和各界人士，以实际行动支援和帮助受灾地区群众。要充分发挥人民政协人才荟萃、智力密集的优势，围绕抗震救灾、恢复生产积极建言献策，为战胜这场严重的自然灾害贡献智慧和力量。

(摘自《人民政协报》)

在会见香港青年工业家协会访问团时的讲话(摘要)

(2008年5月20日)

陈　宗　兴

虽然受到自然灾害和国际经济环境的影响，但内地经济特别是非公有制经济发展仍然保持良好势头。香港经济社会生活在中央政府和特区政府的共同努力下，同样表现不错。这些都为加强内地与香港合作创造了更加良好的条件。

希望香港青年工业家协会在访问期间，更好地了解内地的相关政策，加强与内地的合作，特别是结合光彩事业和新农村建设，实现企业跨越式发展。

希望继续发扬爱国爱港的优良传统，拥护“一国两制”和祖国和平统一，为香港的长期繁荣稳定和内地的经济社会发展作出新的更大贡献。

(摘自《人民政协报》)

学习贯彻胡锦涛同志重要讲话精神 为打胜抗震救灾这场硬仗作出贡献

——在政协委员抗震救灾捐赠仪式上的讲话（摘要）

（2008年5月21日）

贾　庆　林

人民政协各级组织和广大政协委员，要认真学习贯彻中共中央政治局常委会议和胡锦涛同志在四川召开的抗震救灾工作会议上的重要讲话精神，立足本职，做好工作，继续以多种方式向灾区伸出援助之手，提供一切可能的支持，为打胜抗震救灾这场硬仗作出贡献。

作为改革开放的受益者，广大非公经济人士致富思源，义利兼顾，发扬“一方有难、八方支援”的精神，急灾区人民所急，解灾区人民所难，积极履行社会责任，有力出力，有钱出钱，帮助灾区人民抗震救灾、重建家园，作出了重要贡献。广大非公人士的义举，弘扬了中华民族“扶危济困、乐善好施”的传统美德和崇高精神，表达了对灾区人民的一片真情，履行了所承担的一份社会责任。有关部门一定会以最快的速度把这些善款送达灾区，尽快发挥在抗震救灾、重建家园中的作用。

目前，抗震救灾的各项工作正在有力有序有效进行。我们坚信，在党中央、国务院的坚强领导下，有全国人民同舟共济、共克时艰的协作精神，我们一定能够战胜这场特大地震灾害，重建美好家园。

（摘自《人民政协报》）

为夺取抗震救灾全面胜利、促进经济社会又好又快发展贡献智慧和力量

——在政协第十一届全国委员会第四次主席会议上的讲话（摘要）

（2008年5月23日）

贾　庆　林

四川汶川大地震发生后，党中央高度重视、坚强领导，展现出我们党以人为本、执政为民的根本理念；广大军民紧急行动、全力以赴，展现出不屈不挠、顽强奋战的大无畏英雄气概；全国各族人民众志成城、无私支援、展现出万众一心、同舟共济的伟大民族精神，显示了中华民族在危难关头的巨大向心力和凝聚力。各级政协组织和广大政协

委员坚决拥护、认真贯彻执行中央关于抗震救灾工作的各项决策，迅速行动起来，以各种形式向灾区伸援手、献爱心、送温暖，以实际行动为抗震救灾作贡献，充分体现了人民政协围绕中心、服务大局的光荣传统和广大政协委员为国分忧、为民解难的高尚情怀。

目前抗震救灾形势依然严峻，任务艰巨。各级政协组织和广大政协委员，一定要按照中央的决策和部署，把抗震救灾作为当前最重要最紧迫的任务，以为国奉献、为民服务的态度，以不畏艰险、攻坚克难的斗志，以认真细致、深入扎实的作风，团结和动员参加人民政协的各党派团体和各族各界人士，积极协助党和政府做好抗震救灾工作，为夺取抗震救灾斗争的全面胜利作出更大的贡献。

第一，要认真学习贯彻胡锦涛同志重要讲话精神，切实把思想和行动统一到中央的决策和部署上来，充分发挥人民政协大团结大联合组织的作用，为抗震救灾提供强大的力量支持。第二，要大力发扬人民政协关心国事、关注民生的优良传统，切实把抗震救灾工作作为当前人民政协工作的重中之重，心系灾区、奉献爱心，积极开展各种社会公益活动，力所能及地为抗震救灾贡献力量。

第三，要努力协助党和政府维护灾区社会稳定，切实做好协调关系、理顺情绪、化解矛盾的工作，做好灾区群众的思想工作和心理抚慰，维护好灾区的社会秩序。第四，要紧紧围绕灾区重建献计出力，组织委员就灾区重建规划、受灾群众就业医疗及交通、电力、水利、通讯等基础设施建设，以及少数民族文化的保护等灾后重建的一些重大问题，开展研讨，向党和政府提出有针对性和可操作性的意见建议。第五，要以抗震救灾的精神推动政协工作，把抗震救灾中展现出的以人为本、众志成城、不畏艰险、顽强奋战等宝贵精神，贯穿于政协工作的各个方面、各个环节，不断把人民政协事业推向前进。

（摘自《人民政协报》）

在会见中国国民党主席吴伯雄一行时的讲话（摘要）

（2008 年 5 月 27 日）

贾　庆　林

在台湾局势发生积极变化、两岸关系呈现良好发展势头的形势下，吴伯雄主席应中共中央和胡锦涛总书记的邀请率团来访，意义重大。国共两党应当牢牢把握两岸关系和平发展的主题，不辜负两岸同胞寄予的厚望，悉心维护两岸关系发展的良好势头，抓住和用好难得的机遇，再接再厉，共同努力开创两岸关系和平发展的新局面。

中国国民党中央委员会在震灾发生当天立即发来慰问电，台湾同胞纷纷以各种方式表达关爱之情、伸出援助之手，充分体现了两岸同胞血浓于水、患难与共的骨肉亲情。我向广大台湾同胞表示衷心感谢。

中山先生毕生致力于中国的民族独立、国家统一、中华振兴，今天仍然激励着我们为实现中华民族的伟大复兴而不懈奋斗。

国民党坚持反对“台独”、认同“九二共识”、主张发展两岸关系的立场和政策，得到了大多数台湾同胞的支持。

发展经济、改善民生，是两岸面临的最重要任务。两岸双方要采取切实的积极措施，努力实现两岸经济互利双赢，增进和扩大两岸同胞的共同利益。当前，台湾各界十分期待两岸周末包机和大陆居民赴台旅游早日实现。我相信，通过两岸双方共同努力，就能够办成这两件好事，满足台湾同胞的愿望，增进两岸同胞的福祉。

3年来，国共两党积极落实两党领导人发布的“两岸和平发展共同愿景”，向两岸同胞展现了推动两岸关系和平发展的决心和诚意，对推动两岸经济文化等领域的交流合作发挥了积极的作用，对促进两岸关系朝和平稳定方向发展产生了十分重要的影响。今后，国共两党的对话应当进一步深入，两党基层组织的交流应当进一步加强，使之成为鼓舞和带动两岸各界加强交往、扩大合作的重要渠道，成为共同促进两岸关系和平发展的重要推动力量。

国共两党应当坚定地沿着两岸关系和平发展的正确方向迈进。胡锦涛总书记提出，两岸双方应当建立互信、搁置争议、求同存异，共创双赢。马英九先生对此作出了积极回应。我相信，只要国共两党、两岸双方都以两岸同胞福祉为念、以两岸关系和平发展大局为重，就一定能够克服前进道路上的各种阻碍，找到化解矛盾、解决问题的办法，使两岸同胞的感情更融洽、合作更深化，使两岸关系和平发展的道路越走越宽广。

（摘自《人民政协报》）

大力弘扬抗震救灾精神
进一步做好支援灾区和政协各项工作

——在接见人民政协报赴抗震救灾一线记者时的讲话

（2008年5月30日）

王　刚

在这次抗震救灾斗争中，人民政协报社认真贯彻贾庆林主席的重要指示精神，着力抓好抗震救灾的新闻报道。新闻报道工作行动快、导向好、力度大，新闻信息量丰富，体现了自身特色；派出的记者深入到抗震救灾的第一线，组织大量真实、感人的报道，弘扬了中华民族的伟大精神，鼓舞了广大干部群众抗震救灾的信心。

在党中央、国务院和中央军委直接领导下，全党全军全国各族人民万众一心，众志成城，开展了一场规模空前的抗震救灾斗争，取得了重大阶段性进展。当前抗震救灾形势依然严峻，任务十分艰巨，仍处在刻不容缓的紧要关头。我们要认真贯彻中央确定的一手抓抗震救灾工作、一手抓经济社会发展的方针，全力以赴支援灾区，全力以赴保持经济平稳较快发展、社会和谐稳定，切实做好奥运会和残奥会的筹备工作，以实际行动支持抗震救灾。

希望人民政协报的同志再接再厉、继续努力，大力宣传党中央、国务院关于抗震救灾的决策部署，深入宣传抗震救灾中涌现出的模范集体和先进个人，广泛宣传政协各界人士积极投入抗震救灾的感人事迹，进一步激励广大干部群众振奋精神、坚定信心，发扬顽强拼搏、友爱互助的精神，奋力夺取这场抗震救灾斗争的全面胜利。

（摘自《人民政协报》）

要将农民受益作为检验新农合的核心指标

——在全国政协视察团视察新型农村合作医疗制度建设时的讲话（摘要）

（2008年5月）

陈 宗 兴

随着新农合制度的建立，农村居民的医疗需求得到逐步释放，要求也在不断提高，切实发挥县、乡、村三级卫生服务网的整体作用，推进资源下移，确保参合农民就近获得安全、有效、方便、低廉的医疗卫生服务，是提高新农合健康保障能力的基础。应当看到基层在推进这项工作中的难度和复杂性。硬件设施建设还需要以政府为主导，继续加大投入。吸引优秀人才，培养和造就一批业务精、素质好的农村卫生队伍还需要有力的政策保障。发挥个体和民营医疗机构的作用，鼓励中医诊疗项目和民族医药在农村医疗机构的使用也需要制定一些有效的措施。

要进一步完善相关措施和制度，充分发挥农村医疗救助与新农合的整体功能和综合效益，通过民政与卫生部门的密切配合，实现农村医疗救助与新农合无缝衔接的“一站式服务”，使医疗救助对象得到更多实惠。

加强医疗机构监管、规范医疗服务行为、控制医药费用不合理增长，是一项长期而艰巨的工作。要研究制订加强医疗机构监督管理的综合措施，通过推进行政管理、医疗机构运行机制改革和加强社会监督等手段，促进医疗机构合理检查、合理施治、合理用药，规范服务行为，控制医药费用。同时，要重视农村药品供应网络和监督网络建设，通过“两网”建设与新农合的有机结合，推动药品在基层医疗卫生机构的规范、合理使用。

（摘自《人民政协报》）

在会见台企联第二次会员代表大会代表时的讲话(摘要)

(2008年6月3日)

贾庆林

首先，对台湾同胞给予四川省汶川地震受灾同胞的关心与帮助表示崇高的敬意和衷心的感谢。地震灾害牵动着两岸同胞的心。地震发生后，台湾同胞纷纷以各种方式表达关爱之情，伸出援助之手。台企联立即向会员发出抗震救灾捐款倡议书，各地会员和台商热烈响应，慷慨解囊，倾力相助。这些充分体现了中华民族一方有难、八方支援的传统美德，体现了两岸同胞血浓于水、患难与共的骨肉亲情。

经过20年的发展，两岸经济交流合作取得了显著成就，形成了互惠互利的良好发展局面。当前，两岸经济交流合作面临着重要的历史性机遇，加强合作、共创双赢已是人心所向、大势所趋。5月28日，中共中央总书记胡锦涛同中国国民党主席吴伯雄举行会谈，就促进两岸关系改善和发展达成广泛共识。在新形势下，我们将继续大力促进两岸经济交流与合作，全力推动实现两岸全面、直接、双向“三通”；继续实施和充实惠及台湾同胞的政策措施，切实维护台湾同胞的正当权益；支持和帮助台资企业转型升级和产业转移，促进台资企业在大陆的持续发展。我们衷心希望两岸同胞携起手来，促进两岸交流合作，共同开创两岸关系和平发展的美好未来。

台企联各位代表和广大台商是两岸经济交流合作的参与者，也是两岸关系发展的推动者。希望台企联紧紧围绕办会宗旨，切实加强自身建设，充分发挥沟通台资企业与政府部门的桥梁和纽带作用，广泛团结台商，热情服务台商，为促进两岸经济合作和推动两岸关系和平发展作出更大贡献。

(摘自《人民政协报》)

在海协会第二届理事会第一次会议上的讲话(摘要)

(2008年6月5日)

贾庆林

代表党中央、国务院对海协会第二届理事会第一次会议的召开表示热烈祝贺，对海协会以往在推动两岸关系发展中发挥的积极作用给予高度肯定，对即将产生的海协会第二届理事会的工作给予热情勉励。

通过协商谈判推动两岸关系发展和祖国和平统一进程，是我们党和政府一贯的方针政策。今年3月下旬以来，台湾局势发生积极变化，“台独”势力及其分裂活动遭到沉重打击，两岸关系发展面临多年来难得的历史机遇，两岸同胞比以往更热切地期盼两岸关系改善与发展。恢复两岸协商谈判并取得实际成果，是当前两岸关系改善和发展的重要标志。海协会新一届理事会承担着新形势下推动两岸关系和平发展的重要任务，要坚持在“九二共识”基础上与海基会进行商谈，秉持“建立互信、搁置争议、求同存异、共创双赢”的精神，先易后难，先经济后政治，循序渐进，务实解决两岸同胞关心的问题，推动两岸协商谈判不断取得进展，在两岸关系发展中发挥积极作用。贾庆林希望海协会按照党的十七大关于对台工作的总体要求，坚定不移地贯彻中央对台工作的大政方针，遵循建会宗旨，认真履行职能，在中央的领导下，在各有关方面的支持配合下，同心协力，为开创两岸关系和平发展新局面作出重要贡献。

（摘自《人民政协报》）

在全国政协第60期干部培训班开班式上的讲话（摘要）

（2008年6月15日）

李 金 华

广大政协干部要进一步提高对新形势下加强学习重要性的认识，要继续深入学习贯彻中国共产党第十七次代表大会精神，在全面学习领会十七大文件的基础上，注意学习和把握十七大关于统一战线和人民政协的论述，进一步提高认识，推动工作。要把学习十七大精神同学习马克思列宁主义、毛泽东思想、邓小平理论和“三个代表”重要思想结合起来，同学习十六大以来党中央提出的科学发展观等一系列重大战略思想结合起来，进一步提高政策理论水平，增强研究分析问题的能力。要按照中央的要求，坚持用十七大精神武装头脑、指导实践、推动工作，为夺取全面建设小康社会新胜利作出贡献。

人民政协历来重视学习。十一届全国政协将继承和发扬历届政协重视学习的优良传统，继续把加强学习摆在突出位置，不断完善学习制度，丰富学习内容，加强组织领导，使学习继续成为人民政协事业蓬勃发展的强大动力，使人民政协工作继续呈现出生机勃勃的局面。

（摘自《人民政协报》）

在十一届全国政协第一期委员学习研讨班上的讲话（摘要）

（2008年6月17日）

贾 庆 林

广大政协委员要认真学习省市区和中央部门主要负责同志会议精神，把思想和行动统一到中央的决策和部署上来，认真履行委员职责，切实做好本职工作，为党和国家事业发展作出新的贡献。

第一，始终坚持坚定正确的政治方向。坚持正确的政治方向，最根本的就是坚持中国共产党的领导、人民当家作主和依法治国的有机统一。我们要高举中国特色社会主义伟大旗帜，进一步增强走中国特色社会主义道路的自觉性和坚定性。要深入领会和贯彻我国发展社会主义民主政治的战略思想，坚定不移地走中国特色社会主义政治发展道路，坚持和完善中国共产党领导的多党合作和政治协商制度，使人民政协事业始终沿着正确的方向前进；第二，认真学习人民政协理论和方针政策。特别是要认真学习党的三代中央领导集体和以胡锦涛同志为总书记的中共中央关于人民政协的一系列重要论述，认真学习中共中央关于加强人民政协工作的意见，认真学习政协章程和与章程配套的各项规章制度，充分认识人民政协在党和国家事业发展中的重要地位和作用，掌握政协工作的程序、方式和方法，努力成为政协工作的行家里手；第三，切实增强政协委员意识。政协委员是各党派团体和各族各界人士的代表，既是一种荣誉，也是一种责任。要树立服务大局的意识、团结合作的意识、民主协商的意识、履职为民的意识、遵守法制的意识，时刻不忘委员身份，认真履行委员职责，把政协委员的优势和作用充分发挥出来；第四，大力弘扬理论联系实际的优良学风。要把学习同人民政协的工作实际结合起来，同研究解决人民政协事业发展的突出问题结合起来，把学习的成效体现到扎实履行职责、开创工作新局面上来。

（摘自《人民政协报》）

凝聚各方力量　共襄奥运盛举

——在考察北京奥运场馆建设及运行情况时的讲话

（2008年6月20日）

贾　庆　林

举办奥运会，是中华民族的百年期盼，是海内外中华儿女的共同心愿。中央高度重视奥运筹办工作。6月13日，胡锦涛总书记在省区市和中央部门主要负责同志会议上的讲话中，就当前奥运筹办工作做出了重要部署。现在，奥运筹办工作正处于最后的冲刺阶段。我们一定要认真学习贯彻胡锦涛总书记的重要讲话精神，一手抓抗震救灾工作，一手抓奥运筹办工作，把抗震救灾的伟大精神转化为迎接奥运的饱满热情、支持奥运的坚定决心、奉献奥运的不竭动力，更加发奋努力、更加深入细致地做好各项筹办工作。

我们要进一步认真贯彻绿色奥运、科技奥运、人文奥运理念，搞好场馆内外和周边地区的市容环境，完善科学环保的硬件设施，深入细致地做好竞赛服务工作。要继续做好场馆软硬件的检验和检测工作，更加精益求精，确保奥运场馆运行顺畅。要全面落实平安奥运的目标要求，进一步完善安保政策和应急预案，提高全社会安全防范意识和能力，确保万无一失。各场馆运行团队工作人员要更加注重专业化、细节化，进一步提高管理能力和服务水平。

举办奥运会是对我国国民素质和社会文明程度的重要检验，营造良好的社会氛围是成功举办奥运会的重要条件。要继续广泛深入地开展迎奥运、讲文明、树新风活动，不断深化文明礼仪教育，加强窗口行业文明举止教育培训，形成讲文明、重礼仪、团结友善、热情好客的良好风尚。要积极开展赛场文明建设，引导观众树立包容开放、文明礼貌的心态，学习了解每项比赛的观赛礼仪，尊重所有国家和地区运动员的努力，自觉维护文明、和谐的赛场秩序，努力把北京奥运会和残奥会办成增进中国人民同世界各国人民相互了解和友好合作的盛会。

为办好奥运会贡献智慧和力量，是统一战线和人民政协围绕中心、服务大局的必然要求，也是广大统一战线成员和政协委员应当肩负的重要责任。在场馆建设阶段港澳台侨同胞踊跃捐助，表现出强烈的爱国情怀和血浓于水的骨肉亲情。我们要继续发挥统一战线大团结大联合的优势，紧紧围绕奥运会筹办工作，最广泛地团结一切可以团结的力量，最大限度地调动一切积极因素，形成筹办奥运会、残奥会的强大合力，为确保办成一届有特色、高水平的奥运会而贡献力量。

（摘自《人民政协报》）

把基本医疗保障作为政府的职责

——在上海、河北调研时的讲话（摘要）

（2008年6月）

张 梅 颖

胡锦涛总书记在十七大报告中把人人享有基本医疗卫生服务作为全面建设小康社会的重要奋斗目标，温家宝总理在政府工作报告中特别强调要坚持医疗卫生事业的公益性。这些论述对医疗卫生事业发展和改革起到了定性、定位、定向的作用。定性就是将基本医疗卫生确定为公益事业，定位就是非常明确地把基本医疗保障作为政府的职责，定向就是指明人人享有基本医疗保障的方向。而基层卫生人才匮乏是实现人人享有基本医疗保障目标的瓶颈问题。

目前基层医疗卫生机构面临的最大问题是人才下不去、留不住。既然明确了医疗卫生事业的公益性质，政府就应该承担起相应的责任。如何落实政府责任，需要根据中国国情，进行深入的探索，但政府取向应有利于城乡统筹发展。

目前，国家要对基层卫生人才培养给予政策支持，吸引大中专毕业生到社区和乡村工作。比如给予基层医务人员一定的经济补贴，适当安排编制，建立分类指导的职业医师考试制度和职称晋升体系等。上海和河北在提高基层医疗服务水平上都进行了积极而有益的探索，人民群众获得了很多实惠，今后一定要认真落实中央政策，加强对基层卫生事业的扶持力度。

关于人人享有基本医疗保障的目标，全社会都要完整、科学、准确地理解，并界定清楚当前和长远的基本内涵，目前我国经济发展水平有限，地区差异较大，所以医改的目标当前期望值不能过高，在实现医疗“广覆盖、保基本、多层次、可持续”要求的同时，各地区一定要结合本地实际逐步推进。注重公平性的同时，可及性也是十分重要的。要完善医学教育体系，重视毕业后医学教育和继续医学教育，加强相关制度建设，规范住院医师培训，提高临床专业技能，为各级医疗机构输送合格的人才。

（摘自《人民政协报》）

把创新作为园区发展的核心动力

——在中关村科技园区海淀园调研时的讲话（摘要）

（2008 年 6 月 20 日）

林 文 漪

近年来，海淀园大力推进自主创新体系建设，创新政策不断出台，创新环境不断完善，创新人才不断涌现，创新能力不断增强，成为我国创新创业最活跃的区域。

我对海淀园未来的发展提出几点意见：第一，认真总结发展二十年来的经验，把创新作为海淀园发展的核心动力，积极探索全球新兴创新中心道路；第二，超前部署新技术研究和新产业开发，力争在环保、资源循环利用、生物制药等新技术突破、新兴产业成长方面有所作为；第三，进一步重视人才发展战略。一方面同高校、院所共同培养具有创业精神、创新能力的人才队伍；另一方面，要深入贯彻实施“引进来、走出去”发展战略，吸引海外人才回流和跨国公司研发机构入驻；第四，进一步落实《国家中长期科学和技术发展规划纲要（2006—2020）》所涉及的各项配套政策，推动企业成为技术创新的主体。

（摘自《人民政协报》）

在全国政协“双防”专题协商会上的讲话（摘要）

（2008 年 6 月 24 日）

贾 庆 林

今年以来，我国经济保持了平稳较快发展的势头，经济社会发展形势比预料的要好。我们要继续深入贯彻落实科学发展观，加强和改善宏观调控，深化改革开放，推动经济又好又快发展。一是要保持物价稳定，坚决抑制价格总水平过快上涨；二是要加强农业基础地位，切实保障农产品有效供给；三是要搞好节能减排，有效缓解能源资源约束和环境压力；四是要防范金融风险，确保国家金融安全；五是要做好抗震救灾和恢复重建工作，努力把地震灾害对经济的影响降到最低限度。

希望广大政协委员要继续密切关注世界经济走势，深入分析国际市场不确定因素，要进行前瞻性研究，及时向党和政府提出有价值的建议；要继续密切关注我国宏观经济运行状况，针对物价、能源和原材料供应、粮食安全、金融监管等方面的问题进行持续、深入的跟踪研究，提出切实可行的应对之策；要继续密切关注国家宏观调控政策的贯彻落实情况，及时发现和反映有关政策措施执行过程中出现的新情况新问题，努力提出政策性的意见和建议，为增强宏观调控的预见性、针对性和灵活性，避免经济出现大的起落，发挥积极作用。

（摘自《人民政协报》）

进一步推进和谐社区建设为百姓提供更好公共服务

——在山东视察时的讲话（摘要）

（2008年6月25日）

孙 家 正

全国政协组织的这次视察是贯彻落实中共十七大精神，深入贯彻落实科学发展观，全力推动和谐社会建设采取的重要行动。

社区是百姓的居家之所、精神家园。和谐社区建设是和谐社会建设的基础。和谐社区建设关系到党全心全意为人民服务的宗旨能否得到最终落实。要坚持以人为本，认真贯彻落实科学发展观，切实解决好基层社区群众的基本需求，保障社会公平正义，维护和谐稳定的良好发展局面。

做好社区工作意义重大、影响深远。应加大财政投入，加强引导和动员社会力量广泛参与，为和谐社区建设创造良好的基础条件。群众需求是社区工作的价值取向，要把群众满不满意作为衡量社区工作的唯一标准，积极探索创新和谐社区建设的新途径，逐步完善和建立适合城乡特点的社区服务体系，让每个公民公平享有政府的公共服务。

推进和谐社区建设需要建立坚强的基层党组织。应完善社区党组织设置，改进工作方式，创新活动内容，构建社区党建工作新格局；妥善处理社区内的各种关系，尽快研究制定相应的法律法规；注重公众参与，发展基层民主，稳步推进社区居民自治；着重培育社区意识，完善民主监督制度，畅通沟通渠道；大力发展社区文化，弘扬中华民族邻里互助、乐善好施、扶贫济困等传统美德，形成平等友爱、融洽和谐的人际关系。

（摘自《人民政协报》）

切实做好大运河保护与申遗和西湖申遗的基础工作

（2008年6月27日）

陈 奎 元

大运河列入全国重点文物保护单位和《中国世界文化遗产预备名单》后，运河沿岸城市为大运河遗产保护做了大量工作，在发掘运河文化遗产内涵方面创造了新鲜经验。大运河是流动的、活着的人类文化遗产。要充分认识大运河遗产保护的重要性、紧迫性，同时也要认识到它的特殊性。要按照文物保护法等有关法律法规，研究确定大运河遗产的保护对象、保护范围和建设控制地带，科学合理制定大运河文化遗产的保护规划和大运河文化遗产保护条例，妥善处理保护、利用和发展的关系，要动员全社会力量共同参与大运河保护与申遗工作，切实把积极申报世界文化遗产的过程变成加强大运河保护与管理的过程，推动大运河遗产的整体保护和可持续发展。

西湖是我国著名的风景名胜区，有着深厚的文化底蕴和欣赏价值。要积极推动西湖的申遗工作。要抓紧建立健全西湖文化遗产保护管理法规、制度和总体保护规划，做好各遗产点的认定和价值评估，加快推进环境整治、遗产展示工作，全面保护、科学展示杭州西湖的历史文化环境和突出价值。

（摘自《人民政协报》）

在全国政协委员迎奥运座谈会上的讲话（摘要）

（2008年6月30日）

王 刚

举办奥运会，是中华民族的百年期盼，是海内外中华儿女的共同心愿。全国政协始终坚持围绕中心、服务大局，广泛动员各级政协组织和广大政协委员，主动参与奥运筹办工作，为办好北京奥运会作出了积极努力。

现在北京奥运会开幕在即。广大政协委员要牢固树立当好东道主、办好奥运会的思想，充分展示全体政协委员与全国人民一道热切企盼奥运的精神风貌，以最大热情、尽最大努力，共同为成功举办奥运会营造浓厚氛围。要立足本职岗位，争创一流业绩，以更加出色的工作迎接北京奥运会，为办好北京奥运会创造有利条件。要带头参与迎接奥运、服务奥运、奉献奥运的各项活动，充分发挥表率作用，同全国人民一道推动形成讲文明、重礼仪、团结友善、热情好客的良好社会风尚。

（摘自《人民政协报》）

在会见达赖喇嘛私人代表甲日·洛迪、格桑坚赞一行时的谈话（摘要）

（2008年7月3日）

杜　青　林

今年是改革开放30周年，西藏与全国一样，坚持改革开放，坚持科学发展，走上了生产发展、生活改善、生态良好、资源节约的发展道路。在西藏，坚持中国共产党的领导，坚持社会主义制度，坚持民族区域自治制度是绝不会动摇的。中央将一如既往实行对西藏的方针政策，一如既往支持西藏经济社会发展，一如既往提高西藏各族人民的生活水平。

中央对达赖喇嘛的政策是一贯的、明确的，对话的大门始终是敞开的。达赖喇嘛要是真的希望在有生之年为国家、为民族、为西藏人民的福祉做有益的事，就应公开、明确承诺并以实际行动不支持干扰破坏北京奥运会的活动，不支持策划煽动暴力犯罪活动，不支持并切实约束“藏青会”的暴力恐怖活动，不支持一切谋求“西藏独立”、分裂祖国的主张和活动。

（摘自《人民政协报》）

在政协十一届常委会第二次会议闭幕会上的讲话（摘要）

（2008年7月5日）

贾　庆　林

这次常委会议是在抗震救灾取得重大阶段性胜利的新形势下召开的一次重要会议。中共中央、国务院对这次会议高度重视，中共中央政治局委员、国务院副总理张德江到会作了报告。国务院抗震救灾总指挥部还向会议提供了关于四川汶川特大地震及灾后恢复重建工作情况的报告。这对我们准确把握中央精神，深入了解有关情况，更加积极有效地履行职能很有帮助。

中共十一届三中全会开启了改革开放历史新时期。这场前所未有的大改革大开放，极大地焕发了社会主义的生机和活力，显著提升了我国的国际地位。面向未来，我国改革开放和社会主义现代化建设事业正处在新的历史起点上。必须清醒地认识到，改革开放是一场新的伟大革命，形成一套比较完整、比较定型的体制机制还有很长的路要走。

特别是当前改革进入关键时期，触及长期积累的深层次矛盾和问题，这些问题都是发展中的问题、前进中的问题，要用发展和改革的办法来解决。这就要求我们必须进一步解放思想、更新观念，以新的思想解放破解改革难题，取得改革发展的新成效；必须坚定不移地坚持对外开放的基本国策，不断增强发展的动力和活力。要认真研究解决物价过快上涨问题、大力发展非公有制经济问题、加快内地和沿边开放等问题。面对复杂多变的国际形势和艰巨繁重的国内改革发展任务，我们要按照十七大作出的战略部署，牢牢抓住发展这个党执政兴国的第一要务，加快重点领域和关键环节改革步伐，着力构建充满活力、富有效率、更加开放、有利于科学发展的体制机制，形成经济全球化条件下参与国际经济合作和竞争的新优势。

加快推进以保障和改善民生为重点的社会建设，是我们党从全面建设小康社会和构建社会主义和谐社会的高度作出的重大战略部署。我们要认真贯彻落实中央的决策部署，大力发展教育、卫生、文化等社会事业，加快建立覆盖城乡居民的社会保障体系，切实解决好人民群众最关心、最直接、最现实的利益问题，确保社会稳定。

再过一个多月，北京奥运会就要开幕了。目前，各项准备工作基本就绪。各级政协组织和广大政协委员要积极主动地支持奥运、服务奥运，配合有关部门做好工作，为成功举办奥运会营造良好的社会氛围。

当前改革发展稳定的任务很重，我们要按照中央的要求，发挥人民政协的独特优势和作用，一手毫不放松地抓抗震救灾和恢复重建工作，一手坚定不移地抓经济社会发展，为夺取抗震救灾斗争全面胜利，保持经济平稳较快发展和社会和谐稳定，成功举办奥运会，作出积极贡献。

（摘自《人民政协报》）

在七省区市政协民族宗教工作研讨会上的讲话（摘要）

（2008 年 7 月 24 日）

白　立　忱

民族宗教工作在社会主义和谐社会建设中具有维护“民族和睦、宗教和顺、社会和谐”的独特优势。各级政协组织要高举“团结、民主”两大旗帜，坚持各民族共同团结奋斗、共同繁荣发展的主题，巩固和发展平等团结互助和谐的社会主义民族关系，坚持党的宗教工作基本方针，发挥宗教界人士和信教群众在促进经济社会发展中的积极作用。要全面贯彻党的宗教信仰自由政策，团结广大信教群众和少数民族群众，共同为经济社会发展作贡献。要把为少数民族和信教群众办实事、解难题作为履行职能的重点，在为少数民族和宗教人士办实事上下功夫，以保障少数民族合法权益，维护宗教领域的稳定，促进社会和谐。

（摘自《人民政协报》）

在“三江源”生态补偿机制座谈会上的讲话(摘要)

(2008年7月24日)

钱运录

党中央、国务院高度重视三江源地区的生态保护和建设，2003年国家建立三江源国家级自然保护区，2005年国务院批准启动实施三江源自然保护区生态保护和建设工程。在中央和地方各级政府的共同努力下，三江源生态保护和建设工作取得了重大成效。全国政协十分关注三江源生态保护和建设工作。全国政协主席贾庆林2006年到青海省调研强调，要全面贯彻落实科学发展观，做好三江源自然保护区生态保护和建设，加快少数民族和民族地区经济社会发展，要求全国政协有关部门将“三江源”生态保护和建设作为全国政协重点调研课题。2007年下半年，全国政协人口资源环境委员会在实地调研的基础上，向中央报送了《关于“三江源”生态保护和建设的调研报告》和推动《青海三江源自然保护区生态环境保护和建设总体规划》尽快实施的政策性建议，受到国务院和有关方面的重视，推动了“三江源”生态保护和建设工作。

保护好、建设好“三江源”生态，是落实科学发展观、实现可持续发展的必然要求。建立健全生态补偿机制，加大对三江源地区的基础设施和环境保护的投入，可为三江源地区生态保护和建设提供长远保障。全国政协有关部门可以此为切入点，继续开展“三江源”生态跟踪调研。政协委员是人民政协履行职能的主体，委员中的专家更为人民政协开展专题调研提供强有力的智力支持，一定要充分发挥政协委员的作用，让他们多发表真知灼见，不断提高围绕党和国家重大方略决策建言献策的水平。在今后的调研工作中，全国政协有关部门要继续主动与国家各部委沟通情况、交流意见，把“三江源”调研工作进一步抓紧抓实，建有据之言，献务实之策。

(摘自《人民政协报》)

东北地区要为保障国家粮食安全作出新贡献

——在“2008东北老工业基地区域”发展论坛上的讲话（摘要）

(2008年7月24日)

郑万通

东北老工业基地的振兴，是包括工业与农业、城市与农村、经济与社会的全面振兴。本次论坛把“‘三农’问题与老工业基地振兴”确立为主题，突出了“三农”问题在东北老工业基地振兴中的重要地位，对于探索中国特色农业现代化道路，推进统筹城乡发展，建设社会主义新农村，具有重要意义。

今年是改革开放30周年。中国的改革是从农村开始的。中国农村改革取得了举世瞩目的巨大成就。同时，我们也要清醒地看到，农业仍然是国民经济的薄弱环节。要实现全面建设小康社会的宏伟目标，构建社会主义和谐社会，就必须坚持统筹城乡发展的全面改革。

当前国际粮食供应紧张的形势凸现了粮食生产的极端重要性和加快农业现代化发展的现实紧迫性。东北地区要发挥自身优势，充分挖掘潜力，走农业现代化道路，做大做强粮食产业，为保障国家粮食安全作出新的贡献。黑龙江农业现代化建设在全国处于前列，有责任、有条件在发展现代农业，促进城乡统筹上先行探索，起到增长极、示范区和试验田的作用。

在新的历史条件下解决“三农”问题，发展现代农业，需要继续解放思想，在已有基础上不断改革创新，调整和完善农村生产关系，以适应农村生产力持续发展的客观要求，进一步解放和发展生产力，率先走出一条具有自身特色的农业现代化发展道路。全国政协将继续探索创新履行职能的形式，加强配合，形成合力，发挥政协的整体优势，在推进东北振兴的几个重大的、重点的项目上献计出力。同时，将协同国家有关部门，地方有关方面，共同促成具有重大战略意义的构想加快实现。

（摘自《人民政协报》）

在向不再连任的在京十届全国政协常委颁发纪念牌仪式上的讲话（摘要）

（2008年7月30日）

王　刚

十届全国政协的五年是人民政协事业发展不平凡的五年，也是全国政协常委履行职责成绩卓著的五年。在这五年里，十届全国政协常委会及各位常委在以胡锦涛同志为总书记的中共中央领导下，高举爱国主义、社会主义旗帜，牢牢把握团结和民主两大主题，紧紧围绕中心、服务大局，积极履行政治协商、民主监督、参政议政职能，为全面推进社会主义经济建设、政治建设、文化建设、社会建设做了大量工作，作出了重要贡献。人民政协事业今天的辉煌，也凝结着各位常委的心血和汗水。现在，各位虽然不再担任常委了，但仍然是政协大家庭的重要成员，仍然是推动人民政协事业发展的重要力量。举行专门的纪念牌颁发仪式，就是希望通过这样的仪式使各位常委更加珍惜在政协大家庭中合作共事的美好时光，始终心系人民政协事业，继续为伟大祖国的繁荣发展共同努力。全国政协办公厅要保持与各位离任常委的联系，认真听取大家的意见和建议，积极探索发挥离任常委作用的途径办法，继续提供服务，为各位离任常委发挥作用创造良好的条件。

（摘自《人民政协报》）

打造新增长极推进泛北合作

——在2008泛北部湾经济合作论坛上的讲话（摘要）

（2008年7月30日）

厉　无　畏

广西北部湾经济区首先要抓住打造中国第四增长极的战略机遇。改革开放以来，珠三角、长三角、环渤海湾已形成了我国东部沿海经济带的“两角一湾”。广西北部湾具有沿海、沿江、沿边三重叠加的独特优势，《广西北部湾经济区发展规划》的实施给北部湾打造中国第四增长极带来了机遇。随着泛北合作机制逐步建立，这一地区将成为促进中国与东盟全面合作的重要桥梁和基地。虽然广西北部湾经济区基础设施建设具备了一定基础，但在综合运输能力、海上运输通道、金融服务平台、信息交流平台等领域需要进一步加以完善。区域内需要构建一个开放合作的支撑体系，建立完善的交通网络，改善金融交易、结算等技术条件，深度开发和利用信息资源，提升基础设施的共建共享、互联互通能力。

在此基础上，广西北部湾经济区要依托区位、海洋、港口、交通运输等资源优势，实现产业结构优化，发展产业集群，促进区域工业向高水平、宽领域、纵深化方向发展，大力发展海洋运输，加快构建沿海和城市保税物流体系，发展国际经济贸易和服务贸易，建设南宁区域性国际现代物流基地。

泛北合作是一项跨国工程，需要各国以开放融合、共同发展、互利共赢的姿态逐步推进。区域各方一方面要构建战略协调机制，联合制定统一的长远规划、战略目标和合作规则，另一方面要构建区域合作项目对接机制，形成跨海、跨国、跨市的项目合作与产业链对接的格局。进一步增进泛北部湾区域文化的交流与融合，培养文化认同感，让合作共赢的思想引领泛北部湾经济合作的开展。

（摘自《人民政协报》）

在出席全国政协机关党组中心组学习研讨会时的讲话（摘要）

（2008 年 8 月）

贾 庆 林

要坚持中国特色社会主义政治发展道路，积极推进社会主义民主政治建设。人民政协作为我国政治体制的重要组成部分，是发扬社会主义民主的重要形式，在我国政治生活中发挥着重要的作用。要适应新的形势和任务的需要，按照党的十七大和十七届二中全会的部署，认真总结人民政协在推进社会主义民主政治建设方面积累的经验，进一步丰富政治协商的形式，使人民政协的政治协商成为科学民主决策的重要环节；要在知情、沟通、反馈环节上完善民主监督机制，使人民政协的民主监督成为社会主义监督体系的重要组成部分；要切实提高参政议政的实效，使人民政协的参政议政成为社会各界有序政治参与的重要渠道。

要坚持围绕中心服务大局，努力推动科学发展和社会和谐。人民政协只有围绕国家发展的大目标，立足国家建设的大格局，才能有所作为、多做贡献；只有围绕中心谋划工作，紧贴中心开展工作，才能体现自身的价值和意义。下半年，政协面临的任务很重，要做的工作很多。要把思想认识统一到中央对经济形势的判断和工作部署上来，继续密切跟踪国际经济形势变化，及时研究国内经济出现的新情况和新问题，进一步增强围绕中心、服务大局的自觉性，为促进科学发展服务。要建立健全课题遴选机制、工作协调配合机制、成果转化机制，最大限度地发挥政协委员的主体作用，为推动科学发展、促进社会和谐做出贡献。

（摘自《人民政协报》）

深入开展寺庙法制宣传教育工作切实维护社会稳定

——在云南考察调研时的讲话（摘要）

（2008 年 8 月）

杜 青 林

要坚持两手抓、两手都要硬，同步推进科学发展与维护稳定工作，在加快跨越式发展的同时深入开展反分裂斗争，切实解决影响稳定的深层次问题。加强对寺庙的依法管理，使寺庙真正成为爱国守法、管理有序、与社会相融的宗教活动场所。支持宗教界代表人士对藏传佛教教规教义作出符合时代发展要求的阐释，使藏传佛教更好地与社会主义相适应。加强基层基础工作，密切党群关系，确保基层组织和基层政权坚强有力。

要高举“维护社会稳定、维护社会主义法制、维护人民群众根本利益”的旗帜，深入扎实开展藏传佛教寺庙法制宣传教育工作，巩固、深化和发展已有成果。要建立较为完善的寺庙法制宣传教育体系，使教育成为一项经常性、基础性工作，增强教育的针对性和实效性。各级党委政府要脚踏实地深入基层、深入寺庙，办好事、办实事、解难题、送温暖，最大限度地凝聚人心、汇聚力量。要着力加强爱国力量、寺庙民主管理委员会和平安寺庙建设，使广大僧尼“爱国、守法、持戒、利民”，自觉维护寺庙和社会稳定。

（摘自《人民政协报》）

在全国政协“统筹城乡发展，促进形成城乡经济社会发展一体化新格局”专题协商会上的讲话（摘要）

（2008年9月2日）

贾 庆 林

统筹城乡发展对推动科学发展、改变城乡二元结构、实现共同富裕、促进社会和谐具有重大意义。中共十六大提出统筹城乡发展战略以来，各地区、各部门贯彻落实中央的决策和部署，着眼农业、农民、农村工作中的重点、难点问题，调整思路、完善政策、深化改革，把农民增收、农业增效放到整个国民经济的全局中加以谋划，逐步形成了促进统筹城乡发展的政策体系，农村经济社会面貌有了明显改善。国家批准重庆市、成都市设立全国统筹城乡综合配套改革试验区以来，在推进城乡经济社会发展一体化方面积极探索，统筹城乡综合配套改革试验取得了积极成效。

统筹城乡发展，促进形成城乡经济社会发展一体化新格局，是一项长期艰巨的历史任务，也是一个复杂的系统工程，要积极探索、循序渐进。一是要加快建立促进城乡经济社会发展一体化机制，完善户籍、就业、土地等体制和政策，创新农村金融体制。二是要加大公共财政向“三农”倾斜的力度，加快完善国家支持农业保护体系，切实加强农业基础设施建设，加快发展农村公共事业。三是要充分发挥城市对农村的辐射带动功能，优化城乡产业布局，统筹城乡劳动力就业，培育有文化、懂技术、会经营的新型农民。四是要协调推进城镇化和新农村建设，坚持走中国特色城镇化道路，扎实推进社会主义新农村建设。

（摘自《人民政协报》）

在全国政协中秋联谊晚会上的讲话(摘要)

(2008年9月13日)

王 刚

今年以来，在中共中央坚强领导下，全国政协坚持围绕中心、服务大局，全面履行职能，扎实推进各项工作，充分发挥了协调关系、汇聚力量、建言献策、服务大局的重要作用。特别是积极参与抗击低温雨雪冰冻灾害和抗震救灾斗争，努力为办好北京奥运会和残奥会献计出力，紧紧围绕推动科学发展、促进社会和谐的重大问题开展议政建言，为推动党和国家事业发展作出了重要贡献。

今年是我国改革开放30周年。30年前，中国共产党召开了具有重大历史意义的十一届三中全会，开启了改革开放的历史新时期，中国的面貌由此发生了翻天覆地的变化。今年下半年，中国共产党将召开十七届三中全会，研究推进农村改革发展问题，还将举办系列活动隆重纪念改革开放30周年。全国政协要按照中央的统一部署和要求，认真贯彻全会精神，全面总结30年来人民政协事业发展取得的重大成就和宝贵经验，深入探索新形势下人民政协工作的特点和规律，推动人民政协事业不断向前发展。

在这月圆之夜，我们倍加思念海峡对岸的台湾同胞和侨居他乡的华人华侨，衷心祝愿早日完成祖国统一大业，实现海内外全体中华儿女的大团圆。

(摘自《人民政协报》)

在全国政协第62期干部培训班开班式上的讲话(摘要)

(2008年9月18日)

钱运录

深入学习贯彻十七大精神，必须深刻理解和把握中国特色社会主义理论体系，加深对十七大提出的一系列新思想、新观点、新论断、新举措的正确性和科学性的认识；必须深刻认识把握并贯彻落实科学发展观，切实增强贯彻落实科学发展观的自觉性和坚定性，把科学发展观贯穿于经济社会生活的方方面面，贯穿于人民政协履行职能的各项工作；必须正确理解和把握十七大关于发展社会主义民主的重要论述，认真总结经验，充分发挥人民政协的作用；必须要牢牢把握团结和民主两大主题，巩固和壮大最广泛的爱国统一战线；必须不断加强制度建设，为人民政协履行职能提供有力保障。

重视学习历来是人民政协的优良传统。当今时代是一个终生学习的时代，学习对各级政协干部来讲非常重要。要始终坚持理论联系实际的马克思主义学风，坚持不懈地学习中国特色社会主义理论体系，要把所学理论运用到各项工作中去，转化为推动人民政协事业实现新发展、开创新局面的强大精神动力。要坚持理论创新，把思想理论建设摆在各项建设的首位，以理论上的创新带动各方面工作的创新。

（摘自《人民政协报》）

在发挥宗教界人士和信教群众积极作用研讨会上的讲话（摘要）

（2008年9月19日）

阿不来提·阿不都热西提

发挥宗教界人士和信教群众在促进经济社会发展中的积极作用，是我们党站在新的历史起点上，从实现全面建设小康社会的总目标出发，对宗教工作提出的一个新要求，具有重大的理论和实践意义。如何把十七大精神贯彻好，把宗教界人士和信教群众的积极作用发挥好，是一个带有全局性的崭新课题，也是政协组织在宗教工作领域履行职能、发挥作用应该关注的重大问题。

发挥宗教界人士和信教群众在促进经济社会发展中的积极作用，要以深入贯彻落实科学发展观为统领，努力促进全体人民的大团结；要坚持解放思想、实事求是，以改革的精神推动理论创新和实践发展；要充分发挥人民政协的特点和优势，推动科学发展，促进社会和谐。

（摘自《人民政协报》）

统筹协调促进义务教育均衡发展

——在云南调研时的讲话（摘要）

（2008年9月）

郑万通

教育不仅关系着一个人的一生，更关系到国家的振兴和民族的兴衰。“欲知明日之国家，且看今日之校园。”新中国成立以来，我国坚定不移地实施教育优先发展战略，教育事业取得了举世瞩目的成绩。近年来，中央把农村义务教育作为教育工作的重中之重，政策措施向西部贫困地区倾斜，得到了广大群众的由衷欢迎。与此同时，我们应清醒地看到，教育改革与发展还有许多工作要做，教育发展滞后于经济发展的现象仍然存在，义务教育在区域之间、城乡之间、中西部之间不均衡的矛盾仍然突出，义务教育如何实现从“有学上”到“上好学”的转变，如何从“普及”迈向“均衡”，从重数量规模到重质量结构转变……这些问题都需下大力研究解决。云南民族众多，边境线长，实现义务教育的均衡发展，面临更多的困难和挑战。为此，郑万通对推进义务教育均衡发展提出三点要求；第一，紧紧抓住“统筹”这个核心。教育公平是社会公平的基础，义务教育均衡发展则是教育公平的前提，义务教育均衡发展是落实科学发展观的必然要求，是我国从人口大国建设成为人力资源强国的基本途径，是促进教育公平、构建和谐社会的现实需要。要紧紧抓住“统筹”这一核心理念，把思想认识转化为实际行动，统筹城乡间、区域间、受教育群体之间等方面的均衡发展，向着全面实现义务教育均衡发展的目标迈进。第二，处理好义务教育均衡发展“长远目标”与“短期任务”的关系。一方面，义务教育均衡发展是庞大的社会系统工程，离不开经济社会发展条件的支撑，是一个不断推进的动态过程，不可能一蹴而就；另一方面，促进义务教育均衡发展又是当务之急，如果不引起高度重视，区域之间、城乡之间、中西部之间的差距将会越来越大，必须加大投入、采取措施，从办学条件、经费投入、师资水平、教育教学质量等方面尽量缩小差距，努力实现教育公平。第三，正确理解“均衡”的概念。均衡是公平的前提和基础，但均衡不能等同于平均，实现义务教育的均衡发展，就是要公平、公正、合理地配置教育资源，着力改善农村和贫困地区学校办学条件，整合利用城市义务教育资源，提升农村中小学教师队伍素质，使均衡朝着理性、协调、健康、有序的方向发展。

（摘自《人民政协报》）

在中华海外联谊会三届一次理事大会上的讲话（摘要）

（2008年9月26日）

贾　庆　林

改革开放30年来，我国的经济实力、综合国力、人民生活水平都上了大台阶，我国的面貌发生了历史性的变化。今年对于我国来说，是不平凡的一年。在党中央、国务院的坚强领导下，全国各族人民万众一心、众志成城，有效开展了抗击雨雪冰冻灾害和四川汶川特大地震灾害的斗争，保持了经济平稳较快发展的良好势头，成功举办了一届“无与伦比”的北京奥运会和“同样精彩”的残奥会。昨天，神舟七号载人飞船成功发射，宇航员将首次出舱进行太空行走。这些都极大地提升了我国的国际地位和国际形象，增强了海内外中华儿女的自豪感和自信心。

当前我国正处在一个新的历史起点上。中华海外联谊会要继承和弘扬爱国主义优良传统，更好地发挥自身优势，继续支持和参与祖国内地改革开放和现代化建设。要加强与港澳各界人士特别是港澳社团和专业界代表人士的联系，不断壮大爱国爱港、爱国爱澳力量，维护香港、澳门长期繁荣稳定。要秉持建立互信、搁置争议、求同存异、共创双赢的精神，促进两岸的人员往来和各领域的交流合作，推动两岸关系和平发展。要加强自身建设，扩大覆盖面，增强影响力，培养一支结构合理、代表性强、整体素质高的理事队伍。

中华海外联谊会要把坚决同一切分裂祖国的势力进行斗争作为新形势下的一项重要任务。要广泛宣传我国的民族、宗教工作方针政策，充分发挥海外华侨华人社团、爱国侨领的作用，争取更多的海外同胞心向祖国，形成海内外中华儿女共同维护民族团结和国家统一的强大合力。

（摘自《人民政协报》）

在全国政协机关开展深入学习实践科学发展观活动动员大会上的讲话（摘要）

（2008年10月7日）

钱运录

开展深入学习实践科学发展观活动，系统接受科学发展观的教育，把握科学发展观的精髓，提高我们的马克思列宁主义水平，提高践行科学发展观的能力，非常重要。我们要结合政协工作实际，深刻认识开展学习实践活动的重大意义，切实把思想和行动统一到中央的决策部署上来，统一到胡锦涛总书记重要讲话精神上来，圆满完成开展学习实践活动的各项任务。要按照科学发展观的要求，大力加强政协机关建设：第一，加强制度建设，完善为政协履行职能服务的各项工作制度；第二，以改革创新的精神，不断开创政协机关工作的新局面；第三，加强干部队伍建设，努力提高贯彻落实科学发展观的能力；第四，进一步加强对政协机关工作的研究，把科学发展观落实到工作的各个方面。要严格要求，扎实开展深入学习实践科学发展观活动：一是要认真学习，进一步深化对科学发展观的理解和认识；二是要明确责任，充分发挥各级党组织的作用；三是要加强同中央指导检查组的配合与沟通；四是要合理安排，统筹兼顾，做到学习实践活动与日常工作“两不误、两促进”。

（摘自《人民政协报》）

海南国际旅游岛建设要坚持科学发展观

——在海南调研时的讲话（摘要）

（2008年10月7日）

孙　家　正

海南建设国际旅游岛必须坚持以人为本的科学发展观，立足于海南实际，大力推进自主创新。海南省委、省政府要制定行动计划，对国际旅游岛建设做进一步深入论证和具体设计，抓紧编制总体规划和专项规划；要立足现有资源、环境和政策优势，踏踏实实推进并把全岛人民带动起来，赢得更广泛的支持；要进一步解放思想、扩大对外开放，利用好经济特区各类优惠政策，按照中央要求在体制机制创新上下功夫，实现高速发展、科学发展、和谐发展；在建设国际旅游岛中要特别重视生态环境的保护，特别重视文化品质和品位的提升，海南建设国际旅游岛既要成为对外开放的平台，又应是中国优秀文化的窗口。

海南建设国际旅游岛涉及的旅游管理体制较大调整、产业发展目标重新定位、市场运行机制较大改变，很多内容在国内属于先行试验，应该在国家的指导和支持下大胆地探索。建设国际旅游岛就是要从我国的国情和海南的实际出发，按照邓小平同志提出的“三个有利于”标准，在扩大开放、体制机制相关政策等方面让海南先行试验，进一步发挥好海南改革开放的“排头兵”和“实验田”作用。

全国政协将继续发挥人民政协的优势和作用，集中各方力量，为海南发展建言献策，全力支持海南的国际旅游岛建设工作。人口资源环境委员会要坚持跟踪调研，不断推出阶段性成果。

（摘自《人民政协报》）

在全国政协第63期干训班开班式上的讲话（摘要）

（2008年10月10日）

厉　无　畏

中共十七大对当前和今后一个时期人民政协的工作和建设提出了新要求。要自觉用中国特色社会主义理论体系武装头脑、统一思想，不断巩固参加人民政协的各党派团体和各族各界人士团结合作的共同思想政治基础。要坚定不移地走中国特色社会主义政治发展道路，坚持中国共产党的领导、人民当家作主、依法治国的有机统一。牢牢把握团结和民主两大主题，坚持把促进发展作为履行职能的第一要务，促进经济社会又好又快发展。要充分利用政协这个民主渠道，扩大公民有序政治参与，积极反映社情民意，发挥民主监督作用，推进决策科学化、民主化。要坚持把实现好、维护好、发展好广大人民的根本利益作为工作的出发点和落脚点，更加关注民生，促进形成广大人民群众共享改革发展成果、共促社会和谐的生动局面。

深入学习实践科学发展观是当前人民政协面临的一项重大而紧迫的任务。各级政协组织要坚决按照中央的统一部署，紧密结合人民政协的实际和履行职能的各项工作，开展好深入学习实践科学发展观的活动。要充分认识开展学习实践科学发展观活动的重要意义，不断增强贯彻落实科学发展观的自觉性和坚定性。要深入理解科学发展观的科学内涵、精神实质和根本要求，自觉运用科学发展观指导政协履行职能的各项实践。要加强政协自身建设，特别是要培养广大委员、干部符合科学发展观要求的思维习惯、行为方式，切实增强贯彻落实科学发展观的能力。

（摘自《人民政协报》）

在政协十一届常委会第三次会议闭幕会上的讲话（摘要）

（2008 年 10 月 18 日）

贾　庆　林

当前，人民政协要按照中共中央的部署和要求，组织参加人民政协的各党派团体和各族各界人士，认真学习中共十七届三中全会文件，准确把握中央精神，切实将思想和认识统一到全会精神上来。要深刻认识改革开放以来我国农村改革发展的光辉历程和宝贵经验，进一步增强解决好农业、农村、农民问题的信心和决心。要深刻认识我国农村经济社会发展的阶段性特征和面临的新情况新问题，进一步增强推动农村改革发展的紧迫感和责任感。要深刻认识推进农村改革发展的指导思想、目标任务和重大原则，进一步增强贯彻落实中央方针政策的自觉性和坚定性。要深刻认识新形势下推进农村改革发展的战略部署，进一步明确人民政协为推进农村改革发展服务的重点，积极为加强农村制度建设、发展现代农业、加快发展农村公共事业建言献策。一是要抓紧抓好推进农村改革发展的战略任务，加快建设社会主义新农村。二是要坚持推进农村改革发展的基本方向，走中国特色农业现代化道路。三是要认真落实推进农村改革发展的根本要求，加快形成城乡经济社会发展一体化新格局。要重视国家粮食安全问题。把发展粮食生产放在现代农业建设的首位，坚持最严格的耕地保护制度，建立起科学、合理、有效的制度保障，确保农村发展战略目标的实现。

（摘自《人民政协报》）

在政协十一届常委会第二次学习讲座上的讲话(摘要)

(2008年10月18日)

王 刚

能源是人类生存和发展的必要基础，是经济和社会发展的基本保障。随着全球工业化和现代化的深入发展，世界能源消费不断增加。我国是世界第二大能源生产和消费国，近年来能源供需矛盾趋于突出。能源资源问题已成为当今与国际政治、经济、外交密切相关的重大问题，成为关系我国经济社会发展全局的战略问题，也是人民政协参政议政需要十分关注的一个重要问题。

党和国家历来高度重视能源问题。以胡锦涛同志为总书记的中共中央，始终把能源作为关系经济社会发展、国家安全和民族根本利益的重大战略问题，摆在突出重要的地位。为国家能源事业发展献计出力是人民政协义不容辞的责任。

各级政协组织和广大政协委员要充分发挥人民政协人才荟萃、智力密集、联系广泛、渠道畅通的优势，紧紧围绕调整经济结构、转变发展方式，按照解决能源资源问题坚持开源与节流相结合、节约优先的基本思路，就推进能源科技创新、建立能源资源技术支持体系、建设促进能源资源节约的体制机制、优化能源消费结构、健全节约能源资源的法律法规和标准体系等重大问题，进行深入调研和思考，提出切实可行的意见和建议，为促进我国能源可持续发展、保障国家能源和经济安全作出新的贡献。

(摘自《人民政协报》)

在中国人民政协理论研究会深圳研究基地建设座谈会上的讲话(摘要)

(2008年10月19日)

郑 万 通

党的十六大、十七大以来，人民政协理论研究取得了重要进展。但与此同时，人民政协理论在整个社会科学体系中还是一个薄弱领域，人民政协理论研究力量还比较分散，全面而系统的研究机制尚需完善。为适应新形势要求，目前，中国人民政协理论研究会正在采取有力措施，其中一个重要举措就是决定选择有条件的省和副省级市进行设立人民政协理论研究基地的试点工作。深圳不仅具有得天独厚的区位优势和良好的经济条件，而且是改革开放的前沿，在中国的改革开放中有许多新突破。深圳市委、市政府一贯重视理论与实践研究工作，形成了诸多具有示范和推广价值的做法和经验。在深圳建立研究基地，不仅有利于发展深圳人民政协事业和社会主义民主政治，而且对于推动全国政协工作有所启迪和借鉴。希望深圳研究基地能建设成为人民政协理论研究基地、实践探索基地、人才培养基地、资料汇聚基地，为发展社会主义民主政治、推进人民政协工作和推动深圳建设中国特色社会主义示范市发挥思想库和智囊团的作用。

（摘自《人民政协报》）

在十一届全国政协第二期委员学习研讨班开班式上的讲话（摘要）

（2008年10月21日）

王　刚

当前党和国家各项事业快速发展，人民政协参政议政领域不断拓展、任务日益繁重。这既为政协委员施展才华、贡献智慧提供了宽广舞台，也对政协委员加强学习、增强本领提出了更高要求。广大政协委员要坚持用马克思主义中国化最新成果武装头脑，紧紧抓住广泛开展深入学习实践科学发展观活动这一契机，深入学习和深刻理解中国特色社会主义理论体系，努力在理论武装上取得新收获，不断提高贯彻党的路线方针政策的自觉性。要认真学习人民政协理论，更加全面地掌握政协工作的原则和方法，努力使政协工作始终把握规律性、体现前瞻性、富有创造性。要广泛学习履行委员职责所需要的各方面知识，认真总结和积极借鉴往届政协委员的好做法、好经验，不断开拓新视野、获得新思想、汲取新知识，努力提高履行委员职责的本领。

做好人民政协工作，优势在委员、实力在委员、潜力也在委员。广大政协委员要切实增强主体意识，牢固树立坚定的政治立场、强烈的角色观念和严格的自律意识，以高度的负责精神担负起党和人民赋予的光荣使命。要紧紧围绕继续解放思想、坚持改革开放、推动科学发展、促进社会和谐的要求，抓住关系经济社会发展的全局性、战略性、前瞻性问题，为党和国家科学决策提供重要参考。要十分珍惜政协委员的荣誉，严格遵守和自觉维护政协章程，积极参加政协组织的活动，履行好政协委员的各项职责，努力在人民政协工作岗位上再立新功。

（摘自《人民政协报》）

在台盟宣传思想工作会议暨政治交接学习教育活动总结大会上的讲话(摘要)

(2008年10月23日)

林 文 漪

台盟宣传思想工作是台盟工作的重要内容，政治交接学习教育活动则是进一步深化宣传思想工作的重要举措。多年来，台盟的宣传思想工作始终坚持原则，把握正确的舆论导向，全盟的宣传意识、大局意识不断提高，各项工作在整体推进中实现了重点突破、在改革创新中焕发出新的活力，宣传思想工作保持了积极健康、蓬勃向上的良好态势。近一年来，全盟各级组织将政治交接学习教育活动与宣传思想工作紧密结合，通过政治交接学习教育活动的全面开展，进一步促进了全盟的宣传思想工作，并取得良好成效。

林文漪指出，在全面推进我国的民主政治建设和全面建设小康社会的伟大进程中，台盟的宣传思想工作任务依然十分艰巨。我们要用时代的要求来审视宣传思想工作，用发展的眼光来研究宣传思想工作，以改革的精神来推动宣传思想工作，沿着中共十七大和十七届三中全会指明的方向，切实履行参政党职能，共同做好全盟的宣传思想工作。

(摘自《人民政协报》)

在全国政协提案承办单位办理工作座谈会上的讲话(摘要)

(2008年10月23日)

郑 万 通

要不断适应新形势、探索新思路、推出新举措，努力把政协提案办理好，把政协提案的作用发挥好，为实现全面建设小康社会的奋斗目标，为推进社会主义民主政治建设作出新的更大的贡献。

政协提案是人民政协履行政治协商、民主监督、参政议政职能最广泛、最直接、最有效的一种方式，是坚持和完善中国共产党领导的多党合作和政治协商制度的一种重要载体，是协助党和政府实现科学民主决策的一条重要渠道。提案工作是人民政协一项具有全局意义的工作。这次座谈会是在全党深入学习实践科学发展观、贯彻落实十七届三中全会精神、系统总结改革开放三十周年我们党和国家在各个方面取得成绩和经验的重要时期召开的一次重要会议。希望大家认真深入总结、交流和探索，进一步解放思想，开拓创新，以新的认识，新的姿态，新的举措，开创提案办理工作新局面。

提案办理工作是提案工作的关键环节，直接关系到提案工作的成效。面对新形势新任务，进一步做好提案办理工作，要在把握党的十七大精神和学习实践科学发展观上有新提高、新作为、新成效。

如何认识提案，如何对待提案，归根结底是如何对待人民群众的态度问题，是如何坚持群众观点、群众路线的问题，是学习贯彻中共十七大精神和实践科学发展观重要思想的问题。希望各级领导和广大提案办理工作者，进一步提高提案办理工作的自觉性和办理质量，为贯彻落实科学发展观作出新的贡献。

（摘自《人民政协报》）

在十一届全国政协第二期委员学习研讨班结业式上的讲话（摘要）

（2008 年 10 月 24 日）

钱　运　录

学习是人民政协的基础性工作，是加强人民政协自身建设、巩固人民政协团结合作的共同思想政治基础、推进人民政协事业继往开来发展的一项重要举措。经过几天的学习研讨，委员们深化了对当前国际国内形势的认识，增强了做好人民政协工作的紧迫感和历史使命感；深化了对学习实践科学发展观的认识，增强了以科学发展观指导政协工作的自觉性和坚定性；深化了对人民政协性质、地位、作用和职能的认识，为更好地履行政协委员职责奠定了基础；深化了对政协委员权利和义务的认识，增强了努力当好政协委员的责任感。

政协委员要把注重学习贯穿于履行职责中的各个方面，把学习的成果转化为适应政协委员角色、当好政协委员的动力。要自觉坚持围绕中心、服务大局的原则，发挥自身优势，积极建言献策，把履行职责的积极性引导到推动科学发展、促进社会和谐上来。要把实现好维护好发展好最广大人民的根本利益作为履行职责的出发点和落脚点，努力促进各党派、各团体、各民族、各阶层和社会各方面的团结，为全面建设小康社会和实现中华民族的伟大复兴提供强大的力量支持。

（摘自《人民政协报》）

在人民政协与信息化建设高级研讨会上的讲话(摘要)

(2008年10月29日)

王　刚

信息化是当今世界发展的大趋势，顺应世界信息化发展潮流，大力推进我国国民经济和社会信息化，对于推动我国经济社会又好又快发展、实现全面建设小康社会宏伟目标具有重大意义。人民政协信息化建设是国家信息化建设的重要组成部分。高度重视和大力推进人民政协信息化建设，是信息时代加强人民政协工作、促进人民政协事业发展的必然要求。

要进一步增强做好人民政协信息化工作的责任感，准确把握人民政协信息化的职能定位，不断提高服务社会公众、政协委员和政协机关的水平。要积极服务于广大人民群众，引导社会公众关心、理解和支持人民政协工作，努力为人民政协事业发展营造良好的舆论氛围。要积极探索政协委员利用信息网络技术履行职责的新方式，搭建人民政协的信息网络平台，提供便捷畅通的信息化手段，为政协参加单位和政协委员履行职责、发挥作用创造良好条件。要强化机关办公自动化的物质技术保障，加大机关工作人员信息化知识和技能的培训力度，提高政协机关的工作质量和效率。要加强对人民政协信息化建设的组织领导，加大工作协调力度，解决面临的突出困难和问题，不断开创新形势下人民政协信息化工作的新局面。

(摘自《人民政协报》)

在武汉“两型社会”建设改革论坛上的讲话(摘要)

(2008年10月30日)

郑　万　通

推进“资源节约型、环境友好型”社会建设，是落实科学发展观，实现可持续发展的重大战略举措。党和国家历来高度重视中部地区的发展，出台多项政策推进“中部崛起”战略的实施。2008年9月，国务院批准了武汉城市圈综合配套改革试验总体方案，既是国家从改革发展全局和战略高度，促进中部地区崛起的重大战略部署，也是加快“两型社会”建设的重要战略步骤。

武汉具有的区位优势、产业优势、科教优势和生态环境优势，为加快“两型社会”建设创造了有利条件，可以在国家发展战略中发挥更大的作用。要继续解放思想，切实增强改革发展的紧迫感、责任感，按照党的十七大的部署，进一步树立发展意识、机遇意识，不断突破旧思想的束缚，一心一意谋发展、聚精会神搞建设，以新一轮思想大解放推动新一轮大发展。要积极推进各个领域的改革，努力探索建立有利于“两型社会”建立的体制机制，稳步推进建立加快发展高新技术产业的体制机制、有利于土地资源集约利用的体制机制、促进循环经济发展和节能减排的体制机制、统筹城乡经济社会发展的体制机制、人才智力支撑的体制机制、廉洁高效的政府管理机制。要大胆先行先试，努力在重点领域和关键环节实现突破，将发展循环经济作为改革试验的切入点和突破口，健全现代市场体系，发展各类生产要素市场，充分发挥市场在配置资源中的基础性作用，认真研究相关政策措施，充分发挥经济杠杆的市场调节作用。

（摘自《人民政协报》）

积极推动高校在创新体系中发挥作用

——在北京、江苏视察时的讲话（摘要）

（2008年10月）

白 立 忱

高校应成为培养高层次创新人才的主要承担者，要通过对创新理论、创新规律、创新方法的研究、教育和培训，提高受教育者的创新意识、科学精神和创新能力，将智力型人才转化为创新型人才。高校还要充分发挥社会服务功能，按照高校的不同类型赋予不同的研究任务。一流研究型大学要着重进行基础研究、应用基础研究、高新技术研究开发转移，而高等职业教育院校就要突出特色，注重进行生产实用技术的研究与开发，培养既有扎实基础又有很强动手能力的先进技术操作者。

要推动产学研更紧密、更多、更有效地结合。政府应制定相应的创新发展规划，加强科技创新的宏观指导和引领，改善创新环境，促进和推动企业、高校和研究机构之间的交流、沟通，实现资源共享，探索引导高校重视自主创新，推动科技成果转让和产业化，不断创新产学研的合作机制、模式，营造开放、和谐的创新文化氛围。政府要加大知识产权保护力度，完善知识产权制度，依法打击侵犯知识产权行为。发展各类科技中介服务机构，促进企业、高校、科研单位之间的知识流动和技术转移，建立和完善科技交流信息平台，对科技园区、科技企业孵化基地、生产力促进中心、技术转移中心等给予政策扶持。

（摘自《人民政协报》）

在全国政协第64期干部培训班开班式上的讲话(摘要)

(2008年11月4日)

李兆焯

广大政协干部要认真学习实践科学发展观，切实增强贯彻落实科学发展观的自觉性和坚定性，选择那些影响本地经济社会发展的具有全局性、综合性、前瞻性的重大问题进行深入调研，协助本地党委、政府为促进科学发展、和谐发展献计出力。要深入学习贯彻党的十七届三中全会精神并切实行动起来，深入开展调查研究，积极参政议政，反映社情民意，就加强农村制度建设、发展现代农业、加快发展农村公共事业建言献策，为加快推进社会主义新农村建设，夺取全面建设小康社会新胜利贡献力量。要认真学习人民政协的基本理论和基础知识，把学习体会和收获转化为谋划工作的思路、推进工作的措施、领导工作的本领。

加强学习是国内外形势与任务发展对政协干部提出的迫切要求，是推进人民政协事业发展的强大动力，也是政协干部提高自身素质的有效途径。政协干部只有自觉地把自身的发展与党和国家的形势任务、前途命运紧紧联系起来，增强责任感和紧迫感，切实加强学习，提高本领，才能更好地适应新形势和新任务的要求，不断推动人民政协事业向前发展。

(摘自《人民政协报》)

在2008中国慈善事业发展论坛上的讲话(摘要)

(2008年11月5日)

张榕明

随着党和国家对慈善事业的重视，全社会慈善意识不断增强，参与慈善活动的主题不断增多，慈善事业受到越来越多的关注。今年我国连续发生了多起重大自然灾害和突发事件，全国人民与灾区人民同甘苦、共患难，平民慈善被推向高潮。但是相对于欧美发达国家，我国慈善事业发展仍处于初级阶段，无论是公众的慈善意识、慈善规模、慈善组织、捐赠机制、法律制度，还是善款、善物的管理使用和监督等方面都存在不完善之处。

此次论坛旨在使社会各界充分认识慈善事业在社会建设中的重要地位和作用；呼吁、倡议社会各界积极参与慈善事业；协助和促进政府进一步完善社会救助、慈善事业工作体制和保障机制；促成相关政策和法规的建立与完善，力求慈善事业真正成为政府社会保障体系的有力补充，从而为构建和谐社会服务。

（摘自《人民政协报》）

在接见达赖喇嘛私人代表甲日·洛迪、格桑坚赞一行时的谈话（摘要）

（2008年11月6日）

杜青林

我们之所以能够战胜各种困难和挑战，不断取得改革开放和社会主义现代化建设的举世瞩目的新成就，根本原因在于我们始终不渝地坚持中国特色社会主义发展道路。中国的和平发展是不可阻挡的历史潮流，西藏在祖国大家庭中不断繁荣进步是有目共睹的客观事实。

坚持中国共产党领导、坚持中国特色社会主义道路、坚持民族区域自治制度，这是中华人民共和国宪法明确规定的，也是西藏最大的政治现实。任何否定“三个坚持”、违反宪法的行为都是绝不允许的。对“三个坚持”，必须毫不动摇、一以贯之地执行。

任何组织、个人都必须以宪法为根本的活动准则，维护宪法尊严，遵守宪法和民族区域自治法。实施《中华人民共和国民族区域自治法》，必须遵循：坚持国家利益和中华民族利益高于一切的原则，坚决维护国家统一和民族团结；民族区域自治是我国单一制国家结构形式的具体体现，不同于一些国家实行的联邦制、邦联制；民族区域自治是解决我国民族问题的基本政策，是国家的一项基本政治制度，不同于国家在香港、澳门实行的“一国两制”；民族区域自治是民族自治和区域自治的有机结合，绝不允许打着“真正的民族自治”旗号制造民族分裂，损害民族团结。

在维护祖国统一和领土完整这个原则问题上，无论任何时候、在任何情况下，都不可有丝毫动摇和偏离，西藏“独立”不行，“半独立”不行，“变相独立”也不行。达赖喇嘛应该尊重历史、正视现实、顺应时代，对自己的政治主张进行根本性改正，切实做到不支持策划煽动暴力犯罪活动和一切谋求“西藏独立”、分裂祖国的主张和活动，切实履行今年7月北京接谈时作出的承诺，为接触商谈取得进展创造有利条件。

中央对达赖喇嘛的政策是一贯的、明确的，对话的大门始终是敞开的。今年以来，尽管出现了拉萨打砸抢烧严重暴力犯罪事件，我们仍先后三次安排达赖喇嘛的私人代表回国接触，充分体现了中央的诚意、宽宏和大度，希望达赖喇嘛作出对国家、对人民、对历史、对自己有益的选择。

（摘自《人民政协报》）

在会见第二届海峡两岸工会论坛代表时的讲话(摘要)

(2008年11月11日)

贾 庆 林

几天前,海协会陈云林会长率团赴台湾与台湾海基会进行商谈,并与台湾各界开展了一系列交流活动,产生了广泛的影响。这是我们在新形势下加强两会协商、促进两岸关系和平发展的重要举措。海协会会长首次访问台湾,两会首次在台北举行领导人会谈,是两会制度化协商的新突破,也推动两岸关系又向前迈出了重要一步。海协会与台湾海基会签署了两岸空运直航、海运直航、邮政合作、食品安全等四项协议,就两岸合作应对当前国际金融危机等两岸同胞关心的诸多问题交换了意见。这些重要成果,有力地促进了两岸直接"三通"的进程,扩大了两岸经济合作,便利了两岸同胞往来,给两岸同胞带来了实实在在的利益,为两岸关系和平发展注入了新的动力。两岸同胞普遍对此表示高度肯定,国际舆论也给予积极评价。

当前,两岸关系和平发展呈现出前所未有的光明前景,两岸同胞比以往任何时候都更有条件也更加需要携手合作、共同发展。同时,两岸关系前进的道路并不平坦,国际金融危机也给两岸经济发展带来了新的困难、提出了新的课题。我们愿采取进一步积极措施,尽力维护好、发展好两岸同胞的切身利益。同时积极开展两岸同胞和两岸各界的大交流,不断增进相互了解与相互信任。两岸双方还应秉持建立互信、搁置争议、求同存异、共创双赢的精神,妥善处理好两岸关系中存在的历史遗留问题和今后遇到的新问题。总之,我们愿与台湾各界有识之士一道,不断巩固和加强两岸关系改善与发展的势头,不断开创两岸关系和平发展的新局面。

两岸工会和劳动界在推动两岸关系和平发展中负有重要责任。双方应该抓住难得的历史机遇,进一步加强交流与合作,共同致力于维护两岸职工权益,使两岸劳动者更多地分享经济社会发展的成果,为促进两岸关系和平发展,共同谱写中华民族伟大复兴的新篇章尽一份心力。

(摘自《人民政协报》)

在会见全国少数民族参观团时的讲话（摘要）

（2008年11月11日）

贾 庆 林

党中央、国务院历来高度重视民族工作，十分关心少数民族和民族地区各族群众的生产生活。2005年中央召开民族工作会议，制定出台了中央10号文件和国务院实施民族区域自治法若干规定。近几年，又先后颁发了进一步促进西藏、新疆、宁夏等省区经济社会发展的若干意见，还专门研究部署支持青海等省藏区经济社会发展工作。最近，胡锦涛总书记又就民族团结进步问题作出重要指示。所有这些，都充分体现了党中央、国务院对少数民族和民族地区的亲切关怀，有力地促进了民族地区的团结稳定和繁荣发展。

当前，我国已经站在一个新的历史起点上，全国各族人民正在万众一心地为夺取全面建设小康社会新胜利而奋斗。民族地区和全国其他地区一样，面临着难得的发展机遇和艰巨繁重的发展任务。希望大家牢固树立汉族离不开少数民族、少数民族离不开汉族、各少数民族之间也相互离不开的思想，广泛开展民族团结宣传教育活动，巩固和发展平等团结互助和谐的社会主义民族关系。希望大家按照开展深入学习实践科学发展观活动的要求，着力提高实现科学发展的能力，着力解决制约科学发展的突出问题，促进少数民族和民族地区经济社会又好又快发展。

组织少数民族参观团，是我们党的一个优良传统，也是促进民族团结的一个重要举措。大家要充分利用这次难得的机会，多走走、多看看、多学习、多进步。在今后的工作中，要倍加珍惜荣誉，倍加努力工作，为促进党和国家事业发展作出新的更大贡献。

（摘自《人民政协报》）

在全国部分省（市、区）政协第十次民族和宗教工作研讨会上的讲话（摘要）

（2008年11月11日）

阿不来提·阿不都热西提

我国是一个统一的多民族国家，自解放以来，我国制定了一系列符合国情、民意的民族宗教政策，有力地推动了经济社会的发展，改善了人民的生活。此次会议是在全党深入学习实践科学发展观，纪念改革开放30周年，学习贯彻党的十七届三中全会精神的重要时期召开的，很有必要和意义。

做好新一届政协民族和宗教工作，一是深入贯彻落实科学发展观，增强做好民族宗教工作的自觉性和主动性。要以科学发展观为统领，着眼大局，突出重点，更好地服从服务于党和国家事业的发展。在深入学习实践科学发展观活动中要切实做到“三个结合”，将深入学习实践科学发展观活动与学习贯彻十七届三中全会精神结合起来；将深入学习实践科学发展观活动与纪念改革开放30周年活动结合起来；将深入学习实践科学发展观活动与人民政协创新工作结合起来，扎实搞好深入学习实践科学发展观活动，下功夫解决不适应、不符合科学发展的突出问题，把科学发展观的要求落实到服务科学发展、促进社会和谐上来。二是坚持解放思想、实事求是，以改革创新的精神做好新形势下政协民族和宗教工作。当前和今后的首要任务就是认真扎实深入地学习好、贯彻落实好党的民族宗教的理论、方针和政策，为促进各民族共同繁荣发展，全面建设小康社会贡献力量。三是注重学习，进一步加强开创民族和宗教委员会工作新局面。

（摘自《人民政协报》）

在全国政协机关学习实践科学发展观活动学习调研阶段总结暨分析检查阶段动员大会上的讲话（摘要）

（2008年11月14日）

钱　运　录

自全国政协机关召开了深入学习实践科学发展观活动以来，在贾庆林主席、王刚副主席和全国政协党组的重视和关怀下，在中央指导检查组的有力指导下，全国政协按照中央的统一部署和要求，统筹谋划整个学习实践活动，注重在活动中原原本本学习理论；注重边学边改边提高；注重结合实际搞调研；注重推动思想观念的转变和更新，第一阶段各项工作得以扎实推进，取得积极成果，达到预期目的。

第二阶段学习实践活动即将展开，要进一步解放思想。解放思想是党的思想路线的本质要求，是发展中国特色社会主义的一大法宝，是贯穿整个学习实践活动的一条主线，我们要坚持实事求是，用科学发展观指导思想解放，引导广大党员干部总结经验，清醒认识工作的问题和不足，面临的困难和挑战，进一步增强忧患意识、大局意识、协调意识、责任意识，把人民政协事业放在党和国家事业科学发展的整体和过程中来把握，把自己所从事的工作与政协整体工作联系起来，不断增强开拓工作新局面的紧迫感和责任感。要着力完善体制机制。创新体制机制是学习实践活动的重要目标，也是人民政协更好地促进科学发展的重要保障，要认真梳理和研究政协现有的制度规范，理清制度建设的线索，通过多种方式广泛调研地方政协的制度建设和体制机制建设情况，研究提出制度建设的具体方案；要继续查找分析问题。

查找问题是解决问题的前提，要把是否符合人民的根本利益作为我们查找问题的根本价值指向，以正面教育为主、实事求是查找问题，全面总结经验教训，形成推进科学发展的共识和强大合力。要切实加强组织领导。要加强领导、抓好落实，加大协调和督查力度，组织好为主题服务的各项活动，并统筹安排学习实践活动和机关日常工作，在统筹兼顾中进一步推进政协的工作创新。

（摘自《人民政协报》）

滇中调水工程应积极推进

——在云南调研时的讲话（摘要）

（2008 年 11 月 14 日）

罗　富　和

实施滇中调水工程意义重大，对解决滇中地区缺水问题、促进当地经济社会发展十分重要，它将成为长江流域防洪的重要支撑，还能充分发挥金沙江水电基地在我国能源战略中的重要作用。同时，这也符合国务院关于扩大内需、应对国际金融危机的政策方向，应积极推进，尽快落实。

云南省相关部门在开展论证工作时要注意促进和谐，包括项目建设与区域经济社会发展的和谐，当地各民族之间的和谐，人的发展与生态环境的和谐等。在这方面，政协能发挥广泛参与的优势，吸收各方意见，促进交流与沟通，全国政协将充分利用这一优势，积极推进该工程的实施。

（摘自《人民政协报》）

在全国各省区市政协港澳台侨工作研讨会上的讲话（摘要）

（2008 年 11 月 26 日）

王　刚

今年是我国改革开放 30 周年。我国发展正站在一个新的历史起点上，人民政协各项事业也面临着难得的发展机遇。各级政协组织要全面履行职责，积极服务大局，深入研究政协港澳台侨工作面临的新情况新问题，不断总结新形势下政协港澳台侨工作的好经验好做法，进一步探索做好政协港澳台侨工作的新途径新方法，努力提高人民政协港澳台侨工作的整体水平。

要紧紧围绕中心，进一步加大政协港澳台侨工作的力度，最大限度地把港澳台同胞和海外侨胞团结起来，最大限度地把他们的积极性调动起来，广泛汇聚他们的智慧和力量服务于国家现代化建设。要充分发挥独特优势，积极引导港澳台同胞和海外侨胞拥护和支持中央对台方针政策，促进两岸人民的接触交往和加深了解，争取国际社会对中国和平统一大业的理解和支持。要坚持以人为本，切实把关注民生、保障民生、改善民生的要求体现到政协港澳台侨工作中去，真正团结好、服务好广大港澳台同胞和海外侨胞，让他们充分感受到祖国大家庭的温暖。

希望各级政协组织切实把港澳台侨工作放在重要位置，列入重要议程，注重加强沟通协调，注重加强队伍建设，为做好人民政协港澳台侨工作提供有力保障。

（摘自《人民政协报》）

在同驻土耳其中资企业座谈时的讲话

（2008年11月27日）

贾 庆 林

听了大家的介绍，我很受启发，也很受鼓舞。长期以来，大家远离祖国和亲人，身在异国他乡，兢兢业业、辛勤工作，为推动中土互利友好合作，作出了积极的贡献，取得了很好的成绩。我代表党中央、国务院，向各位企业家并通过你们，向所有驻土耳其中资机构的同志们，表示亲切的慰问。

由美国次贷危机引发的国际金融危机，已从局部发展到全球，从发达国家传导到新兴市场国家，从金融领域扩散到实体经济领域，给世界各国经济发展和人民生活带来了严重影响，也给企业的生产经营造成了较大困难。自今年9月以来，金融危机对我国经济发展的影响也日益显现。针对这一情况，中央加大宏观调控力度，实行积极的财政政策和适度宽松的货币政策，出台了进一步扩大内需、促进经济增长的十大措施。这些措施的进一步实施，必将有力地推动我国经济保持平稳较快发展，也必将推动企业克服困难、渡过难关，实现新的发展。在当前复杂多变的形势下，我们工作的重中之重，就是把中央有关应对金融危机的决策部署贯彻好、落实好。

当前的国际金融危机，既给我们开拓国际市场提出了严峻的挑战，也提供了很好的机遇。广大企业要全面把握形势，进一步振奋精神，坚定信心，充分发挥积极性、主动性和创造性，努力变挑战为机遇，继续坚定不移地实施“走出去”战略。

第一，实施“走出去”战略是应对当前国际金融危机的重要举措。投资、消费、出口是拉动我国经济增长的“三驾马车”。在当前发生国际金融危机的形势下，坚定不移地实施“走出去”战略，不仅有重要的现实意义，而且具有长远的战略意义。我们要认真贯彻进一步扩大内需、促进经济增长的十大措施，同时要大力实施“走出去”战略，努力扩大出口，真正实现投资、消费、出口协调拉动经济增长。

第二，新兴市场为我们实施“走出去”战略提供了广阔的发展空间。改革开放以来，我国一大批企业走出国门，在国际市场上争得了一定份额。现在，欧美市场需求下降，但新兴市场潜力很大，很多国家欢迎中国企业去投资。我们要坚定不移地实施出口市场多元化战略，千方百计地巩固传统市场，大力开拓新兴市场，为企业赢得新的竞争优势。

第三，我们具有实施“走出去”战略的资金、技术和人才优势。经过改革开放30年的发展，我们积累了一定的资金、技术和人才实力，具有一定的比较优势。各类所有制企业要发挥各自的优势，加强协调配合，加强自主创新，努力培育世界知名品牌，不断提高企业核心竞争力与开拓国际市场能力。

希望在海外发展的企业家要进一步增强大局观念，树立长远眼光，通过积极开展经贸合作，促进双边关系发展。凡是有利于促进双边关系发展的事情，就要尽力去做，而且要努力做好。要自觉遵守驻在国的法律法规，尊重当地的风俗习惯，重质量，讲信誉，与当地人民和睦相处，注重为当地群众带来实惠，真正做到互利双赢，为企业在海外的生存和发展以及双方的共同发展营造和谐、安全的良好外部环境。

最后，祝愿大家身体健康、家庭幸福、事业有成。

（摘自《人民政协报》）

推动双赢合作 实现共同繁荣

——在中土经贸合作论坛上的演讲

（2008年11月28日）

贾 庆 林

尊敬的屈尔沙德·蒂兹曼阁下，女士们，先生们，朋友们：

很高兴在历史名城伊斯坦布尔，出席中土经贸合作论坛。首先，我谨对论坛的成功举办表示热烈的祝贺，向长期关心和支持中土友好合作的各界朋友致以诚挚的问候！

今年以来，中国人民既经受了四川汶川特大地震灾害的严峻考验，又同国际社会一道共享了北京奥运会、残奥会的欢乐时光。在这个过程中，中国人民得到了土耳其政府和人民的真诚帮助和有力支持。北京奥运会火炬在伊斯坦布尔市的传递活动获得了圆满成功。借此机会，我谨代表中国政府和人民，向土耳其政府和人民表示衷心的感谢！

中国和土耳其虽然远隔千山万水，但两国人民的友好交往源远流长。早在1000多年前，古丝绸之路就把两国人民紧紧联系在一起，在人类文明的交流史上留下了光辉的印记。建交37年来，两国在政治、经贸、文化、教育、执法、旅游等领域开展了广泛合作，取得了丰硕成果。最近7年，双边贸易额快速增长，去年突破100亿美元，今年有望超过130亿美元。两国在铁路、电力、矿业等领域的合作日益深化，双向投资规模不断扩大，累计已达1亿多美元。这些成绩的取得，是两国领导人关心支持的结果，也是两国人民特别是企业界人士共同努力的结果。我们对双边互利合作的前景充满信心。

回顾两国友好交往的历史，展望双边合作美好的未来，我们有必要从战略高度审视和把握中土关系，深入规划两国经贸合作的发展途径，不断推动两国互利合作迈上新台阶。为此，我愿提出三点建议。

第一，着眼长远，促进可持续发展。中土两国都是经济快速增长、发展潜力巨大的国家，两国互利合作有着良好的基础和条件。双方应加强合作的战略规划，既立足当前，又着眼长远，推动两国经贸合作不断深入发展，促进双边经贸往来的综合平衡，使双边经贸合作不仅成为联系两国企业的纽带，也成为增进两国人民友谊的桥梁。

第二，开拓进取，实现互利共赢。开拓创新是保持双边经贸合作生命力的必要条件。双方应充分发挥各自优势，开辟新的合作渠道，探索新的合作模式，构建新的合作平台，培育新的增长点。双方应共同努力，增加相互投资，加强在基础设施建设和工程承包领域的合作，扩大多边经贸合作。中方愿与土方加快交通和旅游合作，努力构筑一个海、陆、空交织的“新丝绸之路”。

第三，加强沟通，发挥企业家的积极性。企业是双边经贸合作的主体。双方应加强沟通与协调，努力为企业之间扩大合作创造更多更好的机会。今天的经贸合作论坛，就为两国企业界提供了对话与交流的平台。建议两国相关部门今后多组织类似活动，也希望双方企业充分利用这些机会，发挥积极性与创造性，推动双边经贸合作取得更大发展。

女士们，先生们，朋友们！

2008年对中国而言是一个具有特殊意义的年份。30年前，在邓小平先生的倡导和带领下，中国人民踏上了改革开放的历史征程。30年来，中国人民以一往无前的进取精神和波澜壮阔的创新实践，坚定不移地推进改革开放和社会主义现代化建设，中国的经济实力、综合国力、人民生活水平都上了大台阶，中国的面貌发生了历史性变化。中国成功实现了从高度集中的计划经济体制到充满活力的社会主义市场经济体制、从封闭半封闭到全方位开放的伟大历史转折，经济快速发展，人民生活从温饱不足发展到总体小康，农村贫困人口从两亿五千多万减少到一千多万，政治建设、文化建设、社会建设也取得了举世瞩目的发展成就。同时，我们也清醒地认识到，中国仍然是世界上最大的发展中国家。中国要全面建成惠及十几亿人口的更高水平的小康社会，进而基本实现现代化、实现全体人民共同富裕，还有很长的路要走，还要继续艰苦奋斗。中国人民将坚定不移地推进改革开放，继续为全面建设小康社会、加快推进社会主义现代化而奋斗。

中国的发展进步离不开世界，世界的繁荣稳定也离不开中国。中国将始终不渝走和平发展道路，始终不渝奉行互利共赢的开放战略，坚持在和平共处五项原则的基础上同所有国家开展友好合作。中国人民将与各国人民一道，继续为人类和平与发展的崇高事业而不懈努力。

女士们，先生们，朋友们！

当前，世界正在经历百年不遇的国际金融危机。这场危机已从局部发展到全球，从发达国家传导到新兴市场国家，从金融领域扩散到实体经济领域，给世界各国经济发展和人民生活带来严重影响。前不久，在美国华盛顿召开的二十国集团领导人金融市场和世界经济峰会上，包括中国和土耳其在内的二十国集团成员共同探讨了维护国际金融稳定、促进世界经济增长的举措，发表了一个全面、积极、平衡的宣言。中方主张，国际社会应增强信心、加强协调、密切合作，努力将会议达成的共识落到实处。首先，要采取有力措施，遏制金融危机蔓延和扩散，恢复和增强信心，尽快恢复金融市场稳定。其次，要通过调整宏观经济政策，充分利用货币财政手段，促进经济增长，防止全球性经济衰退。第三，要稳步推进国际金融体系改革，使其有利于维护国际金融市场稳定，有利于世界经济发展，有利于世界各国人民利益。

为应对金融危机，中国根据形势变化及时调整政策，加强宏观调控，出台了一系列促进经济增长、扩大内需的政策措施，保持了经济平稳较快发展的势头，中国经济发展的基本态势没有改变。中国经济平稳较快发展本身就是对维护国际金融稳定、促进世界经济发展的重要贡献。中国政府将继续采取有效措施，加强宏观调控的预见性、针对性、有效性，着力扩大内需特别是消费需求，实现经济平稳较快增长，相信这对世界经济稳定也会起到积极作用。

保持国际金融市场稳定、促进世界经济持续发展，是关系世界各国和各国人民福祉的大事。中方愿与包括土方在内的国际社会通力合作、共度时艰，为维护国际金融稳定、促进世界经济发展作出自己应有的贡献。

女士们，先生们，朋友们！

中国和土耳其是分别位于亚洲东西两端的重要国家，两国加强合作符合两国人民的根本利益，也有利于促进地区乃至世界的和平与发展。我们愿与土方共同努力，进一步深化互利双赢合作，实现共同发展繁荣。我相信，在两国政府、有关机构和工商界的不懈努力下，中土经贸合作一定会迎来更加光明的未来！

谢谢大家。

（摘自《人民政协报》）

巩固传统友谊　共创美好未来

——在中柬建交50周年庆祝大会上的演讲

（2008年12月4日）

贾　庆　林

尊敬的柬埔寨王国参议院主席、谢辛亲王阁下，

女士们，先生们，朋友们：

今年是中柬建交50周年。我有机会在这样一个重要时刻访问柬埔寨，并出席中柬建交50周年庆祝大会，感到十分高兴。今天在座的有许多青少年、学生代表，你们象征着青春与活力，代表着中柬友好的希望与未来。首先，我要向在座各位并通过你们，向柬埔寨各界朋友，向热情友好的柬埔寨人民，致以崇高的敬意和诚挚的问候！

柬埔寨是有着悠久历史和灿烂文化的文明古国。勤劳智慧的柬埔寨人民创造了举世闻名的吴哥古迹，铸就了东方文明乃至世界文明的瑰宝。近代以来，柬埔寨人民为争取国家独立和民族解放，进行了艰苦卓绝的斗争，最终实现了国家安定、民族和解与经济发展。当前，柬埔寨正处于良好发展阶段。我们高兴地看到，在西哈莫尼国王陛下领导下，在政府、参议院和国会的共同努力下，柬埔寨政局稳定、民族和睦、经济发展、民生改善，呈现出一派欣欣向荣的景象。我们为柬埔寨人民取得的巨大成就和进步，感到由衷的高兴。

柬埔寨是中国的传统友好邻邦，中柬友谊源远流长。早在两千多年前，两国人民就开始了友好交往。在中国的典藏史籍中，柬埔寨素有“富贵真腊”之称。公元1296年，中国元朝人周达观在吴哥居留长达11个月，回国后撰写了《真腊风土记》一书。这是世界上第一部也是仅存的一部全面反映吴哥王朝昌盛时代的史料。中国明朝时，伟大的航海家郑和七下西洋，多次经停真腊。真腊人民在斯雷山托古都城修建了三保公庙，作为纪念。新中国成立以来，中柬两国人民的友谊不断加深，两国关系不断发展。1955年，周恩来总理与西哈努克太皇陛下在万隆会议上初次结识，奏响了中柬睦邻友好的序曲。从那时起，西哈努克太皇陛下与毛泽东、周恩来、刘少奇、朱德、邓小平等中国老一辈领导人密切往来，建立了深厚的个人友谊。2000年，江泽民主席应西哈努克太皇陛下邀请访问柬埔寨，金边数十万群众夹道欢迎，两位国家元首走出汽车向群众挥手致意，传为一段佳话。进入新世纪以来，胡锦涛主席同西哈莫尼国王陛下多次会面，就发展中柬友好关系达成重要共识，进一步深化了中柬友谊。

经过两国领导人的精心培育和两国人民的共同努力，中柬关系目前已进入构建全面合作伙伴关系的新的发展阶段。两国政治上高度互信，高层交往频繁，经贸合作成果丰硕，在国防、安全、文教、卫生、体育、旅游等领域的合作日益广泛。今年1至9月，双边贸易额达到9.1亿美元，同比增长40%；中国企业在柬直接投资也有大幅增长。柬埔寨已成为中国企业在海外进行直接投资的首选目的地之一。特别令人感动的是，今年中国南方部分地区严重低温雨雪冰冻灾害、四川汶川特大地震灾害发生后，西哈努克太皇陛下两次捐出善款，柬埔寨政府和人民第一时间表示慰问，并以各种形式提供宝贵支持和无私帮助。在中国举办北京奥运会时，西哈努克太皇陛下、西哈莫尼国王陛下亲赴北京出席开幕式，与中国人民共襄盛举。洪森首相连续五年出席中国－东盟博览会，积极支持中国－东盟关系的发展。这些都充分体现了柬埔寨王室、参议院、国会、政府和人民对中国人民的深厚友情和对中柬关系的高度重视，我们对此表示赞赏和感谢。中国政府高度重视发展对柬关系，愿与柬方共同努力，进一步推动中柬全面合作伙伴关系长期健康发展，使两国人民永做好朋友、好兄弟、好邻居、好伙伴。

女士们，先生们，朋友们！

今年是中国改革开放30周年。1978年，中国共产党召开具有重大历史意义的十一届三中全会，开启了改革开放历史新时期。从那时以来，中国共产党人和中国人民以一往无前的进取精神和波澜壮阔的创新实践，成功实现了从高度集中的计划经济体制到充满活力的社会主义市场经济体制、从封闭半封闭到全方位开放的伟大历史转折，在广袤的中国大地上描绘了气势恢宏的壮丽画卷，在中华民族的发展史册中写下了光彩夺目的辉煌篇章。

——改革开放极大地解放和发展了社会生产力，使中国经济从一度濒于崩溃的边缘发展到总量跃居世界前列。1978年到2007年，中国经济年均增长9.8%，经济总量从

2165 亿美元增长到 3.28 万亿美元，进出口总额从 206 亿美元增长到 2.17 万亿美元。依靠改革开放积累的雄厚物质和技术基础，我们建设了三峡大坝、青藏铁路等重大工程，获得了载人航天工程、首次月球探测工程等的重大成功，夺取了四川汶川特大地震抗震救灾斗争的重大胜利，成功举办了北京奥运会和残奥会。

——改革开放极大地改善了城乡居民生活，使中国人民稳定地走上了富裕安康的广阔道路。1978 年到 2007 年，中国人均国民收入从 190 美元增长到 2360 美元，农村绝对贫困人口从 2.5 亿减少到 1500 万，人民生活实现了从温饱不足到总体小康的历史性跨越。基本建立了覆盖城乡居民的社会保障体系，医疗、就业等民生问题逐步得到解决。

——改革开放极大地提高了全民族的文明素质，使中国人民的精神面貌发生了深刻变化。中国特色社会主义法律体系基本形成，依法治国基本方略切实贯彻。基本普及九年义务教育、基本扫除青壮年文盲的目标如期实现，高等教育进入大众化阶段，文化事业和文化产业快速发展。改革开放从根本上改变了中国过去那种沉闷僵化、停滞不前的状况，调动了亿万人民的积极性，激发了全社会的蓬勃朝气、创新精神和创造活力。

——改革开放极大地增强了中国与世界的联系，使中华民族大踏步赶上了时代前进的潮流。1978 年到 2007 年，中国国内生产总值占全球的比重由 1%上升到 6%，中国经济对世界经济增长的贡献率超过 10%，对国际贸易增长的贡献率超过 12%，中国经济已经成为世界经济的重要组成部分。我们坚持独立自主的和平外交政策，广泛开展双边和多边外交，积极推动在反恐、环保、禁毒、重大疾病预防等领域的国际交流与合作，在国际事务中发挥着越来越重要的作用。今天，一个面向现代化、面向世界、面向未来的社会主义中国巍然屹立在世界东方，中华民族的伟大复兴展现出灿烂的前景。

事实雄辩地证明，改革开放是决定当代中国命运的关键抉择，是发展中国特色社会主义、实现中华民族伟大复兴的必由之路。改革开放的伟大实践启示我们：对于中国这样一个十几亿人口的发展中大国，要摆脱贫困、加快实现现代化，必须坚持把发展作为党执政兴国的第一要务，牢牢扭住经济建设这个中心，不断解放和发展社会生产力；必须坚持以人为本，尊重人民主体地位、发挥人民首创精神，实现好、维护好、发展好最广大人民的根本利益；必须坚持全面协调可持续发展，全面推进经济建设、政治建设、文化建设、社会建设和生态文明建设，实现经济社会永续发展；必须坚持统筹兼顾，正确认识和妥善处理中国特色社会主义事业中的重大关系，充分调动各方面积极性。改革开放以来我们取得一切成绩和进步的根本原因，归结起来就是：开辟了中国特色社会主义道路，形成了中国特色社会主义理论体系。

总结历史是为了更好地开辟未来。我们在看到成绩的同时，也清醒地认识到：中国仍然是世界上最大的发展中国家，中国基本实现现代化，实现全体中国人民共同富裕，还有很长的路要走。我们将高举中国特色社会主义伟大旗帜，以邓小平理论和“三个代表”重要思想为指导，深入贯彻落实科学发展观，继续解放思想，坚持改革开放，推动科学发展，促进社会和谐，为夺取全面建设小康社会新胜利而奋斗。我们将高举和平、发展、合作旗帜，始终不渝走和平发展道路，始终不渝奉行互利共赢的开放战略，继续为推动世界的持久和平和共同繁荣而奋斗。

女士们，先生们，朋友们!

当今世界正在发生复杂深刻的变化。世界多极化和经济全球化深入发展，追求和平、合作、发展成为各国人民的普遍愿望。与此同时，不安定、不稳定因素也在增加，环境、能源、粮食等全球性问题日益突出。特别是去年下半年爆发的美国次贷危机逐步演变成国际金融危机，已从局部发展到全球，从发达国家蔓延到新兴经济体和发展中国家，从金融领域扩散到实体经济领域，波及范围之广、影响程度之深、冲击强度之大，为上个世纪30年代以来所罕见，全面化解和战胜这场危机，是国际社会共同的责任。世界各国应该增强信心、加强协调、密切合作。

国际金融危机使中国经济发展也受到了影响。中国政府根据形势变化及时调整政策，加强宏观调控，采取了降低银行存款准备金率、下调存贷款利率、减轻企业税负等一系列措施。最近，中国政府决定，实行积极的财政政策和适度宽松的货币政策，确定了进一步扩大内需、促进经济增长的十项措施，加快民生工程、基础设施、生态环境建设和灾后重建，提高城乡居民特别是低收入群体的收入水平。从今年第四季度到2010年底，中国仅这些项目的建设就将投资近4万亿元人民币。中国政府将继续采取有效措施，加强宏观调控的预见性、针对性、有效性，着力扩大内需特别是消费需求，下大气力转变经济发展方式、调整经济结构，加强农业基础地位、实现农民增收，坚持深化改革、扩大开放，实现经济平稳较快增长，为促进世界经济稳定发挥建设性作用。中国经济平稳较快发展本身就是对维护国际金融稳定、促进世界经济发展的重要贡献。作为国际社会负责任的成员，中国愿继续本着负责任的态度，参与提升国际市场信心、维护国际金融稳定、促进世界经济发展的国际合作，支持国际金融组织根据国际金融市场变化增加融资能力，加大对受这场金融危机影响的发展中国家的支持。

中国与柬埔寨地缘相近、文化相通、经济互补，既是友好近邻，也是合作伙伴。面对国际金融危机带来的挑战，中国和柬埔寨携手合作，相互支持，化挑战为机遇，推动中柬关系向全方位、多领域、深层次的方向发展，具有重要的现实意义和长远的战略意义，符合两国人民的共同愿望，也有利于本地区的和平、稳定与发展。为此，我愿提出以下建议：

第一，巩固传统友谊，增进相互信任。两国领导人共同缔造和精心培育的传统友谊是两国人民的宝贵财富，在新时期更应该进一步发扬光大。双方应加强高层互访，增进战略互信，扩大共识，促进合作，推动两国关系在新形势下不断向前发展。双方应进一步扩大两国政府、政党之间的友好交往，加强中国全国人大、全国政协同柬埔寨参议院、国会的相互交流，促进学术机构、民间组织和地方省市往来，形成政府为主、民间为辅、相辅相成、共同促进的良好局面。

第二，推进经贸合作，实现共同发展。经贸合作日益成为双方关系不断发展的基础和动力。双方应在相互尊重的基础上，挖掘合作潜力，加强优势互补，实现互利共赢。进一步发挥两国经贸合作委员会的统筹、规划和协调作用，全面提高合作效率和水平。优化进出口产品结构，开拓双边贸易的新途径，推动双边贸易持续增长，争取提前实现2010年两国贸易达到10亿美元的目标。中方将继续采取积极措施扩大从柬埔寨进口，愿意为柬埔寨企业在华举办或参加贸促活动、扩大对华出口提供便利。中方愿继续向柬方提供力所能及的帮助，将稳步推进援助项目，确保质量，抓好重点项目以及后续工作落实。中方支持两国企业开展形式多样、长期互利的合作，鼓励有实力、有信誉的中国企业加强与柬方在基础设施建设、矿产和油气资源开发、机械电子、农业、纺织品加工等重点领域合作，将资源与市场结合起来，寻找双方利益的交汇点与合作的结合点，努力取得新进展。

第三，深化人文交流，促进世代友好，充分利用现有机制，加强双方在文化、教育、卫生、体育、旅游、人才培训等方面的交流与合作，为两国关系全面发展搭台唱戏，架桥铺路。利用多种形式，积极开展两国传统友好的宣传，增进两国人民特别是青少年的相互了解，使中柬友好的种子在两国人民的心中生根开花。中国政府愿在原有基础上增加政府奖学金名额，扩大人才培养合作，支持文化、艺术、体育团组互访，鼓励中国游客赴柬旅游观光。

第四，加强多边协调，维护共同利益。双方应通过外交磋商、多边接触等形式，就重大国际和地区问题及时交换意见，加强在联合国等国际机构中的协调与配合。共同推进中国与东盟面向和平与繁荣的战略伙伴关系，加快中国一东盟自由贸易区建设。加强在东盟一中日韩、东亚峰会、大湄公河次区域经济合作、东盟地区论坛、亚欧会议、世界贸易组织等机制中的沟通与配合，维护双方共同利益，为本地区和世界的和平、稳定与发展作出贡献。

女士们，先生们，朋友们!

在即将结束今天演讲的时候，我不禁想起，西哈努克太皇陛下在亲自谱写的一首赞颂中柬友谊的歌曲中写道：我们亲如一家，亲密团结，我们的前途充满光明。这是中柬友好的生动写照，更是中柬两国人民的共同心声。抚今追昔，我们有理由相信，在中柬两国领导人的关怀和支持下，在两国各界人士的大力推动下，中柬友好必将世代相传，中柬关系必将迎来更加美好的明天。让我们并肩携手，共同努力，不断谱写中柬友好合作的新篇章，使中柬友好之花永远绽放在两国人民心中!

谢谢大家。

（新华社金边 12 月 4 日）

在会见欧美同学会·中国留学人员联谊会第六届理事会全体理事时的讲话（摘要）

（2008 年 12 月 9 日）

贾 庆 林

今年是改革开放 30 周年，也是邓小平同志关于扩大派遣出国留学人员重要讲话发表 30 周年。30 年来，在党和国家“支持留学，鼓励回国，来去自由”方针的正确指引下，出国归国留学人员成倍增加，为改革开放和现代化建设作出了突出贡献。广大留学人员是国家的宝贵财富，是推动我国经济社会发展和实现中华民族伟大复兴的一支重要力量。

尊重劳动、尊重知识、尊重人才、尊重创造是党和国家的一项重大方针。面对艰巨繁重的改革发展任务，面对日趋激烈的国际科技竞争，我们将始终坚持人才资源是第一资源的思想，坚持实施科教兴国战略和人才强国战略，注重引进人才、培养人才、用好人才，努力建设创新型国家，为全面建设小康社会提供强大的人才保证和智力支持。希望广大留学人员发扬留学报国的传统，以老一辈留学人员为榜样，高举爱国主义和社会主义旗帜，深入了解国情、民情，自觉把所学专长与我国实际相结合，为国家富强、民族振兴作出积极贡献；要按照推动科学发展的要求，自觉把个人抱负和全面建设小康社会的宏伟事业结合起来，积极投身改革开放和现代化建设，特别是要围绕妥善应对国际金融危机建言献策，为促进经济平稳较快发展、维护社会和谐稳定发挥积极作用；要勇担科技创新的责任，积极投身科技前沿领域，刻苦钻研，勇于进取，力争在各自的专业领域有更大的建树，为提高我国的自主创新能力、建设创新型国家建功立业。

欧美同学会·中国留学人员联谊会要充分发挥群众性、高知性、统战性的特点和优势，切实加强自身建设，提高服务水平，努力成为党和政府联系留学人员的桥梁和纽带，成为党和政府做好留学人员工作的助手，成为广大留学人员之家。各级党委和政府要高度重视留学人员工作，加强和改善对留学人员工作的领导，及时研究和解决重大问题。各级统战部门要把留学人员工作摆上重要议事日程，积极为做好留学人员工作创造良好条件。

（摘自《人民政协报》）

在会见中国国民党荣誉主席连战时的讲话（摘要）

（2008 年 12 月 19 日）

贾　庆　林

今年 5 月以来，两岸双方良性互动，推动两岸关系取得新进展，促进交流合作呈现新面貌，两岸关系开始步入和平发展的轨道。两岸双方应当紧紧抓住两岸关系发展难得的历史机遇，共同努力，再接再厉，保持两岸关系持续改善和发展的良好势头，进一步开创两岸关系和平发展新局面。

举办两岸经贸文化论坛，是落实“两岸和平发展共同愿景”的重要举措。前三届论坛都很成功，取得了积极成果。本届论坛参与人员更具代表性和权威性，所形成的结论对两岸双方制定相关政策也更具有参考作用，将产生更大的成效。在当前国际金融危机不断扩散和蔓延的背景下，举办本届论坛有利于进一步加强两岸交流合作，共同抵御国际金融危机对两岸经济的冲击，维护好两岸同胞的切身利益，为扩大和深化两岸经济交流合作，作出有益的贡献。

（摘自《人民政协报》）

担负历史使命　不断把统一战线事业推向前进

——在统一战线各界人士纪念中共十一届三中全会
召开三十周年座谈会上的讲话
（2008 年 12 月 19 日）

杜　青　林

今天，统一战线各界人士聚集一堂，隆重纪念中共十一届三中全会召开 30 周年。昨天，中共中央在人民大会堂隆重召开纪念大会，胡锦涛同志发表重要讲话，全面回顾了 30 年波澜壮阔的发展历程，深刻总结了改革开放极其丰富的实践经验，明确了继续推进改革开放和社会主义现代化建设的目标和方向。总书记的重要讲话充分体现了与时俱进、创新发展的时代要求，充分表达了中国共产党坚定不移走改革开放之路的坚强决心，充分反映了全国人民追求美好幸福生活的强烈意愿，对于鼓舞全党全国各族人民继续沿着十一届三中全会开辟的中国特色社会主义伟大道路，坚持改革开放、推动科学发展、促进社会和谐，为夺取全面建设小康社会新胜利而奋斗，具有重大而深远的意义。我们要认真学习领会胡锦涛同志的重要讲话精神，把思想和行动统一到中央的决策部署上来，走改革开放之路，献科学发展之计，做共建和谐之事，创民族复兴之伟业。

中共十一届三中全会召开以来的 30 年，是中国特色社会主义伟大事业阔步前进的 30 年，也是新时期爱国统一战线蓬勃发展的 30 年。30 年来，统一战线顺应时代要求不断壮大，紧紧围绕中心成就辉煌，不断上下求索开辟新路，为新世纪新阶段统一战线发展奠定了坚实基础。刚才，六位同志的发言，从不同角度总结了改革开放以来我国多党合作、民族宗教、新的社会阶层、港澳台海外统战工作等方面的理论和实践的新发展和新经验、统一战线纪念十一届三中全会召开 30 周年，就是要在回顾光辉历程中坚定理想信念，在总结成功经验中把握发展规律，在展望美好未来中担负历史使命，不断把统一战线事业推向前进。

一、新时期统一战线发生了深刻变化

中共十一届三中全会后，新时期爱国统一战线得到确立并不断发展壮大，呈现出鲜明的时代特征，发生了历史性变化。

1. 对统一战线地位作用的认识越来越深刻。对统一战线地位作用的认识问题，始终是关系统一战线事业发展的一个基本问题。毛泽东同志曾指出，统一战线、武装斗争、党的建设，是中国共产党在中国革命中战胜敌人的三大法宝。进入改革开放新时期，邓小平同志根据我国阶级关系的变化和工作重点的转移，及时指出："统一战线仍然是一个重要法宝，不是可以削弱，而是应该加强，不是可以缩小，而是应该扩大。"中共十三届四中全会后，江泽民同志针对改革开放进入发展社会主义市场经济的新形势和我国社会阶层结构的新变化，强调指出："统一战线作为党的一个重要法宝，绝不能丢掉；作为党的一个政治优势，绝不能削弱；作为党的一项长期方针，绝不能动摇。"中共十六大后，以胡锦涛同志为总书记的中共中央根据改革开放进入攻坚克难关键阶段的硬任务和全面建设小康社会的新要求，进一步强调："统一战线是我们党夺取革命、建设、改革事业胜利的重要法宝，是中国共产党执政兴国的重要法宝，是实现祖国完全统一和中华民族伟大复兴的重要法宝。"这一系列重要论述，使我们对统一战线重要地位的认识更加全面、深刻，为充分发挥统一战线作用创造了有利条件。

2. 统一战线的性质发生根本性变化。新民主主义革命时期和社会主义改造时期，统一战线始终是中国共产党领导的以工农联盟为基础的阶级联盟，主要是工人阶级、农民阶级、城市小资产阶级和民族资产阶级"四个阶级"的联盟。改革开放以后，随着对我国阶级状况和社会结构变化认识的深化，中国共产党提出新时期爱国统一战线是由全体社会主义劳动者、拥护社会主义的爱国者和拥护祖国统一的爱国者组成的政治联盟，现在进一步发展成为包括社会主义事业建设者在内的"四者"的政治联盟。这一性质的变化带有根本性，导致了统一战线范围、对象、任务、工作方式方法等的深刻变化。

3. 统一战线的工作范围不断扩大。改革开放以来，关于"拥护祖国统一爱国者"、"社会主义事业建设者"两个重要概念的提出，对新时期统一战线产生了极为深远的影响。"拥护祖国统一爱国者"的提出，使统一战线由大陆范围内扩展到大陆范围外，形成了两个范围的联盟；"社会主义事业建设者"的提出，使统一战线由体制内拓展到体制外。与此相适应，统一战线的工作范围不断扩大，由 1979 年的 8 个方面，发展为 1982 年的 10 个方面、2000 年的 12 个方面，目前已经包括 15 个方面。这充分体现了邓小平同志"宽有利，而不是窄有利"的思想，有利于形成全体中华儿女的大团结大联合。

4. 统一战线的主要任务发生战略性转移。统一战线历来是为实现党的中心任务服务的，其主要任务必须随着党的工作重心的转移而不断调整和变化。新民主主义革命时期，统一战线的主要任务是为推翻帝国主义、封建主义、官僚资本主义，建立人民民主专政的国家政权服务。社会主义改造时期，统一战线的主要任务是为顺利完成对农业、手工业和资本主义工商业的社会主义改造，实现由新民主主义向社会主义转变服务。改革开放以后，随着党和国家工作重心的转移，统一战线的主要任务也转移到为建设中国特色社会主义事业服务，为改革发展稳定和谐服务。这一转变带有根本性、战略性，推动了统一战线的工作理念、内容、手段和载体的巨大变化。

5. 统一战线的工作内容不断丰富。改革开放前，统一战线工作的重点是调整阶级关系，解决阶级矛盾，巩固阶级联盟。进入改革开放新时期，我国社会的主要矛盾已不再是阶级斗争，而是人民群众日益增长的物质文化生活需要同落后生产力之间的矛盾，大量的是人民内部的、非对抗性的、可以协调解决的矛盾。爱国统一战线的最大政治分野不再是阶级差别，而是爱国与否。统一战线的工作重点随之调整为：团结一切可以团结的力量，调动一切可以调动的积极因素，化消极因素为积极因素，为实现祖国统一和社会主义现代化而奋斗。具体来讲，就是要协调和处理好政党关系、民族关系、宗教关系、阶层关系和海内外同胞关系，形成共谋发展、共创和谐的强大合力。这一变化，使新时期统一战线在党和国家的地位和作用更加突出。

6. 统一战线的工作方式实现重大转变。随着计划经济向市场经济的转变的社会结构的调整，随着城市化、信息化的发展，统一战线的工作主体、方法手段、载体渠道都发生了重大变化，从主要由统战部门做向党政有关部门、社区、社团共同做转变，从政治领域向经济、科技、文化等领域拓展，从主要在大中城市开展逐步向小城镇延伸，从主要做“单位人”工作向同时做“社会人”工作方向发展。这种转变进一步拓宽了统战工作的视野，延伸了统战工作的手臂，完善了统战工作的手段。

随着改革开放以来统一战线发生的深刻变化，中国共产党着眼新的历史条件和时代发展潮流，与时俱进，开拓创新，提出一系列新时期爱国统一战线的新理论，强调统一战线是中国共产党执政兴国的重要法宝，基本特征是具有空前广泛性、巨大包容性、鲜明多样性和显著社会性，永恒主题是大团结大联合，根本任务是凝聚人心、汇聚力量，根本要求是坚持走中国特色社会主义政治发展道路，工作的基本内容是正确认识和处理我国社会政治方面的“五大关系”，实现可持续发展的基础是加强党外代表人士队伍建设，基本理念是求同存异、民主协商、和谐共赢等等。新时期统一战线的这些重要理论成为邓小平理论、“三个代表”重要思想和科学发展观的重要组成部分，成为指导新时期统一战线事业蓬勃发展的强大思想理论武器。

二、新时期统一战线为改革开放作出了重大贡献

新时期爱国统一战线在改革开放中形成、发展和壮大，同时也为推进改革开放和社会主义现代化建设，为实现祖国完全统一和中华民族伟大复兴，作出了历史性贡献。

1. 统一战线为改革开放凝聚了广泛的思想共识。改革开放是一项伟大的事业，也是一项全新的事业，必须形成广泛共识，凝聚强大力量。十一届三中全会以后，落实民族、宗教、知识分子、原工商业者和侨务等各项统战政策，极大地调动了统一战线广大成员投身改革开放和现代化建设的积极性、主动性和创造性。通过支持民主党派和有关人民团体实现工作重心转移，把智慧和力量凝聚到现代化建设上来。通过明确新的社会阶层人士是中国特色社会主义事业建设者，表彰先进典型，维护合法权益，引导健康发展，大大激发了他们创业发展的激情。通过深入细致、扎实有效的思想政治工作，求同存异、体谅包容，增进了社会各界人士的团结，形成了海内外中华儿女支持改革、促进开放、致力发展的良好局面。

2. 统一战线为改革开放提供了强大的智力支持。统一战线具有政治协商、参政议政的政治优势，群英荟萃、智力密集的人才优势，是促进科学决策、加强科技创新、推动改革开放不可或缺的重要智力资源。改革开放以来，各民主党派、工商联和无党派人士紧紧围绕事关经济社会发展的重大决策，围绕具有重大战略意义的建设项目，先后就三峡工程、京九铁路、浦东和沿海地区开发、西部大开发、青藏铁路、区域协调发展、应对金融危机等课题，深入考察调研，积极建言献策，为党和政府决策提供了重要参考。各民主党派、工商联和无党派人士深入贫困地区，积极开展智力扶贫、光彩事业、温暖工程，为贫困地区经济社会发展提供咨询服务，对下岗失业人员和农民进行技术培训，有力地推动了贫困地区的发展。广大党外知识分子立足本职岗位，加强技术攻关，在“863 计划”、计算机汉字激光照排、杂交水稻等诸多领域和项目中取得骄人成绩。广大非公有制经济人士等新的社会阶层人士，积极致力于技术创新、产品创新和管理创

新，大约有70%的技术创新，65%的国内发明专利和80%的新产品来自非公有制企业，极大地推动了科学技术向现实生产力的转变。

3. 统一战线为改革开放提供了重要的力量支持。我国的改革开放和现代化建设，是基于一个生产力相对落后、资金和技术相对短缺的社会状态，鼓励投资、吸引投资成为改革开放的当务之急。1979年1月，邓小平同志在会见荣毅仁等同志时，鼓励原工商业者“钱要用起来，人要用起来”。在党的政策号召下，广大非公有制经济人士积极行动起来，既成为改革开放的受益者，也成为改革开放的实践者和推动者。目前，广大新的社会阶层人士直接或间接地贡献着65%的GDP经济增长率和43%的税收，既为自身企业发展积累了雄厚实力，也为我国经济发展提供了重要基础。广大港澳同胞、台湾同胞和海外侨胞拥有大量的资金、先进的技术和管理经验，成为到祖国大陆投资的“先遣队”和“主力军”，为祖国大陆扩大招商引资、发展对外贸易立下了“汗马功劳”。目前，在我国累计批准设立的50多万家外商投资企业，华商企业约占70%；我国实际利用外商直接投资中，约有三分之二来自华商投资。

4. 统一战线为改革开放创造了良好的社会环境。稳定才能发展。长期以来，统一战线坚持发挥协调关系、化解矛盾、促进和谐的功能，积极协调和处理政党关系、民族关系、宗教关系、阶层关系和海内外同胞关系，充分调动积极因素，有效化解消极因素，促进了社会和谐，为改革开放增加了活力、形成了合力。坚持和完善共产党领导的多党合作和政治协商制度，不断扩大统一战线各界人士有序的政治参与，推动民主党派、工商联和无党派人士加强自身建设，搞好政治交接，坚决抵御西方多党制、议会制的渗透，维护了我国政局的稳定。坚持完善和落实民族宗教政策，妥善处理涉及民族、宗教因素的突发事件，引导新的社会阶层人士自觉履行社会责任，加强与港澳同胞、台湾同胞和海外侨胞的联系交流，促进社会各方面成员和睦相处、和衷共济，维护了我国社会的和谐稳定。

30年来，统一战线在继承中创新，在创新中发展，写下了辉煌灿烂的历史新篇章。30年的发展历程充分表明：坚持加强和改善党对统一战线的领导，是增强统一战线凝聚力和向心力的根本保证；坚持以中国特色社会主义理论体系为指导，是推动统一战线理论和实践创新发展的思想基础；坚持把发展作为第一要务，是实现统一战线广大成员团结奋斗的共同目标；坚持高举社会主义、爱国主义两面旗帜，是形成海内外中华儿女大团结大联合的关键所在；坚持尊重、维护和照顾同盟者利益，是巩固党与党外人士联盟的基本要求；坚持和而不同、求同存异的理念，是始终保持统一战线团结稳定、宽松和谐的重要条件。

30年统一战线发展，30年辉煌历史成就，离不开中共中央的坚强领导，离不开包括各党派、各团体、各阶层和各族各界在内广大统一战线成员的积极参与。在此，我代表中央统战部，向在座的各位，并通过你们向所有为统一战线事业作出贡献的同志们和朋友们，表示衷心的感谢！

三、以科学发展观为指导，努力开创新世纪新阶段统一战线工作新局面

30年统一战线的发展历程启示我们，解放思想无止境，改革创新无止境。我们要以纪念中共十一届三中全会召开30周年为契机，认真学习贯彻胡锦涛同志在纪念大会

上的重要讲话精神，按照科学发展观的要求，以更加宽广的视野、更加开阔的思路、更加开放的胸襟，推动统一战线在改革开放的大道上，开辟自身科学发展的新境界，创造服务科学发展的新业绩。

1. 坚持解放思想，探索统战工作新思路。解放思想是我们适应新形势、应对新挑战、完成新任务的根本思想武器。胡锦涛同志在纪念大会上指出："必须坚持马克思主义基本原理同推动马克思主义中国化结合起来，解放思想、实事求是、与时俱进，以实践基础上的理论创新为改革开放提供理论指导。"统一战线要永葆生机和活力，就必须勇于探索、开拓创新，使工作不断有所突破、有所创造、有所发展。要坚持把统一战线广大成员在各个领域的生动实践作为创新的源泉，自觉摒弃那些与时代要求不适应的思想观念、思维定式，不断推进理论创新、政策创新、工作创新；要坚持以反映时代特征和实践要求的科学理论指导实践，研究新情况、提出新见解、开创新局面，努力形成统一战线服务科学发展的新思路、新载体、新方式，形成统一战线自身科学发展的新思维、新机制、新举措。

2. 坚持以人为本，把握统战工作新理念。坚持以人为本，在任何时候都是统一战线工作的出发点和落脚点。尊重、维护和照顾同盟者的利益，是统一战线坚持以人为本、贯彻落实科学发展观的必然要求。坚持以人为本，切实解决人民最关心最直接现实利益问题。要把以人为本熔铸为统战工作的基本理念，落实到制定政策和开展工作中去，落实到广大干部的思想和行动中去。要切实照顾同盟者利益，充分调动各党派、各阶层、各群体和各界人士的积极性和创造性，为改革开放提供更加广泛的力量支持。要真心实意地为统一战线成员办实事、做好事、解难事，从他们最关注的事情做起，从他们最需要的事情办起，从他们最不满意的事情改起，切实增强党的凝聚力。要为统一战线成员发挥作用创造条件、搭设舞台，充分激发他们的创造热情，积极投身中国特色社会主义伟大事业。

3. 坚持改革创新，健全统战工作新机制。把改革创新的着眼点放在完善体制机制上，切实解决工作中出现的新矛盾新问题，增强工作的实效性，是当前统战工作的着力点。我们要始终坚持改革开放的正确方向，着力构建充满活力、富有效率、有利于科学发展的机制体制。要建立健全统战工作协调机制，巩固和发展党委统一领导、统战部牵头协调、系统各单位分工负责、党委政府有关部门大力支持、社会各方面积极参与的良好局面，实现统战资源的有效整合和优化配置。要完善宗教、港澳、对台和涉藏等工作协调机制，调动各方力量，整合各方资源，形成中央与地方统合、统战部门与有关部门联合、民主党派及有关人民团体配合的良好局面。要建立健全管理机制，完善目标管理考核体系，强化激励措施，为贯彻落实科学发展观奠定坚实的基础。要建立健全工作运行机制，科学布局、合理安排各项工作，使各个环节紧密衔接、各项要素相互配合，不断提高统一战线服务科学发展、实现自身科学发展的能力。

4. 坚持统筹兼顾，开创统战工作新局面。统战工作涉及政党、民族、宗教、阶层、港澳台和海外等多个领域，大陆、港澳台、海外等多个范围，尤其需要统筹规划、相互协调、全面推进。要坚持着眼全局，把统一战线事业放到党和国家事业的大局中去思考，把统一战线各项工作放到时代发展要求的高度来谋划，自觉做到在围绕中心中定位，在服务大局中尽责。要坚持统筹协调，把握平衡，在事物的普遍发展中形成有利于突破主要矛盾和矛盾主要方面的合力，不断推动经济社会向前发展。要坚持兼顾各方，在政策制定、指导工作和任务部署上，既充分考虑各地统战资源和工作基础，又结合不同领域与不同工作的具体情况和统一战线广大成员的不同需要，努力实现全面发展。要坚持把握重点，学会“牵牛鼻子”，善于抓住主要矛盾和矛盾的主要方面，以重点问题的突破和难点问题的解决推动全局工作的开展，努力推动统一战线各项工作迈上新台阶。

同志们、朋友们，回顾统一战线光辉历程给我们无穷动力，总结统一战线成功经验给我们深刻启迪，展望统一战线美好未来给我们极大信心。让我们在以胡锦涛同志为总书记的党中央正确领导下，以邓小平理论和“三个代表”重要思想为指导，深入贯彻落实科学发展观，团结奋斗，锐意进取，不断巩固壮大新世纪新阶段爱国统一战线，为全面建设小康社会、实现中华民族伟大复兴，作出新的更大的贡献！

（选自《人民政协报》）

把握两岸关系发展历史机遇全面深化两岸经济交流合作

——在第四届两岸经贸文化论坛开幕式上的讲话（摘要）

（2008年12月20日）

贾 庆 林

今年3月下旬，台湾局势发生了重大的积极变化，两岸关系出现了历史性转机。5月以来，两岸双方秉持建立互信、搁置争议、求同存异、共创双赢的精神，相互释放善意，妥善处理了一些敏感问题，推动两岸关系步入和平发展的轨道。两岸在“九二共识”基础上恢复制度化协商，迈出了新形势下两岸关系改善和发展的重要一步。两岸周末包机、大陆居民赴台旅游如期实施，推动两岸直接通航和人员往来实现重大突破。海协会协商代表团首次访问台湾取得成功，同海基会共同签订两岸空运直航、海运直航、邮政合作、食品安全等四项协议，实现了两岸同胞期盼已久的直接通邮、通航，掀开了两岸关系发展的新篇章。在新形势下，两岸同胞对改善两岸关系、促进交流合作的愿望更加强烈，对两岸关系和平发展更加充满信心。我们将继续牢牢把握两岸关系和平发展的主题，再接再厉，不断开创两岸关系和平发展新局面，为两岸同胞谋福祉，为台海地区谋和平。

长期以来，两岸经济交流合作从无到有，由小到大，不断发展，已经具有相当规模。两岸经济联系日益紧密，基本形成互补互利的局面。广大台商积极推动两岸经济交流合作，成为促进两岸关系稳定发展的重要力量。在两岸经济交流合作蓬勃发展的进程中，我们获得了许多重要启示，积累了不少有益经验，这就是：两岸同胞血脉相连是两岸经济交流合作的天然纽带，互利共赢是两岸经济交流合作的重要目的，积极的政策措施是两岸经济交流合作的有力保证，台海和平稳定是两岸经济交流合作的必要条件，大陆经济持续快速发展是两岸经济交流合作的强劲动力。

当前两岸经济关系发展正处在新的历史起点上，面临着难得的历史机遇。同时，两岸经济发展都面临着国际经济金融形势复杂变化带来的严峻挑战。两岸双方必须牢牢把握和切实用好两岸关系发展难得的历史机遇，自觉顺应两岸同胞的愿望和要求，积极抓住有利因素，努力化解不利因素，全面扩大和深化两岸经济交流合作，促进两岸经济发展，更好地造福两岸同胞。

一是积极开展合作，共同应对国际金融危机的冲击。“兄弟同心，其利断金”。两岸同胞应相互扶助，加强互惠互利的经济合作，共同应对国际金融危机，稳定经济，改善民生。如果世界经济形势持续恶化，台湾方面提出缓解经济困难的要求，大陆方面愿意尽最大努力，提供协助。

二是积极促进协商，推动两岸金融业合作取得实质进展。两岸双方应迅速采取实际措施，着力扩大两岸金融合作，增强两岸经济活力。有必要就建立两岸银行业、证券业、保险业监管合作机制和货币清算机制尽快进行商谈，争取尽早签署相关协议，解决两岸金融机构互设分支机构的问题；积极推动两岸金融业者开展交流，通过适当途径加强信息沟通、监管合作与业务往来，增强防范金融风险能力；改善大陆台资企业特别是中小企业的融资环境，帮助台资企业转型升级。

三是积极采取措施，拓展两岸产业合作的层次和领域。要着力提高两岸工业、农业合作的层次，支持台资传统产业转型升级，进一步推动两岸农业合作，继续充实惠及台湾农民的政策措施。要积极推动两岸产业界建立优势互补的合作机制，逐步形成合理的产业分工合作布局。要加强两岸高新技术、基础科学等方面的交流合作，创立共同的技术标准、知识产权和品牌，加快科研成果产业化进程。要鼓励两岸相关企业携手合作，共同开发油气资源。要加强两岸服务业领域的合作。

四是积极创造条件，加快实现两岸经济关系正常化。两岸双方应继续共同努力，加快推动两岸经济关系正常化，实现两岸资金、信息、技术等生产要素的正常流动。我们支持大陆企业赴台投资，希望台湾方面为大陆企业赴台投资创造必要的条件。大陆有实力的企业和资本可以根据台湾方面的需要，积极参与台湾的经济建设项目。两岸可就市场开放和弱势产业保护问题进行协商，妥善规范投资秩序和市场环境。

五是积极进行探讨，及早建立两岸经济合作机制。建立两岸经济合作机制，要从两岸实行不同经济制度和体制的实际出发，考虑两岸资源禀赋、经济规模、产业结构、市场容量等方面的差异；要遵循双向互惠、共同繁荣的原则和先易后难、逐步推进的步骤，确立正确的发展目标，制定具体的方法步骤。对台湾方面关于商签两岸综合经济合作协议的设想，我们十分重视，也愿予以认真研究。

回首非同寻常的岁月，我们为两岸关系取得重大进展倍感鼓舞；展望催人奋进的征程，我们对两岸关系发展的光明前景充满信心。让我们团结一心，通力合作，坚定不移地沿着两岸关系和平发展的康庄大道向前迈进，努力开创两岸大交流、大合作的新局面，为实现中华民族的伟大复兴共同奋斗！

（摘自《人民政协报》）

在第四届两岸经贸文化论坛闭幕式上的讲话(摘要)

（2008 年 12 月 21 日）

贾　庆　林

本届论坛是在两岸关系开始步入和平发展轨道的新形势下，国共两党、两岸各界进一步深化交流的一次盛会。论坛形成了许多新的共识，提出了非常重要的 9 条“共同建议”，反映了两岸各界的共同期待，对两岸有关方面制定相关政策将具有重要参考作用。大陆有关方面就加强两岸合作、共同应对国际金融危机出台的 10 项政策措施，充分体现了我们致力于为台湾同胞谋福祉的决心和诚意。论坛的成功举办表明，国共两党搭建的交流对话平台，进一步促进了两岸双方和社会各界的交流沟通，在两岸关系发展进程中具有不可或缺的重要作用。希望两岸双方共同努力，进一步完善促进两岸产业合作、金融与服务业合作以及建立经济交流制度化安排的规划和措施，以推动两岸经济议题协商取得实质进展，加快实现两岸经济关系正常化，造福两岸同胞。希望国共两党、两岸各界共同努力，把两岸经贸文化论坛继续办下去，而且越办越好。

新的时代赋予国共两党、两岸同胞新的使命。两岸关系的前途掌握在两岸同胞自己手中。让我们携起手来，共同努力，为不断扩大和深化两岸经济交流合作，为不断开创两岸关系和平发展新局面，为实现中华民族伟大复兴，作出新的更大贡献。

（摘自《人民政协报》）

深入把握改革开放 30 年统一战线基本经验
不断巩固和壮大新世纪新阶段爱国统一战线

——在全国统战部长会议上的讲话（摘要）

（2008 年 12 月）

贾　庆　林

2008 年在党和国家发展进程中是很不寻常、很不平凡的一年。一年来，在以胡锦涛同志为总书记的党中央坚强领导下，各级统战部门和广大统战干部面对大事要事难事，用心用力用智慧，攻坚克难、无私奉献，取得了显著成绩。我代表党中央向广大统战干部和统一战线各界人士，表示衷心的感谢和亲切的问候。

改革开放 30 年，是中国特色社会主义事业蓬勃发展的 30 年，也是新时期爱国统一战线不断巩固壮大的 30 年。要深入把握统一战线改革开放 30 年的宝贵经验：必须坚持中国共产党的领导，确保统一战线正确的政治方向；必须坚持中国特色社会主义理论体系，巩固统一战线广大成员团结奋斗的共同思想政治基础；必须坚持把促进科学发展作为第一要务，充分发挥统一战线的独特优势和作用；必须坚持高举爱国主义、社会主义旗帜，形成海内外中华儿女的大团结大联合；必须坚持尊重、维护和照顾同盟者利益，不断巩固党与党外人士联盟；必须坚持和而不同、求同存异的理念，始终保持统一战线宽松稳定、团结和谐的良好氛围。

在当前形势下，要把深入贯彻落实科学发展观，积极为促进经济平稳较快发展、维护社会和谐稳定作贡献，作为统一战线工作的重中之重。要切实把统一战线广大成员的思想认识统一到中央决策和部署上来，增强战胜困难的信心和决心，调动一切有利于科学发展的积极因素，同党和政府同心同德、和衷共济，继续推进全面建设小康社会进程；要充分发挥统一战线成员涉及面广、联系渠道多的优势，围绕妥善应对国际金融危机、保持经济平稳较快发展中的重大问题积极建言献策；要支持帮助非公有制经济人士在应对国际金融危机、保持经济平稳较快发展中充分发挥作用；要组织统一战线广大成员不断增强为推进农村改革发展服务的责任感，为不断完善和落实农村改革发展的政策措施服务。要切实增强责任感和使命感，积极做好协调关系、化解矛盾的工作，全力维护我国社会稳定大局。

各级党委要切实加强和改善党对统一战线工作的领导，巩固发展全党重视、全社会支持统战工作的局面。各级统战部门要扎实开展学习实践科学发展观活动，进一步提高统一战线服务科学发展和实现自身科学发展的能力和水平。

（摘自《人民政协报》）

在“保增长扩内需调结构与文化创意产业发展”高峰论坛上的讲话（摘要）

（2008 年 12 月）

张　梅　颖

经济转型必须依靠扩大内需。政府要尽快建立健全社会保障制度，真正解除城乡居民在贫困、疾病、养老等方面的后顾之忧，使其普遍有稳定、安全的预期，促使城乡居民敢于消费、理性消费，进而改善生活、提高生活质量。同时，要尽快提高居民收入占国民收入的比重和劳动所得在初次分配中的比重，让劳动者劳有所得、劳有所值。要妥善处理应对当前危机与推进经济发展战略转型的关系，妥善处理政府干预与市场机制的关系，注重经济增长与社会事业的协调发展。

“保增长扩内需调结构与文化创意产业发展”是一个意义重大的问题，既关系到当前国民经济平稳较快发展的现实紧迫性，又涉及社会主义经济、政治、文化、社会以及生态文明建设总体布局的长远战略性。在国际金融危机尚未见底的特殊时期，要登高望远，积极作为，善于在危机中捕捉商机，在逆境中寻找市场；重视文化软实力对国家发展的促进作用，培育新的长期稳定的经济增长点；应该看到发展文化创意产业的历史机遇和这一“软实力”对提升国家综合实力的巨大作用，抓住机遇，形成有核心竞争力、有自主知识产权、有自主品牌的文化创意产业。

（摘自《人民政协报》）

决 议、决 定

关于召开中国人民政治协商会议第十一届全国委员会第一次会议的决定

（2008 年 1 月 25 日政协第十届全国委员会常务委员会第二十次会议通过）

中国人民政治协商会议第十届全国委员会常务委员会第二十次会议决定：中国人民政治协商会议第十一届全国委员会第一次会议于 2008 年 3 月 3 日在北京召开。建议会议的主要议程是：听取和审议中国人民政治协商会议全国委员会常务委员会工作报告和关于提案工作情况的报告；选举中国人民政治协商会议第十一届全国委员会主席、副主席、秘书长和常务委员；列席中华人民共和国第十一届全国人民代表大会第一次会议，听取并讨论政府工作报告及其他有关报告。

中国人民政治协商会议第十一届全国委员会第一次会议政治决议

（2008 年 3 月 14 日政协第十一届全国委员会第一次会议通过）

中国人民政治协商会议第十一届全国委员会第一次会议，于 2008 年 3 月 3 日至 14 日在北京举行。

会议听取并赞同温家宝总理代表国务院所作的政府工作报告，赞同《国务院机构改革方案（草案）》，赞同最高人民法院工作报告、最高人民检察院工作报告以及其他报告。会议批准贾庆林同志代表政协第十届全国委员会常务委员会所作的工作报告和张梅颖同志代表政协第十届全国委员会常务委员会所作的提案工作情况的报告。

会议认为，过去的五年是不平凡的五年。面对复杂多变的国际环境和艰巨繁重的改革发展任务，以胡锦涛同志为总书记的中共中央团结带领全国各族人民，高举邓小平理论和“三个代表”重要思想伟大旗帜，提出和贯彻落实科学发展观，战胜各种困难和风险，奋力推进改革开放和现代化建设，开创了中国特色社会主义事业新局面，开拓了马克思主义中国化新境界。委员们为过去五年我国取得的辉煌成就感到无比振奋。

会议认为，中国共产党第十七次全国代表大会高举中国特色社会主义伟大旗帜，描绘了在新的时代条件下继续全面建设小康社会的宏伟蓝图，开启了在新的历史起点上继续推进改革开放和社会主义现代化建设的新征程。人民政协的各级组织、各参加单位和广大委员要更加深入地学习贯彻中共十七大精神，进一步增强高举中国特色社会主义伟大旗帜的自觉性和坚定性，坚持中国特色社会主义道路不动摇，坚持中国特色社会主义理论体系不动摇。要深刻理解科学发展观的科学内涵、精神实质、根本要求，坚定不移地走科学发展道路，发挥协调关系、汇聚力量、建言献策、服务大局的重要作用，为实现全面建设小康社会的宏伟目标而不懈奋斗。

会议认为，人民民主是社会主义的生命，发展社会主义民主政治是我们始终不渝的奋斗目标。必须更高地举起人民民主的旗帜，切实保证国家一切权力属于人民；必须始终坚持中国共产党的领导、人民当家作主、依法治国有机统一，坚定不移地走中国特色社会主义政治发展道路；必须深化政治体制改革，不断适应我国经济社会发展的新形势和保障人民民主权利、维护社会公平正义的新要求。人民政协是中国特色社会主义民主政治的伟大创造，是实现人民民主的重要政治形式和组织形式，在推进中国共产党领导的多党合作事业、巩固和壮大爱国统一战线、扩大公民有序政治参与、凝聚全社会智慧和力量等方面具有独特的优势。要深刻认识加强和改进政协工作对于发展社会主义民主政治的重要作用，切实加强政治协商、民主监督、参政议政的制度建设，推动政治协商纳入决策程序，完善民主监督机制，提高参政议政实效，为深化政治体制改革、推进社会主义政治制度自我完善和发展作出新的更大贡献。

会议就国家经济社会发展中的重要问题和人民群众普遍关心的问题，进行了讨论协商。委员们强调，要科学把握宏观调控的节奏和力度，有效防止经济增长由偏快转为过热、防止价格由结构性上涨演变为明显通货膨胀，保持经济平稳较快发展。加大强农惠农政策力度，发展现代农业，增加农业投入，严格保护耕地，全面提高粮食综合生产能力和供给保障能力，确保国家粮食安全。要更加重视改善民生，切实解决好教育、就业、社会保障、公共医疗卫生服务、住房保障、环境保护等涉及人民群众切身利益的问题，把更多财政资金投向公共服务领域，把更多资源投向公共服务薄弱的农村、基层、欠发达地区和城乡困难群众，千方百计增加城乡居民收入，努力使全体人民学有所教、劳有所得、病有所医、老有所养、住有所居，形成社会和谐人人有责、和谐社会人人共享的生动局面。要努力推进社会主义核心价值体系建设，深入进行社会主义荣辱观教育，推动文化创新，保障人民基本文化权益，满足人民日益增长的、多样的文化需求；抓住举办北京奥运会和残奥会等有利时机，充分展示中华民族的璀璨文化和中国人民的时代风貌。要深刻总结抗击低温雨雪冰冻灾害斗争经验，完善应急管理体制机制，切实提高防灾减灾能力。要精心组织实施《国务院机构改革方案》，深化行政管理体制改革，建设人民满意的政府。人民政协要把推动这些问题的解决作为履行职能的重点，积极建真言、献良策。

会议指出，今年是改革开放 30 周年。要广泛宣传改革开放取得的伟大成就，认真总结改革开放的成功经验，深刻领会改革开放是决定当代中国命运的关键抉择，是发展中国特色社会主义、实现中华民族伟大复兴的必由之路，深刻领会只有改革开放才能发展中国、发展社会主义、发展马克思主义，才能切实促进社会公平正义、实现人的全面发展，进一步坚定坚持中国特色社会主义道路、坚持中国特色社会主义理论体系的信心和决心，奋力开拓中国特色社会主义更为广阔的发展前景。要认真总结人民政协伴随改革开放伟大事业一道前进的光辉历程，最大限度地激发参加人民政协的各党派团体和各族各界人士投身改革开放的积极性、主动性、创造性，在改革开放的伟大进程中推动人民政协事业蓬勃发展。

会议指出，胡锦涛总书记在看望参加本次会议的民革、台盟、台联委员时就发展两岸关系发表的重要讲话，对于切实做好新形势下的对台工作具有重要指导意义。参加人民政协的各党派团体和各族各界人士坚决拥护“和平统一、一国两制”的基本方针和新形势下发展两岸关系、推进祖国和平统一进程的八项主张，坚决拥护新形势下发展两岸关系的四点意见，牢牢把握两岸关系和平发展的主题，坚决反对和遏制“台独”分裂活动，为两岸同胞谋福祉，为台海地区谋和平。要继续促进两岸人员往来和经济文化交流，继续推动两岸直接“三通”进程，继续努力争取恢复和进行两岸协商谈判。要广泛团结海内外中华儿女，为开创两岸关系和平发展新局面、促进中华民族伟大复兴贡献力量。

会议认为，香港、澳门回归以来的事实充分证明，“一国两制”、“港人治港”、“澳人治澳”、高度自治的方针是完全正确的，香港同胞、澳门同胞完全有智慧有能力管理好、建设好香港、澳门，伟大祖国永远是香港、澳门繁荣稳定的坚强后盾。港澳地区全国政协委员要同广大港澳同胞一道，发扬爱国爱港、爱国爱澳的优良传统，全面准确地理解和贯彻执行“一国两制”方针，严格按照特别行政区基本法办事，全力支持特别行政区行政长官和政府依法施政，集中精力发展经济，切实有效改善民生，循序渐进推进民主，包容共济促进和谐，实现香港、澳门长期繁荣稳定，努力创造香港、澳门更加美好的明天。

会议指出，人民政协要继续肩负起时代赋予的使命，必须继承和发扬历届政协的优良传统，坚持中国共产党的领导，坚持团结和民主两大主题，坚持把促进发展作为履行职能的第一要务，坚持把实现好、维护好、发展好最广大人民的根本利益作为工作的出发点和落脚点，坚持推进履行职能的制度化、规范化、程序化，坚持全面加强自身建设，在推动国家各项事业的发展中创造新的辉煌。广大政协委员要珍惜崇高荣誉，常怀爱民之心，常谋富民之策，常为利民之举，努力在人民政协这个大舞台上创造出无愧于时代、无愧于人民的新业绩。

会议号召，人民政协的各级组织、各参加单位和广大委员，紧密团结在以胡锦涛同志为总书记的中共中央周围，高举中国特色社会主义伟大旗帜，以邓小平理论和“三个代表”重要思想为指导，深入贯彻落实科学发展观，锐意进取、开拓创新，为夺取全面建设小康社会新胜利、谱写人民美好生活新篇章而努力奋斗！

全国政协十一届一次会议关于政协第十届全国委员会常务委员会工作报告的决议

（2008年3月14日政协第十一届全国委员会第一次会议通过

中国人民政治协商会议第十一届全国委员会第一次会议，批准贾庆林同志代表政协第十届全国委员会常务委员会所作的工作报告。

全国政协十一届一次会议提案审查委员会关于政协十一届一次会议提案审查情况的报告

（2008年3月14日政协第十一届全国委员会第一次会议通过

政协第十一届全国委员会第一次会议期间，政协委员、各民主党派中央和全国工商联、有关人民团体，认真贯彻中共十七大精神，高举中国特色社会主义伟大旗帜，围绕国家中心工作以及人民群众普遍关注的热点问题，以高度的政治责任感和使命感，认真履行职能，积极通过提案建言献策。截至2008年3月9日下午2时，提案审查委员会共收到提案4772件，参与提案的委员1992人，占委员总数的89.14％。经审查，立案4526件；作为委员来信转送有关部门研究处理的191件；与提案者磋商后并案、撤案的55件。需要及时处理的已送交有关部门。在立案的提案中，委员提案4254件，各民主党派中央和全国工商联提案223件，有关人民团体提案4件，界别、小组提案45件。按类别分，有关经济建设方面的提案1863件，占41.16％；教科文卫体方面的提案1405件，占31.04％；政治法律和社会保障等方面的提案1258件，占27.80％。

本次会议提案整体质量较高，反映了委员们较强的参政议政能力。提案选题注重围绕中心工作与发挥提案者自身优势相结合，反映情况注重与调查研究相结合，提出建议注重与客观现实相结合。

本次会议提案内容十分丰富，涉及经济建设、政治建设、文化建设、社会建设各个方面。主要有：加强和改善宏观调控，促进经济平稳较快发展；增加有效供给和抑制不合理需求，防止价格总水平过快上涨；加强农业基础建设，促进农业发展和农民增收；推进经济结构调整，转变发展方式；提高自主创新能力，推进国家创新体系建设；实施区域发展总体战略，推动区域协调发展；加强能源资源节约和生态环境保护，增强可持续发展能力；健全产品质量安全监管体系，做好产品质量安全工作；推进国有企业改革，落实鼓励、支持和引导个体私营等非公有制经济发展的各项政策；深化财税体制改革，加快公共财政体系建设；加快金融体制改革，加强金融监管；拓展对外开放广度和深度，提高开放型经济水平；优先发展教育，优化教育结构；推进医药卫生事业改革和发展，提高全民健康水平；贯彻执行就业促进法和劳动合同法，努力扩大就业；深化收入分配制度改革，增加城乡居民收入；加快完善覆盖城乡居民的社会保障体系，保障人民基本生活；建立住房保障体系，推进住房改革和建设；加强应急体系和机制建设，提高抗灾救灾能力；深化文化体制改革，推动文化大发展大繁荣；扎实做好奥运会、残奥会各项筹办和组织工作，确保成功举办；加强社会主义民主法制建设，促进社会公平正义；加快行政管理体制改革，建设服务型政府；贯彻落实民族、宗教、侨务政策，促进民族关系、宗教关系、海内外同胞关系的和谐；加强内地与香港、澳门交流合作，实现优势互补、共同发展；反对“台独”分裂活动，推进祖国和平统一进程。

会议期间，委员们高度重视人民最关心、最直接、最现实的利益问题，积极提出政策建议。据初步统计，关于“三农”方面的提案509件，医疗卫生方面的提案389件，教育方面的提案310件，资源和环境保护方面的提案177件，就业和社会保障方面的提案287件，食品药品安全方面的提案193件，住房方面的提案139件。

会议期间，提案审查委员会就促进生态文明建设改善城乡人居环境、加快公共卫生服务体系建设方面的提案，以及京剧进中小学课堂试点工作，召开了三次办理协商会，邀请国家发改委、财政部、卫生部、教育部等18个部委的有关负责同志，与提出提案的民主党派中央、政协委员当面沟通情况，交换意见，共商解决问题的措施。

大会闭幕后，定于3月20日召开全国政协十一届一次会议提案交办会，将大会提案送交154个承办单位办理。

本次大会提案截止日期以后收到的提案，将及时审查立案，送交有关单位办理。

中国人民政治协商会议第十一届全国委员会常务委员会关于设置专门委员会的决定

（2008年3月15日政协第十一届全国委员会常务委员会第一次会议通过）

根据《中国人民政治协商会议章程》第三十九条“中国人民政治协商会议全国委员会根据工作需要，设立若干专门委员会及其他工作机构，由常务委员会决定”的规定，中国人民政治协商会议第十一届全国委员会设置以下九个专门委员会：提案委员会、经济委员会、人口资源环境委员会、教科文卫体委员会、社会和法制委员会、民族和宗教委员会、港澳台侨委员会、外事委员会、文史和学习委员会。

制　度　建　设

全国政协关于加强和改进专题调研工作的意见

专题调研工作在人民政协履行职能中发挥着重要作用。随着人民政协事业的发展，专题调研工作经过不断探索和创新，已经成为推动和活跃政协全局工作的重要基础。在新形势下，人民政协要认真贯彻中共十七大精神，按照《中共中央关于加强人民政协工作的意见》要求，进一步加强和改进专题调研工作。

一、充分认识政协专题调研工作的重要地位和作用

专题调研是政协履行职能的基础环节，是调动委员积极性的有效形式，是活跃政协工作的重要途径。专题调研以专门委员会为依托，以课题为纽带，能够将各民主党派、人民团体和界别的力量联合起来，把委员的积极性调动起来，把各方面的智慧凝聚起来，围绕党和国家的中心工作，有重点地开展专项调查研究，进行充分论证，形成意见建议，为政协履行职能提供坚实的基础和保证条件。在此过程中，反映社情民意，促进建言立论，努力实现在促进团结基础上的体谅包容，在发扬民主氛围中扩大共识，使得政协全局工作更加活跃，更加富有成效。

搞好专题调研，有利于坚持团结和民主两大主题，有利于发挥政协的特点和优势，有利于促进党和国家的科学民主决策。专题调研以课题带动所形成的广泛联系和凝聚作用，有利于形成宽松包容的民主氛围，综合体现人民政协所具有的统一战线性质，促进大团结、大联合。专题调研在选题上的协商沟通，在组织上的联合协作，既能反映多数人的普遍愿望，也能吸纳少数人的合理主张，能够充分体现人民政协的特点和优势。在专题调研的基础上，形成更加切合实际的建言献策意见，可以为党和国家的科学民主决策提供重要的参考依据。

二、按照围绕中心、服务大局的要求开展专题调研

紧密围绕党和国家中心任务确定政协专题调研工作思路。要以邓小平理论和“三个代表”重要思想为指导，深入贯彻落实科学发展观，按照中共十七大提出的实现全面建设小康社会奋斗目标的新要求，选择党和政府重视、人民群众关心、政协有条件做好的题目，特别是一些综合性、全局性、前瞻性的重大问题，精心组织力量，深入开展调研，反复论证，不断提高专题调研的质量和水平。

坚持科学发展观，把握大局，努力为促进经济社会发展服务。要把促进发展作为政协专题调研工作的第一要务，通过专题调研，凝聚社会各方面智慧，为促进经济又好又快发展和社会事业全面进步建言献策。要把以人为本、关注民生作为专题调研工作的重要着力点，积极协助党和政府解决问题、化解矛盾，让广大人民群众共享改革发展的成果。要着眼于发挥人民政协在构建社会主义和谐社会中的重要作用，以专题调研为纽带，加强同各党派、团体和各族各界人士的联系，不断促进政党关系、民族关系、宗教关系、阶层关系、海内外同胞关系的和谐。

三、坚持深入调查、认真研究，提高专题调研质量

大力弘扬求真务实精神，坚持深入实际、深入基层、深入群众。要认真调查经济社会发展中存在的问题，仔细了解党和政府决策的执行情况，切实反映人民群众的意愿和呼声。调研过程中要组织精干队伍，注意轻车简从。既要听取政府和有关部门的工作介绍，也要向基层干部群众了解更多的实际情况。要切实发挥委员的主体作用，多吸收在基层和第一线工作的委员参加调研，充分吸纳他们的意见和建议。要注意突出界别特点，把专题调研和界别活动有机结合起来，集中反映界别群众的愿望和诉求。

认真研究，注重分析，献真言，谋良策，出实招。要切实防止重“调”轻“研”的倾向。对调查获得的有关材料和情况，要充分发挥政协人才荟萃、地位超脱的优势，通过理论论证、对策研究或比较研究，集思广益，敢于谏言，提出合理中肯的对策和建议。可采取研讨会、座谈会、论坛等形式，以委员为主体，邀请专家学者及政府部门的有关人士，深入研讨，凝聚智慧。通过问卷方式和互联网等手段，征求更多委员的意见和建议，不断丰富调研成果，努力提高建言献策的质量。

四、积极探索建立规范有序的专题调研工作机制

探索建立专题调研的选题机制。要在认真总结专题调研成功经验的基础上，进一步明确和规范选题程序与步骤。要将专题调研题目与政协全体会议、常委会议、专题协商会议的议题相衔接，与提案和大会发言中的重要题目相结合，充分发扬民主，集思广益，在专门委员会反复酝酿论证的基础上，积极探索建立与党和政府有关部门在选题方面的协商制度、与地方政协的沟通制度，不断增强选题工作的科学性。

探索建立专题调研的协作机制。以课题为纽带，探索建立专门委员会主任联席会议制度和主席会议成员分工联系专题调研的制度，促进专门委员会之间、专门委员会与政协办公厅之间的协调配合，加强专门委员会与党派、团体、界别及政府有关部门和地方政协的合作，努力形成专题调研工作的整体合力。

探索建立专题调研的成果转化机制。要加强与党政机关的沟通和联系，对反映和报送的意见建议被采纳情况进行及时跟踪，还可根据需要组织跟踪调研，积极促进成果转化。要把专题调研工作与提案、大会发言、反映社情民意、新闻宣传等工作结合起来，根据调研成果的不同特点和实际需要，以适当形式反映或报送。对有些一时未获采纳的调研成果，可以结集汇编，建言立论，分送有关单位研究参考，扩大调研成果的社会影响。

五、加强专题调研工作的统筹协调和服务保障

加强常委会、主席会议对专题调研工作的领导。重视专题调研对政协全局工作的推动作用，把专题调研工作列入常委会、主席会议的重要议事日程。常委会和主席会议统筹规划专题调研工作，确定年度重点专题调研题目，适时听取专题调研工作汇报，促进专题调研工作不断改进与加强。鼓励对专题调研工作的内容、形式、机制进行有益探索与创新。

加强办公厅对专题调研工作的保障与服务。办公厅要依据常委会和主席会议审议通过的年度重点专题，协调各专门委员会的专题调研工作。要根据专题调研工作不断创新的需要，建立相应的组织和经费等保障机制，确保专题调研工作顺利进行。

加强专门委员会的自身建设。精心选配经验丰富、学识渊博、参政议政热情高的委员担任专门委员会委员。充分发挥专门委员会主任会议的集体领导作用、专题组长的骨干带动作用和办公室的参谋助手作用。重视和加强专门委员会办公室建设，根据实际工作需要，适当调整和充实办公室工作人员，关心工作人员的全面成长，努力造就一支政治坚定、作风优良、学识丰富、业务熟练的专题调研工作队伍。

重要会议、活动

新年茶话会 2008 年 1 月 1 日在北京全国政协礼堂三楼大厅举行。胡锦涛、吴邦国、温家宝、贾庆林、李长春、习近平、李克强、贺国强、周永康等党和国家领导人同各民主党派中央、全国工商联领导人和无党派人士出席了茶话会。茶话会由中共中央政治局常委、全国政协主席贾庆林主持。

中共中央总书记、国家主席、中央军委主席胡锦涛发表了重要讲话。胡锦涛代表中共中央、国务院和中央军委，向各民主党派、工商联和无党派人士、各人民团体，向全国广大工人、农民、知识分子、干部和各界人士，向人民解放军指战员、武警官兵和公安民警，向香港特别行政区同胞、澳门特别行政区同胞、台湾同胞和海外侨胞，向关心和支持中国现代化建设的国际友人，致以节日的祝福。

胡锦涛说，刚刚过去的 2007 年，是党和国家事业发展进程中的重要一年。党的十七大提出了实现全面建设小康社会奋斗目标的新要求，对推进中国特色社会主义伟大事业和党的建设新的伟大工程作出全面部署。在新的一年里，我们要全面贯彻党的十七大精神，高举中国特色社会主义伟大旗帜，以邓小平理论和“三个代表”重要思想为指导，深入贯彻落实科学发展观，继续牢牢抓住和切实用好重要战略机遇期，增强忧患意识，做到居安思危，始终戒骄戒躁，继续艰苦奋斗，不断开创党和国家各项工作新局面。在前进道路上，人民政协要紧紧围绕党和国家工作大局，保持和发扬优良传统，扩大团结面，增强包容性，加强调查研究，关注社情民意，积极开展政治协商，完善民主监督机制，提高参政议政实效，推进履行职能的制度化、规范化、程序化，为全面建设小康社会、加快推进社会主义现代化作出新的更大贡献。

贾庆林代表政协全国委员会向各位来宾表示热烈欢迎和诚挚问候。贾庆林说，胡锦涛同志的重要讲话，深刻分析了我国改革发展面临的新形势，明确提出了今年我国社会主义经济建设、政治建设、文化建设、社会建设和党的建设的主要任务。这对于我们不断夺取全面建设小康社会新胜利、开创中国特色社会主义事业新局面，具有十分重要的指导意义。胡锦涛同志在讲话中对人民政协工作给予了充分肯定，对统一战线和人民政协事业发展提出了新的要求。我们一定要认真学习领会，切实贯彻到工作中去，不断把统一战线和人民政协事业推向前进。

民进中央主席严隽琪代表各民主党派中央、全国工商联和无党派人士讲话，表示要深刻领会、努力贯彻中共十七大精神，坚定不移地走中国特色社会主义政治发展道路，充分履行参政党职能，为夺取全面建设小康社会新胜利作出应有的贡献。

出席茶话会的还有王刚、王兆国、王岐山、回良玉、刘淇、刘云山、刘延东、李源潮、吴仪、张德江、徐才厚、郭伯雄、曹刚川、曾培炎、何勇、令计划、李铁映、司马义·艾买提、何鲁丽、丁石孙、成思危、许嘉璐、蒋正华、顾秀莲、热地、乌云其木格、韩启德、唐家璇、陈至立、肖扬、贾春旺、王忠禹、李贵鲜、张思卿、白立忱、罗豪才、张克辉、周铁农、郝建秀、陈奎元、阿不来提·阿不都热西提、徐匡迪、李兆焯、黄孟复、张怀西、李蒙、张梅颖、张榕明和王光英、杨汝岱、钱正英、孙孚凌、陈锦华、王文元，以及中央军委委员梁光烈、陈炳德、李继耐、廖锡龙、常万全、靖志远，全国政协秘书长郑万通，在京全国政协常委、中央和国家机关有关方面负责人，首都各族各界代表人士等400余人。茶话会上，胡锦涛等领导同志来到各界人士中间，同大家亲切交谈，互致问候。文艺工作者表演了精彩节目。

（夏　薇 编写　陈唐晓 审稿）

政协第十届全国委员会常务委员会第二十次会议　2008年1月22日至25日在北京举行。本次会议主要是为召开政协全国委员会十一届一次会议作准备。会议应出席常委313人，实到237人。

中共中央政治局常委、全国政协主席贾庆林出席并主持开幕会。会议听取了全国政协秘书长郑万通关于政协十届常委会工作报告起草情况的说明，全国政协提案委员会副主任杨振杰关于政协十届常委会提案工作情况报告起草情况的说明。会议通过了关于召开政协第十一届全国委员会第一次会议的决定，协商决定了政协第十一届全国委员会参加单位、委员名额和委员人选名单，原则通过了政协第十届全国委员会常务委员会工作报告和关于提案工作情况的报告，通过了政协第十一届全国委员会第一次会议议程和日程、通过了关于授权主席会议审议政协十届常委会第二十次会议未尽事宜的决定。

会议期间，常委会组成人员紧紧围绕会议议题，积极发表意见和建议，郑重地履行了职责，为顺利召开全国政协十一届一次会议做了充分准备。

中共中央政治局常委、全国政协主席贾庆林出席闭幕会并讲话。贾庆林指出，人民政协事业的发展，是一个继往开来、薪火相传的历程。本次会议的一项重要成果，就是协商产生了政协第十一届全国委员会委员。十一届全国政协的委员组成，适应了我国经济社会发展的新形势，体现了巩固和壮大爱国统一战线的新要求，具有广泛的代表性和包容性，为今后五年人民政协事业的发展奠定了坚实的组织基础。即将召开的全国政协十一届一次会议，是人民政协换届的会议，是我国政治生活中的一件大事。会议的组织筹备工作时间紧、任务重、要求高。大会秘书处、各工作机构和全体工作人员，要认真贯彻中共中央关于开好大会的指导思想和工作要求，提高认识、统一思想、加强协作，扎扎实实地做好各项筹备工作，确保全国政协十一届一次会议胜利召开。

出席会议的还有全国政协副主席王忠禹、刘延东、李贵鲜、张思卿、白立忱、罗豪才、张克辉、周铁农、郝建秀、陈奎元、阿不来提·阿不都热西提、徐匡迪、李兆焯、黄孟复、张怀西、李蒙、董建华、张梅颖、张榕明，全国政协秘书长郑万通。全国政协副秘书长、各专门委员会负责同志，地方政协主席等列席会议。

（夏　薇 编写　陈唐晓 审稿）

政协第十一届全国委员会第一次会议　2008年3月3日至14日在北京举行。党和国家领导人胡锦涛、吴邦国、温家宝、贾庆林、曾庆红、李长春、习近平、李克强、贺国强、周永康等出席了开幕会和闭幕会。会议应出席委员2237人，实到2195人。

政协第十一届全国委员会第一次会议主席团常务主席王刚主持开幕会。中共中央政治局常委、全国政协主席贾庆林代表政协第十届全国委员会常务委员会向大会报告过去五年的工作。贾庆林在报告中从巩固团结合作的思想政治基础、促进社会主义民主政治建设，围绕党和国家中心工作咨政建言、促进经济社会全面协调可持续发展等方面总结了十届政协的工作，并归纳了过去五年工作的六条主要经验，还对今后五年工作提出用马克思主义中国化最新成果武装头脑、紧紧围绕贯彻落实科学发展观献计出力等六点建议。受政协第十届全国委员会常务委员会委托，政协第十一届全国委员会第一次会议主席团常务主席张梅颖向大会报告十届政协的提案工作情况。全体委员列席了十一届全国人大一次会议，听取了政府工作报告、“两高”报告以及国务院机构改革方案草案的说明，并对上述报告及草案进行了讨论。

会议期间，胡锦涛、吴邦国、温家宝、贾庆林、李长春、习近平、李克强、贺国强、周永康等领导同志到委员小组参加讨论，共商国是；中共中央有关部门和国务院各机构负责同志列席全体会议，并参加界别联组和小组讨论会；“高法”和“高检”有关负责同志参加委员讨论“两高”报告的小组会；部分海外侨胞列席全体会议。委员们通过大会发言、提交提案、反映社情民意信息等形式，重点就转变经济发展方式和完善社会主义市场经济体制、发展社会主义民主政治、推动社会主义文化大发展大繁荣、办好北京奥运会和残奥会、保障和改善民生等问题咨政建言，提出了很多有价值的意见和建议。

会议还印发书面发言材料 624 件。会议收到委员提交提案 4772 件，经提案委员会审查，立案 4526 件。会议通过了中国人民政治协商会议第十一届全国委员会第一次会议政治决议、中国人民政治协商会议第十一届全国委员会第一次会议关于常务委员会工作报告的决议、中国人民政治协商会议第十一届全国委员会第一次会议提案审查委员会关于政协十一届一次会议提案审查情况的报告，选举产生了政协第十一届全国委员会主席、副主席、秘书长、常务委员。

政协第十一届全国委员会主席为：贾庆林；副主席为王刚、廖晖、杜青林、阿沛·阿旺晋美（藏族）、帕巴拉·格列朗杰（藏族）、马万祺、白立忱（回族）、陈奎元、阿不来提·阿不都热西提（维吾尔族）、李兆焯（壮族）、黄孟复、董建华、张梅颖（女）、张榕明（女）、钱运录、孙家正、李金华、郑万通、邓朴方、万钢、林文漪（女）、厉无畏、罗富和、陈宗兴、王志珍（女）；秘书长为钱运录（兼）。

中共中央政治局常委、全国政协主席贾庆林主持闭幕会并发表重要讲话。

（夏　薇 编写　陈唐晓 审稿）

政协第十一届全国委员会常务委员会第一次会议　2008 年 3 月 14 日至 15 日在北京举行。会议应出席常委 324 人，实到 313 人。中共中央政治局常委、全国政协主席贾庆林主持开幕会并在闭幕会上讲话。

会议审议通过了政协第十一届全国委员会常务委员会关于设置专门委员会的决定，各专门委员会主任、副主任名单和政协第十一届全国委员会副秘书长任命名单。决定：政协十一届全国委员会设九个专门委员会，李铁林为提案委员会主任，张左己为经济委员会主任，张维庆为人口资源环境委员会主任，徐冠华为教科文卫体委员会主任，张福森为社会和法制委员会主任，田聪明为民族和宗教委员会主任，陈云林为港澳台侨委员会主任，赵启正为外事委员会主任，陈福今为文史和学习委员会主任。会议期间，常委会组成人员还研究讨论了新一届常委会的工作。

中共中央政治局委员、全国政协副主席王刚主持闭幕会。

全国政协副主席廖晖、杜青林、帕巴

拉·格列朗杰、白立忱、陈奎元、阿不来提·阿不都热西提、李兆焯、黄孟复、张梅颖、张榕明、钱运录、孙家正、李金华、郑万通、邓朴方、万钢、林文漪、厉无畏、罗富和、陈宗兴、王志珍出席会议。中共中央和国务院有关部门负责同志，全国政协副秘书长、各专门委员会负责同志，地方政协主席等列席会议。

（夏　薇 编写　陈唐晓 审稿）

全国政协十一届一次会议提案交办会 2008 年 3 月 20 日上午在政协礼堂召开。中共中央政治局委员、全国政协副主席王刚出席并讲话。王刚副主席在讲话中指出，提案工作是人民政协的一项全局性工作，提案办理是整个提案工作的一个重要方面。十届政协期间，在党中央、国务院的高度重视和亲切关怀下，在各有关部门和地方的共同努力下，人民政协的提案办理工作取得了很大成绩。许多提案反映的问题得到了及时妥善解决，一些重点提案还纳入了党和国家的重大决策和工作部署，为促进社会主义经济建设、政治建设、文化建设和社会建设发挥了重要作用。在刚刚闭幕的全国政协十一届一次会议上，与会政协委员、各民主党派中央和全国工商联、有关人民团体，以高度的政治责任感和历史使命感，紧紧围绕党和国家工作大局，认真履行职责，积极通过提案的方式建言献策。政协提案是委员们在慎重选题、反复思考后，经过深入调查研究提出的，凝结了委员们的智慧、心血和汗水，反映了各民族、各界别、各阶层代表人士的真知灼见，承载着广大人民群众的愿望和呼声，必须认真加以研究，给予满意答复。第一，要给予高度重视。要从推进党和国家事业的高度，从发展社会主义民主政治的高度，从坚持和完善中国共产党领导的多党合作和政治协商制度的高度，充分认识做好政协提案办理工作的重要性，采取有力的措施切实抓紧抓好。第二，要突出办理重点。要注重区分提案的轻重缓急，真正把那些关系党和国家工作全局、事关人民群众切身利益、建议措施可操作性强的提案选准抓住，作为重点提案，指定专人负责、抓紧办理。第三，要搞好沟通协商。一方面，承办单位在提案办理的整个过程中要主动加强与提案者的联系和沟通，准确掌握提案者的意图，听取和采纳他们对办理工作的意见，以实现“提”、“办”双方的良性互动。另一方面，各承办单位与全国政协提案委员会等有关单位之间要及时加强沟通、密切协商，共同研究解决工作中遇到的问题，努力形成提案承办工作的合力。第四，要加强组织领导。各承办单位要切实承担起办理提案的法定职责，在各方面给予有力保障，特别是主要负责同志要认真履行责任，把提案办理工作摆上重要议事日程，着力加强工作指导，狠抓提案办理任务的落实。政协各专门委员会要积极参与到提案办理工作中去，努力为提案顺利办理创造条件。会议由郑万通副主席主持。中共中央办公厅副主任赵胜轩，国务院副秘书长焦焕成，全国政协提案委员会主任李铁林，全国政协机关党组书记、副秘书长杨崇汇，全国政协副秘书长王胜洪，卫生部党组书记、副部长高强，教育部副部长袁贵仁，人力资源和社会保障部副部长张小建，国家发展和改革委员会副秘书长马力强，财政部部长助理张通，全国政协提案委员会副主任王占、王生铁、毛林坤、朱树豪、刘志忠、刘峰岩、孙淦、步正发，经济委员会副主任范西成，人口资源环境委员会副主任王曙光，教科文卫体委员会副主任于永湛，社会和法制委员会副主任张俊九，民族和宗教委员会副主任刘柏年，港澳台侨委员会副主任李炳才，外事委员会副主任万学远，文史和学习委员会副主任毛福民，部分提案委员会委员以及各承办单位的有关负责同志和具体负责提案办理工作的同志、有关媒体记者等约400人参加会议。

（刘巧丽 编写 吴新国 审稿）

全国政协“防止经济增长由偏快转为过热、防止价格由结构性上涨演变为明显通货膨胀，促进国民经济又好又快发展”专题协商会 2008年6月24日在北京全国政协礼堂召开，会议主要议题是围绕“防止经济增长由偏快转为过热、防止价格由结构性上涨演变为明显通货膨胀，促进国民经济又好又快发展”问题建言献策。中共中央政治局常委、全国政协主席贾庆林出席并发表重要讲话。中共中央政治局常委、国务院副总理李克强到会听取委员建议并讲话。

贾庆林在讲话中指出，广大政协委员要继续密切关注世界经济走势，深入分析国际市场不确定因素，要进行前瞻性研究，及时向党和政府提出有价值的建议；要继续密切关注我国宏观经济运行状况，针对物价、能源和原材料供应、粮食安全、金融监管等方面的问题进行持续、深入的跟踪研究，提出切实可行的应对之策；要继续密切关注国家宏观调控政策的贯彻落实情况，及时发现和反映有关政策措施执行过程中出现的新情况新问题，努力提出政策性的意见和建议，为增强宏观调控的预见性、针对性和灵活性，避免经济出现大的起落，发挥积极作用。

专题协商会上，13位全国政协委员围绕更好地贯彻中央经济战略部署、抑制通货膨胀、做好灾后重建、保持经济平稳较快发展作了发言。财政部、商务部和中国人民银行的负责同志针对委员提出的建议作了交流发言。

中共中央政治局委员、全国政协副主席王刚，全国政协副主席张梅颖分别主持了专题协商会。全国政协副主席杜青林、阿不来提·阿不都热西提、黄孟复、张榕明、钱运录、郑万通，以及中央国家机关有关部门负责同志，各民主党派中央、全国工商联的负责同志，全国政协办公厅、各专门委员会的负责同志，部分全国政协委员和专家学者及地方政协的代表出席专题协商会。

（夏 薇 编写 陈唐晓 审稿）

政协第十一届全国委员会常务委员会第二次会议 2008年7月2日至5日在北京举行。会议主题是围绕“进一步推进改革和提高对外开放水平”和“加快推进以改善民生为重点的社会建设”问题建言献策。会议应出席常委324人，实到292人。

中共中央政治局常委、全国政协主席贾庆林出席并主持开幕会。中共中央政治局委员、国务院副总理张德江到会作了关于当前经济形势和国有企业改革、就业再就业、社会保障工作的报告。国务院抗震救灾总指挥部向会议提供了《关于四川汶川特大地震抗震救灾及灾后恢复重建工作情况的报告》。本次常委会议是十一届全国政协第一次专题议政性的常委会议，会议期间，常委会组成人员认真学习了中央领导的有关重要讲话，围绕七个专题展开热烈讨论，提出了许多建设性的意见和建议。

中共中央政治局常委、全国政协主席贾庆林出席闭幕会并讲话。贾庆林强调，当前改革发展稳定的任务很重，我们要按照中央的要求，发挥人民政协的独特优势和作用，一手毫不放松地抓抗震救灾和恢复重建工作，一手坚定不移地抓经济社会发展，为夺取抗震救灾斗争全面胜利，保持经济平稳较快发展和社会和谐稳定，成功举办奥运会，作出积极贡献。

中共中央政治局委员、全国政协副主

席王刚主持闭幕会。全国政协副主席廖晖、杜青林、白立忱、陈奎元、阿不来提·阿不都热西提、李兆焯、黄孟复、董建华、张梅颖、张榕明、钱运录、孙家正、李金华、郑万通、邓朴方、万钢、林文漪、厉无畏、罗富和、陈宗兴、王志珍出席会议。中共中央和国务院有关部门负责同志，全国政协副秘书长、各专门委员会负责同志，地方政协主席等列席会议。

（夏　薇 编写　陈唐晓 审稿）

全国政协“统筹城乡发展，促进形成城乡经济社会发展一体化新格局”专题协商会　2008 年 9 月 2 日在北京全国政协礼堂召开，会议主要议题是围绕“统筹城乡发展，促进形成城乡经济社会发展一体化新格局”问题建言献策。中共中央政治局常委、全国政协主席贾庆林出席并讲话。中共中央政治局委员、国务院副总理回良玉到会听取意见并讲话。

贾庆林在讲话中指出，统筹城乡发展，促进形成城乡经济社会发展一体化新格局，是一项长期艰巨的历史任务，也是一个复杂的系统工程，要积极探索、循序渐进。一是要加快建立促进城乡经济社会发展一体化机制，完善户籍、就业、土地等体制和政策，创新农村金融体制。二是要加大公共财政向“三农”倾斜的力度，加快完善国家支持农业保护体系，切实加强农业基础设施建设，加快发展农村公共事业。三是要充分发挥城市对农村的辐射带动功能，优化城乡产业布局，统筹城乡劳动力就业，培育有文化、懂技术、会经营的新型农民。四是要协调推进城镇化和新农村建设，坚持走中国特色城镇化道路，扎实推进社会主义新农村建设。

专题协商会上，国家发展和改革委员会、重庆市和成都市人民政府负责同志就统筹城乡发展、促进形成城乡经济社会发展一体化新格局的有关工作情况和试验区设立以来的工作进展情况作了介绍。13 位全国政协委员围绕统筹城乡发展中的若干问题作了发言。国务院有关部门负责同志针对委员提出的建议作了交流发言。

中共中央政治局委员、全国政协副主席王刚，全国政协副主席厉无畏分别主持会议。全国政协副主席白立忱、陈奎元、李兆焯、钱运录、孙家正、李金华、郑万通、万钢、林文漪、罗富和、王志珍，以及中央国家机关有关部门负责同志，全国政协办公厅、各专门委员会的负责同志，各民主党派中央、全国工商联和无党派人士代表，部分全国政协常委、委员和部分地方政协的代表出席会议。

（夏　薇 编写　陈唐晓 审稿）

全国政协中秋联谊晚会　2008 年 9 月 13 日晚在北京全国政协礼堂举行。中共中央政治局常委、全国政协主席贾庆林与各界人士 400 多人欢聚一堂，共庆中秋佳节。

中共中央政治局委员、全国政协副主席王刚在晚会上致辞。他首先代表全国政协和贾庆林主席向共同致力于人民政协事业的政协各参加单位、各级政协组织、广大政协委员以及政协机关干部职工致以节日的问候和良好的祝愿。王刚指出，2008 年是我国改革开放 30 周年。30 年前，中国共产党召开了具有重大历史意义的十一届三中全会，开启了改革开放的历史新时期，中国的面貌由此发生了翻天覆地的变化。2008 年下半年，中国共产党将召开十七届三中全会，研究推进农村改革发展问题，还将举办系列活动隆重纪念改革开放 30 周年。全国政协要按照中央的统一部署和要求，认真贯彻全会精神，全面总结 30 年来人民政协事业发展取得的重大成就和宝贵经验，深入探索新形势下人民政协工作的特点和规律，推动人民政协事业不断向前发展。

全国政协副主席兼秘书长钱运录主持晚会。晚会上，政协委员和文艺工作者表演了精彩的文艺节目。

周铁农、陈昌智、杜青林、白立忱、陈奎元、黄孟复、张梅颖、张榕明、孙家正、李金华、郑万通、林文漪、罗富和、陈宗兴和何鲁丽、宋健、孙孚凌、胡启立、赵南起、王文元、王忠禹、罗豪才、李蒙等出席晚会。

（夏　薇 编写　陈唐晓 审稿）

改革开放与提案工作座谈会 2008年9月24日上午在政协礼堂召开。李铁林主任出席并讲话。讲话对改革开放30年来政协提案工作从逐步恢复到蓬勃发展，并走上规范化制度化轨道，为促进我国经济社会发展发挥的重要作用进行了清晰的阐述，并对当前形势下如何进一步做好提案工作提出了明确要求。讲话指出，波澜壮阔的改革开放实践，极大地激发了广大政协委员、各民主党派、工商联、有关人民团体的参政议政热情，积极通过提案为推进改革开放和社会主义现代化建设建真言、献良策，提案工作呈现出蓬勃发展的新局面。改革开放以来，历届提案委员会在全国政协常委会和主席会议的领导下，认真贯彻政协领导同志的有关要求，坚持围绕中心、服务大局，发扬改革创新精神，改进工作方式，整体工作水平不断提高。新形势新任务，对提案工作提出了新的要求。全国政协提案委员会要根据全国政协常委会和主席会议精神，进一步增强责任感和使命感，着力抓好三个方面的工作。一是要深入贯彻落实科学发展观。要把最广大人民的根本利益作为提案工作的出发点和落脚点，高度关注民生，广泛反映民意，推动解决好人民群众最关心、最直接、最现实的利益问题，为经济社会发展营造良好环境。二是要立足全局做好提案工作。要继续坚持“围绕中心、服务大局、提高质量、讲求实效”的提案工作方针，进一步加强同政协委员、各民主党派、工商联、有关人民团体、政协其他专委会、提案承办单位的联系与合作，统筹协调，进一步增强提案工作合力，更好地体现提案工作的全局性。三是要继续发扬改革创新精神，进一步解放思想、与时俱进，不断改进工作方式，积极探索提高提案质量、增强办理实效的新途径新方法，更加注重发挥界别在提案工作中的作用，逐步扩大提案工作的开放度，使提案工作不断适应新要求，更具政协特色、更富时代气息、更为规范有效。会上，往届政协委员朱培康、资华筠、任玉岭、李永海，民革中央副秘书长李惠东、国家发改委办公厅主任师荣耀、北京市政府副秘书长崔鹏分别代表提案者和承办单位作了发言，介绍了撰写提案和办理提案的经验体会，并对进一步加强和改进提案工作提出了具体意见和建议。会议由提案委员会副主任孙淦主持。十届政协提案委员会主任傅杰，全国政协副秘书长王胜洪，外事委员会主任赵启正，提案委员会副主任王显政，人口资源和环境委员会副主任刘志峰、社会和法制委员会副主任高金榜、民族和宗教委员会副主任蒋明麟、港澳台侨委员会副主任陈佐洱、文史和学习委员会副主任崔占福，提案委员会委员张化本、蒋秋霞、蔡玲，部分往届政协专委会副主任、委员，各民主党派中央和全国工商联、部分提案承办单位、全国政协有关专委会办公室和相关局室负责人及部分新闻记者等参加。

（刘巧丽 编写　吴新国 审稿）

政协第十一届全国委员会常务委员会第三次会议 2008年10月15日至18日在北京举行。会议主题是学习贯彻中共十七届三中全会精神，为新形势下推进农村改革发展建言献策。会议应出席常委324

人，实到278人。

中共中央政治局常委、全国政协主席贾庆林出席并主持开幕会。中共中央政治局委员、国务院副总理回良玉应邀到会作了关于中共十七届三中全会会议情况和会议精神的报告。

会议期间，常委会组成人员认真学习中共十七届三中全会文件和会议公报，听取了中共中央政治局委员、国务院副总理回良玉同志关于中共十七届三中全会会议情况和会议精神的报告，并围绕推进农村改革发展进行了广泛深入的讨论，提出了许多宝贵的意见和建议。会议还反映了当前的社情民意，审议部分委员视察、考察报告和外事出访报告，通过了有关人事任免事项。

中共中央政治局常委、全国政协主席贾庆林出席闭幕会并讲话。贾庆林指出，当前，人民政协要按照中共中央的部署和要求，组织参加人民政协的各党派团体和各族各界人士，认真学习中共十七届三中全会文件，准确把握中央精神，切实将思想和认识统一到全会精神上来。一是要抓紧抓好推进农村改革发展的战略任务，加快建设社会主义新农村。二是要坚持推进农村改革发展的基本方向，走中国特色农业现代化道路。三是要认真落实推进农村改革发展的根本要求，加快形成城乡经济社会发展一体化新格局。贾庆林还对全国政协今后一段时间的工作进行了部署。

中共中央政治局委员、全国政协副主席王刚主持闭幕会。全国政协副主席杜青林、白立忱、陈奎元、阿不来提·阿不都热西提、李兆焯、黄孟复、董建华、张梅颖、张榕明、钱运录、孙家正、李金华、郑万通、邓朴方、林文漪、厉无畏、罗富和、陈宗兴、王志珍出席会议。中共中央和国务院有关部门负责同志，全国政协副秘书长、各专门委员会负责同志，地方政协主席等列席会议。

（夏　薇　编写　陈唐晓　审稿）

全国政协提案承办单位办理工作座谈会　2008年10月23日—26日在天津召开。会议主题是进一步学习贯彻《中共中央关于加强人民政协工作的意见》和《全国政协关于加强和改进提案工作的意见》，总结交流提案办理工作的经验体会，研究探讨提高提案办理质量的途径、办法，听取对提案工作创新发展的意见建议。郑万通副主席出席并讲话。讲话指出，提案工作是人民政协一项具有全局意义的工作。中共中央、国务院一直高度重视人民政协的提案工作。最近几年，中共中央连续颁发了关于加强人民政协工作的若干指导性文件，极大地推动了人民政协事业的蓬勃发展，也极大地推动了政协提案工作的新发展。中共中央办公厅、国务院办公厅专门转发了《全国政协办公厅关于办理政协提案的意见》，对运用政协提案参政议政、认真办理政协提案、切实发挥好政协提案的作用，作出了明确规定，为提案工作的发展提供了重要指导和有力保障。长期以来，各承办单位在人员少、任务重的情况下，克服种种困难，认真办理政协提案，在实践中积累了宝贵的经验，取得了显著成绩。面对新形势新任务，各承办单位要认真总结、交流和探索，进一步解放思想，开拓创新，以新的认识，新的姿态，新的举措，开创提案办理工作新局面。会议由提案委员会主任李铁林主持。天津市政协常务副主席王文华，全国政协副秘书长王胜洪，提案委员会副主任刘志忠、邵鸿，部分提案委员会委员，天津市政协副主席何荣林以及近50家中央国家机关的有关负责同志参加会议。

（刘巧丽　编写　吴新国　审稿）

孙中山诞辰142周年纪念仪式　2008年11月12日在北京中山公园中山堂举

行。全国政协副主席兼秘书长钱运录主持纪念仪式。全国政协副主席李金华代表全国政协，全国政协副主席、民革中央副主席厉无畏代表民革中央，中共中央统战部副部长楼志豪代表中共中央统战部，北京市副市长程红代表北京市人民政府向孙中山先生塑像敬献了花篮。参加纪念仪式的各界人士在孙中山先生塑像前肃立并三鞠躬。

韩启德、张榕明、何鲁丽、罗豪才、张怀西、李蒙等出席纪念仪式。

（夏　薇 编写　陈唐晓 审稿）

经常性工作

【委员视察工作】

2008**年全国政协委员视察、考察工作简况** 按照《政协全国委员会办公厅关于2008年全国政协委员视察工作计划》，全国政协办公厅组织了16个视察、考察团，其中特邀常委视察团2个，界别委员视察团5个，委员视察团3个，委员考察团6个（其中3个港澳委员考察团）。视察、考察围绕统筹城乡综合配套改革试验区建设、新型农村合作医疗制度建设、台商在大陆发展、和谐社区建设、深化文化体制改革、边疆地区扶贫开发工作、《劳动合同法》实施、我国重大灾害应急机制建设、充分发挥高等院校在国家创新体系中的重要作用、改革开放30年重大成就、京津城际铁路及天津滨海新区建设等11个选题，涉及18个省（自治区、直辖市）。全国政协副主席王刚、白立忱、阿不来提·阿不都热西提、黄孟复、董建华、张梅颖、张榕明、孙家正、李金华、郑万通、万钢、林文漪、厉无畏、陈宗兴、王志珍等15位领导同志分别带领14个团进行视察、考察，450余位委员参加了视察、考察活动。在视察、考察过程中，委员们深入实际、深入基层、深入现场调查研究，积极建言献策，认真履行职责。形成9份视察报告、3份港澳委员考察报告、2份考察情况简报。贾庆林主席、李克强副总理、回良玉副总理、张德江副总理、刘延东国务委员等中央领导同志分别在8份视察报告上作出批示。王少阶常委、张文康常委、修福金常委、李德水委员和钱克明委员先后在政协常委会、专题协商会等会议上代表视察团发言。中央农村工作领导小组办公室、民政部、人力资源和社会保障部、文化部、卫生部、国家发展和改革委员会、新闻出版总署、广电总局、国务院扶贫办等9个部委就视察报告中的意见和建议复函全国政协办公厅，反馈有关落实情况。

各省、自治区、直辖市政协积极组织驻当地全国政协委员开展了跨省区考察、就地视察、调研等活动，为京外委员发挥作用、履行职责创造条件。

2008年视察、考察工作的突出特点：一是各级领导重视。贾庆林主席在政协常委会等重要会议上多次对视察工作提出要求。年内有15位副主席带队参加视察、考察活动，各位副主席在选择视察题目、讨论视察提纲、听取情况汇报、策划视察组织、制定视察日程、起草视察报告、研究成果反馈等各个环节上都亲力亲为。为保证视察有的放矢、提高视察成效，有的副主席还在视察之前组织调研组到其他地区进行先行调研，掌握基层第一手资料。有的副主席率团视察前，亲自研究背景材料，部署整个视察安排。各省、自治区、直辖市的领导对委员视察工作给予高度重视，亲自主持会议，为委员们介绍情况，听取意见。二是精心组织筹划。在拟定视察选题方面强调充分论证。结合中央重要会议精神和政协党组工作要点形成选题初步方案，在此基础上召开座谈会，分别邀请中央和国务院有关部委、各民主党派中央和全国工商联、人民团体的负责人及部分全国政协常委和委员出席会议，听取意见和建议，共同研讨论证，增强视察选题的针对性和科学性。为使视察更具时效性，应对突发情况，在视察组织实施中，结合变化的实际情况对视察选题及时进行调整。比如年初的特大雨雪冰冻灾害给南方有关地区造成巨大损失，为此拟定了“我国重大灾害应急机制建设情况”的视察题目，赴受灾最为严重的贵州、湖南两省进行视察。5月，四川汶川地震发生。重大灾害应急机制的重要作用在此次地震救援工作中显得尤为突出。办公厅及时做出调整，增加了对四川灾区的视察，使该视察更为全面深入，提出的意见建议也更为周密科学。在组团形式方面突出多样性，将特邀常委视察团、界别委员视察团、委员视察团和委员考察团相结合，注重团队小型化、专业化。视察团成员采取委员报名与组织邀请相结合的办法，受邀参加视察主要是平时提案、大会发言中对相关问题较关注、有研究的委员。同时根据选题涉及的领域，邀请相关专业的委员参加，使成员结构更趋合理，确保视察质量。为使更多委员能够参加视察、考察活动，2008年还以纪念改革开放30周年为题，组织了3个委员考察团，分别到上海、天津、浙江、甘肃等地考察，共有160余名委员参加。三是注重视察、考察实效。在认真论证选题、精心策划组团的同时，为增强视察、考察的实际效果，坚持了邀请有关部委和单位的负责同志在提前召开的视察、考察团组团会上为委员们介绍情况并派人随团参加视察和考察活动、与有关单位联合组团等做法。广泛搜集资料，包括领导同志的重要讲话、中央和有关部委的政策文件、有关专家的论文、专题理论文章、有关名词解释、委员有关发言和提案、地方经验做法及被视察点情况介绍等，编印成册发至视察、考察团全体委员，使委员在行前就对视察相关情况有初步了解，增强视察的针对性和有效性。在视察过程中，加大座谈力度，注意发挥委员的积极主动性和主体作用。视察结束后，召开视察报告讨论会，邀请委员一同研究论证报告，充分吸纳委员的意见建议。重大灾害应急机制视察团还尝试由部分委员分别起草报告的做法。由于措施得力，使视察报告的质量得到提高，有8份视察报告得到中央领导同志的批示。除此之外，特别重视做好多角度、多渠道转化视察成果的工作。根据每次视察的不同特点，将视察成果转化为会议发言、政协提案、政协信息等，最大化地发挥政协视察的作用。如赴成渝视察团分别在专题协商会上作了题为“关于统筹城乡发展的几点认识”和“成渝统筹城乡改革试验中的农村土地问题”两个发言；赴安徽、宁夏视察团在第2次常委会上作口头发言“巩固新型农村合作医疗制度亟待解决的几个问题”；赴广西视察团在第3次常委会上就“加大扶贫开发力度，促进社会主义新农村建设”作口头发言；对台商在大陆发展现状的视察后，视察团在专题协商会上作口头发言：“加强对台资企业的公共服务工作，推动新形势下台资企业加快发展”；我国重大灾害应急机制建设视察团在政协十一届二次大会上作了题为“关于我国重大灾害应急机制建设的建议”的口头发言。赴成渝视察团还采取了将视察团内部意见梳理后形成综合材料反馈给地方参考的做法，提高了委员意见建议的有效利用率。同时，我们还加强了新闻宣传工作，及时有效地报道视察成果及委员的意见和建议。

一年来的工作，我们体会到：充分发挥委员作用是做好委员视察工作的基础，不断探索创新是推动委员视察工作的动力，围绕中心、服务大局是开展委员视察工作的原则。我们将开拓创新，健全机制，努力围绕政协工作的重点和总体部署开展视察，为委员履行职责创造条件，提供服务。

（谭凯林 编写 李红梅 审稿）

2008年度全国政协委员视察、考察团简要情况（十一届一次）

序号	时间	委员所在地	视察、考察地区	视察、考察内容	人数	团队负责人	备注
1	5.5～13	全国	四川成都，重庆	统筹城乡综合配套改革试验区建设情况	19	郑万通 张左己 李德水	特邀常委视察团
2	5.16～23	香港	安徽合肥、黄山、宣城、池州、芜湖、巢湖	经济社会发展情况	34	刘汉铨 洪祖杭 王凤超	考察团
3	5.24～30	全国	安徽合肥、巢湖、芜湖	新型农村合作医疗制度建设情况	16	陈宗兴 张文康 蒋作君	邀请农业、医卫界委员参加
4	5.24～30	全国	宁夏银川、石嘴山、吴忠、固原、中卫	新型农村合作医疗制度建设情况	20	王志珍 佘靖	邀请农业、医卫界委员参加
5	6.9～16	全国	福建福州、厦门、漳州、泉州	台商在大陆发展现状	26	厉无畏 刘亦铭 修福金	邀请民革、台盟、台联界委员参加
6	6.16～25	全国	山东济南、德州、潍坊、青岛	和谐社区建设	24	孙家正 覃志刚	视察团
7	7.9～15	全国	山西太原、临汾、运城	深化文化体制改革	19	林文漪 韦建桦 黄志贤 赵维绥	视察团
8	8.27～9.1	澳门	青海西宁、海东、海南、海北、黄南	经济社会发展状况	25	徐泽 廖泽云	考察团
9	9.15～22	全国	广西南宁、百色、河池	边疆地区扶贫开发工作情况	17	黄孟复 王少阶	与民建中央、工商联联合组织
10	9.16～20	香港	四川成都、阿坝、绵阳、德阳、都江堰	灾后重建情况	38	伍淑清 戴德丰 黎桂康 （董建华副主席参加考察）	考察团
11	9.16～23	全国	广东广州、珠海、东莞、汕头	《劳动合同法》实施情况	21	张榕明 张俊九 张鸣起 沈建国	视察团

续表

序号	时间	委员所在地	视察、考察地区	视察、考察内容	人数	团队负责人	备注
12	9.17～27	全国	湖南长沙、贵州贵阳、四川成都等	我国重大灾害应急机制建设情况	14	李金华 孙永福　刘晓峰	特邀常委视察团
13	10.23～30	北京	上海、浙江宁波	改革开放30年重大成就	39	阿不来提·阿不都热西提 蒋作君　周明甫 高金榜	考察团
14	10.21～27	北京	甘肃兰州、张掖、武威、酒泉	改革开放30年重大成就	24	张梅颖　陈学亨 赖　明　卢昌华	考察团
15	10.19～27	全国	北京、江苏南京、苏州、常州	充分发挥高等院校在国家创新体系中的重要作用	17	白立忱　万　钢 孙怀山　赵沁平 齐　让	邀请教育、科技、经济界委员参加
16	12.4	北京	北京、天津	京津城际铁路及天津滨海新区建设情况	67	王　刚 阿不来提·阿不都热西提 张梅颖	考察团

（谭先厚 编写　李红梅 审稿）

2008年度全国政协委员视察团视察报告目录

1、《关于新型农村合作医疗制度建设情况的视察报告》（政全厅发（2008）37号）

全国政协委员赴安徽、宁夏视察团

2、《加强对台资企业的公共服务工作　推动新形势下台资企业加快发展》（政全厅发（2008）38号）

全国政协委员赴福建视察团

3、《关于推进统筹城乡综合配套改革试验区建设的视察报告》（政全厅发（2008）39号）

全国政协常委赴重庆、成都视察团

4、《关于和谐社区建设的视察报告》（政全厅发（2008）49号）

全国政协委员赴山东省视察团

5、《关于深化文化体制改革的视察报告》（政全厅发（2008）54号）

全国政协委员赴山西省视察团

6、《关于边疆地区扶贫开发工作的视察报告》（政全厅发（2008）68号）

全国政协委员赴广西壮族自治区视察团

7、《关于〈劳动合同法〉实施情况的视察报告》（政全厅发（2008）76号）

全国政协委员赴广东省视察团

8、《关于我国重大灾害应急机制建设情况的视察报告》(政全厅发〔2008〕93号)

全国政协常委赴湖南、贵州、四川视察团

9、《关于充分发挥高等院校在国家创新体系中的重要作用的视察报告》(政全厅发〔2008〕94号)

全国政协委员赴北京、江苏视察团

(谭凯林 编写 李红梅 审稿)

【专门委员会工作】

提案委员会 政协十一届一次会议以来，提案委员会共收到提案5056件，其中，大会提案4772件，平时提案284件。经审查，立案4738件，其中，委员提案4452件，八个民主党派中央和全国工商联提案226件，政协专门委员会提案5件，有关人民团体提案4件，界别、小组提案51件。截至2009年2月20日，99.03%的提案已经办复。从整体办理情况看，已经解决或采纳的占19.74%，列入计划拟解决或拟采纳的占68.46%。

2008年度，提案委员会深入贯彻落实科学发展观，按照“围绕中心、服务大局、提高质量、讲求实效”的提案工作方针，切实加强和改进提案工作，使十一届政协的提案工作实现了良好开局。

(一)健全办理机制，着力增强办理实效。在提案数量持续增加的情况下，坚持分层办理机制，推动整体办理质量的提高。一是加强重点提案促办工作。一年来，围绕加强对湖北省四湖流域实施血吸虫病防治综合治理、《劳动合同法》贯彻实施情况、加强大小兴安岭生态建设和保护、加快发展内河航运、新农村文化建设方面的提案，组织开展重点调研5次。中央领导同志对4个调研报告作了批示。围绕促进我国农村信息化服务发展、大力发展县域经济促进城乡协调发展等方面的提案，召开办理协商会10次。二是加强《重要提案摘报》报送工作。一年来共报送59期，中央领导同志对其中“建立健全我国农业风险管理机制”、“环渤海区域经济与生态环境协调发展”等20期作了批示。三是推动承办单位与提案者加强沟通协商。通过组织走访、座谈等方式，进一步提高承办单位对提案办理工作重要性的认识，引导提案者全面看待办理成效，增进理解和共识。

(二)加强知情服务，努力提高提案质量。为拓宽委员知情明政渠道，进一步增强提案的针对性，夯实提案工作基础，采取了一系列举措。如：向国家有关部委征集工作重点、难点，据此整理出提案选题参考题目，连同十届政协优秀提案及办理复文选、提案检索光盘等发送全体委员。邀请国家有关部委在政协大会前夕向委员们通报工作重点和难点。定期召开各民主党派中央和全国工商联提案工作会议，加强沟通协调，充分发挥民主党派和工商联高质量提案的示范带动作用。

(三)广泛交流宣传，不断提升工作水平。以纪念改革开放30周年为契机，全面总结交流提案工作经验，宣传提案作用。组织召开政协委员、党派团体、承办单位等不同范围的提案工作会议，及时通报情况，研讨问题，总结经验。通过“走出去”、“请进来”等方式，以及《提案工作通讯》等渠道，与地方政协、承办单位等加强联系交流。通过邀请新闻媒体参加有关活动、召开通气会、增加公开提案全文数量等办法，进一步扩大提案工作的社会影响。

(刘巧丽 编写 吴新国 审稿)

经济委员会 2008年经济委员会充分发挥整体优势，集中力量就经济生活中综合性、全局性和前瞻性重要课题进行深入调研，同时对宏观经济运行状况以及重要问题进行及时分析研讨，通过多种形式，建有据之言，献务实之策。先后承担了全国政协两场专题协商会的具体筹备工作，开展了6项专题调研，召开了9个专题性座谈会，举办或联合主办了3次会议论坛，组织了三场视察考察，编发了12期《经济界委员通讯》，向中央报送了8份调研报告，17份《政协信息》，得到中央政治局委员以上的领导批示27人次。

一、筹办全国政协专题协商会

2008年全国政协决定举行“防止经济增长由偏快转为过热、防止价格由结构性上涨演变为明显通货膨胀，促进国民经济又好又快发展”和“统筹城乡发展，促进形成城乡经济社会发展一体化新格局”两场专题协商会，并责成经济委员会承担具体筹备工作。经济委员会及时召开主任会议，商定主要通过召开专题性座谈会方式筹备“双防”专题协商会，通过实地调研和专题视察方式筹备“统筹城乡发展”专题协商会。4至6月，围绕“双防”问题，经济委员会先后组织召开了财税货币政策、物价走势、外经贸形势以及部分地方和企业代表对当前经济形势看法等5场专题座谈会，广泛听取各方面的意见建议，同时将会议讨论发言情况以及有关委员提出的意见建议，及时整理上报国务院及全国政协有关领导，得到重要批示。在此基础上，经济委员会根据中央有关精神，经反复讨论修改后，向专题协商会提交了8篇会议发言稿件。6月24日，“双防”专题协商会顺利召开，贾庆林主席和李克强副总理出席会议并作重要讲话。会上，委员们针对国际国内经济形势的发展变化，提出应果断地将防止通货膨胀作为宏观调控的首要目标，同时密切跟踪形势，及时采取措施，防止经济出现快速下滑。这些意见建议与中央随后提出的“一保一防”新宏观调控目标是一致的，具有及时性、前瞻性和针对性。

年初，贾庆林主席在北京市专门就“统筹城乡发展”等问题进行了调研，强调要加强农业基础地位，为统筹城乡发展提供政策支撑、产业支撑和人才支撑。4月初，“统筹城乡发展，促进形成城乡经济社会发展一体化新格局”专题组全面启动筹备工作。在五个月的时间里，委员们在王刚、阿不来提·阿不都热西提、张梅颖、郑万通等副主席及调研组长率领下，先后赴海南、四川、重庆、浙江、湖南和吉林等六省市，就城乡发展规划、产业布局、县域经济、统筹城乡综合配套改革实验区建设以及城乡一体化建设等问题进行调研和视察，并及时起草报送了《关于湖南省统筹城乡发展，促进形成城乡经济社会发展一体化新格局的调研报告》、《关于在推进城乡一体化过程中集约利用土地的几点建议》等调研报告和政协信息，得到回良玉副总理等的重要批示。9月2日，统筹城乡发展专题协商会顺利召开，贾庆林主席和回良玉副总理出席会议并作重要讲话，经济委员会6位委员围绕加快破除城乡二元体制，完善有关政策措施，推进农村土地有序流转，加快农村金融改革发展，加强农村流动人口管理等问题建言献策。委员们的这些意见建议，在十七届三中全会文件关于大力推进改革创新，建立健全农村土地管理制度，促进城乡经济社会发展一体化制度等内容中得到了充分体现。

这两次专题协商会后，经济委员会及时代起草了《关于全国政协“双防”专题协商会有关情况的报告》和《全国政协“统筹城乡发展，促进形成城乡经济社会发展一体化新格局”专题协商会有关情况的报告》，报全国政协领导审定后以中共政协全国委员会党组文件形式上报中央。

二、开展专题调研

1. “农村金融改革与发展”专题调研。从3月下旬开始，经济委员会组成专题调研组，先后赴湖北、四川、山东和辽宁就农村金融中农村基础设施建设的金融支持、村镇银行等农村新型金融机构发展、农村信用社管理体制等问题深入调研，并于8月形成调研报告，向中央报送了《关于农村金融改革与发展的若干政策建议》，提出农业生产方式和组织体系变革是农村经济的第二次深刻革命，要引导农民以土地使用权入股参与农业公司化发展，大力发展多种形式的专业化、合作化现代农业组织，培育发展农业龙头企业，推动土地向规模经营集中、农民向城镇集中，实现农工商一体化发展等意见建议。贾庆林主席，李克强、回良玉和王岐山副总理分别作了批示，要求中国人民银行、银监会等部门就农村金融的发展进行更深入的调研，并作专题研究。

2. “金融改革开放与安全”专题调研。为切实推进金融业改革开放，维护金融安全，经济委员会组成专题调研组，先后赴上海和深圳调研，重点听取了地方政府、金融监管机构、银行家和专家学者的意见。在11月形成的《金融开放与安全调研报告》中，提出应关注不在银监会监管之下的担保公司风险，推出创业板市场以加强自主创新能力等建议。贾庆林主席、王刚副主席均作出批示。王岐山副总理批示要求有关方面对担保公司风险等问题，研究提出应急方案等措施。

3. “推进加入WTO新时期对外开放发展战略”专题调研。为推进新时期对外开放战略深入实施，经济委员会组成专题组先后赴东中西部七省市调研，听取地方政府、行业协会、专家学者和企业代表的意见建议。10月报送的《关于进一步扩大开放的若干建议》，提出应将现代服务业作为新时期对外开放的重点领域，发展多种所有制和多种经营形式的现代金融体系，创新对外投资和合作方式，加强对外开放理论研究等意见建议。贾庆林主席作出了批示。王岐山副总理批示要求商务部要会同有关部门认真研究，通过组织、制度创新和服务深化，促进结构调整，为请进来走出去创造优良环境。

4. “推进云南省新三年兴边富民工程”专题调研。为落实胡锦涛总书记和温家宝总理2007年对云南边民流动及生产生活情况的有关批示精神，推动云南新三年“兴边富民”工程深入实施，应云南省政协邀请，经济委员会以“推进加入WTO新时期对外开放发展战略”专题组为基础，邀请其他专委会有关委员及部委同志组成调研组，在白立忱副主席率领下赴云南省文山、德宏等边境州市，就边境地区扶贫开发、南亚大通道建设等问题开展调研。在《关于推进云南省新三年“兴边富民工程”实施的若干建议》中，调研组提出实施“兴边富民”工程希望在“开”，关键要“通”。要通过加快建设南亚国际大通道，促进大开放，带动大扶贫，实现大发展。温家宝总理批示要求国家发改委等有关部门予以支持落实，回良玉副总理和刘延东国务委员等也分别批示，国务院扶贫办、民政部和商务部等部门提出了具体支持意见。

5. “加快推进图们江区域合作开发”专题调研。11月中下旬，在王刚副主席的率领下，经济委员会组成调研组对图们江区域合作和开发的有关情况进行了深入调研和考察，并与吉林省委、省政府、省政协等方面进行座谈，交换意见。在报送的《加快推进图们江区域合作开发的若干建议》中，调研组提出应制定总体规划、分步实施，尽快启动长吉图开发开放先导区建设；推动借港出海，重点突破俄罗斯扎鲁比诺港和朝鲜罗津港；加强组织领导，提升政府协商机制层次；借助“十项措施”，在项目和政策方面给予支持等建议。温家宝总理和李克强副总理批示要求国家发改委会同有关部门认真研究。

三、举办专题座谈会

1.“关于当前金融问题”专题座谈会。9月22日，经济委员会邀请部分委员和专家学者就当前金融问题进行座谈，与会代表围绕美国金融危机蔓延以及对中国经济和金融的影响进行研讨，提出了及时调整宏观经济政策、应对国际金融危机的意见建议。贾庆林主席在报送的会议录音整理稿上批示：“分析的都很透彻，要及时整理报有关领导和部门参考。”

2.“防范房地产市场风险，保持房市稳定健康发展”专题座谈会。根据贾庆林主席有关讲话要求，经济委员会决定召开三场国际金融危机后我国经济形势的专题座谈会。11月14日，经济委员会邀请有关委员、国务院部委代表及专家学者，就美国金融危机对世界经济和我国经济的影响进行了座谈，着重分析了当前及今后一段时间我国房地产业市场的形势，并就保持房地产市场平稳健康发展提出意见建议。会后向中央报送了《“防范房地产市场风险，保持房市稳定健康发展”座谈会情况反映》

3.“加强金融监管，防范市场风险，保持资本市场稳定健康发展”专题座谈会。11月18日，经济委员会就国际金融危机背景下中国的应对措施和发展方向、保持资本市场稳定发展等问题召开座谈会，通过研讨提出，我国面对危机采取的重大举措非常及时、非常必要，建议从危机中抓机遇，制定金融发展的长期战略。会后报送了《从危机中抓机遇　制定金融发展的长期战略——金融稳定与发展座谈会情况反映》。

4.“当前宏观经济形势”专题座谈会。11月25日，经济委员会召开“当前宏观经济形势座谈会”，邀请经济委员会部分委员和有关专家学者，重点结合国际、国内宏观经济中出现的新情况，围绕国务院出台的进一步扩大内需、促进经济增长的十项措施，分析形势，研究问题，建言献策。会后报送了《应对全球金融危机要多措并举，注意拉动内需、提升信心》的报告。

5.其他工作

应地方政协之请，2008年经济委员会参与支持或联合主办了“2008东北老工业基地区域发展论坛”、“辽宁沿海经济带政协论坛”和“中国（宜昌）三峡物流中心建设高层论坛”，整理报送了会议材料，为推动区域经济发展建言献策；组织或参与组织了“三峡工程建设成就及物流中心建设”、“京津城际铁路”、“发展冰雪产业”等视察考察活动，扩大了委员参与面，活跃了委员会日常工作；结合新时期对外开放，推动多双边经贸合作及企业“走出去”等问题，赴巴西、厄瓜多尔和古巴进行了调研考察，并向中央报送了有关意见建议。

四、为支持抗震救灾工作积极献计出力

5月12日汶川大地震发生以后，经济委员会迅即召开主任会议，学习传达中央有关精神和全国政协的号召，研究支持抗震救灾的各项工作。各位委员迅速行动起来，发挥各自优势，奉献爱心，献计出力。有的委员在第一时间随同国务院领导赶赴灾区，有的赶到政协机关捐出巨款，有的积极协调各方力量为灾区争取捐助和支持。据不完全统计，经济委员会仅非公经济领域及港澳方面委员累计捐款捐物就达5.28亿元人民币。经济委员会还组织对《国家汶川地震灾后恢复重建总体规划（公开征求意见稿）》进行讨论，提出了修改意见建议。

（高德祥 编写 陈惠丰 审稿）

人口资源环境委员会 2008年，新一届全国政协人口资源环境委员会在常委会和主席会议的领导下，按照贾庆林主席关于“建睿智之言，献务实之策”的指示精神和全国政协总体工作部署，深入学习中共十七大和“两会”精神，贯彻落实科学发展观，围绕经济社会发展中人口资源环境领域具有综合性、全局性、前瞻性的重大问题开展工作，不断创新工作方式、拓展工作领域、深化成果内涵，为建设资源节约型、环境友好型社会，促进经济社会全面协调可持续发展积极建言献策，努力开创人口资源环境委员会工作的新局面。全年共组织9项专题调研和考察，开创性举办了中国首届人口资源环境发展态势分析会，组织若干论坛和会议活动，参与多项公益环保活动，共形成建议报告11份。

一、开展专题调研

1.“绿色奥运”及空气质量保障情况调研。4月21日，人口资源环境委员会召开“绿色奥运”情况介绍会，分别听取环境保护部、北京市环境保护局、北京奥组委等单位介绍绿色奥运及空气质量保障的有关情况。4月22日，中共中央政治局委员、全国政协副主席王刚率领全国政协调研组，在北京市考察“绿色奥运”工作进展情况。人口资源环境委员会主任张维庆，机关党组书记、副秘书长杨崇汇，副秘书长林智敏，人口资源环境委员会副主任王玉庆、刘志峰、江泽慧等参加考察。环境保护部副部长张力军，北京市委常委、秘书长李士祥，副市长赵凤桐，北京市政协主席阳安江、副主席赵文芝等陪同考察。调研后形成并报送了《关于“绿色奥运”及奥运会空气质量保障情况调研报告》。调研组认为，实践“绿色奥运”和空气质量保障工作取得的成效显著，北京市环境状况不断改善，生态建设成效显著。报告建议：加大工作力度，形成工作合力，确保各项保障措施落实到位；加强监督检查力度，确保企业环保设施稳定运行和关停到位；完善环境应急机制，为应对极端不利气象条件和突发环境事件做好准备；加强宣传教育，动员社会各界支持、参与“绿色奥运”活动同时以举办“绿色奥运”为契机，深化环境综合治理，构建区域联动的环境保护长效机制。国家副主席习近平、国务院副总理李克强，国务委员、北京奥运会组委会副主席刘延东等领导同志对报告做了批示。

2. 省地节能环保型住宅建设专题调研。5月20日至28日，人口资源环境委员会“省地节能环保型住宅建设”专题调研组一行15人，在刘志峰副主任的带队下，赴辽宁、上海、江苏调研。调研后形成并报送了《关于发展省地节能环保型住宅的调研报告》。调研组认为，省地节能环保型住宅建设工作初见成效得益于中央有关部门加强政策引导和调控以及地方政府制定了具体政策措施，然而发展省地环保节能型住宅仍然存在着标准不健全、技术集成度低；监管制度不完善，执行效果差；经济政策不配套，缺乏激励机制等问题。报告建议：完善标准体系，加强技术集成和推广应用；严格市场准入，强化监管；完善经济政策，建立健全激励机制；推行全装修成品房；高度重视既有住宅的改造。

3. 流动人口计划生育服务管理体制创新问题调研。6月，人口资源环境委员会以李金明、王少阶副主任为组长，赵炳礼委员为副组长的调研组，先后赴广东、浙江、湖南、安徽四省，就流动人口计划生育服务管理体制创新问题进行调研。调研后形成并报送了《关于流动人口计划生育服务体制创新的若干建议》。调研组认为，目前，流动人口计划生育服务管理存在不适应新形势发展需要，相关法制建设滞后，区域协作机制不健全，流出地、流入地服务管理职责不明确，服务管理的对象信息不清，服务管理和权益保障存在较大差距等问题。报告建议：转变观念，提高认识，坚持以人为本，努力做好流动人口的服务维权工作；完善服务管理体制，建立高效权威的专门机构；强化基本国策意识，加快立法进程；加快信息化建设，创新服务管理平台，建立信息互通共享机制；建立健全财政投入保障机制，促进基本公共服务均等化；尽早建立流入地和流出地协作有力责任共担的工作机制和考核体系。李克强副总理对报告做了批示。

4. 主体功能区规划与人口资源环境问题研究调研。4 月 28 日，人口资源环境委员会“主体功能区规划与人口资源环境问题研究”专题调研组在机关召开情况介绍会，听取国家发改委、国土资源部、环境保护部、国家人口计生委等四部委有关部门的负责同志介绍相关情况。此后，调研组在张维庆主任的带领下，先后于 5 月 26 日至 31 日赴青海、新疆，6 月 10 日至 14 日赴河南、湖北，7 月 6 日至 11 日赴上海、浙江、江苏，开展三个阶段的调研。随后，张维庆主任主持召开由调研组和发改委、国土资源部、环保部有关负责同志参加的总结研讨会，研讨调研报告思路，陈奎元副主席出席并讲话。此项调研形成并报送了题为《完善主体功能区规划编制，促进国土规范协调开发》的建议报告。报告认为，编制全国主体功能区规划，是落实科学发展观的一项重大战略举措，是实现可持续发展的百年大计。报告建议：加强宣传和学习，进一步解决认识问题；做好试点工作，完善编制方法和体系；充分发挥中央和地方两个积极性，注意尊重地方的首创精神；推进相关体制改革，细化配套政策；开展立法准备工作，提高主体功能区规划的权威性。温家宝总理、贾庆林主席、李克强副总理对报告做了重要批示。国家发改委对此非常重视，以文件的形式回复，对调研报告提出的问题和建议给予充分肯定。

5. 海南国际旅游岛建设调研。9 月 23 日至 28 日，以孙家正副主席为团长的全国政协“海南国际旅游岛建设”专题调研考察团一行 50 人赴海南省调研。人口资源环境委员会主任张维庆、海南省政协主席钟文、全国政协副秘书长林智敏、海南省副省长陈成担任副团长。外交部、国家发改委、公安部、财政部、国土资源部、商务部、文化部、中国人民银行、总参谋部、国家税务总局、海关总署、国家旅游局、国家民航局、国家文物局、国家外汇管理局等 15 个部委的有关负责同志参加调研。调研前，组织召开了海南国际旅游岛建设专题调研情况通报会。调研过程中紧紧围绕胡锦涛总书记在海南提出的“要大力发展以旅游业为龙头的现代服务业”、“提高旅游业国际化程度”的重要指示，深入实际、深入群众，广泛听取专家学者和当地干部群众的意见。调研后形成并报送了《关于海南国际旅游岛建设的调研报告》。考察团认为，建设海南国际旅游岛是探索科学发展道路的正确选择，符合中央大政方针的战略要求，在党中央、国务院的正确领导下，经过建省办特区的 20 年的努力，无论从硬件，还是从软件上来看，海南建设国际旅游岛基本条件已经具备，是切实可行的。报告建议：赋予更加开放便利的出入境政策；赋予优惠的旅游购物政策；赋予更加开放的航权政策；赋予更加开放的海洋旅游政策；赋予更加灵活的融资政策；赋予更加开放的旅游相关产业发展政策。温家宝总理、贾庆林主席、李克强副总理都做了重要批示。根据全国政协的建议，国务院作出统一部署，由国家发改委牵头组织有关部门进行认真研究，提出推进海南国际旅游岛建设的指导意见和若干突破性的具体政策。调研对海南国际旅游岛建设起了重要推动作用。

6. 城镇污水处理问题专题调研。王玉庆副主任率人口资源环境委员会“城镇污水处理问题”专题调研组，于9月1日至5日赴内蒙古、9月8日至11日赴江苏、9月16日至19日赴安徽开展调研活动。调研结束后形成并报送了《关于城镇污水处理情况的调研报告》。调研组认为，积极推进城镇污水处理设施建设是落实科学发展观、实现污染物减排的重要举措。加快发展城镇污水处理事业，是决定“十一五”水污染物减排目标能否顺利完成的最重要因素，也是改善水环境治理、保障城市水环境功能的关键措施。报告建议：建立规范、明确、协调有力的国家层面城镇污水处理管理体制；按照政企分开、政事分开的原则，加快推进城镇污水处理厂企业化改制；建立城镇污水处理设施建设和运行管理的评估考核制度，积极落实有关优惠政策。贾庆林主席、李克强副总理对报告做了批示。

7. 关于建立“三江源”生态补偿机制试验区的调研。9月7日至10日，人口资源环境委员会秦大河副主任率调研组一行12人就“三江源补偿机制试验区”专题赴青海省调研。调研结束后形成并报送了《人口资源环境委员会召开“三江源”生态补偿机制座谈会》的简报和《关于建立“三江源”生态补偿机制试验区的政策建议》的报告。报告建议：尽快成立直接隶属于国务院的生态补偿机制试验区建设领导组织管理机构，组织专门的队伍开展此项工作；加强前期政策调研和青海省政府的沟通协调，尽快确立“三江源”生态补偿机制试验区的范围；加快研究和制定支持和保障生态补偿机制试验区建设和生态补偿机制全面推行的法律法规。贾庆林主席在简报上作了重要批示，李克强副总理、刘延东国务委员在报告上做了批示。

8. 长江上游地区水电开发与环境保护调研。为了推动水电开发与自然环境和谐发展，10月8日至16日，人口资源环境委员会邵秉仁副主任率“长江中上游水电开发与环境保护”调研组赴云南、四川两省开展调研。调研结束后形成并报送了《关于长江上游水电开发与环境保护情况的调研报告》。报告建议：对长江上游所有水电项目进行一次专项检查，根据具体情况抓紧修订《长江流域综合利用规划》；改革完善水电项目核准的程序和标准；理顺水电建设和管理体制；探索生态环境补偿和水库移民补偿的长效机制。贾庆林主席、李克强副总理对报告做了批示。

9. 推进金沙江龙头水库比选，实施滇中调水工程调研。11月10日，全国政协副主席罗富和率“推进金沙江龙头水库比选，实施滇中调水工程”专题调研组一行30人赴云南省调研。民进中央、国家发改委、环保部、水利部的有关负责同志，中国水利水电科学研究院、水电水利规划设计总院的有关专家参加。此前，调研组先后听取了水利部、国家电监会、中国国际工程咨询总公司、中国工程院，以及国家发改委、环境保护部、住房和城乡建设部、国务院南水北调办、国家开发银行、中国水电水利规划总院等单位的情况介绍。该项调研没有在当年形成调研报告。

二、举办会议和论坛

1. 十一届全国政协人口资源环境委员会第一次主任会议。3月28日上午在北京召开。张维庆主任主持会议，16位副主任出席。会议研究确定了委员会副主任工作分工，审议通过了人口资源环境委员会 2008 年调研课题初步设想。会议决定，编制委员会五年工作规划。

2. 十一届全国政协人口资源环境委员会第一次全体会议。3 月 28 日下午在北京召开。张维庆主任主持会议并讲话，全国政协机关党组书记、副秘书长杨崇汇出席会议，江泽慧副主任主持会议，人口资源环境委员会 16 位副主任及委员共 60 余人出席会议。张维庆在会上指出，做好新一届全国政协人口资源环境委员会工作，必须认真学习贯彻党的十七大精神，紧紧围绕党中央关于人口、资源、环境领域的重大决策和部署，坚定不移地贯彻落实科学发展观，为经济社会全面协调可持续发展积极建言献策。他强调，做好人口资源环境委员会工作，应把握好以下几个方面：调研要突出重点，注重成果；要借鉴上届的好经验并注意总结新经验；工作应以全面协调可持续发展为核心，每年可组织或参与一两个具有较大影响力的论坛，作为年度工作的重点；推动与健康节能环保紧密相连的产业开发；充分利用各种社会活动作为载体开展人口资源环境工作；积极开展国际交流；重视反映社情民意；努力搭建信息平台，促进信息交流，实现资源共享。杨崇汇副秘书长向委员们介绍了全国政协及办公厅的有关情况。会议通报了人口资源环境委员会副主任工作分工和 2008 年调研课题初步设想。

3. 十一届全国政协人口资源环境委员会第二次主任会议。7 月 1 日下午召开。张维庆主任主持。会议主要议题：通报委员会近期工作情况；审议十一届全国政协人口资源环境委员会工作规则（讨论稿）；审议十一届全国政协人口资源环境委员会五年工作规划（讨论稿）。

4. 防治气象灾害座谈会。2 月 14 日，人口资源环境委员会联合经济委员会召开防治气象灾害座谈会。温克刚副主任主持，全国政协机关党组书记、副秘书长杨崇汇出席。会议围绕 2008 年年初我国低温雨雪冰冻极端天气的主要成因和在防治过程中存在的问题进行研讨，建议尽快建立健全重大气象灾害应急处置和信息共享机制；加强基础工程设施科学设计，提升应对气象灾害的能力；进一步加强气象灾害综合监测能力建设；加强全球气候变暖背景下极端气象灾害的预警预报和影响评估技术研究；进一步加强高速公路网络建设，加快高速公路管理体制改革；加快铁路发展，充分发挥铁路在抗御极端天气气候事件中的重要作用；完善电力安全应急机制，提高应急预案等级；完善城乡建设的防灾法规和防灾标准，提高城乡建设的防灾能力；加强农业和林业保险体系建设；加强应对极端气象灾害科普宣传，提高民众的自救互救能力。人口资源环境委员会和经济委员会有关气象、电力、铁道、交通、建设、农业等方面的委员和专家出席座谈会。会后形成并报送了《关于防治气象灾害的建议》。

5. “三江源生态补偿机制”座谈会。7 月 24 日上午，人口资源环境委员会张维庆主任主持召开“三江源生态补偿机制”座谈会。钱运录副主席兼秘书长，杨崇汇、林智敏副秘书长等出席。钱运录副主席兼秘书长强调指出，贾庆林主席高度重视三江源生态环境保护和建设工作，希望人资环委充分发挥专家和委员的作用，为三江源生态补偿试验区建设“建有据之言，献务实之策”。国家发展和改革委员会、财政部、环境保护部、农业部和国家林业局有关负责同志向委员介绍了建立健全三江源生态补偿机制的有关情况。

6. 武汉“两型社会”建设改革论坛。10 月 30 日，人口资源环境委员会与武汉市委、市政府、市政协共同举办的武汉“两型社会”建设改革论坛在武汉市开幕。全国政协郑万通副主席出席开幕式并讲话。中共中央政策研究室、国务院研究室、发改委等单位应邀出席。论坛以“改革试验与‘两型社会’建设”为主题，重点围绕转变经济发展方式，创新体制机制，统筹城乡协调发展等方面进行了深入研讨。论坛成果以委员会名义报党中央和国务院。全国政协还将继续关注支持武汉城市圈综合配套改革的推进，与地方政协联合调研，参政议政，出谋划策，为改革和发展创造条件。

7. 第五届中国森林城市论坛。11月17日至18日，由全国政协人口资源环境委员会、国家林业局等6单位联合组成的关注森林活动组委会在广州市举办第五届中国森林城市论坛。中共中央政治局委员、全国政协副主席、关注森林活动组委会主任王刚致信祝贺。全国政协副主席阿不来提·阿不都热西提出席论坛并致辞。人口资源环境委员会副主任江泽慧主持论坛开幕式。国内130多个城市市长和来自23个国家的城市市长代表或驻华使节参加了本次论坛。

8. 中国城市节能减排高峰论坛。11月18日至19日，人口资源环境委员会与国家发改委、环保部在北京共同举办“中国城市节能减排高峰论坛”，全国政协副主席张榕明出席开幕式并讲话。论坛开幕式由人口资源环境委员会张维庆主任主持。环保部副部长周建、发展改革委副秘书长马力强在开幕式上致辞。全国政协副秘书长王胜洪，部分地方政协主席，地方政协人资环委负责同志，部分城市市长、省（区、市）发改委和环保厅（局）负责同志共200人左右出席开幕式。论坛形成题为《大力推动节能减排，加快“两型社会”建设》的建议报告，报送党中央和国务院。

9. “青藏高原气候变化系统监测服务项目”座谈会。12月16日，人口资源环境委员会与西藏自治区政协在北京共同举办“青藏高原气候变化系统监测服务项目”座谈会。人资环委秦大河副主任主持会议，西藏自治区政协副主席乔元忠，部分全国政协委员以及中科院、中国气象局、水利部等有关方面的专家出席会议。

10. 中国首届人口、资源、环境发展态势分析会。12月22日至23日，由人口资源环境委员会发起，国家发改委、国土资源部、环境保护部、国家林业局等有关部门参与的“中国首届人口、资源、环境发展态势分析会”在北京召开。中共中央政治局常委、全国政协主席贾庆林对组织好会议专门作出重要批示。中共中央政治局委员、全国政协副主席王刚，全国政协副主席兼秘书长钱运录，全国政协机关党组书记、副秘书长杨祟汇，副秘书长仝广成、林智敏就贯彻贾庆林主席重要批示精神开好这次会议相继作出指示。22日上午的开幕式由人口资源环境委员会张维庆主任主持，全国政协副主席阿不来提·阿不都热西提出席并致辞。22日下午的会议由人口资源环境委员会副主任李元主持，全国政协副主席张梅颖出席并讲话。23日上午的闭幕式由人口资源环境委员会王玉庆副主任主持，全国政协副主席张榕明出席并讲话，张维庆主任作总结讲话。人口资源环境委员会部分委员，国务院办公厅、国家发改委、国土资源部、环保部、国资委、国家林业局、国家粮食局等有关部门负责同志，部分国有大型企业代表、专家学者，以及地方政协同志共130多人出席分析会。会后，向中央领导同志报送了20篇分析性信息专报和专题分析报告，得到党中央、国务院的高度重视，被采纳进入有关决策程序。分析会为政协专委会与政府部门及社会各界之间搭建了一个以分析为主要手段的政治协商和工作商谈的平台，受到广泛欢迎。

11. 全国暨地方政协人口资源环境委员会工作机构“建有据之言、献务实之策”专题研讨会。12月23日下午在北京召开。全国46个副省级以上政协人口资源环境委员会办公室负责同志出席会议。

三、积极参与抗震救灾

5月16日，刚刚陪同贾庆林主席出访归来的张维庆主任便召集委员会在京主任开会，就如何在抗震救灾中发挥作用进行研讨，并对做好抗震救灾工作提出了具体意见建议。此后，委员会又连续两次召开座谈会，围绕地震灾区灾后重建工作出谋划策，国务院抗震救灾总指挥部吸收采纳了委员会的有关建议。6月初，委员会在张维庆主任的提议下，向企业界委员发出捐建学校的倡议，积极参与灾后重建。林树哲、郭炎副主任，李猛、蒋丽芸委员伸出援助之手，奉献真诚爱心，共为灾区图书馆恢复重建捐赠300多万元。委员会主任、副主任、委员都在本单位以各种方式积极参与抗震救灾。充分体现了人民政协围绕中心、服务大局的光荣传统和政协委员为国分忧、为民解难的高尚情怀。

四、以信息提案等形式积极反映社情民意

全国政协人口资源环境委员会在专题调研和有关会议活动中，注意发现和收集重要的情况和建议，及时以政协信息的形式报送中共中央和国务院以及有关部门，供决策参考。一年以来，委员会报送政协信息素材24份，《关于实施“走出去”战略的建议》、《关于我国城乡用地增减挂钩的几点建议》、《建议建立“三江源”生态补偿试验区》、《建议取消“毛坯房”》、《大力推广沙生灌木生物质发电工程》、《关于支持、推广高防腐、低耗能、无污染、环保型STF建议》、《建立青藏高原高寒草地国家公园和发展高原野生动物养殖产业》等18份信息被全国政协信息局采用。报送了“关于中部崛起应坚持把农业放在优先发展的基础地位的提案”和“关于尽快建立长效机制加强我国西部地区生态保护的提案”，均被作为重要提案摘报送党中央、国务院领导和有关部门。张维庆主任撰写了《中国可持续发展的思考》，张黎副主任撰写了《建议以“国动委”模式整合完善应急机制》，中科院院士杨文采委员撰写了《关于国家公益性事业单位改革的几个问题》，受到党中央、国务院领导的高度重视和关注。

（*石秀燕* 编写　*白煜章* 审稿）

教科文卫体委员会　2008年，教科文卫体委员会在常委会和主席会议的领导下，围绕党和国家的中心工作，充分发挥界别优势，积极为我国教科文卫体各项事业的科学发展建言献策。全年共组织10项专题调研，举办了多场专题座谈会、研讨会、报告会、论坛等会议活动，报送调研报告9份、政协信息专报3份，编发《教科文卫体委员会通讯》3期。

一、为四川汶川特大地震抗震救灾和灾后重建献计出力

1. 5月29日，委员会召开“为抗震救灾和灾后重建工作献计出力”座谈会。会议学习了贾庆林主席在第四次主席会议上的讲话精神，并围绕支援抗震救灾、灾后重建、科技减灾等问题提出建设性意见和建议。会议由徐冠华主任主持，江绍高、杨胜群、张文康、栾恩杰副主任及委员、专家20余人出席会议。会后将委员们的意见和建议汇总形成书面材料，报送国务院有关部门。6月26日，全国政协副主席、科技部部长万钢在报送科技部的材料上批示：“全国政协教科文卫体委员会的委员心系灾区，情满抗震救灾恢复重

建，在汶川地震救助阶段，科技界全国政协委员在各自的工作岗位上，如在遥感信息、灾情分析、综合咨询、应急救援、疫情防处、救助设备、灾民安置、次生灾害处理等等方面做了大量贡献。我在政协主席会、贾主席视察灾区座谈会和国务院会议上已多次报告。这次座谈会委员们又提出了真知灼见，许多建议为科技部参与灾区恢复重建工作提出了指导，我部应高度重视。”

2. 委员会副主任栾恩杰专门致信贾庆林主席，就组织专家到地震灾区进行“科学考察”等问题提出意见和建议。贾主席对信中的意见和建议作出重要批示，委员会及时将批示及有关材料转送国家汶川地震灾后重建规划组、科技部、住房和城乡建设部、水利部、中国地震局、国家减灾委等部门。以上各部门就此专门作了答复。

3. 组织召开“四川汶川特大地震相关情况”报告会。为落实贾庆林主席对第八、九、十届全国政协常委金日光提出的关于召开“地震灾害预警系统建设座谈会”的来信的批示，以及徐冠华主任对港澳台侨委员会转来的国际中国环境基金会董事长何平先生“关于就汶川地震预报预防情况举行听证的建议”的批示，委员会组织了“四川汶川特大地震相关情况报告会”，邀请国家汶川地震专家委员会主任、中国科学院院士马宗晋作“世界巨灾和汶川 8.0 级地震”专题报告。会上，与会委员还就汶川地震的成因与机理、国内外地震预报监测的研究和进展、汶川地震灾后的“科学考察”和恢复重建等问题，进行了认真交流探讨，提出意见和建议。会后，贾庆林主席在委员会报送的报告上作出重要批示：“教科文卫体委员会对常委和专家建议办理及时、高效，也创造了一种新的建言献策方式，请继续跟踪。”

4. 8 月 19 日，徐冠华主任主持召开《国家汶川地震灾后恢复重建总体规划（公开征求意见稿）》征求意见座谈会。蒋作君副秘书长，于永湛、江绍高、栾恩杰副主任及委员、专家十余人在会议上就四川地震灾区灾后恢复重建问题提出意见建议。会后将意见建议汇总报送至相关部门。

5. 10 月 7～10 日，委员会组织科技、文化、医卫和体育界 50 多位委员、专家，深入地震灾区绵阳市三台县开展“三下乡”慰问活动。慰问团在当地举办了《“同一首歌”特别节目——凝聚每份爱》大型慰问演出，为当地基层干部群众举办科普、书画、疾病预防等方面的知识讲座，对当地中学进行了体育教学辅导，与当地书画爱好者共同举办书画笔会，医卫界委员和专家还为基层群众进行义诊会诊活动。配合上述慰问活动，委员会还联系委员及有关方面，向灾区捐赠现金及急救车、电脑、儿童乐园设备、电话机、科普资料等物品，总值达 1000 多万元。

6. 积极帮助中国科学院心理研究所筹集 50 万元资金，专项用于地震灾区群众心理救援工作。

二、承办政协十一届二次常委会议部分专题讨论

按照统一安排，委员会承担了十一届二次常委会“深化文化体制改革，推动文化大发展大繁荣”和“优先发展教育和建立基本医疗卫生制度”两个专题讨论的策划、筹备和组织。委员会多次召开会议进行研究，以多种形式组织委员围绕议题开展调研，分别邀请相关界别委员、国务院有关部门负责人及专家学者等针对选题意向及发言内容进行座谈。在此基础上，委员会组织 30 多名委员撰写了会议书面发言稿，并根据常委会议及专题讨论的要求，逐一与委员就发言内容作了认真研究和仔细推敲，保证了常委会议专题讨论委

员发言的质量和水平。委员们提出的许多意见建议，得到与会的国务院领导及相关部门负责同志的肯定。

三、开展专题调研活动

1. 教育组开展“义务教育均衡发展”专题调研。9月，教育组与教育部、财政部、国家发改委就“义务教育均衡发展”问题组成联合调研组，由赵沁平副主任、钟秉林委员任组长，分别赴浙江、云南两省进行调研，郑万通副主席参加了云南的调研。调研组认真听取教育主管部门及学校方面的情况介绍，实地考察基层中小学，与学校教师代表多次进行座谈、交流。在广泛、深入调研的基础上，形成了《义务教育均衡发展问题的调研报告》，对我国义务教育均衡发展问题提出意见和建议。王刚副主席批示后，刘延东国务委员作出批示：“义务教育均衡发展系当前教育改革与发展的重点问题。政协深入调研提出的建议针对性强，切合实际。请教育部认真阅研，在广泛听取各方意见的基础上，商相关部门研究改革措施，并纳入规划纲要，进一步促进我国义务教育的均衡发展。”

2. 科技组开展“技术创新政策落实情况”、“国家重大科技专项启动情况”、“全民科学素质行动计划纲要落实情况”专题调研。5～10月间，张景安委员、邬贺铨委员、齐让常委分别率领“技术创新政策落实情况”、“国家重大科技专项启动情况”和“全民科学素质行动计划纲要落实情况”专题调研组，分赴浙江、河南、辽宁、上海、江苏、广东、陕西、新疆、山东等省市区，以及中国农科院、北京市中关村科技园区海淀园、中国科学院等单位开展了12次实地调研和考察活动。为配合三项调研活动，科技组先后组织了4场专题报告会和1场调研情况通报会，分别邀请中组部、中宣部、国家发改委、教育部、科技部、工业和信息化部、财政部、人力资源和社会保障部、环境保护部、农业部、卫生部、国家税务总局、中国科协等部门的有关负责同志到会，或围绕调研课题介绍相关情况，或与调研组座谈、交换意见。共形成《关于推进技术创新政策落实的意见建议》、《建立科学的管理体系是实施国家重大科技专项的重要保障》、《关于〈全民科学素质行动计划纲要〉实施情况的报告》3个主报告，以及9个分报告。在《建立科学的管理体系是实施国家重大科技专项的重要保障》调研报告中，王刚副主席批示后，刘延东国务委员批示：“全国政协的调研报告，对重大专项实施中存在的问题和原因，分析深刻，切中要害。所提建议针对性强，请万钢、学勇、兆伦、晓强、少春同志阅研。在落实上次专项汇报会精神中，充分吸收调研报告的建议。涉及的体制、机制和政策问题涉及面宽，请商有关方面提出意见。”根据调研内容，调研组还报送了《大飞机专项应整合人才资源和实现技术共享》信息专报，国务委员刘延东、国务院副总理张德江作了批示。

3. 文化组开展“出版发行体制改革”、“美术创作和艺术品市场”、“将‘艺术学’提升为高等教育学科门类”专题调研。

5～6月，由于永湛、江绍高副主任带队，文化组和外事委员会部分委员，会同国家新闻出版总署组成联合调研组，先后赴上海、四川、辽宁、北京就我国的“出版发行体制改革”问题展开调研。调研组通过实地考察和召开专题座谈会，深入全面地了解了我国出版发行体制改革的进展状况、取得的成绩和经验、改革进程中遇到的突出困难和问题以及未来的改革走向等问题。通过调研，形成《关于我国出版发行体制改革的调研报告》，报送中共中央、国务院。于永湛副主任根据本项调研情况，在全国政协十一届二次常委会上做了题为《深化改革，推动出版发行业大发展大繁荣》的大会发言。

9～11月，由覃志刚副主任带队，文化组部分委员，中央美术学院、中国美术馆有关专家，与中宣部、文化部、国务院法制办组成联合调研组，先后赴上海、浙江、重庆就“美术创作和艺术品市场”问题展开调研。调研组深入了解我国当前美术创作的现状，艺术品市场发展过程中存在的诸如“拍假”“假拍”、市场管理混乱、相关法律法规不健全等突出问题，形成《关于美术创作和艺术品市场的调研报告》，报送中共中央、国务院。

11月，由蒋作君副秘书长、江绍高副主任、张秋俭副主任和吴祖强常委带队，文化组部分委员及有关专家学者，赴部分在京艺术院校，就“将‘艺术学’提升为高等教育学科门类”问题展开调研。形成《关于美术创作和艺术品市场的调研报告》报送中共中央、国务院。刘云山同志在报告上批示：“蔡武同志：这是一份很有价值的调研报告。艺术品市场发展很快令人高兴，存在的问题也令人忧虑。如何引导艺术品市场健康发展，如何加强和管理艺术品市场，是文化部门应该关注和解决的。几点建设性意见有针对性，请予重视。”刘延东同志批示：“政协的报告很深入，所提建议很有针对性。请蔡武同志阅研。文化部要认真研究，积极谋划，进一步加强艺术品市场管理，推动美术创作和艺术品市场健康繁荣发展。”

4. 医卫组开展“医学教育改革与基层卫生人才培养”、“农村卫生工作”专题调研。

5月22日，张文康副主任主持召开“医学教育改革与基层卫生人才培养”专题报告会，邀请教育部、人力资源和社会保障部、卫生部等有关部委负责同志介绍相关情况。张梅颖副主席出席报告会，蒋作君副秘书长及部分医卫界委员、农工党中央医卫委和九三学社北京市委的代表共20多人听取了情况介绍并座谈。6～7月间，以张梅颖副主席为顾问、蒋作君副秘书长和张大宁副主任为组长，全国政协部分医卫界委员和国家发改委、教育部、卫生部、人力资源和社会保障部组成“医学教育改革与基层卫生人才培养”联合调研组，先后赴上海、石家庄、齐齐哈尔进行实地调研。调研组成员通过实地考察、听取地方政府情况介绍和召开专题座谈会的形式，广泛听取了医学教育工作者和基层卫生人员的意见和要求。经调研组多次研究讨论，完成《关于医学教育改革与基层卫生人才培养的调研报告》报送中共中央和国务院，国务委员刘延东同志对报告作了批示。张大宁副主任和李立明委员就调研中关于基层卫生人才培养和医学教育改革的内容，在十一届二次常委会上分别做了大会发言。

为了深入了解我国农村卫生工作的现状，张文康副主任率医卫组与卫生部、农工党中央组成的联合调研组就“农村卫生工作”问题分别赴云南、湖南、湖北进行专题调研，同时，邀请各省（自治区、直辖市）政协相关委员会在当地进行协作调研。在专题调研和研讨会的基础上完成专题调研报告《关于进一步做好农村卫生工作的意见和建议》，报送中共中央和国务院。

5. 体育组围绕“加强我国青少年和学校体育工作”专题，邀请河北等12个省市政协相关专委会在当地开展协作调研。

四、举办专题研讨会、论坛、座谈会等活动

1. “第二届中国职业教育振兴论坛”。

12月5日，委员会与国家发改委、教育部、人力资源和社会保障部、中华职业教育社、中国职业技术教育学会联合举办主题为“改革开放三十年与践行科学发展观”的“第二届中国职业教育振兴论坛”。论坛由赵沁平、张秋俭副主任主持，郑万通副主席出席并致词，教育、文化、科技、经济界部分委员以及有关部委负责同志、民主党派中央负责人、地方政协代表、高等院校及研究机构专家学者、职业教育院校代表、企业和行业协会代表等共100余人参加。论坛回顾改革开放30年职业教育的发展历程，探讨当前职业教育所面临的问题，提出了促进我国职业教育发展的政策建议。

2.“建立国家基本药物制度，保证人民群众基本用药”专题研讨会。10月21日，张文康副主任在北京主持召开“建立国家基本药物制度，保证人民群众基本用药”专题研讨会。会议邀请国家发改委、人力资源和社会保障部、卫生部、农工党中央、国家食品药品监督管理局、国家中医药管理局等有关部门的负责同志介绍相关情况，与会人员共同研究、探讨建立基本药物制度工作中存在的困难和问题，提出今后建立国家基本药物制度的思路和对策建议。陈宗兴副主席出席会议，医卫界部分委员、专家学者、农工党中央和有关部委负责同志，以及15个省（自治区、直辖市）政协相关委员会负责同志共100余人参加会议。会后形成专题研讨会报告《关于建立国家基本药物制度，保证人民群众基本用药的意见和建议》报送中共中央和国务院，并编印《“建立国家基本药物制度，保证群众基本用药”研讨会论文集》。

3.“农村卫生工作”专题研讨会。为配合做好“农村卫生工作”专题调研，11月16～21日，张文康、张秋俭副主任在浙江省杭州市、宁波市主持召开“农村卫生工作”专题研讨会。会议听取了卫生部有关负责同志介绍基本情况，分析研讨了农村卫生工作中存在的问题及对策，地方政协就农村卫生工作专题进行协作调研的情况进行了交流。部分医卫界委员、农工党中央和卫生部有关负责同志及25个省（自治区、直辖市）政协相关委员会及办公室负责同志参加会议。

4.召开“全国政协教科文卫体委员会与首都部分新闻媒体座谈会”。9月上旬，由徐冠华主任主持召开与首都部分新闻媒体座谈会，研究探讨进一步加强委员会工作的宣传报道。蒋作君副秘书长，江绍高、赵沁平副主任，研究室新闻局，以及《人民政协报》、《中国政协》、《科技日报》、《中国教育报》、《文化报》、《健康报》、《中国体育报》等单位负责人应邀出席。与会同志就如何进一步加强委员会工作的新闻宣传、调动和保护委员参政议政的积极性、推动委员会各项工作的有效开展等问题，提出很好的意见和建议，并就今后加强委员会与各新闻媒体之间的交流合作达成共识。

五、为北京奥运会的顺利筹备和成功举办加油鼓劲

1.4月18日，组织部分体育界、文化艺术界委员赴国家体育总局国家体操队和乒乓球队看望并慰问了备战奥运的运动员、教练员。胡家燕副主任、蒋作君副秘书长代表委员们表达了他们对中国体育健儿的敬意与祝福，鼓励中国体育健儿发扬顽强拼搏、连续作战的精神，争取在奥运会上取得佳绩，为国争光。

2.5月24日，与提案委员会联合组织部分委员，赴国家体育场（鸟巢）考察“好运北京测试赛”——2008中国田径公开赛观众文明观赛情况。

3.6月30日，召开“同心协力迎奥

运——全国政协委员迎接2008年北京奥运会座谈会”。王刚副主席出席并讲话，全国政协副主席兼秘书长钱运录，副秘书长杨崇汇、蒋作君，教科文卫体委员会副主任江绍高、胡家燕，国家体育总局副局长崔大林，北京奥组委执行副主席蒋效愚，中国奥委会名誉主席、国际奥委会委员何振梁，中国奥委会副主席张发强等领导出席座谈会，徐冠华主任主持会议。部分体育界新老委员、国家体育总局和北京奥组委、国家民委等相关部门负责人、北京市政协部分委员及有关部门负责人共百余人出席座谈会。与会同志一致表达了对北京奥运会、残奥会的热切期盼、关注和支持，对如何用世界眼光进一步做好筹备工作并成功举办，提出了许多建设性意见和建议。

六、传统工作和经常性工作

1. 举办教科文卫体界2008年新春茶话会。1月17日，在政协礼堂三楼举办教科文卫体界新春茶话会，新老委员和各界人士欢聚一堂，共迎新春。全国人大常委会副委员长路甬祥，全国政协副主席白立忱、罗豪才、阿不来提·阿不都热西提、张怀西、李蒙、张梅颖，秘书长郑万通，教科文卫体委员会主任刘忠德，全国人大教科文卫委员会主任朱丽兰，全国政协教科文卫体委员会副主任于友先、韦钰、孙隆椿、杨伟光、宋金升、张发强、赵喜明、徐善衍、傅庚辰、蔡睿贤、王巨才、方兆祥，全国政协副秘书长杨崇汇、蒋作君、卢昌华、王胜洪和国务院有关部委负责人及教科文卫体界政协委员、各界代表人士400余人出席茶话会。傅庚辰副主任代表教科文卫体委员会致辞。

2. 召开委员会全体会议。3月31日，委员会召开全体会议，认真学习贾庆林主席2003年3月31日在全国政协专委会主任会议上的讲话、《中国人民政治协商会议专门委员会通则》、《全国政协关于加强和改进专题调研工作的意见》等文件，并按照教育、科技、文化、医卫和体育工作领域进行了工作分组，各组研究讨论了2008年度工作要点。徐冠华主任在会议上讲话，方兆祥副主任主持会议，蒋作君副秘书长，于永湛、刘长乐、江绍高、杨胜群、张大宁、陈晓光、栾恩杰、高敬德、覃志刚、霍震霆副主任和委员会委员80余人出席。

3. 开展教师节慰问活动。9月初，张梅颖副主席任团长，蒋作君副秘书长、江绍高副主任任副团长，组织教育、文化、体育界委员及教育专家、企业家30余人慰问团赴陕西省延安甘泉县开展教师节慰问活动，向当地中小学校赠送教学设备，向基层教师赠送慰问金和慰问品，举办“天下讲堂延安行”讲座，邀请多名国内教育专家与当地教师共同分享职业体验和教育经验。之后，委员会又与民盟中央、香港新世界集团在贵阳市举办“大山的脊梁——感动贵州的教师们”评选颁奖活动，向贵州省优秀中小学教师颁发奖状、奖金。

4. 考察有关疫苗生产企业。9月，医卫组组织部分委员赴杭州、上海考察了有关疫苗生产企业。为了改进国内疫苗的研制、生产、流通状况，委员们将以提案的方式进行监督。

5. 召开科技情况报告会。年初，应科学技术部要求，组织情况报告会，请时任科技部部长的万钢副主席向十届、十一届全国政协科技界、科协界政协委员通报科技工作情况，并与委员座谈。

6. 答复国务院法制办有关法律、法规征求意见稿。先后以召开座谈会等方式向部分委员征求国务院法制办送来的《教育督导条例》（修改稿）、《博物馆条例》（草案）、《非物质文化遗产保护法》（草案)、《手机媒体服务管理条例》(草案)等法律法规的意见和建议，汇总后反馈给国务院法制办。

7. 9月，联合全国政协书画室、国家文物局主办了文化组苏士澍委员的“心系灾区 情寄文物——苏士澍金石书法捐赠展”。

8. 开展委员讲座活动。先后邀请邬贺铨、黄大昉委员作“下一代互联网络技术和生物技术的发展”和“生物技术的今天和未来”专题讲座。

(田 晶 编写 张接应 审稿)

社会和法制委员会 2008年，社会和法制委员会坚持以邓小平理论和“三个代表”重要思想为指导，深入贯彻落实科学发展观，认真学习中共十七大、十七届二中、三中全会以及中央一系列重要指示精神，按照常委会议和主席会议的部署，积极履行职能，努力开拓创新，工作取得较好的成果。

一、加强学习，准确领会中央精神，充实业务知识。

1. 11月5日，邀请中国社会科学院农村发展研究所杜志雄研究员作关于学习十七届三中全会精神的报告。2. 结合专题调研题目，邀请有关部委同志就“新型农村社会养老保险试点情况”、“改革和完善司法经费保障体制”、“婚姻家庭中的人身权利保护”、“法律职业队伍建设”、“志愿服务与和谐社会”、“建立和完善多元化矛盾纠纷解决机制”等专题作报告，为委员了解相关情况、开展深入调研提供条件。3. 针对经济社会生活中的热点问题举办知识讲座，12月10日邀请摩根大通集团中国区首席执行官方方作“金融海啸的背景及中国的对策分析”讲座。

二、围绕加快社会建设、健全社会主义法制开展调研考察。

1. 就“法律职业队伍建设”专题进行调研，张福森主任带队，于6月、7月、8月、11月赴北京、内蒙古、江苏、辽宁，形成《实行分类管理改革，加强法官、检察官队伍建设》的调研报告。

2. 就“新型农村社会养老保险试点情况”专题进行调研，王东进副主任带队，于5月先后赴广东、陕西、山东、河南、北京五省(市)了解相关情况，蒋作君副秘书长参加了调研，形成《关于我国新型农村社会养老保险试点情况的调查报告》。

3. 就“刑事被害人救助”专题进行调研，万鄂湘副主任带队，于5月赴安徽、广东、云南，形成《关于刑事被害人救助问题的调研报告》。

4. 就“婚姻家庭中的人身权利保护”专题进行调研，赵少华、江蓝生副主任带队，于6月赴湖南、浙江，并考察了北京市女子监狱，形成《关于婚姻家庭中的人身权利保护情况的调研报告》。

5. 就“改革和完善司法经费保障体制”专题进行调研，孙明山副主任带队，分别于6月、8月、9月赴江苏、宁夏、湖北开展调研，形成《改革和完善司法经费保障机制的调研报告》。

6. 就“建立和完善多元化纠纷解决机制”专题进行调研，秦玉琴副主任带队，于9月赴福建、浙江，形成《关于建立和完善多元化纠纷解决机制的调研报告》。

7. 就“志愿服务与和谐社会建设”专题进行调研，王东进副主任带队，分别于7月赴青海调研西部欠发达地区志愿服务工作开展情况，10月赴北京考察奥运志愿服务相关情况，11月赴广东调研东部发达地区志愿服务工作开展情况，12月赴香港考察义务工作情况，形成《关于志愿服务与和谐社会建设情况的调查报告》。

8. 就“见义勇为人员权益保障”专题进行调研，张穹副主任带队，于11月赴贵州、海南调研，形成《关于我国见义勇为人员权益保障问题的调查报告》。

9. 就“职业病防治情况”专题进行考察，张俊九副主任带队，于9月赴河南、云南，形成《关于职业病防治情况专题考察报告》。

三、为有关部门出台重要文件、制定法律法规提供参考意见。

1. 为中央政法委起草《关于深化司法体制改革的意见》提出参考意见，10月9日，组织部分委员对中央政法委送来的《关于深化司法体制改革的意见（草案）》进行讨论，杨崇汇副秘书长，张福森主任，蒋作君副秘书长，万鄂湘、朱孝清、孙明山、张穹副主任出席，提出15条修改意见；10月20日，中央政法委周本顺秘书长、王其江副秘书长等再次到政协当面听取意见，张福森主任、万鄂湘、朱孝清、孙明山副主任出席。两次会上，委员们提出的修改意见，绝大多数都被采纳。

2. 为中央外宣办和外交部牵头制定的《国家人权行动计划》提供“政治协商制度完善发展的相关情况”和“扩大公民有序政治参与，政治协商、民主决策”两方面的资料。由王东进副主任负责，组织力量对与上述两方面内容相关的文件材料进行了认真梳理，以有关中央文件、中央领导人的相关讲话、人民政协的规章制度等为基础，汇总整理出了较为详尽的资料提供给中央外宣办。

3. 组织委员就国务院法制办送来《中华人民共和国劳动合同法实施条例（草案）》、《女职工劳动保护条例（修订草案）》、《中华人民共和国行政监察法（修订草案送审稿）》、《中华人民共和国非物质文化遗产保护法（征求意见稿）》等法律法规草案，最高人民法院送来《关于人民法院将民事案件交由调解人调解的若干规定（征求意见稿）》进行讨论，或书面征求有关委员意见，并及时反馈有关部门，其中不少意见建议被采纳。

四、关注经济社会发展中的重大事件，积极建言献策、履行职能。

1. 针对西藏“3·14”严重打砸抢烧事件，在十一届政协二次常委会上，将胡永柱常委提供的《加强藏区寺庙工作，维护西南社会稳定》、蒙进喜常委提供的《从西藏拉萨“3·14”事件看加强藏区寺庙管理问题》两份材料，通过政协信息的形式向中央有关领导报送，为促进民族团结、维护边疆稳定建言献策，得到全国政协领导的重视和批示。

2. “5·12”汶川特大地震发生后，及时调整工作计划，取消了原定赴四川的调研，以利于灾区人民集中精力抗震救灾，并通过各种渠道争取资金和物资支援灾区人民，与中华慈善总会联系，争取到60万元，协助四川省政协在四川雅安碧峰峡修建小学。

3. 北京奥运会结束后，考察了北京市奥运志愿服务的相关情况。

五、组织有关会议、活动

1. 4月8日，在京召开十一届政协社会和法制委员会第一次全体会议，传达贾庆林主席在专门委员会主任会议上的讲话，审议委员会2008年度工作计划。张福森主任主持，万鄂湘、王东进、江蓝生、许仲林、孙明山、张穹、罗平飞、赵少华、高金榜副主任出席。北京市政协社会和法制委员会负责同志列席。

2. 11月5日至8日，“全国政协暨各省区市政协社会和法制委员会工作座谈会”在重庆召开。阿不来提·阿不都热西提副主席出席并讲话。张福森主任主持。重庆市政协主席邢元敏致欢迎辞。许仲林、秦玉琴、王东进、朱孝清、高金榜副主任出席。各省区市政协社法委及办公室负责人130余人参加。

3.7月，承担政协十一届二次常委会“扩大就业，深化收入分配制度改革”和“加快建立社会保障体系，完善社会管理”两个专题的筹备与组织服务工作。组织常委、专家发言稿件36篇，邀请国家发展和改革委员会、民政部、财政部、人力资源和社会保障部、国家信访局、国务院研究室等部门负责同志参加会议，与常委讨论交流。贾庆林主席、陈奎元、黄孟复、钱运录、李金华、陈宗兴副主席出席了两个专题组的讨论。

4. 完成2009年1月举办的全国政协总工会和妇联界委员迎新春座谈会的筹备组织服务工作，40多位在京总工会和妇联界委员出席座谈会。贾庆林主席，王刚副主席，钱运录副主席兼秘书长等全国政协领导会见并宴请与会委员。

5. 积极开展对外交流与合作，拓展工作视野。11月4日，张福森主任在北京会见了日本丸红株式会社法定代表人、常务执行董事安江英行先生一行，双方就企业遵纪守法及企业内部法律机构设置问题进行了探讨。

（宋家宏 编写　许海星 审稿）

民族和宗教委员会　2008年，民族和宗教委员会牢牢把握各民族共同团结奋斗、共同繁荣发展的主题，注重发挥宗教界人士和信教群众在促进经济社会发展中的积极作用，积极指导、支持、协助“中宗和”开展对外交往工作，抓重点，抓成效，在履行职能上取得新的成果。

一、民族工作

1.4月至8月，就“抵御渗透，进一步加强边境地区少数民族群众收听广播、收看电视工作的有关问题”，组成调研组赴云南、新疆边境地区进行调研，形成的《关于加强边境地区少数民族群众收听广播、收看电视工作的几个问题和建议》专题调研报告，受到李长春、王刚、刘云山、刘延东等中央领导同志高度重视，李长春同志批示：“此调研很好，提的建议也很宝贵。解决边境地区听广播、看电视既是民心工程，又是文化工程和政治工程，要高度重视。请广电总局会同财政部、发改委提出解决方案，在认真研究的基础上，开一次边境地区广播电视工作会议，彻底解决一下。”

2.7月下旬至9月上旬，就“推动西藏和其他藏区稳定问题”，组成调研组赴西藏、青海、云南进行调研。通过听取当地党委、政府工作情况汇报，分别召开寺庙管理人员、僧人代表以及参与“3·14”事件有悔改表现人员参加的多场座谈会，认真分析解剖“3·14邑事件的深层次原因，针对藏传佛教寺庙管理、僧人教育管理、学经班管理，特别是宗教部门和党政机构工作比较薄弱等方面的突出问题，就加强党对宗教工作的领导，加强西藏和其他藏区藏传佛教寺庙班子建设、思想建设和制度建设提出具体建议。形成了《切实加强藏传佛教寺庙的建设与管理，不断推进西藏和其他藏区稳定和发展》专题调研报告。

3.9月、11月，就改革开放30年来民族地区经济社会发展情况，特别是农牧渔业的发展情况，组织委员分别赴甘肃、广西进行考察。帮助委员知情明政，实地了解民族地区改革开放30年来的巨大变化，切身感受各民族共同团结奋斗、共同繁荣发展的不平凡历程。通过甘肃的考察，提出了深入贯彻落实科学发展观、实施有区域差别的经济政策、实现甘南地区经济社会又好又快发展的建议，形成了《关于甘肃省少数民族地区改革开放30周年经济社会发展及农牧区建设情况的考察报告》。通过广西的考察，提出了进一步解放思想、多项措施并举加大扶贫力度、重视引进和培养各类人才、增强民族地区发展后劲的建议，形成了《关于广西壮族自治区改革开放30周年经济社会发展及农、渔业情况的考察报告》。

二、宗教工作

1.5月至9月，针对名山大寺管理体制不顺、政府部门协调不力、市场化影响及利益分配不合理、侵犯宗教界合法权益、影响到社会和谐稳定等突出矛盾和问题，组成调研组赴河南、湖北、山西进行调研。阿不来提·阿不都热西提副主席参加调研。调研组就突出和彰显名山大寺传统文化和宗教特色，从国家层面进一步理顺管理体制，解决好利益分配问题，切实保障宗教界合法权益等方面提出意见，形成了《当前风景名胜区宗教活动场所管理情况的调查及建议》专题调研报告。

2.6月至7月，就“发挥宗教界人士和信教群众在促进经济社会发展中的积极作用问题”，组成调研组赴浙江、广东、内蒙古进行调研，同时请各省区市政协民宗委在当地协同调研。针对各地在思想认识、工作实践以及政策法规方面存在的影响和制约宗教界发挥积极作用的问题进行了深入分析和探讨。

3.9月中旬，会同国家宗教局在内蒙古包头市共同举办了发挥宗教界积极作用研讨会。阿不来提·阿不都热西提副主席出席会议。结合6月至7月在浙江、广东、内蒙古的实地调研情况，全国及地方政协民宗委、政府宗教部门、各全国性宗教团体的代表深入交流研讨，就做好新形势下宗教工作达成几点共识。针对存在的问题提出了建议：一是要在各级党政干部中开展马克思主义宗教观和宗教工作方针政策学习培训，把思想认识统一到中央精神上来；二是要严格依法管理宗教事务，依法保护宗教界合法权益；三是要抓紧健全、完善我国的宗教法规和政策体系；四是要加强宗教工作的舆论宣传，真正形成尊重公民信仰自由的社会氛围，把广大信教群众团结在党和政府周围，共同致力于全面建设小康社会的宏伟目标。会后，向党中央、国务院报送了《关于发挥宗教界积极作用研讨会的情况报告》。

三、自身建设

1.加强学习，增强信心。针对本届民宗委新委员多、未从事过民族和宗教工作的委员多的状况，委员会把加强学习作为首要任务。全年共举办9次专题讲座，分别介绍了我国当前民族、宗教工作的形势和任务、西藏工作的方针政策、我国五大宗教的基本知识以及“中宗和”的工作。通过学习，使委员进一步了解掌握党的民族和宗教工作基本理论和方针政策，认识到民宗委在协调关系、汇聚力量、建言献策、服务大局方面所具有的独特优势，找准议政建言的着力点。

12月26日，召开纪念改革开放30周年座谈会，邀请五届政协以来民宗委的新老委员共聚一堂，学习胡锦涛同志在纪念党的十一届三中全会召开30周年大会上的重要讲话精神，回顾和总结改革开放以来人民政协民族、宗教工作的发展历程和主要经验，进一步增强履行职能的信心，以改革创新精神推动民宗委工作创新发展。

2.加强联系，关注民生。民宗委在日常工作中，注重了解民族界、宗教界人士热点关注的问题以及他们所联系的少数民族群众、信教群众的意见、愿望和呼声，收集和整理反映重要情况的信息23条，其中，贾庆林主席、回良玉副总理在宗教界委员关于《灾区宗教教职人员救助和宗教活动场所恢复重建应纳入灾后恢复重建工作范围》的信息上作了重要批示；

李克强、王岐山副总理和杜青林副主席也对有关信息作了批示。

3. 加强交流，增进共识。十一届民宗委成立后，田聪明主任分别与五大宗教领袖进行不拘形式的思想交流，积极探讨工作中的难点问题，研究如何做好本届民宗委工作。同时，进行广泛的调查研究，通过座谈、走访、交换意见等方式实地了解现状和存在的问题，共同研究在市场经济条件下推动民族地区经济发展、加紧培养合格宗教人才等问题。

会同中央统战部、全国人大民委、国家民委、国家宗教局举办联谊活动，参加宁夏回族自治区、广西壮族自治区成立50周年庆典活动。进一步促进部门之间、委员之间、特别是与各宗教团体和民族界、宗教界人士之间的联系，广交朋友，扩大共识。

（窦 文 编写 卫元琪 审稿）

港澳台侨委员会 2008年度，港澳台侨委员会共召开主任会议、在京主任会议、在京委员会议，京外委员会议6次，委员会主任、副主任和委员出席各类活动37项，境外访问7次，接待来访团组14个，接待港澳台侨人士近1000人次，调研3项，组织港澳委员考察3次。

一、围绕纪念改革开放30周年主题，紧密结合专题常委会题目，深入进行调研工作，积极建言献策。

1. 就“如何发挥海外侨胞和归侨侨眷优势和作用，扩大对外开放”开展调研。5月至6月，林兆枢副主任率调研组先后在广州、江门、深圳、上海、杭州、宁波、丽水和温州进行调研，了解当前侨情新变化和存在的主要问题，对如何发挥海外侨胞和归侨侨眷优势和作用、扩大对外开放提出建议。调研报告受到全国政协领导的重视，贾庆林主席和杜青林副主席对调研报告作出重要批示。

2. 就“发挥好港澳人士在改革开放中的作用”开展调研。5月，陈佐洱副主任带领调研组赴广东进行了深入调研，调研组调查了新形势下，内地在发挥港澳人士服务国家改革开放工作面临着一些新的问题，并提出建议。调研报告形成了专题发言材料，由陈佐洱副主任代表委员会在政协十一届第二次常委会议上作了大会发言。

3. 就“台资企业转型和创新”开展专题调研。为全面深入了解台资企业基本状况、转型升级和创新发展情况，陈云林主任率领调研组，于9月在浙江、江苏、广东、福建等省进行调研。调研组就支持和帮助台资企业克服困难，实现转型升级和创新发展提出了建议，为近期中央出台的政策提供了重要参考。

二、结合各地工作实际和突发性重大事件，认真组织港澳委员考察，努力为他们履行职能服务。

1. 组织香港全国政协委员赴安徽考察。5月，以王凤超副主任为顾问、刘汉铨常委为团长的香港委员考察团76人赴安徽，考察了黄山、宣城等地，并出席了在黄山市举行的第四届中国国际徽商大会。并就安徽进一步加大对外开放、发挥科教优势、挖掘历史人文资源、扩大皖港各领域的交流合作等方面提出了意见建议。

2. 组织澳门全国政协委员赴青海考察。8月底9月初，以徐泽常委为团长的澳门委员考察团30余人赴青海，考察当地经济社会发展、生态环境保护、教育和旅游资源开发等方面情况。通过考察，委员们增进了对青海省情和投资环境的了解，加深了对中央政府关于推进民族地区发展有关扶持政策的理解。并对青海今后的发展提出了具体意见和建议。委员们捐资100万澳元用于支持青海省教育事业发展。

3. 组织香港全国政协委员赴四川地震灾区考察。在四川汶川特大地震发生后，委员会及时调整方案，于9月组织港澳委员赴四川省考察。董建华副主席亲自率考察团深入地震重灾区考察灾情和灾后重建工作。考察期间，董建华副主席多次利用晚上时间召集香港委员座谈，为灾区的重建工作出谋划策。委员们表示，香港将发挥自身优势，积极参与四川地震灾区恢复重建工作，并希望港川在以往合作成果的基础上，扩大两地行业协会交流，加强产业分工合作，加强科技信息人才交流，加强现代物流业、信息服务业、旅游业、会展业合作以及劳务合作等，实现两地共赢发展。

4. 积极组织台联界委员赴广西考察。委员会加强与全国台联的合作，共同组织台联界委员考察了桂林、南丹、凭祥、南宁等地，深入了解当地经济和社会发展、少数民族地区工作及对台工作现状等情况，提出了不少有价值的意见和建议。

三、精心搭建平台，力求工作创新。

1. 召开全国各省区市政协港澳台侨工作研讨会。11月，委员会主办了全国各省、区、市政协港澳台侨工作研讨会，认真学习贯彻胡锦涛总书记和贾庆林主席等中央领导同志关于港澳台侨工作的重要讲话精神，总结交流人民政协港澳台侨工作经验，研究探讨港澳台侨工作所面临的新形势，对创新政协港澳台侨委员会工作的新举措，开拓人民政协港澳台侨工作的新局面进行探索。委员会主任、部分副主任、20位在京委员和全国45个副省级以上政协港澳台侨委员会领导和办公室负责人150多人与会。中共中央政治局委员、全国政协副主席王刚亲切会见了出席研讨会的全体代表并发表重要讲话。陈云林主任、李炳才副主任向会议介绍了11月初赴台与台湾海基会举行协商的有关情况。外交部何亚非副部长，港澳办张晓明副主任，国侨办许又声副主任分别作了关于当前国际形势、港澳工作形势、侨务工作形势的报告。12个省市政协港澳台侨委员会的同志根据“新形势下政协港澳台侨工作思考”的主题先后发言，进行研讨交流。

2. 举办以歌颂改革开放30年为主题的“中国心·中华情”中美（华人）合唱音乐会。11月9日，经过认真筹备，委员会主办了一台旨在代表海外华侨华人，讴歌中国改革开放30周年丰硕成果的“中国心·中华情”中美（华人）合唱音乐会。邀请了来自美国达拉斯中国旅美人士专业协会合唱团的50多位团员，与北京广播之友合唱团团员共同在北京世纪剧院演出。全国政协副主席孙家正等领导观看了演出并对演出给予较高的评价。参加合唱音乐会的华人团员，包括部分来自台湾的侨胞，大多数人是第一次来到大陆，他们亲眼目睹中国改革开放30年来翻天覆地的变化，受到了巨大的震撼。这次活动是人民政协侨务工作搭建与海外联系、联谊平台，为进一步凝聚海内外中华儿女爱国热情的一次成功尝试。

（三）组织“中国河洛文化研究会代表团”赴台湾访问。应台湾“中国青年大陆研究文教基金会”的邀请，以“中国河洛文化研究会”的名义，组织委员会办公室和全国政协机关干部于2009年1月初进入台湾岛内进行交流访问。通过这次入岛交流，增进对台湾民众特别是对台湾青年一代的心理、情感诉求的了解，增信释疑，拓宽政协对台交流渠道，建立政协对台交流平台。

四、进一步加强与港澳台侨同胞的联系，积极发挥他们的优势和作用。

1. 及时传达全国政协有关会议精神，

沟通情况。5月，在深圳召开港澳委员会议，委员会陈佐洱、陈绍基副主任传达了全国政协领导讲话精神和委员会2008年工作要点。7月，全国政协副主席兼秘书长钱运录在深圳向港澳委员传达了十一届政协第二次常委会会议精神。

2. 向曾任十届全国政协港澳委员的港澳人士颁发荣誉证书。5月，委员会办公室人员陪同杨崇汇副秘书长赴香港、澳门，向曾任十届政协委员的港澳人士颁发纪念证书和荣誉牌，肯定他们为人民政协事业所作出的贡献，使他们倍感亲切和温暖。

3. 组织各种形式的报告会，加强学习。组织香港委员听取对台工作形势报告会、登月工程报告会等。

4. 支持港澳委员踊跃捐赠，为灾区重建倾情相助。从年初南方的特大低温雨雪冰冻灾害到5月历史罕见的四川汶川特大地震，广大港澳委员在救灾捐献中积极踊跃，表现出了血浓于水的骨肉深情。在抗震救灾过程中，港澳地区全国政协委员向灾区共捐款2.67多亿元港币和1.63多亿元人民币。

5. 为奥运会成功举办做好组织服务工作。委员会认真落实领导指示，在港澳台侨人士国庆观光团、列席全国政协会议海外侨胞中，积极宣传举办奥运会的意义，积极支持和配合全国政协港澳委员和海外侨胞的捐建工作。在北京奥运会和残奥会隆重举办之际，委员会邀请部分台湾嘉宾参加奥运会、残奥会的开幕式和闭幕式活动，收到良好效果。

五、稳妥拓展政协侨务工作渠道，积极支持海外侨胞议政建言。

1. 做好海外侨胞列席政协大会工作。3月，全国政协邀请了来自16个国家的30位海外侨胞列席全国政协十一届一次会议。会议期间，全国政协副主席、致公党中央主席万钢，国务院侨办主任李海峰、副主任许又声，中国侨联主席林军等领导同志分别会见宴请了列席侨胞。列席侨胞还与全国政协港澳台侨委员会办公室、国务院侨办国外司、外交部领事司等有关部门负责人就如何进一步做好海外侨务工作、人民政协的海外联谊工作等内容进行了专题交流与探讨。列席侨胞提供了20余篇建议文章，分送国务院12个部委和相关部门研究。

2. 在海外专家学者中征集专题常委会议建言献策文章。委员会广泛联系海外华侨华人和相关专家学者，向他们征集了41篇建议性文章，编辑整理22篇，形成《海外专家学者关于进一步推进改革、提高对外开放水平和加快推进以改善民生为重点的社会建设的意见和建议》论文集，提交常委会议参阅，并将另外的19篇分送相关部委和省市研究参考。

3. 组织海外列席政协大会侨胞回国考察。10月下旬，委员会邀请来自世界9个国家的19位曾列席全国政协全体会议的海外侨胞，在河南省、河北省和北京等地，就港澳台侨人士在中国中部崛起战略中的重要作用、港澳台侨人士在当地投资创业等情况进行参观考察。考察团成员根据自身专业领域，站在国际的角度，围绕加大改革开放、加强科技合作、交通设施建设、发展教育旅游文化事业、加快经济社会发展、环境保护等问题提出了许多有价值的意见建议，并有一些合作项目，受到当地党政领导的高度重视，取得了较好效果。

六、在“请进来”、“走出去”中扩大联谊，积极宣传中国特色的协商民主。

1. “请进来”中的来访接待工作。贾庆林主席会见了美国知名华人律师莫虎夫妇一行。委员会接待了“台湾公职人员助理2008年大陆参访团”等23个团组500

多人次。邀请了世界知名台商参访团先后赴北京、新疆和福建参观访问。邀请港澳台侨人士来京参加国庆59周年观光活动。接待了香港“清华明日领袖培训计划2008”参访团，香港省级政协委员国情研讨班，香港客属各界京津访问团，香港青少年学生参访团，香港博爱医院第59届董事局参访团等团组委员会。接待了加拿大多伦多香港社团负责人访华团、菲律宾菲华各界联合会访华团，美国各地台胞社团负责人访问团、西班牙富恩拉夫拉达市市长率领的企业家协会访华团、意大利罗马华侨华人联合总会访问团、美国北美参政华人访华团、菲律宾菲华商联总会访华团等团组的300多位新老朋友。委员会领导积极宣传人民政协的职能和中国特色的协商民主形式，增进了相互了解，扩大了友好交流，为驻在国华侨华人的生存和发展方面作了一些有益的工作。

2.“走出去”中的看望慰问工作。陈佐洱副主任赴香港参加了“庄世平光辉事迹展”、出席了香港省级政协委员联谊会成立二周年庆祝活动。林兆枢副主任出席香港侨界社团联会第三届会董就职典礼。应我驻德国大使馆邀请，林兆枢副主任率代表团赴德国出席在柏林举行的“欧洲华侨华人社团联合会第十五届大会”，并先后到柏林、汉堡、法兰克福、纽伦堡、慕尼黑等地走访侨社、慰问侨胞，了解侨情，并着重就如何做好外台胞、藏胞的工作问题进行调研。

委员会领导和委员出席中央“五侨”“六台”和各地举办的各种活动。如承办了中央“五侨”联合举办的2008年首都侨界新春茶话会，参加了首都侨商暨归侨侨眷代表人士新春联谊会、中央“五侨”、“六台”领导联席会议、纪念司徒美堂先生诞辰140周年座谈会、2008华侨华人创业发展洽谈会、“湖北·武汉台湾周”活动等。陪同国家领导人会见参加奥运会、残奥会开、闭幕式海外侨胞。第四届中俄区域合作论坛——佳木斯会议、广州新侨回国创业成果交流会、中国侨商联合会第三次会员代表大会、“侨务工作与改革开放30周年座谈会”、第一届世界江门青年大会、第二届世界温州人大会等多项活动。

（刘文涛 编写　吕　虹 审稿）

外事委员会　2008年，外事委员会按照常委会和主席会议的工作部署，落实贾庆林主席在本届政协第一次专门委员会主任会议上提出的要求，突出重点、讲求质量、发挥优势、开拓创新，全年共开展专题调研2项，形成专题调研报告3份；组织参观考察1次；组团出访2次，接待来访团体2个；举办专题座谈会、研讨会4次。

一、开展专题调研

为拓展新时期我国对外开放的广度和深度，探索提升沿边沿疆开放水平的新思路和新途径，外委会“涉外经济”小组先后对云南省和黑龙江省拟申请设立跨境经贸合作区问题进行了专题调研。调研组实地考察了云南、黑龙江两省的重点口岸，召开系列座谈会，听取地方政府及部门的情况介绍，征询基层干部和企业的意见和建议，形成了《探索设立中越、中老和中缅国家级跨境经贸合作区，进一步提升云南省对外开放水平》和《推动建立中俄跨境经贸合作区，进一步提升黑龙江省对外开放水平》两个调研报告。报告提出的建立跨境经贸合作区的构想，符合当今世界区域合作的大潮流，是新形势下我国提升特殊经济功能区的创新思维，如果得以妥当落实，将成为推动实施我国沿边开放战略的新路子。报告还提出，建立跨境经贸合作区，应按照我国“首重周边，拓展全球”的外交总体布局，全面规划，突出重点，先易后难，循序渐进。根据实地考察的情况，报告认为云南、黑龙江两省建立跨境经贸合作区的条件已基本具备，建议着手启动相关工作。赴黑龙江调研组在报告中还提出了关于更好发挥黑龙江省在对俄经贸合作中的作用，全面提升我国沿边对外开放水平的思考。贾庆林主席、王岐山副总理对调研报告作了重要批示，王岐山副总理在批示中要求商务部会同有关部门对调研报告中所提建议进行认真研究后提出意见上报。目前，云南、黑龙江两省正在认真落实中央领导同志的指示，积极做好跨境经贸合作区的筹建工作。

随着我国对外开放的不断扩大，来华外国人逐年增多，外国人非法入境、非法居留、非法就业（简称“三非”）问题日渐突出，给我国外事管理和社会管理带来了新的难题。为探寻解决此难题的途径，外委会派出调研组赴上海、浙江和广东，进行了专题调研。调研组先后在各地召开了近20场座谈会、研讨会，听取地方政府及有关部门、地方政协的情况介绍；深入各地进行实地考察，走访外国人较集中的社区，广泛听取各方面意见。最后，形成了《关于加强在华“三非”外国人管理的调研报告》。报告分析了在华“三非”外国人管理面临的形势和问题，提出了改进和加强“三非”外国人管理工作的建议，为政府解决外国人“三非”问题提供了重要参考。除调研报告外，调研组还对部分调研成果进行挖掘、深化，提交了“关于建议授权广东省承担在华外国人管理试点任务”的提案。公安部在答复中表示赞同提案提出的建议，并将部署广东等地公安机关就相关问题加强调研，总结推广经验，完善工作措施。

二、承办第二次常委会议有关专题

2008年7月上旬举行的常委会议，是十一届全国政协召开的第一次专题议政性的常委会议。会议的主要议题是“进一步推进改革和提高对外开放水平”和“加快推进以改善民生为重点的社会建设”。在分设的7个专题中，外事委员会负责承办第三专题“拓展对外开放广度和深度，提高开放型经济水平”。会前，委员会做了大量准备工作，搜集相关资料，组织调查研究。会议期间，委员会特别邀请中国社会科学院、国务院发展研究中心、全国政协经济委员会和外事委员会的六位专家学者与会作专题发言，组织18位委员、26人次在小组讨论会上作有准备的发言。与会委员围绕确保国家经济安全、推动新一轮对外开放、提升沿边开放水平和支持中国企业“走出去”等问题展开热烈讨论，提出了许多有分量、有价值的意见和建议。

三、召开座谈会、研讨会

按照全国政协的统一安排，委员会就《国家汶川地震灾后恢复重建总体规划（公开征求意见稿）》召开座谈会，提出修改意见，并就灾后重建指导思想、恢复重建工作重点、恢复重建资金额度及使用等问题深入探讨，积极为抗震救灾和灾后恢复重建工作献计献策。

国际问题小组先后以涉台外交、国际金融危机为题召开研讨会，就做好新形势下的涉台外交工作、妥善应对国际金融危机等问题进行认真研讨。会后上报了“关于台海两岸关系新形势下的涉台外交问题”、“应对国际金融危机宜内外兼顾、综合施策”等信息。

公共外交小组以“我国的公共外交与国际影响力”为题召开座谈会。全国政协外委会的部分委员，中央和国务院有关部门的代表，高等院校、研究机构、新闻媒体和社会团体的专家学者共30多人出席了座谈会。在2天的研讨中，与会人员就加强我国的公共外交工作提出了许多意见和建议。拟以外委会名义提交提案，并向全国政协十一届二次会议提交一份发言稿。

四、组织委员考察

为使委员更好地参政议政，在改革开放30年之际，委员会组织委员赴安徽考察，了解改革开放之初凤阳小岗村率先实行家庭联产承包制的艰难创举以及30年来当地发生的巨大变化、新农村建设情况和经济社会发展建设成就。考察期间，委员们听取了省、市、县有关部门的情况介绍，重点考察了地方企业、科研院所、农村以及皖南地区的特色人文建设情况，并就当地经济社会和文化发展中的有关问题提出了许多建设性的意见和建议。

五、开展对外交流

2008年国内外大事频发，根据中央精神，配合国家外交整体部署，委员会统筹兼顾，妥善安排，调整并压缩了出访和接待计划。一年来，委员会邀请并接待了巴巴多斯参议员代表团，应邀派代表出席了在洛杉矶举行的美国太平洋国际政策理事会第13届年会。在配合其他涉外单位开展工作方面，接待了澳大利亚政治交流理事会代表团、萨尔瓦多国民议会议员代表团、美国中国问题专家代表团。此外，部分委员还参与了全国政协的高层对外交往活动。

在对外活动中，我们本着多做工作、增进了解、发展友谊、促进合作的方针，介绍我国改革开放30年来的发展成就和北京奥运会的有关情况，宣传我国和平发展道路和建设和谐世界的主张，介绍中国共产党领导的多党合作和政治协商制度及人民政协在我国政治生活中的地位和作用，积极推动委员会与外国相关组织机构的友好联系。

六、就美国向台出售武器问题发表谈话

2008年10月3日，美国宣布实施向台湾地区出售价值64.63亿美元先进武器装备的计划。为维护我国核心利益，外委会按照统一部署，代表参加中国人民政治协商会议的各党派团体和各族各界人士，以外委会负责人名义对外发表谈话，对美国政府严重干涉中国内政，蓄意给两岸关系和平发展制造障碍的错误行径表示强烈愤慨和坚决反对，对中国政府就此向美方表明的严正立场表示坚决支持。

七、启动“21世纪论坛”筹备工作

每届一次的“21世纪论坛”会议是全国政协主办的高层次学术性国际会议，在国内外有较高的知名度和影响力。本届“21世纪论坛”会议拟于2010年举行。作为主要承办单位，外委会成立了筹备工作小组，先后召开了五次会议，邀请外交部、国防大学的专家介绍国际形势，并就会议选题与有关专委会进行了沟通，形成了初步意见。

2008年委员会的工作主要有以下几个特点：一是起步稳、工作实。2008年是十一届全国政协和外事委员会工作的开局之年，国内外重大事件频发，委员会成员中新委员多、现职领导多，这些情况使委员会工作和活动的开展受到一定影响和制约。据此，委员会在工作思路上强调要着眼大局、服从大局，起步要稳、工作要实。一方面注意加强自身建设，组织委员学习时事政治、政协理论和《专门委员会通则》，把握大局大势，了解自身职责，掌握工作规律；组织新老委员座谈，交流工作经验体会。另一方面在工作中坚持“少而精、量力而行、注重质量”的原则，不求多、不求全，注意突出重点，讲求实效。

二是依托专题小组开展活动。根据全体会议讨论意见，结合委员本人意愿，委员会设立了“国际问题”、“涉外经济”和

"公共外交"三个专题小组。一年来，这三个专题小组根据委员会工作的整体安排，结合自身特点和优势，开展了多种形式的活动，做了大量富有创造性的工作，成效十分显著。实践证明，专题小组为委员履行职责、发挥作用提供了一个良好平台，有效地调动了委员参政议政的积极性，同时也为委员会开展工作提供了强有力的抓手。

三是重视与有关方面的合作。委员会十分注意加强与党政部门、学术机构、地方政协以及全国政协其他专门委员会的协作，在专题调研、考察、对外交往、座谈研讨、"论坛"筹备等工作中得到了其他单位的大力支持和帮助，同时委员会也积极配合和协助其他单位开展了许多工作。委员会先后与黑龙江、辽宁、山西、云南、新疆和西藏等地政协互通信息、交流工作情况，为今后进一步合作建立了良好的关系。

（冯燕华 编写 钱 方 审稿）

文史和学习委员会 2008年，文史和学习委员会在常委会和主席会议的领导下，坚持以邓小平理论和"三个代表"重要思想为指导，深入学习实践科学发展观，保持政协文史和学习工作特色，努力开拓创新，开创了文史和学习工作的良好局面。2008年，文史工作成果丰硕，认真贯彻全国政协文史工作座谈会精神，十一届政协文史工作取得良好开局；学习工作在贾庆林主席等全国政协领导同志的亲切关怀下，继往开来、与时俱进，得到了蓬勃发展，取得了显著成绩。

文史工作

一、全国暨地方政协文史委员会主任会议

5月20日至22日，全国暨地方政协文史委员会主任会议在江西南昌召开。会议主要议题：落实2007年全国政协文史工作座谈会精神和《政协全国委员会关于加强文史资料工作的意见》，讨论新一届政协文史工作的设想和安排，制定新一届政协文史资料选题协作规划。张梅颖副主席出席开幕会并讲话。卞晋平副秘书长传达了全国政协文史工作座谈会的精神。陈福今主任作了《本届政协文史工作的设想和思路及选题协作规划》的工作报告，郑欣淼、钟起煌、桑结加、崔占福、梁华副主任，各省、自治区、直辖市、副省级市政协分管文史工作的副主席、文史委主任、文史办主任，各民主党派中央、全国工商联史料或宣传部门的负责同志共180余人参加了会议。与会同志认真交流学习贯彻全国政协文史工作座谈会精神的经验和体会，深入研究本届政协文史工作的思路和文史资料征集编辑出版大协作的选题计划。会后，文史和学习委员会将《会议纪要》和《本届政协文史资料协作选题规划》以全国政协办公厅文件的形式印发给各地政协。

二、《亲历改革开放30年》征文活动

5月，委员会和《人民政协报》社联合举办"亲历改革开放30年"征文活动，请广大政协委员以第一人称记述自己在改革开放30年中的亲身经历，并择优在《人民政协报》开辟专栏刊登。征文活动共收到全国各级政协委员来稿600余篇并结集出版。12月24日，委员会举办了《亲历改革开放30年》出版座谈会，陈奎元副主席出席座谈会，陈福今主任讲话，杨崇汇、仝广成副秘书长、崔占福、毛福民副主任、中宣部和新闻出版总署的负责同志和部分作者代表出席。

三、文史资料编辑出版工作

《共和国亲历、亲见、亲闻书系》是十届政协制定的系列选题，旨在推动建国后史料征集工作。2008年，该书系的编辑出版工作取得了新的进展。《温州民营经济的兴起和发展》、《工业学大庆》、《经济特区建设》均已出版，《治理黄河》进入出版程序。《中越边境贸易的发展》、《民族自治区及自治州、县的成立历程》、《考古发现亲历记（续集）》也征集到了丰富的稿件。

《中国少数民族文史资料书系》是全面反映我国少数民族一个世纪以来发展变化的大型丛书。今年以来，在相关省（自治区）政协和各少数民族聚集的市、州、县政协的积极参与下，专题征编工作取得了显著的进展。《达斡尔族百年实录》、《鄂伦春族百年实录》、《鄂温克族百年实录》已出版，《仡佬族百年实录》、《水族百年实录》已完成编审任务，进入出版阶段。《苗族百年实录》和《布依族百年实录》等少数民族史料也已完成大部分的组稿任务。

《共和国亲历亲见亲闻丛书》是本届政协文史资料协作的重要选题之一，该丛书由安徽省政协牵头，从已出版的文史书刊中精选史料价值较高、可读性较强的文章汇编成册，以展示多年来各地政协征集出版建国后史料的成果，作为庆祝建国60周年献礼图书。8月，委员会专程组织人员赴安徽研究该专题的编辑出版工作。目前，该丛书已进入最后定稿阶段。

委员会还紧密结合近年来组织的大运河保护与申遗、非物质文化遗产保护与传承等专题考察和调研活动，在相关地方政协的配合下，积极开展文化遗产类专题的征集出版工作。《名人故居博览》、《中国大运河画册》、《运河名城丛书》等专题史料的征集工作进展顺利。

为了进一步推动西安事变史料的征集和研究工作，根据贾主席的有关批示，委员会成立了西安事变资料收集研究小组，由崔占福副主任任组长，吸收部分委员和相关学者参加。11月13日，小组举行了第一次全体会议，初步研究了开展工作的相关事宜。

民主党派、工商联史料和港澳文史资料是人民政协文史资料工作的重要组成部分。做好上述史料的征集工作，有助于巩固和发展最广泛的爱国统一战线，更好地坚持“一国两制”伟大方针，促进祖国和平统一。4月，崔占福副主任主持召开各民主党派中央、全国工商联史料征集座谈会，向与会同志通报全国政协文史和学习委员会本年度工作安排，交流文史资料工作情况，商讨民主党派、工商联文史资料的重点征集对象和重点选题。会议明确了今后委员会与各民主党派中央、全国工商联的合作方式，决定建立联系会议制度，轮流主持，定期召开，积极推进各民主党派、工商联史料工作。

四、港澳文史资料工作

11月初，陈福今主任带队赴香港、澳门出席文史资料征集和抢救工作研讨会。计佑铭、施子清、梁华副主任出席会议，数十位港澳政协委员和知名人士就建立新一届政协港澳文史资料工作机制、推进港澳文史资料征集和抢救工作、启动港澳知名人士音像史料和《香港与共和国同行》专题文史资料征集工作等事宜进行了深入的讨论，为做好本届政协的港澳文史资料工作打下了良好基础。

五、专题考察、调研

6月，陈奎元副主席带队组织“大运河保护与申遗跟踪调研”，数十位政协委员和专家学者分为三个组，分赴山东、江苏、浙江运河沿线城市调研，浙江组同时进行了西湖申遗的调研。9月下旬，在江苏淮安举办了大运河保护与申遗高峰论坛，罗富和副主席到会讲话，中央各有关部委和运河沿线30多个城市的代表出席，就如何在当前城市建设、经济发展的形势下进一步做好大运河保护与申遗工作进行了深入研讨。11月下旬，又组织委员和专家跟踪调研大运河河北段。

8月底，委员会组织委员、专家赴陕西、广西就非物质文化遗产保护与传承的情况进行了为期10天的专题调研。通过召开座谈会、听取汇报、现场观看展演，访问考察点、收集有关资料等方式，深入了解了陕西和广西非物质文化遗产保护工作的情况及存在问题。此次调研形成的报告于12月9日在《光明日报》全文刊登。

为了更好地继承和弘扬中华民族传统文化，6月，委员会与中国艺术研究院、中国文物保护基金会共同举办“盛世华光——摹本壁画展”，贾庆林主席和王刚、阿不来提·阿不都热西提、张榕明副主席等先后参观展览。

六、举办第一期全国政协文史干部培训班

12月11日至12月17日，委员会在中央社会主义学院举办了十一届全国政协第一期文史干部培训班。毛福民副主任主持开班仪式并作动员讲话，陈福今主任、卞晋平副主任、郑欣淼副主任出席了开班仪式，崔占福副主任出席结业仪式并讲话。各省、自治区、直辖市政协及部分市、区、县政协的120名专职文史干部参加了学习培训。本期培训班以如何做好新时期文史资料工作为主线，安排了文史资料专业课和相关业务课6讲。通过系统的学习和交流，大家进一步明确了文史资料工作的重要性、特殊性，以及与相关学科的联系和区别，受到了一次系统的文史资料专业培训，坚定了做好政协文史工作的信心。

学习工作

一、常委会学习讲座

文史和学习委员会着眼于人民政协事业长远发展，立足广大常委的履职需求，坚持围绕中心、服务大局，密切配合党和国家中心工作，根据不同时期国际国内形势和社会关注的热点、焦点以及涉及国计民生的重大问题，精心策划选题，认真组织常委会学习讲座，努力为常委会组成人员充实知识、拓宽视野、把握时势、知情明政做好服务，不断提高履行职能的整体水平。2008年度组织了十一届全国政协常委会第一、二次学习讲座，分别邀请北京奥运会组委会执行副主席蒋效愚、中国藏学研究中心总干事拉巴平措在第一次学习讲座上主讲《奥林匹克运动及其人文精神》和《所谓“西藏问题”的历史由来及现状》，全国政协常委、国家发展和改革委员会副主任、国家能源局局长张国宝在第二次学习讲座上主讲《我国能源形势和发展战略问题》。

二、全国政协委员学习研讨班

文史和学习委员会认真落实贾庆林主席关于委员培训的指示精神，认真制定方案，把组织委员集中学习作为委员会工作的重中之重来抓。2008年举办了2期委员学习研讨班，第一期由新任在京全国政协委员参加，第二期由来自华北、西北和东北地区的全国政协委员参加，共计573人，占委员总数的25.6%。学习研讨班以贯彻落实十七大精神、深入学习实践科学发展观、学习《中共中央关于加强人民政协工作的意见》和人民政协理论与规章制度为重点，深入研讨怎样当好一名政协委员，如何做好提案、视察、专题调研、反映社情民意、大会发言、文史资料等政协经常性工作，全面提高履行政治协商、民主监督和参政议政职能的能力和水平。贾庆林主席出席第一期学习研讨班开班式并作重要讲话，接见参加第二期学习研讨班的委员并合影留念；王刚副主席和钱运录副主席兼秘书长出席两期学习研讨班并讲话。陈福今主任，卞晋平、毛福民、崔占福副主任出席并主持学习研讨班有关活动。学习研讨班收到了很好的效果，得到全国政协领导同志和广大委员的充分肯定。很多新委员表示，通过学习，熟悉了履行职能所需要的各种知识，解决了许多困惑和问题，使自己迅速转换并进入政协委员的角色。很多京外委员说，在学习研讨班上听到了高水平的讲课，能和不同省市不同界别的委员在一起交流，收获很大，希望全国政协多组织这样的学习活动。

文史和学习委员会 2008 年的主要工作经验体会包括：深入学习实践科学发展观，统筹兼顾、重点突出地完成好各项工作任务；围绕中心、服务大局，始终紧扣全国政协常委会议、主席会议的总体安排开展工作；坚持团结、民主两大主题，努力营造内和外顺、和衷共济的良好工作氛围。

（张华明 编写 许水涛 审稿）

【对外交往】

贾庆林主席访问罗马尼亚、匈牙利、斯洛文尼亚、克罗地亚 2008 年 5 月 4 日至 14 日，应罗马尼亚参议院议长沃克罗尤、匈牙利国会主席西里、斯洛文尼亚国民委员会主席卡弗契奇、克罗地亚议会议长贝比奇邀请，全国政协主席贾庆林对上述四国进行正式友好访问。贾庆林主席的主要陪同人员有全国政协副主席兼秘书长钱运录，全国政协人口资源环境委员会主任张维庆，北京市政协主席阳安江，外交部副部长张业遂，商务部副部长于广洲，民进中央副主席冯骥才。访问期间，贾主席分别与四国总统、总理、议长等主要领导人举行会见和会谈，在罗马尼亚参议院全体会议上发表题为“继往开来，共创友谊与合作的美好明天”的演讲，分别与中匈企业家共进早餐、会见中斯企业家理事会会议代表、出席中克经贸论坛并致辞。贾主席还会见了匈前总理、罗友好人士，并访问了匈牙利罗兰大学孔子学院。

通过访问，巩固和促进了我与四国友好合作关系。贾主席强调我与四国传统友谊深入人心，发展双边关系具备广泛民意基础，提出保持高层互访、深化经贸合作、促进人文交流、加强议会交往等一系列推动双边关系发展的思路和建议。四国领导人完全赞同贾主席对双边关系的积极评价和建议，表示高度重视发展对华关系，愿深化与中国在各领域的务实合作。访问推动了双边经贸领域的务实合作，四国领导人感谢中方为促进双边贸易均衡发展做出的积极努力。访问期间，与有关国家签署了多项经贸、文化和采购协议。四国领导人和各界人士对我改革开放 30 年取得的巨大成就表示钦佩，赞赏我科学发展观、和平发展道路、互利共赢开放战略及和谐世界等理念，对与中国扩大合作，共享发展机遇充满信心。贾主席与四国领导人就国际形势、朝核、伊核、科索沃、气候变化等国际热点问题交换意见，阐明了我有关原则和立场。四国高度评价中国在国际事务中的重要地位和建设性作用。四国领导人表示，积极支持本国议会和有关机构同全国政协开展多层次、多领域的交流与合作，以学习和借鉴各自的治国理政经验。

贾庆林主席访问约旦、土耳其、老挝、柬埔寨 2008 年 11 月 23 日至 12 月 6 日，应约旦参议院议长里法伊、土耳其大国民议会议长托普坦、老挝人民革命党中央政治局委员、建国阵线中央委员会主席西沙瓦和柬埔寨参议院主席谢辛的邀请，全国政协主席贾庆林对上述四国进行了正式友好访问。贾庆林主席的主要陪同人员有全国政协副秘书长杨崇汇，全国政协外事委员会主任赵启正，广东省政协主席陈绍基，外交部副部长武大伟，商务部副部长陈健，全国政协副秘书长王胜洪，九三学社中央委员会副主席马大龙等。访问期间，四国元首、政府首脑、议会和相关机构主要负责人分别与贾主席在亲切、友好、坦诚的气氛中进行了会见、会谈，重点就深化合作、共同应对国际金融危机及共同关心的重大问题深入交换意见，达成广泛共识。四国总共为贾主席安排58场活动，社会各界人士参与贾主席相关活动。贾主席分别与四国领导人出席了我与四国有关友好交流、经贸、经援、能源、科技、教育的15个合作文件和20个商务合同的签字仪式，向约旦参议院和众议院、老挝建国阵线和柬埔寨参议院分别赠送办公设备和交通工具，增进了友谊，密切了关系。在土耳其召开中资企业座谈会，听取企业情况汇报，并就实施“走出去”战略发表重要讲话。贾主席出席中柬建交50周年庆祝大会和300名企业家参与的中土经贸合作论坛，发表重要演讲，介绍我国改革开放30年取得的巨大成就，阐述我和平发展、致力于建立和谐世界的理念，支持四国探索符合本国国情的发展道路和维护稳定、发展经济的努力。此访广泛涉及我与四国政治、经济、人文各领域交流合作，内容丰富充实，维护传统友谊、促进务实合作的重点突出，达到了“巩固友谊、深化互信、促进合作、共同发展”的目的，取得圆满成功。贾主席积极评价我与四国关系发展取得的成果，重申我对发展与四国关系的积极态度，提出保持高层互访、深化经贸合作、促进人文交流等思路和建议。四国领导人完全赞同贾主席对双边关系的评价和建议，均强调从本国长远发展的战略高度看待与我关系，愿进一步密切同我国全面合作关系。贾主席阐述我对国际金融危机的看法、主张和应对措施，强调中国保持经济平稳发展本身就是对世界经济稳定的重要贡献；表示我愿与四国加强合作，共度时艰。四国高度评价中国应对金融危机的出色表现和负责任态度，希望中国为促进世界经济稳定发挥更大作用，愿意学习借鉴中国发展模式和成功经验，与中方合作应对金融危机。贾主席在各种场合介绍我国多党合作和政治协商制度，促进了全国政协同四国相关机构的合作。四国领导人表示，积极支持本国议会和相关机构同全国政协开展多层次、多领域交流合作，共同促进双边关系发展。

（冯燕华 编写 钱 方 审稿）

重要来访团组情况

▲2008年3月30日至4月5日，应贾庆林主席邀请，加纳议长塞基·休斯及其率领的代表团一行19人访华。期间，吴邦国委员长在人民大会堂会见，全国人大外事委员会副主任委员查培新、副秘书长曹卫洲、孙伟，全国政协副秘书长王胜洪，外交部副部长张业遂，全国政协外事委员会副主任韩方明和加纳驻华大使唐科等参加会见。贾庆林主席在人民大会堂会见并举行欢迎宴会，全国政协副秘书长杨崇汇，经济委员会主任张左己，副秘书长王胜洪、仝广成，外交部副部长张业遂，全国政协外事委员会副主任韩方明和加纳驻华大使唐科等参加会见和宴请。阿不来提·阿不都热西提副主席在政协礼堂会见并宴请。外事委员会副主任韩方明和加纳驻华大使唐科等参加会见。外委会副主任韩方明陪同休斯议长一行访问了北京、四川、上海。

▲2008年5月6日至5月14日，应中国经社理事会邀请，毛里求斯经社理事会主席瓦伊德访华。期间，中国经社理事会主席王忠禹在全国政协机关会见，理事会副主席李昌鉴等出席。在京期间，瓦伊德应邀在全国政协机关就经济全球化、当前国际形势、中非关系等议题发表演讲。全国政协外事委员会委员魏建国主持，部

分全国政协委员、中国经社理事会理事等出席。北京市政协副主席沈宝昌在北京市政协机关会见并宴请瓦伊德一行。瓦伊德一行访问了北京、安徽黄山市和上海。

▲2008 年 6 月 22 日至 27 日，应贾庆林主席邀请，罗马尼亚参议长沃克罗尤一行 17 人访华。期间，全国人大常委会委员长吴邦国在人民大会堂会见，吴邦国委员长和夫人章瑞珍在人民大会堂宴请沃克罗尤参议长和夫人一行。全国政协副秘书长杨崇汇，全国人大外事委员会副主任委员查培新，全国人大常委会副秘书长曹卫洲，全国人大常委会副秘书长、委员长办公室主任孙伟，全国政协外事委员会委员魏建国，外交部部长助理刘结一，罗马尼亚驻华大使伊斯蒂乔亚等参加会见。全国政协主席贾庆林在钓鱼台国宾馆会见，全国政协副主席兼秘书长钱运录、人口资源环境委员会主任张维庆、外事委员会主任赵启正，北京市政协主席阳安江，民进中央副主席冯骥才，全国政协副秘书长王胜洪，外交部副部长、全国政协外事委员会副主任武大伟，全国政协外事委员会委员魏建国，外交部部长助理吴红波，罗马尼亚驻华大使伊斯蒂乔亚等参加会见。中国经社理事会主席、中国企业联合会会长王忠禹在威斯汀大饭店会见并宴请沃克罗尤参议长。全国政协外事委员会委员魏建国全程陪同沃一行访问了北京、山东和上海。

▲2008 年 7 月 13 日至 18 日，应贾庆林主席邀请，几内亚国民议会议长松帕雷一行访华。期间，吴邦国委员长在人民大会堂会见，全国人大常委会外事委员会副主任委员马文普，全国人大常委会副秘书长曹卫洲、孙伟，全国政协副秘书长王胜洪、外事委员会委员魏建国，外交部部长助理翟隽，几驻华大使迪亚雷参加会见。贾庆林主席在人民大会堂会见，全国政协社会和法制委员会主任张福森、副秘书长王胜洪、外事委员会委员魏建国，外交部部长助理翟隽，几驻华大使迪亚雷夫妇等参加会见。国家开发银行行长陈元会见，全国政协外事委员会委员魏建国，国家开发银行副行长刘克崮，国家开发银行有关部门及山西分行负责人参加会见。几驻华大使与国家开发银行联合在洲际酒店为松帕雷一行访华举行午宴。全国人大外事委员会副主任委员马文普，全国政协副秘书长王胜洪，国家开发银行副行长刘克崮，以及拟参加中几一揽子合作项目的中国相关企业负责人等参加。全国政协副秘书长王胜洪陪同松帕雷议长一行先后访问了北京、河南省和广东省。

▲2008 年 9 月 1 日至 5 日，应全国政协主席贾庆林邀请，柬埔寨参议院主席谢辛一行 22 人乘专机访华。期间，全国人大常委会委员长吴邦国在人民大会堂会见，全国人大常委会外事委员会副主任委员马文普、副秘书长曹卫洲、孙伟，全国政协副秘书长王胜洪，外交部副部长何亚非，全国政协外事委员会委员魏建国，柬埔寨驻华大使凯·西索达参加会见。全国政协主席贾庆林在人民大会堂会见，全国政协副秘书长杨崇汇，提案委员会主任李铁林，副秘书长王胜洪，外交部副部长李金章，全国政协外事委员会委员魏建国，以及柬埔寨驻华大使凯·西索达参加会见。在京期间，谢辛还觐见了在京休养的西哈努克太皇夫妇。代表团二号人物、柬参议院第二副议长、柬人民党中央委员会办公室主任迪翁与中联部副部长刘洪才举行了会谈。访问天津期间，中共中央政治局委员、市委书记张高丽会见，市委副书记、市政协主席邢元敏参加会见。外事委员会委员魏建国陪同谢辛主席一行访问了北京和天津。

▲2008 年 10 月 26 日至 30 日，应全

国政协主席贾庆林邀请，越南祖国阵线中央委员会主席黄担一行10人访华。期间，全国人大常委会委员长吴邦国在人民大会堂会见，全国政协常委、文史和学习委员会主任陈福今，全国人大外事委员会副主任委员查培新，全国人大常委会副秘书长曹卫洲，副秘书长、委员长办公室主任孙伟，外交部副部长何亚非，全国政协常委、外事委员会委员高中兴，越南驻华公使阮荣光参加会见。全国政协主席贾庆林在人民大会堂会见，全国政协常委、文史和学习委员会主任陈福今，民族和宗教委员会副主任赵金铎，副秘书长仝广成，外事委员会委员高中兴、廖晓淇，外交部部长助理胡正跃以及越南驻华公使阮荣光参加会见。全国政协副主席兼秘书长钱运录与黄担会谈并举行欢迎宴会，全国政协提案委员会副主任邵鸿，副秘书长仝广成，经济委员会委员许善达，外事委员会委员高中兴、廖晓淇以及越南驻华公使阮荣光参加上述活动。外事委员会委员高中兴陪同黄担主席一行访问了北京和广西壮族自治区。

▲2008年12月10日至18日，应全国政协邀请，阿富汗议会长老院第一副主席哈米德·盖拉尼一行4人访华。期间，全国政协主席贾庆林在人民大会堂会见，全国政协副秘书长王胜洪，外事委员会副主任赵进军，外交部部长助理胡正跃以及阿富汗驻华大使哈基米参加会见。全国人大常委会副委员长周铁农在人民大会堂会见，全国政协副秘书长王胜洪，及阿富汗驻华大使哈基米参加会见。全国政协副主席阿不来提·阿不都热西提在政协礼堂会见并举行欢迎宴会，全国政协副秘书长王胜洪，外事委员会副主任赵进军，外交部部长助理胡正跃以及阿富汗驻华大使哈基米参加上述活动。中联部副部长陈凤翔会见。哈米德·盖拉尼一行访问了北京、上海和新疆维吾尔自治区。

▲2008年12月19日至25日，应全国政协邀请，印尼地方代表理事会主席吉南加尔一行11人访华。期间，全国人大常委会委员长吴邦国在人民大会堂会见，全国人大外事委员会副主任委员查培新，全国人大常委会副秘书长曹卫洲，副秘书长、委员长办公室主任孙伟，全国政协副秘书长王胜洪，外交部副部长武大伟参加会见。全国政协主席贾庆林在人民大会堂会见，全国政协副秘书长杨崇汇，外事委员会主任赵启正、副秘书长王胜洪、经济委员会副主任李德水、外交部副部长武大伟参加会见。全国政协副主席白立忱会见并宴请。外事委员会主任赵启正、副秘书长王胜洪，经济委员会副主任李德水，外事委员会委员吴思科参加会见。外委会委员吴思科陪同吉南加尔一行访问了北京和云南。

（冯燕华 编写　钱　方 审稿）

其他重要出访

▲2008年9月14日至24日应芬兰议会、西班牙参议院和葡萄牙议会的邀请，中共中央政治局委员、全国政协副主席王刚对上述三国进行友好访问。代表团主要成员有全国政协副秘书长杨崇汇、浙江省政协主席周国富、全国政协外事委员会副主任赵进军和民革中央副主席、最高人民法院副院长万鄂湘。中国驻芬兰大使马克卿、驻西班牙大使邱小琪和驻葡萄牙大使高克祥分别出席相关活动。访问期间，在芬兰，王刚副主席分别会见芬兰总统哈洛宁、总理万哈宁、议长尼尼斯托、议会未来委员会副主席卡斯维、第一副议长盖里埃宁、外委会主席萨洛莱宁、芬中议员友好小组主席雅孔萨里、听取议会秘书长迪蒂宁介绍议会简况和立法程序；在西班牙，分别会见西班牙参议长罗霍、众议院代议长库尼耶拉、参议院第一副议长

莫拉斯；在葡萄牙，分别会见葡总理索克拉特斯、议会葡中友好小组主席卡纳斯、代总统兼代议长阿莱格雷、议会外委会副主席里奥诺尔·库存蒂诺。考察参观了当地知名企业和机构。访问中，王刚副主席与三国领导人就双边关系和共同关心的重大问题深入交换了意见，达成了广泛共识。

（冯燕华 编写 钱 方 审稿）

【新闻宣传工作】

全国政协好新闻评选工作 2007年度全国政协好新闻评选工作于2008年3月开始，5月底结束。评选委员会向20家中央主要新闻单位和31个省、市、自治区政协办公厅发出了选送政协好新闻作品的通知。本次评选活动共收到参评作品120件，其中中央新闻单位推荐作品41件，29个省、自治区、直辖市政协选送作品79件。评选委员会按照评选程序和评选方法，评出获奖作品46件，其中一等奖12件，二等奖34件。获得一等奖的12篇作品作为推荐作品报送参评了第十八届中国新闻奖，其中1件作品获三等奖。

11月5日，全国政协好新闻颁奖会在全国政协礼堂举行。中共中央政治局委员、全国政协副主席王刚出席颁奖会，并为获奖代表颁奖。全国政协副主席兼秘书长钱运录出席颁奖会并讲话。

此次参评作品在实践“贴近实际、贴近生活、贴近群众”的要求上有了进一步的探索和创新，在题材选择、表现形式等方面也有了新的进步。获奖作品大力宣传了中国共产党领导的多党合作和政治协商制度，充分反映了《中共中央关于加强人民政协工作的意见》颁布实施以来人民政协各项工作取得的新进展新经验，深入宣传了各级政协组织和政协委员围绕中心服务大局，为贯彻科学发展观、构建社会主义和谐社会建言献策的风采和典型事例。

（刘劲松 编写 张敬安 审稿）

组织中央新闻单位赴杭州市、贵州省毕节地区采访 2008年9月，在贵州毕节“开发扶贫、生态建设”试验区成立20周年之际，为了更好地宣传毕节试验区的成功实践和经验，宣传民主党派和工商联在毕节扶贫工作中发挥的作用和贡献，全国政协办公厅新闻办公室和中共中央统战部宣传办公室联合组织人民日报、新华社、光明日报、人民政协报、团结报、中国政协杂志、中国统一战线杂志等7家中央新闻媒体赴贵州毕节地区进行采访报道。这次采访活动，共刊发各类稿件20多篇（含图片），产生了广泛的社会影响。

2008年11月，全国政协办公厅新闻办公室邀请人民日报、新华社、经济日报、人民政协报和中国政协杂志等6家中央新闻媒体的记者组成中央新闻采访团，对杭州市进行了为期5天的采访。参访团先后采访了杭州市委、市政府、市政协的负责人，在人民日报、新华社等中央主要新闻媒体上共播发、刊发各类新闻30余件，充分报道了杭州市党委和政协贯彻落实《中共中央关于加强人民政协工作的意见》精神的情况，以及政协组织和政协委员围绕中心、服务大局，积极履行职能的典型事例和经验。

（刘劲松 编写 张敬安 审稿）

【干部培训工作】

第59期至64期政协干部培训班 2008年5月至11月举办。除第59期、第64期培训班分别在江苏省南京市和云南省昆明市举办外，其余四期培训班均在全国政协办公厅干部培训中心（北戴河）举办。共培训来自全国31个省、自治区、直辖市的县、区、市、州、盟政协主席或副主席及各级政协机关处级以上干部1642人。中共中央政治局委员、全国政协副主席王刚看望了第61期培训班的学员并发表了重要讲话，全国政协副主席阿不来提·阿不都热西提、李金华、钱运录、厉无畏、李兆焯分别在第59期、第60期、第62期、第63期、第64期培训班上作动员讲话并与大家合影留念。培训内容主要包括：党的十七大及十七届三中全会精神、全面落实科学发展观、我国的宏观经济形势和任务、国际形势与我国的对外交往、我国面临的安全环境与国防现代化、建设社会主义新农村、互联网的发展与创新、生物技术的今天和未来、中国古代绘画鉴赏与东西方绘画比较、深入学习贯彻中共中央［2006］5号文件、协商式民主与人民政协、人民政协的若干经常性工作、人民政协的理论和实践问题、人民政协的提案工作、人民政协的视察工作、人民政协的文史工作、人民政协的新闻宣传工作、政协机关的后勤管理工作、做好地方政协工作的体会等。全体参训学员理论联系实际，就人民政协如何全面落实科学发展观，深入贯彻《中共中央关于加强人民政协工作的意见》，认真履行职能，切实加强自身建设，充分发挥自身作用，做好各项工作等问题进行了广泛交流和深入研讨。

（欧阳宏顺 编写　乔　梁 审稿）

【反映社情民意和信息化工作】

反映社情民意信息工作　2008年共收到全国政协委员、全国政协各参加单位及地方政协信息来稿11481篇，《政协信息》出刊249期，共编辑、采用稿件1468篇。据不完全统计，温家宝、贾庆林、李长春、李克强、周永康、王刚、回良玉、张德江、王岐山、刘延东、马凯、戴秉国、杜青林等党和国家领导人、全国政协领导人及中央有关部、委、办负责同志对《政协信息》批示112人次。《政协信息》反映的一些重要意见建议，为党和政府科学民主决策提供了重要参考依据，推动了实际问题的解决。

全国政协领导高度重视反映社情民意工作，要求广辟信息来源，畅通信息渠道，及时反映社情民意，着力促进民生改善与社会和谐稳定。全国政协副主席黄孟复、张梅颖、张榕明、李金华、罗富和、王志珍等亲自撰写信息。研究室信息局围绕中央的中心工作收集和反映社情民意信息，编报了关于加强和改善宏观调控政策、转变经济发展方式、增强可持续发展能力、统筹区域和城乡协调发展、推进财税金融改革、改善民生建设和谐社会、推进社会主义民主政治建设和文化建设、开好北京奥运会等方面的信息；围绕南方低温雨雪冰冻灾害、拉萨“3·14”事件、汶川特大地震、“三鹿奶粉”事件等重大突发事件收集和反映社情民意信息；围绕全国政协全体会议、常委会议、专题协商会等重要会议收集和反映参政议政性社情民意信息。注重发挥各级政协委员在反映社情民意信息中的主体作用，继续加强自身建设，完善信息编报和保密制度，强化对信息的综合提炼和跟踪报送，不断提高工作质量。举办了一期政协信息采编工作培训班。

全国政协办公厅评选出2008年度政协信息工作先进单位42个，其中：全国政协经济委员会办公室、民盟中央参政议政部、四川省政协研究室、福建省政协研究室、杭州市政协研究室、北京市海淀区政协获政协信息工作先进单位一等奖；全国政协人口资源环境委员会办公室、全国政协民族和宗教委员会办公室、九三学社中央办公厅、民建中央调研部、浙江省政协办公厅、山西省政协办公厅、重庆市政协办公厅、河北省政协研究室、北京市政协研究室、宁波市政协研究室、南京市政协办公厅、深圳市政协研究室、泰州市政协、佛山市政协获政协信息工作先进单位二等奖；全国政协外事委员会办公室、全国政协社会和法制委员会办公室、民进中央参政议政部、民革中央调研部、上海市政协办公厅、山东省政协研究室、辽宁省政协研究室、黑龙江省政协研究室、甘肃省政协研究室、宁夏回族自治区政协办公厅、河南省政协办公厅、安徽省政协办公厅、武汉市政协研究室、成都市政协研究室、厦门市政协研究室、青岛市政协研究室、潍坊市政协、重庆市沙坪坝区政协、泸州市政协、南平市政协、赤峰市政协、大同市政协获政协信息工作先进单位三等奖。周密、李西鹏、张瑛、宋子方、白煜章、刘兴元、李红兵、欧阳东、曹亮、叶毅、陈小龙、陈洪君、蔡虹、伏俊怀、曹秀梅、林大吉、周方、陈铭、高炜琳、韩嵩等20位同志被评选为全国政协办公厅政协信息工作先进个人。

（崔明森 编写　朱京生 审稿）

政协信访工作　2008年，全国政协办公厅信访局共收到群众来信29226件；接待各级政协委员、统战人士和人民群众来访153批243人次；收到全国政协委员来信246件。编发《委员和群众给贾庆林主席来信情况》4期，《信访动态》6期，《要信呈报》6件。发出信访交办函202件，收到查报结果的回函115件，来信反映的问题得到解决和部分解决的65件。来信来访反映较多的是各类人员待遇、涉法涉诉、城镇拆迁安置、农村征地补偿、揭发各级干部违法违纪、环境污染、历史遗留等问题。

2008年，贾庆林主席先后三次对政协信访工作作出重要批示。2月7日，贾庆林主席在《给贾庆林主席来信情况》2007年第4期上批示：**“政协委员和群众来信反映的几个问题，经过整理归纳后，分别提请黑龙江、辽宁等相关省委、省政府研究、处理。”**4月28日，贾庆林主席在《给贾庆林主席来信情况》2008年第1期上批示：**“感谢各级党委、政府认真办理委员和群众给政协的人民来信。本期来信反映的几个重要问题请继续转有关方面认真办理。”**7月27日，贾庆林主席在《给贾庆林主席来信情况》2008年第2期上批示：**“政协委员通过来信、来访反映问题，是实行民主监督的重要形式，要认真办理。本期反映已妥善解决的一些来信，体现了党和政府以人为本的执政理念。一些新的建议和来信反映的几个突出问题，请分别转有关专委会和有关省市、部门研究办理。”**贾主席的重要批示，充分体现了全国政协领导对政协信访工作的高度重视。信访局认真学习贯彻落实贾主席的重要批示精神，将所涉及的信访事项分别发函交办至有关省区市人民政府，有力地促进了信访问题的解决。

（倪品利 编写　赵景发 审稿）

政协信息化建设工作

一、项目建设工作

4月29日，王刚副主席听取了信息中心关于机关信息化建设情况汇报，并就机关信息化建设和信息中心自身建设问题作了重要讲话。

全年完成了《全国政协办公业务资源信息系统》项目28个标段的招标工作并进行开工建设。

二、“人民政协与信息化建设”理论研讨工作

10月29日至30日在北京召开“人民政协与信息化建设”高级研讨会，贾庆林主席接见与会代表并合影留念、王刚副主席出席开幕式并发表了重要讲话、钱运录副主席兼秘书长主持会议。王刚副主席指出：把人民政协的信息化建设提到推进我国社会主义民主政治建设、宣传中国基本政治制度的高度来认识。会议从发展我国民主政治的高度，研究探讨了人民政协

信息化建设的职能定位，取得了重大理论成果。

三、委员信息查询服务

十一届一次全体会议期间，各驻地委员信息查询室共接待委员及有关工作人员信息查询1740人次，其中委员查询1060人次，占总查询比例的61%。全会期间，大会专网共发布23个专题共计492万字信息。

（程 炜 编写 张振山 审稿）

【中国宗教界和平委员会工作】

2008 **年中国宗教界和平委员会工作**

2008年，中国宗教界和平委员会（“中宗和”）按照“友好、和平、发展、合作”的宗旨开展工作，圆满完成了出席“亚宗和”第七届大会等各项任务，扩大了我国宗教界在国际社会的话语权和影响力，为推动世界宗教和平运动的不断发展作出新的贡献。

一、精心谋划，周密安排，圆满完成出席“亚宗和”第七届大会各项参会任务

1.5月，“中宗和”代表团一行5人赴印尼雅加达出席“亚宗和”第七届大会筹委会会议，掌握情况，争取主动，为开好大会做了有效准备。一是代表团就“亚宗和”个别领导人起草的涉藏问题声明进行了严正交涉，介绍了拉萨“3·14”打砸抢烧严重暴力事件的真相，指出“亚宗和”没有权利干涉主权国家的内政，这样严重违背“亚宗和”宗旨的行为势必影响到“亚宗和”的前途。经过沟通、协调和坚决斗争，致使该声明胎死腹中。二是就“亚宗和”章程修改所涉及的“亚洲宗教领袖理事会”（“理事会”）和“世界宗教和平中心”（“中心”）等问题表明立场，沟通协调，得到多数国家代表的理解和支持。三是在新一届“亚宗和”执行主席、秘书长人选问题上，为了保持我在“亚宗和”的主导权，代表团阐明了中方支持发展中国家的宗教人士担任执行主席的主张，并分别与有关方面交换了意见，得到广泛支持。还与“亚宗和”确认、落实了在大会主要工作机构中的中方人选。

2.9月，“中宗和”秘书处工作组一行4人赴日本访问“日宗和”秘书处。工作组与“日宗和”主席、日本立正佼成会会长庭野日旷进行了会晤，与“日宗和”秘书处举行了正式会谈。会谈中，工作组强调了我与“亚宗和”就涉台、涉藏、涉“法轮功”问题续签《谅解备忘录》，是“中宗和”与“亚宗和”进行友好合作的基础，“日宗和”表示支持中方的原则立场。关于新一届“亚宗和”主要领导人人选问题上，我方提出由发展中国家有威望的宗教界人士担任执行主席的主张得到日方的理解和支持。我在“世界宗教和平中心”问题上的态度得到“日宗和”的理解。在与负责“亚宗和”第七届大会筹备工作的“日宗和”秘书处成员会谈中，双方就“中宗和”推荐到“亚宗和”第七届大会工作机构和各专题委员会任职人选及“中宗和”代表作大会发言等问题进行认真协商，并逐项得到落实。特别是在核查“亚宗和”秘书处提供的大会代表名册时，发现中国台湾观察员用了“台湾宗教和平会议”的名义，我方严正指出这一错误，对方表示歉意并作了更正。双方还就“中宗和”与“日宗和”建立双边交流机制问题进行了协商，我方起草的《“中宗和”与“日宗和”建立双边交流机制方案（草案）》将在2009年4月召开的“日宗和”理事会上讨论。

3.9月，根据《“中宗和”与“韩宗和”建立双边交流机制协议》，“中宗和”秘书处代表团一行5人赴韩国进行了工作访问。代表团与“亚宗和”秘书长金星坤（韩开放国民党副主席、韩国会议员）和“亚宗和”、“韩宗和”秘书处负责人进行

了工作会谈。分别与韩文化观光部有关官员，韩国各主要宗教，包括佛教、儒教、基督教、圆佛教、天道教等宗教领袖和代表性人士进行了友好交流。代表团就“亚宗和”第七届大会涉及的有关重要问题与金星坤和“韩宗和”秘书处进行了会谈。经交涉，金星坤和“韩宗和”秘书处对我在“中宗和”与“亚宗和”续签《谅解备忘录》、“中宗和”在“亚宗和”领导机构中人选安排、“亚宗和”章程修改、“中宗和”代表在大会上发言的安排、涉台问题等主要观点表示充分理解和尊重。对于我方提出的希望新一任“亚宗和”执行主席由发展中国家宗教人士担任的建议，金星坤与“韩宗和”秘书处均表示赞同。对于我方重申的关于“世界宗教和平中心”问题上的一贯立场，金星坤表示将认真考虑，继续修订计划并再次征求“中宗和”意见。代表团还就2009年“中宗和”按照双方交流机制协议派代表团访韩的初步安排与“韩宗和”秘书处交换了意见。

4.10月17日至20日，由五大宗教代表人士组成的“中宗和”代表团一行24人，出席了在菲律宾马尼拉举行的主题为“构建亚洲和平”的“亚宗和”第七届大会。30个国家和地区的400多人参加了这次会议。菲律宾总统阿罗约出席开幕式。联合国秘书长潘基文向会议发来视频贺辞。“世宗和”秘书长温德利在开幕式上作了演讲。此次组团出席“亚宗和”第七届大会，是“中宗和”参加历次“亚宗和”大会中，任务最明确、工作量最大、成果最多的一次。

“中宗和”代表团参会工作得到了全国政协领导的高度重视。中共中央政治局委员、全国政协副主席王刚，全国政协副主席兼秘书长钱运录等领导同志在代表团出访前接见代表团。王刚副主席作了重要讲话，提出四点希望：一是要坚决维护国家利益，二是要着力开展正面宣传，三是要积极促进交流合作，四是要充分展示良好形象。代表团团结合作，以良好的精神面貌，圆满地完成了各项参会任务。

——积极宣传我国宗教政策和宗教信仰自由的实际情况，进一步树立了我国的良好国际形象。任法融副主席代表“中宗和”在大会全体会议上作了题为“祈愿世界和平，地久天长”的发言，受到各国代表的广泛好评。代表团其他代表分别参加五个专题委员会的讨论并作了小组发言。这些大会和小组发言，介绍了我国宗教界在构建和谐社会和促进经济社会发展中发挥积极作用的情况，表达了我国宗教界对于促进亚洲和平与共同发展的良好愿望，取得良好效果。金蔚委员担任了大会第四次全体会议主席，成功地主持了会议。金蔚委员，马英林、学诚、黄信阳副秘书长等代表还分别作为“通过人权与和平教育构建和平”、“通过共同价值观与宗教团体建设构建和平”、“通过共享安全与转化冲突构建和平”、“通过可持续发展与社会公正构建和平”等专题委员会主席、联合主席，主持了分组讨论。这样深度参与是以前“中宗和”参加“亚宗和”会议所没有的，体现了“中宗和”在“亚宗和”的重要地位和影响。

——积极在“亚宗和”章程修改工作中发挥重要作用，参与规则制定。章程修改是大会的重要议题，“中宗和”秘书处会前反复做工作，所提出的将“亚洲宗教领袖理事会”降格为“亚宗和”的咨询委员会、其成员须经本国国家成员组织推荐并由“亚宗和”执委会议决定的意见，写入了提交这次会议审议的章程修正案。会议期间，代表团积极参与章程修改的讨论，确保大会通过按“中宗和”意见修改的章程修正案，有效排除了敌对势力利用“亚宗和”等谋取活动空间的隐患。

——“中宗和”在“亚宗和”领导层获得应有的席位，为巩固和扩大“中宗和”的话语权奠定了基础。经做工作，一诚当选“亚宗和”联合主席。丁光训、一诚、刘柏年、任法融、余振贵、学诚、刀述仁顺利当选管委会成员。丁光训、刘柏年、余振贵、任法融、刀述仁当选执委会成员。“中宗和”在“亚宗和”的执委人数比上届增加了一名。

——“中宗和”提出的由发展中国家宗教界人士担任“亚宗和”执行主席的主张，得到多数国家成员组织的支持。在会议期间，代表团又做了相应工作。印尼宗教界友好人士山苏汀顺利当选为新一届“亚宗和”执行主席。在我方与有关方面的努力下，任期已满的“亚宗和”执行主席、巴基斯坦友好人士马瓦特当选为名誉主席。

——由于“中宗和”的坚决反对，会议未能通过“亚宗和”秘书处主导成立的“世界宗教和平中心”的方案。我方的意见得到广泛支持，促使大会对此方案作了原则性调整。

——及时发现并妥善处理涉台、涉藏问题。按照2006年“中宗和”与“亚宗和”签署的在涉台、涉藏、涉“法轮功”问题上符合我原则立场的《谅解备忘录》，经严正交涉，“亚宗和”秘书处及时纠正了中国台湾地区宗教界人士作为观察员参会的属地身份方面出现的严重政治性错误。代表团还就第三方在会场旁边举办的展览中出现涉藏问题的严重错误，进行了坚决斗争，迫使主办者及时作了处理。此外，在大会宣言的草稿中，代表团及时发现一些不当内容，经协调，大会采纳了我方修改意见。

——代表团与新一届“亚宗和”就涉台、涉藏、涉“法轮功”问题续签符合我原则立场的《谅解备忘录》进行了磋商，为不久之后的顺利续签奠定了基础。“亚宗和”第七届大会闭幕后，代表团立即与续任“亚宗和”秘书长金星坤，就续签《谅解备忘录》问题进行了正式会谈。我方强调，“中宗和”必须有尊严地参加“亚宗和”的活动，过去在“亚宗和”曾经出现的伤害中国宗教界和中国人民的事绝对不能再次发生。续签《谅解备忘录》是“中宗和”与“亚宗和”友好合作的基础和前提。会后，经“亚宗和”新一届6位联合主席的同意，金星坤代表“亚宗和”与我方正式签署了《谅解备忘录》。新的《谅解备忘录》将“亚宗和”拟成立的只作为宗教人士静修、交流场所的“世界宗教和平村”（或译为“和平社区”）纳入适用范围，扩大了涵盖面。

——首次组织新闻记者随团参会，收到很好的外宣效果。中新社、中国日报社、中国国际广播电台等新闻媒体记者随团参加了会议，及时、生动地介绍了代表团参会情况，不少国家和地区新闻媒体进行了转载，广泛宣传了我国宗教政策和宗教信仰自由的实际情况，展示了我国各宗教团结和睦的良好形象。

二、通过参加“世宗和”举办的国际会议，不断增强我在世界宗教领域的话语权和影响力。

4月，“中宗和”代表团一行4人应“世宗和”邀请，赴泰国曼谷出席“世宗和”举办的“亚洲宗教妇女领袖峰会”。10多个国家的20多位各宗教的妇女代表出席。与会代表就宗教妇女在消除贫困、化解冲突、防治疾病、促进性别平等方面发挥的积极作用进行了发言，并按照会议组织者的要求围绕建立亚洲宗教妇女网络问题进行了讨论。“中宗和”副主席曹圣洁在开幕座谈会上作了题为“中国宗教妇女为构建和谐社会、推进世界和平而努力”的发言，受到会议与会代表的欢迎。

会议期间，代表团及时发现和处理一些涉台、涉藏方面的问题，维护了国家利益和尊严。

三、邀请“亚宗和”名誉主席马瓦特一行来华访问，进一步提升和深化了“中宗和”与“亚宗和”的交流与合作。

12月，“中宗和”邀请“亚宗和”名誉主席马瓦特及其助手一行来华访问。全国政协副主席阿不来提·阿不都热西提会见了马瓦特一行，向客人介绍了中国经济社会发展情况和人民政协的基本情况，积极评价了中巴关系，并对马瓦特在涉台、涉藏、涉“法轮功”等问题上给予我们的支持表示感谢。全国政协民宗委主任田聪明、驻会副主任邓宗良，国家宗教事务局副局长蒋坚永也分别会见了马瓦特。“中宗和”副主席陈广元、刘柏年与马瓦特进行了工作会谈。双方简要介绍了各自的工作情况，并对如何进一步加强“中宗和”与“亚宗和”的友好合作交换了意见。刘柏年、“中宗和”秘书长余振贵还分别陪同马瓦特一行在北京、上海的访问，受到北京、上海两市政协热情接待。

马瓦特表示，通过访问，他亲身感受了中国改革开放30年来所取得的巨大成就，深切体会了中巴两国人民之间的友好情谊，进一步了解并高度评价了中国宗教信仰自由的状况和中国的宗教政策。他将继续积极推动“亚宗和”奉行“一个中国”政策，承认台湾和西藏都是中国领土不可分割的一部分，尊重“中宗和”作为唯一代表中国的宗教和平组织的地位，将支持“中宗和”在“亚宗和”中发挥重要作用。

四、“中宗和”赴英国与“欧宗和”、“英宗和”进行工作会谈，探讨建立双边友好交流机制有关问题，达到建立工作联系的目的。

4月，“中宗和”秘书处代表团一行5人，应邀赴英国对欧洲宗教和平会议（“欧宗和”）、英国宗教和平会议（“英宗和”）秘书处进行了友好访问，与“欧宗和”主席、“英宗和”执行主席萨洛什及“英宗和”秘书处主任沃克举行了工作会谈。在会谈中，代表团阐述了中国的宗教政策，全面介绍了“中宗和”及中国宗教界的基本情况，强调了我在涉台、涉藏、涉“法轮功”问题上的原则立场并介绍了发生在拉萨的“3·14”打砸抢烧严重暴力事件的真相。代表团着重与对方探讨了“中宗和”与“欧宗和”、“英宗和”开展双边交流的有关问题。目前，双方按照会谈达成的共识，就开展双边交流与合作的有关问题进行进一步沟通和协商。

（拉　灿 编写　卫元琪 审稿）

【中国经济社会理事会工作】

2008 **中国经济社会理事会工作** 2008年，中国经济社会理事会积极适应国内外形势的发展变化，在紧紧围绕经济社会发展热点问题开展研究；积极服务国家外交大局，不断扩大对外交流；搭建新的工作平台，努力加强自身建设等方面做了许多行之有效的工作：

1月6日至21日，应哥斯达黎加议会、哥伦比亚参议院外委会和秘鲁国会外委会邀请，全国政协外事委员会副主任、中国经济社会理事会中拉技术合作小组组长李北海率6人代表团对上述三国进行友好访问。代表团主要成员有全国政协副秘书长孙怀山等。

1月18日全国政协副主席、中国经济社会理事会主席王忠禹批准理事会秘书处“关于出版《中国经济社会论坛》杂志的请示”，同意中国文史出版社协助理事会以社团法人名义向国家新闻出版署申请正式刊号，公开出版发行杂志。同时作出批示，“杂志最终定稿应是中国经济社会理事会”。

2月26日至28日，中国经济社会理事会理事、经济社会理事会和类似组织国际协会副秘书长李学明等2人出席在巴西里约热内卢举办的2007～2009年国际协会主题报告工作组会议并应邀出席了巴西经济社会发展理事会与巴西国家开发银行共同举办的能源与发展国际研讨会。

3月18日，全国政协副秘书长、中国经济社会理事会秘书长王胜洪主持召开会议，专题研究《中国经济社会论坛》杂志工作，理事会副秘书长刘明、文史出版社社长王秀峰等出席。会议确定由文史出版社协助出版四辑《中国经济社会论坛》杂志。

4月22日，经中国经济社会理事会主席王忠禹批准，新一届《中国经济社会论坛》杂志编委会组成：王胜洪、李昌鉴、陈清泰任编委会主任；陈清泰任主编、王秀峰任执行主编、罗义贤任副主编；编委委员包括侯建明、夏纪慧、王秀峰、刘明、李学明和罗义贤。

《中国经济社会论坛》杂志编辑部与党政有关部门、知名高校、科研单位的研究机构和研究人员，建立了长期的工作联系和供稿渠道，形成固定篇幅和栏目，全年出版发行四期，共刊载理事会理事和国内外专家学者文章109篇。

5月6日至14日，应中国经济社会理事会邀请，毛里求斯经社理事会主席瓦伊德率4人代表团对我国进行友好访问。理事会主席王忠禹会见并宴请。代表团还访问了安徽和上海。

5月19日，欧盟经济社会委员会秘书长温杜里尼致函中国经济社会理事会秘书长王胜洪，对我国四川地区遭遇特大地震灾害表示慰问。国际协会秘书长迪吕弗勒受国际协会各成员组织、包括法国经济社会理事会委托向我方表示慰问，并表示国际协会将随时准备提供支持和帮助。

6月12日至13日，应经济社会理事会和类似组织国际协会的邀请，中国经济社会理事会理事、国际协会副秘书长李学明出席在意大利罗马举行的国际协会2008年年会。

6月23日至26日，中国经济社会理事会与欧盟经济社会委员会圆桌会议第三次会议在北京召开。会议由中国经济社会理事会主席王忠禹及欧盟经济社会委员会主席迪米特里亚迪斯共同主持。王忠禹主席致开幕词，全国政协常委、中国经济社会理事会副主席张俊九，全国政协副秘书长、理事会秘书长王胜洪，理事会常务理事、原劳动社会保障部副部长王建伦，理事会常务理事、中国国际问题研究所所长、前驻英国大使马振岗，十届全国政协委员、中国日报原总编辑朱英璜，以及国务院发展研究中心、全国总工会、中国社科院、中企联和中国对外经贸大学的17名理事，欧盟经济社会委员会副主席什韦林等16名委员参会。与会代表就“企业社会责任”、“中欧贸易投资”议题进行专题讨论，并通过“中国经济社会理事会与欧盟经济社会委员会第三次圆桌会议联合声明”。23日晚，为配合中欧圆桌会议第三次会议，理事会在全国政协机关举行招待会暨“欧洲采风书画摄影展”，理事会主席王忠禹出席并致词。张俊九副主席，王胜洪秘书长及圆桌会议与会代表、部分欧盟成员国驻华使节出席招待会。会议期间，欧盟经济社会委员会代表团拜会了人力资源和社会保障部、商务部、中国企业联合会。全体与会人员还参观了北京经济技术开发区，与部分欧盟国家在华投资企业代表座谈。

7月25日，全国政协副秘书长、中国经济社会理事会秘书长王胜洪出席天津市经济社会理事会成立大会并代表中国经济社会理事会致贺。

9月9日至10日，由中国经济社会理事会与广东省政协共同举办的“中国经济社会论坛2008年会议”在广东省中山市举行，会议主题是“改革开放与中国非公有制经济”。中国经济社会理事会主席王忠禹到会并作了重要讲话。全国政协常委、中国经济社会理事会副主席李昌鉴主持开幕会，并致开幕词。广东省政协副主席温兰子主持闭幕会，全国政协常委、中国经济社会理事会副主席张俊九作会议总结。全国政协副秘书长、理事会秘书长王胜洪出席会议。在开幕会上，广东省副省长雷于蓝和中山市市长李启红代表承办单位致词。全国工商联副主席谢经荣，天津市政协副主席、天津市经济社会理事会副理事长王家瑜主持了专题研讨。部分理事及政府有关部门负责人、企业家、专家作了主题发言。这次论坛得到广东省委、省政府、省政协和中山市委、市政府、市政协等单位的大力支持。参加论坛的代表及媒体记者等共180人左右。

会议围绕主题，分四个专题：“30年非公有制经济发展——回顾与展望”、“企业社会责任——承担与塑造”、“科技创新——增强企业的核心竞争力”、“关注当前中小企业发展”等进行研讨。

10月16日至18日，中国经济社会理事会理事、国际协会副秘书长李学明出席在韩国首尔举行的亚洲社会对话论坛2008年会议。会议议题为“亚洲经济社会发展和社会对话”。韩国经济社会发展委员会主席金大模、经济社会理事会和类似组织国际协会秘书长迪吕弗勒、欧盟经济社会委员会原秘书长温杜里尼、国际劳工组织亚太区负责人、泰国经济社会理事会，以及来自越南、蒙古、日本、新加坡、马来西亚、印尼、菲律宾、科威特等国的代表约100人与会。

11月5日至13日，中国经济社会理事会与欧盟经济社会委员会圆桌会议第四次会议在巴黎举行，会议议题为“中欧贸易投资”和“循环经济”。全国政协常委、中国经济社会理事会副主席李昌鉴与欧盟经济社会委员会主席马里奥·塞彼共同主持了会议。法国外交部长库什纳发来贺信。中国驻法大使孔泉、欧盟委员会对外关系总司负责人弗朗兹·杰森和法国外交部主管亚洲与大西洋地区负责人弗朗索瓦·德古埃特出席开幕式并致词。天津经济社会理事会副理事长朱坦，十届全国政协委员、中国日报原总编辑朱英璜，以及全国总工会、中国企业家联合会、对外经贸大学和中国物资再生协会的代表，欧盟经济社会委员会新任秘书长韦斯特雷克等12名委员出席。会议通过了中欧圆桌会议第四次会议联合声明。会前，中欧双方代表与法国经济社会环境理事会就企业社会责任议题召开了三方研讨会。会后，应欧盟经济社会委员会邀请，代表团赴德国、丹麦考察调研欧盟循环产业发展情况。

12月2日至15日，应经济社会理事会和类似组织国际协会和摩纳哥经济社会理事会、爱沙尼亚和拉脱维亚议会以及立陶宛三方理事会邀请，中国经济社会理事会主席王忠禹率团赴摩纳哥出席国际协会管委会会议并对爱沙尼亚、拉脱维亚和立陶宛进行友好访问。全国政协副秘书长蒋作君陪同访问。我驻爱沙尼亚大使黄忠坡、驻拉脱维亚大使程文举、驻立陶宛代办郭志军、驻马赛总领事宋炳林等分别参加了主要活动。会议期间，王忠禹会见了摩纳哥国务部长（首相）让·保罗·普鲁斯特和外事顾问（外交部长）弗兰克·卡契里，并应约与法国经济社会环境理事会主席戴尔马涅会晤，就中法关系和国际协会有关事项交换意见。在爱沙尼亚，王忠禹主席分别会见了爱议长恩纳·爱尔玛，议会爱中友好小组主席、经济委员会主席卡列夫·卡罗等。在拉脱维亚，与议会经济委员会主席布伦伯格斯举行工作会谈，会见了拉外交部官员。在立陶宛，会见了立副议长卡谢塔以及议会立中友好小组主席、预算和财政委员会主席格拉维兹卡斯等，与立陶宛三方理事会主席茹卡斯等举行工作会谈。访问期间，王忠禹主席与国际协会、波罗的海三国领导人分别就国际协会发展、双边关系和共同关心的问题深入交换了意见。

（罗义贤 编写 夏纪慧 审稿）

【中国人民政协理论研究会工作】

2008 年中国人民政协理论研究工作

一、召开社会主义民主政治建设与人民政协——纪念改革开放 30 周年主题座谈会

由中国人民政协理论研究会主办、广州市政协承办的“社会主义民主政治建设与人民政协——纪念改革开放 30 周年主题座谈会”，于 12 月 22～23 日在广州市举行。来自中央党校、中央社会主义学院和北京大学等国内民主政治研究领域的专家学者以及政协系统的理论工作者，共约 30 人出席了会议。会议取得的成果和收获：进一步提高了对人民政协理论研究工作重要性的认识，初步展示了一批重要理论研究成果，明确了人民政协理论研究的方向和思路。会后形成了正式报告和观点综述，报送全国政协贾庆林主席、王刚副主席、钱运录副主席兼秘书长。2009 年 1 月 10 日，贾庆林主席在报告上做了重要批示，他强调“座谈会取得了积极成果，感谢同志们所付出的努力，政协理论研究起步较晚，至今仍滞后于丰富的社会实践。今年是人民政协成立六十周年，希望理论研究会和更多的政协委员，重视和加强这方面的工作，争取出一批高质量的理论研究成果。”

二、加快人民政协理论纳入国家哲学社会科学发展规划，积极开展课题研究

为落实贾庆林主席“要把人民政协理论研究纳入马克思主义理论研究和建设工程，纳入我国哲学社会科学总体发展规划”的指示精神，在中央有关部门的大力支持下，中宣部已复函建议在马克思主义理论研究和建设工程中设立“中国特色社会主义人民政协理论”重大课题，今后在制定国家社科发展规划和课题指南时增加有关人民政协理论研究的课题比例，并建议采取委托方式支持人民政协开展专项课题研究。秘书处还向地方政协理论研究会发函，征集研究课题，支持地方政协开展理论研究工作。

三、注册成立中国人民政协理论研究会深圳基地

为贯彻落实贾庆林主席提出的“要制定研究规划，建立研究基地，开展人民政协理论建设工程”指示精神，在深圳市委、市政府、市政协的支持和配合下，经民政部及深圳市民政局批准，正式注册成立了中国人民政协理论研究会深圳基地（代表处），作为研究会的分支机构将发挥理论研究基地、实践经验推广基地、人才培养基地、资料汇聚基地的作用。12 月 24 日正式挂牌成立，全国政协副主席郑万通出席揭牌仪式，李昌鉴副会长作了讲话，深圳市委书记刘玉浦同志到会致辞。

四、加强人民政协理论研究会的自身建设

根据章程规定和理事会决定，组建了研究会办事机构，充实了工作人员；制定了财务会计制度、日常工作制度、编审制度等，推进了工作规范化建设。研究会自身建设得到了全国政协领导的高度重视。政协第十一届全国委员会组建后，全国政协党组批准已出任全国政协副主席的郑万通同志仍兼任会长，为研究会工作的连续

性提供了重要保证。全国政协秘书长办公会议，广泛听取各局室意见，多次研究如何加强和改进研究会工作，并于8月讨论通过了《关于加强中国人民政协理论研究会工作若干问题的意见》，文件对研究会有关负责人列席政协相关会议、研究会开展工作的相关条件等问题作出明确规定，为理论研究会创造了良好的工作条件。

五、推动地方人民政协理论研究会组织建设

秘书处及时将筹备成立研究会的主要工作程序和有关资料汇编成册，供各地政协筹备成立研究会作参考；向正式注册成立的地方人民政协理论研究会发去贺信，并在会刊上刊登地方研究会的动态信息；汇总整理了省级、副省级市政协研究会成立和开展工作情况，编制了通讯录；郑万通会长等还接受邀请到省和副省级市宣讲人民政协理论，并对各地人民政协理论研究会的工作进行指导。截至2008年底在46个省、自治区、直辖市和副省级市中，已有28个成立了正式登记注册的人民政协理论研究会，15个中心城市也成立了人民政协理论研究会。

六、重视人民政协理论的宣传普及工作

继续办好《中国人民政协理论研究会会刊》，一年来共收到来稿近900篇，已刊登的50余篇理论文章体现了较高的理论与学术水平，引起了各界人士的广泛关注；为了体现会刊理论性、学术性的办刊特色，从2008年第一期起会刊正式定名为《理论研究》，贾庆林主席亲自题写了刊名。将《理论研究》加入中国学术期刊网，扩大人民政协理论在学术界的影响。充分利用政协网络资源，创建了中国人民政协理论研究会网站。出版《中国人民政协理论研究会2008年度论文集》，共收入了180余篇论文，集中展示了近年来的理论研究成果。

七、努力建设一支系统内外密切结合的理论研究队伍

努力整合好政协系统自身的理论研究力量。借助地方政协理论研究会平台，联系当地社会科学领域的专家学者。广泛汇集相关领域的专家学者信息，构建了人民政协理论研究专家学者信息库。加强与党政有关部门和社会有关方面的密切协作，实现资源共享、优势互补。粗略统计，目前研究会已建立了一支来自党校、行政学院、干部学院、社会科学院、社会主义学院系统及各高等院校，约400余人的人民政协理论研究队伍。

（吴国挺 编写　原冬平 审稿）

组 织 情 况

中国人民政治协商会议
第十一届全国委员会委员名单

（2237 人）

（2008 年 1 月 25 日政协第十届全国委员会
常务委员会第二十次会议通过）

中国共产党（99 人）

马中平　马庆生（回族）　马富才　王　占　王　刚　王广宪　王巨禄
王凤超　王玉庆　王生铁　王全书　王众孚　王国发　王学仁　王富卿
毛林坤　方兆祥　邓朴方　艾斯海提·克里木拜（哈萨克族）　田聪明
白　玛（藏族）　白立忱（回族）　仝广成　冯国勤　邢元敏（女）
邢元敏　朱维群　仲兆隆　任启兴　刘志忠　刘志峰　刘泽民　刘峰岩
刘德旺　许仲林　孙　淦　孙永福　孙家正　孙淑义　阳安江　杜青林
李　宏　李兆焯（壮族）　李金华　李金明　李铁林　杨多良（回族）
杨崇汇　汪啸风　宋育英（女）　张　黎　张左己　张志军
张连珍（女）　张启华（女）　张国宝　张维庆　张福森
阿不来提·阿不都热西提（维吾尔族）　陈云林　陈光林　陈进玉　陈明义
陈学亨　陈绍基　陈奎元　陈锡文　陈福今　范钦臣　欧阳淞
金银焕（女）　周国富　郑万通　郑新立　屈万祥　项宗西
赵金铎（满族）　胡　彪　钟　文　钟起煌　骆　琳　秦玉琴（女）
贾庆林　柴松岳　钱运录　徐冠华　高俊良　郭廷标（回族）　陶武先
桑结加（藏族）　黄　瑶（布依族）　梁金泉　梁绮萍（女）　蒋以任
程世峨（女）　傅克诚　温宗仁　廖　晖　滕文生

中国国民党革命委员会（65 人）

卜漱和（女）　万鄂湘　马志伟（满族）　王小凤（女）
王四代（彝族）　王红玲（女）　孔小均　厉无畏　卢晓光（满族）
田惠光（女）　白虹光（女）　冯　巩　冯明光　朱建军　庄　威
刘　凡　刘　晓　刘　斌（蒙古族）　刘家强　刘新文（女）　汤维建
孙继业　李　崴　李　蓉（女）　李晓东　李德强　吴先宁　何小平

何丕洁　沈　瑾（满族）　忻伟明　宋余庆　张全国　张庆成　张守志
张寿全　陈万达　陈重华（女）　陈清华　陈澄波　苑春鸣　林道芸
林嘉騋　罗里熊　周天鸿　郑建邦　钟晓渝　钮小明（女）　修福金
洪佳林　夏　涛　夏培度　徐　涛（女）　高小玫（女）　郭层城
曹　亚（女）　龚世萍（女）　蒋　洪　蒋平安　程崇庆　傅惠民
童石军　温香彩（女）　谢碧玲（女）　谢德体

中国民主同盟（65人）

王　健（布依族）　韦　苇（女）　车　竞（女）　龙庄伟（苗族）
边发吉　朱光武　刘长铭　刘光复　刘明华　刘晓庄　刘慕仁　安纯人
孙丰月　孙南申　李成贵　李利君（女）　李晓安　李竟先（女）
杨维刚　吴　刚　吴正德　吴信才　张　澍　张世珍　张圣坤　张来斌
张宝文　张梅颖（女）　张道宏　陈　旗　陈幼平　欧阳明高
尚绍华（女）　金道超　郑惠强　赵雨森　赵振铣　胡　扬　俞海潮
俞敏洪　娄源功　贾庆国　顾　欣　钱克明　倪慧芳（女）　徐　辉
徐一帆　徐世杰　高玉葆　高拴平　郭松海　黄维礼　康耀红　梁晓声
彭于发　葛剑平　董恒宇　蒋华良　韩圣浩　鲁安怀　温思美　谢　卫
甄　珍（女）　雷　蕾（女，满族）　鲍义志（土族）

中国民主建国会（65人）

马培华　王　欣　王　舰　王　曦　王少阶　王永庆　王光远　王怀俊
方兆本　龙国键　卢步东　卢晓钟　冯　军　宁崇瑞　华博雅（女）
刘汉元　刘江龙　孙太利　孙东生　孙宝启　孙贵宝　李　兰（女）
李　说（女）　李玉光　李世杰　李冬玉（女）　李汉宇
李远征（女）　李晓林　杨仁选　杨文龙　杨先明　吴晓青（满族）
余瑞玉（女）　张　皎　张榕明（女）　陈明德　陈政立
武四海（回族）　武献华　欧成中　金正新　周汉民　赵　龙　郝明金
胡可一　施耀忠　姜建初　夏　敏　倪晋仁　徐建群（女）
高　峰（云南省）　高天乐　高云龙　郭振家　郭跃进　黄庆勇　黄泽民
龚立群　葛俊杰　董维忠　董新光　赖明勇　蔡　玲（女）　潘　琦

中国民主促进会（45人）

卫小春　王　刚（河北省）　王　康　王建国　区　鉷　石爱中　史贻云
汤建人　李进权　李国璋　李前宽　邱立成　言恭达　张　帆　张　群
张自立（回族）　张承芬（女）　张俊芳（女）　陈自力　陈英旭
陈凌孚　陈景秋　林圣雄　罗富和　罗黎辉　郑福田　赵光华　赵丽宏
段成桂　姚爱兴　秦　和（女，满族）　袁祖亮　贾宝兰（女）
唐　瑾（女）　唐勇力　陶凯元（女）　黄　震　盛昌黎（女）
程幼东　谢彬如　蔡达峰　蔡继明　潘贵玉（女）　潘碧灵（土家族）
薛　康

中国农工民主党（45人）

于文明　马立群　王　路　王启仪（女）　王新陆　牛广明　牛立文

左焕琛（女） 叶建农 史俊通 冯炯华 朱静芝（女） 刘晓峰
孙铁英（女，满族） 肖燕军（女） 何 维 张 沅 张大宁 张光奇
张庆文（女） 张周平 张新建 陈子江（女） 陈宗兴
陈建国（农工党中央） 陈绍军 陈勋儒 陈雅棠 欧阳华 金国生
周 然 周宜开 周健民 周骏羽 郑小燕（女） 赵吉光 段惠军
姚 克 栗震亚 高体健 龚建明 彭 钊 游宏炳 蔡 威
滕玉芬（女）

中国致公党（30人）

万 钢 王 元 王孝询 王钦敏 王增祺 牛文元 毛有碧（女）
刘富兴 杜时贵 李卓彬 吴幼英（女） 吴春梅（女） 况 平
张恩迪 陈 杰 陈伟明 陈仲强 陈德展 林方略 赵进东 胡旭晟
姚凯伦 黄因慧 黄格胜（壮族） 曹小红（女，回族） 曹鸿鸣
麻建国（苗族） 阎小培（女） 谢朝华 薛卫民

九三学社（45人）

马大龙 王 键 王宇田 王志珍（女） 支建华 冯培恩
刘秀晨（回族） 刘应明 刘政奎 刘鸿庥（女） 刘淑莹（女）
刘滇生 闫 伟 米烈汉 严 俊 杜德志 李 彬 李华栋 闵乃本
张大方 张化本 张亚忠 张桃林 陈永川 陈抗甫 邵 鸿 郑祖康
郑楚光 屈 谦 赵 俊 赵 韩 赵 雯（女） 洪捷序 姚志彬
袁汉民 贾殿赠 徐国权 陶夏新 黄润秋 葛会波 韩忠朝 曾 华
赖 明 解士杰 潘蓓蕾（女，高山族）

台湾民主自治同盟（20人）

王 松 石四箴（女） 叶惠丽（女） 刘亦铭 孙南雄 李钺锋
杨 健 连介德 吴国祯 张 宁 张华军 张泽熙 林文漪（女）
郑 凡 骆沙鸣 黄志贤 谢正观 谢志成 雷献禾
蔡国雄（国家电网公司）

无党派人士（65人）

丁 洁（女） 马学平 王 平（女） 王执礼 王尚旭 王明明
王梅祥 王瑞珠 叶小钢 田 刚 田中群 田红旗（女） 邢定钰
戎嘉余 毕作滨 朱作言 朱征夫 刘 勇 刘 巍 刘公勤（女）
米逸颖（女） 许京军 孙林夫 苏士澍（满族） 李 灿 李 武
李大魁 李庆云 李晋峰 李稻葵 杨 岐 杨 淳 吴 江（文化部）
何星亮 何家英 张抗抗（女） 张国俊 陈 竺 陈昌生
陈建国（中外名人文化研究会） 陈章良 陈道明 陈箭深 武维华
林而达 欧阳中石 周 岚（女） 孟洛明 赵宇梓 胡四一 段树民
侯惠民 贺 强（满族） 袁隆平 高鹰忠 黄日波（壮族） 龚惠兴
崔永元 章祥荪 董胜波 蒋明麟 谢 茹（女） 甄 贞（女）
霍达（女，回族） 穆京祥

中国共产主义青年团（12人）

王　晓　王晓栋　尔肯江·吐拉洪（维吾尔族）　全桂寿　安桂武　李小豹
张　骏　张晓兰（女）　陈　凯　罗　梅（女，藏族）　郗杰英　倪邦文

中华全国总工会（63 人）

于　宁　于天忱　马兰翠（女）　王天凯　王东进　王树明　王显政
王晓龙　王瑞祥　尤兰田（女）　牛越生　朱　蒙　刘玉明　刘合炳
麦方代（女）　苏　玲（女）　苏立清　李志军　李国瑞　李海滨
李滨生　吴有生　何喜奎　谷常生　宋　欣　宋学斌　张希钦　张明森
张鸣起　张秋俭（女）　张俊九　陈必亭　陈永满　陈效达　林用三
国一民　金义华　周大兵　周中枢　周建平　庞晓丽（女）　宗贻平
胡先春　胡希捷　胡建胜　钟　杰（女）　施　杰　袁伟霞（女）
贾承造　贾艳敏（女）　贾福兴　夏　忠　倪小庭　徐振寰
徐德明（满族）　郭　涛　盛明富　董　力　韩修国　路耀华　解思忠
翟若愚　滕一龙

中华全国妇女联合会（67 人）

于小文（女）　万山红（女）　王　静（女）　王小兰（女）
王玉英（女）　王淑玲（女）　邓　敏（女）　叶顺兴（女）
冯幸耘（女）　任远征（女）　华　梅（女）
伊丽苏娅（女，维吾尔族）　刘　诗（女）　刘红宇（女）
汤燕雯（女）　孙丹萍（女）　孙毓敏（女）　严慧英（女）
李　讷（女）　李　羚（女）　李小琳（女）　李嘉音（女）
杨　佳（女）　杨　俊（女）　杨慧琼（女）　吴海燕（女）
吴菊仙（女）　何　悦（女）　何永智（女）　宋　岩（女）
张世平（女）　张礼慧（女）　张晓梅（女）　张黎明（女）
陈　羽（女，蒙古族）陈　红（女）　陈清霞（女）　陈婉娴（女）
岳喜翠（女）　郄秀书（女）　周秉建（女）　郑　祎（女）
郑　珊（女）　郑明明（女）　赵少华（女，满族）　赵葆秀（女）
胡葆琳（女）　柯锦华（女）　柳　萍（女）　洪天慧（女）
皋玉凤（女）　凌　子（女）　唐晓青（女）　黄　艳（女）
黄紫玉（女）　尉中民（女）　彭　钢（女）　蒋秋霞（女）
舒　婷（女）　曾海生（女）　谢　京（女）　谢企华（女）
强俄巴·次仁央宗（女，藏族）　甄　砚（女）　窦晓玉（女）
樊锦诗（女）　瞿丽雅（女）

中华全国青年联合会（29 人）

山　翀（女）　王伟斌　王俊峰　方　方　卢　柯　田　伟　朱　军
朱从玖　任洪斌　许树强　严　琦（女）　严望佳（女）　李永波
李佳鸣（女）　李河君　李胜素（女）　李惠森　吴仁彪　张　政
阿不都热克甫·吐木尼牙孜（维吾尔族）　金　萍（女，回族）　周桐宇（女）
格桑罗布（藏族）　郭　为　梁丽萍（女）　彭丽媛（女）
韩　红（女，藏族）　曾智明　薛光林（回族）

中华全国工商业联合会（65人）

才旺扎西（藏族） 王乃静 王文彪 王玉锁 王再兴 王均金 王健林
王植时 王新奎 孔芙蓉（女） 左宗申 卢志强 田 震 冯东明
匡 湧 任文燕（女） 全哲洙（朝鲜族） 刘志强 刘迎霞（女）
刘金虎 刘新才 刘鹤章 许连捷 孙晓华 李 仁 李卫华 李书福
李祖可 杨 铿 杨淼平（女，白族） 吴一坚 何报翔 余渐富
沈建国（女） 宋北杉 宋佳城 张元龙 张龙之 张芝庭 张近东
张宏伟 张果喜 张征宇 陈 峰 陈次昌 陈经纬 茅永红 郑跃文
郑楚平 赵晓勇 赵满堂 郝 远 段祺华 洪袁舒（女） 柴宝成
徐冠巨 郭占春 黄代放 黄孟复 梁 静（女） 韩儒英
程 红（女） 傅 军 谢伯阳 磨长英（女）

中国科学技术协会（44人）

马军胜 王庭大 王基铭 王曙光 尹泽勇 叶培建 包为民 冯培德
吕树文 朱祖良 朱道本 刘 玠 刘永坦 齐 让 江泽慧（女）
寿子琪 李兰娟（女） 李和平（铁道部） 李晓红 沈文庆 宋南平
张 泽 张 鳌（满族） 张华祝 陈大卫 陈建民 茅玉麟（女）
林惠民 欧阳钟灿 周名江 郑国光 孟宪来 赵忠贤 顾秉林 徐一鸣
徐延豪 栾恩杰（满族） 黄伯云 曹淑敏（女） 曹湘洪 梁小虹
葛志荣 蔡耀军 潘复生

中华全国台湾同胞联谊会（15人）

王二虎 叶露昆 史茂林 纪 斌 苏 辉（女） 杨思泽 张嘉极
陈 杰（女，高山族） 林贤顺 林盛中 黄植诚（壮族）
梁燕君（女） 简少玉（女） 蔡 勉（女） 蔡国斌

中华全国归国华侨联合会（30人）

王荣宝（女） 王保生 王晓玉 王彬成 朱世增 朱奕龙 庄绍绥
李玉玲（女） 李群华 吴承业 邱维廉 张 茵（女）
陈方红（女） 陈成秀 陈红天 陈励君（女） 陈联合 林兆枢
林明江 林晓昌 林淑娘（女） 饶曼妮（女） 高 杰 浦 江
黄少良 屠 杰 董中原 曾文仲 潘庆林 瞿弦和

文化艺术界（147人）

于 海 于魁智（回族） 马博敏（女） 王 霞（女） 王川平
王习三 王文章 王书平 王立平（满族） 王立军 王成喜 王次炤
王兴东（满族） 王安忆（女） 丹 增（藏族） 尹 力 龙 瑞
叶少兰 申万胜 田 青 田军利 白雪石 冯 远 冯 英（女）
冯小宁 冯小刚 冯双白 冯骥才 尼玛泽仁（藏族） 巩汉林 吕章申
朱世慧 朱乐耕 仲呈祥 刘 敏（女） 刘大为 刘云智
刘兰芳（女，满族） 刘宇一 刘秀荣（女） 刘维维 刘锡津
关 峡（满族） 关牧村（女，满族） 许钦松 孙 萍（女，回族）
孙丽英（女，满族） 苏国璋（女） 杜滋龄 李世济（女） 李延声

李祖铭　李素华（女）　李维康（女）　杨　赤　杨力舟
杨春霞（女）　吴　欢　吴为山　吴玉霞（女）　吴冠中　吴祖强
吴雁泽　何水法　余　隆　余　辉　汪文华（女）　汪国新　宋雨桂
宋春丽（女）　宋祖英（女，苗族）　张　平　张　柏　张　健　张　海
张千一（朝鲜族）　张艺谋　张廷皓　张会军　张国勇　张和平　张学津
张建国　阿拉泰（女，蒙古族）　陈　力　陈　醉　陈立德　陈国星
陈泽盛　陈建功　陈祖芬（女）　陈晓光　陈维亚　邰丽华（女）
范小青（女）　范迪安　茅善玉（女）　林文增　林建岳　郁钧剑
金铁霖（满族）　周和平　郑欣淼　单霁翔　孟广禄　赵　卫（白族）
赵有亮　赵汝蘅（女）　赵秀云（女）　赵秀君（女）　赵维绥
胡　珍　侯　露（女）　施大畏　美朗多吉（藏族）　姜　昆
秦百兰（女）　耿其昌　贾平凹　夏燕月（女）　倪　萍（女）
徐　翔　徐庆平　徐沛东　郭瓦加毛吉（女，藏族）　席　强　黄　宏
黄济人　梅葆玖　盛小云（女）　崔建华（女）　阎维文
董良翚（女）　韩书力　韩美林　覃志刚（壮族）　傅　磬　曾成钢
靳尚谊　雷元亮　詹祥生　谭孝曾　谭利华　滕矢初　潘公凯　魏积安
濮存昕

科学技术界（112 人）

万宝年　马兴瑞　马志明　王永志　王志新　王南华（女）　王炳华
王涌天　尹　卓　甘晓华　左铁钏（女）　卢锡城　田　静　白以龙
白世伟（回族）　宁　远　邢新会　吉永华　朴　英（女，朝鲜族）
朱　星　朱李月华（女）　朱敏慧（女）　邬贺铨　刘　永　刘　钝
刘玉岭　刘纪远　宇如聪　孙　聪　孙志辉　孙济洲　苏国萃　杜　卫
李　未　李　林　李　莉（女）　李　鸿（女）　李　潜　李邦河
李迪斐　李济生　李烈荣　李晓明　李家春　李维斗　杨元庆　杨文良
杨文采　杨玉芳（女）　杨世林　杨宝奎　吴光辉　邱爱慈（女）
邱铸鼎　何清华　沈德忠　宋振铎　张文义　张学阳　张铁岗　张景安
陆健健　陈平平（女）　陈邦柱　陈运泰　陈凯先　陈念念　陈炳德
邵秉仁　金东寒　周玉梅（女）　周成虎　郑兰荪　封锡盛　赵克俭
郝希山　胡里清　胡树华　茹　克　柳崇禧　种　明（女）　段　雄
施　平　姜　杰（女）　洪建胜　姚檀栋　秦大河　袁希钢　聂启明
徐中信　高建华　唐纪良　陶化成　黄　强　黄先祥　黄伟光　黄其励
黄荣辉　戚发轫　常文瑞　常兆华　崔敬忠　傅　锐　傅新华　舒兴田
谢俊奇　蓝闽波　雷震洲　蔡晓红（女）　樊建人　潘　锋（回族）
戴晓雁

社会科学界（68 人）

王　名　王天增　王秀红（女）　王学成　毛新宇　方　工（回族）
卢中南　叶小文　包明德（蒙古族）　朱孝清　朱佳木　朱晓明
仲布·次仁多杰（藏族）　刘大钧　刘白驹　刘庆柱　刘树成

江小涓（女） 江蓝生（女） 安家瑶（女） 孙正聿 孙晓郁
杜黎明 李铀 李蓝 李小三 李冬妮（女，满族） 李君如 李国安
李昌鉴 李崇富 李景源 李静杰 杨胜群 杨海坤
吴江（回族，人事部） 吴能远 吴德立 何新 何秉孟 宋林飞
宋镇豪 迟福林 张穹 张国初 张泓铭 张树华 张倩红（女）
张蕴岭 陆忠伟 陈喜庆 陈智伦 罗援 金一南 赵园（女）
郝时远（蒙古族） 郝树声（女） 柯小刚 段正坤 侯欣一 俞金尧
贺捷生（女，土家族） 唐铁汉 黄梅（女） 黄小同 曹义孙
景天魁 谢商华（女）

经济界（145人）

丁仲篪 丁耀民 于炼 马经 马秀红（女） 马明哲 马鸿烈
马蔚华 王军 王征 王大成 王为强 王永正 王永忠 王会生
王建沂 王建宙 王宪鹏 王超斌 毛蕴诗 孔栋 孔庆平 邓伟
厉以宁 田在玮 冯晓增 兰云升 吉晓辉 达庆利（回族） 朱长林
朱成钢 刘野 刘乃兰（女） 刘云生 刘永好 刘安东 刘克崮
刘京生 刘革新 刘德树 闫冰竹 许家印 许善达 孙文杰 苏宁
李军 李勇 李文岳 李占通 李永江 李民斌 李兆会 李沛兴
李若谷 李绍德 李顺堤 李炳才 李家祥（民航总局） 李德水 杨超
杨国庆 杨凯生 肖宏江 吴明（女，上海市） 吴焰 吴惠天
何光暐 应仲树 辛树森（女） 汪建熙 沈雯 张小济 张志刚
张学武 张春江 张家林 张继勋 张赛娥（女） 张懿宸 陆启洲
陈华 陈小津 陈天桥 陈东征 陈忠孝 陈春林 陈晓颖（女）
陈新华 范福春 林大辉 林健锋 欧新黔（女） 金建华 周纪昌
周厚健 周晋峰 郑海泉 宗立成 经天亮 荣海 胡成中 胡克勤
胡德平 侯外林 姜成康 洪敬南 贺平 贺同新 秦晓 袁懋振
耿亮 贾康 钱智民 徐晓兰（女） 徐锡洲 唐健
唐大智（女） 唐双宁（满族） 谈理平 陶建幸 梅兴保 曹光佑
常小兵 康健 阎庆民 梁志敏 梁君彦 董文标 蒋应时 蒋政江
蒋超良 韩真发 程路 谢炳 谢渡扬 赖海民 蔡来兴
蔡国雄（香港特区） 廖晓淇 谭伯源 熊贤林 穆占英
穆麒茹（女，回族） 魏迎宁 魏建国

农业界（65人）

于振文 王长寿 王玉佩 王西林 王金祥 王海波 王道文 方荣祥
尹伟伦 石见元 印红（女） 冯平 宁高宁 吕建中 任勇
华士飞 刘江 刘昕 刘凤之 刘延云 刘环祥 刘忠元 许雷
许皞 李永安 李育才 李剑阁 李铁军 杨公社 吴鸿（浙江省）
吴鸿（广东省） 吴金印 宋丰强 宋湛谦 张洪 张生朝 张红武
陈星莺（女） 范小建 林金星 尚勋武 郑晖 郑维列 孟金陵
赵心力（女） 赵学敏 侯先志 侯勇跃 骆少君（女） 聂振邦

贾幼陵　夏庆友　徐建国　黄大卫　黄大昉　黄建中　黄鸿翔　曹玉书
曹幸穗　梁季阳　程　萍（女）　舒安娜（女，土家族）
雷加富（满族）　翟浩辉　瞿振元

教育界（107人）

丁伟岳　王玉凤（女，满族）　王东林　王训练　王光谦　王汝成　王松灵
王国宾　王建华　王修林　王晓秋　王智平　左东岭　石定果（女）
石耀霖　卢炬甫　田淑兰（女）　印　杰　乐国安　司富春　成岳冲
毕小平（女）　朱和平　朱清时　朱鸿民　伍中信　旭日干（蒙古族）
刘　焱（女）　刘太行　刘秀梵　刘经南　汤素兰（女）　许仲梓
孙珩超　孙惠玲（女）　苏　蓉（女）　杜玉波　李　明　李未明
李东福　李向玉　李兴山　李和平（安徽省）　李学春　李定国　李椿萱
杨春时　肖　燕（女，白族）　吴平东　余争平　汪　苹（女）　沈奎林
宋纯鹏　张伟平　张杰庭　张济顺（女）　张银福　陈　放
陈　勉（满族）　陈　群　邵国培　范更华　范伯元　林宗寿
罗　霞（女）　图登克珠（藏族）　周　浪　周同甫　周学东（女）
周家伦　孟安明　赵沁平　郝　平　郝政利　胡海岩
茹克叶·穆罕默德（女，维吾尔族）　柯　杨（女）　柯惠新（女）
钟志华　钟秉林　洪　伟（回族）　顾也力　钱　锋　徐南平　高　文
高　抒　高正红（女）　高建民　郭传杰　郭晋云　唐子来　唐建武
黄　河　黄元河（壮族）　黄维义（女）　黄维若　梅国平　盛连喜
章新胜　彭志敏　葛剑雄　葛晓音（女）　程天权　蔡志君（女）
蔡克勤　廖昌永　魏　群（女）

体育界（22人）

王　钧　卞志良　邓亚萍（女）　甘连舫（回族）　叶乔波（女）
史康成　华以刚　刘　翔　刘敬民　杨　桦　杨静之　陈立人
周继红（女）　胡家燕（女）　姚　滨　晏　紫（女）
钱利民（蒙古族）　高　健　崔大林　蒋效愚　谢　军（女）　樊庆斌

新闻出版界（46人）

于永湛　万　捷　马胜荣　马澄坤　王乃坤（女）　王军伟　王连生
韦建桦　毛福民　卞晋平　石　峰　石汉基　卢世琛　刘长乐　刘冠军
刘振英　江绍高　许　明（女）　李小棠　李东东（女）　李宝善
李景瑞　李瑞英（女）　杨　波　杨　澜（女）　沙博理　沈　鹏
张胜友　张海涛　陈　洪（女）　范冰冰（女）　林光如　周海婴
赵化勇　赵昌平　聂震宁　贾　永　徐如俊　海　霞（女，回族）
黄　庆（女）　黄书元　黄国柱　龚亚夫（满族）　詹国枢　蔡名照
翟惠生

医药卫生界（90人）

王　宇　王大明　王立东　王旭东　王红阳（女）　王国治
王国强（国家中医药管理局）　王建业　王承德　王智彪　田伏洲　史大卓

冯世良　吕爱平　刘志红（女）　刘迎龙　刘荣玉（女）　刘登岗
池　慧（女）　安阿玥（回族）　孙丰源　孙建方　孙保存　严卫星
李文志　李玉峰　李立明　李秀华（女）　李佩文　李辅仁　李森恺
杨利霞（女）　杨金生　杨雄里　连建伟　肖　红（女）
吴　明（女，北京市）吴以岭　吴明江　吴海洋（女）　吴蔚然　邱贵兴
何　伟　余　靖（女）　沈　悌　沈中阳　迟宝荣（女）
阿达来提·阿合买提江（女，维吾尔族）　陈兴生　邵一鸣
其仁旺其格（蒙古族）　范　利（女）　林　野　林绍彬　林嘉滨
尚　红（女）　帕尔哈提·阿不都热依木（维吾尔族）　岳秉飞　金大鹏
周良辅　赵　平　赵达生　赵炳礼　赵铱民　胡定旭　俞光岩　姜洪池
姚乃礼　夏　宁（女）　徐　亮　徐　勇　翁国星　凌　锋（女）
高春芳　高润霖　黄　峻　黄传贵（彝族）　黄洁夫
菊红花（女，蒙古族）　曹洪欣　葛均波　董协良　蒋作君
韩雅玲（女）　焦家良　储大同　温建民　雷菊芳（女）　熊思东
戴秀英（女，回族）

对外友好界（39 人）

万季飞　万学远　马灿荣　王林旭　王胜洪　石　愚　乐美真　邢运明
吕凤鼎　吕新华　朱　灵　刘文杰　刘古昌　刘泽彭　关呈远（满族）
安　民　孙振宇　李　冰　李小林（女）　杨孝华　吴思科　张九桓
陈昊苏　武大伟　季允石　周文重　周幼马　赵启正　赵进军　俞贵麟
袁　明（女）　袁熙坤　陶大为　黄友义（回族）　蒋晓松　韩方明
裘援平（女）　蔡凤震　蔡建国

社会福利和社会保障界（36 人）

于　兵　王　林　包陪庆（女）　朱建民　后　力　刘玉芬（女）
刘功臣　李　猛　李子良　李丕钧　李立新　李宏塔　李顺桃　步正发
张　力　张小玲（女）　张文康　张松桥　张明园　张忠言　张彦森
张海迪（女）　张雪岩　陈世强　罗平飞　赵杰兵　郝建秀
胡志斌（回族）　夏荣强　高晓笛（女）　郭长江　郭汝斌　黄文仔
黄朝阳　薄绍晔　戴　皓

少数民族界（105 人）

才　让（藏族）　马开贤（回族）　马长庆（东乡族）　马文丕（东乡族）
马邦河（保安族）　马志武（回族）　马虎成（回族）　马国权（回族）
马国超（回族）　马国瑜（回族）　王亚保（黎族）　王先琼（女，侗族）
王佳敏（女，苗族）　王福耀（羌族）　计明南加（藏族）　巴桑顿珠（藏族）
玉帕新（女，布朗族）　艾　徐（女，德昂族）
艾克拜尔·米吉提（哈萨克族）　艾努瓦尔（哈萨克族）
卡米力·阿不都拉（维吾尔族）　卢　京（壮族）
卢尼奥夫·尼古拉·伊万诺维奇（俄罗斯族）甲热·洛桑丹增（藏族）
申　楚（仡佬族）　田　岚（土家族）　付　刚（赫哲族）

代依米克·地瓦那（塔吉克族） 白音门德（蒙古族） 包俊臣（蒙古族）
朴惠善（女，朝鲜族） 尧西·索朗卓玛（女，藏族） 伏来旺（蒙古族）
伊力多斯·阿合塔莫夫（塔塔尔族） 多央娜姆（女，藏族）
邬丽娅·司马义诺娃（女，维吾尔族） 刘晓梅（女，蒙古族）
安 南（彝族） 祁德川（景颇族） 买买提·玉素甫（维吾尔族）
买买提·艾山（维吾尔族） 克 珠（藏族） 苏晓云（土家族）
苏维词（苗族） 杜 梅（女，鄂温克族） 李成日（朝鲜族）
李建国（基诺族） 李承淑（女，朝鲜族） 李德洙（朝鲜族）
杨一奔（女，纳西族） 杨春兴（苗族） 杨健强（白族）
杨谊群（独龙族） 杨新华（裕固族） 吴爱红（女，仡佬族）
吴嘉甫（布依族） 何 春（女，拉祜族） 何奇耶徒（蒙古族）
辛颖梅（女，回族） 阿 称（藏族） 阿什老轨（彝族）
阿沛·阿旺晋美（藏族） 阿侯蜀革（彝族）
阿曼吐尔·木沙（柯尔克孜族） 陈 军（哈尼族） 陈 德（满族）
拉巴平措（藏族） 林 兴（京族） 林贤郁（朝鲜族）
金 莉（女，俄罗斯族） 金晏山（满族） 周明甫
郑军里（瑶族） 法蒂玛·马合木提（女，乌孜别克族）
宗庸卓玛（女，藏族） 孟松林（鄂伦春族） 美朵曲珍（女，门巴族）
前进（珞巴族） 洪梅香（女，回族） 莎 娜（女，达斡尔族）
贾列肯·别克西（哈萨克族） 贾拉森（蒙古族） 高 炜（蒙古族）
高延青（蒙古族） 郭丽娜（女，锡伯族） 黄 毅（景颇族）
曹 毅（土家族） 鄂义太（蒙古族） 康尼·巴桑（藏族）
梁晓丹（女，阿昌族） 彭兆清（怒族） 斯 塔（藏族）
韩兴旺（撒拉族） 覃文静（女，毛南族） 粟多能（侗族）
蓝秀珍（女，畲族） 雷后兴（畲族） 蔡世杰（回族）
管国忠（傣族） 熊胜祥（普米族） 德德玛（女，蒙古族）
潘晓慧（女，水族） 穆可发（回族） 鞠雅莲（女，蒙古族）
魏 红（女，佤族）

宗教界（65 人）

一 诚 丁广治（回族） 丁文方（回族） 丁科仓（藏族）
丁常云 刀述仁（傣族） 于新粒 马寿新（回族） 马英林
东宝仲巴·呼图克图（藏族） 旦白尼玛（藏族） 白克力·马木提（维吾尔族）
印 乐 任法融 刘元龙 刘怀元 刘柏年 安信义
那仓·向巴昂翁丹曲成来（藏族） 李光富 杨发明（回族）
杨志波（回族） 余文良（傈僳族） 沈学彬 陆新平 阿旺吉卓（藏族）
陈广元（回族） 陈顺鹏 妙 江 拉茂赛赤（藏族） 范承祖 林志华
帕巴拉·格列朗杰（藏族） 金 蔚（女） 金鲁贤 学 诚
宗洛·向巴克珠（藏族） 房兴耀 香根·巴登多吉（藏族）
洪长有（回族） 觉 醒 祜巴龙庄勐（傣族） 珠康·土登克珠（藏族）

根　通　夏立宛（蒙古族）　倪光道　徐晓鸿　高　峰（山东省）　唐卫民
唐诚青　桑顶·多吉帕姆·德庆曲珍（女，藏族）　黄至安（女）　黄信阳
萨龙·平拉（藏族）　策墨林·单增赤列（藏族）　傅先伟　普　法
湛　如　靳云鹏　赖保荣　雷世银　詹思禄　阚保平　慧　深
德哇仓（藏族）

特邀香港人士（126人）

马介璋　王永乐　王国华　王国强　王葛鸣（女）　王敏贤（女）
区永熙　方　铿　方黄吉雯（女）　计佑铭　邓日燊　邓兆棠　龙子明
卢文端　田北俊　冯华健　冯国经　吕明华　朱树豪　朱莲芬（女）
伍淑清（女）　庄启程　刘汉铨　刘兆佳　刘宇新　刘诗昆　刘皇发
刘梦熊　刘遵义　汤伟奇　许仕仁　许荣茂　许智明　苏泽光
杜　毅（女）　李　扬　李大壮　李文俊　李秀恒　李贤义　李国章
李国强　李泽钜　李家杰　李家祥　杨　钊　杨孙西　杨海成
杨敏德（女）　吴光正　吴良好　何志平　何柱国　余国春　邹灿基
汪明荃（女）　张华峰　张国良　张学明　张信刚　张闾蘅（女）
张家敏　陈万雄　陈玉书　陈永棋　陈丽华（女，满族）　陈奇伟　陈振东
陈鑑林　邵善波　林国文　林树哲　林铭森　林淑仪（女）　罗友礼
罗祥国　罗康瑞　周永健　周安达源　周俊明　周梁淑怡（女）　郑家纯
郑维健　郑耀宗　荣智健　胡汉清　胡应湘　胡经昌　查懋声　钟瑞明
施子清　施祥鹏　施展熊　洪祖杭　徐是雄　徐展堂　高敬德　郭　炎
郭炳湘　容永祺　黄光苗　黄守正　黄志祥　黄英豪　黄景强　黄楚标
梁国贞（女）　梁钦荣　梁振英　董建华　蒋丽芸（女）　曾钰成
蓝鸿震　赖庆辉　蔡志明　蔡冠深　廖长城　廖正亮　谭锦球　谭耀宗
黎桂康　潘宗光　潘祖尧　霍震霆　戴希立　戴德丰

特邀澳门人士（29人）

马万祺　马有礼　区宗杰　尤端阳　冯志强　刘衍泉　许　爽　许健康
杨俊文　吴立胜　吴培娟（女）　何玉棠　何鸿燊　陈明金　林金城
欧安利　柯为湘　钟小健　贺定一（女）　徐　泽　黄如楷
曹其真（女）　崔世昌　梁　华　梁庆庭　廖泽云　黎振强　颜延龄
潘汉荣

特别邀请人士（166人）

丁寿岳　马子龙（回族）　马国湘　马金虎（回族）　马铁山　王　伟
王同琢　王卓辉　王涛志　王崇久　毛凤鸣　尹凤岐　尹庆立　孔　琪
邓成城　邓宗良　石玉珍（女，苗族）　龙超云（女，侗族）　卢昌华　卢温胜
叶金生　叶爱群　冯永生　吕登明　吕耀东　刚占标　朱永清　朱孟依
朱振中　朱景辉　多杰热旦（藏族）　庄国荣（女）　刘卫东　刘长喜
刘世民　刘立军　刘永瑞　刘怀廉　刘佩智　刘俊文　刘逢君
刘雅琴（女）　许志功　许瑞生　孙必达　孙永海　孙志强　孙怀山
孙明山　孙忠焕　孙俊哲　孙德汉　严智泽　苏树辉　李　元

李　敏（女）　李文华　李宇鸿　李运之　李学明　李政文　李栋恒
李洪程　李微微（女）　李德成　杨　瀚　杨启儒（侗族）　杨晓渡
吴玉谦　邱　进　邱衍汉　邱德群　何其宗　何虎林　邹庚壬　邹哲开
邹新生　沈素琍（女）　沈滨义　宋晓梧　宋晨光　张　翔　张元富
张立民　张传林　张红力　张秀明　张治中　张秋祥　张燮飞
阿沛·晋源（藏族）　陈世俊　陈光志　陈传阔　陈佐洱　陈修茂　陈寒枫
范西成　范晓光　林上元　林文肯　林炎志　林炳尧　欧金谷
易　清（满族）　罗东进　周　珉（女）　周一波　周遇奇　周镇宏
郑守增　屈全绳　赵书月　赵兴发　赵国钧　胡永柱　钟声琴　侯伯文
洛桑江村（藏族）　桂全智　贾润兴　钱海皓　徐长玉　徐承云　徐增平
翁杰明　高　鹏（女，满族）　高中兴　高世琦　高金榜　高春翔　郭修圃
涂辉龙　陶方桂　陶斯亮（女）　黄　海　黄　新　黄方毅　黄道伟
常荣军　崔占福　梁伟浩　梁亮胜　寇宪祥　彭磷基　葛东升
董利翔（女）　董海舟　董福元　蒋小明　程　熙（女）　程宝山
程群力　傅思和　焦安昌　温熙森　游洛屏　蒙进喜　楼阳生　楼志豪
蔡东士　熊自仁　缪合林　缪寿良　潘瑞吉　薛映承

中国人民政治协商会议第十一届全国委员会
主席、副主席、秘书长、常务委员名单

（2008 年 3 月 13 日政协第十一届全国委员会第一次会议通过）

主　　席　贾庆林

副 主 席（25 人）　王　刚　廖　晖　杜青林　阿沛·阿旺晋美（藏族）
帕巴拉·格列朗杰（藏族）　马万祺　白立忱（回族）
陈奎元　阿不来提·阿不都热西提（维吾尔族）
李兆焯（壮族）　黄孟复　董建华　张梅颖（女）
张榕明（女）　钱运录　孙家正　李金华
郑万通　邓朴方　万　钢　林文漪（女）　厉无畏
罗富和　陈宗兴　王志珍（女）

秘 书 长　钱运录（兼）

常务委员（298 人，按姓名笔画排序）：
一　诚　刀述仁（傣族）　万季飞　万学远　万鄂湘　马长庆（东乡族）
马志伟（满族）　马英林　马培华　王　晓　王少阶　王玉锁
王立平（满族）　王永庆　王亚保（黎族）　王光谦
王先琼（女，侗族）　王众孚　王宇田　王林旭　王明明　王金祥　王显政

王钦敏　王健林　王梅祥　王新陆　王新奎　韦建桦　方兆本　孔小均
艾努瓦尔（哈萨克族）　左焕琛（女）　厉以宁　石耀霖　卢志强
卢晓钟　叶小文　叶小钢　田　刚　田　岚（土家族）　田　静　田　震
田中群　田聪明　包俊臣（蒙古族）　冯　巩　冯明光　冯炯华　冯培恩
冯骥才　宁崇瑞　朱孝清　朱作言

中国人民政治协商会议第十一届全国委员会主席、副主席、秘书长简历

贾庆林　男，汉族，1940年3月生，河北泊头人，1959年12月加入中国共产党，1962年10月参加工作，河北工学院电力系电机电器设计与制造专业毕业，大学学历，高级工程师。

现任中共中央政治局常委，十一届全国政协主席、党组书记。

1956—1958年　石家庄工业管理学校工业企业计划专业学习

1958—1962年　河北工学院电力系电机电器设计与制造专业学习

1962—1969年　一机部设备成套总局技术员、团委副书记

1969—1971年　下放一机部江西奉新“五七”干校劳动

1971—1973年　一机部办公厅政策研究室技术员

1973—1978年　一机部产品管理局负责人

1978—1983年　中国机械设备进出口总公司总经理

1983—1985年　山西太原重型机器厂厂长、党委书记

1985—1986年　福建省委常委、副书记

1986—1988年　福建省委副书记兼省委组织部部长

1988—1990年　福建省委副书记兼省委党校校长、省直机关工委书记

1990—1991年　福建省委副书记、代省长

1991—1993年　福建省委副书记、省长

1993—1994年　福建省委书记、省长

1994—1996年　福建省委书记、省人大常委会主任

1996—1997年　北京市委副书记、代市长、市长

1997—1999年　中央政治局委员，北京市委书记、市长

1999—2002年　中央政治局委员，北京市委书记

2002—2003年　中央政治局常委

2003—2008年　中央政治局常委，十届全国政协主席、党组书记

2008—　中央政治局常委，十一届全国政协主席

中共第十四届、十五届、十六届、十七届中央委员，十五届中央政治局委员，十六届、十七届中央政治局委员、常委。第十届、十一届全国政协主席。

王　刚　男，汉族，1942年10月生，吉林扶余人，1971年6月加入中国共产党，1967年9月参加工作，吉林大学哲学系哲学专业毕业，大学学历。

现任中共中央政治局委员，十一届全国政协副主席、党组副书记。

1962—1967年　吉林大学哲学系哲学专业学习

1967—1968年　留校待分配

1968—1969年　建工部七局八公司宣传科干事

1969—1977年　建工部七局政治部宣传处干事

1977—1981年　新疆维吾尔自治区党委办公厅秘书

1981—1985年　中央对台办公室正处级秘书

1985—1986年　中央办公厅信访局副局长

1986—1987年　中央办公厅、国务院办公厅信访局副局长

1987—1990年　中央办公厅、国务院办公厅信访局常务副局长、党委书记

1990—1993年　中央档案馆常务副馆长、机关党委书记

1993—1994年　中央档案馆馆长、国家档案局局长

1994—1999年　中央办公厅副主任，中央档案馆馆长、国家档案局局长

1999—2002年　中央办公厅主任，中央直属机关工委书记

2002—2007年　中央政治局候补委员、中央书记处书记，中央办公厅主任，中央直属机关工委书记

2007—2008年　中央政治局委员，中央直属机关工委书记

2008—　中央政治局委员，十一届全国政协副主席、党组副书记

中共第十五届中央候补委员，十六届、十七届中央委员，十六届中央政治局候补委员、中央书记处书记，十七届中央政治局委员。第十一届全国政协副主席。

廖　晖　男，汉族，1942年5月生，广东惠阳人，1965年12月加入中国共产党，1960年8月参加工作，哈尔滨军事工程学院导弹工程系地空导弹总体设计专业毕业，大学学历。

现任中共中央委员，十一届全国政协副主席、党组成员，国务院港澳事务办公室主任、党组书记。

1960—1965年　哈尔滨军事工程学院导弹工程系地空导弹总体设计专业学习

1965—1972年　空军高射炮兵独立四师三营一连引导技师

1972—1975年　空军驻国营七六一厂军工产品质量检验军事代表

1975—1980年　北京军区空军司令部高射炮兵处参谋

1980—1983年　解放军总参谋部装备部科技处副团职参谋

1983—1984年　国务院侨务办公室副主任、党组成员，第一副主任、党组副书记

1984—1997年　国务院侨务办公室主任、党组书记

1997—2003年　国务院港澳事务办公室主任、党组书记

2003—2008年　十届全国政协副主席、党组成员，国务院港澳事务办公室主任、党组书记

2008—　十一届全国政协副主席、党组成员，国务院港澳事务办公室主任、党组书记

中共第十二届、十三届、十四届、十五届、十六届、十七届中央委员。第十届、十一届全国政协副主席。

杜青林　男，汉族，1946年11月生，吉林磐石人，1966年3月加入中国共产党，1964年7月参加工作，吉林大学经济管理学院国民经济计划与管理专业毕业，在职研究生学历，经济学硕士学位。

现任中共中央委员，十一届全国政协副主席、党组成员，中共中央统战部部长。

1964—1966 年　吉林省吉林市委党校青干班学习，柳河县、永吉县、舒兰县社会主义教育工作队队员、副组长

1966—1968 年　吉林省吉林市委组织部干部

1968—1974 年　长春第一汽车制造厂标准件分厂党委秘书，挤压车间主任、党支部书记

1974—1978 年　长春第一汽车制造厂标准件分厂革委会副主任，副厂长、党委副书记

1978—1979 年　共青团吉林省吉林市委书记

1979—1984 年　共青团吉林省委副书记、书记（其间：1981—1984 年东北师范大学政治教育专修科函授学习）

1984—1985 年　吉林省长春市委副书记

1985—1988 年　吉林省委常委、组织部部长

1988—1988 年　吉林省委副书记、政法委书记、组织部部长

1988—1992 年　吉林省委副书记、政法委书记（其间：1990 年 3—5 月中央党校省部级干部进修班学习）

1992—1993 年　海南省委副书记（1989—1992 年吉林大学法律系法律专业本科函授学习）

1993—1998 年　海南省委副书记、省人大常委会主任（其间：1994—1996 年吉林大学经济管理学院国民经济计划与管理专业在职研究生学习，获经济学硕士学位）

1998—2001 年　海南省委书记、省人大常委会主任（其间：2000 年 9—11 月中央党校省部级干部进修班学习）

2001—2006 年　农业部部长、党组书记

2006—2007 年　四川省委书记

2007—2007 年　四川省委书记、省人大常委会主任

2007—2008 年　中央统战部部长

2008—　十一届全国政协副主席、党组成员，中央统战部部长

中共第十四届中央候补委员，十五届、十六届、十七届中央委员。第六届全国政协委员，十一届全国政协副主席。

阿沛·阿旺晋美　男，藏族，1910 年 2 月生，西藏拉萨人。

现任十一届全国政协副主席。

1936—1952 年　西藏地方政府昌都粮官、民事法官、孜本（审计官）、昌都总管、噶伦（其间：1951 年任西藏地方政府赴北京谈判的首席代表，同中央人民政府代表签订了关于和平解放西藏办法的协议）

1952—1959 年　西藏军区第一副司令员，中将军衔，西藏自治区筹委会筹备处处长、秘书长、副主任，国防委员会委员

1959—1964 年　全国政协副主席，西藏自治区筹备委员会副主任，国防委员会委员

1964—1965 年　全国人大常委会副委员长，西藏自治区筹备委员会代主任

1965—1979 年　全国人大常委会副委员长，西藏自治区人民委员会主席、革委会副主任

1979—1981 年　全国人大常委会副委员长、全国人大民族委员会主任委员，西藏自治区人大常委会主任

1981—1983 年　全国人大常委会副委员长、全国人大民族委员会主任委员，西藏自治区人民政府主席

1983—1993 年　全国人大常委会副

委员长、全国人大民族委员会主任委员，西藏自治区人大常委会主任

1993— 全国政协副主席

第一届、二届、三届、四届、五届、六届、七届全国人大代表，三届、四届、五届、六届、七届全国人大常委会副委员长，五届、六届、七届全国人大民族委员会主任委员。第一届全国政协委员，三届、八届、九届、十届、十一届全国政协副主席。

帕巴拉·格列朗杰 男，藏族，1940年2月生，四川理塘人，大学学历。

现任十一届全国政协副主席，中国佛教协会名誉会长，西藏自治区政协主席。

1942年 被认定为西藏昌都强巴林寺第十一世帕巴拉呼图克图

1950—1952年 昌都解放委员会第一副主任

1952—1956年 色拉寺学经

1956—1959年 西藏自治区筹备委员会常委、宗教事务委员会副主任

1959—1965年 全国政协副主席，西藏自治区筹备委员会副主任、宗教事务委员会主任，昌都专署专员

1965—1979年 全国政协副主席，西藏自治区人民委员会副主席、自治区政协副主席

1979—1993年 全国政协副主席，西藏自治区政府副主席，自治区人大常委会副主任、自治区政协副主席，中国佛教协会副会长、西藏分会名誉会长，西藏自治区政协主席

1993—2003年 全国人大常委会副委员长，西藏自治区政协主席，中国佛教协会副会长、名誉会长

2003— 全国政协副主席，中国佛教协会名誉会长，西藏自治区政协主席

第二届、三届、四届、五届全国人大代表，八届、九届全国人大常委会副委员长。第三届、四届、五届、六届、七届、十届、十一届全国政协副主席。

马万祺 男，汉族，1919年10月生，广东广州人，大学学历，澳门东亚大学工商管理荣誉博士学位，暨南大学名誉博士。

现任十一届全国政协副主席，中华文学基金会会长，澳门中华总商会会长，澳门大华行投资有限公司董事长，澳门镜湖医院慈善会主席。

1938—1941年 在香港成立泰生行永裕昌并出任经理

1941—1944年 移居澳门，先后与友人组织恒丰裕行、和生行、大丰银号、恒记公司等任总监督、总经理等职

1944—1946年 镜湖医院慈善会董事、副董事长、董事会主席

1946—1947年 组织新中行

1947—1948年 组织大华行任总经理、董事长

1948—1950年 出任澳门中华总商会理事、副理事长、副会长、会长

1950— 澳门中华教育会理事、理事长、名誉顾问等，澳门劳工教育协进会主任（1952年），在澳门任篮排球总会、乒乓总会、游泳总会、象棋总会等会长，澳门东亚大学董事会主席、咨询会主席，濠江中学、培道中学、商训夜中学、广大中学、青洲小学、镜平小学等校董会主席；在内地任华南企业公司、广东华侨投资公司、广东国际信托投资公司、广州国际信托投资公司、中国国际投资公司董事、副董事长等职；曾任暨南大学、南京大学、仲恺农业学院副董事长，广州大学、南海中学、何香凝纪念学校名誉校长，广东省工商业联合会副主委、名誉会长，广东省政协常务委员，中华全国工商业联合会常委，全国政协常务委员，全国人大常委会委员，澳门特别行政区基本法起草委员会

副主任委员，澳门立法会议员，澳门中华总商会会长，澳门中国土特产公司、大生建筑置业有限公司、联生发展有限公司、新建华建筑置业有限公司董事长等职

1993— 全国政协副主席

第五届全国政协委员，六届全国政协常务委员，八届、九届、十届、十一届全国政协副主席。第六届、七届全国人大代表、全国人大常委会委员。

白立忱 男，回族，1941年1月生，辽宁凌源人，1971年4月加入中国共产党，1964年8月参加工作，沈阳农学院农业工程系农业机械化专业毕业，大学学历。

现任中共中央委员，十一届全国政协副主席、党组成员，中华全国供销合作总社理事会主任、党组成员。

1960—1964年 沈阳农学院农业工程系农业机械化专业学习

1964—1968年 辽宁省营口市农业机械化研究所技术员

1968—1972年 下放"五七"干校和农村劳动

1972—1980年 辽宁省营口市委组织部干事、市人事局副科长

1980—1983年 辽宁省营口市郊区区委副书记、书记

1983—1984年 辽宁省营口市委副书记、市长

1984—1985年 辽宁省盘锦市委书记，辽宁省省长助理

1985—1986年 辽宁省委常委、副省长

1986—1987年 宁夏回族自治区党委副书记、自治区人民政府代主席

1987—1997年 宁夏回族自治区党委副书记、自治区人民政府主席

1997—1998年 中华全国供销合作总社党组书记

1998—2000年 全国政协副主席、党组成员，中华全国供销合作总社党组书记、理事会主任

2000— 全国政协副主席、党组成员，中华全国供销合作总社理事会主任、党组成员

中共第十三届、十四届、十五届、十六届、十七届中央委员。第九届、十届、十一届全国政协副主席。

陈奎元 男，汉族，1941年1月生，辽宁康平人，1965年5月加入中国共产党，1964年9月参加工作，内蒙古师范学院政教系政治教育专业毕业，大学学历。

现任中共中央委员，十一届全国政协副主席、党组成员，中国社会科学院院长、党组书记。

1960—1964年 内蒙古师范学院政教系政治教育专业学习

1964—1972年 内蒙古自治区呼伦贝尔盟委党校教员、盟革委会办公室政工组工作

1972—1973年 内蒙古自治区呼伦贝尔盟革委会办公室干事

1973—1978年 内蒙古自治区呼伦贝尔盟委宣传部科长（其间：1975—1977年下放任西新巴旗阿镇镇委书记）

1978—1980年 内蒙古自治区呼伦贝尔盟委党校副校长（其间：借调任自治区党委办公厅秘书）

1980—1982年 内蒙古自治区呼伦贝尔盟委副秘书长、代秘书长

1982 1983年 内蒙古自治区呼伦贝尔盟委秘书长、盟委常委

1983—1989年 内蒙古自治区呼伦贝尔盟委副书记、书记（1982—1983年中央党校培训部培训班学习）

1989—1991年 内蒙古自治区党委常委兼自治区高校工委书记

1991—1992 年　内蒙古自治区党委常委、自治区人民政府副主席兼自治区高校工委书记

1992—1992 年　西藏自治区党委副书记

1992—2000 年　西藏自治区党委书记

2000—2002 年　河南省委书记

2002—2003 年　中国社会科学院院长、党组书记

2003—2008 年　十届全国政协副主席、党组成员，中国社会科学院院长、党组书记

2008—　十一届全国政协副主席、党组成员，中国社会科学院院长、党组书记

中共第十四届、十五届、十六届、十七届中央委员。第十届、十一届全国政协副主席。

阿不来提·阿不都热西提　男，维吾尔族，1942 年 3 月生，新疆伊宁人，1960 年 7 月加入中国共产党，1965 年 9 月参加工作，新疆工学院机电系电气专业毕业，大学学历，高级工程师。

现任中共中央委员，十一届全国政协副主席、党组成员。

1960—1965 年　新疆工学院机电系电气专业学习

1965—1980 年　新疆维吾尔自治区建筑勘察设计院技术员、工程师、专业组长

1980—1983 年　新疆维吾尔自治区建筑勘察设计院副院长

1983—1991 年　新疆维吾尔自治区计委副主任、党组成员、党组书记（其间：1984—1985 年中央党校计划工作研究班学习；1990—1991 年中央党校中青年干部培训班学习）

1991—1993 年　新疆维吾尔自治区人民政府副主席

1993—1994 年　新疆维吾尔自治区党委副书记、自治区人民政府代主席

1994—2003 年　新疆维吾尔自治区党委副书记、自治区人民政府主席，自治区人大常委会主任、党组书记（2003 年 1 月至 5 月）

2003—2008 年　十届全国政协副主席、党组成员

2008—　十一届全国政协副主席、党组成员

中共第十五届、十六届、十七届中央委员。第十届、十一届全国政协副主席。

李兆焯　男，壮族，1944 年 9 月生，广西平果人，1974 年 6 月加入中国共产党，1968 年 9 月参加工作，广西大学土木系农田水利工程专业毕业，大学学历，工程师。

现任中共中央委员，十一届全国政协副主席、党组成员。

1963—1968 年　广西大学土木系农田水利工程专业学习

1968—1970 年　解放军六九〇一、〇五四七部队劳动锻炼

1970—1975 年　广西壮族自治区德保县都安公社技术员

1975—1980 年　广西壮族自治区德保县水电局技术员、秘书、副局长

1980—1983 年　广西壮族自治区德保县基建局副局长、计委副主任（其间：1982—1983 年广西区党委党校中青年干部培训班学习）

1983—1984 年　广西壮族自治区德保县经委主任、县委常委

1984—1985 年　广西壮族自治区德保县委书记

1985—1992 年　广西壮族自治区百色地委副书记、行署专员（其间：1987 年 2—7 月中央党校精神文明建设班学习）

1992—1993 年　广西壮族自治区百

色地委书记

1993—1995年 广西壮族自治区防城港市委书记、市人大常委会主任

1995—1997年 广西壮族自治区党委常委、南宁市委书记

1997—1998年 广西壮族自治区党委副书记、南宁市委书记

1998—2003年 广西壮族自治区党委副书记、自治区人民政府主席

2003—2008年 十届全国政协副主席、党组成员

2008— 十一届全国政协副主席、党组成员

中共第十五届、十六届、十七届中央委员。第十届、十一届全国政协副主席。

黄孟复 男，汉族，1944年1月生，上海市人，民建成员、中共党员，1967年9月参加工作，北京钢铁学院冶金系钢铁冶金专业毕业，大学学历，高级工程师。

现任十一届全国政协副主席，全国工商联主席。

1962—1967年 北京钢铁学院冶金系钢铁冶金专业学习

1967—1968年 留校待分配

1968—1976年 江苏省南京钢铁厂工人、工长

1976—1983年 江苏省南京钢铁厂技术员、工程师、炼铁分厂技术科副科长

1983—1988年 江苏省南京钢铁厂炼铁分厂副厂长

1988—1992年 江苏省南京钢铁厂副厂长、高级工程师

1992—1997年 江苏省南京市副市长，民建江苏省副主委、主委、南京市主委

1997—1998年 民建中央副主席、江苏省主委、南京市主委，南京市副市长

1998—2001年 民建中央副主席、江苏省主委、南京市主委，江苏省人大常委会副主任

2001—2002年 全国工商联专职副主席，民建中央副主席、江苏省主委、南京市主委，江苏省人大常委会副主任

2002—2003年 全国工商联主席（2002年12月按部长级待遇），江苏省人大常委会副主任

2003— 全国政协副主席，全国工商联主席，中国民间商会会长

第八届全国政协委员，九届全国政协常务委员，十届、十一届全国政协副主席。

董建华 男，汉族，1937年5月生，浙江舟山人，英国利物浦大学毕业，大学学历。

现任十一届全国政协副主席。

1947年 随全家迁居香港

1960年 毕业于英国利物浦大学，获海事工程理学士学位。其后，在美国通用有限公司及家族公司任职

1969年 返港参与家族集团生意

1985年 中华人民共和国香港特别行政区基本法咨询委员会委员

1992年 被国务院港澳事务办公室、新华社香港分社聘为首批港事顾问，港英政府行政局议员（1992年10月）

1995年 全国人大香港特别行政区筹备委员会副主任

1996—2002年 香港特别行政区第一任行政长官（1997年7月就职）

2002—2005年 香港特别行政区第二任行政长官（2002年7月就职）

2005— 全国政协副主席

第八届全国政协委员，十届全国政协三次会议增选为全国政协副主席，十一届全国政协副主席。

张梅颖 女，汉族，1944年1月生，四川南充人，民盟成员，1962年8月参

加工作，第四军医大学医学系毕业，大学学历，主任医师。

现任十一届全国政协副主席，民盟中央第一副主席，中华全国妇女联合会副主席（兼职）。

1962—1968年 第四军医大学医学系学习

1968—1971年 解放军第二二二医院外科医生

1971—1979年 北京市海淀区卫生局医政科干部

1979—1994年 北京肿瘤防治研究所主治医师、副主任医师、主任医师，核医学科副主任、主任

1994—1995年 北京肿瘤防治研究所副所长、核医学科主任

1995—2000年 北京医科大学临床肿瘤医院副院长、北京肿瘤防治研究所副所长，北京肿瘤医院副院长

2000—2002年 民盟中央专职副主席（2001年2月按副部长级待遇），中华全国妇女联合会执委，北京大学肿瘤学院兼职教授

2002—2003年 民盟中央专职副主席，九届全国政协副秘书长（兼职），中华全国妇女联合会执委，北京大学肿瘤学院兼职教授

2003—2005年 民盟中央常务副主席（2003年11月按部长级待遇），十届全国政协副秘书长（兼职），中华全国妇女联合会副主席（兼职），北京大学肿瘤学院兼职教授

2005—2006年 十届全国政协副主席，民盟中央常务副主席，十届全国政协副秘书长（兼职），中华全国妇女联合会副主席（兼职），北京大学肿瘤学院兼职教授

2006—2007年 十届全国政协副主席，民盟中央常务副主席，中华全国妇女联合会副主席（兼职）

2007—2008年 十届全国政协副主席，民盟中央第一副主席，中华全国妇女联合会副主席（兼职）

2008— 十一届全国政协副主席，民盟中央第一副主席，中华全国妇女联合会副主席（兼职）

第九届全国人大代表。第十届全国政协常务委员，十届全国政协三次会议增选为全国政协副主席，十一届全国政协副主席。

张榕明 女，汉族，1944年6月生，浙江宁波人，民建成员，1966年8月参加工作，北京工业大学无线电系无线电技术专业毕业，大学学历，工程师。

现任十一届全国政协副主席，民建中央第一副主席，中华全国总工会副主席（兼职）。

1961—1966年 北京工业大学无线电系无线电技术专业学习

1966—1968年 留校待分配

1968—1969年 辽宁省辽阳市科学试验厂技术员

1969—1981年 辽宁精密元件厂、辽宁省辽阳市电子仪表厂技术员

1981—1983年 辽宁省辽阳市电子仪表厂副厂长、厂长

1983—1984年 辽宁省辽阳市电子工业公司副经理

1984—1985年 辽宁省辽阳市文圣区副区长

1985—1993年 辽宁省辽阳市副市长

1993—1997年 辽宁省副省长（其间：1996年3—5月中央党校省部级干部进修班学习）

1997—2001年 民建中央副主席，辽宁省副省长，中华职业教育社副理事长（1999年）

2001—2003年　民建中央专职副主席，中华职业教育社副理事长

2003—2005年　民建中央常务副主席（2003年11月按部长级待遇），中华全国总工会副主席（兼职），中华职业教育社副理事长

2005—2007年　十届全国政协副主席，民建中央常务副主席，中华全国总工会副主席（兼职），中华职业教育社副理事长

2007—2008年　十届全国政协副主席，民建中央第一副主席，中华全国总工会副主席（兼职），中华职业教育社副理事长

2008—　十一届全国政协副主席，民建中央第一副主席，中华全国总工会副主席（兼职），中华职业教育社副理事长

第九届、十届全国政协常务委员，十届全国政协三次会议增选为全国政协副主席，十一届全国政协副主席。

钱运录　男，汉族，1944年10月生，湖北大悟人，1965年6月加入中国共产党，1967年9月参加工作，湖北大学国民经济计划统计系统计学专业毕业，大学学历。

现任中共中央委员，十一届全国政协副主席、党组成员兼秘书长。

1963—1967年　湖北大学国民经济计划统计系统计学专业学习

1967—1968年　留校待分配

1968—1970年　湖北省大悟县三里公社劳动锻炼

1970—1973年　湖北省大悟县委宣传部、县委办公室干事，孝感地委组织部干事、共青团孝感地委常委

1973—1975年　湖北省汉川县环城区委副书记兼小河公社党委书记

1975—1976年　湖北省汉川县委副书记兼新河公社党委书记

1976—1979年　湖北省汉川县委副书记

1979—1982年　湖北省大悟县委副书记、革委会主任、县长

1982—1983年　共青团湖北省委书记

1983—1991年　湖北省委副书记

1991—1995年　湖北省委副书记兼武汉市委书记

1995—1998年　湖北省委副书记、湖北省政协主席，武汉市委书记

1998—1999年　贵州省委副书记、代省长

1999—2000年　贵州省委副书记、省长

2000—2003年　贵州省委书记

2003—2005年　贵州省委书记、省人大常委会主任

2005—2006年　黑龙江省委书记

2006—2008年　黑龙江省委书记、省人大常委会主任

2008—　十一届全国政协副主席、党组成员兼秘书长

中共第十四届、十五届中央候补委员，十六届、十七届中央委员。第十一届全国政协副主席、秘书长。

孙家正　男，汉族，1944年3月生，江苏泗阳人，1966年1月加入中国共产党，1968年8月参加工作，南京大学中文系汉语言文学专业毕业，大学学历。

现任十一届全国政协副主席、党组成员，中国文联主席。

1963—1968年　南京大学中文系汉语言文学专业学习

1968—1971年　江苏省六合县农村“五七”干校劳动

1971—1975年　江苏省六合县樊集公社人民武装部副部长，六合县革委会办事组副组长，共青团六合县委书记，马鞍

公社党委书记

1975—1978 年　江苏省六合县委常委、县革委会副主任

1978—1983 年　共青团江苏省南京市委书记，共青团江苏省委副书记、书记

1983—1984 年　江苏省委常委、秘书长，省直机关党委书记（其间：1983—1984 年中央党校省部级干部进修班学习）

1984—1985 年　江苏省委常委、徐州市委书记

1985—1986 年　江苏省委常委、宣传部部长

1986—1989 年　江苏省委副书记兼宣传部部长

1989—1994 年　江苏省委副书记

1994—1998 年　广播电影电视部部长、党组书记

1998—2006 年　文化部部长、党组书记（其间：2003 年 3—5 月中央党校省部级干部进修班学习）

2006—2007 年　文化部部长、党组书记，中国文学艺术界联合会主席

2007—2008 年　文化部部长、党组成员，中国文学艺术界联合会主席

2008—　十一届全国政协副主席、党组成员，中国文学艺术界联合会主席

中共第十二届、十三届、十四届中央候补委员，十五届、十六届中央委员。第十一届全国政协副主席。

李金华　男，汉族，1943 年 7 月生，江苏如东人，1965 年 6 月加入中国共产党，1966 年 9 月参加工作，中央党校研究生学历，高级审计师。

现任十一届全国政协副主席、党组成员。

1962—1966 年　中央财政金融学院金融系金融专业学习

1966—1968 年　留校待分配

1968—1971 年　西北财经学院财金系教师

1971—1975 年　航空部五七二厂财务科会计、会计组组长、十五车间党支部副书记

1975—1980 年　航空部五七二厂政治部副主任

1980—1983 年　航空部五七二厂党委副书记

1983—1985 年　航空部五七二厂厂长

1985—1985 年　陕西省对外经济贸易厅厅长、党组书记（1983—1985 年中央党校培训部培训班学习）

1985—1997 年　审计署副审计长、党组成员（其间：1993 年 3—5 月中央党校省部级干部进修班学习）

1997—1998 年　审计署副审计长、党组副书记

1998—2007 年　审计署审计长、党组书记（其间：2001 年 3—5 月中央党校省部级干部进修班学习；2006 年 5—7 月中央党校省部级干部进修班学习）

2007—2008 年　审计署审计长、党组成员

2008—　十一届全国政协副主席、党组成员

中共十四大当选为中央纪委委员，第十五届、十六届中央委员。第十一届全国政协副主席。

郑万通　男，汉族，1941 年 5 月生，天津市人，1960 年 8 月加入中国共产党，1961 年 8 月参加工作，天津师范学院中文系毕业，大专学历。

现任十一届全国政协副主席、党组成员。

1959—1961 年　天津师范学院中文系学习

1961—1965 年　天津市第七十八中学教员、人事秘书

1965—1968年　共青团天津市河北区委学校部部长

1968—1970年　天津市河北区“五七”干校劳动

1970—1978年　天津市河北区委宣传部干部、副部长

1978—1982年　天津市委办公厅干部、市委第一书记秘书

1982—1983年　天津市委办公厅主任

1983—1988年　天津市委秘书长兼市直属机关党委书记

1988—1993年　中华全国总工会副主席、书记处书记、党组成员（其间：1991年9—11月中央党校省部级干部进修班学习）

1993—1997年　中央统战部副部长，八届全国政协副秘书长（其间：1995年2—9月全国政协机关党组成员）

1997—1998年　中央统战部副部长，全国工商联党组书记、副主席（1997年10月明确为正部长级），八届全国政协副秘书长（兼职）

1998—1998年　全国政协党组成员，九届全国政协秘书长、机关党组成员、机关党组书记，中央统战部副部长，全国工商联党组书记、副主席

1998—2003年　全国政协党组成员，九届全国政协秘书长、机关党组书记（其间：2001年9—11月中央党校省部级干部进修班学习）

2003—2007年　全国政协党组成员，十届全国政协秘书长、机关党组书记

2007—2008年　全国政协党组成员，十届全国政协秘书长、机关党组成员

2008—　十一届全国政协副主席、党组成员

中共十五大当选为中央纪委委员，第十六届中央委员，第八届全国政协常务委员，九届、十届全国政协秘书长，十一届全国政协副主席。

邓朴方　男，汉族，1944年4月生，四川广安人，1965年9月加入中国共产党，1968年9月参加工作，北京大学技术物理系原子核物理专业毕业，大学学历。

现任十一届全国政协副主席、党组成员，中国残疾人联合会名誉主席，中国残疾人福利基金会会长。

1962—1968年　北京大学技术物理系原子核物理专业学习，1968年5月受迫害致残

1968—1975年　“文化大革命”中受迫害

1975—1984年　总参管理局服务处干部

1984—1984年　中国残疾人福利基金会副理事长

1984—1985年　中国残疾人福利基金会党组书记（副部长级）、副理事长

1985—1988年　中国残疾人福利基金会党组书记、理事长

1988—1991年　中国残疾人联合会主席团主席、党组书记，执行理事会理事长，中国残疾人福利基金会理事长

1991—2003年　中国残疾人联合会主席团主席、党组书记，中国残疾人福利基金会理事长（1999年12月享受正部长级医疗待遇，2001年11月明确为正部长级）

2003—2004年　中国残疾人联合会主席团主席，中国残疾人福利基金会理事长

2004—2006年　中国残疾人联合会主席团主席，北京奥运会组委会执行主席，中国残疾人福利基金会理事长

2006—2008年　中国残疾人联合会主席团主席，北京奥运会组委会执行主

席，中国残疾人福利基金会会长

2008— 十一届全国政协副主席、党组成员，中国残疾人联合会名誉主席，中国残疾人福利基金会会长

中共第十五届、十六届中央候补委员。第九届、十届全国政协常务委员，十一届全国政协副主席。

万　钢　男，汉族，1952年8月生，上海市人，致公党成员，1969年4月参加工作，德国克劳斯塔尔工业大学机械系毕业，研究生学历，博士学位，教授。

现任十一届全国政协副主席，致公党中央主席，科学技术部部长。

1969—1975年　吉林省延吉县三道公社知青

1975—1978年　东北林业大学道桥系学习

1978—1979年　东北林业大学基础部物理教研室教师

1979—1981年　同济大学结构理论研究所实验力学专业硕士研究生

1981—1985年　同济大学数力系光测力学研究室教师

1985—1991年　德国克劳斯塔尔工业大学机械系博士研究生

1991—2001年　德国奥迪汽车公司技术开发部工程师，生产部、总体规划部技术经理

2001—2004年　同济大学新能源汽车工程中心主任，同济大学校长助理、汽车学院院长，副校长（主持工作）

2004—2006年　同济大学校长（副部长级）

2006—2007年　致公党中央副主席，同济大学校长

2007—2007年　科学技术部部长，致公党中央副主席

2007—2008年　致公党中央主席，科学技术部部长

2008— 十一届全国政协副主席，致公党中央主席，科学技术部部长

第十届全国政协委员，十届全国政协三次会议增选为常务委员，十一届全国政协副主席。

林文漪　女，汉族，1944年9月生，台湾台南人，台盟成员，1968年1月参加工作，清华大学工程力学系工程热物理专业毕业，研究生学历，英国利物浦大学荣誉法学博士，教授。

现任十一届全国政协副主席，台盟中央主席。

1962—1968年　清华大学工程力学数学系热物理专业学习

1968—1968年　留校待分配

1968—1971年　新疆维吾尔自治区芳草湖农场劳动锻炼

1971—1973年　新疆仪表厂技术员

1973—1978年　中国科学院等离子体物理研究所研究实习员

1978—1981年　清华大学工程力学系工程热物理专业硕士研究生

1981—1994年　清华大学工程力学系助教、讲师、副教授、教授、博士生导师、系副主任，台盟北京市副主委（其间：1984—1988年英国利物浦大学、清华大学联合培养热能工程专业博士生）

1994—1996年　北京市高等教育局副局长、市教育委员会副主任、市长助理，台盟北京市副主委，清华大学教授、博士生导师

1996—1997年　北京市副市长，台盟北京市副主委、主委，清华大学教授、博士生导师

1997—2003年　台盟中央副主席、常务副主席、北京市主委，北京市副市长，清华大学教授、博士生导师（其间：2002年获英国利物浦大学荣誉法学博士）

2003—2004年　十届全国人大常委

会副秘书长，台盟中央常务副主席（2003年11月按部长级待遇）、北京市主委，北京市人大常委会副主任，清华大学教授、博士生导师

2004—2005年　全国人大常委会副秘书长，台盟中央常务副主席，北京市人大常委会副主任，清华大学教授、博士生导师

2005—2008年　全国人大常委会副秘书长，台盟中央主席，北京市人大常委会副主任，清华大学教授、博士生导师

2008—　十一届全国政协副主席，全国人大常委会副秘书长，台盟中央主席，清华大学教授、博士生导师

第十届全国人大常委会委员。第九届全国政协委员，十一届全国政协副主席。

厉无畏　男，汉族，1942年11月生，浙江东阳人，民革成员，1966年9月参加工作，上海市社会科学院研究生部工业经济专业毕业，研究生学历，经济学硕士学位，研究员。

现任十一届全国政协副主席，民革中央常务副主席。

1959—1960年　安徽省宿县宿东煤矿筹备处试用干部

1960—1961年　上海市海宁路二小、武进路二小代课教师

1961—1964年　在家办补习班

1964—1965年　上海市南湖中学代课教师

1965—1966年　上海市横浜房管所、大华造纸厂临时工

1966—1971年　上海市百花塑料制品厂临时工

1971—1979年　上海市车辆配件七厂临时工、厂校教师、厂技术组工作人员

1979—1982年　上海市社会科学院研究生部工业经济专业硕士研究生

1982—1988年　上海市社会科学院部门经济研究所工业经济研究室科研人员，数量经济与统计理论研究室副主任、主任，所长助理

1988—1996年　民革上海市副主委，上海市社会科学院部门经济研究所副所长（其间：1988—1989年美国密苏里圣路易斯大学访问学者）

1996—1997年　上海市政协副主席，民革上海市主委，上海市社会科学院部门经济研究所副所长、所长

1997—1998年　民革中央副主席、上海市主委，上海市政协副主席，上海市社会科学院部门经济研究所所长

1998—2007年　民革中央副主席、上海市主委，上海市人大常委会副主任，上海市社会科学院部门经济研究所所长

2007—2008年　民革中央常务副主席（2007年12月按部长级待遇），上海市人大常委会副主任，上海市社会科学院部门经济研究所所长

2008—　十一届全国政协副主席，民革中央常务副主席

第八届全国政协委员，八届全国政协四次会议增选为常务委员，九届全国政协常务委员，十一届全国政协副主席。第十届全国人大常委会委员。

罗富和　男，汉族，1949年9月生，广东广州人，民进成员，1968年11月参加工作，芬兰赫尔辛基大学农林学院毕业，研究生学历，教授。

现任十一届全国政协副主席，民进中央常务副主席。

1968—1973年　广州军区生产建设兵团四师十团战士

1973—1976年　广东农林学院学习

1976—1989年　广东农林学院助教、副教授、教务处副处长（其间：1981—1983年芬兰赫尔辛基大学农林学院硕士研究生；1988—1989年芬兰林科院学习）

1989—1998 年　华南农业大学副校长（1995 年被评为教授）

1998—2001 年　广东省科委副主任，广东省科技厅副厅长

2001—2002 年　广东省农科院院长

2002—2003 年　民进广东省主委，广东省科协副主席，广东省农科院院长

2003—2005 年　民进广东省主委，广东省政协副主席，广东省科协副主席，广东省农科院院长

2005—2007 年　民进中央副主席、广东省主委，广东省政协副主席，广东省科协副主席，广东省农科院院长

2007—2008 年　民进中央常务副主席（2007 年 12 月按部长级待遇）、广东省主委，广东省政协副主席，广东省科协副主席，广东省农科院院长

2008—　十一届全国政协副主席，民进中央常务副主席

第八届、九届、十届全国人大代表。第十一届全国政协副主席。

陈宗兴　男，汉族，1943 年 6 月生，河南正阳人，农工党成员，1967 年 7 月参加工作，北京师范大学地理系毕业，研究生学历，理学硕士学位，教授。

现任十一届全国政协副主席，农工党中央常务副主席。

1962—1967 年　北京师范大学地理系学习

1967—1968 年　留校待分配

1968—1970 年　解放军八四〇二部队农场劳动锻炼

1970—1979 年　西北电力建设局学校教师

1979—1981 年　北京师范大学经济地理专业硕士研究生

1981—1997 年　西北大学地理系副主任、主任，科研处处长，教务长，副校长、校长

1997—1997 年　农工党陕西省主委，西安市副市长

1997—1998 年　农工党中央副主席、陕西省主委，西安市副市长

1998—1999 年　农工党中央副主席、陕西省主委，陕西省副省长

1999—2003 年　农工党中央副主席、陕西省主委，陕西省副省长，西北农林科技大学校长

2003—2003 年　十届全国政协副秘书长（兼职），农工党中央专职副主席、陕西省主委，陕西省政协副主席，西北农林科技大学校长

2003—2005 年　十届全国政协副秘书长（兼职），农工党中央专职副主席、陕西省主委，陕西省政协副主席

2005—2007 年　十届全国政协副秘书长（兼职），农工党中央专职副主席，陕西省政协副主席

2007—2008 年　十届全国政协副秘书长（兼职），农工党中央常务副主席（2007 年 12 月按部长级待遇），陕西省政协副主席

2008—　十一届全国政协副主席，农工党中央常务副主席

第九届全国政协委员，十届全国政协常务委员，十一届全国政协副主席。

王志珍　女，汉族，1942 年 7 月生，江苏苏州人，九三学社成员，1964 年 9 月参加工作，中国科学技术大学生物物理系毕业，大学学历，研究员。

现任十一届全国政协副主席，九三学社中央副主席，中国科学院院士。

1959—1964 年　中国科学技术大学生物物理系学习

1964—2005 年　中国科学院生物物理研究所研究实习员、助理研究员（1979 年）、副研究员（1985 年）、研究员（1993 年）（其间：1979—1981 年德国羊

毛研究所访问学者；1981—1982 年美国国立健康研究院访问学者；1987—1988 年美国希望城国立医学中心访问科学家；1988—1991 年美国食品和药物管理局访问科学家；1991—1993 年加拿大阿尔伯特大学研究助理；1995—2001 年亚洲大洋洲生物化学家和分子生物学家联合会中国代表；1995 年 5—8 月德国哥丁根大学访问科学家；1998 年 2—4 月香港科技大学访问教授；2001 年 11 月当选为中国科学院院士；2005 年 11 月当选为发展中国家科学院院士）

2005—2008 年　九三学社中央副主席，中国科学院生物物理研究所研究员

2008—　十一届全国政协副主席，九三学社中央副主席

第十届全国政协常委会第八次会议增补为全国政协委员，十一届全国政协副主席。

——

中国人民政治协商会议
第十一届全国委员会专门委员会委员名单

（549 名）

（2008 年 3 月 14 日政协第十一届全国委员会第一次主席会议通过）

提案委员会（56 名，按姓名笔画排序）：

王小兰（女）　王国强　王炳华　王富卿　王增祺　田淑兰（女）
包明德（蒙古族）　冯　巩　冯　远　宁　远　吕章申　任洪斌　刘元龙
刘环祥　刘逢君　江小涓（女）　许志功　孙晓华　纪　斌　苏立清
李　武　李成贵　李秀恒　杨文良　杨国庆　杨健强（白族）　吴先宁
辛树森（女）　宋南平　张　宁　张　沅　张　政　张化本　张近东
陈明金　范伯元　林贤郁（朝鲜族）　林淑娘（女）　国一民　金大鹏
周晋峰　赵光华　赵维绥　洪天慧（女）　夏　敏　钱克明　郗杰英
凌　锋（女）　黄　海　曹湘洪　崔大林　陶大为　蒋秋霞（女）
雷元亮　雷加富（满族）　蔡　玲（女）

经济委员会（67 名，按姓名笔画排序）：

丁仲篪　马军胜　马明哲　马蔚华　王大成　王为强　王玉英（女）
王玉锁　王建宙　王健林　王基铭　卢志强　宁高宁　朱孟依
刘公勤（女）　刘克崮　刘迎霞（女）　刘金虎　刘树成　刘德树
刘遵义　闫冰竹　许善达　苏　宁　李　勇　李育才　李剑阁　李德成
杨先明　杨凯生　邱立成　应仲树　汪建熙　沈滨义　宋晓梧　张元龙
张华峰　张宏伟　张国初　张国宝　张春江　张赛娥（女）　陈　峰
陈传阔　陈晓颖（女）　范小建　范福春　林金城　郑　晖　胡四一
洪敬南　贺　强　耿　亮　贾　康　唐大智（女）　唐双宁（满族）

黄方毅　梅兴保　梁季阳　梁燕君（女）　葛东升　蒋超良　谢　炳
谢渡扬　蔡继明　潘蓓蕾（女，高山族）　魏迎宁

人口资源环境委员会（61名，按姓名笔画排序）：

卜漱和（女）　于天忱　马富才　王　曦　王训练　王光谦　牛文元
尹伟伦　田在玮　印　红（女）　朱光武　刘纪远　刘秀晨（回族）
刘衍泉　兰云升　许健康　孙文杰　严慧英（女）　李　猛　李永安
李河君　李学明　李晋峰　李烈荣　李铁军　杨　岐　杨　淳　杨文采
肖燕军（女）　吴晓青（满族）　邱衍汉　沈　瑾（满族）　沈德忠
张红武　陆启洲　陈必亭　林而达　林宗寿　欧阳明高　周大兵　周中枢
周名江　孟宪来　经天亮　赵学敏　赵炳礼　茹　克　聂振邦　贾承造
倪晋仁　黄大卫　黄少良　蒋丽芸（女）　韩修国　舒兴田　谢正观
谢企华（女）　谢俊奇　蔡国雄　翟若愚　翟浩辉

教科文卫体委员会（95名，按姓名笔画排序）：

丁　洁（女）　于文明　于魁智（回族）　马大龙　马国湘　王　宇
王成喜　王次炤　王国宾　王明明　邓亚萍（女）　龙　瑞　卢锡城
叶少兰　叶乔波（女）　田　静　田军利　申万胜　史康成　包为民
朱　星　邬贺铨　刘　晓　刘　敏（女）　刘　淼（女）　刘大为
刘迎龙　刘振英　齐　让　许树强　孙丽英（女，满族）　孙志辉
孙铁英（女，满族）　严望佳（女）　苏士澍（满族）　李　未　李立明
李栋恒　李济生　李胜素（女）　李维康（女）　杨　桦　杨元庆
吴明江　吴祖强　吴雁泽　邱贵兴　佘　靖（女）　宋祖英（女，苗族）
张　海　张会军　张景安　张新建　陈　红（女）　陈大卫　陈立人
陈仲强　陈邦柱　陈建民　陈建国　陈泽盛　范　利（女）　林金星
周遇奇　单霁翔　赵　卫（白族）　赵　平　胡定旭　胡海岩
柯　杨（女）　钟秉林　俞光岩　姚乃礼　顾秉林　徐　亮　徐　翔
徐延豪　徐沛东　徐晓兰（女）　高润霖　郭　为　郭传杰　黄大昉
黄如楷　黄洁夫　曹洪欣　曹淑敏（女）　常小兵　蒋效愚　韩美林
程天权　温熙森　蔡国斌　蔡冠深　瞿振元

社会和法制委员会（63名，按姓名笔画排序）：

于　宁　方　工（回族）　方　方　王　征　王　晓　王乃坤（女）
王书平　王秀红（女）　王建沂　王俊峰　王宪鹏　石见元　华士飞
刘红宇（女）　刘志强　刘京生　许荣茂　许智明　孙南申　李小豹
李玉光　李庆云　李君如　李贤义　李顺桃　李钺锋　李瑞英（女）
李嘉音（女）　杨　超　杨海坤　吴　焰　何　悦（女）　何　维
宋林飞　张世平（女）　张秋俭（女）　陈智伦　林圣雄　林国文
周和平　屈万祥　郝明金　胡永柱　胡汉清　段正坤　侯欣一　姜建初
郭长江　陶斯亮（女）　黄文仔　黄英豪　曹义孙　崔永元　葛剑平
董　力　景天魁　曾智明　谢　卫　谢伯阳　甄　贞（女）　黎振强
滕一龙　薄绍晔

民族和宗教委员会（71名，按姓名笔画排序）：

一　诚　丁文方（回族）　丁常云　刀述仁（傣族）　于新粒
才　让（藏族）　马子龙（回族）　马国超（回族）　马英林
王　平（女）　王　健（布依族）　王四代（彝族）　王金祥　邓宗良
叶小文　田　青　印　乐　尼玛泽仁（藏族）　朴　英（女，朝鲜族）
伊丽苏娅（女，维吾尔族）　旭日干（蒙古族）　关牧村（女，满族）
汤伟奇　安阿玥（回族）　安信义　安家瑶（女）
那仓·向巴昂翁丹曲成来（藏族）　买买提·艾山（维吾尔族）
李玉玲（女）　李光富　李成日（朝鲜族）　李国安　杨　钊
杨志波（回族）　吴培娟（女）　何玉棠　何星亮　张千一（朝鲜族）
陈顺鹏　妙　江　尚绍华（女）　金　莉（女，俄罗斯族）
金　蔚（女）　金晏山（满族）　学　诚　房兴耀　郝时远（蒙古族）
洪长有（回族）　觉　醒　贺捷生（女，土家族）　根　通
贾列肯·别克西（哈萨克族）　钱利民（蒙古族）　高　峰　郭占春　唐诚青
海　霞（女，回族）　黄元河（壮族）　黄至安（女）　黄信阳　曹玉书
鄂义太（蒙古族）　彭丽媛（女）　韩兴旺（撒拉族）　湛　如　蒙进喜
雷世银　雷菊芳（女）　蔡世杰（回族）　德哇仓（藏族）
德德玛（女，蒙古族）

港澳台侨委员会（46名，姓名笔画排序）：

于　炼　万季飞　马介璋　王巨禄　王执礼　王晓玉　邓成城　史茂林
乐美真　庄绍绥　刘　凡　刘亦铭　刘泽彭　孙必达　孙宝启　李卓彬
李昌鉴　杨　瀚　杨思泽　吴承业　邱维廉　张　茵（女）
张闾蘅（女）　陈　杰（女，高山族）　陈寒枫　陈联合　林明江
林盛中　罗　援　郑建邦　胡葆琳（女）　侯伯文　钟小健　俞敏洪
贺定一（女）　贾宝兰（女）　高　杰　黄植诚（壮族）
黄紫玉（女）　黄楚标　彭磷基　董中原　董利翔（女）
程　红（女）　曾文仲　瞿弦和

外事委员会（47名，按姓名笔画排序）：

马灿荣　马胜荣　王林旭　石　愚　冯　军　吕凤鼎　吕新华　刘文杰
刘古昌　刘梦熊　关呈远（满族）　孙　萍（女，回族）　孙振宇　苏树辉
李　冰　李大壮　李静杰　杨　澜（女）　吴玉谦　吴思科　张　骏
张九桓　张小济　张志军　张蕴岭　陆忠伟　陈经纬　图登克珠（藏族）
金一南　周文重　郝　平　柯小刚　袁　明（女）　贾庆国　徐振寰
高中兴　郭　涛　黄　庆（女）　黄友义（回族）　章新胜　蒋晓松
裘援平（女）　詹国枢　蔡名照　蔡建国　廖晓淇　魏建国

文史和学习委员会（43名，按姓名笔画排序）：

万　捷　王天增　王文章　王兴东　王连生　王晓秋　左东岭　石　峰
叶培建　朱莲芬（女）　刘兰芳（女，满族）　刘庆柱　李东东（女）
李兴山　李国强　李景瑞　杨　波　杨力舟　余　辉　沈　悌　张　柏

张　健　张　晈　张华祝　张廷皓　张胜友　陈　力　陈　醉　陈建功
林　野　聂震宁　夏燕月（女）　高俊良　黄小同　黄书元　曹幸穗
曹鸿鸣　戚发轫　梁晓声　葛晓音（女）　董良翚（女）
程世峨（女）　滕矢初

中国人民政治协商会议第十一届全国委员会专门委员会主任、副主任名单

（126名）

（2008年3月15日政协第十一届全国委员会常务委员会第一次会议通过）

提案委员会（12名）

主　任：李铁林

副主任（按姓名笔画排序）：

王　占　王生铁　王显政　王瑞祥　毛林坤　朱树豪　刘志忠　刘峰岩
孙　淦　步正发　邵　鸿

经济委员会（20名）

主　任：张左己

副主任（按姓名笔画排序）：

王众孚　王钦敏　厉以宁　刘　江　刘永好　孙永福　孙晓郁　李家杰
李德水　张志刚　陈锡文　范西成　欧新黔（女）　郑新立　胡德平
柴松岳　郭廷标　董文标　颜延龄

人口资源环境委员会（17名）

主　任：张维庆

副主任（按姓名笔画排序）：

王广宪　王少阶　王玉庆　王曙光　任启兴　刘志峰　刘泽民
江泽慧（女）　李　元　李金明　汪啸风　张　黎　邵秉仁　林树哲
秦大河　郭　炎

教科文卫体委员会（15名）

主　任：徐冠华

副主任（按姓名笔画排序）：

于永湛　方兆祥　刘长乐　江绍高　杨胜群　张大宁　张文康　陈晓光
赵沁平　胡家燕（女）　栾恩杰　高敬德　覃志刚（壮族）　霍震霆

社会和法制委员会（14名）

主　任：张福森

副主任（按姓名笔画排序）：

万鄂湘　王东进　朱孝清　江蓝生（女）　许仲林　孙明山　张　穹
张俊九　罗平飞　赵少华（女，满族）　秦玉琴（女）　高金榜　谭耀宗

民族和宗教委员会（14名）

主　任：田聪明

副主任（按姓名笔画排序）：

马庆生（回族）　仲兆隆　任法融　刘柏年　张秀明　陈　洪（女）
陈广元（回族）　拉巴平措（藏族）　周明甫　赵金铎（满族）
香根·巴登多吉（藏族）　蒋明麟　傅先伟

港澳台侨委员会（15名）

主　任：陈云林

副主任（按姓名笔画排序）：

马有礼　王凤超　安　民　李炳才　吴国祯　陈丽华（女，满族）　陈佐洱
陈明义　陈绍基　林兆枢　胡应湘　施祥鹏　楼志豪　蔡东士

外事委员会（8名）

主　任：赵启正

副主任（按姓名笔画排序）：

万学远　马秀红（女）　卢文端　陈昊苏　武大伟　赵进军　韩方明

文史和学习委员会（11名）

主　任：陈福今

副主任（按姓名笔画排序）：

毛福民　计佑铭　冯骥才　范钦臣　郑欣淼　钟起煌　施子清
桑结加（藏族）　崔占福　梁　华

中国人民政治协商会议第十一届全国委员会副秘书长任命名单

（18人）

（2008年3月15日政协第十一届全国委员会常务委员会第一次会议通过）

任命：

杨崇汇　蒋作君　孙怀山　潘贵玉（女）　陈抗甫　卞晋平　卢昌华
王胜洪　仝广成　陈喜庆　修福金　张宝文　马培华　刘晓峰　王钦敏
黄志贤　宋北杉　林智敏（女）等十八位同志为政协第十一届全国委员会副秘书长。

中国人民政治协商会议
第十一届全国委员会增补委员名单

（2008年10月18日政协第十一届全国委员会
常务委员会第三次会议通过）

王国卿

中国人民政治协商会议
第十一届全国委员会副秘书长免职名单

（2008年10月18日政协第十一届全国委员会
常务委员会第三次会议通过）

因工作变动，卞晋平同志不再担任政协第十一届全国委员会副秘书长。

中国人民政治协商会议
第十一届全国委员会专门委员会
委员增补、调整名单

（2008年10月16日政协第十一届全国委员会
第八次主席会议通过）

增补（5人）：

王国卿为提案委员会委员；

林炳尧、林嘉騄为港澳台侨委员会委员；

周幼马为外事委员会委员；

卞晋平为文史和学习委员会委员。

调整（1人）：

张秋俭（女）由社会和法制委员会委员调整为教科文卫体委员会委员。

中国人民政治协商会议
第十一届全国委员会专门委员会
驻会副主任任命名单

（4人）
（2008年10月18日政协第十一届全国委员会
常务委员会第三次会议通过）

任命：

卞晋平为文史和学习委员会驻会副主任；
张秋俭（女）为教科文卫体委员会驻会副主任；
邓宗良为民族和宗教委员会驻会副主任；
王国卿为提案委员会驻会副主任。

中国人民政治协商会议
第十一届全国委员会常务委员会关于
中央社会主义学院院长任免的决定

（2008年10月18日政协第十一届全国委员会
常务委员会第三次会议通过）

因年龄原因，何鲁丽同志不再担任中央社会主义学院院长职务：任命严隽琪同志为中央社会主义学院院长。

中国人民政治协商会议第十一届全国委员会
委员调整界别名单

（4人）
（2008年12月24日政协第十一届全国委员会
第十次主席会议通过）

马铁山由特别邀请人士界调整到中国共产党界；
王长寿由农业界调整到特别邀请人士界；
尤兰田（女）由中华全国总工会界调整到特别邀请人士界；
李剑阁由农业界调整到经济界。

机关建设

中共全国政协机关委员会的工作

2008年，全国政协机关党委在中直工委的领导和机关党组的指导下，坚持以邓小平理论和“三个代表”重要思想为指导，以开展深入学习实践科学发展观活动为重点，紧紧围绕全党全国工作的大局和人民政协的中心任务，进一步加强机关党的思想建设、组织建设、作风建设、制度建设和反腐倡廉建设，充分发挥党员的先锋模范作用，不断增强机关党组织的凝聚力和战斗力，精神文明建设和构建和谐机关工作取得了新的进展。

一、扎实推进深入学习实践科学发展观活动

在全党开展深入学习实践科学发展观活动，是用中国特色社会主义理论体系武装全党的重大举措。全国政协领导高度重视，贾庆林主席、王刚副主席提出了明确要求，审定了学习实践活动实施方案，对活动作出了重要批示。机关领导班子和成员带头深入学习，带头调查研究，带头解放思想，带头分析检查，虚心听取群众意见，着力分析解决问题。机关党委在机关学习实践正式开始之前，制作发放了《全国政协机关开展深入学习实践科学发展观活动调查问卷》，广泛征求机关党员干部对开展学习实践活动的意见建议；学习借鉴试点单位经验，结合自身实际，协助机关党组制定了《全国政协机关开展深入学习实践科学发展观活动实施方案》和《全国政协机关深入学习实践科学发展观活动工作机构、人员名单及主要工作职责》，拟定了教育活动各阶段工作计划。在学习实践活动中，全国政协机关确立了争创“四型机关（学习型、服务型、创新型、和谐型机关）”和党员争做“三个模范（合作共事的模范、发扬民主的模范、廉洁奉公的模范）”的重要实践载体。在学习调研阶段，机关党委协助机关党组，组织了机关党组中心组、机关领导班子和机关广大党员的理论学习，广泛征求并认真梳理各方面意见建议，协调机关领导班子和机关各室局的调研工作并进行调研成果交流，积极开展了解放思想大讨论。在分析检查阶段，机关党委认真做好机关领导班子民主生活会的服务工作，参与学习实践活动领导小组办公室检查指导组，参加了机关各室局的民主生活会，协调组织一系列会议，对机关领导班子分析检查报告进行分析评议。机关各级党组织根据统一部署，分别制订本单位具体活动方案，认真系统地组织学习、开展调研、撰写调研报告、开展讨论、召开民主生活会、撰写分析检查报告。目前，在机关党组的正确领导、中央督导组的指导和机关各基层党组织和广大党员的积极参与下，机关的学习实践活动开展得平稳有序，扎实有效，并做到了活动与业务工作“两不误，两促进”，在促进科学发展方面取得了一些积极的思想成果、实践成果和制度成果。

二、理论学习研究工作常抓不懈

组织开展政治形势学习。机关党委按照中央的总体部署和中直工委的要求，联系政协工作实际，以党的十七大精神、党的十七届三中全会精神、全国政协十一届一次会议精神、中央统战工作会议精神、中央经济工作会议精神、胡锦涛总书记在纪念党的十一届三中全会召开30周年大会上的重要讲话精神等作为政治理论学习的重点内容，组织广大党员认真学习，深刻领会，把党员干部的思想和行动统一到中央的精神上来，把中央的精神落实到为人民政协履行职能服务的行动中。

结合纪念建党 87 周年，加强机关党建理论研究。6 月下旬，机关党委组织召开纪念建党 87 周年党建研讨会，会议结合纪念建党 87 周年做了主题讲话和交流发言，就下一阶段机关党建研究选题进行了部署，对进一步加强机关党建研究和机关党的建设提出了意见建议。

结合纪念改革开放 30 周年，开展学习研讨。组织了纪念改革开放 30 周年征文活动，并推选部分文章参加中直机关纪念改革开放 30 周年征文比赛。12 月下旬，机关党委召开了全国政协机关纪念改革开放 30 周年座谈会，钱运录副主席兼秘书长出席并讲话，机关干部职工代表结合经历 30 年时代变迁的亲身体会，从不同侧面畅谈了改革开放 30 年来国家社会和人民政协发生的巨大发展变化。

三、加强机关党的组织建设

完成机关党委换届工作。10 月 31 日，中共全国政协机关第九次代表大会在常委会议厅召开。贾庆林主席、王刚常务副主席和钱运录副主席兼秘书长亲切接见全体与会人员并合影留念；钱运录副主席兼秘书长出席开幕会并讲话，对八届党委的工作给予了充分肯定；机关 108 名党员代表和 20 多名列席人员参加了大会。大会圆满完成了各项议程，选举产生了中共全国政协机关第九届委员会和中共全国政协机关纪律检查委员会。机关党委、纪委顺利换届，为不断加强和改进机关党建工作提供了良好的组织基础。

抓好机关专兼职党务工作者的学习培训。8 月下旬，机关党委举办机关党支部书记培训班，认真学习贯彻党的十七大精神和政协十一届一次会议精神，按照贾庆林主席关于“机关要有新面貌，工作要创新局面”的要求，围绕以改革创新精神加强机关党的基层组织建设，发挥机关党员的先锋模范作用和党组织的战斗堡垒作用，切实促进机关形成新面貌、工作开创新局面，进行了学习讨论。期间，安排了三次学习辅导报告，进行了分组讨论并进行了交流小结。通过学习培训，进一步使机关专兼职党务干部提高了认识，拓宽了视野，开阔了思路，增长了做好支部工作的本领。

抓好机关基层党组织建设。2008 年，机关党委批准 13 个基层党组织进行了换届，批准 9 名预备党员按期转正。举办了机关党员发展对象培训班，15 名同志参加了培训。按照“坚持标准，保证质量，改善结构，慎重发展”的方针，发展党员 13 名。

四、开展抗震救灾主题活动

5 月 12 日，四川汶川地区发生特大地震灾害后，机关党委迅速行动起来，在机关组织了一系列抗震救灾主题活动，动员和组织机关基层党组织和广大党员积极投入抗震救灾工作，把支援抗震救灾作为对党员进行党性教育的过程。

一是组织了捐款活动。在地震灾害发生的第二天，机关党委即召开会议，对机关支援抗震救灾捐款工作进行动员部署。在短短两天里，机关 1765 人捐款 114.78 万元。5 月 14 日，组织了全国政协抗震救灾捐款仪式，将款项全部交中华慈善总会。之后，机关干部职工继续踊跃捐助，捐款数额达到了 142.2046 万元。同时，机关党委积极与各地方政协和机关有关室局联系沟通，做好全国政协系统抗震救灾捐赠活动的协调服务工作。

二是在全国哀悼日期间，组织开展过“特殊党日”、交纳“特殊党费”活动。机关各基层党组织结合实际开展了主题党日活动，党员为汶川特大地震死难同胞默哀，很多同志饱含着泪水谈了自己的感受体会。机关773名党员交纳“特殊党费”708490元，其中交纳1000元以上的405人。机关团委也组织开展了过“特殊团日”，交纳“特殊团费”活动，机关102名共青团员交纳“特殊团费”20081元。

三是举办了“来自抗震救灾一线的报道”报告会。机关党委邀请人民政协报赴地震灾区采访回京的三位记者，通过他们在地震灾区采访的亲身经历，讲述了地震灾害给人民生命财产造成的巨大损失和广大军民在党和政府的坚强领导下同心协力抗震救灾的动人场面，机关干部职工300多人参加了报告会。报告会形象生动，感人至深，取得了很好的效果。

四是在机关开展了“弘扬抗震救灾精神，让党旗更加鲜艳”主题征文活动。机关各基层党组织和广大党员干部积极参与，撰写文章30余篇，深切表达了亲身经历这次特大地震灾害、参与支持抗震救灾工作的真情实感。

五是在“七一”前夕举办了弘扬抗震救灾精神主题党日座谈会。座谈会总结通报了四川汶川特大地震发生以来，全国政协系统和政协机关开展抗震救灾工作情况，对机关党员交纳“特殊党费”情况作了说明，并为机关广大党员发放了中央组织部和机关党委印制的“特殊党费”收据。

五、深入开展党风廉政建设

起草制定《中共政协全国委员会机关党组关于贯彻〈建立健全惩治和预防腐败体系2008—2012年工作规划〉的实施办法》。2008年，中央下发了关于《建立健全惩治和预防腐败体系2008—2012年工作规划》，提出了今后五年的工作目标和任务。机关纪委以学习贯彻《工作规划》为重点，起草了全国政协机关贯彻落实《工作规划》的实施办法，提出了明确机关惩防体系建设的指导思想和工作目标、进一步推进政协的民主监督、进一步加强机关的反腐倡廉建设、切实抓好《工作规划》的贯彻落实等四个部分的任务要求，对全国政协机关加强党风廉政建设工作进行了整体部署。

积极加强反腐倡廉教育和预防工作。在深入开展学习实践科学发展观活动中，机关纪委集中进行廉政教育，不断增强党员干部廉洁自律的意识和拒腐防变的自觉性；积极履行监督职责，对开好机关处以上党员干部党内民主生活会进行认真研究，征求并反映干部职工对机关党组的意见建议，派人参加基层组织的民主生活会，确保机关各级党组织坚持和健全民主生活会制度的落实；对机关国有资产清查、公务员招录、住房补贴发放、工程项目招投标等专项工作进行监督；做好信访工作，认真处理群众来信来访，及时汇报反映来信中的问题，与有关方面进行沟通，按照有关政策规定作出妥善处理。

六、推进机关精神文明建设和群团工作

广泛开展送温暖献爱心捐款捐物活动。面对年初严重的冰雪灾害，机关党委开展了“冰雪无情人有情”送温暖、献爱心捐助活动，机关领导带头，机关全体干部职工积极参与，踊跃捐款捐物，共捐款198813.3元。捐棉衣被504件；11月，机关党委又组织开展了“送温暖、献爱心”——向汶川地震灾区捐献衣被活动，机关干部职工都再次踊跃参加，积极捐献衣被，并有不少同志自发捐款，为灾区人民奉献爱心，共捐赠衣被1771件，捐款42540元。

机关文明委为进一步提高政协大会的各项组织和服务工作的水平，在十一届一次会议期间，继续开展“树文明形象，创优质服务”文明创建活动。开展了2007—2008年度中直机关文明单位、精神文明建设先进个人和2008年度首都文明单位评选推荐工作。配合北京奥运会的召开，机关文明委开展了一系列“迎奥运、讲文明、树新风”活动：为机关干部职工发放书籍和光盘；组织机关干部职工参加“迎奥运、讲礼仪、作表率”知识竞赛活动；组织参加中直机关文明礼仪演讲比赛；积极参加首都文明委开展的“迎奥运微笑服务行动”。

关心干部职工生活，为机关干部职工排忧解难。机关党委主动了解机关干部职工的生活困难，看望生病住院的干部职工。“5·12”特大地震发生后，机关群团组织迅速了解机关四川籍干部职工家中受灾情况，及时慰问家在灾区的同志，组织为他们捐款捐物，向他们发放了慰问金、慰问品。机关工会继续坚持开展送温暖活动，为48名职工送去了帮困资金。机关妇委会、机关团委组织机关青年参加“玫瑰之约”单身青年联谊活动，为机关单身职工牵线搭桥。机关团委组织团员青年与机关领导及有关部门负责人就国家房改政策及相关问题进行座谈交流，积极反映机关青年无房户的有关情况和实际困难。

为活跃机关文化生活、构建和谐机关贡献力量。机关工会承办机关春节团拜会，举办迎奥运羽毛球比赛，与兄弟单位开展台球、保龄球比赛，引导机关各个协会开展丰富多样的主题活动，组织机关武术协会参加第三届世界传统武术节，并获得了团体项目一等奖。机关妇委会举办了“珍爱生命、关注健康”知识讲座、“巾帼风采形象展示暨专题讲座”、“婚姻家庭中的人身权利保护”专题组情况介绍会等活动；组织机关干部职工参加“2008北京国际越野行走大会”。机关团委继续坚持搞好“周末午间讲座”这一传统品牌活动；为迎接北京奥运会，积极组织开展了“迎奥运”系列活动：举办“我的北京奥运”——全国政协机关青年征文比赛；和兄弟单位机关团委共同举办了以“庆奥运、展风采、促交流、创和谐”为主题的联谊对抗赛；组织机关篮球队与中直兄弟单位开展联谊活动。同时，机关各群团组织重视提高自身素质，组织工青妇专题学习班，认真学习理论知识，开展业务培训，促进了机关专兼职群团干部工作水平的不断提高。

（刘文涛 编写 李 蓉 审稿）

机关干部人事管理工作 在机关党组的领导下，机关领导班子和干部队伍建设得到进一步加强。

一、坚持民主、公开、择优原则，进一步做好干部选拔任用工作。认真执行机关党组决议决定，按照党的十七大关于扩大干部工作民主、提高选人用人公信度的要求，严格选人用人标准，认真履行相关程序，及时选配局级领导班子成员，特别是把选好配强“一把手”，作为加强领导班子建设的重点抓紧抓好。首次对行政室局和事业单位局级正职领导职务的全部职位进行了全员全额民主推荐；在此基础上，首次就6个局级正职领导职务空缺职位人选进行了定向民主推荐。把民主推荐结果作为调整班子意向的重要依据，先后对18个局级领导班子做了调整充实，对32名干部调整了局级领导职务，其中提任“一把手”9名，进一步优化局级领导班子在年龄、知识和专业等方面的结构。与此同时，把关心干部个人成长和加强队伍建设有机结合起来。全年共任用干部145人次，其中局级62人次，处级55人次，科级28人次。

二、不断改进和完善方法，进一步做好干部考核工作。继续坚持平时考核、任职考核和年度考核相结合，扩大考核工作的民主化程度，强化考核对于加强干部管理的基础性作用。一是加强对局级干部和处级领导干部的任职考核。对提任职务或转任领导职务的57名局级干部和24名处级领导干部进行了重点考察，着重了解其德、能、勤、绩、廉情况，突出考察对所任职务的适应能力和履行职责情况。考察中共个别谈话700余人次，撰写考察材料80余份。对其中提任领导职务的39名干部均按有关规定进行了任前公示和试用。二是为加强对各事业单位领导班子成员的考核与管理，从9月开始，对提任的事业单位局级领导干部也实行了任前公示和试用期制度。通过全面、深入考察和公示、试用，为机关党组研究作出任用决定提供了依据。三是按照《公务员考核规定（试行）》和机关考核办法，认真组织实施2008年机关公务员年度考核工作。对局级干部和处级领导干部约200余人由人事局分别到各室局组织民主测评；同时对局级干部还在机关副处级以上的干部中进行民主测评。在此基础上，结合平时考核情况提请机关党组会议研究确定考核等次。在确定优秀等次人员时，非领导职务干部也占有一定比例。通过上述改进办法，进一步增强了干部考核工作的客观公正性。此外，配合中组部考察组完成了对2名专委会驻会副主任人选的考察服务工作。

三、严把“进口”关，进一步做好公务员招录和干部调配工作。坚持科级以下干部“凡进必考”和“公开、平等、竞争、择优”原则，严格按照规定程序，认真组织实施2008年机关公务员招考录用工作。严格审核报考人员资格条件，对有共性职位要求的空缺职位人选，继续采取统一按面试总分成绩择优录用；为全面考察考生综合素质，在坚持做好结构化面试的同时，继续完善无领导小组讨论面试方法；加强面试考官持证上岗工作，组织有关局处级干部参加中组部培训，初步达到50%的面试考官具有资格证书的要求。共招录公务员14名，其中有基层工作经历的5名。此外，结合机关工作需要，接收安置军转干部3人，调入干部4人，调出3人。

四、积极推动干部交流挂职工作，不断拓展政协机关干部培养锻炼方式。认真落实《中共中央关于加强人民政协工作的意见》精神，在2007年工作的基础上，继续组织8名地方政协机关干部到全国政协机关挂职锻炼，促进政协系统机关干部相互间的学习交流。按照中组部要求，选派1名局级领导干部参加中组部统一组织的到国家信访局挂职锻炼工作，取得较好效果。同时，积极推动机关干部轮岗工作，全年局级干部轮岗10人次，处级干部轮岗6人次，科级干部轮岗7人次。

五、在保证重点工作完成的同时，认真做好其他日常工作，完成领导交办的各项任务。一是按照中组部《关于进一步开展干部人事档案审核工作的通知》的有关新规定和新要求，认真查找并改进干部档案日常管理工作中的问题，进一步完善了档案接收、转递、借阅等各项规章制度，努力做好干部档案的清查和复核工作。选派干部参加了中组部信息中心举办的干部人事档案工作培训班。二是严格按规定办理机关干部出国（境）政审手续。全年共办理因公出国（境）人员政审28人次，其中局级干部3人次，处级干部11人次，科级干部14人次；办理因私出国（境）人员政审22人次，其中部级干部1人次，局级干部15人次，处级干部5人次，科级干部1人次。三是加强了机关干部管理基础性数据的统计工作，经常对干部数量、任用、调配、结构等情况进行分析，为机关党组研究干部调整提供参考依据。

四是按中组部的要求完成了2008年机关公务员统计上报工作。

（黄　凯　编写　马　健　审稿）

机关干部培训工作　认真贯彻全国干部教育培训工作会议精神，进一步修订和完善了机关干部年度教育培训工作计划并认真组织实施。创新形式，拓宽范围，不断探索和推进机关干部培训工作。以提高能力素质为重点，继续加强和完善机关干部培训体系，提高培训的针对性和实效性。

一是继续坚持全员培训，举办了四期机关干部系列学习讲座，分别邀请中央党校教授李建华就系统科学与科学发展观，国家保密技术研究所所长杜虹就保密知识教育与实践，外交部副部长、全国政协外事委员会副主任武大伟就当前国际形势，中央党校原副校长、教授杨春贵就提高战略思维能力进行专题讲授，参加学习讲座总计1200余人次。

二是认真抓好干部轮训，选派9名局级干部、21名处级干部参加中央党校及中直分校、国家行政学院、浦东、井冈山、延安干部学院等培训机构的学习；重视全国政协机关非中共干部的思想政治学习，积极联系并首次安排3名非中共局、处级干部参加国家行政学院厅局级班和中央社会主义学院党派主体班的脱产培训，填补了此类干部培训学习的空白，并为此做了轮训计划安排。

三是认真组织局处级干部任职培训工作，围绕提高政治思想水平和组织领导能力，采取专家授课与学员交流互动相结合的方式，对近三年来晋升职务未参加过任职培训的46名副局级干部和65名处级干部进行了培训。其中对副局级干部的培训尚属首次。钱运录副主席兼秘书长亲自为培训班作动员讲话，并对大家提出殷切希望；机关党组书记、副秘书长杨崇汇作结业总结，对今后加强局处级干部培训提出明确要求。

四是加大对新进入机关公务员初任培训的工作力度，进一步充实培训内容，规范培训方式。在组织14名新录用的公务员参加中组部、人力资源和社会保障部统一举办初任培训的基础上，吸收近两年进入机关的9名干部，共同参加人事局组织的初任培训班，就人民政协理论与历史沿革、机关公文写作、政协会议的简报编写、办事办会办文、档案及保密工作、机关机构总体设置介绍、公务员管理、机关后勤管理与服务工作、机关党委与工青妇工作等问题进行专题讲授，帮助他们尽快掌握机关工作概貌和工作须知，更好地适应政协机关工作的岗位要求。

五是不断提高干部教育培训的针对性。根据机关工作实际，举办了39名干部参加的政协会议简报写作培训班；组织并支持79人次参加了各系统举办的财务、政府采购、统计、医务、编辑、记者等专门业务培训。

六是继续从制度上鼓励机关干部在职攻读硕士、博士学位的学习，有1名干部获得博士学位，6名干部获得硕士学位。

（王穗洁　编写　马　健　审稿）

日常工资管理工作　坚持以人为本，及时了解掌握人员变化的情况，认真核对人员的基本信息，严格按照国家政策规定，测算、上报机关人员的工资，切实维护好机关干部的利益。一年来机关干部中因职务变动调整工资110人次；按年度考核结果晋升级别增加工资62人次、晋升级别工资档次增加工资312人次。

按照干部管理权限，对中央管理的干部中符合按年度考核结果晋升级别的4人次、晋升级别工资档次的19人次，以及机关干部中晋升副部长级职务的2人，及时向中组部上报他们的工资变动测算结果，经审批同意后兑现新增工资。

组织完成了机关行政和事业单位2007年度工资统计、2008年度工资计划总额的测算和计划任务的下达、以及2007年事业单位工资计划执行情况的报告等工作。

积极配合机关有关部门完成了全国政协办公厅第二步规范津贴补贴的工作。

（伏双武 编写 马 健 审稿）

事业单位人事管理工作

一、进一步加强事业单位领导班子建设。按照机关党组的要求，完成了部分事业单位领导班子调整的有关工作。与相关事业单位干部个别谈话了解情况129人次，形成考察材料10份，完成了10名事业单位局级干部职务任免的有关具体工作。目前各事业单位领导班子配备较齐全，专业结构、学历结构和年龄结构较趋合理。

二、积极推动事业单位岗位设置管理工作。认真审核各事业单位岗位设置方案，并就岗位总量、管理岗位等级、专业技术高中初级岗位之间的结构比例、工勤技能岗位等级的结构比例等问题，与各事业单位领导反复进行沟通协商，在此基础上，起草了报送人力资源和社会保障部的《全国政协办公厅事业单位岗位设置管理实施意见》（预审稿）。

三、进一步推动事业单位实行人员聘任制。根据工作需要和事业单位人员队伍的实际、岗位空缺及考核结果等情况，按照人事管理权限和程序，完成审核、报批、备案聘任工作人员120人次。

四、积极推动事业单位改进人事管理方法，实行内设机构领导人员竞聘上岗。根据事业单位内设机构领导职数空缺情况，完成审核、报批、备案各事业单位通过竞聘上岗聘任内设机构领导6人，进一步优化了内设机构领导干部队伍结构。

五、努力做好事业单位专业技术干部的管理和服务工作。组织委托新闻出版总署评审正高级专业技术职务3人、副高级专业技术职务2人；完成审核、报批、备案聘任高级专业技术职务2人：向人力资源和社会保障部申报了全国政协办公厅2008年度享受政府特殊津贴的推荐人选，有1人获得此项荣誉。

（伏双武 编写 马 健 审稿）

机构编制管理工作

一、积极与国家有关部门联系沟通，努力推动中国政协文史馆的立项审批工作。为进一步加强人民政协的宣传工作，在中央编办批复同意设立中国政协文史馆机构后，会同机关有关部门两次邀请国家发改委、财政部和中央编办有关部门负责同志，就文史馆立项有关问题进行沟通和协调，推进了文史馆的立项审批工作。2008年9月，国家发改委审批同意中国政协文史馆立项。

二、积极推动中国政协杂志社由经费自理性质事业单位转为财政补贴性质的批复工作。根据人民政协事业的快速发展和中国政协杂志社职能定位的调整，为解决目前经费自理性质带来的困难，在中央编办原则同意《关于申请增加中国政协杂志社全额拨款编制的请示》后，积极与机关有关部门合作，主动向财政部汇报和沟通，以取得理解和支持，推动问题的解决。目前财政部原则同意中国政协杂志社由经费自理性质事业单位转为财政补贴性质。

三、完成并上报了申请增加专门委员会副部长级驻会副主任领导职数、编制的工作。为进一步加强专门委员会建设，按照全国政协领导的指示和机关党组的要求，参与起草并上报中央《关于为全国政协机关增加9名副部长级领导职数，用于全国政协各专门委员会配备副主任问题的请示》。2008年7月23日，经中央批准，中编办批复了关于全国政协机关增加副部长级领导职数的请示。2008年12月，向中央编办上报了《申请增加全国政协专门委员会驻会副主任及其工作人员行政编制的请示》。

五、努力推动解决机关有关机构编制方面的问题。在2006年广泛调研、充分论证的基础上，就调整机关现有内设机构，增加人员编制问题，向中央编办报送了《关于申请解决全国政协机关领导职数和机构编制方面的几个问题》材料，供中央编办研究。

六、按照“精简、统一、效能”的原则，审核、批复了有关单位内设机构的调整。根据工作需要及内设机构职能的调整变化，审核、报批及批复了秘书局、老干部局、人民政协报社、信息中心等单位内设机构的调整，保障了其各项工作的有效运转。

（伏双武 编写 马 健 审稿）

换届委员人事工作 做好基础性研究论证和服务联络工作，积极推动工作创新，努力当好党组的参谋助手，为加强委员队伍建设做好组织保证。

从2007年4月开始启动，至2008年4月基本完成。其间，向中央和全国政协领导同志呈报了《关于换届有关人事问题的请示》、《关于对十一届全国政协换届人事安排问题有关意见的请示》，就委员规模、界别和专委会设置、新委员学习等若干问题提出建议，准备了若干委员分类统计名单进行数据测算；推荐关系在全国政协机关的委员18名（其中常委5名）；汇总各方面推荐委员人选，提出了保留一批学术泰斗、特殊代表性人士和名人之后等建议名单；完成了组建十一届全国政协专门委员会的具体工作，对专委会人员规模、结构比例、界别分布、遴选程序等各环节提出具体实施办法，完善工作程序；规范委员分组及召集人确定的工作程序，加强与各民主党派中央、人民团体的沟通协商；完成了1200多名新委员学习的组织工作；进一步完善为委员服务工作，首次以全国政协名义向不再继续提名的十届老委员发感谢信，改进和细化委员证、委员当选通知的制发等。

（王 珺 编写 马 健 审稿）

加强政协组织和委员队伍建设工作 建立健全机制，完善工作制度，拓展工作内容，积极探索创新，不断夯实委员人事工作基础。

一是完成了设置专门委员会驻会副主任及届中委员增补等有关工作。2008年10月十一届第三次常委会议任命专委会驻会副主任4人，增补全国政协委员1人，增补、调整专门委员会委员6人；12月十一届第十次主席会议通过了4名委员调整界别事项；起草了《关于全国政协专门委员会驻会副主任履行职责开展工作的有关规定（试行）》。

二是召开全国性会议就加强委员队伍建设进行专题研究。2008年8月，在昆明召开了加强委员队伍建设工作座谈会，全国31个省区市政协办公厅领导及有关部门同志出席。这是全国政协历史上第一次专门就为加强委员队伍建设做好履职服务管理工作召开会议，贾庆林主席、王刚副主席、钱运录副主席兼秘书长作了重要批示，杨崇汇副秘书长全程参加会议并在开闭幕会上讲话。各省区市政协办公厅同志介绍了做好委员履职服务管理工作的经验做法、存在问题及建议；全国政协办公厅人事局委员人事工作处处长王珺作了《关于规范委员履职，加强委员队伍建设的工作体会与思考》的发言。会议还布置了各级政协组织情况统计工作。

三是完善全国政协委员履职统计工作。换届之前，完成了十届全国政协委员五年来参加政协会议和活动、履行职责情况统计，涉及委员出席会议、参加视察和集中学习培训、提交提案、大会发言、反映社情民意等 7 项内容，约 14 万个基础数据。十届全国政协第五十次主席会议专门就此问题进行了研究，贾庆林主席作了重要讲话。2008 年年底，在总结十届工作经验的基础上，完善工作方案，部署并完成了十一届全国政协委员开局之年的履职统计工作，第一次委托各省级政协办公厅对京外全国政协委员履职情况进行统计。

四是完成各级政协组织情况统计工作。从 2008 年 8 月向各省级政协办公厅布置，至 12 月中旬完成，涉及 3119 个单位，90 多个项目，约 28 万个数据，建立了较为完整的数据库，这是全国政协历史上第一次进行的各级政协组织情况统计工作，基本掌握了各级政协组织和委员的数据及结构情况。钱运录副主席兼秘书长对统计情况报告作了重要批示，统计数据和报告分送全国政协领导和办公厅各工作机构。

五是规范推荐全国政协委员担任特邀监督员工作。应公安部、海关总署等政府部门的邀请，推荐了 20 名全国政协委员担任特邀监督员。2008 年 9 月，第一次组织召开了获聘公安部第三届特邀监督员的全国政协委员座谈会，钱运录副主席兼秘书长接见与会人员并合影，杨崇汇副秘书长作了讲话，公安部有关领导同志向与会委员介绍情况，委员们就如何做好特邀监督员工作进行了交流。

（王　珺编写　马　健审稿）

报刊社论

巩固团结合作　发展民主政治

——热烈祝贺全国政协十一届一次会议开幕

冰雪梅中尽，春风柳上归。全国政协十一届一次会议今天在北京隆重开幕。来自各党派团体、各族各界的全国政协委员汇聚一堂，围绕党和国家中心工作咨政建言，畅叙团结合作经验，推进民主政治建设，共商科学发展大计。我们对大会的召开表示热烈的祝贺！

全国政协十一届一次会议，是在全面贯彻党的十七大精神、隆重纪念改革开放30周年、即将迎来北京奥运会的重要年份召开的一次重要会议。开好这次会议，对于进一步凝聚人民智慧，推动科学发展，推进中国特色社会主义伟大事业，具有重大意义。

过去的五年是不平凡的五年，面对复杂多变的国际环境和艰巨繁重的改革发展任务，全党全国各族人民同心同德、开拓进取、战胜各种困难和风险，围绕全面建设小康社会的奋斗目标，奋力推进改革开放和现代化建设，开创了中国特色社会主义事业的新局面。

在这五年里，人民政协高举爱国主义、社会主义的旗帜，坚持中国共产党对人民政协的领导，始终沿着正确方向前进；坚持团结和民主两大主题，不断扩大公民有序政治参与，不断巩固多党合作的政治格局，不断促进民主团结、生动活泼、安定和谐的政治局面；坚持把促进发展作为人民政协履行职能的第一要务，围绕国家发展大目标，服务国家建设大格局；坚持把实现和维护最广大人民的根本利益作为人民政协工作的出发点和落脚点，真实反映群众愿望，自觉承担社会责任；坚持推进人民政协履行职能的制度化、规范化、程序化，增强履职成效，不断开拓创新；坚持全面加强人民政协的自身建设，强化主体观念，增进责任意识，积极履行政治协商、民主监督、参政议政职能，发挥协调关系、汇聚力量、建言献策、服务大局的作用，为全面推进中国特色社会主义作出了重要贡献。

实践证明，从建立和巩固人民民主政权，到促进社会主义革命和建设，到推进改革开放和现代化建设，人民政协都大有可为、大有作为、不可替代，这一制度充分体现了我们的政治优势，是我国社会主义民主政治的一个特点和优点。

党的十七大高举中国特色社会主义伟大旗帜，开启了改革开放和社会主义现代化建设的新征程，这对人民政协工作提出了新的更高要求，也提供了更为广阔的舞台。人民民主是社会主义的生命，发展社会主义民主政治是党始终不渝的奋斗目标。深化政治体制改革，坚定不移发展社会主义民主政治，是十七大作出的一项战略部署，也是中国特色社会主义事业的重要组成部分。作为中国特色社会主义民主政治的重要载体，人民政协在组织上有广泛的代表性，在政治上有最大限度的包容性，在推进政治体制改革、发展社会主义民主政治方面，责任重大，使命光荣。

中国共产党领导的多党合作和政治协商制度，是党和国家事业发展的重要政治制度保障。自诞生之日起，人民政协就是我国政治生活中发扬社会主义民主的重要形式。坚持中国特色社会主义政治发展道路，要求我们充分运用好人民政协这一政治组织和民主形式，积极进行政治协商，广泛汇集民智、充分表达民意，促进决策科学化、民主化；通过民主监督，加强社会主义监督体系建设，确保权力在阳光下运行；提高参政议政的实效，运用包容各界、联系广泛、人才聚集的有利条件，从各个层次、各个领域引导并扩大公民有序政治参与。

社会主义愈发展，人民政协也愈发展。随着人民政协自身建设的日益加强，人民政协的政治协商必将更加切实，民主监督必将更加完善，参政议政必将更加有效。人民政协的制度建设愈完善，民主政治愈进步。人民政协的作用得到充分发挥，必将促进社会主义民主政治不断随着经济社会的发展而深化，不断与人民政治参与积极性的提高相适应。

新起点，新机遇，新期待。2008 年是回顾展望之年，更是开启征程之年。相信人民政协一定会紧紧围绕党和国家工作大局，继续发扬优良传统，汇聚一切有利于改革与发展的力量，再创团结奋斗新辉煌；希望各位委员在本次会议上通达社情民意，施行民主监督，集纳各界智慧，为夺取全面建设小康社会新胜利，开创中国特色社会主义伟大事业新局面，谱写人民美好生活新篇章作出新的更大贡献。

预祝大会圆满成功！

（《人民日报》社论）

不负使命　共谱新篇

——热烈祝贺全国政协十一届一次会议开幕

全国政协十一届一次会议今天在北京隆重开幕。这是中共十七大之后召开的一次十分重要的会议，是深入学习、全面贯彻中共十七大精神，夺取全面建设小康社会新胜利的一次会议，也是人民政协事业发展进程中继往开来、承前启后的一次会议。我们对大会的召开表示热烈的祝贺！

十届政协的五年，是不平凡的五年。十届政协抓住处在历史上最好发展时期之一的大好机遇，在以胡锦涛同志为总书记的中共中央领导下，高举爱国主义、社会主义旗帜，牢牢把握两大主题，努力巩固团结合作的思想政治基础，认真围绕党和国家中心工作议政建言，积极协助党协调政党关系、民族关系、宗教关系、阶层关系、海内外同胞关系，不断扩大对外交流与合作，全面加强人民政协自身建设，为社会主义经济建设、政治建设、文化建设、社会建设，为贯彻落实科学发展观、促进社会和谐作出了重要贡献，为人民政协的进步与发展打下了更为坚实的基础。

中共十七大适应新形势、立足新实践，对社会主义经济、政治、文化、社会建设和党的建设作出了全面部署，进一步描绘了我国未来发展的宏伟蓝图。学习贯彻中共十七大精神，是人民政协当前和今后一个时期首要的政治任务；为实现十七大提出的战略目标献计出力，是新世纪、新阶段人民政协重要而光荣的历史使命。完成这一使命，必须始终坚持共产党的领导、在党和国家事业的全局中来谋划政协工作，始终坚持团结和民主两大主题，始终坚持把促进发展作为人民政协履行职能的第一要务，始终坚持把实现和维护最广大人民的根本利益作为政协工作的出发点和落脚点。完成这一使命，要充分发挥各民主党派的作用，为各民主党派在政协参政议政提供广阔的平台；要注重发挥界别的特点和优势，为各界别有序政治参与提供重要的渠道；要充分调动政协委员参政议政的积极性，为广大委员施展才华提供广阔的舞台。

今年是十一届政协的开局之年。本次会议是十一届政协的第一次会议，对于开好局、起好步，意义重大。新一届政协委员的阵容时代特色鲜明，适应了我国经济社会发展的新形势，体现了巩固和壮大爱国统一战线的新要求，具有广泛的代表性和包容性。作为开局之年的首次集体亮相，2000 多名委员将以对科学发展、和谐发展、和平发展的关切，显示政协委员参政议政的责任；将以对经济、政治、文化、社会建设的积极建言，显示政协委员参政议政的热情；将以对贯彻落实科学发展观的真知灼见，显示政协委员参政议政的水平。我们期待，广大委员在本次会议中，以认真学习、深入思考的姿态展示政协委员与时俱进的风貌；以求真务实的姿态展示政协委员关注民生、情系民生的情怀；以平等协商的姿态展示政协委员民主、宽容、包容的精神境界。

我们正站在新的历史起点。历史赋予了人民政协新的使命，历史也给人民政协提供了新的机遇。不负使命，共谱新篇，抓住机遇，再创佳绩，充分显示中国特色政党制度的生命力，显示中国特色社会主义民主政治的生命力，这是时代的要求，这是人民的希望。我们相信，在全体委员的共同努力下，本次会议一定会开成一次民主、求实、团结、鼓劲的大会，为全面建设小康社会，推进社会主义现代化建设作出新的贡献。

（《人民政协报》社论）

迈上更加壮丽的新征程

——热烈祝贺全国政协十一届一次会议胜利闭幕

不辱使命、不负重托。全国政协十一届一次会议圆满完成各项预定议程，在北京胜利闭幕。

这次大会高举爱国主义、社会主义旗帜，深入贯彻党的十七大和十七届二中全会精神，牢牢把握团结和民主两大主题，紧紧围绕党和国家的中心工作，提出了许多具有建设性的意见和建议，展现了政协委员强烈的社会责任感和奋发有为的精神风貌，展现了人民政协这一组织和民主形式的生机和活力，对进一步推进改革开放，推动科学发展，建设社会主义民主政治必将起到重要作用。

在民主、开放、和谐、奋进的氛围里，大会回顾总结了过去五年的工作，确定了未来五年人民政协的任务。委员们认为十届政协在过去五年中，继承和发扬了优良传统，探索和积累了新的经验，取得了不平凡的成就。全体委员还列席了第十一届全国人民代表大会第一次会议，听取并讨论了政府工作报告及其他有关报告，大家一致认为，政府工作报告发扬民主，保障民生，体现民意，是一个高屋建瓴、求真务实、振奋人心的报告。

大会选举产生了新一届全国政协的领导成员，顺利实现了新老交替。十届全国政协领导机构中的一些老同志退了下来，这些老同志为发展社会主义民主政治，推动改革开放和现代化建设，作出了重要贡献，我们对他们表示崇高的敬意。

人民民主是社会主义的生命，发展社会主义民主政治是我们党始终不渝的奋斗目标。历史充分表明，中国特色社会主义政治发展道路，是党带领人民通过长期实践找到的正确道路，有利于发挥社会主义制度的特点和优势，发展人民民主，促进经济社会发展，维护国家统一、民族团结、人民安康、社会和谐，实现中华民族伟大复兴。坚定不移地走中国特色社会主义政治发展道路，需要我们更高地举起人民民主的旗帜，进一步发挥人民政协的重要作用，积极开展政治协商，完善民主监督机制，提高参政议政实效，为党和国家事业发展提供重要的政治制度保障。

党的十七大对推进中国特色社会主义伟大事业作出了全面部署，今后五年，是全国人民为夺取全面建设小康社会新胜利而团结奋斗的五年，也是人民政协创造新业绩、谱写新篇章的五年。人民政协要继续肩负时代赋予的光荣使命，紧紧围绕党和国家工作大局，认清自身特点，发挥自身优势，扩大团结面、增强包容性，加强调查研究，关注社情民意，推进履行职能的制度化、规范化、程序化，不断激发人民政协这一政治组织和民主形式的生机与活力。

人民政协的作用不可替代，人民政协的工作需要支持。面对经济社会发展的新形势、新要求，各级党委和领导干部应当更加重视、更加关心和支持人民政协工作，为人民政协履行职能创造良好条件，使人民政协更好地发挥协调关系、汇聚力量、建言献策、服务大局的重要作用，为全面建设小康社会凝聚力量，为贯彻落实科学发展观献计出力，为促进中国共产党领导的多党合作事业发展多作贡献。

苟日新，日日新，又日新。我们伟大的祖国正从新的历史起点出发，迈上更加壮丽的新征程。民主凝聚力量，团结成就伟业。让我们紧密团结在以胡锦涛同志为总书记的党中央周围，高举中国特色社会主义伟大旗帜，集纳最广泛的智慧，凝聚各方面的力量，大力弘扬改革创新、求真务实、团结奋进的精神，在前进的道路上不断夺取新胜利、再创新辉煌！

（《人民日报》社论）

抓住新机遇 开创新局面

——热烈祝贺全国政协十一届一次会议闭幕

中国人民政治协商会议第十一届一次会议昨天在北京胜利闭幕了。十几天的时间里，来自不同党派、不同团体、不同民族、不同界别的2000多名政协委员深入思考，坦诚交流，平等协商，认真履职，圆满完成了大会的各项议程。会议总结的十届政协五年来的基本经验，必将对今后人民政协的工作起到重要指导作用；会议选举产生的新一届全国政协领导机构，必将团结带领全体委员，把人民政协事业继续推向新的境界；会议围绕党和国家工作大局、围绕国家经济、政治、社会、文化建设提出的一系列建议意见，必将对中国特色社会主义伟大事业的发展发挥重要的推动作用。

中共十七大开启了继续推进改革开放和社会主义现代化建设的新征程。在新的历史起点上，人民政协的各级组织、各参加单位和广大委员要勇于肩负起时代赋予的使命，抓住机遇，锐意进取，努力开创人民政协工作的新局面。

抓住新机遇，开创新局面，必须牢牢把握团结和民主两大主题，为实现全面建设小康社会宏伟目标、坚持和发展中国特色社会主义提供强大力量支持。夺取全面建设小康社会新胜利，必须依靠全国各族人民团结奋斗，必须依靠各党派团体、各族各界人士共同努力。人民政协包括各党派、各团体、各民族、各阶层、各方面的代表人士，在增进团结、凝聚力量中可以发挥重要而独特的作用。要保持和发扬人民政协平等协商、求同存异、合作共事的优良传统，为各党派团体、各族各界人士参与国是营造宽松和谐、生动活泼的民主氛围。要坚持和完善共产党领导的多党合作和政治协商制度，坚持和完善民族区域自治制度、多种所有制经济共同发展的基本经济制度，积极做好港澳台侨工作，促进社会主义政党关系、民族关系、宗教关系、阶层关系、海内外同胞关系的和谐。

抓住新机遇，开创新局面，必须坚持围绕中心，服务大局，为贯彻落实科学发展观献计出力。促进科学发展是人民政协履行职能的第一要务，实现好、维护好、发展好最广大人民的根本利益是人民政协工作的出发点和落脚点。要增强贯彻落实科学发展观的自觉性和坚定性，努力把履行职责的积极性引导到推动科学发展、促进社会和谐上来。要发挥智力密集、人才荟萃的优势，着眼于战略性、全局性、前瞻性的重大问题，深入调研，认真建言，促进经济社会又好又快发展。要更加关注民生，积极反映社情民意，促进共享改革发展成果、共促社会和谐生动局面的形成。

抓住新机遇，开创新局面，必须坚持共产党领导的多党合作和政治协商制度，努力促进多党合作事业发展。人民政协是实行共产党领导的多党合作和政治协商制度的重要政治形式和组织形式，要充分发挥这一重要形式的作用，坚定不移地坚持长期共存、互相监督、肝胆相照、荣辱与共的方针，尊重和保障各民主党派在人民政协履行职责的权利，拓展各民主党派在人民政协参政议政的内容，努力维护和促进各政党民主团结、生动活泼的和谐政治关系。

抓住新机遇，开创新局面，必须坚持全面加强人民政协自身建设。要结合中共十七大提出的新任务新要求，进一步规范政治协商的内容和程序，积极探索并完善民主监督机制，努力丰富参政议政形式、提高参政议政实效。要切实加强学习，增强广大政协委员履行职责的责任感和使命感，巩固人民政协团结合作的思想政治基础。要继续加强人民政协理论研究，为丰富中国特色社会主义民主政治理论、发展社会主义民主政治作出积极贡献。

今年是改革开放 30 周年。要认真总结人民政协伴随改革开放伟大事业一道前进的光辉历程，最大限度地激发人民政协的各级组织、各参加单位和广大委员投身改革开放的积极性、主动性和创造性，在改革开放的伟大进程中推动人民政协事业蓬勃发展，为夺取全面建设小康社会新胜利、谱写人民美好生活新篇章而努力奋斗。

（《人民政协报》社论）

2008 年大事记

1月

1 日

上午，政协全国委员会在政协礼堂举行 2008 年新年茶话会。中共中央政治局常委、全国政协主席贾庆林主持。中共中央总书记、国家主席、中央军委主席胡锦涛发表重要讲话。民进中央主席严隽琪代表各民主党派中央、全国工商联和无党派人士讲话。部分全国政协委员及文艺工作者表演了文艺节目。党和国家领导人吴邦国、温家宝、李长春、习近平、李克强、贺国强、周永康、王刚、王兆国、王岐山、回良玉、刘淇、刘云山、刘延东、李源潮、吴仪、张德江、徐才厚、郭伯雄、曹刚川、曾培炎、何勇、令计划、李铁映、司马义·艾买提、何鲁丽、丁石孙、成思危、许嘉璐、蒋正华、顾秀莲、热地、乌云其木格、韩启德、唐家璇、陈至立、肖扬、贾春旺、王忠禹、李贵鲜、张思卿、白立忱、罗豪才、张克辉、周铁农、郝建秀、陈奎元、阿不来提·阿不都热西提、徐匡迪、李兆焯、黄孟复、张怀西、李蒙、张梅颖、张榕明，王光英、杨汝岱、钱正英、孙孚凌、陈锦华、王文元等同志，全国政协秘书长郑万通，在京全国政协常委，各民主党派中央和全国工商联负责人、无党派人士，中央和国家机关有关方面负责人，首都各族各界代表近 400 人出席。

4 日至 7 日

贾庆林主席在中共中央政治局委员、北京市委书记刘淇和代市长郭金龙等陪同下，到房山、大兴、密云、顺义、通州和东城等区县，就贯彻落实党的十七大精神，统筹城乡发展，进行调查研究。郑万通秘书长，杨崇汇副秘书长，社会和法制委员会主任李其炎、民族和宗教委员会副主任刘江，蒋作君副秘书长，经济委员会副主任段应碧、林毅夫，经济委员会委员李德水，仝广成副秘书长陪同调研。

6 日至 21 日

应哥斯达黎加议会、哥伦比亚参议院外委会和秘鲁国会外委会邀请，外事委员会副主任李北海率 6 人代表团离京对上述三国进行友好访问。代表团主要成员有全国政协副秘书长孙怀山和中国经济社会理事会中拉技术合作小组副组长袁国林等。

7 日

上午，社会和法制委员会与全国妇联联合举办“平安家庭与和谐社会”主题论坛。全国人大常委会副委员长、全国妇联主席顾秀莲，全国政协副主席郝建秀、张梅颖出席，副秘书长卢昌华，社会和法制委员会副主任王建伦、张福森，全国妇联副主席、书记处第一书记黄晴宜，中央社会治安综合治理委员会副主任陈冀平，部分在京全国政协女委员、社会和法制委员会委员、专家学者等 120 余人参加，全国妇联副主席、书记处书记陈秀榕主持。八位来自党政机关、人民团体、学术机构等部门的代表作了主题发言。

8 日

下午，《当代国画优秀作品展——河南作品展》开幕式在机关举行。贾庆林主席、王忠禹常务副主席出席，张思卿副主席讲话，郑万通秘书长主持，河南省政协主席王全书致词。杨崇汇、卢昌华、王胜洪、仝广成副秘书长，教科文卫体委员会副主任赵喜明，河南省政协有关同志，部分在京全国政协委员及首都美术界人士等100余人参加。

10日至11日

提案委员会召开部分在京承办单位提案办理工作座谈会，总结交流办理十届全国政协提案的经验和体会。提案委员会副主任杨振杰、傅志煌，王胜洪副秘书长出席会议。

14日

上午，中国经济社会理事会二届五次理事会议在政协礼堂举行。全国政协常务副主席、中国经社理事会主席王忠禹出席会议并讲话，全国政协秘书长、理事会副主席郑万通作2007年度工作报告。理事会副主席陈清泰、张俊九、陈邦柱、李其炎、刘剑锋、李昌鉴、陈佳贵及百余位理事出席，理事会秘书长王胜洪主持会议。会议审议通过理事会工作报告。

15日

上午，吴仪副总理主持召开座谈会，听取教科文卫体委员会副主任孙隆椿及朱庆生、佘靖等10位委员对深化医药卫生体制改革的意见和建议。

上午，提案委员会在机关召开各民主党派中央和全国工商联提案工作座谈会，交流各民主党派中央和全国工商联2007年提案工作情况和2008年提案工作设想以及在提案工作中发挥党派作用的经验体会，听取对全国政协提案工作的意见建议。傅志煌副主任主持座谈会，杨振杰副主任、王胜洪副秘书长出席会议。

16日

下午，人口资源环境委员会在机关召开十届人资环委工作总结及委员联谊会。陈邦柱主任主持会议，叶青、江泽慧、李伟雄、杨魁孚、张洽、张宝明、陈洲其、温克刚、何光暐副主任，杨崇汇、潘贵玉、索丽生副秘书长等70余人出席。

17日

上午，教科文卫体委员会在政协礼堂举行教科文卫体界新春茶话会。全国人大常委会副委员长路甬祥，全国政协副主席白立忱、罗豪才、阿不来提·阿不都热西提、张怀西、李蒙、张梅颖，秘书长郑万通，教科文卫体委员会主任刘忠德，全国人大教科文卫委员会主任委员朱丽兰，全国政协教科文卫体委员会副主任于友先、韦钰、孙隆椿、杨伟光、宋金升、张发强、赵喜明、徐善衍、傅庚辰、蔡睿贤、王巨才、方兆祥，全国政协副秘书长杨崇汇、蒋作君、卢昌华、王胜洪和国务院有关部委负责同志孙家正、柳斌杰、袁贵仁、程津培、吴浈、朱佳木、潘云鹤、于文明、金星华、程凯以及教科文卫体界政协委员、各界代表人士400余人出席。傅庚辰副主任代表教科文卫体委员会致辞。

上午，教科文卫体委员会召开委员会全体会议，总结十届委员会工作。张发强副主任主持会议，刘忠德主任讲话，委员自由发言。蒋作君副秘书长，于友先、韦钰、孙隆椿、杨伟光、宋金升、张发强、赵喜明、徐善衍、傅庚辰、蔡睿贤、王巨才、方兆祥副主任出席。

下午，郑万通秘书长，杨崇汇、李昌鉴、蒋作君、王胜洪副秘书长前往刘宇一先生工作室，参观刘宇一、刘浩眉父女共同创作中的百米油画长卷《圣火颂——百年奥运图》。

18日

上午，已故全国政协委员、知名人士夫人2008年春节茶话会在政协礼堂举行。贾庆林主席出席，王忠禹常务副主席发表讲话。刘延东、张思卿、白立忱、罗豪才、郝建秀、陈奎元、阿不来提·阿不都热西提、徐匡迪、李兆焯、张怀西、李蒙副主席，孙孚凌、王文元同志出席。郑万通秘书长主持，杨崇汇、李昌鉴、吴明熹、蒋作君、李敏宽、陈明德、刘民复、陈抗甫、张龙之、索丽生、卢昌华、王胜洪、仝广成副秘书长，中共中央统战部部长杜青林、中共中央组织部副部长李智勇、全国人大常委会副秘书长王庆喜、国务院副秘书长焦焕成等有关单位负责同志以及林佳楣大姐等参加。

上午，经济委员会在京召开第六次全体会议，总结回顾五年来的工作，交流工作体会和履职心得。刘仲藜主任主持会议，杨崇汇副秘书长应邀参加并讲话。刘永好、陈耀先、陈耀邦、郑家纯、洪绂曾、陈清泰、林毅夫、阎海旺副主任及50余位委员参加。

下午，中央"五侨"在人民大会堂宴会厅联合举行"2008年首都侨界新春茶话会"。国务委员唐家璇讲话。全国人大常委会副委员长顾秀莲，全国政协副主席罗豪才、李蒙，副秘书长杨崇汇、李昌鉴，人口资源环境委员会副主任张洽，外事委员会副主任张国祥，港澳台侨委员会副主任王永海、刘亦铭、何添发、张伟超、张廷翰、张道诚、俞晓松、唐闻生以及中央涉侨单位和在京有关部委负责同志出席茶话会。港澳台侨委员会主任郭东坡主持。

20日

下午，外事委员会在京召开2008年新春茶话会。刘剑锋主任主持，马振岗、王淑贤、陈昊苏、张国祥、武韬、周可仁、原溙副主任，王胜洪副秘书长及部分外事委员会委员出席。

21日

全天，2008年在京常委专题座谈会在机关举行。主要议题：阅读讨论《政府工作报告（征求意见稿）》。

上午，贾庆林主席主持召开政协第十届全国委员会第五十二次主席会议。主要内容是：一、审议政协第十届全国委员会常务委员会第二十次会议日程；二、审议政协第十一届全国委员会第一次会议议程（草案）和日程（草案）；三、审议政协第十一届全国委员会第一次会议秘书处领导成员名单（草案）和新闻发言人名单；四、审议政协第十一届全国委员会第一次会议秘书处机构设置和工作任务（草案）；五、通报中共全国政协党组2008年度工作要点；六、听取中国政协文史馆工程建设筹备情况的汇报；七、审议政协第十一届全国委员会参加单位、委员名额和委员人选名单（草案）。王忠禹常务副主席，廖晖、刘延东、李贵鲜、张思卿、白立忱、罗豪才、张克辉、周铁农、郝建秀、阿不来提·阿不都热西提、徐匡迪、李兆焯、黄孟复、张怀西、李蒙、董建华、张梅颖、张榕明副主席和郑万通秘书长出席。杨崇汇、李昌鉴、吴明熹、蒋作君、李敏宽、陈明德、朱维群、陈抗甫、张龙之、索丽生、卢昌华、王胜洪、仝广成副秘书长，各专委会负责人杨振杰、范西成、陈邦柱、刘忠德、李其炎、钮茂生、俞晓松、刘剑锋、程世峨，中央统战部部长杜青林、副部长楼志豪列席。

下午，民族和宗教委员会在政协礼堂举行十届委员会工作总结会。王忠禹常务副主席出席并讲话，张思卿、阿不来提·阿不都热西提副主席出席，钮茂生主任作民宗委五年工作总结，黄璜副主任主持会议。巴桑、克尤木·巴吾东、金日光、香根·巴登多吉、夏日、圣辉、任法融、刘江、陈洪副主任和民宗委部分委员共约60人参加。

下午，由全国政协人口资源环境委员会、国家林业局等6单位联合组成的关注森林组委会在机关召开2008年主任会议。关注森林组委会主任、全国政协副主席张思卿主持会议。关注森林组委会副主任、人口资源环境委员会主任陈邦柱，关注森林组委会副主任、人口资源环境委员会副主任江泽慧、张洽、温克刚，关注森林组委会副主任、国家林业局局长贾治邦等出席。

下午，政协十一届一次会议秘书处第一次筹备工作会议在机关召开。郑万通秘书长作动员讲话，通报政协十一届一次会议的指导思想和主要安排，系统总结长期实践中形成的大会秘书处工作原则、工作方法和工作精神，并结合今年大会的特点就做好各方面工作提出明确要求。杨崇汇副秘书长主持会议，李昌鉴副秘书长通报大会秘书处领导成员名单（草案）、秘书处工作机构设置和工作任务（草案）以及各组组长、副组长名单。大会秘书处领导成员人选沈跃跃、蒋作君、陈明德、卢昌华、王胜洪及秘书处各组负责人出席。

22日

上午，政协第十届全国委员会常务委员会第二十次会议开幕会在政协会议楼常委会议厅举行。贾庆林主席主持。会议主要议题是：一、审议通过政协第十届全国委员会常务委员会第二十次会议议程；二、听取关于政协全国委员会常务委员会工作报告（草案）起草情况的说明；三、听取关于政协全国委员会常务委员会关于提案工作情况的报告（草案）起草情况的说明。王忠禹常务副主席，刘延东、李贵鲜、张思卿、白立忱、罗豪才、张克辉、周铁农、郝建秀、阿不来提·阿不都热西提、徐匡迪、李兆焯、黄孟复、张怀西、李蒙、董建华、张梅颖、张榕明副主席，郑万通秘书长和常委共237人出席。国务院办公厅负责同志，不是常委的地方政协负责人，全国政协副秘书长、各专门委员会负责人列席。开幕会后，贾庆林主席和各位副主席与出席会议的常委及列席会议人员合影。

上午，京昆室在机关召开第七次主任会议，总结十届以来京昆室工作，研究2008年工作计划，并就今后如何进一步拓展京昆室工作进行研究。全国政协副主席、京昆室主任周铁农主持会议。京昆室副主任刘忠德、张国祥、李世济、叶少兰、叶朗，孙怀山副秘书长出席。

下午，政协第十届全国委员会常务委员会第二十次会议分组讨论常委会工作报告、提案工作情况报告和提交审议的其他文件。王忠禹常务副主席，张思卿、白立忱、阿不来提·阿不都热西提、徐匡迪、李兆焯、张怀西、李蒙、张梅颖、张榕明副主席分别参加各小组的讨论。

23日

全天，政协第十届全国委员会常务委员会第二十次会议分组讨论政协第十一届全国委员会参加单位、委员名额和委员人选名单（草案）。贾庆林主席、王忠禹常务副主席，张思卿、白立忱、罗豪才、张克辉、周铁农、陈奎元、阿不来提·阿不都热西提、张怀西、李蒙、张梅颖、张榕明副主席分别参加各小组的讨论。

上午，政协第十届全国委员会常务委员会第二十次会议第二次全体会议在政协会议楼常委会议厅举行。贾庆林主席出席。白立忱副主席主持。会议的主要议题是听取中共中央统战部部长杜青林关于政协第十一届全国委员会参加单位、委员名额和委员人选名单（草案）的说明。王忠禹常务副主席，刘延东、李贵鲜、张思卿、张克辉、周铁农、郝建秀、陈奎元、阿不来提·阿不都热西提、徐匡迪、李兆焯、黄孟复、张怀西、李蒙、张梅颖、张榕明副主席，郑万通秘书长和常委共221人出席。中共中央办公厅负责同志，不是常委的地方政协负责人、全国政协副秘书长和各专门委员会负责人、中央统战部副部长列席。

下午，贾庆林主席主持召开政协第十届全国委员会第五十三次主席会议。主要议题：听取政协第十届全国委员会常务委员会第二十次会议各小组讨论人事事项情况的汇报。王忠禹常务副主席，李贵鲜、张思卿、白立忱、罗豪才、张克辉、周铁农、郝建秀、阿不来提·阿不都热西提、徐匡迪、李兆焯、张怀西、李蒙、张梅颖、张榕明副主席，郑万通秘书长出席。第二十次常委会议各小组召集人邵华泽、孔小均、张宏伟、杨俊文、潘贵玉、任玉岭、杨春兴、陈抗甫、陈清泰，副秘书长杨崇汇、李昌鉴、吴明熹、蒋作君、孙怀山、李敏宽、陈明德、朱维群、张龙之、索丽生、卞晋平、卢昌华、王胜洪、仝广成，各专委会负责人杨振杰、陈耀邦、陈邦柱、刘忠德、李其炎、刘柏年、郭东坡、刘剑锋、王蒙，中央组织部常务副部长沈跃跃、部务委员王京清，中央统战部部长杜青林、副部长楼志豪列席。

下午，大型画册《人民政协光辉历程》赠送仪式在政协礼堂举行。王忠禹常务副主席、张思卿副主席出席，郑万通秘书长致词。杨崇汇副秘书长出席，卞晋平副秘书长主持。赠送仪式上，全国政协领导向受赠图书馆代表赠送画册。

24 日

上午，政协第十届全国委员会常务委员会第二十次会议分组讨论常委会工作报告、提案工作情况报告和提交审议的其他文件。李贵鲜、张思卿、白立忱、张克辉、周铁农、陈奎元、阿不来提·阿不都热西提、李兆焯、黄孟复、张怀西、张梅颖、张榕明副主席分别参加各小组的讨论。

下午，政协第十届全国委员会常务委员会第二十次会议继续分组讨论。主要内容是：讨论常委会工作报告、提案工作报告和提交审议的其他文件，反映社情民意。

下午，贾庆林主席主持召开政协第十届全国委员会第五十四次主席会议。主要内容是：听取政协第十届全国委员会常务委员会第二十次会议各小组讨论情况的汇报。王忠禹常务副主席，刘延东、李贵鲜、张思卿、白立忱、罗豪才、张克辉、郝建秀、陈奎元、阿不来提·阿不都热西提、徐匡迪、李兆焯、张怀西、李蒙、张梅颖、张榕明副主席，郑万通秘书长出席。第二十次常委会议各小组召集人陈邦柱、孔小均、张发强、陈明德、潘贵玉、宋瑞祥、杨春兴、陈昊苏、李敏宽，副秘书长杨崇汇、李昌鉴、吴明熹、蒋作君、孙怀山、张龙之、索丽生、卢昌华、王胜洪、仝广成，各专门委员会负责人杨振杰、陈耀邦、刘忠德、李其炎、钮茂生、郭东坡、刘剑锋、崔占福列席。

24 日至 2 月 3 日

受美国口述历史协会、加拿大大不列颠哥伦比亚大学邀请，文史和学习委员会副主任李仁臣率代表团就开展口述历史工作赴美国、加拿大考察交流。

25 日

上午，政协第十届全国委员会常务委员会第二十次会议举行闭幕会。贾庆林主席作重要讲话，王忠禹常务副主席主持。会议主要议题是：一、通过关于召开政协第十一届全国委员会第一次会议的决定；二、通过政协第十一届全国委员会参加单位、委员名额和委员人选名单；三、通过政协全国委员会常务委员会工作报告；四、通过政协全国委员会常务委员会关于提案工作情况的报告；五、通过政协第十一届全国委员会第一次会议议程（草案）和日程（草案）；六、通过关于授权主席会议审议政协第十届全国委员会常务委员会第二十次会议未尽事宜的决定。刘延东、李贵鲜、张思卿、白立忱、罗豪才、张克辉、周铁农、郝建秀、陈奎元、阿不来提·阿不都热西提、徐匡迪、李兆焯、黄孟复、张怀西、李蒙、张梅颖、张榕明副主席，郑万通秘书长和常委共231人出席。中共中央办公厅、国务院办公厅负责同志，不是常委的地方政协负责人、全国政协副秘书长、各专门委员会负责人、中央统战部副部长列席。

下午，政协第十届全国委员会常务委员会举行第十四次学习讲座。贾庆林主席主持并讲话。全国政协常委、国防科工委专家咨询委员会主任、中国科协副主席、中国绕月探测工程总指挥栾恩杰作题为《我国首次月球探测工程》的报告。王忠禹常务副主席，李贵鲜、张思卿、罗豪才、张克辉、周铁农、郝建秀、阿不来提·阿不都热西提、李兆焯、张怀西、李蒙、张梅颖、张榕明副主席，郑万通秘书长出席学习讲座。

26日至28日

京昆室在政协礼堂举办2008年新春戏曲晚会。贾庆林主席，张思卿、周铁农副主席，杨崇汇、孙怀山、卢昌华、王胜洪、仝广成副秘书长，京昆室副主任张国祥、叶少兰，文史和学习委员会主任王蒙，人口资源环境委员会副主任张洽，文化部党组书记、副部长于幼军，卫生部党组书记、副部长高强，文化部副部长周和平，北京市政协副主席熊大新及有关方面负责人与京剧表演艺术家、戏曲界人士一同观看演出。

28日

上午，贾庆林主席在人民大会堂出席纪念薄一波同志诞辰100周年座谈会并讲话。仝广成副秘书长出席。

上午，民族和宗教委员会与中共中央统战部、全国人大民委、国家民委、北京市人民政府共同在人民大会堂举办首都各民族人士迎春茶话会。全国人大常委会副委员长热地讲话。全国政协副主席白立忱、阿不来提·阿不都热西提、李兆焯，民族和宗教委员会副主任江家福、李晋有、陈广元、金日光、黄璜、刘江，副秘书长蒋作君和部分在京少数民族全国政协委员出席。中共中央统战部副部长朱维群主持。主办单位负责同志和首都各民族代表性人士1200多人参加。

上午，第二十次“六台会”在民革中央举行，港澳台侨委员会副主任王永海、李赣骝出席会议。

下午，张思卿副主席在政协礼堂出席由全国政协书画室和文物出版社共同主办的“书写和谐守望家园——苏士澍金石书法求教展”开幕式。孙怀山、卞晋平、卢昌华副秘书长，教科文卫体委员会副主任赵喜明及部分全国政协委员和首都书法界人士约200余人出席。苏士澍为全国政协委员、书画室副主任、文物出版社社长、中国书法家协会理事。

29日

上午，民族和宗教委员会主任钮茂生、副秘书长蒋作君先后到中国天主教爱国会、中国佛教协会看望宗教界人士，与中国天主教爱国会常务副会长刘柏年、中国佛教协会会长一诚等就有关工作交换意见。

下午，由人民政协报社主办的“绿色环保消毒——公共卫生防疫保障座谈会”在机关举行。蒋作君、卞晋平副秘书长，教科文卫体委员会副主任孙隆椿及部分委员、专家学者约50人出席。

晚，由全国政协提案委员会和农业部、卫生部、国家工商行政管理局、国家质量监督检验检疫总局、国家广播电影电视总局、国家食品药品监督管理局等六部委主办，人民政协报承办的新希望杯首届全国食品安全知识大赛总决赛暨颁奖晚会在中央电视台农业频道演播大厅举行。阿不来提·阿不都热西提副主席，国家食品药品监督管理局局长邵明立，提案委员会副主任杨振杰、傅志煌，卞晋平、王胜洪副秘书长出席颁奖晚会并为获奖代表队颁奖。

30日

下午，杨崇汇副秘书长主持召开第四十六次秘书长办公会议。主要议题是：一、审议政协第十一届全国委员会第一次会议预备会议日程（草案）；二、审议政协第十一届全国委员会第一次会议提案审查委员会人选建议名单（草案）；三、听取关于政协第十一届全国委员会委员名单有关问题的说明；四、审议政协第十一届全国委员会第一次会议分组办法（草案）和委员小组召集人名单（草案）；五、审议政协第十一届全国委员会第一次会议选举办法（草案）；六、研究政协全国委员会常务委员会关于提案工作情况的报告电子演示内容文字提纲（稿）；七、研究政协第十一届全国委员会第一次会议驻地安排（草案）；八、听取蒋作君副秘书长走访民主党派中央和全国工商联有关情况的报告；九、学习讨论国务院参事室（中国文史研究馆）关于近5年工作总结和2008年工作安排的报告。李昌鉴、蒋作君、卞晋平、卢昌华、王胜洪、仝广成副秘书长出席，办公厅研究室和各局级单位负责人列席。

30日至2月1日

贾庆林主席受胡锦涛总书记委托，赴安徽慰问扶贫救灾干部群众。郑万通秘书长，民政部副部长窦玉沛、铁道部副部长陈东福、交通部副部长黄先耀、银监会输电部主任幺虹陪同。

2月

1日

下午，杨崇汇副秘书长主持召开政协第十届全国委员会第二十次秘书长会议。主要议题是：一、审议政协第十一届全国委员会第一次会议预备会议日程（草案）；二、审议政协第十一届全国委员会第一次会议提案审查委员会人选建议名单（草案）；三、审议政协第十一届全国委员会第一次会议分组办法（草案）和委员小组召集人名单（草案）。副秘书长吴明熹、蒋作君、孙怀山、李敏宽、陈明德、朱维群、陈宗兴、陈抗甫、张龙之、卞晋平、卢昌华、王胜洪出席。政协十一届一次会议秘书处有关工作组负责人列席。

2日

上午，张梅颖副主席在京出席2008年“世界湿地日”庆祝活动并发表讲话。

上午，民族和宗教委员会与中共中央统战部、国家宗教事务局联合举办2008年宗教界人士迎春茶话会。

4日

上午，全国政协机关举行春节团拜会。贾庆林主席出席并发表重要讲话。王忠禹常务副主席，罗豪才、周铁农、阿不来提·阿不都热西提、张怀西、张梅颖副主席出席。郑万通秘书长在团拜会上致辞，孙怀山副秘书长主持会议，杨崇汇、蒋作君、卞晋平、卢昌华、王胜洪、仝广成副秘书长参加。机关离退休老同志代表和机关青年代表在会上致词恭贺新春。机关干部职工和离退休老干部共1000余人参加。团拜会后，机关组织了文艺演出和游艺活动。

5日

上午，郑万通秘书长主持召开会议，研究部署机关向遭受冰雪灾害地区捐助活动、节日值班以及大会筹备工作等事宜。杨崇汇、卞晋平、卢昌华、王胜洪、仝广成副秘书长和机关各局室负责同志参加。

14日

上午，人口资源环境委员会联合经济委员会在机关召开防治气象灾害座谈会。人口资源环境委员会副主任温克刚主持会议。

15日至16日

全国政协办公厅在珠海举办港澳地区第十一届全国政协委员学习活动，160余位港澳全国政协委员参加。

17日至24日

应印度尼西亚人民协商会议副主席法瓦特邀请，罗豪才副主席一行7人赴印尼访问。

19日

上午，教科文卫体委员会召开情况通报会，邀请科技部部长万钢介绍当前我国科技工作情况。张梅颖副主席出席会议。

22日

上午，全国政协办公厅在常委会议厅召开有关部委工作情况通报会，邀请国家发展和改革委员会、教育部、科技部、民政部、财政部、劳动和社会保障部负责同志介绍各自部门本年度主要工作安排，方便新一届政协委员了解有关情况，增强提案的针对性，进一步提高提案质量。

下午，政协十一届一次会议秘书处第二次筹备工作会议在机关召开。会议听取秘书处各组关于大会筹备工作进展情况的汇报，协调解决有关问题，并部署下一阶段工作。郑万通秘书长主持会议并讲话。杨崇汇、蒋作君、孙怀山、卞晋平、卢昌华、王胜洪、仝广成副秘书长出席。

28日

下午，贾庆林主席主持召开政协第十届全国委员会第五十五次主席会议。主要内容是：一、审议政协第十一届全国委员会第一次会议主席团成员、主席团会议主持人、常务主席和秘书长名单（草案）；二、审议政协第十一届全国委员会第一次会议预备会议日程（草案）和微调后的政协第十一届全国委员会第一次会议日程（草案）；三、审议政协第十一届全国委员会第一次会议提案审查委员会人选建议名单（草案）；四、推举在政协第十一届全国委员会第一次会议上作常务委员会工作报告和提案工作情况报告的报告人；五、审议政协第十一届全国委员会第一次会议分组办法（草案）和委员小组召集人名单（草案）；六、审议政协第十一届全国委员会第一次会议副秘书长名单（草案）；七、听取政协第十一届全国委员会第一次会议筹备工作情况的汇报。王忠禹常务副主席，廖晖、刘延东、李贵鲜、张思卿、白立忱、罗豪才、张克辉、周铁农、郝建秀、陈奎元、阿不来提·阿不都热西提、徐匡迪、黄孟复、张怀西、李蒙、张梅颖、张榕明副主席，郑万通秘书长出席。

29日

上午，贾庆林主席、黄孟复副主席在人民大会堂出席纪念周恩来同志诞辰110周年座谈会。杨崇汇副秘书长代表全国政协办公厅在座谈会上发言。

下午，《政协委员一日》出版座谈会在机关举行。贾庆林主席、王忠禹常务副主席出席，陈奎元副主席讲话。卞晋平副秘书长主持会议。文史和学习委员会主任王蒙和作者代表在会上发言。

3月

1日

下午，政协十一届一次会议秘书处在人民大会堂召开现场会。杨崇汇副秘书长主持并讲话。

2日

下午，政协第十一届全国委员会第一次会议预备会议在人民大会堂举行。十届全国政协主席贾庆林主持。会议主要议题：一、审议通过政协第十一届全国委员会第一次会议主席团、主席团会议主持人和秘书长名单；二、审议通过政协第十一届全国委员会第一次会议议程和日程；三、审议通过政协第十一届全国委员会第一次会议提案审查委员会名单。十届全国政协副主席王忠禹、廖晖、刘延东、帕巴拉·格列朗杰、李贵鲜、张思卿、白立忱、罗豪才、张克辉、周铁农、郝建秀、陈奎元、阿不来提·阿不都热西提、徐匡迪、李兆焯、黄孟复、张怀西、李蒙、董建华、张梅颖、张榕明，秘书长郑万通和十一届政协委员共2124人出席。

预备会后，政协第十一届全国委员会第一次会议主席团第一次会议在人民大会堂西大厅举行。主席团会议主持人贾庆林主持会议。会议议题：一、审议通过政协第十一届全国委员会第一次会议主席团常务主席名单；二、审议通过政协第十一届全国委员会第一次会议各次全体会议执行主席和主持人名单；三、审议通过政协第十一届全国委员会第一次会议分组办法和委员小组召集人名单；四、审议通过政协第十一届全国委员会第一次会议副秘书长名单；五、审议通过政协第十一届全国委员会第一次会议秘书处机构设置和工作任务。主席团常务主席王刚、廖晖、帕巴拉·格列朗杰、白立忱、陈奎元、阿不来提·阿不都热西提、李兆焯、黄孟复、董建华、张梅颖、张榕明，大会秘书长郑万通出席并在主席台就座。共有323名主席团成员出席。

下午，政协十一届一次会议新闻发布会在人民大会堂新闻发布厅举行。大会新闻发言人吴建民介绍本次大会的有关情况并回答中外记者提问。卞晋平副秘书长主持发布会，400多名中外记者参加。

3日

上午，“两会”中共党员负责人会议在人民大会堂举行，胡锦涛总书记作重要讲话。全国政协十届党组成员和全国政协十一届一次会议党的领导小组成员及党员小组召集人出席。

下午，政协第十一届全国委员会第一次会议开幕会在人民大会堂举行。主席团常务主席王刚主持，主席团会议主持人贾庆林代表政协第十届全国委员会常务委员会作工作报告，常务主席张梅颖代表政协第十届全国委员会常务委员会作关于提案工作情况的报告。廖晖、帕巴拉·格列朗杰、白立忱、陈奎元、阿不来提·阿不都热西提、李兆焯、黄孟复、董建华、张榕明常务主席，大会秘书长郑万通和十一届全国政协委员共2199人出席。党和国家领导人胡锦涛、吴邦国、温家宝、曾庆红、李长春、习近平、李克强、贺国强、周永康、王乐泉、王兆国、王岐山、回良玉、刘淇、刘云山、刘延东、李源潮、吴仪、汪洋、张高丽、张德江、俞正声、徐才厚、郭伯雄、曹刚川、曾培炎、薄熙来、何勇、令计划、王沪宁、李铁映、司马义·艾买提、何鲁丽、丁石孙、成思危、许嘉璐、蒋正华、顾秀莲、热地、盛华仁、路甬祥、乌云其木格、韩启德、唐家璇、华建敏、陈至立、肖扬、贾春旺、王忠禹、李贵鲜、张思卿、罗豪才、张克辉、周铁农、郝建秀、徐匡迪、张怀西、李蒙，民主党派中央负责人蒋树声、陈昌智、严隽琪、桑国卫、万钢、林文漪，全国人大常委会办公厅、国务院办公厅负责同志应邀参加开幕会并在主席台就座。国务院44个部委负责同志、部分海外侨胞列席开幕会。各国驻华使节旁听开幕会。

晚，政协十一届一次会议委员小组召集人会议在政协礼堂三楼大厅举行。大会主席团常务主席王刚讲话。大会秘书长郑万通主持会议。各委员小组召集人、大会秘书处领导及各组负责人出席。

4日

上午，中共中央政治局常委、政协十一届一次会议主席团会议主持人贾庆林到友谊宾馆参加中共界委员联组讨论、共商国是活动，并作重要讲话。中共中央政治局委员、政协十一届一次会议主席团常务主席王刚，主席团常务主席廖晖、白立忱、陈奎元、阿不来提·阿不都热西提、李兆焯，政协十一届一次会议秘书长郑万通，副秘书长杨崇汇、李昌鉴、卞晋平、仝广成陪同。

下午，中共中央总书记、国家主席、中央军委主席胡锦涛，中共中央政治局常委、政协十一届一次会议主席团会议主持人贾庆林到全国政协礼堂参加民革、台盟、台联委员联组讨论、共商国是活动。胡锦涛总书记作重要讲话。中共中央政治局委员、政协十一届一次会议主席团常务主席王刚，民革中央主席周铁农，政协十一届一次会议秘书长郑万通，台盟中央主席林文漪，全国台联会长梁国扬，政协十一届一次会议副秘书长仝广成陪同。中共中央书记处书记、中央办公厅主任令计划，中共中央书记处书记、中央政研室主任王沪宁，中央统战部部长杜青林，国务院台办主任陈云林随同参加。

下午，中共中央政治局常委、全国人大常委会委员长吴邦国到京丰宾馆参加民建、工商联委员联组讨论、共商国是活动，并作重要讲话。政协十一届一次会议主席团常务主席黄孟复、张榕明，民建中央主席陈昌智，政协十一届一次会议副秘书长李昌鉴陪同。中央统战部副部长胡德平、全国工商联党组书记全哲洙随同参加。

下午，中共中央政治局常委、国务院总理温家宝到京丰宾馆参加经济、农业界委员联组讨论、共商国是活动，并作重要讲话。政协十一届一次会议主席团常务主席白立忱，政协十一届一次会议副秘书长杨崇汇陪同。国务院副秘书长张平、项兆伦，发展改革委主任马凯、财政部部长谢旭人、信息产业部部长王旭东、农业部部长孙政才、人民银行行长周小川、环保总局局长周生贤、林业局局长贾治邦、国研室主任魏礼群、银监会主席刘明康、西部开发办副主任王金祥随同参加。

下午，中共中央政治局常委李长春同志到华润饭店参加文艺界委员联组讨论、共商国是活动，并作重要讲话。政协十一届一次会议主席团常务主席陈奎元，政协十一届一次会议副秘书长孙怀山陪同。中宣部副部长欧阳坚、财政部副部长张少春、文化部副部长于幼军、广电总局局长王太华随同参加。

下午，中共中央政治局常委习近平到二十一世纪饭店参加体育、医卫界委员联组讨论、共商国是活动，并作重要讲话。政协十一届一次会议主席团常务主席阿不来提·阿不都热西提，政协十一届一次会议副秘书长蒋作君陪同。卫生部部长陈竺，卫生部党组书记、副部长高强，体育总局局长刘鹏，中央政策研究室副主任施芝鸿，国家食品药品监督管理局局长邵明立随同参加。

下午，中共中央政治局常委李克强到二十一世纪饭店参加科协、科技界委员联组讨论、共商国是活动，并作重要讲话。政协十一届一次会议主席团常务主席李兆焯，政协十一届一次会议副秘书长卞晋平陪同。科技部党组书记、副部长李学勇，国务院研究室副主任宁吉喆随同参加。

下午，中共中央政治局常委、中央纪

律检查委员会书记贺国强到铁道大厦参加民盟、农工委员联组讨论、共商国是活动，并作重要讲话。政协十一届一次会议主席团常务主席、民盟中央第一副主席张梅颖主持，民盟中央主席蒋树声、农工党中央主席桑国卫、政协十一届一次会议副秘书长卢昌华陪同。中央统战部常务副部长朱维群随同参加。

下午，中共中央政治局常委、中央政法委书记周永康到友谊宾馆参加民族界委员联组讨论、共商国是活动，并作重要讲话。政协十一届一次会议主席团常务主席帕巴拉·格列朗杰，政协十一届一次会议副秘书长王胜洪陪同。国务院副秘书长汪永清，国家民委党组书记、副主任杨传堂随同参加。

5 日

上午，十一届全国人大一次会议开幕会在人民大会堂举行，听取国务院总理温家宝作政府工作报告。中共中央政治局常委、政协十一届一次会议主席团会议主持人贾庆林，中共中央政治局委员、政协十一届一次会议主席团常务主席王刚，主席团常务主席廖晖、帕巴拉·格列朗杰、白立忱、陈奎元、阿不来提·阿不都热西提、李兆焯、黄孟复、董建华、张梅颖、张榕明，秘书长郑万通，十届政协副主席王忠禹、刘延东、李贵鲜、张思卿、罗豪才、张克辉、周铁农、郝建秀、徐匡迪、张怀西、李蒙在主席台就座。全国政协委员列席。

下午，政协十一届一次会议分组讨论政府工作报告。

6 日

全天，政协十一届一次会议分组讨论政府工作报告。

上午，中共中央政治局常委、政协十一届一次会议主席团会议主持人贾庆林到全国政协礼堂参加港澳地区全国政协委员联组讨论、共商国是活动，并作重要讲话。中共中央政治局委员、政协十一届一次会议主席团常务主席王刚，主席团常务主席廖晖、董建华，政协十一届一次会议秘书长郑万通，副秘书长杨崇汇、李昌鉴、卞晋平、仝广成陪同。中共中央统战部部长杜青林、中央政府驻港联络办主任高祀仁、中央政府驻澳联络办主任白志健、国务院港澳办副主任陈佐洱、中央政府驻港联络办副主任彭清华、铁道部副部长胡亚东、国务院参事室副主任陈鹤良、国管局副局长寻寰中随同参加。

下午，“民主党派中央主席谈多党合作”记者招待会在人民大会堂新闻发布厅举行。民革中央主席周铁农、民盟中央主席蒋树声、民建中央主席陈昌智、民进中央主席严隽琪、农工党中央主席桑国卫、致公党中央主席万钢、九三学社中央主席韩启德、台盟中央主席林文漪出席并回答记者的提问。政协十一届一次会议副秘书长卞晋平、王胜洪到会。200 多名中外记者参加。

下午，政协十一届一次会议秘书长郑万通主持召开会议，研究确定两场大会发言名单。政协十一届一次会议副秘书长杨崇汇、李昌鉴、蒋作君、孙怀山、卞晋平、卢昌华、仝广成出席。

7 日

上午，中共中央总书记、国家主席胡锦涛，中共中央政治局常委、政协十一届一次会议主席团会议主持人贾庆林到全国政协礼堂参加致公、侨联委员联组讨论、共商国是活动。胡锦涛总书记作重要讲话。中共中央政治局委员、政协十一届一次会议主席团常务主席王刚，主席团常务主席黄孟复、张梅颖、张榕明，秘书长郑万通，副秘书长杨崇汇、李昌鉴、卞晋平、仝广成陪同。中共中央书记处书记、中央办公厅主任令计划，致公党中央主席、科技部部长万钢，中央统战部部长杜青林，国务院侨办主任李海峰，中国侨联主席林军，外专局副局长李兵，烟草专卖局副局长何泽华随同参加。

上午，政协十一届一次会议进行界别联组和小组讨论，联系本界别实际讨论政府工作报告。中共中央、国务院、人民团体有关单位和部门共89位负责同志参加讨论，部分部委有关部门负责同志参加。

下午，政协十一届一次会议分组讨论计划报告和预算报告。

下午，中共中央政治局委员、政协十一届一次会议主席团常务主席王刚到友谊宾馆参加特邀53、54组委员联组讨论，并作重要讲话。政协十一届一次会议秘书长郑万通，副秘书长杨崇汇、李昌鉴、孙怀山、卢昌华陪同。中央统战部部长杜青林，公安部纪委书记祝春林、人民银行副行长马德伦、海关总署副署长龚正随同参加。

下午，提案审查委员会在政协礼堂就“促进生态文明建设，改善城乡人居环境”方面的提案召开提案办理协商会。提案审查委员会主任李铁林主持会议。政协十一届一次会议主席团常务主席白立忱、李兆焯，提案审查委员会副主任王占、王显政、王瑞祥、刘峰岩、孙淦、步正发，政协十一届一次会议副秘书长王胜洪，部分提案审查委员会委员，提案党振代表民革中央副主席何丕洁、民建中央副主席王少阶、九三学社中央副主席赖明以及农工党中央、致公党中央、全国工商联有关负责同志，部分提案委员，承办单位代表国家发展和改革委员会副主任解振华、民政部副部长窦玉沛、水利部副部长鄂竟平、农业部副部长危朝安以及财政部、建设部、国家环保总局、国家林业局、中国气象局有关负责同志出席。

8日

上午，政协十一届一次会议第二次全体会议在人民大会堂举行。主席团会议主持人贾庆林出席，主席团常务主席廖晖主持，主席团常务主席王刚、白立忱、陈奎元、阿不来提·阿不都热西提、李兆焯、黄孟复、董建华、张梅颖、张榕明，大会秘书长郑万通和委员共2050人出席。中共中央政治局委员、国务院副总理回良玉，以及国务院44个部委的负责同志应邀到会。李德水、马培华、黄瑶、梁燕君、赖明、万钢、梁季阳、徐辉、郑家纯、宋北杉、张鸣起、王健林、欧成中、张春江委员先后作大会发言。

下午，提案审查委员会在政协礼堂就“加快公共卫生服务体系建设”方面的提案召开提案办理协商会。政协十一届一次会议主席团常务主席阿不来提·阿不都热西提、张梅颖出席会议并讲话，提案审查委员会主任李铁林，副主任王生铁、毛林坤、刘志忠、朱树豪，政协十一届一次会议副秘书长王胜洪，提案党派代表民革中央副主席厉无畏、民盟中央副主席温思美、九三学社中央副主席邵鸿以及民进中央、农工党中央、台盟中央有关负责同志，部分提案委员代表，提案承办单位代表国家发展和改革委副主任张茅、财政部副部长王军、卫生部副部长高强以及人事部、劳动和社会保障部、国家人口计生委、国家食品药品监管局、国家中医药管理局有关负责同志等共100余人出席会议。提案审查委员会副主任王占主持会议。

下午，“新阶层人士谈社会责任”中外记者招待会在人民大会堂新闻发布厅举行。王健林、徐冠巨、韩方明、刘迎霞、刘红宇等委员出席并回答记者的提问。政协十一届一次会议副秘书长卞晋平到会。250多名中外记者参加。

晚，政协十一届一次会议秘书长郑万

通主持召开秘书处第三次会议。政协十一届一次会议副秘书长杨崇汇、李昌鉴、蒋作君、孙怀山、卞晋平、卢昌华、王胜洪、仝广成、吴建民、沈跃跃、廖晓军和秘书处各组主要负责同志参加。

9 日

上午，政协十一届一次会议第三次全体会议在人民大会堂举行。主席团会议主持人贾庆林出席，主席团常务主席张榕明主持。厉无畏、杨孙西、李利君、学诚、蔡达峰、孙淑义、何维、吴正德、颜延龄、尔肯江·吐拉洪、张世平、伍淑清、迟福林、黄志贤、林兆枢、李君如委员先后作大会发言。主席团常务主席王刚、廖晖、帕巴拉·格列朗杰、白立忱、陈奎元、阿不来提·阿不都热西提、李兆焯、黄孟复、董建华、张梅颖，大会秘书长郑万通和委员共 2035 人出席。中共中央政治局委员、书记处书记刘云山，以及国务院 43 个部门的负责同志应邀到会。

下午，政协十一届一次会议主席团会议主持人贾庆林主持召开主席团常务主席会议第一次会议。主要内容是：一、审议政协第十一届全国委员会第一次会议选举办法（草案）；二、审议政协第十一届全国委员会主席、副主席、秘书长、常务委员建议人选名单（草案）；三、审议政协第十一届全国委员会第一次会议关于常务委员会工作报告的决议（草案）；四、审议政协第十一届全国委员会第一次会议政治决议（草案）。主席团常务主席王刚、廖晖、帕巴拉·格列朗杰、白立忱、陈奎元、阿不来提·阿不都热西提、李兆焯、黄孟复、董建华、张梅颖、张榕明，大会秘书长郑万通出席。

下午，政协十一届一次会议主席团第二次会议在政协会议楼常委会议厅举行。主席团会议主持人贾庆林主持，主要议题是：一、审议政协第十一届全国委员会第一次会议选举办法（草案）；二、审议通过政协第十一届全国委员会主席、副主席、秘书长、常务委员建议人选名单；三、审议政协第十一届全国委员会第一次会议关于常务委员会工作报告的决议（草案）；四、审议政协第十一届全国委员会第一次会议政治决议（草案）。主席团常务主席王刚、廖晖、帕巴拉·格列朗杰、白立忱、陈奎元、阿不来提·阿不都热西提、李兆焯、黄孟复、董建华、张梅颖、张榕明，大会秘书长郑万通和主席团成员共 303 人出席。不是主席团成员的大会副秘书长、部分委员小组负责人、地方政协主席、秘书处各组负责人列席。

10 日

上午，十一届全国人大一次会议在人民大会堂举行第三次全体会议，听取最高人民法院院长肖扬作最高人民法院工作报告，听取最高人民检察院检察长贾春旺作最高人民检察院工作报告。中共中央政治局常委、政协十一届一次会议主席团会议主持人贾庆林，中共中央政治局委员、政协十一届一次会议主席团常务主席王刚，政协十一届一次会议主席团常务主席廖晖、白立忱、陈奎元、阿不来提·阿不都热西提、李兆焯、黄孟复、张梅颖、张榕明，十届政协副主席王忠禹、李贵鲜、张思卿、罗豪才、张克辉、郝建秀、徐匡迪、张怀西、李蒙，政协十一届一次会议秘书长郑万通在主席台就坐。全体委员列席会议。

下午，政协十一届一次会议分组讨论"两高"报告和各项决议草案。

11 日

上午，政协十一届一次会议分组讨论选举办法草案、候选人名单草案和推举监票人。

下午，十一届全国人大一次会议在人民大会堂举行第四次全体会议，听取国务委员兼国务院秘书长华建敏作关于国务院机构改革方案的说明。中共中央政治局常委、政协十一届一次会议主席团会议主持人贾庆林，中共中央政治局委员、政协十一届一次会议主席团常务主席王刚，政协十一届一次会议主席团常务主席廖晖、帕巴拉·格列朗杰、白立忱、陈奎元、阿不来提·阿不都热西提、李兆焯、黄孟复、张梅颖、张榕明副主席，十届政协副主席王忠禹、李贵鲜、张思卿、罗豪才、张克辉、郝建秀、徐匡迪、张怀西、李蒙在主席台就坐。全体委员列席会议。

12日

上午，政协十一届一次会议分组讨论机构改革方案和政协工作。

上午，孙中山先生逝世83周年纪念仪式在北京中山公园中山堂举行。政协十一届一次会议主席团常务主席白立忱、民革中央主席周铁农、中共中央统战部副部长楼志豪、北京市副市长牛有成、民革北京市委员会主委傅惠民分别代表全国政协、民革中央、中共中央统战部、北京市政府、民革北京市委会向孙中山先生像敬献花篮。民革中央常务副主席厉无畏主持纪念仪式。政协十一届一次会议主席团常务主席黄孟复、张榕明，罗豪才、张怀西、李蒙、孙孚凌同志，民主党派中央及全国工商联负责同志，政协十一届一次会议副秘书长杨崇汇，民革中央部分委员、顾问、在京参加“两会”的部分代表、委员和各专委会委员及有关人士参加。

下午，政协十一届一次会议主席团会议主持人贾庆林主持召开政协十一届一次会议主席团常务主席会议第二次会议。主要内容是：一：听取关于政协第十一届全国委员会主席、副主席、秘书长、常务委员候选人名单（草案）讨论情况的说明；二、审议政协第十一届全国委员会第一次会议提案审查委员会关于提案审查情况的报告（草案）；三、听取政协第十一届全国委员会第一次会议情况的综合汇报。主席团常务主席王刚、廖晖、帕巴拉·格列朗杰、白立忱、陈奎元、阿不来提·阿不都热西提、李兆焯、黄孟复、董建华、张梅颖、张榕明，大会秘书长郑万通出席。

下午，政协十一届一次会议主席团第三次会议在政协会议楼常委会议厅举行。主席团会议主持人贾庆林主持，主要议题是：一、通过政协第十一届全国委员会第一次会议选举办法；二、通过政协第十一届全国委员会主席、副主席、秘书长、常务委员候选人名单；三、审议通过监票人、总监票人名单；四、通过政协第十一届全国委员会第一次会议关于常务委员会工作报告的决议（草案）；五、审议通过政协第十一届全国委员会第一次会议提案审查委员会关于政协十一届一次会议提案审查情况的报告（草案）；六、通过政协第十一届全国委员会第一次会议政治决议草案）。主席团常务主席王刚、廖晖、帕巴拉·格列朗杰、白立忱、陈奎元、阿不来提·阿不都热西提、李兆焯、黄孟复、董建华、张梅颖、张榕明，大会秘书长郑万通和主席团成员共313人出席。不是主席团成员的政协十一届一次会议副秘书长、部分委员小组负责人、地方政协主席、秘书处各组负责人列席。

下午，“政协委员谈奥运”中外记者招待会在人民大会堂新闻发布厅举行。刘敬民、张艺谋、邓亚萍、崔大林、张景安等委员出席并回答记者的提问。卞晋平副秘书长到会。600多名中外记者参加。

晚，政协十一届一次会议主席团常务主席陈奎元在人民大会堂检查会议选举准备工作。政协十一届一次会议秘书长郑万通，副秘书长杨崇汇、蒋作君、孙怀山、卢昌华、仝广成、沈跃跃，选举组组长王京清，总监票人、监票人参加。杨崇汇副秘书长就大会选举工作需要注意的事项提出要求。

13 日

上午，政协十一届一次会议分组讨论政协工作和选举准备工作。

上午，政协十一届一次会议主席团会议主持人贾庆林主持召开政协十一届一次会议主席团常务主席会议第三次会议，研究大会主席团成员温宗仁病逝后涉及政协会议的有关事项，大会秘书长郑万通作说明。主席团常务主席王刚、廖晖、白立忱、陈奎元、阿不来提·阿不都热西提、李兆焯、黄孟复、董建华、张梅颖、张榕明出席。大会副秘书长杨崇汇参加。

下午，政协十一届一次会议主席团会议主持人贾庆林在人民大会堂四川厅主持召开政协十一届一次会议主席团第四次会议，研究决定大会主席团成员温宗仁病逝后涉及政协会议的有关事项。大会秘书长郑万通作说明。主席团常务主席王刚、廖晖、帕巴拉·格列朗杰、白立忱、陈奎元、阿不来提·阿不都热西提、李兆焯、黄孟复、董建华、张梅颖、张榕明和主席团成员出席。

下午，政协十一届一次会议在人民大会堂举行第四次全体会议，选举政协第十一届全国委员会主席、副主席、秘书长和常务委员。贾庆林当选为政协第十一届全国委员会主席，王刚、廖晖、杜青林、阿沛·阿旺晋美、帕巴拉·格列朗杰、马万祺、白立忱、陈奎元、阿不来提·阿不都热西提、李兆焯、黄孟复、董建华、张梅颖、张榕明、钱运录、孙家正、李金华、郑万通、邓朴方、万钢、林文漪、厉无畏、罗富和、陈宗兴、王志珍当选为副主席，钱运录同时当选为秘书长。会议还选举产生政协第十一届全国委员会常务委员298人。政协十一届一次会议主席团常务主席陈奎元主持会议。2178 名委员出席。

14 日

上午，政协第十一届全国委员会第一次会议闭幕会在人民大会堂举行。贾庆林主席主持。主要议题：一、通过政协第十一届全国委员会第一次会议关于常务委员会工作报告的决议；二、通过政协第十一届全国委员会第一次会议提案审查委员会关于政协十一届一次会议提案审查情况的报告；三、通过政协第十一届全国委员会第一次会议政治决议。王刚、廖晖、杜青林、帕巴拉·格列朗杰、白立忱、陈奎元、阿不来提·阿不都热西提、李兆焯、黄孟复、董建华、张梅颖、张榕明副主席，钱运录副主席兼秘书长，孙家正、李金华、郑万通、邓朴方、万钢、林文漪、厉无畏、罗富和、陈宗兴、王志珍副主席和十一届全国政协委员共 2154 人出席。

党和国家领导人胡锦涛、吴邦国、温家宝、曾庆红、李长春、习近平、李克强、贺国强、周永康、王乐泉、王兆国、王岐山、回良玉、刘淇、刘云山、刘延东、李源潮、吴仪、汪洋、张高丽、张德江、俞正声、徐才厚、郭伯雄、曹刚川、曾培炎、薄熙来、何勇、令计划、王沪宁、李铁映、司马义·艾买提、何鲁丽、丁石孙、成思危、许嘉璐、蒋正华、顾秀莲、热地、盛华仁、路甬祥、乌云其木格、韩启德、唐家璇、华建敏、陈至立、肖扬、贾春旺、王忠禹、李贵鲜、张思卿、罗豪才、张克辉、周铁农、郝建秀、徐匡迪、张怀西、李蒙，民主党派中央负责人蒋树声、陈昌智、严隽琪、桑国卫，全国人大常委会办公厅、国务院办公厅负责同志应邀参加闭幕会并在主席台就座。国务院 43 个部委负责同志、部分海外侨胞列席闭幕会。闭幕会后，党和国家领导人与全体委员在人民大会堂宴会厅合影。

下午，政协第十一届全国委员会常务委员会第一次会议开幕会在政协会议楼常委会议厅举行。贾庆林主席主持。会议主要议题：一、审议通过政协十一届一次常委会议议程；二、听取关于政协第十一届全国委员会常务委员会关于设置专门委员会的决定（草案）的说明；三、听取关于政协第十一届全国委员会各专门委员会主任、副主任名单（草案）的说明。王刚、廖晖、杜青林、帕巴拉·格列朗杰、白立忱、陈奎元、阿不来提·阿不都热西提、李兆焯、黄孟复、张梅颖、张榕明副主席，钱运录副主席兼秘书长，孙家正、李金华、郑万通、万钢、林文漪、厉无畏、罗富和、陈宗兴、王志珍副主席和常委共313人出席。全国政协副秘书长拟任人选、地方政协主席列席。

下午，贾庆林主席主持召开政协第十一届全国委员会第一次主席会议。主要内容是：一、审议政协第十一届全国委员会常务委员会第一次会议议程（草案）和日程（草案）；二、审议政协第十一届全国委员会常务委员会关于设置专门委员会的决定（草案）；三、审议政协第十一届全国委员会各专门委员会主任、副主任、委员名单（草案）；四、审议政协第十一届全国委员会副秘书长任命名单（草案）。王刚、廖晖、杜青林、帕巴拉·格列朗杰、白立忱、陈奎元、阿不来提·阿不都热西提、李兆焯、黄孟复、张梅颖、张榕明副主席，钱运录副主席兼秘书长，孙家正、李金华、郑万通、万钢、林文漪、厉无畏、罗富和、陈宗兴、王志珍副主席出席。

15日

上午，政协第十一届全国委员会常务委员会第一次会议分组讨论设置专委会的决定、专委会主任和副主任名单、副秘书长任命名单、本年度常委会工作。

下午，贾庆林主席主持召开政协第十一届全国委员会第二次主席会议。主要内容是：听取政协第十一届全国委员会常务委员会第一次会议小组讨论情况的汇报。王刚、廖晖、杜青林、帕巴拉·格列朗杰、白立忱、陈奎元、阿不来提·阿不都热西提、李兆焯、黄孟复、张梅颖、张榕明副主席，钱运录副主席兼秘书长，孙家正、李金华、郑万通、邓朴方、万钢、林文漪、厉无畏、罗富和、陈宗兴、王志珍副主席出席。第一次常委会议各小组召集人张福森、孔小均、刘光复、王少阶、任法融、张大宁、王钦敏、秦大河，拟任十一届政协专职副秘书长杨崇汇、蒋作君、孙怀山、卞晋平、卢昌华、王胜洪、仝广成、林智敏，十届政协副秘书长李昌鉴列席。

下午，政协第十一届全国委员会常务委员会第一次会议举行闭幕会。贾庆林主席作重要讲话。王刚副主席主持。会议主要内容：一、通过政协第十一届全国委员会常务委员会关于设置专门委员会的决定；二、通过政协第十一届全国委员会各专门委员会主任、副主任名单；三、通过政协第十一届全国委员会副秘书长任命名单。廖晖、杜青林、帕巴拉·格列朗杰、白立忱、陈奎元、阿不来提·阿不都热西提、李兆焯、黄孟复、张梅颖、张榕明副主席，钱运录副主席兼秘书长，孙家正、李金华、郑万通、邓朴方、万钢、林文漪、厉无畏、罗富和、陈宗兴、王志珍副主席和常委共299人出席。全国政协副秘书长拟任人选、地方政协主席列席。

下午，钱运录副主席兼秘书长主持召开政协第十一届全国委员会第一次秘书长会议。主要内容是：一、宣布政协第十一届全国委员会副秘书长任命名单；二、钱运录副主席兼秘书长讲话。杨崇汇、蒋作君、孙怀山、潘贵玉、陈抗甫、卞晋平、卢昌华、王胜洪、仝广成、陈喜庆、修福金、张宝文、马培华、刘晓峰、王钦敏、黄志贤、宋北杉、林智敏副秘书长出席。

20 日至 21 日

上午，政协十一届一次会议提案交办会在政协礼堂召开。王刚副主席出席会议并讲话，郑万通副主席主持。

25 日

上午，杨崇汇副秘书长主持召开政协第十一届全国委员会第一次秘书长办公会议。会议主要议题：一、审议关于十一届全国政协委员视察工作的安排意见（稿）和 2008 年委员视察工作计划（稿）；二、协调 2008 年全国政协委员视察和专门委员会专题调研课题计划；三、研究 2008 年办公厅办理委员提案工作；四、研究政协十一届常委会第二次会议和 2008 年专题协商会的议题。蒋作君、孙怀山、卞晋平、卢昌华、王胜洪、仝广成、林智敏副秘书长出席。

26 日

上午，杨崇汇副秘书长主持召开政协第十一届全国委员会第二次秘书长会议。主要议题是：一、通报驻会副秘书长的工作分工；二、汇报 2008 年委员视察计划和各专门委员会重点调研课题初步协调情况；三、研究政协十一届常委会第二次会议和 2008 年专题协商会的议题；四、听取兼职副秘书长关于在十一届政协期间更好地发挥作用的意见和建议。蒋作君、孙怀山、潘贵玉、陈抗甫、卞晋平、卢昌华、王胜洪、仝广成、陈喜庆、修福金、马培华、刘晓峰、王钦敏、黄志贤、宋北杉副秘书长出席。

27 日

下午，贾庆林主席主持召开政协第十一届全国委员会第三次主席会议。主要内容是：研究讨论十一届全国政协今年的工作思路和第二次常委会议以及 2008 年专题协商会议题。王刚、杜青林、白立忱、陈奎元、阿不来提·阿不都热西提、李兆焯、董建华、张梅颖、张榕明、孙家正、李金华、郑万通、邓朴方、万钢、林文漪、厉无畏、罗富和、王志珍副主席出席。

4 月

2 日

上午，全国政协机关开展义务植树活动。阿不来提·阿不都热西提、张梅颖、孙家正、郑万通、厉无畏、罗富和、陈宗兴、王志珍副主席，杨崇汇、蒋作君、孙怀山、卞晋平、卢昌华、仝广成副秘书长及机关干部职工 350 余人参加。

下午，政协第十一届全国委员会第一次专门委员会主任会议在政协礼堂召开。贾庆林主席出席并作重要讲话，王刚副主席主持。主要议题是：听取各专门委员会主要负责人关于本年度调研设想及开展工作的意见和建议。杜青林、陈奎元、阿不来提·阿不都热西提、张梅颖、张榕明、孙家正、郑万通、林文漪、厉无畏、罗富和、陈宗兴、王志珍副主席，各专门委员会在京副主任，驻会副秘书长出席。

3 日

下午，王刚、郑万通副主席在人民政协报社出席人民政协报创刊 25 周年暨出版 5000 期座谈会，听取人民政协报社、中国文史出版社和中国政协杂志社的工作汇报。杨崇汇副秘书长参加，卞晋平副秘书长主持。

7 日至 12 日

上午，经济委员会主任张左己率“统筹城乡发展，促进形成城乡经济社会发展一体化新格局”专题组一行 9 人，在海南省调研。

8 日至 13 日

贾庆林主席在中共中央政治局委员、广东省委书记汪洋，省长黄华华、省政协主席陈绍基等陪同下，先后到珠海、中山、佛山、韶关、广州等地进行调研。杨崇汇副秘书长，经济委员会副主任李德水，人口资源环境委员会副主任李元，港澳台侨委员会副主任林兆枢、安民陪同调研。

18日

晚，钱运录副主席兼秘书长在梅兰芳大剧院出席庆祝人民政协报创刊25周年《同一首歌》——走进人民政协报特别节目录播晚会。杨崇汇、卞晋平、林智敏副秘书长及部分委员参加。

20日至25日

“中宗和”副主席、中国基督教全国两会咨询委员会主任曹圣洁在泰国出席“亚洲妇女宗教领袖峰会”。

21日

全天，人口资源环境委员会在机关召开“绿色奥运”情况介绍会，分别听取环境保护部、北京市环境保护局、北京奥组委等单位介绍绿色奥运及空气质量保障的有关情况。张维庆主任主持，王玉庆、汪啸风、刘志峰副主任等出席。

下午，文史和学习委员会在机关召开民主党派、工商联史料征集座谈会。卞晋平副秘书长出席并讲话。崔占福副主任主持。各民主党派中央、全国工商联史料工作部门负责同志参加。

22日

全天，王刚副主席率领全国政协调研组，在北京市就“绿色奥运”工作进展情况考察。人口资源环境委员会主任张维庆，杨崇汇、林智敏副秘书长，人口资源环境委员会副主任王玉庆、刘志峰、江泽慧等参加考察。中共中央政治局委员、北京市委书记刘淇，市政协主席阳安江，环境保护部副部长张力军等陪同考察。

上午，提案委员会在机关召开党派提案工作通报会，通报提案委员会2008年度工作计划；请各民主党派中央和全国工商联相互交流今年提案工作的考虑，并就进一步做好党派提案工作的有关问题进行探讨。邵鸿副主任出席，各民主党派中央和全国工商联有关负责同志参加。

上午，经济委员会“统筹城乡发展，促进形成城乡经济社会发展一体化新格局”专题组和“统筹城乡发展”特邀常委视察团在机关听取中农办主任陈锡文和国家发改委秘书长韩永文关于城乡一体化有关情况介绍。阿不来提·阿不都热西提、张梅颖、郑万通副主席出席，经济委员会副主任刘江主持。孙怀山副秘书长，经济委员会副主任王钦敏、孙永福、李德水、陈锡文、柴松岳、郭廷标，专题组及视察团成员、农工民主党中央参政议政部、台盟中央研究室有关同志约50人参加会议。

上午，社会和法制委员会“新型农村社会养老保险试点情况”专题组在机关召开会议，邀请人力资源和社会保障部有关部门负责人介绍情况。王东进副主任主持，张福森主任、蒋作君副秘书长及委员会部分委员参加。

23日

上午，经济委员会“统筹城乡发展，促进形成城乡经济社会发展一体化新格局”专题组和“统筹城乡发展”特邀常委视察团在机关听取财政部副部长张少春和农业部副部长牛盾关于城乡一体化有关情况介绍。阿不来提·阿不都热西提、张梅颖、郑万通副主席出席，刘江副主任主持。王钦敏、柴松岳、郭廷标副主任，专题组及视察团成员、农工民主党中央参政议政部、台盟中央研究室有关同志约40人参加会议。

上午，教科文卫体委员会举行报告会，邀请科技部相关负责同志就“技术创新政策的落实问题”向政协委员做情况介绍。栾恩杰副主任主持会议，杨胜群副主任及部分在京科技界、科协界委员约30

人出席会议。

23日至25日

上午，文史和学习委员会组织委员赴天津滨海新区和河北省曹妃甸工业区学习考察。陈福今主任带队，崔占福副主任等参加。

23日至30日

经济委员会“当前的金融改革开放与发展”专题组在湖北、四川调研农村金融问题。董文标副主任任组长，李德水、刘永好副主任等参加调研。

人口资源环境委员会副主任王玉庆率“绿色奥运”专题调研组在山西、天津、河北调研。刘泽民副主任等参加。

24日

上午，教科文卫体委员会举行报告会，邀请国家发展和改革委员会、财政部相关负责同志就“国家重大科技专项启动情况”和“技术创新政策的落实问题”向委员介绍情况。杨胜群副主任主持会议，栾恩杰副主任及部分在京科技界、科协界委员约50人出席会议。

上午，经济委员会副主任张志刚在中协宾馆主持召开“加入WTO新时期对外开放发展战略”专题组部委情况通报会，听取国家发改委、商务部、海关总署、中国人民银行、国家统计局有关负责同志介绍情况。孙晓郁副主任及专题组成员参加。

下午，经济委员会副主任张志刚在中协宾馆主持召开“当前对外经贸形势分析座谈会”，围绕今年对外经贸新情况、新特点以及与实现“双防”目标有关的对外贸易问题进行座谈研讨。孙晓郁副主任和部分委员及专家学者参加。

25日

下午，钱运录副主席兼秘书长、郑万通副主席出席中华慈善总会、全国工商联主办，中国文史出版社承办的大型公益活动“奥运进我家，山村有福娃”向部分贫困地区儿童捐赠《福娃》丛书仪式。

28日

上午，提案委员会在机关就《关于促进我国农村信息化服务发展的提案》召开提案办理协商会。邵鸿副主任主持会议，部分提案委员会委员、提案党派九三学社中央、部分专家学者，以及提案承办单位科技部、财政部、工业和信息化部、农业部、商务部的有关负责同志出席会议。

上午，教科文卫体委员会在机关举行报告会，邀请科技部、工业和信息化部、环境保护部、农业部、卫生部相关负责同志就“国家重大科技专项启动情况”向委员介绍情况。栾恩杰副主任主持会议，部分在京科技界、科协界委员约40人出席会议。

下午，人口资源环境委员会“主体功能区规划与人口资源环境问题研究”专题调研组在机关召开情况介绍会，听取国家发改委、国土资源部、环境保护部、国家人口计生委等四部委有关部门的负责同志介绍相关情况。张维庆主任主持，任启兴、张黎副主任等参加。

29日

上午，栾恩杰副主任率领教科文卫体委员会“推进《国家中长期科学和技术规划纲要（2006—2020）》贯彻落实”专题组就“国家重大科技专项启动情况”赴中国农科院考察调研。部分在京科技界、科协界委员约20人参加。

下午，王刚副主席听取信息中心关于全国政协办公厅信息化工作情况汇报并作重要讲话，对今后机关信息化建设提出指导性意见。钱运录副主席兼秘书长出席会议。杨崇汇、卢昌华副秘书长出席。机关有关局室负责人参加。

下午，全国政协“统筹城乡综合配套改革实验区建设情况”视察团在机关召开组团会议，邀请发改委、国务院农村综合改革小组办公室、人力资源和社会保障部、国土资源部、住房和城乡建设部、农业部有关负责同志介绍情况。郑万通副主席，张左已、李德水等十余位常委、委员出席，孙怀山副秘书长主持。

30日

下午，钱运录副主席兼秘书长主持召开政协第十一届全国委员会第二次秘书长办公会议。主要议题是：一、协调2008年全国政协视察调研等活动安排；二、审议政协第十一届全国委员会第一次会议秘书处工作总结（稿）；三、审议关于加强全国政协机关保密工作的意见（稿）。杨崇汇、蒋作君、孙怀山、卞晋平、卢昌华、王胜洪、仝广成、林智敏副秘书长出席，办公厅研究室和各局级单位负责人列席。

5月

4日至15日

应罗马尼亚参议院、匈牙利国会、斯洛文尼亚国民委员会和克罗地亚议会邀请，贾庆林主席对上述四国进行正式友好访问。钱运录副主席兼秘书长，人口资源环境委员会主任张维庆，北京市政协主席阳安江，外交部副部长张业遂，商务部副部长于广洲，民进中央副主席冯骥才陪同出访。

4日至9日

提案委员会副主任王生铁、刘志忠率调研组在湖北，就“关于对湖北省四湖流域实施血吸虫病防治综合治理的提案”进行调研。部分提案委员会委员、相关提案人，国家发改委、水利部、农业部、卫生部、湖北省政府的有关人员及专家参加。

5日

下午，机关举办2008年系列学习讲座第一讲。中央党校哲学部李建华教授应邀作题为“系统科学和科学发展观”的辅导讲座。孙怀山副秘书长主持并讲话。机关干部约300人参加。

5日至10日

教科文卫体委员会副主任杨胜群率“技术创新政策落实情况”专题调研组一行11人在浙江调研。

5日至14日

以郑万通副主席为团长，张左已常委、李德水委员为副团长的全国政协委员视察团一行20人，就“统筹城乡综合配套改革实验区建设情况”在重庆、成都视察。

蒋作君副秘书长、社会和法制委员会副主任王东进率“新型农村社会养老保险试点情况”专题组在广东、陕西调研。

5日至16日

以经济委员会副主任张志刚、孙晓郁、范西成为组长的“加入WTO新时期对外开放战略”专题组，在湖南、广东、安徽、上海调研。

6日

教科文卫体委员会副主任于永湛率“促进文化大发展大繁荣系列调研之一——关于出版发行体制改革问题”调研组一行10人赴上海调研。

6日至9日

以经济委员会副主任董文标、刘永好为组长的“当前的金融改革开放与发展”专题组在山东省济南、滨州和青岛调研农村金融问题。

6日至10日

以阿不来提·阿不都热西提副主席为顾问，刘江、柴松岳、孙永福副主任为组长的经济委员会“统筹城乡发展，促进形成城乡经济社会发展一体化新格局”专题组一行22人，在浙江调研。

7日

下午，中国经社理事会主席王忠禹在

机关会见、宴请毛里求斯经社理事会主席瓦伊德。中国经社理事会副主席李昌鉴出席。

9日至16日

港澳台侨委员会副主任林兆枢率调研组在广东省，就“如何发挥海外侨胞和归侨侨眷优势和作用，扩大对外开放”专题进行调研。

12日至13日

王刚副主席率“统筹城乡发展，促进形成城乡经济社会发展一体化新格局”专题组在湖南就经济社会发展情况和城乡一体化建设情况进行调研考察。经济委员会主任张左己、副主任刘江，仝广成副秘书长等陪同参加调研。

13日

上午，机关党组书记、副秘书长杨崇汇主持召开第三次秘书长办公会议，传达《中办、国办关于四川省汶川县发生强烈地震情况和全力做好抗震救灾工作的通报》，传达贾庆林主席、王刚副主席、钱运录副主席兼秘书长关于全国政协要在抗震救灾中发挥作用、贡献力量的指示精神，部署抗震救灾相关工作。蒋作君、孙怀山、卞晋平、卢昌华、林智敏副秘书长出席，研究室和各局级单位负责人列席。

下午，副秘书长、机关党委书记孙怀山主持召开机关各基层党组织负责人会议，通报四川地震灾害有关情况，传达中央关于做好抗震救灾工作的有关精神，按照秘书长办公会议要求，对机关支援抗震救灾捐款工作进行动员部署。

13日至18日

“中宗和”代表团一行5人在印度尼西亚首都雅加达出席“亚宗和”第七届大会筹备会议。

14日

下午，“全国政协机关抗震救灾向中华慈善总会捐赠仪式”在机关举行。王刚副主席出席并讲话，阿不来提·阿不都热西提、张梅颖、李金华、郑万通副主席出席。机关党组书记、副秘书长杨崇汇主持。孙怀山副秘书长，中华慈善总会会长范宝俊、副会长张道诚和部分全国政协委员参加。此次共向中华慈善总会捐款930万元人民币、1710万元港币，其中委员捐款1710万元港币、830万元人民币，机关所属单位和个人捐款100万元人民币。

15日

上午，“众志成城抗震救灾——全国政协部分书画界委员笔会”在机关举行。王刚副主席出席并讲话。全国政协书画室主任张思卿，孙怀山、卢昌华副秘书长出席。书画室副主任赵喜明主持笔会。16位政协委员和人大代表及部分书画名家现场挥毫泼墨，创作40余幅书画作品。部分未到场的委员向笔会捐赠了书画作品。

下午，全国政协委员抗震救灾捐赠仪式在机关举行。贾庆林主席出席并讲话，钱运录副主席兼秘书长出席，杨崇汇副秘书长主持捐赠仪式。全国政协委员、香港骏豪集团主席朱树豪捐款2000万元港币。中华慈善总会会长范宝俊和深圳慈善会会长李德成接受捐赠。孙怀山、仝广成副秘书长，陈丽华、刘迎霞、陈泽盛、刘公勤委员出席。

16日

上午，人口资源环境委员会主任张维庆主持召开委员会第一次主任办公会议，通报随同贾庆林主席出访欧洲四国情况，并就如何在抗震救灾中发挥作用进行研讨。王玉庆、刘志峰、江泽慧、李元、汪啸风、张黎、秦大河副主任出席。

下午，全国政协委员抗震救灾捐赠仪式在机关举行。贾庆林主席出席并讲话。王刚、杜青林副主席出席，钱运录副主席兼秘书长主持捐赠仪式。全国政协常委、香港新世界发展有限公司董事总经理郑家纯和周大福集团捐款 5000 万元人民币。中华慈善总会会长范宝俊、副会长张道诚接受捐赠。杨崇汇、卢昌华、仝广成副秘书长出席捐赠仪式。

16 日至 23 日

以港澳台侨委员会副主任、中央人民政府驻香港特别行政区联络办公室副主任王凤超为顾问，刘汉铨常委为团长，洪祖杭常委为副团长的香港特区全国政协委员视察团在安徽省黄山、宣城、池州、芜湖、巢湖、合肥等市，就经济社会发展、生态资源保护、科技创新和人才教育等问题进行考察。杨崇汇副秘书长陪同考察。

17 日至 27 日

社会和法制委员会与民革中央联合调研组在安徽、广东、云南三省就“刑事被害人救助”和“水资源司法保护”两个专题进行调研。社会和法制委员会副主任、民革中央副主席万鄂湘带队，全国人大常委会副委员长、民革中央主席周铁农参加在广东、云南的调研活动。

18 日

晚，贾庆林主席在机关主持研究全国政协哀悼四川汶川大地震遇难同胞工作。王刚副主席，钱运录副主席兼秘书长，蒋作君、卞晋平、王胜洪、仝广成、林智敏副秘书长及相关部门负责同志参加。

晚，钱运录副主席兼秘书长主持召开会议，就认真贯彻党中央、国务院指示精神，按照贾庆林主席、王刚副主席的有关要求，组织好全国政协哀悼四川汶川大地震遇难同胞活动进行安排部署。蒋作君、卞晋平、王胜洪、仝广成、林智敏副秘书长及相关部门负责同志参加。

19 日

上午，受钱运录副主席兼秘书长委托，仝广成副秘书长主持召开机关各部门负责人会议，传达国务院关于全国哀悼日的公告和全国政协领导同志的指示，安排部署机关哀悼四川汶川大地震遇难同胞相关工作。

下午 2 时 28 分，全国政协在机关举行哀悼四川汶川大地震遇难同胞仪式。钱运录副主席兼秘书长主持。杜青林、白立忱、陈奎元、阿不来提·阿不都热西提、李兆焯、黄孟复、张榕明、李金华、郑万通、邓朴方、万钢、林文漪、罗富和、陈宗兴副主席，各专门委员会负责人毛林坤、王众孚、张维庆、栾恩杰、张福森、林兆枢、马秀红，副秘书长蒋作君、孙怀山、卞晋平、卢昌华、王胜洪、仝广成、林智敏参加。其他领导同志在不同地点参加哀悼活动。机关各部门也组织干部职工举行哀悼活动。

下午，董建华副主席在机关会见美国里奥·戴利公司董事长戴利一行 4 人。交通运输部副部长兼民航局局长李家祥、全国政协常委伍淑清等参加会见。

20 日

上午，文史和学习委员会在江西南昌召开全国暨地方政协文史委员会主任会议，贯彻落实《政协全国委员会关于加强文史资料工作的意见》，制定《本届政协文史资料选题协作规划》。张梅颖副主席出席会议并讲话。江西省政协主席傅克诚出席会议并致辞。卞晋平副秘书长传达去年全国政协文史工作座谈会精神。文史和学习委员会主任陈福今主持会议，郑欣淼、钟起煌、桑结加、崔占福、梁华副主任和各省、自治区、直辖市、副省级市政协分管文史工作的副主席、文史委员会主任、文史委员会办公室主任，各民主党派中央、全国工商联史料或宣传部门的负责同志以及各地政协文史类期刊的负责人共 180 余人参加。

20 日至 23 日

教科文卫体委员会副主任于永湛率

“促进文化大发展大繁荣系列调研之一——关于出版发行体制改革问题”调研组10人在沈阳调研。

20日至28日

人口资源环境委员会“省地节能环保型住宅建设”专题调研组一行15人在辽宁、上海、江苏调研。刘志峰副主任带队，刘泽民、李元副主任参加。

社会和法制委员会“新型农村社会养老保险试点情况”专题组在山东、河南调研。王东进副主任率队。

20日至6月1日

港澳台侨委员会副主任林兆枢率调研组在上海、浙江，就“如何发挥海外侨胞和归侨侨眷优势和作用，扩大对外开放”专题进行调研。

21日

上午，副秘书长、机关党委书记孙怀山主持召开机关八届十九次（扩大）会，传达中央组织部《关于做好部分党员“特殊党费”用于支援抗震救灾工作的通知》，学习并转发中央组织部《关于在抗震救灾中进一步发挥各级党组织战斗堡垒作用、各级领导干部模范带头作用和广大共产党员先锋模范带头作用的通知》。会议要求，机关各基层党组织在全国哀悼日期间，结合实际组织一次特殊党日活动，发动党员交纳“特殊党费”。截至22日，机关党委收到738名党员交纳的“特殊党费”，总计676590元，并于当天全部上交到中央组织部。

下午，全国政协委员抗震救灾捐赠仪式在机关举行。贾庆林主席出席并讲话。王刚副主席出席，钱运录副主席兼秘书长主持捐赠仪式。全国政协常委、大连万达集团董事长王健林代表大连万达集团捐款6000万元人民币。中华慈善总会会长范宝俊、副会长张道诚接受捐赠。孙怀山、卢昌华、仝广成副秘书长，大连市政协主席刘俊文、副主席董长海，大连市慈善总会会长林庆民出席捐赠仪式。

21日至28日

教科文卫体委员会委员、中国工程院副院长邬贺铨率“国家重大科技专项启动情况”专题调研组一行11人在江苏、上海调研。

22日

上午，教科文卫体委员会举行“医学教育改革与基层卫生人才培养”专题报告会，邀请教育部、人力资源和社会保障部、卫生部等有关部委负责同志介绍相关情况。张梅颖副主席出席报告会。教科文卫体委员会张文康副主任主持会议，蒋作君副秘书长及部分医卫界委员、农工党中央医卫委和九三学社北京市委的代表共20多人听取情况介绍并座谈。

下午，孙怀山副秘书长主持召开全国政协办公厅抗震救灾捐赠办公室第一次会议，传达《关于成立全国政协办公厅抗震救灾捐赠办公室的通知》（政全厅发［2008］31号）。孙怀山副秘书长任全国政协办公厅抗震救灾捐赠办公室主任。

23日

上午，贾庆林主席主持召开政协第十一届全国委员会第四次主席会议。主要内容是：一、书面通报全国政协代表团访问罗马尼亚、匈牙利、斯洛文尼亚和克罗地亚的情况；二、听取关于“防止经济增长由偏快转为过热、防止价格由结构性上涨演变为明显通货膨胀，促进国民经济又好又快发展”专题协商会筹备工作情况的汇报；三、审议政协第十一届全国委员会常务委员会第二次会议议程（草案）和日程（草案），并听取前期筹备工作情况的汇报；四、听取全国政协参与抗震救灾工作情况的汇报和进一步做好工作的建议；五、听取中共中央政治局常委、国务院副总理、国务院抗震救灾指挥部副总指挥李克强关于四川汶川大地震灾害情况和抗震救灾情况的通报。贾庆林主席发表重要讲话，与会副主席就抗震救灾和灾后重建工作提出建议。王刚、廖晖、杜青林、白立忱、陈奎元、阿不来提·阿不都热西提、李兆焯、黄孟复、董建华、张梅颖、张榕明副主席，钱运录副主席兼秘书长，孙家正、李金华、郑万通、邓朴方、万钢、林文漪、罗富和、陈宗兴、王志珍副主席出席。杨崇汇、蒋作君、孙怀山、卢昌华、王胜洪、仝广成、陈喜庆、张宝文、马培华、刘晓峰、黄志贤、宋北杉、林智敏副秘书长，各专委会负责人李铁林、李德水、张维庆、徐冠华、张福森、周明甫、陈云林、陈昊苏、毛福民，国务院常务副秘书长尤权，国务院研究室副主任宁吉喆列席。会前，全体与会人员为四川汶川大地震遇难同胞默哀。

晚，全国政协京昆室、民革中央办公厅、国家京剧院在梅兰芳大剧院联合举办全国政协委员张建国演出周首场赈灾义演专场。孙怀山副秘书长出席晚会，并代表主办方将义演票房全部收入现场捐赠中华慈善总会。

23日至28日

教科文卫体委员会委员张景安率“技术创新政策落实情况”专题调研组一行12人在河南调研。

24日

上午，贾庆林主席在人民大会堂会见应国家主席胡锦涛邀请访华的俄罗斯总统梅德韦杰夫。外交部部长杨洁篪，全国政协副秘书长杨崇汇，全国政协常委、中国驻俄罗斯大使刘古昌等出席。

24日至30日

以陈宗兴副主席为团长、张文康常委和蒋作君副秘书长为副团长的全国政协委员视察团一行16人，就“中国新型农村合作医疗制度建设情况”在安徽省合肥、巢湖、芜湖等地进行视察。

以王志珍副主席为团长、佘靖委员为副团长的全国政协委员视察团一行20人，就“中国新型农村合作医疗制度建设情况”在宁夏回族自治区银川、石嘴山、吴忠、中卫、固原等地进行视察。

24日至31日

人口资源环境委员会“主体功能区规划与人口资源环境问题研究”调研组一行14人在青海、新疆开展第一阶段调研。张维庆主任带队，任启兴副主任参加。

26日

下午，外事委员会主任赵启正在机关会见以萨尔瓦多全国协和党议会党团副领袖亚历杭德罗·达戈维托为团长的萨尔瓦多国民议会代表团。该团是应中国人民外交学会邀请访华的。

27日

下午，文史和学习委员会在机关举办在京全国政协委员学习报告会。文史和学习委员会副主任、文化部副部长兼故宫博物院院长郑欣淼作《关于故宫与故宫博物院》的报告。文史和学习委员会副主任毛福民主持报告会。文史和学习委员会主任陈福今，北京市政协主席阳安江，孙怀山副秘书长，在京全国政协委员和应邀参加的北京市政协委员300多人出席报告会。

27日至6月2日

外事委员会“跨境经济合作区建设情况”调研组在云南调研，外事委员会委员魏建国带队。

28日

上午，贾庆林主席在人民大会堂会见应国家主席胡锦涛邀请访华的韩国总统李明博。杨崇汇副秘书长出席。

28日至6月1日

以阿不来提·阿不都热西提副主席为顾问，刘江、柴松岳、孙永福副主任为组长的经济委员会“统筹城乡发展，促进形成城乡经济社会发展一体化新格局”专题组一行 19 人，在吉林调研。

28 日至 6 月 6 日

民族和宗教委员会副主任仲兆隆率“当前风景名胜区宗教场所管理情况”调研组一行 16 人在河南、湖北调研。

29 日

上午，提案委员会在机关就“关于加大林业产业财政与税费政策支持力度的提案”召开提案办理协商会。王瑞祥副主任主持会议，部分提案委员会委员、提案党派九三学社中央有关负责同志，以及提案承办单位财政部、国家林业局、中国保监会、中国银监会的有关负责同志等参加。

上午，人口资源环境委员会召开座谈会，围绕地震灾区灾后重建工作出谋划策，江泽慧副主任主持，部分企业界委员参加。

6 月

2 日

上午，贾庆林主席在钓鱼台国宾馆会见应中共中央总书记胡锦涛邀请访华的越共中央总书记农德孟。王胜洪副秘书长出席。

下午，机关举行 2008 年系列学习讲座第二讲。国家保密技术研究所所长杜虹应邀作题为“增强信息安全保密意识，严格执行安全保密制度”的辅导讲座。全广成副秘书长主持并讲话。300 多名机关干部参加学习讲座。

2 日至 3 日

全国政协研究室工作情况暨年鉴工作会议在杭州召开。杨崇汇、林智敏副秘书长以及浙江省政协主席周国富、副主席兼秘书长黄旭明出席。全国各省、自治区、直辖市及副省级市政协研究室负责同志参加。

3 日

上午，经济委员会举办“‘双防’专题协商会地方和企业代表座谈会”。钱运录副主席兼秘书长，经济委员会主任张左己，全广成副秘书长出席。经济委员会副主任李德水主持会议，辽宁省、天津市、内蒙古自治区、福建省、湖南省发改委及政协经济委员会有关负责同志围绕落实国家宏观调控政策，实现“双防”目标等问题发言，部分委员及国家发改委有关司局负责同志参加会议。

3 日至 6 日

阿不来提·阿不都热西提副主席率民族和宗教委员会“当前风景名胜区宗教场所管理情况”调研组在湖北省调研。仲兆隆副主任参加。

5 日

下午，贾庆林主席在钓鱼台国宾馆会见宴请应全国人大常委会委员长吴邦国邀请访华的匈牙利国会主席卡塔林·西利。钱运录副主席兼秘书长、王胜洪副秘书长出席。

9 日至 12 日

经济委员会主任张左己、副主任李德水率“当前的金融改革开放与发展”专题组在上海市就金融开放与安全问题进行调研。

9 日至 16 日

以厉无畏副主席为团长，修福金、刘亦铭常委为副团长的全国政协委员视察团一行 27 人，就“台商在大陆发展现状”在福建省视察。

10 日

下午，贾庆林主席在人民大会堂会见应外交学会邀请访华的德国前总理施罗德。王胜洪副秘书长出席。

10 日至 14 日

人口资源环境委员会“主体功能区规划与人口资源环境问题研究”调研组一行

13人，在河南、湖北开展第二阶段调研。张维庆主任带队，任启兴副主任参加。

10日至14日

教科文卫体委员会副主任赵沁平、全国政协委员钟秉林率教育组部分委员就“义务教育均衡发展问题”在浙江省调研。

10日至17日

张梅颖副主席带队，蒋作君副秘书长、张大宁副主任为组长的教科文卫体委员会“医学教育改革与基层卫生人才培养”专题组一行21人，在上海市、河北省调研。

10日至17日

人口资源环境委员会“流动人口计划生育服务管理体制创新研究”专题调研组在广东、浙江调研。李金明副主任带队。

10日至17日

社会和法制委员会副主任赵少华、江蓝生率“婚姻家庭中的人身权利保护”专题组在湖南、浙江调研。

10日至20日

提案委员会“关于实施和完善《劳动合同法》”重点提案调研组在浙江、广西调研。

11日至17日

教科文卫体委员会委员张景安率“技术创新政策落实情况”专题组一行10人在辽宁省调研。

12日

下午，郑万通副主席在机关会见香港“清华大学明日领袖国情教育培训计划2008”学员访问团一行140人。杨崇汇副秘书长出席。

12日至18日

教科文卫体委员会主任徐冠华、委员邬贺铨率“国家重大科技专项启动情况”专题组一行13人在广东省调研。

13日

上午，中共中央、国务院在人民大会堂召开省区市和中央部门主要负责同志会议。中共中央政治局常委、全国政协主席贾庆林，中共中央政治局委员、全国政协副主席王刚，廖晖、杜青林、白立忱、陈奎元、阿不来提·阿不都热西提、李兆焯、黄孟复、董建华、张梅颖、张榕明副主席，钱运录副主席兼秘书长，孙家正、李金华、郑万通、邓朴方、林文漪、厉无畏、罗富和、陈宗兴、王志珍副主席，全国政协机关党组书记、副秘书长杨崇汇，全国政协各专门委员会主任李铁林、张左己、张维庆、徐冠华、张福森、田聪明、赵启正、陈福今出席。

下午，钱运录副主席兼秘书长主持召开机关处级以上干部大会，传达学习省区市和中央部门主要负责同志会议精神。机关党组书记、副秘书长杨崇汇传达胡锦涛总书记、温家宝总理的重要讲话。钱运录副主席兼秘书长强调指出，全国政协机关要认真学习领会胡锦涛总书记、温家宝总理的重要讲话，把思想统一到中央的部署和要求上来。要紧密结合政协工作实际，贯彻好中央会议精神。要认真学习和大力弘扬抗震救灾的伟大精神，切实加强机关思想作风建设，不断提高政协机关的工作质量和服务水平。孙怀山、卞晋平、卢昌华、王胜洪、仝广成、林智敏副秘书长、全国政协常委李昌鉴出席，机关局处级干部参加会议。

15日至25日

教科文卫体委员会副主任张文康一行17人就“农村卫生问题”在云南省调研。

16日至25日

以孙家正副主席为团长、覃志刚常委为副团长的全国政协委员视察团一行23人，就“和谐社区建设”情况在山东省视察。

17日

上午，十一届全国政协第一期委员学

习研讨班在京举办。贾庆林主席出席开班仪式并讲话。王刚副主席主持开班仪式。钱运录副主席兼秘书长，文史和学习委员会主任陈福今，杨崇汇、卞晋平、仝广成副秘书长，文史和学习委员会副主任毛福民、崔占福出席。本期学习研讨班为期4天，共有296名全国政协委员参加。

上午，贾庆林主席、王刚副主席、钱运录副主席兼秘书长在政协礼堂参观由文史和学习委员会等单位主办的《盛世华光——摹本壁画展》。文史和学习委员会主任陈福今，杨崇汇、卞晋平、仝广成副秘书长陪同。

17日至27日

民族和宗教委员会副主任周明甫率“发挥宗教界人士和信教群众在促进经济社会发展中的积极作用”调研组一行16人在浙江、广东调研。傅先伟副主任参加。

18日

下午，贾庆林主席在人民大会堂会见老挝人民革命党总书记、国家主席朱马里·赛雅颂。杨崇汇、王胜洪副秘书长参加会见。

上午，提案委员会在机关就“关于促进留学归国人员归国创业问题的提案”召开提案办理协商会。王占副主任主持会议，邵鸿副主任、部分提案委员会委员、提案党派九三学社中央、全国工商联有关负责同志以及提案承办单位国家发改委、教育部、科技部、公安部、财政部、人力资源和社会保障部、中国人民银行、中国银监会、中国证监会有关负责同志等参加。

20日

全天，贾庆林主席在京考察北京奥运会、残奥会竞赛场馆建设与运行情况。王刚副主席、钱运录副主席兼秘书长、郑万通副主席，教科文卫体委员会主任徐冠华，杨崇汇、蒋作君、仝广成副秘书长陪同考察。

上午，林文漪副主席率领教科文卫体委员会“技术创新政策落实情况”专题调研组在中关村科技园区海淀园考察调研。栾恩杰、杨胜群副主任及部分在京科技界、科协界、经济界委员等40人参加。

21日

下午，贾庆林主席在人民大会堂会见来京出席亚欧议会伙伴会议的泰国上议院议长巴索素。杨崇汇、王胜洪副秘书长，外交部副部长、全国政协外事委员会副主任武大伟等参加。

22日至27日

应贾庆林主席邀请，罗马尼亚参议院议长沃克罗尤率团对我国进行友好访问。吴邦国委员长、贾庆林主席分别在人民大会堂会见并宴请沃克罗尤议长。钱运录副主席兼秘书长，人口资源环境委员会主任张维庆、外事委员会主任赵启正，北京市政协主席阳安江，全国政协常委、民进中央副主席冯骥才，王胜洪副秘书长，外交部副部长、全国政协外事委员会副主任武大伟，外交部部长助理吴红波等参加机关活动。

22日至29日

文史和学习委员会“大运河保护与申遗”调研组分赴浙江、江苏、山东进行跟踪调研。陈奎元副主席任总团长。卞晋平副秘书长，范钦臣、桑结加、崔占福副主任分别任各组组长。

23日

上午，贾庆林主席，王刚、杜青林、张榕明副主席，钱运录副主席兼秘书长，郑万通、万钢、王志珍副主席在人民大会堂出席两院院士大会开幕会。胡锦涛总书记发表重要讲话。徐匡迪同志主持开幕会。

23日至24日

中国经社理事会与欧盟经社委员会圆

桌会议第三次会议在北京召开。中国经社理事会主席王忠禹出席开幕式并致词，副主席张俊九、秘书长王胜洪等出席。此次会议主题为“中欧贸易投资”和“企业社会责任”。

23日至29日

社会和法制委员会“改革和完善司法经费保障体制”专题调研组在江苏省调研。孙明山副主任带队。

24日

全天，全国政协在政协礼堂召开专题协商会，围绕“防止经济增长由偏快转为过热、防止价格由结构性上涨演变为明显通货膨胀，促进国民经济又好又快发展”问题建言献策。中共中央政治局常委、全国政协主席贾庆林出席并讲话。他强调，各级政协组织和广大政协委员要切实把思想认识统一到中央对当前形势的科学分析和准确判断上来，统一到中央关于加强和改善宏观调控的重要决策部署上来，统一到中央对下半年工作的总体要求上来，始终把围绕中心、服务大局作为根本原则，始终把促进发展作为第一要务，始终把增进团结、凝聚力量作为义不容辞的责任，认真履行职能，做好本职工作，为推进科学发展、社会和谐贡献力量。

中共中央政治局常委、国务院副总理李克强到会听取委员建议并讲话。他说，政协委员人才荟萃，是支持科学民主决策的重要力量。新时期以来，人民政协不断创新参政议政方式，深入调查研究，积极建言献策，在推动国家各项事业发展中发挥了重要作用。这次专题协商会围绕经济发展中的一些重大问题，就加强和改善宏观调控提出了许多有见解、有分量的意见和建议。李克强介绍了当前经济运行以及完善能源价格形成机制的有关情况。

中共中央政治局委员、全国政协副主席王刚，全国政协副主席、民盟中央第一副主席张梅颖分别主持专题协商会。杜青林、阿不来提·阿不都热西提、黄孟复、张榕明副主席，钱运录副主席兼秘书长，郑万通副主席出席会议。

经济委员会主任张左己汇报专题协商会的筹备情况，国家发展和改革委员会副主任张国宝、国家统计局副局长谢鸿光分别介绍有关实现“双防”宏观调控目标措施的执行情况以及上半年国民经济运行情况。经济委员会副主任厉以宁、李德水、张志刚、郑新立，经济委员会委员宁高宁、刘遵义、许善达、苏宁、张国宝，民盟中央经济委员会副主任谢卫、民建中央经济委员会主任方兆本、台盟中央常委李钺峰、全国工商联副主席孙晓华等13位委员在协商会上发言。财政部副部长丁学东、商务部副部长傅自应、中国人民银行副行长易纲针对委员提出的建议作交流发言。

中共中央办公厅、国务院办公厅、国家发改委、工业和信息化部、财政部、国土资源部、环境保护部、住房和城乡建设部、农业部、商务部、中国人民银行、海关总署、国家税务总局、国家统计局、国务院研究室、国务院发展研究中心、中国银行业监督管理委员会、中国证券业监督管理委员会的负责同志，全国政协各专门委员会负责人李铁林、张维庆、栾恩杰、张福森、拉巴平措、安民、陈昊苏、陈福今，副秘书长杨崇汇、蒋作君、孙怀山、潘贵玉、卢昌华、仝广成、修福金、张宝文、马培华、王钦敏、宋北杉、林智敏，经济委员会副主任王众孚、孙晓郁、范西成、郭廷标，有关委员和专家学者，各民主党派中央、全国工商联的有关负责同志，无党派人士及地方政协的代表共100余人出席。

25日

上午，贾庆林主席在人民大会堂会见

应国家主席胡锦涛邀请访华的希腊总统卡罗洛斯·帕普利亚斯。杨崇汇、王胜洪副秘书长等参加。

中午，港澳台侨委员会副主任林兆枢在机关会见并宴请菲律宾菲华各界联合会访华团一行 44 人。

25 日至 26 日

中共中央政治局委员、全国政协副主席王刚，全国政协副主席兼秘书长钱运录赴四川绵阳、德阳、成都等地，看望慰问灾区干部群众，实地考察抗震救灾和恢复重建工作。随同看望慰问和考察的有：经济委员会主任张左己，人口资源环境委员会主任张维庆，教科文卫体委员会主任徐冠华，社会和法制委员会主任张福森，仝广成副秘书长，全国政协委员、招商银行股份有限公司董事、行长兼首席执行官马蔚华，全国政协委员、中国农业发展银行行长郑晖，全国政协委员、中国光大（集团）总公司董事长、中国光大银行董事长唐双宁。

25 日至 29 日

以张梅颖副主席为顾问，厉以宁、王钦敏、颜延龄副主任为组长的经济委员会“统筹城乡发展，促进形成城乡经济社会发展一体化新格局”专题组一行，在重庆就产业布局和劳动就业一体化有关情况进行调研。

27 日

上午，钱运录副主席兼秘书长主持召开政协第十一届全国委员会第四次秘书长办公会议。主要议题是：一、听取政协十一届常委会第二次会议筹备情况的汇报；二、研究全国政协办公厅贯彻落实《关于进一步加强因公出国（境）管理工作的若干规定》的意见（稿）；三、研究关于进一步加强全国政协机关安全保卫工作的意见（稿）；四、研究全国政协办公厅工作信息网上网信息管理办法（草案）。杨崇汇、蒋作君、孙怀山、卢昌华、王胜洪、仝广成、林智敏副秘书长出席，办公厅研究室和各局级单位负责人列席。

27 日至 29 日

以经济委员会副主任董文标、胡德平、李德水任组长的“当前金融改革开放与发展”专题组就农村金融体系创新问题在大连市研讨。

30 日

上午，教科文卫体委员会召开“同心协力迎奥运——全国政协委员迎接 2008 年北京奥运会座谈会”。王刚副主席出席座谈会并讲话。他强调，各级政协组织和广大政协委员要切实把迎接奥运、参与奥运、奉献奥运作为一项光荣使命，不断增强为祖国争光、为奥运添彩的主人翁意识，积极参与北京奥运会和残奥会筹办最后阶段各项工作，努力为举办一届有特色、高水平的奥运会贡献力量。钱运录副主席兼秘书长，杨崇汇、蒋作君副秘书长，教科文卫体委员会副主任江绍高、胡家燕，国家体育总局副局长崔大林，北京奥组委执行副主席蒋效愚，中国奥委会名誉主席、国际奥委会委员何振梁，中国奥委会副主席张发强等出席座谈会。教科文卫体委员会主任徐冠华主持会议。教科文卫体委员会部分委员，部分体育界全国政协委员，部分往届委员，国家体育总局、北京奥组委等有关部门负责人，北京市政协委员及相关委员会负责人，北京市有关区县体育局负责人近 100 人参加会议。

晚，全国政协京昆室、机关工会和中国文史出版社联合举办以“唱响民族戏曲，喜迎奥运盛会”为主题的联谊会。全国人大常委会副委员长、民革中央主席、全国政协京昆室主任周铁农，全国政协副主席郑万通，全国政协副秘书长孙怀山、修福金等出席。

7月

1日

下午，钱运录副主席兼秘书长出席人民政协报社抗震救灾宣传报道先进个人表彰大会和报社部门以上干部座谈会并讲话，对加强新闻宣传、职工队伍建设和领导班子建设、搞好经营管理等工作提出要求。机关党组书记、副秘书长杨崇汇陪同出席并在表彰大会上讲话。卞晋平副秘书长陪同出席。

下午，人口资源环境委员会召开第二次主任会议，通报委员会近期工作情况；审议十一届全国政协人口资源环境委员会工作规则（讨论稿）；审议十一届全国政协人口资源环境委员会五年工作规划（讨论稿）。张维庆主任主持。王广宪、王玉庆、任启兴、刘志峰、江泽慧、汪啸风、张黎、秦大河副主任出席。

上午，教科文卫体委员会副主任张文康一行18人就“农村卫生工作”在北京市大兴区调研。

2日

上午，政协第十一届全国委员会常务委员会第二次会议开幕会在政协会议楼常委会议厅举行。贾庆林主席主持。会议议题：一、审议通过政协第十一届全国委员会常务委员会第二次会议议程；二、听取中共中央政治局委员、国务院副总理张德江关于当前国有企业改革、就业再就业和社会保障体系建设情况的报告。王刚、廖晖、白立忱、陈奎元、阿不来提·阿不都热西提、李兆焯、黄孟复、董建华、张梅颖、张榕明副主席，钱运录副主席兼秘书长，孙家正、李金华、郑万通、万钢、林文漪、厉无畏、罗富和、陈宗兴、王志珍副主席和常委共292人出席。中共中央办公厅、国务院办公厅、中共中央宣传部、国家发展和改革委员会、教育部、民政部、财政部、人力资源和社会保障部、环境保护部、农业部、文化部、卫生部、人民银行、国有资产监督管理委员会、税务总局、广电总局、新闻出版总署、国务院研究室的负责同志，不是常委的地方政协主席、全国政协副秘书长、各专门委员会负责人、中央统战部副部长、中央社会主义学院常务副院长列席。

下午，外事委员会召开主任扩大会议，研究下半年工作安排及2009年工作设想。赵启正主任主持，万学远、马秀红、陈昊苏、武大伟、赵进军、韩方明副主任，刘古昌常委，裘援平委员等出席。

3日

全天，政协第十一届全国委员会常务委员会第二次会议进行专题分组讨论。主要内容：一、加快财税、金融等体制改革，完善宏观调控体系；二、深化文化体制改革，推动文化大发展大繁荣；三、拓展对外开放广度和深度，提高开放型经济水平；四、发挥港澳台侨人士优势和作用，扩大对外开放；五、扩大就业，深化收入分配制度改革；六、加快建立社会保障体系，完善社会管理；七、优先发展教育和建立基本医疗卫生制度。

贾庆林主席，王刚、白立忱、陈奎元、阿不来提·阿不都热西提、李兆焯、黄孟复、董建华、张梅颖、张榕明副主席，钱运录副主席兼秘书长，孙家正、李金华、郑万通、万钢、林文漪、厉无畏、罗富和、陈宗兴、王志珍副主席分别参加各专题组的讨论。中共中央、国务院共26个部门和单位负责人列席各专题组的讨论。

上午，文史和学习委员会在机关召开第二次主任会议，总结委员会上半年的工作，研究部署下半年工作。陈福今主任主持会议，毛福民、计佑铭、冯骥才、范钦臣、施子清、桑结加、崔占福副主任，张健、高俊良常委出席。

中午，教科文卫体委员会召开主任会议，审议通过《十一届全国政协教科文卫体委员会工作规则（试行）》；总结上半年工作并研究部署下半年工作。徐冠华主任主持，于永湛、方兆祥、江绍高、杨胜群、张大宁、张文康、胡家燕、栾恩杰、高敬德、覃志刚副主任等出席。

4 日

上午，政协第十一届全国委员会常务委员会第二次会议举行第二次全体会议，进行大会发言。贾庆林主席出席。黄孟复副主席主持。张帆、李卓彬、马培华、修福金、郑小燕、杨健、黄代放、艾努瓦尔、张文康、赵启正、汪啸风、陈佐洱常委，陶武先、于永湛、王东进、魏建国委员在会上作了发言。王刚、杜青林、白立忱、阿不来提·阿不都热西提、李兆焯、董建华、张梅颖、张榕明副主席，钱运录副主席兼秘书长，孙家正、李金华、郑万通、万钢、林文漪、厉无畏、罗富和、陈宗兴、王志珍副主席和常委共 271 人出席。国务院办公厅、国家发展和改革委员会、教育部、民政部、财政部、人力资源和社会保障部、环境保护部、农业部、文化部、卫生部、人民银行、税务总局、广电总局、新闻出版总署、全国总工会的负责同志，不是常委的地方政协主席、全国政协副秘书长、各专门委员会负责人列席。

下午，贾庆林主席主持召开政协第十一届全国委员会第五次主席会议。主要内容是：听取政协第十一届全国委员会常务委员会第二次会议各专题组讨论情况的汇报。王刚、杜青林、白立忱、陈奎元、阿不来提·阿不都热西提、李兆焯、黄孟复、董建华、张梅颖、张榕明副主席，钱运录副主席兼秘书长，孙家正、李金华、郑万通、万钢、林文漪、厉无畏、罗富和、陈宗兴、王志珍副主席出席。杨崇汇、蒋作君、孙怀山、潘贵玉、陈抗甫、卞晋平、卢昌华、王胜洪、仝广成、修福金、马培华、刘晓峰、王钦敏、黄志贤、宋北杉、林智敏副秘书长，政协第十一届全国委员会常务委员会第二次会议各专题组召集人厉以宁、覃志刚、赵启正、林兆枢、张俊九、张福森、徐冠华，各专委会负责人李铁林、张左己、张维庆、王东进、万学远、陈福今列席。

5 日

上午，政协第十一届全国委员会常务委员会第二次会议举行闭幕会。贾庆林主席作重要讲话，王刚副主席主持。杜青林、白立忱、陈奎元、阿不来提·阿不都热西提、李兆焯、黄孟复、董建华、张梅颖、张榕明副主席，钱运录副主席兼秘书长，孙家正、李金华、郑万通、邓朴方、万钢、林文漪、厉无畏、罗富和、陈宗兴、王志珍副主席和常委共 277 人出席。国务院办公厅，中共中央宣传部、全国总工会，国家发展和改革委员会、教育部、财政部、人力资源和社会保障部、环境保护部、农业部、文化部、卫生部、人民银行、税务总局、广电总局、新闻出版总署的负责同志，不是常委的地方政协主席、全国政协副秘书长、各专门委员会负责人、中央统战部副部长列席。

下午，政协第十一届全国委员会常务委员会举办第一次学习讲座。贾庆林主席主持讲座并作重要讲话。北京奥组委执行副主席蒋效愚、中国藏学研究中心总干事拉巴平措分别作《奥林匹克运动及其人文精神》和《“西藏问题”的历史由来和现状》的专题报告。王刚、白立忱、陈奎元、阿不来提·阿不都热西提、李兆焯、黄孟复、张梅颖、张榕明副主席，钱运录副主席兼秘书长，孙家正、李金华、郑万通、万钢、罗富和、陈宗兴、王志珍副主席出席学习讲座。

7日

下午，机关举行2008年系列学习讲座第三讲。外交部副部长、外事委员会副主任武大伟应邀作国际形势报告。王胜洪副秘书长主持并讲话，机关干部300余人参加。

7日至16日

“推进云南省新三年兴边富民工程”专题组在云南调研。白立忱副主席，经济委员会副主任张志刚、孙晓郁、范西成，民族和宗教委员会副主任周明甫，部分全国政协常委、国务院有关部委司局负责同志参加调研。

7日至17日

提案委员会就“关于大小兴安岭生态建设和保护的提案”，赴内蒙古自治区和黑龙江省进行重点提案调研。提案委员会副主任王占任调研组组长，提案委员会副主任王瑞祥、毛林坤、国家林业局副局长印红任调研组副组长，部分提案委员会委员、相关提案人，农工党中央以及国家发改委、财政部、国家林业局的有关人员参加调研活动。

9日至15日

以林文漪副主席为团长，韦建桦、黄志贤常委、赵维绥委员为副团长的全国政协赴山西省视察团一行19人，就“深化文化体制改革”在太原、临汾、运城等市县视察。

9日至13日

由中国科协组织，全国政协常委、教科文卫体委员会委员齐让率领的科协界委员调研考察组一行9人，就“全民科学素质行动计划纲要落实情况”在辽宁省调研考察。

10日

钱运录副主席兼秘书长出席朝鲜驻华大使崔镇洙在朝鲜驻华使馆举行的《中朝友好合作互助条约》签订47周年纪念宴会。

13日至18日

应贾庆林主席邀请，几内亚国民议会议长松帕雷一行6人来华访问。吴邦国委员长会见松帕雷议长。贾庆林主席会见并宴请松帕雷议长。王胜洪副秘书长陪同松帕雷议长访问河南、广东。

13日至20日

教科文卫体委员会“国家重大科技专项启动情况”专题调研组一行11人在陕西调研。教科文卫体委员会委员、中国工程院副院长邬贺铨率队。

14日至18日

以张梅颖副主席为顾问、蒋作君副秘书长为组长的教科文卫体委员会“医学教育改革与基层卫生人才培养”专题组一行12人，在黑龙江省调研。国家发展改革委、卫生部等有关负责同志应邀参加。

社会和法制委员会“志愿服务与和谐社会建设”专题组一行9人在青海考察。王东进副主任带队。

15日

钱运录副主席兼秘书长在深圳向港澳地区全国政协委员传达全国政协十一届第二次常委会议精神，并向获得香港特别行政区颁奖授勋的部分港区全国政协委员颁发全国政协办公厅的贺信。中央驻港联络办副主任王凤超、黎桂康，中央驻澳联络办主任白志健，广东省政协副主席梁国聚、深圳市政协主席王顺生出席。杨崇汇副秘书长主持。

15日

上午，提案委员会在机关就“关于加强中国特色养老保障体系建设的提案”召开提案办理协商会。步正发副主任主持，部分提案委员会委员、提案人、九三学社中央以及民政部、财政部、人力资源和社会保障部、中国老龄协会等有关部门负责同志参加。

15日至20日

外事委员会“跨境经济合作区建设情况”调研组在黑龙江调研。万学远副主任带队，吴玉谦常委等参加。

16日

厉无畏副主席在陕西西安出席“纪念屈武同志诞辰110周年”座谈会。

20日

经济委员会、九三学社中央和辽宁省政协主办的“辽宁沿海经济带政协论坛”在大连举行。论坛主题是“辽宁沿海经济带开发与开放：创新·提升”。全国人大常委会副委员长、九三学社中央主席韩启德，全国政协副主席白立忱出席论坛并分别作主旨演讲和讲话。经济委员会主任张左己、九三学社中央副主席赖明、辽宁省政协主席骆琳分别主持论坛。经济委员会、九三学社中央、国家发展改革委、商务部、工业与信息部、交通运输部、国土资源部、住房和城乡建设部、环保部、海关总署、国务院研究室、国家海洋局有关负责同志，中国科学院和中国城市规划设计研究院有关专家学者，辽宁省委书记张文岳、省长陈政高及辽宁省沿海各市和有关部门的代表出席论坛。

21日至23日

贾庆林主席在天津调研。他强调，要全面贯彻党的十七大精神，做好统一战线和人民政协工作，更好发挥天津滨海新区在改革开放和自主创新中的重要作用，推动经济社会又好又快发展。作为北京奥运会协办城市之一，天津要坚持安全第一、服务至上，以一流的设施、一流的管理、一流的服务，确保协办奥运工作取得圆满成功。王刚副主席、钱运录副主席兼秘书长、郑万通副主席、徐匡迪同志，外事委员会主任赵启正，经济委员会副主任孙永福、孙晓郁，卢昌华、仝广成副秘书长陪同调研。

21日下午，贾庆林主席一行乘坐京津城际快速列车到达天津。在天津调研期间，贾庆林主席专程看望天津市统战和政协系统干部。

21日至8月1日

卞晋平副秘书长率文史和学习委员会文化遗产考察团访问澳大利亚、新西兰。

22日至31日

外事委员会国际问题调研小组一行14人就“在华‘三非’外国人管理问题”在上海、浙江调研。外事委员会副主任武大伟带队，赵进军副主任、贾庆国常委等参加。

24日

人口资源环境委员会主任张维庆在机关主持召开“三江源生态补偿机制”座谈会。钱运录副主席兼秘书长，杨崇汇、林智敏副秘书长，人口资源环境委员会副主任秦大河等出席。钱运录副主席兼秘书长强调指出，贾庆林主席高度重视三江源生态环境保护和建设工作，希望人资环委充分发挥专家和委员的作用，为三江源生态补偿试验区建设“建有据之言，献务实之策”。国家发展和改革委员会、财政部、环境保护部、农业部和国家林业局有关负责同志向委员介绍了建立健全三江源生态补偿机制的有关情况并与委员座谈。

25日至8月1日

经济委员会“加入WTO新时期对外开放发展战略”专题组在江苏、福建调研。张左己主任、张志刚副主任等参加。

28日至8月1日

民族和宗教委员会副主任赵金铎率“推动西藏自治区和有关省份藏区经济发展和稳定”调研组在云南调研。

29日

上午，海南国际旅游岛建设专题调研

情况通报会在政协礼堂召开。孙家正副主席出席并讲话。他指出，海南搞好国际旅游岛建设，有利于发挥其丰富独特的旅游资源优势，进一步推进改革开放和现代化建设。要发挥人民政协的优势，积极为改革开放和体制机制创新建言献策。海南省副省长陈成作关于海南国际旅游岛建设专题情况介绍。人口资源环境委员会主任张维庆、海南省政协主席钟文、国家旅游局副局长王志发、海关总署副署长孙松璞、文化部部长助理丁伟、国家文物局副局长张柏，以及商务部、国家税务总局的有关负责同志发言。杨崇汇副秘书长，人口资源环境委员会副主任王广宪、汪啸风，全国政协常委李昌鉴，海南省政协副主席张海国出席。林智敏副秘书长主持。部分全国政协委员，国务院办公厅、外交部、国家发展改革委、公安部、财政部，海南省政府、省政协有关部门的负责同志参加。

30日

上午，政协全国委员会向不再连任的在京十届全国政协常委颁发纪念牌仪式在政协礼堂举行。贾庆林主席出席并为不再连任的在京十届全国政协常委颁发纪念牌。王刚副主席讲话，钱运录副主席兼秘书长主持。王蒙同志代表不再连任的在京十届全国政协常委致辞。杜青林副主席，杨崇汇、蒋作君、卢昌华、王胜洪、仝广成、林智敏副秘书长，不再连任的在京十届全国政协常委出席。仪式结束后，贾庆林主席宴请与会人员。

31日

上午，人口资源环境委员会副主任秦大河在机关主持召开“三江源生态保护试验区”研讨会。人口资源环境委员会副主任王玉庆和部分委员及中国科学院有关专家等出席会议。

上午，副秘书长、机关党委书记孙怀山主持召开机关党委第二十一次（扩大）会议，学习胡锦涛总书记在中央政治局第七次集体学习时的讲话；研究关于筹备召开全国政协机关第九次党员代表大会有关事宜。王胜洪副秘书长出席。

8月

1日

上午，提案委员会在机关就“关于完善政府支撑服务体系，促进我国中小企业发展的提案”召开提案办理协商会。孙淦副主任主持。王显政副主任，全国政协委员、水利部副部长胡四一，部分提案委员会委员、提案人、民进中央以及国家发展和改革委员会、财政部、国土资源部、商务部、中国银监会等有关部门负责同志参加。

4日

上午，贾庆林主席在北京市考察工作，强调要认真贯彻落实胡锦涛总书记的重要指示精神，全力以赴做好奥运筹办和赛时运行各项工作，巩固奥运筹办成果，促进首都经济社会又好又快发展。王刚副主席、钱运录副主席兼秘书长，杨崇汇、王胜洪、仝广成副秘书长陪同考察。

5日

下午，贾庆林主席在机关会见美国知名华人律师莫虎夫妇一行。社会和法制委员会主任张福森、港澳台侨委员会副主任林兆枢，仝广成副秘书长陪同会见。

6日

上午，机关党组理论学习中心组举行学习研讨会交流总结会。贾庆林主席、王刚副主席出席会议，听取交流发言和关于学习研讨情况的总结汇报并发表讲话。钱运录副主席兼秘书长主持。机关党组书记、副秘书长杨崇汇作专题学习研讨总结和情况汇报。蒋作君、卞晋平、卢昌华、王胜洪、仝广成、林智敏副秘书长，全国政协常委、中国人民政协理论研究会副会长李昌鉴，机关各局室主要负责人参加交流总结会。

7日

上午，贾庆林主席在人民大会堂会见应北京市政府邀请来京出席奥运会开幕式的以色列前驻华大使、北京市荣誉市民南月明。北京市市长郭金龙、全国政协副秘书长王胜洪参加。

上午，贾庆林主席在人民大会堂会见西班牙伊莎集团总裁托尔达诺父子。王胜洪副秘书长，外交部副部长、外事委员会副主任武大伟参加。

下午，贾庆林主席在人民大会堂会见来京出席奥运会开幕式的墨西哥前总统塞迪略。王胜洪副秘书长参加。

下午，贾庆林主席在人民大会堂会见来京出席奥运会开幕式的越南国家主席阮明哲。杨崇汇、王胜洪副秘书长，外交部副部长、外事委员会副主任武大伟参加。

8日

上午，贾庆林主席在京会见出席奥运会开幕式的华侨华人代表。港澳台侨委员会副主任林兆枢陪同。

下午，贾庆林主席在人民大会堂会见来京出席奥运会开幕式的泰国总理沙玛。杨崇汇、王胜洪副秘书长，外交部副部长、外事委员会副主任武大伟参加。

晚，第29届奥林匹克运动会开幕式在国家体育场举行。贾庆林主席，王刚副主席，李瑞环同志，杜青林、白立忱、陈奎元、阿不来提·阿不都热西提、李兆焯、黄孟复、董建华、张梅颖、张榕明副主席，钱运录副主席兼秘书长，孙家正、李金华、郑万通、邓朴方、万钢、林文漪、罗富和、陈宗兴、王志珍副主席，宋健、胡启立、陈锦华、毛致用、王文元、王忠禹、李贵鲜、罗豪才、张克辉、郝建秀、徐匡迪、张怀西、李蒙等同志出席。

9日

上午，贾庆林主席在人民大会堂分别会见来京出席奥运会开幕式的日本支持北京奥运会议员联盟代表团、印尼前总统梅加瓦蒂、塞浦路斯前总统帕帕多普洛斯。王胜洪副秘书长，外交部副部长、外事委员会副主任武大伟参加。

11日

上午，贾庆林主席会见来京出席奥运会开幕式的柬埔寨太皇西哈努克。杨崇汇、王胜洪副秘书长，外交部副部长、外事委员会副主任武大伟参加。

15日

上午，人口资源环境委员会主任张维庆在机关主持召开“主体功能区规划与人口资源环境问题研究”专题调研总结研讨会。陈奎元副主席出席并讲话。国家发展和改革委员会、国土资源部、环境保护部的有关负责同志参加会议。

16日

下午，贾庆林主席在人民大会堂会见应邀访华的韩国超党派国会议员代表团。

17日

上午，社会和法制委员会就《国家汶川地震灾后恢复重建总体规划（公开征求意见稿）》召开座谈会。王东进副主任主持，孙明山、赵少华副主任出席。

下午，教科文卫体委员会就《国家汶川地震灾后恢复重建总体规划（公开征求意见稿）》召开座谈会。徐冠华主任主持，蒋作君副秘书长，于永湛、江绍高、栾恩杰副主任及部分委员出席。

20日

上午，经济委员会“加入WTO新时期对外开放发展战略”专题组在机关举行座谈会。商务部副部长易小准应邀到会介绍世界贸易组织本轮多哈回合谈判的有关情况。张志刚副主任主持会议，孙晓郁、范西成副主任等参加。

21 日

下午，钱运录副主席兼秘书长主持召开政协第十一届全国委员会第五次秘书长办公会议。主要议题：一、审议政协第十一届全国委员会常务委员会第三次会议议程（草案）和日程（草案）；二、研究《全国政协机关文件材料归档范围和文书档案保管期限规定（暂行）（稿）》；三、研究《关于支持中国人民政协理论研究会工作和自身建设若干问题的意见（稿）》；四、听取关于2008年9月至10月机关干部教育培训工作方案和具体安排的汇报。杨崇汇、蒋作君、卞晋平、卢昌华、王胜洪、仝广成、林智敏副秘书长出席，办公厅研究室和各局级单位负责人列席。

22 日

上午，钱运录副主席兼秘书长主持召开政协第十一届全国委员会第四次秘书长会议。主要议题：一、审议政协第十一届全国委员会常务委员会第三次会议议程（草案）和日程（草案）；二、通报办公厅近期主要工作。杨崇汇、蒋作君、陈抗甫、卞晋平、卢昌华、王胜洪、仝广成、张宝文、刘晓峰、王钦敏、黄志贤、宋北杉、林智敏副秘书长出席，政协十一届第三次常委会议各工作组负责人列席。

24 日

晚，第29届奥林匹克运动会闭幕式在国家体育场举行。贾庆林主席，王刚、杜青林、白立忱、阿不来提·阿不都热西提、李兆焯、黄孟复、董建华、张梅颖、张榕明副主席，钱运录副主席兼秘书长，孙家正、李金华、郑万通、邓朴方、万钢、罗富和、陈宗兴、王志珍副主席，胡启立、陈锦华、罗豪才、张克辉、张怀西、李蒙等同志出席。

26 日

上午，贾庆林主席主持召开政协第十一届全国委员会第六次主席会议。主要内容：一、审议政协第十一届全国委员会常务委员会第三次会议议程（草案）和日程（草案）；二、听取"统筹城乡发展，促进形成城乡经济社会发展一体化新格局"专题协商会筹备情况的汇报。王刚、杜青林、白立忱、陈奎元、阿不来提·阿不都热西提、李兆焯、黄孟复、张梅颖、张榕明副主席，钱运录副主席兼秘书长，孙家正、李金华、郑万通、万钢、林文漪、厉无畏、罗富和、陈宗兴、王志珍副主席出席。杨崇汇、蒋作君、孙怀山、潘贵玉、卞晋平、卢昌华、王胜洪、仝广成、张宝文、刘晓峰、王钦敏、黄志贤、宋北杉、林智敏副秘书长，各专委会负责人毛林坤、张左己、刘江、王玉庆、于永湛、张俊九、田聪明、吴国祯、陈福今列席。

29 日

上午，教科文卫体委员会副主任栾恩杰率"推进《国家中长期科学和技术发展规划纲要（2006～2020）》贯彻落实"专题组，就"国家重大科技专项启动情况"赴中国科学院进行考察调研。部分在京科技界、科协界委员30余人参加。

26 日至 30 日

贾庆林主席先后到黑龙江佳木斯、双鸭山、哈尔滨等地，深入垦区农场、农村乡镇、工业企业、科研院所进行调研，并看望黑龙江省政协、统战部机关及各民主党派、工商联负责人。钱运录副主席兼秘书长，教科文卫体委员会主任徐冠华，经济委员会副主任刘江，仝广成副秘书长陪同调研。

31 日

上午，贾庆林主席，王刚副主席，李瑞环同志，杜青林、白立忱、陈奎元、李兆焯、张梅颖、张榕明副主席，钱运录副主席兼秘书长，孙家正、郑万通、邓朴方、万钢副主席，宋健、孙孚凌、胡启立、陈锦华、赵南起、毛致用、李贵鲜、徐匡迪、张怀西、李蒙同志到北京八宝山革命公墓礼堂向华国锋同志遗体送别并慰问亲属。

9 月

1 日至 4 日

以张梅颖副主席为团长，教科文卫体委员会部分教育界、文艺界委员及教育专家一行 32 人，赴陕西省延安进行教师节慰问活动。

1 日至 5 日

应贾庆林主席邀请，柬埔寨参议院主席谢辛一行 22 人访华。吴邦国委员长、贾庆林主席分别会见。

2 日

全天，全国政协在政协礼堂召开专题协商会，围绕“统筹城乡发展，促进形成城乡经济社会发展一体化新格局”建言献策。贾庆林主席出席并讲话。回良玉副总理到会听取委员建议并讲话。全国政协副主席王刚、厉无畏分别主持专题协商会。白立忱、陈奎元、李兆焯副主席，钱运录副主席兼秘书长，孙家正、李金华、郑万通、万钢、林文漪、罗富和、王志珍副主席出席会议。

3 日

上午，“关于我国重大灾害应急机制建设”常委视察团在机关举行座谈会。李金华副主席出席，刘晓峰副秘书长主持。国务院应急办、住房和城乡建设部、交通运输部、卫生部、中国地震局等相关部门负责同志与会并介绍情况。

5 日

上午，“《劳动合同法》实施情况”视察团在机关召开组团会，听取国务院法制办副主任郜风涛、人力资源和社会保障部副部长杨志明介绍情况。张榕明副主席出席，蒋作君副秘书长主持，视察团部分在京常委、委员参加。

下午，李金华副主席在京出席中国人民对外友协举办的庆祝朝鲜民主主义共和国成立 60 周年招待会。

6 日

晚，第 13 届残疾人奥林匹克运动会在国家体育场举行开幕式。贾庆林主席，王刚、杜青林、白立忱、陈奎元、黄孟复、张梅颖、张榕明副主席，钱运录副主席兼秘书长，孙家正、李金华、邓朴方、万钢、林文漪、罗富和、陈宗兴、王志珍副主席，杨汝岱、胡启立、陈锦华、罗豪才、张克辉、张怀西、李蒙等同志出席。

7 日至 12 日

民族和宗教委员会考察组赴甘肃省，了解改革开放 30 年来有关民族地区经济社会发展的成就，考察农牧区建设情况，为推进民族地区的稳定与发展建言献策。

8 日

下午，贾庆林主席在朝鲜驻华使馆出席使馆为庆祝朝鲜民主主义人民共和国成立 60 周年举行的宴会。

9 日

下午，贾庆林主席在人民大会堂会见应外交学会邀请访华的罗马尼亚前总统伊利埃斯库。

9 日至 10 日

中国经济社会理事会与广东省政协共同举办的中国经济社会论坛 2008 年会议在广东省中山市召开。会议主题是“改革开放与中国非公有制经济”。中国经济社会理事会主席王忠禹出席会议并讲话。全国政协常委、中国经济社会理事会副主席李昌鉴主持开幕会。

10 日

上午，教科文卫体委员会举行报告会，邀请国家汶川地震专家委员会主任马宗晋作“世界巨灾和汶川 8.0 级大地震”专题报告。

12 日

上午，民族和宗教委员会举办讲座。田聪明主任主持，全国人大常委、中国伊斯兰教协会副会长、中国宗教界和平委员会秘书长余振贵应邀介绍“中宗和”情况。刘柏年、陈广元副主任和外事委员会主任赵启正、经济委员会副主任范西成及民宗委部分委员出席。

下午，港澳台侨委员会主任陈云林，杨崇汇副秘书长在政协礼堂会见并宴请以颜树洋先生为团长的2008世界知名台商参访团一行30人。港澳台侨委员会副主任李炳才、施祥鹏参加。

13 日

晚，全国政协2008年中秋联谊晚会在政协礼堂举行。贾庆林主席出席。王刚副主席致辞。全国政协副主席兼秘书长钱运录主持。周铁农、陈昌智副委员长，杜青林、白立忱、陈奎元、黄孟复、张梅颖、张榕明、孙家正、李金华、郑万通、林文漪、罗富和、陈宗兴副主席，何鲁丽、宋健、孙孚凌、胡启立、赵南起、王文元、王忠禹、罗豪才、李蒙等同志，各民主党派中央、全国工商联负责人，全国政协各界别代表，全国政协副秘书长、各专门委员会负责人，部分常委、委员中的社会知名人士和书画室、京昆室委员，在抗震救灾、北京奥运等工作中作出突出贡献的委员和嘉宾，部分领导和委员及嘉宾的夫人（丈夫），办公厅研究室和各局级单位负责人共约300人出席。部分全国政协委员及文艺工作者表演了文艺节目。

14 日至 24 日

应芬兰议会、西班牙参议院和葡萄牙议会的邀请，王刚副主席率全国政协代表团对芬兰、西班牙和葡萄牙进行友好访问。代表团主要成员有全国政协副秘书长杨崇汇、浙江省政协主席周国富、全国政协外事委员会副主任赵进军和民革中央副主席、最高人民法院副院长万鄂湘。

15 日至 22 日

以黄孟复副主席为团长，王少阶常委为副团长的全国政协委员视察团一行20人，就“边疆地区扶贫开发工作”在广西视察。

16 日

上午，全国政协第62期干部培训班举行开学典礼。钱运录副主席兼秘书长出席并讲话。孙怀山副秘书长主持开学典礼。

16 日至 20 日

以全国政协常委黎桂康为顾问、全国政协常委伍淑清为团长、全国政协常委戴德丰为副团长的香港特区全国政协委员一行38人，赴四川就新农村建设及灾后重建工作进行视察。董建华副主席，林智敏副秘书长参加视察活动。

16 日至 23 日

以张榕明副主席为团长，张俊九常委、张鸣起委员为副团长，沈建国委员为副团长兼秘书长的全国政协委员视察团一行21人，在广东省就“《劳动合同法》实施情况”进行视察。

17 日

上午，由全国政协民族和宗教委员会、国家宗教局联合召开的发挥宗教界积极作用研讨会在内蒙古包头召开。阿不来提·阿不都热西提副主席出席开幕式并讲话。

晚，第13届残疾人奥林匹克运动会在国家体育场举行闭幕式。贾庆林主席，杜青林、阿不来提·阿不都热西提、张梅颖副主席，钱运录副主席兼秘书长，孙家正、邓朴方、罗富和、陈宗兴副主席，陈锦华、罗豪才、李蒙等同志出席。

17 日至 19 日

全国政协办公厅人事局举办“2008年机关公务员初任培训班”。培训内容为机关公文写作，办事、办会、办文、档案及机关保密工作，简报编写，公务员管理和机构设置，机关党委与工青妇工作，机关后勤管理与服务工作等。

19 日

下午，贾庆林主席在中国美术馆参观“笔墨张立辰”画展。蒋作君、仝广成副秘书长，书画室副主任靳尚谊、王明明及中央美术学院院长潘公凯等陪同观看。

22 日

上午，文史和学习委员会举办在京全国政协委员学习报告会。国家统计局总经济师姚景源作《当前宏观经济形势分析》报告。阿不来提·阿不都热西提副主席出席。文史和学习委员会副主任毛福民主持。

22 日至 25 日

杜青林、白立忱副主席在宁夏出席宁夏回族自治区成立 50 周年庆祝活动。

23 日

上午，纪念程思远同志诞辰 100 周年座谈会在人民大会堂举行。贾庆林主席出席。全国人大常委会副委员长兼秘书长李建国出席并讲话。全国政协副主席、中央统战部部长杜青林主持。全国政协副主席、民革中央常务副主席厉无畏和全国人大常委会原副委员长、中国和平统一促进会副会长何鲁丽出席。

上午，全国政协机关举办局处级干部任职培训班，钱运录副主席兼秘书长出席开班式并讲话。蒋作君副秘书长主持开班式。

23 至 28 日

人口资源环境委员会“海南国际旅游岛建设”专题调研考察团在海南省调研。孙家正副主席任团长。人口资源环境委员会主任张维庆、海南省政协主席钟文、全国政协副秘书长林智敏、海南省副省长陈成担任副团长。全国政协常委李昌鉴，人口资源环境委员会副主任汪啸风、王广宪，提案委员会副主任朱树豪，海南省政协副主席张海国，国家文物局局长单霁翔，国家旅游局副局长王志发，以及外交部、国家发改委、公安部、财政部、国土资源部、商务部、文化部、中国人民银行、总参谋部、国家税务总局、海关总署、国家旅游局、国家民航局、国家文物局、国家外汇管理局等 15 个部委的有关负责人参加。

24 日

上午，文史和学习委员会在江苏淮安举办大运河保护与申遗高峰论坛。罗富和副主席出席论坛开幕会并讲话。陈福今主任主持。毛福民副主任、江苏省政协副主席陈宝田出席。部分全国政协委员、国家有关部委部门负责人、运河沿线各城市政府领导及相关领域专家学者共 160 多人参加。

25 日

下午，贾庆林主席在人民大会堂会见出席第二届亚洲制造业论坛外国嘉宾。黄孟复副主席，全国政协副秘书长王胜洪，外交部副部长、全国政协外事委员会副主任武大伟，全国工商联副主席谢经荣等参加。

下午，纪念廖承志同志诞辰 100 周年座谈会在人民大会堂举行。中共中央政治局常委、全国人大常委会委员长吴邦国出席，中共中央政治局委员、全国人大常委会副委员长王兆国主持并讲话。廖晖、陈奎元副主席出席。

26 日

下午，郑万通副主席在深圳出席全国副省级市政协工作协作会议闭幕式并讲话。

晚，贾庆林主席在政协礼堂出席观看“献给母亲的歌”——藏族音乐家美朗多吉作品演唱会。王刚、杜青林副主席、钱运录副主席兼秘书长，十届全国人大常委会副委员长热地，全国政协副秘书长杨崇汇、孙怀山、王胜洪、全广成陪同观看。

27日

上午，王刚副主席在京出席第八届全国“村长”论坛开幕式并讲话。九届全国政协副主席杨汝岱，全国政协副秘书长仝广成出席。

下午，机关党组中心组集中学习，钱运录副主席兼秘书长出席并讲话。机关党组书记、副秘书长杨崇汇主持。中心组学习了中央关于在全党开展深入学习实践科学发展观活动动员大会精神，就《全国政协机关开展深入学习实践科学发展观活动实施方案》和机关学习实践活动领导小组及办公室人员名单、工作职责进行了讨论。蒋作君、孙怀山、卞晋平、卢昌华、王胜洪、仝广成副秘书长，机关各室局主要负责同志参加。

28日

上午，由全国政协办公厅抗震救灾办公室、人口资源环境委员会、中华慈善总会、全国工商联房地产商会、中国文史出版社联合开展的向四川、甘肃、陕西等地震灾区恢复重建中小学图书馆捐赠馆藏图书公益活动在政协礼堂举行。阿不来提·阿不都热西提副主席出席捐赠仪式。孙怀山副秘书长主持捐赠仪式。人口资源环境委员会主任张维庆，全国政协副秘书长卞晋平、林智敏，中华慈善总会会长范宝俊等出席。

晚，全国政协办公厅，中共中央统战部，国务院侨办、港澳办、台办在人民大会堂举行国庆招待会。贾庆林主席出席并致辞。王刚、廖晖、杜青林、黄孟复、张梅颖、张榕明副主席，钱运录副主席兼秘书长，林文漪、厉无畏、陈宗兴、王志珍副主席出席。

29日

上午，北京奥运会、残奥会总结表彰大会在人民大会堂举行。贾庆林主席，王刚、廖晖、杜青林、白立忱、陈奎元、阿不来提·阿不都热西提、李兆焯、黄孟复、张梅颖、张榕明副主席，钱运录副主席兼秘书长，孙家正、李金华、邓朴方、郑万通、万钢、林文漪、厉无畏、罗富和、陈宗兴、王志珍副主席，杨崇汇副秘书长出席。

晚，为庆祝中华人民共和国成立59周年，以国务院总理温家宝名义举行的2008年国庆招待会在人民大会堂举行。贾庆林主席，王刚、廖晖、杜青林、白立忱、陈奎元、阿不来提·阿不都热西提、李兆焯、黄孟复、张梅颖、张榕明副主席，钱运录副主席兼秘书长，孙家正、李金华、郑万通、万钢、林文漪、罗富和、陈宗兴、王志珍副主席，杨汝岱、宋健、孙孚凌、胡启立、赵南起、王文元、王忠禹、罗豪才、张克辉、郝建秀、李蒙同志，杨崇汇、王胜洪副秘书长，外事委员会副主任韩方明出席。

10月

1日

上午，贾庆林主席，王刚、廖晖、白立忱、陈奎元、李兆焯、黄孟复、张梅颖、张榕明、钱运录、孙家正、李金华、郑万通、万钢、林文漪、罗富和副主席在天安门广场出席庆祝中华人民共和国成立59周年向人民英雄纪念碑敬献花篮活动。

4日

外事委员会负责人就美国实施售台武器计划发表谈话，代表参加中国人民政治协商会议的各党派、团体和各族各界人士对此表示强烈愤慨和坚决反对，对中国政府就此向美方表明的严正立场表示坚决支持。

6日至9日

经济委员会“当前的金融改革开放与发展”专题组在深圳就金融问题进行调研。

7日

下午，贾庆林主席主持召开政协第十一届全国委员会第七次主席会议。主要内容是审议有关人事事项。王刚、廖晖、杜青林、白立忱、陈奎元、阿不来提·阿不都热西提、李兆焯、黄孟复、董建华、张梅颖、张榕明、钱运录、孙家正、李金华、郑万通、邓朴方、林文漪、厉无畏、罗富和、陈宗兴、王志珍副主席出席。

上午，机关召开深入学习实践科学发展观活动动员大会。钱运录副主席兼秘书长出席并讲话。机关党组书记、副秘书长、机关学习实践科学发展观活动领导小组组长杨崇汇作动员讲话。中央第9指导检查组组长柴松岳出席会议并讲话。

7日至10日

教科文卫体委员会赴四川成都和绵阳开展“三下乡”慰问活动。

8日

贾庆林主席，王刚、廖晖、杜青林、白立忱、陈奎元、阿不来提·阿不都热西提、李兆焯、黄孟复、董建华、张梅颖、张榕明、钱运录、孙家正、李金华、郑万通、邓朴方、万钢、林文漪、厉无畏、罗富和、陈宗兴副主席，徐匡迪同志在人民大会堂出席全国抗震救灾总结表彰大会。

8日至16日

人口资源环境委员会“长江中上游水电开发与环境保护”调研组在云南、四川两省调研。

8日至20日

全国政协京昆室就“戏曲理论研究现状问题”考察团一行在湖北、江苏、山东考察。

13日

晚，杨崇汇副秘书长在机关会见并宴请以泰国上议院政治、行政和公共管理顾问普素旺为团长的泰国上议院秘书处高级公务员考察团。

15日

上午，政协第十一届全国委员会常务委员会第三次会议举行开幕会。贾庆林主席主持。会议议题：一、审议通过政协第十一届全国委员会常务委员会第三次会议议程；二、听取中共中央政治局委员、国务院副总理回良玉关于中共十七届三中全会会议情况和会议精神的报告。王刚、杜青林、白立忱、陈奎元、阿不来提·阿不都热西提、李兆焯、黄孟复、董建华、张梅颖、张榕明、钱运录、李金华、郑万通、邓朴方、林文漪、厉无畏、罗富和、陈宗兴、王志珍副主席和常委共278人出席。

下午，政协第十一届全国委员会常务委员会第三次会议进行分组学习。

16日

上午，政协第十一届全国委员会常务委员会第三次会议分组讨论中共十七届三中全会文件和回良玉副总理关于中共十七届三中全会会议情况及会议精神的报告。

下午，贾庆林主席主持召开政协第十一届全国委员会第八次主席会议，审议有关人事事项。王刚、杜青林、白立忱、阿不来提·阿不都热西提、李兆焯、黄孟复、董建华、张梅颖、张榕明、钱运录、李金华、郑万通、林文漪、厉无畏、罗富和、陈宗兴、王志珍副主席出席。

下午，政协第十一届全国委员会常务委员会第三次会议举行第二次全体会议。贾庆林主席出席。董建华副主席主持。主要议题是听取大会发言。袁隆平、何丕洁、张圣坤、李说、潘贵玉、陈绍军、王钦敏、赖明、黄志贤、林而达、王少阶、杨俊文、夏培度、邱衍汉常委，王全书、郑新立委员在会上作了发言。王刚、杜青林、白立忱、阿不来提·阿不都热西提、李兆焯、黄孟复、张梅颖、张榕明、钱运录、李金华、郑万通、林文漪、厉无畏、罗富和、陈宗兴、王志珍副主席和常委共256人出席。不是常委的地方政协主席、全国政协副秘书长、各专门委员会负责人列席。

15日至23日

以民族和宗教委员会副主任、“中宗和”副主席刘柏年为团长，任法融、陈广元为副团长的“中宗和”代表团一行27人，分两批赴菲律宾马尼拉出席“亚洲宗教和平会议”第七届大会。

代表团行前召开组团会，王刚副主席出席会议并讲话，钱运录副主席兼秘书长出席。民族和宗教委员会主任田聪明主持。中央统战部常务副部长朱维群，国家宗教事务局副局长蒋坚永和外交部、国务院台湾事务办公室等部门有关负责人到会作相关情况介绍。

17日

上午，政协第十一届全国委员会常务委员会第三次会议分组讨论中共十七届三中全会文件、关于中共十七届三中全会会议情况和会议精神的报告。

上午，提案委员会就民革中央、民建中央及部分全国政协委员在政协十一届一次会议上提出的“关于大力发展县域经济，促进城乡协调发展”的提案，在机关召开办理协商会。

下午，贾庆林主席主持召开政协第十一届全国委员会第九次主席会议，听取政协第十一届全国委员会常务委员会第三次会议各小组学习和讨论情况的汇报。王刚、杜青林、白立忱、阿不来提·阿不都热西提、李兆焯、董建华、张梅颖、张榕明、钱运录、李金华、郑万通、林文漪、厉无畏、罗富和、陈宗兴、王志珍副主席出席。

下午，政协第十一届全国委员会常务委员会第三次会议分组讨论人事事项和反映社情民意。

18日

上午，政协第十一届全国委员会常务委员会第三次会议举行闭幕会。贾庆林主席作重要讲话。王刚副主席主持。杜青林、白立忱、阿不来提·阿不都热西提、李兆焯、董建华、张梅颖、张榕明、钱运录、孙家正、李金华、郑万通、邓朴方、林文漪、厉无畏、罗富和、陈宗兴、王志珍副主席和常委共252人出席。中共中央办公厅、国务院办公厅的负责同志，不是常委的地方政协主席、全国政协副秘书长、各专门委员会负责人、中央统战部副部长列席。

下午，政协十一届常委会举办第二次学习讲座。王刚副主席主持并讲话。国家发展改革委副主任、国家能源局局长、全国政协常委张国宝作《我国的能源形势和发展战略》报告。白立忱、阿不来提·阿不都热西提、李兆焯、张梅颖、张榕明、钱运录、孙家正、罗富和副主席出席。

18日至22日

贾庆林主席在吉林省长春市、松原市调研。贾庆林主席强调，要认真学习贯彻党的十七届三中全会精神，切实把思想认识统一到中央对当前经济形势的判断上来，按照科学发展观的要求，坚定信心、妥善筹划、科学施策，大力推进农村改革发展，把经济平稳较快发展、社会和谐稳定的大局巩固好、发展好。

19日至27日

以全国政协副主席白立忱、万钢为团长，孙怀山常委、赵沁平委员、齐让常委为副团长的全国政协委员视察团在北京、江苏两地就“充分发挥高等院校在国家创新体系中的重要作用”进行视察。

21日至24日

全国政协举办十一届第二期委员学习研讨班。贾庆林主席看望学员并合影。王刚副主席出席开班式并讲话。钱运录副主席兼秘书长主持开班式并在结业式作总结讲话。270多名来自西北、华北、东北地区的全国政协委员参加。

21日至27日

以张梅颖副主席为团长的全国政协考察团就“改革开放三十年我国经济社会发展重大成就”在甘肃省兰州、武威等市考察。

22日

上午，教科文卫体委员会举行报告会，邀请中组部、中宣部、国家发展和改革委员会、教育部、科技部、财政部、人力资源和社会保障部、农业部、中国科学技术协会等9家单位有关负责人，介绍《全民科学素质行动计划纲要（2006～2010～2020年）》的贯彻落实情况。

23日

上午，钱运录副主席兼秘书长率队到北京市西城区政协就深入学习实践科学发展观活动进行调研并座谈。

23日至30日

以阿不来提·阿不都热西提副主席为团长的全国政协委员考察团就“改革开放三十年我国经济社会发展重大成就”在上海、宁波考察。

26日

下午，钱运录副主席兼秘书长在政协礼堂与应贾庆林主席邀请访华的越南祖国阵线中央委员会主席黄担一行举行会谈。

27日

上午，全国人大常委会委员长吴邦国在人民大会堂会见越南祖国阵线中央委员会主席黄担一行。

下午，贾庆林主席在人民大会堂会见并宴请黄担一行。

28日至31日

教科文卫体委员会“美术创作和艺术品市场”调研组在重庆调研。

29日

上午，人民政协与信息化建设高级研讨会在政协礼堂开幕。贾庆林主席在会议开幕前会见出席研讨会的代表并合影。王刚副主席出席并讲话。钱运录副主席兼秘书长主持开幕式。机关信息化工作领导小组组长、副秘书长杨崇汇，机关信息化工作领导小组副组长、副秘书长仝广成出席会议。

30日

上午，人口资源环境委员会与武汉市委、市政府、市政协共同举办的武汉“两型社会”建设改革论坛在武汉开幕。郑万通副主席出席开幕式并讲话。

31日

全天，中共全国政协机关第九次代表大会在机关召开。贾庆林主席，王刚副主席，钱运录副主席兼秘书长会见全体与会人员并合影。钱运录副主席兼秘书长出席开幕会并讲话，机关党组书记、副秘书长杨崇汇代表机关党组在闭幕会上讲话。副秘书长、机关党委书记孙怀山作报告。大会选举产生中共全国政协机关第九届委员会和中共全国政协机关纪律检查委员会。

下午，孙怀山副秘书长主持召开中共全国政协机关第九届委员会第一次会议，选举产生第九届机关党委书记、专职副书记。

文史和学习委员会在澳门召开澳门文史资料征集和抢救工作研讨会。陈福今主任、梁华副主任出席。

11 月

2 日

上午，由经济委员会和湖北省政协联合举办的“中国（宜昌）三峡物流中心建设高层论坛”在宜昌开幕。郑万通副主席出席并讲话。

3 日

上午，文史和学习委员会主任陈福今，副主任计佑铭、施子清出席香港文史资料征集和抢救工作研讨会。

5 日

“全国政协暨各省区市政协社会和法制委员会工作座谈会”在重庆召开。阿不来提·阿不都热西提副主席出席并讲话。

上午，文史和学习委员会“促进文史资料工作科学发展”专题调研组就文史工作数字化、多媒体化、网络化建设情况在广州市政协调研。陈福今主任带队。

下午，王刚、钱运录副主席在政协礼堂出席 2007 年度全国政协好新闻颁奖会。

应欧盟经社委员会邀请，全国政协常委、中国经社理事会副主席李昌鉴率中国经社理事会代表团前往巴黎参加中欧圆桌会议第四次会议并出席中欧法三方研讨会。会后前往德国、丹麦访问。

7 日至 10 日

贾庆林主席在浙江省金华市、温州市等地就非公有制经济发展问题进行专题调研。他强调，要深入贯彻落实科学发展观，坚决贯彻执行中央的各项方针政策，妥善应对国际经济环境的不利影响，增强信心、振奋精神，变压力为动力，化挑战为机遇，努力保持非公有制经济又好又快发展，为促进经济平稳较快增长发挥积极作用。黄孟复副主席，经济委员会副主任胡德平、王众孚、李德水，仝广成副秘书长陪同调研。

7 日至 15 日

民族和宗教委员会“了解改革开放 30 年来有关民族地区经济社会发展的成就，考察农牧渔区建设情况，为推进民族地区的稳定与发展建言献策”考察组在广西考察。

10 日至 15 日

罗富和副主席率“推进金沙江龙头水库比选，实施滇中调水工程”专题调研组在云南调研。

11 日

下午，贾庆林主席，王刚、黄孟复副主席在人民大会堂出席纪念刘少奇同志诞辰 110 周年座谈会。

全国部分省（区、市）政协第十次民族宗教工作研讨会在杭州召开。阿不来提·阿不都热西提副主席出席并讲话。民族和宗教委员会副主任仲兆隆出席。

12 日

上午，全国政协在中山公园中山堂举行仪式，纪念孙中山先生诞辰 142 周年。钱运录副主席兼秘书长主持纪念仪式。李金华副主席代表政协全国委员会，全国政协副主席、民革中央副主席厉无畏代表民革中央，中共中央统战部副部长楼志豪代表中共中央统战部，北京市副市长程红代表北京市人民政府分别向孙中山先生像敬献花篮。韩启德副委员长，张榕明副主席，何鲁丽、罗豪才、张怀西、李蒙同志，孙怀山、王钦敏、仝广成副秘书长，部分在京全国政协常委、委员，在京民革中央委员，北京市政协主席阳安江及各界人士代表出席纪念仪式。

13 日

上午，文史和学习委员会西安事变史料收集研究小组举行第一次会议。委员会副主任、西安事变史料收集研究小组组长崔占福主持会议，副主任卞晋平（驻会）出席会议并讲话。

14 日

上午，经济委员会在机关召开“防范房地产风险，保持房市稳定健康发展”座谈会。

港澳台侨委员会副主任陈佐洱在政协礼堂会见香港博爱医院第 59 届董事局参访团一行 24 人。

上午，机关召开深入学习实践科学发展观活动学习调研阶段总结暨分析检查阶段动员大会。钱运录副主席兼秘书长出席并讲话。机关党组书记、副秘书长、机关学习实践活动领导小组组长杨崇汇作转段动员报告。中央第 9 指导检查组组长柴松岳出席会议并讲话。副秘书长、机关党委书记、机关学习实践活动领导小组副组长兼办公室主任孙怀山主持会议。

17 日

晚，港澳台侨委员会副主任林兆枢在机关会见并宴请以万子美荣誉会长为顾问、廖宗林会长为团长的意大利罗马华侨华人联合总会访问团一行。

17 日至 18 日

由人口资源环境委员会、国家林业局等 6 单位联合组成的关注森林活动组委会在广州举办第五届中国森林城市论坛。全国政协副主席、关注森林活动组委会主任王刚致信祝贺。阿不来提·阿不都热西提副主席出席论坛并致辞。国内 130 多个城市市长和来自 23 个国家的城市市长代表或驻华使节参加论坛。

18 日

晚，港澳台侨委员会副主任林兆枢在机关会见并宴请美国北美参政华人访华团一行。

18 日至 19 日

人口资源环境委员会与国家发改委、环保部共同举办“中国城市节能减排高峰论坛”。张榕明副主席出席开幕式，并就“更好地发挥人民政协优势，服务于节能减排”主题发表讲话。张维庆主任主持。

19 日至 25 日

王刚副主席率调研组赴吉林省，就贯彻落实党的十七届三中全会精神，推动经济社会又好又快发展，加强人民政协工作等开展调研。

20 日

全天，全国政协机关以深入贯彻落实科学发展观、进一步推动科学发展为主题召开机关领导班子专题民主生活会。钱运录副主席兼秘书长，机关党组书记、副秘书长杨崇汇，副秘书长蒋作君、孙怀山、王胜洪、仝广成、林智敏，专委会副主任（驻会）卞晋平、邓宗良、王国卿参加会议。中央第九指导检查组、中央纪委、中组部、中直工委有关部门同志出席。

21 日

晚，港澳台侨委员会副主任林兆枢在机关会见并宴请菲律宾华商联总会访华团一行。

23 日至 12 月 6 日

应约旦参议院议长里法伊，土耳其大国民议会议长托普坦，老挝人民革命党中央政治局委员、建国阵线中央委员会主席西沙瓦和柬埔寨参议院主席谢辛邀请，贾庆林主席对上述四国进行正式友好访问。

24 日至 12 月 1 日

社会和法制委员会“见义勇为人员权益保障”专题组赴贵州、海南调研。

25 日

上午，经济委员会副主任厉以宁主持召开“当前宏观经济形势座谈会”，邀请部分委员和专家学者，重点结合国际国内宏观经济中出现的新情况，围绕国务院出台的进一步扩大内需、促进经济增长的十项措施，分析形势，研究问题，积极建言献策。钱运录副主席兼秘书长出席并讲话。

下午，文史和学习委员会、港澳台侨

委员会在常委会议厅联合举办在京全国政协委员学习报告会。港澳台侨委员会主任、海峡两岸关系协会会长陈云林作《当前台海局势》的报告。海峡两岸关系协会副会长李炳才介绍海协会协商代表团赴台协商情况。阿不来提·阿不都热西提、林文漪副主席出席。

由港澳台侨委员会主办的全国各省（区市）、副省级市政协港澳台侨工作研讨会在机关开幕。陈云林主任、外交部副部长何亚非、港澳办副主任张晓明、侨办副主任许又声分别作关于当前台海局势、国际形势、港澳工作形势、侨务工作形势的报告。

26日

上午，王刚副主席出席全国各省（区市）、副省级市政协港澳台侨工作研讨会并讲话。

27日至28日

教科文卫体委员会“将‘艺术学’提升为高等教育学科门类”专题调研组到部分在京艺术高校调研。全国政协常委吴祖强带队。蒋作君副秘书长，江绍高、张秋俭（驻会）副主任参加。

12月

2日至16日

应经社理事会和类似组织国际协会主席蒙泰罗、摩纳哥经社理事会、爱沙尼亚副议长朱瑞·拉塔斯、拉脱维亚议会经济委员会主席布伦别尔格斯、立陶宛三方理事会主席茹卡斯的邀请，中国经社理事会主席、经社理事会和类似组织国际协会名誉主席王忠禹率中国经社理事会代表团离京前往爱沙尼亚、拉脱维亚和立陶宛进行友好访问，并赴摩纳哥出席国际协会管委会会议。

3日

下午，钱运录副主席兼秘书长主持召开征求意见会，研究《全国政协机关领导班子学习实践科学发展观的分析检查报告（稿）》和《关于体制机制建设研究情况和下一步工作建议的报告（稿）》，听取对两个报告稿的意见。

4日

以王刚副主席为团长，阿不来提·阿不都热西提、张梅颖副主席为副团长，孙怀山副秘书长为秘书长的全国政协委员考察团对京津城际铁路和天津滨海新区进行考察。考察团乘坐我国自主研制的“和谐号”动车组列车考察京津城际铁路运行情况，深入了解天津滨海新区开发开放和企业运营情况，并听取天津市委书记张高丽介绍有关情况。

5日

上午，钱运录副主席兼秘书长在人民大会堂参加会见出席中华慈善大会的代表并合影。

上午，郑万通副主席出席由教科文卫体委员会与教育部、人力资源和社会保障部、中华职业教育社联合主办，人民政协报承办的“第二届中国职业教育振兴论坛”开幕式并讲话。

下午，钱运录副主席兼秘书长主持召开会议，研究《全国政协机关领导班子学习实践科学发展观的分析检查报告（稿）》和《关于体制机制建设研究情况和下一步工作建议的报告（稿）》，以及机关学习实践活动下一步工作安排。孙怀山、卢昌华副秘书长等参加。

下午，万钢副主席在钓鱼台国宾馆出席中央“五侨”领导联席会议。港澳台侨委员会主任陈云林、副主任林兆枢参加。

5日至12日

以陈宗兴副主席为团长，杨岐、朱作言常委为副团长的全国政协无党派界委员考察团，就“生态文明建设情况”在云南昆明、保山、瑞丽进行考察。

6日

下午，贾庆林主席结束对约旦、土耳其、老挝和柬埔寨的正式友好访问，乘专机回到北京。杨崇汇、王胜洪副秘书长等主要陪同人员同机抵京。

下午，阿不来提·阿不都热西提、张榕明副主席在机关出席第五届中国民营经济高峰会开幕式。

11日

下午，贾庆林主席在人民大会堂会见应全国政协邀请来华访问的阿富汗议会长老院第一副主席哈米德·盖拉尼一行。王胜洪副秘书长、外事委员会副主任赵进军、外交部部长助理胡正跃及阿富汗驻华大使哈基米等参加会见。

下午，阿不来提·阿不都热西提副主席在政协礼堂会见并宴请阿富汗议会长老院第一副主席哈米德·盖拉尼一行。王胜洪副秘书长、外事委员会副主任赵进军及阿富汗驻华大使哈基米等出席。

下午，钱运录副主席兼秘书长主持召开机关处以上干部会议，传达胡锦涛总书记、温家宝总理在中央经济工作会议上的重要讲话，学习中央经济工作会议精神。

11日至15日

杜青林、李兆焯副主席作为中央赴广西代表团副团长在广西出席广西壮族自治区成立50周年庆祝活动。

11日至18日

社会和法制委员会“志愿服务与和谐社会建设”专题组在广东、香港调研考察。

12日

上午，缅怀齐燕铭同志——《我的父亲齐燕铭》出版座谈会在政协礼堂举行。钱运录副主席兼秘书长会见参加座谈会的齐燕铭同志亲属代表并合影。

14日至15日

郑万通副主席在天津出席首届天津—台湾合作洽谈会开幕式和海峡两岸海上直航（天津港）首航仪式、海峡两岸空运直航客运包机（天津）首航仪式。港澳台侨委员会主任陈云林参加。

16日

上午，白立忱副主席在民族文化宫出席“纪念改革开放30年中国摄影金像奖获奖作者作品回顾展”开幕式。

下午，罗富和副主席在京出席“第五届中华宝钢杯环境奖颁奖典礼”。

16日至19日

外事委员会在京召开“我国的公共外交与国际影响力”座谈会。委员会副主任陈昊苏主持，主任赵启正，副主任卢文端、赵进军，全国政协常委高中兴等出席。

17日

下午，阿不来提·阿不都热西提副主席会见“亚宗和”名誉主席马瓦特一行。民宗委副主任、“中宗和”副主席刘柏年，驻会副主任、“中宗和”常务副秘书长邓宗良出席。

18日

上午，纪念党的十一届三中全会召开30周年大会在人民大会堂举行。贾庆林主席，李瑞环同志，王刚、廖晖、杜青林、白立忱、陈奎元、阿不来提·阿不都热西提、李兆焯、黄孟复、张梅颖、张榕明、钱运录、孙家正、李金华、郑万通、邓朴方、万钢、厉无畏、罗富和、陈宗兴、王志珍副主席，杨汝岱、宋健、钱正英、孙孚凌、万国权、胡启立、陈锦华、赵南起、王文元、王忠禹、李贵鲜、罗豪才、张克辉、郝建秀、徐匡迪、张怀西、李蒙同志出席纪念大会。全国政协机关党组书记、副秘书长杨崇汇，部分在京全国政协常委，副秘书长和机关干部出席。

下午，张梅颖、郑万通副主席听取电视剧《民主之澜》摄制组关于摄制进展情况的汇报。

19日

上午，贾庆林主席，王刚、钱运录、厉无畏副主席在政协礼堂出席“纪念改革开放30周年书画作品展”开幕式。孙家正副主席代表全国政协讲话。

下午，王刚副主席，钱运录副主席兼秘书长在机关会见人民日报社社长张研农、总编辑吴恒权等报社主要负责同志。王刚副主席对人民日报重视加强政协宣传工作给予充分肯定，并对今后的宣传工作提出要求。

20日至22日

全国政协京昆室应邀与澳门全国政协委员“推动澳门文化产业建设调研组”共同举办“两岸四地中国戏曲艺术交流传承与发展·澳门论坛”和“百花争艳耀濠江——京昆梆粤综合庆典晚会”，庆祝澳门回归祖国九周年。张怀西同志（论坛名誉主席）、京昆室副主任张国祥（论坛副主席）出席。部分全国政协委员中的戏曲艺术家、理论家、教育家及内地、港澳台戏曲界知名人士应邀参加。

22日

下午，全国人大常委会委员长吴邦国在人民大会堂会见应全国政协邀请访华的印尼地方代表理事会主席吉南加尔一行。

下午，贾庆林主席在人民大会堂会见吉南加尔一行。

下午，白立忱副主席在政协礼堂会见并宴请吉南加尔一行。

22日至23日

由人口资源环境委员会发起，国家发改委、国土资源部、环境保护部、国家林业局等部门参与的“中国首届人口、资源、环境发展态势分析会”开幕。阿不来提·阿不都热西提副主席出席开幕式并致词，杨崇汇副秘书长宣读贾庆林主席对此次会议专门作出的重要批示。下午，张梅颖副主席出席会议并讲话。23日，张榕明副主席出席闭幕式并讲话。

22日至23日，由中国人民政协理论研究会主办、广州市政协承办的“社会主义民主政治建设与人民政协——纪念改革开放30周年主题座谈会”在广州举行。全国政协副主席、中国人民政协理论研究会会长郑万通出席并讲话。

23日

下午，“政协委员眼中的改革开放30年摄影作品展”开幕式在机关举行。白立忱副主席出席，孙家正副主席致词，蒋作君副秘书长主持。杨崇汇副秘书长和部分在京参赛委员代表及有关方面人士60余人参加。

24日

上午，贾庆林主席主持召开政协第十一届全国委员会第十次主席会议。审议全国政协十一届四次常委会议、十一届二次会议有关文件及人事事项。王刚、廖晖、白立忱、陈奎元、阿不来提·阿不都热西提、李兆焯、黄孟复、张梅颖、张榕明、钱运录、孙家正、李金华、万钢、林文漪、厉无畏、陈宗兴、王志珍副主席出席。

下午，文史和学习委员会在政协礼堂举行《亲历改革开放30年征文集》出版座谈会。陈奎元副主席出席。

26日

上午，由港澳台侨委员会主办的第22次中央“六台联席会”在机关召开。中央台办常务副主任郑立中通报“两会”商谈和两岸“三通”有关情况及近期对台工作形势和任务，各单位就对台工作有关情况交流意见。港澳台侨委员会主任陈云林主持会议。全国人大常委会副委员长周铁农，全国政协副主席林文漪，副秘书长杨崇汇，港澳台侨委员会副主任安民、李炳才、陈明义，中共中央统战部副部长尤兰田，民革中央副主席修福金，全国台联会长梁国扬及中央“六台联席会”各成员单位负责同志共50余人出席。

下午，机关召开纪念改革开放30周年座谈会，联系实际深入学习贯彻胡锦涛同志在纪念党的十一届三中全会召开30周年大会上的重要讲话精神。钱运录副主席兼秘书长出席并讲话。

29日

上午，张梅颖副主席在钓鱼台国宾馆出席“中华慈善总会援助四川地震灾区重建家园捐赠签约仪式”。

下午，贾庆林主席，王刚、阿不来提·阿不都热西提、钱运录、郑万通副主席到中国工程院视察，并听取徐匡迪院长关于中国工程院咨询工作情况的介绍。杨崇汇、孙怀山、卢昌华、仝广成副秘书长陪同。

下午，全国政协十一届二次会议秘书处第一次筹备工作会议在机关召开。钱运录副主席兼秘书长出席并作动员讲话。大会秘书处领导成员杨崇汇、蒋作君、孙怀山、潘贵玉、卢昌华、王胜洪、仝广成、陈喜庆、修福金、宋北杉、林智敏、赵启正、李勇，担任大会秘书处相关工作组组长的专委会驻会副主任卞晋平、张秋俭、邓宗良、王国卿，秘书处各组其他组长、副组长出席。

31日

上午，港澳台侨委员会主任陈云林、副主任李炳才在人民大会堂出席纪念《告台湾同胞书》发表30周年座谈会。王胜洪副秘书长代表办公厅参加。

地方委员会篇

政协北京市委员会

阳安江 主 席

沈宝昌 副主席

唐晓青 副主席

陈 平 副主席

赵文芝 副主席

熊大新 副主席

傅惠民 副主席

葛剑平 副主席

王永庆 副主席

马大龙 副主席

蔡国雄 副主席

阎仲秋 秘书长

【全体委员会议】

十一届一次会议 2008年1月18日至24日举行，应出席委员729名，实到658名，缺席71名。会议坚持以邓小平理论和“三个代表”重要思想为指导，深入贯彻落实科学发展观，总结了十届常委会五年来以“谋发展、促和谐、迎奥运”为主线，富有成效地履行政治协商、民主监督、参政议政职能，推动首都社会主义经济建设、政治建设、文化建设、社会建设所做的工作，审议并通过了阳安江主席代表第十届委员会常务委员会所作的工作报告；审议了第十届委员会常务委员会关于提案工作情况的报告；与会委员列席了北京市第十三届人民代表大会第一次会议，听取并讨论了王岐山市长所作的《政府工作报告》，讨论了《北京市2007年国民经济和社会发展计划执行情况与2008年国民经济和社会发展计划草案的报告》、《北京市2007年财政预算执行情况和2008年财政预算草案的报告》、《北京市高级人民法院工作报告》、《北京市人民检察院工作报告》；12位委员作了大会发言，书面发言39篇。会议选举产生了政协北京市第十一届委员会主席、副主席、秘书长和常务委员。通过了政治决议和关于常务委员会工作报告的决议。会议期间共收到提案1188件，经审查，立案1117件，其中民主党派提案21件、人民团体提案6件、界别提案2件。

全国政协、中共北京市委、市人民政府、市人大常委会等有关领导出席了大会开幕式和闭幕式。会议期间，市委、市政府及有关部门负责同志参加了大会和小组讨论。中共中央政治局委员、中共北京市委书记刘淇在闭幕式上讲话，阳安江主席作闭幕讲话。

【常务委员会会议】

第1次会议 2008年1月24日召开，应出席常委143名，实到119名，阳安江主席、沈宝昌副主席分别主持会议。会议审议通过了《政协北京市第十一届委员会常务委员会关于任命副秘书长的决定》、《政协北京市第十一届委员会常务委员会关于设置专门委员会的决定》、《政协北京市第十一届委员会常务委员会关于任命专门委员会主任、副主任的决定》、《政协北京市第十一届委员会常务委员会2008年工作要点》和《政协北京市第十一届委员会常务委员会关于加强自身建设的意见》；阳安江主席向副秘书长、专委会主任颁发了任命书。阳安江主席就加强常委会自身建设和做好今后工作发表讲话。

第2次会议 2008年4月9日召开，应出席常委143名，实到106名，沈宝昌副主席主持会议。会议学习贯彻全国政协十一届一次会议精神；审议通过了《倡议书——参与垃圾分类建设绿色北京》、《中国人民政治协商会议北京市第十一届委员会常务委员会关于任命专门委员会委员的决定》。阳安江主席就做好市政协2008年工作发表讲话。

第3次会议 2008年6月6日召开，应出席常委143名，实到104名，阳安江主席主持会议并讲话。会议听取了沈宝昌副主席所作的《关于市政协奥运会风险防范评估工作的报告》及奥运会风险防范评估各专题小组的发言。市委书记、北京奥组委主席刘淇出席会议并讲话。市领导吉林、李士祥、刘敬民、赵凤桐到会听取意见。

第4次会议 2008年11月18日至19日召开，应出席常委143名，实到107名，唐晓青、熊大新、马大龙副主席分别主持会议。会议审议并通过了《政协北京市第十一届委员会常务委员会关于奥运后首都经济可持续发展若干问题的十五条建议》和《政协北京市第十一届委员会常务委员会关于加强本市残疾儿童少年康复工作的建议案》及相关调研报告；审议通过了《关于召开中国人民政治协商会议北京市第十一届委员会第二次会议的决定》；听取了各专门委员会的工作报告；结合审议《常务委员会工作报告初步思路》，讨论总结2008年常务委员会工作。阳安江主席出席会议并讲话。副市长丁向阳到会听取意见并讲话。

第5次会议 2008年12月30日召开，应出席常委143名，实到107名，沈宝昌副主席主持会议。会议听取了市纪委关于全市党风廉政建设和反腐败工作情况的通报；听取了市政府关于政协北京市第十一届委员会第一次会议提案办理工作情况的通报；审议并通过了《中国人民政治协商会议北京市第十一届委员会常务委员会工作报告（草案）》、《中国人民政治协商会议北京市第十一届委员会常务委员会提案工作报告（草案）》、《中国人民政治协商会议北京市第十一届委员会第二次会议日程（草案）》、《中国人民政治协商会议北京市第十一届委员会第二次会议委员分组办法和各组召集人名单（草案）》和《中国人民政治协商会议北京市第十一届委员会第二次会议选举办法（草案）》；审议了《中国人民政治协商会议北京市第十一届委员会第二次会议决议起草委员会委员名单（草案）》、《中国人民政治协商会议北京市第十一届委员会第二次会议议程（草案）》；审议通过了有关人事事项。市委常委、统战部长牛有成到会就人事事项进行了说明。

【专门委员会工作】

提案委员会 十一届一次会议以来，各界委员、各民主党派、有关人民团体和界别共提交提案1291件，经审查立案1190件。其中，委员提案1161件，党派提案21件，团体提案6件，界别提案2件，截至年底已全部办复。参与提出提案的委员590名，占委员总数的80.9%。提案质量稳步提高，经第5次主席会议审议通过，127件提案被评为优秀提案。通过各专门委员会推荐和网上征询意见，主席会议将《关于物资回收及垃圾分类的建议》等29件提案构成的7个方面问题作为重点检查督促议题。根据《委员意见征询表》并结合办理报告对全部提案逐件进行分析，建立委员意见分析程序和评价数据计算办法，对委员反馈的意见进行归纳和整理；通过走访、座谈等方式广泛听取民主党派、人民团体对办理工作的意见建议，召开对办理结果有不同意见委员的座谈会；在此基础上，撰写《提案办理工作情况的分析报告》和《委员对提案办理工作的意见建议》，报送市委市政府。完善复查补办提案的审定程序，将37件委员有不同意见的提案，提交提案委员会全体会议审定通过，分别确定为复查补办、通过信息渠道再次反映意见、承办单位继续与委员沟通等。改进和完善优秀提案评选程序，使优秀提案评选工作更加公开、公正。注重创新，拓宽各界人士反映意见的渠道，建立网上公开征集提案线索的经常化制度；开展直接关系群众生活重要实事的征集工作，并将征集到的“重要实事”线索呈送市政府有关部门。制作《如何写好提案》光盘发放全体委员；向新任委员讲解提案提出的方式、方法及要求等知识，并在网上请委员就热点问题展开讨论，为提高提案质量做好服务工作。

文史和学习委员会 共组织活动64次，出席人员1453人次。举办政协系统文史工作成果展、开展优秀文史资料图书评选等活动；召开北京市政协文史工作座谈会，总结交流工作经验，研讨新形势下政协文史工作遇到的新情况和新问题，提出今后的工作思路。全年共征集文史资料330多篇、166万多字。围绕纪念改革开放30周年，与市委党史研究室和市老干部局联合组成编委会，开展征文活动，编辑出版《改革开放话北京》。编辑《北京文史资料》选辑第74辑、《北京市民主党派工商联史料选编》；继续做好与全国政协协作项目《运河名城》丛书北京分册和《中国文史资料总目录·北京卷》、《北京文史资料》选辑第75辑和《京华忆往》等专辑的征编工作。对《关于交通建设工程应做好地下文物保护的建议》的提案进行重点督办，听取相关部门情况汇报，促进提案落实。围绕北京历史文化名城保护问题先后召开7次座谈会，组织委员视察座谈研讨。举办5期新委员培训班，88.9%的新委员参加了培训；就国内外经济形势、台海形势、国际战略问题、当前宏观经济及金融形势等组织学习报告会7次；举办委员暑期读书班，以“总结奥运成果、推进首都科学发展”和“总结改革开放30年成就、推进首都改革开放事业和人民政协事业”为主题，进行学习研讨并组织参观活动。组建了新一届市政协新闻舆论监督评议组，并在北京人民广播电台开展了评议活动，对市属新闻媒体宣传报道工作进行了评议。全年编发《学习》内刊8期。

经济委员会 共组织活动116次，出席人员1739人次。召开学习贯彻十七届三中全会精神专题座谈会；采用网络、电话及书面通知等多种形式，推动委员认真学习领会中央有关会议精神。与有关部门联合举办“回首三十年，探索新国企——第五届国企改革发展论坛（2008）”活动。完成国家体育场奥运会开闭幕式供电安全和奥运会食品安全两项风险防范评估工作，先后组织情况通报、实地考察和座谈研讨等活动，撰写有关报告、简报及《诤友》信息18份，提出意见建议61条，领导批示1次。就奥运后首都经济可持续发展问题进行调研，在完成调研报告基础上形成常委会《关于奥运后首都经济可持续发展若干问题的十五条建议》。组建新一届市政协财政预算民主监督小组，初步形成了与市相关单位的日常沟通与交流机制；听取《关于北京市2007年市级决算和2008年上半年预算执行情况的报告》等6项报告，进行深入分析和讨论，提出意见和建议；听取市财政局关于全年财政情况的通报及完善市与区县分税制财政管理体制方案的情况介绍；对本市2008年预算执行情况和2009年市级预算草案的主要内容进行审议。召开“关于进一步提高金融业对首都经济的贡献的建议”重点提案督办座谈会，促进《中共北京市委、北京市人民政府关于促进首都金融业发展的意见》的尽快出台。以“京津冀晋蒙政协区域经济发展论坛”为平台，交流研讨区域经济合作问题。参加全国23省区市政协经济委员会第十六次联系会议；组织委员到区县参观考察；接待首都企业家联谊会来访，并共同组织优化首都投资环境座谈会等活动。

科技委员会 共组织活动47次，出席人员903人次。对奥运会期间水供应安全和奥运期间主要地下管线安全开展了风险防范评估工作；就水供应和地下管网安全风险防范提出了29条建议，编发《诤友》信息10篇。分析37件科技类提案，把涉及水供应安全类提案的督办与奥运会风险评估调研结合起来，加大了重点提案督办的力度。开展关于发挥离退休专业技术人员作用的专题调研，访问和拜访有关社团组织和老科技工作者，在完成调研报告基础上形成主席会议《关于发挥离退休专业技术人员作用的建议案》。与市科协联合举办中关村未来发展论坛，企业家代表、专家学者、跨国机构代表、相关政府部门负责人共同就中关村未来发展所面临的问题和挑战提出政策建议。组织6次知情考察活动，为委员了解本市最新科技成果和科技未来发展趋势搭建知情议政平台。走访全国政协教科文卫体委员会；召开了区县政协相关专委会联系会议；邀请市科委、中关村管委会、市水务局、市市政管委、市发改委、市工业促进局等政府部门向委员通报和介绍相关情况；接待全国政协教科文卫体委员会“技术创新政策落实情况”调研组在京视察活动。

城建环保委员会 共组织活动96次，出席人员1324人次。完成奥运会交通安全和北京空气质量保障风险防范评估工作。交通安全风险防范评估课题组从奥运会开闭幕式观众疏散、地铁运营安全和奥运会期间的交通保障问题入手，组织视察、座谈和研讨活动7次，提出意见建议140条。北京空气质量保障风险防范评估课题组以北京市向国际奥委会做出的奥运会比赛期间空气质量承诺的落实情况为切入点，选择扬尘、机动车、工业、燃煤等四种典型污染控制措施的落实情况进行实地视察和评估，提出意见建议25条。就城市垃圾分类处理问题进行专题调研，通过通报、视察、座谈等活动，深入调研本市垃圾分类处理工作情况，并向全社会发出“实行垃圾分类，建设绿色北京”的倡议。组织委员视察首都机场T3航站楼、北京南站和京津城际铁路；面对汶川地震灾害，开展“寄往灾区的爱心卡”心理援助活动，共收到399位政协委员和机关干部填写的爱心卡共2159张；召开汶川地震震害启示报告会、奥运启示座谈会；举办“巩固奥运成果，建设美丽家园”摄影展。全年报送《诤友》信息28篇。

教文卫体委员会 共组织活动51次，出席人员758人次。对市政府奥运期间公共卫生风险防范工作和应急预案进行调研评估，从委员意见建议中筛选归纳23条作为《调研组评估建议》报送有关部门。召开“迎奥运、讲文明、树新风，提升北京公共文明水平研讨会”，报送《关于提升北京公共文明水平的建议》。关注奥运筹备进展情况，视察奥运场馆；策划并完成《北京2008年奥林匹克运动会申办报告》的“百米书法长卷”；与市体育局共同举办“市政协向北京奥运会上获奖的北京籍运动员赠送政协纪念盘仪式”；就《北京市实施〈中华人民共和国义务教育法〉办法（草案）》、《北京市2008年普通高校招生志愿填报方式调整方案（草案）》、《北京市公共场所禁止吸烟范围的若干规定（草案）》等分别召开座谈会，征求委员意见；组织高教界委员参加市政府召开的《中关村科技园区条例（修订草案）》征求意见座谈会。就委员关注的德育教育、职业教育、本市图书发行行业发展情况、青少年体质等问题开展通报和考察活动；就高校招生录取工作、博物馆免费开放后的运营情况、文化市场行政执法情况和“798文化园区”发展情况等专题，组织考察活动。召开检查督促门诊、急诊医疗费即时报销提案办理工作座谈会，推动问题的解决。完成卢沟桥醒狮越野跑赛事和教师节庆祝活动。

社会和法制委员会 共组织活动113次，出席人员1502人次。按照常委会关于奥运会风险防范评估工作的部署，坚持“以人为本、广泛参与、点面结合、边评边改”的方针，开展了26次调研和评估活动，形成《关于奥林匹克公园中心区竞赛场馆火灾风险评估的建议》。围绕加强残疾儿童少年康复工作进行重点调研，在完成调研报告基础上形成常委会《关于加强本市残疾儿童少年康复工作的建议案》。对国有、外资和民营各类型大中小35家企业贯彻《劳动合同法》的情况组织专项视察，针对贯彻过程中存在的问题提出6方面建议。与市总工会联合举办“北京市贯彻落实《中华人民共和国劳动合同法》论坛”。首都社会治安综合治理工作民主监督小组召开情况通报会，组织委员视察综治工作基层联系点，针对存在的问题提出解决办法和建议。工会工作小组与有关部门联合举办“你我同心庆祝奥运会倒计时100天长城承诺活动”。青少年工作小组就罪错青少年复读安置与纳入国民教育序列问题进行调研，探讨解决办法。妇女儿童工作小组召开了妇女儿童发展规划中期实施情况通报会，举办女委员新春茶话会，开展纪念“三八”妇女节活动。法律工作小组围绕《北京市法律援助条例（草案）》开展立法前座谈，提出建设性意见；围绕《中华人民共和国律师法》实施前的准备工作，分别与市公检法部门进行座谈研讨。提案工作小组对市政协十一届一次会议期间提出的政法、社保等类别的197件委员提案进行研究，提出提案分析报告；就《关于加快本市社会化养老服务发展的建议案》和《关于完善北京市残疾人就业保障金收取和使用的建议》重点提案督办落实工作，与政府有关部门进行沟通。向市委市政府相关部门和司法机关推荐25名特约监督员。

民族和宗教委员会 共组织活动62次，出席人员868人次。完成奥运会民族宗教风险防范评估工作，提出了30多条意见建议。深入部分区县的少数民族乡村和清真餐饮副食网点、企业，开展北京市少数民族经济发展专项资金使用效益情况的专题视察，提出了扩大资金使用范围等建议。召开提案分析座谈会，对十一届一次会议期间有关民族宗教方面的提案进行分析；邀请市、区有关部门就天主教宣武门堂门前停车场问题进行协商座谈；邀请市劳动和社会保障局、市宗教局等有关部门就北京市宗教教职人员的社会保障问题进行研究；以委员会名义向市政协十一届二次全会提交了《关于增加北京市少数民族经济发展专项资金总额，改进使用方式，提高使用效益的建议》和《关于北京市宗教活动场所合理布局问题的建议》两份团体提案。举办2008年市政协民族和宗教界委员迎春团拜会；承办2008年北京市政协民族和宗教界代表人士休假活动。

港澳台侨委员会 共组织活动66次，出席人员1270人次。与有关专委会组成联合课题组，完成了奥运期间北京旅游安全风险防范评估工作，期间多次听取包括港澳委员在内的委员们的意见和建议，并组织视察、座谈活动，提出47条意见建议。围绕奥运场馆建设，组织港澳委员和港澳台侨工作顾问视察考察奥运工程建设项目，并结合视察考察情况提出意见建议。完成“水立方”（国家游泳中心）大额捐资人出席奥运会开幕式的组织接待工作。举办工作通报会，邀请市台办、市侨办领导向委员通报中央和北京市对台及侨务工作的有关情况；坚持向港澳委员通报北京市经济社会发展情况的制度；邀请市发改委负责同志在深圳向港澳委员通报奥运会后北京经济发展情况，市政府有关负责同志通报港澳委员提案的办理情况。就侨资企业权益保护及首都经济发展情况，组织内地委员视察，增强了内地委员与港澳委员、港澳台侨工作顾问之间的相互了解。分别组织港澳委员和港澳台侨工作顾问围绕城市建设等问题进行专项视察和考察，并与市领导进行座谈，针对经济发展、交通保障、食品安全等方面问题提出了50余条意见建议。先后接待来自香港、台湾、印尼、西班牙、南非等地区和国家的来访团组和海外友人18批次，303人次；接待友好社团和海外朋友参加国庆59周年观光活动。

【重要活动】

开展奥运风险防范评估工作 2008年2月至5月，成立由市政协领导挂帅、各专委会负责人及有关专家学者参加的奥运风险防范评估工作协调小组，分设空气质量、交通安全、食品安全、公共卫生、民族宗教等10个风险防范评估课题组，组织委员深入奥运场馆和城市运行管理的诸多方面进行调研评估。先后举行通报会、座谈会、研讨会等上百次，组织调查、考察活动等50余次，参加的政协委员、专家学者等2000余人次，向市委市政府和奥组委报送了大量具有实用价值的意见建议。在奥运筹办的关键阶段，常委会议专题研究奥运风险防范评估工作，形成中共北京市政协党组《关于市政协奥运会风险防范评估工作的报告》和10项专题报告。报告报送后，市委市政府主要领导作出批示，要求印发奥组委和市政府相关部门，认真对照研究，逐一回应。奥运风险防范评估工作为完善奥运风险防范预案、实现"平安奥运"目标发挥了重要作用。

举办十一届新任委员学习培训班 2008年3月至5月，本会举办了五期新任委员学习培训班，395名新委员中，有351名参加了培训，占应参加培训委员总数的88.9%。阳安江主席在第一期培训班开班仪式上作动员讲话，并看望各期参加培训的委员；沈宝昌副主席在第二至第五期培训班开班仪式上作动员讲话；陈平副主席为第一至第四期培训班作总结。培训班以学习中共十七大精神、《中共中央关于加强人民政协工作的意见》为主题，结合人民政协基本理论、政协工作基本知识、委员如何履职等内容，采取听报告、小组讨论、大会交流、老委员谈体会等形式，为新任委员尽快转换角色、了解政协工作、提高履职能力和水平搭建平台。

议政会 市政协办公厅与中共北京市委统战部共同组织召开2次议政会。2008年6月26日、11月11日，本市各民主党派、人民团体负责人和民族宗教界代表人士分别听取了赵凤桐副市长关于"构建以工促农、以城带乡长效机制，建立首都城乡经济社会协调发展新格局"和陈刚副市长关于"推进廉租房建设和老城区危旧房修缮改造，改善困难群体的居住条件"的情况通报并进行座谈，与会各界人士提出了许多意见和建议。

举办委员暑期读书班 2008年9月21日至26日，本届政协在青岛市举办首次委员暑期读书班，66位委员参加。读书班以"总结奥运成果、推进首都科学发展"和"总结改革开放三十年成就、推进首都改革开放事业和人民政协事业"为主题，进行了学习研讨。委员们认真研读有关学习资料、积极思考问题、踊跃发表意见、相互切磋交流，坚定了走科学发展道路的决心、走改革开放道路的信心，增强了走中国特色社会主义政治发展道路的自觉性。阳安江主席在开班仪式上发表讲话，沈宝昌副主席作总结讲话。

举办巩固奥运成果、推动科学发展研讨会 2008年10月8日召开，沈宝昌副主席主持，阳安江主席，中共北京市委常委、常务副市长吉林出席会议并讲话。研讨会上，9位委员分别就推进北京"城市形象"建设、城市管理体制和机制改革、交通长远发展、绿色经济发展、食品安全、创新型城市建设、残疾人事业发展、发扬志愿者精神等发表了意见和建议，部分委员提交了书面发言。吉林对委员们的发言给予高度评价，表示认真研究采纳委员意见建议。阳安江在讲话中提出，要深刻总结、充分挖掘、认真传承北京奥运宝贵经验和丰富遗产，巩固发扬奥运成果，推动北京长远发展、科学发展。会后归纳整理的《政协北京市委员会关于巩固奥运成果、推动首都科学发展的意见建议》，共10个方面46条，送中共北京市委和市政府研究参考。

召开改革开放与人民政协——纪念改革开放30周年研讨会暨北京市人民政协理论与实践研究会三届二次理事大会 2008年11月27日至28日召开，市政协副主席、研究会副会长沈宝昌和市政协秘书长、研究会副会长阎仲秋分别主持会议。市政协主席、研究会会长阳安江，市政协副主席、研究会副会长陈平，市政协副主席、研究会监事长熊大新，市政协副主席、台盟北京市委主委蔡国雄，北京市社科联主席、十届市政协副主席满运来，中央社会主义学院副院长张峰等领导同志和研究会名誉理事、理事、监事、各团体会员单位负责人、个人会员、部分论文作者、特别邀请人士等180多人出席了会议。会议听取并审议了研究会常务副会长张平夫所作的北京市人民政协理论与实践研究会2008年工作报告；14位同志围绕"改革开放与人民政协"这个主题进行了大会研讨交流。研讨会共收到论文150多篇，内容包括改革开放以来人民政协事业的新发展、人民政协在历史新时期的重要作用、人民政协履行职能工作的新拓展、人民政协自身建设的推进、我国政党制度的完善和参政党建设的加强等方面。全国政协副主席、中国人民政协理论研究会会长郑万通出席并讲话，阳安江会长就改革开放与人民政协这一研讨主题作讲话。

开展走访委员工作 制定《关于做好走访委员工作的意见》，对走访看望委员作出明确规定和具体安排。市政协领导和各专委会及有关部门分头走访看望各界委员，特别是走访一些委员较为集中的大专院校等单位，认真听取意见建议，争取委员所在单位对政协工作的理解和支持。全年共走访了180余个委员单位的480多位委员，占委员总数的67%。

【重要文件】

常务委员会工作报告（2008年1月19日）（摘要） 十届市政协五年工作情况：五年来，市政协在中共北京市委的领导下，坚持以邓小平理论和"三个代表"重要思想为指导，深入贯彻落实科学发展观，紧紧把握团结民主的主题，积极发挥委员主体作用，以"谋发展、促和谐、迎奥运"为主线，认真履行政治协商、民主监督、参政议政职能，为推进首都社会主义经济建设、政治建设、文化建设、社会建设做出了重要贡献。五年来，市政协共组织召开5次全体会议，36次常委会议，49次主席会议；形成常委会建议案19项，主席会议建议案15项；组织各类视察、考察、座谈、研讨、情况通报等活动3000余次，各项工作开展得生动活跃、扎实有效，取得了新的成绩和进步，充分展示了中国特色社会主义民主政治的勃勃生机。

（一）围绕深入贯彻落实科学发展观认真履行职能，为促进首都经济社会又好又快发展建言献策。在十届市政协召开的历次全体会议上，各界委员就政府工作报告、国民经济和社会发展计划报告、财政预算报告等开展协商讨论，发表真知灼见，为党和政府科学决策、切实把首都经济社会纳入科学发展的轨道提供了重要参考。在制定本市国民经济和社会发展第十一个五年规划的过程中，通过全体会议、常委会议和专题协商座谈会等形式开展协商建言，对于"十一五"规划更好地体现科学发展观的要求发挥了积极作用。与市委统战部共同举办议政会，就发展循环经济等重要问题进行协商议政，提出了许多有价值的参考意见。围绕实现首都经济社会又好又快发展，分别就"优化发展环境，加快首都经济发展"、"解决结构性矛盾，加快经济增长方式转变"、"推进节水型城市建设"、"推进新农村建设"、"加强京郊义务教育"和"北京历史文化名城保护"等问题开展了专题调研，为党政决策提供了重要参考。举办"坚持以人为本，落实科学发展观"、"维护农民权益，统筹城乡发展"、"合理利用能源资源，推进首都节约型社会建设"等研讨会，为首都深入贯彻落实科学发展观提供智力支持。围绕文化创意产业发展问题，组织政协常委进行视察座谈，提出有见地的意见和建议，市委主要领导到会听取意见建议并给予充分肯定。连续三年与天津市政协、河北省政协联合举办"京津冀区域经济发展论坛"，收到良好效果。

（二）发挥统一战线组织优势，为构建和谐社会首善之区贡献力量。就促进和谐社区建设、和谐社会与法制建设、国有企业收入分配、食品安全监管、居住小区物业管理、新型农村合作医疗制度建设等问题深入调研，积极为和谐社会建设出谋划策。在抗击"非典"的斗争中，通过召开常委会议和各类专题座谈会，就相关问题进行深入研讨，向市委、市政府报送多份专题建议，为夺取抗击"非典"和经济发展的双胜利提供了决策参考。围绕《北京市集体合同条例（草案）》等数十项法规的制定进行座谈讨论，促进相关法规的完善。围绕有关法律法规的贯彻落实以及食品卫生、文化市场管理、消防安全等工作开展视察、考察，促进相关工作的改进和加强。邀请市纪委负责人在常委会议上通报本市党风廉政建设情况，加强民主监督。通过反映社情民意和提案履行民主监督职能，财政预算民主监督小组、新闻舆论监督民主评议小组、首都社会治安综合治理民主监督小组的作用得到进一步发挥。五年来，共推荐144名委员担任特约监督员和政风行风评议员，在政法、经济、教育、文化、城市管理等领域发挥了重要的民主监督作用。与民革市委联合召开纪念抗日战争胜利60周年座谈会，坚持每年举办卢沟桥醒狮越野跑比赛，弘扬爱国主义和民族精神。举办纪念毛泽东诞辰110周年座谈会、邓小平诞辰100周年座谈会和纪念孙中山诞辰140周年活动。开展扶贫济困和送医、送文艺节目下乡活动以及慰问奥运工程建设者活动，通过社情恳谈会等形式深入了解和反映各界群众的愿望和诉求，为促进社会和谐贡献力量。认真做好民族宗教工作，推动民族团结和宗教和睦。认真宣传贯彻中共中央对台工作的一系列方针政策，为反"独"遏"独"、推进两岸关系和平发展多做工作。密切同港澳委员的联系，注重发挥港澳委员的作用，为维护港澳地区的繁荣稳定和促进京港、京澳交流合作多作贡献。加强与海外华侨华人的联系与交往，努力为港澳台侨同胞支持首都公益事业牵线搭桥；组织开展国庆观光活动；举行纪念香港回归十周年座谈会。

（三）积极参与和推动奥运筹备工作，为举办一届有特色、高水平的奥运会献计出力。围绕"实施'人文奥运'行动计划，提升市民素质"等问题开展重点调研和系列研讨，向市委、市政府报送了《政协委员和民主党派成员关于实施"人文奥运"理念的意见和建议》，受到市领导的重视。积极支持和参与"迎奥运、讲文明、树新风"活动，为提高市民文明素质和首都城市文明水平作出了应有贡献。就"加强城市户外广告设置管理"、"缓解北京城市交通拥堵"等难点问题开展调研，向市委、市政府提出切实可行的意见建议。就"提高我市城市环境建设水平，办好2008年奥运会”组织委员进行专题研讨，市政府主要领导到会听取意见，与委员坦诚交流。围绕城市环境卫生整治、城中村治理、交通环境治理等工作开展视察考察，提出了加强和改进相关工作的意见建议。开展“为奥运筹备工作献一策”活动，连续编报《诤友》信息67期，提出意见建议100多条。围绕奥运重点工程建设、“节俭办奥运、廉洁办奥运”、文明赛场创建、奥运宗教活动场所安排等问题组织视察、通报座谈等活动，就相关工作提出意见建议。围绕抓住奥运机遇加快北京旅游业发展、加强我市奥运科普工作等开展专题调研，举办“北京金融与奥运经济”研讨会、科技奥运论坛、“绿色奥运与生态城市建设”研讨会等，为做好奥运各项筹备工作提供了参考意见。

（四）坚持开拓创新，认真做好政协各项基础性和经常性工作。创新提案工作机制，改进提案交办方式，实现提案交办的规范化；协助中共北京市委制定《关于进一步做好党派提案工作暂行办法》，促进了党派提案工作的发展；组织各专委会共同参与提案分析、重点提案督办等工作；开展网上点评提案，面向市民征集提案线索，在重点提案督办和跟踪办理中邀请市民代表参加座谈；对涉及全局性、前瞻性和群众反映强烈、社会影响面较大的提案，列为重点督促检查提案，由政协主席、副主席、秘书长带队进行督办，推动一些重点难点问题的解决，提高政协提案的实效性和社会公信力。完善调研选题机制，加强调查研究的组织协调工作；与民主党派联合开展调研，使民主党派作用和人才优势得到发挥；加强调研成果的追踪落实，促进其应用转化。五年共完成调研报告52项，为市委市政府科学决策提供了重要参考。按照“抓住重点、体现特色、真实准确、讲求实效”的要求，推进反映社情民意工作向深（有深度）、重（有分量）、新（有新意）拓展。五年来，通过市政协《诤友》反映信息2034期，其中被市委、市政府和全国政协信息刊物采用651篇，有27位市领导作出批示504件次。加强理论研究和新闻宣传工作，围绕“推进新世纪新阶段，人民政协事业发展”、“学习贯彻中共十七大精神，开创政协工作新局面”等主题，召开5次年度大型研讨会；就加强政协民主监督问题开展专题调研；完成北京市哲学社会科学“十一五”规划课题《关于加强新世纪新阶段人民政协工作的研究报告》；组织撰写《人民政协概论》，形成了一批具有较高水平的研究成果。与市委宣传部联合召开两次政协新闻宣传工作座谈会，制定《关于加强和改进政协宣传工作的意见》，建立新闻发布会制度。办好会刊《北京观察》和市政协网站，形成宣传合力。加强文史资料征编的选题规划和协作工作，加大建国后史料征集工作的力度，五年共征集史料476篇、473万字。完成50万字的《北京志·政协志》的编纂工作。

（五）加强自身建设，为提高履行职能的水平提供保障。认真组织全体会议、常委会议、议政会等重要协商会议上的党派发言，通过重点办理党派提案、报送党派信息、联合开展专题调研和视察，举办研讨会、座谈会等多种形式，为党派参政议政、发挥作用、畅通渠道创造条件。市政协领导坚持每年走访民主党派市委，就有关政协工作的重要问题充分听取党派意见，营造政协内部民主协商、合作共事的良好氛围。通过在大会上作界别发言、组织界别分组讨论或联组讨论等，表达界别的意见建议。成立妇女儿童、工会、科技、农业、民族、宗教等界别工作小组，以界别小组为主要载体开展日常性活动，通过建立完善各项制度，提高界别小组活动的规范化和实效性，以界别或界别联合名义提出提案，开展专题视察和调研等，使政协工作体现鲜明的界别特色。通过委员培训班、委员暑期读书班、专题学习座谈会、报告会、编发《学习》内刊以及参观考察等多种形式，组织委员认真学习中共十六大、十七大和中央有关精神，学习人民政协理论和章程，学习时事政治和现代科学文化知识，提高委员的综合素质和参政议政能力。通过多种形式密切同委员的联系，增强委员队伍的凝聚力。提出建设学习型、服务型、创新型、和谐型政协机关的目标和任务。按照中央和市委的部署，在机关共产党员中开展了保持共产党员先进性教育活动。积极推进机关干部人事制度改革，加强干部的培养、选拔、考核和任用工作，加大机关干部挂职锻炼和内部轮岗交流的力度。进一步加强机关信息化建设，搭建为政协履行职能服务的信息化平台。

回顾过去五年的工作，常委会最深切的体会是：要坚持共产党的领导，注重发挥政协自身的主动性；要坚持围绕中心、服务大局，注重把握工作重点；要坚持以人为本，注重贴近民生；要坚持团结民主的主题，注重突出政协特色；要坚持在继承中发展，注重开拓创新；要坚持加强自身建设，注重发挥委员主体作用。这六条体会，既是过去五年工作的基本经验，也是今后工作应当遵循的原则。

对十一届市政协工作的建议和希望：（一）认真学习贯彻中共十七大精神，努力开创人民政协工作新局面；（二）深入贯彻落实科学发展观，把促进科学发展贯穿于政协履行职能的各个方面；（三）牢牢把握团结和民主的主题，巩固和壮大最广泛的爱国统一战线；（四）切实加强自身建设，增强做好政协工作的责任感和使命感。

政治决议（2008年1月24日） 中国人民政治协商会议北京市第十一届委员会第一次会议于2008年1月19日至24日举行。会议审议并通过了阳安江主席代表第十届委员会常务委员会所作的工作报告，审议了第十届委员会常务委员会提案工作报告；列席了北京市第十三届人民代表大会第一次会议，听取和讨论了郭金龙代市长所作的《政府工作报告》，并讨论了其他报告；会议选举产生了政协北京市第十一届委员会主席、副主席、秘书长和常务委员。委员们以高度的政治责任感，认真履行政治协商、民主监督、参政议政职能，积极为推进首都社会主义经济建设、政治建设、文化建设、社会建设建言献策，圆满完成了大会的各项议程。

各界委员赞同郭金龙代市长所作的《政府工作报告》，普遍认为，过去的五年，在中共北京市委领导下，全市各族人民坚持以邓小平理论和“三个代表”重要思想为指导，深入贯彻落实科学发展观，紧紧围绕实现“新北京、新奥运”战略构想，求真务实，锐意进取，胜利完成了北京市国民经济和社会发展第十个五年计划，努力推进了“十一五”规划的实施。经济发展方式进一步转变，产业结构不断优化，首都经济保持了又好又快的发展势头；城乡统筹协调发展，社会主义新农村建设取得明显成效；城市建设和服务管理水平迈上新台阶，节能减排工作成绩突出；奥运会、残奥会筹备工作进展顺利，质量和效率不断提高；各项社会事业加快发展，民生问题得到改善，城乡居民收入明显增长，和谐社会建设扎实推进；改革开放不断深化，自主创新能力持续增强，社会主义民主法制和精神文明建设成效显著。委员们对五年来取得的成就给予充分肯定，对市政府的工作表示满意。

会议指出，在看到成就的同时，要清

醒地认识到经济社会发展中面临的矛盾和问题。委员们高度关注办好2008年奥运会、残奥会，建议继续深入宣传“绿色奥运、科技奥运、人文奥运”三大理念，举全市之力，营造良好局面，抓好各项工作的落实；高度关注经济社会发展与人口资源环境的矛盾，建议进一步加强环境保护，继续推进循环经济发展和生态文明建设；高度关注构建社会主义和谐社会首善之区的工作，建议着力解决关系群众切身利益的民生问题，加快推进社会建设，促进社会和谐。委员们还就劳动就业、社会保障、医疗改革、教育发展、文化繁荣、科技创新、物价变动、城市交通、依法行政、新农村建设等问题，进行了广泛讨论，提出了意见和建议。

会议认为，《政府工作报告》中提出的今后五年奋斗目标符合北京实际，经过全市人民的共同努力是可以实现的。今后五年是首都经济建设、政治建设、文化建设、社会建设全面发展的关键时期。委员们希望新一届市政府深入贯彻落实科学发展观，保持首都经济社会全面协调可持续发展，开创各项工作新局面。

会议强调，2008年是全面贯彻落实中共十七大精神的第一年，是北京奥运会举办之年，是第十一届市政协届首之年。办好2008年奥运会是今年全市工作的重中之重。人民政协要充分发挥人才荟萃、联系广泛的优势，凝聚各方面力量，把社会各界的积极性引导到参与奥运、奉献奥运的工作中去。广大政协委员要踊跃参加“迎奥运、讲文明、树新风”活动，努力营造热情、文明、友好的奥运氛围。要按照中共北京市委的部署，紧紧围绕防范奥运风险、完善应急预案进行调研评估，为确保奥运会成功举办作出应有贡献。

会议要求，各界委员要围绕全市中心工作和重点任务，更加富有成效地履行政治协商、民主监督、参政议政职能，推动首都经济社会又好又快发展；紧紧把握团结和民主两大主题，不断巩固和壮大爱国统一战线，促进社会主义民主政治建设；发挥人民政协的优势和作用，为改善民生、促进社会和谐贡献力量；坚决贯彻中共十七大对人民政协工作提出的新要求，切实加强自身建设，努力发挥协调关系、汇聚力量、建言献策、服务大局的重要作用。

会议号召，参加政协北京市委员会的各党派、团体和各族各界人士，更加紧密地团结在以胡锦涛同志为总书记的中共中央周围，全面贯彻落实中共十七大精神，在中共北京市委领导下，在建设中国特色社会主义事业进程中，高举伟大旗帜，提升履职能力，推动科学发展，促进社会和谐，为成功举办一届有特色、高水平的奥运会、残奥会，为把北京建设成为繁荣、文明、和谐、宜居的首善之区而努力奋斗！

中共中央政治局委员、中共北京市委书记刘淇在中国人民政治协商会议北京市第十一届委员会第一次会议闭幕式上的讲话（2008年1月24日）（摘要） 2008年是全面贯彻落实党的十七大精神的第一年，也是北京奥运之年。市政协要紧紧围绕办好奥运会，营造经济发展、社会祥和良好局面的重大任务，创造性地履行政治协商、民主监督、参政议政的职能，创造性地发挥好协调关系、汇集力量、建言献策、服务大局的重要作用。

第一，要认真学习贯彻党的十七大精神。面对繁重的首都工作，面对筹办奥运会的艰巨任务，必须要学习贯彻好党的十七大精神，不断加深对党的十七大精神的理解，提高继续解放思想、坚持改革开放、推动科学发展、促进社会和谐的自觉性和坚定性，增强用党的十七大精神武装头脑、指导实践、推动工作的本领，更好地为圆满完成 2008 年奥运会筹办任务献计出力，为进一步推动首都的改革与发展建言献策，为解决好民生问题、促进社会和谐发挥作用。

第二，要在营造经济发展的良好局面方面发挥积极作用。要始终把促进科学发展作为履行职能的第一要务，组织广大政协委员，结合办好奥运会，就首都如何深入贯彻落实科学发展观、建立贯彻落实科学发展观的体制机制，如何坚持好字优先、进一步优化经济结构、提高自主创新能力、转变发展方式，如何推进节能减排工作、加快生态文明建设，如何继续深化改革开放、加快社会主义新农村建设、统筹城乡区域协调发展等重大问题，开展调查研究，为党和政府科学决策建言献策，为在更高层次上推动首都经济又好又快发展贡献聪明才智。

第三，要在营造社会祥和的良好局面方面履行好职能。要坚持团结和民主两大主题，紧紧抓住关系群众切身利益的重大民生问题，开展调查研究，反映社情民意，协助党和政府协调各种关系，化解社会矛盾，促进社会和谐，不断巩固首都各族人民的大团结。要发挥政协的社会影响力，围绕提高城市文明程度，通过多种形式，为树立城市良好形象办实事、献良策、作表率。注重发挥港澳委员和港澳台侨工作顾问的重要作用，最广泛地动员广大海外同胞参与奥运的积极性和热情。广大政协委员要积极参与“迎奥运、讲文明、树新风——我参与、我奉献、我快乐”活动，倡导文明礼仪，养成文明习惯，普及文明知识，努力带头塑造首都市民讲文明、重礼仪、团结友善的良好形象和热情友好、宽广包容的东道主风采，进一步营造首都各界喜迎奥运、参与奥运、奉献奥运的浓厚气氛，营造欢乐祥和的社会氛围。

第四，要积极参与奥运筹办工作，在奥运会风险评估和防范方面作出新贡献。希望市政协充分发挥自身优势，围绕着防范奥运会风险，实现“平安奥运”这一重大题目，特别是涉及奥运的公共安全、交通安全、空气污染、食品安全、旅游安全、卫生急救、民族宗教等方面深入开展风险评估工作。要调动各界委员的参与热情，充分发挥大家的专长和优势，广泛集中大家的聪明才智，积极组织委员对奥运会的各项筹备工作以及可能面临的风险，特别是安全和管理风险进行研究和评估，提出科学、有效、可操作性强的意见和建议，切实帮助有关部门完善工作预案和应急预案，堵塞工作漏洞，提高应对突发事件的能力，以防患于未然，保证北京奥运会成为平安奥运、和谐奥运。

人民政协事业是中国特色社会主义事业的重要组成部分。各级党委要从建设和发展中国特色社会主义事业的高度充分认识人民政协的重要性，切实加强和改善对政协的领导，增强支持人民政协履行职能的自觉性。要把政协工作纳入党委的工作议程，全盘考虑、统筹安排、及时研究，帮助政协解决各种实际问题。要把政治协商纳入决策程序，就重大问题在决策前和决策执行中进行协商，促进党政部门决策的科学化和民主化。要增强民主监督的实效，支持政协开展视察、考察和调研等活动，特别是要大力支持政协开展奥运会风险检查和评估工作。各级党政部门要通力配合，提供便利，自觉接受检查和监督，认真听取委员的意见和建议，切实完善各项预案，确保平安奥运的实现。要切实加强政协建议案、提案的办理工作，对政协的建议案、提案反映的社情民意、批评和建议，党政领导和有关部门要充分重视，认真阅批，及时答复，重点督办，以此来推进各项工作。要健全情况通报制度，及时主动地向委员通报首都经济社会发展情况和各部门的工作进展情况，为他们了解市情、知政议政创造条件。要大力支持和推动人民政协的理论研究、宣传和教育工作，把人民政协理论列入各级党校、行政学院、干部学院、社会主义学院的教学计划，加大人民政协知识的普及力度，努力创造全党全社会重视和支持人民政协工作的良好氛围。各级领导干部要经常参加政协的会议和活动，密切同各民主党派、人民团体和无党派人士的联系，真心同他们交朋友，关心他们的工作和生活，认真听取他们的意见和建议。政协委员所在单位要支持政协委员参加政协的各种会议和活动，为政协委员履行职责提供条件和保障。

阳安江主席在纪念改革开放30周年研讨会暨研究会三届二次理事大会上的讲话（2008年11月28日）（摘要） 改革开放30年来，人民政协事业的发展紧紧融汇于改革开放的伟大历程中。改革开放为人民政协事业的发展注入了强大活力、提供了广阔舞台；人民政协为改革开放事业的发展提供了力量支持、作出了重要贡献。改革开放30年来人民政协事业发展呈现勃勃生机与活力。（一）性质更加明确；（二）职能得到完善；（三）工作逐步拓展；（四）组织不断壮大；（五）制度日益健全；（六）理论形成体系。

在继续深化改革开放的历史进程中不断把人民政协事业推向前进。（一）高举中国特色社会主义伟大旗帜，牢牢把握人民政协事业发展的正确方向；（二）深入贯彻落实科学发展观，紧紧围绕深化改革开放、推动科学发展履行政协职能；（三）进一步建立健全制度，推动政协履行职能的制度化、规范化和程序化；（四）切实加强“四位一体”的自身建设，为履行政协职能奠定坚实基础；（五）大力加强政协理论研究工作，不断推动政协工作的创新。要进一步发挥好北京市人民政协理论与实践研究会这个研究平台的重要作用。研究会要不断加强自身建设，把各项基础工作做好，切实把自身建设成为“学习知识、研究理论的重要园地，施展才智、交流成果的重要舞台，培养人才、壮大队伍的重要基地，联络感情、凝聚力量的重要载体”。特别是要通过研究会这个平台，发挥好政协委员、研究会理事，尤其是老委员和机关干部在理论研究方面的巨大优势和积极作用。要切实把理论研究工作活跃、有序、深入地开展起来，采取多种措施，调动各方面积极性，努力形成强大的研究合力，以共同推进全市人民政协理论与实践研究工作，进而不断把全市人民政协事业推向前进。

《关于发挥离退休专业技术人员作用的建议案》（2008年11月6日政协北京市第十一届委员会第4次主席会议通过）（略）

《关于奥运后首都经济可持续发展若干问题的十五条建议》（2008年11月19日政协北京市第十一届委员会常务委员会第4次会议通过）（略）

《关于加强本市残疾儿童少年康复工作的建议案》（2008年11月19日政协北京市第十一届委员会常务委员会第4次会议通过）（略）

【组织概况】

主　席

阳安江

副主席

沈宝昌　唐晓青（女）　陈　平
赵文芝（女）　熊大新　傅惠民
葛剑平　王永庆　马大龙
蔡国雄

秘书长

阎仲秋

常务委员名单（按姓氏笔画为序）

于文明　于雪鹰（女）　马艾地
马有建　王　红（女）　王　芸（女）
王　辰　王　茁　王　粤（女）
王力军　王长连　王纪平　王志勉
王荔茹（女）　王俊英（女）
王惠文（女）　巨　勇　牛继升
午新民　卞留念　尹幼奇　邓小虹（女）
卢　平（女）　卢　全　叶　芳（女）
田小平　史捍民　邢文训　巩　沙
权忠光（朝鲜族）　权忠敏（女）
再帕尔·阿不力孜（维吾尔族）
朱　钢　朱尔澄（女，满族）
传　印　任学良　危天倪（女）
刘　伟　刘　建（女）　刘　彬
刘龙华　刘东凤（女，赫哲族）
衣锡群　安路勤　孙　津　孙向东（女）
孙君社　孙新军　杜修力　巫永平
李　山　李　胥　李凤玲　李永军
李进山　李丽凤（女）　李建华
李勇杰　李晓松（女）　李焕喜
李维良　李德胜　李霭君（女）
杨杰孚　杨晓东　肖　培　吴　杰
吴　建　吴文彦（女）　吴玉中
吴正宪（女，蒙古族）　吴汉圣
邱　琦（女）　何超琼（女）
何福胜　佟根柱　辛铁樑
闵　克（女，回族）　迟小秋（女）
张　彤（女，蒙古族）　张　范
张　翎　张　毅（女）　张平夫
张和平　张厚崑　张济山　张惟英（女）
张燕生　陆杰华　陈广元（回族）
陈平原　林安杰　林海涵　罗　强
和　嫈（回族）　金毓嶂（满族）
周淑真（女）　孟秀勤（女）
降巩民　赵　勇　赵志强（锡伯族）
赵春鸾（女）　赵荣国　胡　坚（女）
段桂青（女）　侯小丽（女）
施荣怀　姜贵平（女）　洪亚敏（女）
洪佳林　姚春平（女）　贺燕铭
袁双梅（女）　贾继东　顾九如
柴　岭（女）　徐　平　高　扬
高书平　高春锦（女）　高彦彬
郭　耕　黄卫东　梅蕴新（满族）
常　旭（女）　符国群　焦志忠
曾原纪　嘉木扬·图布丹（蒙古族）
籍之伟

委员名单

中国共产党（22名）

王　芸（女）　王力军　王长连
卢　全　刘　建（女）　刘　俊
衣锡群　阳安江　李长栓　李建华
李维良　杨德宏（女）　肖　培
佟根柱　闵　克（女，回族）
沈宝昌　张厚崑　陈　平　赵文芝（女）
段桂青（女）　阎仲秋　熊大新

中国国民党革命委员会（18名）

于雪鹰（女）　万建中　白广忱
郇倩倩（女）　安建军（裕固族）
苏号朋　李　蓉（女）　李霭君（女）
吴泰然　张建国　张惟英（女）
陈定旺　荣　洋　洪佳林　绛　云（女）
郭　耕　傅惠民　樊碧发

中国民主同盟（18名）

王荣彬　王默力（女）　卞留念
申金升　朱尔澄（女，满族）
刘玉芳（女）　李　刚　李德胜
何福胜　冷金花（女）　陈学军
周玲玲（女）　赵继新　赵雅君（女）
葛剑平　董　瑞（满族）　曾原纪
楼建波

中国民主建国会（18名）

王永庆　王惠文（女）　方　明（女，回族）
白连树　成　卓（女）　任学良
安　庭（蒙古族）　杜少勋　李申虹（女）
李晓松（女）　杨海森　谷树忠
张和平　陈百灵（女，满族）
赵　静（女）　钟　瑛（女，白族）

顾红雅（女） 符国群

中国民主促进会（14名）

王 岗 尹幼奇 史 朝 刘占良
李焕喜 杨立新 肖鸣政 吴文彦（女）
吴正宪（女，蒙古族） 吴森堂
张礼斌 张秀平（女） 罗 强
赵建玲（女）

中国农工民主党（14名）

于文明 王 苗 邢念增 曲凤宏
吕振华 危天倪（女）
刘 迎（女，回族） 吴 松
季冬生（女） 赵荣国 胡敬云（女）
高彦彬 梁金銮（女） 阚坚力

中国致公党（7名）

王华民 王浙滨（女） 孙 津
巫永平 杨杰孚 沈小红（女）
郭 滨

九三学社（14名）

马大龙 方 炎 邢文训 朱 良
刘月娥（女） 刘永泰 孙君社
李丽萍（女） 何厚夫 张延庆
陆杰华 柴文忠 常 旭（女）
阎 军

台湾民主自治同盟（7名）

杨晓东 肖 焱 邱 琦（女）
汪 舟 林文滢（女） 蔡国雄
潘新洋

无党派人士（14名）

朱 钢 刘 桓 李 昕（女）
李永军 杨静茂 连玉明 余保民
张 范 胡 坚（女） 柴 强
郭继孚 唐晓青（女） 黄殿琴（女）
鲁哈达（蒙古族）

中国共产主义青年团（6名）

王 粤（女） 余俊生 沈 杰
张朱博（蒙古族） 赵宝东（蒙古族）
郝静云（女）

总工会（35名）

于 凯 王玉英（女） 王建国
王春虎 刘丽臣 刘宝玲（女）
许 光 许志清 孙 丽（女）
杜振江 李志全 李桂珍（女）
李善琨（女） 何宝宏 宋春来
张 健（回族） 张 锦 张 巍（女）
张东升 张兆群 张军伟（女）
张青山 张喜更 林殿彪 郑章石
赵长树（满族） 侯小丽（女）
姜俊禄 贾炯协（女） 顾 庆（女）
顾九如 高 扬 黄继晔（女）
崔嘉义 温 华（女）

妇女联合会（15名）

王妲隽（女） 王以新（女） 史静寰（女）
邢筱萍（女） 权忠敏（女） 伊 梦（女）
齐丽华（女） 李 艳（女） 吴琢如（女）
佟 新（女，满族） 英木兰（女，满族）
苑永萍（女） 周 红（女） 赵秦岭（女）
姜贵平（女）

青年联合会（10名）

王 辰 王 娴（女） 王廷月
朱 锋 李 萍（女） 张成福
张泽群 金 纳（女，满族）
胡雪峰（蒙古族） 曾 钫

工商业联合会（16名）

王 蓓（女） 王宝军 邢爱义
权忠光（朝鲜族） 刘 彬 安冬梅（女）
李少华 吴 杰 宋叔意 张志铭
武 力 周一晨 赵建国 赵瑞海
袁双梅（女） 魏凤彪

科学技术协会（10名）

王长平 王迎春（女） 田小平
刘金刚 江 亿 李 钟 李里特
林金星 殷 琼（女） 诸叶平（女）

台湾同胞联谊会（6名）

叶 芳（女） 杨毅周 林贤顺
郑世凯 高 峰 高 倩（女）

归国华侨联合会（10名）

于 敏（女，满族） 王汉光
石向阳 华 生 李 英（女）

李　辙　李勇杰　陈　杰　林少迈
郭俊琴（女）

文化艺术界（30名）

于　丹（女）　马　欣　王长田
王玉珍（女）　王佳一（女）
卢　平（女）　史红梅（女）
丛　薇（女）　朱明德　刘庆邦
孙力力（女）　吴玉中
余　声（女）　谷建华　邹静之
汪　良　迟小秋（女）　张海鸽（女）
陈宁宁（女）　郑晓龙　孟大鹏（满族）
降巩民　胡　玫（女）　胡明伟
种玉杰　黄定山　彭艳琴（女）
程茂全　阚丽君（女）　薛　伟

科学技术界（50名）

丁前亮　于建平　马士华　王文贤（女）
王根社　午新民　卢晓明　史捍民
冯　海　冯晓光　冯煜芳　刘一兵（女）
刘迎建　江　彪　孙　狄　孙彦广
纪海英（女）　李凤玲　李光男（朝鲜族）
李济生　杨　钦（女）　吴道洪
邱志明　张　翎　张　斌　张兴凯
张新民　陈　慧（女）　郑　实
郑利纺（女）　赵永平（回族）
赵继东　钟　和　贺燕铭　秦升益
耿平安　耿晓冬　徐　平　徐　沁（女）
高书平　唐俊杰（女）　曹　红
阎冠和　韩　夏（女）　焦志忠
谢正光　赖平安　路　红（女）
魏而巍　魏亦南

社会科学界（20名）

马　戎（回族）　马艾地　王振清
王崇勋　邓行舟　卢　风　卢国懿
巩　沙　刘　凝　刘子华　宋大川
张　庆　张恕贤（回族）　陈姝萍（女）
尚　明　赵小鲁　赵志强（锡伯族）
胡光正　常纪文　琚存旭

经济界（50名）

王　全（回族）　王　红（女）
王子华　王天麟　王纪平　王晓丹（女）
王鲁宁　毛大庆　古红梅（女，回族）
田家玉　任志强　刘　伟　刘　琦
刘长青　刘龙华　刘东风（女，赫哲族）
刘志成　刘志明　安路勤　孙志强
孙瑞标　苏　钢　李　明　李　岩（满族）
李卫国　李守俊（回族）　李志辉
李保群　杨志刚（回族）　时念洋
吴　建　沙万泉　张国利　张章笋
林　希　岳长海　郑万河　赵　勇
赵　康　郝建民　胡志鹏　洪亚敏（女）
钱端伟　徐定茂　梅蕴新（满族）
商和顺　梁晓华　韩志军　富子荣（满族）
廖理纯

农业界（25名）

王俊英（女）　白仙畔（女）
包宗业　朱淑霞（女）　伊欣欣
刘宝平　安家盛　杜宏谋　李进山
李雪红（女）　冷如新（女）
张　军　张　彤（女，蒙古族）
林云霞（女）　季文渊（满族）
郑国本　赵志安　赵黎明　侯秀荣（女）
徐　践　黄卫东　彭彧华（女，满族）
程大庆　蔡　劲　魏钦平

教育界（90名）

于秀云（女）　王　欢（女）
王　钢　王　健　王子镐　王元丰
王茹芹（女）　巨　勇　牛继升
牛维麟　文　魁（回族）　卢咸池
田晓君（女）　田毅敏（女，土家族）
史文波　冉　红（女）
冉帕尔·阿不力孜（维吾尔族）
朱　敏（女）　刘　力　刘　静（女）
刘　毅（女）　刘以农　刘彦红（女）
刘绮菲（女）　关　平　许丽桦（女）
许铁成　许家成　孙东东　孙尧东
杜修力　李　克（女，满族）
李戈美（女）　李兆杰　李和明
李建丽（女）　李保国　李俊清

李燕玲（女）　李赞东（女，朝鲜族）
邹正方　宋福蓁（女）　张　平
张　威（女）　张　彬　张　强
张　毅（女）　张凤兰（女）
张文征（女）　张丽萍（女）
张来斌　张劲军　张国华　张济山
张德庆　陈平原　陈丽珠（女）
陈晓明　陈爱玉（女）　林安杰
周淑真（女）　郑华军　屈文燕（女）
赵国森　赵建国　赵庶吏（女）
胡　月（女）　胡冶岩（女，蒙古族）
姚　莉（女）　姚春平（女）
袁济喜　袁爱俊（女）　倪晓建
徐艳梅（女）　徐素芝（女）
郭　军　郭　涵（女）　郭卫平（藏族）
唐　杰　唐　兢（女）　黄　强
梁　嵘（女）　董　藩
惠桂芝（女，满族）　韩巧玲（女）
程文华　鲁景超（女）　翟京华（女）
魏崇新　籍之伟

体育界（8名）

李　隼　李　强（女）　辛铁樑
陈　颖（女）　柴　岭（女）
董聚慧　蔡福全　霍建新

新闻出版界（8名）

孙向东（女）　李　乔　李士杰（回族）
吴　葆（女）　邹　云　张延军（女）
和　龚（回族）　董　颖

医药卫生界（30名）

马长生　王　杉　王宁利　王志勉
王明生　邓小虹（女）　吕　璠（女）
吕爱平　刘克良　孙美平（女）
佘鲁林　邹义壮　闵　燕（女）
张　霆　张　澍　张俊廷　张淑云（女）
季加孚　降丽娟（女，满族）
贾继东　顾　瑛（女）　殷顺海
高春锦（女）　海　丽（女，蒙古族）
黄慧南（女）　董小平　韩　陆（女）
韩小红（女）　雷燕妮（女）

赫　捷（满族）

对外友好界（5名）

乔　卫　李　一　张秋萍（女）
林佑辉　孟秀勤（女）

社会福利与社会保障界（8名）

于法鸣　王国镇　刘汉湘　许　涛（女）
张秀兰（女）　赵春鸾（女）
贾文勤（女）　富剑萍（回族）

少数民族界（12名）

才　让（藏族）　王　静（女，回族）
艾尔肯·哈德尔（维吾尔族）
李京一（朝鲜族）　李晓童（女，回族）
李惠英（女，彝族）李锦芳（壮族）
杨冠军（回族）　金志雄（满族）
金毓嶂（满族）　高　利（蒙古族）
薛夫彬（回族）

宗教界（9名）

传　印　刘克杰（回族）　李　山
陈广元（回族）　思　智（女）　袁志鸿
高　阳　嘉木扬·图布丹（蒙古族）
蔡　葵

特别邀请人士（130名）

马　刚（回族）　马玉萍（女）
马有建　马清煜　王玉辉　王建业
王荔茹（女）　王振华（女）
王振宇　王晓芝（女）　王跃荣（女）
王绯玲（女）　区炜铨　毛新宇
邓予立　甘庆林　石洪喜　叶启明
叶祖达　冉　丽（女）　白金荣
冯柏栋　宁　爽　朱嘉乐（女）
任英英（女）　刘　恪（女）
刘乃晨　刘亚非　刘忠胜　刘浩眉（女）
江　蓝（女）　许　伟　许薇薇（女）
孙新军　孙德基　杜雨田　杜家驹
李　胥　李卫东　李民斌　李丽凤（女）
李泽楷　李学东　李淑华（女，回族）
李鎏麟　杨莉珊（女）　吴历山
吴汉圣　吴弘勇　吴宗权　吴清彬
何超琼（女）　何敬丰　余诗思（女）

佘建国　辛燕琴（女）　闵丽华（女）
沈　栋　沈玉宝　初建华　张　湘
张力翔　张大力　张文华　张文伶
张平夫　张春平　张俊明　张跃莉（女）
张燕生　陈永燊　陈晓烽　武占刚
苗乐如　范文彦　范俊杰　林海涵
周大春（女）　周伯琦　周建和
周瑞增　庞　鸿　郑建山　郑维志
郑慕智　官世海　赵双利　赵东鸣
赵印春　赵荣山　赵续尧　胡新生（女）
柯君恒　柯清辉　侯建华　施荣怀
姜昕华（女）　洪明基　祝明扬
贺江波　贾晓明　倪国锋　徐鸿达
高连广　高树旺　郭炳联　郭泰来
郭惠光（女）　郭瑞敏（女）
唐大生（满族）　唐大威　陶宝金
黄侨福　黄健中　梁凤仪（女）
梁石明　彭兴业（满族）　彭喜忠
韩凤武　韩国龙　景国忠　鲁　薇（女）
曾智雄　温能汉　雷建华（畲族）
路舒平（女）　蔡文显　谭志峰
薛　菡（女）　霍震宇

委员增补名单

（2008年12月30日政协北京市第十一届委员会常务委员会第5次会议通过）

王　伟

【机构概况】

根据2008年1月24日政协北京市第十一届委员会常务委员会第一次会议决定，设置以下9个专门委员会，即提案委员会、文史和学习委员会、经济委员会、科技委员会、城建环保委员会、教文卫体委员会、社会和法制委员会、民族和宗教委员会、港澳台侨委员会。

市政协机关设办公厅，下设办公厅办公室（外事办公室）、秘书处、财务处、保卫处、机关事务管理处（接待处）、计算机服务中心、车队、中山堂管理服务办公室、基建办公室、大楼服务中心、文化俱乐部、会议中心；研究室，下设综合处、信息处、宣传处（对外称北京市政协新闻中心）、理论处（北京市人民政协理论与实践研究会秘书处），管理《北京观察》杂志社；人事联络室，下设人事处、联络处、老干部处；机关党委；机关工会。

【北京市各区、县政协主席名单】

东城区	吴弘勇
西城区	张春平
崇文区	徐鸿达
宣武区	张文华
朝阳区	辛燕琴（女）
海淀区	彭兴业
丰台区	初建华
石景山区	倪国峰
门头沟区	高连广
房山区	范文彦
通州区	王玉辉
顺义区	陶宝金
昌平区	王振华（女）
大兴区	高树旺
怀柔区	武占刚
平谷区	韩凤武
密云县	杜雨田
延庆县	赵双利

北京市各级政协组织和委员数

（截至2008年底）

项目＼级别	直辖区	市辖区	县	合　计
组织数	1	16	2	19
委员数	730	3827	308	4865

（王晓欣 编写　张平夫 审稿）

政协天津市委员会

邢元敏 主 席

王文华 副主席

俞海潮 副主席

陈质枫 副主席

刘长喜 副主席

何荣林 副主席

曹小红 副主席

张大宁 副主席

田惠光 副主席

陈永川 副主席

刘 琨 秘书长

【全体委员会议】

十二届一次会议 2008年1月20日至27日在天津召开，应出席783人，实到748人。1月20日下午，大会主席团常务主席邢元敏主持开幕式。会议全面总结了市十一届政协五年来的工作，明确了今后目标任务。大会主席团常务主席卢金发受市十一届政协常务委员会委托向大会作常委会工作报告；大会主席团常务主席曹秀荣受市十一届政协常务委员会委托向大会作提案工作报告。会议期间，与会委员列席了市十五届人大一次会议有关会议，听取并讨论了天津市代市长黄兴国所作的政府工作报告及其他报告。委员们对报告一致表示赞同，并围绕经济社会发展中的关键性问题、事关国计民生的热点难点问题，积极建言献策，提出了许多高质量提案和重要意见建议。会议选举邢元敏为市十二届政协主席，选举王文华、俞海潮、陈质枫、刘长喜、何荣林、曹小红、张大宁、田惠光、陈永川为副主席，选举刘琨为秘书长，同时选出市十二届政协常委144人。会议期间经提案审查委员会审查立案的委员提案共928件。会议审议通过了《中国人民政治协商会议天津市第十二届委员会第一次会议决议》。在大会闭幕会上，中共中央政治局委员、市委书记张高丽和市委副书记、市政协主席邢元敏分别讲话。中共天津市委、市人大常委会、市政府其他领导同志，天津警备区、市高级人民法院、市人民检察院、武警天津总队的主要负责同志，部分市级老同志，历届市政协主席、副主席、秘书长，市各民主党派、工商联、有关人民团体的主要负责同志以及在津全国人大常委和在津全国政协常委应邀出席大会开幕式和闭幕式。

【常务委员会会议】

十一届第28次会议 2008年1月9日在天津举行。会议传达学习胡锦涛总书记在天津考察工作时的重要讲话和市委九届三次全会精神，审议通过了《关于召开中国人民政治协商会议天津市第十二届委员会第一次会议的决定》和召开会议的有关事项。会议决定，中国人民政治协商会议天津市第十二届委员会第一次会议于1月20日举行。会议任命王二林为市十一届政协副秘书长。卢金发副主席主持会议并讲话。叶厚荣、周绍熹、曹秀荣、赵克正、朱坦、陆锡蕾副主席，秘书长陈福顺出席会议。在津全国政协委员，市各民主党派、工商联、台联、侨联，市政协各专门委员会、各区县政协负责同志及市政协十二届一次会议秘书处组成人员列席会议。

十二届第1次会议 2008年3月28日在天津举行。会议传达学习全国“两会”、市委常委扩大会议和全市“解放思想、干事创业、科学发展”动员大会精神，审议通过了《市十二届政协副秘书长任命名单》、《市十二届政协常务委员会关于设置专门委员会的决定》、《市十二届政协常务委员会关于委员联络室更名的决定》、《市十二届政协专门委员会主任、副主任名单》、《政协天津市委员会2008年工作要点》、《市十二届政协常务委员会关于加强自身建设的意见》。会前召开常委协商会讨论会议事项，并首次在会上以即席发言形式听取意见。邢元敏主席出席会议并讲话，王文华副主席主持会议。俞海潮、陈质枫、刘长喜、何荣林、曹小红、张大宁、田惠光、陈永川副主席和秘书长刘琨出席。

第2次会议 2008年6月27日在天津举行。会议围绕促进发挥滨海新区在改革开放和自主创新中的重要作用这一议题，积极协商议政。中共中央政策研究室副主任郑新立来津出席会议，并作了关于我国区域经济发展的专题报告。会上，6名委员作会议发言，10名委员作即席发言，30个单位和委员提交书面发言。邢元敏主席出席会议并讲话。市委常委、常务副市长杨栋梁，市委常委、滨海新区管委会主任苟利军应邀出席，听取委员意见和建议。市政协副主席王文华主持会议。俞海潮、陈质枫、刘长喜、何荣林、曹小红、张大宁、田惠光、陈永川副主席和秘书长刘琨，以及市各民主党派、有关人民团体、各区县政协主要负责同志出席。部分在津全国政协委员、本届和历届市政协委员列席会议。

第3次会议 2008年9月25日在天津召开。会议就贯彻胡锦涛总书记提出的在保障和改善民生、促进社会和谐方面走在全国前列的重要要求，落实市委确定的20项民心工程建言献策。会上，7名委员作大会发言，6名委员作即席发言。市委副书记、市长黄兴国应邀出席会议并讲话，对委员们的意见建议给予高度评价。邢元敏主席出席并讲话。王文华副主席主持会议。俞海潮、陈质枫、曹小红、张大宁、田惠光、陈永川副主席，市政府秘书长李泉山、市政协秘书长刘琨出席。部分市民代表应邀列席会议。

第4次会议 2008年11月28日在天津召开。会议深入学习贯彻中共十七大、十七届三中全会和市委九届四次全会精神，围绕加快天津城乡一体化发展开展协商议政。会上，7名委员作主题发言，6名委员和5名特邀农民代表作即席发言。邢元敏主席出席并讲话。副市长王治平应邀出席并讲话。俞海潮副主席主持会议。陈质枫、刘长喜、何荣林、曹小红、张大宁、田惠光、陈永川副主席和秘书长刘琨，以及市政府有关部门负责同志出席。部分农民代表应邀列席会议。

第5次会议 2008年12月29日在天津召开。会议传达学习中共天津市委九届五次全会精神，审议通过了《关于召开市政协十二届二次会议的决定》,《市政协十二届二次会议议程建议和日程建议》,《市政协十二届二次会议秘书长、副秘书长建议名单》,《市十二届政协常务委员会工作报告》、并确定了报告人,《市十二届政协常务委员会提案工作报告》、并确定了报告人。会议决定，中国人民政治协商会议天津市第十二届委员会第二次会议于2009年1月10日召开。邢元敏主席出席会议并讲话。陈质枫副主席主持会议。俞海潮、刘长喜、何荣林、曹小红、张大宁、陈永川副主席和秘书长刘琨出席。

【专门委员会工作】

提案委员会 一次会议以来，共收到提案1001件，经审查立案994件，已全部办复。一是强化基础工作，进一步提高提案质量。制定《政协天津市委员会关于重点提案的产生办法》、《提案审查立案暂行办法》等制度；对政协委员、党派团体、区县政协和界别活动组开展培训，提高撰写提案能力；组织委员深入基层调研，开通网上征集提案线索，拓宽提案来源；加强提案综合分析，总结规律，为领导提供参考。二是着力促办提案，进一步提高办理成效。召开沟通会、协调会，加大协助市政协领导领衔促办提案力度；与市委、市政府有关部门交换意见，加大跟踪办理和督促检查力度；定期走访提案承办单位，加大协调关系、沟通信息力度。三是拓展宣传途径，进一步扩大提案社会影响。继续办好《天津日报》、《今晚报》和天津人民广播电台的提案栏目；与天津电视台合作，制作《先行一步——政协提案专辑》节目，社会反映良好。四是采取多种措施，进一步提高服务水平。组织知情报告会，使提案反映情况更加客观真实；为“提、办”双方搭建平台，及时沟通情况、达成共识；完善提案网络管理系统，方便信息查询。

经济委员会 全年开展各类活动96项次，形成调研报告15篇。一是认真搞好委员会建设。制定委员会工作简则、主任会议制度等，提出设立“天津市政协经济委员会农业和农村工作专业委员会”的工作意见；按照委员界别和工作性质，建立4个职能组；加强学习培训，为委员发挥作用打好基础。二是认真完成专题常委会议筹备及大会发言材料撰写工作。三是着眼促进全市经济发展，深入开展专题调研，形成的《关于我市OTC市场组建工作的几点建议》、《抓住经济危机中的机遇，加快我市锻压机床行业发展的建议》、《关于进一步加强我市农村基础设施建设的建议》，受到市领导高度重视并做出批示。四是开展突出政协特点的活动。举办“贯彻落实科学发展观、促进我市经济建设又好又快发展”系列座谈，组织委员就群众关心的热点难点问题进行视察，为委员及相关单位提供服务。五是加强与兄弟省市政协合作。筹备组织京津冀晋蒙区域经济发展论坛，参加全国23省区市政协经济委员会第16次联席会议和全国政协经济委员会“防止经济增长由偏快转向过热，防止价格由结构性上涨演变为明显通货膨胀，促进国民经济又好又快发展”座谈会，加强联系交流。

科技教育委员会 全年共开展各类活动53项次。一是调研深入，取得成效。围绕7个重点课题，组织开展近40次调研活动，形成7份调研成果。其中，《加快职业教育改革试验区建设的对策建议》、《发挥创业投资作用，破解中小企业自主创新的投融资难题》、《高校人才培养与滨海新区人才需求情况的调查报告》、《创新人才工作，为滨海新区聚集各类英才》、《市政协委员关于增强中小学生体质的建议》，分别得到张高丽、黄兴国、邢元敏、陈超英、苟利军等市领导同志批示。二是灵活献计，广泛出力。抓住基层单位和群众反映的突出问题，报送社情民意专报2期，均获市领导批示。协调服务分管副主席完成领衔促办提案活动；组织委员视察全国职业院校技能大赛筹备工作、国际生物医药联合研究院建设、大学生就业等工作，参加市长座谈会、高考录取工作听证会，出实招、献良策。三是夯实基础，强化服务。明确分工，完善制度，坚持以主任会议推动各项工作；走访委员，搭建沟通联系平台；邀请相关部门通报情况，提高参政质量。

人口资源环境和城市建设委员会 全年共开展各类活动54项次，形成调研报告7篇，其中1篇获得天津市第十届调研成果三等奖，2篇分获市政协2008年调研成果一等奖和二等奖。一是完成委员会基础建设。成立委员活动组；制定委员会工作简则；召开主任会议和委员会全体会议，做好全年工作计划；加强办公室理论和业务学习，提高服务水平。二是加强与兄弟省市政协交流与合作。与京冀政协联合开展奥运会筹备情况考察活动；赴广西、深圳考察，学习借鉴有益经验；走访全国政协、北京市政协，加强联系交流。三是围绕建设和谐天津开展专题调研，形成《科学开发利用滩涂资源，加快滨海新区建设发展》、《搞好城市管理工作，全面改善市民生活环境》等多篇调研报告。四是开展多种形式活动，增强履行职能实效性。围绕群众关心的热点、难点问题，组织委员开展视察、座谈活动；举办报告会，为委员知情明政创造条件；做好分管副主席领衔促办提案和委员走访工作。

医卫文体委员会 全年共开展各类活动44项次，形成调研报告4篇。一是围绕农村卫生服务一体化建设、加强乡村基层文化建设、促进发挥滨海新区在改革开放和自主创新中的重要作用、推行新型农村合作医疗、农村三级卫生服务网络建设、农村疾病预防控制、农村卫生人才建设等问题，开展专题调研，提出意见建议。二是组织协商议政活动。做好分管副主席领衔促办提案服务工作；就发展公益性文化事业、保留和恢复历史悠久文化场所、医疗系统工作等开展视察。三是发挥委员主体作用。召开座谈会，听取市体育局、卫生局等协办奥运赛事情况汇报；积极投身抗震救灾；组织纪念改革开放30年和屈原的活动。四是走访委员和委员单位，做好大团结大联合工作。五是加强委员会建设。修订委员会工作简则；组建3个委员活动组；举办知情报告会、情况通报会，加强委员学习培训；推荐10位委员参加市广电集团广播电视的评播工作；做好委员活动情况记录和意见建议整理。

社会和法制委员会 一是围绕推进20项民心工程建设和主席促办提案，就中新生态城建设、完善我市农村基本养老保障制度和保障市民食品安全等问题开展调研。二是做好十二届政协特邀监督员工作。召开聘请单位座谈会、区县政协座谈会，交流经验、推动工作；将市容委、市劳动和社会保障局、市国土资源房管局、市卫生局、市环保局、市园林局、市交管局和市公交集团有限公司等八个单位列入聘请特邀监督员工作范围。三是组织委员对“平安交通”、奥运安保、天津站交通枢纽工程、100万吨乙烯炼化项目、市高院“争创一流”大讨论活动、市福利彩票发行中心和儿童福利院、市职工救助中心、市妇女创业服务中心进行视察。四是加强委员会建设。制定委员会工作简则、社法委工作小组规则等7项制度，成立4个委员活动组，加强学习和培训工作，广泛联系历届市政协社法委委员、长期与社法委工作有关的委员和部分在津全国政协委员。

民族和宗教委员会 全年共开展各类活动31项次，形成调研报告2篇，撰写对外交流材料3篇。一是加强委员会建设。组织少数民族和宗教界委员与政府对口部门开展联谊活动；组织委员参加解放思想大讨论；研究建立专委会主任、专职副主任和副主任职责分工与目标任务，制订工作简则，健全联系委员、密切与党派团体合作、与党政部门对口单位联系制度。二是结合重点工作，开展调查研究。组织委员视察滨海新区、天津机场、空客A320飞机生产基地、东疆港保税区、航运中心、天津奥林匹克体育中心、海河规划展和扩建后的天津火车站，参观奥运场馆“鸟巢”和“水立方”；走访我市天主教会、基督教会、佛教协会和伊斯兰教协会；围绕民族和宗教活动场所保护、修缮与利用问题开展调研。三是加强与兄弟省市的学习和交流。举办“2008年华北及环渤海七省区市政协民族和宗教工作研讨会”；参加全国政协、部分省市政协民族和宗教工作研讨会，全国政协民宗委主办的“我国五大宗教系列讲座”；与北京市政协、北京市政协民族宗教委员会进行互访。

文史资料委员会 一是做好文史资料征集编辑出版工作。全年共征集各类史料近百篇，约120万字；编辑《天津文史资料选辑》3辑共60万字；编辑《卞白眉日记》4卷270余万字并已正式出版；与全国政协文史办协作编辑“大运河”史料专集及画册；与市委统战部、各民主党派、工商联等合作编辑《多党合作在天津》和大型画册《统一战线在天津》已经启动。二是做好委员知情和调查研究工作。举办5次“春秋讲堂”和我市文博事业发展情况通报会；视察天津市档案局、滨海新区大沽船坞遗址文物保护情况；做好分管副主席促办提案服务工作；参加全国政协关于大运河论坛会、《工业遗产与天津》研讨会、全国暨地方政协文史委员会主任会、部分历史文化名城联席会、华北地区政协文史工作协作会、第二届两岸三地口述历史理论与实务论坛；形成《建议加大对天津历史文化名城的保护力度》、《关于利用大沽船坞遗址建立第二次鸦片战争纪念馆的建议》等调研报告和社情民意。三是加强委员会建设。坚持主任定期联系、委员定期通报和区县政协定期交流等工作制度，不断提高工作效率；抓好机制创新，开门办文史，进一步提高工作效能；加强理论学习，不断夯实工作基础。

港澳台侨和外事委员会 一是拓宽服务内容，发挥委员作用。开展港澳委员在津投资状况调研；举办港澳委员学习班；建立网上联系方式，充实委员信息库；制定落实《关于港澳委员来津接待办法》；建立走访委员制度；组织港澳委员积极投身抗震救灾捐助活动；组织港澳委员赴吉林省学习考察；组团赴香港看望港澳地区历届市政协委员，举办天津市内委员和港澳委员对口交流，拜会全国政协副主席董建华先生和走访香港中联办。二是搭建平台，扩大津台交流。邀请全国政协港澳台侨委员会主任、海协会会长陈云林来津作报告；与海协会联系，邀请中国国民党荣誉主席连战来津，促成由市政协牵头，市政府、国台办、海协会共同举办的首届津台投资合作洽谈会在津召开，海峡两岸海上直航、空运直航（天津）客运包机首航仪式同时在津举行。三是加强侨务和对外友好交流工作。聘请特邀委员 34 位；全年接待来访团组 28 批次 840 余人次；配合天津经济社会理事会启动筹备中国经济社会理事会与欧盟经济社会委员会圆桌会议第五次会议和天津·国际友好城市交流合作圆桌会议。四是加强委员会建设。制定委员会工作简则，主任、副主任工作规则；聘请委员会顾问；加强与市台办、市侨办、市台企协会、市客家联谊会等单位联系；组建 5 个委员活动组；参加全国各省区市政协港澳台侨工作研讨会。

【重要活动】

主席促办提案工作 2008 年，市政协继续开展政协领导领衔促办提案工作。主席和各位副主席分别选择影响较大、涉及面宽的 12 项提案，亲自调研，并和政府部门协商，使重点提案全部办理落实。这些提案是：关于加快现代农业建设，促进城乡一体化发展的建议；关于在天津筹建国家级“近代中国博物馆”，繁荣天津文化事业的建议；关于进一步改善我市环境空气质量的对策与建议；关于推动台商工业园实施方案落实的建议；关于完善我市农村社会养老保险办法的建议；关于宗教教职人员参加医保的建议；关于加强非公有制经济代表人士的人事档案管理的建议；关于积极培育上市资源，充分利用资本市场发展天津民营经济的建议；关于加大天津高校人才建设力度的建议；关于我市社区卫生服务可持续建康发展的建议；关于进一步发掘“五大道”名人故居旅游资源的建议；关于天津滨海新区吸引与使用高科技人才的建议。

各界人士元宵节茶话会 2008 年 2 月 21 日在天津举行。市政协主席邢元敏出席并讲话。市政协副主席王文华主持茶话会。市政协副主席、市委统战部部长刘长喜致辞。市人大常委会副主任张元龙，副市长张俊芳，市政协副主席俞海潮、陈质枫、何荣林、张大宁、田惠光、陈永川和秘书长刘琨，老同志蔡世彦出席茶话会。

京津冀政协联合考察奥运会筹备情况 2008 年 4 月 23 日至 26 日，京津冀政协联合考察团在津实地考察了奥林匹克中心体育场、大成万达（天津）有限公司等，察看了道路建设和市容环境，并召开情况通报会听取奥运会筹备工作情况介绍。市委书记张高丽会见了北京市政协主席阳安江、河北省政协主席刘德旺及考察团全体成员。市政协主席邢元敏参加会见。市领导段春华、张俊芳、王文华、陈质枫、何荣林、刘琨及市有关方面负责同志分别参加会见、陪同考察和出席情况通报会。

全力支援抗震救灾 2008年5月18日，市政协举行向四川地震灾区捐助活动，邢元敏主席出席并讲话。王文华、刘长喜、何荣林、曹小红、张大宁、田惠光、陈永川副主席出席。秘书长刘琨主持捐赠仪式。广大政协委员和机关干部发扬一方有难、八方支援的团结精神，共向地震灾区捐款1.2亿元和大批救灾物资，为夺取抗震救灾斗争胜利作出贡献。

贾庆林同志在津调研 2008年7月21日至23日，中共中央政治局常委、全国政协主席贾庆林在津调研，实地考察了天津火车站，深入响螺湾商务区、临港工业区、天津经济技术开发区、东疆保税港区、天津港保税区等地工厂企业、港口进行调研，并看望了天津统战和政协机关干部。中共中央政治局委员、全国政协副主席王刚，全国政协副主席兼秘书长钱运录，全国政协副主席郑万通，全国政协原副主席、中国工程院院长徐匡迪随同考察。市委书记张高丽，市委副书记、市长黄兴国，市人大常委会主任刘胜玉，市委副书记、市政协主席邢元敏等陪同考察。全国政协外事委员会主任赵启正，全国政协经济委员会副主任孙永福、孙晓郁，全国政协副秘书长卢昌华、仝广成等随同来津。市领导王小京、肖怀远、臧献甫、杨栋梁、散襄军、史莲喜、崔津渡、陈超英、苟利军、段春华、孙海麟、只升华、张俊芳、熊建平、李文喜、王治平、任学锋、王文华、俞海潮、陈质枫、刘长喜、何荣林、曹小红、张大宁、田惠光、陈永川和李泉山、刘琨以及市有关方面负责同志陪同考察。

华北及环渤海七省区市政协民族宗教工作研讨会 2008年7月24日至26日在天津召开。全国政协副主席白立忱出席并讲话。市政协主席邢元敏致辞。市委常委、常务副市长杨栋梁，市委常委、滨海新区工委书记、管委会主任苟利军应邀出席介绍天津市经济社会发展、滨海新区开发开放等情况。全国政协民宗委副主任周明甫、北京市政协副主席赵文芝、河北省政协副主席田向利、山西省政协副主席李潭生、内蒙古自治区政协副主席娜仁、河北省政协原副主席陈秀芳以及来自七省区市政协民族和宗教委员会代表参加会议，交流经验。市政协副主席王文华和秘书长刘琨、市政协原副主席曹秀荣出席。市政协副主席陈质枫主持会议。

历届政协委员中秋团圆会 2008年9月12日在天津举行。市委书记张高丽，市委副书记、市长黄兴国，市人大常委会主任刘胜玉，市委副书记、市政协主席邢元敏，市委常委、市委秘书长段春华等市领导同志与历届市政协委员，在津全国政协委员，在津港澳台同胞和海外侨胞，市各民主党派、有关人民团体和区县政协负责同志以及各界代表人士欢聚一堂，共话天津发展，喜迎中秋佳节。历届市政协主席、副主席，市十二届政协副主席和部分老同志出席。

开展深入学习实践科学发展观活动 2008年10月13日，市政协主席邢元敏主持召开动员大会，副主席王文华作具体部署，市委指导检查组组长姬俊英讲话。活动中，市政协党组成员和机关领导干部带头深入学习、带头调查研究、带头解放思想、带头分析检查、带头整改提高，认真落实各阶段要求，及时解决突出问题，在创新工作思路、完善制度机制、转变工作作风等方面见到明显成效。

全国政协提案承办单位办理工作座谈会 2008年10月23日至26日在天津举行。全国政协副主席郑万通出席会议并讲话。全国政协提案委员会主任李铁林主持会议，全国政协副秘书长王胜洪，全国政协提案委员会副主任刘志忠、邵鸿出席。近50家中央国家机关相关部门分管提案工作的领导和具体负责提案办理工作的同志参加座谈会。市委书记张高丽会见了与会领导。市政协主席邢元敏，副主席王文华、何荣林及天津市委、市人大、市政协相关领导与会。

首届京津冀晋蒙政协区域经济发展论坛 2008年11月3日至5日在河北省廊坊市举行。会上，五省区市政协围绕发挥地方优势、搞好协作配合、共促区域发展进行研讨，并联合签署《京津冀晋蒙政协关于举办区域经济发展论坛的框架协议》。全国政协经济委员会副主任胡德平，北京市政协主席阳安江，天津市政协主席邢元敏，河北省政协主席刘德旺、副省长孙瑞彬，北京市政协副主席熊大新和秘书长阎仲秋，天津市政协副主席何荣林和秘书长刘琨，河北省政协副主席赵文鹤和秘书长安云昉，山西省政协副主席郭良孝、韩儒英，内蒙古自治区政协副主席王长聚等出席。

王刚同志在津考察 2008年12月4日，中共中央政治局委员、全国政协副主席王刚率全国政协考察团来津，考察京津城际铁路和天津滨海新区，并同天津市委、市政府和市政协以及有关部门负责同志进行座谈。市委书记张高丽出席座谈会并陪同考察。全国政协副主席阿不来提·阿不都热西提、张梅颖等随同来津。市委副书记、市长黄兴国，市人大常委会主任刘胜玉，市委副书记、市政协主席邢元敏，市领导苟利军、段春华、何荣林和刘琨等陪同考察。全国政协副秘书长孙怀山，全国政协常委田静、孙永福、孙志强、许志功、张左己、李昌鉴、李栋恒、沈滨义、陈传阔、陈佐洱、柴松岳、高中兴、葛东升和部分委员共60多位成员参加考察。

首届津台投资合作洽谈会 由天津市政府、市政协、国务院台湾事务办公室、海峡两岸关系协会共同主办，2008年12月14日至16日在天津滨海新区举行。中共中央政治局委员、天津市委书记张高丽，全国政协副主席郑万通出席开幕酒会，并会见中国国民党荣誉主席连战和夫人连方瑀、中国国民党副主席林丰正和其他与会嘉宾。连战和中共中央台湾工作办公室主任、国务院台湾事务办公室主任王毅，天津市委副书记、市长黄兴国分别在酒会上致辞。海峡两岸关系协会会长陈云林，交通运输部部长李盛霖，市委副书记、市政协主席邢元敏出席。副市长任学锋主持。会议期间，举行了海峡两岸海上直航（天津港）首航仪式、海峡两岸空运直航客运包机（天津）首航仪式、台商投资项目奠基仪式、台商投资项目签约仪式，以及新闻发布会、产业政策说明会、上市公司论坛、滨海新区功能区及重点区县产业对接洽谈考察等活动。海峡两岸关系协会副会长李炳才、中国外贸企业协会会长周可仁、中远集团总裁魏家福、中国国际航空公司总裁李绍德、中国国际航空公司党委书记谭植洪，市领导杨栋梁、崔津渡、苟利军、段春华、张元龙、熊建平、王文华、何荣林和李泉山、刘琨及有关方面负责人、天津企业代表，台湾15个行业公（协）会和113家企业的工商界人士参加会议。

【重要文件】

常委会工作报告（2008年1月20日）（摘要）　五年工作回顾。市十一届政协常委会高举中国特色社会主义伟大旗帜，坚持以邓小平理论和“三个代表”重要思想为指导，深入贯彻落实科学发展观，在中共天津市委领导下，认真贯彻落实中共中央和市委的各项决策部署，牢牢把握团结民主两大主题，始终把促进发展作为履行职能的第一要务，充分发挥人民政协协调关系、汇聚力量、建言献策、服务大局的重要作用，为促进天津改革发展稳定作出了重要贡献。一是坚持把促进发展作为第一要务，为进一步加快滨海新区开发开放献计出力；二是坚持围绕中心、服务大局，努力促进天津经济社会又好又快发展；三是坚持以人为本，更加关注民生、反映民意；四是坚持团结民主两大主题，不断巩固发展我市爱国统一战线；五是坚持开拓创新，积极推进政协工作制度化、规范化、程序化建设；六是坚持搞好自身建设，不断夯实工作基础。

主要工作体会。一是必须高举中国特色社会主义伟大旗帜，坚持和完善中国共产党领导的多党合作和政治协商制度，不断巩固参加人民政协的各党派团体、各族各界人士团结合作的共同思想政治基础；二是必须深入贯彻落实科学发展观，把促进发展作为第一要务，坚持在全市大局中发挥应有作用；三是必须突出团结民主两大主题，不断巩固和扩大爱国统一战线，为加快发展提供强大动力；四是必须坚持与时俱进，不断解放思想、开拓创新，使政协工作真正体现时代性、把握规律性、富于创造性；五是必须着眼于新的实践和新的发展，全面加强自身建设，不断开创政协工作新局面。

今后工作建议。一是进一步加强学习，用中国特色社会主义理论体系武装头脑、指导实践；二是进一步提高协商议政水平，着力促进我市经济社会又好又快发展；三是进一步发挥政协的特点和优势，不断推进社会主义民主政治建设；四是进一步加强自身建设，不断开创政协工作新局面。

市政协十二届一次会议决议（2008年1月27日）（摘要）　会议同意卢金发同志所作的市十一届政协常委会工作报告和曹秀荣同志所作的提案工作报告。会议赞同黄兴国代市长所作的政府工作报告及其他报告。会议强调，天津的发展已经站在一个新的历史起点上，进入了科学发展和谐发展率先发展的新阶段。新的形势和任务对人民政协工作提出了更高要求，市十二届政协肩负着重要历史使命。要深入落实中央精神和市委决策部署，高举爱国主义、社会主义旗帜，突出团结和民主两大主题，紧紧围绕发挥滨海新区在改革开放和自主创新中的重要作用，实施富民强市战略、科教兴市战略、城乡一体化战略等事关长远发展的重要问题，充分发挥协调关系、汇聚力量、建言献策、服务大局的重要作用，努力开创人民政协事业新局面，为在新起点上推进天津高水平发展作出新贡献。会议号召，全市各级政协组织、政协各参加单位和政协委员，紧密团结在以胡锦涛同志为总书记的中共中央周围，全面贯彻中共十七大精神，高举中国特色社会主义伟大旗帜，以邓小平理论和“三个代表”重要思想为指导，深入贯彻落实科学发展观，在中共天津市委领导下，团结动员全市各族各界人士，同心同德，开拓进取，为促进天津科学发展和谐发展率先发展而努力奋斗！

中共中央政治局委员、市委书记张高丽在市政协十二届一次会议闭幕会上的讲话（2008年1月27日）（摘要）　张高丽同志强调三点意见：一是认清形势，明确任务，把思想认识行动高度统一到中央的要求和市委的决策部署上来。天津发展已经站在了一个新的历史起点上，处在了一个十分关键的时期，机遇前所未有，挑战前所未有。要积极适应国内外形势发展的新变化，把天津发展放到国内外发展的大格局中去考察、去谋划、去推动。要全面体现党中央对天津工作的新要求，深刻认识党中央作出的推进滨海新区开发开放重要战略部署的重大意义，深刻认识胡锦涛总书记考察天津时提出的"两个走在全国前列"、"一个排头兵"重要要求的丰富内涵，更加自觉地坚持科学发展、促进社会和谐，当好排头兵。要主动顺应全市人民过上更好生活的新期待，深刻认识进一步增强综合实力、关注国计民生、提高生活水平、改变城乡面貌的重要性和紧迫性，更加自觉地聚精会神搞建设、一心一意谋发展，努力实现科学发展和谐发展率先发展。二是围绕中心，服务大局，为促进天津又好又快发展贡献力量。希望全市各级政协组织和广大政协委员，紧紧围绕全市发展的大目标，立足现代化建设的大格局，进一步增强紧迫感和责任感，把促进发展作为人民政协履行职能的第一要务，紧紧围绕更好发挥滨海新区在改革开放和自主创新中的重要作用，统筹滨海新区龙头带动、中心城区全面提升、各区县加快发展三个层面联动协调发展，大力促进一、二、三次产业优化升级等重大问题，充分发挥人才荟萃、联系广泛、智力密集的优势，深入开展调查研究，积极建言献策，为促进经济又好又快发展服务。要把实现和维护最广大人民的根本利益作为政协工作的出发点和落脚点，坚持以人为本，充分发挥党和政府联系群众的桥梁和纽带作用，积极做好协调关系、化解矛盾、理顺情绪的工作，努力构建和谐天津。要把团结和民主两大主题贯穿于人民政协事业发展的全过程，团结一切可以团结的力量，调动一切可以调动的积极因素，形成干事创业的强大合力。三是加强领导，创造条件，更好地发挥人民政协的作用。全市各级党委要从全局和战略的高度，充分认识政协工作的重要性，认真落实党的十七大关于加强人民政协工作的部署要求，切实加强和改善党对政协工作的领导，支持人民政协依照章程独立负责、协调一致地开展工作。各级领导干部要认真倾听来自政协的批评和建议，自觉接受民主监督，不断提高推进民主政治建设的能力和水平。政协党组要坚定不移地贯彻党的基本理论、基本路线、基本纲领、基本经验，坚定不移地贯彻执行党关于人民政协的方针政策，充分发挥领导核心作用。

市委副书记、市政协主席邢元敏在市政协十二届一次会议闭幕会上的讲话(2008年1月27日)(摘要) 新一届政协的五年，是加快滨海新区开发开放、实现天津科学发展和谐发展率先发展的关键时期。全市各级政协组织和政协委员要高举中国特色社会主义伟大旗帜，以邓小平理论和"三个代表"重要思想为指导，深入贯彻落实科学发展观，全面落实中共十七大精神和胡锦涛总书记视察天津的重要讲话，按照中共天津市第九次党代会、市委九届二次、三次全会的要求，高举爱国主义、社会主义旗帜，把握团结和民主两大主题，认真履行政治协商、民主监督、参政议政职能，协调关系、汇聚力量、建言献策、服务大局，为把天津建设成为经济繁荣、社会文明、科教发达、设施完善、环境优美、人民富裕的国际港口城市、北方经济中心和生态城市，贡献智慧和力量。要把促进发展作为履行职能的第一要务，充分发挥人民政协智力密集的优势，紧紧抓住经济社会发展中具有前瞻性、全局性、战略性的重大问题，深入调查研究，积极建言献策。充分发挥人民政协包容性强的优势，最大限度地调动各民族、各团体、各阶层、各方面的积极性和创造性，形成促进天津又好又快发展的强大合力。多做协调关系、化解矛盾、凝聚人心的工作，努力营造和谐稳定的社会氛围，为实现天津在贯彻落实科学发展观、推进经济社会又好又快发展方面走在全国前列贡献力量。要坚持以人为本，及时了解和反映社会不同阶层、不同群体的愿望和诉求，为解决群众最关心、最直接、最现实的利益问题建言出力，为实现天津在保障和改善民生、促进社会和谐方面走在全国前列贡献力量。要切实加强人民政协自身建设，不断推进政协工作制度化、规范化、程序化，进一步完善制度和机制，规范履行职能的程序。坚持“四位一体”为重点，整体推进自身建设的各项工作，为履行职能创造良好条件。

市十二届政协主席会议组成人员加强自身建设的意见（津协发［2008］2号）（略）

政协天津市委员会关于深入开展“解放思想，干事创业，科学发展”大讨论活动的意见（津协发［2008］3号）（略）

市十二届政协常务委员会关于加强自身建设的意见（津协发［2008］9号）（略）

市十二届政协关于加强和改进专题调研工作的实施意见（津协厅发［2008］7号）（略）

关于市政协委员履行职责的有关规定（津协厅发［2008］15号）（略）

【组织概况】

主　席

邢元敏

副主席

王文华　俞海潮　陈质枫　刘长喜　何荣林　曹小红（女，回族）　张大宁　田惠光（女）　陈永川

秘书长

刘　琨

常务委员名单（按姓氏笔画为序）

于　辉（女）　于　静（女）
于伯海　万新平　马友来　马文举
马成德（回族）　马丽娣（女）
王　健　王　硕　王凤云（女）
王伟庄　王怀英（女）　王忠琪
王学利　王建忠　王建涛　王艳萍（女）
王家煦　王德荣　毛树森
甘一平（女，壮族）　左　晔（回族）
石　栋　叶惠丽（女）　田　玲（女）
史宝龙　边　海　吕晓亮（女）
朱　勇　朱长富　刘吉祥　刘志强
刘昌俊　刘凯华（女）　刘建亚
刘胜玟（女）　刘福林　齐　新（女）
齐成喜　闫立本　闫德意　汤　华
许增朴　阮国岭　孙振清　孙福海
严建伟（女）　杜伟强　李　勇
李　昌　李小合　李仁智（回族）
李功立　李秀林　李金元　李泮祥
李柏华（女）　李振亮　李敏龙
李智祥　杨国栋　连良桂　吴荣平
应泽从　汪　波　沈家燊　宋文喜
宋永昌　张　克　张云鹏　张玉忠
张永全　张永栋　张秀燕（女）
张社荣　张金元　张建勋　张建浩
张思骞　张胜利　张常山　张铜龙
张福林　陈　敬（女，满族）
陈　雍　陈卡佳（女）　陈清霞（女）
陈淑珍（女）　范恩源　欧成中
罗　昭　罗家均　季宝华　岳宝山
金　建　金昌烈（朝鲜族）
周潮洪（女）　庞学光　郑志强
孟庆旺　赵天皓　赵国庆（女）
赵建民　赵树月　赵振华（满族）
郝希山　哈全安（回族）　钟声坚
钟茂初　段宏泉　胥家宏　姚　琲

袁　直（女）　栗庆林　夏　群
夏俊田　顾　明　钱果丰　倪晋尧
殷淑严（女）　郭维丽（女）
郭景平（女）　黄　田　黄永旺
黄新华（女）　盛黎明　阎金明
梁学鹏　董皓然　韩宝恒　韩忠朝
韩振铎　韩振镖　韩晓溪　韩家祥
智　如　谢津秋（女）　蔡卫国
漆腊水　黎维彬　翦　安（女，维吾尔族）
潘万青　薛留增

委员名单（按姓氏笔画为序）

中国共产党（30名）

王二林　王文华　王伟庄　王志铭（女）
王津生　王家瑜　王寒松　石　栋
龙运祥　卢金发　叶厚荣　邢元敏
朱　勇　刘　琨　刘长喜　李　勇
李仁智（回族）　吴荣平　何荣林
张云鹏　张胜利　张福林　陈质枫
陈福顺　赵天皓　曹秀荣（女）
韩晓溪　韩宝恒　滕锦然（女）潘万青

中国国民党革命委员会（12名）

毛树森　田惠光（女）　刘发明
刘凯华（女）　齐成喜　孙　江
孙世圃　张思骞　陆锡蕾（女）
钟茂初　郭书宏　潘怀伟（满族）

中国民主同盟（12名）

卢俊瑞　边维茹（女）　刘昌俊
李文增　陈一新　赵国锋（土家族）
赵振华（满族）　胡习华　俞海潮
郭维丽（女）　郭景平（女）
盛黎明

中国民主建国会（12名）

王　健　文　飚　史宝龙　刘淑珍（女）
李庆林　杨国栋　张士敏（女，回族）
欧成中　周绍熹　赵建民　倪晋尧
阎金明

中国民主促进会（12名）

王学玲（女）　王建忠　刘福林
杜培勇　李敏龙　张文勤　张建勋

范恩源　郑介甫　姚建铨　袁一淞
黄永旺

中国农工民主党（12名）

王　瑛（女）　齐文成　宋文喜
张大宁　张玉忠　张庆江　张宝义
陈淑珍（女）　赵克正　段宏泉
姚　琲　曹文媚（女）

中国致公党（6名）

边　海　朱　坦　闫德意　李洪远
张社荣　曹小红（女，回族）

九三学社（12名）

由立宏（女）　田建国　江　涛
宋永昌　张　鹏　陈永川　罗家均
姜立超　韩忠朝　蔡吉祥　管学斌
薛留增

台湾民主自治同盟（6名）

叶惠丽（女）　孙昌隆　张永全
郑月晨（女）　蔡世彦　廖京华（女）

无党派人士（10名）

左　晔（回族）　汤　华　许增朴
陈　雍　武国维　卓开敏　金永伟
赵定成　祖　光　韩振镖

中国共产主义青年团（8名）

丁　蓬（女）　王忠琪（锡伯族）
冯　晖　刘志强　张　岚（女）
周　立　赵昌林　傅　强

总工会（40名）

于文梅（女）　于凤梅（女，藏族）
马友来　马志德（回族）　王玉颖（女）
王占海　王维宁（女）　尹国丰
孔祥瑞　邢连华　闫立本　关有利
李泮祥　杨文慧（女）　杨国军
吴彤向　沈国俊　张　伟（女）
张　励　张　悦（女，回族）
张小林　张世军　张良喜　张金英（女）
张春鹏　张津策　张素华（女）
陈　莉（女）　陈靖宇　武秀芬（女）
范玉恕　赵洪莉（女）　顾月海
徐　恺（女）　徐树青　郭慧学

崔文姬（女，朝鲜族） 韩恩麒
穆怀琴（女，回族） 魏春华（女）

妇女联合会（35名）

丁淑华（女） 于　静（女）
马白玉（女） 王　梅（女）
王怀英（女） 王景毅（女）
孔晓艳（女） 卢永琇（女）
叶家静（女） 田凤英（女）
兰文云（女） 闫凤英（女）
闫英霞（女） 许丹丹（女）
杜茂珍（女） 李　桦（女）
李秀芳（女） 吴迺峰（女，蒙古族）
张　静（女） 张秀燕（女）
张学红（女） 张荣华（女）
张恩平（女，回族）陈中红（女）
武广华（女） 金培如（女，满族）
周潮洪（女） 郑吉安（女）
赵军屹（女） 钟玲玲（女）
班　晖（女） 袁　静（女）
殷淑严（女） 高　爽（女）
董　玲（女）

青年联合会（12名）

苏国川 李　响 李家森 张勉之
罗世龙 赵振岭 徐　奎
黄　艳（女，回族） 黄靖宇
曹学斌 黑振桐（回族）
释妙贤（女，满族）

工商业联合会（40名）

于学军 马文举 王天举 王国瑛（女）
王学利 王树生 叶　晨 邢艳萍（女）
吕　超 乔慕昌 刘永远 刘运斌
刘建国 刘艳明 刘瑞峰 许长安
花　明 严立森 杜克荣 李之和
李金元 李德福 杨　哲 杨印海
迸良桂 谷　强 应泽从 宋复明
张来福 张建浩 周中发 庞建平
郝树强 禹作胜 祝　刚 耿　伟（满族）
柴忠强 高学刚 寇卫平 逯　鹰

科学技术协会（12名）

王　硕 刘红光（回族） 刘维跃
关乃佳（女，满族） 杨鑫传
何有才 冷希岗 赵国敏 赵海山
顾　明 彭海燕 覃志安（壮族）

台湾同胞联谊会（5名）

孙　渡 吕晓亮（女） 江　河（女）
张丽华（女） 陈　利

归国华侨联合会（10名）

刘永顺 刘建亚 汪　波 陈思良
林心宪 胥家宏 徐　晓（女）
席　真 黄骁卓（回族） 靳　飞

文化艺术界（37名）

马　路（回族） 王　艳（女）
王　平 王　松 王辛谦 王美兰（女）
王梦玉（女） 尹　畅（女）
邓国源 刘　颖（女） 刘志新（女）
刘景范 孙　越 孙福海 李　安
李　青（女） 李　凯 李　瑛（女）
李佩红（女） 李泽润 李建忠
李经文（女） 邱　勤（女）
张　克 张　鹤（女） 张幼麟
张金元 张艳玲（女） 张曼君（女）
张铜龙 陈　春（女） 倪音海
高　岚（女） 韩必省 曾昭娟（女）
窦锡珍 籍　薇（女）

科学技术界（69名）

于　凯 于　辉（女） 于兴敏
马连喜 王　刚 王　敏（女，回族）
王　强 王世友 王忠琪 王振武
王海英（女） 王家煦 王鸿英（女）
王慧东 包应中 毕春光（女）
吕国环（女） 朱长富 伍小亭
刘金林 刘耘超 刘增光 刘霄飞
安桂荣（女） 许　荧（女）
阮国岭 孙华林 孙志君 李　昌
李　静（女） 李广智 李秀涛
李鹤鹏 杨　川 杨丽民（女）
沈　键（女） 宋文玉（女）
张云霞（女，回族） 张永栋 张旭光

张军劳　张晓卫　张常山　陈卡佳（女）
陈树生　陈钢毅　范兰英（女）
林　引　岳宝山　周宁宇　周春林
孟庆旺　封俊虎　赵　巍　赵立志
赵虎山　赵国庆（女）　柳凤永
贾晓捷　徐俊池　高　峦　高相东
曹开朗（已故）　韩家祥　傅晓晖
鲁长万　翟国君　缪　明　穆　爽（女）

社会科学界（8名）

万新平　马德普　王以鸿　刘景泉
李宝梁　肖克凡　张树田　南炳文

经济界（73名）

丁　冰　于同群　万忠发　马　腾
马泽元　王　恒　王　鑫　王凤云（女）
王凤春　王志忠　王育英　王宝发
王春发　王继祥　王德厚　车德宇
石玉颖　田玉海　付　钢　邢维俊
朱晓华（女）　乔　达（女）
任津明　刘汝焯　刘金芳（女）
李小合　李玉芬（女，回族）
李寿强　李铁军　李智祥　杨永强
杨建英（女）　宋　杰
迟英杰（女，蒙古族）　张　沛
张　舰　张　跃　张　靖（女）
张云宝　张庆岩　张连志　张海河
陈金琦　陈常青（土家族）　邵登祥
武永涛　卓文生　季宝华　金　平
金　红（女，满族）金昌烈（朝鲜族）
赵　杰　赵　黎（女）　赵松来
赵惠冰（女）　郝晓远　胡家郁（女）
姚小青　栗庆林　贾树海　夏金生
徐树山　郭庆刚　康志旺　董　军
董霄龙　曾见泽　谢津秋（女）
赖庆雄　蔡卫国　蔡庆锋　漆腊水
黎维彬

农业界（42名）

马春波　王宝义　王俊志　王洪旗（回族）
艾玉昆　冯祥生　兰启布　邢纪茹（女）
权循刚　任宪韶　刘家安　孙会元
孙洪森　孙振清　杜长城　李文海
李宗唐　李振亮　李喜宏　杨玉良
吴宝忠　何鹏浩　汪占琪　张宝成
张俊泽　张振祥　陈乃明（已故）
陈玉璋　罗翠华（女）　郑育双
赵树月　钟有龙　弭尚华　夏俊田
高永志　郭文通　郭宝印　常洪友
梁学鹏　韩景田　廉桂峰　薄志栋

教育界（69名）

丁　梅（女）　丁晓丽（女）
于　异　于连会　马丽娣（女）
马秀荣（女）　王　侃　王　路（女）
王大方　王玉芬（女）　王玉英（女）
王贺胜　王艳萍（女）　王悦群（女）
卢志刚　吉学静（女）　朱世和
刘　岚（女）　刘　强　刘小军
刘学键　刘泉义　刘振华　刘淑敏（女）
齐永海　汤乃军　严秀平　严建伟（女）
杜　纲（女）　李川勇（女）
李永丹　李秀芳（女）　李绍洪
李晓久　吴炳岳　张力华（女）
张其虎　张桂婷（女）　陈　旭
邵芝祥　林克难　明　言　金宁德(朝鲜族)
周　建　周晓丰（女）　庞　苹（女）
庞学光　房玉靖（女）　孟庆松
赵树钢　胡爱新（女）　哈全安(回族)
祝宝钟　姚盛昌　袁　直（女）
贾晓波　徐宗佩（回族）　高素英（女）
郭瑞松　黄　田　黄唯平
崔　勋（朝鲜族）阎晓成　董　刚
焦　玮（女）　褚建伟（女）
翟延慧（女）　潘志祥　魏　建

体育界（10名）

丁红莹（女）　王家仲　冯文明
苏长来　吴卫凤（女）　张金生
金盛霞（女）　周丽娅（女）
郝　帅　韩振铎

新闻出版界（10名）

于伯海　万　克　王　奕　邓效锋

左宝祥　李英华（女）　张秉诚
郑　凯　赵婉香　傲　腾（蒙古族）

医药卫生界（38名）

于士柱　王　欣（女，回族）王文波
王秀云（女）　王学芝（女）
王复华　石建华　田　玲（女）
史国双　刘万春　刘长山　刘吉祥
齐　新（女）　江国虹（女）
汤立达　孙中堂　杜元灏　杨建平
邱　奇　宋　力（女）　宋立刚
宋德成　张　宏（女，回族）
张　慧（女，回族）　张金钟
张雪宁（女）　张智龙　陈文慧（女）
邵　彪　范宝利　尚宏铎　赵　荀（女）
郝希山　夏　群　黄　楹　菅喜岐
敬守存　潘力佳（女）

对外友好界（8名）

王海智（满族）　王德荣　白文彬
朱振华　肖　剑（女）　吴恒泉
金　建　赵学鸣

社会福利与社会保障界（7名）

石旭东　刘洪杰　李　颖（女）
迟承镇　陈立新　黄　萍（女）
董皓然

少数民族界（12名）

卜冬梅(女,达斡尔族)　马　竞(回族)
甘一平(女,壮族)　向望华(土家族)
李昌熙(朝鲜族)　杨立成(回族)
杨春东(满族)　陈　敬(女,满族)
英　英(女,蒙古族)　韩若宾(锡伯族)
翦　安(女,维吾尔族)　穆瑞安(回族)

宗教界（8名）

马成德（回族）　王红星（回族）
王学凌　圣　慧（女）　刘胜玫（女）
张　良　陈克威　智　如

特别邀请人士（港澳）（50名）

于明强　邓月玲（女）　卢润森
朱立人　朱殿安　阮志雄　杜伟强
李乃尧　李吴伊莉（女）　李和鑫
李学海　李香涛　吴旭茉（女）
吴来盛　吴晓光　吴鸿森　何超凤（女）
余光晨（女）　邹永平　沈家燊
张　翮　张国星　张舜尧　陈其富
陈清霞（女）　陈淑玲（女）
英子华　林伟濠　林树田　林裕山
林增荣　郑志刚　郑志强　胡　明
钟声坚　洪小莲（女）　钱果丰
钱炳辉　高　鹛（女）　黄　刚
黄显辉　黄穗文（女）　萧云昇
萧志伟　萧伟强　曹继信　梁天富
彭德忠　霍启刚　魏振荣

特别邀请人士（56名）

于忠诚　于树香（女）　马杏田
王　毅　王大喜　王行安（已故）
王学书　王学明　王建涛　王剑非
艾　军　艾　群（满族）　叶黎芳（女）
由明胜　朱家庆　任国光　刘开基
刘正风　刘明森　刘金荣（女）
刘俊生　孙宏光　李功立　李立根
李秀林　李柏华（女）　杨秉魁(回族)
吴学民　谷正义　沉清利　宋爱新（女）
张俊英（女）　陈柏龄　邵　建
范厚诚　尚　益　罗　昭　周清华
郑全喜　郑建民　单耀珠（女）
荣　华　胡有刚　胡静江　哈文龙(回族)
姜铁民　夏福厚　郭宝琴（女）
黄淑芳（女）　黄禄衡　黄新华（女）
曹玉霞（女）　龚伯生　崔　杰（女）
康岫岩（女）　魏　涛

【机构设置】

市十二届政协第1次常委会决定，市政协设置9个专门委员会，即提案委员会、经济委员会、科技教育委员会、人口资源环境和城市建设委员会、医卫文体委员会、社会和法制委员会、民族和宗教委员会、文史资料委员会、港澳台侨和外事委员会。

【天津市各区、县政协领导人名单】

和平区	潘庆元
河东区	孙宏光
河西区	刘开基
河北区	张俊英（女）
南开区	陈栢龄
红桥区	黄禄衡
塘沽区	谷正义
汉沽区	曹玉霞（女）
大港区	况清利
东丽区	弭尚华
西青区	吴宝忠
津南区	邢纪茹（女）
北辰区	兰启布
武清区	冯祥生
宝坻区	张振祥
蓟　县	罗翠华（女）
静海县	刘家安
宁河县	孙会元

天津市各级政协组织和委员数

（截至2008年底）

项目＼级别	直辖市	市辖区	县	合　计
组织数	1	15	3	19
委员数	780	3462	649	4891

（武　涛　王　威编写　张　建审稿）

政协河北省委员会

刘德旺 主 席

高喜同 副主席

赵文鹤 副主席

王玉梅 副主席

田向利 副主席

段惠军 副主席

丛 斌 副主席

孔小均 副主席

武四海 副主席

王 刚 副主席

安云昉 秘书长

【全体委员会议】

十届一次会议 2008年1月21日至27日在石家庄举行。应出席委员756名，实到729名。会议听取并审议主席团常务主席会议主持人刘德旺代表省政协九届常务委员会所作的工作报告和主席团常务主席武四海代表省政协九届常务委员会所作的提案工作情况的报告。与会委员列席河北省十一届人大一次会议，听取并协商讨论郭庚茂省长所作的政府工作报告和会议期间的其他重要报告。会议审议通过《政协河北省第十届委员会第一次会议政治决议》、《政协河北省第十届委员会第一次会议关于第九届委员会常务委员会工作报告的决议》、《政协河北省第十届委员会第一次会议关于第九届委员会常务委员会提案工作情况报告的决议》和《政协河北省第十届委员会提案审查委员会关于第一次会议提案审查情况的报告》。会议选举产生新一届省政协主席、副主席、秘书长和常务委员。会议期间，共收到提案368件，其中集体提案104件，立案360件，筛选重要提案35件编印《提案选登》，中共河北省委、省政府领导批示12件次。会议印发大会发言材料57份，12位委员作大会口头发言。中共河北省委、省政府领导及有关部门负责人听取大会发言，分别参加有关界别小组的讨论，听取意见。会议结束时，新当选的十届省政协主席刘德旺作了题为“继往开来、乘势而上，为开创政协工作新局面而努力奋斗”的讲话。

【常务委员会会议】

九届第23次会议 2008年1月10日至11日在石家庄举行。应出席委员176名，实到147名。会议听取中共河北省委常委、统战部部长刘永瑞关于省十届政协委员人选建议名单、省政协十届一次会议主席团成员人选建议名单的说明，省政协秘书长解玉琦关于起草政协河北省第九届委员会常务委员会工作报告（草案）、提案工作情况的报告（草案）的说明。会议审议通过政协河北省第九届委员会常务委员会工作报告（草案）及报告人、政协河北省第九届委员会常务委员会提案工作情况的报告（草案）及报告人。审议通过政协河北省第十届委员会委员人选建议名单，关于召开政协河北省第十届委员会第一次会议的决定（草案），政协河北省第十届委员会第一次会议议程、日程（建议），政协河北省第十届委员会第一次会议主席团成员人选建议名单和大会副秘书长建议名单，政协河北省第十届委员会第一次会议提案审查委员会主任、副主任和委员建议名单，政协河北省第十届委员会第一次会议选举办法（草案），政协河北省第十届委员会第一次会议编组办法和小组召集人建议名单，政协河北省第十届委员会第一次会议列席单位名单。会议结束时，省政协主席赵金铎讲话。

十届第1次会议 2008年4月9日至10日在石家庄举行。应出席156名，实到133名。全国政协委员、省政协副主席段惠军传达全国政协十一届一次会议精神。会议听取省政协秘书长安云昉关于政协河北省第十届委员会常务委员会设置研究室、各专门委员会的决定（草案），副秘书长任命名单（草案）和政协河北省第十届委员会研究室、各专门委员会主任名单（草案）的说明，通过以上决定（草案）和名单（草案）。会议结束时，刘德旺主席作了题为“认真贯彻全国政协十一届一次会议精神，为促进科学发展、富民强省贡献力量”的讲话。

第2次会议 2008年6月25日至26日在石家庄举行。应出席156名，实到126名。会议重点围绕节能减排、服务奥运进行协商议政。会议听取副省长孙瑞彬关于河北节能减排、服务奥运方面情况的介绍和省政府副秘书长宋振华关于河北支援抗震救灾情况的介绍。30名常委、委员提交大会书面发言材料，10名常委、委员作大会口头发言。鹿泉市政府负责人和石家庄钢铁集团有限责任公司负责人作了关于节能减排工作的情况介绍。会议结束时，刘德旺主席讲话。

第3次会议 2008年9月26日至27日在石家庄举行。应出席156名，实到121名。会议重点围绕调整结构、改善环境，城镇建设"三年大变样"进行协商议政。会议听取副省长宋恩华关于调整结构、改善环境，城镇建设"三年大变样"的情况介绍和省政府常务副秘书长苏银增关于办理省政协十届一次会议以来提案工作情况的报告。52名常委、委员提交大会书面发言材料，12名常委、委员作大会口头发言。会议还听取省政协秘书长安云昉关于《政协河北省委员会常务委员会工作规则（修正案）》（草案）、《政协河北省委员会专门委员会通则（修正案）》（草案）、《政协河北省委员会关于加强委员队伍建设，发挥委员主体作用的意见（修正案）》（草案）、《政协河北省委员会常务委员会组成人员守则（试行）》（草案）和有关人事事项的说明，并审议通过以上文件（草案）和人事事项。会议结束时，高喜同副主席讲话。

第4次会议 2008年12月25日至26日在石家庄举行。应出席155名，实到117名。会议听取省政协秘书长安云昉关于起草政协河北省第十届委员会常务委员会工作报告（草案）、政协河北省第十届委员会常务委员会关于十届一次会议以来提案工作情况的报告（草案）的说明，政协河北省第十届委员会第二次会议秘书长、副秘书长建议名单、小组召集人名单、列席单位名单（草案）的说明，以及有关人事事项的说明，并通过以上文件（草案）和人事事项。会议通过《关于召开政协河北省第十届委员会第二次会议的决定》（草案），政协河北省第十届委员会第二次会议议程、日程（建议）。

【专门委员会工作】

提案委员会 在提高提案质量方面，先后组织两次新委员培训班，讲授提案工作及撰写提案的基本知识，并分别到石家庄、衡水、邢台和有关民主党派举办提案知识讲座；编印《政协提案知识》培训专刊和《九届省政协优秀提案选编》、《省政协十届一次会议提案及复文选》，为新委员学习提案知识创造条件。在提高办理质量方面，坚持把调查研究作为搞好督办工作的突破口，把提案者参与提案办理作为督办工作的促进剂，把联合检查作为督办工作的推动力，把促进问题的解决作为提案督办工作的落脚点。在省直单位聘请77名提案工作联络员，健全提案工作网络。全年共收到提案569件，截至2008年底，办复552件，办复率为99.8%，在促进经济社会又好又快发展中发挥了积极作用。

人口资源环境委员会 围绕省政协十届二次常委会议议题，牵头组织协调省政协有关委员会、省有关民主党派、人民团体、各设区市政协，就服务奥运、促进节能减排等进行专题调研，向常委会议提交30篇发言材料。根据常委会议协商讨论情况，整理形成的《关于保障绿色奥运、促进我省节能减排工作的建议案》，省委、省政府领导作出批示，有关部门认真进行了研究借鉴。围绕省政协十届三次常委会议议题，与省直有关部门就"三年大变样"当中存在的交通拥堵、汽车尾气污染和防洪防涝等问题进行调研，形成《要注意省会的三大忧患》的发言材料，省委书记张云川作出批示。联合有关厅局，对建筑垃圾制砖问题进行调研，形成社情民意，省政府领导作出批示。参与协办“河北省节能减排与发展河北”高层论坛，进一步拓宽工作领域。与省人大城乡建设环境保护工作委员会、省建设厅共同组织河北省宜居城市“燕赵杯”竞赛检查活动。参加全国政协人资环委主办的中国首届人口资源环境发展态势分析会。

财政经济委员会 围绕省政协十届三次常委会议议题，牵头组织协调省政协有关委员会、省有关民主党派、人民团体，就城镇建设“三年大变样”进行专题调研，形成52篇发言材料。综合调研和常委会议协商讨论情况，形成《关于推进全省城镇建设“三年大变样”工作的建议案》，省委书记张云川、省长胡春华作出批示，省委办公厅转发全省。主办首届京津冀晋蒙政协区域经济发展论坛，就加强区域协作、推进协调发展问题进行研讨和交流，在构建长期协作机制、推动区域经济发展方面进行尝试和探索。组织召开发展服务业专题协商会，与会委员与省政府及有关部门负责人进行互动交流，形成《关于促进河北服务业发展的若干建议》，报送省政府。参加全国23省市区政协经济委员会第十六次联系会议，提交《加快交通能源合作，促进京津冀区域经济协调发展》的发言材料。加强对河北省民营企业家（政协委员）联谊会的工作指导，编辑出版《河北民营企业家》12期。

文史资料委员会 召开全省政协文史工作座谈会，交流近年来文史资料工作情况和经验，确定全国政协和本届省政协的协作选题，以省政协办公厅名义发出《给全省政协委员的一封信》，促进文史资料工作发展。制订《河北文史资料全书》和《河北人文精神丛书》征编工作方案。完成《亲历改革开放30年》、《中国大运河画册》、《运河名城丛书》的史料征集任务。继续做好《文史精华》编辑出版工作，共编辑出版《文史精华》12期、增刊2期，140万字，转载率和刊物质量都有新的提高。组织委员就古籍保护与利用问题进行调研，形成专题调研报告，以大会发言和提案形式报送省委、省政府。继续参与全国政协开展的京杭大运河保护与申遗考察活动，并组织召开大运河河北段保护与申遗跟踪调研座谈会，提出意见和建议。

农业委员会 组织委员就农业产业化龙头企业发展情况进行调查研究，并到河南省进行学习考察，形成《关于发展壮大龙头企业、推进农业产业化经营》的建议，以主席会议建议案形式报送省委、省政府，省委书记张云川作出批示。与省政协办公厅联合组织部分委员，深入到邢台、邯郸两市四县，就农业综合开发工作进行实地视察，形成的视察报告以省政协办公厅文件报送省政府。组织人员深入宽城、滦平两县进行调查，为两地谋划食用菌产业园和护村护地坝两个项目。经过协调，为省政协扶贫联系点肃宁县的两个村落实两所卫生所建设资金，对两个村集中供水和农业综合开发向有关部门申请立项。

教科文卫体委员会 围绕省政协十届三次常委会议议题，重点就“三年大变样”中提高城市文化品位问题开展调研，形成《“三年大变样”的文化思考》，省委书记张云川作出批示。联合提案委员会，对《关于提高我省高校科技创新能力的建议》提案，进行专题调研和视察督办，形成《关于我省高校科技创新的调研报告》。启动实施开展“五、百、万工程”，对农村教师、医生进行专业培训。联合省食品药品监督管理局等部门，就建立国家药物基本制度问题联合开展调研，形成《关于建立国家药物基本制度问题的几点建议》，在全国政协教科文卫体委员会召开的“建立国家基本药物制度，保证群众基本用药”研讨会上作口头发言。组织委员赴永年县广府古城，就文物保护开发利用情况进行调研，形成《关于打造广府文化旅游休闲区的建议》，报送省政府。

社会和法制委员会　围绕省政协十届三次常委会议议题，重点就“三年大变样”中的法制保障问题进行专题调研，形成《关于加强我省城镇化建设法制保障的几点建议》，提交十届三次常委会议。就“增强公务员法律素质，推进依法行政过程”、“解决城市低收入家庭住房困难”，进行专题调研，形成专项调研报告，报送省委、省政府。配合提案委员会，组织部分委员参加《劳动合同法》的贯彻落实情况和失地农民权益保护问题的提案督办活动。参加全国政协暨各省区市政协社会和法制委员会工作座谈会，提交《解放思想，不断进取，努力开创政协社会和法制工作的新局面》的发言材料。参加北方八省（区市）政协社法委工作联系会议，提交《发挥自身特色，推进社会主义民主和法制建设》的发言材料。

民族和宗教委员会　组织委员到沧州市献县、孟村回族自治县和衡水等地，就“发挥宗教人士和信教群众在促进经济社会发展中的积极作用”开展调研，形成《关于发挥宗教界人士和信教群众在促进经济社会发展中的积极作用的调研报告》，在全国政协召开的“发挥宗教界积极作用研讨会”上进行交流。组织委员赴石家庄辛集市、承德市宽城满族自治县、邢台市临城县等地，就“促进少数民族地区经济又好又快发展”开展调研，了解情况、提出建议。组织委员到沧州、唐山等地就城市民族工作进行调研，就解决少数民族和信教群众在城镇化建设中的民生问题提出建议。坚持定期走访省五大宗教团体，支持和参加民族宗教界委员组织的活动，增进民族团结和宗教和睦。

港澳台侨和外事委员会　围绕省政协十届三次常委会议议题，就推进全省城镇建设“三年大变样”，组织委员赴石家庄进行参观考察，提出意见和建议，并组织委员撰写发言材料，主要建议被吸收到常委会议建议案中。组织委员就“积极有效利用外资加快全省旅游产业发展”进行专题调研，在省政协发展服务业专题协商会上作发言。通过举办学习培训班、组建活动小组，吸收港澳委员参加专门委员会、开展“我为奥运献一计”、“亲历河北改革开放30周年”征文活动等多种形式，激发港澳委员的爱国热情。完成全国政协海外列席人员考察团考察任务，拓宽海外联系渠道。参加厦门河北商会成立大会和河北冀台商业精英联谊活动，促进冀闽、冀台间经济交流与合作。举办河北省海外同胞教育基金会第十六次颁奖活动，向全省40个贫困县的200名优秀教师和80名优秀学生颁发奖金24万元。

【重要活动】

京津冀政协联合考察奥运筹备情况　2008年4月24日至26日举行。河北省政协主席刘德旺、副主席赵文鹤，北京市政协主席阳安江、副主席熊大新，天津市政协副主席王文华、陈质枫，以及三省市政协秘书长和部分政协委员参加。考察团赴河北秦皇岛市、廊坊市和天津市、北京市，深入到有关比赛场馆和企业，就奥运场馆的硬件设施建设、奥运食品供应、空气质量、安保等问题进行考察，并听取各地有关情况介绍，有针对性地提出意见和建议。

首届京津冀晋蒙政协区域经济发展论坛　2008年11月3日至5日在廊坊市举行，由河北省政协主办。论坛的主题是“发挥地方优势，推动区域发展”、“以交通能源为突破口，加强区域基础设施和基础产业合作”。五省区市政协负责人，部分政协委员，政府发改委、交通、民航等部门负责人，以及企业界代表共100余人参加论坛。全国政协经济委员会副主任胡德平应邀出席论坛并致辞。河北省人民政府副省长孙瑞彬介绍河北省经济社会发展情况，河北省政协主席刘德旺代表省委、省政府、省政协致辞。期间，共印发发言材料42份，35名委员、政府部门负责同志和企业代表作口头发言。五省（区、市）政协签署《京津冀晋蒙政协关于举办区域经济发展论坛的框架协议》，通过《首届京津冀晋蒙政协区域经济发展论坛纪要》，就推进区域合作发展达成多项共识。

“五、百、万”工程 十届省政协成立后，在总结借鉴“三下乡”活动经验的基础上，由教科文卫体委员会牵头，组织委员和专家对农村教师、医生开展的长期的、大规模的专业培训活动，即：在十届政协五年中，对五个县100所中小学、100所农村卫生院所的教师、医务人员培训10000人次。此项活动实施以来，省政协教科文卫体委员会、各市政协教科文卫体委员会和有关民主党派多次开展教育、卫生培训活动。截至2008年底，全省政协系统共组织活动近20次，培训基层教师、医务人员近4000人次，受到广大基层群众的普遍欢迎。

发展服务业专题协商会 2008年12月16日在石家庄举行。省政协副主席赵文鹤、王刚，秘书长安云昉、有关副秘书长、各专门委员会负责人，部分省政协委员、省各民主党派、工商联、各群众团体负责人，省政府有关部门的负责人等近70人出席。会议印发书面发言材料26份，7名省政协委员就打造服务业增长极，加快金融业、物流业、文化产业等重点行业发展作口头发言。省长助理、省金融办主任江波代表省政府到会介绍情况，并与委员面对面进行交流。会后，省政协财政经济委员会撰写了《关于促进河北服务业发展的若干建议》，报送省政府。

全省政协系统开展为抗震救灾献爱心活动 四川汶川特大地震发生后，及时向四川省政协发出慰问电，组织急需救灾物资，到医院看望来河北救治的四川灾区伤员，慰问从抗震一线归来的医护人员和政协委员。围绕如何做好抗震救灾工作，反映社情民意信息80多期，其中不少被全国政协转报国家有关部门。据不完全统计，驻冀全国政协委员、全省各级政协组织、政协各参加单位、广大政协委员和政协机关工作人员踊跃向灾区捐款捐物共折合人民币5.7亿多元，其中港澳委员捐款捐物6700多万元，委员个人捐款捐物100万元以上的有31位。政协委员和政协机关的中共党员，纷纷响应中央和省委的号召，积极交纳特殊党费。这些活动展示了人民政协与党和国家共命运、与人民群众心连心的优良传统，为支援灾区抗震救灾作出了应有贡献。

省政协机关深入学习实践科学发展观活动 从2008年10月11日开始，分学习调研、分析检查和整改落实三个阶段进行，截至2008年底，基本完成前两个阶段的任务。根据中共中央和中共河北省委的统一部署，紧密联系政协实际，制订活动实施方案，提出“团结、和谐、聚智，促进科学发展；敬业、创新、奉献，提高履职水平”的总体要求。在学习实践活动中，坚持把加强领导贯穿始终，把理论学习贯穿始终，把依靠群众贯穿始终，把突出实践特色贯穿始终，把宣传引导贯穿始终，把统筹兼顾贯穿始终，收到了阶段性成效。机关广大党员干部在贯彻落实科学发展观上形成广泛共识，领导班子和党员干部的党性修养进一步加强，影响政协事业科学发展的突出问题初步得到解决，有利于政协工作科学发展的体制机制逐步完善，为推进政协事业奠定了更加坚实的思想基础、制度基础和群众基础。

“制度建设年”活动 十届省政协成立后，为加强政协自身建设、推动政协事业科学发展，深入开展了“制度建设年”活动，在完善政协工作体制机制上进行新的实践。按照时代发展的新要求，本着统筹兼顾、整体设计、分步实施的原则，共梳理制度51项，其中制定或修订《常委会工作规则》、《专门委员会通则》、《常委会组成人员守则》等12项制度，形成一批重要制度成果。通过开展“制度建设年”活动，政协委员和机关干部的制度意识明显增强，政协工作的体制机制不断健全，为政协更好地履行职能提供了更加坚实的保障。

全省政协文史工作座谈会 2008年9月9日至11日在石家庄召开。全国政协文史和学习委员会主任陈福今，河北省政协主席刘德旺，副主席王玉梅、段惠军，中共河北省委常委、宣传部长聂辰席出席会议并讲话。会议传达全国政协文史工作座谈会和全国暨地方文史委员会主任会议的精神，总结交流近年来文史资料工作的情况和经验，研究推进新阶段新形势下文史资料工作的思路和举措，确定全国政协和本届省政协的协作选题，发出《给全省政协委员的一封信》，对进一步做好新形势下河北省文史资料工作发挥了积极作用。

【重要文件】

第九届委员会常务委员会工作报告（2008年1月21日）（摘要）

第一部分，五年工作回顾：

一、积极建言献策，在推进科学发展上取得明显成效

开好全体委员会议，切实搞好协商议政。精心组织开好每年的政协全会，就河北省国民经济和社会发展中长期规划，省政府工作报告和省法院、省检察院工作报告等，深入开展讨论，认真进行协商，在重大问题上增进理解、取得共识。广大政协委员围绕深入贯彻落实科学发展观，就加快经济结构战略性调整，转变经济发展方式，建设创新型河北，推进社会主义新农村建设，建设资源节约型、环境友好型社会等重要问题，建诤言、献良策。

加强专题调研，提高建言献策水平。围绕解决改革发展中具有综合性、全局性、前瞻性的重要问题，整合智力资源，突出整体功能，由一个专门委员会牵头，相关专门委员会配合，邀请有关民主党派和市县政协参与，深入基层，深入实际，深入调研，了解掌握真实情况。省政协召开常委会议对重点课题进行专门协商讨论，发扬民主、集思广益，形成一批有价值、有分量的建言成果，为省委、省政府科学决策提供了重要依据。如，《关于进一步优化环境，促进河北民营经济发展的建议案》、《关于加快我省经济结构战略性调整，推进经济增长方式转变的几点建议》、《关于我省增强自主创新能力，发展高新技术产业的几点建议》、《关于加快我省农业产业化发展的九点建议》等，省委、省政府领导都作出重要批示，有关部门认真研究采纳，促进了相关政策措施的制定和落实。

开展专题活动，丰富参政议政形式。围绕编制“十一五”规划这一事关河北发展全局的重要工作，专门召开建言献策会，与省政府及有关部门坦诚交换意见。成立河北省可持续发展研究会和河北省民营企业家（政协委员）联谊会，就相关专题加强沟通、深入研讨。每年与北京、天津市政协联合举办区域经济发展论坛，在促进京津冀经济一体化进程方面发挥作用。组织委员开展近百次调研、考察和研讨活动，分别就旅游资源整合开发、节能

降耗减排、扩大农产品出口、发展县域经济、做大做强文化产业等问题，提出有针对性的改进措施，很多转化为党委、政府的决策部署。

二、充分发挥优势，在促进和谐河北建设上作出积极贡献

深入调查研究，为构建和谐河北献计献策。组织部分委员就完善社会保障体系、就业再就业工作、社会事业发展、公民思想道德建设等关系社会和谐的重要问题，深入到村镇、社区、企业、学校等进行实地调研，专门召开省政协九届十三次常委会议进行讨论研究，形成《关于构建和谐河北的意见和建议》，受到省委的充分肯定，其中许多意见建议被省委采纳和吸收。

突出政协特点，做好团结人凝聚人的工作。协助省委、省政府落实国家民族政策，就少数民族地区经济发展和义务教育等问题进行调研、提出建议，促进民族关系和谐。注意发挥宗教界委员的作用，通过走访宗教团体、帮助解决实际问题等方式，加强沟通、凝聚力量。利用召开座谈会、组织考察、制作电视专题片等多种形式，鼓励和支持港澳委员为维护港澳地区的繁荣稳定、促进河北经济社会发展多作贡献。组织举办《反分裂国家法》辅导报告、海峡两岸艺术联展、台湾问题知识有奖征答等系列活动，广泛宣传“和平统一、一国两制”的基本方针，促进冀台间经济文化交流与合作。

高度关注民生，切实维护人民群众的根本利益。围绕扶贫开发、促进劳动关系和谐、推进教育公平、关爱救助贫困大学生等关系民生的热点难点问题，开展视察、调研、座谈等活动，广泛听取群众意见，积极反映群众的合理诉求，主动为省委、省政府出谋献策。2003 年防治“非典”期间，号召省政协委员献计出力，省政协领导带队督查，组织召开献策会，开展捐款捐物活动，为夺取这场斗争的胜利发挥了应有作用。组织编写 170 多万字的《无公害农产品实用技术》。到贫困地区广泛开展科技、文化、卫生“三下乡”活动，受到人民群众的欢迎和好评。

三、坚持与时俱进，在政协工作创新上实现新突破

在加强视察工作方面，不断拓宽领域、改进方式，充分发挥视察在咨政建言、民主监督中的积极作用。围绕港口建设和临港经济发展、小矿山安全生产和矿产资源整合、“三胞”投资企业发展、新型农村合作医疗等问题，组织开展 80 多次视察活动，为党委、政府及有关部门掌握实情、制定政策、改进工作起到了促进作用。

在做好提案工作方面，体现政协特色，突出实际效果。通过组织专题培训、召开专门会议、编写参考题目等措施，促进了提案质量的提高。实行省政协常委会议审议省政府提案办理工作报告，省政协主席、副主席督办，联合省委、省政府办公厅督办，各专门委员会协助督办，促进提案的办理和落实，呈现出广泛参与、协调联动的提案“大合唱”局面。五年来，共收到提案 3389 件，其中集体提案 559 件，截至 2007 年底，已有 3234 件得到办复，占立案总数的 99.8%，提案效果日趋明显，社会影响不断扩大。

在反映社情民意方面，利用召开相关界别委员专题座谈会、组织委员视察考察、聘请特邀信息员等形式，努力拓宽信息收集渠道。通过《社情民意》内刊，先后向全国政协和省委、省政府领导报送信息 1049 期，报送信息数量逐年增加，质量不断提高，在帮助党委和政府了解民情、集中民智、科学决策上发挥了积极作用。

在搞好政协宣传方面，积极整合资

源，在河北电视台开办《参政议政》专栏，在河北日报开办《议政建言》专版，创办“河北政协网站”和“燕赵政协新闻网站”，开辟了政协宣传工作的新阵地，形成了政协宣传工作的新格局。充分利用国家和省新闻媒体以及省政协机关刊物，拓展政协宣传工作的广度和深度，扩大了人民政协的影响。

在深化理论研究方面，加强对政协工作规律的研究，更好地指导新的实践。召开全省政协反映社情民意工作研讨会、人民政协与构建和谐社会研讨会，对更好地发挥人民政协作用的一些理论和实践问题进行深入研讨。政协各专门委员会及时总结经验，深入进行思考，形成了一批理论研究成果，为政协工作实践提供了有力的理论指导。

在文史资料工作方面，坚持把史料征集作为基础性工作来抓，共征集各类史料1400多万字。配合有关重大纪念活动，组织力量重点完成了《毛泽东与河北》、《邓小平与河北》、《河北抗日战争图鉴》、《燕赵红色之旅丛书》等史料专集的编辑出版工作，较好地发挥了文史资料在“存史、资政、团结、育人”方面的作用。

四、适应时代要求，在加强自身建设上迈出新步伐

高度重视政治理论学习。组织开展学习型政协组织创建活动，促进学习的经常化、制度化，营造学习理论、研究问题的浓厚氛围。重点组织学习邓小平理论、“三个代表”重要思想和科学发展观，中共中央关于加强人民政协工作的一系列方针政策，新修订的《政协章程》和政协统战理论知识，为开创政协工作新局面奠定坚实的思想理论基础。

注重发挥民主党派的积极作用。在省政协组织的各种会议和活动中，努力营造求同存异、体谅包容、平等议事、民主和谐的氛围。坚持邀请民主党派和无党派人士参与政协组织的视察、调研、座谈等活动，努力搭建议政建言的广阔舞台，促进团结合作。

不断强化政协委员的主体作用。研究制定《关于加强委员自身建设，充分发挥委员主体作用的意见》，对委员履行职责提出明确规范的要求。坚持由主席或副主席主持每月一次的委员接待日，并把接待委员与走访委员结合起来，多方面倾听委员意见，及时解决工作中遇到的实际问题。召开全省政协发挥委员主体作用经验交流会，推广先进经验，研究探讨问题，有力地促进了工作的开展。

充分体现人民政协的界别特点。建立按界别征集提案、反映社情民意、召开相关会议等制度，积极探索发挥界别作用的方法和途径。注重按照界别特点和要求开展活动，组织委员有针对性地做好工作，促进相关问题的解决。引导委员加强同本界别群众的联系，扩大团结面，增强包容性，增进社会各阶层和不同利益群体的和谐。

努力提高机关建设的整体水平。认真组织开展保持共产党员先进性教育活动，民主集中制专题教育活动，“为民、务实、清廉”主题教育活动和解放思想大讨论活动，促进机关干部思想作风和工作作风的转变。不断加大机关干部的理论学习和业务培训力度，积极推进机关信息化建设和后勤保障工作，干部队伍的整体素质、服务水平和工作效率有明显提高。

第二部分，工作体会：一是必须坚持和依靠中国共产党的领导；二是必须坚持围绕工作大局履行职能；三是必须切实维护广大人民群众的根本利益；四是必须牢牢把握团结和民主两大主题。五是必须大力弘扬与时俱进的时代精神。

第三部分，今后工作建议：一、深入学习贯彻中共十七大精神。二、紧紧按照

科学发展观的要求履行职能。三、切实加强政协履行职能的制度建设。四、全面提高政协自身建设水平。

政协河北省委员会常务委员会组成人员守则（试行） 2008年9月27日政协河北省第十届委员会常务委员会第3次会议通过。共九条，对常务委员会组成人员应遵守的规章守则等作出了明确规定。(具体内容略)

【组织概况】

主 席

刘德旺

副主席

高喜同 赵文鹤 王玉梅（女）

田向利（女） 段惠军

丛 斌 孔小均 武四海

王 刚

秘书长

安云昉

常务委员名单（按姓氏笔画为序）

于 民 于金生 王 宽

王 娟（女，满族） 王小牧

王云英（女） 王长华 王玉锁

王玉楼 王丽红（女） 王连灵（女）

王秀清（女） 王宏伟 王岳森

王雪峰 王铭维（女） 王新勇

王福强 方建平 卢晓光（满族）

田茂怀 白 石 白云乡 冯世斌

司徒荻林 吕爱英（女）

吕维彬（女） 朱立秋（女）

刘 日 刘 苏 刘 勇 刘长锁

刘印楼 刘志新（满族） 刘劲松

刘林平（女） 刘明磊 刘树人

刘保平（女） 刘清芳 刘慰慈

许俊章 祁万利 孙建恒 杜金卿

杜宪光 杨 勋 杨玉成 杨芬朝

杨桂珍（女） 芦新菊（女）

李远征（女） 李忠文 李和明

李晓英（女） 李惠民 何秉群

辛宝山 宋辰义 张 平 张 羽

张大杰 张义珍（女） 张玉柱

张冬辰 张志平 张利平（女）

张国立 张泽峰 张学义 张彦杰

张彦惠 张博书 陈 荣（女）

陈立文 陈百成（满族） 陈会新

陈安增 陈晓颖 陈海鱼 武义青

武国堂 林友贤 范社岭 明 海

罗慧琴（女） 周金中 郑一民

郑汉先 屈 恩（女） 胡万宁

胡晓红 郝荣国 赵文伟（满族）

赵林明 赵新爱（女） 段录沛

闻德生 姜瑞峰 姚会亭 贺国庆（白族）

贺建功 秦博勇（女） 袁 宁

袁树峰 贾珍山 夏玉祥 徐 英

徐光泰 郭东海 郭镜心（女）

高义勋 高圣先（回族） 高金浩

萧圣立（女） 黄建斤 黄信阳

黄耿辛 曹 郁 曹 凯 曹忠廉（回族）

梁伟浩 梁洪杰 扈双龙 韩立友

韩爱丽（女） 韩瑞改（女）

董金皋 程宝山 鲁 平 温进坤

滑福生 谢禄生 靳云鹏 甄树青

路富裕 解观安 裴晓鹏 廖 波

翟久玉 翟志海 潘爱良 霍兴文

穆思山 戴云霞（女，回族）

委员名单（按姓氏笔画为序）

中国共产党（30名）

王玉梅（女） 王华清（女）

王雪峰 田向利（女） 白 石

石玉春 边黎明 乔登贵 刘德旺

匡洪治 安云昉 张 平 张义珍（女）

张建国 张鑫鲁 李乃毅 杜宪光

步俊琦 陈会新 郑晓东（满族）

姜贵增 赵文鹤 赵继春 徐学清

高金浩 高喜同 寇德松 崔启慧

彭学增 韩瑞改（女）

中国国民党革命委员会（18名）

马宏志（回族） 孔小均

卢晓光（满族） 张大杰 李又成
李晓英（女） 沈巍（满族）
肖楷 肖明地 辛宝山 胡永权
胡晓红 赵志国 郭镜心（女）
韩雪松（蒙古族） 甄树青
廖波 翟志海

中国民主同盟（21名）

马志海（回族） 尹兆旭 田咏
田茂怀 刘长锁 孙东峰（女）
张纬东 李宏（女） 李和明
李晓强 李博文（回族）
杨凤虎 杨玉成 陈百成（满族）
郑一民 南云（满族）
赵林明 闻德生 崔瑞芳（女）
曹凯 鲁平

中国民主建国会（20名）

马立峰 马怀琳 王亚洲（蒙古族）
王秀清（女） 王连灵（女）
田荣凤（女） 石守岭 刘勇
闫立英（女） 何香久 张民
李远征（女） 武义青 武四海(回族)
武英华 范社岭 徐光泰 梁洪杰
董金皋 韩立友

中国民主促进会（17名）

孔庆龙（蒙古族）王刚
王丽红（女） 关敏（女，满族）
刘苏 刘树人 闫书林 何兰（女）
张国立 李彪 李俊秀（女）
杨方 贺国庆（白族） 赵新生
赵新爱（女） 梁君奎 解观安

中国农工民主党（18名）

孔祥顺 王宗英 王建一 王桂生
王福强 吕维彬（女） 孙建恒
张辉 陈荣（女） 陈丽茹（女）
陈海鱼 周世伟 段惠军 赵汝东
徐英 雷威 霍兴文 魏向东

九三学社（15名）

王长华 丛斌 刘志新（满族）
刘林平（女） 祁万利 许皞
李校天 侯华梅（女） 姚会亭
胡万宁 赵清华 贾珍山 梁英华（女）
葛会波 戴云霞（女，回族）

无党派人士（18名）

王宏伟 刘会荣（女） 刘劲松
刘荣华（女） 吕爱英（女）
许建国 张羽 张在月 张春燕（女）
李红阳 李建成 杨芬朝 郝辰锁
柴占聪 秦博勇（女） 梁胜军
董旭明 甄德恩

中国共产主义青年团（12名）

王爱军 田理明 石磊 石井满
刘志刚 张泽峰 李亚林 谷宏健
侯贵松 高薇（女） 焦大伟
董晓航

总工会（15名）

王卫国 王小平（女） 关景发
刘东才 回增群 安颖欣（回族）
朱立新 朱淑贞（女） 张亚军（女）
张希瑾 陈占勇 郑力 郭东海
董喜平 霍建炉

妇女联合会（19名）

刁厚枝（女） 牛晓平（女）
王凤珍（女，满族） 白玉香（女）
石俊凤（女，满族） 刘保平（女）
刘慧敏（女） 吕炳素（女）
孙云霞（女） 孙雪莲（女）
米荣珍（女） 李艳军（女）
杨新丽（女） 芦新菊（女）
姚秀珍（女） 徐建芳（女）
葛瑞芳（女） 蒋智宜（女）
魏凤巧（女）

青年联合会（10名）

左晓龙 边丽英（女） 刘书英（女）
刘月卯 刘永东 刘俊良 杨建国
郝碧琳（女） 夏培鑫 曹郁

工商业联合会（21名）

王云英（女） 王玉锁 王仲民
王家智 石保栋 刘明磊 刘现考

孙增泰 朱守琛 吴晓军（满族）
宋炳方 张全胜 范少明
段晓岩（女，满族） 洪华美
胡 玲（女） 赵桂良 钱晓钟
黄建厅 翟久玉 裴晓鹏

科学技术协会（19 名）

毛立德 王 昌 王世海 冯瑞华（女）
吕树章 孙 翔 吴 伟 吴维海
张冬辰 张荣彬 张登斌 李 斌
李玉国 苏建力 贺建功 钮金木
徐红芹（女） 梁金刚 管保顺

台湾同胞联谊会（7 名）

王爱鸽（女） 王耀冀 郑汉先
傅沉鞶（女） 焦登武 廖海鹰
潘爱良

归国华侨联合会（12 名）

马法严 王 平 王俊阁 刘志敏（女）
劳 卫（女） 张学义 李艳萍（女）
杨宏伟 林友贤 郑朝晖 郑睿斌
赵雄燕

文化艺术界（42 名）

于 民 于金生 方 伟 牛兴国
王 庆 王素华（女） 王福山
白云乡 刘兴会 刘丽霞（女）
刘继台 祁海峰 张玉华 张立方
张静伯 李文岭 李玉梅（女）
陈 红（女） 陈 丽（女）
陈茂才 周淑英（女） 周喜俊（女）
罗慧琴（女） 郄少华 赵景之
郝太增 袁 辉 袁 宁 郭玉红（女）
郭海博 高向东 常素霞（女）
梁维玲（女） 黄耿辛 龚德龙
彭蕙蘅（女） 蒋宝英（女）
释延才 臧海萍（女） 魏力群
魏银栓 魏慧娟（女）

科学技术界（56 名）

马德春 王小牧 王钟山 王晓华
王笑平 王增平 史恒志 白砚来
边继敏 刘玉杰 刘均利 刘志江
刘建舟 刘维佳 刘慕双 刘鹤峰
牟金玲（女） 何华庆 吴 毅
宋水山 宋辰义 张 军 张文君（女）
张利平（女） 张惠娟（女，满族）
李 怀 李玉杰 李克义 李奇斌
李桂芳（女） 杨德相（侗族）
陈 玉 周海民 周清良 孟繁逵
房 勇 郑军英（女） 侯维真
姚 伟 姚学祥 姜世雄 胡英杰
赵文伟（满族） 赵麦庆 凌建春
栾文楼 贾 锋 郭 斌 郭凤集
郭庆白 高翔鹰 程 方 葛瑞江
董长榕（女） 韩建峰 韩桂茹（女）

社会科学界（29 名）

王 宽 王林茹（女） 冯世斌
任保山 刘 日 刘海阳 回增亮（回族）
安树彦 齐明亮 何秉群 吴俊桥（女）
宋 蕊（女） 宋振江 张之永
张宏斌 张志平 张国钧 李 志（女）
李凤祥 杜清建 陈 红（女）
陈晓颖 周金中 孟令尧 袁树峰
郭金平 蒋书锋 詹文宏 穆思山

经济界（96 名）

王力红（女） 王双进 王玉楼
王志国 王建勋 王保民 王海生
王海洋 王新勇 卢久友 白才用（女）
白立君 白如彦 任晓鸣 刘刚海
刘建军 刘清芳 刘雅萍（女）
孙占启 孙玉山 成现华 朱双跃
朱少洲 朱立秋（女） 许俊章
闫士杰 何燕生 吴以多 吴春节
吴清杰 宋书舫 宋文勤
张冬梅（女，满族） 张志勇
张建军 张彦杰 张博书 张敬水
李 强 李 溱 李书生 李少波
李兴华 李竹云（女） 李志宏
李金生 李雨浓 李俊民 李俊海
李春波 李济民 李赶顺 李清会
杜宝峰 杨龙飞 杨金堂 杨桂珍（女）

杨景祥　沈立强　芦　虎　连文生
陈千朗　陈清泉　周春林　范玉书
姚连合　姚维平　查卫民　胡文菊（女）
赵玉江　赵光学　凌喜山　徐联合
秦文昌　郭大建　郭占勋　郭和通
高　翔　高　巍　高卫兵　崔怀平
崔景联　曹文治　梁　伟　梁朝群
彭玉森　滑福生　焦士谦　董贺军
董跃中　谢禄生　路富裕　靳　暖（女）
蔡　润　檀三群　魏少军

农业界（32名）

仇立军　支恩波　王秋岭　王家騵
刘印楼　刘树强　刘海环（女，回族）
张亚东（满族）　张彦惠　张树旺
李　玉　李忠文　李英波　李清林
杨双牛　陈安增　陈志强　陈秀娟（女）
周庆华　周海涛　孟庆祥　武国堂
武殿雄　胡木强　赵胜建　夏　君
徐骁力　袁国富　高增杰　扈双龙
董志平（女）　潘孟义

教育界（50名）

万素英（女）　于　健　马仁会
马胜祥　马振远　王万明　王成云
王岳森　王彦英　王洪瑞　王素君（女）
王黔平（女）　石千峰　任经纬
刘永平（满族）　刘宏民　刘殿武（满族）
孙厚生　邢　铁　何　焱（女）
吴国英（女）　吴学礼（满族）
张　力　张　萍（女）　张玉柱
张俊芳（女）　李　石　李万庆
李立水　李克荣（女）　李宝荣
李养贤　杨振才　杨鹏起　邵爱军
陈立文　陈济生（女）　庞富忠
郑颜文（女）　侯维芝（女）
赵剑锋　郝东恒　高　蒙　高惠娟（女）
温进坤　葛素梅（女）　董　允
蒋春澜　韩爱丽（女）　雷造民

体育界（9名）

田英之　刘红伟　张肖平　张建新
李海平　杨静之　赵颖慧（女）
郗恩庭　常静春

新闻出版界（13名）

王乃飞（女）　王方杰　纪青云
闫燕平（女）　张志欣（女）
李文海　李保平　杜文峰　杜金卿
段录沛　赵　芳（女）　郝荣国
顾玉青（女）

医药卫生界（33名）

马胜禄（满族）　元小冬
王　娟（女，满族）　王连芹（女）
王铭维（女）　冯　继　台立稳（女）
乔占英（女）　刘仲喜　刘聚良
孙兰萍（女）　张丹参（女）
张如珍（女）　张祥建　张焕娣（女）
李佃贵　李海平　谷景书　邵新中
邹玉安　陈秀娥（女）　陈振怀
祝淑钗（女）　赵　莉（女）
赵文清　赵长虹　唐路宁（女）
徐树楠　郭志军（女）　郭登洲
高春秋　樊峰萍（女）　潘进社

社会福利与社会保障界（9名）

王永民　王保珍　张宇清　张新伟
张福林　李　民（满族）　赵文石
夏玉祥　郭　彦

少数民族界（23名）

于跃明（蒙古族）　丹志民（回族）
王文华（女，回族）　白雅琴（女，满族）
石　平（女，回族）　孙晓春（满族）
张　硕（回族）　张绍廉（满族）
李济清（女，苗族）　李铁强（回族）
李瑞林（女，满族）　杨文革（回族）
孟宪明（回族）　庞志峰（满族）
哈米莎（女，回族）　封捷然（满族）
赵月芬（女，回族）　徐　山（满族）
殷佳伟（蒙古族）　高圣先（回族）
高翠芝（女，满族）　霍玉甫（满族）
魏宝增（回族）

宗教界（29 名）

马耀华（回族） 方建平 王 烨
王建德（回族） 王振贵
代 林（蒙古族） 刘玉文
吴国柱 吴爱军（回族） 张 和
张士江 李广发（回族）
李连贵 李绍进 杨益存 肖占军
陈泉州 明 海 封新卯 崔清魁
曹忠廉（回族） 黄信阳 彭鉴道
程宝山 董生平 董沛文 释真广
韩树军（回族） 靳云鹏

特别邀请人士（63 名）

于庆昌 尤淑瑞（女） 王元芳(回族)
王贵国 冯平印（女） 古怀璞
叶维晋 司徒荻林 田富强
刘本立 刘慰慈 吕丽君（女）
孙殿高 朱国平（满族）
许葆真（女） 何润生 劳建青
张有洪 张西铭 张志芳 张春林
张洪波 张展翔 李双喜 李守信
李惠民 李德刚 杨 勋 杨国荣
邱力迅 陈 虎 陈少华 陈民亮
陈思玮 陈健英 陈鎏鎏 周 林
屈 恩（女） 庞连兴 林玉凤（女）
武志永 罗志伟 侯庆虎 姚 华(满族)
姜瑞峰 贺会平（女） 柴冠景
郭士刚 高义勋 高太存 高彦明
曹淑信 梁伟浩 梁维特 萧圣立（女）
黄洁卿（女） 黄维坚 彭一庭
韩瑞林 路群良 裴 飚 谭伟雄
霍钧秩

不再担任常务委员、委员名单

辛宝山（2008 年 9 月 27 日政协河北省第十届委员会常务委员会第 3 次会议通过）

韩瑞改（2008 年 12 月 26 日政协河北省第十届委员会常务委员会第 4 次会议通过）

不再担任委员名单

周海民（2008 年 9 月 27 日政协河北省第十届委员会常务委员会第 3 次会议通过）

【机关机构概况】

省政协十届一次常委会议决定，设置研究室和提案、人口资源环境、文史资料、财政经济、农业、教科文卫体、社会和法制、民族和宗教、港澳台侨和外事等 9 个委员会。

【河北省各市、县、区政协领导人名单】

石家庄市

市政协主席 王华清（女）
县（市、区）政协主席
长安区 李士奎
桥东区 田玉芬（女）
桥西区 路中林
新华区 周玉林
裕华区 韩志芳（女）
辛集市 高保平
藁城市 王永生
晋州市 柴香稳（女）
新乐市 杨运良
鹿泉市 尤栓庆
正定县 徐 玲（女）
栾城县 曹金亮
井陉县 王新民
无极县 杨成岱
深泽县 杨 秋
行唐县 赵大水
灵寿县 傅连英（女）
平山县 张大平
赵 县 陈炜兴
元氏县 史全斌
高邑县 陈金锁
赞皇县 张万银
矿 区 康贵春

承德市

市政协主席 郑晓东（满族）

县（区）政协主席
双桥区 郭晓波
双滦区 李长银
鹰手营子矿区 何庆云
兴隆县 刘丽珍（女）
平泉县 付 贵（满族）
承德县 刘广明（满族）
隆化县 韩 彪（满族）
丰宁满族自治县 张清艳（女）
滦平县 温志中（满族）
围场满族蒙古族自治县 孙 祥（满族）
宽城满族自治县 郎 青（满族）

张家口市

市政协主席 乔登贵
县（区）政协主席
桥东区 王桂海
桥西区 王建平
宣化区 李进龙
下花园区 刘金泉
宣化县 穆明光（女）
怀来县 李英田
赤城县 蒋瑞海
涿鹿县 伊世忠
蔚 县 蔡德新
阳原县 李树恩
怀安县 张 彪
万全县 田丰新
崇礼县 范振雄
张北县 史崇森
沽源县 刘宝库
尚义县 靳振高
康保县 谷树明

秦皇岛市

市政协主席 王三堂（兼）
县（区）政协主席
海港区 何发江
北戴河区 严 彬
山海关区 王志杰
抚宁县 顾昌和
昌黎县 刘承书
卢龙县 杨俊达
青龙满族自治县 霍林国（满族）

唐山市

市政协主席 张国栋
县（市、区）政协主席
古冶区 曹凤利
开平区 杨清波
丰润区 李秀岩
丰南区 戴 征
路北区 蔡永茂
路南区 魏文成
遵化市 孙荣先
迁安市 陈子存
滦南县 李玉鹏
滦 县 陈铁屏
迁西县 孙法仲
玉田县 赵广利
唐海县 王金生
乐亭县 郑 银

廊坊市

市政协主席 寇德松
县（市、区）政协主席
安次区 杨广恒
广阳区 谷金山
三河市 李连营
霸州市 滕贵君
香河县 刘玉海
文安县 高菊英（女）
大城县 王从平
大厂县 卢振闪
固安县 牛永生
永清县 韩金斗

保定市

市政协主席 崔启慧

县（市、区）政协主席

新市区 张跃华
北市区 张国安
南市区 郭清申
涿州市 姚士峰
高碑店市 李恩友
定州市 赵根军
安国市 焦新年
清苑县 宋 静
满城县 范福生
顺平县 郭建军
望都县 赵兵晨
高阳县 林海泉
定兴县 文大华
涞水县 宋冀中
涞源县 张保福
容城县 姜占军
阜平县 耿文金
唐 县 史登顺
易 县 杨春立
安新县 李红军
蠡 县 张如军
博野县 郭泽民
曲阳县 刘同孝（兼）
雄 县 任志强
徐水县 张建国

沧州市

市政协主席 匡洪治

县（市、区）政协主席

新华区 刘淑惠（女）
运河区 刘植良
任丘市 郝章炳
泊头市 申海龙
黄骅市 刘彦红
河间市 白铁锤
沧 县 鲁志田
孟村回族自治县 吴世华
献 县 杨增华
东光县 马金德
肃宁县 张素杰（女）
南皮县 庞树旺
吴桥县 王朝闻
青 县 王世清
盐山县 胡丽萍（女）
海兴县 李景场

衡水市

市政协主席 徐学清

县（市、区）政协主席

桃城区 韩玉房
冀州市 胡广利
深州市 张建涛
枣强县 李恩华
武邑县 韩占林
武强县 许汝棣
饶阳县 邢彦军
安平县 张跃民
故城县 张海英
景 县 苏庆云
阜城县 杜恩波

邢台市

市政协主席 石玉春

县（市、区）政协主席

桥西区 张永水
桥东区 雷运川
沙河市 王 霞（女）
南宫市 李平然（女）
邢台县 关学峰
清河县 任山景（兼）
内邱县 常 青
临城县 尉赴津（女）
隆尧县 张华兴
任 县 黄金花（女）
柏乡县 李顺谦

南和县 薛秀杰
宁晋县 刘月斗
巨鹿县 李国民
平乡县 马贵华
新河县 王奇温
广宗县 李云豪
威　县 李俊申
临西县 秦兴贵

邯郸市
市政协主席 彭学增
县（市、区）政协主席
丛台区 李相珍
复兴区 刘景元
邯山区 张桂芬（女）
峰峰矿区 王云岩
武安市 李永安
鸡泽县 张社江
邱　县 李宝林
永年县 李志科
曲周县 冯怀林
邯郸县 王怀章
肥乡县 王援朝
馆陶县 王国贞
涉　县 樊爱国
广平县 于克海
成安县 苑光金
魏　县 郭玉峰
磁　县 刘树清
临漳县 邓玉江
大名县 高连生

河北省各级政协组织和委员数

（截至 2008 年底）

级别 / 项目	省	设区的市	县（不设区的市、市辖区）	合　计
组织数	1	11	172	184
委员数	751	5255	32399	38405

（马增辉 编写　王冠军 审稿）

政协山西省委员会

金银焕　主　席

郭良孝　常务副主席

韩儒英　副主席

周　然　副主席

李雁红　副主席

李潭生　副主席

令政策　副主席

卫小春　副主席

刘滇生　副主席

阎沁生　秘书长

【全体委员会议】

十届一次会议 1月14日至21日在太原举行。会议应出席委员570名，实到557名。九届省政协常务副主席薛荣哲主持开幕会，九届省政协主席刘泽民受政协第九届山西省委员会常务委员会委托，向大会作常委会工作报告。九届省政协副主席张正明受政协第九届山西省委员会常务委员会委托，向大会作提案工作情况的报告。与会委员列席山西省第十一届人民代表大会第一次会议，听取和讨论代省长孟学农所作的政府工作报告，听取和讨论省高级人民法院工作报告和省人民检察院工作报告，以及省发展计划报告和财政预算报告。会议对以上报告表示赞同。会议选举金银焕为十届省政协主席，郭良孝、韩儒英、周然、李雁红、李潭生、令政策、卫小春、刘滇生为十届省政协副主席，阎沁生为十届省政协秘书长，卫克兴等97人为十届省政协会常务委员。会议审议通过政协第十届山西省委员会第一次会议的各项决议。会议期间，省委书记张宝顺、代省长孟学农出席会议并分别参加小组讨论。新当选的十届省政协主席金银焕在闭幕会上讲话，表示要按照中共十七大精神和胡锦涛总书记在全国政协新年茶话会上提出的要求，高举中国特色社会主义伟大旗帜，坚持团结和民主两大主题，认真履行政治协商、民主监督、参政议政职能，切实加强“四位一体”的政协自身建设，把工作重点放在加强调查研究、破解经济社会发展的深层次矛盾上，放在关注社情民意、保障和改善民生上，放在推进履行职能的制度化、规范化、程序化上，放在巩固和发展团结民主、生动活泼、安定和谐的政治局面上，团结一切可以团结的力量，为推动全省经济、政治、文化和社会建设作出更大贡献。

【常务委员会会议】

九届第27次会议 1月4日至6日在太原举行。应出席103名，实到93名。省政协主席刘泽民出席会议并讲话。全国政协提案委员会副主任郑社奎、副省长胡苏平、统战部长李政文、省高院院长左世忠等应邀出席会议。会议审议通过政协第十届山西省委员会委员名额的决定；协商通过政协第十届山西省委员会委员名单；审议通过政协第九届山西省委员会常务委员会工作报告和政协第九届山西省委员会常务委员会提案工作情况的报告，并推举报告人；审议通过政协第十届山西省委员会第一次会议日程；审议通过政协第十届山西省委员会第一次会议列席人员范围与名额。

十届第1次会议 1月21日在太原举行。应出席107名，实到93名。中共山西省委副书记、省政协主席金银焕主持会议。通过政协第十届山西省委员会常务委员会2008年工作要点和有关人事任命事项。

第2次会议 6月11日至13日在太原举行。应出席107名，实到91名。金银焕主席主持开幕会议并在闭幕会上作讲话。省委副书记薛延忠出席会议，听取大会发言并讲话。副省长牛仁亮通报我省环境保护和节能减排工作的有关情况，听取大会发言并讲话。省政协常务副主席郭良孝就《关于进一步加强环境保护和节能减排工作，努力促进山西科学发展的建议（讨论稿）》作说明。常委们围绕会议主题，进行认真讨论。秘书长阎沁生通报讨论情况。会议审议通过《关于进一步加强环境保护和节能减排工作，努力促进山西科学发展的建议》，通过《山西省政协委员履行职责管理办法（试行）》和人事事项。会议期间，还听取国务院发展研究中心社会发展部主任周宏春博士作的专题报告，听取了省政协常委、体育局局长苏亚君关于我省“迎奥运”工作进展情况的通报。

第3次会议 9月10日至12日在晋中市举行。应出席107名，实到83名。省政协主席金银焕出席会议并讲话。省农业厅负责人作了全省农村劳动力转移情况的通报。省政协副主席李雁红就《关于统筹城乡发展，加快农村劳动力转移，增加农民收入的建议（讨论稿）》作说明。常委们围绕会议主题积极建言献策。秘书长阎沁生通报讨论情况。会议通过有关人事事项。会议期间，北京大学经济研究中心主任周其仁教授作了关于“尊重客观规律，协调城乡发展”的专题报告。

第4次会议 12月1日至2日在太原举行。应出席107名，实到91名。省政协常务副主席郭良孝在闭幕会上讲话。副省长李小鹏通报我省旅游文化产业发展的有关情况；省政协副主席令政策作《关于促进我省旅游文化产业发展的建议（讨论稿）》说明。常委们围绕会议主题，进行分组讨论和大会发言。秘书长阎沁生通报讨论情况。会议通过《关于促进我省旅游文化产业发展的建议》。会议期间，中国旅游研究院学术委员会主任、中国旅游文化资源开发促进会副会长、中央民族大学博士生导师魏小安教授作了山西旅游发展探讨的专题报告。

【专门委员会工作】

提案委员会 一、提案办理的基本情况。2008年，省政协各参加单位和政协委员共提出提案739件，其中，党派团体提案119件，委员提案620件。经提案（审查）委员会审查，立案609件，130件转为来信处理。按照分口交办的原则，分别送请中共山西省委、省人大、省政府、省政协办公厅和省高级人民法院等所属的70多个单位进行办理。截至2008年12月底已全部办复完毕。有10类31件关系全局、关乎群众切身利益、影响较大的提案作为2008年的重点提案，分别由省领导领办督办，并取得明显成效。二、充分利用现代网络信息传递手段，所有提案和答复经审查程序后上网发布，不但增强了提案办理的时效性，也为提案者提供了展示自己调研成果和参政议政能力的平台，同时也为党政部门了解政协信息提供了又一方便快捷的渠道。三、充分发挥新闻媒体的监督作用，召开提案办理新闻发布会，实现了民主监督、舆论监督、社会监督的有效结合，进一步提高了提案工作的整体质量。四、组织部分省政协委员分赴各地市，就提案办理情况进行视察。五、组织提案委员前往外省进行工作交流和考察。

经济和人口资源环境委员会 一、认真学习践行科学发展观和政协统战理论知识，不断提高参政议政的质量和水平。组织委员认真学习科学发展观并结合实际探讨我省转型发展、和谐发展、安全发展问题；组织委员学习“两会”精神，明确今年全省经济工作的重点；组织委员学习政协统战理论知识和政协委员履职管理条例，不断提高委员的光荣感和责任感。二、围绕贯彻落实科学发展观开展调查研究，为政府科学决策提供政策性建议。完成“环境保护与节能减排”专题调研工作，向十届二次常委会议提交“关于进一步加强环境保护和节能减排工作，努力促进山西科学发展的建议”。向十届四次常委会议提交“发挥后发优势发展前景产业——朔州市旅游产业发展调研报告”和“安徽山西旅游产业发展比较研究”两份专题调研报告。组织委员考察山西太原重型汽车有限公司和山西大运汽车制造有限公司，并以晋协办函［2008］1号文件向省政府提交“关于帮助山西大运重卡进入国家目录，促进早见成效，服务全省经济的建议”。围绕“转型发展、和谐发展”这一主题，深入运城市和太原市进行了专题调研，形成专项建议。协同教科文卫体委员会进行农村教育事业调研并在左云县召开农村教育调查论证会，形成《交城县教育局关于调整教育公用经费用途的建议》、《加强教育技术装备、实现学校可持续发展》的建议，交山西省改革创新研究会。三、加强横向交流合作，为推进区域经济合作建言献策。赴安徽参加全国23省区市政协经济委员会第16次联系会议，向会议提交“积极推进区域经济合作，实现山西科学发展的建议报告”。赴河北参加“首届京津冀晋蒙政协区域经济发展论坛”，常务副主席郭良孝代表山西省政协在大会上讲话，副主席韩儒英在论坛上作了“全方位开放，高起点融合、打造京津冀晋蒙区域经济合作共赢的新格局”的主题演讲。参加全国政协人口资源环境委员会、国家发展和改革委员会、环境保护部主办的“中国城市节能减排”高峰论坛。接待全国政协“绿色奥运空气质量”考察团对我省空气质量的考察。协助筹备成立“山西省实业家联合会”和“山西城乡发展促进会”两个民间团体组织。积极开展委员联谊活动。四、抓好委员会的队伍建设和制度建设，保障工作顺利进行。完成专委会的队伍建设和专委会班子的配备工作。召开与政府对口职能部门的工作联系会议，通过《政协经环委与政府对口职能部门工作联系制度》。加强委员会办公室建设，进一步明确工作责任制，不断改善服务质量。

农村委员会 一、围绕常委会确定的“统筹城乡发展，加快农村劳动力转移、增加农民收入”的议题，深入基层充分调研，向省政协十届三次常委会提交《统筹城乡发展，加快农村劳动力转移、增加农民收入的建议》，经审议修改后以晋协发〔2008〕14号文件报送省委、省政府。二、圆满完成专题视察和调研任务。就粮食安全问题与省粮食局进行座谈，并对下一步粮食安全问题调研作研究和部署。组织农业界政协委员围绕城乡统筹发展，加快农村劳动力转移、增加农民收入的议题，赴陕西省考察学习，在我省运城市调查研究。就促进农民就业、增加农民收入问题到省中小企业局视察。组织部分省政协委员，深入晋中、长治两市的8个县（区）、22个村镇学校和山西农大，对统筹城乡发展，加快农村劳动力转移、增加农民收入情况进行专题调研，起草《关于晋中、长治市农村劳动力转移情况的调研报告》。组织委员到省供销社调研，听取省供销社工作汇报。组织部分委员深入临汾市、吕梁市、大同市，对统筹城乡发展，加快农村劳动力转移、增加农民收入情况进行调研，起草《关于临汾市统筹城乡发展，加快农村劳动力转移、增加农民收入情况的调研报告》、《关于吕梁市统筹城乡发展，营造发展环境，千方百计促进农村劳动力转移的调研报告》、《关于大同市统筹城乡发展，加快农村劳动力转移、增加农民收入情况的调研报告》。组织部分省政协委员就农村劳动力转移、农民增收和城镇化建设情况在阳泉市调研。组织省政协农村委员会相关人员赴晋中市，就深入学习实践科学发展观，做好“三农”工作，促进市、县两级中小企业发展等问题调研。三、就农村劳动力转移、农民增收情况，赴安徽、江西、湖南学习考察，进一步增强统筹城乡发展、深化三农改革的信心。四、做好信息工作，拓展履行职能的渠道。五、进一步加强与省政府对口厅局的工作联系，涉农对口厅局向我委报送有关农业、农村资料信息和刊物共200多份，邀请我委领导出席有关会议10次，我委邀请对口厅局参加座谈会15次。

教科文卫体委员会 一、完成组织建设，理顺工作关系。圆满完成委员会自身组织建设。继续坚持专委会对口协商制度，召开与省教育厅、科技厅等十个对口厅局的对口联席会议。召开省、市政协教科文卫体委员会联席会议，研究确定各市政协教科委参与协作调研的课题，与地市政协教科委形成上下联动的工作格局。二、围绕工作要点，积极履行职能。一是完成常委会专题调研，向十届四次常委会提交《关于促进我省旅游文化产业发展的建议》，经常委会审议修改后，以晋协发〔2008〕15号文件报送省委、省政府。二是组织完成“关于加强职业教育和推进义务教育均衡发展”专题议政会。三是撰写《建议尽快排查和解决在煤矿采空区上的学校和居民区的安全隐患》的社情民意，张平副省长批示：“教科文卫体委员会所反映的问题在我省具有普遍性，有些地市的情况相当严重。教育厅可结合我省校舍安全工程等举措，加强这方面的关注，一并纳入实施方案。”四是与山西改革创新研究会共同组织开展农村义务教育和职业教育专题调研，赴晋中、吕梁、忻州等市进行农村义务教育和职业教育的实地考察，向省政府及有关领导提交《对我省部分县市农村教育情况的调研报告》。五是安排有关地市政协教科委做好农村卫生工作专题研讨会调研，参加全国政协在浙江召开的农村卫生工作专题研讨会；听取省招生考试管理中心关于高考工作的情况通报，采取驻点巡视和流动巡视相结合的方法，对临汾市的高考工作进行巡视检查，向省招生考试管理中心提出六条工作建议；与民族宗教委员会一道，组织委员视察五台山“双申遗”工作进展情况，向省委、省政府提交《关于五台山“双申遗”工作的紧急报告》；组织部分委员到曲沃县曲村——天马遗址的晋侯墓地1号车马坑发掘现场进行考察，并参观非物质文化遗产——曲沃县郑家民间美术社；组织部分省政协委员参加太原市文化建园座谈会，就如何在拟建公园内注入文化元素，拓展文化内涵献计献策；为纪念改革开放30周年，与省电影家协会等单位联合举办“春之约”朗诵音乐会；组织文艺界、科技科协界别委员活动，围绕发展我省文化产业、科普惠农等问题进行深入探讨；接待全国政协副主席林文漪所带领的视察团对太原市、临汾市和运城市文化体制改革工作的视察。

社会法制委员会 一、围绕民生主题开展各项履职工作。一是精心组织“城乡居民基本生活保障落实情况”专题调研和专题议政会。常务副省长申联彬、副省长胡苏平和省民政厅、劳动厅、财政厅、国土资源厅、省工会等单位负责人到会听取政协委员的专题议政发言。两位副省长给予充分肯定，并分别从不同的角度作了表态讲话。议政会的主流观点经认真梳理汇总后，形成《关于进一步强化城乡居民基本生活保障落实力度，促进山西和谐发展的建议》，报送省委、省政府并引起高度重视，不少建议已被决策层采纳。二是就《安全生产法》的贯彻落实情况组织委员赴太原市晋源区进行视察调研，向省委、省政府报送《关于尽快搬迁蓝星化工有限责任公司TDI生产装置周边居民的建议》。省委副书记、代省长王君和副省长陈川平分别作出重要批示，责成相关部门尽快研究落实。三是就社区建设组织视察调研，形成《关于加强社区建设》的专题建议。四是就人才市场建设与提案委进行联合视察调研，推动提案的进一步落实。二、从法制建设切入，组织委员建言立论。一是就非法开采矿产资源提出立法建议，并作为部分全国政协委员的联名提案，在全国“两会”上提交。二是围绕优化执法环境、改善执法条件，文明执法、公正执法，以及维护干警合法权益的主题进行视察，并就存在的困难和问题以提案和社情民意等形式向相关部门提出建议。三是组织委员认真审议《山西省人民政府行政问责暂行办法（征求意见稿）》，并以书面形式向省政府法制办提出修改意见和建议。三、加强对口联系，拓宽履职渠道。加强与对口联系单位的工作配合，召开对口联系工作座谈会。参加全省行风评议工作，履行民主监督职责。四、围绕全省工作大局，积极参与完成综合性工作任务。一是服务综合治理工作大局，做实“联系点”工作。二是认真完成省委学习实践科学发展观督导任务，参加省政协机关学习实践科学发展观活动。三是按照省依法治省领导组的统一安排，参加相关会议、汇报、检查等工作。五、加强纵向横向联系，扩大工作交流。一是注重加强与全国政协社法委的联系与合作，就如何更好地发挥专委会作用进行深入的交流探讨。参加全国政协暨各省（区、市）政协社法委工作座谈会，提交《从民生主题切入，切实履行政协职能》的交流文章。二是加强与兄弟省（区、市）政协社法委的交流合作。

民族宗教委员会　一、深入学习实践科学发展观和党的宗教工作基本方针，不断提高思想认识。编印《山西省民族宗教工作有关政策法规汇编》。二、大力开展调查研究，努力推进建言献策。一是考察太原市西山大佛并就贯彻两个《条例》情况赴吕梁进行视察。二是和教科文卫体委员会一道对五台山“双申遗”进行调研，向省政府呈报《关于视察五台山“双申遗”工作情况的紧急报告》。三是陪同全国政协民宗委赴晋调研组就当前风景名胜区五台山、玄中寺的宗教场所管理情况进行调研。四是对省民委、省宗教事务局和各省级宗教团体进行调研。五是参与省妇联、省工商局、省中小企业局就推动全民创业工作的调研。六是就发挥宗教界人士和信教群众在促进经济社会发展中的积极作用情况，与各市政协民宗委进行协同调研，撰写《以科学发展观和党的宗教工作基本方针为指导，努力做好新形势下宗教工作》的调研报告，并在全国政协民宗委包头会议和全国部分省（区、市）政协第十次民宗工作研讨会上作了介绍。三、全面贯彻党的民族宗教政策和《宗教事务条例》，努力促进民族宗教关系和谐。与省人大民宗侨外委一道，对太原、吕梁、忻州、长治市的宗教工作进行联合调研，写出《关于贯彻落实两个〈条例〉的调研报告》，提交省人大常委会参考。并根据调研中发现的有关问题，重点对五台山“双申遗”和玄中寺附近开矿情况进行专题反映和督办。四、认真加强政协理论研究，扎实做好反映社情民意工作。在政协理论研究方面，一是组织委员参加全省新任委员、县（区、市）政协主席培训班学习讲座以及省政协组织的各类研讨会。二是参加华北及环渤海七省（区、市）政协民族和宗教工作研讨会。三是参加全国政协民宗委在包头召开的“发挥宗教界人士和信教群众在促进经济社会发展中的积极作用研讨会”。四是出席在杭州召开的“全国部分省（区、市）政协第十次民族和宗教工作研讨会”。在信息工作方面，一是修改完善《山西省政协民族宗教系统信息工作考评办法》，引导委员注重提高报送信息的质量和对热点、难点及敏感性、前瞻性问题的研究和反映。二是主动帮助委员整理、提交提案。三是及时反映问题、协调关系、化解矛盾，帮助政府做好教徒与信教群众的工作，起到了维护宗教和睦、社会和谐、稳定局面的作用。四是重点加强工作动态、文件资料、基本知识、问题研究、委员风采等信息的网上交流和对热点、难点、敏感性、前瞻性等民族宗教社情民意问题的研究和反映。五、努力创新工作机制，不断加强自身建设。建立健全信息工作制度，加强与各市政协民宗委的联系；建立健全委员和工作人员履职报告制度，加强委员会和委员、界别之间的联系。六、积极开展有民族宗教特色的文化公益活动，为山西的经济社会又好又快发展做贡献。七、接待全国政协及兄弟省市政协民宗委来晋的参观考察活动。

文史资料委员会 一、组建十届省政协文史委，研究制定文史委本届工作计划及2008年工作要点。二、召开全省政协文史工作座谈会，传达贯彻全国政协文史工作座谈会精神，研究安排协作项目。三、贯彻实施常委会工作要点，围绕纪念改革开放30年开展工作。一是开展以“见证山西改革开放30年”为主题的“三亲”史料征集工作，编辑出版《共同的记忆——山西省政协纪念改革开放30年征文选》。二是在《文史月刊》开辟“改革开放30年亲历记”专栏，选择一批有水平、有分量的稿件发表；与《山西政协报》社合作开展“改革开放30年亲历记征文”活动。三是征编出版《山西省政协纪念改革开放30年名家书画作品集》，举办纪念改革开放30年名家书画作品展。四是召开省政协文史工作培训暨表彰大会，对市县政协文史工作者进行业务培训。五是参加全国暨地方政协文史委员会主任会议和华北地区政协文史工作协作会议，完成全国政协有关文史资料征集出版协作项目。六是认真抓好《文史月刊》的征编工作，进一步加大刊物发行量。2008年，《文史月刊》继续被省新闻出版局评为山西省一级期刊。

学习宣传委员会 一、创新工作思路，加强考核管理，成功举办“山西省新任省政协委员、市县政协主席培训班”，实现了省委、省政协提出的在两年时间内，将全省2007年换届后新任的91名市县政协主席轮训一遍的目标。二、精心策划，严密组织，以纪念中共中央发布“五一口号”60周年和我国改革开放30周年为主题，举办人民政协理论与实践系列研讨和展示活动。一是与省委统战部联合组织承办中共山西省委“纪念中共五一口号发布60周年”座谈会。二是开展山西省政协纪念改革开放30周年人民政协理论与实践有奖征文活动，并对获奖论文作者及优秀组织奖单位进行表彰，极大地推动了我省人民政协理论研究工作的开展。三是举办山西省政协纪念改革开放30周年人民政协理论与实践研讨会。四是组织山西省政协纪念改革开放30周年书画名家笔会。五是举办山西省政协纪念改革开放30周年书画摄影展，由专家从全省征集到的758幅书画作品、296幅摄影作品中精选出来的150多幅书画作品和60多幅摄影作品参加展出。三、发挥政协优势，突出政协特色，创造性地开展政协宣传工作。加强与电台、电视台的联系，在《山西日报》开辟《议政建言》专栏，扩大我省政协工作的影响，提高委员参政议政的实效，使我省政协的宣传工作基本做到了报纸上有版面、电台里有声音、电视上有形象、网络里有平台。四、紧扣时代脉搏，精选文章内容，办好《学习资料》，为委员知情参政提供服务。五、了解社会动态，关注社会热点，深入实际调研，积极履职献策。一是就贯彻落实中共中央5号文件精神、加强政协宣传工作及基层政协委员学习培训和履职参政情况，对阳泉市进行视察调研。二是就朔州市改革开放30年来经济和社会发展状况进行调研并参加朔州火车站站房改造工程共建签字和开工庆典仪式。三是就新形势下如何发挥政协妇联界委员的作用、推动我省妇女工作发展，对省妇联进行视察调研。六、组建委员队伍，完善规章制度，抓好自身建设。制定和完善《委员会办公室职责》和《办公室工作人员岗位责任制》，为委员会各项工作的顺利进行打下良好的基础。

港澳台侨和外事委员会 一、组建新一届委员会，开启全新工作局面。二、健全完善各项规章制度，保证委员会工作高效有序进行。健全和完善《港澳台侨和外事委员会工作任务和职责》、《委员会办事程序》、《委员会办公室主任、副主任、调研员职责》、《学习制度》、《请销假制度》等相关工作制度。三、狠抓学习，提高委员的参政议政水平。采取以自学为主、适当集中，专委会会议、主任办公会、学习座谈会相结合的办法，引导和督促委员进行政策理论和专业知识的学习。四、加强工作网络建设，搭建交流合作平台。一是与涉外涉台省直单位、部门和群团组织就今后加强联系、相互协作、联合调研进行座谈。二是与各市政协港澳台侨和外事委等同行进行工作交流和座谈。三是加强与全国政协港澳台侨委员会和外事委员会的工作联系。五、认真抓好委员视察和专题调研工作。一是将专委会工作与界别活动有效结合，组织部分委员就解决我省水资源紧缺矛盾，促进山西经济社会和生态环境可持续发展问题，赴偏关万家寨引黄工程和太原呼延水厂进行视察。二是组织部分委员到山西汾酒集团有限责任公司进行专题调研。三是围绕我省转型发展，组织部分委员到“山西潞安煤基合成油示范项目”基地——屯留县进行专题调研。六、邀请和接待“三胞”及海外人士来我省视察联谊，推进对外开放工作。一是接待澳门地产发展协会来晋考察参观，并协助组织安排与相关单位和部门座谈，就宣传山西、扩大交往、晋澳合作进行交流。二是接待中央驻澳门联络办公室副主任高燕和澳门地产发展商会吴利勋先生一行在我省的参观考察活动。三是接待由香港锦胜发展有限公司庄金洲董事长和庄荣洲先生率领的山西海外联谊会港区理事和香港福建体育会联合访问团一行在我省的参观考察，并就双方关心的经济、文化体育、旅游发展等议题进行座谈交流。四是接待全国政协港澳台侨委员会副主任马有礼率领的澳门有关人士来晋考察。七、协助澳门房地产协会捐建希望小学、筹备晋澳联谊会有关事宜。八、积极配合参加全国政协、省直有关单位举办的各种会议和培训、联谊活动，配合有关部门共同推进和做好我省的港澳台侨外事工作。参加全国政协在北京举办的“全国各省、区、市政协港澳台侨工作研讨会”。

【重要活动】

省城各界人士迎春茶话会 2月1日上午在太原举行。省委书记、省人大常委会主任张宝顺讲话，省人大常委会委员、九三学社山西省委副主委姚二云代表各民主党派和无党派人士发言，省人大常委会委员、省妇联主席李悦娥代表各人民团体发言。省委副书记、省长孟学农，省委常委、常务副省长薛延忠出席。省委副书记、省政协主席金银焕主持。省委、省人大、省政府、省政协、省军区、省高级人民法院、省人民检察院、省武警总队的领导，在并十届全国政协委员、十届省政协常委，省各民主党派、工商联、人民团体负责人及无党派人士，省政协、省委统战部厅局级干部及离退休老干部，省政府参事、文史馆员等应邀出席茶话会并观看文艺节目。

驻晋全国政协委员视察太原铁路局 2月22日上午，省委副书记、省政协主席金银焕，原省政协主席刘泽民，省委常委、统战部长李政文，省政协副主席韩儒英、周然、卫小春、刘滇生及部分驻晋全国政协委员视察太原铁路局，了解我省铁路发展情况，并就有关铁路建设的提案或建议征求太原铁路局负责人意见。

驻晋全国政协委员座谈会 2月27日上午，省政协召开驻晋全国政协委员座谈会，省委副书记、省政协主席金银焕主持会议并讲话，副省长胡苏平通报我省经济社会发展情况。省政协原主席刘泽民，省委常委、统战部长李政文，副省长胡苏平、张平，省政协副主席韩儒英、周然、卫小春、刘滇生和秘书长阎沁生及部分驻晋全国政协委员出席会议。

全国政协副主席、中国文联主席孙家正莅晋考察 4月3日至4日，全国政协副主席、中国文联主席孙家正一行考察太原钢铁集团有限公司和省博物院、清明节发源地绵山风景区和灵石王家大院，出席“我们的节日·清明节主题活动”，观看“绿色的缅怀”主题文艺晚会，与十届省政协领导班子进行座谈。省政协主席金银焕出席并介绍十届省政协工作情况。常务副主席郭良孝，副主席韩儒英、周然、李潭生、卫小春、刘滇生陪同考察或参加座谈。

举办《中国的政党制度与人民政协专题报告会》 4月18日上午，省政协举办《中国的政党制度与人民政协专题报告会》，中国社会主义学院郑宪教授就人民政协在我国政治体制中的地位、我国政党制度与人民政协、人民政协工作的创新等专题作了深入浅出的阐述。常务副主席郭良孝主持，副主席李潭生、刘滇生、周然，秘书长阎沁生出席。部分在并省政协常委，省政协机关在职、离退休干部，民主党派机关干部聆听讲座。

全国政协副主席、民进中央常务副主席罗富和一行莅晋视察调研 4月24日至26日，全国政协副主席、民进中央常务副主席罗富和一行莅晋视察指导，先后到中共山西省委统战部、民进山西省委，对信息化管理、网站建设、办公条件进行视察，并与领导班子和机关成员进行座谈。还视察了省农科院、太原市中心医院和晋祠博物馆。中共山西省委副书记、省政协主席金银焕在晋祠宾馆看望罗富和一行。省政协副主席、民进山西省委主委卫小春参加会见并陪同视察。

全省新任省政协委员、市县（市区）政协主席培训班 5月6日至9日在省委党校举办，省政协主席金银焕出席开班仪式并讲话。省委常委、统战部长李政文，省政协常务副主席郭良孝，副主席周然、卫小春，秘书长阎沁生出席开班仪式。副主席李潭生主持开班仪式。全国政协副秘书长卞晋平和中央党校科学社会主义教研部主任、中国科学社会主义学会常务副会长严书翰教授作专题辅导报告。省政协副主席李潭生作总结讲话，副主席卫小春主持结业典礼。全省100余名新任市、县（市、区）政协主席及省政协机关工作人员参加了培训。

机关干部职工积极为四川汶川地震灾区捐款 5月14日下午，省政协机关广大党员和干部职工，认真贯彻落实中央和省委、省政府关于帮助受灾地区群众渡过难关的号召，纷纷捐款捐物，把一片深情厚谊送到灾区。金银焕主席，郭良孝常务副主席，韩儒英、周然副主席和秘书长阎沁生等领导带头捐款，因公外出的李雁红、李潭生、令政策、卫小春、刘滇生等领导委托机关人员代为捐款。

机关党员积极交纳“特殊党费”支援灾区抗震救灾 根据中央组织部《关于做好部分党员交纳“特殊党费”用于支援抗震救灾工作的通知》精神，省政协机关广大党员郑重向党组织交纳“特殊党费”，进一步支援灾区的抗震救灾工作。金银焕主席，李澶生、令政策副主席和秘书长阎沁生和机关全体党员干部一起，郑重地向党组织交纳“特殊党费”，常务副主席郭良孝、副主席李雁红因公外出，委托工作人员代为交纳，省政协老领导郭裕怀、吴慧琴、赵凤翔、吕日周、阎爱英等也分别交纳“特殊党费”。省政协机关党员交纳“特殊党费”达27万余元。

“城乡居民基本生活保障”专题讲座 7月2日下午，省政协邀请人力资源和劳动保障部社会保险研究所所长、研究员何平作“城乡居民基本生活保障”专题讲座。金银焕主席，郭良孝常务副主席，韩儒英、李澶生、刘滇生副主席和秘书长阎沁生出席。周然副主席主持。

全国政协风景名胜区宗教活动场所管理情况专题调研组在山西调研 7月8日，由全国政协民族和宗教委员会副主任仲兆隆率领的风景名胜区宗教活动场所管理情况专题调研组一行开始在山西调研。省政协主席金银焕亲切会见全国政协专题调研组一行。副主席李澶生、卫小春和秘书长阎沁生一同参加会见。

全国政协副主席、台盟中央主席林文漪率团莅晋视察 7月9日至15日，以全国政协副主席、台盟中央主席林文漪为团长的全国政协委员视察团就山西省文化体制改革工作进行视察。省领导张宝顺、薛延忠、金银焕、申维辰、高建民、张平、韩儒英、周然、令政策、卫小春、刘滇生，省政协秘书长阎沁生先后陪同视察和座谈。

就城乡居民基本生活保障举行专题议政会 8月1日上午，十届省政协就城乡居民基本生活保障举行专题议政会，这是十届省政协举办的首次专题议政会。省政府副秘书长李建功通报全省城乡居民基本生活保障落实情况，8名省政协委员就农村养老保险、农民工法律援助、农村五保户供养、特殊群体社会保障体系的建立、困难职工群体社会保障、城乡居民医疗保险、社会保险工作等问题发表建议和意见。省政协主席金银焕主持会议，省委常委、常务副省长申联彬，副省长胡苏平，省政协常务副主席郭良孝，副主席周然、李雁红，秘书长阎沁生出席会议。省政府有关部门的负责同志到会听取委员意见和建议。部分省政协常委、委员以及机关副厅以上干部参加会议。

驻晋全国政协委员视察我省烟草行业 8月5日上午，部分驻晋全国政协委员在省政协主席金银焕带领下，对我省烟草行业进行视察。委员们认真听取山西省和太原市烟草专卖局（公司）的情况汇报，并对太原市烟草专卖局（公司）物流中心内的卷烟仓储、分拣车间、待发区进行视察。

徐匡迪莅晋出席“十一五”国家科技支撑计划项目启动会议 8月17日至19日，十届全国政协副主席、中国工程院院长徐匡迪莅晋，出席“十一五”国家科技支撑计划项目“高品质特殊钢技术开发”项目启动会议。省委书记张宝顺，省长孟学农，省政协主席金银焕，全国政协人口资源环境委员会副主任刘泽民，副省长李小鹏、陈川平会见徐匡迪。省政协副主席韩儒英全程陪同。

学习实践科学发展观活动动员大会 10月21日，省政协召开深入学习实践科学发展观活动动员大会。常务副主席郭良孝作动员讲话，副主席李澶生、令政策，秘书长阎沁生出席会议，副主席李雁红主持。

学习实践科学发展观专题讲座报告会 11月11日下午，省政协邀请省政府发展研究中心副主任、省政府决策咨询委员会办公室主任张复明作《山西转型发展：

背景、难点和路径选择》专题辅导。省政协常务副主席郭良孝、副主席韩儒英出席。

纪念改革开放30周年书画名家笔会 11月17日上午，省政协举行纪念改革开放30周年书画名家笔会，这是省政协举行纪念改革开放30周年系列活动之一。书画家李夜冰、吴德文、陆贤能、王木兰、乔亚丁、任晓军、赵国柱、董耀章、韩清波、乔建堂等创作了一幅幅精美的书画作品。省政协副主席李潭生出席并致辞。

纪念改革开放30周年书画摄影展 12月1日上午，由省政协主办的纪念改革开放30周年书画摄影展开展。展出的书画和摄影作品，多为政协委员和政协工作者的佳作。全国政协人口资源环境委员会副主任刘泽民，省政协常务副主席郭良孝，副主席韩儒英、周然、李雁红、令政策、卫小春、刘滇生，部分省政协老领导及省政协常委出席开展仪式。李潭生副主席讲话，阎沁生秘书长主持仪式。

第二次专题议政会 12月3日，十届省政协举行第二次专题议政会，就加强职业教育和推进义务教育均衡发展建言献策。省教育厅、省劳动和社会保障厅的负责人通报我省加强职业教育和推进义务教育均衡发展的基本情况；省政协委员牛冬梅等同志从师范教育现状、义务教育公平、农村义务教育经费落实、贫困山区义务教育、中等职业教育和发展民办职业教育等不同角度作了发言。副省长张平出席并讲话。省政协常务副主席郭良孝主持，副主席令政策、秘书长阎沁生出席。

人民政协理论与实践研讨会 12月3日，省政协举行纪念改革开放30周年人民政协理论与实践研讨会。共收到论文297篇。不少论文理论性强，涉及面广，涵盖了人民政协的性质、地位和作用等多个方面，对人民政协理论和实际工作中的难点和热点进行了有益探索，取得了一批研究成果。省政协办公厅为10位一等奖获得者、20位二等奖获得者、30位三等奖获得者及优秀奖和优秀组织奖获得者颁奖。省政协副主席李潭生出席并讲话。

学习实践科学发展观转段动员大会 12月8日，省政协召开学习实践科学发展观第一阶段总结暨第二阶段动员大会。常务副主席郭良孝代表省政协党组作动员报告。省委第四指导检查组组长王树林就如何进一步引申科学发展观活动做指示。全国政协人口资源环境委员会副主任刘泽民，省政协常务副主席郭良孝，副主席韩儒英、李潭生、令政策，原省级领导阎爱英，秘书长阎沁生出席。会议由副主席李雁红主持。

民主评议党组班子分析检查报告 12月26日，省政协召开干部职工大会，民主评议党组班子分析检查报告和秘书长班子民主生活会情况。常务副主席郭良孝代表党组作分析检查报告，阎沁生通报秘书长班子民主生活会情况。副主席周然、令政策，秘书长阎沁生参加。会议由副主席李潭生主持。

学习实践科学发展观活动第二阶段总结暨第三阶段动员大会 12月31日上午，省政协召开学习实践科学发展观活动第二阶段总结暨第三阶段动员大会。常务副主席郭良孝代表省政协党组作动员报告。副主席李雁红、李潭生、令政策，秘书长阎沁生，省委第四指导检查组组长王树林出席会议。

【重要文件】

常委会工作报告（2008年1月14日）（摘要）

五年工作的回顾：

一、注重把政治协商纳入决策程序，加强了对重大问题的协商讨论。九届省政协紧紧围绕党政中心工作，抓住事关全省经济社会发展具有战略性、全局性、前瞻性的重要问题进行讨论协商。共召开5次全委会议、27次常委会议、42次主席会议，就省党代会工作报告，国民经济和社会发展“十一五”规划，每年度的《政府工作报告》、财政预算及预算执行情况的报告、“两院”报告等，进行协商讨论，提出建议和意见300多条；针对我省经济结构调整、科教兴省、文化强省等重要问题，积极建言立论，议政献策，向省委、省政府报送建议案30余个。对《山西省风景名胜区管理条例》、《山西省高速公路条例》等41部地方法规，开展立法协商。把“省长接待委员日”、“专题议政会”和“大会发言”作为协商议政重点形式，进行大胆的探索和尝试。围绕农村剩余劳动力转移、教育体制改革、煤炭安全生产、实施名牌战略等专题，举办16次省长接待委员日活动；组织委员开展电视议政和网上议政活动，100多位委员走进直播现场，回答群众提问，参与热点话题讨论；在政协全会和常委会议期间，共有400多人次作大会口头发言和书面发言。

二、注重完善民主监督机制，加大了民主监督的力度。以提案办理的制度化、规范化为重点，加强指导、规范运作，促进提案质量、办理质量和服务质量的提高。在全国最早推行高层领办、高层督办提案制度，由政府省长领办、政协主席督办的124件重点提案全部如期办理完毕；首家建立提案网站，实行网上征集、网上办复，网上征集办复率占到提案总数的60%以上；首家建立提案办理新闻发布制度，及时通报提案办理落实情况；首次把省辖市政协作为提案者，进一步拓展提案者的范围；与新闻媒体联合创办《提案特别追踪》和《提案追踪》栏目，实现民主监督与新闻舆论监督的有效结合。省政协提案委员会共征集提案2995件，审查立案处理2489件，所有提案均已办复完毕。其中，关于“尽快启动防治非典措施的紧急建议”的提案，创造了省政协成立以来当日提案、当日交办、当日批示、当日办理、当日答复、当日落实的典型案例。中央电视台、人民日报对我省的提案，工作进行了专题采访和报道。

反映社情民意信息工作，连续11年荣获全国政协信息工作先进单位，六年蝉联全国第一。省政协先后下发《反映社情民意信息工作条例》等规范性文件，与全国政协、省委、省政府及120多个市、县（区）政协实现信息联网，实施了精品信息工程和信息员培训工程。共培训各级社情民意信息员7000多人次，编发《社情民意》1109期，刊发信息5万多条。我省反映的许多重要信息，引起党中央和国务院领导同志的高度重视，温家宝、贾庆林、李长春、黄菊、回良玉、曾培炎、华建敏、王忠禹等领导同志先后33次做出重要批示；十多条综合性信息，被《光明日报》、《人民政协报》转载，荣获好稿件、好信息一等奖；26条信息，被评选为“最具价值的社情民意信息”。

开展对执法、执纪部门和政府“窗口”行业的民主评议，是本届政协民主监督工作的重要拓展。省政协有近百名常委、委员参与对省直部门和行业的行风评议，有多名常委带队组织对部分市的行风评议和考核。省政协组织委员直接参与对省煤管局、工商局、物价局、教育厅、公安厅等32个部门的政风评议。深入到晋中市的乡镇、农村，举办了农资价格听证对话会，面对面听取农民意见。全省共有10000多人次的各级政协委员参加了民主评议活动，共有1000多名各级政协委员受聘担任政府的行风监督员。

三、注重提高调查研究的质量和水

平，增强了参政议政的实效。紧紧围绕党政领导重视、群众普遍关心的重要问题，充分发挥委员的主体作用和专委会的基础作用，初步形成以重要课题为纽带、以专委会为依托的专题调研工作机制，进一步提高参政议政的实效。一是突出重点，选择事关我省经济社会发展的重大问题开展调查研究，体现全局性。我们把“走新型工业化道路”、“和谐山西建设”、“环境友好型社会建设”、“创业型社会建设”等议题作为参政议政的重点，形成一批有重要价值的调研成果，不少建议被直接吸收到“十一五”规划和省委、省政府的决策之中。二是把握难点，选择党委政府急需解决的问题开展调查研究，体现时效性。就促进我省资源型城市转型、设立能源产业基金、实行矿产资源有偿使用、实施生态环境补偿、加快老区建设等重大问题，向国务院及国家有关部门提出建议；联合中部六省区召开“中部地区发展研讨会”，向国务院提出“加快中部地区崛起的建议”。三是抓住热点，选择人民群众关心和关注的问题开展调查研究，体现针对性。就企业教师退休金待遇、调节收入分配结构、农村医疗制度改革等民生问题开展调查研究，形成专题调研报告165件。这些意见和建议，均得到党政领导的高度评价和充分肯定，省委书记张宝顺和其他党政领导先后100多次做出重要批示，调研成果得到及时转化。

四、注重拓展海内外联谊渠道，促进了我省的对外开放和友好交往。本着“加强交流、广交朋友、宣传山西、发展合作”的原则，积极开展人民政协的外交活动。五年共接待美国商会、奥地利联邦议会等30多个国家和地区的国际友好人士400多人次；以组团或参团的方式先后出访40多个国家和地区。针对近年来“台独”势力猖獗、两岸民间交流日益活跃等特点，组织港澳台侨和外事委员会的委员，认真学习《反分裂国家法》，学习党和国家对台工作的大政方针；及时召开反“台独”、反“公投”座谈会，主动给港澳台侨委员和重点联系人士致信致函，旗帜鲜明地坚持一个中国原则，反对任何分裂图谋。热情接待台湾教育文化界、台湾专家学者等文化和民间社团的来访、考察。根据港澳委员的提议，在厦门、深圳等地建立联络处，开辟了省政协港澳交往的新渠道。广泛宣传我省开放政策和投资环境，积极引介海内外客商来我省投资建设。多渠道、多形式、多层次的交往，进一步密切了我省与港澳台地区的联系，形成了经济上相互合作、优势互补，文化上相互借鉴、求同存异，和睦、互利、共赢的友好发展关系。

五、注重强化各个方面的协调配合，进一步密切了统一战线内部的团结合作。举办各种内容的报告会、座谈会、研讨会40多次，及时传达学习中共中央的方针政策和重要文件，帮助各界人士提高认识、增进共识。加强与各民主党派、工商联的联系，建立主席联席会议制度、秘书长联系会议制度、定期走访制度。高度重视民主党派、工商联和无党派人士的提案、社情民意和视察调研工作，充分发挥他们在政协中的积极作用。五年来，省各民主党派、工商联共提出组织提案383件，反映社情民意信息3000多条。建立21个政协委员界别活动小组，开展卓有成效的各种活动。在界别之间、委员之间，提倡相互尊重、相互学习，多联系、多沟通、多交流，在合作共事中加强理解、加深友谊，营造和谐团结的氛围。

积极宣传贯彻国家的民族政策和宗教政策，认真反映少数民族和宗教界人士的意见要求，重视发挥少数民族和宗教界委员的作用，组织他们参观考察；支持政府依法加强对宗教事务的管理，打击“邪教”，积极引导宗教与社会主义社会相适应；为促进少数民族经济发展献计献策，协助解决一些实际问题，巩固和发展平等团结互助和谐的社会主义民族关系。

密切同全国政协的联系，加强对市级政协工作的指导，加大与兄弟省市政协和省直对口单位的沟通。

六、注重丰富政协活动的文化内涵，扩大了人民政协的社会影响力。精心策划举办系列文化活动，搭建人民政协与社会各界团结联谊的新载体。举办一年一度的省城各界人士迎春茶话会，举办纪念邓小平同志诞辰100周年、山西省政协成立55周年、中国人民抗日战争胜利暨世界反法西斯战争胜利60周年、傅山先生诞辰400周年等一系列大型纪念活动；与省人大联合举办首届管理人才高峰论坛，举行以“山西自主创新”、“促进社会和谐稳定”等为主题的研讨活动；与省有关部门联合举办首届统战政协知识电视大赛、首届政协章程电视大赛、首届政协系统乒乓球大赛、政协委员书画作品展，组织“人说山西好风光”摄影采风活动，等等。组织省政协委员合唱团排练一批群众喜闻乐见的文艺节目，开展文艺汇演和文化下乡活动。

充分发挥文史资料“存史、资政、团结、育人”的作用，认真选题，精心组稿，共征编出版《晋商史料全览》、《山西近现代史写真》、《文史月刊》等文史书刊1800多万字。完成全国政协八个协作项目，清理、挖掘和拯救一批具有重要价值的文史资料。

突出重点、体现特色、讲求实效，大力加强人民政协的宣传工作。在《山西日报》创办了“委员议政”专栏，定期刊登委员意见和建议；在《山西政协报》、《政协之友》开辟“今日关注”、“直通委员”、“链接基层”等栏目，为政协委员发表见解开辟新园地。联合省委宣传部、省新闻工作者协会共同设立“山西省政协好新闻奖”，并组织开展“政协好新闻”评选表彰活动。与全国政协联合，编辑出版《中国政协·山西专刊》；与山西电影制片厂合作，拍摄了政协工作纪实片《为了人民的利益》；编辑出版《中共山西省委关于人民政协工作的重要决定与意见》、《人民政协理论与实践探索》、《为百姓说话、为决策服务》、《团结和谐》等专辑。

七、注重加强政协组织的自身建设，奠定了履行职能的坚实基础。采用专题讲座、辅导报告会、集中培训和印发学习材料等形式，推动委员学习邓小平理论、“三个代表”重要思想和科学发展观，学习时事政治和相关政策，学习统一战线和人民政协的理论。共编印《学习资料》60期，近300万字；举办学习培训班7期，对省政协委员、市县政协主席和政协机关干部共900多人，进行集中培训。根据《政协章程》和中共山西省委文件精神，修订全体会议、常务委员会、主席会议、秘书长会议、专门委员会会议《工作规则》，出台提案、委员视察、反映社情民意信息《工作条例》，制定委员量化考核、界别活动等规章制度20多项，初步形成一个比较完备的制度建设体系。大力加强政协机关的思想建设、组织建设、作风建设和办公现代化建设。认真开展保持共产党员先进性教育活动，增进领导班子的团结，密切机关干群联系，建立和完善保持共产党员先进性教育的长效机制；积极推进机关人事制度改革，提拔交流一大批厅处级干部；注重提高干部素质，优化知识结构；加快省政协机关网络现代化、办公自动化和工作环境的美化、亮化步伐。

五年工作的主要体会：

一、坚持中国共产党的领导，是推进

人民政协事业发展进步的根本保证。中国共产党是建设和发展中国特色社会主义的领导核心。人民政协事业是党和国家事业的重要组成部分。在中国共产党的领导下，不断推进民主政治建设，是历史的选择、人民的选择，也是人民政协产生、存在、发展的依据和保证。九届省政协以来，中共中央先后颁发了三个与人民政协事业发展密切相关的重要文件，给人民政协工作提供了良好的发展机遇。省委高度重视人民政协工作，召开了省委政协工作会议，出台了加强政协工作的“一个决定”和“两个实施意见”，连续三次对政协工作进行督促检查，省委主要领导多次给政协工作指方向、出题目、提要求，为我们提供了履行职能的广阔舞台。按照党总揽全局、协调各方的原则，省委建立健全对政协工作的领导制度、会议制度和工作制度。省政协自觉接受省委领导，始终与省委保持思想上同心、目标上同向、行动上同步。从巩固中国共产党的执政地位、提高中国共产党的执政能力着手，注重在我省重大战略、重大问题上搞好协商，注重在省委、省政府的中心工作上搞好协助，注重在事关我省改革发展稳定的热点、难点问题上搞好协调。实践证明，加强党的领导，最主要的就是要按照党总揽全局、协调各方的原则，加强党对政协工作的政治领导；坚持党的领导，最根本的就是要坚决维护党委的领导核心，把中国共产党的政治主张转化为人民政协各参加单位的一致共识，转化为全体政协委员的自觉行动。

二、坚持围绕中心，服务大局的工作方针，是促进经济社会又好又快发展的必然要求。把经济建设搞上去，实现社会主义现代化，是党和国家的中心任务，也是政协工作必须服从的大局。人民政协只有围绕经济建设这个中心来确定工作思路，只有善于从国际国内形势的发展变化中认识大局，善于从省委的中心任务上来把握大局，才能充分发挥自身的优势和特点，才能更好地为中心工作服务。围绕中心，服务大局，必须从政协的性质出发，选择最能够充分发扬民主的角度来履行职能；必须从政协的任务出发，选择最能够调动和发挥委员积极性的角度来履行职能；必须从政协的优势出发，选择政协能帮上忙、使上劲的角度来履行职能。五年来，我们紧紧围绕省委、省政府的重大部署，抓住经济社会发展中的突出问题，把政治协商的重点放在事关经济社会协调发展上，把民主监督的重点放在优化发展环境上，把参政议政的重点放在促进又好又快的发展对策上，顺势而谋，因势而动，适势而为，得到了省委、省政府的充分肯定。实践证明，在促进发展的大局中立身，人民政协的工作才有意义；在服务发展的大局中立位，人民政协的事业才有前途。

三、坚持团结和民主两大主题，是维护社会和谐稳定的基础。大团结、大联合是人民政协的象征。团结和民主是政协工作的两大主题。组织上的广泛代表性、政治上的广泛包容性，决定了人民政协在实现大联合、增强大团结方面具有独特优势和重要作用。因此，人民政协所进行的一切工作、所开展的一切活动，都要从有利于发扬民主、有利于增进团结、有利于创造良好的社会政治环境出发。坚持团结、民主两大主题，必须把调动一切积极因素，团结一切可以团结的力量，致力于中华民族的伟大复兴，作为政协工作的根本出发点和最终落脚点；必须把“长期共存、互相监督、肝胆相照、荣辱与共”的方针，体现在与各民主党派、无党派人士的政治合作之中；必须把民主协商、平等议事，求同存异、体谅包容的原则，贯穿于政治协商的始终；必须把协调关系、化解矛盾、理顺情绪、增进共识的工作，作为构建和谐社会的重要支撑；必须始终同各界群众保持密切联系，做到情为民所系、利为民所谋、言为民所建、智为民所用。

四、坚持实践与理论的不断创新，是人民政协事业永葆生机和活力的源泉。创新是一个民族的灵魂，是一个国家兴旺发达的不竭动力，也是人民政协事业常做常新、生生不息的源泉。按照“实现多层次、全方位创新”的要求，九届政协大胆实践，积极探索。在协商议政的制度建设上，我们形成了全委会议整体协商、常委会议专题协商、主席会议重点协商的格局；在协商议政形式上，形成了以“省长接待委员日”、“专题议政会”和“大会发言”为重点，以反映社情民意为主要内容的议政形式。在提案办理的手段上，率先在全国开通了提案网站，成功实现了政协提案的网上征集和网上办理；与新闻媒体合作，实现了民主监督与新闻监督的有效结合。在社情民意信息工作上，建立了特邀研究员制度，畅通了社情民意信息的汇集和反馈机制。在民主监督的渠道上，开辟了对党政执法执纪部门民主评议的新渠道。在调查研究的方法上，形成了“立足省情、突出重点，上下联动、统筹安排，持之以恒、形成体系”的基本思路。在活跃政协工作方面，形成了以团结为目的、统战为核心、联谊为纽带、文化为载体的格局，取得了很好的社会效果。实践证明，人民政协事业是全新的事业，实践无止境，创新无止境，发展无止境。

五、坚持“四位一体”的自身建设，是提高政协整体工作水平的关键。“四位一体”的自身建设，活动是手段，制度是保证，委员是主体。九届政协以来，我们逐步探索到了一条发挥委员主体作用的基本做法，这就是“全员培训、提高素质，提升意识、规范行为，营造环境、发挥作用”，为打造综合素质高、政治热情高、议政水平高的委员队伍奠定了坚实的基础。我们制定了委员履职考评标准，细化考核指标，用制度来提升委员履职意识，用制度来规范委员履职行为；建立了政情通报制度、对口联系制度、信息反馈制度，为委员知情明政、知情议政，营造了良好环境。实践证明，“四位一体”的自身建设，是活跃人民政协工作的发力点，是汇聚各方力量的结合点，是激发创新能力的关键点。

今后工作的建议：

一、深入学习领会中共十七大精神，为更好地履行职能打下坚实的思想基础。认真学习贯彻十七大精神，是当前和今后一个时期各级政协组织和广大政协委员的首要政治任务。要按照中央和省委的要求，进一步把学习贯彻十七大精神的工作引向深入，切实把十七大对人民政协工作提出的新思想、新观点、新举措落到实处，使学习贯彻十七大精神的过程成为统一思想、提高认识的过程，成为研究问题、改进工作的过程，成为增进团结、凝聚力量的过程，成为创造新业绩、开创新局面的过程。要通过学习，使各级政协组织和广大政协委员深刻认识到，中国特色社会主义的伟大旗帜，也是政协及其所联系的各民主党派、工商联和无党派人士必须共同坚持的政治基础和思想基础；中共十七大确定的奋斗目标，也是政协及其所联系的各民主党派、工商联和无党派人士为之共同奋斗的目标；十七大提出的各项任务，也是政协及其所联系的各民主党派、工商联和无党派人士必须共同肩负的神圣使命。要把学习实践中焕发出来的政治热情，体现于巩固和发展最广泛的爱国统一战线之中，体现于坚持和完善共产党领导的多党合作和政治协商制度之中，体现于充分履行政协职能之中，体现于促进全省物质文明、政治文明、精神文明和生态文明建设之中。

二、把促进发展作为第一要务，为全面建设小康社会献计出力。发展是我们党执政兴国的第一要务，也是人民政协履行职能的第一要务。各级政协组织要紧紧围绕我省经济建设这个中心，认真履行政治协商、民主监督和参政议政职能，进一步增强发展意识、服务意识和责任意识。要充分发挥政协人才汇聚、智力密集、位置超脱的优势，围绕事关我省改革、发展和稳定的问题，搞好调查研究，提出创新性的思路和操作性的对策。特别要把制约我省发展的瓶颈问题，如实施科教兴省战略与可持续发展战略、加快城镇化建设和新农村建设等，作为常委会和各专委会的重要课题，组织好专题调研。要结合省委提出的走出“四条路子”、实现“三个跨越”的思路，举办政协论坛、开展专题议政。要围绕创新型山西建设、和谐山西建设中存在的问题，通过专家资政和委员视察等形式，反映党委政府决策在基层的落实情况、反映基层干部群众的愿望和要求、提出委员的意见建议。

三、最广泛最充分地调动一切积极因素，为我省经济社会又好又快发展凝聚力量。促进政党关系、民族关系、宗教关系、阶层关系、海内外同胞关系的和谐，是全面建设小康社会的重要目标，也是我国民主政治建设的重要内容。在新形势新任务面前，各级政协组织要充分发挥桥梁和纽带作用，努力把执政党的力量与参政党的力量团结起来，把汉族群众的力量与少数民族的力量团结起来，把信教群众的力量与不信教群众的力量团结起来，把工人农民的力量与知识分子的力量团结起来，把全省范围内人民群众的力量与港澳台侨的力量团结起来，形成浩浩荡荡的大军，为我省现代化建设提供无坚不摧的力量。各级政协组织必须更加注重凝聚新的社会阶层，要针对我省新社会阶层的特点，运用统一战线的方式加以引导和教育，鼓励他们的创业精神，保护他们的合法权益，表彰他们中的优秀分子，让一切有利于我省经济社会发展的劳动、知识、技术、管理和资本的活力竞相迸发，让一切为我省创造社会财富的源泉充分涌流，为全面建设小康社会提供新的力量支持。

四、反映民情，关注民生，努力维护人民群众的根本利益。政协委员是各界群众的代表，政协工作必须充分反映民情，热切关注民生。政协委员要在较高层次上参与国事，必须始终扎根于界别之中，扎根于群众之中。要经常深入群众，了解群众的情况，体察群众的情绪，关心群众的疾苦，真心实意地为群众办好事、办实事。要进一步畅通社会舆情的分析和汇集机制，通过视察、调研、走访等形式，运用提案、建议案、社情民意等手段，把群众的愿望和呼声、意见和建议，搜集起来，反映上去，积极推进党委政府决策的科学化、民主化。要积极支持公民的有序政治参与，对涉及人民群众现实利益的公共政策开展协商，如实反映群众的意愿和诉求，建利民之言，谋利民之策，协助党委和政府做好解民忧、排民难、顺民心的工作，进一步密切党同人民群众的血肉联系。

五、与时俱进，开拓创新，始终保持政协工作的生机与活力。适应新形势和新任务的要求，人民政协的工作必须因时而变，必须与时俱进。政协的优势蕴藏在委员之中。要继续发挥好委员的主体作用，按照政协章程规定，保障委员履行职责的权利；要大力宣传政协委员积极履行职责的先进事迹，增强委员的责任感和荣誉感；要严格委员队伍的管理，促进委员更加自觉地参加履职活动；要热情为委员服务，精心合理安排各项活动；要加强与委员所在单位的联系，关心支持委员的工作和生活。政协机关是为政协履行职能服务的政治机关。要积极推进学习型、效能型、服务型、和谐型机关建设步伐；要适应壮大爱国统一战线和发展社会主义民主政治的要求，完善为政协履行职能服务的各项制度，提高工作质量和效率，保证政协工作的协调统一、规范有序、精干高效；要着眼于统一战线和人民政协事业的长远发展，加强对政协干部的培养、选拔、交流，努力造就一支政治坚定、作风优良、学识丰富、业务熟练的高素质政协干部队伍。

中国人民政治协商会议第十届山西省委员会第一次会议政治决议（2008 年 1 月 21 日政协第十届山西省委员会第一次会议通过） 中国人民政治协商会议第十届山西省委员会第一次会议，听取和讨论了代省长孟学农所作的政府工作报告，听取和讨论了发展计划报告、财政预算报告、省高级人民法院工作报告和省人民检察院工作报告。会议对以上报告表示赞同。

会议认为，过去的五年，是我省探索和开辟科学发展新途径的五年，是山西各项事业呈现生机勃勃向前发展的五年。全省人民在中共山西省委的正确领导下，高举邓小平理论和“三个代表”重要思想伟大旗帜，深入贯彻落实科学发展观，同心协力，锐意进取，积极推进经济结构调整，加快经济发展方式转变，深化改革，扩大开放，致力民生改善，促进社会和谐，全面建设小康社会取得了令人瞩目的成就。

会议强调，中国共产党第十七次全国代表大会，是在我国改革发展关键阶段召开的一次重要会议。胡锦涛总书记的报告，科学地回答了在改革发展关键阶段中国共产党举什么旗、走什么路、以什么样的精神状态、朝着什么样的发展目标继续前进等重大问题，对继续推进改革开放和社会主义现代化建设、实现全面建设小康社会的宏伟目标作出了全面部署。报告为我们党和国家事业发展指明了方向，是在新的起点上继续发展中国特色社会主义的政治宣言和行动纲领。人民政协要把学习贯彻中共十七大精神，作为当前和今后一个时期的首要政治任务。

会议就我省经济、政治、文化、社会生活中的重要问题和人民群众普遍关注的问题，进行了协商讨论。委员们高度关注经济结构调整和发展方式转变问题，建议要从煤炭经济大省、文化旅游大省、绿色转型大省的实际出发，发展循环经济，加快推进新型工业化、特色城镇化和农业现代化的步伐；高度关注“三农”问题，建议要更加注重统筹城乡发展，扎实推进新农村建设和“两区”开发，构建以工补农、以城带乡的长效机制；高度关注安全生产问题，强调要严厉打击私挖滥采等非法行为，加强资源整合，寻求治本之策；高度关注民生问题，提出要把提高城乡居民收入作为衡量经济社会发展的重要指标，把改善民生作为和谐山西建设的重要内容，确保广大群众共享改革发展的成果。委员们还就深化国有企业改革、促进非公有制经济发展、大力发展服务业、实施节能减排、加强生态文明建设、扩大对外开放、转变政府职能、改进干部作风、提高政府的公信力和执行力等问题，进行了广泛讨论，提出了意见和建议。

会议认为，2008 年是全面贯彻落实中共十七大作出的战略部署的第一年，也是十届省政协工作的开局之年。新一届省政协要认真学习贯彻中共十七大精神，主动接受党的领导，坚持走中国特色社会主义道路，用中国特色社会主义理论体系武装广大委员，指导实践，推动工作；把握团结和民主两大主题，进一步营造和谐氛围，为构建和谐山西作出新贡献；忠实履行政治协商、民主监督、参政议政职能，把政治协商纳入决策程序，完善民主监督机制，提高参政议政实效；按照“四位一体”格局，加强政协自身建设；坚持与时俱进，不断创新，在继承中发展，发展中进步，开创新局面，创造新业绩。

会议号召，人民政协的各参加单位、各级组织和广大委员，高举中国特色社会主义伟大旗帜，更加紧密地团结在以胡锦涛同志为总书记的党中央周围，在中共山西省委的坚强领导下，坚定信心，振奋精神，开拓进取，扎实工作，为加快新基地新山西建设步伐、夺取全面建设小康社会新胜利而努力奋斗！

2008 年工作要点（摘要）（2008 年 1 月 21 日政协第十届山西省委员会第一次常委会议通过）

根据省政协十届一次会议精神，制定 2008 年常委会工作要点如下：1. 学习贯彻中共十七大精神是人民政协当前和今后一个时期的首要政治任务。2. 坚持省政协中心组学习制度。3. 制定《十届省政协委员学习培训规划》。4. 根据省委统一部署，积极开展政治协商。5. 开好三次常委会议。6. 进一步完善民主监督机制，着力做好知情、沟通、反馈等环节的程序化建设。7. 发挥专门委员会的特点和优势，深入开展调查研究，积极建言献策。8. 举办“纪念改革开放 30 周年”和“迎奥运”系列活动。9. 认真贯彻《提案工作条例》和全国政协提案工作座谈会精神，进一步畅通政情通报制度，试行向人民群众征集提案线索，切实帮助委员知情知政，提高提案质量。10. 建立健全与党政舆情分析机制相对接、富有政协特色的社情民意汇集和分析机制，拓展反映社情民意的渠道。11. 运用专题视察、交叉视察、跨区视察等形式，加大对涉及人民群众生产、生活领域和行业的监督力度。12. 加强新时期人民政协理论研究。13. 进一步加强政协宣传工作。14. 认真贯彻执行全国政协的决议，努力完成全国政协交办的各项任务。15. 加强对市县政协的联系与指导。16. 加强我省同国外议会、非政府组织、民间友好团体的交流，推动持久和平、共同繁荣的和谐世界建设。17. 充分发挥各民主党派、工商联在政协组织中的作用。18. 坚持经常、活跃、畅通、有序的原则，拓宽界别参政渠道，扩大各界的有序政治参与。19. 制定《加强委员自身建设和管理的暂行规定》，建立省政协委员履行职责的数据库，对委员履职情况进行严格考核。20. 推进学习型、效能型、服务型、和谐型机关建设。21. 坚持为委员服务、为公众服务、为政协履行职能服务的宗旨，适应壮大爱国统一战线和发展社会主义民主政治的要求，加强以电子政务为重点的信息化建设，以信息化推进机关各项工作的制度化、规范化、程序化。

【组织概况】

主　席

金银焕（女）

副主席

郭良孝　韩儒英　周　然　李雁红
李潭生　令政策　卫小春　刘滇生

秘书长

阎沁生

常务委员名单（按姓氏笔画为序）

卫克兴　马天荣　马彦和　马德和
王云亭　王文娅（女）　王全龙
王怀荣　王建国　王建国　王俊忠
王贵平　王晓立　王爱萍（女）
王继伟　王艳梅（女）　王维卿（女）
王新义　王照光（女）　冯亚琴（女）
冯建新　宁立新　白世镇　白秀平

石盛奎　边根棠　关存先　刘太平
刘占中　刘兆林　刘俊谦　孙连珠
巩安库　庄金洲　成锡锋　许并社
邢国明　闫润德　吴晋安　张　吉
张　政　张文栋　张汉伟　张并生
张李锁　张俊生　张烈珍（女）
李廷赫　李连琪　李瑞丰　李德志
杨左卿（女）　杨志刚　杨社堂
杨林花（女）　杨临生　杨俊和
杨森林　苏亚君　武金贵　范小玲（女）
范明远　侯秀娟（女）　姚发兴
姚建民　姚宪华　姚锦诚　徐改清（女）
柴瑞霭　根　通　秦作栋　郭　辉
郭勇飞　郭慧民　高　键　高凤平
高文变（女）　高英武　高新文
曹改莲（女）　曹惠斌　梁文海
梅志强　章勇思　谌长瑞　阎美珍（女）
焦惠生　葛旭元　董育中　鲁连城
靳道远　慕福明　薛维梁　薛靛民
霍　成　魏　峰　籍振芳

委员名单（按姓氏笔画为序）

中国共产党（31 名）

卫克兴　马福山　王云亭　王建武
王俊忠　王铁选　王耀斌　令政策
巩安库　刘俊谦　刘高官　李仁和
李连琪　李雁红　李潭生　李儒敏
李玉清　安永全　孙辅智　杨森林
金银焕（女）　施联秀　姜新文
郭良孝　姬和平（女）　殷理田
黄进明　常高才　常富顺　阎沁生
薛万明

中国国民党革命委员会（22 名）

王照光（女）　尹苓苓（女）
石海平　毕继诚　刘　美　刘太平
刘月红（女）　刘占中　刘伯平
刘振民　孙健民　李文乐　李建民
杨林花（女）　杨俊和　辛　琰（女）
张友君　张湘君（女）　赵通儒
曹立仁　宿晓霞（女）　谌长瑞

中国民主同盟（21 名）

卫忠平　王文娅（女）　王书红
王全龙　王建伟　王俊良　卢　莉（女）
卢准炜　史海涌　冉莉萍（女）
刘本旺　闫美蓉（女）　许进娥（女）
杨益民　吴天昌　赵永红（女）
赵恒寿　徐佩雄　梅志强　阎应福
阎美珍（女）

中国民主建国会（16 名）

马有根　王庆荣　王岳飞　王茂春
白德恭　刘兆林　刘晓红（女）
孙涛锁　李志强　张殿恩　陈福喜
金德祥　赵　鸣　姚宪华　焦惠生
薛维梁

中国民主促进会（14 名）

卫小春　马跟云　王正选　成锡锋
任建国　任衍钢　孙京生　李红光
陈昌辉　陈维毅　都　洁（女）
高新文　谭建国　樊惠杰（女）

中国农工民主党（13 名）

王爱萍（女）　王象礼　王喜华
刘俊明　刘鹏飞　李旭东　李继红
张李锁　陈改玲（女）　武金贵
周　然　郭俊岗　焦艳军（女）

九三学社（14 名）

邓　明　刘滇生　李天祥　杨社堂
杨明生　张文旺　张并生　陈金荣
范英芳（女）　郭一峰　阎义勇
韩文让　曾俊英（女）　谢武生

无党派人士（17 名）

马德和　王月娥（女）　王丽峰（女）
王怀荣　王贵平　王晓立　王瑞霞（女）
李俊平　张剑波　张富刚　尚春树
秦喜顺　郭勇飞　曹金龙　曹建忠
曹惠斌　葛旭元

总工会（18 名）

王丽琴（女）　王彦平　王海生
王殿民　双少敏（女）　石盛奎
白润生　任美云（女）　苏　铮

李兰萍（女） 狄重阳 张书庆
郎学军（女） 郝竹清（女）
徐政清（女） 高凤平 梁崇太
温桂花（女）

妇女联合会（24名）

丁书苗（女） 丰新兰（女）
王永平（女） 冯 玫（女）
刘 红（女） 闫慧芬（女）
安新平（女） 李华玲（女）
李树林（女） 李晓萍（女）
李海瑕（女） 杨艳玲（女）
张烈珍（女） 南红卫（女）
柴建芳（女） 高文变（女）
曹改莲（女） 康淑芬（女）
梁爱珍（女） 蒋丽梅（女）
韩培英（女） 韩淑霞（女）
傅银瑜（女） 薛丽娟（女）

中国共产主义青年团（11名）

马皖东 王 成 王 晖（女）
白惠峰 任月勤 刘 正 杨日祥
张宏东 赵笑长 高 键 蔚 明

青年联合会（11名）

孙旭峰 孙祥林 李彦宏 李彦玲（女）
杨东杰 杨建新 陈 芳（女）
段学良 崔伟宁 樊威勇 魏元平

工商业联合会（22名）

马天荣 王一伟 王永安 王守祥
王建国 王艳梅（女） 左 征
刘眉寿 李德志 杨定旺 杨树茂
杨增荣 何俊民 陈远新 周坚刚
孟育轰（女） 赵 明 黄卫东
梁来茂 韩儒英 程廷龙 薛靛民

台湾同胞联谊会（5名）

庄荣洲 严家龙 杨循进 陈晋云
周志文

归国华侨联合会（9名）

江立开 许并社 肖 玲（女）
范安龙 欧阳英（女） 郭 海
黄华为 蔡联合 樊田发

科学技术协会（10名）

王 衡 王 堃 王德贵 李文英（女）
杨临生 张子荣 张亮有 郭有录
梁俊明 熊继军

教育界（36名）

马培生 王 东 王宝生 王继军
牛冬梅（女） 石扬令 邢国明
师 帅 刘玉存 刘玉清 刘卓拉
刘建生 安树伟 孙 蕾（女）
李 凡（女） 李 华（女）
李 政 李远程（满族） 李桂平（女）
李瑞丰 杨 波 宋兴航 张 政
张文栋 张永俊 赵 仁 胡 进
贾坚毅 倪生唐 徐仲安 郭咏梅（女）
陶功定 闫润德 韩清华（女）
程太生 魏 峰

科技界（33名）

王 弟 王爱琴（女） 田国仁
邢超文 刘永斌 刘昆明 关小强
关存先 安俊生 孙 革 苏云飞
李永旺 李丽宏 李佩佳 李建国
李晋平 杨晖颖（女） 张宗言
张慧霞（女） 林 明 欧阳勇
周安祥 赵新平 郝 旭 秦作栋
高光亮 高英武 郭 辉 郭文奇
常一民 靳志尚 雷振河 魏 俊

社科界（17名）

丁 杰 马青红（女） 王继伟
宁立新 齐莲英（女） 李永宠
张 吉 张 保 张建东 郝建华（女）
段建国 侯秀娟（女） 贾桂梓（女）
原建民 梁玉萍（女） 董玉明
薛锦萍（女）

文艺界（21名）

王 辉 王兆麟 王学辉 王建国
白 波（女） 朱 丽（女）
任跟心（女） 李 锐 李丽萍（女）
李福明 杨志刚 宋转转（女）
张铁锁 武俊英（女） 赵银邦

袁雪红（女） 栗桂莲（女）
高兴玺 梁秀亭 韩少辉 窦明生（女）

农业界（21名）

上官永清（女） 王贵明 王俊辰
王俊飚 乔建平 孙红梅（女）
孙连珠 李建明 李喜元 杨宝明
吴潭龙 沙万里 张世英 武润威
周明定 孟国霞（女） 赵子炳
郝利平（女） 姚建民 姚高宽
郭平毅

体育界（7名）

牛淳光 许 华（女） 苏亚君
杨振龙 张俊生 郭玉玺 蔡光亮

新闻出版界（8名）

冯瑛冰 齐 峰 安 洋 李桂琴（女）
李锐锋 章勇思 董育中 霍 玮

医药卫生界（26名）

王晞星 王东文 王国平 史增祥
白继庚 闫润红 李 保 杨 静（女）
杨左卿（女） 杨春燕（女）
杨硕平 肖传实 张 锦（女）
张汉伟 邵淑丽（女） 范小玲（女）
赵立宗 赵宝新 郝 敏（女）
洪维英（女） 柴瑞霭 郭 政
黄 玲（女） 曹荣辉 梁淑仙（女）
焦安国

宗教界（11名）

马志旺（回族） 白世镇（回族）
如 瑞（女） 李建堂 杨诚元
武爱国 昌 善 根 通
章样摩兰（蒙古族） 靳道远
霍 成

对外友好界（4名）

王晓荣 贾雪峰 崔永柱 籍振芳

社会福利界（4名）

白秀平 何耀光 郭慧民 梁明明

少数民族界（10名）

白临生（回族） 冯亚琴（女，蒙古族）
安宝忠（满族） 李廷赫（朝鲜族）
杨大宝（回族） 吴莺音（女，满族）
张丽华（女，回族） 周威敏（女，壮族）
赵伟聘（回族） 程田青（回族）

经济界（41名）

马一清 王光彪 王明刚 王金万
史元魁 史永强 冯建新 刘红龙
刘振喜 刘福景 李 兵 李兰宏
李永红 李永奇 李杰诚 李贵义
杨德信 吴建宏 吴晋安 张子玉
张松林 张学方 陈俊启 范明远
郝跃洲 姚发兴 姚锦诚 晁国智
高靖海 高德高 郭玉才 郭学明
崔小胧 梁文海 彭家华 韩永旺
程少贤 薛 山 薛国利 魏国斌
瞿观鄞

特别邀请人士（73名）

马彦和 王 蕾（女） 王士桦
王安保 王良彦 王建华 王铁英
王候党 王新义 王维卿（女）
王锡义 申志杰 冉金刚 白志平（女）
白晓军（女） 边鸣涛 边根棠
吕日周 吕建英 乔成家 庄金洲
刘三保 刘守江 刘泽民 刘瑛瑛（女）
刘道友 关志道 米光明 杜培德
李 挺 李东峰 李治国 李学明
李荣钢 李秋喜 杨永生 杨栖莺（女）
杨润广 吴博威 吴锦文 汪荣贵
张正明 张世勇 张华龙 张宏业
张爱国 张婵萍（女） 武士俊
周维成 赵立业 赵建新 柳全忠
钟志孟（畲族） 洪 华（女）
姚生平 聂向庭 徐佩文（女）
高健生 郭光明 菅二拴 常小刚
阎爱英（女） 阎默彧 韩烈火
程银锁 鲁连城 游锦荣 温福亮
慕福明 翟 隽 樊秀清 薛永辉
薛荣哲

【山西省各市、县、区政协领导人名单】

太原市

政协主席 姬和平（女）

县（市、区）政协主席

迎泽区 宋国庆

杏花岭区 潘保杰

尖草坪区 张银喜

万柏林区 陈绍卿

小店区 崔志光

晋源区 王　海

清徐县 杨拴保

阳曲县 白海林

娄烦县 段九平

古交市 段永生

大同市

政协主席 马福山

县（区）政协主席

城　区 崔建中

矿　区 郭巨金

新荣区 李　成

南郊区 陈凤兰（女）

大同县 薛守清

阳高县 王秀清（女）

灵丘县 王寿山

天镇县 刘世清

浑源县 陈新华（女）

广灵县 李　满

左云县 闫　荣

阳泉市

政协主席 刘高官

县（区）政协主席

城　区 杨柱英

矿　区 苏满晓

郊　区 要宜为

盂　县 史和斌

平定县 李维澜

长治市

政协主席 王云亭

县（市、区）政协主席

城　区 杨栖莺（女）

郊　区 崔子庆

长治县 傅永祥

潞城市 张书平

襄垣县 杨飞华

武乡县 王建华

黎城县 路小玲（女）

平顺县 杨显斌

壶关县 李彦忠

长子县 杨旭根

屯留县 倪建中

沁源县 杜天云

沁　县 王元英（女）

晋城市

政协主席 殷理田

县（市、区）政协主席

城　区 张迎社

泽州县 樊秋宝

高平市 梁沁高

沁水县 马刘勤

阳城县 张星社

陵川县 常振华

朔州市

政协主席 王耀斌

县（区）政协主席

城　区 齐翠英（女）

平鲁区 王　秀

山阴县 袁林生

应　县 马成云

怀仁县 周志强

右玉县 黄凤莲（女）

忻州市

政协主席 李玉清

县（市、区）政协主席

忻府区	高计元
原平市	王成利
代　县	程耀邦
繁峙县	赵　琦
定襄县	兰继升
五台县	郝玉林
静乐县	李俊秀（女）
岢岚县	曾桂花（女）
保德县	高定存
五寨县	林步森
河曲县	李挨恒
偏关县	郝　涌
神池县	刘国强
宁武县	李应成

晋中市

政协主席	李儒敏

县（市、区）政协主席

榆次区	宁山岗
寿阳县	郭培纲
昔阳县	王录文
榆社县	王建华
太谷县	李德仁
左权县	韩卫平
和顺县	范乃文
祁　县	孔襄中
平遥县	张文渊
灵石县	蔺计爱（女）
介休市	吴定元

吕梁市

政协主席	薛万明

县（市、区）政协主席

离石区	冯晋平
孝义市	李　安
汾阳市	靳尔兰（女）
文水县	王志刚
临　县	王向东
交口县	周来有
柳林县	杨登生
交城县	孟树光
兴　县	刘五娥（女）
方山县	林　祥
石楼县	郑连弟
中阳县	郭润保
岚　县	李拴珍

临汾市

政协主席	常富顺

县（市、区）政协主席

尧都区	李燕丰（女）
侯马市	陈毅林
隰　县	张瑞燕
永和县	郭永平
安泽县	王孝恩
洪洞县	任保家
霍州市	段新莲（女）
翼城县	刘国恒
浮山县	燕　玲（女）
曲沃县	薛经纬
吉　县	张锦中（女）
襄汾县	李顺有
大宁县	单林生
乡宁县	孟天福
古　县	李朱锁
蒲　县	殷仲玺
汾西县	郭炎林

运城市

政协主席	安永全

县（市、区）政协主席

盐湖区	柴存喜
永济市	刘临生
河津市	王锡义
临猗县	孙正来
万荣县	高彩青（女）
稷山县	马卯录

新绛县	马怀茂	夏　县	刘永录
绛　县	李服役	平陆县	赵旭光
垣曲县	赵恒坚	芮城县	李万廷
闻喜县	王延平		

山西省各级政协组织和委员数

（截至 2008 年底）

项目＼级别	省	市	县（不设区的市、市辖区）	合　计
组织数	1	11	119	131
委员数	569	3764	17936	22269

（周志清 编写　杨临生 审稿）

政协内蒙古自治区委员会

陈光林 主 席

郭子明 副主席

云 峰 副主席

韩振祥 副主席

王长聚 副主席

娜 仁 副主席

董恒宇 副主席

郑福田 副主席

牛广明 副主席

肖黎声 副主席

陈毅民 秘书长

【全体委员会议】

十届一次会议 2008年1月19日至26日在呼和浩特召开。应出席527人，实到503人。会议听取并审议陈光林主席代表第九届委员会常务委员会所作的工作报告，听取并审议第九届委员会常务委员会5年提案工作情况报告。会议选举产生内蒙古十届政协主席、副主席、秘书长、常务委员；列席内蒙古自治区第十一届人民代表大会第一次会议，听取并讨论《政府工作报告》、计划与财政报告及两院工作报告；通过十届委员会第一次会议政治决议、常务委员会工作报告的决议、提案工作情况报告的决议、提案审查情况的报告。自治区党委书记兼人大常委会主任储波、政府主席杨晶等党政军领导，驻我区全国政协常委和部分委员、长期在我区工作的老同志应邀出席会议。自治区有关委办厅局和有关方面的负责人，民主党派、各盟市政协和统战部负责人列席会议。

【常务委员会会议】

九届第20次会议 2008年1月7日至8日在呼和浩特召开。应出席121人，实到112人。陈光林主席主持开幕会。会议审议通过召开十届一次会议的决定、十届一次会议的议程及相关文件；听取伏来旺关于十届政协参加单位、界别、委员名额和人选名单（草案），关于十届政协一次会议主席团和秘书长名单（草案）、主席团常务主席和常务主席会议主持人名单（草案）的说明；听取自治区政府关于政协提案办理情况的通报；审议政协九届19次常委会议以来主席会议工作情况的报告、九届政协各专门委员会5年工作报告；表彰政协九届五次会议以来优秀提案。

十届第1次会议 2008年1月25日在呼和浩特召开。应出席121人，实到97人。陈光林主席主持会议并讲话。会议审议通过内蒙古十届政协副秘书长名单，通过专委会机构设置的决定及专委会主任、专职副主任名单，通过了提交十届委员会第一次会议审议的政治决议、常务委员会工作报告决议、提案工作情况报告决议、提案审查情况报告的草案。

第2次会议 2008年5月28日至30日在呼和浩特召开。应出席121人，实到103人。陈光林主席主持开幕会。首先全体与会人员向四川汶川地震遇难同胞默哀。会议听取内蒙古政府关于支援灾区以及1月至4月经济社会发展情况的通报，听取内蒙古有关部门关于向北开放及有关政策情况的介绍、关于口岸建设和对外贸易情况的介绍，审议内蒙古政协委员视察团关于呼伦贝尔市、满洲里市向北开放情况的视察报告。会议还组织与会人员向汶川地震灾区捐款捐物，举办关于如何做好政协委员的专题讲座。

第3次会议 2008年9月24日至25日在呼和浩特召开。应出席121人，实到87人。陈光林主席主持开幕会。会议听取自治区政府关于1至8月经济社会发展情况的通报，听取农牧业厅关于我区农牧业发展和农牧民增收及新农村新牧区试点示范建设情况，听取林业厅关于我区实施重点生态治理工程情况通报，并以书面形式审议自治区政协委员视察团《关于鄂尔多斯市生态保护和建设情况的视察报告》、《关于锡盟、赤峰草原畜牧业建设和农牧民收入情况的视察报告》。会议还审议通过任命邢洁晨为教科文卫体委员会副主任的决定。

【专门委员会工作】

提案委员会 （一）做好提案的征集、审理、交办工作。自治区政协十届一次会议以来，共征集提案748件，立案715件。截至12月10日，已办复714件，占提案总数的99.9%。在办复的提案中，问题已得到解决或基本解决和已列入计划解决的占办复提案的81.4%。(二)筛选确定重点提案。继续实行分层次确定重点提案重点办理的办法。向各承办单位下发了《关于做好政协十届一次会议提案办理工作的意见》，建议承办提案20件以上的单位自行选择10%的提案作为本单位本年度重点办理的提案。提案委员会筛选出8件提案，经主席会议审议确定为本年度重点提案，分别由主席、副主席牵头、各专门委员会协助进行重点督办。同时，提案委员会将这8件提案以《重要提案摘报》的形式报送自治区党政领导。(三)审阅分析提案及办理复函。提案委员会对立案的715件提案和陆续收到的1800多件提案办理复函逐一进行审阅、分析和分类，并随时就发现的问题提出意见、建议反馈有关部门，或协商有关部门作进一步办理。(四)积极与自治区党政部门协商沟通，选择15件有关国计民生热点、难点问题的提案作为自治区党委、政府提案办理督办工作的重点。自治区党委常委、秘书长符太增同志批示后，由自治区党委、政府办公厅送交有关承办单位重点办理，两办督查室进行专项督办，收到良好效果。(五)进行提案办理日常督办、催办工作。加强与自治区党委、政府办公厅督查室和有关承办单位的联系，把承办提案数量较多的单位作为重点进行督办、催办。提案委员会办公室与政府督查室建立联席会议制度，经常协调、协商和沟通提案办理工作。年内，开展5次提案办理专题调研和视察活动，就110多件提案办理工作协调60多次，召集协调会3次，印发办理进度通报4次。(六)走访民主党派和工商联。10月下旬，结合开展学习实践科学发展观活动，由王长聚副主席带队走访自治区6个民主党派和工商联，分别召开7个座谈会，就如何提高提案质量、发挥集体提案示范带动作用等进行座谈。(七)加强与各专门委员会的协作与配合。年初，起草《关于各专门委员会共同参与做好提案工作的实施办法》，并向各专委会送交了十届一次会议委员提出的相关提案，为专委会确定调研选题、形成调研成果提供有益参考。年内，会同社会和法制委员会共同开展专题调研，会同教科文卫体委员会就有关数字电视的提案办理工作与广电局有关部门进行面商。(八)组织召开全区政协提案工作会议。9月中旬在乌海市召开十届政协首次全区政协提案工作会议。(九)加强与兄弟省区市政协的联系和对盟市旗县政协提案工作的业务指导。(十)考核评价60多个承办政协提案单位的提案办理工作。(十一)完成十届一次会议以来优秀提案筛选、评审工作。

经济委员会 (一)加强学习，提高素质。在新的一届专门委员会组建后，利用主任会议、全体会议和专题调研工作会议，组织委员传达学习全国和自治区“两会”精神，研究经济委员会工作内容以及今年工作安排，提高委员们围绕中心参政议政的能力，强化专委会同委员们的沟通。(二)突出重点做好调研视察工作。4月，组织委员组成专题调研组，由董恒宇副主席带队赴包头市、巴彦淖尔市和阿拉善盟，就口岸基础设施建设与发挥口岸优势问题进行调研，有针对性地提出了强化组织指导、进一步规范边境贸易、创新资源开发方式等8个方面的建议。8月，组织部分委员和自治区经委组成调研组，赴乌兰察布市、锡林郭勒盟就循环经济推进情况进行了调研，形成《关于对我区循环经济工作的调研报告》，提出7点建议。(三)参加区域发展论坛会议。协同办公厅积极联络协调黑龙江省政协、自治区发改委和我区东部五个盟市、满洲里、二连浩特市政协，认真落实相关单位和盟市在东北老工业基地区域发展论坛第四次年会上的专题发言材料。7月，由郭子明副主席带队，出席在黑龙江召开的东北论坛第四次年会。11月，参加由王长聚副主席率团出席的首届京津冀晋蒙政协区域经济发展论坛会。10月，出席全国23个省市自治区政协经济委员会联系会议，向大会递交题为“合作共赢，优势互补”的专题交流材料，着重介绍东北三省一区政协区域合作发展方面所做出的努力和体会。10月，参加东北三省一区政协秘书长、经济委主任联系会议，协商确定了东北老工业基地区域发展论坛的组织方式、主题选择、规模、档次、形式内容等事宜。10月，与中国经济报刊协会、内蒙古工商联和内蒙古社科联共同举办了“内蒙古模式高层论坛”，区内外专家学者从不同的角度和层次分析和肯定了改革开放以来内蒙古经济发展和社会进步。（四）广泛开展形式多样的委员联络工作。认真组织新一届委员会组成人员推荐和协调工作，组织委员学习有关政协工作业务和全国“两会”精神。为了更好地做好工作、发挥委员的作用，给每一位委员发放征求意见表，及时了解掌握委员们的需求，加强与委员的联络与沟通。在四川汶川发生大地震后，及时联系动员经企界委员积极投入向灾区人民献爱心活动。国庆节前夕，董恒宇副主席带队，走访几位企业界委员，实地了解委员们所经营的企业发展情况和存在的问题，鼓励委员树立信心，克服当前困难。

人口资源环境委员会 （一）求真务实，切实搞好专题调研。一是完成节能服务产业政策设计调研。会同自治区发改委、经委等部门对我区节能工作存在的政策机制性问题进行梳理，提出大力发展节能服务产业5个方面的问题，并形成《全面推进合同能源管理，大力发展节能服务产业的调研报告》。二是完成我区天然气资源合理利用优化配置的调研。7月，组织委员与国土资源厅、煤炭监察局等部门专家学者赴鄂尔多斯苏里格气田进行调研，并召开研讨会，对“低压、低渗透、低产量”苏里格气田的开发进行全面分析，提出《苏里格天然气应优先满足我区经济发展的需要》调研报告。三是完成强化呼伦湖生态管理的调研。7月中旬，组织委员驱车环绕呼伦湖进行生态调研。走访新巴尔左旗和右旗，组织座谈会，探讨呼伦湖生态变化的趋势。还到呼伦湖渔业公司听取专家技术人员的建议，形成的《强化呼伦湖生态管理保护呼伦贝尔大草原》调研报告，提出了制定保护条例、加强科学研究、加强生态监测、建立资源环境数据库、加快引河济湖工程、加强湿地功能和保护的宣传的建议。四是完成科尔沁草原生态保护建设与牧民增收致富调研。8月下旬，组织委员赴通辽市4个旗、9个苏木乡镇、12个嘎查村，20个禁牧休牧舍饲半舍饲项目进行调研，详细了解草原生态保护建设和牧民生产生活增收情况，形成《关于科尔沁草原保护和建设的调研报告》。（二）认真组织委员视察，如实反映社情民意。开发风力发电市场是委员会多年来一直关注的重点。4月26日至30日，组织委员并邀请自治区发改委和无锡宝南机器制造公司负责人考察锡林郭勒盟、二连市风电场，对我区风力发电项目普遍存在的一些问题，通过政协社情民意信息反映到自治区党委政府，引起高度重视。（三）加强工作联系、密切合作关系。9月下旬，随同自治区政府代主席巴特尔，陪同国家发改委副主任、国家能源局局长张国宝一行30多人赴赤峰市考察风力发电场，调研我区开发风力发电项目中存在的问题。9月，参与以全国政协人资环委副主任、原国家环保总局副局长、核安全局局长王玉庆为组长的“城镇污水处理问题”专题调研组，对呼和浩特、包头、鄂尔多斯市五个污水处理厂进行调研。参加由全国政协人口资源环境委员会、国家发改委、环境保护部联合主办的中国城市节能减排高峰论坛。

教科文卫体委员会 （一）圆满完成了委员会组建工作。尽快组建新的教科文卫体委员会，及时召开第一次主任会议和全体委员会议，研究工作计划，修改完善委员会工作简则，修订办公室工作制度。（二）认真开展视察调研活动。5月14日至17日，娜仁副主席率领部分委员赴锡林浩特及正蓝旗，就元上都申报世界文化遗产工作进行了视察。视察组提出的关于成立申遗领导小组、加大经费投入、积极争取国家有关部门支持等建议，引起有关方面的高度重视。二是调研自治区职业教育情况。6月10日至24日，郑福田副主席率领部分委员，赴赤峰市、通辽市、兴安盟、呼伦贝尔市进行调研，从加强领导、统筹规划、加大投入等方面提出了我区加强中等职业教育的建议。三是调研新型农村牧区合作医疗情况。8月25日起，会同人大教科文卫体委员会和监察厅分阶段赴包头、鄂尔多斯、赤峰等市对新型农村合作医疗和农村卫生工作情况进行联合调研，形成的《内蒙古自治区农村牧区卫生改革与发展情况》调研报告，在全国政协召开的“农村卫生工作研讨会”上进行了交流。（三）进一步加强同各方面的联系。先后和自治区教育厅、科技厅、文化厅、卫生厅等部门召开对口联系座谈会，为委员“知情”服务。共同协商调研题目，加强调研工作的针对性，切入点也更为准确。召开与自治区各民主党派对口部门的座谈会，加强和各民主党派对口部门的联系与沟通。在加强同委员的联系方面，除积极组织委员参加视察调研活动外，对委员们提出的意见、建议及时以提案的形式报送有关方面。开展走访委员活动，及时同委员沟通情况。

民族和宗教委员会 （一）注重强化思想和组织建设。组建新一届民族宗教委员会，认真组织理论学习研讨活动，帮助委员尽快熟悉情况，进入角色。（二）着力加强与自治区有关部门的工作协作。与自治区民族事务委员会、宗教局举行对口联系座谈，了解当前我区民族、宗教工作的总体情况。与自治区农牧业厅进行对口联系座谈，了解全区农牧业发展的基本情况，主动探讨适当的工作切入点，认真选择相关议题，开展调查研究工作。（三）加强与全国政协的工作联系。6月中旬，由分管领导带领，赴全国政协汇报工作。（四）组织和参与专题调研视察活动，积极建言献策。6月，与政协农牧业委员会、自治区农牧业厅组成联合调研组，赴锡林郭勒盟，就加快现代草原畜牧业建设和生态建设步伐，推进牧区经济社会又好又快发展进行调研，形成《关于锡林郭勒盟及所属三旗畜牧业发展和生态建设情况的调查报告》。7月至8月，协助全国政协民族和宗教委员会调研组，在呼和浩特、鄂尔多斯、包头三地，开展题为“发挥宗教界人士和信教群众在促进经济社会发展中的积极作用情况”的专题调研。中央统战部调研组于5月中旬，来我区调研，涉及内容包括少数民族干部队伍现状、少数民族干部队伍建设及培养选拔中的成功做法与经验、存在的问题和对策建议等。参加两个调研组召集的专题座谈交流活动，向调研组提出了若干建议。9月初，协同全国政协驻呼常委，赴锡林郭勒盟就社会主义新牧区建设的议题进行视察调研。（五）广泛开展工作交流。9月中旬，全国政协“发挥宗教界积极作用研讨会”在我区召开，协助完成组织协调和会务综合服务工作。还先后参加7月下旬在天津召开的华北及环渤海七省（区、市）政协民族宗教工作研讨会、11月中旬在杭州召开的全国部分省（市、区）政协民族宗教工作研讨会。

文史资料委员会 （一）深入学习实践科学发展观，联系实际做好工作。组织全体党员围绕科学发展观进行解放思想讨论，运用民主生活会等形式，结合委员会的实际，查找工作中存在的问题，制定整改措施和工作规划，提高了对新时期做好文史工作的认识。（二）立足改革开放大局，把握政协工作发展脉络。一是为了尽快实现文史资料工作重点和工作任务的转移，委员会和办公厅联合下发了《关于编撰〈内蒙古政协委员纪事文集〉征文的通知》，对十届政协文史资料征集工作做出了全面规划，并为新中国成立后的史料征集提供了征文范畴。二是为纪念改革开放30年，编辑出版《亲历改革——内蒙古政协委员纪事文集》。三是编辑出版了《内蒙古政协文史资料第65辑》（知青史料专辑）。（三）挖掘少数民族文化资源，拯救非物质文化遗产。在全国政协文史委的支持下，从2005年开始与全国政协和我区盟市政协以及旗县政协协作征集、编辑达斡尔族、鄂伦春族、鄂温克族、俄罗斯族百年史料。共征集稿件约600多万字。《达斡尔族百年实录》、《鄂伦春族百年实录》、《鄂温克族百年实录》、《俄罗斯族百年实录》4本史料已完成出版发行。8月，与呼伦贝尔市政协文史委组织两级政协委员，就“保护和利用三少民族非物质文化遗产”专题进行调研，形成调研报告。（四）积极组织和参与文史资料大协作，加强文史队伍建设。7月，主办华北地区政协文史工作协作会第二十次会议，交流文史工作的情况和经验，并就新形势下如何把握文史工作重点、全面做好文史工作、解决文史工作出现的一些新问题进行探讨。参加全国政协在江西省召开的文史工作会议以及华东地区政协第23次文史工作协作会议，并就有关协作项目和课题，与有关省市达成共识。分别与通辽市政协、阿尔山市政协编辑出版《内蒙古近代鼠疫纪实》和《阿尔山市文史资料第一辑》。召开全区文史工作会稿会议，重点总结、交流2008年征集《亲历改革》文稿工作。组织盟市政协文史干部参加全国政协文史干部培训班学习。

港澳台侨联络和外事委员会 （一）加强学习，提高认识。新一届专委会组建后，结合工作实际，结合学习实践科学发展观活动，组织委员深入学习，使委员们进一步提高理论政策水平，为更好地做好港澳台侨外事工作奠定了基础。同时，组织全区盟市政协港澳台侨和外事工作人员到中央社会主义学院进行培训，韩振祥副主席在培训班上做重要讲话。（二）认真做好专题调研和视察工作。4月和6月，与自治区人大民族侨务外事委员会、自治区侨办、自治区侨联联合组成调研组，对全区侨情进行调研。7月下旬和8月下旬至9月初，由韩振祥副主席带队，会同工商联有关人员组成的调研组，就我区中小企业发展情况进行调研。（三）认真做好联络工作。加强与全国政协、兄弟省区市政协港澳台侨委员会的工作联系。11月份，参加全国政协召开的“全国各省区市政协港澳台侨工作研讨会”。加强与有关部门的联系，走访自治区外办、侨办、台办、台联及统战部海联会等对口联系单位，沟通情况、交换意见。继续坚持四侨联席会议制度，定期召开会议，互通情况、探讨问题，承担任务、开展工作。加强与委员的联系，组织走访委员活动。加强与盟市政协港澳台侨外事委员会的工作联系。9月份，组织盟市政协港澳台侨工作人员赴外省学习考察。做好港澳委员的服务工作。四川汶川发生特大地震后，组织委员踊跃捐款支援灾区。（四）做好赴台湾学习考察团的组团工作。与自治区台联共同组织“内蒙古民族教育参访团”，赴台考察前期准备工作。（五）加强自身建设。做好专委会的组织建设和制度建设，抓好重点提案的督办工作。由委员会负责协办的《关于加强全区经济适用房和廉租房建设的提案》，经多次与承办方、提案方沟通，并组织召开该重点提案督办座谈会，组成联合调研组，对我区的经济适用房和廉租房建设及分配使用情况进行考察调研，对提案的答复和落实起到了促进作用。

社会和法制委员会 （一）认真开展调研。组织部分政协委员与自治区有关厅局负责同志，赴呼和浩特市、包头市就整合人力资源市场开展调研，形成的《关于整合人力资源市场的调查报告》报送自治区政府，为即将开始的地方政府机构改革，特别为人力资源市场的整合统一提供了参考的意见。8月组织部分委员赴赤峰、通辽两市对农村牧区最低生活保障制度实施情况进行了调研，针对保障面窄、保障标准偏低、保障对象的确定较难等问题，提出建议并形成《关于我区农村牧区最低生活保障制度实施情况的调查报告》报送自治区政府。7月初，全国政协社法委就法律职业队伍建设问题来我区进行调研，我们先后组织协调相关单位的书面汇报材料、有关座谈会，并陪同考察呼和浩特市、海拉尔市等地。（二）发挥委员的主体作用。选择调研课题时坚持征求委员的意见，并根据意见确定工作思路。做好特约监督员工作。今年换届后，分别在自治区政法系统、交通、药品监督、技术监督等部门落实特约监督员20名，并进行了培训。年初还召开单位负责人和特约监督员座谈会，听取情况介绍，交流工作经验，推动特约监督员工作有序更好地开展。组织委员参加呼和浩特市中级人民法院的“司法保护知识产权日活动”。协助督办的《关于加大农村劳务输出扶持管理力度》、《关于集聚政府及社会力量，完善建设多元化养老机构》重点提案，通过座谈、视察等方式督办，两个提案都得到满意答复。（三）着力推动工作创新。一是加强学习，提高自身素质。二是广泛团结和联系政协委员与各界人士，积极反映社情民意。三是加强与党政有关部门的联系与合作。四是注重和全国政协社法委、各兄弟省市政协社法委的对口联系和沟通，主动接受全国政协社法委的指导，参加全国政协社法委暨各省区市政协社法委工作座谈会。不间断地与盟、市、旗、县、区联络，并采取“走出去、请进来”的方法，倾听他们关注民生、构建和谐社会的新思路、好做法。

农牧业委员会 （一）组建农牧业委员会。农牧业委员会是新成立的委员会，组建之初，大家坚持边学边干边组建，积极进行委员选定、制定委员会简则和办公室工作职责等，并研究制定委员会2008年工作要点。通过召开全体委员会议，以学习实践科学发展观活动为契机，组织相关学习内容，为委员尽快进入角色搭建平台。（二）深入调研、建言献策。4月1日至9日，由全国政协常委包俊臣带队，与自治区扶贫办组成调研组，深入兴安盟4个旗县、9个苏木乡镇、13个嘎查村，对自治区定点帮扶地区和区域扶贫工作进行实地调研，形成《关于对兴安盟定点帮扶和区域扶贫工作情况的调查报告》，提出了定点帮扶工作顺延两年的建议。该建议已被自治区党委政府采纳，决定定点帮扶工作顺延三年。5月，与自治区农牧业厅、林业厅、水利厅、扶贫办相关人员组成联合调研组，深入通辽市、赤峰市开展调研，形成《关于加强农牧业基础设施建设和农牧业产业化的调查报告》，提出建议，引起有关领导和部门的重视。6月，由肖黎声副主席带队，与民宗委联合组成调研组赴锡林郭勒盟，就生态畜牧业建设和牧民增收问题开展调研，形成《关于锡林郭勒及所属三旗畜牧业发展和生态建设情况的调查报告》。7月底至8月初，赴锡林郭勒盟、呼伦贝尔市，就加快草原畜牧业发展、增加牧民收入进行调研。8月，由娜仁副主席为团长、李国安同志为副团长的政协委员视察团，就我区草原畜牧业和牧民收入情况赴锡盟、赤峰市进行了视察，形成《关于促进草原畜牧业和牧民收入情况的调研报告》。该调研报告已作为十届三次常委会建议案，报送自治区党委和政府。（三）加强与各方面的联系。做好重点提案的督办落实工作，多次与有关单位协调督办0211号提案。密切同自治区政府农牧业方面各业务主管部门的联系，加强合作。同时，密切与盟市政协的对口联系，并吸纳他们参与相关的考察和调研活动。9月中旬，接待全国政协原副主席杨汝岱一行，并陪同赴锡盟东乌旗、西乌旗、蓝旗、多伦县考察。

【重要活动】

内蒙古政协召开会议传达贯彻全国政协十一届一次会议精神 3月21日，内蒙古政协召开传达贯彻全国政协十一届一次会议精神大会，陈光林主席传达胡锦涛、贾庆林等领导同志关于加强政协工作的指示精神和全国政协十一届一次会议精神。驻呼自治区政协常委、委员，政协机关全体干部职工和部分离退休老同志参加会议。

内蒙古政协委员视察团视察 以自治区政协副主席王长聚为团长，全国政协委员李国安、自治区政协经济委员会主任韩瑞峰为副团长的自治区政协委员视察团，于4月13日至19日，就我区推进向北开放情况赴呼伦贝尔市、满洲里市进行为期一周的视察。视察团通过实地考察、听取汇报、召开座谈会等方式对呼伦贝尔、满洲里的口岸、企业等进行实地考察，形成《关于呼伦贝尔市、满洲里市向北开放情况的视察报告》，提交自治区政协十届二次常委会审议，并以常委会建议案报送自治区党委。

内蒙古政协紧急行动，支援抗震救灾 5月15日，内蒙古政协召开主席会议，传达内蒙古党委常委会议精神，部署支援四川灾区、做好抗震救灾工作。之前政协办公厅向灾区发了慰问电，并通过四川省政协，向灾区捐款20万元；政协机关组织干部职工向灾区捐款活动，此后又组织机关党员缴纳“特殊党费”；在5月28日召开的内蒙古政协十届二次常委会议上，再次组织与会人员捐款。截至5月30日，内蒙古各级政协组织捐款捐物合计1.03亿元。

内蒙古政协举办新委员培训班 7月16日和29日，内蒙古政协新委员培训班先后在通辽市、包头市举办，西部盟市和东部盟市的新委员分别接受异地培训。陈光林主席在通辽班讲话。新委员们观看了全国政协副主席郑万通、全国政协研究室副主任原冬平的录像报告，听取了内蒙古政协常委、副秘书长，内蒙古社会主义学院副院长钱灵犀的辅导报告，并视察了当地的经济社会发展情况。

内蒙古政协召开开展深入学习实践科学发展观活动动员大会 10月10日，内蒙古政协召开开展深入学习实践科学发展观活动动员大会。郭子明副主席作动员讲话，对内蒙古政协的学习实践活动做全面部署。内蒙古党委学习实践科学发展观活动领导小组第三指导检查组全体成员出席并指导会议。内蒙古政协领导和部分离退休老领导、各民主党派负责人、政协机关全体干部职工参加会议。

驻我区全国政协委员视察团赴乌兰察布市视察 11月17日至21日，以全国政协常委包俊臣为团长的驻我区全国政协委员视察团，就马铃薯产业发展及农村金融服务方面的情况赴乌兰察布市进行视察。视察团实地考察当地马铃薯加工企业和一些种植农户，详细了解马铃薯良种繁育、种植储存、市场销售、精深加工等方面的情况。

内蒙古政协召开纪念改革开放30周年座谈会 12月19日，内蒙古政协召开由各民主党派、工商联、少数民族和宗教界代表人士和委员参加的座谈会，隆重纪念改革开放30周年。郭子明副主席主持会议。7位代表人士结合自身经历和切身体会，畅谈30年来人民政协事业取得的丰硕成果。

内蒙古政协举办纪念改革开放30周年全区书画作品展 12月20日，由内蒙古政协主办，内蒙古政协书画院、内蒙古书法家协会、内蒙古美术家协会共同承办的纪念改革开放30周年全区书画作品展在内蒙古美术馆开展。画展展期3天，共展出作品180余件。展品以书画形式，热情讴歌30年来内蒙古改革开放和现代化建设所取得的辉煌成就，反映了社会各界人士与党风雨同舟、团结奋斗的精神风貌。

【重要文件】

常委会工作报告（2008年1月23日）（摘要） 第一部分：（一）加强思想理论建设，保持正确的政治方向更加坚定自觉。九届政协始终把加强理论学习作为首要任务和履行职能的重要保证，统一思想，提高认识，健全制度，贯穿于政协工作全过程。政协理论中心组学习、常委会专题讲座、各专门委员会的学习会、座谈会及政协机关集体学习形式多样、不断深化。（二）贯彻落实中共中央《意见》和内蒙古党委《决定》。九届政协把学习贯彻《意见》和《决定》作为一项重要政治任务，及时作出决议，狠抓具体落实。政协党组和主席会议成员多次深入盟市、旗县，检查、督促和指导学习贯彻工作，总结基层政协的好做法、好经验，认真研究履行职能过程中遇到的新情况、新问题，并向自治区党委专题报告。自治区党委转发政协的报告，有力推动了《意见》和《决定》的贯彻。（三）围绕中心、服务大局，促进科学发展取得丰硕成果。九届政协始终坚持以促进科学发展为第一要务，先后举行5次全体会议、20次常委会议、87次主席会议和多次专门委员会会议，对全区经济社会发展中的重大问题进行广泛、认真的协商讨论，及时提出意见和建议。政协常委会紧紧围绕自治区党委、政府工作中心，每年抓住事关全局、影响长远的重大问题开展专题调研、专题议政，取得丰硕成果。例如：2003年，围绕建设民族文化大区进行调研，形成《关于深化文化体制改革，加快文化产业发展的建议案》，受到党委、政府主要领导的重视。自治区党委、政府在《关于进一步加快文化发展的决定》中，吸纳了政协提出的许多建议。2004年，组织专家学者对大中型煤炭企业进行调研，提出《关于加强我区煤炭、石油地质勘察工作的几点建议》，自治区政府领导专门到政协召开座谈会，进一步听取相关意见和建议。2005年，围绕编制“十一五”规划，组织常委、委员和有关方面人士，就区域经济发展、农村牧区医保体系建设、新能源开发利用、生态治理、民族教育、天然林保护等关系国计民生的重要问题，开展专题调研和视察活动，形成调研、视察报告40余篇，为制订规划提供了有效参考。2006年，围绕社会主义新农村新牧区建设开展专题议政，向自治区党委、政府报送30多条建议和4篇调查报告。2004至2007年，组织调研组5次深入兴安盟、通辽市等蒙古族群众相对集中的地区，就经济社会发展、农牧民脱贫致富问题开展调查研究，先后报送《关于加快少数民族相对集中地区经济社会发展的建议》、《关于"十一五"期间重点扶持兴安盟经济社会加快发展的建议》。2007年以来，自治区政协更加关注科学发展、更加关注改善民生、更加关注和谐社会建设，在常委会议专题议政的基础上，以主席会议名义就亿吨煤炭基地建设、节能减排、退耕还林、农牧业科技创新、低收入困难家庭住房、农村牧区社会救助、保护文化遗产、关注残疾人生活等问题向党委、政府提出了15份建议，得到党委、政府的高度重视并进入决策程序。据统计，自治区九届政协共向党委、政府报送24份建议案和150多篇调查报告，为党委、政府广集民智、科学决策提供了重要参考和有益启示。(四)增进团结、汇聚力量，在构建和谐社会中发挥重要作用。举办庆祝自治区政协成立50周年座谈会、纪念抗日战争暨反法西斯战争胜利60周年座谈会、纪念乌兰夫同志诞辰100周年座谈会、纪念民族区域自治法颁布20周年座谈会、庆祝自治区成立60周年座谈会等重大活动，致力于在全社会弘扬中华民族团结爱国、英勇奋斗的精神和统一战线团结和谐的光荣传统。始终关注民族团结进步事业，始终关注民生问题，以调研报告、提案、信息等不同形式，为党委、政府及有关部门解决群众关心的热点、难点问题，提出意见和建议。(五)提案和反映社情民意信息工作进一步拓展。努力提高提案工作水平，通过组织委员开展调研、视察等形式，帮助委员知情明政，提高提案质量；通过向社会征集提案线索，公布办理结果，推动提案工作由封闭型向开放型转变；通过表彰优秀提案，调动提案者的积极性；通过重点提案重点督办、难点提案跟踪办理、紧急提案现场办理，不断提高提案办理水平，使提案工作进一步走上讲规范、重质量、求实效的轨道。制定《反映社情民意信息工作条例》，在旗县（市区）政协和各民主党派、工商联设立信息联系点和联络站，创办《社情民意专报》，聘请一批特约信息员和委员重点联络对象，通过信息员培训、信息工作联系会、舆情通报会、委员座谈会、开通政协网站等多种形式，畅通社情民意反映渠道。五年来，向全国政协和自治区党政领导及有关部门报送社情民意信息463件，自治区党政领导批示率达到33%。(六)理论研究、文史资料、新闻宣传工作健康发展。成立内蒙古人民政协理论研究会，增设研究室，召开两次全区政协理论研讨会，编辑出版《统一战线和人民政协理论知识读本》。充分发挥文史资料工作存史、资政、团结、育人的重要作用，在继续做好新中国建立前史料征集的基础上，把工作重点转到建国后"三亲"（亲历、亲见、亲闻）史料征集上，共征集史料800多万字，出版《"三不两利"·"稳宽长"——文献与史料》、《"三不两利"·"稳宽长"——回忆与思考》、《爱国爱教的典范》、《春秋记事》、《内蒙古近现代总管录》、《内蒙古近现代王公录》（蒙文版）等具有一定影响的史料和专论书籍，基本完成《内蒙古自治区志·政协志》编纂工作。九届政协把加强新闻宣传作为推动政协工作的有效形式，召开两次全区政协宣传工作会议，逐步建立政协新闻宣传工作机制。特别是自治区主要新闻媒体开办的"党政领导谈政协"专栏，成为宣传政协工作的一个有影响、有特色的品牌栏目。（七）合作、联谊和交往活动更加广泛、活跃。九届政协主动争取全国政协的工作指导，配合全国政协完成多项重大调研任务。积极参加省际政协区域性工作联系和研讨活动，互派团组学习考察，进一步加强相互间的横向联系。根据自治区党委、政府关于我区东部盟市全面融入振兴东北老工业基地战略的总体部署，2005 年起，自治区政协与东北三省政协连续举办三次“振兴东北老工业基地区域发展论坛”年会，为我区东部五盟市纳入东北地区振兴总体规划、推动区域经济发展做出了积极努力。加强对盟市、旗县政协工作的联系和指导，坚持邀请盟市政协和部分旗县政协主席列席常委会议，每年召开一次盟市政协主席座谈会，经常与盟市政协联合开展调研、视察活动，促进全区各级政协组织增强履行职能的整体合力。进一步做好新形势下对外交往和港澳台侨联络工作，多次赴香港、澳门看望驻港澳的自治区政协委员，组织驻港澳的自治区政协委员来我区视察。五年来，自治区政协共接待全国政协和兄弟省市区政协的考察团 495 个，邀请和接待港澳台侨和海外友人 280 人次。经政协方面联系协调，港澳台侨及海外友人为我区捐助、捐建 14 所希望小学，澳洲中国和平统一促进会义诊团免费为我区 400 多名白内障患者实施手术，香港慈善机构在锡林浩特建立亮睛扶贫眼科中心医院。在请进来的同时，自治区政协先后组团赴许多国家和地区考察访问，增进了同这些国家和地区的民间友好关系。（八）“三化”建设和自身建设水平得到进一步提升。制定和修订全委会议工作规则、常委会工作规则、主席会议工作规则、秘书长会议工作规则、专门委员会通则等十多项与政协章程相配套的规章制度。制定《关于充分发挥委员作用的实施意见》、《特约监督员工作简则》、《关于评选表彰优秀委员的实施办法》，进一步健全委员履行职责的保障机制、激励机制和约束机制。自治区党委办公厅、政府办公厅联合下发关于办理政协提案的意见、关于党政有关部门与政协专门委员会对口联系的制度、关于列席和参加政协会议的意见，使政协履行职能的制度建设更加趋于完善。重视加强机关的思想、制度、作风和干部队伍建设。在全机关持续开展争创“三个一流”活动（即建设一流队伍，培育一流作风，争创一流业绩），努力建设学习型和谐机关，大力营造风清气顺、心齐劲足的工作氛围，政协机关面貌发生了可喜变化。

第二部分：向自治区十届政协建议：（一）深入学习贯彻中共十七大精神，坚持用十七大精神武装头脑、指导实践、推动工作。（二）坚持以科学发展观统领政协工作，为推动自治区经济社会又好又快发展献计出力。（三）更加关注民生，在构建和谐内蒙古的实践中要有新作为。（四）适应新形势新要求，在推进政协工作制度建设上要有新突破。（五）进一步加强自身建设，不断提高履行职能的质量和水平。

【组织概况】

主　席

陈光林

副主席

郭子明　云峰（蒙古族）　韩振祥

王长聚　娜仁（女，蒙古族）

董恒宇　郑福田　牛广明　肖黎声

秘书长

陈毅民

常务委员名单（按姓氏笔画为序）

于　沨　千亚丽（女，蒙古族）

马占新（蒙古族）　马永茂　王纪言

王学东（女）　王晓成　王钰国

王维维（蒙古族）　扎　布（达斡尔族）

乌　恩（蒙古族）　巴图仓（蒙古族）
玉　荣（女，蒙古族）
卡尔文·扎木苏（藏族）
布和朝鲁（蒙古族）　卢计成　卢纯才
田　震　史青晓　白玉金（满族）
白　兰（女，鄂伦春族）　包天虎（蒙古族）
包庆贺（蒙古族）冯　笠　宁　铨
边占喜　邢洁晨　吐　嘎（蒙古族）
吕纪俄　吕靖原　朱德礼　刘少华
刘秀清（女）　齐志国　安　源
安润生　许振祥　麦丽丝（女，蒙古族）
杜建平　杨凤英（女）
苏优乐玛（女，蒙古族）
苏雅拉图（蒙古族）　李一飞
李汉迎　李国俭　李树榕（女）
李铁军　李联盟　李　魁　何　江
辛卫东　迟光明（女）　张元斗
张元凯　张建国（巴彦淖尔市）
张　珉（蒙古族）　张茂林
张晓凤（女）　张晓兵　张维民
阿斯林（蒙古族）陈　明　陈运火
陈曼莉（女，满族）　武　兵
武希慧　呼和巴特尔（蒙古族）
金　华（女，蒙古族）　金建华（回族）
周忠清　图布登尼玛（蒙古族）　郑锦春
宝笑平（女，蒙古族）　孟青录
孟树德（达斡尔族）　孟霞荣（女，达斡尔族）
胡　江　郝兆兴　荀黎明　赵永亮
赵志华（蒙古族）　赵艳萍（女，满族）
赵　慧　哈斯巴根（蒙古族）　郜丰平
侯世忠　贺　俊（女）　秦国庆
莘文印　贾学义　钱灵犀　徐明和
徐建新　郭明社（女）　郭宝林
郭凌云（蒙古族）　高延青（蒙古族）
陶　克（蒙古族）　康永恒（满族）
梁　瑞　梁汉武　斯仁道尔吉（鄂温克族）
彭皓方（女）　鲁剑钧　富子荣（满族）
靳明龙　照日格图（蒙古族）
蔡彬彬　谭百业　霍庆华（蒙古族）

委员名单（按姓氏笔画为序）

中国共产党（37名）

云　峰（蒙古族）云高怀（蒙古族）
王长聚　王　玉　王佐玉　王治安
王俊林　王晓成　王德宝（蒙古族）
乌云毕力格（蒙古族）
巴瑞明（蒙古族）　帅志凯
刘　俊（蒙古族）　杨映成
杨建和　李玉然（女）　张向阳
张彭慧　张钢彦　陈光林　陈运火
陈毅民　武　兵　林　洁（女，蒙古族）
其木格（女，蒙古族）
孟志毅（达斡尔族）
赵　兴　赵凤林　赵金才（蒙古族）
娜　仁（女，蒙古族）　徐万山
郭子明　郭宝林　韩振祥　韩琦运
董汉忠　蔡铁木尔巴图（蒙古族）

中国国民党革命委员会（8名）

杜建平　杜建明　肖黎声　何明江
张广平　张元凯　彭皓方（女）
靳明龙

中国民主同盟（8名）

卜范达　王惠德　朱德礼　安　源
李相合　张建国　钱灵犀　董恒宇

中国民主建国会（8名）

王风之（女）　邢玉禄
毕建华（满族）　吕纪俄　刘剑夔
陈胜礼　郭小青（女）　康永恒（满族）

中国民主促进会（8名）

王永平　王钰国　邢洁晨
张　珉（蒙古族）武晓瑞（女）
郑福田　姜飞月（蒙古族）　柴庆孚（女）

中国农工民主党（8名）

王学东（女）　牛广明　李世华
武永刚　周立社　赵　慧
陶迎春（女，蒙古族）　鲁剑钧

九三学社（8名）

田建军　包庆贺（蒙古族）　边占喜
刘志慧　许宏然　房建华（女）

徐建新　梁　瑞

无党派人士（20名）

于　沨　石秀梅（女，蒙古族）
吐　嘎（蒙古族）　师银来
杨亚民（蒙古族）　李　志
吴　平（蒙古族）　辛卫东
宋锡波　张艳臣　张维民　赵莉莉（女）
赵永华（蒙古族）　周景忠
孟和苏荣（蒙古族）　郜丰平
贺　俊（女）　苇文印　曹至琛
温润生

中国共产主义青年团、青年联合会（13名）

尹宝库　宁　才（蒙古族）任　宵
齐　峰（蒙古族）　刘　钦
苏日娜（女，蒙古族）　张东海
张晓兵　阿拉腾其木格（女，蒙古族）
宝希强（女，蒙古族）
敖其尔（蒙古族）　塔　娜（女，蒙古族）
斯琴塔娜（女，蒙古族）

总工会　（8名）

卜音太（蒙古族）　王虎林　车立志
刘　涛　陆爱运　金　华（女，蒙古族）
雷六十八（蒙古族）　崔莲姣（女）

妇女联合会（14名）

王春梅（女）　邓秀英（女）
白光琴（女，满族）　白金叶（女，蒙古族）
刘英杰（女）　刘丽华（女，蒙古族）
刘香芸（女）　闫秀琴（女，蒙古族）
孙丽斌（女）　苏优乐玛（女，蒙古族）
陈秀芳（女）　宝笑平（女，蒙古族）
娜仁图雅（女，蒙古族）
格根其其格（女，蒙古族）

工商业联合会（33名）

马万良（蒙古族）　马永茂
王佳音（女，蒙古族）
王前进　王维峰　王智广　王喜春
田　震　安润生　吴新生　何佳嵘
宋文代　连广明　杨小虎　杨岩森
李志强　李政达　李勇毅　陈　英
邹招斌　张云飞　张茂林　张海峰
武希慧　赵永亮　秦国庆　秦学敏
秘雪峰　高晓峰（蒙古族）
黄宝平　富子荣（满族）　程方庆
樊小平（女）

农牧业界（32名）

于　建（蒙古族）马祖融　王辰起
王继跃　扎　布（达斡尔族）
乌其拉图（蒙古族）　卢纯才
白长江（蒙古族）田　相　刘　静（女）
杨宝忠　杨阿麟（蒙古族）　苏　和（蒙古族）
苏　和（蒙古族）　李云娟（女）
张葆兰（女，满族）　陈　欣
陈国才（蒙古族）　林　杰（蒙古族）
季　蒙　岱庆格日乐（女，蒙古族）
郑世成　郎曙敏（女）　姚一萍（女）
娜仁花（女，蒙古族）
素　卿（女，蒙古族）
席宝力高（蒙古族）　陶　克（蒙古族）
康昱幸（蒙古族）　梁守华
韩秀荣（女，蒙古族）　殷玉珍（女）

科学技术界（28名）

云战友（蒙古族）　王熙宗（满族）
包丽雅（女，蒙古族）
包姝芬（女，蒙古族）
兰云峰　吉荣廷　刘子雁（女）
刘秀清（女）　刘　晔（女）
刘　虎　杜江涛　杨巨文
苏雅拉图（蒙古族）　李春鹏
宋泽清　宋跃平（蒙古族）　陈贵林
张云卫　张和平　呼和巴特尔（蒙古族）
周　山　周欢敏　郝文政　姜　慧（女）
贾　柯　夏进禄　焦丙生　霍晓君（女）

社会科学界（24名）

丁文英（女，蒙古族）　丁　飞
方丽君（女，满族）乌　恩（蒙古族）
布　仁（蒙古族）　石玉山　任宪中
刘化武　许振祥　杨道尔吉（蒙古族）

杨淑岚（女） 李 凤（女，蒙古族）
吴团英（达斡尔族）金 桩（蒙古族）
宋建中（女） 张志忠 张术麟
阿斯林（蒙古族）陈 强（蒙古族）
岩 英 郑锦春 周忠清 赵慧容（女）
贾 莉（女）

经济企业界（62名）

马占新（蒙古族）王万恒 王永和
王月仙（女，蒙古族） 王 冰
王 浩 王国斌 王 海
王维维（蒙古族） 王瑞霞（女）
乌力吉（蒙古族） 冯 笠
成水炎 吕靖原 吕 慧 乔玉华
向 东（蒙古族）齐志国 刘立志
刘春杰 刘恩情（蒙古族） 孙东伟
杨永宽（蒙古族） 李少华 李国俭
李建平（蒙古族） 李铁梅（女）
李铁军 吴永奇 时加力 余向东
张凤雄 张世文 张乐义 张全明
张秀根 张剑平 张俊明 张晓凤（女）
张 峰 武春林 周 杰 郎立兴
赵志华（蒙古族） 姜月忠
秦玉东（蒙古族） 贾永哲
徐明和 徐建力 郭明社（女）
郭凌云（蒙古族） 高 云
高名鸿 陶 宏 韩 福 韩瑞峰
董建国 裴登泰 薛扳进 薛纪宁
霍庆华（蒙古族） 魏景兴

科学技术协会界（11名）

云辉霞（女，蒙古族）
乌力吉特古斯（蒙古族）
亢贵厚 白 静（女，蒙古族）
宁 铨 吉子文 朱建国
杨 劼（女，蒙古族）
李春龙 陈曼莉（女）
林 莉（女，蒙古族）

文化艺术界（30名）

千亚丽（女，蒙古族） 王德恭
乌云达来（蒙古族）
乌尼特（蒙古族）
乌热尔图（鄂温克族）
巴图吉日嘎拉（蒙古族）
白 涛（蒙古族）
包英志（蒙古族） 邢 野
齐·宝力高（蒙古族）
刘兆和 李联盟 孙志忠
麦丽丝（女，蒙古族）
李树榕（女） 李 魁 张景彬
吴春龙 武利平 周荣生
哈斯巴根（蒙古族） 郭子杰
郭丽茹（女，达斡尔族）
高延青（蒙古族）
涂 们（鄂温克族） 渠建红（女）
塔 拉（蒙古族） 朝 鲁（蒙古族）
慕保国（蒙古族）
德力格尔（蒙古族）

新闻出版界（10名）

马天烈（回族） 王东生
巴图仓（蒙古族） 刘少华
武二斌 孟树德（达斡尔族）
赵慧华（女，蒙古族）
贾学义 郭卫红（女）
戴 鸿（女，蒙古族）

教育界（23名）

乌 云（女，蒙古族） 包 刚
布和特木尔（蒙古族） 冯 全
任 英 齐 广 杨富有 李一飞
何 江 何成保 迟光明（女）
张传武（满族） 阿拉腾其勒（蒙古族）
张亲辉（女） 张建国
荀黎明 赵全兵 郝兆兴 侯晓菊（女）
丽 荣（女） 道日娜（女，蒙古族）
照日格图（蒙古族） 董进全

医药卫生界（26名）

王 伟 王 晶（女） 王睿琦 石 峰
卢计成 白永和 白宝玉（蒙古族）
刘士勇（满族） 刘福芬（女）
丽 娜（女，达斡尔族）

苏　荣（女，蒙古族）李晓东（蒙古族）
李海春　李秉泉　吴丽娜（女，蒙古族）
吴彦峥（达斡尔族）　苑德存（蒙古族）
其木格（女，蒙古族）　单忠元（满族）
孟霞荣（女，达斡尔族）胡　江
哈　达（蒙古族）　高学文
菅江华（女，蒙古族）
臧宪凌（女，蒙古族）　霍洪军

体育界（5名）

陈　明　忠　乃（蒙古族）　郭厚诚
朝　鲁（蒙古族）　图　娅(女,蒙古族)

台胞台属界（10名）

王伟春　刘朝侠　白玉金（满族）
李小林（满族）　李　荪（女）
张国华　张晓萍（女）　赵　琦（女）
秦湘灵（女）　温继峰

侨联界（9名）

白晓飞　李汉迎　李　枢　李岩青（女）
张建方（回族）　其其格（女，蒙古族）
赵艳萍（女，满族）　莫日根（蒙古族）
章　也

社会福利界（9名）

史青晓　包天虎（蒙古族）　张元斗
张志茹（女，满族）　张海旺（蒙古族）
庞润辉　郝　勇　昝振英（女）
桂　忠（蒙古族）

少数民族界（24名）

云宗元（蒙古族）　元重举（蒙古族）
乌　兰（蒙古族）　玉　荣(女,蒙古族)
布和朝鲁（蒙古族）　包赛音（蒙古族）
白　兰（女，鄂伦春族）
白丽民（女，蒙古族）
刘布和（蒙古族）　刘肖冰(女,朝鲜族)
吴　克（回族）　吴　涛（鄂伦春族）
张忠文（俄罗斯族）
宝　英（女，蒙古族）
胡哈斯巴根（蒙古族）　赵宝平（回族）
祝玉刚（满族）　陶　敏（回族）
高　娃（女，蒙古族）
朝鲁巴根（达斡尔族）
韩阿伟（女，蒙古族）
鄂金玲（女，达斡尔族）
斯仁道尔吉（鄂温克族）
锁占荣（回族）

宗教界（11名）

卡尔文·扎木苏（藏族）
旦　增（蒙古族）　杨凤英（女）
图布登尼玛（蒙古族）　金建华（回族）
宝音达来（蒙古族）　宝勒德（蒙古族）
孟克巴图（蒙古族）　孟青录
秦　蒙　常振杰

特别邀请人士（40名）

马春玲（女）　云建东（蒙古族）
王纪言　白金海（蒙古族）　卢瑞安
包丽玲（女，蒙古族）　刘万华
刘兴柱　齐光华　汤子亮　许文曲
杨永成　杨秀敏（女）　李佳林
李建平　李复瀚　李　锋（蒙古族）
何宋婉真（女）　何荣祥　何蒋棠
张少甫　陈玉仁　陈健文　欧家廉
郑应宜（女）　荣毅捷（女，蒙古族）
查斯太（蒙古族）　侯世忠
胡景光　徐公敏　高　琦
黄秀英（女，蒙古族）　阎　峰
梁汉武　斯琴高娃（女，蒙古族）
斯热文（达斡尔族）　董大伟
谢贤团　蔡彬彬　谭百业

【内蒙古自治区盟市、旗县政协领导名单】

呼和浩特市

市政协主席　张彭慧
县(旗、区)政协主席
新城区　朱祥福
回民区　牛　俊(回族)
玉泉区　云林华(女,蒙古族)
赛汗区　张　荣
土默特左旗　张老在(蒙古族)
托克托县　塔　娜(女,蒙古族)
清水河县　范锦莲(女)

和林格尔县　云珍丽(女,蒙古族)
武川县　张占福

包头市

市政协主席　董汉忠
县(旗、区)政协主席
东河区　白志强(回族)
昆都仑区　范　英
青山区　路　健
石拐矿区　王　军
白云鄂博矿区　郝金花(女,蒙古族)
九原区　张宏伟
土默特右旗　张俊义
固阳县　王东明
达尔罕茂明安联合旗　陈玉玲(女,蒙古族)

乌海市

市政协主席　韩琦运
区政协主席
海勃湾区　关旭汉(满族)
海南区　吴耀峰
乌达区　刘绥峰

赤峰市

市政协主席　赵　兴
县(旗、区)政协主席
红山区　张敬国
元宝山区　吕广信
松山区　张明华
阿鲁科尔沁旗　齐双义(蒙古族)
巴林左旗　闫　彪
巴林右旗　李殿玉
林西县　王明军
克什克腾旗　宋喜岭
翁牛特旗　吉日木图(蒙古族)
喀喇沁旗　李文敏(女,蒙古族)
宁城县　赵宗源
敖汉旗　鲍杰峰(蒙古族)

呼伦贝尔市

市政协主席　赵凤林
县(旗、区)政协主席
海拉尔区　刘寒松
满洲里市　张雅斌
扎兰屯市　牛长岭
牙克石市　李　昕
额尔古纳市　戎占祥
根河市　张柏吉
阿荣旗　郭　英(女,达斡尔)
莫力达瓦达斡尔族自治旗　戚志广
鄂伦春族自治旗　阎立华
鄂温克族自治旗　齐　全(蒙古族)
新巴尔虎右旗　长　明(蒙古族)
新巴尔虎左旗　段捷飞
陈巴尔虎旗　银　山(蒙古族)

兴安盟

盟政协主席　王　玉
县(旗、区)政协主席
乌兰浩特市　李福江
阿尔山市　王福森
科尔沁右翼前旗　张运发
科尔沁右翼中旗　全　宝(蒙古族)
扎赉特旗　哈　达(蒙古族)
突泉县　张秀兰(女)

通辽市

市政协主席　王治安
科尔沁市区　华　君(蒙古族)
霍林郭勒市　鞠国华
科尔沁左翼中旗　孙　昌
科尔沁左翼后旗　古秀云(女)
开鲁县　刘进贤
库伦旗　闫存武
奈曼旗　于　立(蒙古族)
扎鲁特旗　陈守峰

锡林郭勒盟

盟政协主席 其木格(女,蒙古族)

县(旗、区)政协主席

锡林浩特市 温同江

二连浩特市 乌云毕力格(蒙古族)

阿巴嘎旗 李力量(蒙古族)

苏尼特左旗 那顺格日勒(蒙古族)

苏尼特右旗 王哈斯(蒙古族)

东乌珠穆沁旗 松 来(蒙古族)

西乌珠穆沁旗 娜 仁(女,蒙古族)

太仆寺旗 云成山(蒙古族)

镶黄旗 刘 祥

正镶白旗 朝 鲁(蒙古族)

正蓝旗 刚苏和(蒙古族)

多伦县 王崇生

乌兰察布市

市政协主席 刘 俊(蒙古族)

县(旗、区)政协主席

集宁区 师永志

丰镇市 常培忠(满族)

卓资县 周德喜

化德县 朱世平

商都县 王志祥

兴和县 石明成

凉城县 张万寿

察哈尔右翼前旗 纳 森(蒙古族)

察哈尔右翼中旗 乔福才

察哈尔右翼后旗 潘小平(蒙古族)

四子王旗 陈世贵

鄂尔多斯市

市政协主席 徐万山

市(旗)政协主席

东胜市 郝铁军

达拉特旗 董志强

准格尔旗 范镇宇

鄂托克前旗 冯占平

鄂托克旗 李月珍(女)

杭锦旗 黄国华(蒙古族)

乌审旗 吴兆军

伊金霍洛旗 郝永耀

巴彦淖尔市

市政协主席 张向阳

县(市、旗)政协主席

临河区 张文明

五原县 阎星光

磴口县 赵淑兰(女)

乌拉特前旗 额尔克(蒙古族)

乌拉特后旗 徐建军

乌拉特中旗 保 安(蒙古族)

杭锦后旗 郭凤玲(女)

阿拉善盟

盟政协主席 蔡铁木尔巴图(蒙古族)

旗政协主席

阿拉善左旗 额尔登巴雅尔(蒙古族)

阿拉善右旗 巴雅尔(蒙古族)

额济纳旗 娜仁其其格(女,蒙古族)

内蒙古自治区各级政协组织和委员会

（截至2008年底）

项目＼级别	自治区	盟（市）	县（旗、不设区市、市辖区）	合　计
组织数	1	12	101	114
委员数	527	3202	13437	17166

（张海容 编写　代　钦 审稿）

政协辽宁省委员会

骆　琳　主　席

胡晓华　副主席

高　鹏　副主席

王植时　副主席

贺　旻　副主席

金国生　副主席

程亚军　副主席

李文喜　副主席

刘政奎　副主席

李晓安　副主席

魏　敏　秘书长

【全体委员会议】

十届一次会议 2008年1月19日至24日在沈阳举行。应出席799人，实到744人。大会主席团常务主席骆琳主持开幕式。会议听取和审议张行湘所作的政协辽宁省第九届委员会常务委员会工作报告、张成伦所作的政协辽宁省第九届委员会常务委员会关于提案工作情况的报告；列席辽宁省第十一届人民代表大会第一次会议，听取和讨论陈政高代省长所作的政府工作报告和其他报告；大会选举骆琳为政协辽宁省第十届委员会主席，选举胡晓华、高鹏、王植时、贺旻、金国生、程亚军、李文喜、刘政奎、李晓安为副主席，魏敏为秘书长，选出198名常务委员；通过省政协十届一次会议关于提案审查情况的报告；通过省政协十届一次会议各项决议。省委书记张文岳听取大会发言并作重要讲话。新当选的省政协主席骆琳在闭幕会上讲话。

【常务委员会会议】

第1次会议 2008年2月22日在沈阳召开。应出席209人，实到172人。会议审议通过政协辽宁省第十届委员会增补委员名单；审议通过政协辽宁省第十届委员会常务委员会关于设置专门委员会的决定；审议通过政协辽宁省第十届委员会任命名单；审议通过政协辽宁省第十届委员会常务委员会2008年工作要点。骆琳主席在闭幕会议上讲话。

第2次会议 2008年6月17日至18日在沈阳召开。应出席209人，实到151人。会议围绕如何加快我省现代服务业发展进行专题协商讨论；审议通过政协辽宁省第十届委员会人事免职事项。省委副书记、省政协主席骆琳主持第一次全体会议。省委书记、省人大常委会主任张文岳，省长陈政高分别出席全体会议，并作重要讲话。副省长李万才通报全省服务业发展及贯彻落实国务院《关于加快发展服务业的若干意见》工作情况。21位常委、委员作大会发言。骆琳主席在闭幕会议上讲话。骆琳强调，要充分认识服务业在国民经济中的重要地位和作用，切实促进我省服务业加快发展。要加快发展面向生产的服务业；加快发展面向民生尤其是就业的服务业；加快发展中心城市的服务业；加快发展农村服务业。要深入贯彻科学发展观，坚持重点突破与全面发展相结合，坚持发展服务产业与强化公共服务相结合，坚持推进自主创新与深化改革开放相结合，坚持利用市场机制与加大政府政策支持相结合。要深化服务业体制改革，打破行业垄断，推进投资主体多元化，真正建立起现代企业制度。要把发展现代服务业作为重点，在重大项目编制、融资支持等方面向现代服务业倾斜，建立现代服务业发展引导资金和产业发展基金，通过公共投入引导社会增加投入。要重点支持主导产业公共技术研发平台建设，为现代服务业加快发展创造一流的技术支撑和开放、宽松的环境。要整合政策资源，加强组织领导，强化人才资源开发，推进我省服务业实现跨越式发展。会后形成《关于促进我省服务业发展的建议》报送省委、省政府。

第3次会议 2008年9月17日至18日在沈阳召开。应出席209人，实到166人。围绕加强我省节能减排和生态环境保护工作建言献策；审议通过政协辽宁省第十届委员会任命名单。省委书记、省人大常委会主任张文岳，省长陈政高分别出席全体会议，并作重要讲话。副省长李佳通报我省加强节能减排和生态环境保护工作情况。骆琳主席和胡晓华、王植时副主席分别主持第一次、第二次、第三次全体会议。会议期间，共有21位常委、委员作大会发言。骆琳主席在闭幕会议上讲话。

骆琳指出，做好节能减排和生态环境保护工作，要明确责任，强化管理，进一步提升节能减排和生态环境建设工作水平；要突出重点，综合治理，抓好重点行业重点领域的节能减排和生态环境建设；要强化标准，完善制度，加快淘汰落后生产能力；要优化结构，推进创新，加快发展循环经济；要加强宣传，广泛发动，在全社会形成节能减排和保护环境的良好氛围；要审时度势，稳步推进，处理好节能环保与保持国民经济进一步又好又快发展的关系。会议任命尹学义同志为政协辽宁省第十届委员会副秘书长。

第4次会议 2008年12月22日至24日在沈阳召开。应出席209人，实到149人。会议听取省委常委、常务副省长许卫国通报省政府关于省政协十届一次会议政协提案办理工作情况；省高级人民法院院长王振华通报省高级人民法院工作情况；省人民检察院检察长肖声通报省人民检察院工作情况。会议原则通过省政协常委会工作报告和省政协常委会关于十届一次会议以来提案工作情况的报告；通过增选省政协常委候选人建议名单（草案）；通过省政协十届二次会议选举办法（草案）和总监票人、监票人建议名单（草案）；通过省政协十届二次会议有关事项和关于授权主席会议审议省政协十届四次常委会议未尽事宜的决定；会议增补王建宏等11人为省政协委员。骆琳主席在闭幕会议上讲话。

【专门委员会工作】

提案委员会 2008年共征集提案656件，立案651件。为提高提案质量，在省政协新委员培训班上，系统讲解提案知识。印发致全体省政协委员一封信和提案参考题目。召开省政协委员座谈会，探索加强和改进委员提案工作。召开各民主党派、工商联负责同志参加的全省经济社会发展情况通报会。召开党派团体提案工作发展座谈会。为提高提案办理质量，选择12件省政协重点提案，送请省委、省政府主要领导同志阅批。实行促办重点提案制度，由骆琳主席和8位副主席促办重点提案；选择11件提案作为省政协专委会促办的提案。制定《政协辽宁省委员会关于加强和改进提案工作的意见》，省委、省政府办公厅以辽委办发〔2008〕30号文件转发各市委、市政府，省直各单位实施。承办华北东北省区市政协第六次提案工作座谈会。修订《提案委员会议事规则》。设立委员提案工作组、集体提案工作组和承办单位工作组。

经济委员会 承办以促进我省现代服务业健康发展为主题的省政协十届二次专题常委会议。参与承办辽宁中部城市群政协论坛。按照省政协部署，会同全国政协经济委员会、九三学社中央积极筹备辽宁沿海经济带政协论坛。参与在黑龙江举行的东北老工业基地区域经济发展政协论坛第四次会议。开展调研视察和考察工作，形成《关于广州、深圳、上海、苏州、南京、沈阳、大连等地现代服务业发展情况的报告》、《关于促进我省环保产业发展的调研报告》、《关于辽宁沿海经济带开发开放情况的视察报告》，分别上报省委、省政府和全国政协。组织委员开展跨行业的活动。召开“应对国际金融危机促进我省经济又好又快发展”座谈会。

人口资源环境委员会 组织委员开展调研6次、视察4次、考察3次，形成常委会建议1份、调研报告2份、视察报告2份和大会发言材料4份。承办省政协“关于加强节能减排和生态环境保护问题”的十届三次常委会议。会后形成《对我省节能减排和生态环境保护工作的建议》，报送省委、省政府。组织委员视察、调研，形成《关于对辽河流域干流消灭超五类水体情况视察的报告》、《关于将长山群岛旅游度假区建设纳入辽宁省沿海经济带发展战略的建议》，报送省委、省政府。以《加强水土流失防治是生态环境建设的根本问题》、《关于加快我省旅游业发展的建议》为题，在省政协常委会议上作大会发言。向省政协全会提交《加大投入、统筹规划，实现我省公用事业又好又快发展》、《用科学发展观引领企业发展》的大会发言材料。报送《关于转移地震灾区高考学生到对口支援省市复习功课的建议》和《关于哈大铁路客运专线压覆矿山企业的情况反映》等省政协信息专报。继续开展“关注森林”活动，形成《关于贯彻落实〈辽宁省湿地保护条例〉情况的视察报告》，报送省委、省政府。推动《辽宁省湿地保护条例》的贯彻落实。

教科文卫体委员会 组织委员调研，形成《着力培育文化产业骨干企业和战略投资者》、《发展现代服务业必须发展职业技术教育》的调研报告和《职业教育要为现代服务业的发展提供人才支撑》、《节能降耗必须依靠科技进步》的常委会议大会发言材料。召开关于我省高等职业教育情况的常委专题协商会，形成《省政协常委专题协商会对发展我省高等职业教育的意见和建议》，报送省委、省政府。组织常委、委员视察、调研，形成《关于对沈阳奥体中心五里河体育场视察的情况报告》、《关于加强我省农村乡镇卫生院建设的调研报告》、《依靠科技进步，促进节能降耗》的报告，报送省委、省政府。形成《加强农村卫生工作提高农民健康水平》的调研报告，上报全国政协教科文卫体委员会。参加全国政协教科文卫体委员会“加强我国青少年和学校体育工作”的专题协作调研，形成《关于我省青少年和学校体育工作情况的调研报告》。代表辽宁省政协选送6件作品参加全国政协书画室举办的“纪念改革开放30周年书画作品展”活动。组织委员视察，形成《关于适当提高高考评卷经费的建议》、《关于培育文化产业骨干企业和战略投资者的建议》的提案。组织部分省政协委员和专家赴朝阳市喀左县开展教育、科技、卫生“三下乡”活动。

社会和法制委员会 共组织调研、视察、走访慰问活动8次，组织召开各种会议16次，形成调研视察报告、政协信息、经验交流等各种文字材料15篇。以省政协办公厅文件的书面协商形式，将《关于进一步解决农民工问题的建议》报送分管副省长及相关部门。配合全国政协社法委开展“法律职业队伍建设”专题调研，形成《我省基层“两院”法官检察官断层严重》的调查报告，以政协信息形式上报。组织委员视察，向省委、省政府报送《关于对我省奥运交通安保工作的视察报告》。联合省公安厅交管局和沈阳市政协社法委，组织委员对沈阳市公安局、葫芦岛绥中万家收费站的公安干警进行慰问。承办北方部分省（区、市）政协社会和法制委员会工作联系会议。根据有关部门的邀请，推荐18名政协委员担任省法院特邀执法监督员，推荐10名政协委员担任省检察院特约检察员。

民族和宗教委员会 组织委员调研，形成《关于加快我省民族地区旅游产业发展的建议》，报送省委、省政府。会同省民委深入调研，形成《关于加强自治县生态环境保护与建设的建议》，在省政协常委会议上作大会发言，并报送省委、省政府。就发挥宗教界人士和信教群众在促进经济社会发展中的积极作用，开展专题调研和视察，形成专题报告报全国政协。会同省政协提案委，就《关于落实十七大精神发挥宗教组织积极作用构建和谐辽宁的建议》的提案，召开提案办理协调会。参加全国满族自治县政协工作联系会议。参加喀左、阜新蒙古族自治县建县50周年庆祝活动。参加全国政协民族和宗教委员会、国家宗教事务局召开的“发挥宗教界人士和信教群众在促进经济社会发展中的积极作用研讨会”。参加由浙江省政协承办的全国部分省（区、市）第十次政协民族宗教工作研讨会。

港澳台侨（外事）委员会 组织常委、委员专题考察，形成《建立鸭绿江下游区域经济合作机制》、《在丹东港设吉林“飞地”，解决丹东港长远发展问题》的政协信息。组织常委、委员调研，形成《关于贯彻落实中华人民共和国〈归侨侨眷权益保护法〉的意见建议》，报送省委、省政府。形成了《将丹东港一部分划为吉林省“飞地”，打造东北亚东部物流大港》、《关于推行减排节能及发展循环经济的建议》，在省政协常委会议上作大会发言。组织2个省级团组和3个厅局级团组分别赴法国、德国、瑞士、美国、加拿大、韩国、澳大利亚、新西兰和新加坡等9个国家进行工作访问。省政协与澳大利亚新南威尔士州议会两院签署友好合作备忘录。接待来自美国、加拿大、阿根廷、日本、韩国等国家和香港地区的来访团组23个、157人次。为纪念辽宁省与日本富山县缔结友好省县关系25周年、与韩国京畿道缔结友好省道关系15周年，会同省外办组成足球联队与到访的两国县、道议会足球队举行足球友谊赛。参加朝鲜驻沈总领事馆举办的纪念“中朝友好合作互助条约签订47周年”招待会和美国驻沈总领事馆、日本驻沈总领事馆的纪念、庆祝等活动。在深圳举办港澳委员学习研讨班。起草《政协辽宁省委员会因公出访工作暂行管理办法》，经主席会议通过实施。

学习宣传和文史委员会 与省政协办公厅、研究室、港澳台侨委和省委统战部，共同举办2期省内新委员和一期港澳侨委员学习培训班，共有285位省政协委员参加学习培训。

承办常委会议学习报告会，东北大学教授、省政协原副主席赵新良同志作《发展循环经济，建设生态文明》的报告，国务院发展研究中心金融研究所所长夏斌研究员作关于金融知识和金融形势的报告。承办省政协纪念改革开放30周年座谈会，编印座谈会材料汇编。形成《政协辽宁省委员会关于加强文史资料工作的意见》，以辽政协发〔2008〕2号文件下发。召开全省政协文史工作座谈会，总结交流文史工作经验，表彰奖励近十年来全省各级政协出版的优秀文史资料图书39种。开展《我与改革开放三十年》文史资料征文活动，收到应征稿件280余篇。编印《学习之友》6期，每期5万字。

【重要活动】

支援四川汶川抗震救灾 四川汶川特大地震发生后，常委会坚决拥护和认真贯彻中共中央和中共辽宁省委关于抗震救灾的各项决策，及时召开主席会议，研究部署支援抗震救灾工作，动员全省各级政协组织和广大政协委员迅速行动起来，以各种形式向灾区伸援手、献爱心、送温暖，全力以赴为抗震救灾贡献智慧和力量。全省各级政协组织共捐款捐物2.2亿元，其中省政协捐助5760万元。围绕抗震救灾和灾区重建，省政协共提出合理化建议60余条。有的委员亲赴灾区一线，直接参与抗震救灾和灾区重建工作。

开展深入学习实践科学发展观活动 按照中共中央和中共辽宁省委的统一部署和要求，在省政协和政协机关两个层面开展深入学习实践科学发展观活动。组织在机关工作的中共党员深入学习实践科学发展观，增强贯彻落实科学发展观的自觉性和坚定性。省政协党组贯彻群众路线，把解决问题放在突出位置，在认真开展自查的基础上，广泛征求各方面意见和建议，认真梳理履行职能和自身建设方面存在的突出问题，逐条剖析原因，研究提出整改措施。党组还按照省委的部署和要求，组织机关党员干部“一对一”走进110户贫困家庭，党员干部个人捐款75000元，捐赠物品750件；省政协机关资助特殊困难家庭救助金93800元。单位及个人帮助困难群众解决各类困难问题431件。为困难群众送去省慈善总会资助的一次性临时医疗救助金53000元，省教育基金会资助的助学金24000元，使110户贫困家庭的困难得到有效缓解。

举办“创新·提升”为主题的高层政协论坛 省政协会同全国政协经济委员会、九三学社中央，在大连举办以“辽宁沿海经济带开发与开放：创新·提升”为主题的高层政协论坛。全国人大常委会副委员长、九三学社中央主席韩启德，全国政协副主席白立忱和省委书记张文岳、省长陈政高等领导同志出席论坛并作重要讲话；中共中央政策研究室、国家发改委等10个部委的领导同志，中国科学院、中国城市规划院的专家，省委、省政府有关部门和辽宁沿海各市的负责同志参加了论坛。会议围绕辽宁沿海经济带开发建设的战略意义、沿海经济带发展对策、沿海经济带与东北腹地互动发展、将辽宁沿海经济带开发建设纳入国家总体发展战略等问题进行深入研讨，形成《辽宁沿海经济带政协论坛会议纪要》，全国政协以信息形式报送中共中央和国务院。论坛结束不久，国家发改委就会同21个部委和中直部门，对辽宁沿海经济带进行了实地考察，从国家层面研究制定辽宁沿海经济带开发建设规划。

成立辽宁省人民政协理论研究会 10月29日成立辽宁省人民政协理论研究会并召开研究会首次理论研讨会。理论研究会会员202人，由政协委员、政协工作者和党政机关、社会团体、大专院校、中省直相关部门分管理论研究工作的负责同志、专业人士组成。首次理论研讨会围绕人民政协的性质、地位、作用，选举民主与协商民主的关系，人民政协在构建社会主义和谐社会中的作用，将政治协商纳入决策程序，健全民主监督机制，提高参政议政实效，活跃政协经常性工作，充分发挥政协委员和民主党派、工商联、无党派人士作用等问题，进行深入探讨，共提交论文83篇，形成了一批重要研究成果。

【重要文件】

常委会工作报告（摘要）

一、过去五年的工作

（一）注重推进重大问题的政治协商。充分运用全委会议、常委会议、主席会议和常委专题协商会等形式，围绕事关全省改革、发展、稳定和振兴老工业基地的重要问题进行协商讨论，向省委、省政府提出意见和建议。五年来，共召开5次全体委员会议、10次专题常委会议、3次主席协商会议、12次常委专题协商会。参加上述协商活动的各党派团体和政协委员，共提交全委会议大会发言材料384份、专题常委会议大会发言材料317份。形成专题常委会议建议和建议案10份、主席会议建议和建议案3份，提出了许多有价值的意见和建议。省委、省政府高度重视在政协的政治协商，主要领导同志出席协商活动，通报相关情况，听取委员意见，认真吸纳落实委员们提出的意见和建议。

（二）加大民主监督和参政议政工作力度。五年来，各专门委员会和参加单位的专题调研活动300余次，在形成全体会议、常委会议大会发言材料的同时，向省委、省政府报送调研报告102份；组织各类视察活动100多次，形成视察报告27

份；立案提案3053件，办复率达100%，采纳落实率为50.6%；通过《辽宁政协信息》和《辽宁政协信息专报》等形式，向省委、省政府报送重要意见、建议和社情民意信息960期。

（三）积极开展协调关系、汇聚力量的工作。加强同省各民主党派、工商联和无党派人士的团结合作，与各民主党派、工商联联合开展调研、视察，共同筹办政协例会和专题协商会，积极为各民主党派、工商联和无党派人士履行职能、发挥作用创造条件。积极宣传贯彻党的民族政策和宗教政策，认真反映少数民族和宗教界人士的意见和要求，围绕加快民族地区经济社会发展和引导宗教与社会主义社会相适应等问题开展调研，并协调解决一些实际问题。举办纪念抗日战争胜利60周年、"西安事变"70周年暨张学良逝世5周年、人民政协成立55周年等重要活动，编辑出版一批弘扬爱国主义的文史书籍，协助拍摄大型文献纪录片《张学良》，开展辽宁老工业基地史料征集工作。组织委员和机关干部职工，开展扶贫帮困和科技教育、医疗卫生及文化"三下乡"活动，省政协机关连续五年被评为"省直定点扶贫先进单位"、"省直扶贫标兵单位"。

（四）拓展创新议政建言的内容和形式。五年来，省政协主动争取全国政协的指导与支持，邀请并配合全国政协领导同志及有关专委会来我省开展调研、视察和专题论证活动，提出的许多意见建议得到中央领导同志的重视，促进了相关问题的解决。加强同在辽全国政协委员的联系，受全国政协委托，组织在辽全国政协委员开展学习、视察等活动，协助在辽全国政协委员以提案、大会发言、信息等形式，反映辽宁的意见和要求。与吉林、黑龙江和内蒙古自治区政协联合举办以"振兴东北——发挥优势与区域合作"为主题的高层政协论坛，2005年以来连续召开三次年会，均得到全国政协、国务院振兴东北办和四省区党委、政府的高度重视，对促进大连保税港区的建立、将内蒙古东部五盟市纳入东北振兴范围、制定和实施《东北地区振兴规划》、推动东北地区基础设施建设和产业对接等发挥了积极作用。国家批准建立大连大窑湾保税港区后，会同全国政协经济委员会和大连市政府、市政协，举办"加快大连大窑湾保税港区建设，促进东北地区进一步对外开放"论坛，对加快保税港区建设、扩大保税港区影响，起到了积极作用。支持并参与辽宁中部七城市政协论坛，就加快中部城市群一体化、推进沈西工业走廊、沈铁工业走廊、沈抚同城化建设等问题，提出了许多建设性意见和建议。按照全国政协和国家林业局的统一部署，组织开展"关注森林"活动，产生良好的生态效益和社会影响，受到国家有关部门的表彰。

（五）不断扩大港澳台侨联谊和对外友好交往。定期走访港澳委员，在全体会议期间组织港澳委员视察、召开港澳委员座谈会。邀请香港特别行政区的全国政协委员来辽宁视察，组团访问香港、澳门、台湾等地区，认真接待港澳台地区的来访团组和人士，推动辽宁同这些地区的交流合作。五年来，省政协共组织由主席、副主席带队的出访团组43个，分别赴30多个国家和地区进行友好访问，开展招商推介、经济合作和文化交流等活动；接待来自20多个国家和地区的访问团组147个。聘请15个国家的21位华人华侨代表人士为省政协海外经济顾问。举办振兴辽宁老工业基地海内外人士联谊会、辽宁沿海"五点一线"及全省重点招商项目推介会，协助省政府在香港举办大型招商活动。

（六）切实加强对基层政协组织的联系和指导。及时下发通知，就全省政协系统学习贯彻《中共中央关于加强人民政协工作的意见》、《胡锦涛总书记在庆祝人民政协成立55周年大会上的讲话》、《政协章程》等重要文件作出部署。先后两次深入市、县对全省政协工作进行大规模调研，协助省委对全省政协工作作出部署。在全省组织开展学习贯彻《中共中央关于加强人民政协工作的意见》的大检查活动，针对存在的问题，向省委提出意见和建议。通过邀请县（市）、区政协主席列席省政协全委会议、市政协主席列席省政协常委会议，召开省、市政协主席座谈会和市、县（区）政协工作经验座谈会，举办县（市）、区政协主席学习研讨班和召开全省政协理论研讨会等形式，加强各级政协的联系与合作，发挥政协组织的整体优势，推动政协工作创新和理论创新。

（七）全面加强政协自身建设。九届省政协坚持省政协领导班子集体学习制度，以中心组学习带动常委、委员和机关的学习。在对全体委员分期分批进行培训的同时，通过举办报告会、政情通报会、研讨会、理论辅导讲座、编发《学习之友》等，帮助委员提高认识，开阔视野。推进履行职能的制度化建设，制定和修订了《全体会议工作规则》、《常务委员会工作规则》、《主席会议工作规则》、《秘书长会议工作规则》、《专门委员会通则》、《委员视察工作条例》、《提案工作条例》、《提案审查实施细则》、《反映社情民意信息工作条例》、《关于加强同委员联系充分发挥委员作用的意见》等十几项规章制度。注重发挥专门委员会的基础性作用，在专委会设置界别和专业小组，依托专委会开展调研视察，筹备常委会议，举办专题协商，组织相关界别的委员特别是没有固定联系形式的委员开展活动。

二、主要经验和体会

（一）加强制度化建设是搞好政治协商的重要保证。（二）实行“四个联合”有利于提高专题调研的水平和实效。（三）推进“两个转变”是提高提案工作整体水平的关键环节。（四）开展反映社情民意工作是充分发挥政协优势和作用的重要途径。（五）应注重从健全制度和完善机制入手发挥委员的主体作用。

三、对十届省政协工作的建议

（一）深入学习贯彻中共十七大精神，增强做好政协工作的责任感和紧迫感。（二）全面贯彻落实科学发展观，继续围绕全面振兴老工业基地履行职能。（三）坚持团结民主两大主题，积极为加快构建和谐辽宁献计出力。（四）按照中央《意见》和《政协章程》的要求，切实推进履行职能的制度化、规范化、程序化。（五）进一步加强政协自身建设，努力开创政协工作新局面。

中共辽宁省委副书记、省政协主席骆琳在省政协十届一次会议闭幕会上的讲话（2008年1月24日）（摘要）

一、深入贯彻落实科学发展观，紧紧围绕老工业基地全面振兴履行职能。要充分发挥政协人才荟萃、智力密集的特点和优势，围绕在改革开放中建设国家新型产业基地、以县域经济为重要载体建设社会主义新农村、坚持以人为本构建和谐辽宁过程中带有全局性、前瞻性、战略性的重大问题，深入调查研究，积极协商讨论，提出见地独到、切实管用的意见和建议，为省委、省政府决策服务。要发挥政协民主监督的作用，围绕中共中央和中共辽宁省委关于全面振兴辽宁老工业基地的一系列重大决策和工作部署的贯彻落实情况进行调研视察，协助省委、省政府把这些决策和部署落到实处。二、坚持以人为本，高度关注民生，切实把实现好、维护好、发展好最广大人民的根本利益作为政协一切工作的出发点和落脚点。广大政协委员要深入实际、深入基层、深入群众，真诚倾听群众呼声，真实反映群众愿望，真情关心群众疾苦，推动以改善民生为重点的社会建设。三、充分发挥协调关系、汇聚力量的重要作用，努力促进政党关系、民族关系、宗教关系、阶层关系、海内外同胞关系的团结和谐，为辽宁全面振兴营造良好环境。要高举爱国主义和社会主义旗帜，牢牢把握团结和民主两大主题，广泛团结社会各方面力量，积极协助党委和政府最大限度地调动一切积极因素，把思想统一到中共中央和中共辽宁省委的决策部署上来，把力量凝聚到全面振兴辽宁老工业基地的伟大事业中来。要认真贯彻“长期共存、互相监督、肝胆相照、荣辱与共”方针，充分发挥党派团体和界别代表人士的作用，支持民主党派和无党派人士更好地履行职能。四、深入贯彻《中共中央关于加强人民政协工作的意见》和中共辽宁省委的《实施意见》，努力为参加政协的各党派、团体、民族、界别和政协委员履行职能、发挥作用创造良好条件。五、不断推进政协工作开拓创新。

关于加强和改进专题调研工作的意见（略）

关于加强文史资料工作的意见（略）

关于加强和改进反映社情民意信息工作的意见（略）

因公出访工作暂行管理办法（略）

关于加强和改进委员视察工作的意见（略）

关于创建学习型、服务型、创新型、和谐型机关意见（略）

关于加强和改进新闻宣传工作的意见（略）

政协机关公文处理办法（略）

关于加强和改进提案工作的意见（略）

【组织概况】

主　席

骆　琳

副主席

胡晓华　高　鹏（女，满族）
王植时　贺　旻（女）　金国生
程亚军　李文喜（满族）
刘政奎　李晓安

秘书长

魏　敏

常务委员名单（按姓氏笔画为序）

于　波　于　梅（女）　于万源
于文明　于书今　马世侠　马志佳
马丽华（女）　幺喜龙　王　松
王　昆（女）　王　玲（女）
王　革（满族）　王　静（女）
王正刚　王占洲　王业滨　王立斌
王永学　王永奎　王永贵　王光华（女）
王兴邦（满族）　王忠延　王忠哲（满族）
王垂杰　王佳才　王彼得　王育忠
王宝军　王祖申　王铁传　王海学
王焕来　王新华　王燕玲（女）
韦秀锁　方晓林　尹学义　石俊庆
卢　铿　田　野　白宝玉　丛玉文（女）
冯玉萍（女）　冯恩良　宁桂玲（女）
宁培秀　包玉梅（女，蒙古族）
曲　维　吕文君　吕宗泽　吕廉生
朱　涛　朱　锦（女）　伍威全
仲　刚　任慧英　刘　征　刘　新
刘大民　刘文彦（女）　刘玉华（女）
刘兆林　刘绍臣　刘树元　刘贵文
刘保国　刘洪达（满族）　刘鸿雁（女）
刘景茹（女）　刘福龙　刘福昌
刘德兴　米志芳（女）　孙　刚
孙　红（女，满族）　孙国良
孙崇仁　孙德兰（女）　牟维勇
麦绍棠　李　才　李　峰　李小青（女）
李长春　李长绵　李世俊（满族）
李兰凤（女，满族）　李发美（女）

李向东（女） 李雨川 李奇端
李卓然 李学仁 李宝南 李荣刚
李树民 李树森 李振亮 李宴清
李萌娇（女） 李淑云（女）
李绩学（满族） 李惠森 杨凯宁
杨冠兴 杨海钧（回族） 杨景云（女）
吴 军 吴 炽 吴一侃 吴东升
吴国功 吴家兴（满族） 汪明辰（满族）
宋玉岐 宋兴国 宋晓东 宋铁军
张 犁 张 琪（女，满族）
张 毅 张凤羽 张文纲 张权华（满族）
张传吉 张沈立 张忠华 张树森
张振忠 张晓波 张翠玉（女）
陆迎一 武献华 范 例 林光烈
金 铭 金卫东 周世翰 周连科
周海杰（女） 郑宏伟 郑国美
单 伟 房明震 孟庆海 赵 午
赵 辉（女） 赵 澍 赵永国（满族）
赵延庆 赵军秦 赵战鼓（满族）
赵德利 郝春芳（女） 胡 玉（女）
胡 军 施中岩 姜 立 姜齐韬
姜洋海 姜宪志 姜恩鸿
洛桑·义希成来坚措（蒙古族）
宫贤斌 敖凤玲（女，满族）
耿志杰 贾 斌 徐 明 栾明拥
高宗禄 郭 艳（女） 郭成友
唐凤君 唐可心 黄传兴 梅 冬（满族）
崔 凯 崔文成 崔建忠 康广明
康晓晖 宿 庸 屠国权 董树兴
韩晓言（女） 曾晓非（女）
温雪琼（女） 富 强（满族）
释照元 臧 克 臧文昌 裴月湖
裴达树（朝鲜族） 裴军民
潘广超 瞿庆华

委员名单（按姓氏笔画为序）

中国共产党（20名）

王立斌 王意恒 韦秀锁 朱 锦（女）
刘大民 李小青（女） 李文喜（满族）
李学政 张一海 张文斌 周连科
赵战鼓（满族） 胡晓华 姜晓秋（女）
骆 琳 耿 军（满族）
高 鹏（女，满族） 康晓晖
程亚军 魏 敏

中国国民党革命委员会（20名）

于 波 王忠心 王垂杰 牛小妹（女）
庄 严 刘 明 刘福昌 孙天柱
杨景云（女） 张晓波 陈福生（满族）
邰玉华（女，蒙古族）
苗 魁（女，满族）
金殿春 周 晓 赵 澍 赵乃福（满族）
施中岩 温雪琼（女） 裴月湖

中国民主同盟（20名）

王 颖（女） 王宏光（女） 朱 涛
朱恩新 刘 刚 刘文彦（女）
孙 红（女，满族） 孙国良
李 志 李贵轩 李晓安 李淑惠（女）
杨凯宁 吴家兴（满族）
张 琪（女，满族） 张权华（满族）
胡 光（女） 栾 曼（女）
曹洪涛 崔文成

中国民主建国会（20名）

王广林 王兴邦（满族） 王明佳（满族）
王佳才 吕辉宇 刘文军（蒙古族）
李 才 李 峰 李艳玲（女）
李绩学（满族） 李翠英（女）
杨海钧（回族） 张俊卿 张洪祥
武献华 金 铭 赵延庆 姜庆春
郭 艳（女） 陶桂芳（女）

中国民主促进会（20名）

于 梅（女） 王 玲（女）
王 革（满族） 王育忠 王宝纯
王燕玲（女） 由广琴（女）
刘志香（女） 刘春峰 刘洪达（满族）
刘德兴 李 冰（女） 李振亮
张传吉 陆迎一 金文科 孟祥志
姜洋海 贺 旻（女）
海淑兰（女，蒙古族）

中国农工民主党（12名）

王　静（女）　王忠哲（满族）　王海学
岳惠卿（女）　金国生　赵　午
赵珉珉（女）　栾明拥　唐凤君　康广明
屠国权　鲍鹏飞

中国致公党（12名）

王　辉　曲　维　刘玉华（女）
李向东（女）　李敏建　吴一侃
汪明辰（满族）　郭成友　唐春玲（女）
崔　仑　韩　利（蒙古族）
裴达树（朝鲜族）

九三学社（20名）

王正刚　王永学　王忠延　王祖申
牛　丹　宁桂玲（女）　成会明
刘政奎　刘淑妹（女）　刘景茹（女）
米志芳（女）　孙玉良　孙德兰（女）
李卫民　张树森　赵必先　姜齐韬
唐可心　董安鑫　蒋文夫

台湾民主自治同盟、台湾同胞联谊会（4名）

王　松　王光华（女）　李小娟（女）
胡　军

无党派人士（24名）

王晓平（女）　车轲轶（女，满族）
吕宗泽　邹　毅　孙雅忠　李荣刚
李萌娇（女）　杨关林（锡伯族）
吴国功　张明鸣（女）　张思宁（女）
张振忠　张景胜　苑秀娟（女）
金卫东　郑　凯　郑国美　赵　辉（女）
敖凤玲（女，满族）　栾江南
董树兴　韩晓言（女）　富义泰（满族）
雷震霖

中国共产主义青年团（10名）

于海斌　王洪新　毛正新（满族）
田　野　仲维良　肖　坤（女，满族）
宋英韬（满族）　单　龙（满族）
常家树　韩国贺

总工会（15名）

王双喜　王兴如　王福林　毛建民
史国安　刘绍臣　刘振军　刘继维
李　光　李　铁　吴立君　张金城
赵丽辉（女）　战怀奎　侯雁华

妇女联合会（17名）

丁　桦（女）　丁　梅（女）
马丽华（女）　艾　华（女，满族）
朱　莉（女）　刘　军（女）
刘鸿雁（女）　闫凤杰（女）
许慕侠（女，满族）　李兰凤（女）
李发美（女）　杨淑梅（女）
吴凤兰（女，锡伯族）　邹丽华（女）
姜晓娟（女）　娄东阳（女）
黄晓冬（女）

青年联合会（15名）

丁宝建　王　枫　王焜冬　王亚忠
王秀锦（女）　付　超　朱新泉
任志宇　全光辉　刘国权　张劲松
张燕维　郝凤敏　高　炜（满族）
康　影（女，蒙古族）

工商业联合会（28名）

马世侠　王　昆（女）　王宝军
王植时　王德库　刘　新　刘贵文
孙维广（满族）　李长绵　李青山
李卓然　李学仁　李宴清　李福东
杨冠兴　邹晓辉　宋云东　宋世友（满族）
宋铁军　陈春森　武永存　范　例
金占忠（满族）　单　伟　姜　伟
徐晓莉（女）　高占奎　臧　克

科学技术协会（20名）

丁文忠　王少文　王立军　王列东
王宝华　尹　华　白宝玉　曲忠胜
伍会健　刘仁杰　刘恒新（满族）
刘晓明（女）　杨兆宇　肖林久
林鸿飞（满族）　屈福政　孟庆海
姜大光　夏吾勇　钱建华

归国华侨联合会（9名）

王冬梅（女）　伊效民（满族）
李天来　沈丽荣（女）　张　群（女）
张　巍（女）　林光烈　黄聚发

董哲宏（女）

对外友好界（13名）

王永贵　王晓江　卢　军（满族）
刘　剑　刘利国（满族）　孙克明
李宝瑞　张喜柱　陈保东　赵永国（满族）
姚　伟　唐　亮　崔　岩

科学技术界（42名）

于文礼　于耀国　马　思　王　研
王大心（女）　王庆林　王江山
王洪礼　左春文　付永全　白　冰（满族）
刘冬雪　刘春福　刘敬来　祁晓明
孙大康　孙志学　李　彬　李平生
李明海　时成文（满族）　吴　炽
何　跃　张文礼（蒙古族）
陈永利（满族）　陈国义（满族）
林海波　岳铁贵　孟庆波　赵　海
赵晓林　胡忠义　胡知之　信　静（女）
高常波　郭嗣琮　姬兰柱　黄其励
崔晓明　舒长学（满族）　鲁墨武
瞿庆华

社会科学界（39名）

丁敏杰（女）　于书今　于占东
马宝杰　王　策（满族）　王冬梅（女）
王永奎　王荣国　方晓林　卢　松
巩恩普　曲宏明　全晓红（女）
刘冬梅（女）　孙成德
李长春　李志新　杨　松（女）
杨占家　吴　军　何永昌　何庆伟（满族）
张　晶（女）　张凤羽　张本义
张沈立　陈　英　武　斌　周凤鸣
胡　玉（女）　胡权林　侯景华
姜志杰（女，满族）　耿金波
梅　冬（满族）　韩文华（蒙古族）
傅　波（满族）　储铁军　解金凯

经济界（91名）

于万源　于长敏　王　宇　王　军
王　丽（女）　王　彬　王　朝
王巨林　王青洲　王昌绪　王学泠
王相丰　王树丰　王铁传　王焕来
王新华　石俊庆　平安俊　白　洋
冯恩良　任利刚　任桐喜　刘　永
刘　涛　刘芝旭　刘伟民　刘树元
刘保国　刘福龙　汤　军　孙兆林
孙晓雷　孙崇仁　孙毅彪　李　明（女）
李　钢　李玉茹（女）　李玉祥
李庆龙　李连科　李学琦　宋英武
宋晓东　张　毅　张文纲　张乐群
张连泽　张国祥　张荣胜　张树华
陈必成　陈明艳　陈宝岩（女，满族）
邵景兰（女）　林守信　罗永存
金　子（女，朝鲜族）　金　鑫
周　严（女）　周广军　周新哲
郑宏伟　郑建平　单　凯　赵文柱
赵立群　赵清洁　赵德利　郝德彪
胡海洋　柳忠安　姜青山（满族）
姜恩鸿　姜淑华（女）　洪德诚
宫贤斌　姚　辉　钱　波　徐　明
徐昌兴　黄传兴　梁文珍（女）
宿　庸　董友庆　董伟钧　董建岳
蒋　凡　韩吉连　曾　新　富　强（满族）
潘广超

农业界（32名）

王　甦　王志海　王克江　王国晨
勾维民　冯　颖（女）　毕瑞阳
朱　林　仲　刚　闫红伟　李正大
李绍成　李景林（女）　李德权（满族）
杨　闯　杨　萍（女）　邹艳论
宋致远　张永财　陈文国　邵国军
依艳丽（女，满族）　赵宜开
赵奎华　夏春辉　栾守华（女）
郭明顺　黄瑞冬　崔玉玲（女）
梁仁德　谢文利（满族）　潘　毅

教育界（51名）

于文明　王　宇　王　军　王克新（满族）
车佳丽（女）　卢昌崇　史春元
白　刚（满族）　曲庆彪　吕宗枢
刘　力（女）　刘　杰　刘永生
刘志超　刘春娟（女）　刘俭辉（女）

刘爱军　李大卫（满族）　李玉光
李树森　李铁民　李淑云（女）
李善杰　李赖志　杨　光　吴宝君
汪　琦　宋晓宇　张　虹（女）
张文辉（满族）　张冰冰（女）
范凤祥　周海杰（女）　赵　平（女）
赵大宇　胡琼海　信玉红（女）
姜　立　姜连平　贺　伟　袁德成
夏春光　高丽峰（女）　崔建忠
董大方（女）　韩学军　程利国
温景文　谢　琳　蔡　颖　魏进臣

医药卫生界（39名）

丁连群　马晓春　王　玉　王　刚
王庆元　王明玉　王衍富　王道新
甘　宁（女）　吕　刚　刘永锋
刘景春　齐建苹（女，蒙古族）
孙英贤　牟维勇　苏纪武　李若溪（女）
李敬林　吴春福　张　丽（女）
张光弘　陈安林　邵永新　林晶民（女）
赵亚平（女）　郝春芳（女）
侯　旭（满族）　姜学均　姚文庆
郭宏伟　郭启勇　郭科军（女）
陶贵周　韩　锐（女，锡伯族）
程　野　曾晓非（女）　裴　媛（女）
暴继敏　戴万津

文化艺术界（29名）

幺喜龙　王　丹　王　迪　王树清
王崇仁　王登科　白　玮　白金明
冯玉萍（女）　庄廷伟　刘兆林
刘忠诚　刘震力　李　刚　李铁刚
杨一墨（锡伯族）　吴云华
何兰坐（满族）　宋国锋　张　涛
郎亦农（女，满族）　赵　奇（满族）
赵振胜　姜荣贵　祝安宝　高满堂
常星儿　崔　凯　程恩平

体育界（8名）

于晓光　刘　征　孙悦声
孙福明（女，满族）　李纯昌
李维国　武国钊　赵香淑（女，朝鲜族）

新闻出版界（12名）

任慧英　许　剑　孙　刚　杜焕平
李　巍（女）　李世俊　李英健
房明震　赵　龙　费　强　曹瑞来（女）
薛　涛

少数民族界（31名）

马铁军（回族）　王　艳（女，满族）
白乃辉（满族）　包玉华（女，蒙古族）
包玉梅（女，蒙古族）　包紫臣（蒙古族）
回守烈（回族）　朱承玉（女，朝鲜族）
关和通（满族）　纪　波（女，回族）
李凤德（满族）　李志成（蒙古族）
李耕南（朝鲜族）　杨晓春（满族）
吴　铮（蒙古族）　吴宝民（满族）
闵英根（朝鲜族）　张京浩（朝鲜族）
张家娟（女，满族）　张智光（回族）
陈金玉（女，朝鲜族）　表成龙（朝鲜族）
金　宪（朝鲜族）　赵佐贤
赵景来（女，朝鲜族）　胡　波（锡伯族）
姜　彦（女，满族）　海国兴（蒙古族）
黎树斌（满族）　扈恒伟（回族）
董春然（满族）

宗教界（14名）

丁世成（回族）　丁福国（回族）
王崇道　王博勤　白元生（回族）
李绪清（女）　沈光玮（满族）
张克祥　孟崇然（女）
洛桑·义希成来坚措（蒙古族）
释性妙　释宽运（蒙古族）
释照元　裴军民

社会福利与社会保障界（12名）

马晓红（女，满族）　王景琛　刘小萌
刘琳娜（女）　苏　生（满族）
李国珍（女）　吴俊鹏（满族）
何玉双　佘建平　张连君　张翠玉（女）
陈凤駈

特别邀请人士（93名）

丁立斌　于　捷　马志佳　马志强
王玉侠（女）　王占洲　王业滨

王乐得　王秀珍（女）　王秀萍（女）
王彼德　王鸿津　王锦彪　尹学义
左贵春　石文光　卢　铿　史天佑
丛玉文（女）　宁培秀　曲海鹰
吕文君　吕冯美仪（女）　吕秋白
吕廉生　朱凤成　伍威全　任书良
刘文俊　刘以贡　刘知良　刘海鸥
刘雅琴（女）　齐万鹏　关兆文
麦绍棠　苏永胜　李　国　李　明
李雨川　李奇端　李宝南　李树民
李惠森　李稀双　杨玖瑛（女）
吴东升　何超蕸（女）　李玉霞（女）
王　杰（女）　宋玉岐　宋兴国
张　才　张　犁　张　敏　张庆岩
张忠华　张高潮　陈炽彬　陈海雄（满族）
范日新（女）　林飞康　尚杰洪
周世翰　周敏学（女）　冼纬中
郑志刚　赵乐韬　赵军秦　赵晓川
赵志华　赵振林　段志凌（女）
姜玉仁　姜宪志　姚和松　耿志杰
贾　斌　贾群桐　徐振宇　高宗禄
郭栋举　唐永林　黄大焜　黄施博
常　伟（女）　梁显方　梁满林
董　义　董长海　韩景瑞（蒙古族）
蔡国强　臧文昌

增补委员名单

（2008年2月22日政协辽宁省第十届委员会常务委员会第一次会议通过）

王娟娟（女）　刘　伟　刘学洪
陈日泉

（2008年12月23日政协辽宁省第十届委员会常务委员会第四次会议通过）

王建宏　刘晓辉（满族）　吕　向
李英俊　陈泰宝　周建安　赵学明
康　捷（女，满族）
符月珍（女）　蒋有江（满族）
翟维阁

【辽宁省各市、县、区政协领导人名单】

沈阳市（副省级）

市政协主席
刘雅琴（女）

副主席
卢　柯　李　楷　李　峰
张秀华（女）　赵晓川
赵秋凤（女）　孙　红
李卓然

秘书长
铁　岩（回族）

县（市、区）政协主席

和平区　赵素坤（女）
沈河区　万英丽（女）
铁西区　崔晓军
皇姑区　冯顺起
大东区　陈　列
东陵区　罗颖力
于洪区　王桂英（女）
沈北新区　佟树良
苏家屯区　张淑英（女）
辽中县　沈晓维
新民市　林子栋
康平县　田柏祥（满族）
法库县　张福志

大连市（副省级）

市政协主席
刘文俊

副主席
董长海　唐建武　施中岩
张荣杰　王艺波（女）
崔庆群（女）　曲　维
李　灿

秘书长
王有台

县（市、区）政协主席

中山区　薛京利（女）
西岗区　王　玢
沙河口区　刘秋菊（女）
甘井子区　刘宝昌

旅顺口区 刘永斌
金州区 傅治政（满族）
瓦房店市 刘英华（女）
普兰店市 王淑敏
庄河市 吴胜达（满族）
长海县 刘福章

鞍山市
市政协主席 张庆岩
县（市、区）政协主席
海城市 宋 涛
台安县 赵岩富
岫岩满族自治县 关崇新（满族）
铁东区 毕忠勇
铁西区 郑绍义
立山区 隋 利（女）
千山区 秦延清（女）

抚顺市
市政协主席 张 敏
县（区）政协主席
清原满族自治县 张立春（满族）
新宾满族自治县 刘旭东（满族）
抚顺县 郝传德
新抚区 单东茂
望花区 阎晓光
东洲区 王 超
顺城区 陈庆霞(女，满族)

本溪市
市政协主席 姚和松
县（区）政协主席
本溪满族自治县 董玉珍(女，满族)
桓仁满族自治县 侯玉若
平山区 蔡殿双
明山区 宫丽君（女）
溪湖区 王庆华（满族）
南芬区 杨明昌

丹东市
市政协主席 唐永林
县（市、区）政协主席
振兴区 苑厚成
元宝区 丛树秀（女）
振安区 纪凤霞（女）
东港市 王春兰（女）
凤城市 常春梅（女）
宽甸满族自治县 张桂林

锦州市
市政协主席 李玉霞（女）
县（市、区）政协主席
黑山县 周桂香（女）
北镇市 孙世华
凌海市 翟福和
义 县 张志贵（满族）
凌河区 赵文博
古塔区 才连杰
太和区 何明志

营口市
市政协主席 王 杰（女）
市（区）政协主席
站前区 苏金发
西市区 杨学丹
老边区 张 杰
鲅鱼圈区 张吉栋
盖州市 崔素彬（女）
大石桥市 高达显

阜新市
市政协主席 韩景瑞
县（区）政协主席
阜新蒙古族自治县 高金彪
彰武县 吴 琼
海洲区 张继民（女）
太平区 张振文
新邱区 张 玲（女）

细河区　李秀山
清河门区　李继荣（女）

辽阳市

市政协主席　尚杰洪
县（市、区）政协主席
辽阳县　陈学文
灯塔市　马文忠
白塔区　徐庆文
文圣区　王庆斌
宏伟区　苏吉田
弓长岭区　崔士军
太子河区　罗明浩

铁岭市

市政协主席　刘以贡
县（市、区）政协主席
铁岭县　祁绍福
开原市　张景涛
昌图县　许　霞（女）
西丰县　周立学
调兵山市　马富元
银州区　杨国啸
清河区　杨伯新

朝阳市

市政协主席　李稀双
县（市、区）政协主席
北票市　邱忠春
凌源市　王国基
朝阳县　李景明
建平县　赵亚文（女）
喀左蒙古族自治县李天龙（蒙古族）
双塔区　李清武
龙城区　韩　梅（女）

盘锦市

市政协主席　于　捷
县（区）政协主席
盘山县　孟晓平
大洼县　田顺凤（女）
兴隆台区　杨书芬（女）
双台子区　王保利

葫芦岛市

市政协主席　刘知良
县（市、区）政协主席
兴城市　蔡成利（满）
建昌县　王春奇
绥中县　王士平
连山区　陈书元
龙港区　赵德恩
南票区　刘继舜

辽宁省各级政协组织数和委员数

（截至2008年底）

级别 / 项目	省	副省级市	设区的市	县（不设区的市、市辖区）	合计
组织数	1	2	12	100	115
委员数	799	1009	4278	19029	25115

（胡　青 编写　高春生 审稿）

政协吉林省委员会

王国发　主　席

林炎志　副主席

别胜学　副主席

徐学海　副主席

常显玉　副主席

任凤霞　副主席

薛　康　副主席

赵吉光　副主席

支建华　副主席

王尔智　秘书长

【全体委员会议】

十届一次会议 2008年1月7日至11日在长春召开。本次大会应出席委员580人，实到532人。政协吉林省第十届委员会第一次会议主席团常务主席王国发主持开幕会。中共吉林省委书记王珉，省委副书记、省长韩长赋等省领导到会祝贺。王珉书记作讲话。会议审议并通过九届吉林省政协副主席林炎志所作的常务委员会工作报告和九届吉林省政协副主席赵家治所作的九届政协常务委员会关于五年提案工作情况的报告。与会委员列席了吉林省第十一届人民代表大会第一次会议，听取并讨论省长韩长赋所作的省政府工作报告，讨论省高级人民法院工作报告、省人民检察院工作报告以及其他报告。会议审议通过《中国人民政治协商会议吉林省第十届委员会第一次会议决议》。会议选举王国发为主席，林炎志、别胜学、徐学海、常显玉、任凤霞、薛康、赵吉光、支建华为副主席，王尔智为秘书长，于一成等99人为常务委员。新当选的省政协主席王国发在闭幕会上讲话。会议期间，举办了以为实现吉林经济社会更好更快发展建言献策为主题的经济科技论坛、人口资源环境论坛、文教卫体论坛、社会法制民族宗教论坛和港澳委员论坛。

【常务委员会会议】

第1次会议 2008年1月11日在长春召开。应出席109人，实到95人。会议审议通过政协吉林省第十届委员会常务委员会关于设置专门委员会的决定，审议通过政协吉林省第十届委员会副秘书长建议名单和政协吉林省第十届委员会专门委员会主任、副主任建议名单；审议通过吉林省政协常委会2008年工作要点。

第2次会议 2008年6月26日至27日在长春召开。应出席109人，实到86人。会议审议通过省政协经科委《关于促进我省支柱产业健康发展的建议》，决定以省政协建议案的形式报省委、省政府。会议审议通过《政协吉林省第十届委员会各专门委员会兼职副主任名单》和有关人事事项。

第3次会议 2008年9月24日至25日在长春召开。应出席108人，实到84人。会议听取省政协农村义务教育、新型农村合作医疗、城镇就业、城市社区建设等四个调研组代表所作的发言，分组讨论并审议通过《关于改善民生，促进和谐几个问题的建议案》。

第4次会议 2008年12月22日至23日在长春召开。应出席108人，实到82人。会议审议通过政协吉林省第十届委员会常务委员会工作报告（审议稿）、政协吉林省第十届委员会常务委员会关于十届一次会议以来提案工作情况的报告（审议稿）、政协吉林省第十届委员会第二次会议议程（草案）、政协吉林省第十届委员会第二次会议日程（草案）、政协吉林省第十届委员会第二次会议工作机构（草案）和有关人事事项。

【专门委员会工作】

提案委员会 一、提案的征集、办理工作。省政协十届一次会议以来，共收到提案346件，经审查，立案265件。截至2008年底，263件已办复，办复率99.3%。通过其他途径处理的81件，其中转为来信的69件，转为社情民意的12件。二、组织召开会议。1. 与研究室联合召开反映社情民意信息座谈会。2. 召开提案委员会全体会议，总结工作经验，研究工作计划，并对新委员进行培训。3. 召开全省提案工作座谈会，交流提案工作经验。4. 参加东北华北省市区政协提案工作座谈会。三、开展政协提案办理视察。在省政协领导带领下，视察省政府对省政协十届一次会议以来提案的办理情况，听取省政府办公厅、省劳动和社会保障厅和省汽车产业办公室有关负责同志的情况介绍，到省农委、省科技厅就有关提案进行实地视察。四、开展调查研究。赴通化市、通化县、集安市、柳河县、梅河口市调研，了解基层政协提案工作情况。赴辽源市、通化市、白山市就学习实践科学发展观进行调研，听取基层政协的建议和意见。五、开展委员建言活动，加大提案宣传工作力度。在《吉林日报》、《协商新报》、省政协网站刊登委员建言和相关文章 46 篇。在广大政协委员、政协各参加单位中开展为全省经济社会又好又快发展建言献策活动，收到有关建议 14 篇。在《协商新报》开辟提案回音壁栏目，选登提案答复。六、走访省级各民主党派、工商联，征求对提案工作的意见和建议。对各民主党派、工商联共提出的 11 条意见和建议，会同省政府办公厅的同志当场进行答复。

经济科技委员会 一、组织委员调研视察。1. 组织部分委员、专家及政府相关部门和科研院所的负责同志，在别胜学副主席的带领下，分汽车、石化、农产品加工三个调研组和一个综合组，分别就我省汽车、石化、农产品加工三大支柱产业如何进一步延长产业链条、提升产业层次、扩大产业规模、增强产业竞争力、实现又好又快发展等问题进行调研。各调研组分别听取了政府有关部门的情况汇报，先后到长春、吉林、四平、松原等地及一汽集团、吉林石化、长春大成等重点企业进行实地调查研究，多次召开有企业负责人和专家学者参加的座谈会，听取意见，研究论证，并向政协委员和企业发放问卷，征求意见和建议。最后形成《关于促进我省支柱产业健康发展的建议》，经省政协十届二次常委会议审议通过后，以“建议案”形式报送省委、省政府和全国政协。2. 组织委员到吉林、梅河口、沈阳等地视察了吉林金宝药业、吉林方正食品、梅河阜康酒精、梅河新台电化铝、沈阳好利来等十几户企业，了解企业经营情况和存在的困难，积极为他们出主意、献良策。3. 组织部分委员赴白城市、洮南市和镇赉县就增产百亿公斤粮食工程和辣椒产业发展、实施西部土地开发整理项目、建设镇赉县东部沿江现代农业与循环经济示范区等情况进行视察，形成《关于支持镇赉西部土地开发整理项目及龙头企业建设的建议》和《关于支持洮南市辣椒产业及龙头企业建设的建议》两份提案，并向省政协提交视察情况的汇报。4. 组织部分委员就科技创新、科技成果转化、产学研结合等问题，赴辽源市视察辽源得亨股份有限公司氨纶生产线节能降耗整体优化集成与自动控制系统开发项目，并听取企业情况介绍。二、与省工商联及中小企业局共同承办省政协“促进企业科学发展论坛”。三、与研究室联合召开省政协科技、科协界委员反映社情民意座谈会，就我省科技成果转化、科技扶持政策、汽车零部件企业自主创新、发展光电信息产业等方面的问题提出许多有价值的意见和建议。

人口资源环境委员会 一、组织委员调研和视察。1. 组织部分委员就我省矿业经济发展情况进行调研，形成《关于加快我省矿业经济发展的调研报告》，经省政协十届八次主席会议审议通过后，报送省委、省政府。2. 组织部分委员对我省松花江上游部分城市污水处理厂建设及运行情况进行视察，形成《关于对我省松花江上游部分城市污水处理厂建设及运行情况的视察报告》，经省政协十届九次主席会议审议通过后，报送省委、省政府。3. 组织部分省政协委员和长春市政协人口资源环境委员会有关负责同志，赴新疆和天津就生态环境保护和城市建设情况进行学习和考察，并形成考察报告。4. 组织部分委员到省气象局视察，听取关于“人工影响天气和气象防灾减灾对经济社会的影响”的汇报，并参观省气象中心。5. 组织部分委员到吉延图高速公路进行视察。二、组织召开会议及论坛。1. 召开综合治理我省农村早婚早育问题协商恳谈会。2. 与研究室联合召开“改善民生——人口资源环境”社情民意座谈会，与会委员就供热、饮用水保护、棚户区改造等关系民生的热点难点问题提出意见和建议。3. 组织承办“人口资源环境”论坛，就环境保护和改善、提高防灾减灾和气候变化应对能力、重视资源节约和综合开发利用及尽快启动林区棚户区改造等问题提出意见和建议。三、建立省政协人口资源环境委员会网站，为委员了解情况、开展工作提供信息服务。初步构建了我省人口资源环境数据库。四、召开人资环委全体委员会议暨全省各市州政协人口资源环境委员会工作会议。

文化教育卫生委员会 一、组织委员调研和视察。1. 由任凤霞副主席带队，组织部分委员和专家学者，开展我省新农合工作调研活动，形成的调研报告提出了五条建议意见，经省政协十届三次常委会议审议通过，报送省委、省政府，并在全国政协科教文卫体委员会召开的“全国农村卫生工作研讨会”上进行了交流。2. 由任凤霞副主席带队，组织委员和专家学者，围绕我省特色文化建设与发展问题，赴松原、长春、延边等地展开实地调研考察，形成的调研报告经十届十一次主席会审议后报送省委、省政府。3. 由任凤霞副主席带队，赴云桂两省考察特色文化建设情况，并形成考察报告。4. 组织部分委员对我省体育基础设施进行视察，听取省体育局和吉林体育学院的同志关于吉林体育学院“教育、竞技、科研、企业”四结合的特色办学模式情况介绍。二、组织召开会议。1. 组织召开关于我省特色文化建设与发展的协商恳谈会。2. 与研究室联合召开我省职业教育现状及发展情况反映社情民意座谈会。3. 召开全省市（州）政协文教工作会议，通报交流省政协和市州政协文教委 2008 年工作安排，并对如何做好文教委工作进行研讨。

社会法制委员会 一、组织委员调研和视察。1. 在薛康、赵吉光两位副主席的带领下，就城市社区建设情况进行调研，提出了关于进一步明确社区居委会的性质和职责，大力推进社区服务，切实加强社区干部队伍建设，保障社区经费，进一步完善社区管理等意见和建议，并作为省政协建议案的一部分报送省委、省政府。2. 组织部分常委、委员对我省非公小型企业工会主席职业化建设情况进行视察，形成的视察报告经省政协十届四次主席会议审议通过报送省委、省政府。3. 组织部分委员对我省贯彻落实《中华人民共和国残疾人保障法》的情况进行视察。4. 组织协调省政协有关部门领导，在常显玉副主席的带领下，对我省消防部队建设情况进行视察。二、组织召开会议。1. 召开社会法制委员会全体委员会议，传达王国发主席在十届二次主席会议上的讲话。2. 召开全省市（州）政协社法委工作研讨会，研讨交流如何做好新一届政协社法委工作，探讨履行职能的新思路、新方法。3. 召开关于人民调解工作协商恳谈会。4. 与研究室联合召开反映社情民意座谈会，针对当前我省小区物业管理中存在的问题，提出了许多可操作的意见和建议。三、与省法制办沟通协调，选择《吉林省就业促进条例》、《吉林省城镇低收入家庭廉租房管理办法》、《吉林省物业管理办法》、《吉林省酒类商品监督管理条例》等四部法规、条例（审核修改稿），通过各种形式，组织委员进行调查论证，提出修改、补充和完善的意见、建议。

文史资料委员会 一、组织召开会议。1. 召开全省政协文史资料工作座谈会，学习传达全国政协文史资料工作座谈会的会议精神，总结经验，交流情况，明确 2008 年文史资料工作的指导思想、基本思路和主要任务。2. 召开文史资料委员会全体会议，传达全国暨地方政协文史委主任会议精神。二、由省政协副主席任凤霞带队，组织部分省政协常委、委员和文史委特邀委员对我省部分老字号企业进行视察。听取省商务厅、长春市商务局的情况汇报，实地考察长春市的长春鼎丰真食品有限公司、积德泉酒业、孟氏整骨诊所和吉林市的吉林福源馆食品集团、吉林酿业集团等 5 家老字号企业，召开两次有部分老字号企业和有关部门负责同志参加的座谈会，并同有关部门和老字号企业负责同志就如何保护和发展老字号企业问题交换意见。在此基础上形成的《关于我省老字号企业情况的视察报告》，经十届十一次主席会议审议通过后，报送省委、省政府。三、文史资料编辑工作。1. 编辑出版《一支难忘的歌——吉林知青岁月》、《兵临城下的家书》、《吉林老字号》等三本文史资料专辑图书。2. 编辑《吉林省志·人民政协志》（续志），全书约 60 万字，拟于 2009 年初出版。四、举办“以史为鉴——日本制造伪满洲国”图片展。五、与研究室联合召开反映社情民意座谈会，就目前我省重点历史文物及遗迹保护、开发、利用问题，听取委员和专家们的建议和意见。

港澳台侨和外事委员会 一、组织部分委员并邀请省直相关部门的负责人，在徐学海副主席带领下，对吉林省国富集团公司进行视察，形成的《关于对吉林省国富集团百亿工程项目给予政策扶持的建议》，以《社情民意》的形式报送省委、省政府。二、为招商引资搭建平台。协办第五届华人华侨恳谈及项目对接会。举办“吉林—香港情况介绍及项目推介会”。三、出访的服务工作和政协外事接待工作。以林炎志副主席为团长的吉林省代表团，应邀参加伏尔加格勒庆祝斯大林保卫战胜利 65 周年的庆典活动。配合省政府有关部门完成赴港推介旅游航线的任务。圆满完成东博会期间接待吉尔吉斯斯坦代表团的任务，并会同省政府外办向省委提出了我省与吉尔吉斯斯坦开展经贸合作的书面建议。四、组织召开会议。召开委员会全体（扩大）会议，研究了委员会工作职能和 2008 年委员会工作要点。召开委员会特邀委员会议，给特邀委员颁发特邀委员证，明确特邀委员的权利和义务。与研究室联合召开反映社情民意座谈会。五、组团赴香港、澳门举办港澳委员培训班。其间培训组成员与香港中联办和澳门中联办的同志召开座谈会，交流工作；与省贸促会的同志在澳门举办推介会；考察部分港澳委员、港澳特邀委员的企业；向港澳友人宣传和推介吉林。六、举办港澳委员论坛，就投资环境、“大部门”管理体制、开发矿产资源、汽车零部件加工等问题提出意见和建议。

民族宗教委员会 一、组织委员调研和视察。1. 由支建华副主席带队，组织部分省政协委员，会同省旅游局、省民委、省文化厅组成专题调研组，对我省少数民族地区一州三县（延边州、前郭县、长白县、伊通县）的旅游开发情况进行调研。调研组听取省旅游局关于我省旅游发展和少数民族地区旅游开发情况的介绍，召开多次调研报告讨论会听取委员意见，形成《关于我省少数民族地区旅游开发情况的调查报告》，经十届六次主席会议审议通过，报送省委、省政府。2. 通过走访宗教界人士、实地考察宗教场所、召开座谈会等形式进行调研，形成《吉林省关于发挥宗教界人士和信教群众在经济社会发展中积极作用的调查报告》，报送全国政协民族和宗教委员会。3. 组织少数民族组部分委员到长春市回族小学、朝鲜族中学、希望高中“内高班”视察少数民族教育情况。4. 组织委员赴磐石视察国家物资储备情况。二、组织召开会议。组织召开关于发展少数民族地区旅游产业的协商恳谈会。与研究室联合召开反映社情民意座谈会，围绕我省少数民族和民族地区经济社会发展和人们普遍关心的民生问题，广泛收集委员意见建议。

【重要活动】

委员活动组成立大会　4 月 25 日，省政协召开委员活动组成立大会。省政协主席王国发出席会议并讲话，秘书长王尔智主持会议。长春市政协主席张元富及各委员活动组组长参加会议。按照省政协出台的《委员活动组工作细则》规定，活动组由省政协委员按界别组成，以省政协全会期间的讨论组为基础进行编组，共分成23个活动组。活动组将组织委员围绕我省的中心工作开展工作，并就社会各界关心的热点问题，展开灵活多样的调研、视察、考察等活动。

全省政协主席座谈会　6月3日至4日在吉林市召开。会上，长春市政协、辽源市政协、延边州政协、桦甸市政协、梅河口市政协、大安市政协、铁东区政协、宁江区政协、八道江区政协就贯彻落实《中共中央关于加强人民政协工作的意见》和省委《实施意见》所取得的经验进行交流。省政协主席王国发出席会议并讲话。座谈会由林炎志副主席主持。省政协副主席别胜学、徐学海、常显玉、任凤霞、薛康、赵吉光，秘书长王尔智，全省各市（州）、县（市、区）政协负责同志及省政协有关负责同志参加会议。

省政府领导与省政协委员座谈会　7月22日在长春举行。省长韩长赋带领省政府班子部分成员和政府组成部门主要负责同志出席座谈会。韩长赋向与会政协委员通报了上半年全省经济社会发展情况和政府主要工作，听取了政协委员就加强农村义务教育、促进汽车产业发展、加快石化产业发展、建设服务型政府、扩大城市就业、完善农民工工伤保险等方面的发言。省政协主席王国发主持座谈会。省委常委、副省长房俐，省政协副主席别胜学、徐学海、常显玉、任凤霞、薛康、赵吉光、支建华，省政府秘书长王云岫、省政协秘书长王尔智参加座谈。

全省政协秘书长联席会议　8月5日至6日，第二次全省、市（州）和部分县三级政协秘书长联席会议在松原市召开。省政协主席王国发出席会议并讲话。会议由省政协秘书长王尔智主持。中共松原市委书记蓝军向与会同志介绍松原市改革开放形势和工作情况。会上，长春市、辽源市、通化市、白城市、四平市政协的秘书长作交流发言，省政协副秘书长、办公厅主任包伟向与会同志介绍省政协开展“三化”建设情况。

“改善民生、促进和谐”资政会　9月24日至25日，“改善民生、促进和谐”资政会暨十届三次常委会议在长春召开。省政协主席王国发，副主席林炎志、别胜学、徐学海、常显玉、任凤霞、薛康、支建华，秘书长王尔智出席会议。省委常委、副省长马俊清出席会议并讲话。在长春的全国政协委员，省委、省政府有关部门和省政协各委厅室负责人，以及全省各市（州）、县（市、区）政协主席列席会议。会议听取《关于我省农村义务教育情况的调查报告》、《关于我省新型农村合作医疗的调查报告》、《关于我省城镇就业工作情况的调查报告》、《关于我省城市社区建设情况的调查报告》等4个调研报告，审议通过《关于改善民生、促进和谐几个问题的建议案》。

深入开展学习实践科学发展观活动 一、10月10日，省政协组织召开开展深入学习实践科学发展观活动动员大会。省政协主席王国发作动员讲话。副主席林炎志主持会议。副主席别胜学、常显玉、任凤霞、赵吉光，秘书长王尔智出席会议。省委指导检查组组长李军讲了几点意见。机关全体党员干部参加动员大会。二、10月13日，省政协理论中心组召开第四季度学习扩大会，中心组成员及副厅级以上党员领导干部参加会议。省政协主席王国发主持会议，并对第一阶段下一步工作进行部署。三、10月20日，省政协举办深入学习实践科学发展观活动专题讲座。省政协副主席林炎志出席会议。省委党校周知民教授就为何要开展深入学习实践科学发展观，科学发展观的内涵、精神实质，当前时期共产党员应发挥先锋模范作用等问题进行讲解。省政协机关全体党员干部参加会议。四、10月21日，省政协举行第二次学习实践科学发展观专题讲座。省统计局局长姜国钧以全省经济社会发展的形势和我省面临的发展机遇与挑战为题，就我省当前和今后一个时期经济的发展进行讲解。省政协机关全体党员干部参加会议。五、10月26日至28日，省政协党组成员分赴全省各市（州）开展学习实践科学发展观专题调研。六、10月31日，省政协机关党组下发通知，要求省政协机关2008年10月至2009年2月，在开展学习实践活动过程中，以加强机关建设、为政协履行职能服务为宗旨，开展创建“学习型、创新型、服务型、和谐型、务实型”机关活动。

促进企业科学发展论坛 10月31日，由省政协主办，省政协经科委、省工商联、省中小企业局共同承办的“促进企业科学发展论坛”在长春举行。论坛以“落实科学发展观，推动企业大发展”为主题，针对全省企业贯彻落实科学发展观问题进行交流研讨，与会学者和企业家建言献策，共商企业发展大计。论坛由省政协副主席别胜学主持，省政协主席王国发，省委副书记王儒林，省委常委、副省长马俊清，省政协副主席常显玉、支建华，省政协秘书长王尔智出席会议。著名经济学家、中国人民大学经济学院教授黄泰岩以“企业如何科学发展”为题做主题演讲。长春大成集团、修正药业、一汽启明等企业负责人从企业学习实践科学发展观的角度发表演讲。王儒林作总结讲话。

全省政协新闻宣传工作会议 11月17日在长春召开。省政协主席王国发出席会议。省委常委、宣传部长荀凤栖，省政协副主席任凤霞出席会议并讲话。省政协秘书长王尔智主持会议。会上，与会人员就《中共吉林省委宣传部、政协吉林省委办公厅关于加强和改进政协新闻宣传工作的意见》（征求意见稿）进行了讨论。长春市政协、通化市政协、《吉林日报》、吉林人民广播电台、吉林电视台负责同志分别发言，介绍政协新闻宣传工作经验。省委宣传部，省政协办公厅、研究室、各专委会负责同志，各市、州政协分管主席，省级民主党派、工商联负责同志，省直新闻单位负责人，驻我省中直新闻单位负责同志等参加会议。

专题议政会 11月27日，省政协召开专题议政会。省政协主席王国发，省委副书记王儒林，省委常委、副省长马俊清，省政协副主席常显玉、赵吉光、支建华，省政协秘书长王尔智出席会议。省政协副主席任凤霞主持会议。会上，省级民主党派、工商联负责人代表就加快发展我省现代物流业、新增百亿公斤商品粮、促进职业教育发展、农村教师队伍建设、农村三级医疗卫生服务网络建设、促进我省经济发展和民营经济面临的形势等问题发言，提出了许多建设性的意见和建议。王儒林在听取发言后发表讲话。省委、省政府、省政协有关部门领导，省级民主党派、工商联有关负责同志出席会议。

【重要文件】

常委会工作报告（2008年1月7日）（摘要） 一、深入贯彻落实科学发展观，紧紧围绕振兴吉林老工业基地协商建言。九届省政协全会闭会期间，共举行常委会议21次、主席会议61次，分别听取省直20个部门的工作情况介绍，围绕建设社会主义新农村和构建和谐吉林举行两次资政会暨常委会议。二、认真做好委员视察、政协提案和反映社情民意工作，切实发挥民主监督的重要作用。五年来，常委会及各专门委员会组织52次委员视察，向党政领导机关报送了一批视察报告。九届一次会议以来，共收到提案1556件，立案1380件，截止到2007年底，办复率达到99.1%。五年来，共收到社情民意信息2963件，编报《社情民意》821件，省委、省政府领导批示198件。三、高度关注以改善民生为重点的社会建设，努力为构建和谐吉林贡献力量。围绕扩大就业和再就业、农村饮水安全工程、促进教育公平和司法公正、医疗卫生体制改革、少数民族县（市）乡（镇）脱贫解困等问题，广泛了解并及时反映各界群众的要求和呼声，提出切实可行的意见和建议。四、充分发挥各民主党派和无党派人士在人民政协中的作用，营造合作共事的民主政治局面。九届一次会议以来，省级各民主党派和工商联在省政协例会上共提交大会发言材料150余份，占总数的65%，提出提案396件，占总数的29%，反映社情民意信息1469件，占总数的49%。五、巩固发展最广泛的爱国统一战线，促进海内外各族各界人士的大团结大联合。六、推进履行职能的制度化、规范化、程序化，为不断提高政协工作水平奠定坚实基础。回顾总结九届省政协所走过的历程，我们在实践中始终遵循了一些重要的工作原则，形成了一些基本的工作思路。概括起来，主要有以下几点：第一，坚持中国共产党的领导，是人民政协开展工作必须遵循的根本原则。第二，促进经济社会又好又快发展，是人民政协履行职能的第一要务。第三，牢牢把握团结和民主两大主题，是人民政协事业不断向前发展的必然要求。第四，实现和维护最广大人民的根本利益，是人民政协一切工作的出发点和落脚点。第五，用创新思维拓展履行职能的新形式和新方法，是人民政协事业兴旺发达的不竭动力。第六，全面加强自身建设，是人民政协履行职能、发挥作用的重要基础。

省委书记王珉在省政协十届一次会议上的讲话（2008年1月7日）（摘要） 未来五年，是我们深入贯彻落实党的十七大精神、实现吉林全面振兴的关键时期。希望新一届政协和全体委员牢牢把握团结和民主两大主题，围绕全省工作大局，切实履行政治协商、民主监督、参政议政职能，积极献智出力，在新的发展阶段进一步开创政协工作新局面，为实现吉林全面振兴作出新的更大的贡献。第一，要紧紧围绕实现又好又快发展献计出力。第二，要积极关注以改善民生为重点的社会建设。第三，要努力促进社会主义民主政治建设。

省政协主席王国发在省政协十届一次会议闭幕会上的讲话（2008年1月11日）（摘要） 未来五年，是振兴吉林老工业基地的关键阶段，也是全面建设小康社会的重要时期。我们要按照省九次党代会的部署和王珉书记在本次会议上的重要讲话精神，动员和团结参加省政协的各党派团体和各族各界人士，紧紧抓住历史机遇，牢牢把握振兴任务，咬定发展不放松，盯住目标不动摇，为加快推进吉林老工业基地全面振兴，建设经济发达、人民富裕、社会和谐、生态优良的新吉林作出应有贡献。第一，要在实现吉林老工业基地全面振兴上创造新业绩。第二，要在围绕团结和民主两大主题履行职能上迈出新步伐。第三，要在推进政治协商、民主监督、参政议政制度建设上取得新进展。

省政协主席王国发在省政协委员活动组成立大会上的讲话（2008 年 4 月 25 日）（摘要） 一、委员活动组的工作要以科学发展观为统领，把促进又好又快发展作为中心任务。委员活动组要发挥人民政协团结各界、汇聚人心的优势，在全社会大力宣传科学发展观，努力使科学发展观成为全省各党派团体和各族各界人士的广泛共识和自觉行动，使科学发展观真正贯彻到经济发展和社会生活的各个方面。二、委员活动组的工作要充分发挥政协委员的主体作用和政协组织的界别作用。首先要抓好学习理论和知情明政的环节。其次，活动不论繁简，重在吸引委员参加。第三，各活动组还要充分发挥按界别组成的特点，注意选择本界别委员和群众共同关心的问题组织活动。三、委员活动组的工作要同省政协的协商例会、创新型活动和专门委员会工作相辅相成，搞好衔接。四、委员活动组的工作要以自定选题、自选方式、自办活动、自主安排为主。活动组的工作还要突出重点、量力而行，求精、求实、不求多，关键是要有实效。

省政协主席王国发在全省政协主席座谈会上的讲话（2008 年 6 月 4 日）（摘要） 一、精心组织，周密部署，认真开展“继续解放思想、推动吉林振兴”大讨论活动。一是要充分认识开展大讨论活动的重大意义。二是要明确开展大讨论活动的主要任务。三是要加强对大讨论活动的组织领导。二、服务大局，促进发展，更加切实有效地为推动吉林振兴献计出力。第一，要紧紧围绕振兴吉林的主要任务，选择经济社会发展中具有综合性、全局性、前瞻性的课题开展工作。第二，要积极探索实践，坚持用创新的思维拓展政协工作的形式和方法。第三，要进一步完善工作机制，推进履行职能的制度化、规范化、程序化。三、突出重点，强化措施，全面加强政协自身建设。要认真贯彻长期共存、互相监督、肝胆相照、荣辱与共的方针，充分发挥人民政协作为中国共产党领导的多党合作和政治协商的重要机构的作用。要从地方政协特别是市、县两级政协的实际出发，把发挥委员主体作用和界别作用作为加强自身建设的主要着力点。

省委常委、副省长马俊清在省政协“改善民生、促进和谐”资政会暨十届三次常委会议上的讲话（2008 年 9 月 24 日）（摘要）

省政协召开的这次会议非常重要，是政协工作服务大局、支持政府改进工作、促进经济社会又好又快发展的一项重要举措。无论是抽样调查报告还是专题调研报告，有深度，有层次，有重要参考价值。一是选题准，二是立意深，三是重实效。希望今后省政协更加密切地关注发展、关注民生，继续多层次地开展调查研究，多渠道地反映社情民意，多方位地进行协商讨论，为政府决策提供更多可信赖的依据和有价值的参考，为促进我省经济社会又好又快发展贡献智慧和力量。全省各级政府要进一步增强支持政协工作的主动性和自觉性。通过发挥政协组织和广大政协委员的作用，把各族各界群众的意志统一起来，力量聚集起来，形成构建和谐社会的合力，加快推进吉林老工业基地的振兴。

省政协副主席任凤霞在全省政协新闻宣传工作会议上的讲话（2008年11月17日）（摘要） 一、认清形势，增强做好政协新闻宣传工作的自觉性。政协新闻宣传工作是党的思想宣传工作的重要组成部分，是人民政协事业的重要内容和一项基础性工作。二、加大力度，切实做好政协新闻宣传工作。各级政协组织和新闻媒体都应高度重视，不断加大工作力度。根据政协工作特点具体强调四点。一是加强对政协会议的宣传，二是加强对政协履行职能成效的宣传，三是加强对政协经常性活动的宣传，四是加强对政协委员的宣传。三、加强领导，把各项新闻宣传工作落到实处。一是发挥各方优势，形成政协新闻宣传工作的合力。二是不断探索，建立健全适应人民政协事业发展的新闻宣传工作机制。三是加强队伍建设，培养一支高素质的政协宣传队伍。

【组织概况】

主　席

王国发

副主席

林炎志　别胜学　徐学海

常显玉　任凤霞（女）

薛　康　赵吉光　支建华

秘书长

王尔智

常务委员名单（按姓氏笔画为序）

于一成　支建华　王尔智　王立平
王兴顺　王远征　王茂祥　王国发
王宪林　王富远　王　源　王　旗（女）
车　兰（女）　车黎明　尹彦利
田玉山　史宝琴（女）　丛连彪（回族）
包　伟　包维国　包晶华（女）
冯守华　玄　湧（朝鲜族）　刚占标
吕岩峰　吕钦文　朱　彤（女）
仲伟同　任凤霞（女）　任文双
任　伟　刘长生　刘作斌　刘春梅（女）
刘保伟　刘　野　刘　雷　安有良
关　今（女，锡伯族）　孙立忠
孙　进　孙焕华（女）　杜　剑
杨廷玉　杨金顺　杨湘岚（女）
郦　正　李宝善　李虹霖（满族）
李振华　李景涛　李嘉音（女）
李耀民　别胜学　吴义春　何宛英（女）
宋治平（女）　张书局　张　华
张守信　张伯军　张　勇　张福有
张翰民　迟呈君　陈　巳　陈振虎
陈耀辉　邵立华（女）　林炎志
苑光伟　金中浩　金顺爱（女，朝鲜族）
金窗爱（女，朝鲜族）　周国韬
周建华　郑立国　宛祝平（回族）
孟繁智　赵吉光　赵树华　赵　暘
奎　速（女，满族）　战高峰
段维智　禹治洪　姜国钧
秦　和（女，朝鲜族）　贾晓东
倪庆路　徐学海　徐彦夫　徐　莉（女）
殷丽侬（女）　爱新觉罗·恒绍（满族）
容永祺　黄国胜　常显玉　董继宏
景喜猷　程德龙（蒙古族）　释成刚
谢京江　蔡　胜（女）　蔡鹏飞（满族）
管　欣　潘力捷（女）　薛　康
冀　生

委员名单（按姓氏笔画为序）

中国共产党（20名）

王尔智　王立平　王国发　王宝柱
包　伟　刚占标　曲国良　乔　凯
任凤霞（女）　李树国　李耀民
张元富　张福有　林炎志　侯绪广
徐学海　高　勇　常显玉　路运忠
冀　生

中国国民党革命委员会（10名）

于一成　于学舜　马璐亚（女）
王建昭　王海青　刘　勇
宛祝平（回族）　袁桂琴（女）

黄存达　曹松涛

中国民主同盟（10名）

于鹏翔　申德振　任文双　孙丰月

关　今（女，锡伯族）　李丽娜（女）

李悦生　杨克非　杨金顺　袁清华

中国民主建国会（10名）

吕岩峰　宋村珠　张国志　张荣生

杨万军　苗颖梅（女）　柏秋莉

赵　暘　贾晓东　魏长平（女）

中国民主促进会（10名）

王淑华（女）　关翎菲（女，满族）

左　斌　杜爱群　邱安昌　周婷婷（女）

段维智　徐义辉　翟继峰　薛　康

中国农工民主党（10名）

于洪涛　王亚利　车　兰（女）

毕胜利　刘忠宝　李其春　佟　金

邵立华（女）　赵吉光　臧伟峰

九三学社（10名）

支建华　王　龙　李振华　张红星

张赛民　陈　东　金中浩　金国庆

蔡鹏飞（满族）　潘加佳

台湾民主自治同盟（5名）

庄　萌（女）　黄成杰　雷献禾

蔡国铭　蔡　胜（女）

无党派爱国人士（10名）

车黎明　石明诚　田　坚　田惠臣

李振磐　张万喜　张伯军　陈　玮

陈振虎　金顺爱（女，朝鲜族）

中国共产主义青年团（8名）

刘力军　孙　毅　李东琦（女，满族）

李瑞娜（女）　张　锋（回族）

陈耀辉　洪　庆（朝鲜族）都兴伟

总工会（10名）

刘梦华　宋秋实　范钦杰（女）

郎伟国　孟其人　袁广延　郭　丽（女）

徐　丹（女，锡伯族）　董珊梅（女）

潘力捷（女）

妇女联合会（10名）

千海兰（女，朝鲜族）　王　瑛（女）

包晶华（女）　宋治平（女）

张玉霞（女）　胡玉华（女）

秦　和（女，朝鲜族）　高俊芳（女）

韩秋红（女，满族）葛艳华（女，满族）

青年联合会（6名）

邝　冶　任　伟　陈　斌　祝庆俊

崔　凇　彭　华

工商联合会（10名）

王远征　尹彦利　安有良　苏志明

别胜学　吴　迪　张电达　张兴广

程传海　富异锐（满族）

科学技术协会（7名）

王献红　刘　野　杨贞耐　李景涛

姜丽红（女）　贾　平

程德龙（蒙古族）

台湾同胞联合会（3名）

孔令智　郑吉虎　谢翠霞（女）

归国华侨联合会（7名）

王廷双　毕洪杰　杜　剑　李　勇（满族）

张守信　张洪玉　谭凤德

文学艺术界（24名）

马普安　尹爱青（女）

刘延红（女，满族）　刘春梅（女）

刘盛春　刘　峡（女）　闫淑平（女）

杨廷玉　李　玮（女）　李宝凤（女）

李建芳（女）　吴　竞　佟长江

宋玉柱（蒙古族）　张顺富（满族）

林　君　周显顺　侯天来

禹光勋（朝鲜族）　施立学（满族）

洪建民　唐明珍（女）

崔香丹（女，朝鲜族）　景喜猷

科学技术界（44名）

于永清　马兴龙（满族）　马福安

王金键　王学志　王钲强　尤　峥

孔令起　石要武　田　武　冯守华

冯晓京　刘　军（满族）　安立佳

李世平　李建华　李跃年　李崇杰

吴振国　张凤华　张学军　张梅生

陈燕洲　金　光（朝鲜族）

周光远　周清村　郑显悦
柳天文（朝鲜族）　　胡岳岷
赵利人　战高峰　宣　丽（女）
姜雪鹰　袁振江　夏洪胜　郭文秀
郭振兴（满族）　常万福　鹿　云（女）
梁春秀（朝鲜族）蒋大鹏　谢京江
蔡国伟　管　欣

社会科学界（19名）

王启业　王国才　王晓明（女，满族）
左静春　付　诚　刘永久　刘淑坤（女）
刘　雷　孙会新　杨　华（女）
邴　正　李虹霖（满族）　何宛英（女）
宋玉祥　赵大华　禹治洪　徐彦夫
爱新觉罗·恒绍（满族）　裴洪钧

经济界（90名）

丁日新　于　臣　于志梅（女）
于晶华（女，满族）　于舒天
马福文　井得江　王凤波　王启民
王树森　王俪潼（女）　尹维君
卢宪发　付文玉　付　裕　丛连彪（回族）
白玉发　白　冬（女）　吕　飞
吕相林　任大伟　全龙万（朝鲜族）
刘天铎　刘以研　刘忠文　刘国华
刘国兴　刘树生　刘建新　刘铁军
刘德江　安玉林（满族）　孙士勇
孙云志　孙众志　孙国富　孙庚洁（女）
孙宝群　孙喜海　杨安娣（女）
苏　强　李玉良　李　军　李　杨
李来华　李忠玉　李和跃　李宝善
李　铁　李维华　佟　伟　邹继平
邹继宏　宋德清　张大伟　张万仁
张　立　张立田　张伟民　张　松
张家治　迟呈君　陈立学　陈　岩
欧　伟　金占杰（朝鲜族）
周宇翔　郑　仁　宗国富　胡安俊
赵　有　赵全洲　赵晓旭　姜怀德
姜俊周　徐金波　高立椿　黄飞建
黄庆惠　曹　萍（女，回族）
曹静源（女）　崔贞今（女，朝鲜族）
梁占田　梁　君　韩　光　韩自忠
路　赟　褚月华（女）　翟喜林
魏　蓝（女）

农业界（25名）

王子辉　王金利　王是非　王铁成
王德智（满族）　田玉山　包维国
冯晓波（女）　吕桂茹（女）
仲伟同　刘金国　孙长占　孙光芝（女）
孙焕华（女）　杨金江（朝鲜族）
杨福合　李春山　吴义春　陈　巳
金德友　孟祥久　郝东云　祝业辉
盛　发　董英山

教育界（41名）

于佩学　马　克（女）王乃成
王栾周　王淑平（女）　王　颖（女）
朴玉明（女，朝鲜族）　刘　伟（女）
刘益春　刘　嬿（女）　孙　进
孙秀云（女）　孙殿元　杨　光（女）
杨建东　杨晓慧（回族）　李玉林
李柯夫　李　勇（朝鲜族）
谷　峪（女）　宋亚南（女）
张书局　张伟森　张连斌　张笑庸
张德江　陈波升　陈晓冬（女，满族）
金　硕　周国韬　郑立国　胡丹丹
南振波　赵淑华（女）　宫志忠
姜显续　徐晓萍（女）　高　彪
梁　建（女）　蔡　莉（女，满族）
潘永兴

体育界（5名）

王　源　刘国丽（女）　孙晓春
宋继新　赵锋佩

新闻出版界（16名）

王　弋（女）　卢　冶（女）
包天仁（满族）　毕　政　曲　直
朱　彤（女）　刘　玢　李凤英（女）
吴　迪　宋江波　周殿富　封雪梅（女）
姜　立　赵　岩（女）
韩明雄（朝鲜族）窦金歆

医药卫生界（32 名）

于春江　于树忠　马春彪　马靖然
王之虹　王兴顺　王丽颖（女）
王茂祥　王振国　邓　悦　刘晓峰
关大伟（满族）　许家顺　孙立忠
严　日（朝鲜族）佟巨慧　辛　平
宋　彬（女）　张　义　张奇夫
邵明宇　所　剑　金　磊　孟晓东
孟繁平　赵树华　赵建军　祝　威（女）
钱大为　高鹏志　隋殿军　鲁沿坪

对外友好团体（4 名）

于国志　刘　浩　范　飞　李文霞（女）

少数民族界（14 名）

马　军（彝族）　龙　燕（女，苗族）
申奉澈（朝鲜族）　玄　湧（朝鲜族）
刘建华（蒙古族）　权贞子（女，朝鲜族）
杨忠义（回族）　金　英（女，朝鲜族）
金窗爱（女，朝鲜族）　南　亿（朝鲜族）
奎　速（女，满族）
姜光子（女，朝鲜族）
徐玉文（女，满族）　魏建华（回族）

宗教界（11 名）

马立柱（回族）　曲维鹏　任大中（女）
严太俊（朝鲜族）张翰民　孟繁智
赵理修（满族）　格桑隆多（蒙古族）
曹鸿轩　释正林　释成刚

特别邀请人士（98 名）

于洪才　马振东　王　平　王乐天
王向伟　王国栋　王金狮　王宪林
王博识　王富远　王　旗（女）
车宝林　勾泽川　邓友平　尹　兵
尹相美（女）　石　坚（满族）
卢毓琳　田学来　史　历　史宝琴（女）
冯明芳（女）　宁金良　邢爱民
吕钦文　刘长生　刘作斌　刘保伟
刘贵和　许天津　孙力南（女）
孙绍茹　杨汝涛（满族）　杨志强
杨润东（满族）　杨湘岚（女）
李　伟　李国良　李京生　李　录
李殿发　李嘉音（女）　吴荣康
何山鹰　何伟权　佘长锦
谷桂琴（女，满族）　辛风雨
张　云（女）　张正国　张　华
张志宏　张作福　张　勇　张　晶（女）
陆倚云（女）　陈柏楠　陈香兰（女）
陈　霆　林家礼　苑光伟　范传明
尚云翔　金　华（女，朝鲜族）
周　波　周建华　郑文斌（满族）
柯天从　赵万弟　赵迎春（女）
姜国钧　秦元明　聂洪志　贾广和
柴雅华（女）　倪庆路　徐连友
徐振荣　徐　莉（女）　徐晓鹏
殷丽侬（女）　唐仁举　容永祺
萧建国　黄永谦　黄国胜　曹家兴
盛大成　崔玮德（朝鲜族）　闫　杰
韩玉今（女，朝鲜族）　董向阁
董继宏　褚民华　裴盛彬　廖家莹（女）
薛　云　魏鸿雁

辞免常委名单

（2008 年 6 月 27 日政协吉林省第十届委员会第二次常委会议通过）

车　兰

增补委员名单

（2008 年 12 月 23 日政协吉林省第十届委员会第四次常委会议通过）

马玉贤（女）　王广滨　王家骐
冯　堤　刘　湃（女）　李建国
宋占民　张旭东（满族）　赵国光
郝叶蕾（女）　高德福　黄百渠
潘　巍（女）

辞免委员名单

（2008 年 6 月 27 日政协吉林省第十届委员会第二次常委会议通过）

车　兰

（2008 年 12 月 23 日政协吉林省第十届委员会第四次常委会议通过）

于舒天　黄庆惠

撤销委员名单

（2008年12月23日政协吉林省第十届委员会第四次常委会议通过）

毕洪杰

【吉林省各市（州）、县、区政协领导人名单】

长春市（副省级）

主　席

张元富

副主席

管树森　薛　康　宋　勇

孙丰月　方曙光　张晓华

张红星　万芝兰（女）

秘书长

石　坚（满族）

县（市、区）政协主席

朝阳区　王国维

南关区　邹宝华（女）

宽城区　薛秉新

二道区　曾昭伟

绿园区　赵国峰

双阳区　胡玉荣（女）

榆树市　高凤桐

农安县　席庆国

德惠市　赵文杰

九台市　李文波

吉林市

主　席　曲国良

县（市、区）政协主席

昌邑区　张文祥（满族）

船营区　吴连瑞

龙潭区　牛继春

丰满区　邹德芳

永吉县　郑健华

舒兰市　李成发

磐石市　岳金安

蛟河市　王德荣

桦甸市　孙志忠

四平市

主　席　闫　杰

县（市、区）政协主席

铁东区　韩香春

铁西区　刘继祥

公主岭市　李梓臣

梨树县　李　彦

双辽市　田　才

伊通县　徐　越（满族）

辽源市

主　席　王国栋

县（市、区）政协主席

龙山区　寇春森

西安区　祁　双

东丰县　王克成

东辽县　尤　才

通化市

主　席　张作福

县（市、区）政协主席

东昌区　王华歧

二道江区　王凤玉

梅河口市　赵铁志

集安市　韩瑞云（女）

通化县　刘兆福

柳河县　赵文森

辉南县　张　武

白山市

主　席　范传明

县（市、区）政协主席

八道江区　李政珍（女）

江源县　吴增良

临江市　郑振海（朝鲜族）

靖宇县　王丽新（女）

长白县　金顺子（女，朝鲜族）

抚松县　陈绍毅

松原市

主　席　　孙绍茹

县（市、区）政协主席

宁江区　　张　辉

扶余县　　王怀斌

前郭县　　韩树喜

长岭县　　刘殿珩

乾安县　　葛凤江

白城市

主　席　　李殿发

县（市、区）政协主席

洮北区　　王广忠

洮南市　　王宝利（满族）

大安市　　周金河

镇赉县　　高　克

通榆县　　邓桂侠（女）

延边朝鲜族自治州

主　席　　高　勇

县（市、区）政协主席

延吉市　　李柏龙

和龙市　　顾才德

敦化市　　王文学

图们市　　何海廷

龙井市　　王延京

珲春市　　尹锡庆

汪清县　　杨慎东

安图县　　艾忠厚（满族）

吉林省各级政协组织和委员数

（截至2008年底）

级别 / 项目	省	副省级市	设区的市（自治州）	县（市、区）	合　计
组织数	1	1	8	60	70
委员数	588	549	2723	12868	16728

（夏　禹编写　柏　岩审稿）

政协黑龙江省委员会

王巨禄　主　席

刘海生　副主席

王利民　副主席

王涛志　副主席

何小平　副主席

曾玉康　副主席

洪袁舒　副主席

赵雨森　副主席

陶夏新　副主席

孙东生　副主席

张成秀　秘书长

【全体委员会议】

十届一次会议预备会议 2008年1月21日下午在哈尔滨市召开。省政协九届委员会主席王巨禄出席会议，副主席周同战主持会议。会议议题：一、选举通过政协黑龙江省第十届委员会第一次会议主席团、主席团会议主持人和秘书长名单。二、审议通过政协黑龙江省第十届委员会第一次会议议程、日程。三、审议通过政协黑龙江省第十届委员会第一次会议提案审查委员会名单。

大会主席团第一次全体会议 2008年1月21日下午，预备会议后在哈尔滨市召开。九届委员会主席王巨禄主持会议。会议议题：会议通过第十届委员会第一次会议主席团常务主席名单。二、审议通过第十届委员会第一次会议副秘书长名单。三、审议通过第十届委员会第一次会议小组划分原则和召集人名单。

十届一次全委会议 2008年1月22日至27日在哈尔滨市召开。省领导钱运录、栗战书等出席会议。委员应出席722人，实到699人。会议议题：一、听取并审议通过九届委员会主席王巨禄作题为《立足新起点开创新局面》的九届委员会常务委员会工作报告。二、听取并审议通过九届委员会副主席曹亚范所作的九届委员会提案工作情况报告。三、列席省十一届人大一次会议，听取并讨论栗战书省长所作的省政府工作报告和其他有关报告。四、大会发言。五、选举政协黑龙江省第十届委员会主席、副主席、秘书长、常务委员。六、审议通过九届政协常委会工作报告的决议。七、审议通过九届政协委员会提案工作报告的决议。八、审议通过十届一次会议政治决议。九、审议通过十届一次会议提案审查情况的报告。

【常务委员会会议】

九届第22次会议 2008年1月19日上午在哈尔滨市召开。应出席常委165人，实到134人。王巨禄主席，曹亚范、刘海生、欧阳吟、刘文泮、迟建福、张树平、王涛志、梁荣欣、何小平副主席及白树清秘书长出席会议。会议分别由周同战、曹广亮副主席主持。会议议题：一、审议通过关于召开十届第一次会议的决定、会议议程和日程草案。二、协商第十届委员会委员名额、人选和十届第一次会议主席团、主席团会议主持人、大会秘书长建议名单。三、审议通过第九届委员会常委会工作报告和提案工作报告。四、审议通过《关于政协黑龙江省委员会表彰在2007年度“五个一”活动中成绩优异的委员的决定》。五、书面审议了九届委员会专委会的工作报告。

十届第1次会议 2008年1月27日下午在哈尔滨市召开。应出席常委144人，实到131人。王巨禄主席主持会议。会议审议通过第十届委员会副秘书长建议人选名单，审议通过第十届委员会各专门委员会主任、副主任，政协大兴安岭地区工委主任、副主任建议人选名单。

第2次会议 2008年6月12日在伊春市召开。应出席常委144人，实到117人。会议围绕加快我省旅游产业发展建言献策。王巨禄主席出席会议。副省长孙尧通报了我省旅游产业发展情况。刘海生、王利民副主席分别主持第一次和第二次全体会议。

第3次会议 2008年9月25日至26日在哈尔滨市召开。应出席常委144人，实到126人。会议以科学发展观为统领，围绕我省大小兴安岭生态功能区建设问题进行协商，提出有价值的意见和建议，为省委科学决策建言献策，为促进全省经济又好又快发展做贡献。王巨禄主席出席会议并讲话。省政府副省长吕维峰到会通报黑龙江省大小兴安岭生态功能区建设情况。刘海生、王利民副主席分别主持会议。曾玉康副主席在会上作了《关于大小兴安岭生态功能区建设几个主要问题的调研报告》。

【专门委员会工作】

提案委员会 一、以提高提案质量为中心，开展提案征集工作。十届一次会议以来共征集提案869件。提案总数比九届同期增加185件，提高36.9%。其中，党派团体提案281件，委员个人和联名提案588件。经会中审查和会后复审，共立案630件，占提案总数的72.5%。不立案提案239件，占提案总数的27.5%。二、以提高提案办理实效为重点，落实主席分工督办重点提案制度。确定十届一次会议重点提案21件，分别由主席、副主席分工督办10件，由有关民主党派省委和政协其他专委会与提案委联合督办11件。（1）王巨禄主席督办《关于建设黑龙江现代农业综合试验区三江平原基地的建议》及《对我省现代农业综合试验区研究论证和争取立项工作的建议》。目前，建设现代农业综合试验区的工作得到了省委、省政府和国家有关部门的肯定和支持。（2）刘海生副主席主持召开《关于加速发展我省天然气加气站建设的建议》的重点提案督办会议，听取提案办理工作情况汇报，深入研究提案办理措施，提出进一步落实意见。（3）王涛志副主席带队到省政府办公厅视察《关于提高政府政务网站建设质量的建议》的重点提案办理情况，研究如何采纳提案建议，加快推进政府网站建设。（4）赵雨森副主席带队到省经委视察《关于我省工业企业节能减排的建议》的重点提案办理情况，省经委针对提案中所提问题，按照全省工业企业节能方案要求，进一步强化政策措施，加大重点领域工作力度，重点实施燃料工业锅炉改造等七大节能工程。组织实施100项重大节能技术改造项目，突出抓好300户重点耗能工业企业，特别是列入国家“千家企业节能活动”名单的27户重点企业的节能管理，努力实现节能降耗攻坚目标，取得了明显成效。通过主席分工督办重点提案，实施高层次推进，提高了承办单位的重视程度，扩大了提案的社会影响，推动了提案办理工作的开展，取得了显著的效果。同时，加大对一般提案的催办力度，推进承办单位办理工作制度化、规范化、程序化建设，使提案办理工作做到了有章可循、有制度可依，从组织上和机制上保证了提案办理工作的正常开展。截至2008年11月初，已经立案的630件提案全部在办理时限内办结，其中，提案问题已经解决，或提案建议被承办单位采纳和吸收的有400余件，占63%以上。三、以提高提案工作整体质量为目标、努力做好其他工作。一是开展提案视察和回访工作。二是开展提案宣传工作。

文史和学习委员会 一、为第十届省政协委员举办培训班。4月至5月，对委员进行培训，在提高委员履职能力上下功夫。二、征编出版文史资料《抗日联军在黑龙江》，凝聚人心，弘扬爱国主义精神。东北抗联精神是黑龙江人民的宝贵财富。黑龙江是东北抗日联军的重要活动地区，十一个军中共有九个军活动在我省。三、编辑《学习与交流》，沟通信息、交流经验，加强对基层政协指导。四、落实全国暨地方政协文史委员会主任会议精神。刘海生副主席出席了会议，会后对工作进行部署，要求深入挖掘我省历史文化资源，并对我省历史文化资源概括为“六种文化、五大基地、四种精神”。

科教文卫体委员会 一、开展“关于我省高校为地方经济发展服务问题”的专题调研。6月，由陶夏新副主席带队，组织部分委员开展调研，调研报告提出了

“创建黑龙江工业研究院”的建议。报告提出以哈工大为依托，联合省内其他高校和企业，结成“政产学研金介”为一体的、开放的、稳定的研发联盟，打造一个符合我省创新需求，集技术研发、整合集成、转移扩散为一体的高水平科技创新高地，为我省经济又好又快发展服务。同时，报告还从建立“省工研院”的必要性、科学性、重要性和可行性四方面，进行了较为透彻的分析和论述。二、开展“关于我省农村卫生服务网络建设情况”的调研。8月，组织部分委员实地考察了绥化市的青冈县、七台河市及茄子河区所属的县、乡、村三级卫生服务网络的建设情况。形成报告，并在全国政协组织的研讨会上进行了发言交流。三、应对世界金融危机，围绕落实“国务院常务会议部署的关于扩大内需促进增长的10项措施”召开座谈会。四、组织体育、教育、卫生界委员对第24届世界大学生冬季运动会基础设施建设及运行情况开展视察。视察后，向省政府办公厅报送了《关于第24届世界大学生冬季运动会基础设施建设及运行情况的视察报告》。五、组织部分委员对我省调味品生产、销售环节开展暗访活动。采取暗访、采样化验、听取群众意见等多种形式，调研组在齐齐哈尔、佳木斯、鹤岗等地购买了20个品牌的食用醋作为样品，返哈后进行了化验，化验合格率仅为5.62%，可见基层食品安全存在问题的严重性。组织委员以联名提案、视察报告等形式，向有关部门反映真实情况。六、组织“知识产权讲座”。七、承办“黑龙江书画艺术精品展”，组织出版《黑龙江书画艺术精品集》。先后在省政协机关和全国政协机关成功举办“黑龙江书画艺术晋京展”和“黑龙江书画艺术精品展”，并组织出版《黑龙江书画艺术精品集》。全国政协贾庆林主席及王刚、钱运录、孙家正等八位副主席观看了书画展览，王巨禄主席为书画集作序，并为书画展题词。此次活动弘扬了中华民族的传统文化，彰显了黑龙江文化风采。八、与全国政协教科文卫体委员会就“我省农村卫生服务网络建设”和“我省青少年体育运动开展情况”等问题开展协作调研。

社会和法制委员会　一、开展调研、视察活动。1. 为推动《中华人民共和国就业促进法》的贯彻实施和贯彻落实国务院《关于做好促进就业工作的通知》精神，促进我省就业工作的顺利开展，组织部分常委和委员对我省扩大社会就业问题进行专题调研。5月至6月，何小平副主席带队，部分常委和委员参加，调研组在分别听取了省劳动和社会保障厅、省教育厅、省工商局等部门的有关情况介绍后，又先后深入到哈尔滨、牡丹江和绥化市及所辖部分县、市、区进行实地调研，形成《关于对我省扩大就业情况的调查报告》。《报告》报送省委、省政府后，栗战书省长在《报告》上作了重要批示。《人民政协报》于2008年10月25日作了充分报道。2. 对我省贯彻实施《中华人民共和国监狱法》情况进行视察。10月，何小平副主席带领视察组在分别听取了省司法厅、哈尔滨市司法局、省检察院监所处的情况介绍基础上，又先后深入到省新建监狱、女子监狱和哈尔滨市黎明监狱进行视察，与部分干警进行座谈，并察看监舍和犯人劳动改造生产车间。形成了关于对我省贯彻实施《中华人民共和国监狱法》情况的视察报告，报送省委、省政府。二、对全省“五五”普法情况进行中期督导检查。组织有关政协常委、委员参加的督导检查组，从6月下旬开始，利用半个月时间对七台河、双鸭山市和省农垦总局的“五五”普法中期工作情况进行了督导检查，形成的《关于全省“五五”普法中期督导检查情况的报告》，受到省委的重视。三、举办法律专题讲座。4月份就《中华人民共和国劳动合同法》的实施举办专题讲座。四、开展民主监督评议，认真处理委员和群众涉法来信来访。省公、检、法、司及一些行政执法部门，就领导班子和领导干部队伍建设、司法公正、依法行政等问题，以及结合深入学习实践科学发展观活动，征求意见和建议。委员们对司法机关和行政执法部门的工作作风、廉政建设、司法公正、依法行政等问题提出许多具体意见和建议。接待处理委员和群众涉法来信来访20多件次。

经济委员会 一、完成了十届二次常委会的筹备组织工作。3月中旬，在孙东生副主席带领下，调研组召开座谈会。3月下旬，调研组会同省旅游局有关负责同志，先后赴哈尔滨、伊春、牡丹江、绥芬河市实地调查了当地旅游产业发展情况，听取情况介绍并与旅游景区、企业负责人进行了座谈；4月中旬前，调研组赴四川、广西、浙江三省区就旅游业发展情况进行了考察。4月末，形成《科学发展我省旅游产业，加快推进旅游经济强省建设》的调研报告和《引发展之石 谋发展之路》的赴外省学习考察报告，报告经省政协十届二次常委会审议后，报送省委。二、东北老工业基地区域发展论坛的筹备组织工作。三、加快推进我省公路建设视察活动的组织筹备工作。本次视察层次高、行程远、时间长、影响面大，在社会上引起了强烈的反响。视察后形成《关于加快推进我省公路建设的视察报告》报送省委、省政府。四、组织委员视察活动。1. 对我省服务外包产业发展情况进行视察。10月，孙东生副主席带领民营经济组部分委员对全省服务外包产业发展情况进行视察，形成《关于我省服务外包产业发展情况的视察报告》报省政府。2. 对全省公路建设情况进行视察。9月，视察组先后听取了省交通厅关于加快公路建设情况介绍，牡丹江市交通局公路建设“三年决战”情况介绍以及绥满、鹤大公路建设指挥部关于项目进展情况的介绍，并对牡宁、宁杏公路建设现场进行了实地视察，形成《关于加快全省公路建设情况的视察报告》报送省政府。《报告》从进一步解决好部门协同问题，解决好鹤大高速公路沿线压覆矿产问题，解决好总体推进与分段、分期建设问题，统筹解决公路建设环评批复制约问题，协调地方企业配合做好土地组卷工作，做好与国家有关部委沟通协调工作等六个方面提出了具体建议。

民族宗教委员会 一、对促进我省西部民族地区经济社会发展进行调研。9月，洪袁舒副主席率部分委员先后赴大庆和齐齐哈尔市，对我省西部少数民族地区贯彻落实中共黑龙江省委、黑龙江省人民政府关于贯彻落实《中共中央、国务院关于进一步加强民族工作加快少数民族和民族地区经济社会发展的决定》的实施意见和《黑龙江省人民政府办公厅关于印发黑龙江省少数民族事业“十一五”规划的通知》贯彻落实和经济社会发展情况进行调研，形成《关于我省西部地区经济社会发展情况的调查报告》报送省政府，杜家毫副省长作了批示。二、以维护宗教界合法权益为主题，开展宗教视察活动。6月，洪袁舒副主席率部分委员对哈尔滨市宗教工作情况进行视察，形成《关于哈尔滨市宗教工作情况的视察报告》，报送省委、省政府后，有关领导高度重视，副省长孙永波作批示。三、为少数民族群众和民族地区办实事。先后六次分赴哈尔滨、伊春、大庆、齐齐哈尔、牡丹江、佳木斯等地的民族地区，开展灵活多样的调研。如在大庆市杜尔伯特蒙古族自治县调研时，发现该地区当奈湿地渴水问题比较严重，针对这一问题，形成《关于杜尔伯特蒙古族自治县湿地渴水情况的报告》，报送省委、省政府。省领导高度重视，吕维峰副省长作了批示。组织专家到民族企业天顺源食品有限公司进行调研，为企业的发展出谋划策，并就存在问题积极向有关部门反映。四、创造条件，发挥委员主体作用，为我省宗教工作建言献策。省政府法制办组织实施《黑龙江省宗教事务条例》的修订工作，征求意见。修改建议，反馈给省政府法制办，得到重视，所提的部分建议被采纳。

人口资源环境委员会 一、完成十届三次常委会议的筹备工作。1.“关于大小兴安岭生态功能区建设几个主要问题的调研”。4月，曾玉康副主席带领调研组赴海南、贵州、四川三省进行学习考察。6月，曾玉康副主席主持召开大小兴安岭生态功能区建设情况座谈会，省发改委等13个省直厅局、农工民主党省委、哈尔滨市政协负责同志和大专院校、科研院所的专家学者参加了座谈会，王巨禄主席出席并在会上做了重要讲话。5月，调研组部分成员首先对省森工系统的沾河和清河林业局进行了前期调研。对森工系统发展比较好的和比较差的林业局进行了对比研究，全面总结了发展较好的清河林业局创新体制机制、实现跨越式发展的典型经验，并呈请曾玉康副主席、王巨禄主席同意，作为常委会议的附件报送省委，省委书记吉炳轩做重要批示。《黑龙江经济报》和省委的《决策参考》先后全文刊发了清河经验。6月，调研组由曾玉康副主席带队赴伊春、黑河、大兴安岭地区进行调研，形成《关于大小兴安岭生态功能区建设几个主要问题的调研报告》。2. 促进调研成果转化。在全国政协人口资源环境委员会指导下，对调查报告中需要向中央反映的主要问题进行了归纳整理和提炼，通过全国政协《政协信息专报》，将省政协《关于大小兴安岭生态功能区建设几个主要问题的调研报告》摘要为“大小兴安岭生态功能区建设的四点建议”上报国务院，李克强、回良玉副总理分别作出批示。二、对我省西部草原退化及重点治理情况进行专项视察。9月，曾玉康副主席带领部分委员与省国土资源厅组成联合视察组，赴大庆、绥化等地通过听取汇报、现场踏查、会议座谈、资料查阅等方式，了解和掌握关于我省西部草原现状及重点治理情况，形成《关于我省西部草原盐碱地质灾害治理项目实施情况的视察报告》报省委。三、拓展委员反映社情民意的渠道，提高建言献策水平。在对《黑龙江省气候资源保护条例（草稿）》、《黑龙江省地质环境保护条例（征求意见稿）》、省精神文明办《关于创办“中国漠河世界生态文明论坛”的方案》的征求意见中，委员们所提出的建议有很强的针对性和可操作性。

台港澳侨联络和外事委员会 一、全会期间组织港澳海外委员为加快我省发展建言献策。有44位港澳海外委员出席全会，是历年来出席率最高的一次。二、组织召开港澳委员深圳座谈会。5月10日，在深圳召开有全国政协、省政协港澳委员和港澳工商界知名人士出席的座谈会，共谋黑龙江发展。王巨禄主席、王利民副主席出席。会上，省政府副省长孙尧通报了当前全省经济社会发展情况。三、进一步密切同港澳台地区的联系与交往。四、组织港澳海外委员暨海外华商对现代农业建设情况进行视察考察活动。7月，王利民副主席率领港澳海外委员和来自海外的华商共60余人，就我省垦区现代农业建设情况进行考察。五、举办第四届中俄区域合作论坛。六、积极开展对外交往。为进一步提升黑龙江对外开放水平注入了新动力。七、组织委员赴台考察，增进两岸交流合作，促进祖国和平统一。八、组织开展关于牡丹江市沿边开放带建设的调研。11月，王利民副主席带领部分委员，深入到牡丹江市及所属县（市）的部分企业，研究进一步加快开放带建设的意见和建议，形成《关于牡丹江市沿边开放带建设的调研报告》报省政府。

农业和农村工作委员会 一、开展"关于黑龙江现代农业综合试验区先行区建设"的调研。6月，省政协原副主席梁荣欣带领有关部门的专家学者，先后赴佳木斯市所属的富锦、同江、抚远三县（市）和农垦建三江分局开展调研，形成《关于在佳木斯市和农垦建三江分局先行建设现代农业综合试验区的调研报告》报省政府。二、开展"关于我省畜产品加工业发展情况"的调查。8月至11月，部分委员、专家学者组成调研组，调研后形成《关于加快我省畜产品加工业又好又快发展的调研报告》。报告从有效整合资源，做好宏观规划；优化产业政策，加强经济调控；加强行政监管能力建设，提高畜产品质量安全保障水平；加强科技和管理创新，提高产业素质和竞争力等方面提出具体的、操作性强的意见和建议。三、对农村社区服务体系建设情况开展考察。11月，由部分委员参加考察，形成《关于农村社区服务体系建设情况的考察报告》报省政府。四、与绥化市政协联合举办"农区工业化示范区与现代农业建设论坛"。9月，王巨禄主席、赵雨森副主席、张成秀秘书长等出席论坛会。省发改委、省财政厅等11个部门、大专院校、科研院所的领导同志及省内各市地政协主席、工委主任参加了论坛，6位省政协委员、专家学者在论坛上做专题发言和演讲。王巨禄主席在论坛上做重要讲话。五、筹备"2008·东北老工业基地区域发展论坛"。六、完成对宾县经建乡帮扶工作。王巨禄主席几次赴宾县经建乡调研，就帮扶工作做出部署，并组织实施。

【重要活动】

东北老工业基地区域发展论坛第四次年会 2008年7月23日在哈尔滨市开幕，7月29日在大庆市闭幕。论坛主题："三农"问题与老工业基地振兴。全国政协副主席郑万通出席开幕式并讲话。郑万通希望东北地区发挥自身优势，充分挖掘潜力，走农业现代化道路，做大做强粮食产业，为保障国家粮食安全作出新的贡献。黑龙江农业现代化建设在全国处于前列，有责任、有条件在发展现代农业、促进城乡统筹上先行探索，起到增长极、示范区和试验田的作用。近几年来，黑龙江省政协在深入调查研究，认真总结农垦系统在发展现代农业、带动地方新农村建设方面已有经验的基础上，提出了在黑龙江省建立一个国家级现代农业综合试验区的设想。这是一个宏伟的目标，是一个符合黑龙江现实条件和发展要求的规划，这对于发挥黑龙江商品粮基地的优势、确保国家粮食安全、探索农业现代化道路和统筹城乡发展具有重要的示范意义和引领作用。

黑龙江省政协主席王巨禄主持开幕式。辽宁省政协主席骆琳、吉林省政协主席王国发、内蒙古自治区政协副主席郭子明参加论坛活动。黑龙江省委常委、常务副省长杜家毫在开幕式上致辞。副省长吕维峰出席开幕式。省政协副主席刘海生、王利民、王涛志、洪袁舒、赵雨森、孙东生及秘书长张成秀，有关省、市政协的领导和四省区部分政协委员、专家学者出席。与会委员和专家围绕《东北地区振兴规划》的深入实施和东北地区全面振兴，进行了深入探讨，审议通过了《2008·东北老工业基地区域发展论坛纪要》，并报送全国政协和四省区党委、政府。

大庆市委书记韩学键，市委副书记、市长夏立华，市政协主席李福民，市委常委、宣传部长郑新英，市政协副主席于景龙等陪同与会者在大庆参观了大庆油田历史陈列馆和博物馆。

第四届中俄区域合作论坛 2008 年 9 月 4 日在牡丹江市镜泊湖召开。论坛由省政协、全国政协外事委员会、全国政协港澳台侨委员会、中国经济社会理事会国际事务委员会、香港中华厂商联合会、牡丹江市人民政府主办，以“谋求中俄区域合作的新领域、新动力、新机制，全面推动经贸、能源、交通、科技、教育、人文等方面的交流与合作，实现互利共赢”为主题，深入探讨在中国“振兴东北老工业基地战略”和俄罗斯“后贝加尔及远东地区开发战略”的实施过程中如何进一步推进双方良性互动和合作发展。省政协主席王巨禄致辞，俄罗斯阿穆尔州立法会议主席施维茨、俄罗斯滨海边区立法会议主席果尔恰科夫作了主旨演讲，副省长孙尧代表省政府致辞，省政协副主席王利民主持论坛。

对我省公路建设情况进行视察 2008 年 11 月 10 日至 14 日，王巨禄主席、刘海生常务副主席为组长，有部分省政协常委、委员和专家学者参加的公路建设情况视察组，对我省公路建设情况进行了视察。视察期间，采取现场视察与听取汇报相结合、分组视察与集中讨论相结合、座谈交流与查阅资料相结合的办法，在集中听取省公路建设领导小组情况介绍的基础上，分两个视察组，从东、西两个方向分赴有关市地和重点工程建设现场视察，总行程 3000 多公里。先后听取了哈尔滨、牡丹江、大庆等 11 个市，集贤、泰来 2 个县，拉五、牡宁、牡绥等 8 个工程指挥部的情况介绍。对未实地视察的鹤岗市、大兴安岭地区，以及部分省直部门，采取报送书面材料的办法掌握情况。先后深入到哈尔滨绕城高速公路、天恒山隧道、鹤大公路、哈同公路方正互通区、林甸县农村公路等 14 个建设现场进行实地视察。视察结束后，视察组内部召开情况交流会，在充分吸纳大家提出的看法和意见的基础上，形成《我省公路建设情况的视察报告》报省委，得到省委领导的高度重视，并予以批示。

开展深入学习实践科学发展观活动 根据中央《关于在全党开展深入学习实践科学发展观活动的意见》和《中共黑龙江省委关于开展深入学习实践科学发展观活动的实施意见》，结合省政协实际，分别制定《省政协党组关于开展深入学习实践科学发展观活动的实施方案》和《省政协机关关于开展深入学习实践科学发展观活动的实施方案》，成立以党组副书记、常务副主席刘海生同志为组长，党组成员、副主席王利民、曾玉康和党组成员、机关党组书记、秘书长张成秀同志为副组长，部分厅级干部为成员的机关深入学习实践科学发展观活动领导小组。召开机关动员大会，王利民副主席传达《省委开展学习实践活动动员大会暨省级领导干部和市（厅）级主要领导干部专题研讨班精神》；刘海生副主席作动员讲话；省委指导检查组组长曾庆恒同志提出具体要求；王巨禄主席就“如何认识和开展好省政协机关深入学习实践科学发展观活动”作重要讲话。2008 年 11 月上中旬，组成由党组主要领导牵头的调研组，赴哈尔滨、大庆等市地，就创新政协工作、服务科学发展问题进行调研，形成了题为《创新政协工作服务科学发展》的调研报告。2008 年 12 月 5 日，党组召开了专题民主生活会，紧密联系政协工作实际和本人思想实际，认真开展“五查五看”，查找与科学发展观要求不适应、不符合的问题，从世界观、人生观、价值观方面深刻分析原因，坦诚地开展了批评和自我批评，研究今后的努力方向和整改措施。此次活动经过学习调研、分析检查阶段至年末。

【重要文件】

《立足新起点　开创新局面》（九届常委会工作报告摘要）（2008年1月22日）

一、过去五年的主要工作

（一）认真开好不同层次的协商会议，全面履行政协的各项职能。（二）重视发挥专门委员会的作用，深入开展专题调研。（三）继续加强提案工作的制度化建设，不断提高提案办理工作的满意度。（四）改进视察工作，使视察活动更加务实。（五）进一步活跃对外联络和交往，促进全省的对外开放工作。（六）密切和各民主党派的联系，支持党派在政协履行职能中充分发挥作用。（七）加强政协自身建设，为进一步开创政协工作新局面提供保证。

2007年比较突出的工作：

（一）对长远发展战略问题进行前瞻性调研，建议和推动国家有关部门支持在黑龙江建立国家级现代农业综合试验区。（二）立足破解发展难题，重点就推进科技自主创新和成果转化、振兴我省金融产业问题深入开展调查研究。（三）落实“以人为本”方针，利用政协履行职能的各种方式推进群众最关心、最直接、最现实的民生问题的解决。机关的扶贫帮困工作连续两年获得省委、省政府的表彰奖励。

二、2008年的主要工作

（一）深入学习，把对政协工作的认识进一步统一到党的十七大精神上来，不断增强做好政协工作的责任感和使命感。

（二）注重研究当前发展中出现的新情况，力求使人民政协履行职能的各项工作更加符合党的十七大精神要求和体现时代特征。省委十届四次全会按照党的十七大精神，根据省第十次党代会确定的“五个突破”、“一个跨越”的战略目标，结合新情况提出了八个方面的重点工作任务，我们要通过召开协商会议、提案、视察、专题调研和举办论坛等各种履行职能的形式，为加快我省转变经济发展方式、完善社会主义市场经济体制、提高自主创新能力、推动产业结构优化升级、推动区域协调发展、建设生态文明，促进经济又好又快发展多做贡献；为巩固和发展民主团结、生动活泼、安定和谐的政治局面，坚持和完善中国共产党领导的多党合作和政治协商制度，广泛宣传我国社会主义政党制度的历史必然性和巨大优越性，推进我省政治文明建设多做贡献；为坚持社会主义先进文化前进方向，掀起社会主义文化建设新高潮、激发全民族文化创造活力、促进全省社会主义文化大发展、大繁荣多做贡献；为促进社会和谐、加快推进以改善民生为重点的社会建设，解决好人民群众最关心、最直接、最现实的利益问题，协助党和政府做好化解矛盾、增进团结的工作，为促进和谐多做贡献。从实际情况出发，帮助党和政府贯彻好党中央的宏观调控政策应该是今年政协建言献策的重点课题。我们要从坚决贯彻中央精神与本省实际情况的结合上，从长远发展战略、远景规划与当前工作布局、重点工作的结合上，从深化改革、建立完善机制与解决难点、热点问题的结合上选题目、搞调研、出主意、提建议。我们要下真功夫，找准“结合”点，动脑筋，多分析，提出符合实际、解决问题、操作性强的建议。

（三）以科学发展观为统领，不断提高政协工作的水平，争取在政治协商、民主监督和参政议政的成果方面多出“精品”，更见实效。

（四）继续全面深入贯彻落实《中共中央关于加强人民政协工作的意见》精神，大力加强政协委员和政协机关的组织建设、思想建设和作风建设，进一步推进政协履行职能的制度化、规范化、程序化。

【组织概况】

主　席

王巨禄

副主席

刘海生　王利民　王涛志

何小平　曾玉康　洪袁舒

赵雨森　陶夏新　孙东生

秘书长

张成秀

常务委员名单（按姓氏笔画为序）

于智玲（女）　马松波　王　静（女）

王文襄　王月仁　王玉文（蒙古族）

王玉杰（蒙古族）　王礼民

王亚军　王志山　王佩杰（女）

王学文　王　恒　王艳萍（女）

王耀辉　邓文彬（蒙古族）

邓宗全（满族）　冯洪滨　卢禹舜

田振坤　白沐阳（满族）　白树清

白淑贤（女）　邢美珠（女）

毕克新　曲之平　曲秀芬（女）

朱成富　朱晓峰　朱效利　乔　谷

齐　瑶（女）　刘　平　刘　野

刘长青　刘永斗　刘则刚　刘思久

刘延平　刘宗明　刘继维　祁佩时

许　安　纪庆福　纪效民　孙兆贵

孙柏林　孙恩光　严　明　李　和

李文刚　李龙吉（朝鲜族）　李永军

李成库　李贵林　李振民　李福民

杨世民　杨弘智（女）　杨永道

杨延波　杨南欧　杨健平（白族）

杨铭铎　杨福臣　肖志敏　肖建敏

吴国华（女）　何玉华（女）

余国贤　谷振春　邹新生　邹滨年

沈清明　宋立权　宋德新　张　厚

张云志　张中华　张书杰（女）

张郑婴　张显友　张洪升　张树芳

张晓丹（女）　张晓伟　张恩亮（满族）

张海华（女）　张素梅（女）

张敬先　张慧乔（女）　陈宏敏

范天成　林志国　林维彬（女）

罗富昌　贯昌福　岳　君　郑德清

赵学礼　秦恩亭　袁　歆　贾竞波

栾　莹（女）　高金鹏　高俊阳

高景峰　郭　霁　郭月莲（女）

郭春景　唐春发　唐铁威　唐新伟

黄　蓉　黄晓山　萧鸿麟　曹香滨（女）

曹滨顺　龚夏梅（女）　崔　强

康凤英（女）　韩义德　韩玉泉

韩慧峰　焦远超　舒　展（满族）

赖亚成　解应龙　静　波　蔡炳仁

潘春良　薛　坤　穆凤楼

委员名单（按姓氏笔画为序）

中国共产党（33名）

于佩常　马玺波　牛成立　王巨禄

王庆江　王利民　王国栋　王恒军

王涛志　白树清　刘　斌　刘兴权

刘海生　张成秀　张树平　李　树

李文刚　李志范　李景文　迟秀峰

迟建福　邹新生　郑虎平　姜凤军

祝福恩　秦恩亭　曹广亮　曹亚范（女）

盛世英　曾玉康　慕黎强　潘春良

穆凤楼

中国国民党革命委员会（25名）

万学臣　于英君　王　波　王文明

王述洋　冯　伟　叶　非　乔　谷

伊志强　刘晓为　刘淑珍（女）

匡伟光　孙慧明（女）　何小平

张敬先　谷振春　陈　健　陈嘉斌

唐新伟　夏富祥　栾　莹（女）

秦铁生　焦晓辉　薛　坤　魏　霞

中国民主同盟（28名）

王永德　王志山　王科俊　王宽宇

丛林章 白城君（回族） 孙文志
孙建平 朱成富 毕克新 祁佩时
佟为明 张 戬 张贵学 李自亲
杨 敏（女，回族） 杨本利
杨永道 贯昌福 胡文韬 赵雨森
倪红伟 袁正岱 崔 强 戚大伟
梁荣欣 谢景安 解应龙

中国民主建国会（28名）

王耀羽 冯洪滨 毋香斌 刘文泮
刘忠臣 孙 平 孙东生 孙志勇
安久维 齐 瑶（女） 初 军
张 岭 张学刚 张树芳 张洪升
李 宁（女） 杨弘智（女）
沈 娟（女） 肖建敏 肖鸿麟
陈小平（女） 罗甫梁 郑 君
徐德全 柴振山 郭 霁 黄 力
廉耀庭

中国民主促进会（24名）

于冶铭 于智玲（女） 邓宗全（满族）
乔英杰 任海天 曲 政 朱效利
佟建民（满族） 张宏志 张显友
张铁成（满族） 李万俊 杨健平（白族）
陈德应 周雪菲 林 昆 范天成
金 益 姜毓峰 赵殿举 莫淑华（女）
康凤英（女） 梁 岚（女）
韩慧峰

中国农工民主党（22名）

刁恩英（女） 马志国 马修真
孔令全（女） 王振宇 王婕芯（女）
刘 平 刘长青 纪效民 吴 岩（女）
宋立权 李晓陵（女） 易志宏（女）
林志国 胡海清 秦海涛 郭春景
崔玉东 穆 竟（女） 薛英威
戴晓霞（女） 魏庆海

九三学社（28名）

王开君 王亚东 王亚军 计东海
田继德 刘 野 刘冰熔（满族）
孙 利 孙秀冬（女） 孙柏林
曲秀芬（女） 曲春波 朱晓峰
吴河勇 张淑霞（女） 李振民
尚 杰（女） 范德成 宫伏山
施 平 赵玉华（女） 唐春发
贾竞波 陶夏新 戚国强 曹文兴（满族）
彭喜元 鲍海军（满族）

无党派人士（18名）

于江洋 方婵玉（女） 王 平
王书雅（女） 王学文 王勇进
王政权 田振坤 刘永斗 刘秀杰（女）
刘晓东 严 明 宋 文 张姗姗（女）
邵俊鹏 陈伟民 周维海
崔卫国（朝鲜族）

中国共产主义青年团（4名）

朱晓华（女） 牟宏峰
张恩亮（满族） 杨 晶（女）

总工会（7名）

王成国 王金生 刘国基 吕桂华（女）
李馥财 陈更新 崔国兰（女）

妇女联合会（14名）

丁国华（女） 王文艳（女）
王桂兰（女） 叶 文（女）
孙 静（女） 孙赛男（女）
张乃心（女） 张燕燕（女）
单 云（女） 周艳丽（女）
洪 菱（女） 唐春兰（女，满族）
龚夏梅（女） 戴彤宇（女）

工商业联合会（38名）

马松波 文景贵 王文襄 王术贵
王承鹏 王家辉 丛 林 兰知震（女）
白沐阳（满族） 刘耀武 庄乾良
曲之平 曲秀丽（女） 冷友斌
吴庆忠 张郑婴 张春海 张慧乔（女）
李 和 李中兴 李福源 杨子义
杨福臣 陈宏敏 岳佐胜 欧阳吟
洪袁舒（女） 胡建芳 赵德友
钟广廷 栾 红（女） 高金鹏
常广义 曹滨顺 盖少江 谢殿才
鲁春娅（女） 潘 慧（女）

科学技术协会（22名）

于宝祥　马　波　王延亮　田红霞（女）
申立国　刘　颋　孙柏涛　安瑞强
吴大刚　张世雄　李　伟　李　涛
李志刚　李陈奇　杨铭铎　周　真
林国海　林尚杨　秦剑飞　袁福龙
高志杰　曹仲文

台湾同胞联谊会（10名）

刘继维　吴国华（女）　张　岩
张云虎（高山族）　张华玺
李　岩　姚世军　赵启超（满族）
黄　蓉　满伟男

归国华侨联合会（18名）

于笑春　于景双　王　香（女）
刘兴玉（女）　刘思久　纪　岩（女）
佟　春（满族）　李　融　杨世民
苏建贵　陈文生　陈晓东　尚　宇
曹明龙　矫恒绘　韩玉泉　鲁海森
魏大斌

青年联合会（6名）

王俊迪　张　宏（女）　张友树
周　威（女）　郭雪梅（女）
逯　霖（女）

文化艺术界（32名）

于国圣　王　军　王向阳（女）
王艳萍（女）　邓文彬　兰铁成
田卫平　白淑贤（女）　关心民
刘恒甫　刘晓东　吕　薇（女）
曲冬梅（女）　邢美珠（女）
齐巧荔（女）　吴团良（达斡尔族）
宋宏伟　张　戈　李　璞　李春胜
李曙光　苍晓策（满族）　迟子建（女）
陈万禄　宗成滨　岳　君　宫建华（女）
赵学礼　曹香滨（女）　蔡炳仁
蔡锦政　谭灵芝（女）

科学技术界（28名）

马　军　孔宪刚　刘万军　冷有芹（女）
张　兰（女）　张庆杰　张晓伟
张硕明　张敬伟　李成库　步维光（满族）
谷文义　邹德润　陈洪岩　陈爱凤（女）
周玉琦　周立军　周海成　赵阿黛（女）
赵季赋　徐　岩　袁丛立　高晏飞
黄晓山　鲍卫平　臧成刚　潘　忠
薛　伟

社会科学界（30名）

王起翔　乔红光　乔枝礼　刘则刚
孙敬本　孙景钰　曲　伟　许　安
何伟志　宋汉东　张九如　张中华
李永军　李宗杰　李贵林　李福民
杨　玉（女）　杨延波　邹滨年
陈　霞（女）　庞可培（女）
金成民（朝鲜族）　姜兴厚
赵亚光　赵淑娟（女）　徐　宽
徐申田　常大光　韩　伟　韩义德

经济界（66名）

马文博　王　淳　王广汇　王长平
王东航　王礼民　王状一　王松茂
王贤泸　王德江　王耀辉　计勇凯（满族）
由广龙　白俊华　刘延平　刘家滨
吕允岐　吕忠信　孙　纲　孙淑光（女）
庄　严　曲家文　朱滨利　纪庆福
邢继军　邢耀军　初洪岩　吴喜文
张　卫　张　厚　张云志　张国杰
张庭栋　李树田　李继林　李培峰
李喜忠　李滨东　杜立新　沈　霆（满族）
邹竹丽（女）　陈光福　陈丽娜（女）
呼金明　庞光明　林法亮　苗振芳（女）
郑学彦　郑荣根　姜　韬　柏德禄（满族）
赵德海　徐小平（女）　徐总茂
贾玉梅（女）　贾庆胜　移　戈
黄家林　傅　平（女）　焦远超
焦德新　韩一宝　韩丽华（女）
鲁　涛　鲍忠杰　薛兴发

农业界（27名）

马任远　王思再　刘　军　刘永成
刘立巍　刘春华（女）　刘海龙
吉新文　吴子荣　张大军　张亚田
张洪文　张富广　李　阳　杜树海

杨国亭 沈清明 肖志敏 苏 俊
陈伊里 陶 波 高俊阳 高景峰
康忠宝 董景铎 赫曜宇（赫哲族）
霍贵成

教育界（33 名）

尹 梅（女） 王 辉 王凤君
王绍玉 王洪斌 王景顺 王歌雅（女）
卢禹舜 申 林 刘 泓 刘 英（女）
宋德新 张 信 张书杰（女）
张军民 张金铸 张恩厚 张智全（满族）
杨传平 杨宝峰 杨育光
陈 威（女，回族） 孟北明
姜宗胜 赵 奇 赵旦峰 徐晓飞（满族）
徐晓风 秦成方 高 蓓（女）
景海河 滕兆祥 魏兆胜

体育界（8 名）

王 濛（女） 刘志圣 刘忠武
余国贤 宋 琳（女） 张剑奇
姜龙江 董学顺

新闻出版界（14 名）

王月仁 王佩杰（女） 王春莉（女）
王晓明 华大真（女） 张晓校
杨南欧 陈凤跃 陈春江 陈景文
林永万（朝鲜族） 郑 鸣
高淑华（女） 高煜伟

医药卫生界（21 名）

王中林 王书清（女） 王学军
付虹辉（女，满族） 叶大庆
田家玮（女） 刘福生 吕桂琴（女）
毕郑刚 吴光彦 张 斌 张晓丹（女）
张晓峰 张艳桥（女） 李 斌
李 冀 李为民（锡伯族）
李宝春 周广刚 洪珞珈（女）
徐美菊（女）

少数民族界（32 名）

马秉忠（回族） 元光秀（朝鲜族）
尤利军（赫哲族） 王 伟（女，回族）
王玉文（蒙古族） 王玉杰（蒙古族）
王负薪（满族） 付玉玲（女，赫哲族）
卢范植（朝鲜族） 白世成（回族）
刘 明（赫哲族） 刘 杰（赫哲族）
向文胜（土家族） 孙 鹤（女，鄂伦春族）
安牧尔（蒙古族） 朴秀吉（朝鲜族）
张伟利（女，满族） 李龙吉（朝鲜族）
沃岭生（达斡尔族） 陈远飞（女，回族）
宝尔夫（蒙古族） 欧阳广征（侗族）
赵 敏（女，满族） 赵尔飏（女，满族）
倪洪雁（满族） 莫雅茹（女，鄂伦春族）
都吉俊（朝鲜族） 舒 展（满族）
覃迅云（瑶族） 韩家宝（蒙古族）
韩鲁波（回族） 靳文学

宗教界（9 名）

中 庸 王 静（女） 本 英
刘桂林（回族） 吕德志 孙兆贵
张凯丰（回族） 栗松臣（回族）
静 波

对外友好界（17 名）

于海瀛 左 方 刘海林 朱志敏（女）
张金沛 张海华（女） 张素梅（女）
李德崇 肖 刚 陈华新 郑志起
赵秀民 赵峻峥 徐 岩 袁 歆
彭 壮 薄喜如（女）

社会福利与社会保障界（30 名）

王 莉（女） 王宇光 王福学
卢 英 刘春英（女） 吕洪光
孙 纬（女） 孙作东 朱清霞（女）
许庆武 何玉华（女） 李学东
杨 敏（女） 沙一岭 陈序吾
周 佳 林维彬（女） 郁淑霞（女）
郑建强 郑德清 侯安会 姚 杰
唐铁威 徐凤财 秦玉德 郭月莲（女）
钱福永 高 峰 博力雁（女）
蔡炳华

特别邀请人士（50 名）

马 力 包敬焘 宁铁夫（满族）
刘 臣 刘少武 刘坤铭 刘宗明
刘恩嘉 刘燕铭 吕金福 孙恩光
朱廷财 纪万斌 何敬谦 吴全铨

吴银龙　张达棠　张桂华（女）
张灏宸　李有彬　李苑辉　李春华
李铭洪　杜晓华（女）　杨　毅（女）
苏荣恩　陈永源　陈兆滨　陈华增
陈远东　陈慧中（女）　周春玲（女）
庞维仁　林镇伦　欧阳士国
罗富昌　赵广东（满族）　赵广君
赵桂英（女）　徐宝荣　高佩璇（女）
崔世健　黄小波　黄殖民　傅承荫
彭如川　赖亚成　潘荣耀　魏　军
魏明德

【黑龙江省各市、县、区政协领导人名单】

哈尔滨市（副省级市）

市政协主席

邹新生

副主席

齐燕滨　肖鸿麟　张郑婴　解应龙
纪效民　葛喜东　贺　晔　魏　伟
唐春发

秘书长

佟　彦

县（市、区）政协主席

道里区　高卫国
道外区　王心刚
南岗区　倪小平
香坊区　赵崇福
平房区　曲永久
松北区　蒋海超
呼兰区　张得宝
阿城区　何广录
五常市　李纪言
双城市　王明才
尚志市　金昌熙
巴彦县　郑伟杰
宾　县　高　巍
依兰县　张树霖
延寿县　于素华
木兰县　刘海忱
通河县　黄仕平
方正县　邓宏图

齐齐哈尔市

政协主席　张云志

县（市、区）政协主席

讷河市　赵春福
克山县　徐邦学
拜泉县　苏喜昌
依安县　辛元珠
克东县　张守春
富裕县　梁运平
甘南县　崔生林
龙江县　郭淑云
泰来县　杨年和
龙沙区　邵秀英
建华区　许洪友
铁锋区　张玉齐
富拉尔基区　吕和兴
碾子山区　李吉君
梅里斯达斡尔族区　梁维和
昂昂溪区政协　王显春

牡丹江市

政协主席　李永军

县（市、区）政协主席

东安区　鲍丽娟
西安区　蒋学君
爱民区　丛培仁
阳明区　栾曙光
绥芬河市　刘　欣
宁安市　关治平
海林市　张守发
穆棱市　王玺臣
林口县　孙振东
东宁县　李启发

佳木斯市

政协主席　高景峰

县（市、区）政协主席

向阳区 丛秀春
前进区 冯洪信
东风区 李灿龙
郊　区 赵长捷
桦南县 班　江
汤原县 徐佳明
桦川县 高　钰
富锦市 郭建民
同江市 于庆太
抚远县 王忠顺

大庆市

政协主席 李福民
县（市、区）政协主席
肇州县 王成国
肇源县 张　泉
林甸县 赵洪林
杜尔伯特蒙古族自治县程学历
让胡路区 曲连贵
萨尔图区 李春丰
大同区 吴玉君
红岗区 王宝华
龙凤区 赵秀英

鸡西市

政协主席 韩义德
县（市、区）政协主席
鸡冠区 贾召富
城子河区 于淑珍（女）
滴道区 薄启云
恒山区 张立升
梨树区 李殿君
麻山区 姚利芳（女）
密山市 徐　博
虎林市 张延炬
鸡东县 刘继东

双鸭山市

政协主席 蔡炳仁
县（市、区）政协主席
集贤县 王志峰
友谊县 李永海
宝清县 邓国奎
饶河县 张敬德
尖山区 程子岳
岭东区 姜文宇
四方台区 李亚芹
宝山区 刘喜全

伊春市

政协主席 张书杰
县（市、区）政协主席
乌马河区 刘　丰
美溪区 夏振广
西林区 黄科明
翠峦区 刘文英（女）
友好区 李凤武
带岭区 张庆金
南岔区 戴　翔
伊春区 朱立国
金山屯区 张　丽（女）
乌伊岭区 刁　飞
新青区 赵福志
汤旺河区 徐蓝江
红星区 王铁良
五营区 郭庆兰（女）
上甘岭区 焦丕太
铁力市 律殿荣
嘉荫县 王思刚

七台河市

政协副主席 刘显明
县（市、区）政协主席
茄子河区 刘　博
桃山区 曲文发
新兴区 刘延君
勃利县 张守忠

鹤岗市

政协主席 王礼民

县（市、区）政协主席

绥滨县 王学科

萝北县 宁吉敏

东山区 杜宗仁

向阳区 杨 荣

工农区 刘相柱

南山区 丁家志

兴山区 马名军

兴安区 张丽荣

黑河市

政协主席 高俊阳

县（市、区）政协主席

爱辉区 路景贵

北安市 栗晓波（女）

嫩江县 单连学

五大连池市 贾树国

孙吴县 陈营文

逊克县 何长江

绥化市

政协主席 宋德新

县（市、区）政协主席

肇东市 朱 胤

安达市 鲁玉安

海伦市 姚 权

兰西县 王俊峰

庆安县 唐家友

绥棱县 孙长春

望奎县 马洪海

明水县 谭 华

青冈县 周广耀

北林区 王树怀

大兴安岭地区

县（市、区）政协主席

漠河县 黎永修

塔河县 陈凤义

呼玛县 李香敏

呼中区 赵秀英

新林区 公丕海

松岭区 雷金荣（女）

加格达奇区 王云峰

黑龙江省各级政协组织和委员数

（截至 2008 年底）

项目＼级别	省 级	副省级市	地级市	县（县级市）	合 计
组织数	1	1	11	132	145
委员数	720	607	3678	21406	26411

（王 东 编写 穆凤楼 审稿）

政协上海市委员会

冯国勤 主 席

朱晓明 副主席

周太彤 副主席

王新奎 副主席

李良园 副主席

钱景林 副主席

吴幼英 副主席

周汉民 副主席

蔡 威 副主席

高小玫 副主席

陈海刚 秘书长

【全体委员会议】

十一届一次会议 2008年1月23日至28日，中国人民政治协商会议上海市第十一届委员会第一次会议在上海展览中心中央大厅举行。本次会议应出席委员808名，实到801名。会议审议通过十届市政协主席蒋以任代表常务委员会所作的工作报告、十届市政协副主席王荣华代表常务委员会所作的关于提案工作情况的报告。与会委员列席市十三届人大一次会议，听取并讨论市政府工作报告，讨论市高级法院工作报告、市检察院工作报告与其他重要报告。会议审议通过《政协上海市第十一届委员会第一次会议决议》。《决议》指出，要高举中国特色社会主义伟大旗帜，以邓小平理论和“三个代表”重要思想为指导，深入贯彻落实科学发展观，在中共上海市委的领导下，齐心协力，抓住机遇，开拓奋进，发挥协调关系、汇聚力量、建言献策、服务大局的作用，为人民政协事业的新发展，为建设社会主义现代化国际大都市，为谱写城市让生活更美好的新篇章做出更大的贡献。会议选举冯国勤为十一届市政协主席，朱晓明、周太彤、王新奎、李良园、钱景林、吴幼英、周汉民、蔡威、高小玫为副主席，陈海刚为秘书长，丁志坚等137人为常务委员。中共中央政治局委员、上海市委书记俞正声等市领导出席开幕和闭幕会议，并分别参加专题会议，听取大会发言，与政协委员共商上海改革发展大计。中共上海市委副书记殷一璀在闭幕会议上讲话。十一届市政协主席冯国勤致闭幕词。会议期间，共收到提案883件，经审查立案853件。

【常务委员会会议】

第1次会议 2008年2月20日举行，应出席148名，实到131名，冯国勤主席主持。会议邀请全国政协研究室副主任原冬平作学习政协基本理论的辅导报告，审议通过《政协上海市委员会常务委员会工作规则（修订）》，审议通过上海市政协2008年工作要点。会议审议通过十一届市政协专门委员会（指导组）设置方案，决定朱晓明兼任学习委员会主任，李良园兼任提案委员会主任，乐景彭任经济委员会主任，孟燕堃任人口资源环境建设委员会主任，孙正心任教科文卫体委员会主任，缪晓宝任社会和法制委员会主任，杨奇庆任民族和宗教委员会主任，孙颙任文史资料委员会主任，丁志坚任港澳台侨委员会主任，江上舟任对外友好委员会主任，王乐齐任区县政协联络指导组组长。会议决定张丽、管维镛、朱志诚任市政协副秘书长，冯德康、李名慈、李定国、高美琴任市政协兼职副秘书长。会议决定增补成作民、张阿根、张兴淮为市政协委员，戎光道、应名洪不再担任市政协委员。

第2次会议 2008年4月23日举行，应出席148名，实到117名，冯国勤主席主持。会议听取朱晓明副主席关于提高服务业国际竞争力的专题报告，审议通过市政协2008年重点工作安排。

第3次会议 2008年6月25日举行，应出席148名，实到131名，冯国勤主席主持。会议邀请赵雯副市长通报北京奥运会上海赛区筹办工作情况。会议审议并原则通过《关于上海应对各类突发事件的若干建议》，并作为常委会建议案报送中共上海市委、市政府参考。会议书面通报本市开展救灾援助和对口支援都江堰市灾后重建工作情况。

第4次会议 2008年8月27日举行，应出席148名，实到124名，冯国勤主席主持。会议邀请中共上海市委常委、市委宣传部部长王仲伟通报上海新兴媒体发展和管理情况。会议审议并原则通过《关于进一步加强城市新一代中来沪未成年人权益保护的若干建议》，并决定作为常委会建议案报送中共上海市委、市政府参考。会议调整部分市政协常委会建议案有关工作安排，并决定张喆人任市政协副秘书长。

第5次会议 2008年10月29日举行，应出席148名，实到110名，冯国勤主席主持。会议邀请中共上海市委常委、市纪委书记董君舒通报本市党风廉政建设工作情况。会议审议并原则通过《着力推进"科技世博"的若干建议》，并决定作为常委会建议案报送中共上海市委、市政府参考。会议审议并原则通过《政协上海市委员会贯彻落实〈市委、市政府关于制定实施迎世博600天行动计划的指导意见〉的决议》，书面汇报市政协十一届一次会议以来提案办理情况。

第6次会议 2008年12月17日举行，应出席148名，实到116名，冯国勤主席主持。会议邀请韩正市长通报本市经济发展情况。会议审议通过市政协十一届二次会议议程（草案）和日程（草案），审议通过市政协十一届二次会议秘书长、副秘书长名单，并决定将上述议程（草案）、日程（草案）提请市政协十一届二次会议预备会议通过。会议决定市政协十一届二次会议于2009年1月12日至16日举行，会期五天。会议审议通过市政协常务委员会工作报告和关于十一届一次会议以来提案工作情况的报告，并决定将上述报告提请市政协十一届二次会议审议。会议决定增补张长东、潘敏、肖堃涛、张广生、徐海鹰、周立群、马伊里、郑雷、柴俊勇9人为市政协委员，徐枫、吕永杰、王伟不再担任市政协常务委员、委员，孟德恕、顾正权不再担任市政协委员。会议决定撤销何序新市政协委员资格，书面汇报市政协2008年委员年末视察主要情况。

【专门委员会工作】

学习委员会 完成新一届委员会的组建，全体成员22名（其中市政协委员18名，在沪全国政协委员1名，特聘成员3名）。主要工作：一、强基固本，做好新一届市政协委员的学习培训工作。一是牵头承办市政协常委、专委会（指导组）负责人和界别活动召集人学习培训班，为期3天，共计153人参加。二是牵头承办市政协第十一届新任委员学习培训班2期，共计360人参加，并组织市政协学习培训座谈交流会。三是牵头承办市政协第十一届港澳地区常委和新任委员学习培训班，共计27人参加。四是配合市政协学习培训工作，编印《上海政协委员手册（试行版)》。二、发挥指导作用，策划组织市政协主要学习活动。一是围绕本市中心任务，密切联系国际国内形势，组织市政协中心组学习会10次，组织市政协委员学习会2次，组织市政协常委会议专题讲座1次。二是承办市政协与上海社会科学院联合举办的纪念改革开放30周年系列讲座。三、做好委员会经常性工作。一是组织委员学习中共十七大和十七届二中、三中全会精神，学习《中共中央关于进一步加强中国共产党领导的多党合作和政治协商制度建设的意见》、《中共中央关于加强人民政协工作的意见》，提高理论水平和履职能力。二是组织委员赴广东考察，学习创新政协学习工作的经验。三是组织"关于本市重大文化产业项目推进落实情况"专题视察。四是走访部分委员，关心了解委员履职情况，听取对工作的意见和建议。五是对《学习参考资料》进行改版，全年编发《学习参考资料》5期、《学习活页文选》2期，共计1.5万册。

提案委员会 完成新一届委员会的组建，全体成员49名（其中市政协委员48名，专职副主任1名）。全年共收到提案

998件，经审查立案963件，全部办复。其中办理结果为“采纳或解决”和“列入计划拟解决”的718件，占74.6%。主要工作：一、支持和帮助政协委员运用提案履行职能。一是参与承办市政协委员培训班4期，以提高提案质量为重点加大培训力度。同时，实施提案网上培训，制作提案知识宣传片，编印提案工作宣传手册和提案点评资料。二是重点走访民主党派市委，协商提案有关事宜。三是首次面向社会公开征集提案线索1024条，整理归纳500余条，为委员选择提案提供参考。四是妥善处理未立案的提案，帮助委员以适当方式反映意见，保护委员的积极性。五是在以市政协名义开展优秀提案评选表彰活动的同时，开展优秀提案特别奖和荣誉奖评选表彰活动。二、主动协助党政部门办理提案，促进提案建议的落实。一是做好市政协领导促办重点提案的服务组织工作。遴选报请主席会议审议确定市政协重点提案专题11个；以视察、重点提案协商座谈会等形式，组织由市政协主席、副主席领衔促办重点提案活动11次。二是召开委员座谈会10余次，并通过走访各民主党派市委、个别访谈委员等方式，征询提案者对办理工作的意见。三是走访承办任务较多的中共上海市委、市政府有关部门8家，组织提案归并办理会8次、提案协商座谈会9次，了解办理情况和工作困难，协商解决的办法和措施。四是组织提案办理跟踪视察8次，跟踪了解《增强公交移动媒体社会责任感》等部分提案办理情况。三、努力实现提案工作与其他各项履行职能活动的有机结合，发挥提案综合作用。一是在市政协十一届二次会议结束后，及时将大会提案整理归纳，提供有关专门委员会参考。二是选择提案中带有全局性、倾向性的问题，以社情民意信息方式报送中共上海市委、市政府领导。三是运用提案信息为市政协年末视察服务，提高委员参与积极性和视察成效。四是为市政协开展特邀监督员工作提供提案信息服务。四、推进提案工作创新发展，提高提案工作服务水平。一是分别开展“新形势下提高提案质量对策研究”和“进一步加强提案工作制度化、规范化、程序化建设”两个课题调研。在调研的基础上，形成《政协上海市委员会关于进一步加强和改进提案工作的意见》，提出新形势下提高提案工作质量、增强提案工作实效的总体要求和具体措施。二是在完善党派团体提案工作联系机制的同时，建立市政协专门委员会提案工作联席会议制度，为进一步推动提案工作的创新发展提供组织和制度保障。五、开展工作研讨和专题视察。一是承办华东六省一市政协第十五次提案工作座谈会，以提高提案质量为主题深入交流创新提案工作实践的新思路新方法。二是组织“本市郊区‘三废’污染治理情况”、“迎世博600天行动计划（市容环境整治）实施情况”和“政府行政审批管理制度改革”专题视察。六、总结2008年提案工作成果和经验，起草市政协常务委员会关于十一届一次会议以来提案工作情况的报告。

经济委员会　完成新一届委员会的组建，全体成员227名（其中市政协委员175名，在沪全国政协委员21名，特聘成员30名，专职副主任1名）。主要工作：一、围绕中心，开展课题调研和专题考察。一是开展“为在沪中央企业新一轮发展创造更好环境”课题调研，形成市政协主席会议建议案《关于在上海“四个中心”建设中为中央企业新一轮发展创造更好环境的建议》。二是开展“扩大提升沪台经济互动，推进泛长三角合作发展”课题调研，形成调研报告《关于“扩大提升沪台经济互动，推进泛长三角合作发展”

的若干建议》。三是与上海市租赁行业协会联合开展“加快发展上海融资租赁业”课题调研，形成调研报告《关于加快发展上海融资租赁业的若干建议》。四是围绕市政协重点工作开展调研，形成市政协常委会建议案附件《关于抗灾救灾的资金支撑问题研究》。五是就本市创意产业园区的建设发展问题开展调研。六是为推动城乡统筹发展，开展“上海郊区经济发展的动因及动力分析”专题考察。七是为进一步落实节能减排责任制，开展“节能减排与上海经济发展”专题考察。八是针对国内外经济形势出现的新变化，开展“上海合资企业发展现状及前景分析”专题考察。二、发挥优势，建言立论。与九三学社市委联合召开“应对国际金融危机，维护上海金融安全”专题研讨会，从深化金融体制改革、优化金融资源配置等角度，探讨规避、控制、防范和化解金融风险的思路和对策。召开“改革开放30年与上海经济发展”专题座谈会，在回顾总结上海改革开放成就和经验的基础上，探讨在新形势下围绕中心履行职能的新思路新形式。围绕深化浦东综合配套改革试点工作组织系列讨论，就综合改革向纵深推进的实施原则、运作机制、突破重点等问题提出一系列意见和建议。召开“物价上涨与收入分配机制改革”座谈会，就进一步完善收入分配机制等问题提出对策建议。召开专题座谈会，并配合市政协办公厅组织本市国有大企业集团负责人进行座谈，探讨进一步推进上海国资国企改革发展问题。召开“本市外贸出口形势分析及应对措施”热点讨论会，分析本市外贸出口现状和外贸企业经营情况，研究应对措施。召开能源形势座谈会，讨论分析世界资源能源价格走势及其对我国的影响。召开“学习贯彻中共十七届三中全会精神”专题座谈会，推动本市郊区农村改革向纵深发展。三、突出重点，开展民主监督。组织“特种设备安全管理情况”、“化学及易燃易爆物品生产及储藏安全”、“本市郊区‘三废’污染治理情况”、“本市稳定粮食生产相关政策措施落实情况”、“上海国际金融中心建设”、“本市先进制造业发展”专题视察。同时，组织委员赴上海环球金融中心视察安全生产工作情况。四、开展经济形势分析与评估。针对日益蔓延的国际金融危机及其对我国的严重影响，召开经济运行情况评估和经济形势分析座谈会，组织专家学者客观评估本市经济发展总体形势，对国际国内经济关系中的突出问题、变化趋势及其对本市经济的影响进行分析预测，形成评估与分析报告。五、举办专题讲座，帮助委员知情明政。邀请市政府发展研究中心和上海社会科学院专家作专题报告，帮助委员了解和把握经济和能源形势发展的最新动态。六、开展委员界别活动，做好反映社情民意工作。组织经济界委员考察上海民用航空等战略产业发展情况；组织农业、工商联界别委员考察上海鲜花港和浦东机场新航站楼建设情况。结合课题调研和专题考察，了解和反映社情民意，形成市政协《社情民意》2期、《挚友诤言》（专报）1期。

人口资源环境建设委员会 完成新一届委员会的组建，全体成员68名（其中市政协委员50名，在沪全国政协委员9名，特聘成员9名，专职副主任1名）。主要工作：一、针对社会热点难点，开展课题调研。一是开展“应对各类突发事件对城市公共安全影响”课题调研，并参与组织市政协“应对各类突发事件对城市公共安全影响”（系列）专题视察和专题协商会。在调研、专题视察和专题协商会的基础上，形成市政协常委会建议案《关于上海应对各类突发公共事件的若干建议》。二是开展“关于在沪农民工子女社会融入问题”课题调研，深入嘉定、普陀、浦东、青浦4区街道乡镇调查了解情况，并依托区县政协在本市6个区16个街道乡镇开展问卷调查，形成调研报告《关于在沪农民工子女社会融入问题调研》。三是开展“本市旧区改造情况”课题调研，先后赴闸北、杨浦、闵行、松江、嘉定、长宁、普陀、徐汇、卢湾9个区调查了解情况，实地踏勘12个旧区改造地块，形成《上海探索多模式旧区改造专题调研报告》。根据调研成果，形成《关于开拓创新，探索有利于本市旧区改造模式的建议》，以市政协《建言》形式报送中共上海市委、市政府。并组织市政协“关于上海探索多模式旧区改造”专题协商会。四是承担中共上海市委重点课题的部分调研任务，开展“关于‘外来媳’入上海户籍问题研究”并完成调研报告。二、发挥专业优势，组织专题视察和协商议政。一是组织“轨道交通换乘枢纽和地面公交运营安全”、“铁路客运和高架道路行驶安全”、“本市住房保障体系建设情况”、“本市郊区‘三废’污染治理情况”、“上海国际航运中心建设”、“本市促进就业和社会保障工作”专题视察。二是组织委员参加市人大和市政府有关部门组织的对《上海市住房建设规划（2008－2012年）》、《上海市市容环境卫生管理条例修正案（草案）》、《上海港口客运站管理办法（修订草案）》、《上海市市容环境卫生管理条例修正案（草案）》的讨论，提出修改完善的意见和建议。三是组织市政协“本市实施交强险双挂钩保险新方案”、“关于人口发展战略和人口政策课题调研有关情况”等专题议政会8次，组织市政协委员与市民网上交流2次。三、丰富委员活动，帮助知情明政，增进团结和谐。一是重视开展委员界别活动，组织社会福利与社会保障界别委员考察上海市儿童福利院、宋庆龄幼儿园、中福会老年福利发展中心，考察闵行区浦江镇，邀请市劳动和社会保障局通报本市社会保障工作情况。二是开展专业分组委员活动，组织委员考察虹桥综合交通枢纽项目建设情况，赴市气象局调研；邀请市红十字会通报工作情况。三是组织委员赴安徽考察防洪排涝工程，赴新疆、吉林、浙江考察生态环境保护情况。四是举办委员双月座谈会暨委员集体生日祝贺活动，营造温馨和谐氛围。四、重视做好提案和反映社情民意工作。一是为推动市政协常委会建议案《关于上海应对各类突发公共事件的若干建议》的具体落实，先后形成委员会提案4件，其中《关于在全社会开展公共安全教育，提高市民防灾意识和能力的建议》被评为市政协优秀提案。二是与提案委员会联合，组织市政协重点提案《关于加快本市旧区改造的建议》促办活动。三是寄发委员社情民意征询函，以多种活动形式了解和反映社情民意。年内反映社情民意信息12件，形成市政协《社情民意》3期。五、做好市政协迎世博600天活动前期策划工作，参与编制市政协迎世博贯彻实施方案。

教科文卫体委员会 完成新一届委员会的组建，全体成员352名（其中市政协委员275名，在沪全国政协委员42名，特聘成员34名，专职副主任1名）。主要工作：一、结合实际组织学习和考察，提高理论水平和履职能力。以全体会议、主任会议等形式组织委员学习中共十七大和十七届二中全会精神，学习中共上海市委九届三次全会精神，学习《中共中央关于加强人民政协工作的意见》，学习政协章程。组织委员赴湖北考察文化大省建设情况，赴山西考察高等职业教育发展情况，赴云南考察体育事业发展情况，赴湖南考察知识产权保护情况。二、突出重点，多领域开展课题调研。一是开展“着力推进

'科技世博'"课题调研，赴上海微系统与信息技术研究所等有关单位调查了解情况，邀请专家学者举行专题座谈，通过东方网等媒体广泛征求意见和建议。在此基础上，形成市政协常委会建议案《着力推进"科技世博"的若干建议》。二是开展"推进上海教育公平，促进社会和谐"课题调研，召开调研座谈会、专家咨询会8次，开展基础教育公平问卷调查，形成市政协主席会议建议案《关于进一步促进上海义务教育公平的若干建议》。三是开展"抓住世博重大机遇，加快上海'创意城市'建设"课题调研，召开调研座谈会3次，形成市政协主席会议建议案《关于抓住世博重大机遇，加快上海"创意城市"建设的若干建议》。四是开展"加强本市社区卫生服务中心建设"课题调研，召开调研座谈会6次，形成市政协主席会议建议案《关于加强本市社区卫生服务中心建设的若干建议》。五是开展"上海体育与世博同行"课题调研，深入社区和有关部门调查了解情况，召开调研座谈会7次，形成市政协主席会议建议案《关于上海体育与世博同行的若干建议》。六是围绕市政协重点工作开展调研，形成市政协常委会建议案附件《关于重大项目建设的公共安全标准的制定和监督问题研究》。三、关注热点，组织民主监督和议政建言。一是组织"本市重大疫病防控情况"、"本市食品安全管理情况"、"本市文艺院团建设情况"、"奥运上海赛区筹备情况"、"加强本市社区卫生服务中心建设情况"、"本市食品安全卫生管理工作"、"本市科技创新工作和国家重大科技项目进展情况"、"本市民办教育发展情况"专题视察。二是与市卫生局等单位联合举办2008年上海医学发展论坛，以"现代服务业与国际化医疗"为专题组织专家学者、政协委员深入探讨，建言立论。三是召开专题座谈会4次，组织委员讨论《上海市关于推进文化大都市建设的实施意见（初稿）》，并整理归纳委员意见和建议形成简报4期，供中共上海市委宣传部参阅。四、发挥界别优势，为四川抗震救灾尽心尽力。一是组织文艺界和教育界委员发起"共同行动起来，捐建灾区学校"捐款倡议，共计捐款350余万元。二是组织科技界别委员活动，听取四川灾区抗震救灾工作情况报告，视察浦东地震监测中心。三是与市卫生局中医药管理处等单位联合举办上海市名老中医情系灾区赈灾义诊活动，义诊所得48万元全部由市红十字会代为捐往四川灾区。四是组织文艺界、医卫界委员慰问上海市赴川救灾医疗队成员和消防官兵。五、多形式开展活动，增进团结和谐。一是与上海文化广播影视集团联合举办《邓小平之歌》朗诵音乐会，召开教科文卫体人士座谈会，纪念改革开放30周年。二是坚持走访委员制度，走访委员及其所在单位12批。三是组织委员赴余山岛慰问驻岛海军官兵，在黄浦江"船长一号"游轮上开展"庆奥运，迎国庆"交流活动。

社会和法制委员会 完成新一届委员会的组建，全体成员75名（其中市政协委员56名，在沪全国政协委员9名，特聘成员10名，专职副主任1名）。主要工作：一、组织学习考察，提高理论水平和履职能力。组织委员学习中共十七大精神，学习《中共中央关于关于加强人民政协工作的意见》，学习人民政协理论、统一战线理论和社会管理、法治建设方面的专业知识，指导和推进工作实践。组织委员赴上海世博局考察世博会筹备情况和法律服务工作情况，赴上海农场、川东农场考察司法工作情况。二、组织课题调研和专题讨论，为社会和谐建言献策。一是开展"进一步加强城市新一代中来沪未成年人权益保护"课题调研，听取市公安局等

9个单位的情况介绍，赴嘉定等4个区调查了解情况，开展问卷调查，并赴广州市、深圳市学习考察，形成市政协常委会建议案《关于进一步加强城市新一代中来沪未成年人权益保护的若干建议》。二是开展“加强社会建设和管理，加快推进社区矫正试点工作”课题调研，听取市检察院、市高级法院等部门的情况介绍，赴虹口等5个区调查了解情况，赴江苏、北京学习考察，形成市政协主席会议建议案《关于加强社会建设和管理，加快推进社区矫正试点工作的建议》。三是围绕市政协重点工作开展调研，召开突发事件应对法委员专题座谈会，形成市政协常委会建议案附件《关于尽快制定上海市实施〈中华人民共和国突发事件应对法〉办法的建议》。四是开展“加快上海诚信体系建设”（跨年度）课题调研。五是组织市政协“完善社会公共安全防范机制”、“金融危机对劳动关系的影响分析和预测”专题座谈会。六是与上海政法学院联合承办市政协“我与世博同行”讲坛，邀请全国律师协会副会长吕红兵作《世博会法律问题的思考》专题讲座。三、开展政治协商，关注法制建设。一是组织委员参加市人大常委会对本市五年立法规划（征求意见稿）的讨论。关于制定《上海市志愿服务条例》、《上海市保护电力设施和维护用电秩序规定》、《上海市知识产权促进条例》和研究起草《上海市社会公共安全防范条例》等委员建议被市人大常委会采纳，列入本市五年立法规划的正式项目。二是组织委员对本市《立法规划（征求意见稿）》、《上海市促进电子商务发展规定（草案）》、《上海市市容环境卫生管理条例修正案（草案）》、《上海港口客运站管理办法（修订草案）》、《上海市行政规范性文件制定和备案规定（修订草案征求意见稿）》、《上海市社会综合治理条例（征求意见稿）》等6件地方法规和政府规章的制定和修改提出意见建议。三是以“依法治国的实践与发展”为专题召开纪念改革开放30周年座谈会，回顾总结改革开放以来我国和本市依法治国的实践经验和重要成果，探讨社会主义法治建设发展趋势与新思路。四是与上海社会科学院合作，以问卷调查的方式，向市政协委员征询有关上海市地方性法规立法质量和社会效果评估的意见和要求。四、组织专题视察，推进民主监督。组织“本市消防应急工作情况”、“本市构建和谐劳动关系”、“社会综合治理和安全管理”、“世博园区主要场馆和基础设施建设”专题视察。五、重视开展委员界别活动，做好提案和反映社情民意工作。一是组织总工会界别委员与市劳动和社会保障局劳动仲裁处讨论贯彻实施《劳动合同法》；组织共青团、青联界别委员考察基层运用社会力量改善社区青少年服务管理工作情况；组织妇联界别委员调研郊区新农村建设中妇女人才培养和发挥妇联组织作用问题，并促成安信农业保险公司为郊区农村妇女创业提供小额贷款；组织社会科学界别委员考察上海政法学院教学科研情况。二是为推进市政协常委会建议案的进一步落实，形成委员会提案《关于将本市青少年社工的工作范围覆盖至来沪青少年的建议》，并被评为市政协优秀提案。年内反映社情民意信息4件，形成市政协《社情民意》4期。六、加强与有关方面的合作交流，拓宽工作思路。走访市人大、市高院、市检察院等单位，召开市、区（县）政协社会和法制委员会工作联席会议，参加全国政协召开的各省市政协社会和法制委员会工作座谈会，开展业务交流和工作探讨。

民族和宗教委员会 完成新一届委员会的组建，全体成员47名（其中市政协委员31名，在沪全国政协委员7名，特聘成员 8 名，专职副主任 1 名)。主要工作：一、以学习为先导，提高政治理论素养和履职能力。以全体会议、主任会议形式，组织委员学习。邀请市民族和宗教事务委员会主任周富长通报本市民族宗教工作情况，邀请华东师范大学刘仲禹教授作解读胡锦涛总书记《全面贯彻党的宗教工作基本方针，积极主动做好新形势下宗教工作》讲话精神的专题报告，编印《会讯与文摘》5 期。二、坚持人民政协主题，增进团结和谐。一是广泛联系和团结本市民族和宗教界人士。建立走访慰问委员制度，走访委员 11 人；慰问民族宗教界人士 52 人次；走访市少数民族联合会和天主教上海教区、市天主教爱国会、市基督教三自爱国会、市基督教协会、市佛教协会、市道教协会、市伊斯兰教协会，走访本市 21 处宗教活动场所和 4 所宗教院校。二是与市民族和宗教事务委员会联合举办上海民族和宗教界纪念改革开放 30 周年座谈会。三是组织市政协第 7 次委员与市民网上交流活动。三、以调研为抓手，为民族宗教工作建言献策。一是就本市宗教工作新情况新问题开展课题调研，分别邀请专家学者、宗教团体负责人、长期从事民族和宗教工作的干部举行座谈会，进行个别访谈，深入了解情况、探讨问题，形成调研报告《新形势下宗教工作新情况新问题的研究》。二是就本市郊区基督教堂点房地产权证缺失情况开展调研，形成调研报告《本市郊区基督教活动场所权证情况》。三是就本市清真食品行业发展滞后情况开展课题调研，多次邀请清真食品企业、清真食品专柜、市政府有关部门举行座谈会听取意见和建议，形成《推动建立本市清真食品协会的若干建议》。四、以协商、视察等形式，推动提案建议的进一步落实。一是就提案《关于办好本市中学民族班的几点建议》，召开座谈会，了解提案办理情况，协商落实措施。二是结合促办有关提案，组织“宗教房产代经租大修资金使用情况”专题视察，并协商敦促市民族和宗教事务委员会、市住房保障和房屋管理局按计划完成宗教代经租房产的大修任务。三是结合促办部分委员提案，组织“本市交通枢纽地区清真食品网点布局情况”、“地震灾害研究及预报”和“本市重大工程建设情况”专题视察。五、发挥界别优势，反映社情民意。邀请宗教界代表人士、来沪少数民族务工人员、部分区县少数民族联合会干部举行座谈会，就做好民族宗教工作听取意见和建议，并归纳整理形成《建议对“取消本市回族等少数民族公务员伙食补贴”再行研究》、《妥善处理来沪停留和在沪居住的藏族、维族同胞的管理问题》、《来沪少数民族务工人员反映的有关问题和建议》、《对朝鲜族群体提出的利益诉求问题加强研究的建议》，以社情民意等形式报送中共上海市委、市政府有关部门。六、组织公益活动，资助在沪少数民族学生。拓展“阳光育人”计划，牵头召开发起方工作会议和第一期导师座谈会，举行“阳光育人”计划第二期签约仪式，并成立“阳光育人”导师库和基金库，扩大志愿者队伍和资金来源。促成《上海学生英文报》报社、上海市教育报刊总社向本市 15 所中学 3000 名民族班学生免费赠阅报刊。

文史资料委员会 完成新一届委员会的组建，全体成员 31 名(其中市政协委员 23 名，在沪全国政协委员 3 名，特聘成员 5 名)。主要工作：一、重视委员学习和工作探讨。以全体会议、主任会议等形式，组织委员学习，参加全国暨地方政协文史委员会主任会议、华东地区政协文史资料工作第 23 次协作会议，开展业务交流和工作探讨。二、做好文史资料编辑出版工作。与民革市委合作，编辑出版

《上海文史资料选辑》第128辑（上海民革专辑），约30万字。开展改革开放30年文史资料征集工作，编辑出版《上海文史资料选辑》第129辑（波澜壮阔话改革），约60万字。参与全国政协文史资料选题协作规划，完成《亲历改革开放30年》、《亲历共和国》等文史资料选题的合作编写任务。三、紧扣时代主题，筹办市政协纪念改革开放30周年展览会。筹办工作历时8个月，编写文案9万字，收集资料（包括图片、文稿和实物）300件，查阅档案580万字，以图片、文字、实物、多媒体、屏幕等形式展示改革开放30年上海政协及各民主党派、人民团体履行职能、建言献策的丰硕成果和历史贡献。四、开展课题调研，组织委员视察和界别活动。一是历时7个月开展“上海市民价值观演变情况”系列课题调研。与上海社会科学院社会调查中心联合组成课题组，以市民价值观中的财富观、职业观为重点开展调研。举行专家学者专题研讨会和专题座谈会5次，走访大学生创业者调查了解情况，面向社会开展问卷调查，组织市政协第10次委员与市民网上交流（“上海市民价值观演变”专题）等，形成市政协主席会议建议案《上海市民财富观、职业观情况调研报告》。二是组织“本市创意产业发展”专题视察。三是组织新闻出版界委员赴上海音像资料馆调研，就发挥音像资料社会价值并形成产业规模提出建议。

港澳台侨委员会　完成新一届委员会的组建，全体成员119名（其中市政协委员87名，在沪全国政协委员1名，台胞联络组成员19名，特聘成员11名，专职副主任1名）。主要工作：一、以学习起步，帮助委员知情明政。组织委员学习《中共中央关于进一步加强中国共产党领导的多党合作和政治协商制度建设的意见》、《中共中央关于加强人民政协工作的意见》，学习港澳和对台、侨务工作政策等。举办专题讲座4次，宣传介绍港澳和对台、侨务工作情况和方针政策。协办市政协第十一届港澳地区常委和新任委员学习培训班。二、发挥优势，深入调研，建言献策。组织沪港两地委员开展“沪港及新加坡吸引人才环境比较”课题调研，形成市政协主席会议建议案《沪港及新加坡吸引人才环境比较及有关建议》。与市外经贸委联合开展“金融危机对在沪港澳台侨资企业的影响与对策建议”课题调研，形成《金融危机对在沪港澳台侨资企业的影响与对策建议》。与市外经贸委联合开展课题调研，形成调研报告《为在沪港澳台侨资企业营造更好的投资环境》。与市外经贸委联合开展“新形势下加强沪台经贸合作思路与建议”课题调研。三、重视做好委员界别工作。组织侨联界别提案专题座谈会，促进提案办理工作。组织侨联界别委员讨论提案和反映社情民意工作，为市政协十一届二次会议做准备。支持台联界别开展“5·12”四川地震在沪台胞爱心募捐。四、加强交流，注重服务，发挥港澳委员履行职能的积极性。组织十一届市政协港澳地区委员座谈会，组织港澳委员全体会议3次，介绍上海经济社会发展情况和市政协工作情况，听取意见和建议。市政协十一届一次会议期间，组织市领导与港澳地区委员座谈会。组织港澳委员参加年末视察。与上海社会科学院港澳中心联合举办“金融危机、经济转型、沪港发展”研讨会，组织政协委员与港澳地区的专家学者，深入探讨，建言献策。与市政府有关职能部门合作，建立为市政协港澳委员提供专项服务机制，为港澳委员7人协调解决就医、司法和企业经营等方面的困难；召开服务单位座谈会，总结经验，完善机制。走访在沪港澳委员企业及出席有关庆典等活动12次。五、开展民间交往，做好对台工作。参与会见出席“海峡两岸医务合作研讨会”的台湾医事联盟协会理事长高明见、台湾新党主席郁慕明一行；参与接待“台湾公职人员助理大陆参访团”、“沪台青年夏令营”等重要团组，共计100余人次。组织部分在沪台资企业负责人专题座谈会，向市政府有关部门反映台胞对上海投资环境的意见和建议；出席台商投资交流会、在沪台商联谊会、举办在沪台胞纪念改革开放30周年座谈会、沪台两地中小学生才艺交流等活动10次。关心在沪台胞工作和生活，努力为他们的经贸活动、子女就学提供帮助。走访台胞30余人。六、重视做好海外华人华侨工作。组织本市涉侨单位联席会议，交流侨务工作开展情况。与市政协对外友好委员会、市政府侨办联合召开华侨华人职业经理人座谈会，就改善吸引海内外高端人才环境建设听取意见和建议。以“应对金融危机，探讨民营企业平稳健康发展策略”为主题，举办“跨国公司华裔高管与民营企业家”沙龙。会见澳洲侨领和大洋洲和平统一促进会主席、香港金晖国际集团董事长邱维廉夫妇，美国优秀华裔青少年访问团等重要来宾。

对外友好委员会 完成新一届委员会的组建，全体成员49名（其中市政协委员38名，在沪全国政协委员7名，特聘成员3名，专职副主任1名）。主要工作：一、组织委员学习《中共中央关于进一步加强中国共产党领导的多党合作和政治协商制度建设的意见》，学习《中共上海市委关于加强政协工作的意见》；与同济大学亚太研究中心联合举办“胡锦涛主席访日暨中日关系展望”专题报告会。二、开展对外友好工作。参与承办2008年市政协情况通报会，拓展对外友好工作领域；召开纪念改革开放30周年外籍人士座谈会；与港澳台侨委员会、市政府侨办联合召开华人华侨经理人座谈会。承办市政协委员与市民网上交流活动（“从迎奥运办世博，看民间外交作用”专题）。三、历时9个月开展“关于优化世博会期间境外来宾接待工作的若干建议”课题调研。召开调研座谈会8次，听取市政府外办、市旅游委、上海世博局等14家单位和有关专家学者的意见和建议；赴云南考察昆明世界园艺博览会的境外来宾接待工作。组织“上海航空枢纽港应对世博会期间客流高峰的举措”专题视察，并就此专题召开在沪外籍人士座谈会，形成市政协主席会议建议案《关于优化世博会期间境外来宾接待工作的若干建议》。开展“上海民间外交发展战略研究”（跨年度）课题调研，听取市对外友协等有关方面的意见和建议，赴天津、广东学习考察。配合全国政协外事委员会调研组，开展“在华‘三非’外国人管理问题”专题调研。四、组织“世博场馆及相配套的重大市政工程建设工地安全”专题视察，与社会和法制委员会联合组织“世博园区主要场馆和基础设施建设”专题视察。五、重视开展对外友好界别活动。帮助法国雕塑家及造型协会主席、法国著名雕塑家乔治·苏泰向中国残疾运动员、奥运火炬手金晶赠送以“天使·火炬手”为主题的雕塑。组织委员赴崇明县、嘉定区学习考察。六、重视做好提案和社情民意工作。年内形成委员会提案2件，其中《关于在虹桥机场东、西航站楼之间建设专用连接通道的提案》被评为市政协优秀提案。以在沪外籍人士座谈会的形式了解和反映社情民意，报送社情民意信息2件。与上海机场（集团）有限公司、上海航空公司分别召开有关提案办理沟通会议，推进提案办理。

区县政协联络指导组 完成新一届指导组的组建，全体成员（市政协委员）20

名。主要工作：一、加强学习交流和工作探讨，推动区县政协工作。一是以深入学习贯彻《中共中央关于关于加强人民政协工作的意见》为主线，组织区县政协主席例会3次，探讨和交流2008年区县政协工作新思路，探讨和交流在政协履职中发挥界别作用的工作机制和活动方式，探讨和交流区县政协组织委员支持、参与“迎世博600天行动计划”的工作方案或设想；组织区县政协秘书长例会2次，就“如何围绕党委、政府中心工作开展专题调研”、“加强对委员履职服务管理工作的制度化、规范化、程序化建设”交流经验，探讨思路。二是组织区县政协主席赴山西考察经济社会发展情况，学习开展地方政协工作的经验，进一步提高依章履职能力和水平。三是编印《区县政协信息》3期、《工作简报》10期、《调研情况》反映3期，汇编2008年区县政协调研报告和工作经验。二、开展调查研究，组织专题视察。一是开展“关于区县政协把政治协商纳入决策程序”课题调研，赴5个区县政协调查了解情况，召开部分区县政协主席和秘书长座谈会，赴北京、天津考察开展地方政协工作情况，并对全市19个区县政协的规章制度、机构编制、专门委员会设置等情况进行统计分析和梳理，形成《关于上海市各区县政协“把政治协商纳入决策程序”工作实践的调研报告》及其附件《关于加强人民政协政治协商工作的若干意见》。嘉定区政协根据调研报告就加强政治协商提出建议，报请中共嘉定区委讨论通过，形成《中共上海市嘉定区委员会关于加强人民政协政治协商工作的若干建议》。二是配合研究室开展市政协贯彻落实中共中央5号文件专题调研，配合提案委员会开展“进一步加强政协履行职能制度化、规范化、程序化建设”课题调研。与人口资源环境建设委员会联合开展水资源保护调研，形成提案《关于维护生态公益林可持续发展和失地农民切身利益的若干建议》。三是组织“本市防台、防汛工作情况”和“新农村建设”专题视察。三、关心区县工作，推进联动发展。一是年内走访11个区县政协，了解基层情况，探讨实际问题，学习推广区县政协的成功经验，为区县政协工作提供上门服务和指导。二是为区县政协参加市政协有关学习活动做好服务协调工作，协助落实区县政协干部到市政协机关挂职锻炼，组织区县政协主席、秘书长参加全国政协学习培训5期。三是组织9个区县的政协委员参加市政协组织的有关专题视察。四川汶川特大地震灾害发生后，组织全市区县政协委员捐款10万余元。

【重要活动】

召开专题协商会和专题议政会 2008年2月至12月，市政协召开专题协商会5次、专题议政会11次，就本市应对各类突发事件对城市公共安全影响、调整劳动保障待遇标准等有关民生保障工作情况、加强城市新一代中来沪未成年人权益保护、人口发展战略和人口政策课题调研有关情况等专题进行协商议政。政协委员共计600余人次参加。中共上海市委、市政府及其有关部门领导分别出席，通报情况，听取委员意见和建议。

开展“应对各类突发事件对城市公共安全影响”课题调研 2008年2月至6月，市政协人口资源环境建设委员会组成课题组，以保障城市公共安全、确保平安举办世博会为重点开展调研。分别召开政协委员、专家、市政府有关部门等座谈会10次，并赴市民防办、市应急联动中心调查了解情况。5月22日至26日，市政协组织9个专门委员会，分12个专题，开展“应对各类突发事件对城市公共安全影响”（系列）专题视察。6月2日，市政协在议事中心召开“应对各类突发事件对城市公共安全影响”专题协商会。韩正市长、冯国勤主席讲话，周太彤副主席主持会议，市政府27个部门负责人与政协委员、专家学者80余人出席。在调研、专题视察和专题协商会的基础上，形成市政协常委会建议案《关于上海应对各类突发公共事件的若干建议》，报送中共上海市委、市政府参考。

开展促办重点提案系列活动 2008年3月至8月，市政协以专题视察、重点提案办理协商座谈会的形式开展由主席、副主席领衔促办重点提案系列活动11次。就关于提升上海经济贸易仲裁服务的建议、关于加大投入力度、扶持农民专业合作社发展的建议，关于推进浦东新区生产性服务业发展的建议等11项重点提案专题，与市仲裁委员会、市农委、浦东新区政府、市金融办等承办单位进行协商，促进重点提案的办理和解决。

举办纪念中共中央发布“五一口号”60周年理论研讨会 2008年5月4日，市政协与中共上海市委统战部、上海市统战理论研究会在上海展览中心联合举办理论研讨会，纪念中共中央发布“五一口号”60周年，推动上海统一战线和人民政协工作的新发展。市政协主席冯国勤，中共上海市委常委、统战部部长杨晓渡讲话。市人大常委会副主任、民盟市委主委郑惠强，市政协副主席、市工商联主席王新奎等在会上发言。市政协领导与各民主党派市委、市工商联及有关方面负责人出席。

开展平时和年末视察 2008年5月至11月，市政协组织委员开展平时视察。分12个专题，对本市住房保障体系建设、郊区“三废”污染治理、宗教房产代经租大修资金使用等情况进行视察。11月25日至2月5日，组织以知情明政为主的年末视察，为市政协十一届二次会议做准备。分18个专题，对上海国际金融中心建设、上海国际航运中心建设、先进制造业发展、支持中小企业搞活发展政策的落实、世博园区主要场馆和基础设施建设、迎世博600天行动计划（市容环境整治）实施等情况进行视察。政协委员在视察中提出的意见和建议，经整理归纳报送中共上海市委、市政府及其有关部门参考。

组织纪念改革开放30周年系列活动 2008年8月28日至11月12日，市政协与上海社会科学院联合举办纪念改革开放30周年系列讲座。围绕政治、经济、文化、社会建设四个方面共计组织讲座4次，邀请中共中央党校王长江教授和复旦大学林尚立教授，分别作“党内民主和社会民主”、“协商民主和公民参与”的主题演讲；邀请全国政协副主席、民革中央常务副主席厉无畏和上海社会科学院常务副院长左学金，分别作“经济增长与科学发展”、“从综合工业基地迈向世界城市”的主题演讲；邀请复旦大学图书馆馆长葛剑雄教授和上海社会科学院花建研究员，分别作“从30年发展看传统文化在改革开放中的作用”、“全球文化产业的新趋势和国际大都市的作为”的主题演讲；邀请中国作协副主席、市文联副主席叶辛和复旦大学顾晓鸣教授，分别作“和谐社会与文化生态的演变”、“改革开放30年来中国社会力的增长”的主题演讲。12月8日，市政协“风雨同舟肝胆相照——上海政协与改革开放30年”展览会在文化俱乐部开幕。市政协主席冯国勤致辞，市政协原主席陈铁迪、王力平、蒋以任为展览会剪彩，李良园副主席主持开幕式。展览会从“团结奋进破万难”、“参政议政热浪涌”、“科学和谐谱新篇”三个方面，以图片、文字、实物、多媒体、屏幕等形式展示改革开放30年上海政协及各民主党派、人民团体履行职能、建言献策的丰硕成果和历史贡献。12月18日，市政协与中共上海市委统战部在议事中心召开上海各界人士纪念改革开放30周年座谈会，回顾社会各界对改革开放事业的历史贡献，展望改革开放的美好前景，鼓舞和倡导各界人士继续为上海改革开放和现代化建设贡献智慧和力量。市政协主席冯国勤，中共上海市委常委、统战部部长杨晓渡讲话。市政协副主席朱晓明主持会议。市政协副主席、民革市委主委高小玫，市政协副主席、民建市委主委周汉民，台盟市委主委杨健，市欧美同学会会长严东生，市佛教协会会长、玉佛寺方丈觉醒，市工商联副主席、市段和段律师事务所执行合伙人段祺华等在会上发言。

2008年提案工作会议 2008年11月24日在政协礼堂召开，会议回顾总结2008年提案工作情况，提出进一步加强和改进提案工作的总体思路，并对做好市政协十一届二次会议前提案工作做出部署。会议表彰《以浦东综合配套改革为平台进行生产性服务业开放新探索》等54件优秀提案，表彰荣获优秀提案荣誉奖的《建议筹设开发浦东建设和规划机构》等4件历届市政协提案。冯国勤主席、杨雄常务副市长在会上讲话，朱晓明副主席宣读表彰和授奖决定，李良园副主席作市政协2008年提案工作情况报告，吴幼英副主席主持会议。台盟市委、市发展和改革委、市公安局等在会上发言。

反映社情民意信息工作会议 2008年12月24日召开，会议总结十一届市政协成立以来反映社情民意信息工作的基本情况，表彰2008年度反映社情民意信息工作先进单位和先进个人，研究和部署2009年市政协社情民意信息工作。会议向62名市政协信息特邀委员颁发聘书。冯国勤主席讲话，民盟市委、市政协人口资源环境建设委员会、静安区政协等在会上发言。市政协领导与有关方面负责人、市政协反映社情民意信息联络员等约150人出席。年内，市政协共收集社情民意信息1963件，编发《社情民意》127期、《社情民意（专报）》21期、《建言》23期，向全国政协专报信息79件，试刊《挚友诤言》15期。

【重要文件】

政协上海市委员会贯彻落实市委、市政府《关于制定实施〈迎世博600天行动计划〉的指导意见》的决议（2008年10月29日） 中国人民政治协商会议上海市第十一届委员会第五次常务委员会议经过审议，同意以下决议。一、2010年上海世博会，是世界经济、科技和文化博览的全球盛会，为各国各地区充分展示城市文明提供了重要平台。不同国家、不同民族、不同文化的人们将聚集这里，探索新的更好的人类居住、生活、工作模式，增进世界各国人民的相互了解和友谊，促进世界不同文明的交流交融。2010年上海世博会，是展示一个更加开放自信的中国融入全球、走向世界的宽阔胸襟的重要舞台。作为第一次由发展中国家举办的综合类世博会，中国将充分展示改革开放30年的丰硕成果，表达中国人民同世界各国人民共享发展成果、共创美好未来的真诚愿望。2010年上海世博会，是上海进一步实现科学发展的重要契机，为上海今后一个时期的发展注入了重要推动力。办好一届“世界文明的盛会、我们大家的世博”，使“城市，让生活更美好”的主题延续到城市的未来发展中，将有力推进经济社会又好又快发展，加快推进“四个率先”，加快建设“四个中心”。二、北京奥运会的成功举办，为上海承办2010年世博会树立了成功的榜样，积累了宝贵的经验。在党中央的领导下，上海要学习、借鉴奥运会的成功经验，紧紧依靠全国人民的支持帮助，紧密结合上海实际，用创意活力打造精彩、用平安和谐铸就成功、用快乐温馨实现难忘，努力办好一届成功、精彩、难忘的世博会，为国家发展和人类文明贡献力量。人民政协是中国人民爱国统一战线的组织，是中国共产党领导的多党合作和政治协商的重要机构，是我国政治生活中发扬社会主义民主的重要形式。为办好2010年上海世博会贡献智慧和力量，是人民政协围绕中心、服务大局履行职能的必然要求，是人民政协弘扬团结和民主两大主题的集中体现，是广大政协委员的历史责任。2010年上海世博会，在世博史上首次以城市为主题。市政协要发挥人才荟萃、智力密集的优势，集思广益、广纳群言，营造交流、交锋、交融的平台，共同描绘城市、社会和谐发展的美好蓝图。要发挥联系广泛、团结各界的优势，凝聚社会各界的智慧和力量，激发全体市民的参与热情，促进形成全民办博、社会办博的良好氛围，使“更美的城市、更好的生活、更深的情谊”的要求，成为全社会的广泛共识和自觉行动。三、经历了申博成功之后五年多的艰苦摸索和精心准备，世博会的筹办工作进入了一个组织者携手全世界共建沟通、合作平台的冲刺阶段，迎世博600天行动计划是当前和今后一个时期全市一项重要工作。市和区县政协组织、广大政协委员要积极响应市委、市政府号召，关注、支持、参与迎世博600天行动计划，在以下三方面做出切实努力：1. 建言献策，着力推进实施。市和区县政协要围绕迎世博的各项工作目标，通过专题议政、视察、座谈等履职活动，以高度的社会责任感和敏锐的视角，对全市各部门、各区县落实市委、市政府部署，实施迎世博600天行动计划提出具有专业性、前瞻性的意见建议；结合迎世博各项具体工作任务的落实，开展专项监督，促进市容市貌明显改观、窗口服务明显优化、城市管理明显改善、城市文明明显提高、市民素质和精神面貌明显提升，生动体现中国特色、时代特征、上海特点的特大型城市发展之路。2. 率先垂范，营造文明氛围。广大政协委员要身体力行，加强与各界人士的联系，通过论坛等形式宣传世博的概念、任务、理念，凝聚社会共识，使各界人士进一步了解、参与、奉献、共享世博；要以身作则，发挥模范带头作用，从我做起，从小事做起，以自身的影响力带动各界人士自觉践行“精彩世博、文明先行”，把推进迎世博600天行动计划的过程，作为推进文化发展和精神文明建设的过程，作为提升城市软实力的过程，促进市民文明素质和城市文明程度的提高，向世界展现中国人民和上海人民的时代风采。3. 着眼长远，促进持续发展。市和区县政协要充分把握2010年上海世博会对推动科学发展、促进社会和谐、提高人民生活质量、服务全国大局的重要意义，组织委员通过课题调研、提案建言等形式，前瞻研究“世博效应”对城市经济发展方式转变、社会文明进步、人民生活改善的促进作用，世博会筹办、举办期间以及世博后上海经济社会发展的目标方向、思路对策、重点领域等，推进上海经济社会可持续发展，进一步释放、延续世博会对经济社会发展的拉动作用，使世博会真正成为改进城市管理、加快城市建设的强大动力，成为扩大开放、展示上海国际大都市形象的重大平台，在更广范围内、更高层次上放大世博效应。四、市和区县政协要认真贯彻落实市委、市政府《关于制定实施〈迎世博600天行动计划〉的指导意见》，加强组织领导，加强统筹协调，加强督促检查；政协各工作机构要按照《意见》的具体要求，发挥积极性、主动性和创造性，认真细化，明确措施，落实责任，扎实推进。世博会历来是人类文明的盛会。纵览历史长河，中华民族为创造人类文明作出了杰出贡献。现在，中华民族又面临着举办世博会的重大历史机遇，上海经济社会发展又面临着新的重大历史机遇。广大政协委员要把握机遇，共襄盛举，以高度的历史责任感，参与世博、支持世博、奉献世博，积极投身迎世博600天行动计划的实践，为办好一届成功、精彩、难忘的2010年上海世博会作出积极贡献。

【组织概况】

主　席

冯国勤

副主席

朱晓明　周太彤　王新奎　李良园
钱景林　吴幼英（女）　周汉民
蔡　威　高小玫（女）

秘书长

陈海刚

常务委员名单（按姓氏笔画为序）

丁志坚（女）　于　晨　马泽华
王　伟　王龙兴　王乐齐　王向朝
王如路　王志雄　王绪亮　毛时安
方　方（女）　尹京苑　左学金
史一兵　史丽雯（女）　史孝进
史美伦（女）　白润生（回族）
乐景彭　冯德康　邢文之　吕　元
吕永杰　朱邦贤　朱守正　朱易安（女）
朱树英　任先正　刘幸偕　刘铁成
江上舟　江海洋　许政暟　阮康成
孙　雯（女）　孙　颙　孙正心
孙超才　杜惠恺　杨　健　杨展业
杨志刚（满族）　杨国雄　杨奇庆（回族）
杨建荣　杨燕迪　李　鸣　李小林（女）
李丰华　李世耀　李名慈　李克欣
李建颖　李亮佐　李宣海　李新洲
吴　毅　吴中海　吴光伟　吴冲锋
吴爱忠　何　麟（回族）　何卫国
何建华　邹传纪　沃伟东　沈建华
沈祖炜　宋　超　张　宁（女）
张立军　张志群　张维华　陈代杰
陈志龙　陈宏民　林尚立　林明月（女）
范　铠　金　芳（女）　周秀芬（女）
郑　龙　郑　韶　郑民华　宗福先
孟燕堃（女）　胡　卫　胡成国
胡茂元　胡晓明　封亚培　赵　英（女）
赵国靖　钟元秋（女）　施德容
祝墡珠（女）　姚祖辉　贺锡强
骆　新　袁　园（女）　夏兴华
钱世超　钱君律（满族）　徐　枫（女）
徐凤建　徐建国　徐静琳（女）
徐毅松　翁新楚　奚君羊　郭　翔
郭炳江　高叔平　高美琴（女，高山族）
唐　豪　黄　鸣（女）　黄　绮（女）
黄红蓝（女）　黄峰平
曹　斌（维吾尔族）　曹其东
曹振全　龚　权　常　清　梁　鸿
敬忠良　韩正之　董浩林　谢　玮
谢炳国　照　诚　褚以琳（女）
管维镛　缪晓宝　薛沛建　魏　松（满族）

委员名单（按姓氏笔画为序）

中国共产党（29名）

王乐齐　王秋玉（女）　冯国勤
史丽雯（女）　江上舟　乔野生
朱晓明　李良园　李宣海　杨奇庆（回族）
张　宁（女）　张止静（女）
阜根源　孟德恕　欧阳英鹏　周　荣
周　箴　周太彤　周富长　钱仲裘
钱景林　夏兴华　徐海峰　曹一丁
黄健之　程志强　管维镛　缪晓宝
潘福仁

中国国民党革命委员会（17名）

方　方（女）　刘小兵　吕　元
任先正　朱建国　李世耀　李栋樑
李惠萍（女）　杨逢珉（女）
罗华荣（女）　周和平　周忠菲（女）

高小玫（女） 屠大维 蒋　健
彭颖红 臧志军

中国民主同盟（17名）

方　荣 王　勇 王家东 冯德康
田伟生 朱植宙 陈大康 吴冲锋
吴建荣 张伟荣 张显平 郑　韶
周秀芬（女） 常　青 章　鲁
游　伟 廖　瑛（女）

中国民主建国会（17名）

万雯娟（女） 王光东 王志雄
江　宪 许珊燕（女） 庄子群
陈　其 陈宏民 陈启刚 陈秋芳（女）
汪　亮 吴光伟 其　实 郑安国
周汉民 钱雨晴（女） 魏　建

中国民主促进会（14名）

邓　莹 孙甘露 李名慈 吴　毅
吴长福 吴范宏 吴焕淦 张　峰
张文龙 洪　涛 胡　卫 郭坤宇
黄山明 程霄玉（女）

中国农工民主党（14名）

丁金宏 邓　康 刘仲苓 朱邦贤
冷培恩 张广仁 张怀琼 金如颖（女）
洪建国 赵　强 祝墡珠（女）
黄林鹏 蒋伟忠 蔡　威

中国致公党（8名）

马　进 凤懋伦 任忠鸣 吴幼英（女）
张立军 钟祥财 龚新高 董敏华

九三学社（14名）

华　峰 陈义汉 李忠湧 沈　洁（女）
吴健生 周　锋 顾亚平 桑　标
徐静琳（女） 曹正文 黄　鸣（女）
黄勇平 敬忠良 谢荣兴

台湾民主自治同盟（7名）

孙荣华 李碧影（女） 杨　健
林真意（女） 姚小远
高美琴（女，高山族） 廖志豪

无党派人士（15名）

王艳芹（女） 刘琼瑜（女）
邢　普 陈克权 李　鸣 沈金良
沈祖炜 张　峰 郑　龙 高承勇
贾继锋 翁新楚 徐　清 黄　文
景益鹏

中国共产主义青年团（9名）

文选才 刘玉祥 刘庆元 陆培明
杨　洁（女） 徐　枫（女）
黄豆豆 梁信军 穆　青

总工会（26名）

马　强 王　勇 王行泽 王逢祥
刘　波 吕永杰 乔　皓 陈柳宏
李虹鸣（女） 李桂生 汪金德
吴建融 吴诗仲 杨伟健 杨宝琴（女）
杨爱华（女，回族） 张　娣（女）
范佳健 周　炜（女） 郭友龙
陶丽娟（女） 夏玲英（女）
黄　平 黄　绮（女） 黄肇达
蔡根发

妇女联合会（14名）

叶温金燕（女） 孙　静（女）
朱易安（女） 李中宁（女）
李佳鸣（女） 吴　薇（女）
杨詠曼（女） 金　佩（女）
林莉华（女） 查志华（女）
姜丽萍（女） 赵　英（女）
萧婉仪（女） 傅燕君（女）

青年联合会（13名）

王圣民（女） 史一兵 刘纪明
何猷龙 邱达根 张永康 张静静（女）
郑洪波 侯福宁 骆　新 姚祖辉
麻生明 颜奕萍（女）

工商业联合会（39名）

丁建勇 王岳祥 王新奎 王德培
尹文明 刘幸偕 汤　亮 朱政平
陈邓华 陈志龙 李维德 沈文达
苏　霖 沃伟东 杨桂生 张胜飞
张德安 单文慧（女） 金　亮
金卫国 金福音 林凯文 武剑华
周跃进 周新卫 胡成国 南存飞
施有毅 桂秋白 郭　卫 钱建蓉

唐　豪　徐锦鑫　崔建华　黄关松
蒋志权　潘玉明　潘跃进　魏中浩

科学技术协会（23名）

丁文江　王晓东　由文辉　左建平
江世亮　许政暟　牟伯中　孙正心
孙德炜　陈　楠（女）　陈晓亚
何建华　陆　卫　沈小宇　张　华
张秀华（女）　张培志　邹云增
郁　竑　郑青山　俞　涛　徐美华（女）
谢　玮

台湾同胞联谊会（5名）

甘　平　卢丽安（女）　刘　艳（女）
张企龙（高山族）　林明月（女）

归国华侨联合会（10名）

王飞麟　左学金　朱自强　陈小平
李飞康　李克欣　沈伟娟（女）
张　癸　贺　林　袁　刚

文学艺术界（45名）

马小娟（女）　马莉莉（女）
马晓辉（女）　方世忠　方亚芬（女）
毛时安　王甫建　史　敏（女）
关栋天（满族）　江海洋　吕　京
陈妍音（女）　迟黎明
何　麟（回族）　何赛飞（女）
李小林（女）　李亦中
李蓉蓉（女）　吴　冕（女）
吴思远　杨燕迪　余丹红（女）
张　军　张民权　张国恩　张建亚
张咏华（女）　季萍萍（女）
郑　祎（女）　宗福先　贺寿昌
洛　秦　姚　珏（女）　赵志刚
高韵斐　钱　程　徐家华（女）
徐惠新　曹可凡　康爱石　程海宝
蔡金萍（女）　穆端正　戴小京
魏　松（满族）

科学技术界（77名）

王　华（女）　王　育　王如路
王向朝　王承馥（女）　王建磐
王明弹　王绍华　王振富　王辉平
尹京苑　包起帆　卢永锦　江来珠
刘炳章　戎光道　阮康成　孙超才
许中伟　陈沈良　陈志兴　陈益樑
何序新　何祖华　李　菁　李守臣
李海平　麦永懿　沈以华　沈志平
沈建华　沈钦华　宋志棠　汪崇建
吴青峰　肖　毅　辛春华（女）
严鸿华　杨庆根　杨丽敏（女）
杨志刚（满族）　杨荣华　应名洪
张庆华　张启华　张金仓　张其林
张维华　范　铠　季晓烨　金国伟
金忠贤　林洪扬　武俊青（女）
周　赤　周哲玮　查　波　封松林
胡茂元　姜波克　柳京京　郭　青（女）
郭　翔　徐洪杰　徐雪红（女）
奚自立　曹振全　龚　诚　黄天印
黄劲草　梁文耀　脱　宁（女，回族）
程　东　董美娣（女）　焦自纯
曾乐才　蔡家琪

社会科学界（44名）

马　驰　毛佳樑　王国平　王祥荣
王慧敏（女）　安翊青（女）
吕红兵　孙周兴　朱树英　朱敏彦
陈　江　李　承（满族）　李　琪
李　新　李培龙　吴建中　肖沪卫
杨建荣　杨洁勉　张　颖（女）
张　毅　邹传纪　金　芳（女）
金志明　武克敏　周宗直　郝铁川
洪纽一　胡　光　胡苏云（女）
施南昌　顾晓鸣　夏金华　徐毅松
殷啸虎　黄仁浩　黄江天　梁　鸿
程九龙　游闽键　廖长江　熊月之
潘世伟　戴建国

经济界（92名）

于建敏（女）　邓日燊　方怀瑾
孔令成　王　幼（女）　王开国
王宗发　王信才　王绪亮　王景麟
乐景彭　龙启虎　卢卫民　丘智健
申华淑（女，朝鲜族）　史美伦（女）

过振华　江小民　刘铁成　刘瑞旗
刘銮鸿　吕传芳（女）　吕耀东
祁红卫　孙　立　孙敏卿（女）
孙维敏（女）　孙鉴政　许世坛
许培星　朱建弟　陈　辛　陈　超（女）
陈先进　陈国余　陈茂波　陈泽武
陈宗达　陈海刚　陈海汶　陈振鸿
李丰华　李立峰　李亮佐　李惠德
沈祥荣　吴　强　吴志诚　吴菲菲（女）
杨国雄　杨荣燊　余　力　张　宇
张建华　张惠民　张曾基　张黎明
范　洁（女）　范亚祥　季　琦
季文冠　金　鑫　金明达　林建康
郁为泽　郑　鑫　周维正　杲　云
封亚培　荣智权　施德容　赵　欢
赵国靖　赵解元　钟元秋（女）
郭　明　郭炳江　唐祖德　翁　巍
席时平　徐建国　袁天凡　袁光铭
曹其东　常　清　康定选　梁　东
屠海鸣　蒋　颖（女）　谢　多
蔡文青（女）　滕华新

农业界（12名）

王智勇　刘　健　许复新　陈　琪（女）
李建颖　陆　瑜　邵玲玲（女）
吴爱忠　严胜雄（女）　杨志明
赵才标　唐克轩

教育界（62名）

于　申　方之江　方建安　孔美琪（女）
王　奇　卢永毅（女）　石惠新（女）
叶才福　叶银忠　左　伋　安　琦
刘民钢　祁学银　孙兴旺　孙海彤（女）
许晓鸣　朱守正　朱家文　陈　玲（女）
陈　磊（女）　陈建安　杜淑贤（女）
李　进　李行伟　李新洲　沈　灏
沈恒根　苏文骏　吴　钧　吴友富
严壮志　张　帆（女）　张　焰（女）
张大同　张文军　张民选（回族）
张佳敏（女）　邹　申（女）
金　力　林尚立　周光耀　宓一鸣

胡寿根　胡忠泽　耿文秀（女）
钱世超　钱君律（满族）　桑秀藩
翁铁慧（女）　夏　峰　徐　皓
徐国民　袁　园（女）　奚君羊
梁治安　章义和　傅坚敏（女）
韩正之　喻碧波　蔡生力　谭文松
潘迎捷

体育界（9名）

于　晨　孙　雯（女）　李　皑
李建国（满族）　张　蓓（女）
周建明　徐根发　黄卫方　章建成

新闻出版界（17名）

毛用雄　孙　颙　陈　军　陈　昕
何建华　李　珺（女）　李蓓蓓（女）
邱孟瑜（女）　杨　健　杨展业
金良年　胡传海　胡劲军　祝君波
徐海清　焦　扬（女）　薛沛建

医药卫生界（32名）

方唯一　王　杰　王龙兴　冯希平
齐　聪（女）　孙建琴（女）
许燕玲（女）　朱正纲　朱同玉
陈代杰　陈绍行（女）　何教忠
杨金坤　张鹭鹭（女）　范关荣
金天任　金亦民　茅关兴　郑民华
周　梁　郭家钢　凌昌全　倪语星
徐建光　徐玲玲（女）　徐爱娣（女）
诸葛立荣　黄峰平　程蔚蔚（女）
韩慰军　童晓文　谢玲丽（女）

对外友好界（12名）

丁志坚（女）　马银芳　朱永康
江小澍　吴玉华（回族）　吴金兰（女）
张　宏　崔明华　鹿金东　道书明
褚以琳（女）　臧广陵

社会福利与社会保障界（8名）

王　伟　艾柏英　叶明忠　李　珊（女）
李明磊　孟燕堃（女）　周海洋
黄红蓝（女）

少数民族界（8名）

白润生（回族）　花以友（回族）

克祖蒙（女，蒙古族）　杨迈军（白族）
金国新（满族）　高向东（蒙古族）
曹　斌（维吾尔族）　雍　丽（女，藏族）

宗教界（16名）

马达钦　艾祖炯　史孝进　光　慧
吉宏忠　刘　斌　邢文之　许玉英（女）
沈宝肃　定　慧（女）　周富根
姚树良　徐玉兰（女）　谢炳国
照　诚　蔡慰慰（女）

特别邀请人士（83名）

丁晓枚　马泽华　马景煊　王为群（女）
王加木　王讯谟　王雅萍（女）
韦　源　石宝珍（女）　关百豪
刘利荣　刘其龙　刘春景　刘南山
刘晓明　刘瀛萍（女）　曲光辉
许虎清　陈先国　陈建兴　杜光远
杜惠恺　何卫国　李　锐　李文连
李玉华（女）　李关德　李俊民
李梦麟　李焯麟　李德桢　陆建铭
沈文弟　沈懋兴　宋　超　汪孝安
吴中海　吴申耀　吴延安　严玉麟
杨绍信　张　敏　张　静（女）
张布尔　张先汉　张志群　张宝妮（女）
张海棠　张慧珠（女）　范陈杰
房剑森　季晓鹰　林旭明　林泉璋
林爱娟（女）　周关东　周德勋（女）
贺锡强　胡剑波　胡晓明　赵　矛
赵国雄　高叔平　顾正权　顾建中
唐庆年　夏斯德　徐凤建　徐佩莉（女）
徐圆圆（女）　曹　耘　曹雪涛
龚　权　黄霄鹰（女）　康大华
程云华（女）　董浩林　蔡安定
缪国琴（女）　潘介生　潘祖明
薛洪玉（女）　戴群华（女）

增补委员名单

（2008年2月20日常务委员会第1次会议通过）

成作民　张阿根　张兴淮

（2008年12月17日常务委员会第6次会议通过）

张长东　潘　敏　肖堃涛　张广生
徐海鹰　周立群　马伊里　郑　雷
柴俊勇

不再担任常务委员名单（2008年12月17日常务委员会第6次会议通过）

徐　枫　吕永杰　王　伟

不再担任委员名单

（2008年2月20日常务委员会第1次会议通过）

戎光道　应名洪

（2008年12月17日常务委员会第6次会议通过）

徐　枫　吕永杰　王　伟　孟德怒
顾正权

撤销委员资格名单（2008年12月17日常务委员会第6次会议通过）

何序新

【上海市区、县政协主席名单】

黄浦区	赵　矛
卢湾区	潘介生
徐汇区	李俊民
长宁区	陈建兴
静安区	刘晓明
普陀区	林爱娟（女）
闸北区	张宝妮（女）
虹口区	许虎清
杨浦区	李文连
闵行区	吴申耀
嘉定区	周关东
宝山区	康大华
金山区	沈文弟
松江区	陈先国
青浦区	张布尔
浦东新区	林泉璋
南汇区	戴群华（女）
奉贤区	韦　源
崇明县	范陈杰

上海市各级政协组织和委员数

（截至2008年底）

级别 项目	直辖市	市辖区	县	合 计
组织数	1	18	1	20
委员数	812	4983	202	5997

（沈培端 编写 陈海刚 审稿）

政 协 江 苏 省 委 员 会

张连珍 主 席

周 珉 副主席

张九汉 副主席

陈凌孚 副主席

曹卫星 副主席

黄因慧 副主席

陈宝田 副主席

包国新 副主席

程崇庆 副主席

周健民 副主席

刘立仁 秘书长

【全体委员会议】

十届一次会议 2008年1月24日至28日在南京举行。本次大会应出席委员772名，实到737名。中共江苏省委书记梁保华在会议开幕时作了题为《为江苏更加美好的明天而团结奋斗》的重要讲话。委员们认为，这个讲话突出强调了全面建设更高水平小康社会的根本任务、头等大事、重要内涵和活力源泉，对于在新起点上又好又快推进“全面达小康、建设新江苏”，具有重要指导意义。会议听取、审议并同意周珉所作的政协江苏省第九届委员会常务委员会工作报告和陈凌孚所作的政协江苏省第九届委员会常务委员会关于提案工作情况的报告。委员们列席了省十一届人大一次会议，听取、讨论并赞同罗志军代省长所作的政府工作报告和其他有关报告。会议收到大会发言材料109篇，省各民主党派、工商联分别以党派、团体名义发言。会议期间举行了联组讨论。省委、省政府领导及有关部门负责人分别听取大会发言并参加讨论。会议选举中共江苏省委副书记张连珍为省十届政协主席，周珉、张九汉、陈凌孚、曹卫星、黄因慧、陈宝田、包国新、程崇庆、周健民为省十届政协副主席，刘立仁为省十届政协秘书长，丁午寿等138人为省十届政协常务委员。会议通过了省政协十届一次会议决议和提案初步审查情况报告。新当选的省政协主席张连珍致闭幕词。会议号召全省各级政协组织、各参加单位和广大政协委员，更加紧密地团结在以胡锦涛同志为总书记的中共中央周围，高举中国特色社会主义伟大旗帜，以邓小平理论和“三个代表”重要思想为指导，深入贯彻落实科学发展观，在中共十七大精神的指引下，在中共江苏省委的领导下，同心同德，开拓奋进，为率先全面建成更高水平的小康社会而努力奋斗！

【常务委员会会议】

第1次会议 2008年1月28日在南京举行。本次会议应出席委员149名，实到140名。会议通过了《政协江苏省第十届委员会常务委员会关于设置专门委员会的决定》和各专门委员会主任、副主任名单。根据提议，会议决定任命李敏、丁泽生、朱慈尧、唐立鸣、殷志强、于琨奇、肖渡、戈琳、徐菊英、陶克中、叶勇、陆群为省十届政协副秘书长。张连珍主席主持会议并在结束时发表讲话。

第2次会议 2008年5月29日至30日在南京举行。本次会议应出席委员149名，实到128名。会议学习贯彻了中共十七大关于加强文化建设的有关精神，听取了副省长张桃林代表省政府所作的关于加快文化强省建设的情况通报，并围绕加快建设文化强省问题进行了协商讨论。会议邀请当代著名作家王蒙作有关文化建设方面的专题报告。张连珍主席在会议结束时发表讲话。会议收到书面发言材料49篇，有16位委员作了大会发言。委员们围绕用社会主义核心价值体系引领社会思潮，构建公共文化服务体系，加快发展文化产业，建设高素质文化人才队伍，繁荣文艺创作、多出文艺精品，完善落实建设文化强省相关政策等提出了具体的意见和建议。会后综合委员意见、建议，经省政协十届八次主席会议讨论，向省委、省政府报送了《关于加快建设文化强省的建议案》。

第3次会议 2008年9月18日至19日在南京召开。本次会议应出席委员149名，实到116名。会议学习贯彻了中共十七大关于深入贯彻落实科学发展观、推进生态文明建设的有关精神，听取了省委常委、常务副省长赵克志代表省政府所作的关于生态省建设的情况通报，并围绕生态省建设问题进行了协商讨论。会议邀请中国科学院可持续发展战略研究组组长牛文元作生态文明建设方面的专题报告。张连珍主席在会议结束时发表讲话。会议收到书面发言材料65篇，有19位委员作了大会发言。委员们就树立生态文明观，转变经济发展方式，重点防治水、空气、土壤污染，加强农村环境保护，资源保护与生态修复，环境保护的科技支撑，生态文化建设，加大环保执法力度，加快构建环保优先长效机制等提出了具体的意见和建议。会后综合委员意见、建议，经省政协十届十次主席会议讨论，向省委、省政府报送了《关于加快推进生态省建设的建议案》。

【专门委员会工作】

提案委员会 2008年度，共收到提案757件，立案686件，分送95个承办单位办理。截至10月已全部办复。其中，提案所提问题已经解决或所提建议已被采纳的占47.7%，列入工作计划逐步解决的占38.9%，对其他留作参考的，承办单位也实事求是向提案者作了说明。共收到对提案办理答复反馈意见562件，其中，对办理结果表示同意的占70.5%，表示理解的占26.9%。选编25件重点提案报省委、省政府领导阅批。省政协主席、副主席牵头督办重点提案8件，取得了较好的办理效果。改进提案办理评价标准，加大“开门办理”力度，去年共有406件提案实行了“开门办理”，占总数的59.2%。

学习委员会 举办4期新委员学习研讨班，有效提高新委员的履职能力。分别举办全省政协系统副处以上干部培训班和基层政协新任主席培训班，加强对市、县（市、区）政协工作的指导。组织57名政协干部分5期参加全国政协举办的各类学习培训班，进一步提高参训干部的思想和工作水平。组织委员就推进社科事业繁荣发展这一课题进行调研，并形成大会发言材料。编发《学习资料》月刊12期，增刊3期。选编专题学习资料5本。

文史委员会 继续办好《钟山风雨》杂志，推动刊物逐步走向市场，扩大刊物的覆盖面和影响力。启动《历代“人与自然和谐”主题诗词选》的编选工作，编辑出版《百年风华——江苏老镇掠影》画册。围绕十届二次常委会议加快建设文化强省的协商主题，组织委员赴省内外进行调研，形成调研报告和大会发言材料。承办苏南片区加快建设文化强省调研成果交流会，征集、整理省十届政协委员关于加快建设文化强省的意见和建议。协助全国政协举办大运河保护与申遗高峰论坛以及相关调研活动。

经济委员会 组织委员分别就苏南经济运行情况和发展趋势、苏北地区优化产业结构进行调研，针对经济走势举办委员座谈会，形成《减轻企业负担，帮助渡过难关》的社情民意信息、《关于优化苏北地区产业结构的调研报告》和《采取积极的财政政策，多方合作共渡难关》。上述意见和建议报送省委、省政府后，梁保华、罗志军、赵克志分别作出批示。组织委员就落实富民优先、改善民生措施有关情况进行调研，形成调研报告。具体承办加快推进城乡发展一体化主席专题协商会议，起草向省委、省政府报送的《省政协十届十二次主席会议专题协商的意见和建议》。

科技委员会 围绕我省知识产权（专利）工作、全民科学素质情况和科技投入的结构优化问题，组织委员进行调研，分别形成《关于我省专利工作情况的调研报告》、《我省全民科学素质行动计划纲要落实情况的调研报告》和《要重视调整和优化科技投入结构》的社情民意信息，罗志军对专利工作调研报告作出批示。联合省科技厅召开学习科学发展观专题座谈会，《新华日报》以专版的形式对此次会议作了报道，产生了良好的社会反响。

人口资源环境委员会 围绕第三次常委会议推进生态省建设的协商主题，组织委员赴省外学习考察，在省内各市开展调研视察，形成考察报告、调研报告、视察报告和社情民意信息；举办生态省建设情况通报会，召开生态省建设专题协商座谈会，协助举行驻江苏全国政协委员座谈会，编印生态文明建设与环境保护方面的学习参考资料；认真收集整理委员意见和建议，起草向省委、省政府报送的省政协主席会议《关于加快推进生态省建设的建议案》，梁保华、罗志军对建议案作出批示。就我省土壤污染及防治情况与流动人口服务与管理问题，组织委员进行调研，形成调研报告和发言材料。

教育文化委员会 牵头承办第二次常委会议，组织委员就文化强省建设问题赴省内外调研考察，举办文化强省建设情况通报会，协助举行驻江苏全国政协委员座谈会，承办苏中片区加快建设文化强省调研成果交流会，选编常委会议发言材料和参阅材料3本共28万字，起草向省委、省政府报送的省政协主席会议《关于加快建设文化强省的建议案》，梁保华、罗志军、杨新力、张桃林对建议案作出批示。围绕文化市场和产业主体培育情况、我省2008年普通高考招生工作，组织委员进行专题调研，所提意见和建议被省有关部门采纳。积极利用省政协书画室和昆评室开展活动，组织《1699·桃花扇》和《江苏优秀曲艺作品展演》专场演出，继续推进“戏曲走进大学生”活动，扩大了地方戏曲艺术的影响力。

医卫体育委员会 组织委员围绕农村医疗卫生、江苏中医药事业发展、优秀体育人才的选拔与培养等问题开展专题调研，向省委、省政府报送相关调研报告，罗志军、何权对《关于我省农村医疗卫生事业发展的调研报告》和《关于我省中医药发展情况的调研报告》作出批示。发起委员募捐，以省政协名义在灌南县腰庄村修建村卫生室，并配置相关设备和药品，帮助3000多名村民解决了就地看病问题，受到地方政府的好评和当地农民的欢迎。

社会法制（民族宗教）委员会 牵头承办第七次主席会议，组织委员就改善民生问题开展专题调研，整理汇总委员意见和建议，向省委、省政府报送《省政协十届七次主席会议专题协商的意见和建议报告》，梁保华、罗志军、何权分别作出批示。围绕构建和谐劳动关系、推进城乡居家养老服务工作和加快推进城乡经济社会发展一体化，组织委员深入调研，形成调研报告。

港澳台侨（外事）委员会 围绕我省外向型农业发展和引进华侨华人优秀人才、推行江苏“居住证”制度两个课题，组织委员开展专题调研，形成社情民意信息和调研报告。组织港澳委员就我省实施南北共建开发区情况进行专题视察。协助江苏省华夏文化经济促进会举办“2008年海峡两岸经济科技发展趋势研讨会”及其他活动，促进了苏台两地的交往。联合举办“我的祖国——宁港澳学生交流营2008”活动，接待来访的港澳台侨同胞及国际友好人士27批500人次。港澳委员在四川汶川特大地震发生后于第一时间纷纷捐款，并集体捐资450万港币拟在江苏对口支援的四川省绵竹市援建实验小学教学楼一座。

【重要活动】

学习贯彻中共十七届三中全会和省委十一届五次全会精神 中共十七届三中全会通过的《中共中央关于推进农村改革发展若干重大问题的决定》，是指导新形势下我国农村改革发展的纲领性文件。中共江苏省委十一届五次全会紧密结合江苏实际，就贯彻落实中共十七届三中全会精神，推进农村改革发展作出部署。省政协对学习贯彻中共十七届三中全会和省委十一届五次全会精神高度重视。11月5日至6日，省政协召开十届十一次主席会议进行学习传达，号召全省各级政协组织、政协各参加单位和广大政协委员，把思想和认识统一到中央精神和省委重大决策部署上来，深刻认识改革开放以来我国农村改革发展的光辉历程和宝贵经验，认真履行职能，积极投身推进我省农村改革发展的伟大实践，为深化农村各项改革、扎实推进社会主义新农村建设而合力奋斗。

深入开展学习实践科学发展观活动 4月上旬至8月下旬，按照中央深入开展学习实践科学发展观活动要求和省委的统一部署，省政协认真组织开展了学习实践科学发展观活动。活动期间，省政协党组和机关分别研究制订方案，做好动员部署；认真组织学习，深入开展调研；广泛征求意见，分析查找问题；落实具体责任，抓好整改落实。通过学习实践活动，广大党员干部对科学发展观的重大意义、科学内涵、精神实质和根本要求的理解更加深刻，对政协贯彻落实科学发展观的原则要求和基本思路更加清晰，进一步增强了贯彻落实科学发展观的自觉性和坚定性。学习实践活动达到了思想认识有新提高、解决问题有新成效、机关建设有新气象、政协工作有新起色的预期目的，在群众满意度测评中获得广泛好评。

积极参与四川汶川特大地震后的抗震救灾工作 四川汶川特大地震发生后，省政协召开十届五次、六次主席会议，研究部署政协参与抗震救灾工作，号召全省各级政协组织和广大政协委员急灾区所急、解灾区所难，全力以赴支援抗震救灾。政协机关以最快速度向灾区捐款捐物，开展交纳“特殊党费”活动，慰问来我省治疗的灾区受伤群众。广大委员心系灾区人民的安危，在慷慨解囊、捐款捐物的同时，一批委员直接奔赴灾区参与抗震救灾；更多委员发挥自身的专长和优势，围绕灾区卫生防疫、次生灾害防治、灾后重建等问题，积极建言献策。

举办纪念改革开放30周年活动 12月2日，省政协机关举行纪念改革开放30周年论文交流演讲竞赛，12位机关干部职工作了振奋人心、令人鼓舞的演讲。竞赛前，还举办了“改革开放与人民政协”论文征集活动，共收到40多篇论文。12月19日，全省政协系统纪念改革开放30周年书画展在南京开幕，展览作品集同时发行，张连珍为作品集作序。省政协各专门委员会和机关也开展了各类富有实效的纪念活动。

组织委员开展专题视察活动 7月23日至25日，省政协组织部分委员就我省加强环境保护与生态修复进展情况进行专题视察。委员们建议，要大力提高全社会保护环境的意识，以治理水环境和大气环境为重点，开展环境综合整治，并在体制机制的创新上下功夫，推动生态省建设不断向前发展。11月24日至26日，省政协组织部分委员就我省脱贫攻坚工程实施情况开展专题视察。委员们指出，脱贫攻坚关键要靠科学发展，尤其要通过发展工业项目壮大县域经济实力，通过发展高效农业增加贫困户收入，通过贫困农户技术技能培训拓宽就业渠道，通过大力发展“种养大户＋贫困农户”模式和农民专业合作组织提高帮扶实效，积极动员全社会关心支持脱贫攻坚工作。

举行两次委员活动日 6月13日与11月21日，省政协分别在句容市、江阴市举行委员活动日，活动的主题分别是

“关注生态环境，关注生态农业”、“改革开放30年，喜看城乡今巨变”。委员们对句容生态环境保护和发展现代高效观光农业的成绩表示由衷的喜悦，对江阴及华西村经济社会率先发展、科学发展、和谐发展取得的巨大成就给予充分肯定。活动期间，省政协委员和机关干部职工还与华西村艺术团进行联合演出，热情歌颂社会主义好、共产党好、改革开放好。

开展“学习型、文化型、健康型”机关建设活动 为加强政协机关建设，提高机关干部职工的素质，省十届政协决定开展“学习型、文化型、健康型”机关建设活动。2008年，省政协坚持走出去、请进来，注重利用多种资源开门搞活动。先后举办4期“名人名家讲座”，邀请当代著名作家王蒙、南京大学教授莫砺锋、中国科学院可持续发展战略研究组组长牛文元、中国音乐家协会副主席王立平作专题报告。启动编选《历代“人与自然和谐”主题诗词选》和编写《倡导健康文明的生活方式》两本书的工作。广大机关干部职工自觉把建设“三型”机关的要求融入到工作、学习和生活之中。通过实践，大家逐步体会到，自觉学习是快乐的，优秀文化是高尚的，身心健康是完美的。活动开展以来，社会各界给予广泛称赞。

召开全省政协反映社情民意信息工作座谈会 8月26日，全省政协反映社情民意信息工作座谈会在南京举行，会议传达学习了全国政协反映社情民意信息工作座谈会精神，总结交流了全省政协系统开展反映社情民意信息工作的做法和经验，研究探讨了新形势下进一步做好反映社情民意信息工作的思路和措施。张九汉副主席出席会议并讲话。2008年，共编报《社情民意》简报87期，省委、省政府主要领导和分管领导39人次对其中的32期作出批示。

继续推进履行职能的制度化、规范化、程序化建设 2008年，省政协注重推进政协履行职能的制度化、规范化、程序化建设。4月29日召开的第四次主席会议讨论通过了《中国人民政治协商会议江苏省第十届委员会界别活动办法》，8月19日召开的第九次主席会议讨论通过了《政协江苏省委员会关于加强和改进反映社情民意信息工作的意见》。此外，还组织力量全面系统地梳理了省政协已经建立的规章制度，研究制定了贯彻落实的具体措施。

召开省政协理论研究会四届一次理事会议 4月14日，省政协理论研究会第四届理事会第一次会议在南京召开。会议推选省九届政协主席许仲林为研究会第四届理事会会长，任彦申、王荣炳、孙安华、胡序建、林玉英、闵乃本、朱兆良、冯健亲、李仁、吴冬华、吴瑞林、武继烈、陆军、汪正生为副会长，赵京玉为秘书长。会议审议通过了修订后的《江苏省政协理论研究会章程》。张连珍主席到会致辞，并向大家简要通报了省政协2008年的主要工作安排。许仲林会长在会议结束时讲话。

召开省政协理论研究会四届二次理事会议暨理论研讨会 10月22日至23日，省政协理论研究会四届二次理事会议暨理论研讨会在宝应召开。会议认真学习中共十七届三中全会精神，并围绕如何充分发挥人民政协在贯彻落实科学发展观中的积极作用进行研讨。有6位理事作了交流发言。许仲林会长出席会议并讲话，张九汉副主席到会看望与会理事。

【重要文件】

梁保华书记在省政协十届一次会议上的讲话（2008年1月24日）（摘要）

五年来，省九届政协紧紧围绕全省改革发展稳定大局，牢牢把握团结和民主两大主题，积极履行政治协商、民主监督、参政议政职能，为推动科学发展、促进社会和谐，作出了重要贡献。江苏经济社会发展取得的成就，是与全省各级政协卓有成效的工作分不开的，凝聚着广大政协委员的辛劳、智慧和奉献。

现在，江苏的发展已站在新起点、进入新阶段，全面小康建设正处在关键时期。我们要更加注重增强发展的协调性、更加注重提高自主创新能力、更加注重改善民生、更加注重扩大人民民主、更加注重文化建设、更加注重建设生态文明，坚定不移地推进率先发展、科学发展、和谐发展，全面建设更高水平的小康社会。

又好又快发展是全面建设更高水平小康社会的根本任务。我们必须坚持好字优先、又好又快发展的鲜明导向，以经济结构战略性调整为关键环节，以自主创新为主要驱动力，以节能减排为倒逼机制，大力推进经济发展方式的转变，推动产业结构从一般加工业为主向高端制造业和现代服务业为主转变，增长动力从投资驱动为主向创新驱动为主转变，要素支撑从物质资源为主向人力资源为主转变。人才资源是江苏的第一资源。江苏未来的发展，必须突出依靠科技进步、劳动者素质提高和管理创新。要以更大力度、花更大本钱加快培养和引进高素质人才，加快建设人才高地和人力资源强省。要加快推进新型工业化，扎实推进城乡发展一体化，努力实现教育现代化，全面提升经济国际化，显著提高自主创新能力、国际竞争力和可持续发展能力。

大力改善民生是全面建设更高水平小康社会的头等大事。我们的一切奋斗和工作都是为了造福人民。就业是民生之本，创业是富民之道，社保是安民之要。改善民生必须抓住增加收入这个核心，大力促进就业惠民、创业富民、社保安民，努力使大多数家庭达到全面小康生活水平，使中等收入者占多数。要大力实施脱贫攻坚工程，用3到5年的时间，基本消除绝对贫困现象。要着力增强改善民生的普惠性，着力完善保障民生的各项制度，着力解决影响民生的突出问题。要全面落实“学有所教、劳有所得、病有所医、老有所养、住有所居”的要求，坚持教育优先发展，下更大决心逐步解决好看病难、看病贵的问题，加快老年服务设施建设，努力使“低保”家庭住得上廉租房、低收入家庭住得进经济适用房、新就业人员租得起房。

建设文化强省是全面建设更高水平小康社会的重要内涵。江苏要建设更高水平的全面小康，既要有经济硬实力，又要有文化软实力，物质生活要更加富裕，精神文化生活也要更加丰富。建设文化强省，总的是要实现文化事业强、文化产业强、文化人才队伍强，推进文化大发展大繁荣。文化事业强，就是要显著提高公共文化服务能力，切实保障人民群众的基本文化权益。文化产业强，就是要开发一批优秀文化产品，培育一批文化龙头企业，建设一批文化产业集聚区，尽快把文化产业培育成江苏的支柱产业。文化人才队伍强，就是要努力形成优秀人才辈出、精品力作涌现的生动局面。

坚持改革开放是全面建设更高水平小康社会的活力源泉。全面建设更高水平的小康社会，必须以马克思主义中国化的最新成果为引领，根据发展阶段的变化和实践创新的需要，大力推动新的思想解放，切实转变不适应不符合科学发展的思想观念，努力把改革开放推向新的阶段。要围绕构建有利于科学发展的体制机制，加大重点领域和关键环节的改革力度。要在更高层次、更广领域扩大对外开放，全面提升江苏经济的国际竞争力。

希望全省各级政协和广大政协委员，

深入学习贯彻中共十七大精神，广泛凝聚各方面智慧和力量，形成“全面达小康、建设新江苏”的强大合力。要积极推动政治协商纳入决策程序，完善民主监督机制，提高参政议政实效。要围绕全面建设更高水平小康社会的重大问题，加强调查研究，关注社情民意，积极建言献策。要适应新形势、新任务的要求，切实加强自身建设，不断提高政协工作水平，为江苏的改革发展稳定作出新的更大贡献。

省九届政协常委会工作报告（2008年1月24日）（摘要） 五年来，省政协在中共江苏省委的领导下，认真履行政治协商、民主监督、参政议政职能，各项工作取得了新的进展、新的成效。（一）团结各界，凝聚人心，为巩固和壮大爱国统一战线作出了积极贡献。组织和推动委员深入学习，努力把各界人士的思想统一到中央精神和省委的重大决策部署上来，不断巩固各界人士团结奋斗的共同思想政治基础。五年来，共举办学习研讨班15期，651名委员参加了学习，编印《学习资料》84期。充分发挥各民主党派、工商联和无党派人士在政协中的作用。五年来，各民主党派、工商联和无党派人士共提交大会发言材料156篇，集体提案618件，社情民意信息229件，对我省经济社会发展中的一些重大问题和群众普遍关心的问题，提出了许多重要的意见建议，受到省委、省政府的高度重视和采纳。认真做好对社会各个阶层包括新的社会阶层的团结工作，加强与民族宗教人士的团结。不断扩大与港澳台侨人士的联谊和合作。成立江苏省华夏文化经济促进会，拓宽政协对外交往渠道。（二）围绕中心，服务大局，参政议政取得了显著成效。坚持把促进和服务科学发展作为政协履行职能的第一要务，围绕省委、省政府的中心工作，选择关系我省科学发展的重大课题，开展专题调研和协商讨论，积极建言献策。五年来，共召开全体会议5次，常委会议20次，主席会议65次，政协各参加单位、各专门委员会及政协委员共向全体会议、常委会议提交大会发言材料408篇，形成建议案和专项建议62篇、专题调研和视察报告88篇，许多意见建议被省委、省政府及有关部门采纳吸收。围绕“十一五”规划，主席会议研究确定了10个方面30个专题，组织委员深入调研，召开常委会议协商讨论，向省委、省政府报送了《关于制定我省“十一五”规划若干问题的建议》。围绕贯彻落实省委、省政府重大决策部署，选择事关全省经济社会发展中的一些重要问题，组织专题调研，开展视察，反映情况，提出建议。五年来，先后组织视察32次，专题调研158次。（三）全面履行职能，在社会主义民主政治建设中发挥积极作用。牢牢把握团结和民主两大主题，认真搞好政治协商，积极推进民主监督，深入开展参政议政。基本形成了全体会议就全省大政方针集中协商、常委会议围绕我省的重大决策部署专题协商、主席会议就时效性较强的问题或群众普遍关心的问题重点协商、专门委员会就相关问题与政府有关部门对口协商的多层次多渠道的协商议政格局。五年中，省委、省政府主要领导和分管领导共55人次先后到政协通报情况，听取意见。切实加强以建议和批评为主要形式的民主监督，通过例会、调研、座谈、提案、社情民意信息等途径开展民主监督。本届政协共有53名委员先后受聘担任特约监督员。按照“突出重点、整合力量、加强研究、提高质量”的要求，切实加强专题调研，着力提高议政建言的质量和实效，认真做好意见建议的办理和反馈工作。（四）关注民生，反映民意，为推进社会主义和谐社会建设献计出力。坚持把反映群众意愿、推动改善民生作为履行职责的重要内容。先后6次召开常委会议和主席会议，围绕教育、就业、社会保障、医疗卫生、住房、环境保护、进城务工人员利益保障、城乡困难群众基本生活保障等民生问题进行专题协商。紧贴人民群众关心的重要问题，扎实做好提案和反映社情民意信息工作。五年来，省政协各参加单位和政协委员共提交提案4141件，立案3872件，其中涉及民生问题的有1877件，占提案总数的48.5%。广泛收集社情民意信息，及时反映各界群众的呼声和要求，共编报《社情民意》简报511期，省委、省政府领导同志310人次对248期简报作出了批示，使一些涉及群众切身利益的问题得到及时解决。（五）完善制度，抓好落实，政协履行职能制度化、规范化、程序化建设取得明显进展。根据新修订的《政协章程》，制定和修订了省政协全体会议、常委会议、主席会议、秘书长会议工作规则以及专门委员会通则等规章制度。《中共中央关于加强人民政协工作的意见》颁发后，及时提出贯彻实施意见，并把贯彻《意见》精神与贯彻全省政协工作会议精神紧密结合起来，完善相关制度、规范和办法。推动建立了省委、省政府、省政协秘书长联席会议制度，研究省政协年度重点协商课题，经省委确定后组织实施。进一步完善了提案、专题调研、委员视察和反映社情民意信息等各项制度。（六）加强自身建设，参政议政的能力和水平得到提高。充分发挥委员主体作用，在委员中深入开展"三个一"活动，要求每个委员每年至少参加一次调研视察、提出或联名提出一件提案、反映一条社情民意信息。注重体现政协的界别特点，建立了主席、副主席和各专门委员会分工联系界别制度。切实搞好专门委员会建设和政协机关建设。加强对政协工作中一些重大理论和实践问题的研究，不断认识和把握政协工作的特点与规律。召开全省政协新闻宣传工作座谈会，密切与省各新闻单位的联系和合作，营造有利于政协开展工作的良好氛围。召开全省市、县（市、区）政协主席座谈会和政协工作经验交流会，认真总结、推广和学习、借鉴市、县政协工作的经验。此外，我们成立了昆曲评弹和地方戏曲保护办公室，编辑出版《江苏文史资料存稿选编》、《江苏老店》等。南京中国近代史遗址博物馆及服务区的建设已经全面完成，在加强管理、提高服务质量和社会效益等方面也都取得了新的成绩。

五年来的工作体会：一是必须坚持中国共产党的领导。二是必须坚持团结和民主两大主题。三是必须坚持以科学发展观统领政协工作全局。四是必须坚持以人为本，把维护和实现最广大人民群众的根本利益作为政协工作的出发点和落脚点。五是必须坚持推进履行职能的制度化、规范化、程序化建设。六是必须坚持不断加强政协自身建设。

对今后工作的建议：（一）深入学习贯彻中共十七大精神。（二）按照团结和民主两大主题认真履行职能，发展爱国统一战线，充分发挥政协在社会主义民主政治建设中的重要作用。（三）围绕推动科学发展、促进社会和谐积极献计出力。（四）继续推进履行职能制度化、规范化、程序化建设和自身建设，不断提高政协工作的水平。

【组织概况】

主　席

张连珍（女）

副主席

周　珉（女）　张九汉

陈凌孚　曹卫星　黄因慧

陈宝田　包国新　程崇庆

周健民

秘书长

刘立仁

常务委员名单（按姓氏笔画为序）

丁午寿　丁泽生　于琨奇　马忠礼
王　军　王　虹（女）　王占宝
王庆元　王克胜　王贵成　尤建功
戈　琳　方　铿　方国才　叶　勇
司晓晨　包宗顺　成　虎　朱　妍（女）
朱晓进　朱晓敏　朱慈尧　朱毅民
乔　旭　伍贻业（回族）　刘　聪
刘邦彦　刘华建　刘国中　汤以伦
许长新　许崇正　孙大亮　孙汝建
孙红旗　孙志亮　孙燕丽（女）
李　敏　李心合　李志宏　李明生
李晓布　李熙诚　李增林　杨大伟
杨文喜（回族）　杨德才　肖　渡（女）
吴汝信　吴国彬　吴胜兴　丘仲辉
余本礼　余伯阳　冷祥初　汪旭东
沙家豪（回族）　沈长全　张十庆
张大钧　张中华　张永康　张兴中
张克运　张坚勇　张肖敏（女）
张桂平　陆　群（女，满族）
陆云芳（女）　陆兆新　陆志奋（女）
陆桂华　陈还堂　陈金虎　陈学军
邵建东　武晓松　林萍华　明　学
罗立民　季俊秋（女）　金征宇
周　晶（女）　周苏明（女，壮族）
周京新　周毅之　府采芹（女）
赵闻斌　赵彭城　胡　刚　胡有清
胡国祥　胡树杰　俞胶东　施教明
洪慧民　姚东明　姚晓东　秦小麟
袁亚非　袁紫娟（女，回族）
莫砺锋　顾　芗（女）　徐　雁
徐　强　徐大勇　徐兆文　徐利明
徐宝文　徐菊英（女）　殷志强
奚秋生　奚爱国　高　云　高小平
唐立鸣　陶克中　陶思炎　黄　煌
黄文虎　黄蓓佳（女）　萧晖荣
曹锡荣　梁　勇　隆　相　蒋来清
韩　杰　韩庆华　舒华忠　谢秀兰（女）
窦希萍（女，满族）　蔡　伟
蔡捷敏　谭　跃　熊宁宁　颜康龄
薛　亮　薛蓓儿（女）

委员名单（按姓氏笔画为序）

中国共产党（40名）

丁泽生　王　军　王庆元　王晓明
包国新　朱华仁　朱慈尧　刘　方
刘国中　汤以伦　严　明　李　敏
李小平　李熙诚　杨根林　吴汝信
汪　泉　张九汉　张大强　张永康
张吉生　张连珍（女）　张新民
陈　尧　陈宝田　陈逸中　周　珉（女）
周广侠（女）　周和平　赵　进
姚晓东　顾汉萍（女）　顾树生
徐山瀑　徐国柱　徐郭平　黄文虎
韩　杰　韩庆华　谢秀兰（女）

中国国民党革命委员会（25名）

卫道兴　王　萍（女）　王静成
孔祥平　卢明康　叶美兰（女）
司晓晨　朱乐天　朱学波　许行健
孙达华　张　夷　张华贤　张坚勇
章念翔　陆金桂　周　勤　赵　波
赵彭城　徐　萍（女）　徐　雁
殷志强　程　刚　程崇庆　鲍莉萍（女）

中国民主同盟（26名）

丁立江　于琨奇　马正强　尤建功
毛昌宁　刘　洪　李　申　李永达
李梦侠　张金城　陈如山　陈昆山
范忠华（女）　林振山　金征宇
荀德麟　姚文兵　徐宝文　高吉祥
郭小丁　曹卫星　龚振东　董　勤（女）
蒋来清　程吉林　程建春

中国民主建国会（24名）

王克胜　田　鸣　过　丹　刘邦彦
孙大亮　苏伟生　李　洪（女）
李心合　李君超（土家族）杨孝平
肖紫英（女）　张　民　张雨歌

苟少华　金文骞　周友梅　洪慧民
夏一中　殷云飞　陶克中　黄河浪
黄勇林　谢建民　强南山

中国民主促进会（25名）

马余强　王思明　朱晓东　朱晓进
许　华　李　宁（女）　李志宏
杨瑞金　汪小洋　张　美（女）
陈　华（女）　陈凌孚　林柏泉
金元兴　府采芹（女）　徐　平
徐　宾　徐菊英（女）　高　云
曹友德　董玉海　蒋必彪　舒小平
熊　宁（女）　潘春雷

中国农工民主党（25名）

卜　秋（女）　王　水　田玉岭（女）
史仁杰　孙长春　孙晓青　肖　渡（女）
何小元　沙　勇　宋方敏　张大钧
陆志奋（女）　陈宋义　陈建国(常州)
陈绍良　周幽心　周健民　赵　坚
赵庆荣　唐家梁　黄立红（女）
曹锡荣　董淑旺　景　亮　薛蓓儿（女）

中国致公党（14名）

王　忠　戈　琳　卢章平　杨德才
汪云甲　张云云（女）　陈光标
季正明　孟力强　赵鹤鸣　陶思炎
黄因慧　梁　洁（女）　薛　涛

九三学社（25名）

马　云　王　庚　王小林　王贵成
叶　勇　孙怀昌　李　奇　李　冰
宋如亚　陈还堂　陈建生　罗立民
季金虎　周　坚　赵维炳　祝荣华
徐大勇　桑　海　黄　征　黄文龙
曹　成　隋旺华　游庆仲　蔡捷敏
魏无际

工商业联合会（32名）

丁佐宏　于常洁（女）　毛顺初
吕拔生　刘士钢　刘卫高　孙永如
孙志安　孙志亮　杨占勇　吴建发
吴培服　张桂平　陆　群（女，满族）
陆云芳（女）　陈奕熙　陈建华
赵振东　荣　毅　钟慧娟（女）
须建明　姚东明　姚社成　袁亚非
顾玉华　徐守铭　徐连宽　徐晔宇
黄星娣（女）　龚国钧　蒋学明
雍树标

无党派代表人士（18名）

韦晓梅（女）　叶兆言　乔　旭
华德荣　刘　聪　许崇正　李界元
李新南　杨　剑　杨　红　吴炳洋
汪旭东　邵　明　侯立军　黄咏梅（女）
蔡祖聪　薛　亮　魏青松

中国共产主义青年团、青年联合会（19名）

丁　铭　王　勇　王福华　朱雪梅（女）
许网保　许秀志　李　燕（女）
何颖飞　张国梁　陆延青　陈金虎
金太军　周　伟　赵　峰　奚爱国
郭列平　韩　亮　程朝晖（女）
缪冬琴（女）

总工会（9名）

于汉宗　王成龙　刘小纯（女）
李晓布　吴国新　陈子京　陈学军
贾　真（女）　贾宝中（女）

妇女联合会（9名）

王　莉（女）　孔海燕（女）
吴剑清（女）　张秀凤（女）
季俊秋（女）　周　晶（女）
贾　慧（女）　惠淑君（女）
程　静（女）

科学技术协会（18名）

丁仁杰　王　文（女）　王志坚
王雨时（满族）　王秋景　吕　建
朱　鹏　朱　妍（女）　朱立峰
江　南　吴国彬　吴胜兴　沙家豪(回族)
邵　毅　徐　强　高亚光（女）
陶惠启　符冠华

归国华侨联合会（10名）

丁新生　卢九评　史　宇　刘　一（女）
孙文瑜　李音强　邱　勇　张乃平

单步友　舒华忠

台湾同胞联谊会（8名）

刘贤忠　刘晓华（女）　李鹭扬
周　睿　胡有清　黄　山　蔡宪沙（女）
瞿鸿辰

文化艺术界（37名）

马　宁　王　珣（女）　王建伟
孔爱萍（女）　吕　军　许　虹（女）
杜小甦　杜鹃梅（女）　李　洁（女）
李先锋　吴建宁　张苏明　张晓苏
陈　社　陈应岐　陈建平　周东亮
周京新　胡发贵　姜　华　袁小良
袁晓虹（女）　顾　风　顾　芗（女）
徐玉麟　徐利明　徐秀芳（女）
徐培晨　陶泽如　黄　惇　黄蓓佳（女）
常　进　梁国英（女）　蔡　伟
颜晓群　薛春梅（女）　魏佳宁

科学技术界（48名）

卜凡强　于建武　王　建　王伟炎
王筱梅（女）　卞光辉　石明东
吕　国　朱元豪　朱金荣　朱建勋
刘　忆（女）　刘卫宁（女）
许长新　孙久铭　李向东　杨　锐（女）
杨建良　杨湘宁　沙　敏　沈长全
张　坊　张十庆　张玉纯　张华龙
张兴中　张俊智　陆伟宁　陆桂华
陈利民　陈林森　周希辰　郑丽敏（女）
俞亚鹏　施卫东　姚晓晴　秦小麟
徐海英（女）　徐锦荣　黄庆安
戚明珠　章维益　蒋国元　鲁春林
曾燕伟　谢志成　蓝羽石　裘进浩

社会科学界（26名）

朱栋霖　汤惠生　孙如林　孙燕丽（女）
杨永建　汪　琼　张王飞　张颢瀚
陈金屏（女）　邵建东　罗岸伟
周继业　周毅之　俞胶东　施吉祥
莫砺锋　钱　怡（女）　徐忆农（女）
徐晋麻　浦志强　曹　辉　曹玉梅（女）
蒋伟平（女）　蔡建国　蔡裕华
樊和平

经济界（55名）

于国家　万来源　王　翔　王立占
王亚平　王惠荣　王德善　冯全兵
邢光龙　朱科敏　朱晓敏　朱皋鸣
朱焕培　许尚龙　孙清理　苏国新
李开涛　李风云　李旭昇　李明生
李笑天（女）　杨维兴　余　海
余本礼　沙卫平　沈伟林　张援朝
张锦华　陆岷峰　陈永战　周国华
周素明　郑　路（女）　赵闻斌
胡大贵　俞向阳　施　刚　施　炎
施伯香　施黄彬　祝树民　秦立华
夏胜云　钱衡格　翁亦然　郭金东
唐士凤（女）　唐建年　黄志伟
曹一清　尉彭城　傅　阳　谢　明（女）
谢菊宝　潘剑秋

农业和农村界（33名）

王晨曦　卢晓宁　包宗顺　朱伟新（女）
朱毅民　刘立仁　刘百铭　江志红（女）
阮宏华　吴亚生　吴洪彪　何林池
张小马　张天真　张伯梅（女）
张建云　张振岚　张爱民　陆兆新
陈晓东　茆训东　林富平　赵步洪
赵茹茜（女）　胡冬生　宣　荣
姚曼君（女）　夏　冰　顾荣明
顾振华　高联义　韩桂荣　程立力

教育界（48名）

丁沃沃（女）　刁海捷　王　媛（女）
王占宝　王加友　王定新　王晓锋
王福平　文晓明　方国才　孔庆宪
丛懋林　成　虎　吕立志（女）
朱秀林　刘一平　刘启东　米如群
孙汝建　孙红旗　杨礼宾　吴建华（女）
邱学林　闵春发　宋永忠　宋吕银
张　昕　张建琼（女）　陈　峰
陈之芥　陈亭华　陈景欢　武晓松
林萍华　金生鋐　周　胜　周　宪
郑　正　郑小波　封超年　柳袁照

徐梅菊（女） 郭彬 黄成惠
黄法祥 常征 曾剑明 熊仁民

体育界（10名）

丁卫社 孙森 李一宁 吴国华
张雄 阿英嘎（蒙古族）陈钢
周广科 袁紫娟（女，回族）
郭联生

新闻出版界（9名）

刘菲 刘锋 刘守华 杨金荣
陈义柏 耿乃凡 徐启平 梁勇
谭跃

医药卫生界（30名）

王虹（女） 王迎伟（女）
朱昌亮 刘功俭 刘曼华（女）
李俭（女） 杨明华（女）
束永前 吴坤平 余伯阳 张颖冬
陆曙 陆少林 陈仁寿 陈亚宝
陈国钧 陈建国（南通） 周长江
郑金旭 胡刚 查文章 侯瑞兴
唐富春（女） 黄煌 阎政
葛惠男 蒋沁 蒋鹏程 熊宁宁
樊夏雷

对外友好界（10名）

车文毅 白元龙 严敦志 李守宁
杨大伟 余成安 陈丽黎（女）
周传铭 奚秋生 韩健明

社会福利和社会保障界（12名）

王庆华 王振祥 刘广忠 刘贤金
吴可立 丘仲辉 张肖敏（女）
张堂才 俞军 高小平 谢德俊
缪平

少数民族界（9名）

杨文喜（回族） 张薇丽（女，满族）
金辉（回族） 金云女（女，朝鲜族）
周苏明（女，壮族） 郑清（女，回族）
赵立平（女，蒙古族） 赵丽丽（女，回族）
窦希萍（女，满族）

宗教界（14名）

王仁雷 伍贻业（回族） 杨世华
沈斌 张凤麟 张克运 明学
袁鹤冠 徐宏根 高英（女）
能修 脱建明（回族） 隆相
樊维明（回族）

特邀人士（55名）

卜平 于超 王金华 王维凯
王德忠 冯大云（女） 冯永农
朱剑伟 朱福生 仲琨 庄华平
刘天增 刘百宇（女） 刘华建
刘春灏 贡培兴 苏振远 李广成
李长见 李增林 何启明 余珽
应志琪（女） 冷祥初 张卫东
张中华 张永凯 张同斌 陈贵
陈克勤 陈继福 周向群（女）
周旭昌 周敏炜 庞士勇 赵斌
胡树杰 姜国禹 宦祥宝 袁静波
顾汶 顾显强 钱红一 钱继红（女）
徐苏 徐兆文 徐振喜 徐益民
郭礼荣 唐立鸣 曹文泉 蒋洪喜
缪合林 薛启书 瞿超

特邀人士（49名）（香港、澳门地区）

丁午寿 马忠礼 王怡 王钦贤
方铿 石田 田启文 朱共山
朱恩馀 庄悦禄 刘纪红（女）
刘学进 江天锡 孙大伦 孙福林
苏祉祺 吴铁 岑展平 何桂铃（女）
沈乔奇 张宁武（女） 张纪严（女）
陈少琼（女） 陈慧钰（女）
林健忠 周耀林 郑昭明 荣明杰
荣智丰（女） 胡国祥 胡慧中（女）
查美龙（女） 施若琛 施荣怡
施教明 施锦彪 洪天祝 聂毅
郭次仪 黄建华 萧晖荣 曹其锋
盛慕娴（女） 盛毓凤 鲍国麟
蔡志斌 蔡克刚 谭继祖 颜康龄

【江苏省各市、县、区政协领导人名单】

南京市（副省级）

市政协主席

缪合林

副主席

徐立新 朱晓进 俞 明

殷云飞 刘 建 王建华

邹建平

秘书长

陈五一

县（市、区）政协主席

玄武区 梁广宏

白下区 陈 斌

秦淮区 王付荣

建邺区 杨书礼

鼓楼区 陶世贤

下关区 林连宝

栖霞区 夏 宁

雨花台区 吴本忠

江宁区 王加法

浦口区 祁凤英（女）

六合区 李积平

溧水县 尹昭伦

高淳县 戴新和

无锡市

市政协主席 贡培兴

县（市、区）政协主席

江阴市 黄满忠

宜兴市 李志浩

锡山区 周积生

惠山区 顾智杰

滨湖区 朱建昌

崇安区 刘健华

南长区 荀天海

北塘区 顾豫苏（女）

徐州市

市政协主席 庄华平

县（市、区）政协主席

丰 县 史亚林（女）

沛 县 刘广远

铜山县 李成金

睢宁县 刘礼春

邳州市 李继忠

新沂市 田 园

鼓楼区 杨绪波

云龙区 张明生

泉山区 阎鲁明

九里区 郑群德

贾汪区 刘厚远

常州市

市政协主席 于 超

县（市、区）政协主席

金坛市 陆美凤（女）

溧阳市 崔国伟

武进区 杨春龙

新北区 孙建荣

天宁区 朱小明

钟楼区 石文华

戚墅堰区 黄彩华（女）

苏州市

市政协主席 王金华

县（市、区）政协主席

张家港市 顾栋才

常熟市 张永泉

太仓市 金世明

昆山市 许庆龙

吴江市 鲍玉荣

平江区 薛春泉

沧浪区 李纪福

金阊区 施美祥

虎丘区 王仁元

吴中区 张阿土

相城区 王勤林

南通市

市政协主席 王德忠

县（市、区）政协主席

海安县 陈友龙
如皋市 李中林
如东县 徐建华
通州市 曹建平
海门市 曹 斌
启东市 张建飞
崇川区 朱沛林
港闸区 张 健

连云港市
市政协主席 仲 琨
县（市、区）政协主席
赣榆县 杨淑之
东海县 高兰军
灌云县 孙汝军
灌南县 温玉高
新浦区 吴新明
海州区 窦延忠
连云区 赵雨军

淮安市
市政协主席 王维凯
县（市、区）政协主席
涟水县 杨天成
洪泽县 周长林
盱眙县 王 斌
金湖县 张厚龙
清河区 朱 涛
清浦区 王留生
淮阴区 王祥生
楚州区 王国权

盐城市
市政协主席 冯永农
县（市、区）政协主席
响水县 高兆顶
滨海县 顾正岚
阜宁县 陈 平
射阳县 陆体才
建湖县 苏 冬
大丰市 韦 新
东台市 王业频
盐都区 陈广平
亭湖区 陈 刚

扬州市
市政协主席 徐益民
县（市、区）政协主席
宝应县 韩国柱
高邮市 倪文才
江都市 倪玉泉
仪征市 周农生
邗江区 田圣春
广陵区 董德利
维扬区 尹宏宝

镇江市
市政协主席 郭礼荣
县（市、区）政协主席
丹阳市 王 健（女）
句容市 王远根
扬中市 戴正春
丹徒区 毕增立（女）
京口区 贾国祥
润州区 姚元龙

泰州市
市政协主席 陈克勤
县（市、区）政协主席
靖江市 苏增耀
泰兴市 张泽民
姜堰市 莫鹏程
兴化市 范学忠
海陵区 叶海波
高港区 任寿南

宿迁市
市政协主席 卜 平

县（市、区）政协主席

沭阳县　丁建平

泗阳县　陈富胜

泗洪县　王益和

宿豫区　叶盛旺

宿城区　张福泉

江苏省各级政协组织和委员数

（截至2008年底）

项目 \ 级别	省级	副省级市	地级市	县（县级市）	合计
组织数	1	1	12	106	120
委员数	772	465	5147	23874	30258

（金建明　佘玉奇　许永强 编写　丁泽生 审稿）

政协浙江省委员会

周国富 主 席

楼阳生 副主席

盛昌黎 副主席

徐冠巨 副主席

王永昌 副主席

陈艳华 副主席

黄旭明 副主席

徐 辉 副主席

姚 克 副主席

冯明光 副主席

黄旭明（兼） 秘书长

【全体委员会议】

十届一次会议 2008年1月15日至20日在杭州召开，应出席686名，实到655名。会议由大会主席团常务主席周国富、盛昌黎、徐冠巨、楼阳生、王永昌、黄旭明、徐辉、姚克、冯明光主持。会议听取和审议周国富所作的政协第九届浙江省委员会常务委员会工作报告；听取和审议徐冠巨所作的政协第九届浙江省委员会常务委员会关于提案工作情况的报告；审议通过楼阳生所作的政协第十届浙江省委员会第一次会议提案审查委员会关于十届一次会议提案审查情况的报告。会议共收到以提案形式提出的意见建议678件，立为提案的663件。其中，以各民主党派、工商联、有关人民团体和界别名义提出的集体提案79件，委员提案584件。与会委员列席了浙江省第十一届人民代表大会第一次会议，听取并讨论吕祖善省长所作的政府工作报告及其他有关报告。会议选举产生政协第十届浙江省委员会主席、副主席、秘书长、常务委员。会议审议通过了《中国人民政治协商会议第十届浙江省委员会第一次会议决议》。《决议》指出，九届省政协坚持以邓小平理论和“三个代表”重要思想为指导，深入贯彻落实科学发展观，切实贯彻《中共中央关于进一步加强中国共产党领导的多党合作和政治协商制度建设的意见》、《中共中央关于加强人民政协工作的意见》，依照《宪法》和《政协章程》，牢牢把握团结和民主两大主题，在中共浙江省委的领导下，在省政府的支持和各方面的配合下，团结依靠全体政协委员和各党派团体、各族各界代表人士，把准新世纪新阶段人民政协的工作方位，自觉服从和服务于全省工作大局，按照省委“四位一体”的总布局和“创业富民、创新强省”总战略，充分发挥优势，认真履行职能，坚持与时俱进，不断开拓创新，取得了丰硕成果，为推进我省科学发展、和谐发展、率先发展，促进祖国统一，作出了重要贡献。会议号召，全体政协委员和政协各参加单位，要更加紧密地团结在以胡锦涛同志为总书记的中共中央周围，在中共浙江省委的领导下，牢牢把握团结和民主两大主题，围绕中心、服务大局、注重民生、真情履职，认真开展政治协商、民主监督、参政议政，与党委、政府工作和谐共振，与人民群众脉搏一起律动，为全面完成中共十七大和省第十二次党代会提出的各项目标任务，为深入实施“创业富民、创新强省”总战略、夺取全面建设惠及全省人民的小康社会的新胜利，为早日实现祖国的完全统一、实现中华民族的伟大复兴，作出新的更大贡献！省党政军领导出席开幕式和闭幕式。十届省政协主席周国富作闭幕讲话，中共浙江省委书记赵洪祝出席闭幕会并讲话。

【常务委员会会议】

九届第26次常委会议 2008年1月3日在杭州举行。应出席110人，实到85人。会议主要议程：审议通过政协第九届浙江省委员会常务委员会工作报告及报告人；审议通过政协第九届浙江省委员会常务委员会关于提案工作情况的报告及报告人；审议通过政协第十届浙江省委员会委员名单；审议通过关于召开政协第十届浙江省委员会第一次会议的决定；审议通过政协第十届浙江省委员会第一次会议议程和日程（草案）；协商讨论《政府工作报告》（征求意见稿）等。省委书记赵洪祝到会并讲话，周国富主席讲话。

十届第1次常委会议 2008年1月21日在杭州举行。应出席109人，实到99人。会议主要议程：审议通过政协第十届浙江省委员会常务委员会关于设置专门委员会的决定；审议通过政协第十届浙江省委员会各专门委员会主任、副主任名单。周国富主席讲话。

第2次会议 2008年5月21日在杭州举行。应出席109人，实到73人。会议审议通过政协第十届浙江省委员会副秘书长名单，通过关于免去陈金寿政协浙江省委员会办公厅主任职务的决定，通过关于增设民族和宗教委员会、委员工作委员会的决定，通过民族和宗教委员会、委员工作委员会主任、副主任名单，通过专门委员会副主任任免名单。周国富主席讲话。

第3次会议 2008年9月27日至28日在杭州举行。应出席109人，实到79人。会议协商讨论加强我省节能减排有关问题，省政协常委及群众代表就加强节能减排工作，与省直有关部门负责人进行双向交流；审议通过了有关人事事项。周国富主席主持并讲话，副省长金德水到会听取意见并讲话。

第4次会议 2008年11月27日至28日在杭州举行。应出席109人，实到64人。会议审议通过关于召开省政协十届二次会议的决定。会议就“发展海洋经济、建设海上浙江”问题开展协商议政；听取了国家海洋局政策法规和规划司司长王殿昌所作的《新时期新阶段我国海洋形势与挑战》专题报告，观看了《浙江的蓝色畅想》电视专题片，省交通厅、省海洋与渔业局到会听取意见。周国富主席讲话，省委常委、常务副省长陈敏尔听取委员发言并讲话。

第5次会议 12月22日至24日在杭州举行。应出席109人，实到84人。会议审议通过了政协第十届浙江省委员会第二次会议议程（草案）和日程，审议通过了常务委员会工作报告及报告人和提案工作报告及报告人，审议通过了《政协浙江省委员会关于省政协委员履行职责的若干规定》（试行），审议通过了十届二次会议秘书长、副秘书长名单和委员增补名单；省纪委、省政府有关负责人分别通报了我省2008年反腐倡廉工作情况、省政府系统办理省政协十届一次会议以来提案工作的情况；省政协各专门委员会报告了2008年工作情况和2009年工作思路；会议围绕《政府工作报告》（征求意见稿），进行了认真的讨论，提出了意见建议；会议审议通过了有关人事事项。周国富主席讲话。

【专门委员会工作】

提案委员会 一是抓住机遇，认真协助落实“五个一”要求，推动提案办理工作深入开展。全力协助办理单位做好重点提案办理的沟通、调研、协商和服务工作，切实落实重点提案办理要求，为提案办理工作做好示范；加大对提案办理情况的宣传报道，扩大社会影响；首次在省政府系统开展提案办理情况的民主评议。二是应对新形势、新情况，加强对提高提案质量工作的调研，为推动提案质量的提高发挥好职能部门的作用。正确估价提案质量的情况，明确强调提高提案质量是提升整个提案工作水平的需要；提出了进一步提升提案质量的若干意见。三是加大督办，进一步增强提案办理力度。对主席督办重点提案实行全程跟踪；协调各专委会做好11件重要提案督办；对不满意的提案及时复议复办。四是加强调查研究，强化自身建设，努力提高提案工作服务水平。发挥好参谋助手作用，加强与党派团体、专门委员会、界别组和委员的沟通互动；做好提案的征集、审查、交办等基础性工作，编辑《重要提案摘报》、《提案工作动态》，促进提案办理的落实；召开全省政协提案工作座谈会；应用新方法、新技术丰富服务手段。

经济委员会 一是主动参与“建设海上浙江”重点课题调研，为拓展新的经济增长极献计出力。独立承担《我省沿海地区基础设施》子课题调研，形成《加大基础设施投入，推进我省沿海经济可持续发展》调研报告；与省发展规划研究院合作提出《推进港口一体化发展，加快建设港航强省》意见建议，与长三角（浙江）民营经济研究会等部门合作提出《坚持集散并重，不断增强浙江港口物流竞争力》意见建议。二是围绕国际金融危机等问题，为确保我省经济平稳运行建言献策。调研形成《关于帮助我省外贸企业共渡难关的建议》；召开上半年经济形势分析会，提出促进我省经济平稳运行的若干意见建议；与省工商联举行界别活动，召开8家行业协会负责人专题座谈会，提出了《加强对我省中小企业的引导与帮助的对策建议》；组织经济界、工商联界的委员视察，就我省企业转型升级、推动县域经济发展议政建言。三是做好社情民意的收集与反馈，为畅通民主渠道真情履职。共计编报信息18篇，被有关部门采用9篇；共递交提案16件，督办提案1件，12人次在政协例会发言。四是加强与有关部门的沟通协调。协助完成对西藏那曲地区政协的对口支援，协助落实省政协委员在江西瑞金捐建2所长征希望小学，协助省政协企业家之友社完成换届工作。

农业和农村工作委员会 一是完成组织架构，完善制度建设。修改完善《工作细则》，重视履职学习。二是围绕“两创”总战略，开展重点课题调研。牵头起草《关于“建设山上浙江、发展山区经济”的建议书》，配合“建设海上浙江”重点课题的调研。三是组织开展“农村金融”深化调研。四是充分重视提案工作，认真开展提案督办。共递交提案13件，督办2件提案。五是突出界别特色，组织界别活动。组织委员就我省“农业综合开发”情况进行视察；联合部分农业界、少数民族界委员和省民革党员召开“纪念改革开放三十周年，畅谈三农工作”的委员约谈会。六是服务经济社会发展，关注基层民生问题。赴义乌开展调研咨询；联系专家到黄岩区富山乡提供技术咨询。七是广泛联络联谊，推进大团结大联合。进一步加强与全国政协经济委员会、兄弟省（市、自治区）政协对口专委会及台湾农业专家的联系；赴西藏、青海学习考察“生态农业”；接待重庆市、天津市和西藏那曲政协考察团；参与组织召开“浙台山区经济发展交流座谈会”。八是夯实内部基础，凝聚外部合力。召开4次主任会议、2次全体会议和省市政协农业和农村工作委员会主任座谈会，加强与省直有关部门的联系合作。

人口资源环境委员会 一是不断加强自身建设。重在抓好学习、搞好交接、建好队伍。二是落实各项制度。规范会议制度，坚持学习制度、专家讲课制度，建立联系合作制度，健全办公室工作制度。三是开展专项民主监督，完成《关于加强节能减排工作专项民主监督的报告》等五篇报告。四是完成人口老龄化研究课题。会同省人口和计划生育委员会、省老龄委和浙江大学，完成《关于我省人口老龄化问题若干建议的报告》。五是探索创新政协工作。创新民主监督形式和方法；做好“关注森林”工作，对工作外延进行探索；和科技界联合调研，对界别活动方式进行积极的探索；考察钱塘江和京杭大运河水质保护情况。六是积极开展协作交流。参与全国政协人口资源环境委员会“流动人口计划生育管理体制创新研究”和“主体功能区规划与人口资源环境问题研究”专题调研；参加中国城市节能减排高峰论坛，并作主题发言；参加人口资源环境工作形势发展分析会，并作专题发言；参与辽宁等省政协赴浙考察组接待工作；注重省、市、县三级政协专委会的上下联动，坚持和杭州市人口资源环境委员会年度工作交流座谈会。

科技教育委员会 全年共组织各项活动34次。开展座谈和调研9次，召开委员约谈会1次，全体主任会议5次，全体委员会议1次，全省政协科教委工作会议1次，提案见面会1次；委员参加活动90人次；撰写常委会议发言2篇，调研报告2篇，政协信息1篇，督办提案1件，编发科教简讯4期等。一是尽快进入角色，着力做好开局起步工作。二是深入开展调查研究。开展民办高等教育专题调研，形成《实事求是，勇于创新，促进我省民办高等教育健康发展》报告；参与“建设海上浙江”重点调研，形成“发展我省科教文化事业，实现海上浙江建设蓝图”和“沿海六省市开发利用海洋的成功经验和做法值得我省借鉴”专题报告，并在常委会议上发言。三是高度重视提案工作。组织对《完善财政投入保障机制，确保义务教育均衡发展》的重点提案督办。四是丰富委员活动内容。组织开展两次学习调研活动；组织参与“五五”普法中期督导检查、行风督察、杭州湾跨海大桥视察等活动。五是拓宽对外联系渠道。注重加强与省直对口部门、全国政协及兄弟省市政协的联系与合作，协助全国政协开展两个专题调研，参与甘肃、辽宁、贵州等省政协考察组接待工作，参加16省区市政协科技工作联系会议。六是不断加强自身建设。参加各种学习活动；完善各项工作制度；加强信息宣传工作。

文化卫生体育委员会 一是深入基层，调查研究。开展农村文化建设情况调研，形成《繁荣农村文化，推进社会主义新农村建设》的调研报告；开展卫生工作调研，形成《市县级医疗机构承担公共卫生任务的支撑政策》专题报告；视察千岛湖国家水上运动训练基地。二是发挥优势，开展医疗扶贫。组织在杭各大医院的专家、教授，赴开化县进行扶贫义诊。三是运用载体，做好送文化种文化工作。会同省文化厅向缙云县东山杨村赠送文化器材；组织艺术团为参加江西抗雪救灾的驻浙某部红军团进行慰问演出；组织文艺演员和艺术体操运动员赴开化、黄岩演出3场次；协助浙江婺剧促进会做好地方戏曲的弘扬和传承工作。四是建章立制，规范艺术团工作机制。五是筹备浙江省第一届“兰亭”青少年书法大赛。六是承办全国政协教科文卫体委员会“农村卫生工作研讨会”。七是参加江浙沪政协保护和扶持地方戏曲艺术座谈会。

社会法制委员会 全年组织调研5次、考察1次、民主监督2次，召开委员约谈会和座谈会5次，撰写调研考察报告5份，提交提案12件，撰写各种会议材料35份，对8部地方性法律法规的制定进行立法协商，编写信息3篇，接待全国政协和兄弟省市政协来浙考察调研组6批，接待群众来信来访8次。一是加强学习，建章立制，做好开局工作。二是关注民生，精选课题，认真开展专题调研。参与“建设海上浙江”重点课题调研；开展“发展慈善事业，完善我省第三次社会分配”专题调研；参与全国政协婚姻家庭中的人身权利保护、建立和完善多元化纠纷解决机制的专题调研。三是奉献爱心，参与救灾，为支援青川灾区恢复重建作贡献。开展“插上爱的翅膀——情系灾区兄弟姐妹”爱心助残活动，参与募集善款、物资价值800多万元。四是开展立法协商，促进法治浙江建设。组织委员对浙江有关法律、法规进行协商讨论，提出意见建议；加强与省高院、省检察院的工作联系；参与“五五”普法中期督导检查工作；参与行风、政风监督。五是强化服务，广泛联络，密切与各方面的联系。加强与全国政协社法委、兄弟省（市、区）政协的联系；加强与界别委员的联络；加强与海外友好人士的联系。六是完善机制，提高效率，不断加强自身建设。积极筹建省政协民宗委；完善工作机制；加强办公室建设。

民族和宗教委员会 2008 年 5 月 21 日组建以来，召开主任办公会 7 次，主任会议 5 次，全体委员会议 2 次，全省政协民族宗教工作会议 1 次，承办全国部分省（区、市）政协第十次民族宗教工作研讨会；组织专题调研 3 次、界别组活动 6 次；撰写政协提案、信息、调研报告、领导讲话等材料 13 篇。一是加强学习，理清思路，深入学习实践科学发展观。二是选好课题，开展调研，促进我省民族宗教工作。参与“如何发挥宗教界人士和信教群众积极作用”专题调研，参加全国政协“发挥宗教界人士和信教群众积极作用研讨会”；进行“我省风景名胜区与宗教场所管理”和“我省少数民族经济社会发展情况”专题调研。三是发挥优势，体现特色，认真组织政协界别活动。组织少数民族界别组调研和慰问活动，组织“钱江浪花艺术团”流动舞台车赴景宁，向景宁和苍南民族小学学生捐赠价值 20 万元的儿童营养品；组织特别邀请人士界别组赴宁波走访宗教场所。四是加强和全国政协、省直有关部门联系沟通；参与接待全国政协民宗委及山西等 6 省政协考察组。五是建章立制，抓好落实，加强专委会自身建设。

文史资料委员会 一是认真学习贯彻中共十七大和全国政协会议精神，会同有关部门筹备和召开全省政协文史工作会议。对全省政协文史资料工作深入调研并分片召开座谈会；开展优秀文史资料图书和优秀政协文史工作者评选工作；组织政协文史工作成果图片和部分优秀文史资料图书展，参与制定《政协浙江省委员会关于加强文史资料工作的意见》。二是以制定本届文史资料征编规划为重点，完善工作制度，充实工作队伍，加强自身建设。制定《浙江省参与全国政协文史资料协作规划的选题目录》等 4 个文件；完成首批特邀委员的聘任工作。三是以改革开放 30 周年为重点，征集和出版三亲史料。参与完成《温州民营经济的兴起与发展》一书编纂；协调启动我省政协系统文史资料重点征编协作的各项工作；参与《浙江省改革开放 30 年大事记》编撰工作；完成《浙江县以上政协文史资料总目录》的补充工作。四是组织委员调研视察，积极参政议政。参与“建设海上浙江”重点课题调研；以“推进海上浙江的文化建设”为专题召开委员约谈会；协助全国政协大运河保护与申遗调研和视察活动；参加全国政协《运河画册》编辑会议等有关工作；完成两项重点提案的督办工作；加强与省级相关部门和社会团体的联系与沟通，做好界别联系工作；参加华东地区政协第 23 次文史工作协作会议。

港澳台侨委员会 一是积极开展联络联谊工作，组织、引导港澳华侨委员和特邀委员认真履行职责。港澳华侨委员共提交提案 22 件；主动做好港澳地区代表人士工作，走访香港浙江同乡联合会，赴澳门参加苏浙沪同乡会庆祝国庆暨会庆活动；引导港澳华侨委员、特邀委员支援抗震救灾，实际到位捐助资金达 321.7 万元人民币和 5000 美元；参与“山上浙江”重点调研课题，邀请四位台湾地区农业专家来杭交流。二是完成省政协港澳台侨委员会特邀委员的换届工作。三是重视界别活动，发挥委员主体作用。就大运河浙江段和乌镇的开发与保护工作情况进行视察；就如何利用台资、侨资和相应的人才、技术，推动山区经济开展讨论；就金融危机环境下侨资侨属企业发展状况进行调研。四是做好提案督办工作。五是加强上下和横向联系，配合全国政协和省有关部门开展相关活动。协助全国政协3个调研组工作，进行探讨交流；参与接待内蒙古、辽宁政协考察组；组织赴甘肃、新疆学习考察；召开全省各市政协港澳台侨工作座谈会；参与举办台海形势报告会；参与开展“我为对台工作建言献策”征文活动；参与省台办组织的“台商服务月”活动。

委员工作委员会 2008年5月成立后，共召开主任会议3次，全体会议3次，组织调研考察3次，制定规章制度4个，与驻浙全国政协委员、省政协委员、界别活动组组长和联络员联系工作600多人次，报送和网上发布信息38条。一是统一思想，明确工作的职责和定位。二是建立制度，确定工作的规则。三是突出重点，抓好主要工作的落实。全面了解和掌握工作对象的准确信息，先后对686名省政协委员、110名常委会组成人员数十个基本信息项目进行查找、分类和统计，对40名驻浙全国政协委员的基本情况进行核实整理，并对各个界别活动组正副组长、联络员的相关信息和各界别活动组委员名单进行核对造册；积极推进界别活动组活动的开展，制订《政协浙江省委员会办公厅关于开展界别活动组活动的实施办法（试行）》；召开界别活动组组长会议；参与驻浙全国政协委员和省政协委员的视察活动；参与重点课题调研和督查工作。四是创新机制，注重工作的探索。参与开发省政协委员服务履职管理系统；组织委员约谈。

【重要活动】

常委学习会暨新任委员培训班 2008年5月19日至20日在杭州举办。邀请吕祖善省长作当前省经济社会发展形势分析的报告；邀请全国政协研究室副主任原冬平、中央统战部研究室副主任张献生作人民政协和统一战线理论专题辅导；邀请4位曾任和连任委员谈经验体会。周国富主席讲话。

省市政协主席学习务虚会 2008年6月16日至18日在湖州举办。会议围绕创新与实践这一主题，交流各市政协近年来在实践中创造的一些做法和经验。周国富主席讲话，强调要在党的十七大精神指引下，大力弘扬政协文化，以改革创新的时代精神积极推动人民政协工作创新。

全省政协主席读书会 2008年7月22日至24日在温州举行。邀请吕祖善省长通报上半年全省经济社会发展情况和下半年政府主要工作；邀请中国人民大学张立文教授作“和合文化”专题辅导报告；周国富主席在会上作《切实加强政协文化建设，不断推动政协工作创新》的讲话。

“建设山上浙江、发展山区经济”重点课题调研及专题协商会 根据省委的要求，常委会组织力量深入主要山区市县进行调研，召开“建设山上浙江、发展山区经济”专题协商会，赵洪祝书记、吕祖善省长出席会议，省直29个部门负责人到会听取委员发言，7个专题调研小组和7个部门开展双向交流，在调研和专题协商会基础上，向省委、省政府郑重提出《关于“建设山上浙江、发展山区经济”建议书》。

“发展海洋经济、建设海上浙江”重点课题调研 根据省委的要求，常委会组织力量赴沿海市县深入调研，形成1份总报告、14份分报告，制作了1个专题电视片。第4次常委会议就“发展海洋经济、建设海洋浙江”问题开展协商议政。课题组综合常委会议的意见建议，向省委、省政府郑重提出《关于“发展海洋经济、建设海上浙江”建议书》。

节能减排民主监督 根据省委的要求，常委会组织力量，通过实地检查监督、省外考察、举行听证会、召开常委会议等形式，开展节能减排专项民主监督。第3次常委会议进行专题协商讨论，会后形成《关于加强节能减排工作专项民主监督的报告》等五个报告报省委省政府。

【重要文件】

常务委员会工作报告（2008年1月15日）（摘要） 五年来的工作回顾：一是深入开展邓小平理论、“三个代表”重要思想和科学发展观的学习。制定《关于进一步加强理论学习的意见》，制定党组理论学习中心组和委员的年度学习计划；创新学习形式，有计划、分层次、多形式地组织学习；坚持理论联系实际，召开全省政协理论研讨会；逐步形成“三型、四不、五度”的工作思路，明确“三个更加关注”的工作重点和“四句话”的工作要求。

二是认真履行政治协商、民主监督、参政议政职能。认真开好政协例会，共召开全体会议5次、常委会议26次、主席会议42次，着重就加强“非典”防治工作、推进长江三角洲地区经济合作与交流、先进制造业基地建设、新农村建设、“平安浙江”建设、“法治浙江”建设、机关效能建设、发展和谐劳动关系和人民政协工作有关问题开展协商讨论。

切实做好提案、视察和反映社情民意信息工作。召开两次全省政协提案工作会议，制定《关于加强和改进提案工作的意见》等制度，建立和完善省长领办与主席督办重点提案、专委会督办重要提案制度，规范提案审查立案、优秀提案评选表彰、重点提案产生与办理等工作。改进委员视察工作，首次召开全省政协视察工作座谈会，修订《视察工作条例》，制定视察年度工作计划，创新视察工作方式，增强视察活动的规范性、计划性、选择性和界别性，充分发挥委员视察的作用。制定《关于进一步加强反映社情民意信息工作的若干规定》，拓宽信息渠道、整合信息资源、健全信息网络、提高信息质量。五年来，共立案并交办提案3385件，组织或委托组织委员视察64次；编发《政协信息（专报）》1150期，年年被全国政协评为信息工作先进单位。

精心组织调查研究。首次召开全省政协调研工作会议，制定《关于进一步加强调查研究工作的意见》，坚持将重点课题调研与经常性建言献策相结合、同步跟踪调研与超前调研相结合、大题目与小题目相结合、以自身力量为主与借助外力相结合。五年来，完成了交办的9项重点履职课题的调研任务；广泛组织委员开展专题调研，形成各类调研报告250余篇。省委、省政府领导批示157件次，提出的许多意见建议被决策采纳。

深入开展专项集体民主监督。五年来，先后围绕制止医疗、教育、交通和涉农领域的不合理收费，完善社会保障体系，生态省建设，建设资源节约型社会，发展和谐劳动关系等问题开展专项集体民主监督。综合运用明察暗访、走访座谈、调研视察、委员约谈等形式，把“听证会”列入必经程序，把建议案作为重要手段，把内容列入常委会议的重要议题。

三是扎实推进政协工作制度化、规范化、程序化建设。参与省委组织的调研督查，开展专题研讨，提出意见建议，协助省委召开全省政协工作会议，省委先后颁发的两个文件，为推动我省政协工作“三化”建设提供了有力指导；认真研究制定政协履行职能的配套制度，先后制定和修订了30多项制度，力求使政协各方面工作有制可依、有范可守、有序可循；切实抓好政协“三化”建设有关规定的落实，积极开展学习宣传活动，增强制度意识、规范意识和程序意识；积极抓好文件精神落实的督促检查工作，配合全国政协开展检查活动，先后两次参与省委组织的政协工作调研督查，促进了文件精神的落实。

四是切实做好加强团结、促进和谐、扩大影响的工作。加强各党派团体、各族各界人士的团结合作。努力协助党委、政府做好“走进矛盾，破解难题”的工作。切实增强广大政协委员为“平安浙江”、“法治浙江”服务的主动性、积极性。积极为群众办实事、做好事。鼓励和引导非公有制经济人士积极投身“光彩事业”和慈善事业。坚持开展教育、科技、医疗、文化、体育下基层活动。与浙江广电集团联合举办抗击“非典”特别节目，组织捐款捐物达9000余万元。做好挂钩扶贫点和派驻农村指导员工作，省政协机关被评为省农村指导员工作先进单位。

认真做好政协港澳台侨和对外交往工作。大力宣传一国两制、港人治港、澳人治澳、高度自治方针，派员参加港澳“浙江周”、香港特别行政区成立十周年庆典等重要活动。大力宣传《反分裂国家法》和中央对台工作方针政策，加强与台湾各界人士和团体的联系；走访在浙台资企业和台商协会；积极开展侨务对台工作，引导鼓励海外华侨委员、港澳台侨委员会特邀委员参与“反独促统”活动；邀请和接待台湾同胞来浙江参观交流。积极拓展港澳华侨委员和特邀委员参政议政渠道。充分发挥港澳华侨委员和特邀委员的桥梁、纽带作用，努力促进浙港、浙澳、浙台的交流合作和浙江的对外开放。加强对外交流交往，认真做好组团出访和接待来访工作，积极参与美国、德国、法国“浙江周”活动，广泛开展与海外侨胞、侨团侨领、民间机构以及有关国家议会的联络联谊活动，扩大政协在海外的影响。

充分发挥文史工作“存史、资政、团结、育人”的作用。注重抢救、存真、出精品，制定文史资料征编协作规划，积极开展史料征编工作。征编、出版《浙江文史大典》、《浙江文史资料目录》、《浙江民建回忆录》等一批高质量图书，圆满完成《浙江省政协志》的编纂、出版工作，协作完成全国政协《温州民营企业的兴起和发展》、《名人故居》等重点选题稿件征编工作。

进一步改进和加强政协宣传工作。加强对宣传工作的领导，建立机构，健全机制。坚持正确的舆论导向，认真办好联谊报和浙江政协网站；举办“为了浙江的腾飞”、“政协委员之夜”电视综艺晚会。密切同中央和省新闻单位的联系与合作，协助《人民政协报》社设立浙江记者站，编辑出版《中国政协·浙江专刊》和《人民政协报·浙江政协专版》，组织撰写宣传理论文章。

五是积极创新富有时代特征、政协特色、浙江特点的履职载体。探索“群众代表旁听政协常委会议”新形式。五年来，先后有6次常委会议共邀请150余名群众代表旁听，其中50余名代表在会上发表了意见。这一做法拓宽了群众表达利益诉求的渠道，加强了政协与各界群众的沟通联系，巩固了政协的履职基础，扩大了政协的社会影响。

创办“政协视线”电视专题节目。以政协提案、视察、调研、社情民意为主要线索，以百姓最关心、最直接、最现实的利益问题为报道重点，以政协委员和政协各参加单位提出的意见建议为宣传内容，采取现场播报、跟踪采访、群众参与、委员点评等多种形式，把委员视角与百姓视角结合起来，起到了解疑释惑、化解矛盾、促进和谐、推动工作的积极作用。

开设“民情热线”。开通热线电话和传真、电子邮件，专门受理各级政协委员、民主党派成员和其他社会群众的来信来电。截至2007年底，共受理各类民情反映17498件，编报《民情热线综合反映》121期，民情反映转处1976件，专送及转办111件。

尝试“提案办理网上直播”。先后就委员提交的《关于发展慈善事业的几点建议》、《加强社区卫生服务体系建设的几点建议》两份提案，以网络直播的形式公开提案办理的全过程，访问量分别超过10万人次和7万人次。

成立长三角（浙江）民营经济研究会。与沪、苏、皖三省（市）政协共同发起成立长三角（浙江）民营经济研究会。就贯彻落实国务院《关于鼓励支持和引导个体私营等非公有制经济发展的若干意见》和促进民营经济持续发展开展专题调研；以“创新·人才”和“借鉴徽晋商·做强新浙商”为主题，成功举办两届中国民营经济科学发展论坛；与有关方面共同主办第五届浙江·中国民营企业峰会。

组建省政协艺术团。深入基层慰问演出，既送戏、送歌、送乐下乡，又对基层文艺活动进行业务指导，培养文艺骨干，将“送”文化与“种”文化结合起来，积极为政协委员和基层群众服务。

六是努力夯实人民政协工作基础。充分发挥民主党派、工商联和无党派人士的骨干作用。制定出台《关于进一步发挥民主党派无党派人士作用的意见》，切实为他们履行职能搭建舞台。五年来，在省政协的大会发言、提案、社情民意信息和民情热线反映中，各民主党派和工商联分别占78%、52%、58%和63%。

注重发挥政协界别的独特作用。组织开展界别视察。发挥共青团、总工会、妇联、青联、科协等团体界别优势，通过大会发言、团体和个人提案、社情民意信息、视察调研等履职形式，积极反映本界别群众的愿望和诉求，着力维护本界别群众的利益。

着力发挥委员的主体作用。制定和修订《关于进一步发挥委员作用的意见》等五个文件，为发挥委员主体作用提供制度保障。认真组织委员学习和培训，促进委员提高素质，遵守章程，履行职责。尊重和保障委员的民主权利，探索建立委员履行职责新平台，为他们更好地发挥作用提供便利。加强委员管理，开展委员履职情况届末考察，提出留任委员建议名单，调动委员参政议政的主动性和积极性。

切实发挥专委会的基础作用。修订《专门委员会通则》，明确各专委会工作职责，完善各专委会工作制度。调整充实专委会组成人员。促使各专委会成为省政协重点课题调研、专项集体民主监督、经常性议政建言、为民办实事的重要力量。

积极发挥政协机关的服务保障作用。加强对省政协机关工作的领导，完成机关机构改革，优化干部队伍结构；深入开展机关保持共产党员先进性教育、效能建设年和作风建设年等活动，不断增强机关干部的政治思想素质和业务工作能力；召开全省政协秘书长会议，专题研究政协机关工作；建立健全机关工作运作机制，努力提高政协机关的服务意识、工作效率和保障水平。

加强对市县政协工作的指导，开展重点课题调研监督的联动协作，努力形成全省政协工作合力。支持省政协之友社、诗书画之友社、企业家之友社根据自身特点开展工作，支持树人大学争创国内一流民办本科院校。

总结五年来的实践，主要有如下体会：一是坚持中国共产党的领导，把准自身工作方位，是政协工作的首要前提。二是牢牢把握团结和民主两大主题，积极为贯彻落实科学发展观与构建社会主义和谐社会服务，是政协工作的时代要求。三是坚持以人为本，努力实现和维护最广大人民的根本利益，是政协工作的出发点和落脚点。四是把“三化”建设摆在更加突出的位置，建立和完善工作机制，是政协工作的可靠保证。五是按照与时俱进的要求，坚持继承与创新相结合，是政协工作的不竭动力。六是主动适应新形势新任务，切实抓好自身建设，是政协工作的重要基础。

对十届省政协工作的建议：一是全面、深刻、准确地学习和把握中共十七大和省第十二次党代会精神，努力实现围绕中心、服务大局能力的新提高。二是深入贯彻落实科学发展观，不断探索服务创业富民、创新强省、全面建设惠及全省人民小康社会的新思路。三是充分发挥大团结大联合的组织优势，积极参与共建共享和谐浙江的新实践。四是切实增强履职为民的责任感和使命感，着力拓展关注民生、服务民生的新渠道。五是始终坚持和而不同、兼容并蓄的工作原则，积极构建协商民主的新平台。六是进一步建立健全“荟萃力量、合而成势”的工作机制，全面开创政协工作的新局面。

【组织概况】

主　席

周国富

副主席

楼阳生　盛昌黎（女）　徐冠巨

王永昌　陈艳华（女）　黄旭明

徐　辉　姚　克　冯明光

秘书长

黄旭明（兼）

常务委员名单（按姓氏笔画为序）

丁国玉（女）　万　健　马光明

王　珂　王云路（女）　王建康

方法全　方泉尧　方剑乔　方德根

计时华（女）　叶　真　叶烈窑（女）

叶鸿达　包陪庆（女）　吕志宏

朱祖德　朱德峰　任志兴　庄志清

庄跃成　齐宽明　汤为平（女）

孙玉安（回族）　孙新耀　李有泉

李林访　李继承　李锦平　杨　杨

吴　晶（女）　何水法　汪银华（女）

沈立江　张　波（女）　张小蒂

张昌义　张明华　张泽熙　张建武

张惠康　陆国钦　陆增镛　陈　琪（女）

陈小平　陈亚岗　陈金寿　陈金彪

陈晓非　陈焕昌　陈剩勇

陈集双（土家族）　姒健敏

林晓峰　林笑云（女）　罗卫红（女）

金敏（女）　周永清　郑志耿

郑树森　郑胜涛　郑家祥　郑祥福

赵一新　赵士芳　赵小英（女）

赵光育　赵跃进　侯玉琪　俞　立

俞剑明　夏克栋　顾耕华　钱水土

徐　旭　徐向东　徐林德　徐建华

徐博侯　高　杰（女）　陶正明

黄小杭　黄永通　黄廉熙（女）

曹一家　曹永葆　曹其镛　盛静生

梁细弟　蒋学基　鲁善增　谢双成

蓝资霞（女，畲族）　裘小玲（女）

詹泰安　鲍　钢　薛佳平　穆建平

戴备军　魏贤超

委员名单（按姓氏笔画为序）

中国共产党（22名）

马光明　王永昌　王卓辉　方德根

叶高翔　包哲东　庄建南　庄跃成

刘　亭　刘肇美（女）　孙忠焕

李立定　沈立江　陈金彪

陈艳华（女）　周国富　陶正明

黄旭明　童兆洪　楼阳生

裘小玲（女）　詹泰安

中国国民党革命委员会（21名）

王　薇（女）　王建康　计时华（女）

石正华　叶赞平　冯明光　李水根
李继承　杨　华（女）　吴翰桂
何金彩（女）　张永奎　张雪樵
欧阳建华　段会龙　俞小安
俞建民　徐东波　蔡　挺　蔡　茜（女）
魏贤超

中国民主同盟（21名）

王云路（女）　朱启鸿　刘文漪（女）
刘国安　刘炳炎　吴　兰（女）
邱　昱（女）　张正煜　罗孟飞
项力克　赵士芳　姚雅仙（女）
夏　平　柴永强　徐　辉　徐向东
徐青松　高　杰（女）　韩　平
潘一红（女）　潘长旺

中国民主建国会（21名）

丁国玉（女）　马梅芝（女）
尤　源　方新旗　计时鸣　吕建明
朱贵远　朱新风　齐育华　何小玲（女）
张　雨　张明华　陈小平　陈智敏（女）
陈湘明　金克明　赵跃进　胡齐乾
徐海荣　黄小杭　隗斌贤

中国民主促进会（17名）

王　健　王　淳（女）　王旭烽（女）
毛亚敏（女）　张少华　张宝珍（女）
陈大申　陈万平　陈伯怀　金召卫
赵光育　夏克栋　黄洁明　盛昌黎（女）
鲁　奋（女）　谢双成　穆建平

中国农工民主党（18名）

许祝安　许培华　李江波　连庆泉
吴小华　张　禾（女）　张　波（女）
陆国钦　陈　琪（女）　陈松菊（女）
金成胜　周智林　胡少云（女）
姚　克　顾耕华　常敏毅　傅路红
魏　明

中国致公党（7名）

吴　静（女）　张　颖（女）
陈国荣　陈建荣　曹永葆　梁细弟
裘云庆

九三学社（18名）

丁晓燕（女）　马玉华　王庆丰
王兴国　毛慷璜（女）　叶　真
叶烈窑（女）　朱祖德　吴南屏（女）
张跃进　姒健敏　罗卫红（女）
黄兆鸽　董　耿　傅　丹（女）
傅承新　楼玉宇（女）　谭建荣

台湾民主自治同盟（4名）

刘伟文（女）　张泽熙　陈艳虹（女）
陈清玲（女）

无党派人士（15名）

丁建江　卢真金　汪银华（女）
宋必卫　张慧慧（女）　陈焕昌
陈露霞（女）　邵铭法　周洪丽（女）
郑颍君（女）　赵小英（女）
袁小强　高　平　黄廉熙（女）
颜钢锋

中国共产主义青年团（7名）

吕　敏　刘艳辉（女）　姚　勇
徐　旭　徐　晓（女）　董　悦
鲍娴萍（女）

总工会（21名）

马　麟　马为民　韦　敢　刘　文（女）
许泰桂　李晓明　李锦平　张东凤
张群英（女）　陈德伟　邵建华（女）
竺士杰　金瑾如（女）　周　明
钱爱珍（女）　徐跃进　葛　萍（女）
葛伯军　韩文红（女）　曾欣欣（女）
戴祝水

妇女联合会（21名）

王　挺（女）　叶锦茹（女）
朱　建（女）　杨肖娥（女）
杨建军（女）　何献敏（女）
陈　曙（女）　陈建华（女）
邵霞飞（女）　郁　梅（女）
金　敏（女）　周梅芳（女）
胡彩芳（女）　柳江虹（女）
俞巧仙（女）　宫　毅（女）
敖玲玲（女）　高秀玲（女）
陶晓莺（女）　谢兰华（女）

雷华英（女）

青年联合会（6名）

许　澎　吴燕琳（女）　迮育彬（女）
赵仁川　姜建成　姚新泉

工商业联合会（21名）

马华祥　王云友　王海斌　汤为平（女）
李任治　余进华　张　敏　张必来
郑步良　郑坚江　郑胜涛　赵小敏
夏　威　徐冠巨　郭金林　曹德平
盛静生　蒋文标　傅建伟　蓝丽华
薛佳平

科学技术协会（14名）

丁康生　仇增永　叶兴永　叶志翔
邢海华　刘维屏　阮志平　孙新耀
严晓浪　张昌义　陈锦清　徐洪林
蒋建中　鲁善增

台湾同胞联谊会（6名）

刘胜欣　苏剑谷　陈伟华　林　楠（女）
郑博光　章留明

归国华侨联合会（15名）

吕文广　汤春甫　苏　挺　吴　晶（女）
张维仁　陈　侠　陈克温　林　东
周小瓯　郑　耀　郑岳青　胡玲玲（女）
胡福林　骆越峰　钱　程

文化艺术界（29名）

王连生　厉仲云　朱炳仁　朱海闵（女）
刘建宽　孙　永　李秀勤（女）
何水法　何晓道　应　真（女）
沈利亚（女）　张承军　邵小眉（女）
林晓峰　金永玲（女）　周妤俊（女）
赵雁君　施小琴（女）　姚百青
袁　敏（女）　钱林森　郭　艺（女）
黄亚洲　龚吟怡　葛金根　董柯娣（女）
程伟兵　程建中　褚佩荣（女）

科学技术界（39名）

万　健　马　云　王　青（女）
王　珂　王长荣　毛正余　石钟韶
朱作勤　许建平　孙海翔　寿剑刚
严成其　苏晓梅（女）　李　捷
李玉柱　李有泉　李根旺　李家兴
杨　杨　吴　健（女）　陈幼荣
陈建忠　周永清　郑　强　胡亚萍（女）
莫卫民　倪明江　徐一鸣　徐国荣
高一兵　郭　忠　黄玲琳（女）
曹一家　阎　震　谢永和　楼健人
鲍虎军　潘东浩　戴备军

社会科学界（21名）

王　杰　王　选（女）　叶子挺
吕志宏　朱土兴　汤柏生　李火林
吴伟赋　吴建依（女）　陈佳强
陈剩勇　林华东　罗卫东　周　膺
郑志耿　郑祥福　胡祖光　袁中伟
唐国华　董　明（女）　曾　骅（女）

经济界（43名）

丁庆平　王久方　王宝桐　叶朴勇
包远辰　朱德相　华美春　刘传德
李立新　吴国潮　吴建荣　岑国荣
何建秋　何剑敏　余健尔　沈仲明
沈继宁　张小蒂　张达洋　张志益
张忠继　张效清（女）　张益山
张童生　陆志宝　陈建飞　邵法平
周业樑　周永利　郑一方　郑家祥
祝　平　钱水土　钱锦根　徐建华
徐洪军（女）　徐新桥　盛继芳
韩新民　虞松波　窦晓军　戴寅寅
戴震华

农业和农村界（43名）

王　磊　王水孟　王浩杰　王喜法
方丽槐　方爱君（女）　叶鸿达
冯晓宇　朱红霞（女）　朱范予
朱德峰　刘　丽（女）　齐宽明
许尚春　芮樟龙　李云康　李林访
李国平　何钧潮　张　佳（女）
张长山　张建人　陈立钻　陈敌佑
邵　峰　林青兰（女）　金俊杰
周　燕（女）　周建桥　赵利民
郜海燕（女）　俞存根　钱德雪
倪勇强　高福明　诸葛彩华（女）

龚佩珍（女） 崔相富 梁月荣
董国英（女） 鲁成银 蓝晓光
管竹伟

教育界（49名）

叶鉴铭 史习民 刘 健 刘世美（女）
闫 彦（女） 汤有祥 孙旭东
苏为华 李昌祖 吴先武 何莲珍（女）
沈传缘（女） 沈建平 张志中
张惠康 陈亚岗 陈肖鸣 陈厥祥
邵金菊（女） 林 机（女）
林正范 林来梵 林启根 林济晚
周 红（女） 周谷平（女）
周梅芳（女） 郑吉昌 郑勇军
赵 敏 赵祖地 俞 立 姚盛德
钱方明 徐亚芬（女） 徐林德
徐宪民 徐博侯 高浩其 诸葛启钏
董 明 蒋学基 蒋胜祥 蒋家新
童本立 谢国光 蔡天新 滕启文（女）
潘瑞芳（女）

体育界（11名）

王 健 庄志清 李华军 吴 鹏
吴霞君（女） 余明亮 应祖明
张蕴华（女） 胡红兵 黄华童
章 莺（女）

新闻出版界（12名）

王同元 朱卫国 朱勇良 杨大进
吴慧君（女） 周少华 单志强
项宁一 侯玉琪 俞剑明 铁国强
董传亮

医药卫生界（29名）

方剑乔 朱顺法 任文霞（女）
伊素珍（女） 李 雯（女）
来茂德 谷定英 沈其君 宋贤能（女）
张 平 张乃大 张延祥 张国强
张治芬（女） 陈公英（女）
陈保华 陈晓非 林晓华（女）
周 利（女） 周学群（女）
郑树森 赵 霞（女） 赵之青
赵正言 姚美芬（女） 袁岳军
黄求理 谢 恬 雷丽红（女）

对外友好界（5名）

王晓峰 任志兴 张美凤（女）
铁建设 徐继红（女）

社会福利和社会保障界（8名）

方泉尧 朱绍平 何雪玲（女）
陈光华 邵 胜 施利红（女）
凌晓光 戴红伟

少数民族界（14名）

王元恒（蒙古族） 石金禹（满族）
龙慧珍（女，苗族）
次登央吉（女，藏族）
李 莉（女，朝鲜族）
沈少春（回族） 张 宏（回族）
陈集双（土家族） 胡寿荣（布依族）
活 泼（女，锡伯族）
蓝 华（女，畲族）
蓝友梅（女，畲族）
蓝资霞（女，畲族） 雷祥雄（畲族）

宗教界（12名）

方法全 光 泉 孙玉安 张大鹏
单渭祥 诚 信 胡龙建 胡贤德
董中基 释智明 道 慈 潘兴旺

特别邀请人士（96名）

丁敏儿 马东泉 王世民 王孝仁
王志良 王金根 王维基 车弘健
毛惠林 尹霄敏 孔祥楷 叶泰海
冯定献 包陪庆（女） 朱报春
朱家平 朱瑞云 刘冬生 刘光华
刘光新 刘爱世 汤新平 孙启烈
李 杭 李 虹 李中方 李贤良
李建忠 李敬天 李德麟 杨麟振
吴志松 吴隔河 何仲浩 何荣标
余梅生 谷小妮（女） 应玉明
沈雪明（女） 张长华 张华锋
张兴华 张建武 陆雅仪（女）
陆增镛 陈 龙 陈 勉 陈子敬
陈凤姣（女） 陈仲尼 陈旭明
陈金寿 陈章凤（女） 范骏华

范鸿龄　林秋兰（女）　林笑云（女）
林筱鲁　郁义康　卓旭光　季志海
金昌民　周五来　周光晖　周克非
周薇薇（女）　郑新浦　郑樟林
单志明　邵传伟　赵一新　赵传涛
赵亨文　胡总旗　查懋成　施荣耀
施基城　顾东华　顾秋麟　倪伟豹
倪海鹰　徐松华　徐德坤　凌世豪
郭礼云　郭明华　郭胜华　黄永通
曹其镛　董　明　董立新　董建平
虞安林　詹耀良　鲍　钢　廖国云

委员增补名单（2008年12月24日第5次常委会议通过）
王　毅　王彭彦　允　观
沈琪芳（女）　郑慧前
郁嘉玲（女）　胡江潮
胡勇平　喻景权

辞去委员名单（2008年12月24日第5次常委会议通过）
李立新

撤销委员名单（2008年12月24日第5次常委会议通过）
丁庆平

【浙江省各市、县、区政协领导人名单】

杭州市（副省级）
市政协主席
孙忠焕
副主席
朱报春　张鸿建　俞国庆
郁嘉玲　董建平　赵光育
吴正虎　朱祖德　张必来
秘书长
张鸿建（兼）
县（市、区）政协主席
上城区　杨全岁
下城区　赵洁生
江干区　朱关泉
拱墅区　钟丽萍（女）
西湖区　张　岐
萧山区　王珠瑛（女）
余杭区　汪宏儿
桐庐县　竺泉海
淳安县　徐光进
建德市　程茂红
富阳市　胡志坚
临安市　陈法生

宁波市（副省级）
市政协主席
王卓辉
副主席
郁义康　范　谊　傅　丹
常敏毅　胡建岳　华长慧
王建康　张明华　陈大申
秘书长
王必恒
县（市、区）政协主席
海曙区　王黎明
江东区　陈勤俭（女）
江北区　干伯铨
镇海区　王　悦（女）
北仑区　刘新华
鄞州区　唐　军
余姚市　孙钜昌
慈溪市　胡惠强
奉化市　王德彪
象山县　白国璋
宁海县　杨加和

温州市
市政协主席　包哲东
县（市、区）政协主席
鹿城区　张立东（女）
瓯海区　虞文成
龙湾区　诸松华
瑞安市　白一帆
乐清市　章纪泉
永嘉县　谢崇福

洞头县 苏彩环
平阳县 孙瑞庆
苍南县 杨成秋
文成县 刘建忠
泰顺县 钱庆法

湖州市
市政协主席 王金根
县（区）政协主席
吴兴区 巩维建
南浔区 顾进才
德清县 王顺章
长兴县 徐永方
安吉县 梁为民

嘉兴市
市政协主席 刘冬生
县（市、区）政协主席
南湖区 张亚平（女）
秀洲区 乔爱生
嘉善县 吴金林
平湖市 郭跃荣
海盐县 陆 瀛
海宁市 张炜芬（女）
桐乡市 池晓明

绍兴市
市政协主席 顾秋麟
县（市、区）政协主席
越城区 陈大平
绍兴县 李杏芬（女）
诸暨市 孟法明
上虞市 卢一勤（女）
嵊州市 王生灿
新昌县 王学洪

金华市
市政协主席 陈章凤（女）
县（市、区）政协主席
婺城区 施素珍（女）
金东区 楼科进
兰溪市 郑遗清
东阳市 王正明
义乌市 杨林章
永康市 陈毅成
浦江县 黄林生
武义县 骆瑞生
磐安县 张瑞晋

衢州市
市政协主席 郑樟林
县（市、区）政协主席
柯城区 郑时宏
衢江区 廖立生
龙游县 黄利荣
江山市 陈幸尔
常山县 余鹤樑
开化县 吴水松

舟山市
市政协主席 刘爱世
县（市、区）政协主席
定海区 车志宽
普陀区 杨小毛
岱山县 赵盛芳
嵊泗县 黄清波

台州市
市政协主席 陈子敬
县（市、区）政协主席
椒江区 刘建华
黄岩区 王富友
路桥区 王恕杰
临海市 施士雄
温岭市 王福生
玉环县 吴小平
天台县 杨廉素
仙居县 滕显木

三门县　　黄祥云

丽水市

市政协主席　　施基城

县（市、区）政协主席

莲都区　　朱祖新

龙泉市　　邵戌汛

青田县　　谢　齐

云和县　　马国华

庆元县　　朱美菊（女）

缙云县　　杨大平

遂昌县　　吴维生

松阳县　　张增礼

景宁县　　彭岳舜

浙江省各级政协组织和委员数

（截至 2008 年底）

项目＼级别	省	副省级市	地级市	县（市、区）	合　计
组织数	1	2	9	89	101
委员数	693	976	3635	18741	24045

（叶　良 编写　戴学林 审稿）

政协安徽省委员会

杨多良 主 席

田唯谦 副主席

郑牧民 副主席

方兆本 副主席

王鹤龄 副主席

刘光复 副主席

张学平 副主席

沈素琍 副主席

李宏塔 副主席

赵 韩 副主席

白泰平 秘书长

【全体委员会议】

十届一次会议 2008年1月23日至30日在合肥举行。应出席745人，实到711人。会议审议通过了九届省政协常委会工作报告和提案工作情况报告。与会委员列席省人大十一届一次会议，讨论并赞同王三运代省长所作的《政府工作报告》以及《关于安徽省2007年国民经济和社会发展计划执行情况与2008年计划草案的报告》、《安徽省2007年预算执行情况和2008年预算报告》，赞同安徽省高级人民法院和人民检察院的工作报告。会议通过了十届一次会议决议。会议选举杨多良为十届省政协主席，田唯谦、郑牧民、方兆本、王鹤龄、刘光复、张学平、沈素琍、李宏塔、赵韩为副主席，白泰平为秘书长，丁明等124人为常务委员。会议认为，政协第九届安徽省委员会在中共安徽省委的领导和省人民政府的支持下，组织政协各参加单位和政协委员，认真贯彻落实中共十六大、十七大和《中共中央关于加强人民政协工作的意见》、《中共安徽省委关于贯彻〈中共中央关于加强人民政协工作的意见〉的实施意见》精神，求真务实，开拓创新，切实履行政治协商、民主监督、参政议政职能，在推进跨越发展、加快崛起进程、构建和谐安徽中发挥了积极作用，并为新一届政协的工作提供了宝贵经验。会议向政协第九届安徽省委员会表示崇高的敬意！

【常务委员会会议】

九届第25次会议 2008年1月3日至6日在合肥召开。应出席133人，实到124人。会议审议通过九届省政协常务委员会工作报告和九届提案工作情况的报告，通过召开十届一次会议的决定等。协商通过十届省政协委员名单，并审议各专委会工作报告等。省委副书记王明方出席开幕会并作讲话，杨多良作闭幕讲话。

十届第1次会议 2008年2月25日至26日在合肥召开。应出席134人，实到127人。会议传达学习胡锦涛总书记在安徽考察工作的重要讲话和中共安徽省委八届六次全委（扩大）会议精神，讨论加强十届政协常务委员会自身建设问题，协商通过十届省政协副秘书长和各专门委员会主任、副主任名单。

第2次会议暨“积极促进泛长三角区域分工论坛” 2008年5月16日至17日在合肥召开。应出席134人，实到118人。会议审议通过《关于我省积极促进泛长三角区域合作的建议案》。会议表达了对地震灾区的关切之情，对遇难者表示深切哀悼，同时号召全体政协委员立即行动起来，积极支援灾区。

第3次会议暨“加快推进我省淮河流域粮食生产主体功能区建设”界别民情民智座谈会 2008年8月18日至19日在合肥召开。应出席134人，实到117人。这次会议的主要任务是为促进淮河治理、提高粮食综合生产能力、维护国家粮食安全建言献策。省政府副省长赵树丛到会听取意见建议，并通报了全省农村经济发展、治淮建设和粮食生产情况。会议审议通过《关于加快推进我省淮河流域粮食生产主体功能区建设的建议案》和有关人事事项。会议安排防震减灾专题讲座。

第4次会议暨推进民生工程资政会 2008年10月27日至29日在合肥召开。应出席133人，实到123人。这次会议的任务有三项。一是传达学习中共十七届三中全会、全国政协十一届三次常委会议和中共安徽省委常委扩大会议精神。二是审议并通过《关于进一步推进民生工程的建议案》。三是征求对2009年省政协工作的意见建议。会议还结合深入学习实践科学发展观活动，征求常委们的意见和建议。

第5次会议 2008年12月22日至

24 日在合肥召开。应出席 133 人，实到 128 人。会议审议通过省政协常委会工作报告（审议稿）和省政协常委会关于十届一次会议以来提案工作情况的报告（审议稿）；讨论《省政府工作报告（征求意见稿）》；协商通过增补十届省政协委员名单和补选十届省政协秘书长、常务委员候选人名单（草案）以及有关人事任免名单；审议通过省政协十届二次会议议程（草案）、日程；协商通过省政协十届二次会议分组办法和各组召集人名单；审议通过省政协十届二次会议选举办法（草案）等。会议安排了《科学分析金融海啸立足长远积极应对》的专题讲座。

【专门委员会工作】

提案委员会 认真做好提案征集、审查立案和交办工作，积极组织提案办理督查督办工作。2008 年，收到提案 766 件，其中全会期间提案 755 件，平时提案 11 件，经审查，立案 760 件，占总数的 99.22%。召开全省政协提案工作座谈会。围绕重点提案开展淮河流域粮食主产功能区建设、小城镇建设情况和新农村建设千村百镇示范工程专题调研和视察工作，召开“全省千村百镇示范工程”委员专题座谈会，形成《全省千村百镇示范工程实施情况》专题调研报告，省委书记王金山作重要批示，并给予较高评价。

经济委员会 重点筹备“积极参与泛长三角区域合作”专题常委会议，开展了一系列专题调研，并成功举办“积极参与泛长三角区域发展分工”论坛。承办全国 23 省区市政协经济委员会第十六次联系会议。开展扩权强县专题调研，召开应对金融危机委员座谈会，组织食品安全情况视察以及经济界别的委员活动。

教科文卫体委员会 参与专题常委会议和“推进民生工程”资政会有关调研和筹备工作，开展新型农村合作医疗制度建设、农村中小学校危房改造情况、义务教育经费保障机制实施情况、广播电视村村通工程建设情况、民营黄梅戏剧团发展情况等一系列调研，召开“防治手足口病”、“喜庆奥运”、“高等院校与科研机构为地方经济发展服务”三次委员专题座谈会。继续开展送医下乡和举办农村中小学计算机教师培训班活动。举办省书画作品赈灾拍卖活动，所得善款全部捐献给四川灾区。

社会和法制委员会 围绕民生问题积极建言献策，就进一步促进残疾人就业工作、农村低保制度实施情况、城乡医疗救助情况等开展深入调研，提出了促进残疾人就业的 7 条建议，得到省政府领导的重要批示。组织我省灾民倒房恢复重建进展情况和平安建设专题视察。召开“进一步优化民营经济法制环境”委员专题座谈会。组织界别委员活动，与省人大法工委等单位联合举办“2008 法人论坛”。

民族和宗教委员会 紧紧把握“两个共同”的主题，开展少数民族经济社会发展、发挥宗教界人士和信教群众在促进经济社会发展中的积极作用、风景名胜区宗教活动场所管理等专题调研，组织宗教和少数民族界别活动，召开“发展民族团结进步事业”委员专题座谈会。参加全国政协“发挥宗教界积极作用”研讨会。

文史资料委员会 认真筹备十届三次常委会议暨“淮河流域粮食生产主体功能区建设”界别民情民智座谈会，并形成建议案上报省委省政府。开展环巢湖文化建设和文化产业专题调研，组织开展农村文化建设情况视察，积极协助全国政协推动大运河保护与申遗工作。《江淮文史》办刊质量和发行量都有所上升，开始编撰《安徽人民政协简史》，积极做好全国文史资料协作选题《亲历共和国》和《见证共和国农村改革》征编出版工作。圆满完成《安徽文史资料全书》收尾和宣传工作。

港澳台侨和外事委员会 积极参与“推进泛长三角区域合作”专题常委会议的有关调研，并提交了专题调研报告。组织全省17个市政协港澳台侨和外事委员会上下联动开展“促进县域开放型经济发展”专题调研，并召开“发展县域经济”委员专题座谈会。建立省政协香港、澳门地区委员联络组和召集人制度。接待全国政协香港地区全国政协委员视察团一行。加强与台湾各界人士的交流。拓展对外交往和海外联谊工作，积极为境外投资和捐款等牵线搭桥、排忧解难。

人口资源环境委员会 加强委员会自身建设，成立人口、资源、环境三个委员活动小组，开展首次“委员活动日”活动。积极围绕专题常委会议、界别民情民智座谈会和资政会开展调研等相关活动。开展省人口与计划生育利益导向政策体系、环境监测能力建设专题调研。组织“巢湖污染治理和生态建设”委员专题视察。召开纪念“世界地球日”、“促进巢湖污染治理与生态建设”委员专题座谈会。

【重要会议】

承办全国二十三省区市政协经济委员会第十六次联系会议（略）

杨多良主持召开各民主党派、工商联负责人座谈会（略）

省辖市政协秘书长座谈会（略）

省辖市政协研究室主任会议（略）

省辖市政协主席座谈会（略）

【重要活动】

全国政协香港地区全国政协委员视察团来皖视察活动（略）

省政协机关开展深入学习实践科学发展观活动（略）

省政协举办新任委员学习研讨班（略）

【重要文件】

常委会工作报告（2008年1月23日）（摘要） 第一部分。五年来，在中共安徽省委的领导下，九届省政协常务委员会坚持以邓小平理论和“三个代表”重要思想为指导，深入贯彻落实科学发展观，牢牢把握团结和民主两大主题，组织政协各参加单位、广大委员切实履行政治协商、民主监督、参政议政职能，在推动跨越发展、加快奋力崛起进程和构建和谐安徽中发挥了积极的作用。（一）贯彻中央精神，构筑良好工作格局。省政协组织各参加单位和广大委员认真学习中共十七大精神，形成了关于认真学习贯彻中共十七大精神的决议，强调要高举中国特色社会主义伟大旗帜，要把学习贯彻十七大精神作为当前和今后一个时期人民政协的首要政治任务，要把思想和行动统一到十七大精神上来，积极发挥人民政协协调关系、汇聚力量、建言献策、服务大局的重要作用，为促进安徽崛起和发展人民政协事业贡献智慧和力量。为全面贯彻《中共中央关于加强人民政协工作的意见》精神，省委于2006年9月召开全省政协工作会议，制定了《关于贯彻〈中共中央关于加强人民政协工作的意见〉的实施意见》。省政协党组根据省委的要求，于2007年夏季组织5个检查调研组对全省学习贯彻中央《意见》、省委《实施意见》和全省政协工作会议精神情况进行检查调研。随后，省政协专门召开常委会议，听取和讨论检查调研情况的报告，就解决全省政协工作面临的共性问题向省委提出建议。全省政协工作呈现出健康有序、扎实有效，开拓进取、富有活力，团结民主、和谐发展的良好局面。（二）集中各界智慧，促进安徽奋力崛起。围绕奋力崛起的重大问题建言献策。围绕加快民营经济发展、建设信用安徽、推进安徽跨越式发展等事关我省加快发展的重要问题召开资政会，共收集各种意见和信息近万条，形成调研报告、问卷分析报告 40 余份，提交建议案 4 份。有关部门积极采纳资政会的意见建议，将其作为制定政策的重要依据、推进工作的重要参考，并将采纳情况以书面形式向省政协进行反馈。抓住加快发展的关键问题建言献策。九届省政协把“走新型工业化道路”作为专题常委会议的主题，就我省走新型工业化道路的总体思路、构建加工制造业基地、发展县域工业、园区经济和企业人才支撑问题进行深入调查研究，召开 4 次专题常委会议，向省政府提交了 5 份综合调研报告。在全省上下引起良好反响。省委、省政府主要领导同志对调研报告十分重视，均批示印发全省各市、各部门作为决策参考。紧扣各界关注的热点问题建言献策。省政协各参加单位和广大委员紧扣社会各界关注的热点和难点问题，如“十一五”规划制定、全面建设小康社会、东向发展战略、社会主义新农村建设、科教兴皖、企业自主创新、国家科技创新型试点市建设等，利用全体会议大会发言、提案、社情民意信息、专题调研、视察考察、委员专题座谈会、政协论坛等多种形式积极履行自己的职责。五年来，共提交大会发言材料 524 份，73 位委员作大会发言；提交提案 3152 件，立案 3097 件；编发各类社情民意信息 1575 期；组织了 110 多次专题调研、62 次委员视察、57 次委员考察、30 多次委员专题座谈会和 17 期政协论坛，参加的委员达 6000 人次，形成各类报告 300 多份。很多建设性的意见建议被采纳进入决策程序，产生了广泛的影响和效果。（三）密切关注民生，推进和谐安徽建设。围绕民生问题深入调研。就人民群众关心的社会问题，如教育、就业、医疗卫生、生态文明建设等提出意见建议，为促进和谐安徽建设作出贡献。为群众办好事办实事。组织医卫界委员开展送医下乡、医疗扶贫活动，为贫困山区和革命老区群众义务看病 5000 余人次；为贫困地区中小学教师义务举办计算机培训班，受训教师近 300 人。省政协港澳委员及其联系的社团捐建希望小学 15 所，捐助我省救灾、贫困学生及养老院等款项共约 1800 万元。宗教界人士和信教群众为贫困地区和灾区群众捐款捐物约 2100 万元。积极促进和谐文化建设。就徽文化、非物质文化遗产、文化旅游资源、革命旧址等的保护开发，宗教文化与构建和谐社会，大运河申遗，文化产业发展等开展调研视察，提出了许多好的意见建议。按照“存史，资政，团结，育人”的要求，精心办好期刊《江淮文史》，同时编辑出版了一批优秀书籍，体现了鲜明的思想性、丰富的史料性、浓郁的地方性。（四）凝聚各方力量，协力维护发展大局，加强与各民主党派、工商联、无党派人士的合作共事。加强与民族宗教界委员和人士的团结合作。加强与海内外同胞的联谊。加强政协的界别建设。加强对市县政协的联系指导。（五）注重理论研究，推进各项制度建设。开展制度建设理论研讨。2005 年召开推进履行职能制度建设研讨会，全面总结省政协履行职能制度化、规范化、程序化建设的基本经验，就进一步推进和巩固制度建设成果提出了一系列新要求。建立健全履行职能的各项制度。规范和完善委员活动的各项制度。

第二部分。回顾总结九届省政协履行职能的实践经验的几点体会。第一，始终坚持中国共产党的领导，保证政协工作的正确政治方向。第二，紧密联系实际学习理论，推进政协工作的开拓创新。第三，充分发挥自身优势，增强政协工作的履职实效。第四，重视搞好协调沟通，形成政协工作的整体合力。第五，切实发挥委员作用，激活政协工作的动力源泉。

第三部分。十届省政协高举中国特色社会主义伟大旗帜，坚持中国特色社会主义政治发展道路，坚持中国共产党领导的多党合作和政治协商制度，以邓小平理论和“三个代表”重要思想为指导，深入贯彻落实科学发展观，全面贯彻中共十七大和省第八次党代会精神，坚持把促进发展作为履行职能的第一要务，把实现好、维护好、发展好最广大人民的根本利益作为工作的出发点和落脚点，紧紧围绕团结和民主两大主题履行职能，切实发挥协调关系、汇聚力量、建言献策、服务大局的作用，为推进人民政协事业的新发展，为加快安徽崛起进程、构建和谐安徽、创造安徽人民美好生活做出新贡献。（一）全面贯彻中共十七大精神，切实巩固共同政治基础。（二）深入贯彻落实科学发展观，围绕发展第一要务建言献策。（三）牢牢把握团结和民主两大主题，为安徽奋力崛起凝聚力量。（四）坚持以人为本，维护最广大人民的根本利益。（五）扎实推进中共中央《关于加强人民政协工作的意见》的落实，不断开创人民政协工作新局面。

杨多良主席在省政协九届二十五次常委会议闭幕会上的讲话（2008 年 1 月 6 日）（摘要） 这次常委会议为即将召开的省政协十届一次会议打下了坚实的思想基础、组织基础和工作基础。九届省政协的五年，是团结民主、同舟共济的五年，是求真务实、大有作为的五年，是锐意进取、开拓创新的五年，是充满活力、和谐发展的五年。五年来所取得的令人自豪的业绩，凝聚着广大政协委员、政协常委的心血和汗水、智慧和力量、真情和奉献。我代表省政协向广大政协委员、政协常委表示衷心的感谢！这次会议以后，一部分同志不再担任省政协常委或委员，这些同志为了政协事业的长远发展，为了安徽改革发展稳定的大局，胸怀宽广、亮节高风，正确对待自己的进退去留，体现了高尚的思想境界、高度的政治责任感和强烈的大局意识。多年来，这些同志在政协工作岗位上，殚精竭虑、恪尽职守、尽心尽力、倾才倾智，我们向这些同志表示崇高的敬意！我们一定要认真贯彻落实中央和省委关于做好省政协换届工作的各项要求，以高度的政治责任感、强烈的大局意识和良好的精神状态，精心做好会议各项筹备工作，确保会议顺利进行，圆满成功。我们一定要按照中央和省委的要求，倍加顾全大局，倍加珍视团结，倍加努力工作，不辱使命，不负重托，努力把省政协十届一次会议开成一个团结、民主、鼓劲、胜利、奋进的大会，为实现安徽早日崛起、构建和谐安徽、创造安徽人民的幸福生活和安徽的美好未来，为推进安徽人民政协事业科学发展、和谐发展做出不懈努力和新的更大贡献。

王金山书记在省政协十届一次会议闭幕会上的讲话（2008 年 1 月 30 日）（摘要） 省政协十届一次会议，经过大家的共同努力，圆满完成了各项议程，即将胜利闭幕。会议期间，大家以饱满的政治热情和强烈的历史使命感，围绕安徽改革开放和现代化建设的重大问题，积极建言献策，共商发展大计。在广泛民主协商的基础上，选举产生了新一届省政协领导班子，顺利完成了换届任务。这是一次承前启后、继往开来的大会，是一次民主求实、团结鼓劲的大会，是一次共商崛起、共谋和谐的大会。在此，我代表中共安徽省委，对大会的圆满成功，对新当选的十届省政协领导班子，表示热烈祝贺！向各位委员和同志们，致以诚挚问候！我省迈入了厚积薄发、加速崛起的新阶段。党的十七大和胡锦涛总书记视察安徽的重要讲话，为我们指明了前进方向。这次“两会”全面总结了过去五年的发展成就，确立了未来五年的目标任务。成就鼓舞人心，目标令人振奋。全省各级政协和广大政协委员，要认清光荣使命，积极履行职能，充分发挥独特优势和重要作用，努力为促进政协事业发展、加快安徽崛起，作出新的更大贡献。第一，要做共同理想的坚定信仰者。第二，要做科学发展的忠实践行者。第三，要做社会和谐的积极促进者。第四，要做奋力崛起的踊跃参与者。第五，要做政协事业的自觉推动者。

杨多良主席在省政协十届一次常委会议闭幕会上的讲话（2008年2月25日）（摘要） 我受主席会议委托，就省政协常委会的自身建设问题谈几点意见。作为常委会成员，我们必须在继承发扬历届省政协好经验好传统好作风的基础上，增强责任感和使命感，保持良好的精神状态，团结合作，开拓进取，切实履行常委会的职责，和全体政协委员一道，为推进人民政协事业发展，为推动跨越发展、加快崛起进程、构建和谐安徽作出应有的贡献。中共十七大提出要加强政协自身建设。省委书记王金山同志要求省政协在自身建设上要有新面貌。加强政协队伍建设，全面提高委员素质，直接关系到人民政协事业的发展。人民政协事业任务光荣而艰巨，使命重大而神圣。我们要不辱使命，不负重托，就必须把政协委员这支队伍建设好，就必须把省政协常委这支队伍建设好，就必须把省政协及其常委会这个领导集体建设好。要把政协常委会建设好，首先要了解和熟悉政协常委会本身，这样我们工作起来才会胸有成竹、胸中有数，才会有条不紊、规范有序，才会尽心尽力、尽职尽责。我们必须明确，政协常委会的地位十分重要，政协常委会的任务十分重要，政协常委会的职权十分重要。胡锦涛总书记在安徽考察工作时强调指出，要以改革创新精神全面推进党的建设新的伟大工程，把党的执政能力建设和先进性建设作为主线，确立思想建设、组织建设、作风建设、制度建设和反腐倡廉建设五位一体的总体布局。这不仅是党的建设的主要任务，也是人民政协组织建设的主要任务，也是我们省政协常委会自身建设的主要着力点。我们要以五位一体的总体布局为统领，根据政协章程和常委会工作规则的相关要求，结合人民政协工作实际，把政协常委会的自身建设抓紧抓好，抓出成效，切实把常委会建设成为坚定贯彻党的理论和路线方针政策、坚定执行党关于人民政协的重大决策和工作部署、善于领导科学发展和合作共事、为民务实清廉的坚强领导集体。为此，我们要从以下几个方面共同努力。1. 要把常委会建设成为善于学习的领导集体。2. 要把常委会建设成为履职有为的领导集体。3. 要把常委会建设成为继承创新的领导集体。4. 要把常委会建设成为发扬民主的领导集体。5. 要把常委会建设成为为民务实的领导集体。6. 要把常委会建设成为形象良好的领导集体。

杨多良主席在省政协传达学习“两会”精神报告会上的讲话（2008年3月25日）（摘要） 第一，要认真学习贯彻全国“两会”精神。今年的全国“两会”在党中央的坚强领导下，经过代表、委员们的共同努力，取得了圆满成功。圆满成功的标志有诸多方面，主要有两点，一是有一个深得民心的报告。温家宝总理在作政府工作报告的过程中，一共响起了43次掌声。二是有一个人民爱戴和拥护的坚强领导集体。在胡锦涛同志为总书记的中共中央坚强领导下，新一届人大、政府、政协的领导班子，包括两院的领导班子，都配得坚强有力，选举成功。第二，要高举中国特色社会主义伟大旗帜。旗帜是方向，旗帜是形象，旗帜问题非常重要。首先，一定要对中国特色社会主义的信念毫不动摇，对改革开放的信心毫不动摇，对党和政府的信任毫不动摇，以中国特色社会主义这面伟大旗帜来凝聚力量。作为政协组织，作为政协委员来说，一定要坚定中国特色社会主义信念。第三，要坚持中国特色社会主义政治发展道路不能动摇。作为政协来说，要自觉接受党的领导，把党的重大决策和省委的工作部署贯彻到政协的实际工作中去，使得政协工作健康有序，扎实有效。第四，要牢牢把握团结和民主两大主题。一定要积极协助党委和政府促进政党关系、民族关系、宗教关系、阶层关系、海内外同胞关系的和谐。第五，要围绕中心、服务大局、促进发展。第六，要全面加强政协自身建设。中共十七大提出要加强政协自身建设，贾庆林同志所作的工作报告中提出要全面加强政协自身建设。“全面加强”就是指两个“五位一体”。一个“五位一体”是：要加强政协组成单位、界别、专委会、委员队伍、政协机关的建设；另一个“五位一体”是：要加强思想建设、组织建设、作风建设、制度建设和反腐倡廉建设。两个“五位一体”，十个方面具体内容。我们要通过抓好这两个“五位一体”，全面加强政协自身建设，不断提高贯彻落实科学发展观的能力和水平，不断提高做好人民政协工作的能力和水平，不断提高履行政治协商、民主监督、参政议政的能力和水平。

王金山书记在省政协十届二次常委会议暨“积极促进泛长三角区域分工论坛”上的讲话（2008 年 5 月 16 日）（摘要）

我代表安徽省委、省政府，向莅会指导和鼎力支持我们的全国政协张梅颖副主席、国家有关部委和兄弟省市政协领导同志，表示热烈欢迎和衷心感谢！刚才，张梅颖副主席发表了启人心智的重要讲话，其他几位同志也作了颇有见地的精彩发言，听了深受启发，很有收获。借机，讲几点作为交流的意见。一、构建泛长三角经济区是大势所趋。第一，构建泛长三角经济区，是安徽加速崛起的重大机遇。第二，构建泛长三角经济区，是长三角地区发展的必然趋势。第三，构建泛长三角经济区，是长三角区域经济融合的现实需要。二、参与泛长三角区域发展分工要主动作为。按照总书记的要求，参与泛长三角区域分工合作可谓恰逢其时，我们必须主动作为，把自身工作做充分，努力当好合作的参与者和推动者。第一，加大宣传力度，寻求最大共识。第二，积极研究谋划，健全推进机制。一是争取泛长三角区域合作上升为国家战略。二是进行有针对性的跟踪研究。三是搭建多层次合作平台。积极推动形成高层协商会晤机制。第三，立足产业优势，把握用力方向。三、促进泛长三角区域合作政协使命重大，合作前景广阔，发展任重道远。希望省政协继续努力，积极行动，不断把工作引向深入。第一，充分发挥政协人才荟萃、智力密集的优势，积极建言献策。第二，充分发挥政协联系广、朋友多的优势，营造浓厚氛围。第三，充分发挥政协协调关系、汇集力量的优势，形成推进合力。

杨多良主席在省政协十届三次常委会议暨“加快推进我省淮河流域粮食生产主体功能区建设”界别民情民智座谈会闭幕会上的讲话（2008 年 8 月 19 日）（摘要）
省政协十届三次常委会议暨“加快推进我省淮河流域粮食生产主体功能区建设”界别民情民智座谈会，是在全省上下认真贯彻中央部署，坚持一手抓抗震援建、一手抓经济社会发展和北京奥运会成功举办之际召开的。会议坚持以科学发展观为指导，深入贯彻中共十七大和胡锦涛总书记在安徽考察工作时的重要讲话精神以及省委八届六次全会精神，是为促进淮河治理、提高粮食综合生产能力、维护国家粮食安全建言献策的一次重要会议。下面，根据会议议题和大家讨论发言的情况，我讲三点意见。一、加快推进淮河流域粮食生产主体功能区建设具有重大战略意义。加快推进淮河流域粮食生产主体功能区建设，是增强国家和我省粮食安全的必然要求。“手中有粮，心中不慌，脚踏实地，喜气洋洋。”毫不夸张地说，粮食安全是整个国家经济安全的重要支撑。加快推进淮河流域粮食生产主体功能区建设，是全面贯彻科学发展观，推进全省区域协调发展的重要实践。二、各级政协和广大委员要在加快推进淮河流域粮食生产主体功能区建设中身体力行、献计出力。加快推进主体功能区建设是一项全局性的工作，需要上下齐心、各界参与、人人出力。人民政协人才荟萃、智力密集、位置超脱，在服务加快推进主体功能区建设方面有优势，也有责任。全省各级政协组织、政协各参加单位和广大政协委员，特别是沿淮地区各级政协组织，要继续发挥优势，找准结合点，积极主动地争做这方面的宣传者、推动者和参与者，并为我省“三农”工作发挥应有的作用。一是要进一步做好宣传推动工作。二是要进一步在科学决策、具体实施中建言献策。三是要进一步身体力行，积极投身到这项工作中去。三、加强和改进界别民情民智座谈会，切实提高政协履行职能实效。人民政协由界别组成，突出界别特点，发挥界别作用，是做好政协工作的重要基础。九届省政协在这方面进行了创新性的实践。实践证明，界别民情民智座谈会是各个界别围绕中心、参政议政的重要平台，是政协组织服务大局、建言献策的有效形式，是政协委员履职尽责、贡献才智的重要渠道。今后，省政协将在三个方面狠下功夫，巩固和发展界别民情民智座谈会这个履行职能的新形式、好形式。一是坚持围绕中心、服务大局。二是坚持深入调查研究。三是要坚持发挥好委员的主体作用。

王三运省长在省政协十届四次常委会议暨推进民生工程资政会上的讲话（2008年10月28日）（摘要）　参加今天这个民生工程资政会，很受教育，很受启发，很受鼓舞。我是第一次参加政协资政会，虽然以前政协的各种会议参加得不少，但每次由于角度不同、情况不同，产生的感受也不完全一样。今天这个会，我最深的感受，就是在事关人民群众利益的问题上，责任更重大，压力更明显，要求更具体。各位常委的发言很有质量、很有价值，大家对民生工程取得的进展给予了充分肯定，对存在的问题作了深入分析，对下一步工作提出了许多建设性的意见和建议，既摆了情况，又查了问题，更出了思路，可以说是调研有广度、分析有深度、见解有高度、对策有力度；大家对政府工作的改进、对完善政府和政协沟通联系机制也提出了非常宝贵的意见。这些意见和建议，都是大家在深入调查研究基础上形成的真知灼见，都是经过反复思考得出的妙计良策。发言的出发点是为民，针对性是惠民，与政府工作的目的和要求是完全一致的，对政府工作是支持、是关心、是帮助。我在代表政府表示敬意和感谢的同时，也真诚而负责地表明几点态度：第一，高度重视，认真对待，逐一梳理和研究，把大家提出的意见和建议提交相关会议进一步加以研究和梳理，拿出相应的意见和建议；第二，责成省政府各相关部门在职能范围内进行深入研究，本着转变职能、提高效率的原则，提出改进工作、更有作为的措施，有关情况省政府将采取适当方式及时向省政协通报；第三，政府在今后的工作中，要把人民群众最关心、最现实的、最迫切的问题作为民生工程的重点，充分运用政协的调研及资政成果，在加大投入、把握重点、着眼普惠、提高效率上下功夫、抓落实。

杨多良主席在省政协十届四次常委会议暨推进民生工程资政会闭幕会上的讲话（2008年10月29日）（摘要） 省政协召开推进民生工程资政会，就是贯彻胡总书记重要指示精神和省委、省政府重要部署，对18项民生工程的实施情况进行民主协商、民主监督，促进民生工程一项一项抓好落实。（一）民生工程的实施顺应民意、效果很好。（二）民生工程的难点和重点在农村、在基层。（三）民生工程的推进需要多方参与、协力配合。（四）人民政协推进民生工程义不容辞、责无旁贷。

这次常委会议传达学习了中共十七届三中全会和省委常委扩大会议精神。我们要认真学习、深刻领会、深入贯彻会议精神，为推进我省农村改革发展和经济社会又好又快发展作出人民政协应有的贡献。（一）牢牢把握学好全会《决定》这个前提，把思想统一到中央精神上来。全省各级政协组织、政协各组成单位、广大政协委员，都要迅速行动起来，掀起学习全会精神的热潮。（二）紧紧围绕农村改革发展这个主题，为破解农村发展难题建言献策。（三）充分运用政协组织这个平台，为广大农民办实事、办好事。

当前，全党正在认真开展深入学习实践科学发展观活动。开展这一活动，是全党政治生活中的大事，是利党利国利民的好事。我们一定要按照中央的部署和省委的要求，精心安排、精心组织、精心实施，真正做到领导、认识、组织、工作、措施到位，确保活动顺利进行，确保活动取得实效，为推进我省科学发展、和谐发展、跨越发展、加速崛起，为人民政协事业，为党的建设新的伟大工程作出新的更大贡献。（一）着力提高思想认识。政协中的中共党组、政协委员和政协机关中的共产党员，要以高度的政治责任感和光荣使命感，积极投身到学习实践中去。（二）着力解决突出问题。要围绕“推进科学发展、促进团结民主，为加速安徽崛起作贡献”的主题，从政协职能和工作实际出发，开展有针对性的、具体实在的主题实践活动，确保能落实、办得到，力求在学习中理清工作思路，在履行职能的实践中推进科学发展、促进团结民主。（三）着力创新制度和机制。从制度和机制上保证把科学发展观的要求落到实处。（四）着力促进科学发展。开展深入学习实践科学发展观活动，既是加强政协自身建设的内在需要，也是推动政协事业科学发展的必然要求。在学习实践活动中，政协领导班子和党员领导干部要率先垂范、走在学习实践活动前列，带头学习文件，带头调查研究，带头解放思想，带头分析检查，带头整改落实，以自身的模范行动带动和促进学习实践活动扎扎实实地进行，带动和促进科学发展观在政协工作中的贯彻落实。

【组织概况】

主 席

杨多良（回族）

副主席

田唯谦 郑牧民 方兆本

王鹤龄 刘光复 张学平

沈素琍（女） 李宏塔

赵 韩

秘书长

白泰平（回族）

常务委员名单（按姓氏笔画为序）

丁 明 万宝年 马 露（女，回族）

马传喜 王世清 王克金 王进华

王泽平 王家华 王康健 韦 伟

戈世平　牛立文　牛和桂（女）
毛光祥　方俊文　石　红（女）
卢春祥　叶冬青　叶伟明　冯　潮
邢江霞（女）　光嘉元　朱　斌
朱季历　朱德祥　仲建成　刘　宏（女）
刘士强　刘新红　安　岚　阮应国
阮良之　牟坤林　纪良华　孙国正
严建文（回族）　严桂夫　苏兴佳
李　建　李　孳（女）　李　影（女）
李　霞（女）　李龙斌　李志远
李忠金　李晓梅（女）　杨　屹
杨　高　杨建军　吴　欣（女）
吴亚玲（女）　吴俊保　邱章乐
闵光辉　汪利民　汪家权　沈玉华（女）
沈德凯　张　辉　张　毅　张万宽
张东安　张兰贵　张纯和　张和敬
张雪平（女）　张维平　张靖华
陈　栋　陈松林　陈乾旺　林文森
金小干（回族）　金海苹（女）
周元菊（女）　周建生　周建强
郑为文　项纯文　赵玉秀（女）
赵世对　赵晓和　赵皖平　胡安美（女）
饶益刚　姚尚友　秦　武　耿小平
聂保国　聂皖辉　桂四海　夏　涛
夏　鹤　夏月星（女）　夏传浩
徐建平　奚芝英（女）　高红妹（女）
高雪松（女）　高蔚青　陶仪声（女）
黄荣华　康晓萍（女）　屠筱武
葛芦生　董众兵　韩　卉（女）
韩咏竹　程必定　程永宁　程观远
储昭平　释慧庆　虞吉林　鲍金桥
蔡建平　翟庆党　潘忠孝　潘建伟
潘啸龙　操建华　魏　臻　魏志光

委员名单（按姓氏笔画为序）

中国共产党（40 名）

王志军（女）　方　成　田唯谦
白泰平（回族）　朱季历　刘庆德
江　俊　江　勇　严桂夫　李宏塔
李献敏　杨多良（回族）　吴克明
闵光辉　沈素琍（女）　张开南
张东安　张传才　张和敬　张学平
陈怀安　陈松林　林文森　罗昌平
金启建　郑为文　郑牧民　孟庆银
胡传玲（女）　饶益刚　姜　元
聂皖辉　高蔚青　黄荣华　章应民
董昭礼　雅中庆　程　杰　程传如
程铭义　孔和平　李天璜　朱宏伟
朱晓明　汪华东　汪谷震　张　进
陈　强　罗亚拉　赵龙池　祖　云
袁德水　贾光庆

中国国民党革命委员会（34 名）

马成喜　马昭华　王家琪　达多荣（女）
光嘉元　吕则刚　孙四平　李　辉
李　影（女）　李志远　李明喜
李晓梅（女）　吴万春　吴少文
吴延利　沈志柱（回族）　张家水
陈飞翔　武　敏（女）　金小干(回族)
於忠祥　项思可（女）　赵　林
赵　岩（女，回族）　赵纯钢
郝家胜　胡　然　夏　涛　徐继铭
曹春风　韩谋国　程永宁　谢海涛
蔡伟平

中国民主同盟（39 名）

叶丽君（女）　田战雷　吕洪升
刘光复　齐　飞　许万祥　孙国正
李　平　李学良　杨　林　杨庆毅
吴观茂　邱章乐　何建国　汪　宏
汪　明　汪友林　汪仁荣　汪利民
汪筱敏　沈学明　张　辉　张　群
张保华（女）　张俊杰　张雪平（女）
武志萍（女）　金葆康　胡善风
夏月星（女）　奚芝英（女）
郭永芳（女）　唐泽恩（女）
陶　军　韩　卉（女）　储全根
鲁　峰　魏　臻　魏建忠

中国民主建国会（23 名）

王世清　王进华　王家华　王雪松（女）
方兆本　叶　萍（女）　朱仁厚

华中生　汤先觉　李　霞（女）
杨　高　吴学平　汪家权
汪潇溪（女，土家族）　张永侠（女）
周东红　姜和龙　徐伟红（女）
徐树远　程晋明　童学军　谢阳群
魏彩华（女）

中国民主促进会（13名）

方朝凯　安　岚　苏　静（女）
李万民　张铁锋　项纯文　洪爱敏（女）
姚尚友　郭薇薇（女）　蒋中福（回族）
管永星（女）　潘国安　薛惠祥

中国农工民主党（29名）

牛立文　毛光祥　冯志强　朱士信
江叶青　许　鹏　李光早　杨金龙
吴　健　吴成荣　吴国进　汪洪杰（女）
沈玉华（女）　沈世培　张　生
赵泽祥　秦　武　耿小平　徐志达
黄　杰　黄　珍（女）　黄　玲（女）
董　群（女）　董众兵　韩咏竹
程树珏（女）　傅　佳（女）
储昭平　谢贻中

中国致公党（10名）

丁　明　古大海　吴　欣（女）
吴根华　吴瑞卿（女）　陈定新
洪祖根　徐业志　高雪松（女）
陶仪声（女）

九三学社（19名）

王克全　方　严　杨传友　肖　箭
何世荣　汪　渊　陈　栋　陈春林
陈乾旺　周　军　周元菊（女）
赵　韩　胡万宝　胡兆球　胡安美（女）
胡蕙露（女）　顾家雯（女）
詹云超　蔡建平

无党派人士（17名）

王建国　石　红（女）　刘吉祥
许云瑞　孙学龙　李　建　李玉成
杨　锦（女）　肖红冰（女）
肖厚发　何宗文　余　旭　陈　卫
周晓光　胡维玲（女）　鲍金桥
潘忠孝

中国共产主义青年团（12名）

王爱武（女）　石向才　朱　杰（回族）
朱　斌　米常胜（回族）　许先进
李　欣　吴娅娟（女）　吕红梅（女）
周剑峰　洪　渊　贺　东

总工会（28名）

马　玲（女）　王　水　王　斌
牛和桂（女）　田文科　朱承平
刘人人　问　武　李　林　李迎春
李建民　肖福全　吴成贵　张　宏
张友谊　张亚军　张吕全　张纯和
张忠义　周世虹　赵　猛　姚永恒
桂来保　高传海　黄惠民　潘大同
鞠　勇　魏德宏

妇女联合会（25名）

万　新（女）　马有慧（女）
王　琼（女）　王冬梅（女）
王克玲（女）　王素英（女）
王爱平（女）　邢江霞（女）
朱兴亚（女）　刘　进（女）
刘　薇（女）　许　晨（女）
李安凤（女）　张玉洁（女）
陈　秀（女）　陈　鹰（女）
周小红（女）　郑立智（女）
高红妹（女）　梅　桂（女）
曹云霞（女）　龚秀凤（女）
谢　兵（女）　路文敏（女）
滕秀涓（女）

青年联合会（8名）

闫　萍（女）　严建文（回族）
杜少荣　张云燕（女）　陈恒镔
孟行健　徐　君（女）　释圆藏

工商业联合会（32名）

王　平　王日新　王青松　王康健
方　浩　伍克和　刘士强　江继忠
孙宝金　牟坤林　严安云　苏兴佳
李苏清　李明浩　吴　涛　吴图平
佘恩有　张国芳　陈先保　邵卓敏（女）

哈传基（回族） 施卫东 聂保国
晏文胜 唐仿连 涂玉华（女）
崔兴柏 章霞升 蒋光厚 程观远
储荣生 操建华

科学技术协会（20名）

王家捷 司 敏（女） 李 静
吴金山 汪景宁 张 鹏 张学军
陈仙辉 金学政 周建强 宗 琦
段转建（女） 施万中 夏传浩
陶 萍（女） 黄昌耀 曹仁贤
韩 松 樊高定 魏 伟

台湾同胞联谊会（8名）

王宇靖（女） 叶伟明 仲宏斌（女）
陈伟旭 陈清海 陈慧明（女）
郑安慧 项梅萍（女）

归国华侨联合会（9名）

方徽琴（女） 刘 刚 刘相尚
孙道玉 邱江辉（女） 俞书宏
谈理平 康晓萍（女） 章 健（女）

文学艺术界（40名）

万惠明（女） 马自俊（回族）
王长安 王秀琴（女）
王 斌（省直） 方贤道 方茂鸿
卢 干 朱红英（女） 朱志武
伍美珍（女） 刘学馥（女）
许 辉 许春樵 阮良之 李 文（女）
李 君（女） 李少田 李龙斌
杨 屹 杨 果（女） 杨其鹏
吴正芳（女） 吴亚玲（女）
吴秀华 何 懿（女） 何连华（回族）
张 宇 张 毅 张东林 陈 蕾（女）
陈光林 赵世对 凌徽涛 唐大康
曹诗圣（回族） 盘 龙（瑶族）
董 成 韩一民 程连昆

科学技术界（41名）

万宝年 马振明（回族） 王 浩
韦世强（仡佬族） 叶祖贵 史建宇
任 鸣（女） 刘 卫 刘万青
刘文清 刘传思 刘庆强 李广学
杨建军 吴之传（女） 吴玉龙
吴晓明 张万宽 张小平 张志轩
陆 欣 陈长琦 陈初升 邵名望
林巨广 周 强 郑平建 胡筱虹（女）
洪石笙 徐 晖 徐建平 高 隽
唐欣昀 陶芳泽 蒋 伟 傅松玲（女）
焦发兆 简文乐 翟武全 潘建伟
薛胜雄

社会科学界（16名）

王邦虎 王亚林 王晓辉 王祥生
韦 伟 方成生 朱文根 阮应国
吴椒军 张武扬 徐建龙 陶新民
屠筱武 彭凤莲（女） 程必定
廖荣定

经济界（50名）

王平哲 王首萌 王鹤龄 方国太
方俊文 白国祥（蒙古族）
过仕刚 朱同斌 刘为民 刘伟建
许家贵 孙国华 孙腾章 纪良华
杜长棣 李 工 李 文 李 兵
李 缜 李非列 李忠金 吴俊保
何敬麟 汪建中 沈肖芜 沈性善
张德山 欧阳伯康 卓培迟
金海革（女） 周夏耘 赵玉秀（女）
胡 炯 胡运成 胡剑江 胡道新
姚 征 桂四海 顾正宇 倪 虹
徐 华（女） 徐 明 徐炳光
殷根茂 陶成群 梁建殷 蒋厚玉
程福生 潘忠德 潘高钊

农业界（21名）

万利云（女） 马传喜 王 岚（女）
尤加林 田文俊 朱湖根 刘少民
杨来根 杨俊宇 汪 强 张华建
陈士龙 季学枫 金 鹏 周 毅
赵皖平 奚得发 程 鹏 程太平
甄长丰 肇玉奇（满族）

教育界（41名）

丁 放 马俊美（女） 王爱民
戈世平 尹一桥（女） 叶向东

冯声祖　杜少陵　李士云（女）
李瑛霞（女）　肖国庆　吴良仁
吴金节　宋　军　张　怡（女）
张　济（女）　陆勤毅　陈　新
陈正发　陈忠卫　陈晓玲（女）
林丽萍（女）　金　燕（女）
郑明东　屈凤侠（女）　赵晓和
俞书华（女）　洪天求　袁世年
倪致祥　陶　玲（女）　曹　雷
章　泽　梁祖彬　葛芦生　董宏业
蒋剑军　雷广宁（畲族）　虞吉林
樊秀龙　潘啸龙

体育界（14名）

王莉莉（女）　王新胜　尹朝华
邓　玉　冯　潮　刘　宏（女）
刘　勇　刘晓辉　杨洪洲　陈永杰
周志俊　秦　煦（女）　钱　杰
蔡维艳（女）

新闻出版界（9名）

芮必峰　张红梅（女）　张苏洲
陈　强　周天虹（女）　赵国华
郭永年　郭献文　梁　钧（女）

医药卫生界（40名）

于在诚　卢家忠　叶冬青　冯伟华
冯春国　毕普民　刘自林　许　浩
许杜娟（女）　李　孳（女）
李方军　李贵华（女）　沈德凯
宋士和　张长乐　张汉明　张捍东
张　靖　陈　军　陈　媛（女）
陈光亮　陈晓鹏　武琼宇（女）
罗宗甫　周建生　孟翔凌　赵云峰
胡世莲（女）　段　齐（女）
徐培坤　高广印　高开焰
唐成平（女，回族）　梁　炜（女）
葛　敏（女）　葛　霞（女）
韩　真　谢道俊　蔡　鑫　戴小华

对外友协（6名）

李永胜　何凤仙（女）　张　剑（女）
陈小潮　林义扬　翟庆党

少数民族界（15名）

马　露（女，回族）　刘光祥（回族）
刘育红（女，蒙古族）许广全（回族）
许世文（回族）　孙华喜（回族）
阳小玲（女，彝族）　苏　杭（回族）
佟　丹（锡伯族）　胡　忠（回族）
哈锦枫（女，回族）　曹　伟（女，回族）
康建军（回族）　覃秀云（女，壮族）
穆华国（回族）

宗教界（7名）

马建华（女）　刘新红　聂恒友
释宽容　释慧庆　詹达礼
穆可发（回族）

特别邀请人士（79名）

马新民　王仁发　王泽平　王学银
王晓淮　王颍洲　卢春祥　叶如强
朱德祥　仲建成　刘家升　江　山
阮一君　孙爱民　孙敏民　严从怀
李　奎　李志国　李明龙　杨　震
杨玉华　杨世强　时方廷　何　倩（女）
何洪江　汪江武　汪沪敏（女）
张友伯　张兰贵　张西政　张金锐
张晓峰　张家宁　张维平　陈良平
陈金沙　陈学稳　陈建华　陈淮军
陈道喜　罗法荣　周　庆　周　勤（女）
周庆木　周驰军　周德义　庞利民
宓建毅　赵和平　赵金华　胡　冰
胡子俊　胡玉庭　胡兴超　骆　飞
夏　鹤　夏贵俊　顾福生　高翠芝（女）
高德金　郭　敏（女）
海显荣（女，回族）　陶　海
龚义华　崔武梅　章　义　章立奇
章福齐　梁修存　蒋传东　蒋克水
程秉洲　虞爱华　鲍建军　慈世春
滕修朴　戴克柱　魏志光　魏俊智

【安徽省各市、县、区政协领导人名单】

合肥市

市政协主席　董昭礼
县（区）政协主席

肥东县	杨炳华
肥西县	孙明权
长丰县	曹光忠
瑶海区	郝敬勉
庐阳区	任传英（女）
蜀山区	包德中
包河区	汪世友

淮北市

市政协主席	陈建华
县（区）政协主席	
濉溪县	杨恒仁
烈山区	亓　森
杜集区	欧阳林芝（女）
相山区	李清平

亳州市

市政协主席	雅中庆
县（区）政协主席	
涡阳县	陆　影（女）
蒙城县	张俊民
利辛县	刘　鸣
谯城区	孙德山

宿州市

市政协主席	姜　元
县（区）政协主席	
砀山县	陈朝军
萧　县	刘长勇
灵璧县	张友贺
泗　县	戴朝华
埇桥区	王秀英（女）

蚌埠市

市政协主席	王晓淮
县（区）政协主席	
怀远县	年汉东
五河县	刘　光
固镇县	王正武
龙子湖区	王洪书（女）
蚌山区	王　义
禹会区	徐　杰
淮上区	孙本国

阜阳市

市政协主席	孟庆银
县（市、区）政协主席	
界首市	董晓冰
临泉县	李玉玺
太和县	陈万里
阜南县	刘金宇
颍上县	孙东亚
颍州区	朱　霞（女）
颍东区	张太平
颍泉区	赵德才

淮南市

市政协主席	高德金
县（区）政协主席	
凤台县	曹治国
八公山区	程　昊
谢家集区	张传军
潘集区	江天保
田家庵区	朱满亭
大通区	宫传林

滁州市

市政协主席	江　俊
县（市、区）政协主席	
天长市	戴长生
明光市	陶　瑾（女）
来安县	王世成
全椒县	冯家翠（女）
定远县	徐传斌
凤阳县	张乡远
琅琊区	孙　协
南谯区	陈学志

六安市

市政协主席 刘庆德

县（区）政协主席

寿　县 戴克奎

霍邱县 刘恒滨

舒城县 孙　燕（女）

金寨县 史连生

霍山县 张家海

金安区 张友华（女）

裕安区 李　强

马鞍山市

市政协主席 章应民

县（区）政协主席

当涂县 赵皖生

金家庄区 任代平

花山区 孙兴华

雨山区 魏来源

巢湖市

市政协主席 张传才

县（区）政协主席

庐江县 夏明生

无为县 洪　伟

含山县 张胜先

和　县 陈素萍（女）

居巢区 廖新民

芜湖市

市政协主席 方　成

县（区）政协主席

芜湖县 胡怀刚

繁昌县 方振根

南陵县 杨梅生

镜湖区 曹天民

鸠江区 贾全海

弋江区 朱成霞（女）

三山区 王龙仙

宣城市

市政协主席 胡传玲（女）

县（市、区）政协主席

郎溪县 赵荣新

广德县 谭运秀（女）

宁国市 信光裕

泾　县 杨来富

绩溪县 张正根

旌德县 方观齐

宣州区 柴元孝

铜陵市

市政协主席 陈良平

县（区）政协主席

铜陵县 谈跃进

铜官山区 张先傲

狮子山区 许先睦

郊　区 胡家仓

池州市

市政协主席 程铭义

县（区）政协主席

东至县 钱继发

青阳县 陈建生

石台县 程天进

贵池区 李国建

安庆市

市政协主席 张全锐

县（市、区）政协主席

桐城市 宋传明

怀宁县 丁风生

枞阳县 王建国

潜山县 丁伯祥

太湖县 王中华

宿松县 朱治平

望江县 刘亦峰

岳西县 储诚根

大观区 刘宜彪

迎江区 丁士甲
宜秀区 丁邦华

黄山市
市政协主席 张开南
县（区）政协主席
歙　县 刘宏军
休宁县 郑建新
黟　县 胡林生
祁门县 刘炳国
屯溪区 余登成
徽州区 杜臣武
黄山区 孙轶青

安徽省各级政协组织和委员数

（截至 2008 年底）

项目＼级别	省	设区的市	县（不设区的市、市辖区）	合　计
组织数	1	17	105	123
委员数	745	6344	18325	25414

（任吉梅 编写　沈性善 审稿）

政协福建省委员会

梁绮萍　主　席

张燮飞　副主席

陈　芸　副主席

李祖可　副主席

叶家松　副主席

叶继革　副主席

张　帆　副主席

郑兰荪　副主席

郭振家　副主席

邓力平　副主席

叶家松　秘书长(兼)

【全体委员会议】

十届一次会议 2008年1月16日至22日在福州召开。应出席696人，实到654人，19名台湾人士和18名海外侨胞作为特邀委员参加会议。会议听取并审议十届一次会议主席团常务主席梁绮萍代表常务委员会所作的九届省政协常委会工作报告和常务主席李祖可代表常务委员会所作的九届省政协提案工作情况的报告。委员们列席省十一届人大第一次会议，听取并讨论黄小晶省长所作的政府工作报告和省有关部门负责人所作的计划、预算报告，省高级人民法院、省人民检察院工作报告。委员们赞同上述报告。会议期间，中共福建省委书记卢展工、省长黄小晶和在榕的省委常委、副省长参加开幕式和闭幕式，听取委员大会发言、参加小组讨论，听取意见和建议，共商福建发展大计。会议选举梁绮萍为中国人民政治协商会议第十届福建省委员会主席，张燮飞、陈芸、李祖可、叶家松、叶继革、张帆、郑兰荪、郭振家、邓力平为副主席，叶家松为秘书长，丁瑜等128人为常务委员；审议通过省政协十届一次会议决议和提案审查情况的报告。各专门委员会向会议提交了书面工作总结。共收到提案729件，经审查立案717件。共收到大会发言材料91份，13名委员作了大会发言。会议期间召开了界别工作座谈会。梁绮萍主席在闭幕会上作讲话。

【常务委员会会议】

第1次会议 2008年1月22日在福州召开。应出席138人，实到123人。会议审议通过十届省政协常委会第一次会议议程，审议通过政协第十届福建省委员会副秘书长名单、关于专门委员会设置的决定、专门委员会主任和部分副主任名单以及福建省政协2008年工作意见。会议结束时，梁绮萍主席就做好新一届省政协常务委员会工作作了讲话。

第2次会议 2008年6月19日在福州召开。应出席138人，实到116人。会议听取副省长叶双瑜所作的海峡西岸经济区建设情况通报和省台办主任邓本元所作的对台工作报告。审议通过政协第十届福建省委员会委员增补名单、政协第十届福建省委员会副秘书长任免名单、政协第十届福建省委员会专门委员会副主任增补名单。梁绮萍主席就做好省政协专门委员会工作等问题作讲话。

第3次会议 2008年9月25日在福州召开。应出席137人，实到97人。会议围绕海峡西岸两个先行区建设建言献策。副省长苏增添介绍了两个先行区建设的进展情况和省委、省政府的工作部署。省政协经济委员会、民革福建省委员会、省政协人口资源环境委员会、民盟福建省委员会、省政协社会和法制委员会、农工党福建省委员会、厦门市政协、民进福建省委员会、省政协港澳台侨和外事委员会、福州市政协、致公党福建省委员会、莆田市政协、龙岩市政协作了大会发言。省直36个部门负责人到会听取委员们的意见和建议。梁绮萍主席就发挥政协优势促进海峡西岸两个先行区建设作讲话。

第4次会议 2008年12月8日在福州召开。应出席137人，实到123人。会议听取省委常委、副省长张昌平作的关于省政府工作报告（征求意见稿）起草情况的说明；省政府秘书长冯声康作的关于省政府系统办理十届省政协一次会议提案工作情况的通报。审议并原则通过十届省政协常委会工作报告（讨论稿）、十届一次会议以来提案工作情况的报告（讨论稿）、省政协各专门委员会工作报告（书面）和关于召开省政协十届二次会议的决定及有关程序文件，决定将上述有关文件提交省政协十届二次会议审议。会议通过授权省政协主席会议审议十届省政协常委会第四次会议未尽事宜的决定。梁绮萍主席就开好省政协十届二次会议作讲话。

【专门委员会工作】

提案委员会 共收到提案775件，立案764件，经96个承办单位办理，全部办复。编发《重要提案摘报》20期，省领导共批示35件次，推动了提案的办理和落实。主席会议确定重点提案9件，由省政协领导分工会同省委、省政府领导督促办理，通过开展调研督办、召开“三结合”办理座谈会、提案促办座谈会等形式，加大重点提案办理力度，并带动一般提案办理，推动相关问题解决；加强与承办单位的联系，主动与提案人、提案单位沟通、联系，积极推动提案的办理与落实。制定出台《政协福建省委员会关于规范重点提案办理的意见》。坚持在全会召开前寄发提案征集信，编写《提案工作手册》，为委员了解政协提案、撰写提案提供参考。进一步加强提案宣传工作，扩大政协社会影响。

经济委员会 组织委员就“实施品牌带动，发展现代农业”、“加强闽台旅游合作，促进两岸人民交流”等课题开展调研，提出意见和建议。深入开展“扶持中小企业经营发展”专题调研，召开“扶持中小企业经营发展”情况通报会，邀请省经贸委等单位通报我省中小企业发展情况，举办“扶持中小企业经营发展”研讨会，组织经济、民建界委员赴宁德、泉州就促进中小企业发展、完善担保体系、拓展融资渠道等内容开展调查研究，献计献策，并为十届二次会议期间举行扶持中小企业经营发展专题协商作准备；组织民建、工商联、经济等届别委员赴漳州市就“实施品牌带动，发展现代农业”情况开展专题视察。召开委员会所联系的民建、工商联、经济、特邀（二）四个届别的召集人座谈会，探讨加强与届别委员联系的途径。组织每季度一次的经济形势分析座谈会，积极建言献策。召开全省政协经济科技委员会工作联系会议，加强与省委、省政府及有关部门的联系，形成工作合力。

人口资源和环境委员会 组织委员开展“做好惠民政策与计划生育利益导向政策的衔接”专题调研。组织委员赴福安市、长乐市调研污水处理厂建设情况。组织省九三学社、科协、农业、特邀（二）等界别委员赴南平市开展“福建省水环境保护与治理情况”的视察活动。作为新设立的委员会，努力加强自身建设，增强专委会凝聚力，加强与全国政协人口资源环境委员会和省直有关部门的联系，夯实履职基础。

教科文卫体委员会 组织委员开展推动福建省文化创新促进文化产业发展、福建省特殊教育发展情况等专题调研。就福建省省级技术创新平台建设、福建省高考招生工作、福建大剧院建设等进行视察。组织开展迎奥运书画笔会、纪念改革开放30周年书画笔会、庆祝教师节和义诊扶贫活动。配合全国政协开展青少年和学习体育工作情况的协作调研，参加全国政协召开的建立基本用药制度研讨会。召开全省政协教科文卫体委员会工作联系会。

社会和法制委员会 组织委员就流动人口的服务和管理工作开展系列调研、视察、论证和协商工作。围绕“开发整合青年力量，推动海西先行发展”组织委员开展调研。参加省重点课题“关注民生民心，扎实推进海峡西岸经济区社会建设”的调研，配合省人大开展“坚持科学立法、民主立法，提高省地方立法质量”专题调研，参加省委政法委、综治办、公安厅、信访局等部门开展的“完善社会管理，维护社会安定稳定”专题调研。组织委员、省各民主党派、工商联、人民团体和专家、学者等，就一些重大地方性立法项目开展协商。组织委员参与法制调研、检查监督工作。配合省综治办完成对宁德市社会治安综合治理大检查考评工作。召开全省政协社会和法制委员会工作座谈会。配合全国政协开展“建立和完善多元化纠纷解决机制”专题调研。

港澳台侨和外事委员会 组织委员就促进闽台信息产业对接、提升信息产业综合竞争力进行专题调研。组织致公党、台盟、侨联及特邀（二）界委员就闽台产业对接和台资企业发展情况进行专题视察。配合做好全国政协考察视察团在闽调研和视察的有关协调服务工作。配合全国政协港澳台侨委和全国台联会接待世界知名台商第七次赴大陆访问团在闽的考察活动。与省涉台单位联合举办海峡西岸 2008 年台湾青年夏令营活动。协助福建省委、省政府在北京召开参加全国“两会”的部分港澳代表、委员座谈会，联合省委统战部在深圳、珠海召开港澳委员、海联会理事座谈会。组织港澳委员、特邀委员赴福建南平和四川彭州等地考察。承办“五侨”联席会议，参与“五侨”举办的活动。加强与海外华人华侨社团的联系联谊，认真接待来访社团。配合全国政协搞好涉侨专题调研。

民族和宗教委员会 组织委员围绕“宗教界人士和信教群众为海峡西岸两个先行区建设服务”开展专题调研。组织委员赴泉州市视察宗教界服务海峡西岸两个先行区建设情况。坚持走访宗教活动场所和民间信仰活动场所，以及省佛教协会、省基督教协会、福建佛学院、福建神学院。通过组织委员视察、调研以及与党委、政府和有关部门沟通协调等形式推动宗教房产政策落实。参加全国政协民族和宗教委员会与国家宗教事务局举办的“发挥宗教界人士和信教群众积极作用研讨会”，参加全国部分省（区、市）政协第十次民族宗教工作研讨会。组织义诊队赴宁德市老区、民族地区开展义诊活动，共诊治病人 500 余人次，为病人免费送医药价值 1.3 万多元，为硖门、水门畲族乡争取一定数量的资金补助。召开全省政协民族宗教工作座谈会。

文史资料和学习委员会 编辑出版《福建历史文化名镇名村》、《走向冠军之路》两本书籍。征集编辑《闽台交流和闽籍台胞寻根谒祖》、《闽台关系文物史籍》等专题文史资料。参与全国政协文史资料征编大协作，向全国政协办公厅报送文史资料 481 篇。举办暑期读书会，组织在榕省政协常委、专委会负责人和省各民主党派、工商联负责人以及有关人民团体负责人参加学习。承办 6 期新委员培训班，十届省政协新委员基本上轮训一遍。编辑 12 期《学习资料》。组织委员就“博物馆、纪念馆免费开放情况”进行视察。参与“完善民主监督机制，提高参政议政实效”专题调研。组织界别委员就如何组织好界别活动进行座谈。会同海云墨会联合筹办福建省各级政协纪念改革开放 30 周年书画作品展。参加全国政协召开的全国暨地方政协文史委员会主任会议和华东地区政协文史工作第 23 次协作会议。召开全省政协文史工作座谈会。

【重要活动】

福建省人民政协理论研究会成立大会暨第一次理论研讨会 6 月 24 日在福州举行。省政协主席梁绮萍，省政协原主席陈明义、游德馨，省政协副主席陈芸、李祖可、叶家松、叶继革、张帆、邓力平出席会议，来自省各民主党派、工商联，高等院校、科研单位和各市、县（区）政协的代表 160 多人参加会议。会议审议通过研究会章程，选举福建省人民政协理论研究会第一届理事会理事、常务理事、会长、副会长、秘书长。叶家松任会长。会议决定梁绮萍、陈明义、游德馨任名誉会长。研究会共收到论文100余篇，3位同志在会上作了发言，中国人民政协理论研究会秘书长原冬平作了关于加强人民政协理论研究的报告。梁绮萍就推进我省人民政协理论研究工作作了讲话。

新委员培训 针对换届后新委员人数多、对政协工作不熟悉的情况，先后举办6期新委员培训班，深入学习科学发展观，系统学习人民政协理论和履行职责所需要的知识。绝大多数新委员参加了培训，基本实现新委员轮训一遍的目标，培训规模和力度是近年来最大的一次。

为四川抗震救灾献计出力 四川汶川特大地震发生后，省政协及时发出《给政协委员的一封信》，倡议广大政协委员积极为灾区献爱心、送温暖。据不完全统计，全省各级政协委员和政协机关干部为地震灾区捐款捐物达4.5亿元人民币。组织民营企业家和港澳、特邀委员赴四川彭州考察灾后重建工作。通过政协信息，及时向全国政协办公厅和省委、省政府报送有关抗震救灾的社情民意信息30多件，为抗震救灾和灾后恢复重建献计献策。

围绕海峡西岸两个先行区建设建言献策 省政协把围绕中共福建省委提出的海峡西岸两个先行区建设建言献策作为协商议政的重点。密切与全国政协的联系，主动邀请全国政协领导来闽指导工作，争取中央和国家部委对海西两个先行区建设的支持。发挥驻闽全国政协委员的作用，驻闽全国政协委员向全国政协提交有关推进海西两个先行区建设的大会发言材料20多份，提案50多件。省政协领导带队围绕海峡西岸两个先行区建设的重点问题开展调研论证，形成36篇调研报告，并汇编成册。9月25日，召开专题议政性的常委会议，围绕海峡西岸两个先行区建设建言献策。省委常委、副省长陈桦，副省长苏增添、洪捷序以及省直36个部门负责人到会听取意见和建议。省政协经济委员会等13个单位的代表在会上作了发言。梁绮萍主席就发挥政协优势，为全面推进海西两个先行区建设献计献策作了讲话。《福建日报》专版介绍委员大会发言情况。会后形成《十届省政协常委会第三次会议对海西两个先行区建设的意见和建议》报送省委、省政府，黄小晶省长等省领导作出批示。省政府办公厅把政协的意见建议分解到省直20个厅局和5个设区市政府抓紧落实。

福建省政协纪念改革开放30周年大会 12月18日在福州举行。省政协主席梁绮萍，全国政协常委、港澳台侨委员会副主任陈明义，省领导庄先、洪捷序、陈芸、李祖可、叶家松、叶继革、张帆、邓力平、黄瑞霖、金能筹、陈家骅，老同志游德馨、何少川、许集美、陈家振、蔡载经、叶庆耀、陈荣春、林逸、陈增光出席会议，省政协副主席张燮飞主持会议。省各民主党派、工商联，省政协各界别，各设区市政协的代表在会上从不同侧面回顾了改革开放以来人民政协的光辉历程，抒发了对人民政协事业的热爱之情。梁绮萍主席在讲话中总结了30年来我省政协在探索和实践中形成的5条宝贵经验，对做好新形势下人民政协工作提出5点要求。

【重要文件】

常委会工作报告 （2008年1月16日）（摘要） 第一部分，过去五年工作回顾。一、过去的五年，是我们坚持与时俱进、大力推进学习型政协组织建设、在巩固共同思想政治基础上取得新进展的五年。组织委员认真学习邓小平理论和“三个代表”重要思想，认真学习科学发展观等一系列重大战略思想，认真学习《中共中央关于加强人民政协工作的意见》、《中共福建省委关于进一步加强新时期人民政协工作的决定》和新修订的《政协章程》，认真学习中共十六大、十七大和中共福建省第八次代表大会、省委八届三次全会精神。通过举办培训班、读书会、研讨会、报告会，组织宣讲团赴各地宣讲，开展电视知识竞赛等形式，认真学习履行职能所需要的知识。五年来，共举办培训班、读书会、读书班 40 多期，参加学习培训的委员、机关干部达 2000 多人次；举办报告会、讲座 40 多场，编发《学习资料》60 多期。通过召开全省九市政协主席工作座谈会、全省专委会工作会议、专题研讨会等，认真总结在推动科学发展、促进社会和谐等履职实践中创造出来的好经验、好做法，不断推动政协事业向前发展。二、过去的五年，是我们充分发挥优势、积极主动作为、在促进海西战略形成完善提升中作出新努力的五年。积极向全国政协和各民主党派中央反映情况、表达意愿，主动邀请全国政协领导率领全国政协常委视察团来闽视察调研海西建设情况。全力配合全国政协多位副主席率领的全国政协委员视察团来闽开展视察。努力为驻闽全国政协委员围绕海西战略建言献策服务，2004 年到 2007 年，驻闽全国政协委员共提交有关促进海西建设的提案、大会发言材料达 200 多件。组织政协委员和专家学者先后围绕海西战略的形成、完善和实施中的重大问题，开展视察调研，共形成视察报告 32 篇、调研报告 200 多篇。五年来，直接涉及海西建设的提案 512 件，社情民意信息 200 多件。三、过去的五年，是我们着力完善机制，多层次组织政治协商，在促进我省经济社会又好又快发展中作出新贡献的五年。组织委员围绕省政府工作报告，计划、财政预算报告和“两院”工作报告，进行全面协商讨论。五年来，共印发大会发言材料 518 篇，60 位委员在大会上作了发言。及时整理报送委员对省政府工作建议 160 多条，省领导共作了 120 多件次批示。共召开 25 次常委会议，围绕海西战略定位、编制“十一五”规划、构建社会主义和谐社会、建设社会主义新农村、建设创新型省份和发展壮大产业群、城市群、港口群等重大议题开展协商讨论，许多重要意见和建议得到省委、省政府的充分肯定，在出台的相关文件中得到体现。适时召开情况通报会，听取省法院、检察院和有关部门工作情况通报，提出意见和建议。共召开 16 场专题对口协商座谈会，先后就构筑“三条战略通道”、建设生态省、实施人才战略、发展职业教育、维护进城务工人员权益、水环境保护与治理、非物质文化遗产传承与保护等专题进行协商讨论。先后组织委员、专家学者对 20 多部法律法规草案，进行协商讨论。四、过去的五年，是我们努力探索、多形式开展民主监督、在推进和谐福建建设中实现新作为的五年。通过重点提案省政协领导分工督办，省委、省政府领导亲自领办，重要提案专委会调研督办，热点提案组织视察督办等形式，增强提案办理的实效。认真做好提案办理情况的跟踪，逐步实现提案办理由答复型向落实型转变。省领导共作了 284 件次批示。共组织驻闽全国政协委员和省政协委员视察团 130 多个，委员 2000 多人次参加了视察活动，对涉及经济社会发展的重大问题提出建议，对存在问题提出批评意见，形成视察报告 130 多篇。先后组织委员对“外来有害生物综合治理”、“水环境保护与治理”等工作进行民主评议。联合宣传部门，对省主要新闻媒体的舆论导向进行民主评议。支持和鼓励政协委员担任特邀监察员、检察员、审计员、教育督导员和行风评议代表，直接参与公正执法、依法行政、效能建设、纠风工作的检查和监督。妥善处理人民群众来信3300多件，接待来访2300多人次。五、过去的五年，是我们始终注重实效、多渠道进行参政议政、在实现和维护最广大人民的根本利益中取得新成效的五年。围绕我省经济社会发展中的重大问题开展调研，共形成调研报告300多篇。关于综合利用工业固废大力发展循环经济、加强金融支撑推进新农村建设、发展临海工业经济、加强生态省建设、加快文化信息资源共享工程建设等方面的建议，被省政府制定的文件充分吸纳。积极反映社情民意。五年来，共向中共福建省委、省政府和全国政协办公厅报送《政协信息》专报件800多件，中央和省领导作出重要批示200多件次。2005年以来，省政协研究室连续三年被全国政协办公厅评为信息工作先进单位。为民办实事做好事。坚持开展送医送药、送文化、送科技下乡等活动。通过多种形式和渠道，为抗击“非典”、灾区、贫困地区、希望小学及慈善事业捐款5亿多元。协助有关部门筹建福建省少数民族发展基金。帮助进一步落实宗教政策。连续三年对农民工问题开展系列调研。重视做好政协文史资料的征集和编辑工作。征集各类文史资料700多篇，600多万字，照片4000多幅；编辑出版文史资料书籍12部；举办全省政协征编出版文史资料暨履行职能成果展。六、过去的五年，是我们牢牢把握主题、广泛开展交流联谊、在壮大爱国统一战线和推进祖国统一大业中拓展新领域的五年。重视发挥民主党派、工商联和无党派人士在政协组织中的作用。五年来，省各民主党派、工商联、无党派人士提交的提案立案2467件，占立案总数的65%；提交调研报告100多篇。努力做好台湾人民工作。2005年以来，连续三年邀请在闽台商代表列席省政协全会。认真办理涉台提案，走访在闽台资企业。参与举办闽台文化论坛、海峡两岸青年夏令营，组团赴台湾开展林则徐禁烟展览和书画交流，邀请台湾书画家参加华东六省一市书画巡回展等活动。承办纪念严复诞辰150周年、林则徐诞辰220周年、孙中山诞辰140周年和福建省船政创办140周年等大型纪念活动。支持有关设区市政协编纂《闽南话漳腔词典》、《闽南话泉腔词典》，举办闽南文化、客家文化、妈祖文化等交流活动。充分发挥港澳委员作用。协助省委、省政府在北京召开参加全国“两会”的闽籍港澳委员座谈会，会同省委统战部在深圳、珠海召开省政协港澳委员座谈会。组织港澳委员赴省内外调研视察和参加大型招商活动。港澳委员积极参与港澳社会事务，为维护港澳地区繁荣稳定、促进祖国统一大业做了大量卓有成效的工作。密切与华侨华人的联系。邀请海外侨胞代表列席省政协全会。认真办理涉侨提案，看望和慰问归侨、侨眷，帮助解决困难和问题，妥善处理华侨华人和归侨、侨眷来信来访。组团赴新加坡、印尼等国开展联谊联络活动。省政协领导在出访时主动拜会当地闽籍华侨，走访华人社团组织，为促进祖国统一作出了努力。七、过去的五年，是我们不断适应新形势，切实加强自身建设，在推进政协履行职能的制度化、规范化、程序化中迈出新步伐的五年。政协工作的制度建设进一步加强。协同省政府办公厅等单位，联合制定下发了《关于加强省政府与省政协工作联系办法的通知》、《关于进一步接受人民政协民主监督的意见》等8个配套文件。先后对省政协机关30多项规章制度进行修订，完善为政协履行职能服务的各项工作制度。界别优势进一步体现。增设无党派人士界，依托专委会组织界别委员开展调研视察，撰写界别提案，反映界别要求。委员的主体作用进一步发挥。坚持每月举办“省政协领导约见界别委员”活动，五年来共约见界别委员900多人次。修订《专门委员会通则》。健全委员服务管理制度，制定《关于充分发挥政协委员主体作用的意见》、《省政协委员履行职责服务管理办法》，对委员履职情况进行考核，建立委员履职档案。及时调整充实委员小组，在委员中持续开展“五个一”活动和优秀提案评选活动，委员履职的能力和水平逐步提高。政协机关的服务水平进一步提高。省政协机关认真开展保持共产党员先进性教育和各项学习活动。加大干部培养、选拔、交流、使用和挂职锻炼工作力度。积极开展机关创建活动，省政协办公厅先后被省委、省政府授予“机关党建工作先进单位”、“文明单位”和“平安建设先进单位”等荣誉称号。加强与市、县（区）政协的联系和指导，通过召开全省九市政协主席工作座谈会、秘书长联席会议、专委会工作会议，邀请市、县（区）政协主席参加省政协会议，联合开展调研视察，帮助基层政协改善工作条件等形式，增强了全省政协工作的整体效应。

第二部分，主要认识和体会。一、坚持党的领导，是做好人民政协工作的根本保证。二、服务发展大局，是做好人民政协工作的基本原则。三、把握两大主题，是做好人民政协工作的内在要求。四、不断开拓创新，是做好人民政协工作的不竭动力。五、加强自身建设，是做好人民政协工作的重要保障

第三部分，对十届省政协工作的建议。一、认真学习贯彻中共十七大精神，坚持用中国特色社会主义理论体系统领政协工作。二、牢牢把握团结和民主两大主题，为推进和谐福建建设发挥积极作用。三、深入贯彻落实科学发展观，为建设科学发展的先行区献计出力。四、充分发挥政协优势，为建设两岸人民交流合作的先行区贡献力量。五、适应人民政协事业发展的新形势，加强人民政协理论研究和宣传工作。六、深入贯彻落实中共中央《意见》和中共福建省委《决定》，推进政协自身建设。

【组织概况】

主　席

梁绮萍（女）

副主席

张燮飞　陈　芸　李祖可
叶家松　叶继革　张　帆
郑兰荪　郭振家　邓力平

秘书长

叶家松（兼）

常务委员名单（按姓氏笔画为序）

丁　瑜（女）　丁仕达　方　群
王正伟　王明洋　王泽生　王炎平
王祖耀　王桂凤（女）　王彬成
王瑞芳　邓力平　邓利娟（女）
卢温胜　叶顺煌　叶家松　叶继革
关荣丰　刘　珂（女）　刘　通
刘　埗　刘大林（女）　刘献祥
吕凯明　安　荣　庄文才　江尔雄（女）
许奇锋　许明金　阮诗玮　何　强
何富强　余有江　吴乃光　吴志明
吴国盛　宋一然　张　帆　张　秋
张木清　张向中　张学梅　张明星
张金水　张金栋　张燮飞　李　敏（女）
李力利　李祖可　李晋闽　李惠钦
李琳梅（女）　杨峥嵘　杨祖基
杨银玉（女）　苏千墅　陆　东
陈　宁　陈　伦　陈　芸　陈　奇
陈　益（女）　陈　榕（女）
陈大明　陈小慰（女）　陈少妹（女）
陈向先　陈庆元　陈成秀　陈扬富
陈进强　陈忠信　陈昌生　陈保明
陈修茂　陈昭强　陈笃彬　陈铭福

陈隆基　陈紫萱（女）　陈新华
陈毓裹　周　瑛（女）　国桂荣（女）
林　寿　林　峰（女）　林　强
林大坚　林文秀（女）　林文侨
林民盾　林玉涵　林治良　林金水
林树哲　林祝光（女）　范碧云（女）
郑兰荪　郑幸红（女）　郑家建
金铁平　侯伟生　姚元根　姚立功
姜玉志　柳　红（女）　柳国荣
胡　钢　钟安平　夏先鹏　徐平东
郭加迪　郭永建　郭振家　高明子
高诚辉　商少平　梁绮萍（女）
黄玉山　黄如论　黄克安　黄炳泰
黄健儿　龚守栋　彭群芳（女）
焦念志　程思怡（女）　蒋方斌
释本性　赖　军　赖应辉　赖诗卿
赖钟雄　雷　斌（女）　蔡小伟
蔡元庭　颜纯炯

委员名单（按姓氏笔画为序）

中国共产党（16名）

王学华　王桂凤（女）　叶家松
叶继革　江爱华　李晋闽　张添根
张燮飞　陈　伦　陈　芸　陈向先
陈新华　林　松　姚立功　翁　卡
梁绮萍（女）

中国国民党革命委员会（14名）

王永昌　叶少珍（女）　苏文菁（女）
张知通　陈少妹（女）　陈作良
陈忠信　林俊山　林惠中　国桂荣（女）
郑世平　柳　红（女）　黄健儿
赖钟雄

中国民主同盟（14名）

阮诗玮　李永青　杨新华　张琼珊（女）
陈　榕（女）　陈昌生　林金水
林治良　郑兰荪　项小玲（女）
洪南福　姚立纲　黄建龙　黄毓玲（女）

中国民主建国会（11名）

王代忠　王宗华　李茂胜　吴志明
林　强　林旭健（女）　郭国华
郭振家　黄克安　程思怡（女）
潘振东

中国民主促进会（8名）

王少华　张　帆　陈　奇　金铁平
郑家建　翁国星　郭志荣　崔继军

中国农工民主党（14名）

刘　通　刘献祥　李笃妙　杨银玉（女）
陈　巧（女）　陈　勇　陈　益（女）
郑伟达　赵剑曦　侯建明　姚元根
赖应辉　廖忠伟　潘　亮

中国致公党（9名）

任义文　刘　珂（女）　刘成亨
李希圣　李智文（女）　宋一然
陈　鹭（女）　陈铭福　徐平东

九三学社（8名）

丁　瑜（女）　王玉芳（女）
李子林　李新春　吴　强　张木清
陈　宁　林大坚

台湾民主自治同盟（7名）

江尔雄（女）　江国强　李珊珊（女）
杨　谦　陈昭强　陈培仁　陈紫萱（女）

无党派民主人士（10名）

邓力平　李　晖　张杏谷（女）
陈小慰（女）　林祝光（女）
侯伟生　谢翠姬（女）　雷　云
蔡耀添　薛爱国

工商业联合会（32名）

丁水波　丁响亮　王炎平　王荣平
卢元健　刘用辉　许明金　李祖可
杨孝梁　连　锋　吴汉杰　吴华春
张宗真　张就延　陈大明　陈发树
陈庆元　陈银清　林和平　林金来
林定强　林建平　林院冰　郑锦安
胡　钢　柯遵昶　柳国荣　洪清凉
高德平　郭东泽　黄　玲（女）
赖桂勇

总工会（17名）

王群勇　邓毓波　李晓萍（女）
李新华　何雪芬（女）　汪长清

张尚武 陈 煌 陈乐昌 范老兴
林 苹（女） 林亚平 周颖斌（女）
郑湘国 柯逢荣 黄建荧 彭群芳（女）

中国共产主义青年团（4名）

陈奕辉 林 瑛（女） 赖 军
雷禄新

青年联合会（4名）

刘路远 林荣滨 林腾蛟 涂崇禹

妇女联合会（16名）

王秋阳（女） 邓利娟（女）
甘端蓉（女） 叶美兰（女）
白建英（女） 杨轶琴（女）
宋美姝（女） 陈 晔（女）
林文秀（女） 赵志华（女）
赵景璋（女） 洪书香（女）
黄永凡（女） 黄亚惠（女）
黄若红（女） 戴 绮（女）

归国华侨联合会（28名）

王泽厚 王建忠 王德全 方木荣
付小苑（女） 江宇园 杨峥嵘
吴远康 何冠中 张子平 陈 乐
陈小钢 陈水波 陈勇生 陈榕军（女）
林 惠（女） 郑金云 郑炳章
施华民 郭加迪 黄如论 黄志英（女）
黄忠炫 鄞荣源 詹阳斌 蔡云松
蔡金星 潘安源

台湾同胞联谊会（11名）

卢绍荀（女） 卢葛覃（女）
叶香雪（女） 李 韧 吴国盛
陈 熙 陈正统 陈建华（女）
林 荣（女） 柯连妹（女）
梁志强

科学技术协会（10名）

王永闽 王泽生 叶顺煌 叶根轩（女）
江文清 陈永水 林 寿 林芝建
姚钦华 商少平

科学技术界（40名）

王子龙 王元生 刘耀明 江开勇
汤秀豪 许景期 李力利 李金算
李琳梅（女） 杨锦炎 连文成
吴长谋 吴绍炳 邹剑寒 张泽建
张学梅 张琳茂 陆 东 陈文海
陈文辉 陈国平 陈建民 陈毓寰
陈端钦（女） 林秀贞（女）
周培建 郑建国 郦 荣 施天佑
黄志贤 黄建民 黄剑忠 曹德旺
常 安 焦念志 曾 超 阙炎和
缪小龙 薛雄志 戴荣昌

教育界（48名）

王空军 王瑞芳 叶 扬 叶文华
毕贤顺 庄 华（女） 庄 莉（女）
刘 平（女） 刘 塨 刘卫平
刘若嘉 刘金桂 刘慧宇（女）
关 雄 许能锋 李 迅 杨龙辉
吴邦才 吴智园 迟 岩 张向中
张金栋 张雅芝 张程远 陈 飞
陈 伟 陈元仲 陈礼辉 陈永红（女）
陈君恩 陈奋策 陈笃彬 陈雅芳（女）
林 辉 林寿桦 林俐达（女）
罗 萤 周亚萍（女） 胡泮基
施祖美 洪辉煌 翁家宝 高诚辉
游振平 蔡炳河 裴晓敏（女）
廖兴旺 戴小勇

文学艺术界（29名）

王 敏 王评章 王景贤 方松峰
叶玉琳（女） 吕纯晖（女）
朱以撒 刘小龙 刘作玉（女）
许伟林 严 凤（女） 李 敏（女）
李木教 李尚清 杨 挺 杨 琮
吴乃光 何 强 张峥嵘（女）
张剑珍 陈乃春 陈秋平 陈洪翔
陈晓岚（女） 范碧云（女）
林丹娅（女） 夏 青（女）
唐晓燕（女） 董希源

医药卫生界（35名）

王少元 王祖耀 吕凯明 伊琴华（女）
刘 健 刘迎红（女） 关瑞祺
闫福华 江一平 江家骥 阮鼎勋（女）

严延生 李 滨 李惠长 吴成翰
应敏刚 张喜奎 陈烈平 陈晓春
陈端生 林 玲（女） 林 楠（女）
林才经 林欧文 林建华 季晓林
郑 健 战 榕（女） 郭永建
郭丽珍（女） 黄 玲（女）
黄爱民（女） 曾超英（女）
缪剑影 魏仲南

社会保障与社会福利界（13名）

王国萍（女） 方 群 汤昭平
许恒平 吴 赳 张志猛 金惠敏（女）
周 瑛（女） 侯昌财 黄有霖
黄毅敏 赖诗卿 蔡元庭

社会科学界（19名）

朱 清 许和农 杨少衡 杨华泰
邹瑞金 陈 锐 陈必滔 林 琛
林少川 林玉涵 林端宜（女）
易中天 郑传芳 郑振满 夏先鹏
蒋方斌 程润江 廖益新 王喆博

经济界（33名）

王希超 叶木凯 丛 澜（女）
兰益江 朱建荣 庄树新 许天楚
李仁杰 李建超 杨春林 邱景河
何如芳 张 伟 张 馨 张金水
陈 石 陈 轼 林 峰（女）
林光涵 林秋云 林积灿 林智勇
岳仁华 施卓成 夏 鹏 高明子
郭运濂 黄志斌 龚守栋 赖宗明
新 颖 潘亚文 杨小苹（女）

新闻出版界（10名）

马士敏（女） 王华伟（女）
王海征 邓保南 朱竟若（女）
李泉佃 林 彬（女） 覃晓清（女）
舒 展 蔡小伟

农业界（21名）

马国林 王建坤 朱光木 刘大林（女）
刘子维 苏锦平 李文绍 杨维生
何一心 何清水 余有江 张文勤
陈美琼（女） 陈继煌 林书育

林乐全 林振传 林慧颖（女）
姜安荣 洪长水 郭 浩

体育界（10名）

石智勇 杨 阳（女） 杨文科
陈 华 陈子荷（女） 林家成
郑幸红（女） 郑宝珠（女）
赵俊荣 施能狮

少数民族界（11名）

丁志聪（回族） 丁思强（回族）
钟民强（畲族） 郭文圣（回族）
郭添法（回族） 粘为江（满族）
蓝建杭（畲族） 蓝斯琦（畲族）
雷 斌（女，畲族）雷光秀（畲族）
雷维善（畲族）

宗教界（17名）

任世杰 庄静城 苏伟垣 吴奕顺
林 舟 林 清 林志华 岳清华
黄朝章 释本性 释则悟 释如妙（女）
释赵雄 释道元 谢荣增 詹思禄
蔡炳瑞

特邀（一）界（72名）

丁仕达 丁学辉 王 红（女）
王 林 王 玲（女） 王亚君（女）
王松柏 王耀华 车达卫 艾国清
庄奕贤 刘锦生 江建雄 阳广华
孙德斌 苍震华 李卫东 李家荣
李惠钦（女） 杨东成 杨香勤（女）
杨祖基 杨培森 杨鹏飞 吴茂春
吴明哲 吴新涛 邹哲开 沈 佩
张 秋 张才毕 陈 峰 陈 澍
陈扬富 陈纯鹏 陈修茂 陈保明
陈家骅 陈培昭（女） 陈维山
林仁芳 林文杰 林立晃 林岿然
林荣取 林奕斌 林素钦（女）
欧阳建 全能筹 周珊珊（女）
郑新聪 钟安平 姜玉志 姚智梅（女）
袁德俊 翁若同 高其兴 唐建辉
黄世峰 黄春生 黄信熀 黄炳泰
黄海英（女） 黄瑞霖 康 宁

董玉祥　曾晓民　游婉玲（女）
詹思明　廉小强　潘心城　戴滨辉

特邀（二）界（108名）

丁良辉　万碧莲（女）　王正伟
王亚南　王亚植　王明洋　王国标
王育民　王彬成　卢温胜　叶建明
吕联发　吕联选　庄文才　庄丽华（女）
刘与量　关荣丰　江全孚　许其昌
许奇锋　苏千墅　李木理（女）
李国兴　李祖协　李集招　杨集文
吴　林　吴文拱　吴在权　吴良民
吴玲玲（女）　吴换炎　吴健南
吴锡琛　何萍萍（女）　何富强
佘明钊　佘德聪　张上顶　张文光
张明星　陈子珍　陈天堆　陈成秀
陈庆辉　陈进强　陈孝钦　陈志烽
陈亨利　陈杭生　陈金霖　陈荣助
陈隆基　陈瑞添　陈聪聪（女）
林文侨　林平基　林民盾　林志胜
林忠成　林树哲　林黎明　罗兴祥
罗清源　周年茂　郑少清（女）
郑亚玲（女）　赵华明　胡士寅
俞培俤　施若龙　施学顺　施建新
施荣恒　施振衔　施展望　施清流
施维雄　姚加环　姚明摺　徐伟福
凌友诗（女）　黄飞虎　黄友嘉
黄书法　黄玉山　黄共流　黄均瑜
黄丽真（女）　黄肖青　黄其他
黄若虹　黄宗辉　黄建源　黄梓钦
黄雄飞　黄赛琴（女）　清　洪
董清世　谢路生（女）　蔡宗生
蔡炯明　蔡素玉（女）　颜　奕
颜纯炯　颜金炜　颜禧强　许光荣

特邀委员名单

台湾人士（19名）

王　力　朱玉郎　庄福池　江淳挺
李晓东　李嘉生　李熙政　吴士芳
吴灿坤　吴清菊（女）　吴鸿煜
张永裕　陈秀雄　陈　建　郑建良
施锦玲（女）　姚志远　高新平
谢铭洋

华侨人士（18名）

卢金荣　叶北洋　庄永泉　李新铸
何家金　陈永栽　陈江和　陈清泉
陈瑞平　陈德启　林文镜　林辉源
郑福成　高益槐　黄玲玲（女）
黄楚恒　蒋梦麟　蔡国伟

【福建省各市、县、区政协领导人名单】

厦门市（副省级）

市政协主席
陈修茂
副主席
陈维钦　陈联合　陈耀中
庄　威　江曙霞（女）
桂其明　翁云雷
秘书长
陈耀中（兼）
县（市、区）政协主席
思明区　江韵兰（女）
湖里区　吴仁福
同安区　郭永辉
集美区　汤养初
海沧区　许成福
翔安区　张毅恭

福州市

市政协主席　陈扬富
县（市、区）政协主席
鼓楼区　姚宏逵
台江区　高珠英（女）
仓山区　余凤玉（女）
晋安区　陈秀华（女）
马尾区　范公榕
闽侯县　林善培
闽清县　许建平
永泰县　吴秋惠（女）
长乐市　林义耿
福清市　方裕开

平潭县 翁晓岚（女）
连江县 兰钦明
罗源县 雷光秀

漳州市
市政协主席 林奕斌
县（市、区）政协主席
芗城区 魏方旭
龙文区 林雪来（女）
龙海市 柯莲英（女）
漳浦县 杨国华
华安县 邹忠钦
东山县 沈平忠
长泰县 戴和兴
云霄县 郑俊生
南靖县 李战华
平和县 蔡福民
诏安县 沈木聪

泉州市
市政协主席 林荣取
县（市、区）政协主席
鲤城区 吴金球
丰泽区 苏解放
洛江区 朱清辉
泉港区 连启明
晋江市 周伯恭
南安市 戴爱国
石狮市 丁家金
惠安县 庄建辉
安溪县 苏宇霖
德化县 吕素珠（女）
永春县 周亚明

三明市
市政协主席 袁德俊
县（市、区）政协主席
三元区 陈 澄
梅列区 黄勤炎
永安市 张 虹（女）
清流县 许天赠
宁化县 刘日太
建宁县 陈丁权
泰宁县 俞德光
明溪县 颜虎成
将乐县 游永涌
沙 县 潘 峰
尤溪县 周培春
大田县 周隆超

莆田市
市政协主席 杨鹏飞
县（市、区）政协主席
城厢区 黄志强
涵江区 刘金发
荔城区 赵黎明
秀屿区 康乃良
仙游县 何锦驰

南平市
市政协主席 车达卫
县（市、区）政协主席
延平区 吴水兴
邵武市 邓荣堃
武夷山市 肖天喜
建瓯市 吴剑琴（女）
建阳市 邱运财
顺昌县 杨理庆
浦城县 胡利孙
光泽县 熊 庆
松溪县 魏炳发
政和县 郑满生

龙岩市
市政协主席 林仁芳
县（市、区）政协主席
新罗区 严志铭
漳平市 陈家鸿

永定县 徐建国
上杭县 温文标
武平县 王民发
长汀县 陈日源
连城县 林家龙

宁德市
市政协主席 姚智梅（女）
县（市、区）政协主席
蕉城区 钟家尧
福安市 杨金柱
福鼎市 叶梅生
霞浦县 张祖文
周宁县 周孔寿
柘荣县 沈绍芳（女）
古田县 江宋堂
屏南县 叶海游
寿宁县 刘美森

福建省各级政协组织和委员数

（截至 2008 年底）

级别 项目	省级	副省级	地级市	县（市、区）	合 计
组织数	1	1	8	84	94
委员数	696	412	3042	18449	22599

（杨晓冬 编写 杨建智 审稿）

政 协 江 西 省 委 员 会

傅克诚 主 席

王林森 副主席

朱张才 副主席

陈清华 副主席

李华栋 副主席

宋晨光 副主席

陈安众 副主席

汤建人 副主席

刘小庄 副主席

郑小燕 副主席

胡剑平 秘书长

【全体委员会议】

十届一次会议 2008年1月22日至26日在南昌举行。应出席690名，实到662名。王林森副主席主持开幕大会，中共江西省委书记苏荣作重要讲话。会议审议通过了傅克诚主席所作的常务委员会工作报告和陈清华副主席所作的提案工作情况的报告。与会委员列席了江西省十一届人大一次会议，听取和讨论省长吴新雄所作的《政府工作报告》和其他重要报告。会议期间，委员们通过小组讨论、大会发言、协商座谈和提案、反映社情民意等形式，围绕富民兴赣、促进江西经济又好又快发展等问题，提出了许多建设性的意见和建议，表现了高度的政治责任感和积极参政议政的热情。中共江西省委书记苏荣、省长吴新雄分别参加小组讨论，听取委员的意见；中共江西省委、省政府领导同志和有关部门负责同志参加了专题协商座谈会，听取了大会发言。会议选举产生了政协江西省第十届委员会主席、副主席、秘书长、常务委员。傅克诚主席主持闭幕大会。会议通过了《政协江西省第十届委员会第一次会议决议》和《政协江西省第十届委员会第一次会议提案审查情况的报告》。会议通过的《决议》认为，苏荣书记的重要讲话充分肯定了九届省政协的工作，就进一步提高政协工作的整体水平、更好地发挥政协在推进江西崛起新跨越中的作用提出了明确要求，对进一步加强政协工作做出了郑重承诺，充分体现了中共江西省委对我省政协事业的高度重视和关心支持。会议要求，新一届省政协要认真学习贯彻中共十七大精神，高举中国特色社会主义伟大旗帜，进一步巩固参加政协的各党派团体和各族各界人士团结奋斗的共同理想和政治基础，围绕团结和民主两大主题履行职能，推进政治协商、民主监督、参政议政制度建设；把政治协商纳入决策程序，完善民主监督机制，提高参政议政实效；加强政协自身建设，发挥协调关系、汇聚力量、建言献策、服务大局的重要作用，不断推动我省政协事业的创新发展，为实现富民兴赣的宏伟大业做出新的贡献。会议号召，全省各级政协组织和广大政协委员，紧密团结在以胡锦涛同志为总书记的党中央周围，高举中国特色社会主义伟大旗帜，深入贯彻落实科学发展观，在中共江西省委的领导下，围绕团结和民主两大主题，与时俱进，开拓创新，团结拼搏，扎实工作，努力开创全省政协事业新局面，为在新的起点上实现江西崛起新跨越做出新的贡献。傅克诚主席在闭幕会上讲话。他说，十届省政协的五年，恰逢我省全面建设小康社会、加快推进社会主义现代化建设新的发展阶段。我们要深入学习贯彻中共十七大精神，把学习贯彻十七大精神与学习贯彻省委十二届四次全会和“两会”精神结合起来，努力为实现江西崛起新跨越献计出力。要深入贯彻落实科学发展观，切实把促进科学发展贯穿于履行职能的方方面面。要切实加强自身建设，不断提高履行职能的能力和水平。

【常务委员会会议】

九届第28次会议 2008年1月2日至4日在南昌召开。应出席143人，实到126人。省委副书记、省长吴新雄应邀到会，就《政府工作报告（征求意见稿）》的有关情况作说明。会议协商讨论了《政府工作报告（征求意见稿）》；通过了政协江西省第九届委员会常务委员会工作报告；通过了政协江西省第九届委员会常务委员会关于提案工作情况的报告；通过了关于召开政协江西省第十届委员会第一次会议的决定；通过了关于政协江西省第十届委员会名额、界别设置的决定；通过了政协江西省第十届委员会委员名单；通过了政协江西省第十届委员会第一次委员会主席团、主席团会议主持人、秘书长建议名单。

十届第1次会议 2008年1月27日在南昌召开。应出席130人，实到108人。省委副书记王宪魁出席并讲话。会议审议通过了省政协副秘书长名单，审议通过了各专门委员会的设置及其负责人名单，审议通过了省政协常委会2008年工作要点。

第2次会议 2008年6月26日至27日在南昌召开。应出席130人，实到112人。会议专题协商讨论“五河一湖”源头污染防治问题和评议省政协党组贯彻落实科学发展观情况分析总结报告。省委副书记、省长吴新雄到会并讲话。他说，省政协十届二次常委会专门协商讨论“五河一湖”源头污染治理问题，充分体现了省政协对绿色生态江西建设的高度重视，对政府工作的极大信任和帮助。调研报告具有极强的针对性、建设性和可操作性。对政协的建议，省政府将在学习吸收的基础上转化为具体部署和行动，以求真务实的态度抓好落实。

第3次会议 2008年8月18日在南昌召开。会议对省政协开展深入学习实践科学发展观活动试点工作进行满意度测评。省政协主席傅克诚通报了省政协党组开展深入学习实践科学发展观活动试点工作主要情况。

第4次会议 2008年9月28日在南昌召开。应出席130人，实到106人。会议的议程是协商讨论工业园区建设问题。会议听取了李华栋代表省政协调研组所作的关于进一步提升我省工业园区建设水平的调研报告；听取了任江南常委代表民盟江西省委员会、李志跃常委代表民进江西省委员会、贾益纲常委代表民革江西省委员会的发言及其他常委的发言。省委副书记王宪魁、省政府副省长洪礼和到会并作重要讲话。

【专门委员会工作】

提案委员会 全年共收到大会提案632件，其中2件作并案处理为1件，2件不立案，共立案629件；平时提案39件，立案39件。已立案的668件提案，截至年底，大会提案办理完毕，平时提案1件仍在办理之中，办复率为99.7%。一年来，主要开展了以下工作：一是积极投身学习实践科学发展观试点活动，用科学发展观指导提案工作实践；二是夯实基础，为提案者知情明政服务；三是突出重点，创新形式，积极推动提案办理落实；四是认真组织视察和调研；五是开展工作交流，积极探索做好提案工作的新路；六是改进工作，进一步提高服务质量；七是加强自身建设，提高履行职能水平。

经济科技委员会 组织委员围绕中心履行职能，紧扣发展献计出力，较好地完成了各项工作。一是突出重点，集中力量，围绕常委会协商议题建言出力成效明显；二是认真谋划，精心组织，汇集各方意见力促江西茶叶产业发展；三是关心热点，以求实情、献良策为核心，积极开展自选课题调研；四是发挥优势，注重调查与知情出力相结合，为促进经济发展办实事；五是多形式履职，发挥委员主体作用，不断活跃委员会的工作；六是加强学习，完善工作机制，不断夯实委员会的工作基础。

教文卫体委员会 省政协常委会工作要点的10项调研工作我委完成了其中的5项，还参与了1项民主监督的工作，全年共开展活动48项次。一是关注民生、为构建和谐社会献计出力；二是完善机制，为加强民主监督拓展工作；三是发挥优势，为灾后重建工作做出贡献；四是以人为本，为促进和谐发展做出努力；五是凝聚人心，为团结民主主题营造氛围；六是加强学习，为提高整体功效奠定基础。

法制社团委员会 紧紧围绕我省工作大局和社会法制建设，认真履行职能，积极建言献策，圆满完成了全年工作任务。一是关注改善民生，反映群众呼声；二是关注法制建设，推进依法治省进程；三是关注宗教工作，促进社会和谐；四是创新形式，求真务实，积极推进民主监督，主要是牵头组织开展了新型农村合作医疗制度建设的专题民主监督活动和开拓民主监督形式，丰富民主监督内容及加强民主监督的跟踪问效等活动；五是完善制度，夯实基础，努力加强自身建设。

文史和学习委员会 全年共征集、编辑和出版文史资料80余万字，组织委员开展学习、调研、视察、考察、会议等活动32次，完成常委会交办和委员会年初确定的各项任务。一是红色资源保护和利用及其可持续发展专题调研取得成效；二是认真贯彻全国政协文史资料新的工作方针，文史资料征编取得新进展；三是认真组织好委员的学习活动，为帮助委员提高素质、知情出力、履行职责搞好服务；四是认真加强与各有关方面的联系与合作，相互支持，推动专委会工作全面发展；五是认真做好联系界别的工作，努力搭建平台，进一步发挥委员主体作用。

港澳台侨委员会 认真按照常委会和本委员会工作要点，解放思想，与时俱进，扎实工作，较好地完成了全年各项工作任务。一是以联谊为纽带，在凝心聚力等方面取得了新进展，通过“请进来，走出去”活动延伸了政协对外联络功能；二是以活动为载体，在促进委员知情出力方面取得了新进展，紧紧围绕“第一要务”，精心组织活动，着力构建委员知情出力的活动平台；三是以调研为抓手，在开展建言献策方面取得了新进展；四是以自身建设为基础，在激发委员会及其办公室工作人员的积极性、主动性和创造性方面取得了新进展。

人口资源环境委员会 一、围绕常委会重点工作，发挥专委会职能作用。开展了“‘五河一湖’源头污染防治”、“我省节能减排工作情况”、“我省工业园区建设”等调研，分别形成的专题调研报告，得到国家和省委、省政府领导及有关部门的高度重视。二、履行职责，着力推进人口资源环境工作。举办了“推进‘环鄱阳湖生态经济区’建设论坛”、“江西省首届‘双十佳’绿色生态环境优美县乡”评选等一系列活动，并运用督办提案和跟踪问效的方式，推动具体问题解决。三、开展经常性活动，增强了委员会工作活力。四、注重自身建设，委员会发挥作用的基础得到加强。

【重要活动】

省政协开展深入学习实践科学发展观活动 按照中央和省委的统一部署，省政协党组和政协机关精心组织、积极推进，从4月8日至8月18日开展了深入学习实践科学发展观活动试点工作。活动牢牢把握关键环节，贯彻正面教育为主、突出实践特色、坚持群众路线、解决突出问题四条原则，努力在“五个着力”上下功夫，即：着力转变不适应不符合科学发展观的思想观念；着力提高按照科学发展观要求履行政协职责的能力和水平；着力把实现好、维护好、发展好最广大人民群众的根本利益作为政协工作的出发点和落脚点；着力构建符合科学发展观要求的政协制度体系；着力在围绕科学发展观参政议政求得实效上下功夫。从而在“干部受教育、履职上水平、群众得实惠”等方面取得了较好的成效，达到了“提高思想认识、解决突出问题、创新体制机制、促进科学发展”的目标要求。

全国暨地方政协文史委员会主任会议 5月20至22日在南昌召开。全国政协副主席张梅颖发表讲话，省政协主席傅克诚致辞。会议传达了全国政协文史工作座谈会精神，讨论了本届政协文史工作思路、设想及选题协作规划，全国政协和地方政协文史资料工作者180余人出席会议。

当代国画优秀作品展——江西作品展 11月4日至8日，为纪念改革开放30周年，在全国政协的倡导和支持下，江西省政协常委会以政协委员为基础，组织江西省书画界的10位名家创作一批书画作品赴全国政协展览。画展具有鲜明的地域文化特色和强烈的时代感，达到了较高的艺术水平，代表了江西国画艺术的最新创作成果。全国政协主席贾庆林，副主席王刚、钱运录、孙家正、郑万通等观看了画展并给予高度评价。新华社、中央电视台、《人民政协报》等媒体作了报道，扩大了江西文化在全国的影响力。

全省市县政协工作经验交流座谈会 11月10日，全省市县政协工作经验交流座谈会在南昌召开。会议的主要内容是：认真学习贯彻中共十七大和十七届三中全会精神，深入贯彻落实科学发展观，总结交流近年来全省各级政协在履行职能中创造的新经验和新做法，研究我省政协事业在新的起点上创新发展的新思路和新举措。

【重要文件】

常务委员会工作报告（2008年1月22日）（摘要） 政协江西省第九届委员会任期五年来，在中共江西省委的领导下，在省人民政府的大力支持下，坚持以邓小平理论和“三个代表”重要思想为指导，深入贯彻落实科学发展观，始终保持坚定正确的政治方向，牢牢把握团结和民主两大主题，紧紧围绕全省中心工作，充分发挥协调关系、汇聚力量、建言献策、服务大局的作用，为促进江西在中部地区崛起和全面建设小康社会贡献了力量。一、认真学习理论，为引领和推动政协工作奠定坚实的思想基础；二、坚持把促进发展作为履行职能的第一要务，充分发挥人民政协在我省经济社会发展中的重要作用；三、坚持团结和民主两大主题，充分调动各民主党派和无党派人士以及广大委员履行职能的积极性；四、坚持与时俱进、开拓创新，不断探索履行职能的新机制、新形式、新方法；五、进一步加强自身建设，切实提高政协工作水平；六、坚持党对政协工作的领导，努力创造全党全社会重视和支持人民政协工作的新局面。新一届省政协要认真学习贯彻中共十七大精神，高举中国特色社会主义伟大旗帜，进一步巩固参加政协的各党派团体和各族各界人士团结奋斗的共同理想和政治基础，围绕团结和民主两大主题履行职能，推进政治协商、民主监督、参政议政制度建设；把政治协商纳入决策程序，完善民主监督机制，提高参政议政实效；加强政协自身建设，发挥协调关系、汇聚力量、建言献策、服务大局的重要作用，不断推动我省政协事业的创新发展，为实现富民兴赣的宏伟大业做出新的贡献。一、认真学习贯彻中共十七大精神，始终保持人民政协坚定正确的政治方向；二、深入贯彻落实科学发展观，为促进我省经济社会又好又快发展出谋献策；三、关注民生，把实现好、维护好、发展好最广大人民群众的根本利益作为政协工作的出发点和落脚点；四、把握团结和民主两大主题，为富民兴赣的宏伟大业凝聚人心、汇集力量；五、求真务实、真抓实干，把注重实效作为政协履行职能的着力点；六、切实加强政协自身建设，不断提高履行职能的能力和水平。

关于“五河一湖”源头污染防治的

30条建议（摘要） 建议案针对“五河一湖”污染防治存在的“污染增多，环保压力增大；植被破坏，生态修复困难；随意排放，水源污染加剧；设施落后，污染处置不当；认识偏差，导致污染新源；利益驱动，企业违法严重；法制滞后，执法能力弱化；机构薄弱，监管能力不强；机制缺失，发展矛盾突出”等问题，提出了九个方面30条建议：一是采取有效措施，坚决遏制污染源头。严厉打击违法排污行为；科学规划和实施城镇污水处理厂建设；加大城镇和农村生活垃圾处理力度；严格控制大型养殖场废水排放；切实做好污染源普查工作。二是完善机制体制，为污染防治提供法制保障。建立流域综合管理机制；编制保护与发展规划；实行目标管理与分类考核；为“五河一湖”水污染防治专项立法；确立环保部门法定权威性；加大执法检查力度。三是加大财政和项目支持力度，促进源头地区可持续发展。改革税收政策，加大财政投入；加大项目扶持力度。四是建立生态补偿机制，调动源头地区保护生态积极性。对生态补偿问题进行研究并适时试点推行；积极探索补偿途径和方法。五是调整产业结构，从源头上控制污染的产生。淘汰落后产能；大力发展循环经济；优化源头地区农业产业结构。六是实施生态移民，保护源头生态环境。科学制定和稳步实施生态移民规划；切实提高移民生活水平。七是加强水环境科学研究，为环境保护决策提供科学依据。组织全面的科学考察；科学分析水环境承载能力；加大污染防治科技支撑力度。八是加强宣传教育，提高全民环境保护意识和责任意识。加大媒体宣传力度，营造保护环境舆论氛围；采取多种形式，促进公众参与环境保护；在中小学广泛开展环境保护教育。九是以环保队伍建设为重点，提高监管能力和水平。加强环保体系建设；完善设备设施建设；强化环境质量监督管理队伍建设；完善环境保护信息公开机制。

关于进一步提升我省工业园区建设水平的建议案（摘要） 建议案提出以高起点规划为龙头，完善布局，努力提升园区建设的规模和档次；依靠科技进步，拉长产业链，做优做强园区现有优势产业；加强政策引导，规范园区有序发展，提升园区的发展质量和水平；采取有力措施，着力破解园区发展难题，构建良好的园区创业环境；坚持解放思想，转变政府职能，建立与工业园区又好又快发展相适应的体制机制；以生态建设为重点，高度重视环境保护，增强工业园区可持续发展能力等六个方面22条建议。

关于促进我省新型农村合作医疗制度建设健康稳步发展的建议案（摘要） 建议案从七个方面提出了21条促进新农合制度健康稳定发展的意见建议，主要有：一、建立政策和法律保障体系，推进新农合沿着规范化、法制化轨道向前发展；二、加强新农合的政策宣传和督导，进一步促进新农合各项工作的顺利开展；三、加快农村卫生服务能力建设，夯实农村医疗卫生基础；四、加强新农合经办机构的建设，提高新农合管理工作水平；五、加大对基金的监管力度，确保新农合安全平稳运行；六、构建通畅合理的大病医疗救助机制，减轻农民群众医疗费用负担；七、优化统筹补偿方案，提高新农合医疗保障水平。

【组织概况】

主　席

傅克诚

副主席

王林森　朱张才　陈清华

李华栋　宋晨光　陈安众

汤建人　刘小庄　郑小燕（女）

秘书长

胡剑平

常务委员名单（按姓氏笔画为序）

万宗明　文之周　王火茂　王志军
王志锋　王际民　王忠桐　王林森
王振东　王雪冬　王　斌　王　翔
王德保　邓丽明（女）　兰　赟
冯登洪　卢志鹏　卢晓勇　叶　青
左丽华（女）　左继生　任江南
刘季春　刘晓庄　刘高航　刘菊娇（女）
华有良　朱丽萌（女）　朱张才
汤建人　汤　彬　许小欢　何齐宗
何建洋　余少良　余当贵　冷芬俊
初苏华　吴仕珍　吴松荣　宋晨光
张玉清　张立群　张丽华（女）
张国轩　张春明　张　莉（女）
李广振　李发昌　李华栋　李志跃
李良泉　李季仁　李保乐　李　骥
杜建强　杨洪基　杨　斌　汪玉奇
汪忠武　肖春莲（女）　肖　强
肖　斌　邱小林　闵佑林　陈双溪
陈水秘　陈长安　陈世旭　陈安众
陈国华　陈秉正　陈清华　周念生
周　琪（女）　周　锦（女）
幸志强　易光景　罗奇祥　罗慧芬（女）
范劲松　郑小燕（女）　金　麟
俞子荣　洪三国　胡汉平　胡明达
胡剑平　胡淑珠（女）　赵传宝
钟志生　钟健生　项国雄　徐尤南
徐良平　徐　奔　徐明生　栾　波
桂水金（女）　涂　建　贾益纲
勒中坚　康　泰　梁建新　梁　麟
黄代放　黄河浪　黄泽兰　黄祖渊
黄荣福　黄菊花（女）　龚林儿
傅克诚　傅修延　彭中天　曾鲁台
温显来　程德保　舒国华　谢秀琦
释辉悟　满　瑾（女）　廖县生
熊印辉　熊　毅　缪　兵　颜剑彬
黎细保　操香水　戴兴临

委员名单（按姓氏笔画为序）

中国共产党（37名）

马仲强　王林森　王忠武　王祥生
朱张才　刘育椿　孙　军　李东堂
李品行　吴　伟　吴松荣　宋晨光
陈安众　邵业鹏　易光景　周亚夫
胡金珊　胡剑平　荣宪国　查炳炎
赵传宝　钟健华　贺爱民　贺维林
桂水金（女）　徐雨生　殷国光
阎钢军　梁建新　梁闽春　程来安
傅克诚　童水仙（女）　赖联明
熊　巍　熊良华　黎细保

中国国民党革命委员会（35名）

王　华　王亚平（女）　王际民
卢胜平（女）　包礼祥　刘积红
许小欢　李季仁　李家祥　李越湘
吴文娱（女）　吴素琪（女）
吴维权（女）　沈泽民　陈　平
陈文华　陈守国　陈清华　周　琪（女）
胡　忠　胡汉平　胡来知　胡燕琴（女）
贾洪生　贾益纲　徐　勇　徐江明
徐余波　唐玉琴（女）　黄　英（女）
章跃进　梁莉莉（女）　彭中天
童道雄　魏洪义

中国民主同盟（35名）

王松林　邓丽明（女）　甘月红（女）
帅　斌　朱小玉（女）　朱清仙
任江南　刘晓庄　刘益民　阮云兴
李　满　李应春　肖春莲（女）
吴海根　何建洋　邹少兰（女）
邹顺兰（女）　汪建民　陈云斐
陈秉正　陈秋玲（女）　陈富良
范淑英（女）　欧阳世麟
罗慧芬（女）　周　洪（女）
郑月慧（女）　钱光涌　徐　奔
徐书生　陶春元　黄河浪　黄菊花（女）
康　泰　童第云

中国民主建国会（27名）

万宗明　万玲媛（女）　左继生

卢晓勇　朱丽萌（女）　刘红林
李　军（女）　李光荣　李岗华
李秀香（女）　何炳钦　邱　玉
邹基云　张爱萍（女）　陆　发
陈长安　陈朝清　金仁涛　金联宜
胡淑珠（女）　赵　波（女）
徐良平　唐玉英（女）　梅彩玲（女）
黄廉忠　喻冬华　熊春林

中国民主促进会（18名）

卞卡利　石　浔（女）　叶　柯
汤建人　孙　宪　李志跃　肖　斌
张丽华（女）　张国轩　张育平
欧阳长城　胡显勇　饶爱京（女）
祝光进　顾幸勇　崔传鹏
满　瑾（女，回族）　戴兴临

中国农工民主党（30名）

万丽玲（女）　王　采　王　斌
王亚丽（女）　王柏群　王祖庆
文师华　方宝璋　卢志鹏　吕晓梅（女）
朱光辉　刘月辉　刘季春　吴亦丰
陈东亮　陈玲珠（女）　幸志强
罗燕萍（女）　郑小燕（女）
郑友清　郑少春　郑华萍（女）
赵　华（女）　袁兆康　徐　静（女）
郭慧玲（女）　涂　建　黄和平
龚兆华　龚林儿

九三学社（18名）

朱培谦　刘　平　刘铭容　刘超杰
纪岗昌　李广振　李华栋　李金有
何齐宗　周水凤（女）　钟健生
侯乐锋　晏顺根　栾　波　涂相奎
曹建华　韩晓方　廖　亮

无党派人士（16名）

王火茂　叶存洪　任用镥　刘卫东
刘志强　汤　彬　李沛武　李道鹏
肖建军　张　萌（女）　陈　恳
易　青　周志平　夏英杰　黄明和
熊　毅

总工会（24名）

万先勇　王　耀　文之周　卢绍增
冯炎木　伍枝勤　李　骥　李良仕
李逢春　张京生　张柒生　张祖煌
易鲁宜　赵登荣（女）　钟崇武
徐水花（女）　徐盛龙　黄　平
黄平辉　符念平　董学煌　温惠忠
管华鞍　魏祥荣

中国共产主义青年团（12名）

刘智艺（女）　孙　鑫　杨　志
李建军　张志坚　陈吉炜　罗　璇（女）
钟志生　程新飞　温扬汉　廖　涛（女）
漆海云

妇女联合会（31名）

毛晓青（女）　左丽华（女）
刘屹烈（女）　刘菊娇（女）
刘婉琪（女）　孙丽敏（女）
杜　玲（女，壮族）　李电花（女）
吴　伟（女）　吴　菊（女）
吴小莲（女）　吴巧娥（女）
余晓明（女）　邹俐菁（女）
张　莉（女）　陆　萍（女）
邵绛云（女）　欧阳齐（女）
欧阳珊（女）　胡兰平（女）
徐佩瑛（女）　郭　皎（女）
袁芙蓉（女）　黄　英（女）
梁彩云（女）　彭　玲（女）
傅　春（女）　赖叶青（女）
赖晓阳（女）　解　丽（女）
廖小明（女）

青年联合会（10名）

邬成香（女）　李国春　肖　强
邱小林　陈秀华（女）　陈建新
易　斌　郭美荐　黄炳煌　熊国庆

工商业联合会（33名）

王　翔　王开贵　王华林　王志军
王佑任　王健利　王雪冬　左　琦
叶　青　朱春生　刘贵生　杨灿龙
严永敏　何春富　邹好红　陈　斌

罗世勇　罗邦平　周少华　周永生
周明华　胡聚文　黄代放　黄泽兰
黄祖渊　龚　斌　龚礼财　舒国华
温显来　游建平　谢朗明　谭文英（女）
潘义忠

科学技术协会（19名）

丁　杰　朱星河　李雪南　严超华
吴希明　闵佑林　沈谦芳　宋固全
张　彬　郑卫星　胡澄理　查加智
姚晓明　郭宏文　勒中坚　黄　勇
黄志红　程　斌　舒斯会

归国华侨联合会（15名）

冯登洪　张雨轩　罗时民　周　锦（女）
郑兆国　胡彪斌　钟国军　姚向红（女）
翁海光　黄荣福　彭以元　蒋闽江
熊庆翎　颜剑彬　潘其乐

台湾同胞联谊会（5名）

李小美（女）　李育蓉（女）
沈　勇　徐友洪　曾鲁台

文化艺术界（24名）

王安维　邓伟民　龙建国　冯　杰
朱黎生　李　勤（女）　张吟玲（女）
陈世旭　范　坚　范敏祺　罗亚群
金　飞　金　麟　周汉城　赵小元
黄　勇　黄玉英（女）　黄良楷
黄焕义　龚循明　彭开天　游新民
蔡　超　熊曼玲（女）

科学技术界（29名）

于龙江　王建荣　刘飞飞　刘林生
许　杨（女）　孙　辉　杜建强
李　岱　吴　俐（女）　吴文峰
何继元　闵宇谦　张维敏　陈　苏
陈俊卿　郑连松　柯黎明　胡明达
俞子荣　奉　鸣（女）　夏家莉（女）
倪忠民　徐尤南　黄建新　黄临平
崔国华　程　坚　程德保　熊茂平

社会科学界（19名）

王　健　王德保　邓文定　孔宗亮
冯俊庭　庄西翻　孙家骅　杨六华
肖　萍（女）　迟　非　张　辉
张安南　罗时平　钟志贤　龚绍林
韩振飞　傅修延　熊国友　薛江武（女）

经济界（35名）

王光熙　方红光　邓伟刚　吕劲深
华人民　华有良　刘卫华　刘明寿
江明开　杨洪基　李良泉　严淑琴（女）
余当贵　汪玉奇　沈运煊　初苏华
张春明　张贵伟　陈　猛　陈国华
林印孙　林景坤　郝明龙　段超良
姚迪明　袁明男　夏业成　涂建民
陶长琪　陶武盛　黄小华（女）
蒋树瑛（女）　裘　强　管荣升
廖县生

农业界（22名）

毛惠忠　叶日民　冯健雄　华旭明
肖四如　肖立新　吴锋刚　邱生平
邱晓军　张志豪　张黎明　陈双溪
林远泉　罗奇祥　周金生　徐光辉
徐明生　徐建生　彭济民　曾庆绮
操香水　魏牛庚

教育界（25名）

丁　萌（女）　万国华　万继抗
王志锋　王振东　王晓鸣（女）
叶仁荪　刘高航　许从年　杨名权
李　建　李红勇　汪忠武　张玉清
张华东　张国新　陈水秘　陈东旭
柳和生　饶祥明　洪三国　姚　电
郭建晖　蒋　平（女）　魏寒柏

体育界（6名）

刘建平　聂明阮　郭　翔　曹庆敏
彭　浩　雷汉生

新闻出版界（10名）

万明华　马　健　刘建林　张　志
陈泽水　项国雄　黄　鹤　黄晔明
缪　兵　戴晓文

医药卫生界（24名）

王　建　王法长　刘　勍（女）
刘英锋　刘精东　李发昌　肖军平

肖秩秩　吴建勇　吴朝阳　何文辉
余少良　陈园（女）　陈日新
范亚强　周艳琴（女）　胡琼华
钟建民　徐仁根　翁卫彬　梁永强
程晓曙　傅云根　熊建萍（女）

社会福利与社会保障界（7名）

方　娅（女）　张玉印　陈国华
唐　英　凌　智　熊印辉　魏小俊

少数民族界（9名）

马　舰（女，回族）　兰　赟（畲族）
兰九香（女，畲族）　兰宗泽（畲族）
郑坚东（土家族）　徐朝亮（仡佬族）
黄清玉（女，土家族）　蓝少璋（畲族）
雷海燕（女，畲族）

宗教界（10名）

叶至明　李云根　李保乐　李稣光
吴仕珍　孟凡波（满族）　郭富有（回族）
释妙安　释辉悟　谢秀琦

特别邀请人士（香港地区，32名）

王小娟（女）　王忠桐　王波如（女）
韦祖蒂（女）　文富稳　邓国容
叶凤英（女）　叶满华　冯柏乔
冯毅庆　邝美云（女）　匡　耀
刘业强　庄华彬　杨连嘉　李江山
严翊峰　张仲良　张春华　张俊勇
陈　苏　陈汉强　陈德源　林卫东
林长荣　林荣东　施纯锡　洪志刚
姚贻德　梁　麟　梁颂恩（女）
傅廷美

特别邀请人士（澳门地区，14名）

阮建昆　苏家林　吴炳鋕　张立群
陈季敏（女）　罗启中　周永辉
钟国荣　施利亚　施能船　高永快
萧顺轩　黄天水　梁安琪（女）

特别邀请人士（省内，59名）

于　凡　万本迪　王先侯　王国龙
王俊纲　王俊杰　水达利（女）
叶华平　冯县保　朱章明　华金国
刘保朝　江训忠　池峰龙　许庆华
杨　斌　杨春燕（女）　李　伟
李　超　李　蔚　李龙辉　李南生
李晓刚　肖明华　何　乾　邹永明
闵秀英（女）　冷芬俊　汪立耕
汪当时（女）　张寿荣　张忠信
陈金乐　陈勇琦　陈添菊（女）
范劲松　周念生　周绍华　胡国光
赵渭兵　钟兴勇　洪炳华　姜正乾
夏修全　徐剑元　席芳柏　黄绍芳
黄章干　盛平珍　韩世忠　曾　粮
曾绍阳　谢小英（女）　谢光忠
蔡　群　蔡社宝　管　飞　熊生根
黎世伟

【江西省各市、县、区政协领导人名单】

南昌市

市政协主席　王样生
县（市、区）政协主席
南昌县　邓炳根
新建县　曾志毅
进贤县　王安仂
安义县　张　芸（女）
东湖区　刘维祯
西湖区　徐冬莲
青云谱区　曾建华
湾里区　喻　玫
青山湖区　胡咸训

九江市

市政协主席　程来安
县（市、区）政协主席
修水县　唐晓荣
武宁县　刘品一（女）
瑞昌市　郎小军
永修县　杨增梁
德安县　张学英（女）
九江县　吴杨柳
彭泽县　陈世超
都昌县　冯绍武
星子县　欧阳勤喜

庐山区 陈飞林
浔阳区 张燕萍（女）
湖口县 杨 剑

景德镇市
市政协主席 查炳炎
县（市、区）政协主席
乐平市 占冬生
浮梁县 冯干勒
昌江区 程少华
珠山区 王发生

萍乡市
市政协主席 贺维林
县（区）政协主席
安源区 曾书康
湘东区 汤其安
芦溪县 张绵远
上栗县 柳晓元
莲花县 严漫泉

新余市
市政协主席 熊 巍
县（区）政协主席
分宜县 孙用万
渝水区 陶文彦

鹰潭市
市政协主席 李东堂
县（市、区）政协主席
贵溪市 简四涛
余江县 谭建新
月湖区 桂细荣（女）

赣州市
市政协主席 赖联明
县（市、区）政协主席
章贡区 刘 健
赣 县 陈 沐
上犹县 陈卫国
崇义县 江文仁
南康市 刘昌鹏
大余县 吴昌星
信丰县 张克喜
龙南县 钟朋荣
全南县 邓诗海
定南县 利胜才
安远县 叶风光
寻乌县 刘为民
兴国县 董世倬
于都县 伍春林
瑞金市 （暂 缺）
会昌县 刘庆生
石城县 黄光庆
宁都县 刘光文

宜春市
市政协主席 周亚夫
县（市、区）政协主席
袁州区 陈平生
樟树市 傅理学
丰城市 熊生根
靖安县 张勇建
奉新县 卢 英（女）
高安市 闵秀英（女）
上高县 毛炳生
信州区 曾祥水
上饶县 祝家炎
广丰县 周重明
玉山县 周歧清
横峰县 姜寿福
弋阳县 黄伟建
德兴市 洪志仁
婺源县 戴月英（女）
铅山县 金成考
万年县 尤红根
余干县 张自生
鄱阳县 张信行

吉安市

市政协主席　刘育椿

县（市、区）政协主席

吉州区　姚年苟

青原区　郭清华

井冈山市　李奎联

吉安县　张　青

新干县　苏仕彼

永丰县　陈全根

峡江县　吴兰香（女）

吉水县　唐富水

泰和县　刘飞跃

万安县　谢水香（女）

遂川县　曾昭福

安福县　郑莲华（女）

永新县　唐龙平

抚州市

市政协主席　李品行

县（市、区）政协主席

铜鼓县　陈添菊（女）

宜丰县　熊仁井

万载县　杨富华

上饶市

市政协主席　熊良华

县（区）政协主席

临川区　洪水昌

南城县　邱志诚

黎川县　杨继平

南丰县　李履才

崇仁县　魏友旗

乐安县　杨水生

宜黄县　曾建军

金溪县　喻怀祥

资溪县　方树成

广昌县　蓝忠民

东乡县　辛象其

江西省各级政协组织和委员数

（截至2008年底）

级别／项目	省	设区的市	县（市、区）	合　计
组织数	1	11	99	111
委员数	690	4070	18796	23556

（雷心刚 编写　熊宝华 审稿）

政协山东省委员会

孙淑义　主　席

乔延春　副主席

齐乃贵　副主席

王志民　副主席

赵玉兰　副主席

张传林　副主席

李德强　副主席

栗　甲　副主席

王新陆　副主席

王乃静　副主席

毕泗生　秘书长

【全体委员会议】

十届一次会议 2008年1月19日至26日在济南举行。应出席748人，实到733人。18日，举行预备会议，审议通过省政协十届一次会议议程；审议通过大会主席团、主席团会议主持人和秘书长名单；审议通过大会提案审查委员会组成人员名单。随后举行主席团第一次会议，审议通过大会主席团常务主席名单和常务主席会议主持人名单，确定孙淑义为主席团常务主席会议主持人；审议通过大会日程；审议通过大会副秘书长名单；审议通过大会分组办法和各组召集人名单。19日，大会正式开幕。会议期间，与会委员听取并审议了孙淑义代表九届省政协常务委员会所作的工作报告和王志民代表九届省政协常务委员会所作的提案工作报告；列席了山东省第十一届人民代表大会第一次会议，听取并讨论省《政府工作报告》和其他报告。举行了大会发言。25日，举行选举大会，实行等额选举，采用无记名投票方式，选举产生十届山东省政协主席、副主席、秘书长和常务委员会委员。26日，举行闭幕大会，审议通过省政协十届一次会议政治决议、关于政协第九届山东省委员会常务委员会工作报告的决议和关于政协第九届山东省委员会常务委员会提案工作报告的决议；审议通过省政协十届一次会议提案审查委员会关于提案审查情况的报告。孙淑义主席作闭幕讲话。

【常务委员会会议】

九届第29次会议 2008年1月3日至5日在济南举行。应出席167人，实到126人。听取了省委副书记、代省长姜大明所作的关于省《政府工作报告》（征求意见稿）起草情况的说明，讨论了《政府工作报告》（征求意见稿）；审议通过了《中国人民政治协商会议第九届山东省委员会常务委员会工作报告》（草案）和《中国人民政治协商会议第九届山东省委员会常务委员会提案工作报告》（草案），并推举了报告人；审议通过了十届省政协委员名单；审议通过了关于召开省政协十届一次会议的决定和会议建议议程、建议日程等有关事项；审议通过了《关于授权主席会议审议政协第九届山东省委员会常务委员会第二十九次会议未尽事宜的决定》；听取了省政协十届一次会议筹备工作情况的汇报、省政协办公厅关于2007年工作任务完成情况的综合汇报；听取了省政府系统办理省政协九届五次会议政协提案情况、省政协各专委会工作情况的书面汇报。孙淑义主席在会议结束时作了讲话。

十届第1次会议 2008年1月26日在济南举行。应出席122人，实到117人。会议审议通过政协第十届山东省委员会常务委员会关于设置专门委员会的决定，决定设置8个专门委员会；通过政协第十届山东省委员会副秘书长名单；通过了政协第十届山东省委员会专门委员会组成人员名单。孙淑义主席在会议结束时讲话。

第2次会议 2008年3月20日至21日在济南举行。应出席122人，实到111人。会议传达学习胡锦涛总书记在全国“两会”党员负责人会议上的重要讲话（关于政协工作部分）和全国“两会”精神，审议通过《政协山东省委员会2008年工作要点》，审议通过有关人事事项。孙淑义主席在会议结束时讲话。

第3次会议 2008年6月26日至27日在济南举行。应出席122人，实到112人。会议听取省委常委、常务副省长王仁元所作的关于我省上半年经济社会发展和抗震救灾工作情况通报，围绕加快文化强省建设进行分组专题议政和大会发言，审议通过了《关于打造齐鲁文化品牌，增强山东文化软实力的建议案》。孙淑义主席在会议结束时讲话。

第4次会议 2008年10月22日至23日在济南举行。应出席122人，实到108人。会议传达学习中共十七届三中全会精神和全国政协十一届三次常委会议精神，就全面贯彻《中共中央关于推进农村改革发展若干重大问题的决定》、进一步做好我省的“三农”工作进行分组学习讨论和议政建言。会议听取省委常委、副省长王军民关于我省产业集群发展情况的通报，围绕推进产业集群发展、加快经济文化强省建设问题进行协商议政，审议通过了《关于加快产业集群发展，构筑我省经济发展新优势的建议案》。会议审议通过有关人事事项。孙淑义主席在会议结束时讲话。

【专门委员会工作】

提案委员会 一年来，共收到提案951件，立案832件。截至2008年底，立案提案均已办复。按照《山东省政协重点提案确定和办理办法》，确定了17件提案，报省政府、省政协领导阅批。会同济南市政府，邀请提案者、承办单位、政府部门领导和新闻参加单位，赴部分承办单位现场办理答复委员提案。年底，由3位副主席分别带领部分委员和提案者，赴省国资委、省工商局、省体育局就办案情况进行检查督办。围绕委员提案开展专题调研和视察活动，就深化林权制度改革、加大近海生态环境资源保护力度、中华文化标志城生态环境保护等问题开展调研，调研成果得到省政府领导同志的充分肯定；就“规范媒体广告发布，坚决制止危害群众利益的虚假广告”问题，对12家新闻单位广告发布情况进行视察，并促使广告发布媒体单位联合签署自律公约。在全省范围内就基层政协创新提案工作情况进行调研。编印《提案工作基本知识》、《我与提案征文文选》、《山东提案》。加大提案宣传力度，通过省内外媒体发表有关提案报道210篇。

经济委员会 就大力发展产业集群问题开展调研，形成《关于加快产业集群发展，构筑我省经济发展新优势的建议案》。该建议案提交省政协十届四次常委会议审议通过后报送省委、省政府。省委书记、省长和两位副省长作出重要批示。就“鲁酒”产业发展情况进行调研，向省政府报送《关于抓住契机、培植品牌，加快“鲁酒”产业振兴步伐的建议》，两位副省长作出重要批示。赴我省棉纺企业进行视察，提出《关于提高棉花增值税的建议》，并报送全国政协。为小鸭集团在国家“家电下乡”推广活动中中标牵线搭桥。为应对国际金融危机，组织委员赴省建行视察，提出对策和建议，并将其整理报送省政府领导参阅。开展农村二、三产业发展情况的视察。赴景芝酒业集团、胜利油田、山东经济学院、鲁信投资集团和省经济开发投资公司进行视察。

人口资源环境委员会 就规划环评工作，组织委员并邀请省发改委、省建设厅、省环保局等部门负责人赴青岛、烟台等市调研，向省政府报送调研报告。分管副省长对报告作出重要批示。会同省人口计生委，赴潍坊、菏泽等五市，就整合经济社会政策、统筹解决人口问题进行调研，分管副省长对所形成的调研报告给予充分肯定。会同国土、煤炭、环保等部门，赴江苏、安徽以及我省济宁、枣庄的矿区进行调研。调研报告报送省政府后得到高度评价，两位副省长先后作出重要批示。配合全国政协“高新技术在节能减排中的应用”课题组在鲁调研。就济南市规划建设工作和循环经济与节能减排工作，组织部分委员先后赴济南市规划局和德州、滨州等市进行视察，提出意见建议。

就规划环评工作、森林资源保护工作、生态文明建设和老龄工作，先后赴内蒙古、黑龙江、江西、安徽等省、自治区进行考察。

科教文卫体委员会 围绕十届三次常委会议关于“打造齐鲁文化品牌，增强山东文化软实力”议题进行专题调研，参与相关建议案的修改论证工作，提出《从南方先进省区经验看我省如何打造文化品牌的建议》报送省委、省政府。多位省领导作出批示。就农村教师工作问题赴省内部分市、县进行调研，形成相关调研报告报送省政府。省长和一位副省长作出批示。先后围绕建筑节能研发和推广、青少年心理健康、中医药事业发展和新农村文化建设等问题在全省范围内开展视察活动。协助淄博市政协举办全省17市政协书画联谊会。参与筹办“大爱无疆·山东省抗震救灾艺术创作展”、“纪念中国共产党成立87周年——支援四川灾区大型赈灾义演钢琴协奏曲《黄河》音乐会”、“弘扬奥运精神、喜迎奥运盛会”主题座谈会、纪念改革开放三十周年“和谐——音诗话”文艺晚会、中国京剧艺术节和大众文化艺术节、首届中国“和文化”高端论坛、首届山东品牌文化节等一系列活动。

港澳台侨和外事委员会 就深化对外开放水平等问题，组织委员赴青岛、威海、烟台等市进行调研，形成《深化对日韩开放水平，进一步推动外向型经济发展的调研报告》报送省政府。省长和一位副省长作出重要批示。积极鼓励港澳委员为抗震救灾捐款捐物。据不完全统计，港澳委员和海外顾问共捐款捐物4200万元人民币。组织海外顾问就“十一届全运会”主场馆“济南奥体中心”建设情况进行视察，提出意见建议。多次视察港澳委员在鲁投资企业发展情况，并积极为他们办实事、解难题。筹办台海形势和我国对台方针政策报告会，驻济省政协委员和省政协机关干部听取专题报告。赴香港、澳门召开省政协港澳委员中秋联谊座谈会，参加“澳门山东联谊会”第二届换届大会。修订《山东省政协联系港澳委员方法》，并按照《山东省政协聘请港澳台侨和外事委员会顾问的实施办法》，增聘了13名海外顾问。与有关部门联合开展“杰出侨商”评选活动，参加全省第十四次“六台”联席会议和省直第九次“五侨”联席会议。做好联谊接待工作，全年共接待来自韩国、罗马尼亚等国家，香港、澳门、台湾地区以及兄弟省市政协客人20多个团组共200余人次。

社会法制委员会 就维护社会稳定、推动奥运安保工作，组织部分委员赴青岛、临沂、日照以及省政府有关职能部门进行调研，向省政府报送《关于维护全省社会和谐稳定为北京奥运会顺利举办创造良好环境的调研报告》。报告得到省政府高度重视，分管副省长作出重要批示。就新农保问题在全省范围内开展调研，形成《关于推进我省新型农村养老保险制度建设的建议》，分管副省长作出重要批示。就农村社会治安情况、普法和“法律五进”、发挥律师在构建和谐社会中的积极作用等问题，组织委员开展一系列视察活动，向有关部门和有关地市党委、政府提出意见建议。组织部分委员对《山东省实施〈中华人民共和国妇女权益保障法〉办法》（征求意见稿）进行修改。

民族和宗教委员会 就发挥宗教文化在增强我省文化软实力中的积极作用问题，组织宗教界委员赴济南、青岛等五市进行专题调研。就“我省贯彻落实国办发［2008］33号文件严格执行党和国家民族政策”情况进行视察，并向省委、省政府报送了视察报告，分管副省长作出批示。积极协助全国政协做好“当前风景名胜区宗教场所管理情况”和“发挥宗教界人士和信教群众在促进经济社会发展中的积极作用情况”两项专题调研。通过宗教界委员，积极动员其所联系界别群众参与抗震救灾斗争。全省宗教界共捐款 2300 余万元。

文史资料委员会 围绕省政协十届三次常委会议主要议题“打造齐鲁文化品牌，增强山东文化软实力”开展调研。所撰写的《建议案》提交常委会议审议通过后报送省委，省委书记对《建议案》作出重要批示，所提意见建议在随后召开的省委工作会议上得到采纳。协助全国政协开展京杭大运河保护与申遗情况的跟踪调研。召开全省政协文史工作会议，学习全国政协文史工作座谈会和全国暨地方政协文史委员会主任会议精神，交流全省各级政协开展文史工作的经验，并讨论本届政协文史委史料整编选题。召开华东地区文史资料工作第 23 次协作会议，深入探讨新形势下文史资料工作的思路、方法和途径。加强文史资料库建设，清点库存资料并整理上架。开展纪念改革开放 30 周年“三亲”史料征集活动，并在《春秋》杂志上开设纪念专栏，刊登纪念文章。注重提高《春秋》杂志办刊质量，全年共编辑出版 6 期。

【重要活动】

全省政协反映社情民意信息工作座谈会 4 月 17 日在济南召开。会议传达全国政协反映社情民意信息工作座谈会精神，总结交流九届省政协以来反映社情民意信息工作的做法和经验，研究加强和改进工作的思路和措施，并首批聘请了 14 位特邀信息员。孙淑义主席、乔延春副主席出席会议并讲话。秘书长毕泗生出席会议。

新任委员学习培训班 4 月 22 日至 23 日，十届省政协新任委员培训班在济南举办。省政协主席孙淑义作动员讲话，副主席赵玉兰作总结讲话，省委常委、组织部长李玉妹出席开班仪式。学习班期间，全国政协副秘书长卞晋平作了题为《学习〈中共中央关于加强人民政协工作的意见〉推动新世纪新阶段人民政协事业的发展》的讲座，全国政协研究室副主任、中国人民政协理论研究会秘书长原冬平作了题为《人民政协概论》的讲座。省政协副主席乔延春、赵玉兰、张传林、李德强、栗甲、王乃静，秘书长毕泗生出席开班仪式。

纪念中共中央发布“五一口号”60 周年专题研讨会 4 月 29 日，省政协纪念中共中央发布“五一口号”60 周年专题研讨会在济南召开。孙淑义主席出席并讲话，乔延春、齐乃贵、赵玉兰副主席出席会议，秘书长毕泗生主持会议。

投身抗震救灾斗争 5 月 12 日，四川汶川发生特大地震灾害后，省政协认真贯彻中央和省委的决策部署，积极参与抗震救灾和恢复重建斗争。13 日，省政协办公厅向四川省政协办公厅发出慰问电；14 日，开展爱心捐助活动；15 日，开通“抗震救灾委员连线”，为广大政协委员支援灾区、奉献爱心提供服务；19 日，举行悼念仪式，孙淑义主席出席悼念仪式并致悼念词；20 日，公布“抗震救灾委员捐款账户”，共收到委员捐款人民币 68 万元，港币近 19 万元；10 月 20 日，开展“送温暖献爱心”——向四川汶川地震灾区捐赠棉衣被活动。

全省政协文史工作会议 7 月 17 日在济南召开。会议传达学习全国政协文史工作座谈会和全国暨地方政协文史委员会主任会议精神，总结换届以来全省政协文史工作开展情况，研究本届政协文史资料征集出版选题协作规划，部署本届全省政协文史工作。王志民副主席出席会议并讲话。秘书长毕泗生出席会议。省政协文史资料委员会委员，各民主党派省委、省工商联有关同志，各市政协分管文史工作的副主席、文史委和文史办主任参加了会议。

各市政协主席座谈会 8月3日，省政协在潍坊召开各市政协主席座谈会，孙淑义主席主持会议并讲话。省政协副主席乔延春、齐乃贵、王志民、赵玉兰、张传林、李德强、栗甲、王新陆、王乃静，秘书长毕泗生出席会议。

全省政协宣传工作会议 8月12日在济南召开。会议深入学习胡锦涛总书记关于宣传思想工作的重要讲话精神，全面贯彻落实《中共中央关于加强人民政协工作的意见》和全国政协新闻宣传工作座谈会精神，研究部署进一步做好全省政协宣传工作，并对山东省2008年"宣传人民政协好新闻"获奖作品进行表彰。省政协主席孙淑义，省委常委、宣传部长李群出席会议并讲话。副主席乔延春、张传林出席会议，秘书长毕泗生主持会议。

全省政协秘书长工作座谈会 9月24至25日在济南召开。省政协主席孙淑义出席会议并讲话，副主席乔延春出席会议，秘书长毕泗生作总结讲话。

开展深入学习实践科学发展观活动 按照中央和省委的要求，2008年10月份至2009年2月底，省政协机关参加第一批深入学习实践科学发展观活动，分学习调研、分析检查、整改落实三个阶段进行。10月10日，省政协党组召开扩大会议，传达学习中央和省委指示精神，研究部署省政协的学习实践活动；10月14日，省政协机关召开学习实践活动的动员大会，乔延春作动员讲话；12月16日，省政协党组召开专题民主生活会。

华东地区政协文史资料工作第23次协作会议 10月29日在济南召开。省政协主席孙淑义出席会议，全国政协文史和学习委员会副主任毛福民到会指导并讲话。

全省政协宣传干部培训班 10月31日至11月2日在济南举办。全省17市政协及部分县（市、区）政协宣传干部参加培训。省政协秘书长毕泗生出席开班式并讲话。

"实践科学发展观与履行人民政协使命"研讨会 11月6日，省政协召开"实践科学发展观与履行人民政协使命"研讨会。省政协原副主席、省人民政协理论与实践研究会主任王久祜出席并作总结发言，省政协秘书长毕泗生主持研讨会。

纪念改革开放30周年专题报告会 11月20日，省政协举行纪念改革开放30周年专题报告会，全国政协常委、原副秘书长李昌鉴应邀作了题为《人民政协30年改革发展的回顾与展望》报告。省政协主席孙淑义出席，副主席赵玉兰主持。省政协原副主席李殿魁、王久祜，秘书长毕泗生出席报告会。驻济省政协常委、部分省政协委员及省政协机关干部300多人参加报告会。

纪念改革开放30周年座谈会 12月18日，省政协举办纪念改革开放30周年座谈会。孙淑义主席出席会议并讲话，乔延春副主席主持会议。齐乃贵、王志民、赵玉兰、张传林、李德强、栗甲、王新陆、王乃静副主席和秘书长毕泗生出席会议。省政协原副主席周振兴应邀参加会议。

【重要文件】

常务委员会工作报告（2008年1月19日）（摘要） 《报告》从8个方面对九届山东省政协五年来的工作进行了回顾：一是始终把学习摆在突出位置，增强做好新时期政协工作的责任感和使命感；二是深入贯彻落实中央《意见》精神，推动政协工作全面发展；三是紧紧围绕第一要务履行职能，为促进我省经济社会又好又快发展议政建言；四是充分发挥政协特有优势，为构建和谐社会献计出力；五是坚持大团结大联合，为壮大爱国统一战线、推进祖国和平统一贡献力量；六是不断改进履行职能的方式方法，增强政协工作活力；七是适应新形势新任务的要求，推进履行职能的制度化、规范化、程序化；八是全面加强政协自身建设，提高创造性开展工作的能力和水平。《报告》系统概括了九届省政协在履行职能实践中积累的6条成功经验：一是必须牢牢把握政协工作正确的政治方向，增强工作的原则性；二是必须牢牢把握团结、民主两大主题，增强工作的包容性；三是必须牢牢把握人民政协的主要职能，增强工作的实效性；四是必须牢牢把握围绕中心、服务大局的重要原则，增强工作的全局性；五是必须牢牢把握以人为本的本质要求，增强工作的为民性；六是必须牢牢把握政协工作的创新理念，增强工作的创造性。《报告》从6个方面对十届省政协履行职能、开展工作提出建议：一是深入学习贯彻中共十七大和省九次党代会精神；二是积极为推动我省经济社会又好又快发展服务；三是充分发挥在发展社会主义民主政治中的重要作用；四是围绕保障和改善民生扎实做好各项工作；五是着力推动政协的理论创新和实践创新；六是进一步加强政协自身建设。

中国人民政治协商会议第十届山东省委员会第一次会议政治决议（2008年1月26日）（内容略）

【组织概况】

主　席

孙淑义

副主席

乔延春　齐乃贵　王志民
赵玉兰（女）　张传林
李德强　栗　甲　王新陆
王乃静

秘书长

毕泗生

常务委员名单（按姓氏笔画为序）

丁文方　丁新甫　于　刚（女）
于　桦　于国光　于洪文　马文艺
马亚娟（女）　马志毅　王　军
王　磊（女）　王方正　王化学
王凤胜　王传礼　王冰芬（女）
王存荣　王伦善　王伯明　王宝山
王坤英（女）　王祝玉　王春法
王泉恩　王淑梓（女）　王福泰
方　澣　孔黛碧（女）　冯育军
吕鲁平　吕善勇　朱铭泉　刘　战
刘士凯　刘文蓉（女）　刘阿平
刘均刚　刘怀元　刘冠凤（女）
刘爱丽（女）　刘晓静（女）
刘德龙　安　骊（女）　安利国
牟志美（女）　孙立新　孙庆传
孙传宏　孙孟全　孙培峰　杨世杭
杨庆文　李旭茂　李同道　李国琳（女）
李鲁烟（女）　严中华　肖培树
邹大民　沙　峰　宋立华（女）
宋传杰　宋修岐　宋新强　张　凯
张　慧（女）　张义泉　张心骥
张庆明　张建华　张树骅　张继平
陈汉才　陈守国　林寿先　尚书国
明　哲　金德岭　周惠敏（女）
郑汝智　郑其绪　房兴耀　胡升秀（女）
荣　玮　赵　奎　赵华民　赵联冠
饶明忠　宫瑞卿　姜延伟　袁崇仁
聂海燕（女）　顾　枫　夏晓峰
徐凡渠　徐文方　徐茂波　徐章练
殷允岭　郭长玉　郭元强　郭永军
郭爱玲（女）　郭新民　高　峰
栾文通　黄　磊　黄太岭　黄栋标
戚建波　宿　华　梁文博　彭德洲
董利忠　董志祥　蒋丽莉（女）

惠菽林　温江鸿（女）　温金祥

谢硕文　褚庆观　谭学林

委员名单（按姓氏笔画为序）

中国共产党（23名）

于　刚（女）　于国光　王凤胜

王存荣　王宝山　王泉恩　冯育军

毕泗生　乔延春　齐乃贵　孙一军

孙立新　孙淑义　孙德汉　杨庆文

邹大民　张心骥　张传林　尚书国

周以忠　赵玉兰（女）　徐长玉

惠菽林

中国国民党革命委员会（18名）

马亮宽　王坤英（女）　王鲁一

孔维克　尹明琴（女，朝鲜族）

史　东　包兰英（女）　毕华林

任怀平　刘晓静（女）　李德强

宋新强　张时彦　饶明忠　祝发龙

徐恩虎　盛玉麒　崔　瑜

中国民主同盟（20名）

毛秀凤（女）　达建文　刘怀荣

刘继双　江玉民　安利国　孙岱峰

李春虎　肖　天　宋广文　张继平

迟万胜　周　杰　耿　越　梁云爱

董业明　董利忠　程卫民　蔡福安

魏春香（女）

中国民主建国会（19名）

王可敏　王兆文　王法亮　王若雄

王福泰　史汝霞（女）　吕永忠

刘　杰（女）　李　莹（女）

李旭茂　李克学（回族）　吴国瑞（女）

陈增敬　郇起鸿　郑汝智　顾　枫（满族）

郭爱玲（女）　滕先森　霍孟友

中国民主促进会（11名）

王昌元　方　漪　李良品　张志勇

陈立宝　金德岭（回族）　荣　玮

赵高潮　栗　甲　郭永军　曹金萍（女）

中国农工民主党（11名）

马　华　王　亚　王　军　王冰芬（女）

王伦善　王新陆　吕善勇　乔俊良

张京河　周振安　董志祥

中国致公党（8名）

王志民　安　骊（女）　李　静（女）

肖培树　吴宗杰　张　慧（女）

贾光旭　徐文方

九三学社（17名）

王玉志　王济众　田幼勤（女）

付廷安　曲岩涛　李　玲（女）

李　燕（女）　李绍木　宋兰会（女）

陈　胜　林寿先　罗玉顺　胡劲松

侯　婕（女）　姜　岩（满族）

郭新民　韩　玮

无党派人士（18名）

万永格　王方正　王传礼　王春法

王留峰　王晓嫚（女）　刘均刚

江志刚　杨　丽（女）　李海峰

吴霁雯（女）　宋守军　张兰好（女）

罗新军　贺艳丽（女）　徐文业

黄淑玲（女）　温江鸿（女）

中国共产主义青年团（6名）

王　磊（女）　吕珊珊（女）

江敦涛　杨玖庆（女）　张广宇

谢　宁

总工会（21名）

马东向　王祝玉　王星海　王继文

田曙莉（女）　冯　宇　朱自全

孙家友　杨乃瑞　李汉文　李秀川

何莲阁（女）　张圣亮　张宪诚

陈万光　郎庆田　赵联冠　黄明水（女）

渠玉桥　董福茂　满郭强（女）

妇女联合会（21名）

马亚娟（女，回族）　曲静娟（女）

刘　勤（女）　刘东玲（女）

刘丽萍（女）　刘冠凤（女）

李恒光（女）　李晓明（女）

宋　焱（女）　宋立华（女）

张化琴（女）　张照华（女）

周　勇（女）　侯洪春（女）

姜　明（女）　班　博（女）

聂振萍（女） 徐春梅（女）
管艾宏（女） 廖国英（女）
翟乃翠（女）

青年联合会（8名）

刘文蓉（女） 李剑萍 严中华
张德琦 郑希鹏 战嘉瑾 侯潇艳（女）
秦学昌

工商业联合会（23名）

王乃静 王晓炜 刘 凤（女）
孙龙平 孙传宏 孙喜海 杜国忠
杨 涛 杨肖青 杨宝友 张庆明
陈守国 胡少谊 姜俊平 徐 航
郭建新（女） 高元坤 栾文通
栾鲁闽 黄栋标 崔西成 董学武
翟 君

科学技术协会（16名）

王以琳 邢庆毅 刘双珉 刘志坚
刘英弟 孙培峰 宋金明 张 伟
张义泉 陈永顺 陈时军 胡维军
宫振法 贾堂宏 徐 群 谭继文

台湾同胞联谊会（5名）

叶武杰 吴 晨 沈玉英（女）
林 青（女） 韩中光（高山族）

归国华侨联合会（12名）

于 湖 马 磊（女） 王 革
王 琳（女） 刘爱丽（女）
安全忠 孙正凯 李运才 吴玉明
张悦英（女） 贺培蔚（女）
黄毓军

文化艺术界（37名）

丁小秋（回族） 丁汝燕（女，回族）
马 骏 马立华（回族） 马秀花（女）
王华莹（女） 王晓晖（女）
孔庆生 孔祥林 卢 雪（女）
吕凤琴（女） 刘玉凤（女）
刘玉民 孙清华 杜 华（女）
李先锋 李国琳（女） 李瑞华（女）
宋昌林 张 炜 张 瑛（女）
陈雪云（女） 周 峰 胡立东
赵 燮 姜正轩 聂鸿立 徐少华
徐章练 殷允岭 高 静（女）
戚建波 梁文博 韩玄真 雷 岩
潘鲁生 魏君文

科学技术界（50名）

于建洋 于泉德 亓久平 王兆连
王洪光 方宝明 田亮光 付永宽
冯典英 毕玉平 吕东岚 吕关仁
乔明琦 刘 甦 刘俊福 闫相祯
许 敏（女） 孙建国 杨合同
李志文 李志勇（女） 李作良
李怀新 吴秀祥 宋传杰 张 凯
张成如 张颂军 陈 强 陈宝明
周惠敏（女） 宗成中 赵 方
赵 斌 赵培录 侯一筠 贾 平
徐 清（女） 徐茂波 唐 波
梅玉泉 黄太岭 商振敏 隋志光
董 杰 董全宏 蒋德平 程少博
蔡绪旺 魏正连

社会科学界（10名）

马来平 刘德龙 张卫国 张树骅
宣兆琦 袁淑玲（女） 徐凡渠
鲁文生 曾振宇 褚庆观

经济界（51名）

于树杰 王 兵 王 旋 王仁华
王凤朝 王克治 王柏华 王哲中
王景春 田友海 冯学会 吕黎枫（女）
曲进胜 朱 峰 刘 战 刘安平
齐德武 许 健 孙孟全 杨 震
李 伟 李 钢 李长宁 李玉华
李松群 李茹兰（女） 邹乐平
张昭珩 陆 锦 陈 华 陈树明
郝在杰 侯风云（女） 姜言礼
姚桂林 袁 杰（女） 郭元强
黄 华 黄 磊 曹庆礼 隋学礼
韩方如（女） 韩彦明 彭德洲
董子春 程 平 温永林 谢训长
潘 澍（女） 潘智群

农业界（26名）

于建基　王志学（回族）　王培亮
公茂田　兰东利　刘世琦　刘庆华
刘自杰　刘爱武（女）　闫家河
牟志美（女）　牟春生　孙庆传
李鲁生　吴　科　宋志乐　张万峰
张培良　陈松林　林　海　孟庆伟
赵洪林　段登选　袁崇仁　崔新花（女）
魏昌启

教育界（67名）

王　澍　王化学　王庆昭　王秀娟（女）
王丽萍（女）　邓相超　尹龙卫
左金朝（回族）　付鲁闽　丛鲁会（女）
毕芳芳（女）　吕鲁平　刘书龙
刘兆军　刘吉纯　刘建东　刘德胜
刘德增　闫志强　闫秉科　孙世春
杜德新　杨　文（女）　李　新（女）
李广雪　李术才　李多川　李庆芝
李红婷（女）　李掖平（女）
李靖环（女）　吴　侃　何爱华（女）
宋焕新　张体勤　张怡明　张晓东
陈贞凯　陈庆春　陈尚胜　陈增红（女）
周桂珍（女）　郑其绪　郑经堂
柳淑花（女）　姜　生　姜建壮
姚　军　姚伟明（女）　耿玉松
袁一堂　徐跃通　唐功友　唐家路
陶绪堂　桑新华（女）　曹宪忠
崔秀山　梁作堂　韩广洁　韩兆义
董新华（女）　程竹坤　鲁长保
温金祥　鞠玉梅（女）　戴伟娟（女）

体育界（10名）

王延奎　叶国雄　刘同林　刘春红（女）
吴述成　沙　峰（回族）　张志奇
张艳霞（女，满族）　张增惠
潘来军

新闻出版界（5名）

王小舒　任志鸿　苑嗣文　钱　捍
徐　伟

医药卫生界（46名）

丁元庆　丁新甫　王　磌（女）
王旬果　王家富　王銮第　仇冰玉
石作荣（女）　田满菊（女）
白咸勇　司淑芳（女）　刘　君
刘长清　刘玉光　刘玉欣　刘金同
刘树伟　纪　霞（女）　李光荣（女）
邸宝成　宋长征　宋修岐　张志勉（女）
张荣新（女）　陈　震　陈焕新
周　晶（女）　庞　琦　郑　心（女）
孟庆跃　胡燕燕（女）　荣凤年（女）
赵家军　钟国栋　侯桂华（女）
聂清生　徐富云（女）　郭洪敏
焉传祝　梁　辉　梁绪国　董　蒨
程清钧　谭明刚　樊兆民　魏希启

对外友好界（6名）

王建功　刘方会　孙渊鲲　李玉洪
李冠营　张建华

社会福利和社会保障界（8名）

马金波（回族）　王　帆　仉兴玉（女）
乔贵良　刘书笙　李桂秀（女）
焦桂云（女）　魏玉玲（女）

少数民族界（17名）

丁永峰（回族）　于洪文（回族）
马文艺（回族）　伊国华（满族）
关立强（满族）　杨广勤（回族）
杨学英（女，回族）　李全福（回族）
李治勇（回族）　李海涛（回族）
张德卿（女，满族）　宛秋生（回族）
赵光辉（回族）　赵家富（回族）
黄　静（女，壮族）　温伟重（回族）
蓝先洪（畲族）

宗教界（9名）

丁文方（回族）　刘怀元　吴建寅
张宪旺　明　哲　房兴耀　觉　映
高　峰　霍德忠

特别邀请人士（149名）

丁圣光　于　桦　于兰模　于树健
马传先（女，回族）　马传凯（回族）

马志毅　王正宝　王同和　王志刚
王伯明　王建刚　王勇萍　王家惠
王淑梓（女）　王新力　王新文
王瑞明　牛志春　邓滕生　孔令昌
孔黛碧（女）　叶乐明　田玉茂
申长印　白兆富（回族）　冯梦令
吕　涛　吕培森　吕锡柱　朱　瑞
朱心雪　朱永强　朱星光（壮族）
朱铭泉　朱新胜　刘士凯　刘玉党
刘阿平　刘良臣　刘维国　刘敬锟
孙军利　孙亚非　孙青松　孙明明
孙承金　孙爱玲（女）　纪宝华
纪梅英（女）　麦当雄　麦海雄
杨世杭　杨庆林　苏　波　苏文德
李　萍（女）　李　鲁　李士来
李元东　李守民　李同道　李贤书
李国华　李洪信　李桂祥　李淑华
李鲁烟（女）　时　明　吴金娃（女）
汪　江（女）　宋国章　张乐欣（女）
张传玄　张传普　张安康　张成锦
张震远　陈　伟　陈天浩　陈汉才
陈乐章　陈吟挥（女）　陈明旭
陈建国　陈殿杰　邵公田　范庆梅（女）
郁有宁　欧润荣　岳长志　岳根才
周德云　郑玉涛　郑和国　孟凡光
孟宪海　柯利德　胡升秀（女）
赵　奎　赵立群　赵华民　赵兴涛
赵国栋　赵树国　赵振兰（女）
赵振玺　施教益　宫瑞卿　姜永正
姜延伟　姜银浩　姚　明　姚健池
袁庆宏　聂海燕（女）　贾凤英（女）
贾丽建　夏晓峰　倪胜希　徐滋滨
郭长玉　高　岩　高大强　高木斗
高月明　高镇东　高儒林　黄义满
黄惠珍（女）　龚秋水　宿　华
梁悦明（女）　梁望东　韩　兵
董延谅　蒋华汉　蒋丽莉（女）
谢硕文　蔡淑好（女）　臧爱民（女）
臧健和（女）　谭小莹（女）
谭学林　潘立芳　薛　平（女）
燕钦国　魏玉萍（女）　魏建国

【山东省各市、县、区政协领导人名单】

济南市（副省级）

市政协主席

徐长玉

副主席

王世敦　王可敏　刘子栋
高元坤　杨庆林　胡占平
刘少玲（女）　崔大庸

秘书长

陈亚建

县（市、区）政协主席

市中区　高金同
历下区　赵广忠
槐荫区　徐承鲁
天桥区　舒孝堂
历城区　谭传友
长清区　周宝华
章丘市　岳庆林
平阴县　吴英文
济阳县　骆合清
商河县　王兴怀

青岛市（副省级）

市政协主席

孙德汉

副主席

宋静毅（女）　郄晋生
麦康森　顾　枫（满族）　宋修岐
刘　伟　刘明君　邵峰晶（女）

秘书长

姜秀华

县（市、区）政协主席

市南区　吴　伟
市北区　尹典正
四方区　牛鲁平（女）
李沧区　孙启功
崂山区　吕明江

黄岛区 李　宏（女）
城阳区 崔永利（女）
胶州市 李广功
平度市 王学海
即墨市 孙　铸
胶南市 石德才
莱西市 苏安平

淄博市
市政协主席 岳长志
县（市、区）政协主席
张店区 周　明
淄川区 李淑湘
博山区 崔振德
周村区 康仲新
临淄区 王秀荣
桓台县 任德盈
高青县 陈国华
沂源县 谭秀中

枣庄市
市政协主席 邓滕生
县（市、区）政协主席
市中区 张秀岭
滕州市 刘新生
薛城区 贾福章
山亭区 孙建民（女）
峄城区 陈增玉
台儿庄区 侯景奇

东营市
市政协主席 于树健
县（市、区）政协主席
东营区 王跃军
河口区 黄高潮
广饶县 杜惠林
垦利县 单连涛
利津县 高振国

烟台市
市政协主席 范庆梅（女）
县（市、区）政协主席
芝罘区 孙常兴
莱山区 史兴雨
海阳市 徐国田
莱州市 刘巨峰
栖霞市 王玉生
蓬莱市 汤万兴
福山区 李来雁
牟平区 孙学平
莱阳市 刘文君
招远市 张桂芬（女）
龙口市 吴长怀
长岛县 王德奎

潍坊市
市政协主席 赵兴涛
县（市、区）政协主席
奎文区 李洪勤
潍城区 张金良
寒亭区 郑立琦
坊子区 张钢星
青州市 田立胜
诸城市 王纪亮
寿光市 王茂兴
安丘市 张善华
高密市 齐世增
昌邑市 于大海
昌乐县 周保进
临朐县 许孝义

济宁市
市政协主席 赵树国
县（市、区）政协主席
市中区 杨乃新
任城区 郑艳秋（女）
兖州市 张茂英
曲阜市 马书轩（女）
泗水县 张怀莲（女）

邹城市　　　　聂凤银
微山县　　　　韩瑞平
鱼台县　　　　姚光明
金乡县　　　　陈新宏
嘉祥县　　　　程华民
汶上县　　　　杨作甫
梁山县　　　　马传申

泰安市

市政协主席　　高儒林
县（市、区）政协主席
泰山区　　　　肖立升
岱岳区　　　　宋顺村
新泰市　　　　王相玲（女）
肥城市　　　　刘长香（女）
宁阳县　　　　孔德胜
东平县　　　　魏　辰

威海市

市政协主席　　刘玉党
县（市、区）政协主席
环翠区　　　　刘志明
荣成市　　　　宋厚永
文登市　　　　马端兴
乳山市　　　　兰胜强

日照市

市政协主席　　李守民
县（市、区）政协主席
东港区　　　　马绪文
岚山区　　　　赵树村
莒　县　　　　李建法
五莲县　　　　戴召田

莱芜市

市政协主席　　牛志春
县（市、区）政协主席
莱城区　　　　王　华
钢城区　　　　秦立刚

临沂市

市政协主席　　孟宪海
县（市、区）政协主席
兰山区　　　　颜景芳
罗庄区　　　　高文堂
河东区　　　　郑克勤
郯城县　　　　刘子和
苍山县　　　　刘　霞（女）
莒南县　　　　李学谦
沂水县　　　　杨忠来
蒙阴县　　　　张　军
平邑县　　　　孙印远
费　县　　　　（空缺）
沂南县　　　　公维禹
临沭县　　　　张守仕

德州市

市政协主席　　田玉茂
县（市、区）政协主席
德城区　　　　盖学峰
禹城市　　　　张仁庆
乐陵市　　　　刘洪河
宁津县　　　　齐玉成
齐河县　　　　霍玉萍（女）
陵　县　　　　王学云
临邑县　　　　张　栋
平原县　　　　王建民
武城县　　　　任永贵
夏津县　　　　孟昭贵
庆云县　　　　于晓利

聊城市

市政协主席　　王志刚
县（市、区）政协主席
东昌府区　　　由西锋
临清市　　　　唐峰伟
冠　县　　　　韩　东
莘　县　　　　张晓民

阳谷县　　崔新厚
东阿县　　靖培恩
茌平县　　冯海亭
高唐县　　颜廷华

滨州市
市政协主席　　燕钦国
县（市、区）政协主席
滨城区　　周克宏
博兴县　　梁　昌
邹平县　　程作通
沾化县　　卢文芝
无棣县　　邓文平
阳信县　　菅广中
惠民县　　张本胜

菏泽市
市政协主席　　贾凤英（女）
县（市、区）政协主席
牡丹区　　崔明山
曹　县　　苗发军
单　县　　孙培超
定陶县　　张　峰
成武县　　秦建国
巨野县　　吴天立
郓城县　　徐淑珍
鄄城县　　冯瑞卿
东明县　　杨芳相

山东省各级政协组织和委员数

（截至2008年底）

项目＼级别	省	副省级市	市	县（市、区）	合　计
组织数	1	2	15	140	158
委员数	748	1126	6065	30854	38793

（马素珍　王嵩博 编写　李鲁烟 审稿）

政协河南省委员会

王全书　主　席

王训智　副主席

靳绥东　副主席

邓永俭　副主席

袁祖亮　副主席

王　平　副主席

李英杰　副主席

龚立群　副主席

梁　静　副主席

张亚忠　副主席

张秉义　秘书长

【全体委员会议】

十届一次会议 2008年1月14日至22日在郑州召开。应出席865人，实到836人。会议听取并审议王全书主席代表九届省政协常务委员会所作的工作报告，审议九届提案工作情况的报告。与会委员列席了河南省十一届人大一次会议，听取并讨论李成玉省长所作的《政府工作报告》和其他报告。中共河南省委、省政府及有关部门负责同志到会听取委员发言。大会期间，共收到提案756件，立案730件。会议审议通过了《政协河南省第十届委员会第一次会议政治决议》、《政协河南省第十届委员会第一次会议关于常务委员会工作报告的决议》、《政协河南省第十届委员会第一次会议关于提案审查情况的报告》。会议选举主席1人、副主席9人、常务委员152人、秘书长1人。会议认为，政协第九届河南省委员会及其常委会，认真贯彻《中共中央关于加强人民政协工作的意见》和省委政协工作会议精神，在省委的坚强领导和省政府的大力支持下，高举爱国主义和社会主义两面旗帜，牢牢把握团结和民主两大主题，坚持围绕中心、服务大局，切实履行政治协商、民主监督、参政议政职能，推动工作创新，加强自身建设，人民政协工作亮点纷呈，人民政协事业蓬勃发展，为全省经济社会发展作出了积极贡献。会议号召，全省各级政协组织、政协各参加单位和广大政协委员，紧密团结在以胡锦涛同志为总书记的中共中央周围，高举中国特色社会主义伟大旗帜，在中共河南省委的坚强领导下，以邓小平理论和“三个代表”重要思想为指导，深入贯彻落实科学发展观，沿着中共十七大指明的方向，同心同德，开拓进取，为夺取全面建设小康社会新胜利、开创中原崛起新局面作出新的更大的贡献，以无愧于人民、无愧于时代、无愧于历史的新业绩，谱写河南人民政协事业的新篇章！王全书主席在大会闭幕时就进一步做好政协工作讲了话。

【常务委员会会议】

第1次会议 2008年1月22日在郑州举行。应出席163人，实到141人。会议协商通过政协第十届河南省委员会副秘书长名单；审议通过政协第十届河南省委员会专门委员会通则和设置政协第十届河南省委员会专门委员会的决定；审议通过政协第十届河南省委员会专门委员会主任、副主任名单和政协第十届河南省委员会增补委员名单。王全书主席在会议结束时讲话。

第2次会议 2008年3月31日至4月1日在郑州举行。应出席163人，实到140人。会议传达学习十一届全国人大一次会议和全国政协十一届一次会议精神，听取戊子年黄帝故里拜祖大典筹备工作情况的通报。讨论通过了《中共政协河南省委员会党组2008年度工作要点》和《政协河南省委员会专门委员会2008年工作计划》。印发了《2008年省政协委员、驻豫全国政协委员视察工作计划》和《关于十届省政协委员、十一届驻豫全国政协委员、“全国政协委员赴河南省视察团”视察工作的安排意见》。王全书主席在会议结束时就深入贯彻全国“两会”精神，扎实做好政协各项工作讲了话。

第3次会议 2008年7月14日至15日在郑州举行。应出席163人，实到141人。会议听取省政府关于我省援川抗震救灾及灾后恢复重建工作情况通报，围绕“高举旗帜、科学发展”和援川抗震救灾及灾后重建组织专题议政。会议通报了全国政协办公厅《关于委托京外省级政协有关负责同志为所在地十一届全国政协委员活动召集人和联络员的意见》。审议通过了有关人事事项，同意免去胡国星市级政协委员会副主任、韩彦莉农业委员会副主任职务，刘德洲不再担任人口资源环境委员会副主任，张立新不再担任港澳台侨和外事委员会副主任。任命韩彦莉为政协河南省第十届委员会副秘书长、胡国星为农业委员会副主任、丁心娥为市级政协委员会副主任。王全书主席在会议结束时讲话。

第4次会议 2008年10月23日至24日在郑州举行。应出席163人，实到139人。会议传达学习全国政协十一届三次常委会议和中共十七届三中全会和河南省委（扩大）会议精神。会议审议了提案委员会关于十届一次会议以来提案办理情况的报告，听取了省高级人民法院关于2008上半年全省法院主要工作情况的通报。并围绕统筹城乡发展、促进形成城乡经济社会发展一体化新格局组织专题议政，印发了河南省政协常委视察团赴许昌、漯河和省农科院视察情况的报告、第三届豫商大会报告和第七届河洛文化国际研讨会情况报告。审议通过有关人事事项，同意贾宏伟不再担任十届河南省委员会副秘书长，任命王铁牛为十届河南省委员会副秘书长。王全书主席围绕推进城乡经济社会发展一体化讲了话。

第5次会议 2008年12月24日至26日在郑州举行。应出席163人，实到142人。会议传达学习中央经济工作会议和省委八届九次全体（扩大）会议精神，听取并讨论省政府领导同志关于我省经济社会发展情况的通报、省政协各专门委员会关于2008年工作完成情况的通报、"中原文化宝岛行"活动情况通报。协商决定召开政协河南省第十届委员会第二次会议的有关事项，审议通过政协河南省第十届委员会常务委员会工作报告并推举报告人，审议通过政协河南省第十届委员会常务委员会提案工作报告。审议通过有关人事事项，增补杨武等5位委员，调整刘孟合等两位委员。王全书主席在会议结束时讲话。

【专门委员会工作】

提案委员会 十届一次会议以来，共收到提案810件，经提案委员会审查立案784件。截至2008年12月底已全部办复。提案委员会认真贯彻落实省政协十届一次会议对提案工作的要求，充分发挥提案在履行政协职能中的重要作用，坚持以提高提案工作质量为重点，主要采取以下措施：一是认真做好提案的审查、立案、交办等工作。二是以重点提案办理为突破口，加大提案办理力度。三是建立提案信息管理系统，努力提高服务质量。四是表彰优秀提案，加大对提案工作的宣传力度。

经济委员会 一是认真搞好专题调研，先后对河南省企业战略重组和统筹城乡一体化发展进行调研，并写出专题调研报告，上报有关部门。二是成功举办第三届豫商大会和"5+2"经济合作计划。三是加强与省直对口单位的联系，积极参加全国政协组织的活动，并圆满完成全国政协交办的工作任务。热情接待兄弟省市政协来豫学习考察。

农业委员会 一是围绕河南农业现代化道路该如何走进行调研。二是围绕实现河南粮食核心区增产目标进行调研。三是就充分发挥粮食生产补贴作用、建立补贴长效机制进行调研，并提出切实可行的建议。

人口资源环境委员会 一是积极组织委员对漯河、信阳、平顶山等市的污水处理厂建设与运营和南阳、洛阳林业生态资源的建设与保护进行调研。二是组织委员对省测绘局和启福置业有限公司进行视察。三是配合全国政协对主体功能区规划与人口资源环境问题进行调研。接待外省市政协学习考察3批30多人次。

教科文卫体委员会 一是认真开展调查研究，对我省新农村建设情况和城乡统筹、城乡一体化发展进行调研，并写出专题调研报告。二是完成全国政协交办的农村卫生工作和青少年素质及体育工作调研。组织医卫界委员到修武县部分村镇进行义诊讲学。参与河南省第三产业调查。三是在省政协副主席靳绥东带领下，对省高招办、高考现场和高招录取现场进行视察，充分发挥民主监督职能，收到了良好的社会效果。四是接待全国政协和外省市政协来我省学习考察，积极参加全国政协召开的农村卫生工作研讨会和西部政协研讨会。

社会法制委员会 一是围绕《劳动合同法》的贯彻实施和农村社会养老保险情况进行调研，针对存在的问题提出切实可行的建议。二是对郑州市开发区法院队伍建设、办公场所和设施进行视察。三是积极配合省委"新解放、新跨越、新崛起"大讨论，派人参加学习实践科学发展观和行风评议督导工作。四是加强联系，积极参加全国政协组织的活动，热情接待外省市政协来我省学习考察。

民族和宗教委员会 一是按照全国政协的统一部署，联合我省郑州、开封等宗教工作任务较重的八个省辖市政协就发挥宗教界人士和信教群众在促进经济社会发展中的积极作用进行调研。二是协助全国政协完成当前风景名胜区宗教场所管理情况的调研。三是加强与民族宗教界委员的联系，分别到大相国寺、白马寺、中岳庙看望委员，并帮助他们解决实际问题。参加王屋山道学研讨会，与教科文卫体委员会联合组织医疗卫生界专家学者到焦作市修武县少数民族聚居区进行义诊讲学。

港澳台侨和外事委员会 一是对全省20多家引智企业进行深入调研。二是深化河洛文化研究工作。三是深入台资企业，帮助排忧解难并联系海外华人为河南经济社会发展牵线搭桥。四是圆满完成中原文化宝岛行的组织实施工作。组织香港委员和企业家参加2008年华侨华人中原经济论坛。五是组织召开河南省政协与台湾河洛文化参访团座谈会、省会港澳台侨界人士中秋联谊会，并在深圳召开港区省政协委员座谈会。六是积极参加全国政协召开的工作研讨会，组织港澳委员为四川灾区捐款捐物。

学习和文史委员会 一是征集文史资料稿件100余篇，编辑出版《河南文史资料》4辑，约48万字。编印《学习参考资料》4期，约25万字。二是筹备召开全省政协第五次文史工作会议，并举办全省政协文史资料图书展。三是积极参与全国大协作，加强相互交流与学习，根据全国政协今后五年文史资料协作规划，确定了参与协作的多项选题。四是加强全省政协文史工作队伍建设。先后到洛阳、安阳、许昌等市对文史工作人员进行业务培训，并组织部分省辖市政协文史工作者参加全国政协文史干部培训班。

市级政协委员会 一是组织委员就省辖市政协贯彻落实《中共中央关于加强人民政协工作的意见》和省委政协工作会议精神情况进行调研，并与部分省辖市政协联合，就贯彻落实科学发展观等问题进行调研。二是分别召开全省省辖市政协主席联系会第十二次会议和全省省辖市政协往届主席联谊座谈会。三是做好联系和指导市县政协的经常性工作，加强与兄弟省市政协的横向联系，加强沟通，增进友谊。

【重要活动】

视察郑州铁路局 2008年1月31日，省政协主席王全书率领部分驻豫全国政协委员和省政协委员就加快铁路建设、促进中原崛起及春运情况进行视察。视察团先后来到京广客运专线黄河公铁两用桥施工现场、郑州火车站站台、监控应急指挥中心等地了解察看工程进展和春运情况，随后召开了由视察团成员和郑州铁路局负责人参加的座谈会。在听取大家的发言后王全书就加快河南铁路建设、促进中原崛起讲了四点意见。省政协副主席龚立群、梁静，秘书长张秉义等参加视察。

戊子年黄帝故里拜祖大典 2008年4月8日，由河南省政协、中华炎黄文化研究会联合主办的戊子年黄帝故里拜祖大典在黄帝故里新郑市隆重举行。拜祖仪式由中华炎黄文化研究会第一副会长张文彬主持。全国人大常委会副委员长周铁农、全国政协副主席黄孟复，十届全国人大常委会副委员长热地，十届全国政协副主席张思卿，原中央军委委员、空军原司令员乔清晨，中共河南省委书记、省人大常委会主任徐光春，代省长郭庚茂，中国和平统一促进会秘书长、党组书记梁金泉，中共中央台湾工作办公室、国务院台湾事务办公室常务副主任郑立中，云南省政协主席王学仁，贵州省政协主席黄瑶参加拜祖大典并向黄帝像敬献花篮。河南省政协主席王全书恭读拜祖文。台湾新党主席郁慕明应邀参加了拜祖大典。

视察抗震救灾物资生产情况 2008年6月2日，省政协主席王全书率领省政协常委视察团赴新乡市视察抗震救灾物资生产情况。省政协副主席王训智、靳绥东、邓永俭、袁祖亮、王平、李英杰、龚立群、梁静、张亚忠，秘书长张秉义参加视察。视察团首先深入有关企业，察看我省承担的抗震救灾过渡安置房、卫生防疫材料等物资的生产进展情况。然后到和平路小学慰问来自四川地震灾区的中小学生。王全书对各部门前一阶段援助抗震救灾所做的卓有成效的工作给予充分肯定和赞许，并对今后一个时期的支援抗震救灾工作提出了要求。

北方八省（区、市）政协工作研讨会 2008年6月11日，北方八省（区、市）政协工作研讨会第十九次会议在郑州召开。北京、天津、河北、山西、河南、辽宁、山东、内蒙古八省（区、市）政协的有关负责同志出席会议。省政协主席王全书出席会议并致欢迎辞，省政协副主席王训智主持研讨会开幕会。与会同志就落实中共十七大对人民政协工作提出的新要求、进一步加强“三化”建设进行了研究探讨。

视察省农科院 2008年8月11日，王全书主席率领省政协常委视察团就“创新农业科技，为建设国家粮食战略工程河南核心区提供科技支撑”进行专题视察。视察团在省农科院院部察看了省动物免疫学重点实验室、农业部农产品质量监督检验测试中心、省农作物新品种重点实验室，听取了省农科院负责同志所作的情况介绍。在视察结束时，王全书主席作重要讲话。王训智、靳绥东、邓永俭、袁祖亮、王平、梁静、张亚忠副主席和秘书长张秉义参加了视察。

视察许昌、漯河 2008年8月18日至19日，王全书主席带领省政协常委视察团就全民创业工作在许昌市进行视察，并于19日上午召开全民创业座谈会。8月19日至20日，视察团到漯河市视察主导产业发展情况，并于20日下午召开了座谈会。王训智、靳绥东、邓永俭、袁祖亮、龚立群、梁静副主席和秘书长张秉义参加了两市的视察活动。

第三届豫商大会 2008年8月28日至30日，由省政协主办，南阳市政府、省商务厅、省工商联、省豫商联合会共同承办的第三届豫商大会在南阳市隆重举行。十届全国政协副主席李蒙宣布大会开幕，省委书记、省人大常委会主任徐光春作重要讲话，省委副书记、代省长郭庚茂致欢迎词。省政协主席王全书主持开幕式。中国工程院副院长、工程院院士杜祥琬，中国西部建设与发展促进会副会长、文化部原副部长艾青春，中国工程院院士张铁岗，省政协副主席王训智、梁静，九届省政协副主席、省豫商联合会会长陈义初出席开幕式，来自海内外的38个河南商会代表团、1100多位豫商代表参加大会。本届豫商大会主要由豫商主题论坛、项目洽谈签约、光电显示产业暨新能源产业发展研讨和生态旅游推介等四大板块组成。

视察开封文化产业 2008年9月1日，王全书主席率省政协调研组赴开封就文化产业发展情况进行调研。调研组一行考察了开封古城墙保护开发情况，参观了河南大学新老校区、宋都水系二期工程、东京艺术中心等，观看了大型水上实景演出《大宋·东京梦华》。王训智、邓永俭、袁祖亮、王平、李英杰、龚立群、梁静副主席及秘书长张秉义参加调研。

河洛文化国际研讨会 2008年9月23日，第七届河洛文化国际研讨会在巩义市召开。十届全国政协副主席罗豪才，省政协主席王全书，省委常委、宣传部长、副省长孔玉芳，省委常委、郑州市委书记王文超，九届省政协副主席陈义初参加开幕式。省政协副主席邓永俭主持开幕式。罗豪才就进一步推进河洛文化研究工作提出具体建议。王全书就如何将河洛文化研究工作提升到新的水平提出具体要求。来自国内外300余名专家学者围绕河洛文化与闽台文化这一主题进行了深入研讨。

全省政协文史工作会议 2008年11月5日，在郑州召开。会议学习贯彻《政协全国委员会关于加强文史资料工作的意见》、全国政协文史工作座谈会和全国暨地方政协文史委员会主任会议精神，交流全省文史工作经验，研究新形势下文史工作面临的新情况新问题，探讨如何进一步推动全省政协文史工作实现新发展。省政协主席王全书，副主席袁祖亮、秘书长张秉义出席会议。

省辖市政协秘书长座谈会 2008年11月10日至12日，省辖市政协秘书长座谈会在郑州市召开。省政协副主席袁祖亮、秘书长张秉义和18个省辖市政协秘书长参加了会议。会议分别由秘书长张秉义、副秘书长马葆青、王铁牛主持。18个省辖市政协秘书长在会上发言。会议围绕学习实践科学发展观和委员队伍建设进行交流和探讨，并就做好秘书长工作提出了意见和建议。袁祖亮在会上讲了话。

中原文化宝岛行 2008年11月23日至29日，以省政协主席王全书为团长的“中原文化宝岛行”参访团赴台湾进行了为期7天的文化交流。王全书一行通过会晤国民党主席吴伯雄，国民党副主席蒋孝严、吴敦义，亲民党主席宋楚瑜，亲民党名誉主席钟荣吉，海基会会长江丙坤，台“立法院”负责人王金平，台“行政院”前负责人徐立德以及其他各界人士，举办《梨园飞歌·少林功》大型文艺演出、《魅力河南》图片展、中原国画展、2008海峡两岸河洛文化论坛、海峡两岸戏剧学员交流培训计划启动仪式、豫台合作交流会、河南旅游产品说明会暨豫台旅游业界联谊会等文化、经贸活动，弘扬悠久厚重的中原文化，展示中原崛起的巨大成就，促进两地文化、旅游和经贸的互动与合作。

河南省人民政协理论研究会第一届理事会第二次会议暨纪念改革开放30周年理论研讨会 2008年12月18日，河南省政协在郑州召开纪念改革开放30周年人民政协理论研讨会。省委书记、省人大常委会主任徐光春，省委副书记、代省长郭庚茂发来贺信。省政协主席王全书出席会议并讲话，副主席王训智、靳绥东、邓永俭、袁祖亮、李英杰、龚立群和秘书长张秉义出席会议。会议由王训智主持。农工党河南省委、信阳市政协、周口市川汇区政协、河南财经学院的4位同志，围绕发挥民主党派作用、提高民主监督成效、做好协调关系工作以及人民政协理论的创新与发展等问题作了大会发言。会议在省政协秘书长张秉义主持下，审议通过了《河南省人民政协理论研究会工作报告》和《关于河南省人民政协理论研究会领导机构及理事会组成人员调整情况的说明》，张秉义当选为河南省人民政协理论研究会会长。

【重要文件】

常委会工作报告 （2008年1月14日）（摘要）报告共分三个部分：

一、报告从五个方面总结了九届省政协的主要工作。（一）注重围绕中心、服务大局，履行职能取得新成效。（1）协商议政富有成效。先后安排了10次以专题议政为主要内容的政协常委会议，就深化国企改革、发展非公有制经济、做强旅游产业等问题，进行专题协商议政，提出意见建议。（2）视察调研喜结硕果。五年来，先后组织驻豫全国政协委员、省政协委员开展视察调研活动200余次，提交视察调研报告300余篇。（3）提案办理有序开展。五年来，共收到提案3806件，立案3708件，已全部办理完毕。提案质量、办理质量、服务质量不断提高。（4）信息工作不断加强。2006年开通省政协“民情热线”，与省电台联办“代表委员听民意”节目；五年来，共编发《政协信息》335篇。（二）注重拓宽思路、创新载体，政协工作呈现新亮点。（1）成功主办丙戌年、丁亥年黄帝故里拜祖大典和中华炎黄二帝巨型塑像落成庆典。（2）成功主办三届河洛文化国际研讨会，完成全国社科规划基金重大项目“河洛文化研究——河洛文化的起源、传承与影响”，从不同角度和不同层面对河洛文化的精义、实质、历史地位及其在海外的传播等进行研究探讨。（3）积极搭建文化产业发展平台，与中国文联、中国侨联、中国对外友协、中华民族文化促进会共同主办2006中华姓氏文化节，与全国工商联、中国侨联共同主办2006国际华商文化节。（4）推动和促成广东、上海、重庆等18家异地河南商会的成立，举办了第一、第二届豫商大会，策划、实施“5＋2”经济合作计划。（5）发起组织的中原城市群政协主席联席会，经过两年多的努力，初步形成了定期专题议政的机制。在已经召开的三次联席会议上，九市政协围绕打造中原城市群90分钟都市交通圈、建立中原城市群旅游共同体、推进中原城市群居民同城待遇等问题，提出很多富有可操作性的意见和建议。（三）注重凝聚力量、深化合作，团结联谊开辟新领域。（1）充分发挥党派作用。切实加强与省各民主党派、工商联、各人民团体及各界人士的联系与协作。安排他们就省政协常委会议中心议题进行调研并作大会发言，对他们报来的提案重点办理，对他们反映的社情民意重点报送，对他们提出的意见建议重点研究。（2）着力突出界别特色。在召开政协全体会议、常委会议时，提倡以界别名义向会议提交发言材料，有重点地安排一些跨界别的联组讨论，突出界别的群体参政作用。组织开展有界别特色的考察、调研、联谊等活动。（3）广泛团结港澳台侨。组织三次驻港澳地区省政协委员视察活动，开展台情侨情调研考察。加强与台湾党派高层人士的接触交流。（4）切实加强联系协作。配合全国政协完成“京九绿色长廊建设”、“南水北调中线工程水质保证”、“黄河沿岸经济社会协调发展”、“大运河的保护与申遗”等多项视察调研任务。坚持每年召开一次省辖市政协主席联系会和全省政协秘书长座谈会。各专委会注重加强与市、县政协的联系与协作。接待全国政协和兄弟省（市、区）政协来豫考察团、组400多批次。(5) 积极开展对外交往。组团访问英国、日本、澳大利亚、委内瑞拉、巴西、南非等10多个国家，接待拉脱维亚、塞内加尔经社理事会等代表团，达成了一些结好意向，签订了一些合作协议。（四）注重扩大宣传、营造氛围，政协形象得到新提升。(1) 利用各种媒体搞好宣传报道。五年来，共在省级以上新闻媒体播发政协工作稿件1600多篇（条），宣传了人民政协作出的新贡献和人民政协事业的新发展。(2) 成立人民政协理论研究会。并举行了首次理论研讨会。(3) 继续办好《河南文史资料》和《协商论坛》。五年来，编辑出版《河南文史资料》20辑，编辑《协商论坛》60期。认真开展《河南省政协志》、《河南省志》人民政协部分和《全国政协年鉴（河南卷）》的编写和续修工作。（五）注重加强学习、完善制度，自身建设迈上新台阶。(1) 不断完善规章制度。制定和修订全体会议工作规则、常委会工作规则、主席会议工作规则、秘书长会议工作规则、专门委员会通则、提案工作条例、委员视察工作条例、反映社情民意工作条例等，推进了政协履行职能的制度化、规范化、程序化建设。(2) 发挥委员主体作用。通过举办报告会、印发学习材料、组织全员培训等形式，不断提升委员整体素质，为委员知情明政、发挥主体作用创造条件；重视专委会的基础作用，组织委员深入基层、深入群众，开展调查研究，发表真知灼见。(3) 全面加强机关建设。认真开展保持共产党员先进性教育活动和“讲正气、树新风”主题教育活动。成功申报新一轮省级文明单位，选派优秀干部到基层挂职锻炼，重视机关行政、后勤、接待和老干部服务工作，机关办公和生活条件有所改善。

二、报告讲了五点体会与共识：(1) 做好人民政协工作，必须坚持党的领导、维护核心。(2) 做好人民政协工作，必须坚持围绕中心、服务大局。(3) 做好人民政协工作，必须坚持以人为本、履职为民。(4) 做好人民政协工作，必须坚持选准坐标、帮忙补台。(5) 做好人民政协工作，必须坚持与时俱进、开拓创新。

三、报告提出五点建议与展望。第一，深入学习贯彻中共十七大精神。第二，切实履行人民政协三项职能。第三，牢牢把握团结、民主两大主题。第四，继续加快履行职能三化进程。第五，全面加强人民政协自身建设。

王全书在十届一次会议闭幕会上的讲话 （2008年1月22日）（摘要）关于十届省政协的工作：（一）高举伟大旗帜，把握正确方向。改革开放30年的成功经验已经证明并将继续证明，中国特色社会主义伟大旗帜，是当代中国发展进步的旗帜，是中国共产党和全国各族人民团结奋斗的旗帜，也是人民政协事业不断发展的旗帜；中国特色社会主义道路，是建设富强民主文明和谐的社会主义现代化国家、实现中华民族伟大复兴唯一正确的道路，也是人民政协事业不断发展必须遵循的正确道路；中国特色社会主义理论体系，是马克思主义中国化的最新成果，是全国各族人民团结奋斗的共同思想政治基础，也是人民政协事业不断发展的行动指南。只有高举中国特色社会主义伟大旗帜，才能确保人民政协事业沿着正确的政治方向阔步前进。要按照中央和省委的统一部署，把认真学习、深刻领会、全面贯彻中共十七大精神作为当前和今后一个时期的首要政治任务，坚持用中国特色社会主义理论体系统一认识、把握方向。要紧密结合政协组织和政协委员的实际，把中国特色社会主义理论贯彻落实到履行职能、做好岗位工作中去。要在各自所联系的群众中深入宣传中国特色社会主义理论体系，团结教育全省各族各界人士坚定不移地走中国特色社会主义发展道路，把全社会的智慧和力量凝聚到中国特色社会主义建设的伟大事业上来。

（二）坚持党的领导，自觉服务大局。坚持党对政协工作的领导，体现了参加政协的各党派团体和各族各界人士的共同意志，是人民政协事业胜利推进的根本保证。我们要进一步强化核心意识，始终与以胡锦涛同志为总书记的党中央保持高度一致，不折不扣地贯彻执行省委的决策部署，确保省委的意图真正得到落实。要确立省委的中心工作就是政协的工作中心的思路，紧紧围绕省委的统一部署开展工作，使政协工作与党政工作同频共振，做到思想上同心、目标上同向、工作上同步。遇到重大问题和重大事项、组织重要活动和重要会议，要主动向省委请示；活动结束后，要及时将活动开展情况和政协意见建议报告省委。省政协党组要身体力行地贯彻省委的决定决议，为省委加强对政协工作的领导出谋划策，努力把省委的意图转化为全省各党派团体和各族各界人士的广泛共识。

政府是党委决策的行政执行机关，支持政府工作、积极参政议政，是坚持党的领导的重要体现。要根据省政府的工作部署，精心选择我省经济社会发展中的重大问题和与人民群众利益攸关的热点难点问题，组织委员视察调研，忠实反映社情民意，切实搞好民主监督。要在所联系的界别和群众中，做好对有关政策的宣传教育、解疑释惑工作，维护政府威信，确保政令畅通。要继续坚持和完善与省政府的联系协商制度，及时将政协的工作计划、活动安排向省政府及有关方面通报，努力争取支持和帮助。

（三）履行政协职能，助推科学发展。人民政协人才济济、群贤荟萃，在服务科学发展、促进科学发展方面，具有不可替代的优势，负有义不容辞的责任。要在协商中求得科学发展的共识，在监督中求得科学发展的成功，在参与中求得科学发展的合力。要依托政协各专门委员会和各界别，组织委员就转变经济发展方式、推动结构优化升级、统筹城乡协调发展、提高自主创新能力、推进生态环境建设、健全现代市场体系、拓展开放广度深度等事关全省科学发展全局的重大问题，深入开展调查研究和协商讨论，促进速度质量效益、出口投资消费、改革发展稳定、人口资源环境和三次产业发展相互协调。

实现科学发展，离不开和谐的社会环境。要把促进和谐中原建设作为服务全省科学发展的重要内容，按照民主法制、公平正义、诚信友爱、充满活力、安定有序、人与自然和谐相处的总要求，以及共同建设、共同享有的原则，围绕完善社会管理、扩大公共服务、促进社会公平等重大问题和教育、就业、分配、医疗、住房、社会保障等关系人民群众切身利益的现实问题，积极出主意、想办法，扎扎实实做好促进社会和谐的各项工作。要动员广大政协委员贴近实际、贴近基层，倾听群众呼声，体察群众情绪，反映各个阶层和不同群体的利益诉求，引导各族各界群众正确认识和处理个人利益与集体利益、局部利益与整体利益、当前利益与长远利益的关系，倍加珍惜、努力营造安定和谐的政治局面。

（四）围绕团结民主，汇聚各方力量。紧紧围绕团结和民主两大主题，促进政党关系、民族关系、宗教关系、阶层关系、海内外同胞关系和谐，在全面建设小康社会进程中，为谋事增添智慧，为干事增添帮手，为和事增添渠道，为成事增添希望，是时代赋予人民政协的神圣职责。要认真贯彻“长期共存、互相监督”，“肝胆相照、荣辱与共”的方针，进一步加强与各民主党派、工商联、无党派人士的协商合作，促进各党派团体、各族各界人士的有序政治参与。要切实维护少数民族合法权益，进一步促进平等团结互助和谐的社会主义民族关系。要全面贯彻党的宗教工作基本方针，积极引导宗教界人士和信教群众与社会主义社会相适应，鼓励和支持他们在促进经济社会发展中发挥积极作用。要广泛开展对外友好和联络联谊工作，加强同港澳同胞、台湾同胞、海外侨胞的联系与交往，支持他们更好地为促进经济发展、增加社会财富贡献智慧和力量。要在共同的政治基础之上，尽一切努力把包括新的社会阶层在内的全体社会主义事业的建设者团结起来，共同致力于开创中原崛起新局面的伟大事业。

在人民政协内部，要坚持广开言路、畅所欲言、求同存异、体谅包容的原则，容人、容言、容事，求真、求实、求是，和谐、和睦、和顺，形成团结民主、生动活泼的议政氛围。要运用主席会议、常委会议、专门委员会会议、秘书长会议等形式，经常向各民主党派、工商联负责人和无党派人士通报情况，听取意见，邀请他们协商讨论政协工作中的共同性事务。要加强与政协各参加单位的合作共事，使政协真正成为中国共产党领导的多党合作和政治协商的重要机构，成为政治生活中发扬社会主义民主的重要形式。

（五）加强自身建设，开创崭新局面。在新的历史起点上推进中国特色社会主义伟大事业，既为人民政协事业提供了广阔舞台，也对政协各项工作提出了更高要求。我们要适应新形势、开创新局面，就必须加强学习、提高素质，不辱使命、开拓进取，完善制度、规范程序。

加强学习、提高素质，就是要切实增强学习的紧迫感和自觉性，把学习当作一种境界、视为一种追求。我们正处在一个大开放、大发展、大变革的时代，新情况、新事物、新问题层出不穷。我们新一届省政协刚刚成立，加强学习的任务十分紧迫和繁重。政协所有领导干部、全体政协委员和广大政协工作者，都要认真学习邓小平理论、“三个代表”重要思想，全面把握科学发展观的科学内涵和精神实质，坚定不移地用十七大精神武装头脑、统一思想，用科学发展观指导实践、推动工作。要认真学习党和国家的方针政策，学习人民政协理论，学习政治、经济、科技、法律、文史知识，通过锲而不舍的学习，提高自身素质，增强履职能力。

不辱使命、开拓进取，就是要始终保持昂扬向上的精神状态，与时俱进、求实创新，努力开创人民政协事业新局面。按照党的十七大对人民政协工作提出的新要求，把我省人民政协事业继续推向前进，是新一届政协及其常委会所肩负的重大历史使命。我们要以对党和人民事业、对人民政协事业高度负责的态度，满腔热忱、殚精竭虑地做好人民政协的各项工作。要大胆探索、锐意进取，在发扬人民政协光荣传统、坚持历届政协成功经验的基础上，拓展政协工作思路，创新政协工作形式。

完善制度、规范程序，就是要进一步加强人民政协履行职能的制度化、规范化、程序化建设。人民政协履行职能的“三化”建设虽然取得了显著进展，但是还不能完全适应新时期人民政协事业发展的需要，还有大量的工作要做。我们要进一步修订完善和研究制定各项工作制度、工作规程，尽快形成与《中共中央关于加强人民政协工作的意见》和政协章程相适应的制度体系。要通过具体的制度设计和制度安排，将履行职能的主体、原则、范围、过程等确定下来，使政治协商程序更加规范、民主监督机制更加完善、参政议政活动更加有效。

【组织概况】

主　席

王全书

副主席

王训智　靳绥东　邓永俭

袁祖亮　王　平　李英杰

龚立群　梁　静（女）张亚忠

秘书长

张秉义

常务委员名单（以姓氏笔画为序）

万明云　马万杰　马四海　马仰峡
马同森　马志成　马志刚　马葆青
马露霞（女）　王伟平（女）
王合水　王宗国　王宝贵　王绍祥
王建国　王战营　王彦武　王艳玲（女）
王家柱　王尊民　王键吉　王璀英（女）
毛　宏（女）　毛德富　尹爱萍（女）
孔红生　邓武昌　水镜君（女，回族）
布　坚（回族）　史小红（女）
付开道　付月云（女）　白振勇
仝运科　冯卫生　冯启波（女）
巩国顺　毕福海　师清翔　朱专兴
朱诚身　乔国强　乔建民　邬恺夫
刘世军　刘孟合　刘建发　刘荣阁（女）
刘振亚　刘爱田　许还平　孙永振
孙运锋　花亚伟　李　彪　李中富
李正军　李国庆　李金松　李学敏（女）
李宗保　李建中　李荣堂（满族）
李树建　李柳生　李保良　李洪连
李新有　李新杰　李静宜（女）
李德民　杨力民　杨雪梅（女）
杨冀州　肖永成　肖桂彬　肖继业
肖群兰（女）　吴冬焕（女）
余保江　沙启军（回族）　沈阿林
宋华平　宋丽英（女）　宋松继
张　林　张　翔　张万一　张文平
张民服　张冬平　张亚伟　张亚洲
张会琴（女）　张武星　张俊华（女）
张勇刚　张晓林　张家顺　张德轩
张巍巍　陈　岩　陈　新　陈卫平
陈相成　陈砚秋（女）　范军铭
林景顺　岳爱云（女，回族）
周绍成　庞善起　郑　稼　郑高飞
宗万志　孟祥礼　赵则祥　赵克罗
赵秀玲（女）　胡经文　胡梦月（女）
钟送巩　袁鸿安　耿开昌　贾九宝
贾占波　贾宏伟　原思国　徐宁生
徐建新　高李丽（女）　高雁卿
郭旭东　陶振江　黄　伟　黄至杰
曹江水　崔道山　阎英地　阎振元
梁留科　葛　飞　董文建　董桂萍（女）
董撵群　韩宏伟　程四国　释心广
焦锦森　赖谦进（女）
廖长明（回族）　翟金城　潘民中

委员名单（按姓氏笔画为序）

中国共产党（50名）

王　平　王　伟　王　耀　王文海
王训智　王全书　王建西　王春生
介　新　邓永俭　田立文　刘世军
刘军甫　刘应堂　刘京州　孙世海
毕福海　米剑峰　余兴成　余保江
宋春迎　张德成　李庆瑞　李汴霞（女）
李承先　李新华　杜新增　杨　玲（女）
杨国功　杨建祥　汪晓微（女）
肖新明　陈砚秋（女）　周建安
孟令峰　岳会明（满族）　林景顺
胡梦月（女）　郝东亚　唐全国
徐　乘　耿开昌　黄亚林　彭亚平（女）
程传兴　程自由　韩志奎　靳绥东
鲍常勇　臧安民

中国国民党革命委员会（22 名）
王　洋　王庆玲（女）　王建国
付开道　付月云（女）　古小六
史小红（女）　刘　红（女）
张　弓　张万一　张志刚　李　岩（女）
李英杰　陈卫平　周新萍（女）
宗万志　赵文瑛（女）　赵洪勋
赵振献　郭文涛　焦世忠　薛志杰

中国民主同盟（23 名）
马同森　公小惠（女）　毛德富
牛艳伟（女）　王太阁　刘爱田
孙先科　师清翔　朱专兴　何建刚
张　磊　邹东波　陈伟琳（女）
陈道荣　庞善起　易　立　赵秀玲（女）
郝立富　秦春梅（女）　高雅玲（女）
黄庆星　黄改荣（女）　潘民中

中国民主建国会（20 名）
王　辉　王明德　王家柱　白振勇
孙　黎（女）　孙永振　巩国顺
齐瑞云（女）　张会琴（女）
张晓林　张景林　张朝祥　张巍巍
肖继业　岳爱云（女，回族）
胡新向　梁留科　龚立群　廖长明（回族）
魏险峰

九三学社（19 名）
万明云　王水龙　王高峰　仝运科
卢大铮　刘国相　刘建发　孙运锋
何厚谦　张电子　张亚忠　张动天
张振元　肖宏滨　陈志民　郑高飞
姚　龙　崔道山　董撵群

中国农工民主党（17 名）
孔祥群　王合水　王丽亚（女）
王位东（回族）　平晓雯（女）
宋亚辉　张勇刚　张哈生　李建华
李明煜（女）　李新有　肖群兰（女）
花亚伟　陈　新　姚宪华（女）
高体健　高雁卿

中国民主促进会（15 名）
马四海　乔学达　邬恺夫　何建中
张民服　李绍彬　李柳生　李德民
陈冠义　周为民　周慧超　徐　平（女）
袁祖亮　郭旭东　葛　飞

无党派人士（17 名）
王宝贵　王建国　王德霖　冯　勇
卢群召　刘东成　刘信圣　吴宾格
张家顺　张新纪　张翠霞（女）
张德轩　李丽芹（女）　郑泰森
贾小平　郭铁军　梁　玉（女）

工商业联合会（20 名）
尹爱萍（女）　王文亮　王璀英（女）
刘振亚　孙晓宁（女）　吴冬焕（女）
吴丽鸣（女）　张　林　张武星
张洪波　李　彪　李正军　李国庆
陈治华　郑汉钿　陶振江　高天增
梁　静（女）　蒋继明　韩宏伟

总工会（19 名）
马露霞（女）　田爱华（女）
任平原　刘海川　刘群星　印　龙
吕明义　孙宗会　成定伟　朱桂英（女）
张　杰　张建明　张献会　李中富
陈　民　苑增好　胡运生　聂孟磊
郭国顺

中国共产主义青年团（10 名）
孔繁旭　王　庆　王战营　王景峰
史本林　张廷廷（女）　豆洪亮
陈英杰（女）　范付中　曾　辉（女）

妇女联合会（17 名）
于素云（女）　马月平（女，回族）
马和平（女）　王彦华（女）
师戌平（女）　庆志英（女）
宋敬华（女）　张桂香（女）
李志弘（女）　李学敏（女）
陈苏河（女）　武兰芳（女）
柳克珍（女）　黄元元（女）
程志伟（女）　廉常萍（女）
雷丽萍（女）

青年联合会（10 名）
王志宏　平　明　朱良才　李变芬（女）

杨武中　罗　静（女）　赵　辉
赵克罗　郭照原　释永帝

科学技术协会（12 名）

马仰峡　孔雪飞　邓武昌　白立钟(回族)
乔国强　张　霞（女）　李　青（女）
李建中　李建立　杨　华（女）
曹祖松　董桂萍（女）

归国华侨联合会（13 名）

王　荔（女）　王　月（女，满族）
冯永臣　孙新雷　励伟英（女）
张文平　张亚洲　杨　勇　陈　贞
范树鹰　席克忠　康玛水　曹　辉

台胞台属界（13 名）

布　坚（回族）　闫建新　张曦鹤（女）
李恒建　李新福　汪德峰　苏　珍（女）
陈剑江　徐宁生　郭　晴（女）
路志欣　管希明（女）　管苏平

文学艺术界（32 名）

马文章　方可杰（回族）　毛鸿雁（女）
牛亚非　王　鸣　王　绣（女）
王红丽（女）　王春丽（女）
白金尧　刘　微　刘晓燕（女）
朱巧云（女）　吴长忠　吴柏林（女）
宋华平　张志泉　张富君　李文红（女）
李树建　汪荃珍（女）　陈大华（女）
陈锦生（女）　周　虹　孟祥礼
党玉倩（女）　徐　萍（女）
秦　俊　高国昌　崔小田（女）
董文建　谢冰毅　熊向华（女）

科学技术界（66 名）

马家轩　马跃生　王庆来　王国军
王留根　王新福　王键吉　韦　弦
刘东波　刘宛康　吕少锋　成双喜
许东坤　闫　琪（女）　闫保卫
吴宗彦　宋丽英（女）　宋灵恩
宋林祥　张子义　张建新　张俊华（女）
张继卫　张新玉　李　凯　李文家
李建辉（女）　李保良　杨卫平
杨中南　杨西宁　杨志民　杨登峰
沙启军（回族）　肖桂彬　肖继温
陈　青　陈　岩　陈兴波　孟少辉
尚文河　苗拥军　郑怀杰　郑定辉
郑德强　胡宽广　荣毅超　赵鸿飞
赵德山　徐光荣　徐胜杰　耿鸿翔
袁鸿安　曹江水　曹淑芬（女）
梁宪章　逯效鞶（女）　喻　强
彭　立　程礼来　董书通　董庆生
董金友　释延豹　熊静香（女）
魏国钊

社会科学界（17 名）

王玉涵　王松华　王彦武　冯军义
孙长付　许还平　宋希臣　张　驰
张　锐（女）　张文军　张艳佩（女）
李新杰　杨士海　沈开举　陈爱兰（女）
袁二方　焦锦淼

经济界（120 名）

马庆刚　马志刚　马荣彬　从光元
孔红生　文雁君（女）　毛昝听
王　剑　王书礼　王守成　王志清
王秀清（女）　王杰士　王绍祥
王洪涛　王祖益　王源海　邓志军
卢一博　叶永明　田中山　田开喜
白树屏　任长旺　刘　震　刘　宏（女）
刘世德　刘永奇　刘红星　刘贵珍
年永安　朱东晖　朱国强　毕会静（女）
祁敦芳（女）　许会斌　许振伟
何仁义　吴长庆　宋松继　宋慧玲（女）
张　冉（女，满族）　张　翔
张　锋　张一飞　张国贤　张学溥
张建华　张松洲　张林飞　张金堂
张树才　张晓盈　张海潮　张维宁
李　伟　李　芳（女）　李　莉（女）
李　蕊（女）　李万军　李少华
李兴智　李同智　李官奇　李政军
李荣光　李艳娜（女）　李富增(回族)
杜建英（女）　杨　勇　杨永庆
杨冀州　肖永成　肖存兴　陈令军
陈汉申　周克俭　周国荣（女）

周武军　尚广强　尚拥军　畅　胜（女）
苗永清　郎建华　郑仁春　郑建民
金书君（回族）　姜满金　施留河
胡其品　贺先锋　赵启林　夏景奇
徐建明　徐建新　徐春梅（女）
徐鸿飞　徐慧前　贾凤昌　郭永华
郭自来　郭锦波　高　微　崔玉安
崔敏奎　曹俊生　梁玉珍（女）
黄　伟　黄国英　曾　平　董自文
蒋晓明　韩　钢　鲁文起　楚金甫
蒯同文　翟金城　潘道荣（女）
薛　萍（女）　薛建军

农林界（52名）

马万杰　牛玉国　牛河钧　王宗国
王艳玲（女）　王铁牛　任丽君（女）
刘文进　刘汉瑜　刘有富　刘述荣（女）
刘荣阁（女）　孙进忠　朱海风
张开伦　张冬平　张汉收　张成智
张建刚　张桂兰（女）　张海洋
张淑杰（女）　张淑敏（女）
李　莉（女）　李苏平（女）
李林安　李洪连　李秋生　沈阿林
谷自修　邱范卉（女）　陈　明（女）
陈晓明　宛振水（回族）　侯合柱
赵立华（女）　赵红光　赵福运
席正强　郭心平（女）　郭新富
郭靖华　高九思　曹濮生　阎子鹏
喻树迅　彭发光　葛　庆　韩永昌
雷延军（女）　翟有忠　雒魁虎

教育界（52名）

丁　华　丁丽华（女）　马培芳（回族）
王　吉　王天泽　王立群　王光龙
冯志亮　史虎高　宁金成　申娜娜（女）
白威凉　刘红蕾（女）　刘西振
朱诚身　吴来安　吴国梁　张　玲（女）
张又林　张亚伟　张秉义　张海朝
李　育（女）　李东冉（女）
李顺兴　李香枝（女）　杨雪梅（女）
杨智磊　肖新生　邱　林　邹友峰
陈　淮　陈　清　陈一峰　陈兴民
陈相成　林世选　胡锡凤（女）
赵则祥　赵邦屯　郝秀伦　原思国
徐振鲁　秦树理　贾玉英（女）
郭新和　陶有才　高　强　戚世钧
谢振山　熊俊占　翟建宏

体育界（10名）

毛　宏（女）　刘　东（女）
刘海科　张建荣（回族）　李金豹
陈桂珍（女）　赵　伟（女）
贾占波　彭德胜　韩时英

新闻出版界（17名）

王　爱（女）　冯启波（女）
刘　哲　刘先琴（女）　刘德亮
李静宜（女）　杨箴红　陈卫华（女）
陈金萍（女）　周绍成　夏　雁（女）
郭民生　高李丽（女）　常法武
黄天奇　韩英珊　赖谦进（女）

医药卫生界（39名）

于翠花（女）　马云枝（女）
王　岩（女）　王中全　王国华（女）
王新华　冯卫生　冯长华　申素芳（女）
刘宏民　孙建中　孙海申（回族）
张广东　张本彦　张玉林　李　华（女）
李少卿　李志敏（女）　李荣堂（满族）
李新刚　单　磊　周振西　庞国明
范军铭　郑　稼　胡悦文（女）
赵玉兰（女）　秦亚萍（女）
袁现明　郭书文　梁华龙　梁爱凤（女）
阎英地　阎振元　曾鹤军（女）
程四国　韩冠先　雷有亮　魏　琦（女）

少数民族界（18名）

丁青云（女，回族）　马彦锋（回族）
水镜君（女，回族）　王　平（黎族）
王全成（蒙古族）　买红星（回族）
吕书亮（回族）　严　萍（女，满族）
何岐岗（回族）　吴付旺（回族）
张明春（回族）　李廷豪（回族）
李宗恩（回族）　沈为民（满族）

郑　煜（女，高山族）　郭　宽（回族）
常敏先（回族）　黄　梅（女，回族）

宗教界（25 名）

丁国顺（回族）　马继全（回族）
马福军（回族）　马德云（回族）
王宏文　王若愚　王跃胜　白建德
宋保新　宋奎亮　李文元　李泰丞
李留章　庞清芝　郑春时（女）
柴玉良　贾九宝　高学鸿　黄至杰
释心广　释延洁（女）　释延琳
释行贵（女）　释妙侠　释果建（满族）

特别邀请人士界（120 名）

丁心娥（女）　万功民　于常海
马传运　马志成　马建干　马葆青
方　泉　王　惠（女）　王　雄
王太峰　王长利　王伟平（女）
王有仁　王迎中　王和平　王俊才
王炳耀　王桂梅（女）　王淑芳（女）
王尊民　王德杨　邓来法　邓淑明（女）
叶振南　白玉成（回族）　乔建民
任传国　关颖琴（女）　刘　宁
刘　林　刘孟合　刘孟挺　刘现华
刘春辉　刘瑞红（女）　朱　明
朱任发　朱展东　朱慧灵　权力莉（女）
邬江兴　严震铭　何顺文　何黎明
余继标　余学文　吴宏蔚（回族）
吴宝志　吴皆妍（女）　宋效忠
张万成　张元龙　张乐田　张传文
张国钧　张宝明　张耀荣　李　平
李向玉　李秀奇　李宗保　李宝清
李金松　李举亮　李福州　李福庆
杨力民　杨娅辉（女）　杨桂林
杨崇林　杨惠琴（女）　苏添平
陈　静（女）　陈　豫（女）
陈健生　陈徐凤兰（女）　周宗良
林　熊　林汉忠　林宜龙　林家伟
林智权　林德华　武建新（回族）
苗礼战　范修芳　郑育文　施家銮
胡　荃　胡广坤　胡国星　胡经文
胡总龙　赵　微　赵功佩　赵胜修
郝高潮　钟送玑　夏夕岚　贾宏伟
郭庆之　郭秀荣（女）　郭骏伟
高　俊　高方斌　高树森　高蓉生
黄炽雄　曾昭宝　焦跃进　程广安
董晋平　董颖生　谢　岷　韩彦莉（女）
解朝来　雷兆光　裴建中　穆仁先

常务委员增补名单（2008 年 12 月 26 日第五次常委会议通过）

杨　武　林大辉　赵金声
梁高美懿（女）

常务委员调整名单（2008 年 12 月 26 日第五次常委会议通过）

刘孟合　陈砚秋（女）

委员增补名单（2008 年 1 月 22 日第一次常委会议通过）

释延佛

（2008 年 12 月 26 日第五次常委会议通过）

沈国军

【河南省各市、县、区政协主席名单】

郑州市

市政协主席　李秀奇
县（市、区）政协主席
金水区　刘建峰
二七区　汪爱英（女）
中原区　乔秀花（女）
管城区　郭桂琴（女）
惠济区　梁守海
上街区　张福祥
新郑市　陈　莉（女，满族）
中牟县　王根成
新密市　卢国旗
荥阳市　李建东
巩义市　魏新潮
登封市　吴聚财

开封市

市政协主席　程广安

县（市、区）政协主席

鼓楼区 陈福祥
顺河区 白炳立
龙亭区 张俊英（女）
禹王台区 杜祥彬
金明区 王芳岭
开封县 张 立
兰考县 杨旗胜
杞 县 卞玉生
通许县 张继胜
尉氏县 吴六零

洛阳市

市政协主席 周宗良

县（市、区）政协主席

西工区 杨志立
涧西区 符保钦
老城区 魏世庆
瀍河区 张聚民
洛龙区 郭绍安
吉利区 李小斐
孟津县 郭西赞
伊川县 李其超
偃师市 张振涛
宜阳县 张景彦
洛宁县 雷俊杰
新安县 郭轩子
汝阳县 袁树勋
嵩 县 常文广
栾川县 郝明献

平顶山市

市政协主席 裴建中

县（市、区）政协主席

新华区 隋国忠
卫东区 王同尧
湛河区 王章记
石龙区 陈风云
汝州市 王进立
舞钢市 高宝山
宝丰县 师建超
鲁山县 郝元方
郏 县 李栓勤
叶 县 冯国堂

新乡市

市政协主席 范学贵

县（市、区）政协主席

卫滨区 岳庚寅
红旗区 张天录
牧野区 高建斌
凤泉区 张怀彪
辉县市 郭清怀
获嘉县 李素平（女）
卫辉市 曹祖温
新乡县 韩喜斌
原阳县 李双成
延津县 王宝震
封丘县 韩世明
长垣县 朱汉枝（女）

焦作市

市政协主席 王太峰

县（市、区）政协主席

解放区 牛学云
中站区 张爱武
马村区 买明亮（回族）
山阳区 刘永琪
孟州市 王成群
修武县 浮习楼
博爱县 牛生霞（女）
武陟县 宋土生
温 县 周清水
沁阳市 唐自立

安阳市

市政协主席 赵 微

县（市、区）政协主席

北关区 申明顺
文峰区 孙敬喜
龙安区 （暂缺）
殷都区 李宗祥
安阳县 郭宪新
滑　县 陈俊江
汤阴县 刘保印
林州市 梁雪山
内黄县 赵宪法

鹤壁市

市政协主席 李福州
县（市、区）政协主席
山城区 李广平
淇滨区 陈福朝
鹤山区 王维生
浚　县 王金明
淇　县 宋青山

濮阳市

市政协主席 范修芳
县（市、区）政协主席
华龙区 刘普军
濮阳县 曹雪生
清丰县 刘万英
南乐县 霍苏中
台前县 樊相奇
范　县 王天阳

三门峡市

市政协主席 郭秀荣（女）
县（市、区）政协主席
湖滨区 廉　武
灵宝市 张社平
义马市 王卢生（兼）
陕　县 李　蓓（女）
渑池县 底长胜
卢氏县 刘玉森

许昌市

市政协主席 董晋平
县（市、区）政协主席
魏都区 丁全民
许昌县 葛连春
鄢陵县 陈晓多（女）
禹州市 董立民
襄城县 吴习敏
长葛市 王庆绍

漯河市

市政协主席 王俊才
县（市、区）政协主席
源汇区 闫金榜
舞阳县 陈青枝（女）
郾城区 臧纪周
临颍县 蒋学政
召陵区 张栓峰

南阳市

市政协主席 解朝来
县（市、区）政协主席
卧龙区 王金彪（蒙古族）
宛城区 程广宗
内乡县 曹春晓（女）
镇平县 赵明文
唐河县 郝建兵
桐柏县 张群山
邓州市 王杰敏
方城县 张春林
西峡县 张天功
新野县 蒋丛文
南召县 朱晓栓
淅川县 李天相
社旗县 孙　涛

商丘市

市政协主席 吴宏蔚（回族）
县（市、区）政协主席

梁园区 崔树民
睢阳区 陈若杰
民权县 楚翠昕
睢　县 张茂清
宁陵县 孟昭立
柘城县 邢文彦
夏邑县 王玉亭
永城市 欧阳明
虞城县 马传卿

周口市

市政协主席 穆仁先
县（市、区）政协主席
川汇区 李道灵(女,回族)
郸城县 郑　勇（女）
西华县 范庆云
项城市 刘子旭
太康县 董自生
鹿邑县 郁乐仁
沈丘县 郑西民
淮阳县 牛庆明
扶沟县 张七一
商水县 时祖瑜

驻马店市

市政协主席 邓来法
县（市、区）政协主席
驿城区 鲁天义
遂平县 李云鹏
确山县 申明华
泌阳县 焦相贤
正阳县 冀富银
上蔡县 王立新
汝南县 刁建国
西平县 张泽泉
新蔡县 王守平
平舆县 夏　河

信阳市

市政协主席 余学文
县（市、区）政协主席
浉河区 张俊德
平桥区 杨德国
罗山县 宿吾君
潢川县 李秀明
固始县 梁万祥
息　县 何承惠
淮滨县 王文龙
光山县 郭殿远
商城县 陈　平
新　县 曾宪森

济源市

市政协主席 任传国

河南省各级政协组织和委员数

（截至 2008 年底）

级别 / 项目	省	设区的市	县（市、区）	合　计
组织数	1	18	158	177
委员数	869	6811	31254	38934

（牛海棠 编写　王克俊 审稿）

政协湖北省委员会

宋育英　主　席

李佑才　副主席

郑楚光　副主席

周宜开　副主席

陈春林　副主席

段轮一　副主席

李宗柏　副主席

仇小乐　副主席

吴秀凤　副主席

郑心穗　副主席

王树华　秘书长

【全体委员会议】

十届一次会议 2008年1月24日至30日在武昌举行。应出席719人，实到676人。省委书记罗清泉在开幕会上致辞。听取并审议王生铁所作的《政协湖北省委员会第九届委员会常务委员会工作报告》、郑楚光所作的《政协湖北省委员会第九届委员会常务委员会提案工作情况报告》。列席湖北省十一届人大一次会议，听取并协商讨论政府工作报告以及省高级人民法院工作报告、省人民检察院工作报告、计划报告和财政报告。选举产生政协湖北省第十届委员会主席、副主席、秘书长、常务委员。通过《关于常务委员会工作报告的决议》、《政协湖北省委员会十届一次会议政治决议》、《关于省政协九届五次会议以来提案工作情况报告的决议》、《省政协十届一次会议提案审查情况的报告》。宋育英主席作闭幕讲话。

【常务委员会会议】

第1次会议 2008年1月31日在武昌举行。应出席139人，实到125人。主要议题是：审议省政协2008年工作要点，审议通过省政协十届委员会副秘书长名单、专委会设置及各专委会主任、副主任名单。宋育英主席作总结讲话。

第2次会议 2008年5月20日至22日在武昌举行。应出席139人，实到121人。主要议题是：协商讨论武汉城市圈"两型社会"综合配套改革试验区建设工作，审议有关制度文件与重要人事安排。省委副书记、省长李鸿忠到会听取大会发言并讲话，副省长田承忠到会通报建设武汉城市圈"两型社会"综合配套改革试验区情况。袁顺桃、余翔、李磐等作大会发言。通过了《中国人民政治协商会议湖北省委员会常务委员会工作规则》、《中国人民政治协商会议湖北省委员会专门委员会组织通则》，决定增补刘景旺等七位同志为十届省政协兼职副秘书长。

第3次会议 2008年9月17日至18日在武昌举行。应出席139人，实到100人。主要议题是：传达学习全国政协十一届二次常委会议精神，听取省政府通报全省经济工作运行情况和经济工作安排及对口支援四川省汉源县情况，协商讨论以改善民生为重点的社会建设问题。省委书记罗清泉到会听取发言并讲话，省委副书记、省长李鸿忠出席会议通报情况。张天弓、邬剑刚、陈传德等14位同志作大会发言。通过《政协湖北省第十届委员会工作要点》和有关人事安排。宋育英主席作闭幕讲话。

第4次会议 2008年12月24日至26日在武昌举行，应出席138人，实到111人。主要议题是：听取省政府通报2008年我省经济工作情况，协商讨论政府工作报告（征求意见稿），听取省政府办公厅关于省政协十届一次会议以来提案办理工作情况的通报，审议通过《十届省政协常委会工作报告》（草案）、《十届省政协常委会关于十届一次会议以来提案工作情况的报告》（草案）、《关于召开省政协十届二次会议的决定》（草案）及省政协十届二次会议的有关文件，听取省政协各专委会报告工作，审议有关人事事项。省委副书记、省长李鸿忠到会与部分常委会组成人员就《政府工作报告》（征求意见稿）起草工作进行座谈听取意见。省委常委、常务副省长李宪生通报2008年我省经济工作情况，省政府秘书长尹汉宁通报省政协十届一次会议以来提案办理工作情况，省政府副秘书长严官金作关于《政府工作报告》起草情况的说明。宋育英主席作闭幕讲话。

【专门委员会工作】

提案委员会 一、抓基础，提高建言献策水平。加强知情工作，引导做好提案选题，增强审查立案的严谨性，合力打造精品提案。全年共立案661件。二、抓关键，促进提案办理落实。联合推动提案办理落实工作，重要提案报省政府领导阅批，省领导带头督办提案，开展办理“大户”的检查督办活动，积极配合有关方面做好提案督办工作。三、抓保障，推动提案工作规范发展。抓好现有规章制度的落实，从实际出发，制定新的规章制度，探索建立沟通机制，落实学习工作制度。四、抓宣传，扩大提案的社会影响。在新闻媒体、“参政议政楚天行”活动以及《提案追踪》电视栏目积极宣传提案在履行政协职能中的重要作用，并评选出38件优秀提案在媒体上进行宣传，扩大社会影响。

经济委员会　一、围绕中心，服务大局，努力增强工作实效。就武汉城市圈金融发展、插花扶贫、科技兴农等开展专题调研和视察，并积极争取全国政协对湖北发展的支持。二、突出特色，发挥优势，努力拓展工作领域。精心做好提案工作，积极开展委员和界别活动、联系点活动，参与行风评议活动，并围绕热点问题举办专题讲座。三、加强学习，完善机制，努力提升工作水平。组织好委员学习，提高履职水平。加强工作人员学习，提高办公室的综合服务水平。此外，还及时制定和修订相关规章制度，重点坚持七项日常工作制度。

人口资源环境委员会　一、围绕中心，认真完成常委会部署的视察和常委会议专题调研、界别活动等工作任务。二、深入调研，围绕环境、森林资源保护和利用、老年人优待政策、循环经济等问题积极建言献策。三、抓住重点，围绕我省经济社会发展中的突出问题，进一步强化提案、信息工作。四、广泛参与，通过参加人口资源环境专题研讨和座谈、组织开展和参与有关工作和活动，促进人口、资源、环境三大基本国策的贯彻落实。五、积极争取全国政协指导，加强与其他省区市政协领导和人口资源环境委员会工作联系，加强对市县政协人口资源环境工作的指导，探索建立协调机制。六、夯实基础，加强学习、制度建设和委员知情工作，积极探索委员活动方式，增强凝聚力。

教科文卫体委员会　一、认真学习，加强专委会组织建设、思想建设、制度建设，提高办公室服务能力和工作效率。二、深入调研，围绕省委、省政府中心工作、人民群众关心的热点难点问题等开展调研活动，为落实科学发展观建言献策。三、联系界别，通过举办专题研讨活动，开展视察活动，提高委员履职积极性。四、做好专委会提案工作，鼓励支持委员提提案，认真做好及时反映社情民意工作。五、扩大交流，加强与政府相关职能部门的联系，配合全国政协调研工作，积极参加全国政协和兄弟省市政协的交流活动，认真做好接待工作，并与市州县政协联合开展调研活动，努力提高专委会工作质量。

社会和法制委员会　一、加强自身建设，夯实工作基础。将加强组织建设、思想建设、作风建设和制度建设放在突出位置。二、围绕中心工作，深入调研视察。围绕“小水泥”专项治理、就业问题、社会治安综合治理等问题积极建言献策。三、发挥优势，突出特色，为法制建设建言出力。积极探索“协商在决策之前”的实现形式，开展地方法规草案征求政协委员意见活动，认真做好接待和妥善处理涉法信访，以及与法制建设有关的经常性工作。四、开展界别活动，围绕“新形势下湖北鉴证类中介服务业的发展”等问题进行专题研讨，积极探索发挥界别作用的方法途径。五、发挥委员主体作用，通过大会发言、提案、社情民意等方式，不断增强专委会工作活力。六、加强联系与合作，营造政协社会法制工作的大环境。

民族和宗教委员会 一、立足大局确立指导思想，围绕中心明确工作任务，更好地服从和服务于党和国家事业的发展。二、突出重点深入调研，讲求质量注重建言实效。形成《发挥宗教界人士和信教群众在促进经济社会发展中积极作用的建议》，并提交至全国政协民族和宗教委员会与国家宗教事务局联合召开的"发挥宗教界积极作用专题研讨会"。三、尝试开展委员主题活动，探索发挥界别作用形式。就宗教工作和宗教活动场所管理问题以及学习领会党和国家的民族政策、省政协关于发挥委员作用的意见等开展委员主题活动，为委员知情知政创造条件。四、求真务实加强自身建设，开拓创新提高履职水平。进一步加强理论学习和委员会组织建设、思想建设、作风建设、制度建设。

文史和学习委员会 一、围绕中心参政议政，围绕常委会议协商讨论重点开展专题调研，为推动我省文化大发展大繁荣建言献策。二、着眼长远打好基础，提出创造一流文史和学习工作业绩的目标，制定《十届省政协文史资料选题协作规划》等文件，推动文史工作创新发展。三、立足本职履行职责，举办两期新委员培训班，采取多种形式组织和推动委员学习。编辑出版6期共32万字《学习与思考》。强化文史资料的征集和出版，共征集80余万字史料。完成全国政协协作选题史料18万字的征集或供稿任务，出版《荆楚文化与遗产保护》论丛和《荆楚文化与湖北人文精神学术研讨会论文集》，在学术界反响良好。四、探索创新推动工作，提出在本届内对全省县以上政协文史专职干部普遍培训一次的目标和计划等。五、自身建设成效初显，促进工作水平提高，委员主体作用得到较好发挥。

港澳台侨和外事委员会 一、加强学习，不断提高理论政策水平和业务素质。针对换届后新委员多的特点，认真开展港澳委员培训工作。二、突出重点，开展调查研究和视察活动，就落实十七大精神和省第九次党代会、省委九届二次全会精神等重点开展调研和视察，为全省经济社会又好又快发展献计出力。三、继续加强同港澳委员的联系，同时注意在台、侨和外事工作方面发挥作用，扩大对外交往。进一步拓宽省政协对外交往渠道，加强同国外议会、非政府组织、民间友好团体和国际友人的交往，推进湖北在经济、文化、科技方面的国际交流与合作。四、加强同有关部门的联系，协调配合，形成合力。

【重要活动】

省人大、省政府、省政协联合召开建议提案交办会 2008年2月28日召开。此前，省委副书记、省长李鸿忠提出政府主要负责人要作为办理建议提案的第一责任人。交办会上，省政协十届一次会议以来650件提案交由88个承办单位办理。省委常委、常务副省长李宪生，省人大常委会党组书记、常务副主任周坚卫，省政协副主席段轮一出席会议并讲话。

召开委员视察选题论证会 2008年4月8日召开。李佑才副主席出席会议并讲话，王树华秘书长主持论证会，熊维明副秘书长就十届省政协委员视察工作和2008年度委员视察计划安排作了说明。省政协各专门委员会负责人、省级各民主党派和省工商联负责人参加会议。

全国政协副主席罗富和来鄂调研农村改革与发展 2008年4月16日至19日，罗富和副主席一行先后到省委统战部、民进湖北省委员会进行了座谈，视察了省农科院等，并深入企业和农户调查研究，听取了相关单位负责人的情况汇报。在听取省政府关于我省农村改革发展有关情况汇报后，罗富和充分肯定了湖北在推进新农村建设中所取得的成绩，要求我省认真贯彻落实中共十七大精神，不断深化农村改革，促进全省农业和农村经济又好又快发展。省委书记罗清泉，省政协主席宋育英，副主席段轮一、仇小乐，秘书长王树华看望或参加有关活动。

宋育英主席调研新农村建设和政协工作 2008年4月17日至22日，宋育英主席在十堰和襄樊的房县、保康、南漳三县进行调研，听取了三县工作汇报，对山区干部群众艰苦奋斗、开拓进取的精神给予高度赞赏，对山区经济社会发展特别是新农村建设取得的成绩给予充分肯定。她指出，要充分运用解放思想这个建设中国特色社会主义的重要法宝，不断破除不符合科学发展观要求的观念和思维定式，努力探索又好又快发展的新路子。

全国政协提案委员会调研我省四湖流域血防工作 2008年5月4日至9日，全国政协提案委员会副主任王生铁、刘志忠率调研组来鄂，推动全国政协关于加强血防工作提案的办理和落实。省委书记罗清泉、省长李鸿忠会见了调研组一行，省政协主席宋育英会见调研组一行并陪同调研。副省长张岱梨、省政协副主席段轮一和秘书长王树华等陪同调研。

参加全国10省（区）27城市政协横向联席会第20次会议和全国14省（市、区）25市（区）政协第30次工作研讨暨经济协作会议 2008年5月17日至19日分别在鄂州和襄樊召开。省政协副主席陈春林出席会议并致辞，号召各级政协组织把抗震救灾作为最重要、最紧迫的任务来抓，大力弘扬“一方有难，八方支援”精神。

举办新委员培训班 2008年5月5日至8日、5月12日至15日在省委党校举办两期培训班。324名新委员重点学习《中共中央关于加强人民政协工作的意见》、《中国人民政治协商会议章程》、人民政协的经常性工作、人民政协的基本问题等内容。宋育英主席、李佑才副主席出席并讲话，王树华秘书长主持结业仪式。

积极支援四川汶川地震灾区 2008年5月14日，省政协向四川省政协发出慰问电，从机关办公经费中挤出8万元捐赠给地震灾区，并积极组织捐赠活动。19日，认真组织哀悼日活动，寄托对遇难同胞的哀思。在20日至22日召开的省政协十届二次常委会议上，与会人员向地震中的遇难同胞默哀，并现场组织了捐赠活动，共计捐款21万余元。省政协机关共产党员积极交纳“特殊党费”，参加省政协的各界人士也通过省政协向灾区人民表达关爱之情。

举办港澳委员培训班 2008年5月30日至6月1日在深圳举办。43名港澳委员参加了以学习中国民主政治的发展道路、人民政协基本理论、当前湖北的经济形势为主要内容的集中培训。李宗柏副主席讲话。

全国政协副主席阿不来提·阿不都热西提来鄂调研风景名胜区宗教场所管理情况 2008年6月2日至5日，调研组一行先后到襄樊、十堰、黄冈、黄石等地，实地考察了广德寺等风景名胜区宗教场所管理情况，走访了宗教界人士和信教群众，听取了相关情况汇报并进行座谈。省委书记罗清泉拜会了调研组一行。省政协主席宋育英主持召开了情况汇报会，省政府副省长张岱梨汇报了湖北省风景名胜区宗教场所管理情况。陈春林副主席等全程陪同调研。

宋育英主席到省委党校作专题报告 2008年6月4日，宋育英主席为省委党校春季班学员作人民政协基本问题的专题报告。宋育英主席回顾了人民政协的历史，她强调，政协工作事关党和国家事业发展的全局，希望大家都来重视和支持政协工作，提高思想认识，重视政协制度建设，发挥政协界别作用和委员作用，提高政协工作实效。

视察文明诚信市场创建工作 2008年6月3日至5日，宋育英主席，段轮一、李宗柏副主席，王树华秘书长及视察团一行到武汉、荆州、宜昌就我省文明诚信市场创建工作进行专题视察。宋育英主席指出，要进一步提高认识，切实把“文明诚信市场”创建作为营造良好市场秩序，促进“诚信湖北”、“和谐湖北”建设以及服务民生的重要工作来抓。

举行纪念建党87周年大会 2008年6月27日在省政协机关隆重召开。会议表彰11名2008年优秀共产党员，为4名新党员举行了入党宣誓仪式。宋育英主席以《加强政协机关共产党员的修养》为题，给全体与会人员讲了党课，就政协机关共产党员加强修养的必要性、基本要求和主要途径展开阐述，要求大家提高自己的政治修养、能力修养、品德修养、作风修养，始终保持政治上的清醒和坚定，做到爱岗敬业、严谨细致、雷厉风行、积极进取，不断提高做好工作的能力和本领。王树华秘书长主持大会并讲话。

全国政协副主席万钢来鄂出席2008年“华创会” 2008年6月28日，全国政协副主席、致公党中央主席、科技部部长万钢出席开幕式并发表了热情洋溢的讲话。他说，“华创会”已经连续举办八届，规模一次比一次大，对促进经济发展、科技进步起到积极地推动作用，也为华侨华人实现自身发展提供了机遇，希望海外华侨华人继续为创新型国家建设贡献更大力量。省政协主席宋育英、秘书长王树华拜会了万钢副主席并参加了有关活动。

赴全国政协汇报工作 2008年6月30日至7月1日，省政协主席宋育英和九届省政协主席王生铁、省政协副主席李佑才、省政协秘书长王树华，到全国政协汇报工作。中共中央政治局常委、全国政协主席贾庆林接见并听取了有关工作汇报，在所呈送的《关于湖北省四湖流域血吸虫病防治情况的调研报告》上作重要批示。随后，中共中央政治局常委、国务院副总理李克强，中共中央政治局委员、国务院副总理回良玉也分别作出重要批示。直接推动了卫生部、农业部与湖北省政协“部省联动”综合治理血防工作的启动。

召开全省市州政协主席座谈会 2008年8月4日在武汉举行。会议主题是传达学习全国政协十一届二次常委会议和省委九届四次全会精神，交流经验，研究政协工作。各市州政协负责同志交流了工作情况。省政协主席宋育英在会上强调，要进一步提高政协工作水平，加强理论建设和专题调研工作，做好新形势下的界别工作，抓紧抓好制度建设工作。

宋育英主席调研学习实践科学发展观活动 2008年8月22日至28日，宋育英主席在神农架和宜昌进行专题调研，先后考察了神宜生态旅游公路、珍稀植物保护园等并与相关同志进行座谈，听取对开展好学习实践科学发展观活动的意见和建议。她强调要抢抓建设鄂西生态文化旅游圈机遇，进一步解放思想，深入开展学习实践科学发展观活动，着眼取得实效，争做全省践行科学发展观的示范区。

省政协办公厅、省人民政协理论研究会联合举办“改革开放30年来人民政协的理论创新与实践经验”理论研讨会 2008年8月29日在武昌召开。共征集论文63篇，12位代表作大会交流发言。宋育英主席、李佑才副主席、丁凤英会长分别作开幕讲话、闭幕讲话和会议总结讲话，王树华秘书长主持。会议邀请中国人民政协理论研究会秘书长原冬平出席并作《改革开放与人民政协事业》的报告。会议编印《“改革开放30年来人民政协的理论创新与实践经验”理论研讨会论文选编》。

常委视察团视察仙洪新农村建设试验区 2008年9月1日至4日，宋育英主席带领视察团在仙桃、洪湖、监利进行视察。她强调，建立仙洪新农村建设试验区是省委、省政府的战略决策，在全国是一个创举，试验区三县市及省直有关部门要站在落实科学发展观、统筹城乡发展的高度，推动我省新农村建设取得新进展。省政协副主席李佑才、秘书长王树华参加视察。

深入开展学习实践科学发展观活动 2008年9月底开始，根据省委制定的《中共湖北省委关于在全省开展深入学习实践科学发展观活动的实施意见》和《关于全省第一批开展深入学习实践科学发展观活动的实施方案》，省政协党组、办公厅党组成员，机关党员干部，离退休老同志参加了学习实践活动。学习实践活动分为学习调研、分析检查、整改落实三个阶段进行。制定了《省政协党组深入学习实践科学发展观活动实施方案》和《省政协机关深入学习实践科学发展观活动实施方案》，将目标任务进行分解细化，提出了省政协机关学习实践活动需要完成的49项工作任务，明确了具体进度安排。分别成立了省政协党组、省政协机关深入学习实践科学发展观活动领导小组及其工作机构，明确党组书记是第一责任人，省政协办公厅党组成员以及各党支部书记是具体责任人。10月10日，省政协机关召开由全体党员干部职工和离退休党员参加的深入学习实践科学发展观活动动员大会，传达学习省委学习实践活动动员大会精神，对省政协机关开展深入学习实践科学发展观活动进行全面动员和部署。10月15日到24日，省政协机关共组织了四批党员进行集中学习培训，每期时间为二天，要求参加学习的党员集中时间，集中精力，原原本本通读规定书目。10月27日，省政协机关召开全体党员干部大会，邀请省委党校任大立教授作题为《深入学习实践科学发展观》的辅导讲座，李佑才副主席主持会议，王树华秘书长以《坚持以科学发展观为指导，推动人民政协事业发展》为主题作了辅导报告。10月28日，省政协机关召开省政协理论学习中心组和省政协办公厅理论学习中心组集中交流研讨会，认真交流学习体会。此外，还开展调查研究，广泛听取意见，认真撰写分析检查材料，开好党组专题民主生活会，撰写两级党组分析检查报告，认真抓好整改，务求取得实效。

召开中南六省区政协工作座谈会 2008年10月13日至17日在湖北召开。受省政协主席宋育英委托，省政协副主席李佑才在会上致辞。来自河南、湖南、广东、广西、海南和湖北的与会代表围绕“贯彻落实科学发展观，推进人民政协事业发展”的主题，进行了交流探讨。湖北省政协副主席李宗柏作《注重把握科学发展观的本质特征，努力开创政协工作新局面》的发言。会议通过了《中南六省区政协工作座谈会第十六次会议纪要》。

驻鄂全国政协委员视察武汉城市圈“两型社会”试验区 2008年10月23日至25日赴武汉、鄂州等地开展视察活动。视察团听取了省发改委、武汉市政府关于武汉城市圈“两型社会”综合配套改革试验区总体规划方案及有关工作的情况介绍。视察团团长、全国政协委员、省政协主席宋育英听取情况后作重要讲话。省政协秘书长王树华等陪同视察。

全国政协副主席、民建中央第一副主

席张榕明到湖北视察指导民建工作 2008年11月2日至6日，张榕明副主席在湖北省政协副主席、民建湖北省委主委仇小乐等陪同下，出席民建湖北省委领导班子谈心会，并深入武汉、襄樊、荆州和宜昌，听取民建市委工作汇报，同民建市委领导班子成员和部分基层支部主任、骨干会员进行座谈，视察宜昌民建会员企业——武汉大学三峡学术交流中心。

召开纪念改革开放30周年座谈会 2008年11月5日在武昌召开。受宋育英主席委托，李佑才副主席代表省政协向共同推进全省改革开放和社会主义现代化建设事业的各党派团体和各族各界人士表示衷心感谢和崇高敬意。刘景旺等7位同志发言，从不同侧面回顾了改革开放的光辉历程和宝贵经验，表达了在中国共产党领导下，继续坚持改革开放、为建设中国特色社会主义伟大事业贡献力量的共同心声。

召开全省政协文史工作座谈会 2008年10月30日至11月1日在襄樊召开。会议主题是以中共十七大精神为指导，学习贯彻全国政协文史工作座谈会、全国暨地方政协文史委员会主任会议精神和《政协全国委员会关于加强文史资料工作的意见》；总结交流全省各级政协换届以来的文史资料工作经验，研究和部署十届省政协文史选题规划的协作任务；研究新形势下加强全省政协文史资料工作的新思路、新办法、新举措。省政协文史和学习委员会组成人员，各市、州、直管市、神农架林区政协分管文史工作的副主席、文史委员会主任或负责日常工作的副主任及部分县（市、区）政协文史委员会负责人参加会议。宋育英主席致信会议表示祝贺，李佑才副主席出席会议并讲话。

召开省荆楚文化研究会第二届会员大会 2008年11月29日在武昌召开。会议审议通过了湖北省荆楚文化研究会工作报告，讨论并修改了研究会理事会章程，推举了研究会顾问，选举产生了第二届理事会名誉会长、副会长、秘书长、常务理事和理事，并就“荆楚文化与湖北人文精神”进行了学术交流。全国政协原副主席张思卿发来贺信。省政协主席宋育英出席会议并讲话。全国政协提案委员会副主任、省荆楚文化研究会名誉会长王生铁作主题报告。省委常委、省委宣传部部长李春明出席会议并讲话。

【重要文件】

中共湖北省委书记罗清泉在省政协十届第一次会议开幕会上的致辞（摘要）（2008年1月24日） 五年来，全省各级政协组织和广大政协委员，坚持中国共产党领导的多党合作和政治协商制度，突出团结和民主两大主题，围绕中心、服务大局，不断创新履行职能的方式方法，深入开展调查研究，积极建言献策，主动反映社情民意，做了大量卓有成效的工作，为推动湖北经济建设、政治建设、文化建设和社会建设发挥了不可替代的作用。希望各位委员以高度的政治责任感和主人翁精神，围绕全省经济社会发展和关系人民群众切身利益的重大问题，积极建言，参政议政，切实把思想统一到中共十七大精神上来，把智慧集中到促进全省经济社会又好又快发展上来，把力量凝聚到实现省第九次党代会提出的目标任务上来。省委殷切希望十届省政协保持和发扬人民政协的光荣传统，继续高举爱国主义、社会主义旗帜，坚持和完善中国共产党领导的多党合作和政治协商制度，牢牢把握团结和民主两大主题，扩大团结面，增强包容性，加强调查研究，关注社情民意，推进制度建设，不断提高履行职能水平，振奋精神、与时俱进、团结奋斗，努力开创政协工作新局面。

常委会工作报告（摘要）（2008年1月24日）　一、过去五年工作回顾：（一）加强学习，巩固思想基础。五年来，坚持学习马克思列宁主义、毛泽东思想、邓小平理论和“三个代表”重要思想，学习以胡锦涛同志为总书记的中共中央提出的科学发展观等重大战略思想，学习《中共中央关于加强人民政协工作的意见》和《政协章程》，学习政治、经济、文化、社会、法律、科技、历史等知识。共举办各类培训班17次，举办专题讲座15次，参加学习人员达3000多人次。（二）把握原则，坚持政治制度。省各民主党派、无党派人士和省工商联在政协中真诚合作共事，发挥了重要作用。五年来，举行60次主席会议、31次常委会议和5次全体委员会议，协商讨论全省经济社会发展的重要问题和政协工作。省政协领导成员坚持经常走访省各民主党派和省工商联机关，分别召开座谈会，共同学习文件，总结经验，听取意见，研究工作。（三）增进团结，充分发扬民主。牢牢把握团结和民主两大主题，发挥政协优势，与党政军民、工农商学、财科文卫、各族各界、各行各业、港澳台侨、海内海外广泛联谊，广交朋友，增进大团结，推进大联合，为经济社会发展凝聚智慧和力量。突出界别特色，开展界别视察、调研、座谈、联谊等活动，扩大各界人士的有序政治参与，拓宽发扬社会主义民主的渠道。（四）围绕中心，积极建言献策。五年来，通过全体委员会议和常委会议，围绕促进中部地区崛起、“十一五”规划、新农村建设、构建和谐社会等事关全局的重大问题和政府工作报告，开展协商讨论，特别是针对湖北省情，把促进县域经济发展作为本届省政协议政建言的重点，每年从一个侧面选择重点课题，开展调查研究、协商讨论。主席会议向省委、省政府提出重要建议和建议案5件，得到了省委、省政府重视和有关部门吸纳。（五）认真负责，进行民主监督。一是就社会普遍关注的、有重大影响的事项，通过政协例会向省委、省政府提出800多条意见和建议。二是发挥提案在民主监督中的作用。五年来，省政协提案立案3093件，其中绝大多数都与人民群众切身利益密切相关，提案办复率100%，采纳率和落实率为省政协历史的最好水平之一。三是把视察作为民主监督的重要途径，就社会治安、法院执行难、医疗卫生改革等人民群众关心的热点问题，组织开展60次视察活动，发挥了民主监督作用。四是将民主监督与舆论监督相结合，为民主监督构建舆论平台。（六）维护稳定，服务和谐建设。加强各党派、各团体、各民族、各阶层、各界人士团结合作，为构建和谐社会提供坚实的政治基础；为经济社会又好又快发展献计出力，为构建和谐社会提供丰厚的物质基础；维护人民群众的根本利益，为构建和谐社会提供广泛的群众基础；协助党委、政府做好稳定工作，为构建和谐社会提供稳固的社会基础；推动和谐文化建设，为构建和谐社会提供正确的思想道德基础；开展友好交往，为构建和谐社会提供良好的周边环境和外部基础。报送关于难点、热点、焦点的840篇社情民意信息，受到各级党委、政府重视。（七）努力创新，提高“三化”水平。通过制度创新推动工作创新，先后落实、完善、创新工作事项150多项。适应形势发展，把制度创新的着力点放在建立健全与中共中央、全国政协、中共湖北省委有关文件和《政协章程》相配套的各项制度上，先后完善、修订、制定90多种制度，提高履行职能的制度化、规范化、程序化水平。（八）拓宽渠道，扩大联系交流。按照全国政协和省委的统一安排，参加对外友好交往活动。全国政协先后两次安排省政协负责同志随全国政协领导出访，收获很大。省政协领导成员分别率团出访，开展经贸、文化、科技、教育、卫生等领域的交流与合作，圆满完成任务。（九）研究理论，把握舆论导向。五年来，先后召开7次理论研讨会，就人民政协与社会主义民主政治建设、人民政协与构建社会主义和谐社会、人民政协基础理论等专题进行探讨，征集编印理论文章200多篇，一批文章在国家和省级报刊发表。（十）严格要求，加强自身建设。高标准地完成保持共产党员先进性教育活动和学习党章活动。将新成立的致公党湖北省委员会吸纳到政协组织中来，使省政协的界别增加到32个。将文史资料委员会调整为文史和学习委员会，使省政协工作机构的职能得到优化和完善。增补121名委员，增选副主席、秘书长和27名常委，充实专委会领导力量。二、对今后工作的建议。（一）加强学习，坚持正确政治方向。（二）围绕中心，为科学发展献良策。（三）发挥优势，服务建设和谐湖北。（四）锐意创新，推动政协事业发展。（五）扩大联谊，增强友好交往成效。（六）改进作风，继续注重自身建设。

湖北省政协2008年工作要点（摘要）（2008年1月31日） 2008年是全面贯彻落实中共十七大作出的战略部署、完成省第九次党代会提出的目标任务的第一年，是实施“十一五”规划承上启下的重要一年，也是本届省政协的开局之年。省政协及其常委会工作的指导思想是：高举中国特色社会主义伟大旗帜，全面贯彻中共十七大和省第九次党代会精神，以邓小平理论和“三个代表”重要思想为指导，深入贯彻落实科学发展观，巩固和壮大最广泛的爱国统一战线，坚持和完善中国共产党领导的多党合作和政治协商制度，在中共湖北省委的领导下，紧紧围绕全省工作大局，积极开展政治协商，完善民主监督机制，提高参政议政实效，推进履行职能的制度化、规范化、程序化，为全面建设小康社会、建设和谐湖北，为把湖北建设成为促进中部地区崛起的重要战略支点作出新贡献。

关于政协湖北省第十届委员会有关制度建设的工作规划（摘要）（2008年3月24日） 制度建设的重点是建立健全与《中共中央关于加强人民政协工作的意见》、《政协章程》和省委关于加强政协工作的文件精神相配套的制度。制度建设的主要工作是修订一些全局性的工作制度，同时，对一些涉及政协履行职能的制度的修订和创建工作作出原则安排。一、保障省政协组织机构运行的制度。二、落实全国政协有关会议和规定的制度。三、规范经常性工作的制度。四、进一步建立促进政协工作发展的制度。

《中国人民政治协商会议湖北省委员会委员视察工作条例》实施细则（摘要）（2008年5月15日） 委员视察是人民政协履行职能的一项政治活动。由省政协办公厅负责组织，实行“五统一”，省政协各专门委员会办公室、办公厅联络处及有关处室负责承办委员视察活动的具体实施工作。每次委员组团视察后，应写出视察报告，以省政协办公厅名义报送省委、省政府及有关部门。加大委员视察工作的宣传力度。

政协湖北省委员会关于进一步发挥委员作用的意见（摘要）（2008年7月11日） 政协委员是人民政协履行职能的主体，在人民政协履行职能的各项工作中，必须有效发挥委员主体作用。切实尊重和保障委员的民主权利，畅通委员履行职责的渠道，丰富发挥委员作用的内容与形式，建立健全委员履职的激励机制。

政协湖北省委员会关于进一步发挥各民主党派、工商联和无党派人士作用的意见（摘要）（2008 年 7 月 11 日） 始终坚持“长期共存、互相监督、肝胆相照、荣辱与共”的方针，加强同各民主党派、工商联和无党派人士民主协商、平等议事，努力营造并不断活跃团结和民主的政治氛围。坚持省政协主要领导每年不定期走访省级各民主党派、工商联的制度。发挥民主党派、工商联和无党派人士在服务社会方面的优势，增强为民主党派、工商联和无党派人士服务的意识，强化服务措施，提高服务质量。

政协湖北省委员会关于进一步发挥界别作用的实施意见（摘要）（2008 年 7 月 11 日） 明确各界别在省政协办公厅对口联系的处、室。省政协全体会议闭会期间，各界别活动的召集人原则上由全体会议期间各小组召集人担任。明确分工联系各界别的省政协领导和省政协办公厅负责人。委员界别活动由省政协办公厅负责组织，以省政协办公厅的名义实施，省政协各专门委员会办公室和办公厅相关处、室具体承办。在省政协经常性工作中发挥界别作用。把界别宣传工作纳入政协整体宣传工作，统筹安排部署。

政协湖北省第十届委员会委员学习工作安排（摘要）（2008 年 8 月 15 日） 提高认识，增强学习的自觉性。省政协各专门委员会要组织开展好本专委会政治理论和政协业务知识的学习。加强组织领导，科学安排学习时间和学习内容，不断提高委员学习的实效。充分利用政协简报、《世纪行》杂志、学习资料以及省政协网站等为委员学习和交流提供服务。

政协湖北省委员会关于加强人民政协理论研究工作的意见（摘要）（2008 年 9 月 12 日） 进一步动员和组织我省广大政协工作者和理论工作者，深入研讨人民政协事业发展中的重大理论和实践问题，积极探索人民政协事业发展的规律，更好地运用科学理论指导和推进新世纪新阶段的人民政协工作，开创我省政协事业发展的新局面。深刻认识加强新时期人民政协理论研究工作的重要性，准确把握人民政协理论研究工作的主要原则，建立健全人民政协理论研究工作的有效机制，充分发挥省人民政协理论研究会的作用，切实加强对人民政协理论研究工作的组织领导。

政协湖北省第十届委员会工作要点（摘要）（2008 年 9 月 18 日） 政协湖北省第十届委员会工作的指导思想和总体要求是：高举中国特色社会主义伟大旗帜，以邓小平理论和“三个代表”重要思想为指导，深入贯彻落实科学发展观，在中共湖北省委领导下，把学习贯彻中共十七大精神与贯彻落实全国政协的重要决议和省第九次党代会精神结合起来，进一步贯彻落实《中共中央关于加强人民政协工作的意见》，按照《中国人民政治协商会议章程》要求，坚持和完善中国共产党领导的多党合作和政治协商制度，牢牢把握团结和民主两大主题，围绕中心、服务大局，认真履行政治协商、民主监督、参政议政的主要职能，推动科学发展，促进社会和谐，着力打造责任政协、务实政协、创新政协、和谐政协，为全面建设小康社会、把湖北建设成促进中部地区崛起的重要战略支点作出应有贡献。要把思想理论建设摆在各项工作首位，自觉接受全国政协指导和中共湖北省委领导，围绕全省经济社会发展的重大问题协商议政，提高经常性工作实效，开展团结和谐和友好交往工作，组织重大节庆和纪念活动，加强与驻鄂全国政协委员和地方政协组织的联系，加强制度建设，提高自身建设水平。

十届湖北省政协常委会议组成人员评议专门委员会年度工作试行办法（摘要）

(2008年11月28日) 从省政协十届第四次常委会议开始，在每年的最后一次常委会议上，由常委会议组成人员对各专门委员会年度工作情况进行评议。明确常委会议组成人员对各专门委员会工作评议内容、评议方法。省政协办公厅责成联络处及时将常委会议组成人员对专门委员会年度工作评议情况进行汇总，连同专门委员会年度工作总结报送主席会议。

【组织概况】

主 席

宋育英（女）

副主席

李佑才 郑楚光 周宜开 陈春林

段轮一（2008年9月18日，政协湖北省十届三次常委会议同意其辞去十届委员会副主席、委员职务）

李宗柏 仇小乐 吴秀凤（女）

郑心穗

秘书长

王树华

常务委员名单（按姓氏笔画排列）

马 力（回族） 马有恒 王 镭
王长德 王石平（女） 王冬胜
王乔生（女） 王均豪 王建华
王耀辉 见 忍 邓鸿光（女）
甘德安 石文先 龙炳煌 占传忠
叶金生 白景义 毕 华（女）
吕应堂 朱忠华 朱曙霞（女）
邬剑刚 刘 凯 刘冬姣（女）
刘宝林 刘景旺 刘嗣上 刘嗣元
江利平 许发民 孙家寿（侗族）
杜 耘 杨 波 杨 超 杨 镇
李 午 李 坦 李 磐 李子良
李长安 李仁真（女）
李传锋（土家族） 李自华
李玲玲（女） 李庭中 李锦章
李燕萍（女） 肖菊华（女）
吴诚真（女） 吴继洲 何署坤
余 翔 余元九 邹成贵（女）
汪 芳（女） 汪存信 汪振仁
沈国安 沈虹光（女） 张 静（女）
张天弓 张冬斌 张华容 张祖新
陆培祥 陈 军 陈 锋 陈 新
陈大民（回族） 陈火军 陈传德
陈应波 陈林祥 陈新林 林绍忠
林富强 范永康 欧阳建平
罗明福 罗秉武（布依族）
岳传才 金义华 周汉生 周祯祥
周崇堂 周歆昕 柯亨玉 胡应明
胡爱娣（女） 赵作斌 钟 珞
钟立汉 钟国伟 段亚辉
段绪慧（女，土家族） 骆新华
袁顺桃（女） 袁鑫昌 徐礼华（女）
徐泽勋 徐勇民 徐菊明 高凯春
唐秀根（女） 梅 钢 黄利鸣
黄佑安 曹树斌 龚胜生 龚强华（女）
梁亮胜 蒋红星 程 逖 程时杰
傅仕杰（女） 焦 红（女）
曾玉兰（女） 解飞厚 詹永健
褚 玲（女） 蔡华东 蔡学恩
谭徽在（土家族） 熊汉生
熊召政 熊吉平 戴锦文

委员名单（按姓氏笔画排列）

中国共产党（30名）

王 镭 王乔生（女） 王建华
王树华 叶金生 刘嗣上 杨 波
李 泉 李佑才 李宗柏 李庭中
何署坤 宋育英（女） 邹成贵（女）
张 静（女） 张传读 张祖新
陈大民（回族） 陈火军 陈亚林
陈春林 岳传才 金义华 周崇堂
钟立汉 段轮一 袁顺桃（女）
徐泽勋 郭义友 蔡民族

中国国民党革命委员会（25名）

万江平（女） 甘德安 占传忠
付丽萍（女） 刘学勤 刘恩勇
刘景旺 许绮燕（女） 李建明

李俊生　严超贤　肖雪琴（女，苗族）
余　翔　邹进文　张有信　陈邦利
陈林祥　范道宠（女）　郑心穗
郝　良　高凯春　程桂香（女）
雷明朗　潘巧莲（女）　魏文魁

中国民主同盟（26名）

王毅民　王耀辉　甘爱萍（女）
石如澜（女）　叶春松　朱　梅（女）
朱才坤　刘予伟　刘复兴　刘泉声
孙云莲（女）　杨　劭　杨　超
狄晓虹（女）　张华美　陈　勇
陈应波　陈明涛　陈彩凤（女）
赵作斌　钟国伟　段亚辉　殷　勇
黄利鸣　黄剑云　黎　虹（女）

中国民主建国会（21名）

王应华　仇小乐　邢诗松　刘传江
刘泽忠　刘嗣元　李玲玲（女）
李燕萍（女）　严奉宪　肖志峰
何东英（女）　张　亮　陈书奇
陈旭东　陈学斌　周汉生　周歆昕
秦建国　夏小中　黄德华（女）
鲍贤咏（女）

中国民主促进会（18名）

马业新　边　苏（女）　朱　磊
朱仕雄　朱曙霞（女）　刘醒宇
杜　耘　肖青山　汪存信　张永红
张国荣　陆培祥　武保健　柯昌军
洪　波　徐华中　龚胜生　解飞厚

中国农工民主党（20名）

邓霞飞　师　洪　朱书刚　刘　青（女）
刘　波　纪本涛　杨少杰　何　穗
张冬斌　张有顺　邵中兴　周宜开
周祯祥　柳七一　钱波东　黄惠宁（女）
焦　红（女）　曾宪初　蔡维立
熊承良

中国致公党（11名）

王立新　龙炳煌　李仁真（女）
吴北平　吴继洲　宋清龙　张维诚
铁朝荣　章晓联（女）　韩爱萍（女）
彭光华

九三学社（名20名）

马　力（回族）　仲志余　杨　菁（女）
李　坦　李德才　吴　坚（女）
张华容　张爱东　陈　锋
欧阳建平　易继林　周长城
郑楚光　段昌奉　徐礼华（女）
殷　红（女）　殷汉国　韩鹤友
谭寿山　潘铁成

台湾民主自治同盟（4名）

刘江东　江燕萍（女）　吴秀凤（女）
张天弓

无党派人士（24名）

叶中章　田启贤　吕应堂　刘昌明
许发民　许国胜　李跃军　肖　纶
余志鹏（土家族）　张亚朋
陈琰如（女）　林绍忠　郑礼昌
柯亨玉　柏松俊　胡铁松　姜兆雄
贺　敏（女）　莫易敏　唐想林
涂华垓　谢科范　廖冬初　镇方松

总工会（20名）

丁　萍（女，回族）　马怀义
马启龙　王新刚　卢德鲜（女）
向娟芬（女，土家族）　刘　玲（女）
刘自明　刘会民　杨　洪　李香华
汪联舫　张　毅　张兴海　钟必林
郭俊苹（女）　容月林　雷腾芳
褚　玲（女）　操尚银

共青团（5名）

王　凯　冯爱明　毕　华（女）
吴本萍（女）　宋　涛

妇女联合会（30名）

王建国（女）　白艳丽（女，满族）
皮汉萍（女）　朱春霞（女）
刘　茵（女）　刘运梅（女）
许友琴（女）　李　萍（女）
李长爱（女）　李晚霞（女）
严永梅（女）　严美兰（女）
肖　静（女）　邱光秀（女）

汪爱民（女） 汪鸿波（女）
陈玉珍（女） 陈婉芬（女）
尚　葵（女） 罗芷慧（女）
罗艳芳（女） 周转香（女）
郑　红（女） 郑　晖（女）
郑其玉（女） 胡爱娣（女）
赵永久（女） 秦慕萍（女）
程秀兰（女） 曾玉兰（女）

青年联合会（9名）

邬剑刚 许华杰 杨华勇 何志豪
余亦农 林　潞 袁淦麟 郭中凯
黄　涛

工商业联合会（39名）

王　琼（女） 王元山 王先兵
王均豪 王道友 王道春 叶佑华
朱鸿昌 伍卫星 许立伟 杨四知
杨忠洲 李　勇 李建洲 严　军（女）
肖菊华（女） 但泰山 余元九
余汉江 邹仲华 张友启 张润斌
陈　巧（女） 陈　军 陈卫东
陈教山 范永康 欧阳祥山
周冠成 郑　凌（女） 赵成伟
姚　华 聂安康 钱云富 徐志明
高宏震 蒋红星 詹永健 蔡　渊

科学技术协会（19名）

马振波（回族） 王　瑛（女）
毛炯辉 卢正鼎 冯博宇 向红云
刘卫斌 苏征耀 苏梅林（女）
李　进（女，壮族） 李宏萍（女）
肖文胜 余小明 陆晓明 陈泽建
周厚贵 钟　珞 饶泽生 徐菊明

台湾同胞联谊会（名4名）

江利平 罗　鹰 曾　玲（女）
廖怡辉

归国华侨联合会（9名）

邓鸿光（女） 李　磐 吴天延
林起昌 黄英来 程　凡 程时杰
曾新平（女） 谢余卡

文化艺术界（30名）

牛孝文 方　石 卢响钟 田克兢
付群刚 朱莎莉（女） 李建华
汪　芳（女） 沈虹光（女）
沈海宁 陈永明 陈运权 陈应松
陈常喜 林　芳（女） 卓道成
罗志华 周德聪 孟德民 胡应明
祝建华 夏宏荣 徐勇民 梅昌胜
龚强华（女） 彭青莲（女）
傅中望 曾　菊（女） 熊天霞（女）
熊召政

科学技术界（52名）

王长德 王必璠 王亚忠 王延觉
王连生 王泽洪 王厚春 王桂林
毛祖国 龙雄华 白景义 吕文艳（女）
朱传斌 刘　凯 刘成可 刘耀林
孙家寿（侗族） 杨占宇 杨新年
李　午 李　凯 李子良 李长安
李成林 严炳洲 余运清 张　琳
张三平 张培增 陈少平 陈海斌
罗　进 罗志强 周世平 周许林
周曾祥 郑存奎 柯昌明
胡其龙（土家族） 侯怀娜（女）
段世明 姚运生 骆清铭 袁鑫昌
钱菊生 郭少明 黄奕辉 崔讲学
舒先厚 鲁国庆 童泽洲 黎　华

社会科学界（39名）

万全文 王武德 王国强 王定海
毛凤藻 石文先 付明珠 刘卫国
刘玉堂 刘高龙 江秀梅（女）
孙益山 杨　军 李　犁 李自华
李锦章 李德定 吴卫星（女）
汪厚川 张春和 张荣林 陈晓芳（女）
欧阳云清 易继明 金崇保
周佳念 南　平 祝新铭 高兴周
梁文基 彭尤弟 程　逖 傅　钢
谢文敏（女） 蔡学恩 熊维明
潘世东 潘世炳 薛　玮

经济界（36名）

马小援　马学荣　王冬胜　王永定
王登明　冯家彬　刘江超　刘宗良
刘章民　许　斌　杜寿昌　杨传亮
苏笑海　李志祥　巫　军　吴长均
吴克利　吴福海　陆宝华　林经纬
林富强　胡小钢　钟守英（女）
高少兵　梅　钢　黄立平　曹树斌
梁伟年　彭宗华　覃先文　谢先启
鄢烈文　路　策　熊吉平　熊竹寒
戴锦文

农业界（20名）

王石平（女）　毛建华　艾桃山
卢德炎　付明星　吕宗浩　任洪凤（女）
刘华桥　杨生洪　李少忠　李忠云
尚美功（女）　易世孝　饶辉福
秦前联　高春保　黄佑安　彭超美（女）
廖伯寿　樊仁富

教育界（36名）

丁烈云　王明元　王威孚　方世荣
孔建益　朱正亮　向显智　刘宏煊
刘德富　杨正艳（女）　杨金焱
李　杰　李金林　李朝辉　吴鸣虎
吴懿平　余　毅　张中华　张盛仁
陈　胜　陈芝慧（女，土家族）
陈传德　罗永根　周应佳　郝　翔
侯永兰（女）　段绪慧（女，土家族）
饶水林　顿祖义　徐朝平　谈　欣
黄木生　黄铁柱　曹建萍（女）
戢运宏　傅仕杰（女）

体育界（8名）

刘陈小宝（女）　佘敏克　余国梁
卓欧静美（女）　罗明福　姚莉英（女）
唐秀根（女）　黄浩军

新闻出版界（8名）

刘　明　邹昌浩　宋丹娜（女）
陈连生　徐燕玲（女）　黄立国
曾　婕（女）　蔡华东

医药卫生界（26名）

王　平（土家族）　王国斌
冯友梅（女）　朱忠华　刘宝林
刘源超　杨　镇　杨有旺　杨希雄
李少平　李家波　何小飞　余志运
余建华　张紫阳（土家族）
陈义军　陈安民　郑国本　胡图强
赵映前　郭文胜　海光辉（回族）
黄从新　彭绍蓉（女）　谭　最
黎锦林

对外友好界（3名）

乐成炳　骆新华　曾支农

社会福利和社会保障界（8名）

文孔义　刘冬姣（女）　刘仲清
陈　新　邵汉生　谢松保　熊　斌
潘志明

少数民族界（18名）

田金培（土家族）　吕春建（土家族）
向国成（土家族）　李　莉（女，土家族）
李传锋（土家族）　李明华（女，满族）
张廷瑜（女，土家族）
张涛赟（土家族）
罗秉武（布依族）　段悦兰（女，土家族）
段新华（女，苗族）海光明（回族）
麻　杰（回族）　寇　莉（女，回族）
曾庆国（土家族）　鲍　力（女，蒙古族）
谭建军（蒙古族）　谭徽在（土家族）

宗教界（16名）

马平佺（回族）　王仁俊（土家族）
白光德（回族）　刘从斌（回族）
安永汉（回族）　李小国（土家族）
吴诚真（女）　汪振仁　沈国安
周瑞超　傅理明（回族）
舒自耕　释见忍　释心继（土家族）
释妙乐（女）　释隆醒

特别邀请人士（85名）

万幼斌　马有恒　王　杰　王和平
王家富　甘方谦（苗族）　占　俊
叶长鸣　吕联苗　朱志军　刘永诚

刘祖寿　刘锦钊　江德寿　杨　颖
杨伟成　杨祥义（土家族）
苏福生　李　玲（女）
李　济（苗族）　李广波　李水清
李宗轩　李惠雄　严启方　肖建辉
吴爱国　何松涛　何霞江　佘家驹
应世康　闵　捷　汪梦军　沈建忠
张　祥　张跃生　陈　洁（女）
陈立洲　陈志华　陈树杰　陈海洋
陈新林　林剑雄　范智勇　罗孔君（女）
罗来军　周旺生　周道裕　郑平川
柯大云　赵健福　赵效援　段贤斌
施维雄　姚义勇　姚道军　莫锦贵
贾耀斌　夏国玺　夏润祥　徐　勇
徐国清　郭远东　涂胜华　黄　波
黄治尧　黄振益（土家族）
龚世忠　龚永尧　梁少培　梁亮胜
梁海明　彭方和　谢俊明　蓝官衡
雷中喜　雷立明　詹才祥　蔡志龙
蔡冠明　蔡藻鲜　熊汉生　樊建国
潘伟民　魏　健

【湖北省各市、县、区政协领导人名单】

武汉市（副省级）

市政协主席
叶金生
副主席
杨付华（女）　肖志钢
黄蔚堂　李富生　李传德
郭粤梅（女）　江中联（女）
邹国林　侯晓华
秘书长
王少雄
区政协主席
江岸区　刘继光
江汉区　陈剑华
硚口区　国洪河
汉阳区　陈小安
武昌区　刘　君（女）
青山区　王大和
洪山区　高宗汉
蔡甸区　秦新民
江夏区　陈德义
东西湖区　李正东
汉南区　范卫国
黄陂区　肖金双
新洲区　余尚达

黄石市

市政协主席　吴兴龙
郭远东（2008年2月27日，政协黄石市十一届一次会议选举郭远东为市政协主席）
县（市、区）政协主席
黄石港区　范国强
西塞山区　杜大夭
下陆区　张求应
铁山区　胡长汉
大冶市　黄治尧
阳新县　彭方和

十堰市

市政协主席　蓝官衡
县（市、区）政协主席
张湾区　王建明
茅箭区　黄小平
郧　县　孔凡洲
郧西县　李明顺
竹溪县　李海祥
竹山县　刘声齐
房　县　袁新云（女）
丹江口市　武发胜

荆州市

市政协主席　王家富
县（市、区）政协主席
荆州区　陈天新
沙市区　黄荆祥

石首市　　刘益俊
洪湖市　　戴刚年
松滋市　　段昌林
江陵县　　胡祥英（女）
公安县　　李大军
监利县　　邓南阔

宜昌市
市政协主席　李　泉
县（市、区）政协主席
西陵区　　李建民
点军区　　黄正才
伍家岗区　李国兴
猇亭区　　廖全谷
夷陵区　　王光才
当阳市　　阎志华
枝江市　　谭克焕
宜都市　　李家华
远安县　　余宗银
兴山县　　舒化彦
秭归县　　周功彪
长阳自治县　李世金
五峰自治县　李延恕

襄樊市
市政协主席　杨祥义（土家族）
县（市、区）政协主席
襄城区　　杨开忠
樊城区　　王　勇
襄阳区　　张志顺
枣阳市　　杜国保
宜城市　　石昌国
老河口市　李守成
南漳县　　杨仕汉
谷城县　　付顺明
保康县　　赵厚文

荆门市
市政协主席　李宗轩
县（市、区）政协主席
东宝区　　陶子龙
掇刀区　　陈　革
钟祥市　　陈秀生
京山县　　晏德明
沙洋县　　汤旺林

孝感市
市政协主席　李广波
县（市、区）政协主席
孝南区　　丁孝国
汉川市　　高本祥
应城市　　张诗勤
安陆市　　王东明
云梦县　　聂治洲
大悟县　　魏少清
孝昌县　　李传友

黄冈市
市政协主席　夏润祥
县（市、区）政协主席
黄州区　　卢正旺
麻城市　　凌礼潮
武穴市　　周海胜
团风县　　廖普贤
红安县　　王子庚
罗田县　　刘华强
英山县　　夏云峰
浠水县　　吴爱国
蕲春县　　陈友来
黄梅县　　梅经阳

鄂州市
市政协主席　周旺生
区政协主席
鄂城区　　江　桥（女）
华容区　　黄朝霞
梁子湖区　麻　琦

咸宁市

市政协主席　佘家驹

县（市、区）政协主席

咸安区　李国文

赤壁市　方保安

嘉鱼县　何欣荣

通城县　黎九龙

崇阳县　陈勋清

通山县　陈敬初（女）

　　　　徐清奇

恩施自治州

市政协主席　甘方谦（苗族）

县（市）政协主席

恩施市　刘宗烈（土家族）

利川市　秦章秋（苗族）

建始县　严奉轩（土家族）

巴东县　林延芳

咸丰县　屈炳桥

宣恩县　刘兴贵（土家族）

来凤县　杨吉富

鹤峰县　傅卫民（土家族）

随州市

市政协主席　樊建国

区（市）政协主席

曾都区　邹少平

广水市　周新华

仙桃市

市政协主席　李水清

天门市

市政协主席　张爱国（副地级）

潜江市

市政协主席　刘祖寿（副地级）

神农架林区

林区政协主席姚道军（副地级）

湖北省各级政协组织和委员数

（截至2008年底）

级别 项目	省级	副省级	市级（含自治州、省直管市、神农架林区）	县（市、区）级	合　计
组织数	1	1	16	98	116
委员数	719	562	5363	21636	28280

（许　静 编写　王树华 审稿）

政协湖南省委员会

胡　彪　主　席

石玉珍　副主席

袁隆平　副主席

阳宝华　副主席

刘　晓　副主席

龙国键　副主席

魏文彬　副主席

谭仲池　副主席

何报翔　副主席

龚建明　副主席

欧阳斌　秘书长

【全体委员会议】

十届一次会议 2008年1月18日至23日在长沙举行。会议应到委员750人，实到726人，会议听取并审议了胡彪主席代表常委会所作的《政协湖南省第九届委员会常务委员会工作报告、刘晓副主席所作的《政协湖南省第九届委员会常务委员会五年来提案工作情况的报告》。与会委员列席了湖南省十一届人民代表大会第一次会议，听取并协商讨论了周强省长所作的政府工作报告和其他报告。原全国政协副主席毛致用出席会议。中共湖南省委书记、省人大常委会主任张春贤等党政领导以及省直有关部门负责人到会听取委员们的意见和建议。大会审议通过了《政协湖南省第十届委员会第一次会议政治决议》、《政协湖南省第十届委员会第一次会议关于九届省政协常委会工作报告的决议》、《政协湖南省第十届委员会第一次会议关于九届省政协常委会提案工作情况报告的决议》、《政协湖南省第十届委员会第一次会议提案审查委员会关于十届一次会议提案审查情况的报告》和《政协湖南省第十届委员会第一次会议向九届省政协离任委员的致敬信》。大会投票选举，由主席团提交大会选举的政协湖南省第十届委员主席、副主席、秘书长和常务委员候选人得票全部超过全体委员半数，全部当选。

【常务委员会会议】

第1次会议 2008年1月24日在省政协常委会议厅举行。应到137人，实到119人，请假18人。胡彪主席，阳宝华、刘晓、龙国键、魏文彬、谭仲池、何报翔、龚建明副主席和秘书长欧阳斌出席会议。会议审议通过了省政协办公厅主任、副秘书长、办公厅副主任人选、省政协机构设置及其负责人名单（草案）和十届省政协常委会关于人事变动的表决办法（草案）。胡彪主席在闭幕讲话中对新一届常委提出明确要求，强调要高度重视学习，努力提升综合素质；牢记职责要求，积极履行政协职能；增进团结民主，广泛凝聚各方力量；积极参加政协组织的各种视察、调研活动，按时出席每次常委会议。

第2次会议 2008年6月26日至27日在省政协常委会议厅举行。应到137人，实到110人，请假27人。胡彪主席，石玉珍、袁隆平、阳宝华、龙国键、魏文彬、谭仲池、何报翔、龚建明副主席和秘书长欧阳斌出席会议。会议传达了中共中央政治局委员、全国政协副主席王刚来湘视察时的指示精神；听取了关于“两型社会”建设的讲座；审议通过了关于“以长株潭‘两型社会’综合配套改革试验区建设为契机，推进湖南特色新型城市化建设”向中共湖南省委、省人民政府的建议案（草案）。应邀出席会议的省委常委、常务副省长于来山简要介绍了长株潭“两型社会”综合配套改革试验区建设的进展情况，充分肯定了建议案及各位常委所提的意见和建议，认为建议案提出的观点和建议切合我省实际，富有新意，针对性和操作性强，对我省推进“两型社会”建设和新型城市化建设具有重要参考价值。胡彪主席在闭幕讲话中总结了省政协2008年上半年的工作，充分肯定了各项专题调研所取得的初步成果，对全省市州、县（市、区）政协主席培训和委员培训收到的良好效果表示满意。

第3次会议 2008年9月25日至26日在省政协常委会议厅举行。应到137人，实到103人，请假34人。胡彪主席，石玉珍、刘晓、龙国键、魏文彬、龚建明副主席和秘书长欧阳斌出席会议。魏文彬副主席作了关于进一步解放思想、发展文化产业的讲座，龙国键、龚建明副主席分别就《抓住机遇，跨越发展，把湖南文化产业做大做强的调研报告》和《在社会建设中进一步改善民生的调研报告》作了情况说明。26日上午，省政协常委在长沙，实地考察了桔子洲头和潇湘大道北端的建设情况和中联重科、望城晟通科技两家企业，听取了长沙市委、市政府关于长沙市经济社会发展、“两型社会”建设的主要思路和前期工作、长沙市大河西先导区建设等方面的情况汇报。陈肇雄副省长应邀出席会议并讲话，他充分肯定了调研报告及各位常委所提的意见和建议，表示一定会对这些意见和建议进行认真研究，并在实际工作中予以吸收和采纳。胡彪主席在闭幕讲话中就进一步解放思想、推进湖南科学发展讲了三点意见。

第4次会议 2008年12月11日在省政协常委会议厅举行。应到137人，实到101人，请假36人。石玉珍、袁隆平、阳宝华、刘晓、龙国键、魏文彬、谭仲池、何报翔、龚建明副主席和秘书长欧阳斌出席了会议。会议听取了省委常委、常务副省长于来山作的《当前宏观经济形势与政策》的报告和省委宣传部巡视员郑佳明作的《改革开放与人民政协事业发展》的报告。省委常委、省委统战部部长李微微作了政协湖南省第十届委员会常务委员会第四次会议有关人事事项的说明，省政协秘书长欧阳斌作的常委会工作报告和十届二次会议议程、日程的说明和省政协副秘书长骆伟作的《政协湖南省第十届委员会委员持证视察条例》（草案）的说明。会议审议通过了十届二次大会的议程、日程（草案）和大会秘书长、副秘书长名单及各组召集人名单（草案），决定政协湖南省第十届委员会第二次会议于2009年1月10日至14日在长沙举行；原则通过了政协湖南省第十届委员会常务委员会工作报告（草案）和提案工作情况的报告（草案）；通过了《政协湖南省第十届委员会委员持证视察条例》（草案）；协商通过了辞免、增补委员等有关人事事项。石玉珍副主席作闭幕讲话。

【专门委员会工作】

提案委员会 始终围绕省政协“三心一建设”的工作思路，坚持“围绕中心、服务大局、提高质量、讲求实效”的提案工作方针，不断更新工作理论，健全工作制度、创新工作方法。2008年委员共提出提案850件，经审查立案840件，10件作为来信处理。其中集体提案80件，委员个人提案770件。提案分别送交80个单位办理。加强委员培训，促进提案质量提升；加大重点提案的督办力度，提高办理工作实效；注重联系和沟通，形成提案工作整体合力；建立健全制度，完善网络管理，推进“三化”建设四个方面，充分发挥提案工作在政协工作中的全局性作用，体现出“思路明确、领导重视、重点突出、成效显著”的特点。其中，绝大部分提案得到了省委、省政府和有关部门的高度重视和认真采纳，充分发挥了提案在履行政协职能中的重要作用。

经济科技委员会 积极组织委员参政议政，建言献策，在坚持科学发展、加快富民强省方面作出了应有的贡献。一是优质高效地完成了省政协重点课题调研任务，组织专家委员就“以‘两型社会’建设为契机，推进新型城市化建设”开展全面调研，撰写了调研报告。二是踊跃参加“防止经济增长由偏快转为过热、防止价格由结构性上涨演变为明显的通货膨胀”政策研究。三是积极开展“中部地区承接东部地区投资和产业转移”调研，调研报告提出了中部地区承接东部地区投资与产业转移的5条对策，调研成果报送中央统战部，受到部领导的认同和首肯。四是围绕“加速推进新型工业化，加强基础设施、基础产业、基础工作”开展建言献策，促进全省经济又好又快发展。五是顺利启动“联系一家民营企业或国有企业、联系一个循环经济的工业园区、联系一所高校、联系一个对湖南产业发展有重大影响的行业协会、联系一个社会主义新农村建设示范村”工程。

人口资源环境委员会 切实履行政治协商、民主监督、参政议政职能，较好地完成了年初的工作计划。一是邀请有关部门负责人就我省人口、资源、环境工作的现状、存在的问题与发展对策举行专题讲座，让委员知情明政，提高委员参政议政能力。二是开展我省林业资源受损情况调研。年初，历史罕见的冰冻雨雪灾害对我省林业资源造成严重损失，委员会组织部分委员和专家实地考察调研，为抗灾补损和灾后重建工作建言献策。三是参加“以‘两型社会’建设为契机，推进新型城市化建设”重点课题调研。四是积极支持抗震救灾，奉献爱心。五是开展我省计划生育手术并发症患者治疗和救助制度的调研。调研报告针对患者实际，提出针对性强、富于操作性的5条建议，省委省政府主要领导均作了重要批示，目前已在岳阳市进行试点。六是积极参加全国政协组织的“流动人口计划生育服务管理体制创新”调研活动。七是加强宣传，拓宽工作领域；开展委员活动日活动，进一步加强委员之间的联系；参加长江流域十四省市政协长江水环境保护研讨会，编辑出版《履行职能成果汇编》等。八是加强与省直有关部门的联系与沟通，召开省直各有关厅局办公室主任联席会议，通报工作情况，加强工作联系与配合。

文教卫体委员会 紧紧团结和依靠文化界、教育界、医卫界、体育界委员，围绕党委和政府的中心工作，切实履行政治协商、民主监督、参政议政职能。一是围绕推进“文化强省”战略搞好重点调研，形成《抓住机遇，跨越发展，把湖南文化产业做大做强》的调研报告。二是围绕促进医疗卫生事业健康发展建言献策。开展“我省新农村建设中乡村两级医疗卫生机构建设情况”的调研，形成《关于我省新农村建设中乡村两级医疗卫生机构建设情况的调研报告》。开展“建立国家基本药物制度，保证群众基本用药”问题的调研，形成《国家基本药物政策执行中卫生行政主管部门的作用》调研报告。三是结合重点调研开展视察工作，把重点调研与专题视察结合起来，使视察切实成为委员履行职能的重要途径。四是认真做好提案和反映社情民意工作，积极参加抗震救灾，加强与各方的联系与联谊。五是努力加强自身建设，通过加强学习，较好地发挥委员的主体作用和委员会工作人员的服务意识、服务水平。

社会和法制委员会 坚持创新工作方式，切实履行职能。一是把认真学习实践科学发展观当作推动工作的动力。二是抓住重点，搞好调研。承办省政协重点调研课题“在社会建设中进一步改善民生”，形成了《关于在社会建设中进一步改善民生的调研报告》，省委省政府主要领导对报告作出重要批示，报告的有关内容在省委、省政府的经济工作中得到体现。此外，专委会还组织了《贯彻劳动合同法，以和谐稳定的劳动关系助推新型工业化》调研、《关于预防和制止家庭暴力》的调研。三是组织好委员活动，充分发挥委员主体作用。四是加强委员会的自身建设。

民族宗教委员会 围绕中心工作，凸显工作特点，创新工作方式，切实履行职能。一是统一思想，确立工作思路。贯彻“一条主线”，即切实贯彻落实科学发展观；坚持“两个原则”，即坚持“各民族共同团结奋斗，共同繁荣发展”的民族工作主题和党的宗教工作基本方针；发挥“三个作用”，即发挥委员主体作用、委员会整体作用和委员单位及相关部门的辅助作用；实现“四个结合”，即实现委员知情参政与学习调研相结合、委员作用发挥与提案建议相结合、委员价值实现与办实事相结合、委员之间联系与本委外部联系相结合。二是加强学习，增强委员的责任意识。三是开展调研，夯实参政议政内容。组织委员就“湘西地区民族文化旅游资源保护与开发情况”开展调研。四是组织座谈，搭建建言献策平台。五是发挥整体功能，凸显委员主体作用。六是加强联系交流，推动工作开拓创新。七是注重自身建设，提高委办工作成效。

文史学习委员会 按照全国政协文史工作座谈会的要求和省政协“三心一建设”的工作思路，进一步解放思想，深入学习科学发展观，充分依靠委员，发挥新一届委员会的整体作用。一是认真贯彻中共十七大精神和全国政协文史工作座谈会精神。二是突出重点，征集出版文史资料。出版《湖南古村镇古民居》一书，《风雨同舟六十年——湖南民主党派工商联历程》已完成征集、编辑工作，并全面征集《湘女石——八千湘女进疆回忆录》、《我是政协委员》稿件。三是开阔视野，办好《学习参考资料》。四是结合本委特点，组织委员开展考察和调研。5月上旬，就湘西非物质文化遗产的保护和利用情况进行调研。11月，赴益阳分别对“安化黑茶”等老字号企业进行考察调研，召开名老字号保护与发展工作座谈会。五是主办湖南省纪念谭嗣同殉难110周年系列活动。

港澳台侨和外事委员会 坚持解放思想、开拓创新，坚持用科学发展观统领港澳台侨工作，不断探索履行职能新途径，工作取得明显成效。一是以解放思想为先导，创新思路，扎实学习。二是以调查研究为主线，组织委员参政议政、建言献策。4月至8月，组织委员深入我省发展较好的现代服务业企业和香港、上海等现代服务业发达地区进行调研，撰写了《关于加快发展湖南现代服务业的调查与建议》，省委省政府主要领导对调研报告作了重要批示，要求有关部门认真研究采纳。三是以强化服务为手段，积极发挥委员主体作用。积极牵线搭桥，落实港澳委员在湘投资项目；倡议委员在抗灾救灾中积极捐款捐物。四是发挥自身优势，联络联谊，广交朋友。热情“请进来”，做好来湘投资、考察、访问、交流的港澳同胞、海外侨胞和国际友人的接待工作。积极“走出去”，多渠道开展民间外交。

【重要活动】

“以‘两型社会’建设为契机，推进新型城市化建设”专题调研 2008年3月至5月，省政协组织部分委员、省直有关部门负责人及专家学者，开展“以长株潭‘两型社会’综合配套改革试验区建设为契机，推进湖南特色新型城市化建设”的重点课题调研，形成了总课题报告和六个子课题报告。省政协十届二次常委会议在专题协商的基础上，形成的建议案提出：解放思想，明确思路，形成改革发展共识；从各地实际出发，推进新型城市化；创新体制机制，突破城市发展瓶颈；加速推进新型工业化，增强城市产业支撑能力；促进城市经济社会发展与人口资源环境相协调，提升城市综合承载能力；加强对推进新型城市化的领导等六个方面26条具体建议。省委书记张春贤、省长周强等主要领导在批示中对建议案给予了高度评价，在8月22日召开的全省新型城市化工作会议上，建议案得到了充分的采用。

“发展湖南文化产业”专题调研 2008年3月至9月，省政协调研组深入长沙、株洲、常德、衡阳等市以及省直有关单位和部分文化企业，就我省文化产业问题进行了重点调研，并对部分兄弟省（市、区）文化产业发展情况，以及美国、日本、韩国等世界文化产业强国进行了比较研究，形成了《抓住机遇、跨越发展，把湖南文化产业做大做强》的调研报告。调研报告经省政协十届三次常委会议协商后报送省委省政府。省委省政府主要领导均作出重要批示，指出“调研报告对于推动我省文化产业发展具有重要意义”，“报告为我省实施‘文化强省’战略，阐明了大方向，指明了大目标，确定了大原则，制定了大举措”，并要求“有关部门认真研究，提出扶持我省文化产业发展的政策和措施”。

“在社会建设中进一步改善民生”专题调研 2008年4月至9月，省政协调研组就湖南“学有所教、劳有所得、老有所养、病有所医、住有所居”的民生状况，深入省内7市18个县、市（区），以及湖北、山西、河南等中部省份考察调研，形成《关于在社会建设中进一步改善民生》的调研报告。报告对我省民生现状作出了清晰的判断，对存在的问题进行了综合分析，就落实政府责任、制度体系建设和人民群众最关心、最现实、最直接的民生问题等提出六条建议。省政协十届三次常委会议对报告进行专题协商后，报送省委省政府。省委省政府主要领导均对调研报告作出了重要批示。调研报告的有关内容和建议已经在省委经济工作报告中得到体现。

纪念改革开放30周年人民政协理论征文活动 今年是改革开放30周年，年初省政协主席会议决定举办纪念改革开放30周年人民政协理论征文活动，并在省政协工作要点中进一步明确。活动启动后，得到了各方面的积极响应，共收到参评理论文章386篇，评出一等奖7篇、二等奖17篇、三等奖33篇。还从各党派、团体、院校和各级政协组织中评出5个组织奖。本次征文活动主要有以下三个特点：一是征文活动得到了各方面的积极响应和热情参与，一些市州在本地区组织评选活动，筛选并提交了质量较高的文章。中共湖南省委党校、民建湖南省委等单位，组织专家学者撰写了理论文章。二是注重对人民政协的基础理论进行比较深入的研究。三是论文的总体质量进一步提高。

全省市州政协主席座谈会 4月22日至23日，在长沙召开。省政协主席胡彪出席并讲话，省政协副主席石玉珍、阳宝华、魏文彬、龚建明和秘书长欧阳斌出席。会议传达了全国地方政协工作经验座谈会、全国政协反映社情民意信息工作座谈会、全国政协新闻宣传工作座谈会、全国政协文史资料工作座谈会精神。各市州政协主席分别介绍了各地政协工作的新情况、新经验，并结合全省和各地政协工作实际，就如何更好地履行职能、发挥作用，畅所欲言，提出了许多有益的意见和建议。

全省市州、县（市、区）政协主席培训班 针对换届以来，市州、县（市、区）新任政协主席多的情况，省政协于6月23日至25日举办了全省市州、县（市、区）政协主席培训班。省委书记、省人大常委会主任张春贤到培训班看望学员并作重要讲话，省政协主席胡彪和省委常委、省委统战部部长李微微在培训班上讲课。省政协领导孙载夫、石玉珍、阳宝华、王汀明、龙国键、魏文彬、谭仲池、何报翔、龚建明和秘书长欧阳斌出席。石玉珍副主席传达了中共中央政治局委员、全国政协副主席王刚来湘调研时的重要讲话精神，常德市政协、溆浦县政协和长沙市岳麓区政协主席在培训班上作了典型发言，介绍当地政协积极履职的经验。

全省市州政协秘书长联席会 9月1日至5日，在湘潭市和衡阳市召开。会议交流了各市州政协加强机关建设和政协履行职能制度化、规范化、程序化建设的情况和经验，探讨了进一步推进政协机关和政协履行职能“三化”建设的方法和途径。会议由省政协秘书长欧阳斌主持，省政协副主席石玉珍，副秘书长兼研究室主任吴志宪，副秘书长向邦柱、骆伟、袁海平，办公厅副主任许石林，研究室副主任毛学军和各市州政协秘书长出席了会议。石玉珍副主席和欧阳斌秘书长分别讲话。

中南六省（区）政协提案工作座谈会 9月16日至19日中南六省（区）政协第十九次提案工作座谈会在长沙召开。全国政协提案委员会主任李铁林、副主任王瑞祥、全国政协副秘书长王胜洪等领导莅临会议指导。主要议题是学习贯彻《全国政协关于加强和改进提案工作的意见》精神，总结交流各省（区）政协提案工作经验，研究探讨新形势下如何进一步加强和改进政协提案工作。胡彪主席出席会议，石玉珍副主席代表湖南省政协致辞，会议由欧阳斌秘书长主持。河南、湖北、广东、广西、海南五省（区）以及长沙市政协提案委员会先后在大会上发言。全国政协提案委员会主任李铁林讲话。

全省市州政协研究室主任会议 9月18日至19日，在长沙召开。会议研讨新时期政协工作理论和实践创新，交流各地政协研究室工作情况，部署下一阶段工作。省政协副主席石玉珍出席会议并讲话，强调政协研究室要做政协机关解放思想的排头兵，强化参谋服务能力。14个市州研究室主任分别在会上作了发言，对研究室文稿起草、综合调研等工作进行交流探讨。

全省市州政协加强委员队伍建设交流会 9月23日至24日，在省政协召开。会议由省政协副秘书长骆伟主持，全省市州政协分管委员联络工作的副秘书长及负责委员联络工作的同志参加会议。石玉珍副主席亲切接见全体与会同志并合影，副秘书长、研究室主任吴志宪到会讲话。14个市州政协分别交流了发挥委员主体作用、加强委员队伍建设、提高委员履职能力等方面的经验和做法，并就当前工作中存在的主要问题，提出意见和建议。

【重要文件】

常务委员会工作报告（2008年1月18日）（摘要） 五年来，九届省政协在全国政协的指导和中共湖南省委的领导下，牢牢把握团结和民主两大主题，按照“维护核心、服务中心、凝聚人心、加强自身建设”的工作思路，解放思想，与时俱进，切实有效履行政协职能，各项工作取得了新进展、新成效，为推进我省改革发展稳定、促进祖国和平统一大业发挥了积极作用。一、政治协商成效明显。进一步拓展协商内容、规范协商形式、明确协商程序、完善协商机制，协商水平有了新的提高。二、民主监督力度加大。按照“准确定位，把握适度”的原则，认真履行民主监督职能。积极探索民主监督的新形式，先后就“食品安全和药品价格”、“上学难、上学贵”、“义务教育资源均衡配置”等问题，召开常委会议进行民主评议，邀请公民代表旁听，对常委会进行实况转播。三、参政议政成果丰硕。充分利用专题调研这一参政议政的重要途径和方法，围绕省委、省政府的重大决策和部署，抓住事关全省经济社会发展的重大问题，组织开展了80余项专题调研，其中重点调研15项。围绕推进新型工业化进程，先后进行了发展开放型经济、信息化带动工业化、加快工业化进程、提高企业自主创新能力、实施“双百工程”等调查研究。还就发展县域经济、发展非公有制经济、建设社会主义新农村、构建和谐湖南等事关区域、城乡及经济社会协调发展的问题开展了专题调研。各专门委员会就促进人口资源环境相协调、发展教育卫生体育事业、发展湘菜产业、加强社会治安和法制建设、加快民族地区经济社会发展、历史文化名村保护、规范发展市场中介组织、推进湘台经济文化交流等问题深入开展调研，积极建言献策，取得了明显成效。四、提案工作有了新进展。确立了以提高提案质量为基础、以增强提案办理实效为目标、以健全提案办理制度为保障的提案工作思路。创新提案办理方式，努力提高见面率、办复率和满意率。五年来，共提出提案3662件，立案3563件，办复率100%，委员满意率和基本满意率有较大提高，提案所产生的经济社会效益日益增强。五、推进区域合作发展和对外开放取得了新成绩。会同中部五省政协提出《关于促进我国中部地区崛起，实现区域经济协调发展》的联合提案，共同向国务院提出加快中部地区崛起的若干建议，推动了国家有关政策、措施的出台。成功主办“CEPA与湖南经济发展高峰论坛”，促进了湖南与泛珠三角地区的经贸合作。承办“长江流域十一省市政协长江水环境保护第四次研讨会”和“第三次武陵山民族地区经济社会发展座谈会”，会同参加会议的省、市政协，向国务院提交了报告和建议，受到国务院领导的高度重视。六、爱国统一战线得到了新的巩固和发展。增进党派间的团结与合作，充分发挥各民主党派、工商联、无党派人士、各人民团体的重要作用。积极做好港澳台侨工作。开展对外交往，促进与海内外各方面人士的沟通和了解。协助党委、政府宣传贯彻民族政策和宗教政策，认真反映少数民族群众和宗教界人士的愿望和要求，为增进民族团结、宗教和睦发挥了作用。七、政协文史、宣传和理论研究工作上了新台阶。积极倡导和组织开展湖湘文化研究，编纂出版《湖湘文库》、《二十世纪湖南文史资料文库》和《湖南百年老照片》等系列书籍。成立政协书画室，举办书画笔会和书画展，增进了各界人士的友谊。努力创新办报办刊工作思路，充分发挥《湘声报》、《文史博览》、《湖南政协》、《学习参考资料》、政协网站等学习宣传阵地的作用，宣传政协工作，搭建委员交流履职平台，加强与各新闻媒体的合作，扩大了人民政协的社会影响。成立湖南省人民政协理论研究会，积极开展政协理论研讨活动，为推进我省政协理论研究工作的发展打下了良好基础。八、对市州、县（市、区）政协的联系与指导进一步加强。召开市州政协主席座谈会议和秘书长联席会议，总结交流各级地方政协履行职能的新进展、新经验，推动各地政协互相学习、互相促进，较好地发挥了全省政协组织的整体作用。九、政协自身建设扎实深入开展。大力加强委员队伍建设及政协机关的思想、组织、作风和制度建设。加强机关基础设施建设，逐步改善工作条件。认真开展建整扶贫工作和机关文明创建活动，省政协机关被评为省扶贫先进单位和省直机关文明单位。

五年工作的体会 五年的实践证明，“维护核心、服务中心、凝聚人心、加强自身建设”的工作思路，符合人民政协事业发展的内在规律，推动了全省政协工作的新发展，也得到了全国政协和中共湖南省委的充分肯定。回顾总结九届省政协的工作，有以下几点体会：一、坚持中国共产党的领导，保持正确的政治方向。二、坚持服务大局，把促进发展作为履行职能的第一要务。三、坚持团结和民主两大主题，广泛凝聚人心。四、坚持以人为本，高度关注民生。五、坚持发挥委员主体作用，充分调动委员履行职能的主动性和创造性。六、坚持与时俱进，不断推进工作创新。

对今后五年工作的建议 十届省政协所处的五年，将是我国全面建设小康社会、加快推进现代化的关键五年。中共十七大作出的一系列战略部署，既为人民政协事业的发展提供了更加广阔的舞台，也对政协工作提出了更高的要求。我们要围绕实现中共十七大提出的宏伟目标和中共湖南省第九次党代会提出的各项任务，按照“维护核心、服务中心、凝聚人心、加强自身建设”的工作思路，切实履行政协职能，为推进富民强省作出新贡献。一、认真学习贯彻中共十七大精神。深入学习、全面贯彻十七大精神，是当前和今后一个时期首要的政治任务。各级政协要积极组织和推动广大委员认真学习十七大精神，不断增进各党派、各团体和各族各界人士的共识，巩固合作共事的政治基础和思想基础。二、积极推进科学发展。我们要充分发挥揽八方才俊、集各界精英的优势，共谋发展之道，共商发展之策。把政治协商的重点放在事关全省科学发展的重大问题上，把民主监督的重点放在促进科学发展、切实改善民生上，把参政议政的重点放在围绕发展第一要务深入开展调查研究、建言献策上。三、稳步推进民主政治建设。要适应经济社会不断发展和人民群众政治参与积极性不断提高的需要，努力在坚持党的领导、人民当家做主和依法治国有机统一，在促进社会主义民主政治制度的自我完善和发展等方面，扎扎实实地做工作。四、大力推进文化建设。要进一步增强推动社会主义文化建设的责任感和紧迫感，依托我省深厚的湖湘文化底蕴，通过征集出版文史资料，召开和举办各种形式的座谈会、报告会、书画展等活动，推进和谐文化和社会主义核心价值体系建设，大力弘扬以爱国主义为核心的民族精神和以改革创新为核心的时代精神，促进形成全省各族人民团结和睦、奋发向上的精神力量。五、努力推进和谐社会建设。我们要更加关注社会发展，更加关心群众冷暖，更加注意协调关系，更加重视统筹兼顾。深入开展调查研究，积极建言献策，为构建社会主义和谐社会奠定坚实的群众基础。六、不断壮大爱国统一战线。认真研究当前我省社会结构出现的新情况、新变化，进一步促进参加政协的各党派团体和各界人士的团结合作，积极做好团结新的社会阶层人士的工作。做好少数民族和宗教界人士的工作，促进民族团结进步，引导宗教与社会主义社会相适应，进一步加强同香港特别行政区、澳门特别行政区、台湾同胞和海外侨胞的联系，维护港澳地区长期稳定繁荣，发展两岸交流合作，反对和遏制“台独”分裂活动，为实现祖国的完全统一发挥应有的作用。七、不断深化政协理论、制度和工作创新。在继承和发扬历届政协好经验、好传统的基础上，以改革创新的精神，探索新思路，创造新方法。大力加强政协理论研究队伍和阵地建设，稳步推进政协制度创新，不断加强履行政协职能的制度化、规范化和程序化建设，不断通过理论创新、制度创新推动工作创新。政治协商分层次，民主监督讲方法，参政议政抓重点。八、不断加强政协自身建设。加强政协自身建设，是政协各项工作顺利开展的重要保证。切实发挥委员主体作用、专委会的基础作用，创建“学习型、创新型、服务型、和谐型”机关，进一步加强机关廉政建设，建立健全保持共产党员先进性的长效机制。

【组织概况】

主　席

胡　彪

副主席

石玉珍（女，苗族） 袁隆平

阳宝华 刘　晓 龙国键 魏文彬

谭仲池 何报翔 龚建明

秘书长

欧阳斌

常务委员名单（按姓氏笔画为序）

卜铁洪 于德介 马石城 马勇奇

区金蓉（女） 方卯发 方新琪

水运宪 王　静（女）、王力力

王仁祥 王远明 王剑平 王善平

王德靖（女，土家族）

石玉珍（女，苗族） 乐寿长

乐根成 甘跃华 白树仁 龙国键

龙金碧（苗族） 刘　晓 刘　宏

刘　新 刘长庚 刘卞波 刘革安

刘健安 刘能华 刘慧霞（女）

印仕柏（苗族） 印遇龙 向　洋

向邦柱（土家族）向岳明 吕兴胜

孙　海 孙青乃 朱有志 朱道弘

江景星 汤泽培 汤恢焕 许满意（女）

何报翔 何清湖 吴志宪 吴金水

吴金明 吴瑞端（女） 宋再钦

阳宝华 应若平（女） 张大方

张光荣 张灼华 张值恒 张智军

李　宁 李　平 李　沐 李　庭

李夕兵 李发美 李壮丽（女，土家族）

李志国 李赤群 李松龄 杨伟军

杨君武 杨柱安 杨树杰 杨淑兰（女）

杨维刚 肖冬生 肖百灵（女）

肖克宇 邹志强 陆国柱 陈伟俊

陈庆林 陈江华 陈树林（瑶族）

周艾华 周阳生 周昌贡 周秋光

林德亮 欧长伏 欧阳斌 欧阳展之

罗月林 罗成琰 罗金铭 罗海艳（女）

罗新星 郑佳明 姚增谊（女，满族）

姜儒振 段安娜（女） 胡　彪

胡伟林 胡望宇 贺家铁 赵振营

钟健国 骆　伟 郭树人（满族）

袁隆平 崔永平 曹监湘 梅家祥

龚建明 黄顺玲（女） 傅利娟（女）

彭　坚 彭　晓 彭爱华 彭继球

曾虹燕（女） 程安亭 舒　适

谢子龙 释大岳 鄢福初 雷鸣强

靳晨光 廖树帜 蔡光先

蔡测海（土家族）谭仲池 谭世延

谭兴和 潘春跃 戴晓凤（女）

魏文彬

委员名单（按姓氏笔画为序）

中国共产党（34名）

胡　彪 石玉珍（女，苗族）阳宝华

魏文彬 谭仲池 欧阳斌 吴志宪

向邦柱（土家族） 邓焕生 刘　新

孙　海 罗海艳（女） 姜振儒

贺家铁 崔永平 杨淑兰（女）

罗月林 程安亭 郑佳明 申　昱

李建新 吴立明 林　勇 周阳生

胡旭曦 黄大林 吕兴胜

朱雪军（女） 汤新华 肖冬生

陈树林（瑶族） 李晓玲（女）

陆国柱 方新琪

中国国民党革命委员会（28名）

刘　晓 周　敏（女） 宋学文

胡维新 许长龙 贺加添 胡望宇

敖敏龙 唐元洪 曾虹燕 刘　震

杨伟军 段桂生 史铁尔 廖树帜

欧阳亦文 李志国 周雍茂

刘建湘 刘春生 李　玲（女）

吴解奇 贺显海 秦吉兵 陈位明

何青萍 封金祥 赵　敏

中国民主同盟（31名）

乐寿长 黄献民（回族） 卜良桃

肖克宇 赵松义 王新民 杨维刚

肖巧平（女） 张轩杰 周继承

贺跃辉 雷闽湘（女） 罗双临

杨君武 何寄华 谭世延 杨鹏程

杨胜跃（土家族） 刘启静

谢　宏 李兰君（女） 万岳斌

傅绍平（女） 罗长江 吴宏斌
袁火林 武思元 王洪元 邵 瑛（女）
钟 飞（白族） 贾明忠（土家族）

中国民主建国会（28名）

龙国键 潘春跃 刘长庚 万 隆
孙俊三 杨余飞 张广森 张文辉
郑 焱 雷明智 冯建明
向 征（女，土家族） 王善平
刘孟龙 刘 国 段安娜（女）
斯洪标 刘扩军 戴卫丁 李鹏飞
曾东楼 周传博 梁志军 杨新辉
沈英琼（女） 张伟莉（女）
伍晓芹（女） 周艾华

中国民主促进会（20名）

汤培泽 向德伟 刘习明 罗会钧
彭泽润 蒋健晖 魏春雨 周秋光
李建凤（女） 张江波 余舞蛟
马石城 周罗轩 谢一明 欧阳展之
曾阳素 隋国庆 李长庚 王 东

中国农工民主党（25名）

龚建明 李松龄 徐庆国 罗胜联
汤恢焕 王远明 刘 宏 张亚斌
谭春华 蒋秋桃（女） 龚振湘
曾建平 申玉华（女） 周 恕
许满意（女） 毛学雄 蒋德安
李 为 肖燕芳（女，回族）
覃仕斌（土家族） 夏宏宇
谭凤姣（女） 熊 波 汪 辉
雷小平

中国致公党（12名）

骆 伟 欧阳润平（女） 罗新星
卢妹香（女） 向佐谊 余洪伟
李光华 苏健全 朱道弘 吴春雪（女）
刘日煊 余炳锐

九三学社（20名）

袁婺洲（女） 刘 薇（女）
张大方 冯正强 刘正光 王力力
邓立新 陈安华 邓 群（女）
张国浩 苏 营 刘能华 李 平
朱传宏 李少阳 李永辉 陈忠辉
申小青 李云才 胡拥军

无党派人士（20名）

袁隆平 余志武 戴传德 李 沐
李赤群 柳建新 印仕柏 杨金其
刘文德 周响亮 万五龙
吴 桐（女） 马志列 卜铁洪
易继梅（女） 刘邦翼 廖满珠（女）
彭爱华 杨 勇 李旭娇（女）

中国共产主义青年团（8名）

罗 琮（女） 于祥成 朱 江
张值恒 匡涛涛（女） 谢 莉（女）
王学武 杨彦芳（女，苗族）

总工会（20名）

钟力生 马甄拔 黄建华 魏美才
田良玉 刘革安 邱朝阳
黄朝晖（女） 王平淮 龙跃驰
周建明（女） 伍祥乐 刘 政
黄小健 陈寿林 彭卫衡
曲 艺（女） 吴谷初 陈新华
吴兴花（女）

妇女联合会（24名）

邓颖玲（女） 肖雅珩（女）
王 静（女） 刘正莲（女）
刘 彦（女） 肖百灵（女）
胡新民（女） 张 怡（女）
毛小青（女） 张佐姣（女）
罗双全（女） 谢明芳（女）
邓国庆（女） 陈慈英（女）
徐德元（女） 龚美爱（女）
蒋颖群（女） 王丽文（女）
刘时贵（女） 张丽娟（女）
唐淑娥（女） 莫小平（女）
颜桂兰（女） 严腊英（女）

青年联合会（9名）

邓 玄 胡国安 雷鸣强 罗劲军
唐未德 陈 平 戴华浩 徐 荩
雷武军

工商业联合会（29名）

何报翔 王亚戈（女） 罗可大
钟生林 谢子龙 葛新力 乐根成
朱镇建 齐建湘 易志奇 胡炎良
郭树人（满族） 唐 像 喻春光
金孟贤 曾佑桥 叶文智 尹德和
李 静 刘建波 李艳归 雷学军
彭继球 甘跃华 刘国思
刘晓英（女） 王红霞（女）
羿宝明 陈延武

科学技术协会（20名）

邹志强 张灼华 徐建新 易小刚
陈建军 李夕兵 肖雪葵 何劲松
陈 平 童桦（女） 周智广
李 莓（女） 钟 宏 王义高
尹泽勇 吴国军 何淑雅（女）
姚志刚 何祚云（女）
刘小刚（土家族）

台湾同胞联谊会（7名）

白树仁 黄志辉 王 毅
方 敏（高山族） 赖世伟
江明晖 管 勇（高山族）

归国华侨联合会（9名）

杨文涛（女，苗族） 廖柏寒
谭拥军 李 宁 罗朝阳 王锦辉
马鸿文 王子午 杨栋梁

文化艺术界（26名）

水运宪 李 艳（女） 谌泽林（女）
邢剑峰（女） 张 勇 施 杰
梁 琼（女） 蔡测海（土家族）
刘健安 罗成琰 贺 刚 何满宗
凌宪初 廖 莎（女）
黄黑蛮（土家族）何立伟 陈小奇
刘和平 沈继安 田绍登 彭 玲（女）
傅艺萍（女） 刘翠玲（女）
龚霄汉（苗族） 李德仁
彭昌兴（土家族）

科学技术界（30名）

吴金水 吴瑞端（女） 崔玉芳（女）
李小涵（女） 邓启云 杨绍祥
杨树杰 陈江华 周海林 徐宗祥
龚世益 戴学瑜 文仕知 李金冬
祝燕德 李灼日 徐绍勤 陈金华
凌水成 于德介 全德辉 何怡刚
郝志刚 陈重义 郭振华 于品海
吉 为 刘建清 郭淑英（女）
刘继清

社会科学界（12名）

曾解台 袁 准 李德文 万 里
朱有志 刘献华 李培超 应若平（女）
陈克鑫 陈科华 曹监湘 童小娇（女）

经济界（32名）

汤细英（女） 谭宪才 杨大森
陈 杰 周昌贡 袁湘江 吴金明
向力力 刘 平 张志军 欧阳彪
赵振营 梅家祥 龚秀松 谢超英
樊建军 王新国 李静安 张松青
施爱平（女） 吴宏波 俞志成
谢 军 刘之明 戴晓凤（女）
李港卫 胡祖六 钟健国 陆永根
黄如防 徐晓明 刘亚屏

农业界（32名）

谭兴和 熊和平 伍跃时 王桂云
邓德林 何铁林 林修建 胡伟林
印遇龙 向 洋 刘卡波 李定一
谷文龙 詹晓安 杨先杰 周晓红（女）
赵建喜 胡森芝 王仁祥 谢吉人
周志高 龙金平 彭素云（女）
赵小春（女） 向晓燕（女）
吴细良 聂新民 李佩军 龚茂礼
陈秋廉（女） 唐剑虹 王运芳

教育界（30名）

王泽应 方卯发 喻长庚 于正生
匡乐满 刘寒波 吴汉江 陈启元
陈登斌 唐未兵 蔡光先 缪富民
彭 坚 梁清华（女） 黎建强
李冰妮（女） 刘巨钦 李芒康
庞石林 郭务强 彭 晓 舒 适
文铁良 贺安生 徐载满

朱明瑶（女）　罗金铭　吴小玲（女）
刘智钢　朱剑芳（女）

体育界（8名）

张智军　刘文新　李　舜　张绍臣
周志宏　谢　磊　高克宇　余季平

新闻出版界（10名）

刘一平　李　娜（女）
孙　佳（土家族）朱建纲　李发美
何誉军　侯严峰　姚　勤　谢坚强
谭三如

医药卫生界（25名）

张光荣　杨开文　何清湖　詹　鸣
刘伏友　李　力　李德炎（土家族）
肖奇友　陈汉娜（女）　黄顺玲
曾凡国　李　能　刘慧霞（女）
李永国　罗颖怡（女）　刘仁波
刘美清（女）　赵安民　李建平（女）
张正元　王建琼　刘岳泉　陈铸亮
廖土才　姜浩文

对外友好界（5名）

龙宇翔　孙青乃　阳春娥（女，汉族）
李　沛　梁淑全

社会福利与社会保障界（5名）

杨建宏　宋再钦　杨明波　祝　刚
戴碧蓉（女）

少数民族界（30名）

石建国（苗族）　王德靖（女，土家族）
龙金碧（苗族）　李志平（土家族）
杨华林（侗族）　姜满秀（女，瑶族）
杨盛勋（苗族）　马敬一（回族）
李铁军（苗族）　陈历宏（侗族）
许　翔（回族）　蓟正红（女，维族）
王　云（白族）　李定明（回族）
盘建顺（瑶族）　贝小义（瑶族）
田　竑（女，侗族）
田　华（苗族）
向建平（女，苗族）
尚环归（女，土家族）
李德清（苗族）
王贵武（苗族）
石海林（女苗族）
向清平（女，土家族）
杨永芳（女，土家族）
吴志明（苗族）
吴呈呈（苗族）
邹英姿（女，土家族）
彭一慧（女，土家族）
彭大旺（土家族）

宗教界（10名）

马涌奇　延　藏　陈　郢　法　通
胡祖新（土家族）姚增谊（女，满族）
黄　信（回族）　释大岳　李文华
释怀梵

特别邀请人士（151名）

袁海平　李正桥　陈庆林　周重揆
胡　建　高向荣　傅利娟（女）
王剑平　龙新平　许金岑　杨柱安
周国繁　常世雄　梁建强
瞿　海（苗族）　全　臻　李永迪
袁爱平　许梯平　李绍云　周云贵
胡吉祥　刘期武　李勋通　唐云景
唐中元　谢光祥　李壮丽（女，土家族）
朱玉国　向岳明　江景星　易仲民
易敬平　周　健　周文玉　欧长伏
林侃钦　钟光耀　徐皓明　石建军
许石光　李伏初　吴志良　林世荣
贺光平　靳晨光　蔡建和　马志标
马清楠　冯丹藜（女）　苏永强
李三元　李远发　吴太和　吴盛灿
邱祥平　陈振东　林炜琦（女）
林德亮　柳明心　莫耀强　郭灿耀
彭电全　董观明　程建武　赖显荣
廖焕辉　颜培英　潘坚荣　区金蓉（女）
许文帛　吴维欣　陈明白　蔡行佑
蔡行实　毛曼莉（女）　孙易兵
李映元　吴培辉　郑强辉　姚跃群
释净雄　蔡　得　董学生　李世安
张　力　张迎龙　朱明华　朱修林

宋厚源　胡兰桂　颜集成　刘岁文
张　雄（土家族）袁剑萍（女）
王雄飞　王金枝（女）　刘伦策
张四通　陈纪琪　林志斌　王长忠
王国民　王定松　罗美光　黄品翔
蒋科荣　白尊贤　万焱波　李劲夫
郭跃佳（女）　刘春林
吴友云（土家族）张丕明　张照耀
陈伟俊　周元庭　王莉莉（女）
王运明　王柏根　陈菊芳（女）
孟祥胜　姚晓亮（女）
刘广明（瑶族）　王尤仁　邓小明
申　斌　李　庭　周济兴　钟本强
黄志峰　曹曲波（女）　陈金荣（女）
李松旺　蒋吉秀（女）　蒋陆阳
蒋国富　毛昌德　苏本团　张少华
钱德喜　彭远萍（女）　曾湘洪
谭有平　杨云辉　陈貌聪（女）
易泽群　姚　兵　鄢福初　颜　春（女）
滕万翠（女，土家族）

关于撤销杨大森等3人省政协委员职务的决定（经2008年12月11日政协湖南省第十届委员会常务委员会第四次会议协商通过）

杨大森　金孟贤
滕万翠（女，土家族）

关于免去叶文智等7名同志省政协委员职务的决定（经2008年12月11日政协湖南省第十届委员会常务委员会第四次会议协商通过）

叶文智　刘期武　肖友奇
贺家铁　郭树人（满族）
崔玉芳（女）　谢子龙

关于增补吕斌等9名同志为省政协委员的决定（经2008年12月11日政协湖南省第十届委员会常务委员会第四次会议协商通过）

吕　斌　朱　皖（女）　刘尧臣
杨　翔　张　健　陈　洪
葛洪元　蓝　军（畲族）
戴菊芳（女）

关于增选省政协常务委员名单（经2008年12月11日政协湖南省第十届委员会常务委员会第四次会议协商通过）

刘尧臣　张　健　葛洪元

关于省政协各专门委员会设置的决定（经2008年1月24日政协湖南省第十届委员会常务委员会第一次会议协商通过）

提案委员会
经济科技委员会
人口资源环境委员会
文教卫体委员会
社会和法制委员会
民族宗教委员会
文史学习委员会
港澳台侨和外事委员会

【湖南省各市（州）、县、区政协领导人名单】

长沙市

市政协主席　董学生
县（市、区）政协主席
芙蓉区　王功长
岳麓区　谷中林
雨花区　李电晖
天心区　曹　健
开福区　刘正林
长沙县　李世安
望城县　杨万平
浏阳市　鲁建文
宁乡县　喻亚军

湘潭市

市政协主席　朱明华
县（市、区）政协主席
湘潭县　王惠芳（女）
湘乡市　李正国
岳塘区　陈运昌
韶山市　喻海中

雨湖区　　邓建农

株洲市

市政协主席　　刘岁文

县（市、区）政协主席

天元区　　文季纯（女）

荷塘区　　肖支前

芦淞区　　陈友元

石峰区　　黄幼刚

醴陵市　　陈立耀

株洲县　　陈光国

炎陵县　　李秋明

茶陵县　　周德才

攸　县　　夏玉珠（女）

衡阳市

市政协主席　　王雄飞

县（市、区）政协主席

石鼓区　　李新华

雁峰区　　刘登高

珠晖区　　彭彰松

蒸湘区　　毛菊桂

南岳区　　肖建中

耒阳市　　陈纪琪

常宁市　　詹国发

衡阳县　　彭应龙

衡东县　　易炳初

衡山县　　万正春

衡南县　　蒋发明

祁东县　　雷泽逸

邵阳市

市政协主席　　杨盛勋

县（市、区）政协主席

双清区　　李宽修

大祥区　　胡水清

北塔区　　袁晓星

武岗市　　彭嘉明

邵东县　　王定松

洞口县　　廖文中

新邵县　　周少臣

邵阳县　　刘桂林

隆回县　　王成华

绥宁县　　刘郁金

新宁县　　羊立华

城步县　　成宗清

岳阳市

市政协主席　　白尊贤

县（市、区）政协主席

云溪区　　余和平

临湘市　　李静美

平江县　　唐锡康

岳阳县　　彭西罗

华容县　　张祖荣

汨罗市　　霍东华

岳阳楼区　　王文军

君山区　　余岳良

湘阴县　　周山连

屈原区　　谢忠厚

常德市

市政协主席　　刘春林

县（市、区）政协主席

武陵区　　陈杏元（女）

鼎城区　　许中诚

汉寿县　　谢贵爱

桃源县　　董莉莉（女）

临澧县　　涂绪德（女）

澧　县　　王忠文

安乡县　　汤菊华（女）

津市市　　贺修双

石门县　　田玉华

张家界市

市政协主席　　周元庭

县（市、区）政协主席

永定区　　郑退耀（土家族）

武陵源区 陈　军（土家族）
慈利县 游湘焯
桑植县 尚生良（土家族）

益阳市
市政协主席 陆国柱
县（市、区）政协主席
资阳区 张建华
赫山区 王亮飞
沅江市 张映芳（女）
南　县 刘志高
桃江县 刘　萍（女）
安化县 夏尔安

郴州市
市政协主席 刘广明
县（市、区）政协主席
北湖区 罗全怀
苏仙区 王爱国
资兴市 郑艾萍（女）
桂阳县 邱业纲
宜章县 黄检忠
嘉禾县 李　峰
临武县 唐武月（女）
汝城县 肖春英（女）
桂东县 黄金庆
永兴县 李本炎
安仁县 樊兴国

永州市
市政协主席 陈金荣
县（市、区）政协主席
零陵区 李　星（女）
冷水滩区 肖幸福
祁阳县 刘志均
东安县 杨绪耀
双牌县 何世平
道　县 李显昌
江永县 陈继红

江华县 李家登
宁远县 欧阳维西
新田县 葵竹英（女）
蓝山县 邱兴华

怀化市
市政协主席 方新琪
县（市、区）政协
沅陵县 张大新（土家族）
辰溪县 胡志伟（苗族）
溆浦县 杜再文
新晃县 杨长河（侗族）
中方县 潘存福
鹤城区 周有庚
洪江区 李任斌
麻阳县 张绍平
芷江县 李　毅
洪江市 周长生
会同县 李显阳
通道县 欧华川（侗族）
靖州县 杨小京（苗族）

娄底市
市政协主席 杨云辉
县（市、区）政协主席
娄星区 邓国雄
冷水江市 童娃娥（女）
涟源市 易志祥
新化县 刘学明
双峰县 侯迪凡

湘西自治州
州政协主席 李德清
县（市、区）政协主席
吉首市 石家文（苗族）
泸溪县 张大厚（土家族）
凤凰县 黄仕明（苗族）
古丈县 向邦金
花垣县 石登志（苗族）

保靖县　罗念生（土家族）　龙山县　彭大旺（土家族）
永顺县　张开国（土家族）

湖南省各级政协组织和委员数

（截至 2008 年底）

项目＼级别	省级	地级市	县（市、区）	合计
组织数	1	14	123	138
委员数	748	4999	25814	31561

政协广东省委员会

陈绍基　主　席

蔡东士　副主席

梁国聚　副主席

汤炳权　副主席

王珣章　副主席

周天鸿　副主席

姚志彬　副主席

陈蔚文　副主席

温兰子　副主席

温思美　副主席

杨　懂　秘书长

【全体委员会议】

十届一次会议 2008年1月15日至20日在广州举行。应出席950名，实到912名。九届省政协主席陈绍基，副主席蔡东士、梁国聚、许德立、韩大建、王珣章、柯小刚、周天鸿、罗富和、姚志彬、陈蔚文、李统书，秘书长杨懂出席会议。中共中央政治局委员、广东省委书记汪洋和省委、省人大常委会、省政府、省军区、省法院、省检察院的负责同志到会祝贺。省政协原主席郭荣昌，原副主席石安海、王兆林应邀出席。省委、省政府领导还参加了专题座谈会、各界别委员代表座谈会和小组讨论。汪洋书记在各界别委员代表座谈会上作重要讲话，要求人民政协要努力成为解放思想改革创新的智库。

会议审议通过陈绍基主席代表九届省政协常务委员会所作的工作报告，蔡东士副主席代表九届省政协常务委员会所作的提案工作情况报告。委员们列席广东省第十一届人民代表大会第一次会议，听取并讨论黄华华省长所作的政府工作报告，讨论了省高级人民法院工作报告和省人民检察院工作报告以及其他报告。会议选举陈绍基同志为十届省政协主席，蔡东士、梁国聚、汤炳权、王珣章、周天鸿、姚志彬、陈蔚文、温兰子、温思美同志为副主席，杨懂同志为秘书长，丁义等180位同志为十届省政协常务委员会委员。大会表彰了省政协九届五次会议以来的36件优秀提案、省政府办公厅等10个承办提案先进单位和罗展怀等10位承办提案先进工作者。会议共收到提案570件，立案474件。收到发言材料67件。会议安排了“培养、吸引优秀人才，增强广东核心竞争力”和“加快建立基本医疗制度，提高医疗卫生服务水平”两场专题座谈会。

会议要求，政协各级组织、各参加单位和广大委员，要树立强烈的使命感和责任感，以全球视野和战略思维谋划人民政协事业发展。要紧密联系新时期人民政协工作实际，把思想和行动统一到中共十七大精神上来，把智慧和力量凝聚到实现中共十七大确定的各项目标任务上来，切实巩固参加人民政协的各党派团体和各族各界人士团结奋斗的共同思想政治基础。要牢牢把握团结民主两大主题，围绕省第十次党代会确定的目标任务和工作部署，围绕落实省委十届二次全会精神，解放思想，锐意创新，认真履行政治协商、民主监督、参政议政职能，努力成为解放思想改革创新的智库。要积极探索完善中国共产党领导的多党合作和政治协商制度，不断发展具有强大生命力的社会主义民主政治。在全面建设小康社会进程中，充分发挥协调关系、汇聚力量、建言献策、服务大局的作用，不断开创人民政协工作新局面。

大会积极创新会议组织方式，为公众有序参与社会主义民主政治搭建新平台。在去年大会发言首次采取即席发言方式受到好评的基础上，继续探索完善大会发言即席发言形式。共有20位委员作了精彩发言。大会还首次邀请18位海外知名华侨华人代表和10位农民工代表列席会议。

【常务委员会会议】

第1次会议 2008年1月20日在广州举行。应出席191人，实到188人。陈绍基主席主持会议，杨懂秘书长作《关于政协第十届广东省委员会副秘书长，各专门委员会主任、副主任建议名单的说明》。会议表决同意任命彭秋野、杜重年、黄绍龙、邵忠、郭晓莉、吴紫骊、黄庆勇为省政协副秘书长；任命陈俊年为提案委员会主任，张远贻为经济委员会主任，卜新民为人口资源环境委员会主任，李中铎为科教卫体委员会主任，王克曼为文化和文史资料委员会主任，谭璋球为社会和法制委员会主任，杨华维为民族宗教委员会主任，喻军为港澳台委员会主任，吕伟雄为外事侨务委员会主任。

第2次会议 2008年6月11日至12日在广州举行。应出席191人，实到173人。围绕“营造我省良好法治环境和利用市场机制解决科学发展难题”两大议题进行专题议政，形成常委会议《关于营造我省良好法治环境和利用市场机制解决科学发展难题的建议》。副省长林木声到会听取意见，省政协秘书长杨懂就各小组讨论情况向大会作了综述。会议审议通过了《广东省政协历届委员联谊会章程》。陈绍基主席在闭幕会上就充分发挥“智库”作用作重要讲话。强调政协各级组织和广大委员要针对解放思想讨论调研活动梳理出的不足方面，开展调查研究，积极协商议政，以创新思维大胆探索破解发展难题、促进科学发展的新思路新途径新举措，为省委省政府科学民主决策提供智力支持。要求各级政协组织、政协各参加单位、广大政协委员和政协机关的干部职工，继续积极投身抗震救灾工作，与灾区群众共克时艰。结合阻碍我省科学发展的主要问题，积极探索破解发展难题的新思路新举措，切实推动我省经济实力再上新台阶。

第3次会议 2008年9月11日至12日在广州举行。应出席191人，实到171人。围绕“产业转移污染防治及保障饮用水源安全”开展专题议政，形成常委会议《关于产业转移污染防治及保障饮用水源安全的建议》。听取了副省长林木声所作的相关工作情况通报和省政协专题调研组的调研情况报告。省政协秘书长杨懂就各小组讨论情况向大会作了综述，省委常委、常务副省长黄龙云到会听取意见建议。陈绍基主席在闭幕会上就更好地履行职能参政议政作重要讲话。强调我省各级政协组织和政协委员要更加关注全省经济社会发展全局，更加准确地理解党委政府重大决策部署，更加自觉主动地配合党委政府的中心工作履行职能，做到参政参到点子上、议政议到关键处。要更加注重调查研究，注重定性定量分析，注重成果的创新思维，为党委政府提供更有针对性和可操作性的对策建议。要更加强化界别代言人的身份意识，密切关注界别群众的意愿诉求，重视反映民意汇集民智，推动党委政府以人为本的执政理念落到实处。要更加重视学习，充实自身知识储备，提高综合素质，不断提升人民政协参政议政的整体水平。

第4次会议 2008年12月30日至31日在广州举行。应出席191人，实到176人。听取黄华华省长所作的省政府工作报告（征求意见稿）情况说明和政府部门办理政协提案情况通报；审议省政协常委会工作报告（草案）和提案工作情况报告（草案）以及其他报告；听取省纪委副书记赵振华关于2008年全省反腐倡廉工作情况通报，省高级人民法院院长郑锷、省检察院副检察长陈武关于2008年两院工作情况通报。会议决定，政协第十届广东省委员会第二次会议于2009年2月11日至15日在广州召开。杨懂秘书长就各小组讨论情况向大会作了综述。省委常委、常务副省长黄龙云到会听取意见。会议协商通过了有关人事事项，还表彰了在全省政协系统“人民的好委员”评选活动中被评为“人民的好委员”荣誉称号的政协委员、“人民的好委员”征文获奖作家，以及获得第二届“广东政协好新闻奖”的新闻单位记者。

【专门委员会工作】

提案委员会 十届一次会议以来，共征集提案670件，立案551件，其中省各民主党派、人民团体及政协专门委员会提交111件。至年底，全部得到办理和答复。省委、省政府主要领导率先垂范，亲自领衔督办政协提案。坚持省政协主席、副主席领衔督办提案制度，认真做好《加快组建我省政策性农业（农村）保险公司，促进我省“三农”和谐发展的建议》等7件重点提案的督办工作。首次面向社会公开征集提案线索，首创各专门委员会参与提案督办，凝聚提案工作合力，提高提案质量和办理质量。

经济委员会 结合我省加快建设现代产业体系的战略部署，组织委员围绕“加快服务业发展，促进产业结构优化升级”开展专题调研，在此基础上召开专题协商会，形成主席会议建议。省委省政府领导要求各职能部门认真吸纳主席会议协商成果，加快推进我省现代服务业发展。针对国际金融危机对我省企业生产经营带来的冲击，深入珠三角开展“当前我省企业生产经营情况”专题调研，提出了帮扶企业渡过难关的对策建议。省政府领导要求有关职能部门认真吸纳落实。围绕“加快我省交通建设，促进经济社会更好更快发展”等专题进行调研视察，共形成调研报告4份，视察报告1份，向省委、省政府专函报送报告3份，为科学民主决策提供了重要参考。

人口资源环境委员会 组织开展“产业转移污染防治及保障饮用水源安全”专题调研，听取省直有关部门的情况介绍，并深入韶关、清远、河源、梅州等市，重点考察了部分产业转移园和转移项目、污水处理厂及一些饮用水源地，广泛听取了当地政府及企业的意见和建议，形成专题调研报告。十届三次常委会议围绕这一专题进行协商讨论、参政议政，提出了合理规划产业布局、严格环保准入等具体建议，省政府批转有关部门认真研究落实。组织委员围绕西江水源保护、加快发展风能发电、农村人口计生工作情况等专题进行调研视察。举办“环境与健康”报告会和“对广东省双转移与水安全保障的思考”的专题讲座，为委员知情明政创造条件。

科教卫体委员会 围绕“解决我省非户籍务工人员子女接受义务教育问题”主席会议专题协商课题，组织委员深入广州、珠海、中山等地调研，形成专题调研报告和主席会议建议报省委省政府。组织开展建设我省中医特色预防保健服务体系专题调研，开展我省装备工业自主创新现状与对策专题视察，开展我省发展创意产业问题专题研讨。举办“广东知识产权保护与发展论坛”和首届“治未病”健康（广东）论坛。联合四川省政协，在成都举办“川粤同心，健康同行”暖冬活动，向汶川灾区基层医疗机构和贫困户捐赠30万元药品和现金；向西藏墨脱县捐赠药品38万元，积极支持灾区和少数民族地区医疗卫生事业发展。

文化和文史资料委员会 征编出版《香海传薪录》、《广东文史资料精编》等文史资料8册，共计526万字。征编《岭南中医药名家》等“岭南名家”系列丛书，打造广东文史名牌。组织开展推进我省文化产业机制创新专题调研，开展我省社区和乡村文化设施建设情况、文物保护情况专题视察。主办“南粤名家精品荟萃”大型演艺晚会，与省电视台联合拍摄《广东名人》系列电视专题片，树立广东各界名人旗帜标杆，展现岭南文化核心价值。

社会和法制委员会 组织开展我省消防安全工作协商调研，开展城镇医疗社会保障工作专题视察，所提意见建议得到省委省政府领导高度重视，有的转化为政策措施，有力促进工作落实。配合全国政协社法委，做好新型农村社会养老保险试点情况、刑事被害人救助、水资源司法保护等专题调研。认真做好提案跟踪督办，通过办理落实《刑事案件中经济严重困难的农民工受害者实施政府救助的建议》提案，促成我省司法救助制度的建立。加强与公检法司等单位联系，组织委员参加立法和执法监督工作。

民族宗教委员会 组织开展宗教活动场所管理工作情况、落实宗教房产政策遗留问题、我省少数民族地区县级医院建设情况等调研视察，形成专题报告。协助全国政协民宗委开展关于发挥宗教界人士和信教群众在促进经济社会发展中的积极作用情况专题调研。接待香港圣公会、香港华人基督教联会等宗教团体，加深港澳宗教界人士对内地改革开放巨大成就与政协民族宗教工作的认识了解。

港澳台委员会 组织开展深化粤港澳合作、港资与台资在广东投资办学情况专题调研，开展港澳台企业在粤发展状况、加快推进产业和劳动力“双转移”专题视察，为帮扶港澳企业渡过金融危机难关、深化粤港澳合作献计献策。通过香港广东各级政协委员联谊会等工作载体，凝聚港澳委员和各界人士力量，深化粤港澳合作。港澳委员发扬乐善好施的优良传统，为抗击雨雪冰冻灾害和汶川大地震捐款捐物，以联谊会名义捐款 1000 余万元，通过省政协捐款逾 3000 万元。积极开拓对台工作新路子。组织访问团赴台湾进行经贸文化交流，审慎稳妥地加强与台湾各界交往交流。

外事侨务委员会 围绕我省外国人非法入境、非法居留、非法就业现象日趋严峻的突出问题，开展在粤“三非”外国人管理专题调研。深入珠三角外国人聚居的重点社区企业了解情况，并重点考察沪浙和港澳地区加强外国人管理的做法，形成论证充分内容翔实的调研成果，为党委政府切实维护社会安全稳定提供依据。积极拓展海外侨胞参政议政新渠道。认真做好邀请海外华侨华人列席全会的组织工作。共组织 3 个团组出访 8 个国家和地区，共接待海外来访团组 11 批 78 人次，通过“走出去”、“请进来”方式，广泛宣传广东改革开放和现代化建设的巨大成就，宣传中国共产党领导的多党合作和政治协商制度，增进国际社会对中国政党制度和人民政协的了解。

【重要活动】

组织开展人才问题和深化粤港澳合作专题调研 结合省委解放思想调研活动，2 月下旬至 3 月，陈绍基主席和蔡东士、梁国聚、温兰子副主席分别率调研组，赴广州、深圳等市和山东、辽宁、天津三省市就“培养吸引优秀人才，增强广东核心竞争力”专题开展调研。针对我省高层次高技能人才匮缺和吸引培养高端人才方面存在的突出问题，提出制定实施我省新时期人才发展战略的八条对策建议。省委省政府领导给予高度评价，所提意见建议被基本吸纳到我省出台的《关于加快吸引培养高层次人才的意见》中。配合省委深化粤港澳合作专题调研，汤炳权副主席率领省政协调研组赴香港、澳门进行调研。针对深化粤港澳合作面临的新情况新问题，广泛听取港澳各方意见，提出推进粤港澳三地资源共享、产业互动、要素融通、深化合作的具体建议。省委省政府领导认为“很有见地，很有参考价值”，其中的精华被吸纳到我省争当实践科学发展观排头兵的文件中。

抗击雨雪冰冻灾害和汶川特大地震灾害 我省各级政协组织和广大委员共为抗击雨雪冰冻灾害和抗震救灾捐款捐物 14 亿多元。省政协在全国政协系统最早派出工作小组，赴地震灾区落实援助重建工作。我省民主党派在全国派出第一支由民主党派地方组织组建的抗震救灾医疗队。

不少委员亲赴灾区参与救援工作。委员们用自己的实际行动彰显了政协委员崇高的历史使命感和社会责任感，赢得全社会的广泛赞誉和好评。

举行专题协商座谈会 5月起，围绕“加快服务业发展，促进产业结构优化升级”、“解决我省非户籍务工人员子女接受义务教育问题”、“加强我省消防安全工作”、“推进我省文化产业机制创新，增强文化产业发展活力”专题，召开4次协商座谈会。与省委、省政府领导及有关部门负责同志进行协商座谈，提出有针对性的意见建议，并分别形成主席会议建议报送省委、省政府。所报送的材料均得到省领导的肯定和采纳，并批示省直各部门加以研究落实。

举办“双名”演唱会 7月，与中央电视台联合，在广州和深圳举办“永恒的旋律——纪念改革开放30周年暨2008年名家名歌广东演唱会”。邀请阎维文、张也等8位中青年歌唱家，以广东的“三个春天”为历史背景，突出讴歌改革开放30周年的主题，着力追寻历史轨迹，再现时代风貌，为观众奉上一场情景交融、音诗画合一的视听盛宴。10月，与中央电视台联合，在广州和中山举办“中华之声——2008年名家名曲广东演唱会”。邀请昆曲、河北梆子、沪剧、豫剧、越剧、黄梅戏、粤剧、川剧、龙江剧共十大剧种参加演出。尚长荣、张火丁、白淑贤等20余位当代戏曲领军人物和后起之秀同台献艺。省四套班子主要领导、部分老同志及广州市领导出席观看演出。

省委书记、省长领衔督办重点提案 8月，中共中央政治局委员、省委书记汪洋领衔督办省民进提出的“推动构建粤港澳经济合作区，加快三地经济从合作迈向融合”提案，亲自率队调研，亲自主持召开提案办理座谈会并作重要讲话。汪洋书记对提案单位、提案内容和提案办理工作进行了充分肯定，并就如何做好提案办理工作，推动领导干部督办重点提案提出了具体要求。强调要把督办重点提案摆在领导干部工作的突出位置，全省各级党政主要领导每人每年要牵头督办一件以上重点提案，各职能部门主要领导也要牵头办理重点提案。要把领导干部督办重点提案情况纳入政绩考核内容，并在符合保密要求的前提下，及时把督办情况向社会公布，自觉接受社会各界监督。省长黄华华领衔督办“以政策创新促进自主创新，提高广东核心竞争力”和“加快我省现代服务业发展”两件提案，亲自抓提案的督促办理落实。

继续举办政协委员提高参政议政能力培训班 8月18日至29日在省委党校举办2期培训班。新任省政协委员、特聘委员，各地级以上市政协主席、副主席，以及政协机关干部共531人参加了培训。全国政协卞晋平副秘书长、省政协杨懂秘书长、国家宗教局叶小文局长等8位国内知名专家学者为培训班授课。省政协主席陈绍基出席开班典礼并做动员讲话。

开展深入学习实践科学发展观活动 根据省委统一部署，9月起，组织机关全体党员，分学习调研、分析检查和整改落实三个阶段，开展了为期半年的学习实践科学发展观活动。陈绍基主席向省政协机关干部作了“深入学习实践科学发展观，推动人民政协事业新发展”专题辅导报告，深刻阐述了科学发展观的基本内涵、开展学习实践科学发展观活动背景意义、人民政协如何学习实践科学发展观等三个重大问题。省政协机关紧紧围绕“争当实践科学发展观排头兵”主题，认真展开学习讨论，深刻查摆剖析存在问题，制定整改方案。各党支部突出活动实践特色，与梅州市梅江区组成帮扶对子，共筹集资金

120万元，改善村民生活条件，帮助当地发展经济。学习实践活动收到明显成效，机关面貌焕然一新。

中国经济社会论坛2008年会议 与中国经济社会理事会联合，10月9日至10日在中山市举行。会议主题是“改革开放与中国非公有制经济”。中国经社理事会主席王忠禹，广东省政协主席、中国经社理事会副主席陈绍基出席会议并讲话，副省长雷于蓝代表省委、省政府到会祝贺。与会专家学者及企业界人士围绕30年非公有制经济发展、企业社会责任、科技创新、关注中小企业发展等四个专题深入探讨交流。

迎中秋戏曲晚会 10月12日在广州举行。邀请各国驻穗领事馆官员、在穗外国企业家、外国专家和留学生代表、港澳委员代表以及社会名流贤达，共度中国传统佳节，共赏中华文化瑰宝，促进中外文化交流。

聘请10位台湾同胞和10位海外侨胞为省政协特聘委员 10月13日，十届省政协第六次主席会议同意聘请程丰原、黄明智、王屏生、叶宏灯、叶春荣、施清枝、潘家良、陈中和、姚朝钦、郑荣文10位台湾同胞和王观强、古润金、李桂雄、何飚、钟广荣、郑可明、冯文清、龚立强、袁建华、谢建龙10位海外侨胞为省政协特聘委员，为台湾同胞和海外侨胞参与祖国建设、充分表达意愿建议提供制度平台。

纪念改革开放30周年暨人民政协理论研讨会 10月21日至22日在江门举行。省政协领导、省各民主党派负责人、各地市政协主席和政协委员代表，部分专家学者和政协工作者共150余人出席会议。共收到论文58篇，18位同志在会上作了发言。会议系统回顾我省政协工作的生动实践，全面总结人民政协理论发展的重要成果，共同探讨新时期人民政协事业发展的新特点新规律。陈绍基主席出席会议并作重要讲话。

全省第三届青少年书法大赛 10月26日在广州举行。省政协主席、省书法家协会主席陈绍基出席并作重要讲话。本次大赛以“纪念改革开放30周年、讴歌抗震救灾精神、庆祝奥运成功举办”为主题，首次把大学生纳入比赛范围并单独编组，使大赛发动面更加广泛，更加贴近社会现实，贴近时代脉搏。全省共有45万大中小学青少年书法爱好者参与了选拔，共选送参评作品1265件。共评出一等奖50名，二等奖75名，三等奖100名，优秀奖274名，入围奖472名，进步奖10名。汇编出版《第三届广东省青少年书法大赛获奖作品集》。

第五届“四洲杯”粤港澳粤曲演唱大赛 11月13日，在香港举行总决赛及颁奖典礼。大赛得到粤港澳地区粤曲爱好者的热烈追捧，广东赛区参赛选手达4000多人，香港、澳门赛区报名参赛人数大幅增加。从9月份开始，大赛分别在粤港澳三地拉开帷幕，经过激烈角逐，三地获得前六名的选手进入总决赛。来自广东韶关的选手廖玉香和香港选手胡荣达、胡剑清获得金奖。

举办各类“政协杯”球赛 4月17日，在佛山举行第十一届“政协杯”台球友谊赛。全国政协原副主席叶选平、广东省政协主席陈绍基等出席活动。20名广东地方及部队的老同志参赛。11月6日，在佛山举行第十一届“政协杯”高尔夫球友谊赛。全国政协、省政协有关领导，省政协港澳委员、各国驻穗总领事馆官员、台商代表等共180多人参加。11月12日，在惠州举行第五届“政协杯”乒乓球赛。省政协主席陈绍基致开幕辞。省政协、省直工委、广东省军区政治部及21

个地级以上市政协共24支代表队200余名选手参赛。

【重要文件】

常委会工作报告（2008年1月15日）（摘要）

一、五年来的工作回顾：政协第九届广东省委员会任期的五年，是我省人民政协事业开拓创新蓬勃发展的不平凡的五年。在中共广东省委正确领导下，省政协以科学发展观统领工作全局，牢牢把握团结和民主两大主题，解放思想，锐意创新，大胆探索新时期人民政协履行职能的新思路新领域新方法，各项工作取得突出进展。一是主动把握历史机遇，着力推动人民政协事业创新发展。我省2003年召开了第一次全省政协工作会议。2006年，颁发了《中共广东省委关于加强人民政协工作的意见》，为我省政协工作开展提供政策依据和制度保障。向省委报送《关于学习贯彻〈中共中央关于加强人民政协工作的意见〉有关问题的请示》，省委常委会议作了专题研究，较好地解决了我省政协履行职能及组织建设中长期存在的突出问题。牵头成立省委联合检查组，开展对《意见》落实情况的督促检查，有力推动人民政协事业健康发展。二是紧紧围绕推动科学发展和构建和谐广东，认真开展政治协商、民主监督、参政议政。重点选择全省经济社会发展中带有全局性、战略性、前瞻性的课题，开展10次专题议政、20次专题协商、70次专题调研、78次专题视察和25次专题研讨，共形成53份建议案和186份调研视察报告，省领导作出重要批示95件次，有力推动了省委省政府重要工作的落实，推动了突出民生问题的解决。根据省委领导指示精神，先后组织对我省“十项民心工程”落实情况、农村实行免费义务教育和学校危房改造落实情况等开展检查监督，着力推动省委省政府重大决策部署落到实处。共提交提案3485件，立案3125件；上报全国政协和省委办公厅信息737期，被采用326期；通过“直通车”反映重要意见建议37件。不断开拓团结联谊新领域。积极推动成立“香港广东各级政协委员联谊会”，进一步发挥我省各级政协2500多名港区委员在促进香港社会繁荣稳定和推动粤港交流合作中的作用。积极拓展人民政协对外友好交往。先后接待海外来访团组55批1330人次；组织28个考察团访问国外地方议会和友好城市；举办专题研讨会，推动海外华文教育，最大限度地团结海内外各方力量。努力践行履职为民参政理念。在我省抗击“非典”斗争中，紧急组织医卫界委员献计献策，港区委员专门捐资设立广东中西医结合抗击“非典”专项基金，为夺取抗击“非典”胜利发挥积极作用。2005年、2006年，政协委员和机关干部职工共为我省洪涝灾区筹集近2800万元善款和物资，并为灾区送医送药，帮助重建家园。三是积极参与和推动文化建设，丰富发展人民政协团结民主主题。精心举办全省青少年书法大赛、“永恒的旋律——名家名歌广东演唱会”和“中华之声——名家名曲广东演唱会”，打造我省文化建设“金字招牌”。坚持每年开展送戏下乡，丰富基层群众文化生活。精心举办每年的“四洲杯”粤港澳粤曲演唱大赛，“政协杯”乒乓球、台球、高尔夫球友谊赛，为新时期人民政协团结联谊工作开辟新渠道。积极筹划成立“广东省繁荣粤剧基金会”，重排现代经典粤剧《山乡风云》，促进粤剧事业振兴繁荣。精心征编出版《广东文史资料存稿选编》等文史资料和《岭南史学名家》等“岭南名家”系列丛书，共计1100多万字，发挥文史资料存史资政团结育人的作用。隆重举办纪念孙中山先生诞辰140周年、纪念抗日战争胜利60周年等系列重大活动，组织拍摄《丘逢甲》文献电视专题片，利用纪念重大历史事件、重要历史人物的契机，增进海内外新老朋友共识，增强中华民族凝聚力。四是努力推动观念创新和工作创新，不断开创人民政协工作新局面。大胆创新政协全体会议和常委会议组织形式。九届五次全会首次采用即席发言方式，受到社会各界一致好评。首次采用提案现场办理方式，有效提高办理效果。积极创新调研视察方式。省政协领导到市县调研视察，邀请当地省政协委员参与。组织部分港澳委员和民营企业家，赴东西两翼和山区视察投资，为促进区域协调发展献计出力。积极探索委员履职激励约束新机制。以会风建设为突破口，严格委员参加会议活动纪律，并据此调整了个别委员。出台《关于规范省政协委员参加会议活动的规定》，极大调动了政协委员参政议政积极性。积极探索公众参与政协工作的新举措。邀请海外知名华侨华人列席政协全体会议，提高人民政协参政议政透明度和公众参与度。成立《人民政协报》广东记者站，精心办好《同舟共进》杂志、《广东政协》杂志，在广东电视台创办《政协委员》专栏，不断拓展和延伸人民政协参政议政的广度和深度。五是全面推进自身建设，夯实人民政协事业发展基础。坚持促进党派合作。坚持省政协领导分工联系省各民主党派、工商联制度和每季度召开省政协与省各民主党派、工商联秘书长座谈会制度。注重突出人民政协界别特色。以专门委员会为依托，开展界别座谈、界别调研、界别提案等富有界别特色的活动。根据广东实际，调整增设了民族宗教、外事侨务两个专委会，使专委会设置更趋合理，更好地根据界别特点开展工作。着力加强政协委员队伍建设。共举办7期提高参政议政能力培训班，对1700多名省政协委员和地市政协主席及政协机关干部全部轮训一遍。切实推进机关建设。提出建设“书香人和”机关，建立健全机关办文办会办事制度。组织各类调研视察考察活动400余批次，主办承办各种会议活动2600余场次，接待海内外团组3000余批次。干部职工大局观念和服务意识不断增强，工作质量工作效率不断提高。

二、五年来的工作经验：一是坚持和加强中国共产党领导是人民政协事业发展的根本保证；二是坚持团结民主两大主题是人民政协事业继往开来的方向和使命；三是坚持围绕中心服务大局是人民政协履行职能的重要准则；四是坚持以人为本履职为民是人民政协矢志不移的参政理念；五是坚持突出特色发挥优势是人民政协有所作为的基本途径；六是坚持发挥委员主体作用是人民政协提高整体效能的本质要求；七是坚持不断加强自身建设是人民政协事业与时俱进健康发展的坚实基础；八是坚持解放思想锐意创新是人民政协事业永葆生机活力的不竭源泉。

三、2008年工作建议：一是以中共十七大精神统揽政协工作，共同推进中国特色社会主义事业；二是围绕全面建设小康社会新要求，切实履行政治协商、民主监督、参政议政职能；三是把握团结民主两大主题，创造性地开展人民政协各领域工作；四是探索履行职能制度建设，不断推进中国特色社会主义政治制度完善发展；五是全面加强自身建设，再铸人民政协事业发展新辉煌。

【组织概况】

主　席

陈绍基

副主席

蔡东士　梁国聚　汤炳权　王珣章
周天鸿　姚志彬　陈蔚文　温兰子
温思美

秘书长

杨　懂

常务委员名单（按姓氏笔画为序）

丁　义（满族）　丁　凡　卜新民
万　捷　马光瑜　王克曼　王初明
王国健　王晓华　王赐豪　文义民
方冬生　方兴起　方健宏　邓飞其
卢　馨（女）　卢伟硕　叶华能
吕玉波　吕伟雄　朱凤云　朱坚真
朱征夫　朱振中　朱海军　朱德义
朱穗生　仲德昌　刘　伟　刘伟宏（女）
刘纪显　刘建平　刘剑明　关则文
江青粦　许辉年　孙国萍（女）
苏永大　苏枝桓　李　心（女）
李元元　李中铎　李文岳　李伟建
李安喜　李进明　李若建　李若虹
李定安　李胜堆　李莱德　李德成
杨　健　杨正根　杨华维
杨志红　（女，回族）　杨连盛
肖德雄　吴火豪　吴远溪　岑润洪
邱　捷　何文洪　何锦超　余其铿
余明永　余鹏春　张　华（女）
张　枫　张　凌　张玉其　张远贻
张国荣　张祥海　陆大祥　陈　东
陈　华　陈　砺　陈　强　陈文杰
陈成才　陈步涛　陈卓贤　陈国安
陈国兴　陈忠烈　陈凯旋　陈建锋
陈俊年　陈冠雄　陈桥顿　陈维信
陈绿平　陈锦鸣　陈缵光　林　勇
林存德　林伦伦　欧　广　欧卫东
罗小平（女）　罗兴华　罗香珠（女）
罗颂平（女）　周　義　周永章
周志洪　周丽琼（女）　郑　雪
郑尤坚　郑合明　房庆方　屈良鹄
孟　浩　赵　健（中区）
赵　健（无党族）赵鹏飞（白族）
胡国华　胡明森　胡学强
钟　理（土家族）施振旦　姚振华
袁明桂　莫海鸿　党　志　倪善学
徐　峰　徐远通　徐尚武　徐真华
徐颂军　徐萍华（女）　郭泽宇
涂辉龙　黄　武　黄少雄　黄兰发
黄西勤（女）　黄成林　黄建军
黄绍龙　黄荣标　黄顺源　黄晓涛
黄继豪　黄遂发　萧七妹（女）
崔　河　盘建梅（女，瑶族）
梁　棠　梁绍棠　梁树森　彭志坚
彭秋野　释宏满　鲁开垠　曾　志
曾　涛　曾其毅　温　洋　游德武
谢鹏飞　雷盛武　蔡如青　蔡高声
廖迪娜（女）　廖建航　廖榕就
谭泽中　谭璋球　翟美卿（女）
樊锁海　霍震寰　衡长福　戴达年
戴庆元　戴卿林　戴德丰　魏　昕（女）

委员名单（按姓氏笔画为序）

中国共产党（40名）

方健宏　古伟中　卢炳辉　朱凤云
朱振中　朱穗生　仲德昌　刘子静
刘建平　关则文　江青粦　汤炳权
李文新　李德成　杨　健　杨　懂
杨正根　何文洪　张　枫　张远贻
张祥海　陈国兴　陈绍基　陈绿平
林存德　赵　健　胡国华　侯　健
倪善学　徐尚武　黄　洪　黄兰发
黄遂发　梁国聚　彭志坚　彭秋野
温兰子（女）　谢鹏飞　蔡东士
谭璋球

中国国民党革命委员会（19名）

刘纪显　李勤德　李福泉　吴　翰（女）
吴明姆　吴培冠　吴赛珠（女）
张秉钊　陈缵光　邵　靖（女）
周天鸿　庞　勇　胡荣国　钟晓渝
党　志　唐冬生　黄雪艳（女）
詹昭重（女）　潘莎莎（女）

中国民主同盟（20名）

万　捷　王晓华　邓飞其　邓文基
邓穗玲（女）　卢传坚（女）
朱坚真　关翰琴（女）　李若建

吴有必　余庆安　张爱民　陈章和
林平杰　郑尤坚　黄樟翰　蒋盛益
温思美　赖剑煌　潘　华（女，满族）

中国民主建国会（16名）

王正印　王志红（女）　王福亮
吕　平　刘　伟　李　心（女）
李应滔　李定安　余健明（女）
陈国隆　陈敏标　林冠棠　黄中伟
曾　涛　廖建航　潘胜燊

中国民主促进会（15名）

王光护　叶一鸣（女）　田秋生
刘大济　张效民　陈国安　胡　献
曹　彪　梁　平　董超凤（女）
鲁开垠　谢　铿　谢　端（女）
樊锁海　潘史扬

中国农工党（12名）

马光瑜　贝抗胜　邓国清　刘　红（女）
刘启德　刘冠贤　许瑞明　巫奕琦（女）
余明永　邹浩元　张　华（女）
陈　炼

中国致公党（8名）

王珣章　王桂元　华　红（女）
刘忠芳（女）　孙国萍（女）
陈　砺　陈紫芸（女）　曾　志

九三学社（9名）

王卫红（女）　陈玉斌　孟　浩
胡充寒　姚志彬　黄惊雷　温　洋
熊豪品　戴卿林

台湾民主自治同盟（4名）

卢　馨（女）　宋　亮　陈蔚文
谢丽玲（女）

无党派人士（17名）

王巧云（女）　王初明　刘　涛
吴艳芬（女）　陆大祥　陈丽霞（女）
陈焕护　屈良鹄　徐远通　高海生
黄　武　黄西勤（女）　黄绍龙
黄晓涛　黄海燕（女）　崔漫红（女）
蔡清早

中国共产主义青年团（3名）

陈　东　赵　嘉（女）　唐永汉

总工会（9名）

刘小钢　苏茂群（女）　李少梅（女）
杨小明　何广兴　陈文杰　陈纲军
曾繁强　谭　峰

妇女联合会（7名）

朱小蔚（女）　朱锐芳（女）
安　然（女）　吴以环（女）
周丽琼（女）　胡利群（女）
翟美卿（女）

青年联合会（3名）

古少明　汪　群　黄伟文

工商业联合会（35名）

卢小周　叶惠全　朱海军　许明钦
严瑋玉（女）　苏枝桓　巫秋峰
李　伟　李阳春　杨伟忠　吴火豪
吴哲歆　岑润洪　沈康生　张　华（女）
张玉其　张汉泉　张新辉　陈　熹
陈永弟　陈成才　陈凯旋　陈桥顿
陈海燕　陈瑞志　林义鸿　郑钟南
胡　正　姚振华　黄少雄　黄继豪
黄晨光　梁从贤　詹玉湘　戴庆元

科学技术协会（23名）

白　岚（女）　刘　兵　许宁生
李　捷（回族）　李汉明　邱　磐
张俊修　陈仪本　林锋亮　欧卫东
欧先伟　罗秀豪　罗维满　金世明
周永章　郑梓桢　胡艳曦（女）
莫海鸿　郭清宏　黄　兴　梁　明
程仰贤　蔡延钊

台湾同胞联谊会（4名）

江中君（女）　陈小英（女）
陈俊康　廖　如（女）

归国华侨联合会（26名）

邓向端　卢景辉　邝家驹　吕伟雄
汤镇业　纪少雄　麦可君（女）
苏忠阳　李　虹（女）　李婉清（女）
杨　松（女）　杨鲍生　肖明辉

吴迪文　吴锐成　张超美（女）
陈一驹　陈翠芹（女）　林东亮
罗有雄　徐建平　郭泽宇　陶原珂
黄　玲（女）　黄富强　龚俊龙

文化艺术界（46 名）

丁　凡　丁　义（满族）　王克曼
王春芙　方　向　邓　原　刘　晶（女）
刘斯奋　孙泽军　纪光明　李仙花（女）
李永祥　李远东　李劲堃　李国安
李爱云（女）　李海荣　李淑勤（女）
杨珍妮（女）　吴建芳（女）
何　萍（女）　何伟光　余其铿
邹月照　张　弘　张惠建　陈　星（女）
陈建华　陈春盛　陈玲玉（女）
陈培臣　林永康　林海海（女）
林潮明　罗小平（女）　费　勇
袁　玫（女）　袁东艳（女）
徐南铁　董小明　蒋文端（女）
程大兆　曾波强　鲍玉学　廖　琪
廖红球

科学技术界（77 名）

于国春　万雄斌　马　坚　马云山
王　岚（女）　王子葵　王希龙
车小燕（女）　邓永高　邓焕彬
叶小舟　冯瑞阳（女）　朱必凤
华　军　江旻舟（女）　安关峰
孙晗笑（女）　苏卫国　李中铎
李立新　李光霞（女）　李俊权
李晋锋　李道帆（女）　杨中艺
杨春亮　杨新潮　肖华春　吴　鹏
何建强　何锦超　余　林　余　勇
宋劲松　张　凌　张　翼　张青晖
张晓丹（女）　陈　强　陈土家
陈汝鑫　陈志列　陈志实　陈思平
陈春贻　陈冠雄　陈铣成　陈嫦娟（女）
林子瑛（女）　林水福　林佑钦
林松泉　林茂光　林秋城　周厚立
冼　燃　房庆方　赵树培　胡明森
钟　理（土家族）　洪　岸（女）
姚　桦（女）　袁明桂　郭　俊
郭　智　郭元强　黄宏文　黄建军
黄剑涛　隋　军　彭俊彪　傅和亮
曾少强　曾汉明　阙妙丽（女）
潘　力　魏　昕（女）

社会科学界（14 名）

田　丰　朱征夫　任剑涛　李凤英（女）
邱　捷　陈忠烈　陈俊凤　陈锡康
林有能　林伟健　黄志云　温宪元
谭　刚　薛云华

经济界（69 名）

马　娅（女）　王　强　王志伟
方　平　方冬生　方泽强　古耀明
卢国豪　卢绍杰　卢基新　叶华能
吕　兢　朱培坤　庄　耀　刘伟宏（女）
许建华　麦伯良　麦照平　李文岳
李安喜　李进明　李建明　李胜堆
李清华　杨天泰　杨国强　杨振鑫
杨楚贤（女）　肖七妹（女）
吴南明　吴桂谦　余　正　余国治
张　劲　张　斌　张云东　张荣标
陈少达　陈伟洪　陈建锋　陈俊雄
陈康强　陈焕全　郑　冬　赵心竹（女）
施伟民　莫冠良　莫锦池　贾祥森
徐　森　徐尔灵　徐惠兴　郭梓文
涂辉龙　黄顺源　黄炳文　崔　河
梁　棠　梁国兴　彭晓明　游德武
曾茂娣（女）　曾俭华　温少松
赖悦辉　蔡如青　蔡高声　黎俊东
戴达年

农业界（34 名）

邢　苗　严小龙　李日荣　李雨松（壮族）
李珠江　李根基　李粤安　李瑞伟
杨国平　吴惟瑞　何生根　陈日远
陈维信　林仰南　林典来　林映才
林俊钦　欧壮喆（壮族）　欧晓明
罗必良　罗继东　岳中明　周厚诚
施振旦　徐萍华（女）　郭　浩
黄日东　黄旭忠　黄运江

黄俐晔（女，壮族） 曾 明
赖诗仁 詹建怀 滕 军

教育界（62名）

王竹立 王国健 文义民 方 江
方兴起 邓静红（女） 乐 军（壮族）
朱义坤 朱东海 刘传沛 刘劲予
李元元 李丽娟（女） 李汴生
李建浔（女） 李适宇 李续娥（女）
杨 维 杨木壮 杨耀明 吴 晞
吴潭伟 余艳娟（女） 张平功
张汉忠 张建琦 张基宏 陈玉川
陈庆新 陈政石（满族） 林 勇
林伦伦 卓泽雄 易佐永 罗文鸿
罗峻峰 郑 雪 郑永辉 郑炽钦
赵 健 查振祥 柏志全 钟康模
姚钦英（女） 袁 泉（女）
耿树森 夏 伟 倪梁康 徐真华
徐颂军 曹衍清 常会友 章必功
葛洪义 曾用强 谢可滔 廖迪娜（女）
廖榕就 谭泽中 薛军力 霍海洪
瞿金平

体育界（10名）

朱征宇 刘 炎 刘万发 杨迺军
吴纪宁 吴国村 罗兴华 钟秀娥（女）
黄乐闻（女） 黄海忠

新闻出版界（9名）

龙土有 刘景明 孙 周 李伟建
杨春南 杨锦燕 陈俊年 钟广明
黄颂豪

医药卫生界（43名）

王 颀 毋福海 石玉玲（女）
吉 喆（女） 吕玉波 伍 卫（女）
庄良虹（女） 刘 东 许四虎
许淑清（女） 孙筱放（女）
李素荷（女） 李楚源 吴淑卿（女）
邱海航 何 伟 邹锦慧 沈靖南
宋尔卫 张卫达 张湘民 张德志
陈华德 陈阳生 林界伟 罗 翌（女）
罗颂平（女） 胡学强 姜文奇
姜世平 郭会平（女） 涂瑶生
陶德胜 黄元瑾（女） 黄文起
黄达德 梁志鹏 彭 炜（女）
彭广福 曾其毅 曾骏文 蔡越秀（女）
谭光明

对外友好界（5名）

王俊文 艾特莎（女） 唐 豪
黄荣标 傅 朗

社会福利和社会保障界（8名）

王扶松 王理宗 杨华维 杨明裕
范桂贤 林王平（女） 曹 艳（女）
富明慧（满族）

少数民族（9名）

马建钊（回族） 马毓钧（回族）
朱城（土家族） 武一婷（女，满族）
赵鹏飞（白族） 敖淑清（女，达斡尔族）
盘永花（女，瑶族） 盘建梅（女，瑶族）
梁积福（壮族）

宗教界（11名）

吕国存 苏永大 陈逸鲁 林国贞
赵耀年 钟标发 释印顺 释如禅
释宏满 释明慧（女） 释法量

特别邀请人士（283名，含香港人士99名，澳门人士31名）

卜新民 于云臣 马军港 马锦雄
王 辉 王 毅 王运婵（女）
王建平 王济鹤 王精华 韦丽坤（女）
方海顺 孔少琼（女） 邓 安
邓苏夏 叶志光 田映生 丘巧莲（女）
邝汇珍 冯立梅 朱德义 乔 军
庄建儿 刘文东 刘立平 刘远珍（女）
刘鸣高 刘建新 刘树基 刘耀辉
江 龙 江逢灿 许裕长 阮灶新
孙庆奇 孙效峰 麦上荣 严志冲
苏伟强 杜重年 巫颂平 李 礼
李 师 李 勇 李亚鹤 李亦非
李若虹 李晓平 李康寿 李朝旺
李新春 杨 扬 杨自胜 杨向东
杨连盛 杨应满 吴 维 吴 琦

吴远溪 吴茂珠（女） 吴紫骊
吴锡炎 邱淑英（女） 何金和
何美松 余炳林 余艳红（女）
邹声听 邹学军（女） 沈启绵
沈梅红（女） 张 志 张 杰
张玉庭 张伟平 张兆宽 张春昉
张敬石 陈 华 陈 曦 陈玉明
陈亚德 陈志干 陈奕鹏 陈敏生
邵 忠 范小兵 林文灿 林伟伦
林映文 林惠纯（女） 欧 广
欧汉波 欧桂生 罗达明 罗梓健
罗意自 罗碧坚（女） 周 義
郑少伟 郑庆顺 郑金钻 郎 波
赵基耀 胡锡辉 柯 带（女）
姚宇翔 贺云崇 袁雪元 袁德和
莫英群 徐 峰 徐大章 郭承针
郭晓莉（女） 唐文盛 唐晓萍（女）
黄 炳 黄小梅（女） 黄宇东
黄英超 黄思潮 黄桂标 黄跃军
黄清芳 黄新民 黄德高 章 俊（女）
梁 川 梁仲景 梁国安 梁建伟
梁绍棠 梁海峰（女） 彭树挺
彭桂和 喻 军 焦太山 曾庆涛
曾昭逢（女） 温 良 温华光
谢锦文 蓝波世 雷盛武 蔡松贵
蔡河义 裴立宁（女） 廖 勇
谭 练（女） 潘绍新 衡长福
魏海鹰

（香港人士）

马介钦 马鼎盛 王赐豪 王德雄
云维熹 方 和 方文雄 邓祐才
邓婉玲（女） 石国基 叶振都
田北辰 冯权开 朱李月华（女）
朱振民 庄成鑫 庄声源 庄学山
刘剑明 刘恒智 刘嘉荣 江达可
李 康 李文斌 李民桥 李诚仁
杨 鑫 杨志红（女） 连卓钊
吴小莉（女） 吴华江 吴惠权
邱浩波 何广健 何焯辉 余鹏春
邹灿林 邹锡昌 张 斌 张 静
张兴来 张国荣 张晴云 张楚光
陆 海（女） 陈 武 陈 耘（女）
陈 强 陈有海 陈伟能 陈步涛
陈劲恒 陈卓贤 陈建强 陈振彬
陈镇成 英永祥 林有勤 林英乐
林炜珊（女） 罗庆琮 罗君美（女）
罗活活（女） 周志洪 周洁冰（女）
郑合明 郑李锦芬（女） 郑卓标
郑泽权 郑通亮 郑楚杰
胡郭秀萍（女） 姚汉明 袁国强
袁满华 徐小英（女） 徐剑雄
凌国强 郭泽伟 容 冰 黄成林
黄伟深 黄海琨 梅应源 梁少贞（女）
梁灼林 蒋志坚 温幸平 温悦昌
谢 浪 简松年 廖汤慧霭（女）
廖明光 谭伟豪 黎智华 潘少忠
霍震寰 戴锦春 戴德丰

（澳门人士）

马有仁 龙国强 卢伟硕 吕强光
伍仲和 江美芬（女） 许礼坚
许辉年 李大万 李子丰 李莱德
杨道匡 肖德雄 邱秋雄 何少金（女）
陈杰恒 陈锦鸣 林玫生 罗香珠（女）
房胜棠 柯海帆（女） 容永恩（女）
黄宇光 梁北根 梁庆球 梁树森
梁冠峰 梁智生 梁嘉鸿 赖振权
霍丽斯（女）

委员增补名单

（以下为2008年12月31日十届四次常委会增补）

苏志刚 尹 矣 卢和丰 陈 昆
盛南方 刘奕志 许银川 莫道明
段亨明 马卫庆 吴宏斌 宋桌平
曾学敏 林加兴 王庭聪 李国英
梁志群 薛 辉 田 亮 林圣德
王顺生 梁光伟 赖汉宣 李建南
袁小波 张怡凰 甘新境 温纯青
陈万培

副主席辞职名单

（以下为 2008 年 1 月 20 日十届一次会议通过）

许德立　韩大建　柯小刚

罗富和　李统书

委员辞职名单

（以下为 2008 年 12 月 31 日十届四次常委会通过）

黄海忠　贾祥森　李新春　曾庆涛

委员去世名单

严小龙　杨春亮

【广东省各市、县、区政协领导人名单】

广州市（副省级）

市政协主席

朱振中

副主席

郭锡龄　李勤德　林生珠（女）

苏志刚　向东生　平欣光　孙　峰

潘胜燊　曹鉴燎(2008 年 2 月辞职)

秘书长

张灼民

区（市）政协主席

越秀区　刘小骏

海珠区　庄国平

荔湾区　卢玉萍（女）

天河区　杨南聪

白云区　庞文洪

黄埔区　杨　勇

番禺区　徐金海

花都区　黄水记

南沙区　冯成标

萝岗区　官展平（女）

从化市　李玉宜（女）

增城市　王运才

深圳市（副省级）

市政协主席

王顺生（2008 年 4 月当选）

李德成（2008 年 4 月辞职）

副主席

姚欣耀（2008 年 4 月当选）

姜　忠（女）　廖军文　余晖鸿

钟晓渝　陈观光　黄中伟　张效民

陈思平

秘书长

汤丽霞（女，2008 年 4 月当选）

姚欣耀（2008 年 4 月辞职）

区政协主席

罗湖区　吴培基

福田区　张青山

南山区　温　玲（女）

盐田区　李秀忠

宝安区　沈建英（女）

龙岗区　巫应达

珠海市

市政协主席　余炳林

县（区）政协主席

香洲区　许经学

金湾区　谢雄辉

斗门区　梁一为

汕头市

市政协主席　于云臣

县（市、区）政协主席

金平区　黄自强

龙湖区　黄巧凤（女）

澄海区　陈细雄

濠江区　邱曼丽（女）

潮阳区　李逸珊（女）

潮南区　郑火木

南澳县　吴俊深

佛山市

市政协主席　蔡河义

县（市）政协主席

禅城区　张宪邦

南海区　叶桂容（女）

顺德区　　李新喜
高明区　　吕耀江
三水区　　刘　宁

韶关市
市政协主席　　邓苏夏
县（市、区）政协主席
浈江区　　余石怡
武江区　　杨应光
曲江区　　刘灶金
乐昌市　　马森超
南雄市　　何万飞
仁化县　　彭良武（2008年3月当选）
　　李征娥（女，2008年3月辞职）
始兴县　　赖　根
翁源县　　刘卫标
新丰县　　李德彝
乳源县　　费玉海

河源市
市政协主席　　陈志平
县（市、区）政协主席
源城区　　刘　耿
东源县　　许德通
和平县　　朱文金
龙川县　　柯龙添
紫金县　　叶就成
连平县　　余金照

梅州市
市政协主席　　温华光
县（市、区）政协主席
梅江区　　郭勇谋
兴宁市　　曾洪标
梅　县　　林均庭（2008年3月当选）
　　李定凯（女，2008年3月辞职）
平远县　　凌征忠
蕉岭县　　宁全兴
大埔县　　何道城
丰顺县　　陈福超
五华县　　幸定华

惠州市
市政协主席　　刘耀辉
县（市、区）政协主席
惠城区　　林玉坤
惠阳区　　黄秋福
惠东县　　徐繁荣
博罗县　　刘运添
龙门县　　杨绍冲（瑶族）

汕尾市
市政协主席　　莫英群
县（市、区）政协主席
市城区　　刘妈金
海丰县　　洪胜顿
陆丰市　　李　端（女）
陆河县　　罗永活

东莞市
市政协主席　　刘树基

中山市
市政协主席　　郑金钻

江门市
市政协主席　　赵基耀
县（市）政协主席
蓬江区　　张秀萍（女）
江海区　　林惠国
新会区　　伍锦泉
台山市　　黄小玲（女）
开平市　　谭德荣
鹤山市　　蔡卫健

恩平市　龚秀娴（女）

阳江市

市政协主席　韦丽坤（女）

县（市）政协主席

江城区　冼学享

阳春市　关则荣

阳东县　张厚英

阳西县　陈　亨

湛江市

市政协主席　李康寿

县（市、区）政协主席

雷州市　陈秀琴（女）

廉江市　温　宁

吴川市　杨彩兰（女）

遂溪县　蔡　铭

徐闻县　麦晓明

赤坎区　杨木森

霞山区　沈　谦

麻章区　许胜福

坡头区　叶振宏

茂名市

市政协主席　冯立梅

县（市、区）政协主席

高州市　卢昌华

化州市　陈伯兴

信宜市　刘显昌

电白县　杨景秀

茂南区　陈永才

茂港区　钟林矿

肇庆市

市政协主席　梁国安

县（市、区）政协主席

端州区　陈　华

鼎湖区　李　昌

四会市　潘玉荣

高要市　甘雄伦

广宁县　梁超进

德庆县　温爱民

封开县　黎兆坤

怀集县　梁广枝

清远市

市政协主席　邹学军（女）

县（市、区）政协主席

清城区　张春贤

英德市　吕大荀

连州市　廖加见

佛冈县　缪树森

清新县　余灿新

连山县　莫祖和

连南县　唐国伟

阳山县　李　厚

潮州市

市政协主席　田映生

县（区）政协主席

潮安县　何新民

饶平县　许玉云（女）

湘桥区　林桂汉

揭阳市

市政协主席　欧汉波

县（市、区）政协主席

榕城区　洪奕辉（女）

普宁市　刘惠光

揭东县　沈丁汉

揭西县　高史佑

惠来县　方　城

云浮市

市政协主席　彭桂和

县（市、区）政协主席

云城区　梁水金

罗定市　张家强

新兴县　梁世枢　云安县　陈荣喜
郁南县　欧　皓

广东省各级政协组织委员数

（截至 2008 年底）

级别 项目	省	副省级市	设区（县）的市	县（不设区的市、市辖区）	合　计
组织数	1	2	19	121	143
委员数	973	1010	7011	25386	34380

（周艳春 编写　廖珍玉 审稿）

政协广西壮族自治区委员会

马铁山　主　席

林国强　副主席

蒋济雄　副主席

李达球　副主席

蒋培兰　副主席

梁春禄　副主席

黄格胜　副主席

黄日波　副主席

彭　钊　副主席

李　彬　副主席

杨才寿　秘书长

【全体委员会议】

十届一次会议 2008年1月17日至23日在南宁召开。应出席委员675人，实到655人。大会主席团常务主席马铁山主持开幕会，自治区党委书记郭声琨在开幕会上作重要讲话。会议听取和审议了林国强代表政协第九届广西壮族自治区委员会常务委员会所作的工作报告，审议了政协第九届广西壮族自治区委员会常务委员会关于提案工作情况的报告（书面）。出席会议的全体委员列席了广西壮族自治区第十一届人民代表大会第一次会议，听取并讨论了自治区代主席马飚所作的政府工作报告和其他重要报告。会议期间，共收到提案515件，立案501件。会议通过了中国人民政治协商会议第十届广西壮族自治区委员会第一次会议政治决议、自治区政协十届一次会议关于常委会工作报告决议、自治区政协十届一次会议关于常委会提案工作情况报告决议和自治区政协十届一次会议提案审查委员会关于十届一次会议提案审查情况的报告。会议选举马铁山为自治区政协主席，林国强、蒋济雄、李达球、蒋培兰、梁春禄、黄格胜、黄日波、彭钊、李彬为副主席，杨才寿为秘书长，于开金等104人为常务委员。马铁山主席在闭幕会上作了讲话。

【常务委员会会议】

九届常委会

第21次会议 2008年1月8日至9日在南宁召开。应出席113人，实到106人。马庆生主席主持会议。会议的主要议题是关于总结政协第九届广西壮族自治区委员会工作，召开自治区政协十届一次会议的有关事宜。会议通过了关于召开自治区政协十届一次会议的决定，政协第十届广西壮族自治区委员会的参加单位、委员名额和人选，自治区政协十届一次会议议程（草案）和日程（草案），政协第九届广西壮族自治区委员会常务委员会工作报告及报告人，政协第九届广西壮族自治区委员会常务委员会关于提案工作情况的报告；审议了政协第九届广西壮族自治区委员会各专门委员会五年工作总结，自治区政协办公厅关于政协第九届广西壮族自治区委员会委员视察工作情况的报告，自治区政协委员2007年度视察情况报告，自治区政协领导2007年度出访情况报告，自治区政协办公厅关于五年来反映社情民意信息工作的总结；会议还通过了授权主席会议审议自治区政协九届二十一次常委会议未尽事宜的决定。马庆生主席在闭幕会上作了讲话。

十届常委会

第1次会议 2008年1月24日在南宁召开。应出席115人，实到100人。马铁山主席主持会议并讲话。会议通过了政协第十届广西壮族自治区委员会常务委员会关于设置专门委员会的决定和专门委员会主任、副主任名单。

第2次会议 2008年5月28日至30日在南宁召开。应出席115人，实到94人。马铁山主席主持会议。会议的主要议题是为促进广西北部湾经济区发展规划实施建言献策。会议听取了蒋济雄副主席所作的“促进广西北部湾经济区发展规划实施”专题调研报告。委员们围绕会议议题进行了协商讨论，提出了意见和建议。会议通过了任命朱祚荣、谢朝生、钟学荣、邱龙华、孙海宁为政协第十届广西壮族自治区委员会副秘书长的人事事项。马铁山主席在闭幕会上作了讲话。

第3次会议 2008年9月25日至26日在南宁召开。应出席115人，实到72人。马铁山主席主持会议。会议的主要议题是为推进广西承接东部产业转移工作建言献策。自治区副主席杨道喜出席会议并讲话。会议听取了李达球副主席所作的专题调研情况介绍。受自治区政府的委托，自治区经济委员会负责同志在会上通报了广西承接东部产业转移情况。与会人员围绕议题进行了协商讨论。各民主党派广西区委、自治区工商联负责人分别在会上发言。马铁山主席在闭幕会上作了讲话。

第4次会议 2008年12月17日至19日在南宁召开。应出席115人，实到74人。马铁山主席在开幕会上作了讲话。林国强副主席主持会议并作闭幕讲话。会议的主要议题是为促进广西文化产业大发展建言献策。会议听取了自治区副主席李康关于广西文化产业发展的情况通报。黄日波副主席作了关于促进广西文化产业大发展专题调研情况的报告；各民主党派广西区委负责人分别在会上发言。会议通过了关于召开自治区政协十届二次会议的决定；通过了自治区政协常委会工作报告及报告人；通过了自治区政协常委会关于自治区政协十届一次会议以来提案工作情况的报告及报告人；通过了自治区政协十届二次会议议程（草案）、日程、编组办法和小组召集人名单；通过了自治区政协十届二次会议秘书长、副秘书长名单；通过了自治区政协2008年各专门委员会工作情况报告、委员视察情况报告、自治区政协领导出访考察情况报告；通过了任命李舒林为自治区政协副秘书长、谢朝生不再担任自治区政协副秘书长职务，增补陆有义为自治区政协经济委员会副主任，方芳不再担任自治区政协经济委员会副主任（专职）职务，增补韦胜光等19人为自治区政协委员，卢柳屏不再担任自治区政协委员的人事事项。

【专门委员会工作】

提案委员会 一是做好提案审查、立案、交办和办理工作。全年收到提案550件，立案534件，办复率为99.63%。二是坚持自治区领导阅批和督办重点提案制度。向自治区党委、政府报送9件重要提案阅批件，自治区党委书记郭声琨和自治区主席马飚作出重要批示，要求有关部门认真落实委员在提案中提出的建议；自治区政协领导督办了10件重点提案。三是编印《重要提案摘报》，将提案反映的重点、热点问题报送党政有关领导阅批。四是加强制度建设，对历年出台的提案工作制度进行修订，制定专门委员会参与提案工作的办法，建立全区政协提案委员会主任联席会议制度。五是加强与各级政协提案委员会的联系与交流。邀请全国政协提案委员会负责人作关于《提案工作发展与创新》的辅导报告，配合全国政协提案委员会在广西开展《劳动合同法》实施情况重点提案调研。通过参加西部和中南提案工作座谈会等形式，加强与兄弟省市区的提案工作交流。注重加强对全区市县政协提案工作的指导和交流。六是承担常委会促进广西承接东部产业转移专题调研，并向常委会提交调研报告。

经济委员会 一是承担常委会促进广西北部湾经济区发展规划实施的专题调研，并向常委会提交调研报告。二是通过召开全体委员会议等形式，组织委员学习《政协章程》、《政协专门委员会通则》等，增强委员履行职能的责任感和自觉性。三是通过参加全国二十三省（市、区）政协经济委员会联席会议，组织全区各市政协经济委员会有关同志赴海南学习考察，组织召开全区各市政协经济委员会工作座谈会，加强与各级政协经济委员会的联系与交流。

农业委员会 一是桂北发生低温雨雪冰冻灾害后，及时组织召开“抗灾救灾和灾后生产自救工作”座谈会，将政协委员和有关单位的意见和建议报送自治区党委、政府及有关部门。二是以政协专报件形式向自治区党委、政府提出尽快解决重大动物疫病强制免疫注射费的建议。三是负责专题协商会议题“关于促进广西形成城乡经济社会发展一体化新格局”的专题调研，筹备召开专题协商会。四是组织委员到自治区供销合作联社、大明山国家级自然保护区开展委员活动日活动。五是通过各种形式，加强与涉农部门、全区市县政协相关专门委员会的交流与联系。

人口资源环境委员会 一是就环境保护、土地资源开发与保护、矿产资源以及人口计生形势等内容举办了四次专题学习和讲座活动。二是配合做好广西承接东部产业转移工作的常委会专题调研，对大新德天瀑布资源环境情况进行调研并将有关情况向有关部门反映，与民盟广西区委就北海涠洲岛生态保护管理有关情况进行联合调研。三是就人口计生工作、少数民族地区旅游资源开发利用与保护、城市建设和垃圾回收等与有关部门联合举办了三场专题座谈会。四是组织人员到广西各地开展污染源普查工作，并对污染防治工作提出意见和建议。五是与自治区博物馆到大化瑶族自治县民族中学联合举办恐龙等标本展览，开展科普教育。

教科文卫体委员会 一是承担常委会促进广西文化产业大发展的专题调研，组织开展中小学校舍的质量和安全问题调研活动。二是组织政协委员对加强新时期文联工作、发展中医药壮医药等自治区有关文件提出修改意见。三是协调自治区有关部门推动柳州市区直国有企业中小学退休教师待遇问题的解决。四是先后赴甘肃、浙江、广东参加西部十二省（市、区）政协产学研结合、促进科技成果发展研讨会，全国政协教科文卫体委员会农村卫生工作研讨会，以及部分省（市、区）政协科技工作联系会议。五是召开两次委员会全体会议和举办一次委员联谊活动，加强委员的学习和交流。

社会和法制委员会 一是分别在南宁、北海召开全体委员会议及全区政协社会和法制委员会工作座谈会，学习中央文件精神、政协知识及法律知识。二是配合常委会开展促进广西北部湾经济区发展规划实施的专题调研。三是积极参与广西多部法律法规草案的修改工作。四是赴重庆市参加全国政协暨各省（市、区）政协社会和法制委员会工作座谈会。

民族和宗教委员会 一是举办委员培训班，对全体委员和全区各市政协民族和宗教委员会主任进行培训。编印学习资料发给各位委员、各市政协民族和宗教委员会。二是配合开展促进广西形成城乡经济社会发展一体化新格局专题协商会的各项筹备工作。三是西藏拉萨“3·14”事件发生后，采取各种形式，揭露达赖的伪善面目，维护全区宗教界人士和信教群众的团结和稳定。四是组织开展宗教工作调研活动，撰写了《发挥宗教界人士和信教群众在促进经济社会发展中的积极作用》的调研报告。

港澳台侨和外事委员会 一是联合全区各市政协联谊委员会对广西1000余家港澳台侨企业进行调研，形成《关于港澳台侨在广西投资情况的调研报告》。二是承担促进广西旅游产业大发展的常委会专题调研。三是配合编印《港澳委员学习参考》，分别在香港、澳门举办港澳委员学习活动。四是充分发挥广西协力扶助基金会作用，募集人民币407.8万元、港币172.95万元和1万条毛绒披毯，支援汶川地震灾区、桂北雨雪冰冻灾区、洪涝灾区，以及捐资助学和扶贫济困。五是加强与美国广西同乡社团、南非中国商会、澳大利亚华人社团等民间组织，以及香港、澳门广西社团总会、广西联谊总会的联系，举办来桂投资的台商座谈会和联谊活动，促进广西招商引资工作的开展。六是举办全区各市政协联谊工作座谈会。

文史和学习委员会 一是编辑出版《新桂系纪实续编》第五、六辑，配合全国政协征编《亲历共和国丛书》、《亲历改革开放30年》和《改革开放后的中国边境贸易》等广西部分的资料。二是召开全区政协文史工作座谈会，协调全区各级政协征集、抢救新中国成立后的文史资料。三是配合开展促进广西旅游产业大发展的常委会专题调研，组织委员赴柳州市考察文史资料的征集和文物保护、利用情况。四是认真办好《学习参考》、配合办好《港澳委员学习参考》。五是积极做好常委会学习讲座、"同心讲座"、书法讲座的联系和协调工作。六是通过出席有关研讨会、座谈会等形式，加强与全国政协和各地政协文史和学习委员会的联系与交流。

【重要活动】

抗击低温雨雪冰冻灾害和抗震救灾捐助活动 2008年桂北低温雨雪冰冻灾害和汶川大地震发生后，通过广西协力扶助基金会、香港广西贫困教育基金会、李宁基金会，发动政协委员、各界人士捐款捐物，募集资金4080万元、1万条毛绒披毯支援灾区。

常委会学习活动 2008年5月28日，邀请全国政协办公厅研究室副主任、中国人民政协理论研究会秘书长原冬平作题为《以中共十七大精神为指导，推进人民政协履行职能》的学习报告。2008年9月26日，邀请广西社会科学院副院长、研究员钟启泉作题为《我国改革开放30年的辉煌成就》的学习报告。2008年11月24日、12月18日，分别围绕经济、中国曲艺艺术主题，在南宁举办了两次"同心"讲座。

"网上议政"活动 2008年5月29日，围绕广西北部湾经济区金融支撑体系建设问题，举办桂港澳三地连线网上议政活动，桂港澳三地部分政协委员、专家学者、金融部门的负责人就金融支撑体系、区域金融合作、培养金融人才、打破金融市场条块分割等问题发表意见，提出建议。自治区党委、政府领导将网上议政成果批转有关部门研阅、参考。

专题协商会 2008年8月12日在南宁召开。会议的主题是围绕促进广西形成城乡经济社会发展一体化新格局建言献策。马铁山主席出席并讲话。自治区人大常委会副主任刘新文、自治区副主席陈章良到会听取意见建议。会议由林国强副主席主持，蒋济雄、蒋培兰、梁春禄、黄格胜、黄日波、彭钊、李彬副主席，杨才寿秘书长出席会议。彭钊副主席通报了专题协商会的筹备及综合调研情况。部分自治区政协委员、民主党派广西区委代表和专家学者围绕农村基础设施、产业布局、社会事业、公共服务、政策措施、管理体制等问题提出建议。自治区有关部门负责同志针对与会人员提出的意见、建议作了交流发言。

全区政协工作会议专题调研 2008年8月13日至28日，自治区政协主席、副主席带领由自治区政协办公厅、专门委员会和自治区党委组织部、宣传部、统战部、政研室同志参加的6个调研组，分赴全区14个市开展政协工作专题调研，形成调研报告报送自治区党委，为全区政协工作会议的召开做准备。

全国政协专题组到广西调研 2008年9月1日至6日，以全国政协常委、北京市政协原主席程世峨为组长的全国政协文史和学习委员会专题调研组到广西就非物质文化遗产保护与传承情况进行调研。自治区副主席李康向调研组汇报了广西非物质文化遗产保护与传承工作情况及广西经济社会发展情况。李达球副主席主持汇报会。程世峨在会上作了讲话，对广西非物质文化遗产保护与传承工作给予了充分肯定并提出希望。随后，调研组赴南宁、百色、河池和柳州市进行调研。

全区各市政协主席座谈会 2008年9月5日在南宁召开。会议的议题是交流政协工作经验，听取进一步做好政协工作的意见和建议。马铁山主席，自治区党委常委、统战部部长黄道伟出席会议并讲话。会议由林国强副主席主持。杨才寿秘书长通报了全区政协工作会议的筹备情况、政协工作专题调研情况以及有关文件的起草情况。李达球、蒋培兰、梁春禄、黄格胜、黄日波、彭钊副主席出席了会议，各市政协主席，自治区政协办公厅、各专门委员会领导出席了会议。

全区各市政协秘书长座谈会 2008年9月18日在南宁召开。会议的议题是交流抓好政协机关队伍建设的经验，研究如何进一步提高政协机关的工作水平。林国强副主席、杨才寿秘书长分别作了讲话。会议由自治区政协副秘书长、办公厅主任朱祚荣主持。自治区政协副秘书长、办公厅有关领导、各市政协秘书长等出席座谈会。

纪念改革开放30周年座谈会 2008年12月5日在南宁召开。受马铁山主席委托，林国强副主席在会上作讲话。会议由杨才寿秘书长主持。蒋济雄、李达球副主席出席会议。各民主党派广西区委、自治区工商联负责人，自治区政协提案委员会、民族和宗教委员会负责人，部分在邕的全国政协委员、自治区政协委员代表发言，回顾改革开放30年来的光辉历程，讴歌全国和广西改革发展取得的巨大成就，以及人民政协对改革开放所作出的历史性贡献。

委员视察 全年组织视察团4个，其中常委视察团1个、委员视察团2个、界别视察团1个，153名委员参加了视察，提交视察报告4份，内容涉及基础设施和产业发展重大项目建设、农业产业化经营、《劳动合同法》实施情况、整村推进扶贫开发情况等方面。马铁山主席，林国强、李达球、蒋培兰、梁春禄、黄日波、彭钊、李彬副主席分别率团赴南宁、北海、钦州、防城港、河池、玉林、柳州、梧州等市视察。委托各市政协组织自治区政协委员（邕外）视察团14个，就地视察或跨市视察。

对外交往活动 2008年9月，应美国蒙大拿州政府和西门子美国公司邀请，马铁山主席率广西政协代表团赴美国考察。10月29日，自治区政协在南宁与以越南祖国阵线中央委员会主席团主席黄担为团长的越南祖国阵线代表团进行工作座谈，林国强、梁春禄副主席，杨才寿秘书长等出席座谈会。12月，应法国马恩河谷省议会邀请，李达球副主席率广西政协代表团赴法国考察。

【重要文件】

常务委员会工作报告（2008年1月18日）（摘要） 过去五年着力抓了以下工作：（一）学习理论，指导实践，把思想理论建设摆在政协各项建设的首位。通过召开常委会议、专题报告会、专题座谈会、中心组学习会和研讨会等多种形式，深入学习理论。五年来共编印了60期《学习参考》。召开广西首次人民政协理论与实践研讨会，共收到论文233篇。（二）围绕中心，服务大局，把促进发展作为履行职能的第一要务。从2006年开始，多次组织委员就加快广西北部湾经济区开发建设问题深入开展调研和视察，并两次召开常委会议专题进行协商。以组团方式构建广西北部湾经济区的建议被《广西北部湾经济区开放开发总体方案》采纳。在全国政协赴桂专题调研中，组织委员、专家、学者、企业家参加全国政协专题组的座谈会。全力做好全国政协在北海市召开“北部湾新区建设与区域经济合作”专题研讨会的协调和服务工作。自治区政协领导随同自治区党政主要领导参加在北京召开的全国政协“加快广西北部湾经济区开发与建设，推进北部湾区域经济合作与发展”专题协商会。围绕制定和实施“十一五”规划，组织委员就借鉴长三角、珠三角发展经验，研究广西“十一五”发展思路进行深入调研，并召开常委会议专题协商讨论。还对《广西国民经济和社会发展第十一个五年规划纲要（征求意见稿）》进行广泛的协商讨论，召开常委会议和各民主党派、人民团体、政协委员协商议政会。深入开展农业、农村、农民问题的调查研究，两次召开常委会议就解决“三农”问题、推进社会主义新农村建设建言献策。（三）积极探索，勇于创新，拓宽政协工作新思路。第11次常委会议作出了《关于推进广西政协工作创新的意见》。创办广西政协“同心”讲座；举办纪念胡锦涛同志在庆祝人民政协成立55周年大会上讲话发表两周年“四海同心”音乐会；成立广西政协“同心”乐团；出版广西政协“同心”丛书首册《漓江画派国画名家作品集》。从2005年开始，每年与上海市政协联合举办推动两地经济科技合作交流活动、经济科技项目合作洽谈会、广西投资环境说明会。与广东、浙江、福建、成都等省市政协就构建合作平台，推进省际间经济科技交流与合作进行交流和探讨。成立广西经济发展促进会，加强信息交流与科技成果转化，推动跨省经济科技的协作。围绕西南地区各省区市共同关注的“加快出海通道建设”问题，首次开展省际间联合网上议政活动。成立广西协力扶助基金会，汇集捐款1300多万元人民币，已资助1300多名大中小学贫困生上学及在贫困地区修建学校教学楼及配套设施。（四）关注民生，认真履职，政协经常性工作扎实活跃。选择影响广西社会和谐中所涉及的社会公平、社会稳定、人与自然和谐发展问题，组织各界委员深入基层开展调研。召开常委会议，就广西构建和谐社会问题进行专题协商议政。五年来，政协各参加单位和政协委员共提交提案2725件，立案2611件；召开了两次提案工作座谈会。共组织有2230多位委员参加的113个视察团，分赴区内各地就农业、工业、经济、教育、科技、文化、生态、环境、交通、海洋等领域的100多个专题进行视察，还委托市政协组织邕外的自治区政协委员进行就地视察或跨市视察：召开了两次全区政协视察工作座谈会。共征集反映社情民意信息3500多篇，整理报送全国政协和自治区党政领导及有关部门2600多篇；自治区党政领导同志对政协信息批示12人次。加强与新闻媒体合作。九届全会期间，《广西日报》、广西电台、广西电视台等区内主要新闻媒体对政协报道2000多件，中央电视台新闻频道“地方两会直通车”播出反映全区政协工作成果的新闻，广西电视台就广西经济社会发展问题举办委员论坛、对委员小组讨论情况、“同心”讲座、“四海同心”音乐会等重要活动进行现场直播。每年与自治区党委宣传部联合举办广西宣传人民政协职能、作用好新闻评选活动。《广西政协报》、《文史春秋》、广西政协网努力创新办报、办刊、办网的工作思路，发挥了政协新闻宣传主阵地的作用。《文史春秋》杂志获中文期刊网络传播海外分类阅读排名第6位，被评为第四、五届广西优秀社科期刊。（五）广泛团结，联谊交友，积极拓展政协的对外交往活动。在深圳举办港澳委员培训班。编印《港澳委员学习参考》10期。组织港澳委员视察北海、钦州、防城港市，就广西北部湾经济区建设情况献计献策。开展为办好中国一东盟博览会提出一条好建议、推荐一家知名企业参展，为广西引进一个投资项目的活动。筹划促成香港委员成立香港广西贫困教育基金会。支持香港委员捐款开展广西道路交通安全宣传教育“路路小心”系列活动。加强与广西各地台商协会的联系，组织台商考察农业开发基地、港口建设、旅游投资项目，促进台商企业发展桂台经济合作。开展与海外侨胞的联谊工作，维护海外侨胞和归侨侨眷的合法权益。自治区政协领导率团访问越南等东盟国家，邀请东盟国家驻南宁总领事馆领事和商务代办，新加坡、马来西亚、泰国、印尼等国侨领列席政协全会。五年来，共组织45个团组出访36个国家或地区，邀请了越南广宁省祖国阵线代表团访问广西，接待了老挝建国阵线代表团等28个国家（地区）90多个代表团来访。（六）夯实基础，完善制度，加强政协自身建设。搞好合作共事，充分发挥民主党派、无党派人士在政协中的作用。各民主党派广西区委、自治区工商联共提出经立案的提案533件，提供反映社情民意信息2800篇，在政协全体会议、常委会议、专题协商会上提交发言稿195篇。发挥专门委员会基础作用，提高专门委员会的工作水平。召开了专门委员会工作座谈会，组织学习《全国政协专门委员会通则》。各专门委员会建立健全工作制度，通过召开全区市县政协相关专门委员会会议、农业企业化经营与农业产业化发展和改善广西投资环境等专题研讨会，研究工作，探讨问题。组织委员就50多项专题深入调查研究，形成一批有重要参考价值的调研报告、专项建议和49件提案。组织委员参加党委、政府有关部门组织的调查和检查活动，担任司法机关和政府部门特约监督人员。牵头征编《中国瑶族百年实录》，参与全国政协文史和学习委员会17个专题的史料征编工作。编辑出版的《新桂系纪实续编》（1—4册）被评为全国政协优秀文史资料图书二等奖。丰富界别活动形式，发挥委员主体作用。组织各界委员就广西教育科技创新问题进行深入调研。组织各界委员就《民族区域自治法》贯彻落实等问题深入调研。制定完善各项规章制度，推进政协“三化”建设。新修订和制定了全体会议、常务委员会、主席会议、秘书长会议工作规则，专门委员会通则，提案、视察、反映社情民意信息工作条例等一批制度。通过在政协机关开展保持共产党员先进性教育活动、机关行政效能建设，确保了政协机关工作协调统一、规范有序、灵活高效地运转。对十届自治区政协的工作提出的建议：坚持以邓小平理论和“三个代表”重要思想为指导，深入贯彻落实科学发展观，认真学习贯彻中共十七大精神，把促进科学发展贯穿于人民政协履行职能的各个方面；围绕全面建设小康社会奋斗目标的新要求，把促进广西又好又快发展摆在人民政协履行职能的重要位置，更好地发挥人民政协协调关系、汇聚力量、建言献策、服务大局的作用，坚持团结和民主两大主题，推进社会主义民主政治建设；深入贯彻推进政协工作机制和制度创新，加强政协履行职能制度化、规范化、程序化建设；始终坚持以人为本，切实把实现好、维护好、发展好最广大人民的根本利益作为人民政协一切工作的出发点和落脚点，努力推动以改善民生为重点的社会建设。

政治决议（2008年1月23日）（摘要） 会议认为，中共十七大是在我国改革发展关键阶段召开的一次十分重要的大会，认真学习和全面贯彻中共十七大精神，是全区各级政协组织、政协各参加单位和广大委员首要的政治任务。会议听取并赞同自治区代主席马飚所作的政府工作报告，赞同关于自治区2007年国民经济和社会发展计划执行情况与2008年国民经济和社会发展计划草案的报告、关于自治区全区与自治区本级2007年预算执行情况和2008年预算草案的报告，赞同自治区高级人民法院工作报告、自治区人民检察院工作报告。会议同意林国强受政协第九届广西壮族自治区委员会常务委员会委托所作的工作报告和政协第九届广西壮族自治区委员会常务委员会关于提案工作情况的报告。会议认为，过去的五年，全区经济持续快速发展，综合实力大幅提升；重大产业项目和重大基础设施加快建设，发展后劲进一步增强；改革创新和开放合作不断深化，广西北部湾经济区开放开发建设步伐加快；城镇居民人均可支配收入和农民人均纯收入显著增加，人民群众得到更多实惠；社会和谐稳定，民族团结和睦，边疆巩固安宁，人民安居乐业，各项事业协调发展。自治区人民政府提出的今后五年工作总体要求和2008年工作任务，符合广西区情和发展实际，反映了全区各族人民的共同愿望。我们要全面加强社会主义经济建设、政治建设、文化建设、社会建设。要坚持把工业化、城镇化作为主导方向和核心战略，坚持把改革创新和开放合作作为发展的强大动力，坚持把实施“城乡清洁工程”和行政效能建设作为改善发展环境的重要内容，坚持把全民创业作为和谐发展的重要环节，把广西建设成为中国一东盟区域性物流基地、商贸基地、加工制造业基地和信息交流中心，成为连接多区域的国际通道、交流桥梁、合作平台，成为中国沿海地区经济新高地和发展新一极。会议期间，全体委员本着对人民高度负责的精神，积极围绕广西经济社会发展中的重大问题进行了协商讨论，建言议政。委员们高度关注工业发展问题，强调要加快构建广西特色的工业体系，增强自主创新能力，坚持走适合广西区情的新型工业化道路。高度关注加快广西北部湾经济区开放开发问题，强调要进一步加强基础设施建设，统筹推进重大产业布局，注重节约资源和保护生态环境，把广西北部湾经济区建设成为独具特色的重要国际区域经济合作区。高度关注农业、农村、农民问题，提出要统筹城乡发展，加强农业基础地位，增强农业综合生产能力，进一步推进新农村建设。高度关注文化建设问题，提出要坚持先进文化的前进方向，弘扬优秀传统文化，发展特色文化，提高全区文化软实力。高度关注以改善民生为重点的社会建设问题，提出要着力保障和改善民生，推进社会体制改革，扩大公共服务，完善社会管理，促进社会公平正义。委员们还就特色产业基地建设、优化开放合作环境、承接东部产业转移、加强节能减排工作、建设生态文明、推进旅游产业升级等问题，提出了积极的意见和建议。

【组织概况】

广西壮族自治区政协

主　席

马铁山

副主席

林国强　蒋济雄　李达球

蒋培兰（女）　梁春禄

黄格胜（壮族）　黄日波（壮族）

彭　钊　李　彬

秘书长

杨才寿

常务委员（按姓氏笔画为序）

于开金（满族）　王小东　王惠贞（女）

韦　宁（壮族）　韦红卫（女，壮族）

韦克义（壮族）　韦凯钟（壮族）

韦艳兰（女，壮族）　方　芳（女，苗族）

尹　彤　尹意求　邓纯东　邓崇荣

邓清河　甘　耘（壮族）　石德顺
龙翔云　田代琳　白先进（回族）
冯　斌　邢魁山　朱小林　朱晓明
朱贯莲（女）　伍时华　刘　亭（女）
刘日亮（壮族）　刘延刚　刘慕仁
刘慧霞（女）　孙小迎（女）
麦永雄　李　力　李　宁（壮族）
李　泽（壮族）　李文杰　李汉金
李君豪　李桂珍（女）　杨建新
肖芳佐（瑶族）　吴　方　吴　华（女）
吴小龙　吴学斌（壮族）　吴根林
吴维新　何玉棠　何志佳
何源浩（壮族）　沈桂萍（女，高山族）
张　渊　张师超　张树国
陆崇友（壮族）　陈天棠（京族）
陈自力　陈旭红（女）　陈荣贵（京族）
陈端喜　林　瑛（女）　罗　毅
金振威　周　嫣（女）　周凯旋（女）
庞栋春　郑皆连　孟　刚　赵　强
胡锦朝　袁曼虹（女）　顾乃峰
钱学明　徐欢澜（女）　郭淑琴（女）
唐　华　唐玉梅（女，瑶族）
唐济武　凌　军　黄　苹（女，壮族）
黄日富　黄汉明　黄初升　黄志强
黄家仁（壮族）　黄晓娟（女）
黄深根　黄漱鲁　常剑钧（仫佬族）
梁　颖（壮族）　梁戈夫（壮族）
蒋和生　蒋晓筠（女，壮族）
覃芳平（壮族）　粟永华（侗族）
释宏珠（女）　温祖贞（女）
蓝日基（瑶族）　廖　坚　谭锦球
黎明智（壮族）　黎梅松（壮族）
潘济华（壮族）　磨长英（女）

委员名单（按姓氏笔画为序）

中国共产党（30名）

马铁山　王小东　王福琨　尹　彤
石然龙（壮族）　冯　宪　冯振年
邢魁山　刘日亮（壮族）　刘延刚
刘宗海　刘耀龙　李达球　杨才寿
何利顺　林日华　林国强　金振威
顾荣喜　唐　华　黄　克（壮族）
黄汉明　黄深根　黄湘闽　梁春禄
彭　钢　蒋济雄　蒋培兰（女）
覃芳平（壮族）　谭　勇

中国国民党革命委员会（20名）

马亦龙（回族）　王承之　韦启良
文和群（女）　许绍才　李拥军（壮族）
吴　方　陈澄波　林高翔　林雪梅（女）
周　豪　赵相忠　莫小莎（女，壮族）
顾乃峰　凌　军　唐济武　黄文九
黄岱营（壮族）　黎　琳（女，仫佬族）
潘小玉（女，瑶族）

中国民主同盟（21名）

王德明　韦　宁（壮族）　韦建邦（壮族）
邓长球　石　昆（壮族）　刘　频
刘慕仁　孙祖东　阳　山　李　聪（壮族）
何　勇　陆崇友（壮族）　周　毅
胡玄邦　凌榜雄（壮族）　唐健钧
涂　珂（女，壮族）　黄志强
崔建国　覃　雄（女，壮族）
覃琼送（女，壮族）

中国民主建国会（20名）

韦红卫（女，壮族）　龙翔云
卢秋凌（女）　朱晓明　刘旭亮
李云昌　吴　华（女）　林　敢
林国泉　林春平　林谋悦　罗静斌
钱学明　高子华　唐正柱　黄荣森
龚永辉（壮族）　谢小麟　赖立志
熊瑞江（土家族）

中国民主促进会（20名）

邓庭宣　白　云（女，回族）
杨静华（女）　吴泽荣　陈自力
金芷竹（女，瑶族）　周　健（壮族）
钟大鹏　钟海秋（女）　秦全贵
袁爱萍（女）　徐欢澜（女）
容作信　黄　鹄（壮族）
黄玉华（壮族）　黄漱鲁　崔惠柳（女）
梁　华　温祖贞（女）　蓝常高（壮族）

中国农工民主党（20名）
王典清　贝小燕（女）　吕满笑（女）
关建国　何玉庭（壮族）　何源浩（壮族）
易　蔚（女）　周长山　周永尧（壮族）
孟　刚　钟建军　洪伟东
姚　岚（女，回族）　秦海洸
袁曼虹（女）　钱　莹（女）
黄曙海　梁　菊（女，壮族）
彭　钊　蒋和生

中国致公党（13名）
向　宇　许成琰　吴学今（女）
吴学斌（壮族）　何登旭　张　渊
罗志芳（女）　姜笑波　黄子威（壮族）
黄格胜（壮族）　梁红英（女，壮族）
蒋向筝（女）　曾明华

九三学社（12名）
韦文智（壮族）　邓明政（水族）
李　彬　李桂珍（女）　杨志远
莫荣光（壮族）　顾正飞　黄德征
蒋治良　赖定凡（侗族）　廖　坚
戴红兵

无党派人士（14名）
王以红（女）　王春林
韦成燕（女，壮族）　邓崇荣
冯家勋　刘向群（女，仫佬族）
李　智　陈圣党　罗知颂　金大刚
钟　兵　彭志鸿　雷志英（女，壮族）
黎乐群

中国共产主义青年团（9名）
冯　慧（女）　孙国梁　李　泽（壮族）
吴晓丽（女，壮族）　宋震寰（回族）
罗胜奇（壮族）　黄创优　蒋永亮
谢君柱

总工会（20名）
马忠华（壮族）　王相民　韦　山
韦　玲（女，壮族）　卢道东
冯　雁（女，壮族）　全昭众
刘永胜　杨建新　杨炳才（壮族）
吴胜梅（女）　何　骅（女，壮族）
林桂平（女）　罗星凯　莫玲玲（女）
黄寿疆（壮族）　黄轩南（壮族）
梁镇燊　覃能庆　景东平

妇女联合会（20名）
农卫红（女，壮族）孙小迎（女）
孙黎明（女）　杨雪敏（女，壮族）
吴　平（女）　宋小玲（女）
张小玲（女）　陆龙勤（女，壮族）
陆芙蓉（女，壮族）林　瑛（女）
唐　晓（女）　唐　英（女，壮族）
黄　苹（女，壮族）黄晓曼（女）
覃凯萍（女，壮族）管翠留（女，苗族）
廖桂兰（女）　廖晨伊（女，苗族）
滕　华（女，壮族）潘　艳（女）

青年联合会（10名）
刘声付　李重屹　杨名锦（瑶族）
肖启明　陈耀林（壮族）　郑　娟（女）
胡晶波（女）　郭起炎（瑶族）
黄晓娟（女）　潘　艳（女，仫佬族）

工商业联合会（19名）
王义鑫　王国强　方秋潮　江建伟
汤桂荔（壮族）　许菲妮（女）
许淑清（女）　吴小龙　吴卫南（壮族）
张　勇（壮族）　陆月兰（女，壮族）
陈宗鹏（壮族）　陈继志　庞富英（女）
唐玉梅（女，瑶族）　梁帮幸（壮族）
黎四龙　潘远和　磨长英（女）

科学技术协会（12名）
王安有　韦新平（壮族）
甘向群（壮族）　李伏生　邱建强
汪志斌（壮族）　张　驰（女）
张兴财　郑皆连　顾　林（女）
谭健荣（毛南族）潘济华（壮族）

台湾同胞联谊会（4名）
丘陆嵩（女）　沈桂津（女，高山族）
陈元姮（女，回族）　黎建康

归国华侨联合会（9名）
李戊伍（女）　李汉金　何兴维
陈金国　林振龙　周庭雯（女）

钟　雄　蒋晓筠（女，壮族）

蔡光天

文学艺术界（24名）

凡一平（壮族）　王　颇（土家族）

韦永健（壮族）　韦宪森（壮族）

尹　萍（女，瑶族）　田代琳

冯　斌　李格训　李海兵　吴金敏（侗族）

张永兰（女，壮族）　张树萍（女）

张燕玲（女）　陈中华　林万里（壮族）

郭　进（女）　唐佩珠（女，壮族）

黄伟林（壮族）　黄著诚（壮族）

常剑钧（仫佬族）　傅　磬

舒春秀（女，瑶族）　廖明君（壮族）

潘红日（瑶族）　戴延兴

科学技术界（50名）

韦力行（壮族）　韦英才（壮族）

毛国权　尹意求　石德顺　龙　跃

冯天寿（瑶族）　朱少敏　朱贯莲（女）

向卫民（壮族）　刘心宇　关小蓉（女）

苏家红（壮族）　李　明（女）

李　森（壮族）　李水明　李兴堂

李杨瑞　李锦生　肖景铁（满族）

邹伟忠　沙惠平（女，壮族）

张　英（女）　张师超　张启奎

范航清　林居章　罗建国（侗族）

罗建举　金　龙　练　羲（女）

柯雄燊　钟夏平　姚　华（壮族）

秦本军　莫嘉凌（壮族）　高荣胜

郭纯清　郭淑琴（女）　陶幼华

黄日波（壮族）　崖巨钊（壮族）

章二平　梁　铁　梁兴泉

覃权利（毛南族）　傅隆政（瑶族）

黎明智（壮族）　潘俊宇　戴　波

社会科学界（10名）

于开金（满族）　韦克义（壮族）

吕　池（土族）　宋晓天　张树国

罗志发（壮族）　庞汉生　庞隆昌

凌云志（壮族）　蓝日基（瑶族）

经济界（60名）

王为民　王世全　韦艳兰（女，壮族）

方　芳（女，苗族）　邓于仁

甘　耘（壮族）　叶时湘　吕黎强

朱小林　全　强　刘　刚　刘　亭（女）

闫　刚　关　礼　许桂北（女）

李　宁（壮族）　李万富　李国凯

李浪辉　杨京凯　肖　善　肖建刚

吴　芬（女）　吴会祥　吴唯宁

何小聪　言胜斌（壮族）　张家炳

陆有义　陈大光　陈世钊　陈鸿起

陈瑞贤　武绍会　罗　毅　金宁运

周圣铁　周修鸿　居　青　项延满

赵　强　赵芝峰　段伟庆　莫天全

晏　平　徐　伟　黄　涛　黄日富

黄进平　黄健清　黄嘉棣　梁国坚

谢建辰　蓝恒星（瑶族）　蒙启华

赖可宾　赖永琨　廖庆宁　谭桂发

潘　巍

农业界（22名）

韦大器（壮族）　韦衍标　孔德工

白先进（回族）　刘小凤（女）

刘家品　李　克　李玉元　汪衡辉

张霍德　陈英姿（女，瑶族）

陈锦祥　周桂莲（女，壮族）

庞栋春　胡德才（瑶族）　黄定寿

常运涛　梁雨祥　曾庆林　樊小林

黎梅松（壮族）　潘晓媛（女，壮族）

教育界（43名）

王　栩（女）　韦红佩（女，壮族）

韦嘉滢（女，壮族）　冯忠伟（壮族）

朱桂玲（女）　伍时华

全永兰（女，仫佬族）

邬　玫（女，瑶族）

刘　芬（女，布依族）　刘业信

刘慧霞（女）　许志兰（女，壮族）

农卓恩（壮族）　阳国亮　麦永雄

李国坚　杨伟嘉（女）

吴　晓（女，京族）　何伟萍（女）

何炎明　张玉玲（女）　陆玉团（壮族）
陈家兴　林　梅（女）　林卿云（女）
罗业丰（壮族）　莫怡祥（壮族）
夏建军　郭　娟（女，壮族）
唐贵伍　海　洪（回族）　黄世喆
黄初升　梁　颖（壮族）　梁　政（女）
梁　耀　梁戈夫（壮族）
彭　欣（蒙古族）　蒋　平
曾凡平　甄汉深　黎永进（壮族）
魏敦友

体育界（6名）

冯振仁　李　萍（女）
李　婷（女，侗族）岑汉康（壮族）
陈旭红（女）　秦　静（女）

新闻出版界（7名）

文衍修　邓纯东　苏新生　杜　新
杜　森　周　游（女）　郑盛丰

医药卫生界（25名）

韦　波（壮族）　韦秀英（女，壮族）
韦凯钟（壮族）　石朝晖（女）
刘文海（壮族）　汤　卓（女）
李　力　李庭樟（壮族）　何伟生
张　玲（女，瑶族）　张法灿
张惠勤（女）　林　军　林有坤
欧　伦（壮族）　周　方　周　嫣（女）
周健强　董柏青　韩　萍（女）
曾宪彪　谭　卫　谭明杰（壮族）
潘小炎（女，壮族）　潘春惠（女）

对外友好界（9名）

万　朗（女）　王慧才（女）
方南亨　陈端喜　钟国仕　袁丽雅（女）
覃维炳（瑶族）　谢焕周　潘建民

少数民族界（42名）

王　嬡（女，回族）　韦丽忠（女，壮族）
韦陆海（壮族）　韦祖林（壮族）
邓　卓（瑶族）　卢柳屏（女，壮族）
田建华（满族）　刘　毅（回族）
苏燕玲（女，壮族）　李　兰（女，壮族）
李春贵（苗族）　李舒林（壮族）
杨才华（瑶族）　杨义杰（彝族）
肖芳佐（瑶族）　何　丹（壮族）
何小玲（女，壮族）　何正安（仡佬族）
何朝建（壮族）　张刘远（女，壮族）
陆安权（侗族）　陆宏光（壮族）
陆注林（壮族）　陈天棠（京族）
陈争鸣（女，壮族）　陈荣贵（京族）
范晓莉（女，回族）　赵德文（瑶族）
赵德明（瑶族）　郭永浮（回族）
黄汉洋（壮族）　梁　鸿（壮族）
彭兆众（水族）　覃　斌（壮族）
覃水坤（侗族）　覃传辉（壮族）
覃彦瑞（壮族）　覃格知（壮族）
粟永华（侗族）　蓝翠玉（女，瑶族）
蒙丽珍（女，毛南族）
谭孔孙（毛南族）

宗教界（8名）

马永强（回族）　马彦敏（回族）
王从联　王伟东（京族）
覃凤珍（女，壮族）　释怀善
释宏珠（女）　谭燕全

特别邀请人士（95名）

香港人士

王凯霖（女）　王惠贞（女）
邓咏骏　邓清河　叶曜丞　史立德
冯　力　朱立夫　朱殿安　刘一川
刘文炜　刘志荣　苏开鹏　苏国兴
李君豪　李家诚　杨奋彬　连广成
肖炎坤　吴金龙　吴维新　何志佳
余统浩　汪林冰　汪林佳　张利平
张佐华　张明敏　陈兆辉　陈宇龄
陈健生　林怡仲　林健锋　周凯旋（女）
周振基　郑　宇　郑淇德　施议锚
袁金浩　郭琳广　黄武良　常　识
梁君彦　程练传　谢国庆　蒙美玲（女）
谭锦球　戴保清

澳门人士

尹　根　刘永年　苏香玫（女）
李睿恒（女）　何玉棠　何美华（女）

陆　曦　罗盛宗　冼志扬　胡家仪
温深文

党政机关

卫福喜　韦丽萍（女，壮族）
车延风　卢新贵（瑶族）　田晓明
吕　坚　邬弘辉（瑶族）　刘　侃
孙海宁　苏立环　苏爱群（女）
李文升　李文杰　李东兴（女，壮族）
杨　红（女）　杨声东　吴汉华
吴根林　邱龙华（壮族）　陆将和
林东昭（壮族）　林容蓉（女）
胡建华　胡锦朝　钟学荣（壮族）
凌志勇（壮族）　唐利群（女）
黄运志（女，壮族）　黄荣明(壮族)
黄家仁（壮族）　梁家智　蒙　结
蔡锦军　廖毅民　谭燕玲（女，壮族）
黎　丽（女）

增补委员名单（2008 年 12 月 19 日第 4 次常委会议通过）

韦胜光（壮族）　文立创
朱祚荣　李玉玲（女）
吴文贯（壮族）　张喜均　林炳东
周传军　赵铁男　姚学良　袁　明
黄文炎　梁荣森　温其辉　曾　东
曾　钫　雷　翔　廖伟雁（女）

辞职委员名单（2008 年 12 月 19 日第 4 次常委会议通过）

卢柳屏

【机构设置情况】

自治区政协十届一次常委会议决定设置九个专门委员会：提案委员会、经济委员会、农业委员会、人口资源环境委员会、教科文卫体委员会、社会和法制委员会、民族和宗教委员会、港澳台侨和外事委员会、文史和学习委员会。

【广西壮族自治区各市、县、市政协领导人名单】

南宁市

市政协主席　黄家仁（壮族）
县（市、区）政协主席
兴宁区　李乃玲
青秀区　张宝昌
江南区　杜惠南
西乡塘区　谢坪芝（女）
邕宁区　黄济法（壮族）
良庆区　任宁生
武鸣县　李　宁（壮族）
横　县　梁达溪
宾阳县　胡乃高
上林县　韦日兴（壮族）
隆安县　隆成碧（壮族）
马山县　林永立（壮族）

柳州市

市政协主席　胡锦朝
县（市、区）政协主席
城中区　姚汉龙（苗族）
鱼峰区　朱德增
柳南区　蒙凤生（女）
柳北区　潘加波（壮族）
柳江县　钟冠强（壮族）
柳城县　秦　宇（壮族）
鹿寨县　郑一鸣
融安县　龙功积
三江侗族自治县　韦　刚（壮族）
融水苗族自治县　张善强

桂林市

市政协主席　李文杰
县（区、市）政协主席
秀峰区　胡运江
叠彩区　李曼华（女，壮族）
象山区　吕继彬
七星区　陆新元
雁山区　江雨巧
阳朔县　周永善
临桂县　张凌发
灵川县　王树军

全州县　　欧文忠
兴安县　　唐卫平
永福县　　刘永祥
灌阳县　　何运国
龙胜各族自治县　杨建中
资源县　　程正华
平乐县　　赖焕斌
荔浦县　　覃　舜
恭城瑶族自治县　林中贤

梧州市

市政协主席　梁家智
县（市、区）政协主席
万秀区　　何启树
蝶山区　　罗超明（女）
长洲区　　蒙丽群（女）
苍梧县　　程为禄
藤　县　　胡振钊
蒙山县　　吴力华
岑溪市　　李　健

北海市

市政协主席　车延风
县（市、区）政协主席
海城区　　许光远
银海区　　林秀霞（女）
铁山港区　冯卓武
合浦县　　张均雄

防城港市

市政协主席　黄荣明（壮族）
县（市、区）政协主席
港口区　　吴忠泰
防城区　　陆注林（壮族）
上思县　　黄苏阳（壮族）
东兴市　　蒋　岩

钦州市

市政协主席　陆将和
县（市、区）政协主席
钦南区　　陈仁雄（黎族）
钦北区　　秦惠珍（女）
灵山县　　庞　治
浦北县　　蒙子干

贵港市

市政协主席　廖毅民
县（市、区）政协主席
港北区　　陆云松
港南区　　李林先
覃塘区　　蔡天秀
平南县　　彭雅联
桂平市　　许小红（女）

玉林市

市政协主席　吕　坚
县（市、区）政协主席
玉州区　　杨伟广
容　县　　邹汉其
陆川县　　王志娟（女）
博白县　　王叙巩
兴业县　　梁迺明
北流市　　苏爱清（女）

百色市

市政协主席　卢新贵（瑶族）
县（市、区）政协主席
右江区　　龚永珠（女，壮族）
田阳县　　黄大章（壮族）
田东县　　施治忠（壮族）
平果县　　许忠实（壮族）
德保县　　陈怀斯（壮族）
靖西县　　赵庆廷（壮族）
那坡县　　苏立孟（壮族）
凌云县　　梁世广（壮族）
乐业县　　杨序国
田林县　　李可田（壮族）
隆林各族自治县　卢素理（壮族）

西林县　韦启荣

贺州市

市政协主席　杨声东

县（市、区）政协主席

八步区　陈永香（女，瑶族）

昭平县　梁春花（女）

钟山县　钟立英（女）

富川瑶族自治县　毛长云

河池市

市政协主席　邬弘辉（瑶族）

县（市、区）政协主席

金城江区　莫现智（壮族）

罗城仫佬族自治县　谢土鸾（女，仫佬族）

环江毛南族自治县　刘桂莲（女，回族）

南丹县　覃建军（壮族）

天峨县　易继超

凤山县　黄孝谋（壮族）

东兰县　陈耀灵（壮族）

巴马瑶族自治县　沈子壮（壮族）

都安瑶族自治县　蓝翠玉（女，瑶族）

大化瑶族自治县　姚昌群

宜州市　韦丽忠（女，壮族）

来宾市

市政协主席　凌志勇（壮族）

县（市、区）政协主席

兴宾区　覃文录（壮族）

象州县　陈启文（壮族）

武宣县　李芝生（壮族）

金秀瑶族自治县　赵德文（瑶族）

忻城县　肖忠良

合山市　谭尚仕（壮族）

崇左市

市政协主席　蒙　结

县（市、区）政协主席

江州区　何　斌（壮族）

扶绥县　李兆能

大新县　梁华新（壮族）

天等县　黄保全（壮族）

宁明县　陆伟宁（壮族）

龙州县　农红生（壮族）

凭祥市　关　力

政协广西壮族自治区各级地方组织和委员数

（截至 2008 年底）

项目＼级别	自治区	地级市	县（市、区）	合　计
组织数	1	14	109	124
委员数	693	4758	17390	22841

（林玉椿 编写　钟学荣 审稿）

政协海南省委员会

钟 文 主 席

张海国 副主席

邱德群 副主席

张力夫 副主席

赵莉莎 副主席

王 路 副主席

史贻云 副主席

李应济 秘书长

【全体委员会议】

五届一次会议 2008年1月23日至27日在海口举行。本次会议应出席委员382名，实到363名。开、闭幕大会分别由大会主席团常务主席邱德群、王路主持。会议听取和审议了四届省政协主席钟文代表常务委员会所作的工作报告，四届省政协副主席张海国代表常务委员会所作的关于提案工作情况的报告。与会委员列席省四届人大一次会议，听取并讨论省政府工作报告及其他重要报告。省委书记、省人大常委会主任卫留成，省委副书记、省长罗保铭，省委副书记于迅等省领导出席开、闭幕会，并参加小组讨论，听取大会发言。会议审议通过《政协海南省委员会五届一次会议政治决议》。会议选举钟文为主席，张海国、邱德群、张力夫、赵莉莎、王路、史贻云为副主席，李应济为秘书长。钟文主席在闭幕会上作了讲话。会议号召，全省各级政协组织和广大政协委员，更加紧密团结在以胡锦涛同志为总书记的中共中央周围，在中共海南省委的领导下，高举中国特色社会主义伟大旗帜，以邓小平理论和“三个代表”重要思想为指导，深入贯彻落实科学发展观，万众一心，开拓奋进，为实现全面建设海南小康社会目标、谱写人民美好生活新篇章而努力奋斗！

【常务委员会会议】

第1次会议 2008年4月8日在海口举行。应出席65人，实到58人。会议由张海国副主席主持。钟文主席传达了全国政协十一届一次会议精神并作闭幕讲话。会议审议通过了政协海南省第五届委员会常务委员会关于设置专门委员会的决定；审议通过政协海南省第五届委员会专门委员会主任、副主任名单及政协海南省第五届委员会副秘书长任命名单。

第2次会议 2008年7月18日在海口举行。应出席65人，实到54人。会议由邱德群副主席主持。会议传达学习了全国政协十一届二次常委会议精神和中共海南省委五届三次全体（扩大）会议精神，省政协常委卢业樑、王毅武，省政协经济委员会、教科文卫体委员会、民族和宗教委员会、社会和法制委员会、港澳台侨外事委员会的负责人就海峡两岸（海南）农业合作、教育改革和少数民族地区职业教育发展、洋浦开发建设、国际旅游岛建设、环境保护、民族地区生态旅游、发展壮大农民专业合作组织等问题作大会发言。钟文主席作了讲话。

第3次会议 2008年10月22日在海口举行。应出席65人，实到58人。会议由张力夫副主席主持。会议传达学习了中共十七届三中全会和全国政协十一届三次常委会议精神，听取省国土环境资源厅、省建设厅、省农业厅、省林业局负责同志关于我省城乡土地管理问题的情况汇报，审议政协海南省第五届委员会常务委员会《关于我省土地管理工作的调研报告》。省政协经济委员会、人口资源环境委员会、民族和宗教委员会、社会和法制委员会、港澳台侨外事委员会的负责人及省政协常委王毅武围绕城乡土地管理问题作大会发言。钟文主席作了讲话。

第4次会议 2008年12月25日在海口举行。应出席65人，实到57人。会议由赵莉莎副主席主持。罗保铭省长作关于省政府工作报告（征求意见稿）起草情况的说明，常委们对省政府工作报告（征求意见稿）进行协商，并提出了意见和建议。会议决定，政协海南省第五届委员会第二次会议于2009年1月11日至14日在海口召开。会议审议并原则通过政协海南省五届常委会工作报告（草案）、政协海南省五届常委会关于省政协五届一次会议以来提案工作情况的报告（草案）；审议通过政协海南省五届二次会议议程（草案）和日程（草案）；审议通过政协海南省五届二次会议秘书长、副秘书长名单（草案），政协海南省五届二次会议编组办法和各小组召集人名单（草案），政协海南省五届常委会工作报告和提案工作情况报告的报告人名单（草案），政协海南省五届二次会议列席人员范围（草案）；审议通过省政协各专门委员会2008年工作总结和2009年工作计划（书面）。

【专门委员会工作】

提案委员会 2008年共收到提案488件，经审查立案399件。截至年底，已全部办复。主要工作：一、整合提案资源，发挥整体功能，建立和完善有备议政机制。政协全会前两个月向委员和政协各参加单位征集提案，印发提案征集函并附《提案参考题目》，引导他们力争提交高质量的提案；召开省各民主党派、工商联、有关人民团体秘书长、办公室主任和政协各专门委员会负责人联席会议，引导他们不断推出“精品”提案。二、加大重点提案督办力度，以点带面，促进提案的办理落实。研究确定8件提案作为重点提案，主席会议成员按照分工进行督办；开展各种现场调研、协商办案活动20多次。三、加强联系与沟通，提升提案工作整体合力。加强与省政府办公厅的联系，主动通报有关情况，增进相互了解。加强与有关承办单位的联系，了解提案办理情况，共同研究、解决、办理工作中存在的问题。加强与市县政协的联系，分片召开市县政协提案工作座谈会。加强与新闻媒体的联系，加强对提案工作的宣传。四、建章立制，进一步加强提案工作的制度化、规范化、程序化建设。认真抓好提案工作有关规章制度的落实，研究制订《政协海南省委员会提案审查立案工作细则》。

经济委员会 一、完成建章立制工作。修订了《政协海南省第五届委员会经济委员会工作简则》、《政协海南省第五届委员会经济委员会关于切实履行委员职责、提高参政议政质量的几点要求》。二、深入开展调研。组织委员围绕加快国际旅游岛建设、推进城乡经济社会发展一体化、城乡土地管理等问题开展专题调研，形成《加快海南国际旅游岛建设的几点建议》、《解放思想，开创城乡经济社会协调发展新局面》、《加强土地管理，节约集约利用土地资源》等调研报告。三、做好提案督办工作。协商督办省政协五届一次会议重点提案《关于在海南洋浦保税港区设立国际船舶登记的相关情况分析及建议》，召开提案督办座谈会，推动了该提案的办理落实。四、组织委员对东环铁路建设项目开展视察。五、举办经济形势座谈会，对宏观经济运行中的热点问题进行分析研讨。

人口资源环境委员会 一、完成建章立制工作。修订了《政协海南省第五届委员会人口资源环境委员会工作规则》、《政协海南省第五届委员会人口资源环境委员会关于切实履行委员职责、提高参政议政质量的几点要求》。二、深入开展调研活动。组织委员对海南中部民族地区生态旅游发展、推进海南农垦和地方城乡土地管理一体化、文明生态村建设等问题进行调研，形成《海南中部民族地区生态旅游发展专题调研报告》、《抓住机遇，推进海南农垦和地方城乡土地管理一体化》、《我省文明生态村建设值得关注改进的几个问题》等调研报告。三、开展视察活动。组织委员跟踪视察海防林建设、集体林权制度改革情况，形成《我省海防林建设跟踪考察调研报告》、《我省集体林权制度改革跟踪考察调研报告》。四、积极撰写提案，协助督办提案。组织委员撰写提案46件；认真做好省政协五届一次会议重点提案《推动我省可再生能源规模化产业化发展的若干建议》的督办工作。

教科文卫体委员会 一、认真搞好专题调研，组织委员就城乡教育事业一体化问题开展调研，形成《农民奔小康，教育“领头羊”——我贫困地区教育移民扶贫调查与思考》，受到省领导的重视。二、组织委员撰写提案67件，认真做好省政协五届一次会议重点提案《我省当前药品流通领域存在的突出问题》的督办工作。三、组织委员对桂林洋高校园区建设情况进行视察，以提案形式反映存在问题。四、联合农工党海南省委员会开展庆贺海南建省办经济特区20周年主题活动，组织医疗及药学专家和律师为群众提供咨询服务。五、与省教育厅联合举办“迎奥运·绘宝岛”海南省中小学生现场书画大赛，与省书协共同举办纪念改革开放30周年书画展等活动。

社会和法制委员会 一、修订《政协海南省第五届委员会社会和法制委员会工作简则》。二、组织委员就海峡两岸（海南）农业合作试验区建设、土地征收问题开展调研，形成《以农垦为主体引进台湾农业大企业，加快海峡两岸（海南）农业合作实验区建设》、《关于进一步完善征地管理机制，维护失地农民合法权益的调研报告》。三、认真做好信访工作，共受理各类信访件20多件。四、认真做好省政协五届一次会议重点提案《关于在全省建立交通违章查询处罚网络平台的建议》的督办工作。五、做好全国政协社会和法制委员会“见义勇为人员权益保障”专题调研组来琼调研的服务工作。

民族和宗教委员会 一、修订《政协海南省第五届委员会民族和宗教委员会工作简则》。二、组织委员就民族地区职业教育问题、土地流转问题进行调研，形成了《改善办学条件，深化教学改革，推动民族地区职业教育全面发展》和《关于我省农村土地流转问题的几点建议》的调查报告。三、协助全国政协民族和宗教委员会开展发挥宗教界人士和信教群众在促进经济社会发展中的积极作用专题调研，形成调研报告上报全国政协民宗委。四、组织委员撰写提案26件，认真做好省政协五届一次会议重点提案《关于重点扶持由农业龙头企业带动的农业行业协会来组建农民专业合作社的建议》的督办工作。五、组织委员赴甘肃、黑龙江学习贯彻落实《宗教事务条例》的经验和做法。

文史资料委员会 一、编辑出版海南文史第22辑《海南天然橡胶事业》，收录史料266篇，138万字。二、开展海南文史第23辑《亲历海南建省》的征集工作。三、召开学习贯彻《政协全国委员会关于加强文史资料工作的意见》暨征集文史资料座谈会。四、组织委员就保护与开发利用海南百年胶园历史文化旅游资源问题进行调研，形成《海南百年胶园调研报告》。五、组织委员撰写提案22件，认真做好省政协五届一次会议重点提案《关于加强沿海基干林带监测的建议》的督办工作。

港澳台侨外事委员会 一、组织委员就城乡土地管理问题进行调研，形成《加强我省土地规划修编工作，推进城乡规划一体化体系的建立》的调研报告。二、认真做好省政协五届一次会议重点提案《关于尽快建立我省农村小额信贷担保体系》的督办工作。三、组织港澳地区省政协委员视察洋浦经济开发区。四、陪同省政协主要领导率团出席在曼谷举行的第二届世界海南青年大会，广泛与泰国、新加坡等国家的海南侨领和乡亲接触。五、组织慰问团赴香港、澳门出席琼籍同胞社团庆典活动，召开委员座谈会，通报情况，听取意见建议。六、协助省政协港区委员联谊会做好换届筹备工作。

【重要活动】

举办新任省政协委员培训班 先后于2008年3月11日至12日和2008年5月29日至30日在海口举办了两期新任省政协委员培训班。180多名新任省政协委员参加了学习培训。主要内容是学习中共十七大精神、《中共中央关于加强人民政协工作的意见》、人民政协理论和基本知识，听取海南“十一五”经济发展战略及当前经济形势的讲座等。张海国副主席、李应济秘书长分别在第一期和第二期培训班的开业式及结业式上作讲话。

组织委员支援抗灾救灾 低温雨雪冰冻灾害发生后，省政协领导亲临灾区了解灾情、慰问受灾群众，省政协办公厅会同省总工会、省琼剧院共同举办“情系灾区”琼剧义演活动，筹集资金100万元捐赠给贵州省黔东南苗族侗族自治州，用于灾后重建工作。在汶川抗震救灾的过程中，省政协多次组织机关干部捐款，并向全体省政协委员发出了救灾倡议书，得到委员们的积极响应。据不完全统计，省政协委员和机关干部通过各种渠道共向灾区捐款1805万元，捐赠药品价值562万元。部分省政协委员还参加了海南青年医疗卫生抗震救灾服务队，奔赴灾区第一线救治伤员，出色地完成了任务。

组织港澳委员视察 2008年6月24日，省政协组织部分港澳地区省政协委员对洋浦经济开发区进行视察。省委书记卫留成、省长罗保铭会见了参加视察的全体委员，副省长姜斯宪通报我省改革开放和经济社会发展情况，听取委员意见建议。委员们围绕洋浦保税港区发展和开发区重点工业项目建设、推动我省新型工业发展等问题提出了许多建设性的意见建议。

围绕推进海南国际旅游岛建设开展专题调研 根据中共海南省委的战略决策和要求，省政协将推进海南国际旅游岛建设作为重点调研课题，并积极争取到全国政协的支持。2008年7月29日，全国政协在北京召开海南国际旅游岛建设专题情况调研通报会，9月22日至28日，全国政协副主席孙家正率领由部分全国政协委员和外交部、发改委、财政部、国家旅游局、海关总署等15个国家部委有关负责同志组成的专题考察团，在中共海南省委书记、省人大常委会主任卫留成，省委副书记、省长罗保铭，省政协主席钟文等人的陪同下，先后到海口、琼海、万宁、三亚等市进行调研考察，形成了《关于海南国际旅游岛建设的调研报告》，得到高度重视，三位中央领导同志作出批示。为贯彻落实中央领导的批示精神，省政协领导专程赴京向全国政协领导作专题汇报，全国政协也将继续关注和帮助海南推进国际旅游岛建设。这次调研活动，提升了省政协建言献策平台，得到了省委、省政府的充分肯定，产生了广泛的社会影响。

深入开展学习实践科学发展观活动 按照中共中央和中共海南省委的统一部署，2008年10月至2009年2月，省政协认真开展深入学习实践科学发展观活动，组织省政协党组成员及机关全体中共党员以“创新履职机制，促进科学发展”为载体和主题，经过学习培训、深入调研、分析检查、整改落实四个阶段11个环节的学习实践，认真学习有关文件和资料，深入调研，开展解放思想大讨论，认真查摆问题，形成分析检查报告，提出整改方案，落实整改事项，取得了明显成效。学习实践活动期间，共组织机关党员干部集中学习22次，召开解放思想讨论会6次，编排学习实践活动墙报2个，编印《简报》19期，形成调研报告25份。

组织省政协常委和驻琼全国政协委员视察 2008年12月31日，省政协组织部分驻琼全国政协委员和省政协常委，在省政协副主席张海国的带领下，到昌江县就林权制度改革试点情况进行视察，在海口市召开专题协商会，省政府副省长陈成到会介绍情况、听取意见，委员们就进一步加快我省集体林权制度改革提出了很好的意见和建议。张海国作总结讲话。

【重要文件】常委会工作报告（2008年1月23日）（摘要） 第一部分，五年工作回顾和主要经验体会：

（一）服务大局，注重实效，围绕促进发展履行职能。在每年的全体会议上，委员们围绕省政府工作报告和其他报告进行广泛的协商讨论，同时，选择全省发展中的若干重要问题，通过小组讨论、大会发言和专题议政等形式开展协商建言。充分运用常委会议专题协商等形式，开展决策前和决策实施过程中的协商讨论，先后就加强“三农”工作、编制我省“十一五”规划、建设社会主义新农村、林权制度改革等十几个专题进行了协商讨论，形成了70份调研报告和常委会建议案。采取视察调研、民主评议等方式，开展民主监督，分别组织委员对我省无规定动物疫病区建设、资源开发与利用、环境保护、粤海铁路建设、禁毒工作等8个方面开展民主监督。创新方法，畅通渠道，提高参政议政的质量和水平：一是充分发挥专委会基础作用；二是坚持常委会组成人员集体视察制度；三是采取现场视察和专题协商会相结合的方法开展参政议政活动。

（二）突出特色，发挥优势，为构建和谐海南献计出力。充分发挥提案工作的作用。省各民主党派、工商联（总商会），各人民团体，省政协各专委会和政协委员共提出提案1863件，立案1675件。充分发挥建言献策工作的作用。选择促进农民增收、解决国营农场与周边农村土地纠纷、加强我省食品安全监管、保护和开发利用水资源等重要问题开展专题调研，形成13份调研报告。充分发挥反映社情民意信息工作的作用。通过走访和约谈委员、召开信息工作座谈会、建立健全信息网络、完善信息采编机制、将会议和提案建议转化为信息等途径，广泛收集社情民意。充分发挥民族宗教工作的作用。组织委员对民族地区老区建设、实施农副产品品牌战略和卫生、教育等方面问题进行调研；组织委员视察佛教、天主教活动场所，召开全省性宗教团体负责人座谈会，就发挥宗教团体在联系党和信教群众的桥梁纽带作用、为构建和谐海南服务等方面进行协商和研讨。充分发挥文史资料工作的作用。编纂出版了《海南名人与故居》等多部文史资料图书；编撰了《海南省志·人大政协志（政协篇）》；成立省政协书画室；成立海南琼剧基金会。发挥委员在扶贫救灾工作中的作用，通过各种渠道筹集资金1100多万元，帮助琼中县和平镇扶贫点解决人畜饮水、水利、道路、学校危房改造、医疗设施和生产、生活等方面的实际问题；多次组织委员赴革命老区村庄开展调研活动，推动老区人民饮水难问题的解决；组织委员投身抗击“非典”活动；组织委员深入少数民族地区开展扶贫义诊活动；组织香港、澳门委员捐款建设各类学校，为贫困学生提供助学资金，帮助贫困乡镇建设“文明生态村”。

（三）发扬民主，增进共识，巩固和发展爱国统一战线。坚持“长期共存、互相监督、肝胆相照、荣辱与共”的方针，加强同各党派、人民团体和无党派人士的合作共事。高举爱国主义和社会主义旗帜，积极开展促进祖国统一和海内外联谊活动。加强同全国政协和各省（区、市）政协的联系和交往。

（四）加大政协理论研究和宣传工作力度，深化对政协工作规律的认识，扩大政协工作的社会影响。坚持政协理论创新，积极开展理论研究，注重用理论指导实践、推动工作。以政协理论研讨会、经验交流会和专题座谈会等形式，对人民政协三大职能理论与实践等专题进行研讨和交流。成立海南省人民政协理论研究会。认真抓好重要会议、重要活动的新闻宣传工作。开展“政协工作琼州行”新闻采访活动。开通政协网站。

（五）适应形势，突出重点，自身建设不断加强。重视思想政治建设。通过座谈会、报告会、专题讲座、学习研讨班、知识竞赛和编发《学习资料》等形式，认真学习邓小平理论、“三个代表”重要思想和科学发展观，学习中共十六大、十七大精神，学习中共中央《关于进一步加强中国共产党领导的多党合作和政治协商制度建设的意见》、《关于加强人民政协工作的意见》、《关于巩固和壮大新世纪新阶段统一战线的意见》和《政协章程》，学习省委有关会议、文件精神。推进制度建设。制定了《政协海南省委员会全体会议工作规则》、《政协海南省委员会常务委员会工作规则》、《政协海南省委员会提案工作条例》、《政协海南省委员会关于省政协委员参加政协会议和活动的暂行规定》等25项制度。加强界别建设，突出界别特色。召开界别专题座谈会；支持各专门委员会按界别把委员划分为不同的工作小组，开展有界别特点的活动；大力推动以界别为单位围绕有关专题开展调研、撰写集体提案、大会发言和反映社情民意信息。加强委员队伍建设。分批组织委员学习和培训；努力为委员活动创造条件；密切与委员的联系；定期评选表彰优秀提案、先进承办单位和个人。加强政协机关建设。认真开展保持共产党员先进性教育活动；建立健全机关工作的各项规章制度；加强机关后勤保障工作，改善工作条件；加强对机关干部的培养。

主要经验和体会：一是坚持中国共产党的领导，是做好政协工作的根本保证；二是坚持促进科学发展，是人民政协履行职能的第一要务；三是坚持实现好、维护好、发展好人民群众的根本利益，是政协工作的出发点和落脚点；四是坚持团结民主，是政协工作的永恒主题；五是坚持不断创新，是人民政协始终保持生机和活力的强大动力。

第二部分，今后工作建议：（一）深入学习贯彻中共十七大精神，努力开创政协工作新局面。（二）围绕党委政府中心工作，切实履行政协职能。（三）发挥政协组织优势，关注民生民情，努力在构建和谐海南中发挥作用。（四）加强自身建设，进一步提高履行职能的能力和水平。

【组织概况】

主　席

钟　文

副主席

张海国　邱德群　张力夫　赵莉莎（女）　王　路　史贻云

秘书长

李应济

常务委员名单（按姓氏笔画为序）

王　健　王汉昌　王宇田　王毅武
文兴元　左会金　卢业樑　白志明
冯川建　毕　华　庄子通　庄水莲
庄琼菊（女）　刘义新　刘远生（苗族）
苏庆兴（黎族）　李文俊　李正慈
李运才（黎族）　李蓝雪　连介德
吴　明　吴士存　吴伟雄　张　发
张　超　张　皓　张克坚（满族）
张学修　张泰超　陆文荣　陈邦基
陈明谦　陈洪娟（女，黎族）
陈嘉新　苑战军　林青山　林道芸
周　阳　周成俊　施耀忠　袁玉岷
莫海涛　黄华康　黄行光　黄俊生
符传军　章汝先（女）　韩长日
韩阳光　焦解歌　曾宪云　简梁盛
熊方明　潘　建　潘成立　潘惠丽（女）

委员名单（按姓氏笔画为序）

中国共产党（17名）

王云霞（女）　文兴元　刘丽玲（女）
李应济　李建设　李蓝雪　杨永海
张　超　张力夫　张应德　张海国
陈衍顺　邱德群　苑战军　钟　文
赵莉莎（女）　熊方明

中国国民党革命委员会（10名）

丁　竹（女，仡佬族）　王凤阳
王国建　邓志声　卢宁州　何纪远
陈海平　林道芸　房　方（女）
袁玉岷

中国民主同盟（10名）

王　佳（女，蒙古族）　刘远生（苗族）
李永铭（黎族）　李显民　杨小波
张克坚（满族）　陈传钟　黄　霞（女）
黄志强　颜　浩

中国民主建国会（8 名）

叶　霞（女）　孙达远　吴明哲

冷明权　林进挺　周　阳　施耀忠

曹成伟

中国民主促进会（8 名）

史贻云　许尚华　孙　薇（女，维吾尔族）

李格明（女）　沈有健　黄飞舟（女）

董德标　潘惠丽（女）

中国农工民主党（7 名）

王　路　代　红（女）　毕　华

宋世锋　林　杰　赵建平　洪江游

中国致公党（7 名）

方　里　叶力强　孙业生　郑庭锦

骆志鹏　符史干　潘成立

九三学社（7 名）

王宇田　李柏青　宋　杨（女）

陈　恒　章汝先（女）　覃碧霞（女）

廖　晖

台湾民主自治同盟（6 名）

王永昭　文飞燕（女）　庄琼菊（女）

苏　萍（女）　连介德　符之冠

无党派人士（8 名）

王道儒　白志明　沈宁江　张劲梅（女）

陈　勉　陈宪清　傅　勤　童循倬

中国共产主义青年团（5 名）

许振凌（女，黎族）　许辉标

邱　雨　宋　娜（女）　洪劲松

总工会（5 名）

宋锦绣　林道本　徐远航（女）

高宏波（女）　潘　超

妇女联合会（8 名）

叶英萍（女）　李幼伍（女，瑶族）

肖惠珠（女）　武亚安（女）

高正霞（女）　章　汛（女）

蔡　伦（女）　潘杏元（女）

青年联合会（5 名）

吕　军　杨少林　吴亚春　张振豪

夏春友

工商业联合会（10 名）

王　晶　庄子通　李文俊　张乙坤

陈加会　姜兴君　唐　阔　彭朗辉

曾宪云　潘　建

科学技术协会（5 名）

刘　丹（满族）　李妮亚（女）

张　皓　黄俊忠　戴　斌

台湾同胞联谊会（3 名）

王琼瑾（女）　吴琼开　张勤雄

归国华侨联合会（10 名）

邢福成　邢福孝　宋　维　张　平

张泰超　陈经雄　周国传　钟保家

符爱珠（女）　梁振功

文化艺术界（13 名）

丁孟芳（女）　卢　炜（女）

邢孔建　邢增仪（女）　刘义新

刘文军　李春梅（女，苗族）

吴东民　陈亚冠　莫　柯（瑶族）

曹时娟（女）　韩海萍（女）

蒙麓光（女，回族）

科学技术界（22 名）

王肃强　王苇跃　包铁军　刘明生

许晓春　牟光迅　杜文才　李　旭

李向民　李志远　吴岩峻　张　力（女）

张锡炎　陆　鹏　陈邦基　陈良刚

郁胜军　周耀柒　唐　泽　黄俊生

曹　兵　廖香俊

社会科学界（10 名）

王毅武　过建春（女）　毕光明

李仁君　何洪彬　何永梅（女）

张　发　张海山　陈文锋　詹长智

经济贸易界（29 名）

王　义　王　健　王　德　王汉昌

王海东　王禄安　王雄姿　云海清

左会金　兰　恒　全昌胜　许　明

李楚炯　李福顺　张　洪　张士忠

张海林　陈　巍（女）　陈嘉新

陈耀晶　林华俊　林兆峰　林明伟

林康宁　周福林　郑　钢　赵亚辉

黄绍进　韩　柏

农业界（14名）

王豫章（女） 仇厚援 庄南生
刘国道 李 华 吴伟雄 谷 峰
陈 理 陈洪城 林尤葵 林青山
徐自力 漆智平 潘 骏

教育界（13名）

卢 晞（女） 卢焕雄 吉万松
杨玉权 陈 力 陈祎平 林 虎
林国辉 段 怡（女）
符玉梅（女，黎族） 韩长日
焦解歌 游长江（苗族）

体育界（6名）

冯川建 朱鼎健 杨毅光 肖 霞（女）
陈亚雄（白族） 钱吉成

新闻出版界（7名）

王运才 王伶群（女） 伍立杨(回族)
李 木 周成俊 唐凤林 蔡 磊

医药卫生界（15名）

邢孔祥 任晋生 刘成才 李新洲
杨世忠 吴 明 何振扬 陆士娟（女）
陈少仕 陈泰生 胡元汉 桑培初
韩克胜 简梁盛 潘先海

对外友好人士（4名）

李渝凤（女） 吴士存 陈川志
欧曼琛

社会福利与社会保障界（6名）

王 洁（女） 邓桂琴（女）
麦发强 杨向萍（女） 吴 波
黎世章（黎族）

少数民族界（17名）

王哲斌（黎族） 冯斯祥（黎族）
苏庆兴（黎族） 李运才（黎族）
杨文平（黎族） 陈洪娟（女，黎族）
陈高山（苗族） 林 秋（女，黎族）
林明忠（黎族） 林智勇（黎族）
罗桂珍（女，回族） 郑金莲(女,黎族)
黄文昌（苗族） 黄照良（黎族）
符凤莲（女，黎族） 符秀莲(女,黎族)
符儒定（黎族）

宗教界（5名）

马进明（回族） 李正翔 杨海龙
陆文荣 释智法

特别邀请人士（82名，其中港澳人士37名）

马骏鹏（蒙古族） 王守仁
王永和 王安松 王先春 王克禧
云天礼 文其光 文精华 龙咏梅（女）
卢业樑 叶志钊 邢福寨 邢嘉倩（女）
伍国斌 任良广 庄水莲 羊中兴
关金生 关锦添 许书新 李 锋
李正慈 李朱全 李伟斌 李秉湧
杨华翰 吴 勇（黎族） 吴守基
吴多雄（黎族） 吴秋北 吴坤兰
吴秉坚 吴清毅 吴淑香（女）
何和熙 张 伟 张学修 陈 雄
陈 超 陈马林 陈少雄 陈达繁
陈秋明 陈明谦 陈爱玲（女）
陈植群 范高繁 林 毅 林尤刚
林天学（黎族） 林明利 林方汉
林诗良 林道祖 欧国樑 周孔辉
郑渊培（黎族） 钟 彪 钟文秋（女）
洪光华 莫海涛 莫垂道 贾 雯（女）
黄 国 黄文胜（黎族） 黄华康
黄行光 符 仁 符永中 符传军
符贻智 符树云 梁源富 董昌林(黎族)
韩 宇 韩 电 韩阳光 曾令锦
雷子钦 蔡 敏 潘家德

【海南省各市、县、区政协领导人名单】

海口市

市政协主席 黄行光

三亚市

市政协主席 苏庆兴（黎族）

县（市）政协主席

五指山市 黄文胜(黎族)
文昌市 林明利
琼海市 符贻智
万宁市 吴淑香（女）
儋州市 吴清毅

东方市 文其光
澄迈县 王永和
乐东黎族自治县 周孔辉
定安县 梁源富
屯昌县 吴坤兰
临高县 陈　雄
陵水黎族自治县 黄文昌(苗族)
昌江黎族自治县 钟文秋（女）
白沙黎族自治县 符儒定(黎族)
琼中黎族苗族自治县 曾令锦
保亭黎族苗族自治县 郑金莲(女,黎族)

海南省各级政协组织和委员数

（截至2008年底）

级别 项目	省	地级市	县（县级市）	合　计
组织数	1	2	16	19
委员数	382	488	2342	3212

（王龙壮 编写　钟　彪 审稿）

政协重庆市委员会

邢元敏　主　席

吴家农　副主席

刘隆铸　副主席

夏培度　副主席

王孝询　副主席

陈万志　副主席

于学信　副主席

彭永辉　副主席

陈景秋　副主席

孙甚林　副主席

王长寿　秘书长

【全体委员会议】

三届一次会议 2008年1月19日至24日在市人民大礼堂举行。本次大会应出席委员830人，实到委员816人。邢元敏当选为政协重庆市第三届委员会主席，吴家农、刘隆铸、夏培度、王孝询、陈万志、于学信、彭永辉、陈景秋、孙甚林当选为副主席，王长寿当选为秘书长。会议认真学习贯彻中共十七大精神，高举中国特色社会主义伟大旗帜，以邓小平理论和“三个代表”重要思想为指导，深入贯彻落实科学发展观，按照《中共中央关于加强人民政协工作的意见》和市第三次党代会的部署，围绕人民政协团结和民主两大主题，进一步解放思想，认清形势，明确任务，振奋精神，为加快建设城乡统筹发展的直辖市、在西部率先实现全面建设小康社会目标作出了积极贡献。会议听取并审议了邢元敏主席作的市政协二届常委会工作报告，陈万志副主席作的提案工作情况报告；列席了重庆市第三届人民代表大会第一次会议第一次全体会议，听取并协商讨论重庆市政府工作报告及计划报告、财政报告、移民工作报告、重庆市高级人民法院工作报告、重庆市人民检察院工作报告。审议通过了政协重庆市第三届委员会第一次会议决议、政协重庆市第三届委员会第一次会议关于政协重庆市第二届委员会常务委员会工作报告的决议。举行了联组讨论、大会发言、提案现场办理，组织了市政协港澳委员视察、交流座谈和委员联谊活动。会议期间共收到提案1859件，经审查，立案1692件，其中集体提案186件。

中共重庆市委、市人大、市政府领导，驻渝部队负责人，市高级人民法院院长，市人民检察院检察长，老同志代表，市级各民主党派、工商联负责人等参加会议开、闭幕会。市委、市政府领导及有关部门负责人分别参加了小组讨论、联组讨论、大会发言、提案现场办理，听取委员的意见建议。外国驻渝领事和市民代表应邀旁听会议。

【常务委员会会议】

第1次会议 2008年1月24日召开，常委会组成人员全体出席。邢元敏主席、吴家农副主席分别主持会议。会议通报了市政协三届委员会主席、副主席、秘书长的分工；审议通过了市政协三届委员会副秘书长名单；审议通过了市政协三届委员会专委会机构设置及主任、副主任名单；审议通过了市政协2008年工作要点；审议通过了《政协重庆市第三届委员会常务委员会关于切实加强自身建设的意见》。

第2次会议 2008年3月28日召开，应出席162人，实到133人，邢元敏主席主持会议并就认真学习贯彻全国“两会”精神及参与“解放思想、扩大开放”大讨论活动发表了重要讲话。会议传达学习了全国政协十一届一次会议精神，听取了市政府副市长童小平关于“控制物价过快上涨”的情况通报。

第3次会议 2008年7月23至24日召开，应出席162人，实到122人，邢元敏主席主持。会议传达学习了全国政协十一届二次常委会精神和市委三届三次全委会精神；通过了重庆市政协常委会《关于认真学习贯彻市委三届三次全委会精神的决议》。此次常委会还邀请了著名国际问题研究专家杨洁勉为与会常委作国际形势问题报告。报告会作为常委会的议程已成为重庆市政协工作一个新举措，丰富拓宽了常委们的综合知识，进一步提高了参政议政能力。

第4次会议 2008年9月24至25日召开，应出席162人，实到122人，副主席吴家农、刘隆铸分别主持会议。会议听取了中国社科院农村发展研究所所长张晓山关于推进农村改革发展问题的讲座，26位委员围绕统筹城乡发展中的“三农”问题进行了大会发言。会议还听取了市政府关于市政协三届一次会议提案办理情况的通报。邢元敏主席出席会议并讲话，市委常委、副市长马正其到会并就重庆“三农”问题的现状及下一步工作作了通报。

第5次会议 2008年12月11日召开，应出席162人，实到130人，邢元敏主席主持。会议听取了副市长凌月明关于重庆市主城区危旧房改造的情况通报；审议通过了召开重庆市政协三届二次会议的有关事项、《政协重庆市委员会提案工作条例（修订）》和有关人事事项；审议了重庆市政协2009年工作要点。邢元敏就落实好十七届三中全会、中央经济工作会议和市委三届四次全委会精神，开展好深入学习实践科学发展观活动和开好市政协三届二次会议提出要求。

【专门委员会工作】

提案委员会 市政协三届一次会议以来，提案委共收到提案1988件。经审查立案1830件，其中，委员提案1597件，集体提案233件，截至2008年11底，审查立案的提案已全部办复。主要工作：一、坚持质量第一，积极引导提高提案质量。加强学习培训，增强提案者质量意识。及早召开集体提案征集会，促进提高集体提案质量。把好立案审查关，引导提案者认真撰写提案。二、开展提案综合分析，提供工作决策参考。提案委组织专门力量组成提案综合分析组，历时一个月，经过认真分析研究、反复讨论修改，形成了《关于市政协三届一次会议提案综合分析报告》，由市政协办公厅报送市委、市政府领导并抄送有关部门作为工作决策参考。三、突出工作重点，加大重点提案工作力度。选好重点提案，争取领导重视参与。2008年45件重点提案中，由市委、市政府、市政协领导牵头督办的达23件，中共中央政治局委员、市委书记薄熙来，市长王鸿举，市政协主席邢元敏等20位市领导都牵头督办重点提案，充分发挥了领导的示范带动作用。规范重点提案办理，加强协调服务工作，追踪检查办理效果。四、加强督促检查，促进提案办理落实。通报提案办理情况，增强承办单位办理提案的自觉性和主动性。加强检查追踪，促进承办单位认真办理提案。做好难点提案办理工作，减少不满意提案。五、加强制度建设，进一步规范提案工作。把推进提案工作的制度化、规范化、程序化建设作为重要工作来抓，进行了《政协重庆市委员会提案工作条例》的修订和《政协重庆市委员会重点提案工作规则（试行）》的制定。六、加强和改进服务工作，提高服务质量和水平。加强自身建设，提高服务能力和水平。加强走访联系，进一步改进提案工作。加强提案工作宣传报道，扩大提案社会影响。升级提案网络，提高工作效率。七、发挥自身优势，助推区县经济社会发展。充分发动，激发委员参与助推活动的热情。加强组织领导，深入调查研究。组织项目对接，扎实开展助推活动。

学习及文史委员会 一、结合工作实际开展学习实践活动。围绕党的十七届三中全会，市委三届三、四次会议精神和市政协常委会议、主席会议要求，通过本委全委会、主任会、给全体委员写信、走访委员等方式，把学习实践科学发展观活动落实到文史工作的各项任务中，使委员们了解政协文史工作面临的新形势、新任务，为委员发挥作用提供支持和协助。二、承办市政协纪念改革开放30周年两项重要活动。编辑出版纪念改革开放30年重庆文史资料专辑。举办统战政协系统纪念改革开放30年书画摄影展览。三、召开全市政协文史工作会议，对推动我市政协文史工作起到了积极作用。四、编辑出版总字数约80万字的《重庆文史资料总目录》，系统地反映了我市文史资料基本情况。五、继续征集出版《重庆旅游文史丛书》。征集了万州、黔江、万盛三个分卷的旅游文史资料，共约75万字，完成了三个分卷的出版工作。六、开展有文史特色的专委会活动。开展了重庆名人故（旧）居保护和利用专题调研视察活动，走访了对口联系单位和部分委员，积极参加了助推区县经济社会发展工作，积极支持和指导区县政协文史资料工作或参加相关活动。七、重视集体提案和社情民意信息工作。向市政协三届一次会议递交的“关于我市爱国主义和统一战线传统教育基地免费开放的建议”被列为市政协三届一次会议重点提案并被评为市政协三届一次会议优秀提案，参加了该项重点提案的督办会。协助分管副主席督办关于主城区垃圾填埋场的重点提案，先后督办关于加快我市文化产业发展、抢救保护抗战历史文化遗址等重点提案。

经济委员会 一、加强学习，牢固树立服务意识。根据不同时期安排不同学习内容，采取多种形式组织学习，使大家的思想始终与党中央保持一致。二、围绕中心，搞好调研献良策。按照市委“解放思想，扩大开放”的精神，深入开展了“打造内陆开放型经济”调研。针对我市在经济快速发展中面临的资源、土地、中小企业融资难等方面的问题，分别联合市经委、市经济信息中心、市工商联开展了“节能降耗对重庆市工业经济发展的影响及对策”、“重庆经济发展与合理用地”、“中小企业融资难问题”三个专题调研。协助参与全国政协经济委关于“三峡库区物流中心建设”调研活动。三、助推区县，扎实帮扶见成效。按照市政协组织全市政协委员开展助推区县大开放大发展大提速活动要求，委员会在主席和分管副主席的带领下，分赴开县、巫溪、城口三县扎实开展助推活动，取得了较好的效果。四、突出重点，抓好提案促发展。积极向全国政协委员提供提案素材、反映情况，促进重庆发展。督办重点提案有力度。深入调研提交集体提案和委员个人提案。五、深入基层，考察视察当参谋。关心企业发展和国际金融危机对重庆企业的影响，深入基层开展考察视察活动，调查了解，摸情况，提建议，为重庆经济社会稳定发展当好参谋。六、积极参加市级相关部门的行评会、征求意见会等，认真履行民主监督职责。七、做好联络联谊接待工作。先后参与接待了全国政协郑万通副主席一行以及甘肃、成都、福建、云南、贵州、广西等兄弟省市政协来渝学习团组20余批，达100多人次。

农业委员会 一、加强理论学习，坚持正确的政治方向。通过办培训班，聘请专家作报告、组织集体活动、参加市政协专题报告会和自学等形式，引导大家认真学习中共十七大及十七届三中全会精神、政协统战理论和当前时事，加深委员对政协性质、地位和作用的理解。二、搞好专题调研。先后完成了“新形势下农村劳动力转移”、“加快中心镇建设”、“生猪产业持续健康发展”等课题的专题调研，并分别写出调研报告，引起市委、市政府领导的高度重视，并得到充分肯定。就新形势下农村劳动力转移与市政府开展了专题协商并取得重要成果。三、认真开展考察视察活动。分管副主席带领农业委部分委员，对我市森林分类经营情况、现代农业建设情况进行考察并提出意见建议。四、积极撰写提案和社情民意。围绕统筹城乡综合配套改革试验区的建设及“三农”问题的热点难点，组织委员写出提案30多篇、社情民意50多篇，通过办理这些提案和社情民意，解决了一些群众关心的实际问题。五、大力开展“助推”活动。分管副主席带领农业委委员分别赴垫江、武隆、彭水出谋献策，为“三县”经济社会发展提出了许多好的建议；带领市农科院、财政局等部门干部到县实施“助推”项目；组织专家，分两个组赴垫江县百家镇、桂溪镇就柑橘栽培管理和蔬菜高产高效栽培技术为130多个种植大户进行了技术讲授，受到当地群众称赞。六、加强对外联谊活动。应邀参加市政府召开的农村工作、春耕生产等重要会议和农委、水利等部门召开的业务会议；参加了合川、忠县等区县组织的大型活动；走访了部分区县政协；召开了对口单位负责人联系会；到山东、浙江等考察交流工作经验；接待了北京、广西、陕西、山东、云南、四川、河南等兄弟省市政协来重庆考察团组。

城乡建设环境保护委员会 一、扎实搞好重点调研及专题协商。2008年3月至6月，联合相关部门及部分区县政协组成专题调研组，开展了关于完善及实施重庆城乡规划有关问题的重点课题研究，形成综合调研报告后提交市政协完善及实施重庆城乡规划有关问题专题协商会，与市政府进行了专题协商并取得了重要成果，得到了市领导和各部门代表的充分肯定和高度评价。二、首次成功主办长江流域14省市政协长江水环境保护专题研讨会议并取得重要成果。三、组织委员开展助推区县经济社会发展活动取得明显成效。对口成立助推工作小组，组织委员由各组负责同志分别带队前往三个区县，进行了实质性的对接交流；就有关助推项目达成了合作意向，以实际行动为我市及区县的经济社会发展，作出了新的贡献。四、积极开展小型专题调研考察，及时反映社情民意。先后开展了多项关系群众实际困难和部门实际工作的小型专题调研视察，并根据调研视察中了解的重要情况，及时整理上报了关于加大“宁静行动”整治工作、深入开展整治非法营运工作、进一步加强农村公路安保工程的建议等10多篇社情民意材料，受到党政部门、社会各界和人民群众的欢迎与好评。五、高度重视集体提案质量，认真抓好重点提案督办。注重调研成果转化，提高集体提案质量。认真组织开展市政协重点提案的督办及协调工作。六、全面履行职能，加强自身建设。组织本委全体委员开展了以重庆主城三级管网改造及重点排水设施整治为主要内容的年终视察活动。根据市政协的统一安排，组织有关委员和专家，认真完成了陪同市政协领导带队走访区县和助推大渡口区森林工程建设活动的工作任务。

科教文卫体委员会 一、发挥智力优势，突出助推特色。联系爱心企业对潼南受地震影响严重的龙形镇高桥村小学进行免费重建，并赠送电脑、课桌等教学设施设备，投入资金80万～100万元。在潼南开展党政干部外向型经济知识的系列专题讲座和教育工作者教育教学专题培训。组织科技、经济顾问团成员和部分市政协委员对合川区政协调研报告《新辟合川至重庆快速通道的对策研究》进行了论证。向市政协三届四次常委会议提交了调查材料《降低渝遂高速公路重庆段收费标准，促进四区县经济社会发展》，并在会上作了发言。开展科技下乡，帮助和指导区县发展特色农业。二、围绕民生开展调研，促进科学发展与社会和谐。围绕文化产业发展、农村三级卫生服务网络建设、科技创业风险投资等六个难点问题开展专题调研，形成相应调研报告或意见建议。把“文化产业发展”作为专题协商议题，提交市政协三届十次主席会议，其成果得到市委、市政府、市政协领导的高度赞扬和充分肯定。三、充分发挥主渠道作用，为社会事业发展鼓与呼。在2007年围绕病媒生物防制进行调查研究的基础上，经过认真研究，反复讨论，形成了一份有情况、有分析、有建议的材料“关于加强我市病媒生物防制工作的意见建议”，在市政协三届一次会议上进行了大会发言，引起市委、市政府领导的高度重视和新闻媒体的密切关注，市政府相关部门加大了支持病媒生物防制工作的力度。四、积极反映社情民意，发挥民主监督作用。尽力了解社会不同阶层、不同群体的愿望和要求，对深入调研、考察（视察）了解到的大量原始信息进行综合、归纳，形成社情民意。

社会法制委员会 一、加强自身建设，工作规范有序。积极组织新委员参加市政协集中培训，让新委员系统地学习政协统战理论，了解人民政协历史和政协在经济社会发展中发挥的积极作用。修订了《政协重庆市委员会社会法制委员会工作细则》，工作中做到年有要点、月有计划、周有安排、日有记载，完善了行之有效的工作机制。二、深入考察调研，积极参政议政。开展了维护农民工合法权益和完善社会保障、建立新型农村社会养老保险制度、“小旅馆”治安管理专题调研，考察基层司法所、和谐社区建设，视察法律援助和人民调解工作，形成《关于维护农民工合法权益和完善社会保障的意见建议》、《统筹城乡协调发展，加快推进新型农村社会养老制度建设》等调研报告，并在相关会议上做了大会发言。三、着力关注民生，加强民主监督。参与了由分管副主席牵头督办的重点提案《关于提高居民最低生活保障标准的提案》的督办工作，经过与提案者和承办单位市民政局多次研究，重庆市新的城乡居民最低生活标准于2008年5月开始执行。委员会督办了《关于加快全面建设我市司法所的建议》、《应尽快出台我市规范的社会福利机构管理实施细则》等重点提案，通过深入调研，召开专题督办会议、多次与提办双方沟通等方式，使提办双方均表示满意。及时提交了《石桥铺殡仪馆改造立项实施为何这样难》、《当前我市职务犯罪案件被判处“缓、免”过多应引起重视》等社情民意，引起了市领导和相关部门的高度重视。

民族宗教委员会 一、以科学发展观为指导，助推区县经济社会发展。协助招商引资，促成有关项目的接洽商谈。组织委员到所助推的酉阳、秀山两县考察，动员委员投资两县，发展兴业。动员本委企业界和宗教界委员帮扶两县贫困学生。已有3位委员共出资150万元支持酉阳县教育事业，为该县捐赠了2所中学图书馆、2所光彩小学。二、围绕全市民族宗教领域的热点问题开展调查研究。结合助推工作，围绕民族地区发展职业教育问题开展专项调研并提出意见建议。组织委员深入到酉阳县，就民族地区乡村公路网络建设情况进行了专题调研并形成了《加大对民族地区乡村公路建设投入，为城乡统筹发展奠定坚实基础》的调研报告，为市政协三届二次会议作准备。配合全国政协民宗委开展“发挥宗教界人士和信教群众在促进经济社会发展中的积极作用情况”的调研，形成了《关于发挥宗教界人士和信教群众在促进经济社会发展中的积极作用调研的报告》，引起了全国政协民宗委的重视，部分建议被采纳。三、协助党和政府做好宗教领域的稳定工作。组织宗教界委员深入揭批“藏独”分子严重暴力犯罪行为。协调解决道教关庙迁建难点问题。撰写《关于重视重庆市天主教29座百年老教堂维修保护的建议》集体提案，促进天主教百年老教堂的维修保护工作。

港澳台侨和外事委员会 一、加强学习，不断提高履职能力。采取主任会、全体委员会、情况通报会、座谈会等多种形式，认真学习贯彻十七大、十七届三中全会精神，学习胡锦涛总书记在全国“两会”期间关于港澳台侨工作的三次重要讲话精神。二、深入调研，参政议政取得实效。由分管副主席带队开展“打造内陆开放型经济外向型人才调研”，形成了《关于重庆打造内陆开放型经济外向型人才的调研报告》，调研报告报送市委、市政府后，薄熙来书记、王鸿举市长作了重要批示。对本市农业对外开放情况、部分重点外商投资企业执行《劳动合同法》的情况进行了调研。开展年终视察，走访区县政协，关注区县经济发展。本委委员在分管副主席的带领下，赴区县分别就发展商贸服务业、招商引资和现代畜牧业的情况进行视察。召开重点提案督办会议，受到有关领导和部门高度重视，有力地推进了提案内容的办理和落实。三、众志成城，全力投入抗震救灾。5 月 12 日四川汶川地震发生以后，委员们纷纷赴灾区，捐现金，送药品，为灾区人民排难解苦，共捐钱物 2000 多万元。四、积极努力，助推区县经济发展。推动香港田家炳基金会扶助本市贫困地区中小学英语教师培训项目的落实。将港澳委员年中视察活动同助推活动结合起来，组织港澳委员前往云阳、梁平等区县，积极献计出力，对当地的经济社会发展提出了建设性的意见，受到当地党委政府的充分重视，部分委员还表示将跟进一些项目。组织农业方面的专家赴云阳开展科技下乡活动。协助荣昌县到香港举行招商活动。香港委员们积极参与，为招商活动出谋划策，提出有可行性的意见建议，并帮助联系和介绍客商参加招商会。

区县政协工作联络委员会 一、开展走访活动，进行重点指导。换届后，把走访区县政协工作列入重要的议事日程，一年内，在分管副主席率领下，行程 10000 余公里，将 40 个区县全部走访一遍，基本掌握区县经济社会发展和区县政协工作情况，达到了了解情况、听取意见、密切关系、增进感情、推动工作的目的。二、举办“两班一会”，进行集中指导。以加强反映社情民意信息工作和加强与区县政协联系指导、发挥政协整体作用为题，与办公厅一道举办了区县政协机关干部培训班。以“践行‘三新’，履职有效”和“发挥政协党组作用，加强党组对政协工作的领导”为题，举办了“区县政协主席研究班暨党组书记座谈会议”。三、召开片区会议，进行分片指导。结合各区域的实际情况，共同研究如何发挥政协优势，加强区域合作，共谋区域发展。四、搞好专题调研，进行专题指导。一是积极组织有关区县配合市政协相关专委会开展了“关于进一步完善城市规划的问题”、“关于农村剩余劳动力转移的问题”等专题调研，使市区县两级政协形成紧密结合、联合调研的互动局面，为综合报告的形成，提供了相关的基础材料。二是以“加快渝黔边经济合作”为题，联合与贵州接壤的八个区县政协开展专题调研，最后形成专题调研报告报市委、市政府及有关部门，供决策参考。五、开展评先创优，进行典型指导。通过开展区县政协工作创新奖和区县政协理论研究组织奖的评选活动，不断挖掘工作中的典型事例，总结成功经验，调动区县政协工作的主动性、积极性和创新精神，用典型经验推动面上工作。召开全国部分省市地方政协联络工作研讨会，探索联系指导区县政协工作的新路子。六、以“助推”活动为抓手，拓展委员发挥作用的新形式。作为助推活动领导小组办公室，积极为市政协的助推工作做好组织、联络、协调、服务。在各专门委员会和市政协委员地区小组的组织协调下，广大政协委员积极支持和热情参与了招商引资、项目推介、技术咨询、扶贫济困等各类助推活动。

【重要活动】

举办新委员培训班 4月7日至15日，举办了三期新委员培训班。近400名新委员分3批，以解放思想、推进“三新”为主题，重点学习了党的十七大对人民政协事业提出的新要求、中央五号文件对政协工作作出的新规定和十一届全国政协作出的新部署，学习了人民政协的基本理论和履行委员职责的基本知识，进一步提高了委员们的政治理论素质和履职能力，增强了当好政协委员的光荣感、责任感和使命感以及履行职责的积极性、主动性和创造性。市政协主席、副主席分别为三期培训班开班、结业进行动员和总结；市政协相关部门领导、重庆市学习党的十七大精神宣讲团成员分别主持开班，为培训学员进行辅导、授课并参加培训。

召开市政协新闻宣传工作会议 会议总结部署了全市政协新闻宣传工作，表彰了宣传政协好新闻的获奖作者，讨论了市政协办公厅、市委宣传部联合拟定的《关于加强和改进政协宣传工作的意见（讨论稿）》。《人民日报》重庆记者站、《重庆日报》、重庆广电集团等5个主流媒体和万州区等3个区县政协在会上就加强和改进政协新闻宣传工作的做法和经验作了交流发言。市政协主席邢元敏要求，政协新闻宣传一定要突出政协主题、政协优势、政协特色，坚持贴近实际、贴近生活、贴近委员，力求形式生动、内容生动、语言生动，做到热点出彩、生动出彩、细节出彩，使政协新闻宣传工作有声有色、有力有效，营造出有利于全市政协事业发展的良好舆论氛围。市委常委、宣传部部长何事忠，全国政协办公厅新闻办主任张敬安出席会议并讲话。

组织“4+6”协商通报课题协商议政 市政协在组织集中调研的基础上，先后就打造内陆开放型经济、完善及实施城乡总体规划、新形势下农村劳动力转移、发展文化产业4个重点问题开展专题协商，形成了24份调研报告，提出了240条意见建议，市委、市政府主要领导分别对四个专题调研报告作出重要批示，使专题协商发挥更有效的作用。先后听取市政府抗震救灾、森林工程、危旧房改造及金融危机爆发后的经济形势等情况通报，就关系经济、社会、民生的热点难点问题建言献策。

创新发挥委员主体作用形式，助推区县发展 以市政协800多委员为主体，成立助推领导小组和经济、科技顾问团，由9个专委会对口助推25个区县，15个委员地区小组助推15个区县，做到40个区县全覆盖。选择区县希望做、政协做得了做得好的事，尽力而为，量力而行，把“尽力”和“量力”、“履职”与“助推”科学地结合起来，创造性地开展招商引资、项目推介、技术咨询、扶贫济困、中介信息服务、公益事业等助推活动。党委重视、政府支持、委员参与、区县欢迎、初有成效，发挥了政协智囊团、参谋部、生力军的积极作用。

举办区县政协发挥界别作用交流会 为深入开展“立足新起点，实现新作为，作出新贡献”主题实践活动，12月12日，市政协召开全市区县政协发挥界别作用现场经验交流会。会议以“突出界别特色，发挥界别作用”为主题，以交流北碚经验为重点，开展了深入的交流讨论，形成了加强界别工作的共识。会议认为，这次会议是加强政协界别建设、创新政协界别工作的现场会，对于更好地发挥政协界别作用、深化市政协“三新”主题实践活动、推动全市政协事业的创新发展，将产生积极的影响。市政协领导、来自39个区县的政协主席、秘书长和市政协办公厅、研究室、区县联络委的领导参加了会议。

【重要文件】

常委会工作报告（2008年1月19日）（摘要） 一、过去五年工作回顾和直辖市十年政协工作的经验。（一）加强学习，增进共识，坚持政协工作的正确方向。二届市政协任期的五年，是在一届市政协工作的基础上“继承发扬、创新发展”的五年。在中共重庆市委领导下，二届市政协以邓小平理论和“三个代表”重要思想为指导，全面落实科学发展观，坚持和完善中国共产党领导的多党合作和政治协商制度，牢牢把握团结和民主两大主题，围绕中心，服务大局，关注民生，促进发展，切实履行政治协商、民主监督、参政议政职能，为我市全面建设小康社会作出了积极贡献。（二）围绕中心，服务大局，切实履行政治协商、民主监督、参政议政职能。坚持围绕中心、服务大局这一政协履行职能的重要原则，把促进发展作为履行职能的第一要务，按照“政治协商有方、民主监督有力、参政议政有为”的目标要求，认真履行职能，政协工作为促进经济社会发展服务的能力进一步提高。（三）开拓创新，注重实效，不断强化政协履行职能的基础性工作。坚持把实现好、维护好、发展好最广大人民的根本利益作为政协工作的出发点和落脚点，高度重视专题调研、提案、反映社情民意、新闻宣传和文史资料等政协履行职能的基础性工作，不断创新，注重实效，发挥了政协的优势，提高了履行职能的水平。（四）增进团结，凝聚力量，进一步壮大爱国统一战线。坚持用中国特色社会主义共同理想增进团结、凝聚力量，引导各党派团体、各族各界人士把智慧和力量聚集到建设中国特色社会主义伟大事业中来，聚集到实现“加快”“率先”目标的各项任务中来，不断壮大爱国统一战线。（五）完善制度，规范程序，努力推进政协履行职能的“三化”建设。不断完善制度、规范程序，加强履行职能的制度化、规范化、程序化建设，政协履行职能的各项工作做到了有章可循、规范有序。（六）互动交流，形成合力，充分发挥人民政协整体优势。注重加强与各级政协组织之间的互动交流，主动争取全国政协的指导和支持，广泛开展与各省区市政协的交流与合作，切实加强对区县政协的联系和指导，为发挥人民政协的整体优势作出了积极努力。（七）夯实基础，提高水平，全面加强政协自身建设。十分重视政协委员主体作用、界别特殊作用、专委会基础作用和政协机关服务作用的发挥，持续不断地加强自身建设，为开创政协工作新局面奠定了坚实基础。

二、今后五年工作的建议。（一）高举中国特色社会主义伟大旗帜，切实巩固参加人民政协的各党派团体和各族各界人士团结奋斗的共同思想政治基础。（二）深入贯彻落实科学发展观，为贯彻落实“314”总体部署献计出力。（三）牢牢把握团结和民主两大主题，巩固和壮大最广泛的爱国统一战线。（四）高度关注民生问题，努力维护人民群众的根本利益。（五）切实加强自身建设，提高人民政协履行职能的能力和水平。

《政协重庆市委员会关于开展“新起点、新作为、新贡献”主题实践活动的意见》文件主要阐述了开展“三新”主题实践活动的重要性和必要性、指导思想，提出“解放思想、推进‘三新’”大讨论活动的目标任务、方法步骤等。

【组织概况】

政协主席

邢元敏（女）

副主席

吴家农　刘隆铸　夏培度　王孝询
陈万志　于学信　彭永辉　陈景秋
孙甚林

秘书长

王长寿

常务委员名单（按姓氏笔画为序）

丁时勇　丁祥龙　万　力　于学信
马云峰　马亚东　马跃岗　孔　全
孔庆平　尹华川　文　波　王长寿
王亚平　王孝询　王昌渠　王金山
王济光　王崇举　邓　旭　邓季达
韦云隆　付中秋　代焕江　卢志红
史若飞　史锦杰　司马文霞（女）
甘　红　白鹤祥　任　宁　任　红（女）
任　红　刘文辞（女）　刘庆渝
刘庆瑞（女）　刘式尧　刘邦耀
刘启明　刘隆铸　刘雅煌　向远道
孙发荣（女）　孙甚林　孙晓明
孙德隆　许　沛（女）　许伦胜
许明月　邢元敏（女）　何　为
何　其　何世斌　何泽正　何泽清
余季平　吴　冰　吴　刚　吴　旭
吴应禄　吴凯琦（女）　吴家农
张　牛　张　鲁　张廷浒　张克敏（女）
张泽方　张钟灵　李　斌　李卫东
李少林　李世全　李生龙　李自治
李昌伦　李荣强（女）　李恩华
李钺锋　李联军　杨　一　杨　欣（女）
杨才明　沈金强　肖学文　肖建国
肖家运　邱道持　陆大钺　陈　枞
陈万志　陈义华　陈先琦　陈夷茁（女）
陈克明　陈昌齐　陈昌国　陈焕奎
陈景秋　陈耀华　周　群（女）
周红梅（女）　周伯安　周铁军
林必忠　罗小卫　罗兹柏　柳春鸣
段泽勇　胡继明　郝　明　钟旭秋
钟国跃　唐　林　唐双福　唐昌放
夏培度　徐登全　秦少容（女）
秦远好　袁小彬　郭劲松　郭君稳
郭渝平　常　亮　常建民　梁建平
梁复明　梅　霞（女）　黄　挺
黄五一　黄文章　黄文献　黄世荧
黄祖仕　黄顺康　傅唯泉　喻体金
彭　烨（女）　彭　静（女）
彭永辉　彭哲英（女）　童晓莉（女）
舒永清　葛君伟　董　青（女）
董瑞葆　蒋业华　谢嘉庆　释常慧（女）
鲁　成　蓝富国　詹　真　赖邦凡
雷　寒　廖长光　熊一娣（女）
熊康敏　裴丽珍（女）　颜克亮
黎晓敏（女）　戴　伟　戴红卫

委员名单（按姓氏笔画为序）

中国共产党（37名）

于学信　马发骧　王　勇　王长寿
王华刚　王昌渠　王颂秋　史锦杰
白雪飞　邢元敏（女）　向松柏
刘　伟　刘庆渝　刘玲玲（女）
刘隆铸　江绍中　孙孝义　孙德隆
纪　涛　李　斌　李元鹤　李长明
李自治　李昌伦　吴　冰　吴家农
何泽正　张泽方　钟旭秋　莫欠恒
徐登全　常建民　梁华祥　彭永辉
舒永清　蓝富国　赖邦凡

中国国民党革命委员会（23名）

乔　伟　任　宁　杨剑虹　邱正宇
何建明　汪　楠　陈昌齐　林必忠
周新民　郑　天　荣修模　禹荣全
秦远好　袁凯明　夏培度　徐金平
徐雪葜　唐德玉（女）　黄　平（女）
龚小雪（女）　裴丽珍（女）
熊一娣（女，仡佬族）　戴勤弼

中国民主同盟（24名）

邓　勇　叶　雨　刘一鸣　刘文贤
许明月　李　静（女）　杨　欣（女）

杨才明　何　其　张丁非　陈　忻（女）
陈万志　陈国平　陈昌国　陈和平（女）
陈浩川　周　利（女）　赵　芾
赵　明　钟成华　徐素环　高志强
黄燕苹（女）　阎传义

中国民主建国会（24名）

韦云隆　任　红（女）　刘兆良
刘绍璋　李大志　杨　光
杨亚丽（女，土家族）　吴发先
沈金强　宋代军　张树森　张遇鸣
陈红兵　罗凉鹰　周永中　赵小华（女）
赵宗芳（女）　胡光志　黄五一
董　青（女）　曾益成（土家族）
赖　野　雷文仲　简光秀（女）

中国民主促进会（18名）

邓昌金　甘　红　刘　林（女）
苏　宁　李　志　李莉萍（女）
杨长寿　杨宏庆　别必亮　邹昌平
宋玉波　陈　枞　陈望来　陈景秋
袁金英（女）　黄　硕　龚春燕
喻体金

中国农工民主党（18名）

丁域庆　王月婷（女）　王本朝
卢德龙　戎　蓉（女）　刘　建
刘启明　刘治中　刘德绍　吴　刚
吴景明（女）　陈钢建　周铁军
钟国跃　姚　树　曾扬华　温永学
戴红卫

中国致公党（10名）

丁时勇　王孝询　李　庆　李秋俊（女）
李姣军（女）　杨　斌　段泽勇
贾　鸿　郭晏麟　蒋万跃

九三学社（18名）

王　佳　王远亮　尹书菊（女）
李　航　杨大成　杨开奎　邱道持
张　川　张大为　陈义华　陈伯礼
陈洪凯　周伯安　徐　泽（女）
郭劲松　黄　华　黄共田（女，土家族）
蔡应繁

台湾民主自治同盟（5名）

王虹锦　许　沛（女）　李钺锋
骆亚非（女）　曾　燕（女）

无党派人士（15名）

王　灿　王东亚（女）　王任林
尹华川　任　红　李生龙　李荣强（女）
杨　帆　张　靖　张太宇　赵元砉（女）
袁小彬　唐双福　梁　云（女）
谭建旗

中国共产主义青年团（12名）

王小波　刘　亢　刘小泉　孙胡鼎
李卫东　吴任军　赵　孟　胡　涛
党亚莲（女）　黄　翔　黄　蓓（女）
梁小波

总工会（25名）

丁晓萍（女，回族）　马跃岗
王渝江　乔　平　刘　飞　刘　波
刘定亚　汤宏伟　李　耀　李开明
杨　康　杨向东　吴　敏（女）
吴大林　张兴庆　张建民　徐小芳（女）
郭小平　唐　静（女）　黄凤洲
常　亮　彭长珍（女）　彭永福
彭哲英（女）　潘向宇

妇女联合会（26名）

王倔策（女）　卢华语（女）
申明月（女）　师　明（女）
刘庆瑞（女）　刘崇梅（女）
李　青（女）　李　昱（女）
杨　婕（女）　吴　音（女）
吴安鸣（女）　何庆华（女）
余承宾（女）　汪泉弟（女）
张克敏（女）　易　华（女）
岳渝菁（女）　周红梅（女）
项　华（女）　胡文军（女）
秦少容（女）　徐丽霞（女）
郭渝平（女）　唐国秀（女）
黄志坚（女）　蒋艺义（女）

青年联合会（7名）

于　超　叶静涛（女）　任丽娟（女）

吴正茂　和　颖　彭　静（女）
蒋伶丽（女）

工商业联合会（41名）

丁祥龙　卢志红　付中秋　向远道
刘　群　刘章毅　刘旗辉　江　舸
孙甚林（土家族）苏玉木　苏定瑞
杜长春　李大明　李学春　杨　敏
杨长林　吴　旭　宋晓平　张　民
张　莉（女）　张兴海　张振宇
张晓霞（女）　陈先琦　陈关键
陈克明　林良快　罗　易　季钲瀚
周生俊　周道学　聂先华　徐在华
曹选利　彭建虎　董新桥　蒋业华
韩光云　廖长光　谭经绪　魏　璐

科学技术协会（19名）

王力军　朱华荣　杨　力　杨士中
杨新民　何　力　何　鸣（女）
张　远　张太雄　张洪松　陈　卫
易小光　骆文龙　龚　兵　蒋　明
傅文俊　谭　强　薛荣生　戴　伟

台湾同胞联谊会（3名）

吴凯琦（女）　钟淑华（女，高山族）
唐　林

归国华侨联合会（9名）

孔令红（女）　刘　杰　李百战
张　阳　郑　洋　涂奇徽　黄世荧
彭　烨（女）　曾维才

文化艺术界（35名）

王　毅（女）　王定天　王树森
韦明齐　文万立　邓　旭
冉　冉（女，土家族）　刘万利
刘光宇　刘豫川　苏　伟　杜继淑（女）
杨　力　吴昌德　张　鲁　张永安
陆大猷　陈　建　陈兴芜（女）
邵康庆　林达开　杰　强　周　燕（女）
郑建鸥　柳春鸣　黄荣华（女）
庹纯双　康　宁　彭　健　蒋永康
程联群（女）　傅克辉　谢关键
黎方银　戴政生

科学技术界（50名）

丁安平　丁良旭　王　杰　王　槐
王金山　王跃文　毛敬华　方　明
邓　琳（女）　冯　宇
司马文霞（女）　朱　飞　朱豫东
刘仕洪　刘渝新　李代建　来匡建
肖学文　吴　曦　吴俊祥　汪文政
沈晓阳　宋楚雄　张　舰　张巧云（女）
张龙义　张成飞　张志辽　张国祥
陈　元　陈耀华　林朝阳　罗　斌
周　旭　周永勇　郑兴东　赵　士
赵明富　洪达旭　夏庆友　徐道生
郭科社　黄　林　黄荣光　龚卫国
梁复明　赖长春　詹　真　戴　涌
戴右铭

社会科学界（15名）

马新发　王小佳　王松全
冉光海（土家族）李联军　何华敏
邹学荣　张　牛（回族）　张凤琦（女）
张承康　陈　悦（女）　赵修渝（女）
胡继明　饶宁华（回族）　颜克亮

经济界（43名）

孔　全　邓季达　白鹤祥　冯成远
任　萍（女）　任渝欣　刘文辞（女）
李　静　李天仁　李世全　李恩华
李嘉豪　杨　曦（女）　杨中富
邱沛阳　何世斌　张小亚（女）
张云亭　张永钻　张明举　陈成宽
陈传华　范　洪　罗兹柏　周　平
钟家华　袁明杰　郭君稳　唐成义
唐昌放　唐建华　唐昭平　黄　挺
黄叔平（女）　彭永明　彭钊慧（女）
彭治民　韩艳平（女）　程吉祥
傅建力　赖国强　谭远胜　熊明祥

农业界（37名）

王顺平　田时炳　朱宪生　刘　涛
牟　伟　李　虹　李　强　李正华（女）
李关荣　李兴癸　肖家运　何　涛（女）
余　涛　汪兴平　张钟灵　张洪成

张惠琴（女） 陈远喜 陈善春
罗 颖（女） 罗恩德 周光凡
周克勤 赵中金 胡 军（女）
胡少校 胡君烈 聂励杰 晏光海
徐继钊 黄 勇（土家族）黄文章
崔吉富 童晓莉（女） 谭正棋
黎晓敏（女） 戴永莲（女）

教育界（50名）

万 力 王崇举 王新强 文 波
邓 山 龙 琼 龙少贵 朱利泉
向又新 刘邦耀 孙才新 牟延林
严忠志（满族） 杜洪超 杜晓阳（女）
李 怡 李 伟 李远杰 杨 虹
肖建国 何元俭 宋 璞 宋乃庆
张希希 张宝均 邵启哲 周庆忠
周宗凯 郑明春 姚木远 姚维志
莫智红 夏 冬（女，满族）
钱祖荣 徐 燕（女，苗族）
徐九庆 徐中明 黄 伟 黄顺康
黄益华 梁乃兴 葛君伟 程德安
傅唯泉 鲁 成 谢建强（苗族）
廖文胜 谭小林（土家族）魏 智
魏子栋

体育界（11名）

巴朝平（女，蒙古族） 刘 强
刘中全 刘艳艳（女） 李晓艳（女）
杨 一 吴建华 张 欣 夏小敏（女）
梁建平 彭国龙

新闻出版界（10名）

石 诚 杨维成 何 为 余继军
陈夷茁（女） 罗小卫 罗成友
赵 莹（女） 郝成竹（女）
缪超群

医药卫生界（34名）

马荣辉（女，土家族） 王亚平
史若飞 孙晓川 苏 灿 苏建清
李少林 李世波（女） 李廷玉（女）
李志伟（回族） 李冠华 李勤耕
杨小伶（女） 杨学兵 肖颖彬
陈友坤 陈庆伟 罗 玲（女）
金 焱（满族） 周红玲（女）
周清梅（女） 莫志宏 高 丹
郭 林 郭剑华 黄旭东 梅 霞（女）
曹文富 董 宁 韩泰军 雷 寒
蔡志民 谭晓燕（女） 糜漫天

对外友好界（7名）

王济光 杨宗金 邹小平（女）
陈 消 郝 明 唐 文 廖觉超

社会福利和社会保障界（7名）

刘忠俊 孙晓明 李志雄 佘明哲
谢嘉庆 甄 勇 谭传华

少数民族界（23名）

丁丽柏（女，壮族）
王天文（土家族）
王友凡（苗族） 卢朝康（朝鲜族）
代焕江（满族） 白 毅（土家族）
毕 麦（土家族）
伍 斌（彝族）
刘书君（女，回族）
刘德瑜（土家族）
李 奎（土家族）
何江卓玛（女，藏族）
张达清（苗族） 张廷浒（苗族）
张颖超（女，满族）
陈红兵（土家族）
周顺恺（回族） 段昌柱（土家族）
海内宽（回族） 龚 燕（女，回族）
彭晓东（土家族）
温 琳（女，回族）
谭建祥（土家族）

宗教界（10名）

马云峰（回族） 邓信德 许伦胜
李 军 何泽清 张美恩（女）
释常慧（女） 释惟贤
释道坚（羌族） 谢榜勇

特别邀请人士（164名）

马亚东 马桂恺 孔庆平 尹德馨（女）
毛 平 王 进 王 武 王 南

王元学　王仲荪　王卓祺　王建西
王忠德　王茂春　王贵银　王晓岚
邓孝明（女）　冉建昌（土家族）
冯咏谊（女）　龙银玖　全修治
刘义全　刘小秋（女）　刘正忠
刘先进　刘光术（女）　刘式尧
刘君芳（女）　刘雅煌　刘瑞江
吉　强　向文明　向益平　吕　进
孙发荣（女）　安占宝　成建国
朱铁能　何文锋　何建军（女）
余　勇　余季平　况东权　吴永嘉
吴立宪　吴任斌　吴红宁（女）
吴应禄　吴国荣　吴剑华　吴莉娜（女）
宋国权　张　健　张子玉（女）
张公振　张均凤（女）　张弟科
张迎宪（女）　张远林　李　明
李中武　李旭东　李君成　李昆远
李晓华　李德建　杜永成　杨　刚
杨　俊　杨茂成　杨树保　杨耀健
沈　涛　沈　蓉（女）　肖　猛
肖龙明　肖坤华（女）　邱金海
陆大钺　陈　均　陈国华（土家族）
陈建明　陈焕奎　陈善珍（女）
周　群（女）　周世耀　周志强
周德勋　岳中焕（土家族）林云峰
林正伟　林炎南　林茂祺　林晓露
范立新　查毅超　柳成文　胡　晓（女）
胡大世　胡芝容（女）　赵　勇
饶　建　饶才邦　唐文峰　唐廷国
唐承云　夏晓华（女）　徐正菊（女）
徐伟坤　徐家祥（女）　敖　斌
秦明山　莫元礼　袁松山　贾明非
郭二潋　郭启兴　陶中强
陶正信（苗族）　高　万　常国权
曹保康　梁　榕　梁正华（土家族）
梅泽波　章新渝　黄　铭　黄文献
黄光辉　黄志超　黄祖仕
黄虹宇（土家族）黄朝忠（土家族）
傅举庆（女）　彭光伟　曾　艺（女）
曾耀祥　游智明　程　萍（女）
董瑞葆　蒋丽苓（女）　覃正杰
谢　胜（苗族）　韩瑞碧（女）
鲁　进　赖仁刚　赖顺材　鄢　捷（女）
雷太明　雷树成　廖渝川　熊　莉（女）
熊康敏　蔡　毅　蔡顺斌　谭　浪
谭彬奇（土家族）潘文峰　颜三林
颜宝铃（女）　黎　刚　黎　亮
薛汉明　戴　伶（女）

委员增补名单

（以下为2008年12月11日政协重庆市第三届委员会常务委员会第五次会议增补）

王　庆　韦竞成　向先全　孙仁元
张能杰　李庆利　金　岩　姚洪春
唐鑫政　翁一丰　翁光铃　喻显镔
赖恒红

撤销委员资格名单

（以下为2008年12月11日政协重庆市第三届委员会常务委员会第五次会议通过）

唐文峰

委员辞职名单

（以下为2008年12月11日政协重庆市第三届委员会常务委员会第五次会议通过）

王　南　刘光术　李志雄　周德勋
胡　晓

【重庆市各区、县政协领导人名单】

万州区	饶才邦
黔江区	陈珍明
涪陵区	常国权
渝中区	安占宝
大渡口区	刘小秋（女）
江北区	张迎宪（女）
沙坪坝区	胡大世
九龙坡区	成建国
南岸区	向先全

北碚区	王贵银	梁平县	唐廷国
万盛区	吕　进	城口县	张弟科
渝北区	黎　刚	丰都县	彭光伟
巴南区	吴莉娜（女）	垫江县	高　万
长寿区	游智明	武隆县	唐承云
江津区	王忠德	忠　县	雷树成
合川区	张均凤（女）	开　县	全修治
永川区	肖坤华（女）	云阳县	姚洪春
南川区	陈　均	奉节县	李晓华
綦江县	张　健	巫山县	王元学
潼南县	赖仁刚	巫溪县	吴立宪
铜梁县	梅泽波	石柱县	岳中焕
大足县	黄　铭	秀山县	陶正信
荣昌县	李君成	酉阳县	黄朝忠
璧山县	莫元礼	彭水县	胡勤俭

重庆市各级政协组织和委员数

（截至2008年底）

项目＼级别	直辖市	市辖区	县（自治县）	合　计
组织数	1	18	21	40
委员数	836	4885	5236	10957

（李　鹏　龙玉蛟　编写）

政协四川省委员会

陶武先　主　席

晏永和　副主席

陈光志　副主席

吴正德　副主席

陈　杰　副主席

陈次昌　副主席

解　洪　副主席

曾清华　副主席

张雨东　副主席

黄润秋　副主席

吴果行　秘书长

【全体委员会议】

十届一次会议 2008 年 1 月 20 日至 25 日在成都举行。大会应到委员 883 人，实到 838 人。晏永和副主席主持会议。会议听取并审议了陶武先副主席所作的政协第九届四川省委员会常务委员会工作报告和吴正德副主席所作的提案工作情况的报告。出席会议的委员列席了第十一届四川省人民代表大会第一次会议，听取并讨论政府工作报告和计划、预算报告，以及省高级人民法院、省人民检察院工作报告。审议通过了九届省政协常委会工作报告的决议、提案工作情况报告的决议、政协第十届四川省委员会第一次会议决议和提案审查情况的报告。选举产生了十届省政协主席、副主席、秘书长、常务委员。中共四川省委书记刘奇葆在闭幕会上作了《同心奋进 共图跨越 加快建设西部经济发展高地》的讲话。会议期间，首次举办了政协委员“网上议政”现场直播访谈系列活动。

【常务委员会会议】

第 1 次会议 2008 年 1 月 26 日在成都举行。应到 159 人，实到 146 人。晏永和副主席主持会议。会议审议通过了省政协 2008 年工作要点和省政协专门委员会设置、专门委员会主任和副主任、智力扶贫领导小组常务副组长建议名单，省政协副秘书长建议名单。陶武先主席在会议结束时讲话。

第 2 次会议 2008 年 4 月 22 日至 24 日在成都举行。应到 159 人，实到 126 人。解洪副主席主持会议。会议听取了王宁副省长《关于加快四川铁路建设和攀西钒钛资源综合利用工作有关情况的报告》，审议通过了《创新管理体制和实现机制，加快推进四川铁路建设》、《创新资源开发体制，加快推进攀西钒钛战略资源开发》调研报告及有关人事事项。陶武先主席在会议结束时作了《加强专题调研 增强履职实效》的讲话。

第 3 次会议 2008 年 7 月 17 日至 18 日在成都召开。应到 159 人，实到 141 人。晏永和副主席主持会议。会议听取了蒋巨峰省长《关于我省汶川特大地震抗震救灾及灾后恢复重建工作情况的通报》、吴果行秘书长《关于全省政协抗震救灾工作情况的通报》，围绕抗震救灾、恢复重建建言献策，审议通过了《关于同心协力为抗震救灾恢复重建作贡献的决议》。陶武先主席在会议结束时作了《发扬抗震救灾精神 服务恢复重建大局》的讲话。

第 4 次会议 2008 年 12 月 9 日至 10 日在成都召开。应到 159 人，实到 140 人。晏永和副主席主持会议。会议学习贯彻了中共十七届三中全会和中共四川省委九届六次全会精神，审议通过了省政协常委会工作报告（草案）和十届一次会议以来提案工作情况的报告（草案）；听取了省政府秘书长于伟关于省政协十届一次会议提案办理情况的通报；审议通过了关于召开省政协十届二次会议的决定、会议议程（草案）和日程，以及关于授权主席会议审议省政协十届四次常委会议未尽事宜的决定；审议通过了《四川汶川地震灾区区域功能划分与工业优势特色产业的合理布局》、《推进农产品深加工基地建设的调查与建议》、《促进我省中等职业教育发展的几点建议》、《四川省公共文化服务体系建设调研报告》和增补省政协委员名单。陶武先主席在会议结束时讲话。

【专门委员会工作】

提案委员会 十届一次会议以来，共征集提案 1074 件，经审查立案 1033 件，没有立案的 41 件作为委员意见转有关部门参考，确定 9 件重要提案进行督办。组织向地震灾区捐款捐物 1438 余万元，共征集抗震救灾类提案 185 件，并将其中具有重要参考价值的43件编辑成5期抗震救灾类提案摘报直接报送省委、省政府和省抗震救灾指挥部；对四川省应急通信体系建设、水能资源开发中存在的问题进行专题调研，对凉山、宜宾等市（州）提案工作进行调研；组织委员对达州市政府、遂宁市政府提案办理进行视察；制定了省政协《关于各专门委员会参与提案办理工作暂行办法》、《关于提案审查工作的规定》、《提案委员会加强与各民主党派、工商联联系的办法》。

经济委员会 组织向地震灾区捐款捐物13678.4万元，提交2份抗震救灾类集体提案和4份委员提案，召开经济界委员恢复重建座谈会建言献策，向省委、省政府报送了《关于地震灾区群众过渡安置情况的视察报告》和《地震灾区永久性住房建设中存在的问题和建议》，协助省政府为灾区引企引资；完成《西部铁路交通枢纽的体制设计和实现机制》等3项重点调研课题，配合全国政协开展“统筹城乡发展”的视察调研工作，完成宏观经济形势应对措施等6项专题调研；组织委员对地震灾区群众过渡安置情况、雅西高速公路建设情况、四川晟茂建设公司进行视察；完成省委统战部布置的“全省非公有制经济界代表人士综合评价”工作。

人口资源环境委员会 组织向地震灾区捐款捐物1349.3万元，提交抗震救灾类提案13件，反映社情民意6条，提出各种意见建议98条；完成全省城乡居民饮水安全等3项专题调研，配合全国政协人资环委完成“长江中上游水电开发与环境保护”课题的调研；组织委员对球溪河等4条河流段面的污染治理和川威钢铁公司等7家企业的节能减排工作进行视察；为3万多名少数民族育龄妇女免费检查生殖道感染疾病、免费检查乳腺疾病。

教育委员会 组织向地震灾区捐款捐物1970.646万元，提出建立地震孤儿基金等建议，与省教育厅联合编辑出版《红烛情怀——献给汶川大地震中的教师》一书；形成《促进我省中等职业教育发展的几点建议》等2项重点调研成果；组织委员赴德阳市及什邡、绵阳市及北川、安县视察灾区学校全面复学复课情况，形成《关于灾区中小学全面复学复课的视察报告》；捐赠《福娃》丛书250套给有关学校。

科技委员会 组织向地震灾区捐款捐物2276.6万元，就灾后恢复重建工作提出提案和建议18条；完成做强做大军民结合产业等2项专题调研；组织委员对若尔盖县大骨节病防治工作及巴中、达州两市的农村技术协会发展情况进行视察；建立委员考核、履职尽责情况统计及特邀委员定期汇报工作、特邀委员管理服务暂行办法等制度。

文体医卫委员会 组织向地震灾区捐款捐物400余万元，提出《关于加强媒体在防疫、心理干预、维护社会稳定等方面的引导作用的建议》，参与筹办“我为抗震救灾作贡献”大型美术作品赈灾义拍活动，配合全国政协教科文卫体委员会赴四川绵阳三台县开展送科技、卫生、文化“三下乡”大型慰问活动；完成四川省公共文化服务体系建设等2个重点调研课题；组织委员赴德阳、绵竹两市的师古、落水、汉旺、九龙4个乡镇的卫生院进行视察；全年共提交各类提案86件，反映社情民意信息7条；与四川音乐学院共同举办“庆贺川籍奥运健儿载誉归来暨中秋联谊活动”，会同省政协书画院与省市多家单位联办“四川省纪念改革开放30周年书画展览”，组织筹备了2009年新年茶话会文艺演出。

社会法制委员会 组织向地震灾区捐款捐物460余万元，紧急汇编《抗震救灾法律常识读本》40000册免费送到灾区干部群众手中，召开抗震救灾中的工伤认定问题座谈会建言献策，提交《关于解决“5·12”地震中学校等公共建筑毁损纠纷的几点建议》、《关于做好灾后重建工程的质量管理和控制的几点建议》等社情民意信息和提案；对四川省农村社区建设情况进行专题调研；组织委员就农村留守妇女婚姻家庭情况和农村留守学生生存状况进行视察；赴成都、资阳、眉山三市就《劳动合同法》贯彻实施情况开展专题视察，对省人民政府政务服务中心进行视察；成立省政协社法委立法协商专家组，扩展免费法律咨询新形式，将咨询点由10个律师事务所扩大至30个，联合省律师协会在成都市人民公园举行大型免费法律咨询活动。

民族宗教委员会 组织向地震灾区捐款捐物2180万元，与省宗教局一起为灾区捐建一所学校、一个宗教活动场所和一个灾民新村，向相关部门提交了《关于灾后重建中抢救保护羌族传统文化的建议》；围绕藏区公路交通发展、灾区宗教活动场所重建、宗教教职人员的社会保障等问题进行了3次专题调研；组织委员就阿坝州大骨节病的防治工作和攀枝花市少数民族横板房改造情况进行视察。

文史资料和学习委员会 组织向地震灾区捐款捐物100余万元，及时在《人民政协报》发表新闻报道40篇，编辑出版大型画册《危难时刻》，提交《关于我省地震灾后文化遗产抢救保护工作的建议》等提案7件，反映社情民意7条；对全省文史资料工作情况进行调研；组织委员就“充分运用民营资本，推动文博事业发展情况”开展视察；编辑出版《风雨彩虹》、《渐行渐远的记忆》，协助全国政协完成《亲历共和国丛书》、《中国政协文史资料总目录》（电子版）征编工作，组织对新任省政协委员进行培训，编印《政协委员手册》，组织常委会议讲座，牵头组织协调机关修志工作。

港澳外事委员会 发动港澳委员通过政协渠道向地震灾区捐款172万元，并通过其他渠道捐款1823.33万元，提交《更好吸纳和合理使用海（境）外捐赠的建议》等提案和社情民意信息；完成《关于泸州、宜宾水运口岸现状与对策建议》的调研报告；组织港澳委员赴德阳、绵阳、映秀等灾区进行视察，组织在蓉委员和部分特邀委员赴雅安市就旅游业地震受损情况和灾后恢复重建工作进行视察；与相关部门联合举办港澳台侨界“2008年中秋联谊会”；在香港组织召开港澳委员座谈会。

地方联络委员会 组织向地震灾区捐款捐物831.507万元，就加强我省应急体系建设、灾后建材特供情况进行调研视察，形成《加强我省应急体系建设有关问题的建议》，编印《省政协委员抗震救灾纪实》，组织实施“我为抗震救灾作贡献”活动先进组织和先进个人评选活动；抓好委员活动组织，召开全省市州省政协委员活动联络员座谈会；修改委员情况数据软件，建立委员数据库；抓服务能力管理建设、服务管理制度建设；编印《四川省各级政协机关内部电话号码簿》，开展联系点工作；全年接待来蓉办事的地方政协同志100人次；配合做好新委员培训工作，举办全省市（州）、县（市、区）政协主席培训。

农业委员会 组织委员向地震灾区捐款捐物200余万元；完成《加强我省农产品深加工基地建设的调查与建议》重点调研报告，开展“改革创新，构建统筹城乡发展的体制机制”重点调研，完成《实施凉山州新增15亿公斤粮食生产能力工程的调查与建议》、《实现灾后农业保产增收的几点建议》专题调研报告；组织委员赴乐山、眉山、资阳、内江四市，对农（畜、水）产品检测中心、企业质检中心和农贸市场上市农产品检测情况进行视察；配合全国政协完成“统筹城乡发展，促进形成统筹城乡经济社会一体化新格局”专题协商会相关工作。

智力扶贫领导小组 为地震灾区协调引进资金1498万元，按照省抗震救灾指挥部的统一安排部署，帮助指导绵阳抗震救灾工作；完成《关于我省新村扶贫工程实施情况的调研报告》；先后选送贫困地区和少数民族地区医务骨干3人赴北京大学第三医院进行培训；在乐山市金口河区举办茶叶栽培管理技术培训班2期；协调落实凉山州布托、西德县农业综合发展扶贫项目后期和阆中市石滩水库淹没区扶贫项目资金250余万元；向阿坝州大骨节病患者捐赠价值60余万元的治疗药品。

【重要活动】

新任委员培训会 2008年1月19日在成都举行。省政协副主席晏永和出席会议，省政协副主席杨海清主持会议。晏永和代表省政协党组和主席会议，向当选的新委员表示热烈祝贺，并向与会的552名新委员作了《肩负重托，不辱使命，为加快发展、科学发展、又好又快发展献计出力》的报告。省人民政协理论与实践研究会会长陈宏志在会上向与会委员作了有关人民政协基本理论和基本知识的介绍。

深入学习实践科学发展观试点活动。按照中央和省委统一部署，从4月初至9月中旬，省政协党组和机关开展了深入学习实践科学发展观活动试点工作，着力转变不适应科学发展观要求的思想观念，着力解决影响政协职能发挥和机关建设中的突出问题，着力构建政协工作创新发展的运行机制，推动政协履职水平逐步提升，推进机关“素质明显增强、效能明显提高、风气明显好转”。经群众满意度测评，对省政协党组开展学习实践活动总体评价的满意率为100%、整改落实情况的满意率为93.2%；对办公厅党组开展学习实践活动总体评价的满意率为99.3%，整改落实情况的满意率为98%，转变作风情况的满意率为94.5%。

“我为抗震救灾作贡献”活动 2008年5月14日，20名驻川全国政协委员和省政协委员发出“我为抗震救灾作贡献”倡议书，呼吁广大委员和社会各界积极投身抗震救灾。全省政协系统向灾区捐资捐物合计15.18亿元；为灾区引进50万元以上项目48个。促成茅台集团支援广元市朝天区和部分境外援建项目落地启动。引进资金4.42亿元，援建绵竹富新中学等56所学校、都江堰虹口卫生院等42所医院；为灾区协调捐赠工作用车46台。帮助协调1865名灾区学生异地就读，组织省政协机关的中共党员交特殊党费34万多元。

庆祝教师节座谈会 2008年9月7日在成都召开。省政协副主席吴正德、省政协秘书长吴果行出席会议并讲话。省政协教育委员会主任聂秀香主持会议。省政协教育委员会各副主任、委员及特邀委员等40余人参加座谈会。座谈会上，来自北川中学的刘宁老师、江油市永胜初级中学的任兴科校长、绵竹市富新中学的赖伟洪老师及部分省政协委员作了“关爱学生，是做一名合格人民教师的灵魂”、“用抗震精神铸造时代师魂”、“师德在抗震救灾中闪光”和“灾后教育重建”等发言。

全省市（州）、县（市、区）政协主席培训班 2008年9月10日至11日在成都举行。省政协主席陶武先出席开班仪式并讲话。省委党校教授周和风、省政协副主席解洪、省政协人民政协理论研究会会长陈宏志和中国人民政协理论研究会秘书长原冬平先后做了“学习十七大精神，深入贯彻落实科学发展观”，“贯彻落实省委九届四次、五次全会精神，加快建设灾后美好新家园、加快建设西部经济发展高地”，“政协章程与制度建设”和“人民政协理论与实践”的讲座。

中秋联谊会 2008年9月12日在成都举行。受省政协主席陶武先委托，省政协副主席晏永和代表省政协致辞，向全省各民主党派、工商联、无党派人士、人民团体、广大政协委员和各族各界人士致以节日的问候，向工作、生活在我省的港澳同胞、台湾同胞、海外侨胞及其亲友致以良好的祝愿。省委常委李登菊，省人大常委会副主任郭永祥，省政协副主席陈次昌、解洪、曾清华，省政协秘书长吴果行，成都市政协主席刘佩智，省老领导冯元蔚、廖伯康、杨岭多吉、聂荣贵等出席联谊会。

全省政协反映社情民意信息暨新闻宣传工作会议 2008年9月25日在成都召开。省政协主席陶武先出席会议。省委常委、省委宣传部长黄新初，省政协副主席晏永和出席会议并讲话。民盟四川省委、成都市政协、《四川日报》、《四川政协报》等11个单位在会上作了经验交流发言。会议对省政协2007年度反映社情民意信息工作先进单位和个人以及省政协2007年度四川新闻奖（政协好新闻）获奖者进行了表彰。

全省政协研究室主任座谈会 2008年12月16日在成都召开。省政协副主席晏永和出席会议并讲话，省政协秘书长吴果行主持会议，各市（州）政协分管副秘书长、研究室主任，各民主党派省委、省工商联研究室主任及省政协研究室全体同志参加了会议。会议传达了全国政协研究室工作情况交流暨年鉴工作会议、全国政协第十五期信息采编工作培训班、南方省市政协新闻宣传工作座谈会精神。与会同志围绕各地、各单位深入学习《中共中央关于加强人民政协工作的意见》和省委贯彻《意见》情况进行了互动交流，并对我省开展《意见》贯彻落实督查活动和做好研究室工作提出了意见建议。

四川省各界人士纪念改革开放30周年座谈会 2008年12月22日在成都召开。省政协主席陶武先、省委副书记李崇禧出席会议。我省各民主党派、工商联和无党派人士代表，群团组织代表，经济界、农业界、社科界、少数民族界、宗教界、港澳界代表分别在会上发言。会议强调，全省各界人士要在省委领导下，高举中国特色社会主义伟大旗帜，同心同德，群策群力，继续解放思想，坚持改革开放，推动科学发展，促进社会和谐，推进“两个加快”。

新年茶话会 2008年12月30日在成都举行。省委书记、省人大常委会主任刘奇葆，省委副书记、省长蒋巨峰，成都军区副政委赵开增出席茶话会。省政协主席陶武先主持茶话会并致辞。刘奇葆代表中共四川省委、省政府，向各民主党派、工商联和无党派人士、各人民团体，向全省广大工人、农民、知识分子、干部和各界人士，向人民解放军驻川部队指战员、武警官兵和公安民警，向倾力支援我省抗震救灾的全国人民、兄弟省区市和各族各界，向关心支持我省抗震救灾和改革发展的香港特别行政区同胞、澳门特别行政区同胞、台湾同胞，向给予我省热忱帮助和支持的海外侨胞和国际友人，致以节日的祝福。省人大常委会副主任、民革四川省委主委王宇坤代表各民主党派省委、省工商联、无党派人士致辞。

【重要文件】

常务委员会工作报告（2008年1月20日）（摘要） 报告分三个部分：一、五年工作回顾。加强学习，增进共识，思想政治基础更加坚实；着眼全局，拓展内容，政治协商更加广泛深入；关注民生，反映民意，民主监督作用更加突出；服务发展，建言献策，参政议政成效更加显著；把握主题，促进和谐，团结合作局面更加巩固；建章立制，夯实基础，加强自身建设更加有力；突出特点，开拓创新，政协工作更加充满活力。二、主要工作体会。坚持以邓小平理论、“三个代表”重要思想和科学发展观为指导，始终坚持党的领导，是做好政协工作的根本保证；坚持突出主题和围绕中心，积极为推进科学发展和构建和谐社会服务，是做好政协工作的重要原则；坚持以人为本，努力实现和维护人民群众根本利益，是政协工作的出发点和落脚点；坚持求真务实，保持奋发有为的精神状态，是做好政协工作的内在动力；坚持与时俱进，不断在实践中探索创新，是政协事业发展的活力源泉。三、今后工作建议。高举中国特色社会主义伟大旗帜，筑牢共同的思想政治基础；坚持科学发展，为促进经济社会又好又快发展建言献策；突出团结民主主题，为建设和谐四川汇聚力量；切实贯彻中共中央《意见》精神，为扎实推进“三化”建设不懈努力；加强自身建设，为发展政协工作新局面奠定坚实基础。

提案审查情况的报告（2008 年 1 月 25 日）（摘要） 政协第十届四川省委员会第一次会议截至 1 月 24 日下午 6 时，共收到提案 839 件，其中，党派、团体提案 115 件，委员个人或联名提案 724 件，提出提案的委员 1480 人次。根据《政协四川省委员会提案工作条例》的规定，提案审查委员会对收到的提案进行了审查，共立案 815 件。其中，经济建设方面 418 件，科教文卫体方面 229 件，民主法制、劳动和社会保障、民族宗教等方面 168 件。24 件没有立案的提案作为委员意见转有关部门研究处理，并将通知提案者。

全会决议（2008 年 1 月 25 日）（摘要） 会议指出，今后五年，是我省推进跨越发展、建设全面小康的关键时期，也是政协工作大有作为的重要时期，我们面临着新的形势和任务，肩负着艰巨而光荣的使命。要深入学习贯彻中共十七大精神，自觉把思想和行动统一到十七大精神上来，把智慧和力量凝聚到实现十七大确定的各项任务上来。要坚持把促进发展作为履行职能的第一要务，紧紧围绕加快发展、科学发展、又好又快发展的全省工作总体取向和建设西部经济发展高地的战略定位，为形成“一枢纽、三中心、四基地”发展格局和落实“一主、三化、三加强”的基本思路献计出力。要突出团结民主两大主题，加强团结，发扬民主，关注民生，反映民意，积极促进和谐四川建设。要深入贯彻中共中央《关于进一步加强中国共产党领导的多党合作和政治协商制度建设的意见》、《关于加强人民政协工作的意见》和省委的贯彻《意见》，推进政协工作制度化、规范化、程序化，加强自身建设，提高工作效能，充分发挥协调关系、汇聚力量、建言献策、服务大局的重要作用。广大政协委员要珍惜荣誉，不辱使命，按照政协章程规定行使权利、履行义务，充分发挥主体作用。

省委书记刘奇葆在省政协十届一次会议闭幕时的讲话（2008 年 1 月 25 日）（摘要） 讲话就将四川建设成为西部经济发展高地问题谈了三点意见。一、定位与构想：这一定位，是审视省情、谋划跨越的发展性定位；这一定位，是立足西部、面向全国的开放性定位；这一定位，是遵循规律、创造优势的科学性定位；这一定位，是顺应民心、体现民意的务实性定位。二、内涵与任务：建设西部经济发展高地，核心在打造枢纽；建设西部经济发展高地，关键在构建中心；建设西部经济发展高地，根本在做强基地；建设西部经济发展高地，出路在开放合作。三、共识与力量：发挥群英荟萃、智力密集的人才优势，为建设西部经济发展高地建言献策；发挥联系广泛、内引外联的组织优势，为建设西部经济发展高地凝聚力量；发挥参政议政、民主监督的职能优势，为建设西部经济发展高地提供支持；发挥协调关系、化解矛盾的独特优势，为建设西部经济发展高地营造环境。

陶武先主席在省政协十届一次会议闭幕会上的讲话（2008年1月25日）（摘要）

一、把握大局，坚持正确政治方向。要始终坚持高举中国特色社会主义伟大旗帜；要始终坚持以科学发展观指导人民政协工作；要始终坚持和完善中国共产党领导的多党合作和政治协商制度。二、牢记要务，着力推进跨越发展。要增进跨越发展共识；要促成跨越发展体制；要汇聚跨越发展力量。三、关注民生，积极促进社会和谐。要体察民情；要通达民意；要促进民富。四、锐意进取，发展政协工作新局面。要加强学习，在提高履职水平上下功夫；要完善制度，在强化工作规范上下功夫；要求真务实，在改进工作作风上下功夫；要发挥优势，在提升整体效能上下功夫。

【组织概况】

主　席

陶武先

副主席

晏永和　陈光志　吴正德　陈　杰
陈次昌　解　洪　曾清华（女）
张雨东　黄润秋

秘书长

吴果行

常务委员名单（按姓氏笔画为序）

刁正坤　于　桂（女）　马增林
王　永　王　信　王文义　王元勇
王正荣　王吉顺　王雨顺（藏族）
王绪本　王履北　毛　凯　方光兴
尹德宏　艾尚林　石　碧　石岷嘉（女）
田继万　尔欧伍哈(彝族)　冯　远(女)
冯小明　冯文广　冯家辉　尧斯丹(藏族)
吕　卓　先开金　朱永志　朱家媛（女）
朱新民　仰　协（女）　刘　汉
刘　琪　刘佑林　刘建明　刘俊杰
刘俊泽（女）　刘展灏　刘激涛
江　云　安治富　孙传敏　孙绍荣
杜光辉　杨天发　杨兴平　杨伯明
杨明洪　杨顺成　苏　华　苏　灿
苏重光　苏海红　李　铀　李一清
李万友　李旭东　李国友　李枝刚
李茂林　李泽影（女）　李维远
李敦伯　李德勋　吴文发（彝族）
吴先林　吴启敏（女）　吴坚强
吴应禄　吴爱玲（女）　何天谷
何成礼　何俊明　何新权　邱成平
余健楚　宋伍生　张　力　张　宁(彝族)
张　钧　张　莉(女,回族)　张子华
张方正　张长安　张世虎　张仕福
张庆成　张在德　张志强　张明心（女）
张泽忠　张家点　陈立仁　陈伟燊
陈晓慈　陈清华　陈雩桢　范中成
卓藏·嘉木祥格勒永登降措（藏族）
罗中先　罗雪松　周　键　周　静
周仲荣　郑　迈　胡月鹤（女）
胡家正　赵世春　赵廷运　赵晓平
钟历国　钟勤建　洪清宜
香根·边玛仁青（藏族）
洛绒曲批（藏族）敖昌群　秦安禄
袁　冰　袁继林　聂秀香（女）
莫世行　格达·扎西绒布（藏族）
高方芹（女）　夏朝嘉　徐万华
郭永红（女）　唐　伟

唐　燕（女）　唐全林　黄远成
黄泽云　曹义芳(女,羌族)　龚锦华
崔广义　康大寿　阎文昭　梁国定
董玉梅（女）　蒋显伦　韩凯明
韩儒理　傅勇林　温开金　曾　蓉（女）
释宗性　登巴大吉(藏族)　裘　希
廖　果　谭汉锦　谭志昕　熊方军
熊光林　熊仿秋（女）
嘎多·锡雄（藏族）　樊建川
滕彩元　潘运新　魏　康　魏学峰

委员名单（按姓氏笔画为序）

中国共产党（41名）

丁成明　王宗榜　尹德宏　包　惠（女）
尧斯丹（藏族）　刘　哲　刘　毅
刘国强　刘俊杰　苏　灿　杜光辉
杨天发　杨昌明　杨海青（藏族）
吴果行　张世虎　张成明　张泽忠
张晋川　阿基彭措(藏族)　陈光志
周文安（藏族）　赵廷运　敖玉明
贾月成　晏永和　高方芹（女）
高玉碧（女）　唐全林　陶武先
黄　峰（女）　黄泽云　萧少秋
梁国定　葛毅平　董玉梅（女）
韩凯明　曾清华（女）　雷　建
解　洪　熊光林

中国国民党革命委员会（27名）

王　建　王小平　邓冰蓉（女）
叶智英（女）　付玉平（女）
冯庆煜　朱永志　朱光宝　刘文英
孙传敏　李　娟（女）　李万铮
李首成　杨齐英（女）　何一立
张方正　张庆成　张希林　张锡煊
陈先德　林　青　周昌应　赵世春
黄剑华　曹丰平　商　宇　曾　蓉（女）

中国民主同盟（30名）

王新前　艾尚林　石岷嘉（女）　田继万
朱家媛（女）　伍维根　刘建蓉（女）
安冰冰（满族）　李　铀　杨玉仙（女）
杨晓红（女）　肖明华　吴正德
宋　轶（女）　张　力　张桂权
张啸楠　陈晓慈　林晓凤（女）
周　浩　周昌亮　姚其清　袁继林
郭永红（女）　唐定智　彭学松
蒋开锋　曾　京　廖　霆　熊方军

中国民主建国会（27名）

干胜道　王　铭　王元勇　王善国
毛　凯　卞　军　艾明建　史红平
朱　敏（女）　仰　协（女）
牟玉昆　李维远　杨明洪　余　阳
汪建左　张在德　陈清华　陈朝晖
周　通　胡建勇　秦启光　徐　刚
徐蓉新　葛云伦　蒋福源　程卫东
傅永全

无党派人士（15名）

于　桂（女）　王晓晴　王履北
冯　远（女）　刘　强　刘光基
刘茂辉　许志强　李万友　何天谷
陈宏斌　周　川　周仲荣　唐　燕（女）
彭联刚

中国民主促进会（15名）

刘　琳（女）　刘激涛　李开能
李京平（土家族）　张　宏
张　莉（女，回族）　张雨东
周治端　孟永红　胡一平　唐明远
唐顺发　康大寿　傅勇林　廖　果

中国农工民主党（17名）

马增林　王　永　王正荣　刘小凡
李　清（女）　沈其霖　张　静（女）
陈玉春　罗凤林（女）　钟勤建
袁兴洪　夏华祥　唐　伟　梁　超
景世刚　喻晓钢　魏建军

九三学社（23名）

马建国　王继尧　王绪本　刘　宇
刘　虹　刘先赋　刘建明　李立萍（女）
李旭东　李明东　吴坚强　何成礼
张　虹（女）　张　彬（女）
张钟庆　陈雩桢　周晓芳（女）
黄润秋　傅成华　蒲　云

熊仿秋（女） 潘永光 魏学峰

中国致公党（5名）

冯家辉 陈杰 陈懿 周静

徐晓康（女）

中国共产主义青年团（12名）

刘筱柳（女） 杨祖斌

吴小怡（女） 邹凯

汪玉琼（女，藏族） 周键

袁洪 徐利（女）

高霞蓉（女，藏族） 曹友良

赵予（女，藏族） 葛晓鹏

总工会（26名）

王兴丽（女，藏族） 王明君（女）

王学东（女） 王建平 兰晓凤（女）

吕英（女） 刘伟 杨凯

何春林 张云忠 张仕福 张列加（女）

张昌华 张席宾 郑耀银 胡武

钟承先（女） 庭继岗 夏习斌（羌族）

梅辉太 韩鸣（女） 喻双

傅鹏 慕竹平（女） 缪仲君

谢俊勇

农业界（20名）

三郎头（藏族） 王志敏 邓蛟龙

左小川 厉国民 冉敬芳（女）

杨时刚 邱成平 张礼国

阿支批尔（彝族） 赵斌

唐开祥 蒋忠荣（藏族） 傅昌秀（女）

童应林 曾大兵 雷文勇

熊银发（傈僳族） 滕彩元 戴柏阳

驻川部队（28名）

于涛 于曙光 王信 王经中

王雅梅（女） 叶静 叶文培

夺呷泽郎（藏族） 朱新民 向怀树

刘杰 刘优华 刘桂忠 刘琼瑶（女）

李西宁（女） 李含希 李国忠

杨喜灿 肖云 张玲（女）

张小平 赵华 袁兵 郭骥

韩丽娜（女） 傅万选 谢武忠

潘勇

妇女联合会（26名）

王进（女） 王怀先（女） 王金蓉（女）

王娜美（女） 邓文华（女）

白苏英（女，藏族） 李白燕（女）

李泽影（女） 李南春（女） 李焕秀（女）

杨茂兰（女） 何淑蓉（女） 张平（女）

张敏（女） 陈菊红（女） 罗文玉（女）

罗春华（女） 季晓静（女，彝族）

周耘（女） 周茂龙（女） 胡玲（女）

徐翠（女） 黄淑琼（女） 曹晖（女）

曹志碧（女） 彭莉（女）

青年联合会（8名）

孙云 李家权 杨兴平 郑迈

赵青（女） 董远烽 雷新民

翟双华

工商业联合会（29名）

王壬 王力平 王全兴 叶礼贵

刘汉 刘战国 江云 安治富

花欣 杨白华（女） 杨光全

吴爱玲（女） 何俊明 宋光明

张远平 张志强 张国志 陈立仁

陈次昌 陈宗君 钟培基 夏朝嘉

席静 黄远成 康培 温开金

谢光大 简兴福 廖乾修

台湾同胞联谊会（3名）

乐重荣 刘琪 陈开明

归国华侨联合会（5名）

王棣 林纯怀 周敏谦 聂剑（女）

康宁

供销合作社联合社（9名）

王文义 刘键 苏卫（女）

陈福生（羌族） 官平 赵开珍（女）

钟燕华 唐波 唐光跃

文学艺术界（36名）

卫明 马林（回族）

马琳（女，彝族） 王英（女，彝族）

朱树喜 刘小川 刘晓琴（女）

严学梅（女） 李一清

杨吉成 吴汉怀 冷爱玲（女） 沈龙

张北川　张丽君（女）　张建华
阿　鸽（女，彝族）　陈育新
胡继先　钟历国　钟燕平（女）
秦　渊　敖昌群　高洁昭（女）
黄先明　黄启国　黄健康（藏族）
曹纪祖　崔光丽（女，朝鲜族）
惠　蜀　喻海燕（女）　傅　恒
谢　辉　雷　汉　赫荣定（满族）
谭　勇

经济界（43名）

王　杰　王　毅　王犄云　王文志
王雨顺（藏族）　王明普　白志中
兰　青（女）　刘仁勇　刘红建
刘勇刚　汤日新　阮大平　孙　前
苏重光　李孝开　李勇库　李殿璞
李德华　杨金廷　杨清廷　肖天任
肖池权（女）　吴启敏（女）
吴雄飞　何　敏　宋伍生　张　钧
张志强　陈　伐　陈　彬　罗羽林
周莉蓉（女）　郑启沃　郑建中
钟永昭　费永刚　袁　冰　徐向荣
唐选礼　龚锦华　曾　益　谢维勤

科学技术协会（26名）

刘晓泉　闫世强　汤一新　孙　滔
巫骏川　李　明(女)　李维祥(白族)
吴　军　汪国华　张　聪　张祥来
陈　文　陈嘉泰　罗　川　官　庆
赵增明（白族）　胡家正　聂秀香（女）
徐忠荣　唐应辉　黄克镛　黄晓赤（女）
梅跃农　康良平（女）　阚文昭
谭志昕

科学技术界（51名）

刁正坤　马庭林　王　冰　邓金根
石　谦　石　碧　冯小明　冯全源
朱　赫　向　前　刘廷安　刘明江
许　强　孙　伟　李　诚　李发明
李佐洪　李茂林　杨小川　杨正伟
杨兴国　杨登云（羌族）　吴家碚
邱允武　何　群　张　云　张台华
陈荣仲　罗先刚　罗孝贵　周大吉
郑文利　胡光远　柏　荣　侯益民
饶妮妮（女）　骆正明　骆毅力
聂绪建　莫　烨　夏　清　顾利亚（女）
唐　丕　梅　榕（女）　隆　泗
彭宇行　蒋光鑑　韩儒理　雷永志
谭开林　颜学贵

社会科学界（25名）

王　均　王文新　刘天福（苗族）
杜世章　李正国　李成林　杨伯明
何　涛　张　强　张　苏（满族）
张胜康（女）　陈　华　屈　军
赵　勇　赵义山　胡金玉（女）
侯水平　秦安禄　晏开明　徐万华
董　红（女）　程显煜　潘运新
戴　雯（女）　魏善和（女）

教育界（43名）

马　凯　马德功　王　苓（女）
左华荣　叶志福（藏族）　冯文广
刘长武　刘自力　江邦跃（女）
苏　华　杜旭林　李　红（女，藏族）
李志强　李蜀秀（女）　吴土星
吴立航　吴永坤　何绍勇（彝族）
佘正松　汪海涛　张廷蓉（女）
张国印　张忠元　陈　蓉（女）
陈永红（女）　陈宗荣　林　强
罗中先　泽翁其美(藏族)　赵仕安
赵兴明　郝士昌　高林远　黄　楠
黄尚彬　彭裕红（女）　蒋增友
程智钰（女）　傅超美　焦新康
游永恒　蓝继红（女）　潘大兵

体育界（9名）

尤再清　朱　俊（女）　闫小梅（女）
孙　军　严　毅　杨　强　晏　紫（女）
郭　晴（女）　蒋显伦

新闻出版界（9名）

王　仆　刘姝岚（女）　何一民　何大新
佘长久　陈新湖（女）　莫世行　龚次敏
谢春鸣

医药卫生界（31名）

马　平（女）　毛文君　邓蓉玲（女）
华尔江(藏族)　刘旭光　刘洪波
许　可　严晋川　李元峰　李国友
李德勋　杨　宁　岑　瑛（女）
何重荣　张尚福　陈　宇（女）
陈东翔　罗伦才　罗良娟（女）
周学东（女）　郑尚维（女）
降拥四郎(藏族)　赵　聪　胡玉川
胡蓉平（女）　曹　红（女）
梁雪妮（女）　董小萍（女）
雷武岷　鲜社章　魏　嵋（女）

对外友好人士（5名）

何克宏　陈　忆　屈　刚　秦　琳（女）
裘　希

社会福利与社会保障界（6名）

丁二中　向可亮　杨子春　杨晓虎
张格民　韩志龙

法律界（6名）

方光兴　孙绍荣　李敦伯　里　赞
张利萍（女）　罗建明

少数民族界（44名）

八青克哈(彝族)　万　果(藏族)
马庆林（回族）　马定瑜（女，回族）
马继云（回族）　马勤安（土家族）
王晓芳（女，藏族）
戈教·云登嘉措（藏族）
龙野萍(女,彝族)　龙德华（彝族）
叶茂康（藏族）　尔布什哈（彝族）
尔欧伍哈（彝族）尼格美（藏族）
刘　虹(女,回族)　红　晓（藏族）
李征洋芋莫(彝族)李海超（苗族）
杨小莉(女,藏族)　杨正文（苗族）
杨宁超（彝族）　杨绍林（藏族）
杨晓亮（彝族）　吴文发（彝族）
沈建国（彝族）　张　宁（彝族）
阿巴尔体(彝族)　罗布江村（藏族）
罗关兴（苗族）　泽旺晋美（藏族）
呷　洛（藏族）　香根·边玛仁青(藏族)
俄色·洛绒登巴（藏族）
洛绒曲批（藏族）格达·扎西绒布(藏族)
席　燕(女,羌族)　曹义芳（女，羌族）
常　巍（彝族）　鲁志明（藏族）
登巴大吉（藏族）褚良银（土家族）
卓藏·嘉木样格勒永登降措（藏族）
嘎多·锡雄(藏族)潘学智（壮族）

宗教界（7名）

多吉扎西(藏族)　李枝刚　沙福权(回族)
张明心（女）　张绍国　释宗性
魏　康

特别邀请人士（176人）

马清正　王　琳（女）　王　钢
王吉顺　王怀茂　王昌明　王建兵
王斌儒　王嘉恩　王增建　贝钧奇
毛　平　文久喜　尹孟良　邓晓兰（女）
卢德华（女）　叶其乐　冯　琦（女）
冯端友　毋世杰　吕　卓　吕　凯
吕世才　吕联勤　先开金　向文旭
刘　兵　刘军儒　刘志伟　刘志荣
刘佑林　刘国能　刘鸣炜　刘金国
刘俊泽（女）　刘高强　刘展灏
刘敬聪　刘儒贤　江兴杰　汤忠才
许文前　孙　帆（女）　孙　纯
严晓琴（女）　苏海红
苏嘎尔布(彝族)　李　川　李　栋
李　康(藏族)　李开杰　李方余
李发存　李亚非（女）　李光全
李再成　李消若　李惠中　李惠贞（女）
杨　兴　杨　威　杨　毅　杨世伦
杨伟忠　杨志男　杨顺成　杨惠恒
杨静纯　吴　华　吴才林　吴先林
吴兴华（女）　吴志伟　吴应禄
邱庆西（女）　何仁均　何必奖
何绍华　何胜英（女）　何家驹
何新权　余大伟　余作旗　余健楚
邹永洪　沈才洪　张　波（女）
张　蜀　张子华　张云尧　张长安
张宁生（女）　张国民（彝族）

张忠素　张建明　张修忠　张家点
陆振华　陈　文　陈　华　陈　林
陈　波　陈扬水　陈伟燊　陈庆祸
陈志雄　陈国良　陈明昌　陈益亮
陈智仁　陈德君　邵小龙　范中成
林日初　林书成　林忠清　林建高
罗雪松　金吉昌（藏族）　周华荣
周维德　郑　旭　郑敬凯　孟　刚
赵广忠　赵科峰　赵晓平　郝成棋
胡月鹤（女）　胡国明　钟　钢
钟长安　钟家霖　洪　峰　洪清宜
宣　迅　姚　方（女）　聂文强
莫盛恩　夏公海　徐志兰（女）
徐福燊　殷家庆　高现力（女）
郭为民　郭青锋（女）　唐大润
唐德高　陶聂富　黄永光　黄志明
黄贵华　崔广义　崔连彬　章英启
梁大忠　蒋远府　傅克勤　傅纯高
焦伟侠　释健钊　释智海　释照观
童文其　赖邦蕙（女）　赖喜隆
雷有成　谭汉锦　熊学仁　熊树林
樊建川　颜丙约　颜德军　潘校军
潘清富　薛　康

委员增补名单（2008年12月10日政协第十届四川省委员会常务委员会第四次会议通过）

邓新民　刘佩智　苏　巍
李留根　陈宗淑　康莲英

机构设置　本届省政协由34个界别组成。常务委员会下设12个专门委员会，即：提案委员会、经济委员会、人口资源环境委员会、科技委员会、教育委员会、文体医卫委员会；社会法制委员会、民族宗教委员会、文史资料和学习委员会、港澳台侨和外事委员会、地方政协工作委员会、农业委员会，另有智力扶贫领导小组、书画研究院。

【四川省各市（州）、县、区政协领导人名单】

成都市（副省级）

市政协主席
　刘佩智
副主席
　何绍华　侯一平　张宁生
　金嘉详　杨兴平　李　铀
　戴晓雁
秘书长
　沈有春
县（市、区）政协主席
锦江区　王文成
青羊区　桂建梅（女）
武侯区　王正文
成华区　秦悦香（女）
金牛区　李凯威
龙泉驿区　何志涛
青白江区　李光明
新都区　罗时武
金堂县　王良清
双流县　胡天成
温江区　何志章（女）
郫　县　魏　伟
彭州市　龙　敏
都江堰市　王彝福
崇州市　陈光源
大邑县　张春生
邛崃市　刘希福
蒲江县　吴立民
新津县　杨世章

自贡市

市政协主席　梁国定
县（市、区）政协主席
自流井区　陈明仲
贡井区　章斯健
大安区　邓国平
沿滩区　龙学敏

荣　县　王斌儒
富顺县　胡晓波

攀枝花市
市政协主席　高万芹（女）
县（市、区）政协主席
东区　艾光临
西区　蒋　青
仁和区　杜春文
米易县　杨卒欣
盐边县　沈　昌

泸州市
市政协主席　刘俊泽（女）
县（市、区）政协主席
江阳区　唐荣良
龙马潭区　赖朝祥
纳溪区　贺　维
泸　县　冯大灼
合江县　宋晓红（女）
叙永县　张德全
古蔺县　曾凡毅

德阳市
市政协主席　刘　哲
县（市、区）政协主席
旌阳区　谢智源
罗江县　邓华明
绵竹市　代　青
中江县　蒋宗文
广汉市　蔡松柏
什邡市　曾庆骅

绵阳市
市政协主席　张世虎
县（市、区）政协主席
涪城区　秦廷汉
游仙区　雍远奉
安　县　张忠贵
江油市　范来山
梓潼县　胡登科
平武县　郑　晓
北川县　杨应庆
三台县　苏才华
盐亭县　李周全

广元市
市政协主席　唐全林
县（市、区）政协主席
利州区　邢国连
元坝区　熊光辉
朝天区　贾光升
剑阁县　王成书
旺苍县　何万隆
青川县　党兴谷
苍溪县　刘文龙

遂宁市
市政协主席　邓新民
县（市、区）政协主席
船山区　唐振尧
安居区　王启林
蓬溪县　冯佳才
射洪县　符安君
大英县　张继明

内江市
市政协主席　陈宗淑（女）
县（市、区）政协主席
市中区　张　翼
东兴区　荣道富
资中县　田新华
威远县　张卿祥
隆昌县　李国成

乐山市
市政协主席　李留根
县（市、区）政协主席

市中区　张德银
五通桥　陈敬平
沙湾区　周大伦
金口河区　宋学林
犍为县　王宇平
井研县　刘　荣
峨眉山市　张元森
夹江县　宋秀莲（女）
沐川县　张又循
峨边县　张少雨
马边县　张三才

宜宾市
市政协主席　尹德宏
县（市、区）政协主席
翠屏区　黄　明
宜宾县　陶天华
南溪县　冯　兵
江安县　刘明富（女）
长宁县　秦立均
高　县　廖益萍（女）
筠连县　许　虹（女）
珙　县　王学刚
兴文县　陈如剑
屏山县　余　湛

南充市
市政协主席　杜光辉
县（市、区）政协主席
顺庆区　庞　红
高坪区　陈春华
嘉陵区　赵大伦
南部县　胡仕明
营山县　王朝林
蓬安县　罗建新
仪陇县　李成忠
西充县　冯顺华（女）
阆中市　冯大文

广安市
市政协主席　张泽忠
县（市、区）政协主席
广安区　蒋成文
华蓥市　王守秩
岳池县　莫兴荣
武胜县　张柏林
邻水县　鄢承均

达州市
市政协主席　康莲英（女）
县（市、区）政协主席
通川区　刘应春
达　县　哈文华
宣汉县　张正迪
开江县　金本来
大竹县　黄生国
渠　县　许　平
万源市　刘明显

巴中市
市政协主席　熊光林
县（市、区）政协主席
巴州区　祝　毅
通江县　邓国平
南江县　杜纯裕
平昌县　袁发展

雅安市
市政协主席　傅克勤
县（市、区）政协主席
雨城区　王雅珊（女）
名山县　郑朝伟
荥经县　兰树秋
汉源县　王琼祥
石棉县　蒲永忠
天全县　张庆祥
芦山县　王大武
宝兴县　余水平

眉山市

市政协主席	苏　灿
县（市、区）政协主席	
东坡区	何德明
仁寿县	李德全
洪雅县	周述明
彭山县	周云福
丹棱县	芦献平
青神县	李天祥

资阳市

市政协主席	罗雪松
县（市、区）政协主席	
雁江区	魏远英（女）
简阳市	吴明春
安岳县	袁　韧
乐至县	罗军蜀

阿坝州

州政协主席	杨海青
县（市、区）政协主席	
马尔康县	阿　桑
汶川县	余朝荣
理　县	尹全德
茂　县	祁寿清
松潘县	赵国徽
九寨沟县	泽里亚
金川县	王有军
小金县	汤义清
黑水县	夏拉甫
壤塘县	龙　凌
阿坝县	兰木科（女）
若尔盖县	尚杰旭
红原县	黎格美

甘孜州

州政协主席	阿基彭措
县（市、区）政协主席	
康定县	张定贵
泸定县	胡　林
丹巴县	西　绕
九龙县	八青克哈
雅江县	杨双寿
道孚县	蔡景荣
炉霍县	邱学山
甘孜县	阿　日
新龙县	甲拥协绕
德格县	泽登达吉
白玉县	徐元忠
石渠县	范文华
色达县	泽　波
理塘县	小公布
巴塘县	格　绒
乡城县	江里阿麦
稻城县	庆应鳌
得荣县	亚古翁吉

凉山州

州政协主席	周文安
县（市、区）政协主席	
西昌市	罗开莲
木里县	易永德
盐源县	刘联贵
德昌县	徐启萍（女）
会理县	付正友
会东县	徐　树
宁南县	余顺全
普格县	拉马瓦体
布拖县	蔡启成
金阳县	白热且
昭觉县	陈开福
喜德县	吉额瓦各
冕宁县	郑国松
越西县	邹向志
甘洛县	阿西衣伍
美姑县	沙马古依
雷波县	涂太恩

四川省各级政协组织和委员数

（截至2008年底）

项目＼级别	省级	副省级市	地级市	县（县级市）	合　计
组织数	1	1	20	181	203
委员数	887	643	7355	33924	42809

（陈　胜 编写　陈卓宜　席晓艳 审稿）

政协贵州省委员会

黄　瑶　主　席

吴嘉甫　副主席

刘鸿庥　副主席

陈海峰　副主席

杨玉学　副主席

孔令中　副主席

左定超　秘书长

武鸿麟　副主席

谢晓尧　副主席

夏一庆　秘书长

【全体委员会议】

十届一次会议 2008年1月16日至23日在贵阳举行。应出席585人，实到571人。会议听取并审议了贵州省政协主席黄瑶作的《中国人民政治协商会议第九届贵州省委员会常务委员会工作报告》；选举产生了中国人民政治协商会议第十届贵州省委员会主席、副主席、秘书长和常务委员；审议通过了《政协第十届贵州省委员会关于十届一次会议提案审查情况的报告》、《政协第十届贵州省委员会第一次会议决议》。会议认为，九届省政协常务委员会紧紧围绕省委、省政府的重大决策和战略部署，广泛动员和组织政协各参加单位和全体政协委员，认真履行政治协商、民主监督、参政议政职能，充分发挥协调关系、汇聚力量、建言献策、服务大局的作用，为全面建设小康社会、构建"和谐贵州"作出了积极贡献。委员们对《政府工作报告》和其他有关报告表示赞同，同时也提出了许多好的意见和建议。会议强调，今后五年是实现我省经济社会发展历史性跨越承前启后、打好基础、突破重点的关键阶段，也是继续推进人民政协事业向前发展的重要时期。省政协常务委员会要坚持围绕团结和民主两大主题，围绕中心、服务大局，把促进发展作为履行职能的第一要务，精心选择我省经济社会发展中具有综合性、前瞻性的问题进行调研视察，努力为推动我省经济社会发展的历史性跨越献计出力；坚持与时俱进，努力推进政协工作的理论创新、制度创新、工作创新，推动政治协商纳入决策程序，完善民主监督机制，提高参政议政实效；坚持"和平统一、一国两制"的基本方针和现阶段发展两岸关系、推进祖国和平统一进程的八项主张，为早日实现祖国统一多作贡献；坚持按照新形势新任务的要求，不断加强政协组织的思想建设、组织建设、制度建设和作风建设，进一步开创我省政协工作新局面。

【常务委员会议】

第1次会议 2008年2月25日至26日在贵阳召开。应出席85人，实到71人。审议通过了政协第十届贵州省委员会常务委员会关于设置专门委员会的决定、政协第十届贵州省委员会专门委员会主任、副主任名单、政协第十届贵州省委员会副秘书长名单。会议还举行了关于学习贯彻中共十七大精神、学习贯彻中共中央两个5号文件和人民政协章程的两次专题报告会。

第2次会议 2008年3月31日至4月1日在贵阳召开。应出席85人，实到67人。会议传达学习了全国政协十一届一次会议和十一届全国人大一次会议精神、中共贵州省委书记石宗源在省委传达全国"两会"精神领导干部会上的重要讲话精神；听取并讨论了省政府副省长孙国强通报的关于我省抗击雪凝灾害和灾后重建工作有关情况。

第3次会议 2008年7月16日至18日在贵阳召开。应出席85人，实到74人。会议学习贯彻了胡锦涛总书记、温家宝总理在省区市和中央部门主要负责同志会议上的重要讲话精神；传达贯彻了全国政协十一届二次常委会议精神、全国政协领导接见贵州省政协领导时的重要讲话精神以及省委书记石宗源在中共贵州省委常委会议上关于做好抗洪救灾工作的重要讲话精神；听取了省政府常务副省长王晓东关于全省上半年经济运行情况和下半年经济工作安排的通报并进行了协商讨论。省委副书记、省长林树森到会听取委员对我省经济社会发展有关问题的意见和建议。

第4次会议 2008年12月2日至3日在贵阳召开。应出席85人，实到76人。会议传达学习了中共十七届三中全会、中共贵州省委十届四次全会、全国政协十一届三次常委会议精神；听取并讨论了省政府副省长刘晓凯关于我省覆盖城乡居民的基本医疗卫生体系建设有关情况的通报；省政府通报了省政协提案办理有关情况（书面）。会议还听取了各专门委员会关于2008年工作情况的汇报。会议审议通过了关于召开政协第十届贵州省委员会第二次会议日期的决定和有关人事事项。

【专门委员会工作】

提案委员会 一、收到提案516件，立案506件。选择5件提案报请主席会议督办；选择各民主党派省委、省工商联及无党派界别的9件提案送请中共贵州省委办公厅督办。二、采取召开各民主党派省委、省工商联与有关厅局提案工作座谈会，印发提案知识等相关学习资料，在《贵州政协报》开办提案专栏，办培训班，举办专题讲座等形式，组织引导委员学习提案工作知识，不断提高提案质量。三、组织协调中共界别到贵州省广东商会开展调研。

经济委员会 一、开展促进我省装备制造业发展的调研，形成常委会议建议案；开展关于金融支持非公有制经济发展的调研和关于如何发挥兽医工作在生态畜牧业发展中的重要作用的调研。二、视察我省信息化建设有关情况。三、对江苏省民营经济发展情况进行考察。四、对各地州市政协经济委主任进行专题培训。五、发动委员及企业家等积极向灾区捐款捐物。六、帮助北京和上海的贵州籍企业家成立了北京贵州商会和上海贵州商会。

人口资源环境委员会 一、围绕“发展生态矿业保障贵州省铝土矿资源的可持续利用”课题进行调研，形成常委会议建议案。就加快建立和完善“少生快富”政策体系、进一步有效控制人口增长课题进行调研。二、对安顺市、黔西南州国家地质公园建设情况进行视察。就“整脏治乱”专项行动、“满意在贵州”主题活动开展情况进行视察。三、赴黑龙江省、吉林省学习政协人资环工作经验并实地考察生态环境保护情况。四、举办“全省政协人口资源环境工作培训会”。

科技教育委员会 一、对我省中等职业教育发展状况、我省高等院校负债情况、我省科研机构提高创新能力、我省产学研相结合情况等进行调研。二、对黔南州“抗凝救灾及灾后重建”情况和遵义市创建知识产权试点城市工作情况分别进行视察。三、对浙江、福建科研机构管理体制改革的情况进行考察。四、就我省科技、教育发展情况召开通报会。就西部大开发战略实施以来国家对我省科技政策、科技项目、资金等方面的支持情况以及我省的落实情况和取得的成效举行专题座谈会。

文化卫生体育委员会 一、开展“建立全省广播电视村村通长效保障机制”的调研，形成常委会建议案。开展“建立国家基本药物制度，保证群众基本用药”和“我省农村卫生人才队伍建设情况”的调研。二、开展对我省农村书屋建设情况的视察，对城镇和农村饮水安全的视察和对我省整脏治乱、满意在贵州工作情况的视察。三、赴宁夏、甘肃等省学习考察农村三级卫生服务网络建设的基本情况。四、组织委员通过捐款捐物、文艺义演、书画义卖和积极投身灾区救助、防疫第一线等形式支援抗凝救灾和抗震救灾。五、到金沙县开展送医送药“三下乡”活动。

社会与法制委员会 一、对“五五”普法依法治理情况、基层司法建设保障情况进行调研。二、视察贵阳市“抗凝救灾和灾后重建”情况及我省强制隔离戒毒工作情况。三、赴江西、湖南两省考察学习政协社会和法制工作的经验及做法。四、对《贵州省企业民主管理条例（草案）》、《贵州省行政首长问责办法（草案）》、《贵州省人口与计划生育条例修正案（草案）》、《贵州省法律援助条例修正案（草案）》提出修改意见90余条。

民族与宗教委员会 一、对“两高”建设沿线民族文化的保护与开发情况进行专题调研。二、对遵义市红花岗区、湄潭县的天主教和基督教的宗教房产遗留情况进行视察。三、对山西、山东两省的部分市县民族和宗教工作进行考察。四、举办民宗委委员培训研讨班和“两山”地区培训班。五、制定《省政协民族与宗教委员会关于加强对口部门联系协商的意见》。六、联系河北进德公益事业服务中心（天主教）、省慈善总会、贵阳市弘福寺向贵州灾区捐款。

文史与学习委员会 一、对全省重要文物毁损情况进行调研。二、对“贵州省新中国成立后史料征集工作情况”进行调查。三、视察贵州省博物馆、遵义会议纪念馆、息烽集中营革命历史纪念馆等免费开放的情况。四、举办全省市州地政协（工委）分管文史工作的副主席（主任）培训班。五、举办“深入学习中共十七大精神”、“人民政协知识”、“深入学习中共十七届三中全会精神”等3次专题报告会。六、认真做好编辑出版《贵州文史资料选辑精编》和《贵州旅游文史资料丛书精编》（图文版）的有关工作。

港澳台侨与外事委员会 一、完成《贵州入境旅游现状和几点建议》、《“希望工程”近几年在贵州的实施情况》、《港澳台侨及海外人士、团体对毕节试验区20年发展的支援》等专题调研。其中《贵州入境旅游现状和几点建议》作为省政协常委会议建议案。二、组织港澳委员赴黔东南州视察经济社会发展情况及贵阳至广州“两高”建设项目进展情况，赴黔南州就旅游发展情况进行视察。赴毕节地区视察抗凝救灾及灾后重建情况。三、分管副主席率团赴香港、澳门向委员、贵州乡亲通报贵州省政协工作情况并出席澳门贵州联谊会成立两周年会庆暨首届澳黔民俗生态文化交流节开幕式。四、做好邓廷琮教育基金评审委员会工作。开通了邓廷琮教育基金会网站。五、发动港澳委员为抗凝救灾和抗震救灾捐款捐物。

【重要活动】

十届省政协新委员培训班 2008年6月16日至20日在贵阳市举办。全国政协副主席郑万通在开班典礼上作重要讲话。在为期5天的学习中，培训班专题学习了中共十七大精神，全面系统地学习了党的统一战线和人民政协理论。学员们还结合工作实际，就所学内容进行了研究探讨。

全省市州地县政协（工委）主席（主任）培训班 2008年6月24日至28日在贵阳举办。在为期5天的学习中，学员们认真听取有关专家学者讲授中共中央两个5号文件精神，中共十七大关于人民政协工作的论述，中国特色社会主义理论，科学发展观，文史资料的撰写、征集和编辑，文物保护工作的有关问题等，并结合各地政协文史资料工作实际进行了讨论。

省政协委员中的非公经济人士专题培训班 2008年10月29日至31日在贵阳举办。60余名省政协委员中的非公经济人士参加了培训。省内外的有关专家学者和经济部门的领导就国际国内经济形势、科学发展观、企业诚信、我省经济形势、非公企业上市、中小企业融资、如何运用法律手段促进企业发展、如何履行委员权利和义务、营造非公企业良好发展环境、建立现代企业制度、企业如何与媒体沟通等十余个专题进行了讲解。学员们针对有关热点问题，同省内外有关领导、专家学者进行了交流讨论，并就充分发挥委员作用等问题向省政协提出了建设性的建议和意见。

贵州省人民政协理论研究会成立 贵州省人民政协理论研究会成立大会暨第一次理论研讨会12月5日在贵阳举行。会议审议通过研究会章程，选举产生了第一届理事会理事、常务理事、会长、副会长、秘书长，推举了名誉会长和顾问。黄瑶、龙志毅、王思齐、袁荣贵、刘也强、李金顺、何永康为第一届理事会顾问，吴嘉甫为名誉会长，夏一庆为第一届理事会会长。成立大会后，召开了第一次理论研讨会，与会代表就做好人民政协理论研究工作进行了交流发言。

【重要文件】

常委会工作报告（2008年1月16日）（摘要）

五年工作情况：

一、坚持把学习摆在重要位置，努力夯实履行职能的思想基础。

积极组织和推动政协委员抓好政治理论学习。搞好省政协党组中心学习组和主席会议的学习，组织常委专题学习，推动全省各级政协的学习。及时制定了《政协贵州省委员会关于学习贯彻〈中共中央关于加强人民政协工作的意见〉的工作方案》，通过政协党组会议、主席会议、常委会议及座谈会、报告会、培训班等形式进行学习贯彻。会同省委组织部、省委统战部和省委党校及社会主义学院举办了党委、政府、政协、统战系统干部参加的学习贯彻《意见》、《实施意见》培训班。以学习贯彻《意见》、《实施意见》为契机，开展人民政协的理论研究。加强宣传工作，扩大人民政协的影响，把学习贯彻《意见》、《实施意见》不断引向深入。各专门委员会坚持把组织委员的学习列为工作重点。为政协委员订阅报刊杂志，发送学习资料，开展形式多样、内容丰富的学习活动，进一步提高委员对人民政协性质、地位和作用的认识，增强了做好政协工作的责任感、使命感。

二、坚持围绕中心、服务大局，为促进贵州经济社会发展历史性跨越献计出力。

认真开好各种例会，紧紧围绕贵州经济社会发展的重大问题进行协商讨论。认真组织政协委员深入调研，就关系我省经济社会发展的重大问题献计献策。开好省长与部分省政协委员座谈会。开好对口协商会和专题协商会。各专门委员会结合自身特点，选择事关全省改革发展稳定的热点、难点问题，组织委员开展调查研究，加强与省直有关部门的联系，召开对口协商会，促进了政治协商多层次、多领域、多形式地开展。

精心选择一些带有综合性、全局性、前瞻性的问题进行专题调研。五年来，先后就毕节地区“开发扶贫、生态建设”和安顺市“多种经济成分共生繁荣”试验区建设、西部大开发、社会主义新农村建设、民族地区经济社会发展、“两基”巩固提高、农村义务教育、投资环境等进行了专题调研，共完成调研报告75份。配合全国政协开展了“进一步推进西部大开发战略深入实施”等专题的调研。在全国政协召开的专题协商会上，就建立西部生态补偿机制提出的四点建议，得到了会议的充分肯定。2006年形成的《关于农业面源污染现状及综合治理对策的建议案》、2007年形成的《关于我省“百村试点”的调研报告》等10份调研报告和《关于进一步发展我省旅游小商品产业的建议案》等5份建议案，受到省委、省政府的高度重视。

认真做好智力支边工作，积极推动政协组织、各民主党派、工商联、政协委员参与扶贫开发、引资和社会公益事业，组织开展科技文化卫生“三下乡”活动，开展向全省“百岁老人”颁发纪念牌活动，努力挖掘我省民族民间文化。

三、坚持团结和民主两大主题，为构建“和谐贵州”作出贡献。

加强与各民主党派、工商联、无党派人士的团结合作，巩固和发展爱国统一战线。通过通报情况、听取意见、联谊交友等各种形式，努力做好团结合作、凝聚人心的工作。

及时了解和反映社情民意，协助党委、政府做好协调关系、化解矛盾、理顺情绪、凝聚人心的工作。

开展对构建“和谐贵州”的理论研究。相继召开了构建社会主义和谐社会、构建“和谐贵州”理论研讨会，对构建和谐社会理论和实践问题进行深入研讨和交流，为构建“和谐贵州”献计出力。

四、坚持创新提案工作和委员视察工作机制，增强提案和视察工作实效。搞好提案制度建设，加强主席会议督办重要提案和请省委办公厅督促办理民主党派省委、省工商联和无党派人士界别重要提案工作，创新主席会议视察和各专门委员会视察工作。

在省委和省政府的高度重视、省直有关部门和各市州地政府的共同努力下，九届省政协立案的所有提案全部办复。五年来，共收到提案2430件，立案2409件，其中，委员提案1913件，党派、团体提案475件，专委会提案21件。2409件提案中被有关承办单位和决策部门采纳或已经落实的有2044件，占立案总数的84.85%。根据委员对提案办理的反馈，表示满意和基本满意的1188份，占97.30%。

五、坚持解放思想、开拓创新，不断探索履行职能的新路子。在继承和发扬历届政协成功做法的基础上，不断探索履行职能的新路子。通过召开经验交流会、研讨会等形式，总结推广全省各级政协在履行职能方面的经验和成功做法。不断提高促进祖国统一和海内外联谊工作的水平。

六、坚持加强自身建设，努力提高履行职能水平。

加强思想作风建设。认真组织政协委员继承发扬自我教育的传统，自觉学习马列主义、毛泽东思想、邓小平理论和“三个代表”重要思想，学习科学发展观，学习以胡锦涛同志为总书记的中共中央关于人民政协工作的新思想、新要求，努力提高政协委员的思想政治素质。积极推动政协委员认真学习政协章程，自觉遵守政协章程，增强履行职责的责任感和使命感。制定了《政协贵州省委员会有关会议请假的规定》，加强会议管理，改进会议作风，提高会议质量。

加强组织建设。认真贯彻执行民主集中制原则，按照“集体领导、民主集中、个别酝酿、会议决定”的原则，凡是政协工作中的重要决策和重大事项，都坚持提交主席会议集体讨论决定。领导班子成员认真完成自己承担的任务，抓好分管的工作，不断增强领导班子的凝聚力和战斗力。

加强制度建设。建立和健全了会议、视察、提案、专门委员会工作、联系委员等各项制度，促进了政协工作的制度化、规范化和程序化建设。

加强机关建设。加强干部选拔任用和交流，加大干部培训工作、挂职锻炼的力度。积极推进政协机关干部人事制度改革，提高干部素质，优化干部结构，改进工作作风，完善工作制度，提高服务质量。

五年工作体会：

一、必须强化政治意识，保证人民政

协事业发展的正确方向。高度重视政治学习和思想理论建设，认真学习邓小平理论、“三个代表”重要思想、科学发展观、构建社会主义和谐社会等战略思想，自觉用马克思主义中国化的最新成果武装头脑，提高履职议政的能力和水平。充分发挥政协党组的领导核心作用，坚决贯彻执行党的基本理论、基本路线、基本纲领和基本经验，重要问题和重大事项，及时向党委请示汇报，切实把党委的决策和部署体现到政协工作各个方面，确保政协工作与党委中心工作合拍，协调一致。

二、必须强化大局意识，把促进发展作为政协履行职能的第一要务。不断增强把握大局的能力，准确把握服务大局的工作方位，牢牢抓住服务大局的重点。

三、必须强化民本意识，把实现和维护最广大人民的根本利益作为政协工作的出发点和落脚点。广泛深入体察民情，充分发挥各级政协渠道畅通、联系广泛的优势，及时向党委、政府反映社情民意，为促进党政民主决策，更好地实现和维护人民群众利益发挥积极作用；积极主动解民忧，紧紧围绕就业、教育、医疗、分配、社会保障、食品卫生、生态环境、移民搬迁等群众最关心、最直接、最现实的利益问题，充分反映群众诉求，维护社会的公平正义；满腔热忱谋民利，深入开展“整脏治乱”、智力支边、扶贫帮困、爱心救助、医疗义诊、慰问演出、技术培训等社会公益活动，尽心竭力为群众办实事、做好事，扩大政协的社会影响。

四、必须强化民主意识，坚持团结和民主两大主题。一是在政协的各种例会中发扬民主，坚持民主协商、平等议事、求同存异、体谅包容的原则，为各党派团体充分发表意见和主张，营造民主环境，使各阶层、各界别的利益诉求在政协得到充分表达。二是在调研、视察、提案、反映社情民意等经常性工作中突出界别特色，发挥界别作用，使政协成为团结和组织各界人士政治参与的桥梁和纽带。三是在政治上、工作上、生活上真诚关心各界人士，协助党委、政府解决各民主党派和无党派人士工作与生活中的实际问题，为他们更好地履行职责、开展工作创造条件，使各民主党派和无党派人士在人民政协中的作用得到充分发挥。四是认真开展各界人士联谊活动，使政协成为叙友情、谋发展、话和谐的重要场所。

五、必须强化创新意识，努力提高政协工作的质量和水平。坚持以思路创新推动工作创新，坚持以理论创新推动工作创新，坚持以方法创新推动工作创新。

六、必须强化效能意识，推进政协履行职能的制度化、规范化、程序化。坚持以《意见》、《实施意见》为指导，以《政协章程》为依据，结合政协工作实际，加强“三化”建设，建制度、立规范、定程序，形成比较完善的政协工作制度体系，使政协全委会议、常委会议、主席会议、秘书长会议、专委会会议等各种形式的政治协商逐渐规范，使政协的提案工作、视察工作、会议督办等各种形式的民主监督不断完善，使调查研究、反映社情民意、发挥委员主体作用、发挥界别作用等各种形式的参政议政更加深入。坚持专委会向主席会、常委会报告工作，常委会向全会报告工作的做法，积极推进制度化、程序化、规范化建设。

对下一步工作的建议：

一、深入学习贯彻中共十七大、省第十次党代会和省委十届二次全会精神，把学习贯彻《中共中央关于加强人民政协工作的意见》、《中共贵州省委关于加强人民政协工作的实施意见》引向深入。

二、围绕团结和民主两大主题履行职能，推进政治协商、民主监督、参政议政制度建设。一是积极为我省经济社会发展的历史性跨越建言献策。二是坚持发扬社会主义民主。三是切实维护人民群众根本利益。四是努力协助党委、政府协调关系、化解矛盾、理顺情绪。

三、推动政治协商纳入决策程序，完善民主监督机制，提高参政议政实效。一是按照重要问题在决策之前和决策执行过程中进行协商的原则，努力完善政协全委会议就大政方针集中协商、常委会议就某一阶段工作和重点工作专题协商、主席会议就时效性较强的问题及时协商、专委会会议就党政部门的相关工作对口协商的格局，把政治协商程序与党政工作程序有机结合起来。建立健全委员管理制度，更好地发挥委员的主体作用，努力提升政治协商的整体水平。二是完善民主监督机制。要创新民主监督的形式和内容，认真落实党委、政府和政协对口联系制度，加强与党委、政府监督机构以及新闻媒体的协作，不断完善沟通机制；及时将党政有关部门处理政协提交的民主监督信息处理情况，反馈给提交监督信息的政协参加单位或委员个人。三是提高参政议政实效。做到选题要精、调研要细、建议要实。

四、加强政协自身建设，发挥协调关系、汇聚力量、建言献策、服务大局的重要作用。切实加强与各民主党派和无党派人士的团结合作，不断探索发挥界别作用的方法和途径，充分发挥政协委员的主体作用，大力加强政协机关建设。

【组织概况】

主　席

黄　瑶（布依族）

副主席

吴嘉甫（布依族）　刘鸿庥（女）
陈海峰　杨玉学　孔令中
左定超（穿青人）　武鸿麟
谢晓尧

秘书长

夏一庆

常务委员名单（按姓氏笔画为序）

千正书（土家族）王　伟　王心海
王幼勤（女）　王园园（女）
王阿多(女,苗族）邓瑞林
石　雄（毛南族）龙耀宏（侗族）
冉　霞(女,苗族）　付野秋(女,满族)
朱开茗　朱庆中（侗族）　向建军
刘其斌（侗族）　刘瑞兰（女）
阮中健　杨承志（苗族）
杨晓敏（苗族）　杨瑞东（白族）
苏文超　李启先　李奕樯　肖　诚
吴晓萍(女,苗族）　邱培声　张国新
张燕平（女）　陆洪光　陈万达
陈广臣（苗族）　陈全林　陈华祥
陈海若　陈朝洁（女）　林　昶
林庆筑(土家族）周世立　郑楚平
柳云松　赵友良　赵仲春　赵维娜（女）
钟春琍（女）　姜　流　姜刚杰
姚钟伍　骆　刚　徐来富
殷明华（布依族）　郭　勇
唐　斌（侗族）　凌　峰　黄先明
黄宗洪　黄惠玲（女，布依族）
康冀川　梁　斌　梁桂宝（女）
韩道武　喻培萱（女）　释心照
普兆敏（女，彝族）
曾小菁（女，仡佬族）　湛　芬（女）
赖世强　蒙秋明（水族）　路　贵（女）
蔡玉强　谭　红（女）　谭卫东
滕　红（女，布依族）　潘　健(回族)
潘志建　魏凤英（女）

委员名单（按姓氏笔画为序）

中国共产党（22名）

马天云　王开文　王建富　毛　崧
孔令中　朱庆中（侗族）　阮天茂
杨　涛　杨玉学　吴嘉甫（布依族）
陈华祥　陈国明　陈海峰　赵友良
侯建英　夏一庆　凌　峰

黄　瑶(布依族)　梁桂宝（女）
韩先平　程孟仁(仡佬族)　路长发

中国国民党革命委员会（17名）

王心海　王贵东　邓文森　白贵春
朱庆跃　齐新潮　杨永楦（女）
肖　诚　陈万达　陈雯茜（女）
林　艺　夏玉芳（女）　梅世松
龚　源　程亦赤　鲍家科
谭承国（土家族）

中国民主同盟（17名）

丁贵杰　石校瑜　卢云辉
卢凤礼(穿青人)　冉　霞（女，苗族）
刘　宁　刘启艳（女）　关友兵
阮中健　李勇林　吴永祥　张正平
范　波（女）　袁承东（布依族）
黄先明　曹定爱（土家族）潘祖伦

中国民主建国会（17名）

王金华　王晓雯（女）　石　洋
成祺兴(布依族)　刘中国　李奕樯
李洁琪(女,瑶族)　杨　雷　张　倞
陈述云　武鸿麟　胡定华　盛桂芝（女）
彭　龙　喻理飞　谢　强　赖世强

中国民主促进会（12名）

左定超（穿青人）向建军　刘大泯
李铁芬（女）　杨政宇（侗族）
何　林　陆洪光　周　云（女）
梁明锋　傅玉林　曾国强　谢　泉

中国农工民主党（12名）

王　宁　刘　飞（女）　李　庆
李启先　何　琳（女）　何云绮（女）
张红云（女）　周建军　胡　捷（女）
黄惠玲（女，布依族）　梁　斌
辜康乐

中国致公党（9名）

石　峰（苗族）　刘朝珍（女，布依族）
杨　静（女，土家族）　杨正德
范奇元　徐和平　彭　苏（土家族）
谢晓尧　潘志建

九三学社（17名）

王　兵　刘济明　刘鸿麻（女）
刘道敏　李　梓（女）　肖　赤
吴立荣　张伟云（女）　张忠民
陈瑞勋　周天福　郑国旗　赵维娜（女）
姜刚杰　夏焕柏（回族）
黄智龙　谢定敏（女，彝族）

无党派人士（12名）

王一波　刘　颖(女,白族)　刘庆和
陈朝洁（女）　周　欣（女）
钟春琍（女）　徐来富　唐明波
黄礼明　童礼元（侗族）
童其芳（女）　潘年松

中国共产主义青年团（9名）

王作飞　邓守成（苗族）
吴宇珍(女,侗族)　张涛涛（土家族）
罗　艺（女）　骆　虹（女，苗族）
秦　艳（女）　腾　红（女，布依族）
霍盛红（女，苗族）

总工会（17名）

卢绍朋　朱一元　伍万祥
刘凤文（黎族）　许荣莉（女，苗族）
孙群英（女）　李云涌　张英贤(苗族)
陈　玲（女）　欧国勇　赵伟荣
赵素云(女,瑶族)　赵桂兰（女）
施宽容（女）　袁汝康
殷明华（布依族）程　畀

妇女联合会（13名）

龙　琳（女，彝族）　叶　茂（女）
杨　静（女，土家族）
杨国秀（女，布依族）　何晓玲（女）
张　瑜（女，苗族）　张　毓（女）
欧阳如娇（女）　周云虹（女）
聂坤琪（女）　高亚丽（女，彝族）
喻培萱（女）　蒙廷英（女，蒙古族）

青年联合会（5名）

王烈君（女）　刘嘉华　周世立
郑成渝　戴　杰（女，侗族）

工商业联合会（17名）

马林法　王　伟　王起群（女）

叶森林　田幼生（女，土家族）
吴春毕(布依族)　沈　鑫　张观福
陈　琦(布依族)　陈天耀
林庆筑(土家族)　郑楚平　黄伟星
曹本强　董思源　熊赐新　戴　勇

科学技术协会（8名）

卢　兰（女）　田双喜　伍鹏程　任湘生
安　红（女，苗族）　郝小江　胡晓登
路　贵（女）

台湾同胞联谊会（5名）

李小薇（女）　邱培声　林港祥
金　佳（女）　黄学军

归国华侨联合会（6名）

古华渤　罗承军　郑茂学（布依族）
赵德刚　康冀川　颜俊文

文化艺术界（22名）

王阿多（女，苗族）　王松雪（女）
包俊宜　刘世杰　刘跃筑（女，苗族）
杨　俊（侗族）　杨嘉陵（回族）
吴宇滔　邹贵志（仡佬族）
陈　音（女，布依族）
邵志庆(女)　苑坪玉　欧阳宏宇(苗族)
罗迎贤　周培贤　赵剑平（仡佬族）
侯丹梅(女)　贺未泓　曹琼德
蒋晓音(女)　湛　芬（女）　穆维平

科学技术界（32名）

王　志　王　伦　王尧燕（女）
冉景丞（土家族）付　涛　朱开茗
刘其斌（侗族）　苏文超
李　勇（苗族）　李德明　邱树毅
汪世平　张　付　张宏森　张晓萍（女）
张梓钟　武国辉　林　浩　罗　岚
罗少辉　金　循　周　胜　周　黔
郑才友　秦水介　高贵龙　黄天祥
黄纪湘　曹国民　梁　宁　谭　红（女）
戴新春

社会科学界（8名）

王礼全（苗族）　石朝江（苗族）
吴晓萍(女,苗族)　金安江（布依族）
耿晓红　唐福金　龚晓宽　程鹏飞

经济界（39名）

王　荣　王绍文　王智清（苗族）
龙锦壮　冉先黎　包　新　吕如庆
刘瑞兰（女）　杜踊跃　李　路
肖建生　吴民豪　沈可定　沈有望
张　钊　张泉水　陈全林　陈松官
陈泽明　邵　冠　邵祥林　季　可
周天爵　周和生　胡晓风　柯　峰
施荣忻　姜　流　徐　琨　陶晓旭
陶谋立　黄力平　黄再红　龚淮平
章友竞　曾佐桥　蔡　虎　蔡玉强
黎庆洪

农业界（22名）

王川徽　王术君　文晓鹏
龙建桥（苗族）　龙健清（苗族）
向青云（女）　刘廷梅（女，回族）
安国勋　李跃荣（布依族）
杨再培（侗族）　杨荣英　张　然
张　政　张进忠　罗用能（布依族）
罗兴惠（女，仫佬族）　柳云松
徐屹峰　黄宗洪　涂章友
覃元平（壮族）　熊文中

教育界（32名）

勾　华（女）　龙耀宏（侗族）
付薇莉（女）　刘光琴（女）
刘晓春（女）　严正道（黎族）
李先崇　李华丽（女）　李近华
杨晓敏（苗族）　张燕平（女）
陆文章（苗族）　陈　昕（女）
陈　舒（女）　陈光文　陈厚义
陈晓灵　罗　俊　罗元良（布依族）
罗永发（畲族）　郑晓红（女）
赵　强　赵福莱　袁惠民　钱贵晴（女）
徐　谦（女）　郭胜富（仡佬族）
程剑平　蒙秋明（水族）　管　兵
廖　雨（女，苗族）　潘显大(水族)

体育界（7 名）

王　宇　王园园（女）　王俊寿

杜　伟　张传良　秦志浩　魏红杰

新闻出版界（10 名）

干正书（土家族）　白方芹　刘援朝

农文成（布依族）　陈英华

罗　莉（女，布依族）　房　方

赵宇飞（白族）　施福根

晏世忠（土家族）

医药卫生界（21 名）

马　青（女，回族）王　怡（女）

王太芬（女，彝族）王理春　孔德明

石京山（侗族）　刘凤云（女）

杜昌益（苗族）　李春鸣（女）

吴　波（女，侗族）张吉虎（仡佬族）

陇文菊（女，彝族）陈云英（女）

林亚平（女）　周习东　姚小泉

骆　刚　骆晓春（瑶族）　盖彩云(女)

曾小菁（女，仡佬族）　曾祥权

对外友好界（17 名）

马建章　王绍尔　邓小宙　田铁英（女）

邝平山　吉尔昶　芮恩浩　杨晓红（女）

何汉昌　陈月明（女）　陈海若

周伟镐　高展明　梁仕友　梁钟铭

韩道武　程　燕（女）

社会福利和社会保障界（10 名）

王幼勤（女）　龙月英（女，苗族）

许立新　何文江　陈颢升　周普忠

莫　莉（女，苗族）　郭万泉

覃祖祥（布依族）　童　泽

少数民族界（44 名）

王文清（侗族）　韦　林（布依族）

文艳琴（女，侗族）　龙德芳（苗族）

田　业(土家族)　付野秋(女,满族)

冯育毅（仡佬族）　刘洪森（侗族）

严黔闽(土家族)　杜小书(女,侗族)

杨　莉（女，苗族）　杨承志（苗族）

杨修隽（回族）　杨章仁（苗族）

杨瑞东（白族）　肖远福（白族）

吴　华（女，彝族）　何建昌（侗族）

张永宏（土家族）　陈广臣（苗族）

部通桥（苗族）　武廷方（侗族）

罗　敏(女,仡佬族)　郝桂华(女,侗族)

胡江红（女，仡佬族）娄衷畅（布依族）

贺礼刚（布依族）　夏　军（羌族）

徐国霞（女，布依族）高建军（彝族）

郭正权（穿青人）　唐　斌（侗族）

陶兴锐（白族）　黄显荣（布依族）

龚申雄（苗族）　梁　辉（布依族）

韩　侃（满族）　傅纯波（苗族）

普兆敏（女，彝族）　蔡勤生(蔡家人)

廖生祥（僅家人）　潘　健（回族）

潘立德（苗族）　潘启孝（水族）

宗教界（10 名）

马贤档（回族）　马德江

杨明祥（苗族）　杨朝云（苗族）

肖泽江（土家族）　张廷龙（回族）

张崇新　释心照　释妙果

释藏青（女，满族）

特别邀请人士（96 名）

王东方　王尧忠　王晓林

王登齐（苗族）　邓应明（土家族）

邓瑞林　石　雄(毛南族)　叶文邦

兰开锋　朱　山　朱　鸣（女）

刘　晓　刘文新　刘先庆　刘仰瑞

刘建忠　刘衍珍（女）　刘毓文

许　朗　李又平　李廷学　李向春

李国基　李富军　杨　丹（女）

杨正国（侗族）　杨宏远（侗族）

杨启义　杨胜明（女）

杨继红（苗族）　肖向阳　吴　炜

吴维方　余　泠　余惠平　邹　通

闵　健　汪应鼎　初志忠　张庆民

张志刚　张秀琴（女）　张国新

张忠敏（女）　张金城

张定书（回族）　张绍春　张保民

张宪民　陈　石　陈　湘　陈卫国

陈达新（土家族）陈守勇　陈克炜

陈凌华（女） 青德蓉 林 昶
欧阳天高 罗立生
罗华文(仫佬族) 周大新 郑 华
赵 焰 赵仲春 赵松桓（白族）
赵泽义 赵震洋 胡 巍 胡川渝
禹 浩 姚亚非（女） 姚钟伍
姚朝雄 袁仁国 高达礼 郭 勇
郭游文 唐方信 涂新善 姬保山
黄汉金 黄志明 曹鸣放 盛俊敏
符 合 谌莉萍（女） 蒋天才
粟多能（侗族） 舒葳韧 鲁广余
鲍廷英（女） 廖锡俊（土家族）
谭卫东 樊 荣 魏凤英（女）

【贵州省各市州市、县、区政协领导人名单】

贵阳市政协

市政协主席 陈 石
县（市、区）政协主席
云岩区 杨芝芳（女）
南明区 郭敬阳（女）
花溪区 蒋志伦
乌当区 田茂康
白云区 卢瑞礼
小河区 叶华山
清镇市 胡体华
修文县 殷建中
息烽县 吴德屏
开阳县 马跃进

遵义市政协

市政协主席 陈凌华（女）
县（市、区）政协主席
红花岗区 赵汝荣
汇川区 黄晓霞(女,苗族)
遵义县 张大六
桐梓县 赵再权
绥阳县 刘之礼
正安县 曾润素（女）
湄潭县 杨昌华
凤冈县 李廷学
余庆县 张克培
仁怀市 赵 洪
习水县 李 康
赤水市 王昌乾
道真仡佬族苗族自治县 周世晓(仡佬族)
务川仡佬族苗族自治县 卢汝明(仡佬族)

六盘水市政协

市政协主席 唐方信
县（市、区）政协主席
钟山区 陈友模（彝族）
六枝特区 夏 明
水城县 颜昌友
盘 县 张礼各

安顺市政协

市政协主席 韦 林(布依族)
县（市、区）政协主席
西秀区 袁 丰（女）
普定县 徐天成
平坝县 谢发忠（白族）
镇宁布依族苗族自治县 杨芝斌(布依族)
关岭布依族苗族自治县 罗成顺(布依族)
紫云苗族布依族自治县 张 勇

黔东南苗族侗族自治州政协

州政协主席 粟多能（侗族）
县（市、区）政协主席
凯里市 龙兴安（苗族）
黎平县 朱卫平
黄平县 戴黔生
岑巩县 黄 俊(仡佬族)
剑河县 王秀贤（侗族）

丹寨县	吴成华（苗族）
从江县	石英远(女,侗族)
台江县	刘耀密（苗族）
雷山县	张世荣（苗族）
麻江县	陈　刚(布依族)
镇远县	朱　鸣（女）
施秉县	彭黔英（女）
榕江县	叶东山（苗族）
天柱县	陈守金（侗族）
锦屏县	朱汉琴(女,水族)
三穗县	杨胜林

黔南布依族苗族自治州

州政协主席	杨启义

县（市、区）政协主席

都匀市	刘光乾
福泉市	李桂林(布依族)
瓮安县	姚中贞
贵定县	方昌国(布依族)
龙里县	王安富
惠水县	吴文辉（苗族）
长顺县	陈祥斌(布依族)
罗甸县	陈邦禄（苗族）
平塘县	胡国栋(布依族)
独山县	王志华
荔波县	董豫黔
三都水族自治县	韦成念(女,水族)

黔西南布依族苗族自治州

州政协主席	张定书（回族）

县（市、区）政协主席

兴义市	吕正毅
贞丰县	王明华
兴仁县	姚天涛
望谟县	黄兴国(布依族)
册亨县	韦正海(布依族)
安龙县	谭志平
晴隆县	舒腾元
普安县	刘华雄

毕节地区

县（市、区）政协主席

毕节市	吴　坚
织金县	王　玮
大方县	张　智
赫章县	安顺光（彝族）
金沙县	张维林（彝族）
纳雍县	刘茂高（穿青人）
黔西县	敖怀建
威宁彝族回族苗族自治县	禄志义（彝族）

铜仁地区

县（市、区）政协主席

铜仁市	黄昌富（土家族）
玉屏侗族自治县	魏厚然（土家族）
万山特区	阳运福
江口县	刘鲁平
松桃苗族自治县	桑士棕
沿河土家族自治县	马增力（土家族）
德江县	简宜山（土家族）
思南县	任廷禄（土家族）
石阡县	付贵兰（女，土家族）
印江土家族苗族自治县	何圣仙（女，土家族）

贵州省各级政协组织和委员数

（截至2008年底）

级别 项目	省	设区的市、自治州	县（自治县、不设区的市、市辖区、特区）	合计
组织数	1	7	88	96
委员数	585	2544	14762	17891

（曾蒙军　郑敏刚 编写　李跃荣 审稿）

政协云南省委员会

王学仁 主 席

管国忠 副主席

马开贤 副主席

陈勋儒 副主席

曾 华 副主席

罗黎辉 副主席

王学智 副主席

白成亮 副主席

顾伯平 副主席

倪慧芳 副主席

车志敏 秘书长

【全体委员会议】

十届一次会议 2008年1月16日至23日在昆明举行。会议听取和审议了《中国人民政治协商会议云南省第九届委员会常务委员会工作报告》、《中国人民政治协商会议云南省第九届委员会常务委员会关于提案工作情况的报告》，列席了省人大十一届一次会议，听取并协商讨论《政府工作报告》及其他有关报告。会议全面总结了政协云南省第九届委员会的工作，提出了政协云南省第十届委员会的工作目标和任务。会议通过了政协云南省第十届委员会第一次会议决议、政协云南省第十届委员会第一次会议关于政协云南省第九届委员会常务委员会工作报告的决议、政协云南省第十届委员会第一次会议关于政协云南省第九届委员会常务委员会提案工作情况报告的决议、政协云南省第十届委员会第一次会议提案审查委员会关于十届一次会议提案审查情况的报告。会议选举产生了新一届政协领导班子和常务委员。王学仁当选为政协云南省第十届委员会主席，管国忠、马开贤、陈勋儒、曾华、罗黎辉、王学智、白成亮、顾伯平、倪慧芳当选为政协云南省第十届委员会副主席，车志敏当选为政协云南省第十届委员会秘书长。选举马忠等109人为政协云南省第十一届委员会常务委员。王学仁主席在闭幕会上讲话。

【常务委员会会议】

第1次会议 2008年1月23日在昆明召开。应出席120人，实到99人。会议审议通过了政协云南省第十届委员会关于设置专门委员会的决定；审议通过了政协云南省第十届委员会副秘书长名单；审议通过了省政协办公厅主任名单；审议通过了政协云南省第十届委员会各专门委员会主任、副主任名单。王学仁主席在会议结束时讲话。

第2次会议 2008年3月26日至27日在昆明召开。应出席120人，实到88人。会议传达学习了全国政协十一届一次会议精神；审议了政协云南省委员会2008年重点工作安排意见；审查了政协云南省委员会各专门委员会2008年工作要点。王学仁主席出席会议并讲话。常务副主席管国忠传达了全国政协十一届一次会议精神。副主席马开贤、陈勋儒、曾华、罗黎辉、王学智、顾伯平、倪慧芳，秘书长车志敏出席会议。会议期间，与会同志围绕贯彻落实全国“两会”精神，进一步做好2008年的各项工作进行了认真的讨论。

第3次会议 2008年7月9日至10日在昆明举行。应出席120人，实到98人。会议审议通过了省政协十届三次常委会会议议程（草案），主要围绕“解放思想、深化改革、扩大开放、科学发展”主题和加强新时期政协工作进行大会交流发言。会议期间，省委副书记李纪恒、副省长李江率省委、省政府相关部门负责同志到会听取大会发言；省委常委、副省长李江在会上通报了云南省今年上半年经济社会发展情况。省政协主席王学仁在会议上讲话。会议同意王兢同志因退休不再担任省政协经济委员会副主任职务，同意祝武世同志因工作调动不再担任省政协教科文卫体委员会副主任职务。

第4次会议 2008年9月24日至25日在昆明举行。应出席120人，实到95人。会议听取了省政府领导关于我省“兴边富民工程”实施情况的通报，审议通过了有关人事事项。会议围绕兴边富民和促进云南经济社会又好又快发展进行大会发言。省委常委、常务副省长罗正富以及省委、省政府有关部门的负责同志到会听取了大会发言。省政协主席王学仁在会议结束时讲话。会议根据省委的建议，任命杨绍林同志担任省政协研究室副主任，任命黄泰宽同志担任省政协教科文卫体委员会副主任，免去邓树斌同志省政协提案委员会副主任职务，决定撤销邹韶禄、刘跃省政协委员资格。

【专门委员会工作】

提案委员会 一年来，共收到提案711件，经审查立案702件。截至12月31日，697件提案已全部办复完毕。加强提案办理过程中的督办、协调工作，主动参与重点提案办理的面商工作；组织委员对提案办理工作进行视察；进一步建立健全相关责任制度，推进提案办理工作，提高提案办理质量，增强办理实效。组织召开全省政协提案工作座谈会暨提案工作研讨会，召开省级党派团体专委会提案工作座谈会和省级各大新闻媒体提案工作座谈会；举办全省政协系统提案工作培训班，参训人员涵盖全省16个州市、129个县市区政协提案委负责人；召开提案承办单位座谈会，交流办理落实工作经验，点评提案质量，汇集提案线索。

文史委员会 召开全省政协文史工作座谈会。启动《云南独有民族百年实录》史料征编工作，续修《云南省志·政协志》。组织委员对我省的自然历史文化遗产保护、利用现状进行视察，并对我省待申报"世界自然文化遗产"的项目——红河哈尼梯田申报世界文化遗产进程情况进行重点视察，对大理州剑川海门口遗址考古发掘情况进行调研。

经济委员会 就云南工业发展、农业产业化和农村土地流转问题进行调研。组织召开2008年度全省州市政协经济委员会主任联系会议。完成"提升云南农业产业化水平"、"整合云南旅游资源，打造旅游龙头企业"、"云南省高等级公路建设可持续发展"三个专题调研。与全国政协经济委员会共同开展"推进云南兴边富民工程及扩大开放"联合调研视察。举办"解放思想，增强云南企业自主创新能力"和"学习贯彻十七届三中全会精神，推进云南农村改革发展"恳谈会。组织召开2008年度全省州市政协经济委员会主任联系会议。

人口资源环境委员会 组织委员、专家三次深入金沙江实地调研考察其宗、塔城、龙盘坝址方案，形成了《关于推进金沙江龙头水库比选，加快实施滇中调水工程的调研报告》，秦光荣省长、罗正富常务副省长、孔垂柱副省长等领导对该报告先后作出重要批示。组织委员对普洱市、楚雄州、怒江州推进集体林权制度改革情况进行视察，形成《关于对云南省集体林权制度改革的视察报告》。赴丽江市对程海、泸沽湖和拉市海等湿地的保护与管理进行年度视察。组织委员、专家对昆明市西郊生活垃圾焚烧发电厂、玉溪市抚仙湖保护和星云湖——抚仙湖出流改道工程、昆明市城市供水状况与运营管理、红河州建水县城市生活垃圾全资源化处理、省九大高原湖泊水污染综合防治目标责任、滇池入湖河流综合治理等进行视察、调研、督察。

教科文卫体委员会 组织由部分常委和省、州、市教育界委员参加的三个调研组，分别对曲靖市、昭通市、昆明市、临沧市、大理州所辖的11个县（区）的13所中学和20所小学进行危房改造工作视察。联合台盟云南省委对我省中外合作办学与汉语国际推广和小语种人才培养情况开展调研。先后深入省文化厅、省新闻出版局、省广播电视局、省文联、省图书馆、省杂技团等单位，以及普洱市、临沧市、澜沧县、西盟县、双江县、沧源县，就有关文化事业及文化产业发展等开展调研。对昆明市所辖盘龙区状元楼、昆机，官渡区金马、杏德、新亚洲体育城社区的卫生服务中心，楚雄市彝人古镇、中大街、富民、北浦等社区卫生服务中心进行调研，形成《关于我省城市社区卫生服务工作开展情况的调研报告》。

港澳台侨和外事委员会 联合致公党云南省委、省级有关部门和专家组成调研组，配合全国政协外事委员会调研组开展“云南跨境经济合作区建设”专题调研，形成了《云南跨境经济合作区建设的调研报告》和《云南省建立跨境经济合作区的对策建议》。举行云南海外经济合作促进会三届一次理事会，选举产生了新一届理事会。组织或参与组织赴柬埔寨、老挝友好访问团，赴马来西亚友好访问团等12个出国（境）访问考察团。接待访问考察团200多人次。

社会和法制委员会 组织有关方面的委员、专家，对建筑企业利益分配情况开展深入的调查研究。组织部分省政协委员，邀请省残疾人联合会的同志参加，组成两个视察小组分赴楚雄、红河州及双柏、屏边、建水三个县进行保障残疾人的合法权益视察。组织部分委员赴省司法厅、玉溪、曲靖市及江川、富源县就《中华人民共和国物权法》贯彻落实情况进行视察。对省政府法制办及省级有关部门提交讨论征求意见的《中华人民共和国社会救助法》、《中华人民共和国劳动合同法实施条例》、《云南省滇池保护条例》、《云南省职业病防治条例》、《云南省工业大麻管理规定》等54件（次）法律法规规章（草案），组织委员、专家、学者、政协专门委员会及省级民主党派、工商联、人民团体的领导进行协商讨论，共提出意见和建议498条。举办“省政协首届民生论坛”。

民族和宗教委员会 先后赴昭通、曲靖、玉溪、昆明四个市的11个县区就我省“散居民族地区经济社会发展情况”进行专题调研。配合全国政协调研组就“抵御渗透，进一步加强边疆地区少数民族群众收听收看广播电视工作”、“发挥宗教界人士和信教群众在促进经济社会发展中的积极作用情况”、“推动我省藏区经济社会发展和稳定”进行调研。对扶贫开发“整村推进”情况，省、昆明市道教团体建设和活动场所管理情况进行视察。协调关系、化解矛盾，促进圆通寺接引殿归还佛教问题的全面解决。举办全省政协民族宗教工作培训班。

【重要活动】

州市县区政协领导和省政协委员培训班 2008年7月14日至17日和7月22日至24日，省政协在省委党校分别举办了州市县区政协领导和省政协委员培训班。各州、市政协主席、副主席和秘书长，各县、市（区）主席，省政协机关副厅以上领导干部和省政协委员共620余人参加了培训。培训期间，省政协领导和有关专家学者为培训班学员作辅导报告和专题讲座；各州市县领导和省政协委员就深入贯彻科学发展观，开展解放思想大讨论，做好新世纪、现阶段人民政协工作和统一战线工作，进一步推动云南经济社会发展，分组进行了认真讨论，并在大会上作交流发言。

解放思想大讨论活动 2008年4月30日至9月28日，按照中共云南省委下发的《关于开展解放思想大讨论活动的通知》要求，省政协党组及时作出部署，办公厅党组、机关党委、机关各支部积极行动，紧紧围绕“解放思想，推动科学发展”这一主题，运用各种有效形式，认真组织机关干部和广大党员开展解放思想大讨论活动，扎实有效地完成了解放思想大讨论活动各个阶段的工作任务。省政协主席王学仁在解放思想大讨论活动动员大会作动员讲话。

学习实践科学发展观活动 2008年10月9日至2009年2月25日，按照中央的统一部署，在中共云南省委的正确领导和省委第三指导检查组的具体指导下，省政协党组和办公厅党组紧紧围绕“深入学习实践科学发展观、以科学发展观统领政协工作”这一主题，认真落实省委关于开展学习实践科学发展观活动“三阶段十一个环节”的步骤要求，坚持边学边改、边整边改，着力解决自身在思想和工作中存在的影响科学发展方面的突出问题，圆满完成了学习调研、分析检查、整改落实三个阶段的工作任务，学习实践活动取得了明显成效。省政协主席王学仁在学习实践科学发展观活动动员大会作动员讲话。

“解放思想，增强云南企业自主创新能力”恳谈会 2008年6月11日，由省政协主办的云南企业家论坛在昆明举行。秦光荣省长、王学仁主席、李江副省长、管国忠常务副主席等领导出席会议，省级有关职能部门负责同志、企业家论坛会员、经济委员会委员等200多人参加了会议。13位知名企业家和有关厅局的负责同志在恳谈会上发言，9名同志作书面交流，秦光荣省长作重要讲话。通过这次恳谈会，与会同志进一步认清了形势，明确了目标，增强了信心，就增强我省企业自主创新能力提出了许多好的意见和建议。

“学习贯彻十七届三中全会精神，推进云南农村改革发展”恳谈会 2008年10月30日举行，全国政协经济委原副主任、中国扶贫基金会会长段应碧同志作了专题报告《深化农村改革，加强制度建设》，王学仁主席、孔垂柱副省长分别就学习贯彻十七届三中全会精神、推进农村改革发展问题作了重要讲话，4名论坛会员作了交流发言，2名会员提交了书面发言材料。通过恳谈会，与会同志进一步加深了对三中全会精神的学习理解，开拓了推进云南农村改革发展的思路。

“民生论坛” 2008年11月10日，举办了省政协首届“民生论坛”。省政协主席王学仁致辞，全国政协社会和法制委员会副主任王东进、民盟中央副主席吴正德应邀出席并祝词，省政府副省长高峰应邀出席并讲话，省人大及省级有关部门领导应邀参加，全国人大常委、著名民生问题专家、中国人民大学教授郑功成作主题演讲，省级各民主党派、工商联、有关人民团体，16个州市政协分管社会和法制工作的领导及社法委领导、省政协委员、社法委委员共250余人应邀参加论坛。论坛征集到论文140余篇，经初审和专家评审组评审及领导小组评定，有30篇论文获奖。其中一等奖5篇、二等奖10篇、三等奖15篇。

【重要文件】

常委会工作报告（2008年1月16日）（摘要） 报告第一部分回顾了政协云南省第八届委员会五年的主要工作。政协云南省第九届委员会任期的五年，是我国改革开放和全面建设小康社会取得重大进展的五年，是我省全面贯彻落实科学发展观迈出坚实步伐、经济社会发展取得显著成效的五年，也是我省人民政协事业不断发展进步的五年。五年来，省政协在中共云南省委的领导下，以邓小平理论和“三个代表”重要思想为指导，全面贯彻落实科学发展观，深入贯彻落实中共十六大、十七大和中共云南省第七次、第八次党代会精神，坚定不移地贯彻《中共中央关于进一步加强中国共产党领导的多党合作和政治协商制度建设的意见》、《中共中央关于加强人民政协工作的意见》以及中共云南省委的两个《实施意见》精神，牢牢把握团结和民主两大主题，积极推进政协理论创新与实践创新，不断加强政协履行职能的制度化、规范化和程序化建设，围绕中心、服务大局，解放思想、开拓奋进，切实履行政治协商、民主监督和参政议政职能，为促进我省经济社会又好又快发展作出了重要贡献。(一)着眼全局，广聚良策，政治协商扎实推进；(二)拓展领域，畅通渠道，民主监督不断加强；(三)突出重点，深入调研，参政议政成效显著；(四)完善机制，提高质量，提案工作成绩突出；(五)团结各界，凝聚力量，促进社会和谐与祖国统一工作取得新进展；(六)重视学习，强化服务，自身建设取得新进步。报告第二部分总结了五年来工作的主要体会：一是必须始终坚持和维护中国共产党的领导，不断为党和人民事业的发展增添力量；二是必须围绕中心、服务大局，把促进发展作为履行职能的第一要务；三是必须牢牢把握团结和民主两大主题，充分发挥人民政协在构建和谐社会中的重要作用；四是必须把发挥各民主党派、工商联和有关人民团体的作用，发挥界别优势和委员主体作用，作为政协增强工作活力、提高履职水平的关键环节；五是必须始终坚持深入调查研究，把提高调研质量作为增强政协参政议政实效的前提和保障；六是必须始终坚持解放思想、开拓创新，不断开创政协工作新局面。报告的第三部分提出了省政协今后的工作任务：(一)深入学习贯彻中共十七大精神；(二)围绕推动科学发展认真履行职能；(三)努力促进和谐云南建设；(四)积极推进海内外交往和祖国完全统一；(五)切实加强自身建设。

王学仁主席在省政协解放思想大讨论活动动员会上的讲话(2008年4月30日)(摘要) 省委决定，从现在起用五个月的时间在全省开展“解放思想、深化改革、扩大开放、科学发展”大讨论活动。这是省委立足云南经济社会发展全局，为加快建设富裕民主文明开放和谐云南、推进我省建设更高水平的小康社会步伐而采取的重要举措。3月30日，省委专门下发通知，对全省开展大讨论活动进行了部署。4月21日至24日，省委理论学习中心组就解放思想的有关问题进行了专题学习讨论，白恩培书记在省委中心组学习结束暨全省开展解放思想大讨论活动动员会上，又对开展大讨论活动提出了明确的要求。认真开展好解放思想大讨论活动，是当前我省一项十分重要的工作。省政协党组对大讨论活动高度重视，按照省委的总体部署和要求，对省政协的解放思想大讨论活动进行了认真的研究。今天我们召开动员大会，对省政协开展解放思想大讨论活动进行动员和部署。希望同志们积极参加解放思想大讨论，认真按照省委的部署和要求开展好讨论活动。我代表省政协党组，就开展好这次活动讲四点意见：一、充分认识开展解放思想大讨论活动的重要意义；二、努力转变政协工作中影响科学发展的思想观念；三、充分发挥优势努力推动科学发展；四、切实以解放思想大讨论活动推动政协各项工作。

王学仁主席在省政协开展深入学习实践科学发展观活动动员大会上的讲话(2008年10月9日)(摘要) 在全党开展深入学习实践科学发展观活动，是党中央为实现十七大提出的宏伟蓝图和行动纲领、推进党和国家事业繁荣兴旺的重大举措，也是用中国特色社会主义理论体系武装全党、提高党的执政能力的战略部署。9月19日，中央召开全党深入学习实践科学发展观活动动员大会暨省部级主要领导干部专题研讨班，胡锦涛总书记发表了重要讲话，对在全党开展深入学习实践科学发展观活动进行了全面部署。省委对这次活动高度重视，及时召开常委会进行讨论研究，下发了《中共云南省委关于开展深入学习实践科学发展观活动的实施意见》，并召开了全省深入学习实践科学发展观活动动员大会和云南省第一批深入学习实践科学发展观活动工作会议。在动员大会上，白恩培书记和中央深入学习实践科学发展观活动指导检查组副组长陈邦柱同志分别作了重要讲话，深刻阐述了深入贯彻落实科学发展观的重大意义，对在全省开展深入学习实践科学发展观提出了明确的要求。根据省委的部署，省政协作为我省第一批参加学习实践活动的单位，将从今年9月下旬到明年2月，开展深入学习实践科学发展观活动。按照省委的要求，省政协党组迅速召开会议，认真学习了中央和省委有关会议的精神，结合政协的实际，制定了省政协开展学习实践活动的《实施方案》，成立了学习实践活动的组织领导机构，并在今天召开动员大会，对省政协开展学习实践科学发展观活动进行动员和部署。希望同志们切实把思想和行动统一到中央的决策和省委的部署上来，认真按照省政协《实施方案》的具体要求，积极参加深入学习实践科学发展观活动。我代表省政协党组，就开展好这次活动讲四点意见：一、统一思想、提高认识，深刻领会开展深入学习实践科学发展观活动的重要意义；二、明确方向、突出重点，着眼解决问题、取得实效；三、坚持标准、精心组织，分阶段开展好省政协的学习实践活动；四、加强领导、突出特色，确保学习实践活动顺利进行。

【组织概况】

主　席

王学仁

副主席

管国忠　马开贤　陈勋儒　曾　华
罗黎辉　王学智　白成亮　顾伯平
倪慧芳

秘书长

车志敏

常务委员名单（按姓名笔画为序）

马　忠（回族）　马向东（藏族）
尹曰葵　心　明　王　甡　王云凌
王正昌（彝族）　王学鸿　王剑屏
卢云伍　卢正国　叶　苇（女）
田云翔　田成有　龙云森（哈尼族）
龙忠志（彝族）　伍　楠　伍　滨
任剑峥　刘双豪　刘世胤　刘富兴
孙建东　庄哲猛　朱　燕（女）
朱德芳　毕　励（女）　许岷山
许家勋　严　建　何云葵（女）
冷明德　张　宽（女，景颇族）
张　静（女）　张乃明
张功祥（白族）　张在权
张怀德（彝族）　张宽寿（白族）
李　春　李　嵘（纳西族）　李万兴
李从明（彝族）　李文兴
李仕良（彝族）　李可军
李四明(傈僳族）　李学林　李保文
杜官本　束洪春　杨元茂（彝族）
杨志祥(拉祜族）　杨绍红
杨晓红（女）　杨鸿生
杨焱平（女，白族）　汪叶菊（女）
肖　宪　苏洪涛　陈　坚　陈友康
陈永生（藏族）　周　勇
和根合（傈僳族）孟庆红　孟德宽
林立东　林卓华　林怡平（女）
武克钢　罗学军（彝族）　罗美娟（女）
侯先光　侯桂芬（女，苗族）
保文莉（女，回族）　段增庆
祜巴龙庄勐（傣族）　贺光曙
赵岩社（佤族）　赵建华　饶　远
骆小所　徐　彬　袁爱光（回族）
郭开堂　郭文龙　郭志强
郭秀文（女，纳西族）　高颂山
崩　主（藏族）　梁　津　阎　东
阎　堃　黄　波（女，壮族）
龚　明　龚敬政（傣族）　傅仕敏
傅汝林　彭　华（女，拉祜族）

曾　冉　谢承彧　韩　韦（布依族）

蒲元华（女）　廖鸿志

熊启怀（苗族）　滕　丽（女，蒙古族）

潘　红（女）　戴　抗（女）

委员名单（按姓氏笔画为序）

中国共产党（39名）

马良泽（土家族）王学仁　王学智

车志敏　龙忠志（彝族）

白成亮（哈尼族）朱建义　伍中华

任锦云　祁骞月　苏红军

李　森（白族）　李先猷（哈尼族）

李定达　杨秀星（女，白族）

杨榆坚（白族）　杨嘉武　张　宁（女）

罗志明　罗学军（彝族）

和占钧（纳西族）周友亮　金志伟

郑　明　郑蜀饶　孟继尧　赵海鹰（女）

施均美　袁爱光（回族）　钱恒义

郭文龙　郭永东　龚敬政（傣族）

顾伯平　黄　毅（景颇族）董志红（女）

傅仕敏　雷耀民　管国忠（傣族）

中国国民党革命委员会（20名）

万　立　王亚妮(女,彝族)　冯咏梅(女)

朱　燕（女）　杜官本　李云寿

李学英（女）　李婉明（女）

杨世强　何渝煦（女）　张乃明

敖　菡（女）　赵吉寿　赵惠昆

段利华　钱开祯　郭　湘（女）

康戈权　阎　东　管宁生

中国民主同盟（22名）

王继龙　卢云涛（女）　吕昭萍（女）

朱　旗　刘剑雄　毕　励（女）

李　惠（女）　李丛玉（女）

肖　宪　张国儒　陈家祥　邵宛芳（女）

夏　静（女）　倪慧芳（女）

徐正会　黄遵锡　龚　明　蒲元华（女）

廖鸿志　谭应中　潘　红（女）

戴　抗（女）

中国民主建国会（14名）

田　坤　刘　跃　许家勋　苏洪涛

何　民　罗美娟（女）　姚越苏

袁文周　莫　非（侗族）　郭开堂

戚蓓蕾（女）　阎俊华　傅汝林

滕　丽（女，蒙古族）

中国民主促进会（14名）

王　键（白族）　王爱春（回族）

白　良（彝族）　李世厚　汪叶菊（女）

张　炜　陈友康　罗黎辉　郎学秾

赵映东　夏传煊（女，白族）

钱声帮（京族）　高红武（女）

阎　堃

中国农工民主党（11名）

李可军　杨鸿生　何　纾（女，白族）

何云葵（女）　张　莉（女，彝族）

张宽寿（白族）　陈勋儒　周　宁（女）

贾曼红（女）　董　峻　潘晓玲（女）

中国致公党（11名）

马光宇　田成有　刘富兴　许　虹（女）

许克敏　杨华英（女，纳西族）

矣绍芬(女,彝族)　林怡平（女）

骆瑞麟　饶　远　琚　坚（女）

九三学社（14名）

王卫东　王剑屏　李学林　杨卫平

陈吉书　周　勇　胡开林　段昌群

高颂山　常　敏　彭靖里（壮族）

程　达　曾　华　雷茂生

台湾民主自治同盟（3名）

许岷山　杨晓红（女）　姚子龙

无党派人士（12名）

伍　楠　任剑铮　刘　稚（女）　杜俊军

李晓云（彝族）　杨元茂(彝族)　高中建

黄　姗（女）　喻顶成　谢一华

解丽平（女）　戴凤玲（女，白族）

中国共产主义青年团（6名）

尹子琴（女）　向　荣（女）

陆　平　袁　野　韩　韦（布依族）

锁华媛（女，回族）

总工会（15名）

文建凡　卢正国　宁升功　李维育

张　宽（女，景颇族）　张光华
张在权　陈　伟（女）　罗丽智
周明亮（白族）　赵明光（白族）
耿家盛　蒋云鹏　焦苏华　瞿意明

妇女联合会（9名）

叶　苇（女）　任　佳（女）
李　红（女）　李　琦（女）
陆玉珍(女,彝族)　和红梅（女，纳西族）
赵　捷（女）　徐和平（女）
普菊红（女，彝族）

青年联合会（8名）

王　娟（女，彝族）　王学鸿
李莉娜（女，拉祜族）
杨文霞（女，苗族）　陈劲松
周文曙(纳西族)　耿　嘉（女）　殷　红

工商业联合会（28名）

丁润森　马正述　王珍全　朱德芳
刘可杰（白族）　刘继杰　苏平森
苏正国　严华明　李　莹（女）
李　践　李大剑　杨焱平（女，白族）
吴丽华（女）　吴建国　何道峰
张功祥（白族）　张亚光
陈俊明（纳西族）林立东　林时营
周大勇　郑宣明　孟德宽　赵云焜
郝　琳　梁　津　颜　语

科学技术协会（10名）

王跃勇（彝族）　毕　红（女）
李　唯（女）　李正跃
李沐甲（哈尼族）冶荣庆（回族）
陈克利（白族）　段　勇　唐　兵
黄兴奇

台湾同胞联谊会（4名）

许岷江　周越明　郑　海
高素芳（女，高山族）

归国华侨联合会（8名）

尹曰葵　李巨涛　杨　萍（女，彝族）
宋时平　林　丽（女）
周碧畬（女，傣族）　徐　杰
童凤华（女，土家族）

文化艺术界（16名）

吉　晶（女）　孙建东　李心草
李仕良（彝族）　李怀秀（女，彝族）
杨丽萍(女,白族)　杨益琨(女,白族)
杨艳琼（女）　杨跃红（女）
陈　坚　陈劲松　赵　芳（女，回族）
贺光曙　郭　伟　黄　峻
曹新华（普米族）

科学技术界（27名）

王延春　邓少生　石克燕（女）
龙云森(哈尼族)　李　元　李　坚(女)
李　侠　李　焱　杨　良（回族）
杨国顺　束洪春　吴光敏　何玉林
张　玲（女）　张长芹（女）
张亚平　张兴华　张壮鑫　陈少瑜（女）
陈庆华　罗国权　胡永龙　侯先光
徐宝明　曹坤芳　崔秀明　崔建文

社会科学界（13名）

马　泽（藏族）　刘　卫（女）
刘　群（藏族）　李　春　李广良
李灿光　杨绍红　何　宣　段炳昌(白族)
袁显亮　徐晓青(女)　黄贵权(瑶族)
彭济生

经济界（34名）

王　兢　王南昆（羌族）　邓廷铎
朱启才　刘瑞生　杜　勇　李　超
李万兴　李保上　肖晓鹏　吴启明
邹韶禄　汪云曙　宋嘉林（苗族）
张李昆（白族）　张明臣　张慧清（女）
纳宗会（彝族）　范　辉（女）
孟庆红　赵俊达　胡芩菩（女）
柳万东　保明虎（回族）
段义田（白族）　段增庆
施伟宁(纳西族)　费　宣　费建平
贺金喜（彝族）　聂愿兵　徐　冲
董　英　魏里程（女）

农业界（23名）

万兆奇　马翡玉（女，回族）
刘建林　字如钧　孙海清　苏全忠

杜玉银（白族） 李保文 杨　敏
杨志强 杨灿章（白族） 吴　遂
冷　华 陈宝昆 明智深（独龙族）
和亚珺（女，纳西族）
和润培（普米族） 段云翔 黄　英（女）
梁希勇 程建刚 谢承彧 谢培毅（白族）

教育界（28名）

马子旭（女，回族） 方　苹（女，彝族）
卢云伍 吕　竹（女，苗族）
刘绍怀 刘金萍（女，布依族）
兰　靖 孙亚玲（女） 苏永庆
严　建 李　妍（女，白族） 李生森
李丽芳（女） 李德勇 张　和
张燕萍（女） 陈鲁雁 赵　磊
施　锐（女） 姜雪梅（女）
祝武世 骆小所 格茸拉姆（女，藏族）
耿　明（女） 徐　彬 黄　顺
黄兴杰（彝族） 甄朝党（回族）

体育界（7人）

邓　伟 李宝莲（女） 沙应正（回族）
胡宝林（蒙古族） 查大林（女）
保文莉（女，回族） 黄华新

新闻出版界（6名）

王建又 田舒斌 李　凡（女） 汤汉清
张德文 彭　华（女，拉祜族）

医药卫生界（19名）

马丽丽（女，回族） 王灿平
王晓芸（女，苗族） 龙贵祥（彝族）
叶建州 许勇刚 杜克琳（女，白族）
李文武（藏族） 李炯明（彝族）
杨云昆（土家族） 杨福丽（女）
陈　洪 罗幼锐（女） 周晓黎（彝族）
金桂兰（女，傣族） 赵　红（女，白族）
袁嘉丽（女，回族） 高　鹰（女） 郭玉鉴

少数民族（58名）

七　林（藏族） 刀文彩（女，傣族）
刀正良（傣族） 马　迅（回族）
马长英（女，普米族） 马永升（回族）
马向东（藏族） 马春华（回族）
马琼芬（女，回族） 王章平（布朗族）
王嫦英（女，傈僳族） 玉　咏（女，傣族）
叶　春（女，佤族） 杜永春（藏族）
李　岚（女，怒族） 李　强（藏族）
李广生（瑶族） 李四明（傈僳族）
李向荣（佤族） 李明香（瑶族）
李金良（女，纳西族） 李静华（女，哈尼族）
李德忠（彝族） 杨　方（女，基诺族）
杨云梁（德昂族） 杨玉泉（女，纳西族）
杨自权（苗族） 杨品才（满族）
杨莲华（女，拉祜族） 杨培兵（哈尼族）
吴光洲（苗族） 何立昆（白族）
余耀海（傈僳族） 余跃辉（哈尼族）
张　宁（白族） 张孙民（彝族）
张江玲（女，哈尼族） 张毅敏（回族）
张聪兰（女，阿昌族） 陈永生（藏族）
纳　杰（回族） 罗天进（水族）
和建华（普米族） 和根合（傈僳族）
岳麻腊（景颇族） 赵　毅（佤族）
赵岩社（佤族） 侯发道（女，彝族）
侯桂芬（女，苗族） 聂　华（回族）
郭秀文（女，纳西族） 黄　波（女，壮族）
黄　虹（女，布依族） 黄昌礼（壮族）
黄炳文（壮族） 培　初（藏族）
盘金祥（瑶族） 麻宝山（傈僳族）

宗教界（21名）

马　忠（回族） 马开贤（回族）
马仲威（回族） 马志勇（回族）
丰荣新（傈僳族） 王子文（苗族）
心　明 召巴地亚（傣族） 刘双豪
李从明（彝族） 李文兴
李文贵（回族） 罗桑益史（纳西族）
祜巴龙庄勐（傣族） 袁至兑
提卡达希（傣族） 常　应（女）
崩　主（藏族） 淳　法
释清缘（白族） 滚汤弄（景颇族）

特别邀请人士（117名）

马孝初 王　中 王云凌 王正昌（彝族）
王志东 王定梁 支毅隆 牛喜富

邓玉萍（女，彝族）邓树斌　叶建成
叶建国　田云翔　付　军
付亚莲（女，傣族）　冯铁奇
乔　锋　刘　萱（女）　刘世胤
刘企文　刘光汉　刘竹芬（女）
刘丽春（女）　刘金文（彝族）
刘艳清（女）　祁希元　孙大虹
孙云生　阮建设　杜筑华　李　军
李　冰（女）　李　泽
李　嵘（纳西族）李云山（女）
李元书　李有升　李良材　李连举
李宗云　李明金　李明道　李现武（白族）
李鸿文　杨　龙　杨　勇　杨宁生
杨艾军（白族）　杨光民（白族）
杨光海　杨志祥（拉祜族）
杨建荣（白族）　吴　凡　吴卫平
吴家穗（女）　邱光雄
何干桑（景颇族）何祖训　邹立生
冷明德　宋国生　张　静（女）
张亚群　张怀德（彝族）　张建伟（满族）
张剑明　张树义　张艳萍（女）
张德平　陈护国　苗羊宝　范亚辉
罗明义　和绍全（纳西族）
周　红（女）　周　敏　周国珍（女）
周明华　周鹤昌　金朝水　赵　卫
赵　彬　赵孟云　赵建华　赵晓澜
郝蜀东　胡昭云　项廷超（苗族）
段丽元（白族）　侯建新
宣　科（纳西族）　洪　坤
胥廷义　奚丽宏（白族）　高万应
高天森　高忠宝　郭志强
郭远生（土家族）　黄　涛
黄晓青（女）　黄集骧　寇　伟（白族）
寇铸勋（白族）　蒋玉林
普　辉（蒙古族）　曾　冉
温仕红（女）　褚正武（彝族）
詹亚平（女）　谭国仁
熊光藩（傈僳族）　熊作岷
熊启怀（苗族）　潘念宁（女）
薛志斌　衡新华（女）

香港人士（25名）

马豪辉　王　牮　甘锦城　龙宗瀚（彝族）
伍　滨　伍宗琳（女）　庄小峰
庄哲猛　纪文凤（女）　巫凯诚
李　红（女）　李应生　杨宏栋
陈增辉　武克钢　林镇洪　姜金莺（女）
袁汉源　桂　仰　唐季礼　浦　江
黄龙德　黄启泰　黄效文　普慧艳（女）

澳门人士（7名）

劳灼荣　吴建加　张志民　林卓华
房胜棠　谢思训　霍志钊

撤销委员资格名单

（以下为2008年9月25日十届4次常委会议通过）

邹韶禄　刘　跃

【云南省各市、县、区政协领导人名单】

昆明市

市政协主席　田云翔
县（市、区）政协主席
五华区　张加全
盘龙区　李如春
官渡区　梁　衡
西山区　徐　方
东川区　李旭东
呈贡县　朱理学
晋宁县　李永安
安宁市　李海平
富民县　杨　超
宜良县　姜育文
石林县　者培仙
嵩明县　杨秀松
禄劝县　张庆学
寻甸县　张国友

昭通市

市政协主席　熊启怀
县（区）政协主席
昭阳区　龙　位

鲁甸县　　保明康
巧家县　　陈堂洲
盐津县　　尚丽明
大关县　　钟友勤
永善县　　吴文富
绥江县　　赵　明
镇雄县　　朱启田
彝良县　　铁盛友
威信县　　陶军秀
水富县　　邝　维

曲靖市

市政协主席　　赵建华
县（市、区）政协主席
麒麟区　　张　杰
沾益县　　刘吉平
宣威市　　肖坤全
富源县　　陇聪明
会泽县　　马玉聪
罗平县　　钱彦霖
师宗县　　何平华
马龙县　　李琼英
陆良县　　太云生

楚雄彝族自治州

州政协主席　　张怀德（彝族）
市（县）政协主席
楚雄市　　段　云
双柏县　　杞光明（彝族）
牟定县　　李光彪（彝族）
南华县　　阿明仙(女,彝族)
姚安县　　王炳昌（彝族，任至3月）
　　华　成（3月任）
大姚县　　温连勇
永仁县　　般加林（彝族）
元谋县　　兰　松
武定县　　刘绍明
禄丰县　　杨天贵

玉溪市

市政协主席　　冷明德
县（区）政协主席
红塔区　　杨德运
通海县　　周艳芬（女）
江川县　　黄文柱
澂江县　　张同安
华宁县　　汪子新
易门县　　马军有
峨山县　　马穆生（回族）
新平县　　史亚新
元江县　　谢光亚

红河哈尼族彝族自治州

州政协主席　　李保文
市（县）政协主席
蒙自县　　钟　麟
个旧市　　杨树文
开远市　　廖福云
建水县　　赵晓凌
石屏县　　普炳生
弥勒县　　王丽华
泸西县　　汪　云
红河县　　李勤然
元阳县　　李万明
绿春县　　陈球保
屏边县　　尚明珠
河口县　　王家明
金平县　　官朝甲

文山壮族苗族自治州

州政协主席　　王云凌
县政协主席
文山县　　柏应明
砚山县　　陈光祥
西畴县　　王　俊
麻栗坡县　　项廷超
马关县　　沈章华
丘北县　　戚守存

广南县　赵世翔
富宁县　李广生

普洱市
市政协主席　王正昌
县（区）政协主席
思茅区　慕长春
宁洱县　杨发春
墨江县　薛光海
景东县　李树荣
景谷县　刀映良
镇沅县　周若涛
江城县　白乔发
澜沧县　张志荣
孟连县　岩　飘
西盟县　魏岩本

西双版纳傣族自治州
州政协主席　杨志祥（拉祜族）
市（县）政协主席
景洪市　张　淳
勐海县　岩　温
勐腊县　段开德

大理白族自治州
州政协主席　袁爱光（回族）
市（县）政协主席
大理市　杨跃光
漾濞县　代罗新（彝族）
祥云县　杨以红
宾川县　曹建康
弥渡县　李正能（彝族）
南涧县　李德忠（彝族）
巍山县　李永光
永平县　字绍军（彝族）
云龙县　字剑梅(女，彝族)
洱源县　尹作方（白族）
剑川县　尹福舟（白族）
鹤庆县　李玉梅(女，纳西族)

保山市
市政协主席　张　静（女）
县（区）政协主席
隆阳区　杨兆亮
施甸县　蒋汉雄
腾冲县　方宇正
龙陵县　郭自来
昌宁县　谢国钧

德宏傣族景颇族自治州
州政协主席　龚敬政
市（县）政协主席
潞西市　谢　波（于2008年6月调离，现缺）
梁河县　孙定发
盈江县　王振泽
陇川县　杨　杏
瑞丽市　岩　板

丽江市
市政协主席　罗学军（彝族）
县（区）政协主席
古城区　和志华
玉龙县　和秀琼
永胜县　和耀福（纳西族）
宁蒗县　和建华（摩梭人）
华坪县　雷玉菊

怒江傈僳族自治州
州政协主席　刘　泉
县政协主席
泸水县　陈江华
福贡县　娜阿塔（女）
贡山县　李友祥
兰坪县　和玉根

迪庆藏族自治州
州政协主席　马向东（藏族）
县政协主席

香格里拉县 汪国忠（藏族）
德钦县 培　楚（藏族）
维西县 朱孟光（白族）

临沧市
市政协主席 刘世胤
市（县）政协主席
临翔区 黄　丽（女）
凤庆县 字清华
云　县 何春华
永德县 何国清
镇康县 徐淑娟
双江县 刀　力
耿马县 赵应平
沧源县 姜永星

云南省各级政协组织和委员数

（截至2008年底）

项目＼级别	省	州（设区的市）	县（市辖区、不设区的市）	合计
组织数	1	16	129	146
委员数	649	5212	23756	29617

（陆建辉 编写　马孝初 审稿）

政 协 西 藏 自 治 区 委 员 会

帕巴拉·格列朗杰　主　席

巴桑顿珠　副主席

洛桑江村　副主席

德吉措姆　副主席

珠康·土登克珠　副主席

金毅明　副主席

乔元忠　副主席

策墨林·单增赤列　副主席

刘庆慧　副主席

罗松多吉　副主席

白玛朗杰　副主席

索朗卓玛　副主席

央　金　副主席

洛桑久美　副主席

宗洛·向巴克珠　副主席

萨龙·平拉　副主席

罗松多吉　秘书长(兼)

【全体委员会议】

九届一次会议　2008年1月14日在拉萨召开。政协第九届西藏自治区委员会共有委员482人，出席会议委员441人。全国政协副主席、自治区政协主席帕巴拉·格列朗杰主持开幕会和闭幕会。会议听取和审议政协第八届西藏自治区委员会常务委员会工作报告；听取和审议政协第八届西藏自治区委员会常务委员会提案工作情况报告；列席第九届西藏自治区人民代表大会第一次会议；选举产生政协第九届西藏自治区委员会主席、副主席、秘书长和常务委员；审议通过政协第九届西藏自治区委员会第一次会议政治决议及其他决议。西藏自治区党委、人大、政府主要领导应邀出席大会开幕式和闭幕式及小组讨论并作了重要讲话。帕巴拉·格列朗杰再次当选为政协第九届西藏自治区委员会主席，巴桑顿珠等15人当选为副主席，罗松多吉副主席兼秘书长。马永海等57人当选为常委。区党委常委，区政协党组书记、副主席巴桑顿珠作闭幕讲话。

【常务委员会会议】

第1次会议　2008年1月21日在拉萨举行。全国政协副主席、自治区政协主席帕巴拉·格列朗杰主持会议。会议审议通过政协第九届西藏自治区委员会副秘书长名单和各专委会主任、副主任名单；审议通过政协第九届西藏自治区委员会常务委员会关于设置专门委员会的决定。

第2次会议　2008年6月5日至6日在拉萨举行。全国政协副主席、自治区政协主席帕巴拉·格列朗杰主持开幕会和闭幕会。会议传达学习自治区党员领导干部大会精神；审议通过《政协西藏自治区委员会关于全面贯彻落实全区党员领导干部大会精神，全力维护社会稳定的决议》；传达学习全国政协十一届一次会议精神。

第3次会议 2008年9月4日至5日在拉萨召开。全国政协副主席、自治区政协主席帕巴拉·格列朗杰主持开幕会和闭幕会。会议学习北京奥运会精神；听取自治区人民政府关于2008年上半年经济社会发展情况的通报；自治区政协各专门委员会交流工作。

【专门委员会工作】

提案委员会 政协九届一次会议以来，委员们共提出373件提案，经审查立案367件，占总数的98%，其中筛选出12件作为重点提案；未立案的6件作为来信处理。大会闭幕后，及时将提案分送区党委办公厅、区人大办公厅、区政府办公厅和西藏军区办理。截至10月底，全部办复完毕。其中所提问题已经解决或在本年度能够及时解决的，以及所提问题已有规定、承办单位明确说明了有关情况的94件，占立案总数的25.61%，所提问题3年内能够基本解决、承办单位已制定解决措施并列入工作计划的207件，占立案总数的56.4%，所提问题因目前条件限制难以解决以及所提问题留作参考的66件，占立案总数的17.99%。提案的数量、质量及委员满意率较往年均有所提高。

民族和宗教委员会 1. 组织委员声讨达赖集团罪恶行径。“3·14”打砸抢烧严重暴力犯罪事件发生后，委员会及时组织召开民族宗教界委员专题座谈会，12位委员用铁的事实对这一严重暴力犯罪事件进行了强烈的谴责和声讨。2. 协助办公厅组织民族宗教界委员，接受国内外媒体采访。3. 前往拉萨大清真寺慰问，澄清谣言，揭穿达赖集团企图制造民族矛盾和宗教矛盾的罪恶阴谋。4. 6月，在分管副主席的带领下，深入那曲地区、昌都地区十个县进行调研，形成《关于那曲地区两县、昌都地区八县民族宗教工作情况的调研报告》，上报区党委和全国政协民族和宗教委员会。5. 7月中旬，多次赴广电局进行调研，形成《关于进一步加强西藏广播电视工作有效抵御境外渗透的调研报告》，并上报区党委。

社会法制外事委员会 7月份，由分管副主席带队赴全国政协汇报工作、学习取经。通过汇报并与全国政协社法委和外委会及其所属相关部门进行接触，沟通了情况，增进了了解，加深了友谊，增长了知识，学到了经验，为今后更好地开展工作创造了条件。11月份社会法制外事委员会负责同志借参加全国政协在京召开的全国各省区市港澳台工作研讨会之机，与全国政协社会法制委和外事委沟通和协调，重点向外事委员会汇报了西藏自治区政协社会法制外事委员会工作思路和明年工作建议。针对拉萨“3·14”事件后社会管理方面所暴露出来的流动人员、出租房管理等方面的问题进行了调研，提出了建议和对策。

文史资料学习委员会 编辑了汉文版第25辑《格龙·罗桑旦增自传》、26辑《昌都强巴林寺及其世系活佛志》和藏文版第28辑《德格地方简史》等四辑文史资料，并进入终审阶段；出版发行了汉文版第23、24辑和藏文版第27辑共三辑文史资料。举办了首届新任委员培训班，来自七地（市）的58名新任委员参加了培训。组织驻会委员参加了“3·14”事件声讨座谈会，“反对分裂、维护稳定、促进发展”主题教育活动和深入学习实践科学发展观活动。

科教文卫体委员会 根据2008年工作要点，结合西藏八大支柱产业之一的藏医藏药发展情况和基础教育情况进行调研视察，走访了5个地市、14个县、30个乡村、10个藏药厂、7所藏医院、2个藏医专科、5个藏药制剂室、20所中小学

（教学点），召开了17次座谈会，形成了《关于在“3·14”事件中拉萨市中小学校遭受损失及教学恢复情况的调研报告》、《关于我区“两基”教育工作情况的调研报告》，与人口经济资源环境委员会共同完成了《关于我区藏药材资源保护开发利用的调研报告》，提出的16条意见建议，得到了区党委、政府、政协主要领导的高度评价。

人口经济资源环境委员会 5月，联合日喀则、山南、林芝地区政协组成调研组，深入20多个县、30多个乡镇、40多个行政村，就加强基层党的建设、基层基础工作和发展特色产业进行了专题调研，会同科教文卫体委员会就藏药材资源保护和开发利用的问题进行调研，形成了《关于加强基层基础工作的调查报告》、《关于加强基层党建工作的调查报告》、《关于发展特色优势产业的调查报告》、《关于我区藏药材资源保护和开发利用的调研报告》等四个专题报告，为党委政府部门决策提供了参考。其中《关于加强基层基础工作的调查报告》和《关于我区藏药材资源保护和开发利用的调查报告》，区党委、政府主要领导做了重要批示，有关部门高度重视，积极采纳。10月份，深入林芝地区米林、林芝、工布江达等县，就自治区政协机关学习实践科学发展观方面存在的不足、原因及改进意见进行了调研，形成了《关于用科学发展观统领政协工作的调查报告》。

【重要活动】

深入揭批和严厉声讨达赖集团罪恶行径 3月16日至20日，自治区政协根据自治区领导干部大会和全区处置“3·14”事件确保全区稳定电视电话会议、区党委常委（扩大）会议精神以及自治区党委、政府的决策部署，在认真做好安全防范、教育引导、维护正常工作秩序的同时，通过组织召开各种座谈会、揭批会、声讨会，撰写署名文章，发表致全区政协委员的公开信，利用宣传专栏、办公楼电子屏幕、报刊等刊登揭批声讨文章，有计划、分层次、深入广泛地开展了揭批、声讨达赖集团罪恶行径的活动。

自治区政协机关开展“反对分裂、维护稳定、促进发展”主题教育活动 4月25日至9月8日政协机关开展了“反对分裂、维护稳定、促进发展”主题教育活动。根据政协机关党员和干部职工的思想和工作实际，突出“反对分裂、维护稳定、促进发展”这个主题。广大党员在认真学习领会中组部《关于在西藏等地区认真开展党员干部主题教育，切实加强基层党组织建设的通知》和区党委组织部《关于在全区党员干部中认真开展“反对分裂、维护稳定、促进发展”主题教育活动，切实加强基层党组织建设的通知》精神的基础上，把十七大精神、党章和中央关于西藏反分裂斗争的一系列重要指示精神、自治区党员领导干部大会精神作为学习重点，切实加强了马克思主义“四观”、“两论”和“三个离不开”，“团结稳定是福、分裂动乱是祸”的教育，以及社会主义荣辱观、民族宗教政策和法律法规的学习。在学习中，大家紧密联系我区和政协工作实际，坚持个人自学与集体学习、大会交流与小组讨论相结合，认真做笔记，撰写心得体会和各阶段小结。在集中学习的基础上，邀请区政协领导作学习党的十七大精神的专题辅导报告，组织机关全体党员观看爱国主义教育影片、拉萨“3·14”打砸抢烧严重暴力犯罪事件资料片，参观爱国主义教育基地“雪城”和“红岩魂”巡展、抗震救灾图片展览，重温入党誓词、上党课。通过开展此项活动，机关广大干部职工牢固树立了旗帜鲜明反分裂、坚定不移抓发展、全力以赴干工作的信心。

举办九届政协新任委员培训班 6月9日至13日，自治区政协举办首届新任委员培训班。培训班主要采取专题报告、学习讨论、交流发言、参观考察等形式开展教学，以座谈会的形式交流学习成果。此次培训班时间短、内容多、课程紧、要求高。目的是帮助学员们尽快了解政协工作、尽快熟悉政协工作政策、尽快进入政协委员角色、努力开拓新形势下人民政协工作的新局面。近60位新任委员参加了学习培训。

自治区政协机关开展深入学习实践科学发展观活动 中共中央决定，从2008年9月开始，用一年半左右的时间，在全党分批开展深入学习实践科学发展观活动。根据中央的部署和区党委的要求，区政协领导高度重视，政协机关按照“党员干部受教育、科学发展上水平、社会稳定见成效、人民群众得实惠”的总目标和“一贯彻、三坚持、两推进”的总体要求，结合政协工作和党员干部职工的思想实际，统筹安排，精心组织，狠抓理论学习、调查研究、解放思想三个环节，突出实践特色，坚持把学习与实践贯穿于活动的始终。工作部署上做到“七个到位”，理论学习上打牢“五个基础”，学习方法上做到“八个结合”，学习效果上达到“五个进一步深入人心”；始终突出科学发展观的实践特色；学习实践活动始终紧密结合“反对分裂、维护稳定、促进发展”主题教育活动，进一步深化和扩大了主题教育活动的效果。政协机关各支部和全体共产党员从政治和全局高度，深刻认识开展学习实践活动的重大意义，深刻认识开展学习实践活动对加强政协工作的重要推动作用，全身心投入到学习实践科学发展观活动中。

【重要文件】

常委会工作报告（2008年1月14日）（摘要） 一、过去五年的工作。五年来，八届政协常委会在中共西藏自治区委员会的坚强领导下，高举爱国主义、社会主义旗帜，坚持以邓小平理论和“三个代表”重要思想为指导，深入贯彻落实科学发展观，认真学习贯彻中共十六大、十七大精神和《中共中央关于加强人民政协工作的意见》，认真学习贯彻自治区第七次党代会、区党委七届三次全委会和区党委政协工作会议精神，认真贯彻新时期西藏工作指导方针，始终把推动各族各界人士自觉做到“三个坚持”作为履行职能的根本政治任务，始终把反对分裂、维护稳定作为履行职能的第一政治责任，始终把促进我区经济又好又快发展作为履行职能的第一要务，始终把加强民族团结、推进和谐西藏建设作为履行职能的重大使命，始终把加强自身建设作为履行职能的坚实基础，突出团结和民主两大主题，紧紧围绕区党委、政府的中心工作和人民群众最关心、最直接、最现实的利益问题，认真履行职能，积极建言献策，为促进我区经济又好又快发展、确保社会和谐稳定做出了新贡献。（一）坚持用马克思主义中国化的最新理论成果武装头脑，推动政协工作不断适应事业发展新要求。（二）坚持围绕中心、服务大局，为促进我区经济又好又快发展建言献策。（三）深入开展反分裂斗争，坚决维护祖国统一、民族团结和社会稳定。（四）机关建设不断加强，为政协履行职能提供了有力保障。二、几点主要体会。坚持共产党的领导、坚持社会主义制度、坚持民族区域自治制度，以邓小平理论和“三个代表”重要思想为指导，用科学发展观统领政协工作全局，是政协工作沿着正确方向前进的根本政治保证；坚决反对分裂、维护稳定，是政协履行职能的第一政治责任；坚持以人为本、履职为民，是政协工作的出发点和落脚点；坚持与时俱进、开拓进取，是开创政协工作新局面的重要途径；坚持加强制度化、规范化、程序化建设，是推进人民政协事业不断发展的重要保障。三、对今后五年工作的建议。（一）继续深入学习贯彻中共十七大精神，进一步提高理论素养和政策水平。（二）沿着中国特色、西藏特点的发展路子，服务好改革发展稳定大局。（三）充分发挥政协的特殊优势，深入开展反分裂斗争，为建设平安西藏献计出力。（四）突出团结和民主两大主题，走中国特色民主政治发展道路。（五）充分发挥人民政协的组织优势，为构建和谐西藏积极建言献策。（六）加强自身建设，不断提高服务水平和保障能力。

【机构设置】

（2008年1月21日政协第九届西藏自治区委员会常务委员会第一次会议通过）

按照《中国人民政治协商会议章程》的有关规定，政协第九届西藏自治区委员会根据工作需要，决定设立以下6个专门委员会：

提案委员会；

民族和宗教委员会；

社会法制外事委员会；

文史资料学习委员会；

科教文卫体委员会；

人口经济资源环境委员会。

【组织概况】

主　席

帕巴拉·格列朗杰

副主席

巴桑顿珠　洛桑江村

德吉措姆（女）珠康·土登克珠

金毅明（汉）　乔元忠（汉）

策墨林·单增赤列　刘庆慧（汉）

罗松多吉　白玛朗杰

索朗卓玛（女）　央　金（女）

洛桑久美　宗洛·向巴克珠

萨龙·平拉

秘书长

罗松多吉（兼）

常务委员（按姓名笔画为序）

马永海（汉）　巴桑卓玛（女）

扎西巴珠　扎西平措

日　卓　木雅·曲吉建才

比龙·白玛旦增　车仁·晋美旺秋

央　珍（女）　央金卓嘎（女）

布　诺　平措扎西

甲央土登　边巴扎西

亚　依（女，珞巴）亚　古（回）

刘巨元（汉）　刘思寿（汉）

刘世铨（汉）　刘群英（女，汉）

多吉措（女）　次　多

次仁达　江　央

江拥洛追　达扎·单增格列

达娃顿珠　邦达·旺青

宋　玲（女，汉）　张万生（汉）

张廷文（汉）　李晓华

阿沛·央金白姆（女）

陈金瑞（汉）　其美泽巴（女）

参木友（女）　图　嘎

拉宗卓嘎（女）　林春福（汉）

欧珠平措　英　巴

南木加　洛　旦

洛桑索朗

夏果堪珠·益西班登

姬亚军（汉）　朗杰央宗（女）

朗杰拉措（女）　桑颇·次旺桑培

索南平措　索朗仁增

索朗加泽　索朗多吉

然巴·央金卓嘎（女）

嘎　玛　德木·旺秋多吉

德青旺姆（女）

委员名单（按姓氏笔画为序）

中国共产党（51名）

马相村（汉） 丹 增
巴桑顿珠 扎西顿珠
王万林 王亚蔺（汉）
王 霞（女，汉） 乐大克（汉）
巨建华（汉） 布 琼（女）
白玛朗杰 边巴扎西
乔元忠（汉） 任世伦（汉）
伍金泽旺 刘巨元（汉）
刘思寿（汉） 孙丕远（汉）
江村曲加 宋康宁（汉）
张万生（汉） 张卫民（汉）
张永泽（汉） 李乐民（汉）
杨光明（汉） 杨光洪（汉）
汪长春（汉） 肖茂光（汉）
连大雷（汉） 其美仁增
周连贵（汉） 房成利（汉）
拉 巴 罗松多吉
金毅明（汉） 洛桑久美
洛桑旦达 洛桑江村
洛桑索朗 荣 生
贵 桑 索 达
索朗仁增 索朗扎巴
索朗卓玛（女） 顿珠多吉
高文庭（汉） 戚素坤（女，汉）
普 旺 德吉措姆（女）
德青旺姆（女）

中国共产主义青年团、自治区青年联合会（6名）

江永洛追 陈青霞（女，汉）
泽仁扎西 范红英（女，汉）
美志高（僜人） 诺尔吉

自治区总工会（4名）

公衍慧（女，汉） 央 金（女）
尼玛潘多（女） 赵瑞礼（汉）

自治区妇女联合会（9名）

王玉萍（女） 次仁曲珍（女）
张莉蓉（女，回） 其美泽巴（女）
卓 嘎（女） 拉珠卓玛（女）
罗 珍（女） 轮 祖（女）
康秀英（女）

自治区工商业联合会（30名）

日 卓 王 斌（汉）
王德银（汉） 尼 玛
尼玛扎西 布 措（女）
旦 巴 多吉坚村
多吉坚增 次仁卓嘎（女）
次仁旺庆 次 多
达娃顿珠 达热瓦·群培次仁
邦达·旺青 宋世良（汉）
张廷文（汉） 卓 嘎（女）
卓玛丽华（汉） 林春福（汉）
徐克勤（汉） 徐建军（汉）
朗堆·扎西平措 索南平措
索 朗 敏 武（回）
普布索朗 晶 辉
群 培 雷菊芳（女，汉）

文化艺术界（29名）

才让加 马秀英（女，回）
仓决卓玛（女） 巴玛扎西（纳西）
平措扎西 平措次旦
旦 巴 亚 依(女，珞巴)
曲 根 次仁多吉
次 多 江 央
米玛吉巴（女） 张 鹰（汉）
更堆加措 阿 里
图 嘎 林 华（女）
泽 嘎（女） 金巴洛追
洛 旦 洛松措姆（女）
洛桑扎西 洛桑扎西
美朗多吉 格娃维
格桑曲珍（女） 德木·旺秋多吉
德 吉（女，门巴）

科学技术界（39名）

孔常兴（汉） 巴 珠
巴桑卓玛（女） 木雅·曲吉建才
布洛嘎 平措多吉

边巴拉姆（女）　边　穷（女）
刘光轩（汉）　孙　勇（汉）
次仁达　米玛次仁
达　瓦　李升荣（汉）
李季冰（汉）　李清波（汉）
杜少平　杜长贵（汉）
杨寿民（汉）　陈金瑞（汉）
陈静萍（女，汉）　参木友（女）
拉巴多吉　松　百
欧珠平措　泽旺四朗
姚伯华（汉）　洛桑加措
郝立东（汉）　晋美多吉
格桑平措　索　朗
郭智生　曹桂荣（女，满）
普　琼　琼　加
群　增　蓝国华（畲）
德庆曲珍（女）

经济界（43名）

乃穷·旺久　才　加
才让扎西　马　坚（汉）
马永海（汉）　仁增欧珠
扎西平措　扎西江措
付祝财（汉）　尼玛扎西
平措旺扎　刘世铨（汉）
刘颂国（汉）　吕秉财（汉）
多布拉　多布杰
孙国新（汉）　曲雄泽仁
朱代明（汉）　次仁珠杰
次　诺　米玛旺堆
更旦班久　李晓华
杨云林　贡布扎西
陈东平（汉）　旺　堆
旺　堆　罗松群培
青　其　晋美旺久
益西仓决　索朗晋美
莎利玛（女，回）　高应云（汉）
培　杰　普　穷
彭措多吉　普布次仁
谭文富（土家）　德庆曲珍（女）
颜克忠（汉）

农业界（22名）

巴　觉　巴　珠
邓洪英（女，汉）　卢　伟（汉）
旦增旺加　白玛旺堆
边　巴　多吉次仁
多吉泽加　西　巴
坚　参　宋　玲（女，汉）
张学文（汉）　李复兴
阿旺桑旦（夏尔巴）　罗布顿珠
格来边久　格桑龙白
格桑达娃　索朗扎西
高雅峰（女，汉）　德庆贡布

教育界（35名）

大尼玛　扎西加措
平措扎西　旦真曲扎
亚　佩　刘庆慧（汉）
刘群英（女，汉）　次仁巴杰
次仁央吉（女）　次仁多吉
次旦晋美
江洛金·次仁央金（女）
米　玛　宋和平（汉）
张瑞平（汉）　李全龙（汉）
李忠沛（汉）　杨小峻（女，汉）
杨顺芳（女，汉）　杨　斌（汉）
贡布扎西　贡嘎顿珠
赤列旺杰　卓　玛（女）
周小英（女，汉）　洛桑班旦
晋美班典　格桑曲珍（女）
索朗多吉　高　明（汉）
强久多吉　强巴次仁
焦小青（女）　舒敏勤（女）
嘎松扎西

体育界（7名）

小其米　加永四郎
加永益西　朱苏春（汉）
达瓦次仁　拉　吉（女）
德吉卓嘎（女）

新闻出版界（12名）

扎西巴登　永　西（女）
张利民（汉）　张崇银（汉）
李永发（汉）　旺堆次仁
明　珍（女）　觉　果
朗杰央宗（女）　索　朗
强　桑　黎　涛（壮）

医药卫生界（31名）

仁青巴松　巴桑次仁（门巴）
扎西顿珠　王法顺（汉）
加央伦珠　白玛桑布
石　荔（女，汉）　边巴次仁
多吉卓嘎（女）　次仁多吉
次旺多布拉　米玛扎西
张　美（女，汉）　赤门·格桑平措
阿　加　阿　萍（女）
罗布旺堆　英　巴
南木加　春　花（女）
洛　桑　洛珠次培
洛桑旺堆　格桑罗布
索　朗　索朗巴珠
索朗达吉　顿　珠
彭　括（女）　普　赤（女）
蒋宗华

社会福利和社会保障界（10名）

车仁·晋美旺秋　加　央
央　珍（女）　边　巴（女）
邝建泽（汉）　次仁德吉（女）
李西华　阿沛·晋源
泽　西（女）　朗　生

少数民族界（70名）

乃堆·达琼（女）　土　多
才旺多吉　丹巴曲桑
巴旦次仁　巴里龙（僜人）
扎西巴姆（女）　扎西巴珠
扎西央宗（女）　扎西杨培（纳西）
扎西旺杰　扎西秋英
加　措　加央班典
四朗旺加　央金卓嘎（女）
尼玛多吉（门巴）　布　诺
旦巴曲培　白玛央金（女）
白玛卓嘎（女）　乔拉姆（女，珞巴）
吉　宗（女）　吉普·德曲（女）
多吉欧珠　多吉措（女）
多秋旺典　尧卓玛（女）
曲　珍（女）　次仁曲嘎（门巴）
次仁德吉（女）　江龙·单增赤列
色班·桑旦次旺　西绕扎西
西绕措姆（女，门巴）
达　林（珞巴）　克　珠
坚参曲扎　顿堆次仁
杜苏·措赤群培
阿沛·央金白姆（女）
拉宗卓嘎（女）　顶巴·其美
恰日巴·洛桑朗杰　洛桑多吉
洛桑益西　洛　嘎
夏电下（僜人）
夏果堪珠·益西班登
朗杰拉措（女）
朗　康（女，夏尔巴）
格列扎巴　格列旺青
格桑热卡　格桑顿珠
桑颇·次旺桑培　益西旺久
索朗加泽　强巴单增
彭穷·次多　斯郎次仁（纳西）
斯朗格来
然巴·央金卓嘎（女）
嘎西·旦真次仁　嘎　玛
嘎苏·仁增卓嘎（女）
嘎松旺堆　德　庆（女）
德格·强巴曲桑　德夏·德央（女）

宗教界（52名）

土旦次旺　土登曲扎
巴　桑　巴　登
扎西平措　扎唐·旦白尼玛
日旺旦增　比龙·白玛旦增
加色·贡桑旦增　加孜·年扎
四朗多吉　旦白尼玛

旦增扎西　甲央土登
亚　古（回）　吉美多加
当曲·仁青久乃　次成拉姆（女）
江加·贡嘎泽成　江央群培
江措罗布　达扎·单增格列
达娃次仁　阿布都热玛（回）
阿旺东觉　阿旺吉卓
宗洛·向巴克珠　帕巴拉·格列朗杰
昂旺强巴　杰珠·嘎玛白旦久美
泽仁平措　直贡穷仓·洛桑强巴
金巴坚才　金巴桑布
俊美江措　洛　桑（回）
洛　追　洛追加措
洛桑巴·赤来曲桑　洛桑平措
洛桑索巴　珠举·登比江村
珠康·土登克珠　索朗平措
聂　达　顿玉坚增
萨隆·平拉　普布多吉
普布曲桑　普布次仁
策墨林·单增赤列　嘎金·旦巴坚赞

特邀界（32名）

小扎西　才　加
扎西次培　文明元（汉）
王怀亭（汉）　加　措
央　金（女）　尼玛次仁
布土丁　玉　拉（女）
朱朗时（汉）　次仁罗布
次仁群培　江措拉姆（女）
达　娃　李怀伟（汉）
杨万福（汉）　杨汉元（汉）
贡秋江村　赤列群培
参木群（女）　旺加次仁
旺　堆　欧珠平措
洛　布　姬亚军（汉）
索巴多吉　索朗旦增
琼　巴　新　建
嘎　旦　嘎松旺加

【西藏自治区各市、县、区政协领导人名单】

拉萨市政协

主席　杨万福（汉族）
县（区）政协主席
城关区　李怀伟（汉族）
堆龙德庆县　多　吉

日喀则地区政协

主　席　（暂　缺）
县（市）政协主席
日喀则市　达娃次仁
亚东县　索朗丹增
江孜县　次仁群培

山南地区政协

主　席　次仁罗布
县政协主席
乃东县　次仁巴吾

林芝地区政协

主　席　玉　拉（女）
县政协主席
林芝县　塔　青
察隅县　罗　洛
墨脱县　绕　杰
米林县　多布杰
工布江达县　王保国（汉族）
波密县　赵卫毛（汉族）
朗　县　洛　桑

昌都地区政协

主　席　布土丁
县政协主席
昌都县　泽登扎西
江达县　索朗干布
类乌齐县　泽仁拉加
丁青县　布尼玛
察雅县　陈来群培
芒康县　扎西次仁

那曲地区政协

主　席　江措拉姆（女）

县政协主席

那曲县　次仁多吉

比如县　李龙文（汉族）

索　县　江村曲加

尼玛县　格　尼

安多县　卿立亮（汉族）

班嘎县　（暂缺）

巴青县　张海章（汉族）

阿里地区政协

主　席　加　措

县政协主席

日土县　旦真次仁

噶尔县　桑　珠

札达县　洛　桑

普兰县　（暂缺）

西藏自治区各级政协组织和委员数

（截至2008年底）

级别 项目	自治区	地区	县（市、区）	合　计
组织数	1	7	30	38
委员数	482	1325	1212	3019

（建　军 编写　王德军 审稿）

政 协 陕 西 省 委 员 会

马中平　主　席

张　伟　副主席

张生朝　副主席

周一波　副主席

刘新文　副主席

王晓安　副主席

李晓东　副主席

李冬玉　副主席

李进权　副主席

周卫健　副主席

姚　毅　秘书长

【全体委员会议】

十届一次会议 2008年1月14日至20日在西安举行。本次会议应到委员627人，实到626人。中共陕西省委书记、省人大主任赵乐际，省委副书记、省长袁纯清等党政军领导和省级各民主党派、工商联负责人及长期从事政协工作的老同志出席了大会。会议首先举行了预备会，审议通过了本次会议的议程（草案），日程（草案），主席团和主席团会议主持人名单（草案），秘书长名单（草案），提案审查委员会主任、副主任和委员名单（草案）。会议听取并审议了张保庆副主席代表政协陕西省第九届委员会常务委员会所作的题为《推动科学发展，促进社会和谐，充分发挥人民政协在建设西部强省中的重要作用》的工作报告和刘石民副主席代表常委会所作的政协陕西省第九届委员会常务委员会关于五年来提案工作情况的报告。与会委员列席了省十一届人大一次会议，听取和讨论了袁纯清省长所作的政府工作报告、省高级人民法院工作报告、省人民检察院工作报告，以及关于陕西省2007年国民经济和社会发展计划执行情况与2008年国民经济和社会发展计划草案的报告、关于陕西省2007年财政预算执行情况和2008年财政预算草案的报告，对以上报告表示赞同；会议期间，除进行了分组讨论外，还组织委员围绕“改善民生，加强社会管理”、“区域经济协调发展”、“推动文化大繁荣大发展，建设文化强省”、“加强农业基础地位，推进新农村建设”等进行了专题讨论，李建国书记、袁纯清省长参加了港澳委员的讨论。与会委员围绕省政协常委会工作报告、提案工作报告和省政府工作报告，及计划、财政等报告，讨论了一年来省政府和省政协的工作，提出了许多意见和建议。会议举行了大会发言，会议形成了《政协陕西省委员会十届一次会议对〈政府工作报告〉的修改意见和建议》，通过了十届一次会议政治决议和常委会工作报告的决议。会议选举马中平为政协陕西省第十届委员会主席，选举张伟、张生朝、周一波、刘新文、王晓安、李晓东、李冬玉、李进权、周卫健为副主席，姚毅为秘书长。选举马文新等109名委员组成政协陕西省第十届委员会常务委员会。马中平主席在闭幕会上作了重要讲话。

【常务委员会会议】

第1次会议 2008年3月19日至20日在西安举行。应出席120人，实到107人。马中平主席主持会议。会议的主要议题是传达全国政协十一届一次会议和全国人大十一届一次会议精神，审议省十届政协专门委员会的设置（草案），选举各专门委员会主任、副主任。张生朝、周卫健副主席分别向大会传达了全国政协和全国人大十一届一次会议精神，姚毅秘书长就省十届政协专门委员会的设置和各专门委员会主任、副主任的人选（草案）做了说明。会议期间举行了学习讲座。会议决定省十届政协设立提案委员会、经济委员会、人口资源环境委员会、文化教育委员会、科技委员会、医药卫生体育委员会、社会和法制委员会、民族和宗教委员会、港澳台侨和外事委员会、文史和学习委员会等十个专门委员会和八个专门委员会办公室。会议选举王改民、齐焕印、白灏辰、胡致本、刘国泰、李鸿光、卢其松、马尔立、马文新、梁和平分别为提案委员会、经济委员会、人口资源环境委员会、文化教育委员会、科技委员会、医药卫生体育委员会、社会和法制委员会、民族和宗教委员会、港澳台侨和外事委员会、文史和学习委员会主任，选举苗均全等50人为各专门委员会副主任。马中平主席在会议结束时讲话。

第2次会议 2008年6月24日至26日在西安举行。应出席120人，实到104人。马中平主席主持会议。会议的主要议题是协商讨论我省非公有制经济发展问题，通报讨论我省抗震救灾和恢复重建工作，审议政协陕西省第十届委员会副秘书长建议名单（草案）。省政府副省长姚引良向会议通报了我省非公有制经济发展情况，省政府向会议书面通报了我省抗震救灾和恢复重建工作情况；刘新文副主席和张伟副主席分别就省政协对我省非公有制经济视察及抽样调查情况和省政协抗震救灾工作情况向大会做了说明。会议围绕我省非公有制经济发展和抗震救灾工作进行了小组讨论。会议期间举行了学习讲座。会议决定任命冯均平、单克功、薛耀林、王运动、郭绍敏为省政协第十届委员会副秘书长。马中平主席在会议结束时讲话。会后，省政协向中共陕西省委提交《关于进一步抓好省委、省政府〈关于加快发展非公有制经济的指导意见〉贯彻落实的建议案》、《关于对我省抗震救灾和恢复重建工作的几点建议》。省委书记赵乐际、省长袁纯清、省委副书记王侠分别作出批示，要求省政府有关部门结合政协提出的意见，认真研究吸纳。副省长姚引良召集27个部门就落实政协建议进行专题部署，逐条分解到具体职能部门并限期落实。

第3次会议 2008年10月8日至10日在西安举行。应出席119人，实到90人。马中平主席主持会议。会议的主要议题是围绕我省民生八大工程10个重点项目，重点协商讨论城乡群众最低生活保障制度建设和相关人事问题。吴登昌副省长向会议通报了我省民生八大工程建设情况，王晓安副主席、李进权副主席分别就省政协关于民生八大工程和城乡居民最低生活保障制度建设的调研情况进行了说明。会议期间举行了学习讲座。会议决定任命王吉德为省十届政协副秘书长。马中平主席在会议结束时讲话。随后，省政协办公厅向中共陕西省委报送关于省十届政协常委会第三次会议协商讨论实施民生八大工程问题情况的报告。省委书记赵乐际、省长袁纯清、省委副书记王侠分别作出批示，要求有关部门就所提建议进行研究、吸纳、改进。

第4次会议 2008年12月17日至18日在西安举行。应出席119人，实到96人。马中平主席主持会议。会议的主要议题是协商讨论省政协十届二次会议召开的相关问题。刘新文副主席传达了中央经济工作会议和省委常委扩大会议精神。省政府副秘书长孟建国通报了陕西省人民政府关于政协陕西省第十届委员会第一次会议提案办理情况。与会人员讨论并通过了关于召开政协陕西省第十届委员会第二次全体会议的决定（草案）、议程（草案）、会议日程（草案），大会秘书长和副秘书长名单（草案）、会议分组办法和各组组长名单（草案）、大会秘书处工作机构负责人名单（草案）、政协陕西省第十届委员会常务委员会工作报告（草案），政协陕西省第十届委员会常务委员会关于十届一次会议以来提案工作情况的报告（草案），政协陕西省第十届委员会办公厅、各专门委员会2008年工作总结和2009年工作安排（草案）等相关文件。马中平主席在会议结束时讲话。

【专门委员会工作】

提案委员会 根据省政协十届一次会议确定的工作目标和任务，不断创新，推动政协提案工作整体质量和水平取得较大提升。一、增强全局意识，促进提案工作取得新成就。1. 领导重视，责任明确。2. 营造氛围，深化认识。3. 多方参与，齐抓共管。二、把好审查关，促进提案质量全面提升。十届一次会议收到提案757

件，会后提案29件，立案763件。1. 创新提案审查程序，保证提案的高质量。在总结过去提案审查工作的基础上，科学设置提案分类，完善了预审、初审、复审和终审四个审查环节。2. 审查确定重点提案。按照《省政协重点提案的确定与办理办法》的规定，确定了75件提案为重点提案。其中37件由省政府副省长、省政协副主席督办，38件由省政协各专门委员会督办。三、创新工作方式，增强工作活力。1. 实现提案的电子化。提案委员会改变过去的传统做法，实现了提案的电子化接收，并将提案刻录到光盘上，交提案承办单位，受到普遍好评。2. 把提案工作与视察调研工作紧密结合。先后就11件提案组织委员开展调查研究，推动提案的办理。3. 承办省政协第三次常委会议。根据主席会议的安排，省政协提案委员会完成了省政协第三次常委会议关于“民生八大工程”的专题调研，起草并向省委报送了《关于省政协第三次会议的报告》，受到了省委、省政府主要领导的重视，并分别作出批示。四、抓住重点环节，提高提案办理质量。1. 紧抓党派提案，带动提案的质量提升。2. 做好重点提案的落实。3. 对提案办理数量多的单位跟踪督促，了解提案的办理进度、办理难度，让承办单位同委员面对面交流，提出提案的办理意见，促进提案取得良好的效果。五、多向联系，形成提案工作的整体合力。1. 加强与党派的联动。2. 加强与省委、省政府办公厅的联动。3. 加强与承办单位的联动。4. 加强与兄弟省市区政协提案委员会的联动。六、加强自身建设，提高服务质量和水平。1. 加强学习，提高自身的服务水平。2. 加强制度建设，促进提案工作的“三化”建设。3. 加强提案的宣传报道力度，扩大提案的社会影响。

经济委员会 一、较好地完成省政协十届二次常委会专题协商会工作。2008年6月召开省政协十届二次常委会议，专题协商我省非公有制经济发展问题。参加了这次常委会议的筹备工作，并起草了《关于省政协十届二次常委会议的情况报告》，以政协常委会建议案形式报送，马中平主席亲自批转，省委书记赵乐际、省长袁纯清、副省长姚引良分别作出批示之后，根据中小企业局提出的落实方案，副省长姚引良召集27个部门就落实政协建议意见进行专题布置，逐条分解到具体职能部门，并限期落实。财政厅、发改委等8家厅局制定下发了有关落实《指导意见》的具体实施细则。二、发挥委员主体作用，调动各方力量，完成调研任务。(一) 发挥委员优势，完成我省非公经济发展情况的调研；(二) 联合职能部门，完成对我省纺织工业发展情况的调研；(三) 与市县政协合作，完成加大农业投入、提高支农资金使用效率方面的调研；(四) 完成我省信息化建设情况的调研。三、做好全国政协和兄弟省区政协来陕考察服务工作，树立良好形象。四、积极组织参加联席会议，加强与兄弟省（市、区）及各市的联系与合作。(一) 参加全国23个省（市、区）政协经济委员会第十六次联席会议。(二) 召开了陕西省地方政协经济委员会第六次联席会议。

人口资源环境委员会 一、组建新一届省政协人口资源环境委员会。二、深入开展调研，为实现可持续发展建言献策。1. 就“相关经济政策对农民生育意愿的影响”进行调研。2. 围绕陕南汉江流域水质保护及补偿开展调查研究。3. 举办了“汶川地震对我省的影响”报告会，邀请陕西师范大学旅游与环境学院灾害学研究专家延军平教授作专题报告。4. 在组织有关委员赴新疆自治区政协进行学习考察后，由李冬玉副主席带队组织专家学者在陕南汉江流域水质保护及补偿调研的基础上赴云南考察，形成了《关于建立水源涵养地区经济补偿机制的建议》，提出从资源补偿、环境补偿和发展机会补偿等方面进行合理补偿的思路。三、深入学习实践科学发展观，进一步增强参政议政能力。四、加强与省政府对口部门的工作联系。五、组织委员联谊活动，增强委员会的凝聚力。六、加强与全国政协及兄弟省市政协人口资源环境委员会的工作联系。

科技委员会 一、组建新一届科技委员会，加强委员会基础工作。二、深入学习实践科学发展观，进一步增强参政议政能力。科技委员会全体委员分五期参加了省政协在西安举办的委员学习班。三、围绕中心工作，开展调研视察活动。1. 组织部分委员就我省依靠科技稳定发展粮食生产问题对杨凌、咸阳、渭南等地进行重点调研，将提出的意见建议及时报送省委、省政府。2. 对西北有色金属研究院进行视察。四、尽职尽责，为全国政协来陕调研做好工作协调。五、积极参与政协常委会专题会议，为我省经济发展建言献策。在省政协召开的专题常委会上，科技委员会副主任许春霞、委员王武代表科技委员会分别作了《关于完善我省城乡低保政策中分类实施和退出机制的建议》、《非公经济道路越走越宽》、《鼓励和支持自主创新促进非公有制企业发展》的大会发言及书面发言。马中平主席在会议总结讲话中，把《非公经济道路越走越宽》作为典型材料和实例，对科技委员会深入调研给予充分肯定。六、搞好联谊活动，为委员创造交流平台。七、参加部分省市科技工作会议。

文教委员会 一、成功召开陕西·2008 文化产业发展研讨会。陕西省政协与中共陕西省委宣传部共同举办“陕西·2008 文化产业发展研讨会”，文教委承担会议的组织、联系全国政协与对口专门委员会和邀请有关省市政协编辑出版研讨会论文集等工作。230 余人参加了研讨会。30 位代表应邀作主题发言，46 位代表分别在三个分会场作学术发言。《陕西日报》、陕西电视台、陕西人民广播电台、《华商报》、《香港大公报》、各界导报等 20 家新闻媒体对此次研讨会进行了报道。省政协和省委宣传部联合举办召开这样具有相当规模的研讨会，在陕西省尚属首次。研讨会共收到论文 130 篇，作为研讨会大会交流材料的 105 篇，会后经过整理出版了《陕西·2008 文化产业发展研讨会论文集》。二、开展调研视察活动，积极建言献策。针对农村中小学在硬件设施和办学条件方面存在一些亟待解决的困难和问题，组织委员赴西安市蓝田县、商洛市商南县和山阳县的两市三县 11 所中小学进行了实地考察，参加调研的建筑领域专家还对视察学校的校舍进行了防震安全察看，形成了《关于我省农村中小学教师队伍建设情况的调研报告》，省委、省政府领导同志对此调研报告作出批示。《各界导报》全文刊登了此调研报告，并进行了跟踪报道。三、参与全国政协和其他省区政协在陕的活动。四、加强“三化”建设，促进工作顺利开展。五、围绕委员会工作，在委员活动日、提案、抗震救灾等方面工作显著。

医卫体委员会 围绕民生八大工程，在促进我省医药、卫生、体育事业健康协调发展方面认真履行职能，共组织调查、视察 5 次，召开全体会议、主任会议、座谈会、通报会、联谊活动等 12 次，形成调研报告、视察报告 3 份，情况汇报 6 份，交流材料 1 份，新闻报道 5 次，较好地完成了年度工作任务。一、以制度创新为抓手，加强思想与组织建设。二、认真开展调研、视察，积极建言献策。(一)为了全面提升我省迎奥运、讲文明、树新风工作，组织委员到省奥林匹克中心、西安环城西苑全民健身示范区、杨凌农民体育健身工程示范点和杨凌水上中心进行视察并看望我省备战奥运会的教练员、运动员。(二)参加全国政协组织的各省市区政协的“农村卫生工作”研讨会，组织常委、委员赴宝鸡市和凤县、凤翔县就农村卫生工作特别是农村开展爱国卫生运动的情况进行了专题调研。(三)赴三市八县就我省农村卫生工作进行了专题调研，并向省政府报送了《关于我省农村卫生工作的调研报告》。省委常委、常务副省长赵正永，副省长郑小明对报告作了重要批示。三、发挥优势，积极为抗震救灾贡献力量。委员们发挥医药卫生专业特长，踊跃奔赴灾区救治伤员，受到震区党委、政府以及社会各界的好评。四、加强联系沟通，拓宽工作领域。

社会与法制委员会 一年来，共开展以调查研究为重点的各类活动30余项(次)，为陕西经济社会发展，积极建言献策，较好地发挥了政协的基本职能作用。开展了两项专题调研活动，一是就我省城乡保障困难群众和低收入群体基本生活问题进行了专题调研；二是为配合开好第三次常务会议，开展了关于我省城乡最低生活保障制度建设问题的专题调研。选择咸阳、安康两市的五个县（区）进行实地调研的同时，在全省十个设区市政协的配合下进行了问卷调查，收到调查表1581份。两项专题调研，以关注民生为切入点，工作深入扎实，建议中肯、有见地，得到省委和省政府主要领导的批示。考察西安浐灞开发新区建设情况；配合和协助全国政协社法委来陕专题调研；参加全国政协暨各省市区政协社会和法制委员会工作座谈会；积极参加抗震救灾奉献爱心活动。

民族宗教委员会 (一)围绕大事参政议政，为党和政府分忧。1.推动咸阳西藏民族学院办学中几个困难问题的解决；2.赈灾救灾，奉献爱心。3.配合办好奥运会，为奥运营造良好的环境和氛围，走访西部机场集团配餐公司和航空公司，就少数民族清真配餐情况进行了解、座谈，指出了存在的问题，受到省民航局的高度重视，并安排会议进行部署检查。(二)积极拓宽工作领域，为民族宗教界委员发挥优势，创造条件。1.协助省伊协推动中国伊斯兰教经堂教育创始人胡登州太师墓纪念馆在咸阳的建设；2.协助省、市佛协成立了西安大唐茶文化研究会；3.协助成立西安穆斯林企业商会，并协助西安穆斯林企业商会接待沙特王储率领的企业代表团，考察西安历史文化街区；4.组织委员参加雁塔论坛；5.组织委员参加省政协民族宗教界“中秋茶会”。(三)积极组织委员深入开展调查研究。1.开展了促进西安市民族宗教历史文化街区开发、保护与发展的调研；2.开展当前风景名胜区宗教场所管理情况和发挥宗教界人士和信教群众在促进经济社会发展中的积极作用情况的调研，向全国政协和省委报送了《陕西省政协关于全省风景名胜区宗教场所管理及发挥宗教界人士和信教群众在经济社会发展中的积极作用情况的调研报告》；3.赴安徽、浙江考察调研。(四)认真开展理论研讨，不断深化对宗教现象的全面认识。参加了在内蒙古包头市举办的全国政协民族宗教工作经验交流会和在杭州举行的全国部分省（区）政协第十次民族宗教工作理论研讨会。

港澳台侨和外事委员会 一、邀请相关协商对口部门通报情况，开展形式多样的委员活动，及时传达有关会议精神，为委员知情出力创造条件。(一)邀请省外办、省侨办、省商务厅、省台湾事务办公室、省旅游局领导介绍有关政策和有关工作的进展情况，为今后开展对口协商监督、参政议政创造良好条件。（二）分三次组织委员参观考察西安浐灞生态区、西安博物院、秦阿房宫遗址、汉长安城遗址、含光门遗址博物馆等。通过组织内容丰富、形式多样的委员活动日，开阔了委员视野，丰富了相关知识。（三）及时传达全国各省区市政协港澳台侨工作研讨会精神。二、围绕中心，履行职能，为把陕西建成为西部强省建言献策。（一）组织委员赴安康市、商洛市就扩大对外开放、实现陕南突破发展的情况进行了专题调研，委员们提出了许多意见建议，以《情况汇报》的形式，送省委、省政府领导参阅。（二）参加由省政协副主席、省委统战部部长周一波率领的省政协港澳侨委员视察团，就西安市社会进步、经济发展、对外开放、优化投资环境等情况进行视察。形成的《陕西省政协港澳侨委员视察团赴西安市视察情况的报告》，已报送省委、省政府。三、积极开展人民外交，推介陕西，宣传政协。四、广泛开展海内外联谊，增进中华民族凝聚力和向心力，积极参与抗震救灾和扶贫助教工作。

文史和学习委员会　一、组织省政协委员学习培训工作。2008 年 3 月，省政协主席会议制定了《政协陕西省第十届委员会委员培训工作方案》（以下简称《培训工作方案》）。从 4 月下旬至 9 月中旬，举办五期委员培训班。共培训委员 615 人。二、组织视察调研，履行职能工作扎实开展。重点对西安地区的大遗址及丝绸之路申遗点进行了视察。三、多措并举，文史资料工作迈上新台阶。1. 召开陕西省政协文史工作座谈会。2. 基本完成了《中国文史资料总目录·陕西卷》的编辑工作。四、开展协作，共同做好文史资料工作。1. 开展与全国政协的协作。启动了编辑《新中国重大考古发现亲历记》（续集）的工作。2. 开展与兄弟省市政协的协作。参加在西安召开的西北五省（区）暨西安市政协文史工作协作会。接待福建、湖北、广西、新疆等省、市政协来陕考察团，并就我省历史文化名城的保护、旅游资源的开发情况等进行座谈。通过交流，加强了联系，宣传了陕西，学习了经验，对提高我省的文史工作有很大帮助。

【重要活动】

马中平主席出访澳大利亚　2 月 9 日至 12 日，马中平主席率陕西省代表团访问澳大利亚，参加 2008 悉尼春节大巡游、陕西旅游推介会、兵马俑故乡民俗展等文化交流活动。

全国政协十一届一次会议召开　3 月 3 日至 14 日，省政协主席马中平等 30 位在陕西的十一届全国政协委员（分属 20 个界别）出席，共向大会提交提案 122 件、书面发言 9 件、反映社情民意信息 2 件，内容涉及国家和陕西经济社会发展的诸多重大问题。在陕全国政协委员任法融（中国道教协会会长、陕西省道教协会会长）、张道宏（陕西省人大常委会副主任）当选为十一届全国政协常务委员。

全国政协副主席张榕明来陕参加活动　4 月 3 日至 5 日，全国政协副主席、民建中央常务副主席张榕明来陕，出席在延安市黄陵县举行的戊子年清明公祭轩辕黄帝典礼、在西安市举办的第 12 届中国东西部合作与投资贸易洽谈会，并在省内考察。马中平主席、李冬玉副主席和姚毅秘书长参加陪同。

省政协首次举行全体委员培训班　4 月至 6 月，省十届政协在西安举行委员培训班，分五期对 627 名省政协委员进行轮流培训，帮助政协委员进一步深化对当前国际国内形势的认识，增强做好人民政协工作的紧迫感和使命感；深化对科学发展观的认识，增强贯彻落实科学发展观的自觉性和坚定性；深化对陕西省情和发展战略的认识，增强为建设西部强省贡献力量的责任感；深化对人民政协性质、地位、作用和职能、工作原则、委员权利和义务等基本问题的认识，增强做一名人民满意的政协委员的荣誉感；深化对马克思主义中国化最新理论成果的认识，巩固团结奋斗的共同思想政治基础。

全国政协副主席陈宗兴来陕考察 4月24日至26日，全国政协副主席、农工党中央常务副主席陈宗兴来陕考察。其间，先后到西安秦岭国家植物园、杨凌农业高新技术产业开发区、西安浐灞生态区考察，并出席在西安召开的第二届大关中发展论坛。马中平主席到住地看望，张生朝副主席、姚毅秘书长陪同考察。

马中平主席赴汉中考察 4月27日至28日，马中平主席到汉中调研考察扶贫开发工作。期间，考察了西乡县枣园观光茶园、午子绿茶公司、樱桃沟景区和佛坪县西岔河乡三教殿村，出席了省政协办公厅在汉中市佛坪县举行的省级机关、企事业单位驻佛坪县“两联一包”扶贫工作团联席会议并讲话。秘书长姚毅和汉中市市长胡润泽陪同调研。

积极组织抗震救灾工作 5月14日，办公厅发出《关于在全省各级政协组织中认真开展抗震救灾的紧急通知》，要求全省各级政协组织按照中共中央、国务院和省委、省政府的统一安排部署，充分发挥政协优势，积极开展献计出力活动，积极协助党委、政府做好抗震救灾工作。随后，省政协机关举行向四川地震灾区捐款活动，省政协领导、部分委员、机关工作人员和离退休干部职工共捐款4.6815万元人民币。省政协机关全体共产党员积极缴纳“特殊党费”支援抗震救灾，机关全体共产党员共缴纳“特殊党费”85670元人民币。5月25日，马中平主席、张伟副主席带领省政协少数民族界和宗教界委员到解放军第四军医大学西京医院和唐都医院，亲切看望和慰问来我省治疗的四川地震灾区伤员。秘书长姚毅、副秘书长苗均全陪同看望。

省十届政协第五次主席会议召开 5月26日，马中平主席主持召开省十届政协第五次主席会议，传达学习习近平同志在陕西视察抗震救灾工作座谈会上的讲话，通报省政协抗震救灾工作情况，听取省政府姚引良副省长关于我省抗震救灾和恢复重建工作情况的通报。会议围绕做好我省下一阶段抗震救灾工作进行了讨论，提出了意见和建议。

全国政协主席贾庆林来陕考察 7月6日至7日，中共中央政治局常委、全国政协主席贾庆林和全国政协副主席、中央统战部部长杜青林到我省汉中市地震灾区看望慰问受灾群众，指导抗震救灾和恢复重建工作。贾庆林充分肯定了我省统一战线和人民政协为抗震救灾工作所作的积极贡献，要求各级党委切实加强对统一战线和人民政协工作的领导，多给他们出题目、压任务，帮助他们解决工作中的困难和问题，为他们更好地发挥作用创造有利条件。省委书记赵乐际，省长袁纯清，省政协主席马中平，副主席、省委统战部部长周一波陪同。

全国政协副主席厉无畏来陕参加活动 7月14日至17日，全国政协副主席、民革中央常务副主席厉无畏来陕，应邀为省直有关部门和西安、杨凌农口有关人士作题为《发展创意农业，推进社会主义新农村建设》的主题报告，出席在渭南市举行的纪念民革中央前主席屈武同志诞辰110周年大会。周一波、李晓东副主席分别陪同参加有关活动。

省政府省政协联席会议召开 8月5日，省政府省政协领导第六次联席会议在西安召开。省政府副省长洪峰通报了全省上半年经济社会发展情况、近期灾后恢复重建工作部署和下半年主要工作安排以及民生八大工程进展情况，省政协副主席张伟通报了省政协上半年主要工作情况，省政协副主席张生朝、李晓东、李冬玉、周卫健就全省经济社会发展中的一些重要问题发表了意见和建议。袁纯清省长、马中平主席在会议结束时发表讲话。副省长朱静芝、吴登昌、姚引良、景俊海，副主席周一波、刘新文、李进权，省政府办公厅和有关部门，省政协办公厅和各专门委员会负责人出席会议。

周一波副主席会见塞浦路斯共和国前总统帕帕佐夫洛斯一行 8月13日，省政协副主席、省委统战部部长周一波在西安会见来华访问的塞浦路斯共和国前总统帕帕佐夫洛斯一行。省政协副秘书长王运动参加会见。

开展学习实践科学发展观活动 根据中央和省委的安排部署，于2008年10月至2009年3月开展学习实践科学发展观活动，省政协结合自身实际，成立了相关领导机构，提出了详细的活动计划。党组和机关党组分别选择“创新履职理念、提高履职水平、推动人民政协事业科学发展”和“发挥参谋助手作用，提高服务保障水平，推动政协事业科学发展”为主题，认真查找检查工作中存在的不符合、不适应科学发展观要求的问题，并制订详细的整改方案。截至2008年年底，省政协的学习实践活动已经进入整改提高阶段。

举办陕西2008文化产业发展研讨会 10月23日至25日，省政协和省委宣传部联合在西安举办陕西2008文化产业发展研讨会。全国政协副主席陈宗兴、省长袁纯清出席，省政协主席马中平、省委常委胡悦、省政协副主席张伟和来自全国10个省市区和我省相关部门的领导、文化界人士、文化产业管理者230余人参加。研讨会共收到130篇论文，与会代表围绕如何推动我国特别是陕西文化产业又好又快发展进行了广泛深入的研讨。12月5日省政协办公厅向中共陕西省委提交《关于陕西2008文化产业研讨会情况的报告》。省委书记赵乐际和省委常委、宣传部长胡悦分别作出批示，要求将政协报告转发省直宣传文化系统各单位及各市宣传部，并责成有关部门认真研究所提意见建议，进一步明确明年乃至后几年我省发展文化产业要办成的几件大事，集中力量抓好落实。

张生朝副主席会见乌克兰客人 11月10日，张生朝副主席在西安会见以乌克兰卫生部顾问、乌克兰和平理事会咨询委员会成员拉丽萨·塔兰女士为团长的乌克兰和平理事会代表团。王吉德副秘书长参加会见。

省政协联谊会五届一次会议召开 11月13日至14日，省政协联谊会五届一次会议在西安召开。会议听取了省九届政协副主席张保庆关于省四届政协联谊会工作报告；听取了省委常委、常务副省长赵正永关于陕西经济社会发展情况的通报；选举产生了省政协联谊会第五届理事会，选举马中平为会长，张伟为常务副会长，张保庆、朱振义、王寿森、田源、李雅芳、石学友、陆栋、刘石民为副会长，姚毅为秘书长，选举马允朴等84人为常务理事。马中平会长在闭幕会上强调要努力把新一届联谊会工作推向前进。

全省设区市政协第三次秘书长联席会议召开 11月18日，省政协办公厅在西安召开全省设区市政协第三次秘书长联席会议，交流研讨政协委员队伍建设和委员管理问题。

纪念改革开放30周年座谈会 12月27日，省政协纪念改革开放30周年座谈会在西安举行。受马中平主席委托，张伟副主席在座谈会上发表重要讲话，要求全省各级政协组织围绕中心、服务大局，在继续推进改革开放和社会主义现代化建设的伟大征程中取得更大的成绩。刘新文副主席主持座谈会。省政协副主席、省民革主委李冬玉等五位同志代表各界人士发言。

举行陕西省各界人士新年茶话会 12月30日，省政协在西安举行陕西省各界人士新年茶话会。马中平主席发表讲话，要求全省各级政协组织在新的一年里围绕中心、服务大局，为保持我省经济社会平稳较快发展贡献力量。省政协副主席、省委统战部部长周一波主持茶话会。省政协副主席、省九三学社主委周卫健代表省级各民主党派、工商联和无党派人士发言。省委、省人大、省政府、省政协、省军区领导赵乐际、袁纯清、郭永平、夏龙祥、杨永茂、张道宏、朱静芝、张生朝、刘新文、李晓东、李冬玉、李进权、程兵和各界代表人士300多人出席。

【重要文件】

九届政协常委会工作报告（2008年1月14日）（摘要）

一、过去五年的工作

（一）认真履行政治协商、民主监督、参政议政职能，在推动我省经济社会全面协调可持续发展方面发挥了重要作用。

搞好政治协商，促进经济社会发展重大问题科学决策。九届政协共举行全体会议5次、常委会议27次、主席会议70次，围绕事关全省经济社会发展全局性、综合性、前瞻性的重大问题开展协商讨论。五年来，省政协全体会议协商讨论了全省国民经济和社会发展“十一五”规划纲要（草案），协商讨论了省人民政府、人民法院、人民检察院的年度工作报告以及省政府计划、财政等重要报告，对做好“一府两院”工作、加快陕西经济发展和社会进步、推进我省民主法制建设提出了大量富有建设性的意见和建议。重点围绕国有企业改革和发展、社会主义新农村建设、区域经济协调发展、基础教育和职业教育发展、“一线两带”建设、自主创新能力建设、文化产业发展、构建“和谐陕西”、社会保障体系建设等经济社会发展中的若干重要问题，深入开展调查研究，认真组织协商讨论，形成10多份专题报告，对省委、省政府完善相关政策、改进工作产生了重要作用。强化主席会议协商议政功能，围绕省第十一次党代会报告稿等省委、省政府提交的重大议题开展了协商讨论。

开展民主监督，为经济社会发展创造良好环境。九届政协以“积极推进依法治省、为经济社会发展创造良好环境”为主要目标，以“在充分调查研究基础上提出批评性意见和建议”为主要形式，紧密围绕国家法律法规的实施、重大方针政策的贯彻执行、国家机关及其工作人员的工作，认真履行民主监督职能。一是以提案开展监督；二是以视察开展监督；三是以推荐特邀监督员开展监督；四是以办理信访开展监督；五是与新闻媒体联合开展监督。

积极参政议政，为经济社会发展献计出力。九届政协积极运用多种形式，特别是充分运用专题调研和反映社情民意这两种基本形式，组织委员开展经常性的参政议政活动，使政协工作更加活跃并富有成效。精心选择全省经济社会发展中具有综合性、全局性、前瞻性的课题，组织委员开展专题调研，向省委、省政府提交专题报告150多份，就深入实施西部大开发、深化经济体制改革、建设社会主义新农村、加快工业化和城镇化进程、发展非公有制经济、实施科教兴陕战略、实施可持续发展战略、推动区域经济协调发展、发展文化卫生体育事业、完善社会保障体系等重要问题建言献策。其中，《关于我省人口性别比问题的跟踪调研和建议》、《关于政府在就业工作中的职能定位和进一步做好劳动就业工作的思考及建议》、《关于我省新型农村合作医疗试点情况的调研报告》等40份报告受到全国妇联、劳动和社会保障部、卫生部和省委、省政府的高度重视，主要领导作出批示，为党政机关知情决策、改进工作提供了重要参考。认真组织委员开展反映社情民意工作，及时收集统一战线各界对全省经济社会发展中的热点难点焦点问题的意见和建议，整理编发《陕西政协信息》304期，向全国政协办公厅和省委、省政府报送了一批富有价值的社情民意，其中《关于尽快开通宁西铁路客运和商洛站货运业务问题的紧急呼吁与建议》等30多件信息，受到铁道部等国家部委和省委、省政府的高度重视。积极配合全国政协委员履行参政议政职能，协助全国政协组织的50多个专题调研组来陕开展调查研究，在解决事关陕西经济社会发展诸多重大问题上发挥了重要作用。

（二）充分发挥协调关系、汇集力量、服务大局的作用，在促进统一战线团结和和谐陕西建设方面做出了积极贡献。

坚持和完善中国共产党领导的多党合作和政治协商制度，促进参加政协的各党派、无党派人士更加团结合作。坚持巩固协商共事、团结合作的政治基础，组织参加政协的各党派、无党派人士学习中央关于加强多党合作和政治协商制度建设的方针政策，牢固树立“长期共存、互相监督、肝胆相照、荣辱与共”的思想理念，增强团结合作意识。坚持民主协商、平等议事的原则，积极致力于把省政协建设成为中共陕西省委同省级各民主党派和无党派人士协商共事、团结合作的重要场所，在政协组织的各种例会和活动中，努力营造团结、民主、宽松、和谐的政治氛围，鼓励和支持省级各民主党派和无党派人士通过政协开展参政议政、民主监督。坚持完善政治协商的内容、形式和程序，认真改进政协全体会议、常委会议、主席会议的组织和服务工作，推进政协例会制度化、规范化、程序化，更好地体现我国政党制度的特点和优势，使协商活动更加生动活泼、团结和谐、富有成效。

把握各民族共同团结奋斗、共同繁荣发展的主题，促进各民族关系更加和谐。举办政协民族工作为构建“和谐陕西”做贡献研讨会，组织少数民族委员学习、参观、考察、联谊等活动，积极宣传和协助贯彻执行国家的民族政策，协助省委和省政府广泛开展民族团结进步活动，促进各民族相互尊重、相互帮助。发挥少数民族界别的整体作用和少数民族委员的代表作用，支持他们在促进民族团结和睦进步事业方面发挥重要作用。围绕陕南三个回族镇及偏远山区少数民族经济社会发展、西安市少数民族教育发展、《陕西省清真食品生产经营管理条例》贯彻执行、民族聚居区城建改造等重点问题开展专题调研和视察，了解和反映少数民族的意见和要求，向省委、省政府提交专项报告，促进了相关问题的解决。

把握国家的宗教信仰自由政策，促进宗教与社会主义社会更加适应。举办“了解宗教”系列报告会、宗教工作为构建和谐陕西做贡献研讨会，积极宣传国家的宗教信仰自由政策，促进信教群众与不信教群众、信仰不同宗教群众之间的相互理解、和睦相处。定期走访省级五大宗教团体和重点寺庙教观，看望宗教界代表人士，鼓励他们发挥自身影响，促进各宗教团体在政治上的团结合作和信仰上的相互尊重，引导信教群众投身全面建设小康社会的各项事业。围绕国务院《宗教事务条例》的颁布实施、农村居民宗教信仰状况、市县两级宗教工作开展视察和调研，就加强宗教场所管理、维护宗教场所正常秩序等重要问题向省政府提出了相关意见和建议，协助政府依法管理宗教事务。

把握新时期我国社会阶层结构发生的深刻变化，促进社会各阶层关系更加协调。发挥政协联系广泛的优势和政协委员同本界别群众利益相近、认同感一致的优势，积极协助党委政府做好协调关系、化解矛盾、凝聚人心、增强合力的工作，妥善处理了一批影响和谐稳定的社会问题。把协助党委政府做好“扶贫帮困”这一维护和谐稳定的民心工程摆在重要位置，组织广大政协委员和社会力量参与抗击“非典”、抗洪救灾、联县扶贫、希望工程、文化下乡、送医送药活动，为灾区群众、困难群众和弱势群体献爱心、办实事、解难题。通过主办或与有关方面联办民营企业家座谈会、民营科技企业发展座谈会、陕西企业“走出去”实务研讨会、当代经理人陕西高峰论坛，为民营企业发展出主意想办法；积极协调来陕的全国政协委员和组织省政协委员到有代表性的民营企业视察调研，了解他们的愿望和要求，协调解决发展中遇到的困难和问题；积极引导非公有制经济人士义利兼顾、德行并重，自觉参与光彩事业，履行社会责任，在促进社会各阶层相互关爱、共同富裕中发挥了重要作用。

把握大团结大联合主题，促进海内外同胞的联系更加密切。一是宣传国家有关政策，增进港澳台侨同胞共识。二是维护港澳台侨同胞权益，增进港澳侨同胞的向心力。三是协助港澳台侨同胞开展公益事业，增强海内外同胞的凝聚力。四是加强与港澳侨委员的联系。

九届政协积极配合国家外交和陕西外事工作开展人民外交活动，接待了应全国政协邀请来华访问的 30 多个国家的议会或类似组织代表团及一批政界知名人士，加强了与部分国家地方议会和重要机构的友好往来，为增进我国与交往国家的了解和友谊，促进我省与外国友好省州的经贸合作和文化交流做出了积极贡献。以编辑出版大型文史资料丛书《陕西文史资料精编》为重点，积极开展陕西近代史、现代史资料的征集、研究和出版工作。

（三）推动全省上下学习贯彻《中共中央关于加强人民政协工作的意见》，在促进人民政协事业发展方面迈出了新的步伐。

九届政协把学习贯彻中共中央颁发的《关于加强人民政协工作的意见》作为推进全省人民政协事业发展的重要机遇，及时向省委提出全省学习贯彻《意见》的整体方案，协助推动学习贯彻活动深入开展。一是省委下发通知，推动全省学习贯彻活动全面展开；二是省委书记主持召开省委理论学习中心组专题学习会，在全省学习活动中发挥示范作用；三是由省委、省政协领导带领五个检查组对全省 11 个市（区）学习贯彻情况进行督促检查，促进全省学习贯彻活动的深入开展；四是协助省委制定下发关于贯彻《意见》的实施意见，为我省新世纪新阶段人民政协工作全面发展提供了重要的政策和制度保证。

通过推动全省学习贯彻《意见》活动的深入开展，新时期以来全省逐步形成的党委高度重视政协工作、政府大力支持政协工作、政协积极主动开展工作、社会各方努力配合政协工作的良好态势得到巩固和发展。一是各级党委更加重视政协工作，坚持总揽全局、协调各方的原则，积极支持政协依照章程独立负责、协调一致地开展工作；坚持把政协工作纳入党委重要议事日程，做到统一部署、定期检查；坚持把建立健全有关制度作为重视和支持政协工作的重要载体，推进了政协履行职能的制度化、规范化、程序化；坚持把加强政协组织建设作为重视和支持政协工作的重要内容，机关干部队伍整体素质进一步提高。二是各级政府更加支持政协工作，坚持把支持政协开展政治协商作为科学决策的重要环节，把自觉接受政协民主监督作为改进工作的有效形式，把支持政协参政议政作为经常听取各界人士意见和建议、切实做好工作的有效方式，把改善政协工作条件作为支持政协工作的重要内容。三是各级政协更加积极主动、奋发有为，坚持围绕中心、服务大局，在围绕地方经济社会发展履行职能上取得可喜成绩，在构建社会主义和谐社会中发挥重要作用，在提高履行职能能力和水平方面迈出新的步伐。

（四）坚持完善制度、创新工作，在推进省政协履行职能制度化、规范化、程序化方面实现了新的突破。

九届政协贯彻十六大以来中央关于加强人民政协工作的方针政策，以完善制度、创新工作为载体，进一步推进政协履行职能的制度化、规范化、程序化。五年来，共制定与履行职能有关的规章制度和规范性文件16件，修订有关规章制度3件，与省委、省政府共同制定或修订制度3件。特别是九届政协协助省委制定下发的《关于贯彻〈中共中央关于加强人民政协工作的意见〉的实施意见》（以下简称《实施意见》），就我省政协政治协商、民主监督、参政议政的内容、形式和程序作出了更加明确具体的规定，进一步完善了政协履行职能的各项工作机制。

政治协商的程序和格局进一步完善。《实施意见》首次明确规定由各级党委统一部署、协调并组织实施政协的政治协商，并从健全决策机制出发规范了政治协商的五大程序，明确了每个程序中党委、政府、政协及有关部门的职责，从根本上保证了把政治协商纳入党政决策程序。九届政协进一步改进和完善政治协商的组织工作、拓展政治协商的载体形式：改进和完善重要例会的组织工作，修订了全体会议、常务委员会、主席会议、秘书长会议工作规则；与省政府共同创建了省政府省政协联席会议制度，定期协商讨论全省经济运行中的重大问题；与省政府联合下发了《关于完善省政府有关部门与省政协有关专门委员会对口联系、协商制度的通知》。在各方面努力下，省政协全体会议整体协商、常委会议专题协商、主席会议重点协商、省政府省政协联席会议定期协商、专门委员会会议对口协商的政治协商格局进一步巩固完善，成为全省重大决策机制的重要组成部分。

民主监督的形式和方法进一步改进。在坚持用好提案、建议案、视察、反映社情民意、特邀监督、信访、举报等民主监督形式的同时，重点对视察和提案工作进行了加强和改进。在视察工作方面：进一步完善工作制度，制定了省政协《视察工作条例》；进一步改进组织工作，统一由办公厅组织协调；进一步优化人员结构，分常委、委员、界别三类进行组团；进一步强化监督力度，明确强调视察是对国家和我省重大方针政策贯彻落实情况、经济社会发展中一些重大项目建设情况进行“巡视查看”，本质是咨询建言、反映民意、发挥民主监督作用。在提案工作方面：进一步完善工作制度，修订了省政协《提案工作条例》，制定了《重点提案确定与督办办法》；进一步完善并形成了“省级领导分工督办、政协各专门委员会对口督办、委员带案视察督办、与承办单位合作商办、新闻媒体跟踪督办、重点提案重点督办”的督办体系，有力地促进了提案的办理效果。

参政议政的工作机制进一步健全。围绕调查研究、反映社情民意信息工作等参政议政的基本形式，作出了《关于进一步加强调查研究的意见》，制定了《反映社情民意信息工作条例》，修订了《专门委员会通则》。特别是抓住专题调研这一参政议政的基础性工作，着力完善和创新工作机制：一是完善选题机制，建立了专门委员会研究报题、秘书长会议平衡选题、主席会议审议定题的选题机制；二是丰富调研形式，形成了专门委员会独立调研、专门委员会协同调研、专门委员会与省委省政府相关职能部门联合调研、专门委员会与民主党派和人民团体联合调研、办公厅协调驻各设区市委员异地调研、省政协配合全国政协委员开展调研等多种调研组织形式；三是改进调研方法，既充分运用典型调查、抽样调查、实地考察、召开座谈会等方法进行调查，更注重运用定性分析、定量分析和现代网络技术等方法对调研成果进行全面系统的分析研究，进一步提高了调研成果的质量。

（五）大力加强自身建设，在提高省政协履行职能能力和工作水平方面取得了重要进展。

九届政协以加强领导班子建设、发挥党派和界别重要作用、发挥委员主体作用、加强理论研究和新闻宣传、加强机关建设为重点，全面推进省政协的自身建设。

二、五年来的主要经验和体会

九届政协坚持在继承中创新、在开拓中前进，在推进新世纪新阶段人民政协工作中深化了思想认识，积累了新鲜经验。其中，最主要的经验和体会是：（一）必须把坚持党的领导作为人民政协工作的根本政治原则。（二）必须把促进发展作为人民政协履行职能的第一要务。（三）必须把促进统一战线团结和社会和谐作为人民政协的重要职责。（四）必须把实现和维护人民群众的根本利益作为人民政协工作的出发点和落脚点。（五）必须把发扬民主、求同存异作为人民政协开展各项工作的基本条件。（六）必须把与时俱进、开拓创新作为人民政协工作实现新发展的重要前提。

三、关于做好十届政协工作的建议

（一）学习贯彻中共十七大精神，努力开创我省人民政协事业发展的新局面。（二）围绕建设西部强省的宏伟目标和任务，认真做好履行职能、建言献策的各项工作。（三）围绕建设西部强省的伟大事业，积极做好团结各界、汇集力量的各项工作。（四）围绕提高履行职能的能力和水平，大力加强政协“四位一体”的自身建设。

马中平主席在省政协十届一次会议闭幕式上的讲话（2008年1月20日）（摘要） 感谢委员们的信任，选举我们组成了新一届省政协常委会，我们深感责任重大。十届政协是在九届政协和历届政协奠定的良好基础上起步的。这些年来，在中共陕西省委的正确领导下，我省人民政协事业不断发展，各项工作富有成效，开创了新局面，积累了新经验。在这里，我代表新一届政协常委会，向九届政协和历届政协常委会全体组成人员，致以崇高的敬意和由衷的感谢！省十届政协常委会将坚持和发扬人民政协的优良传统，按照政协章程的要求，认真履行职责，团结省政协各参加单位和全体政协委员，紧紧围绕建设西部强省、构建和谐陕西的宏伟目标，全面落实本次大会确定的各项任务，努力把新一届省政协工作推向前进。

一、全面贯彻落实十七大精神是人民政协的首要政治任务。中共十七大是在我国改革发展关键阶段召开的一次十分重要的会议。认真学习贯彻十七大精神是当前和今后一个时期人民政协的首要政治任务。我们要按照省委的统一部署和要求，全面贯彻落实十七大精神，切实把十七大对人民政协工作提出的新思路、新观点、新要求落到实处，使贯彻落实十七大精神的过程成为统一思想、提高认识的过程，成为研究问题、改进工作的过程，成为增进团结、凝聚力量的过程，成为创造新业绩、开创新局面的过程。全面贯彻落实十七大精神，就要高举中国特色社会主义伟大旗帜，切实巩固参加人民政协的各党派团体和各族各界人士团结奋斗的共同思想政治基础。就要认真贯彻落实科学发展观，切实把推动发展作为人民政协履行职能的第一要务。就要深刻领会十七大关于统一战线和人民政协工作的论述，进一步提高认识，指导实践。

二、围绕中心、服务大局，努力开创人民政协工作新局面。省第十一次党代会提出了建设西部强省的宏伟目标，这一目标体现了全省人民的共同意志和根本利益，是当前和今后一个时期各项工作必须服从、服务的中心和大局，也是需要包括人民政协各级组织、各参加单位和各族各界人士在内的全省各族人民团结奋斗才能完成的伟大事业。根据省九届政协常委会工作报告提出的建议和本次会议讨论的意见，省十届政协工作的基本思路是：深入学习贯彻中共十七大精神，高举中国特色社会主义伟大旗帜，牢牢把握团结和民主两大主题，动员和组织参加政协的各党派团体和各族各界人士，紧紧围绕省第十一次党代会提出的建设西部强省的战略目标和任务，充分发挥协调关系、汇集力量、建言献策、服务大局的作用，为推动科学发展、促进社会和谐、把陕西建成西部强省做出积极贡献，不断开创我省人民政协工作新局面。开创人民政协工作新局面，就要始终坚持围绕中心、服务大局。就要始终坚持维护团结稳定、促进社会和谐。就要始终坚持充分发扬社会主义民主。就要始终坚持加强自身建设。

三、牢记使命、履行职责，做人民满意的政协委员。政协委员是政协工作的主体，使命光荣、责任重大。建设西部强省的伟大事业，对十届省政协和全体政协委员提出了新的更高要求。在未来的五年里，希望全体政协委员都要珍视荣誉，牢记使命，恪尽职责，严格要求，切实履行政协委员的权利和义务，做人民满意的政协委员。做人民满意的政协委员，就要牢记自己肩负的重要职责。就要正确行使自己的民主权利。就要努力提高自己的参政议政能力。就要自觉维护人民政协组织的形象。

陕西正处在加快发展、科学发展、和谐发展的重要战略机遇期。建设西部强省的宏伟目标需要我们埋头苦干，构建和谐陕西的历史任务需要我们团结奋斗。让我们紧密地团结在以胡锦涛同志为总书记的中共中央周围，在中共陕西省委的领导下，锐意进取，开拓创新，为实现三秦儿女期盼的美好明天而努力奋斗！

【组织概况】

主　席

马中平

副主席

张　伟　张生朝　周一波　刘新文

王晓安　李晓东　李冬玉（女）

李进权　周卫健（女）

秘书长

姚　毅

常务委员名单（按姓氏笔画为序）

马文新　马玉红　马平一（回族）

马尔立（回族） 马希平（回族）
马良骥（回族） 马忠科 王　俊
王　蒙 王长安 王西京 王安龙
王孙安 王欢畅 王改民 王学谦
王清叶（女，高山族） 王紫琴（女）
王福豹 车建营 巨拴科 毛新元
乌小健 方　明 卢其松 白灏辰
冯均平（回族） 司全印 邢道钦
巩富文 成建正 朱　毅 任克龙
向　德 刘　娟（女） 刘国泰
刘忠斌 刘宝琴（女） 刘晋秦（女）
刘桂芳（女） 刘宽忍 齐焕印
安金玉（女） 许春霞（女）
孙　勇 孙守增 孙晓杰 牟怀岐
李佐成 李鸿光 李随成 吴　秦
吴汉宁 吴永琪 吴亚平（女）
何明一 余润琛 沙鹏程（回族）
宋玉庆 张占胜 张亚平 张孝林
张恒亮 张超英（女） 张富汉
张耀琪 张华俊 陈新义 陈玉华（女）
苗均全 欧阳克刚 尚　韬
罗德明 岳　崇 周　杰 周为民
周新生 郑翔玲（女） 单克功
赵树耀 郝际平 郝宝仓 荆　珂
胡诚林 胡致本 耿　健 徐東萍（女）
奚耕思（女） 高　勇 郭春和
席有良 唐周怀 黄建军 常亚峰
崔荣华（女） 康育忠 梁　政
梁伯韬 梁和平 扈广法 尉俊东
董家蕙（女） 惠　平 韩开兴
释界明① 谢阳举 詹德旺
樊君莉（女） 魏晓妹（女）

委员名单（按姓氏笔画为序）

中国共产党（35 名）

上官吉庆 马中平 马文新 王　鹏
王改民 王晓安 乌小健 卢其松
白灏辰 朱　毅 刘国泰 刘新文
齐焕印 孙晓杰 杨新民（回族）
宋龙凌 张　伟 苗均全 欧阳克刚
周一波 周月鲁 周玉明 赵　恒（满族）
胡　斌 胡致本 姚　毅 晏　朝
郭　明 郭春和 黄建军 康育忠
梁和平 寇　昉 程群力 詹德旺

中国国民党革命委员会（27 名）

丁小军 于　媛（女） 王　农
王　选 王孙安 叶心适 司全印
成登鹏 刘全奇 刘晋秦（女）
孙守增 李侃社 李艳秋（女）
李晓东 杨　乐（女） 张玉明
张玉曙 张建华（女） 张海贵
陈维礼 林俊丽（女） 徐　泉
郭育文（女） 梁　政 彭媛娣（女）
谢阳举 蔡元兴

中国民主同盟（27 名）

马玉红（女） 严宪文
苏　秦（女，回族） 李　平
李　晖（女） 李克欣 李香菊（女）
李随成 李瑞林 杨文斌 吴大康
何明一 张　宏 张改生 陈　桦
陈安锁 范九伦 单克功 段　明
姚慧娟（女） 夏永旭 翁家骥
高长天 程建国 富　君（满族）
颜　明 戴宏科

中国民主建国会（18 名）

马家骧 王世英 任　杰 刘宝琴（女）
孙　瑜（女） 杜兴顺 李冬玉（女）
李忠民 吴平魁 张　望 张亚平
张坤向（女） 徐東萍（女）
高全成 黄秀玲（女）
黄高花（女） 蔡健民② 薛安平

中国民主促进会（17 名）

王文科 牛　波 邓方安 向　德
刘桂芳（女） 李进权 李启良
张孝林 张志强 岳　崇 党新安
高继承 郭必选 郭绍敏（女）

---

① 释界明于 2008 年 7 月 2 日逝世。
② 蔡健民于 2008 年 8 月 23 日逝世。

姬宝顺 董家蕙（女） 程兆源[①]

中国农工民主党（16名）

马鹏程 王卫民 王书正 王安龙
王青平 冯华西 李 荣 何凤娥（女）
姜 捷 贾志宽 徐月凤（女）
郭汶霞（女） 唐周怀 韩开兴
韩继林 霍满鹏

九三学社（18名）

王虎贤 巨拴科 方素平 田文华（女）
邢玉瑞 苏世强 李 钧 李佐成
李铁虎 杨学勤（女） 张建申
陈玉华（女） 周卫健（女）
赵 镜（女） 奚耕思（女）
高 辉 郭康权 彭孝荣（女）

台湾民主自治同盟（3名）

王清叶（女，高山族） 陈玉玲（女）
陈碧珠（女）

无党派人士（11名）

尹行厚 李 华 何俊杰 张生朝
张恒亮 郑 兴 胡晓林 姚 烨
原如斌 雷华锋 魏 良

中国共产主义青年团（7名）

王 健（女） 李大有 李科显
郑小平 尉俊东 樊瑞君（女，回族）
黎开谊

总工会（10名）

王学谦 毛新元 卢绍彬 史南征
同亚莉（女） 米文毅 张凤英（女）
高金福 康惠民 魏思都

妇女联合会（15名）

丁 琳(女) 王巧莉(女) 王艳芳(女)
王爱萍(女) 王紫琴(女) 田 静(女)
刘 珺(女) 刘艳冰(女) 李荣清(女)
吴亚平(女) 何玉辉(女) 羌 薇(女)
帖玉娥（女，回族） 谢 娟（女）
穆丽萍（女，回族）

青年联合会（7名）

王 武 王 超 石瑞芳(女) 田 田(女)
包志坚(蒙古族) 刘忠斌 祁志峰

工商业联合会（31名）

王西省 王欢畅 王青云 王宝和
方 群 田 耕 白延彪 冯西见
冯钧平(回族) 吕 桦 刘新荣(回族)
刘耀辉 李玉先 李成岗 李晓强
李爱真（女） 吴晓康 邸齐鸣（女）
宋玉庆 张占胜 张晓民 陆正国
陈虎林 苑学功 罗德明 郑建新
郑翔玲（女） 郝宝仓 高 昕（女）
黄 哲 黄晓勇

科学技术协会（12名）

丁 平 田喜民 刘科伟 牟怀岐
李明德 杨向峰 张永年 扈广法
葛 雄 韩香娥（女） 蔡全根
管 薇（女）

台湾同胞联谊会（3名）

王红兵 吴玲英（女）
简文华（女，高山族）

归国华侨联合会（8名）

叶 莽 李 路 张富汉 张溪凯
尚建丽（女） 黄宏显（蒙古族）
曹湘秦（女） 彭 红（女）

文化艺术界（37名）

王 蒙 王西京 王向荣 王鸣放
白绍俊 成建正 延艺云 任雅莉（女）
刘 远（女） 刘 斌 刘宽忍
米东风（回族） 安金玉（女）
孙 维（女） 李小锋 李东桥
李杰民 李康美 杨晓阳 杨霜林
吴永琪 冷 梦（女） 张 虹（女）
张 琨 张 慧 张永革 陆柯仑
陈建贡 罗艺峰 赵大山 贾四贵
郭林森 姬国强（回族） 崔炳元
葛建伟 靳军良 潘晓东

科学技术界（37名）

马永庆 马陆霞（女） 王小鹏

---

① 程兆源于2008年8月14日逝世。

王平龙　王志荣　王昌傲　王俊岭(回族)
韦和平　尹宝宜　申爱琴（女）
白贵霞　任克龙　刘小平　刘兴范
刘鸿儒　闫勇强　许春霞（女）
孙西京　孙忠弟　李　宁　李　涛
李长海　李俊义　张　南　张文若
张文斌　张芙蓉（女）　陈冬贵
周　杰　周为民　郝启舜　寇兰英（女）
蒋百灵　韩明玉　谭凤双　樊君莉（女）
霍　明

社会科学界（9名）

王新刚　巩富文　齐佩良　李炳武
张平安　周　敏（女）　夏泽民
裴成荣（女）　魏大宝珠（女，藏族）

经济界（42名）

才长伟　马凤炯　马维强　王发友
王连智　王新生　王增发　申来安
冯西宁　邢道钦　成建礼　刘晓中
杜兴让　李军平　李保平　吴　敏（女）
吴志毅　何万盈　何永涛　张万准
张志强　张积耀　张锦耀　卓泽凡
尚　韬　周新生　赵　力　赵　军
侯青东　高　宏　郭明耀　席有良
黄亭禹　黄晓平　常亚峰　崔荣华（女）
蒋正林　惠　平　韩富国　喻德鱼
强林梅（女）　薛文石

农业界（19名）

王华山　史振华　刘三榜　刘利年
刘忠新　安　宁　孙维维（女）
杜继稳　杜翠萍（女）　李应德
杨建新　肖志茹（女）　宋金典
张　涌　张东海　郭东霞（女）
董志敏　曾　中　魏晓妹（女）

教育界（41名）

丁文峰　王佩东（女）　王越群
王毅红（女）　王耀平　方　明
兰培英（女）　朱开平　任永敏
仰孝升　刘进田　许文丹（女）
孙　勇　花智勇　苏军科　杜　平
李志民　杨景昆　吴汉宁　吴燕玲（女）
谷　慎（女，回族）　张　欣（女）
张青华　张金安　张桂荣（女）
张瑞年　张耀琪　苗　飞　赵荣侠（女）
郝际平　段宝岩　姚秉华　袁治平
高　勇　高静远　郭慧敏（女）
唐　虔　梁海顺　鲁俊毅　霍永亮
霍学喜

体育界（6名）

李天立　李明华（女）　吴钟权
赵树耀　胡效芳（女）　姚建东

新闻出版界（7名）

王福豹　刘学渊　刘晓辰（女）
苏民生　张　珂　陈爱美（女）
冀　平

医药卫生界（34名）

马孝芳（女，回族）　马爱群
王　岭　王丽丽（女）　王宝彦
王建侠（女）　王海棠（女）
叶孟理　田少库　冯一凡　朱婉莉（女）
刘延生　李　瑞　李去病　李鸿光
杨新光　吴　秦　吴立群　张　琴（女）
张飞飞（女）　张超英（女）
张德军　陈新义　周引荣（女）
周菊彦（女）　郝西燕（女）
昝安胜　洪秀珍（女）　姚建龙
曹引丽（女）　董金凤（女）
惠战勤　窦科峰　穆选生

对外友好界（3名）

刘阿津　刘建惠　耿　健

少数民族界（13名）

马平一（回族）　马尔立（回族）
王　厚（回族）　石　川（满族）
冯　东(朝鲜族)　朱　红(女,藏族)
刘西艳（女，回族）　杨维平（壮族）
沙鹏程（回族）　金钦法（畲族）
姚　波（彝族）　铁群平（回族）
徐彦平（土家族）

宗教界（12名）

马希平（回族） 马良骥（回族）
马明年（回族） 王 俊 王清文
余润琛 邹通玄 胡诚林 渠小玲（女）
释吉祥（女） 释界明 释增勤

特别邀请人士（102名）

丁 斌（回族） 马忠科 马宝明
马保珍（回族） 王 延 王长安
王世平 王武雄 王俊杰 王家春
王焕珍（女） 车建营 邓海东
叶大一 田 平（女） 田全德
白慧芳（女） 冯国贤 朱应华
乔宏章 刘 娟（女） 刘 巍
刘汉兴 刘 佩（女） 刘选民
刘晓春 刘德勤（女） 许恢佩
许智明 孙立明 孙政成（回族）
李 宏 李 明 李汉荣 李富华
杨 帆 杨 晨（女） 杨 斌
杨永光 杨达夫 杨光明 杨延武（女）
杨丽瑶（女） 杨伯常 杨尚霖
吴向军 吴旭社 吴清焕 何振琪
余宗来 汪祥来 宋万甫 张 凯
张小可 张仁莲（女） 张双拾
张本正 张民义 张先德 张华俊
张自明 陈文栋 陈志南 陈高志
陈春来 邵 勇 林耀明 罗玉昭
周凤琴（女） 郑 洁（女）
郑玄真 郑西武 赵玉科 赵丽娟（女）
荆 珂 胡建新 钟广荣 侯海生
娄 仲 首金弟 姚广龙 贾小伟
贾西海 党 瑞 徐占良 郭张秀芬（女）
郭晓光 席 政 黄世兴 梁伯韬
董 健 韩 烨 韩广兴 蓝瑞明
雷竞斌 满家刚 蔚沛林 鲜成军
樊笃涛 薛保华 魏兴民 魏建民

【陕西省各市、县、区政协领导人名单】

西安市（副省级）

市政协主席

程群力

副主席

王京书 陈振虎 于小文（女）
李广瑞 黄 河 王 元
李佐成 向 德 袁英信

秘书长

王忠义

县（市、区）政协主席（区为副地级）

莲湖区	王前选
新城区	张亚西（女）
碑林区	范文珍
雁塔区	王更健
未央区	闫文平
灞桥区	刘军奇
长安区	成德奇
阎良区	胡海彦
临潼区	金月梅（女）
户 县	徐化民
周至县	刘崇博
高陵县	张新兴
蓝田县	田文杰

宝鸡市

市政协主席

张民义

县（市、区）政协主席

金台区	杨振龙
渭滨区	刘德明
陈仓区	葛德生
凤翔县	宁永哲
岐山县	雷岁劳
扶风县	黎焕焕
眉 县	周金锁
麟游县	李周科
陇 县	车振华
凤 县	窦林吉
太白县	王长号
千阳县	戴存鉴

咸阳市

市政协主席

杨光明

县（市、区）政协主席

秦都区 苏存江

渭城区 聂文卫

兴平市 陈　勇

武功县 孙胜利（回族）

乾　县 任景魁

礼泉县 王志强

泾阳县 张卫中

三原县 云三可

永寿县 张晓儒

彬　县 辛科科

旬邑县 安岁民

长武县 朱爱民

淳化县 郑禄辉

铜川市

市政协主席

袁树英

县（市、区）政协主席

王益区 赵怀玺

印台区 贾惠民

耀州区 周新民

宜君县 李宝玉

渭南市

市政协主席

罗玉昭

县（市、区）政协主席

韩城市 郑铁成

临渭区 周新民

华　县 吴新亚

华阴市 高　鹏

潼关县 顾金孝

大荔县 孙忠社

蒲城县 陈志云

合阳县 王忠新

白水县 杨永丰

澄城县 安忠坤

富平县 郑建设

延安市

市政协主席

韩　烨

县（市、区）政协主席

宝塔区 张俊雷

子长县 杜建军

吴起县 闫占堂

黄龙县 张火山

延川县 马世平

黄陵县 刘　正

安塞县 朱辽成

富　县 王列荣（女）

洛川县 史发罗

延长县 刘　江

宜川县 孟凡仁

志丹县 边志银

甘泉县 程　远

榆林市

市政协主席

刘汉兴

县（市、区）政协主席

榆阳区 常思义

神木县 焦调瑜（女）

府谷县 段裕田

定边县 贺子明

靖边县 贺启鹏

横山县 韩树伟

绥德县 景建荣

米脂县 张海水

佳　县 符永昊

吴堡县 李永明

清涧县 张文忠

子洲县 庞　瑶（女）

汉中市

市政协主席

魏建民

县（市、区）政协主席

汉台区　殷光明

南郑县　米胜利

留坝县　王有利

勉　县　陈庆生

宁强县　薛　华

略阳县　钱德玉

洋　县　李余德

佛坪县　刘振邦

城固县　杨剑敏

西乡县　程华新

镇巴县　周宗佑

安康市

市政协主席

张仁莲（女）

县（市、区）政协主席

汉滨区　金小平

宁陕县　廖佑麟

石泉县　胡吉应

汉阴县　陈绪伟

岚皋县　张益众

紫阳县　程从礼

旬阳县　王　惠（女）

平利县　严早平（女）

镇坪县　陈宗华

白河县　刘慧芳（女）

商洛市

市政协主席

许恢佩

县（市、区）政协主席

商州区　李文选

洛南县　余金生

山阳县　吴成顺

丹凤县　史先锋

商南县　王守华

镇安县　汪懿德

柞水县　李邦华

杨陵区（县级）

政协主席

杨艺园

陕西省各级政协组织和委员数

（截至2008年底）

级别 项目	省	副省级市	设区的市	县（市辖区、不设区的市）	合　计
组织数	1	1	9	106	117
委员数	627	562	2971	16446	20606

（高红霞　靳海斌 编写　姚　毅　马中平 审稿）

政协甘肃省委员会

陈学亨　主　席

邵克文　副主席

德哇仓　副主席

张津梁　副主席

李永军　副主席

侯生华　副主席

黄选平　副主席

栗震亚　副主席

张世珍　副主席

马国瑜　副主席

石　晶　秘书长

【全体委员会议】

十届一次会议 2008年1月18日至24日在兰州举行。本次会议应到570人，实到529人。会议听取并审议陈学亨同志代表九届省政协常务委员会所作的工作报告、邵克文同志代表九届省政协常务委员会所作的关于提案工作情况的报告；审议通过了政协甘肃省第十届委员会第一次会议政治决议、政协甘肃省第十届委员会第一次会议关于九届省政协常委会工作报告的决议、政协甘肃省第十届委员会第一次会议关于九届省政协常委会提案工作报告的决议、政协甘肃省第十届委员会第一次会议提案审查委员会关于提案审查情况的报告。会议选举陈学亨为十届省政协主席，邵克文、德哇仓、张津梁、李永军、侯生华、黄选平、栗震亚、张世珍、马国瑜为副主席，石晶为秘书长，丁雨田等103人为常务委员。

中共甘肃省委书记陆浩在开幕大会上发表重要讲话，充分肯定了九届省政协的工作，并对新一届政协提出希望和要求。十届省政协主席陈学亨在闭幕大会上发表重要讲话。强调新一届常委会要发扬人民政协的优良传统，开拓创新，扎实工作，努力推进人民政协事业不断发展。会议期间，委员们列席了甘肃省第十一届人民代表大会第一次会议，听取和讨论政府工作报告及其他重要报告。委员们以高度的责任感，通过小组讨论、大会发言、联组会议发言和提交提案等方式，围绕我省经济、政治、文化、社会建设的重要问题和群众关注的热点、难点问题，提出了许多有价值的意见和建议，25名委员作了大会发言。陆浩、徐守盛等领导同志分别参加了小组会和联组会，听取委员大会发言。会议期间共收到提案766件，立案744件。参与提案的委员占委员总数的61.58%。甘肃省党政军领导和部分老同志应邀出席了开幕和闭幕大会，在甘十届全国政协委员，九届省政协各委办负责同志，省委组织部、统战部副部长，各市州政协主席列席了会议。

【常务委员会会议】

第1次会议 2008年1月25日在兰州召开。114名常委会组成人员出席会议。会议审议通过了政协甘肃省第十届委员会常务委员会2008年工作要点、《政协甘肃省第十届委员会常务委员会关于设置研究室、专门委员会的决定》和人事任免事项。陈学亨主席主持开幕会并就做好十届常委会工作发表重要讲话。邵克文副主席主持闭幕会。

第2次会议 2008年4月28日在兰州召开。85名常委会组成人员出席会议。会议传达学习了全国“两会”精神；审议通过了《政协甘肃省委员会关于进一步发挥委员作用的意见》。陈学亨主席主持开幕会并就进一步发挥委员主体作用、不断提升委员履职能力和水平发表重要讲话。邵克文副主席主持闭幕会。

第3次会议 2008年7月23日至25日在兰州召开。90名常委会组成人员出席会议。会议传达学习了中共中央政治局常委、全国政协主席贾庆林在看望甘肃省政协、统战部机关干部及各民主党派、工商联负责人时的重要讲话和全国政协十一届二次常委会议精神；听取了省委常委、常务副省长冯健身关于全省上半年经济社会发展情况及抗震救灾情况的通报；审议通过了省政协《关于加强产学研结合促进中小企业自主创新的建议案》和人事事项。陈学亨主席主持开幕会并就加强产学研结合、促进我省中小企业自主创新发表重要讲话。省委副书记刘伟平、副省长石军出席会议并讲话。12名常委作大会发言。邵克文副主席主持闭幕会。

第4次会议 2008年11月4日至5

日在兰州召开。94 名常委会组成人员出席会议。会议传达学习了中共十七届三中全会精神和全国政协十一届三次常委会议精神；听取了副省长泽巴足关于全省农业农村工作情况的通报和省政府秘书长李沛文关于省政协十届一次会议以来提案办理情况的通报。陈学亨主席主持开幕会并就深入学习贯彻三中全会精神、认真开展学习实践科学发展观活动发表重要讲话。省委副书记刘伟平到会听取大会发言并讲话。15 名常委作大会发言。邵克文副主席主持闭幕会，陈学亨主席向不再连任的在甘全国政协常委李宝祥、周宜兴、俞正三位同志颁发纪念牌。

【专门委员会工作】

提案委员会 全年共收到提案 788 件，经审查立案 752 件，参与提出提案的委员 351 人，参与率达 61.58%。752 件提案已全部办复，其中所提问题已经解决或基本解决 564 件，占 75%。加大重点提案督办力度，精选 16 件提案，由省政协领导阅批和督办。配合承办单位在兰州、天水等 15 个市州县现场办理提案 26 件，促进了平凉市人民医院医疗综合楼建设、罗长高速公路辅道建设和甘南州乡镇卫生院建设等问题的解决。参加西部十二省（区、市）政协提案工作第 19 次联席会议。学习考察河南、安徽和山东省政协提案工作。赴酒泉、定西及敦煌、通渭等市县政协就贯彻《进一步加强和改进政协提案工作的意见》情况进行专题调研。在《人民政协报》、《甘肃日报》、《民主协商报》刊登提案工作消息 200 余篇（条）。编发《提案工作反映》5 期。

社会和法制委员会 深入全省 6 市州 12 个县（区）42 个社区，对我省城市社区组织建设及运行机制进行专题调研，形成《关于我省城市社区组织建设和运行机制的调研报告》，省委办公厅以参阅件的形式转发。对兰州监狱和省女子监狱等 5 所监狱进行了视察，完成了《关于视察我省监狱工作情况的报告》，报送省委省政府和相关部门。组织委员参与省政协关于省政府 14 件实事落实情况的视察活动，重点视察了新型农村合作医疗参合农民补助标准翻一番和提高农村义务教育阶段贫困家庭寄宿制学生生活补助标准等办理进展情况，撰写了视察报告。参与省委省政府“五五普法”专项督察。组织委员和专家参加省人大、省政府有关部门法律、法规（草案）的协商讨论，通过《甘肃政协信息》对 2 部国家和地方性法律法规（草案）征求意见稿提出了修改意见和建议。联系委员提出提案 20 件，提交全委会议和常委会议发言材料 4 份。参加全国政协社会和法制委员会工作研讨会，并提交会议交流材料。

文史资料和学习委员会 召开省政协文史工作座谈会，学习传达全国政协文史工作座谈会精神，审议通过《认真贯彻全国政协文史会议精神不断提高全省政协文史工作水平》的工作报告。学习《新一届全国政协文史资料选题协作规划》，研究拟定了本届政协文史资料工作初步规划，制订了文史资料征编方案。完成了《核工业在甘肃》的后续征稿和编辑出版任务。完成了《甘肃民族区域自治》专辑的后续征编任务。完成了《亲历改革开放 30 年》一书部分稿件的征集任务。参与了全省加强惠农政策的落实情况和文化企业改制中职工权益保障等问题的调研，向有关领导提出了意见建议。参与完成了省政协委员学习培训班的相关任务。编辑印发《学习参考资料》6 期。

经济委员会 根据常委会工作安排，就我省实施城市发展带动战略情况进行专题调研，形成了调研报告。牵头举办了“推动全民创业与促进中小企业发展论坛”，综合论坛成果和关于我省中小企业发展困难及对策专题调研的成果，形成了《关于促进我省中小企业发展的几点建议》，报送省委、省政府。参与省政协关于省政府14件实事落实情况的视察活动，起草了视察报告。发挥委员各自优势，积极参加地震灾区恢复重建工作。参加全国二十三省（区、市）政协经济委员会第16次联系会议，提交了会议交流材料。

科教文卫体委员会 深入兰州、天水、白银3市30多家高校院所、科研机构和企业进行调研，赴江苏、浙江和山东3省进行学习考察，完成了加强产学研结合、促进中小企业自主创新的专题调研，形成《关于加强产学研结合促进中小企业自主创新的建议》。配合全国政协教科文卫体委员会，完成我省县乡村三级公共卫生服务体系建设的调研。参与省政协关于省政府14件实事落实情况的视察活动，并提交了视察报告。与办公厅一起承办西部十二省（区、市）政协科教文卫体工作联系会议。组织舟曲、康县地震灾区27名学生赴广州进行三年免费学习。向上海市政协港澳委员会提供了我省地震灾区有关文化建设方面的援建项目。

人口资源和环境委员会 对兰州、金昌、玉门等多家重点用能企业进行视察，形成了全省重点单位节能减排工作视察报告，报送省委、省政府及有关部门，石军副省长作出批示。就我省河西内陆河流域湿地保护问题开展视察调研，提出了5个方面的对策建议，形成了关于保护河西内陆河流域湿地的报告，报送省委、省政府及有关部门，并通过《甘肃政协信息》报全国政协后专报国务院。参与省政协关于省政府14件实事落实情况的视察活动，就甘南、庆阳、白银部分县（市）农村100万人口饮水安全问题进行视察并形成了视察报告。参加全国政协和省政府有关资源城市可持续发展论坛、全省循环经济工作现场会、全省节能减排专项督察汇报会等。反映我省人口、资源、环境方面工作动态和社情民意信息6篇。

民族和宗教委员会 配合全国政协民族和宗教委员会对我省甘南、临夏两州经济社会发展情况进行调研，共同提出了甘肃民族地区应与周边民族省份同等享受国家优惠扶持政策等意见建议。组织省内民族地区经济社会发展和民族地区寄宿制学校建设的调研，就民族地区宗教法制教育缺乏藏文学习材料和民族地区学生教科书翻译不准确等问题，分别以报告和政协信息形式向省委省政府反映，郝远副省长在《甘肃政协信息》上作出批示。组织关于发挥宗教界人士、信教群众在促进经济社会发展中积极作用的专题调研和加强宗教队伍建设的视察，提出了将灾区宗教活动场所列入灾后重建规划等五个方面的意见和建议。召开了省级五大宗教团体负责人座谈会。坚持在民族和宗教节日期间走访慰问民族、宗教界上层人士和委员。以构建和谐社会为主题，鼓励民族和宗教界委员坚定立场，积极协助党委和政府做广大僧俗群众的工作，维护团结稳定。参加了全国政协部分省（区、市）政协第10次民族和宗教工作研讨会。

港澳台侨和外事委员会 对平凉、庆阳、金昌、酒泉四市外资和台资企业的发展情况，以及调整招商引资政策、拉动经济发展进行调研，形成了《关于对我省外资和港资台资企业情况调研的报告》，呈送有关领导和部门。与平凉市政协就举办2009年第三届海峡两岸西王母文化论坛事宜进行专题协商，形成了会议纪要。学习考察了海南、福建两省外资和港澳台资企业的发展情况。参加了全国政协港澳台侨工作研讨会，提交了会议发言材料。认真贯彻中共中央《关于进一步加强因公出国（境）管理的若干规定》精神，开展省政协对外友好交往工作。

农业和农村工作委员会 进行了强化农业基础地位与发展现代农业的重点调研，撰写的调研报告中有54篇提交省政协十届四次常委会议交流，15名同志作大会口头发言，形成9条建议报省委、省政府参考，省委陆浩书记和刘伟平副书记作出重要批示。参与了陇南、甘南地震灾区灾后恢复重建工作和省政协关于省政府14件实事落实情况的调研视察。对白银、临夏两市州4县区的沼气和农家书屋建设情况进行了视察调研。对甘肃农垦集团公司黄羊河农场工作进行了视察。多次参加“三农”重点提案的督办。组织在兰农业界委员和部分特邀委员举办了委员活动日。反映社情民意信息6篇。

【重要活动】

开展深入学习实践科学发展观活动 2008年9月至2009年2月，在省政协党组的直接领导和省委第十七指导检查组的指导帮助下，省政协在机关16个党支部285名党员中开展了深入学习实践科学发展观教育活动。教育活动按学习调研、分析检查、整改落实三个阶段进行，完成了各阶段的工作任务，取得了明显成效，达到了“党员干部受教育，机关工作上水平，服务大局见成效”的总体目标要求。

省政协委员学习培训班 2008年4月9日至12日，在兰州举行。陈学亨主席在开班会上作动员讲话。全国政协副秘书长卞晋平作《学习〈中共中央关于加强人民政协工作的意见〉推进新世纪新阶段人民政协事业的发展》的辅导报告。学习期间，省社科院院长范鹏作了学习党的十七大精神辅导报告，省委副秘书长、政研室主任冉万祥作了省情介绍，九届省政协提案委员会主任雷水贤介绍提案工作情况。10位委员作了大会发言。在兰全国政协委员、省政协委员，在临夏、甘南州的省政协委员和部分兰州市政协委员，以及省政协和兰州市政协机关干部230多人参加了学习培训。15日至23日，省政协还分别在天水（陇东片）和金昌（河西片）举办了委员学习培训班。

加强产学研结合 促进中小企业自主创新的调研 2008年3月至7月，根据省政协常委会工作要点，省政协主席和副主席带领调研组，先后深入兰州、天水、白银三市30多家高校院所、科研机构和企业开展调查研究。调研期间，召开20多次座谈会与省直有关部门、专家学者、企业管理人员共同研究探讨我省加强产学研结合、促进中小企业自主创新的问题。同时组织3个调研组赴江苏、浙江和山东三省进行学习考察。在此基础上，围绕影响和制约我省产学研结合、科技创新的主要问题，形成《关于加强产学研结合 促进中小企业自主创新的建议案》，提出了19条建议，经省政协十届三次常委会议通过后报送省委、省政府。省委书记陆浩、省长徐守盛作出重要批示，省科技厅等有关部门采纳落实。

视察省政府为民办14件实事落实情况 2008年11月7日至19日，省政协主席陈学亨，副主席邵克文、侯生华、黄选平、栗震亚、张世珍，秘书长石晶带领7个视察组分赴全省11个市州的24个县区，就2008年省政府为民所办14件实事中的新型农村合作医疗参合农民补助标准翻一番等8件实事办理情况进行为期10天的集中调研视察。调研采取召开座谈会、实地查看、走访农户、问卷调查和直接听取意见建议等形式，全面了解项目和政策的落实情况，形成《关于省政府为民办14件实事落实情况的视察报告》，并向省委、省政府作了专题汇报，对加强改进为民办实事工作和2009年办实事项目提出了具体意见和建议。省委书记陆浩、省长徐守盛对报告作出重要批示。

积极开展抗震救灾工作　“5·12”特大地震发生后，陈学亨主席迅即主持召开主席会议，研究安排省政协抗震救灾工作。省政协就积极开展抗震救灾工作向全省各级政协组织和政协委员发出倡议书。省政协主席会议成员每人为灾区捐助一个月工资。陈学亨主席带领有关人员深入平凉、庆阳部分县区，察看灾情，指导抗震救灾工作；栗震亚副主席带领医疗专家慰问团，赶赴陇南灾区，捐赠了10万元现金和价值3万元的药品，开展救治和慰问工作。6月上旬，陈学亨主席，副主席邵克文、侯生华、黄选平分别带队赴我省受灾最严重的文县、武都、康县、舟曲等4个县区，就灾民过渡安置和灾后重建工作进行调研，并向省委省政府报送了《关于文县、武都区、康县、舟曲县灾后重建工作的调研报告》，省委书记陆浩、省长徐守盛作出重要批示。抗震救灾期间，省政协积极动员组织全省各级政协组织、广大政协委员和机关工作人员为抗震救灾建言献策、为地震灾区捐款捐物。共捐款人民币8795万元、港币4万元，捐助价值近百万元的帐篷、衣物、药品等物资。省政协机关中共党员共缴纳特殊党费144975元。联系全国政协和中华慈善总会为陇南、甘南灾区12个县区捐赠价值516万元的图书30多万册，捐款360万元援建4所学校。

全国政协主席贾庆林一行来甘视察　2008年7月7日至10日，中共中央政治局常委、全国政协主席贾庆林，全国政协副主席、中共中央统战部部长杜青林一行，在省委书记陆浩、省长徐守盛、省政协主席陈学亨的陪同下，就贯彻落实省区市和中央部门主要负责同志会议精神、抗震救灾和灾后重建工作等在甘肃进行调研。贾主席一行先后深入陇南市文县了解受灾情况，看望灾区群众，指导抗震救灾和恢复重建工作；赴企业和科研院校，了解生产经营、自主创新等情况；慰问甘南少数民族干部群众，并同藏传佛教界人士进行了座谈；看望甘肃省政协、统战、民族、宗教工作部门机关干部和各民主党派、工商联负责人并发表重要讲话。

全国政协副主席张梅颖率团来甘考察　2008年10月21日至27日，全国政协副主席张梅颖带领全国政协委员考察团来甘考察。陈学亨主席主持甘肃省工作情况汇报会，省委常委、常务副省长冯健身汇报了我省改革开放30年来经济社会发展的主要情况。副主席邵克文、张世珍及秘书长石晶参加汇报会。随后，考察团深入兰州和河西地区城市、乡村及企业，考察了改革开放30年来甘肃在深化农村改革、促进农村经济社会发展以及现代化建设等方面的情况。陈学亨主席，副主席邵克文、李永军、张世珍，秘书长石晶分别陪同考察。

全国政协民族和宗教委员会调研组来甘调研　2008年9月7日，全国政协民族和宗教委员会副主任任仲兆隆带领“改革开放30年民族地区经济社会发展情况”调研组一行来甘调研。调研组在兰州召开甘肃民族地区经济社会发展情况座谈会，陈学亨主席主持会议，副省长泽巴足介绍了改革开放30年来我省民族地区经济社会发展的成就，并就当前民族地区发展存在的困难和问题提出了建议。副主席德哇仓、马国瑜出席会议。之后，调研组深入临夏、甘南两州考察

在甘全国政协委员赴内蒙古考察　2008年8月22日至29日，陈学亨主席带领在甘全国政协委员赴内蒙古自治区，就经济社会发展情况和人民政协工作进行

学习考察。全国政协委员、兰州军区原副政委孔瑛，全国政协委员、省政协副主席德哇仓、马国瑜参加了学习考察。

举办推动全民创业与促进中小企业发展论坛 2008年9月10日至11日，由省政协主办，省中小企业局、省劳动和社会保障厅协办的“推动全民创业与促进中小企业发展论坛”在兰州开幕。全国政协副主席陈宗兴出席开幕式并讲话，全国政协常委、经济委员会副主任胡德平作了题为《民营企业的回顾与意义》的主旨报告。省政协主席陈学亨，省委副书记刘伟平，省委常委、统战部部长刘立军，省政协副主席李永军、张世珍、马国瑜，全国政协委员、九届省政协副主席李宇鸿，秘书长石晶出席论坛。省政协副主席邵克文主持开幕会，黄选平副主席主持闭幕会并作总结讲话。

反映社情民意信息工作座谈会 2008年9月17日至18日在兰州召开。会议传达学习了全国政协反映社情民意信息工作座谈会精神，总结交流了人民政协反映社情民意信息工作的做法和经验，讨论了《政协甘肃省委员会关于加强和改进反映社情民意信息工作的意见》。陈学亨主席出席开幕式并发表重要讲话，邵克文副主席在闭幕会上作总结讲话。副主席德哇仓、秘书长石晶出席会议。

省政协召开人民政协理论研讨会 2008年11月6日，由省政协理论研究会承办的人民政协理论研讨会在兰州召开。会议就县级政协如何更好地发挥作用进行了交流研讨。陈学亨主席发表讲话，邵克文副主席主持会议。副主席德哇仓、黄选平、栗震亚、张世珍、马国瑜，秘书长石晶，省政协理论研究会会长薛映承出席会议。省社科院院长、省政协理论研究会副会长范鹏作了《关于县级政协工作现状、存在的主要问题及创新对策的几个问题》的主旨报告。

西部12省市区政协科教文卫体工作联席会议 2008年9月22日至24日，西部12省市区政协科教文卫体工作联席会议在兰州召开。会议围绕“加强产学研结合、促进科技成果转化、推动经济发展”进行了交流和探讨。邵克文副主席出席开幕式并致辞，栗震亚副主席主持会议。青海、宁夏、新疆、西藏、内蒙古、重庆、贵州、云南、广西、甘肃等西部省市区和特邀的河南、江苏、山东省政协科教文卫体委员会负责同志参加会议。

【重要文件】

常委会工作报告（2008年1月18日）（摘要） 报告分两大部分。第一部分回顾总结了九届政协5年的工作。5年来，共召开全体会议5次、常委会议21次、主席会议56次，组织调研视察141次，形成调研报告和专项建议101份，共向省委省政府报送建议案13件，提出提案3632件。省委省政府12位领导先后对35件建议案和调研报告的办理落实作出65次批示，许多意见建议转化为党政决策，在促进我省经济、政治、文化和社会建设，巩固和发展爱国统一战线，加强社会主义民主政治建设中，发挥了不可替代的作用。一、始终坚持把学习摆在突出位置，深入领会中共中央和省委关于加强人民政协工作的新要求。二、始终坚持围绕大局履行职能，为促进我省经济社会发展议政建言。三、始终坚持充分发扬民主，努力增进广泛团结。四、始终坚持积极了解和反映社情民意，切实维护广大人民的根本利益。五、始终坚持加强“三化”建设，推动各项工作活跃有序发展。六、始终坚持加强自身建设，履职能力和水平有了新的提高。报告第二部分对今后的工作提出了6点建议。第一，坚定不移地学习贯彻十七大精神，不断巩固团结奋斗的共同思想基础。第二，坚定不移地贯彻落实科学发展观，为实现全面建设小康社会目标的新要求献计出力。第三，坚定不移地践行履职为民的理念，把关注民生、反映民意贯穿于人民政协工作的始终。第四，坚定不移地坚持团结和民主两大主题，充分发挥人民政协协调关系、汇聚力量的重要作用。第五，坚定不移地推进政治协商、民主监督、参政议政制度建设，不断完善保障人民政协事业健康有序发展的机制。第六，坚定不移地加强政协自身建设，不断提高履行职能的能力和水平。

十届一次会议政治决议（2008 年 1 月 24 日）（摘要） 会议认为，政协甘肃省第九届委员会及其常务委员会，认真贯彻中共中央和中共甘肃省委关于人民政协工作的方针政策和意见要求，牢牢把握团结和民主两大主题，紧紧围绕省委省政府的中心工作、关系人民群众切身利益和改革发展稳定的重大问题，认真履行政治协商、民主监督、参政议政职能，各项工作取得显著成绩，为促进全省经济、政治、文化和社会建设发挥了积极作用，作出了重要贡献。会议指出，认真贯彻落实十七大精神，以科学发展观统领经济社会发展全局，自觉坚持省委确定的“四抓三支撑”的工作思路，着力转变经济发展方式和培育新兴优势产业，着力加强基础设施和生态环境建设，着力推进以改善民生为重点的社会建设，对于实现我省经济社会又好又快发展尤为重要和迫切。会议强调，全省各级政协组织和广大政协委员，要把学习贯彻十七大精神作为首要政治任务，用十七大精神武装头脑、指导实践、推动工作。要高举中国特色社会主义伟大旗帜，坚持以邓小平理论和“三个代表”重要思想为指导，不断巩固参加人民政协的各党派团体和各族各界人士团结奋斗的共同思想政治基础；要深入贯彻落实科学发展观，把促进科学发展作为履行职能的第一要务，紧紧围绕实现省第十一次党代会和今年政府工作报告确定的今后五年目标任务履行职能，为促进经济发展和社会进步议政建言、献策出力；要牢牢把握团结和民主两大主题，巩固和壮大我省爱国统一战线，为发展社会主义民主政治、构建和谐甘肃尽心竭力；要坚持以人为本，履职为民，把实现和维护广大人民的根本利益作为工作的出发点和落脚点，为保障和改善民生发挥积极作用；要切实加强自身能力建设，积极推进政治协商、民主监督、参政议政的制度化、规范化、程序化。会议号召，全省各级政协组织、政协各参加单位和广大政协委员，要紧密团结在以胡锦涛同志为总书记的中共中央周围，在中共甘肃省委的正确领导下，全面贯彻落实中共十七大和省十一次党代会精神，坚定不移地高举中国特色社会主义伟大旗帜，深入贯彻落实科学发展观，求真务实，开拓创新，同心同德，群策群力，为推进我省政协事业的新发展、实现全面建设小康社会目标的新要求而努力奋斗！

常务委员会 2008 年工作要点（2008 年 1 月 25 日）（摘要） 常委会工作的总体思路是：高举中国特色社会主义伟大旗帜，以邓小平理论和“三个代表”重要思想为指导，以科学发展观为统领，以学习贯彻中共十六大精神为主线，牢牢把握团结和民主两大主题，紧紧围绕省第十一次党代会和今年政府工作报告确定的目标任务履行职能，坚持解放思想，积极开拓进取，突出工作重点，创新工作方式，提高工作实效，努力在协调关系、汇聚力量、建言献策、服务大局上取得新成绩，为促进我省经济社会又好又快发展作出贡献。一、深入学习贯彻中共十七大精神，坚持用中国特色社会主义理论武装头脑、统一思想、指导工作。二、围绕省第十一次党代会确定的目标任务，积极开展调研视察，协商议政、建言献策，充分发挥政协在促进经济社会又好又快发展中的重要作用。三、紧扣团结和民主两大主题，做好协调关系、团结各界、汇聚力量的工作，为我省改革发展营造民主和谐的环境和氛围。四、关注民生，进一步做好提案和反映社情民意工作。五、积极探索实践政治协商、民主监督、参政议政的有效形式，推进履行职能的制度化、规范化、程序化建设。六、适应新形势、新任务的要求，进一步加强自身建设，不断提高履行职能的能力和水平。

中共甘肃省委书记陆浩在十届一次会议上的讲话（2008 年 1 月 18 日）（摘要） 讲话从四个方面充分肯定了省政协九届委员会卓有成效的工作。一、着力提高议政建言的水平，为推动全省经济社会发展做出了积极贡献。几年来，特别是关于围绕制定“十一五”规划、深入实施工业强省战略、推进和谐社会建设和新农村建设、资源型城市转型、加快非公有制经济发展、加强生态环境建设、加大技术创新力度等方面的调研，为省委、省政府的正确决策提供了重要依据，有效地促进了我省经济社会的发展。二、充分发挥联系面广的优势，为巩固全省各族人民大团结发挥了重要作用。省政协及全省各级政协组织，始终把增进团结、凝聚力量作为中心任务，充分发挥具有广泛代表性和包容性的独特优势，协助党委政府在协调关系、理顺情绪、化解矛盾方面做了大量工作。三、不断增强民主监督的实效，为党委政府改进工作给予了很大帮助。省政协重视拓宽民主监督的渠道和创新民主监督的方式，开辟了界别委员座谈会、委员约谈会、委员论坛、委员异地视察、专题议政会等新的活动方式，加强了专委会间的协调配合以及民主党派和政府部门的联系合作。四、积极拓宽反映社情民意的渠道，在关注民生方面做了大量工作。坚持以人为本，关注人民群众的切身利益，竭尽所能协助党委、政府解决民生问题，有效地扩大了人民政协的社会影响。省委希望新一届省政协以及全省各级政协组织，发扬优良传统，不断开拓创新，积极履行职能，充分发挥作用，共同致力于全省经济社会的又好又快发展。第一，认真学习贯彻中共十七大精神，坚持用科学发展观统领政协工作。第二，紧紧围绕全省工作中心，始终做到一心一意谋发展。第三，牢牢把握团结和民主两大主题，努力促进社会和谐。第四，切实加强自身建设，不断提高履行职责的能力和水平。

陈学亨主席在十届一次会议上的讲话（2008 年 1 月 24 日）（摘要） 十届省政协要高举中国特色社会主义伟大旗帜，深入学习贯彻中共十七大精神，以科学发展观为统领，始终保持人民政协工作的正确方向。要把促进科学发展作为履行职能的第一要务，为实现省第十一次党代会和今年政府工作报告确定的奋斗目标作出不懈努力。牢牢抓住推动科技进步和自主创新、大力培育特色优势产业等关系转变经济发展方式的重大问题，深入调查研究，积极建言献策，在促进经济又好又快发展上作出新贡献；密切关注基础设施和生态环境建设项目的实施情况，跟踪了解，推动落实，努力使政协的重点视察取得新进步；把关注民生、保障民生、改善民生作为政协工作的重要内容，广泛了解和积极反映社情民意，在促进解决关系人民群众切身利益的问题上展示新作为；紧紧围绕发展现代农业、繁荣农村经济、增加农民收入，在服务新农村建设上创造新业绩。要进一步推进政协工作的制度化、规范化、程序化，切实加强自身建设，着力提升履职能力，奋力开创我省人民政协事业的新局面。

【组织概况】

主　席

陈学亨

副主席

邵克文　德哇仓（藏族）　张津梁

李永军　侯生华　黄选平（回族）

栗震亚　张世珍　马国瑜（回族）

秘书长

石　晶

常务委员名单（按姓氏笔画为序）

丁雨田　卫孺牛　马　忠（回族）

马天义　马文云（东乡族）马江河

马得成（回族）　王　锐　王向机

王亦凡（女）　王建林　车安宁

戈银生　毛曼君（女）　户丁一

左灿湘　田毓龙　包　锐　邢永安

达芝芬（女，蒙古族）　朱　琨

刘立军　刘永辉　刘芳芹（女）

刘杰华　刘信生　刘晓瑚　刘醒初

闫鹏勋　孙矿生　孙学刚

贡唐·图布旦（藏族）　苏秦川

杜孟嘉　李凤民　李并成　李金田

李峰瑞　杨　兰（女）　杨利亚

杨肃昌　杨海峰　吴景山　辛刚国

张　平　张　明　张汉燚（藏族）

张亚生　张光义　张改琴（女）

张和平　张贵生　张海亚　张润利

张家昌　张祥生　张普选　陈　强

陈兴冲　陈兴鹏　陈建玉　金庆礼

周　鹰

朗木赛赤·洛藏南杰·龙仁桑盖（藏族）

屈建军　赵祥明　赵鲁平（女）

赵满堂　姚世宏　骆洪元　袁勤怀

贾笑天　夏　添（女）　柴绍豪

恩广礼（满族）　高玉江　郭长乐

郭奇志　郭顺林　郭晓霭（女）

郭颖纯　唐　瑶（女）　唐援朝（女）

萧　菡（女）　曹成章　盛世高

敏文祥（回族）　敏生光（回族）

康金成　阎奋民　阎孟辉（女，满族）

葛正芳　韩继德　惠怀荣　蒲志强

雷怀彦　雷通霞（女）　雷菊芳（女）

窦新生　褚衍东　赛仓·洛桑华尔丹(藏族)

樊佩君（女）　魏其奎

委员名单（按姓氏笔画为序）

中国共产党（33名）

万鹏举　王开堂　王应天

丹智草（女，藏族）　左灿湘

石　晶　冉生斌　冯沙驼　刘立军

许尔锋　杜孟嘉　李永军　杨　林

邱正保　张文先　张光义　张廷魁

张兴中　张津梁　张海亚　陈田贵

陈学亨　邵克文　范志斌　周　生

南明法　侯生华　姚忠兴　秦素梅（女）

郭长乐　黄选平（回族）　焦天成

戴　耿

中国国民党革命委员会（15名）

云立新　包　锐　刘艺工　孙晓钢

李如檀　杨立勋　杨利亚　杨肃昌

陈　强　陈　慧（女）　赵鲁平（女）

梁笑玉　蒋志诚　蒲志强　霍卫平

中国民主同盟（16名）

王建林　车安宁　朱建兰（女）

安志宏　李永才　杨世安　张　强

张万凌　张世珍　张全新　张承潜

周　鹰　阎奋民　蒙自福　雷自强

褚衍东

中国民主建国会（10名）

刘永辉　刘芳芹（女）　刘晓瑚

祁光绪　杨小燕（女）　杨发元

汪　福　陈兴鹏　施纪光　曹成章

中国民主促进会（9名）

马天义　王广位　朱元年　李凤民

张荫林　张祥生　席克勤　唐援朝（女）

康金成

中国农工民主党（8名）

杨　兰（女）　张　明　张祖迁

栗震亚　郭顺林　黄　郁（女）
鲁怀伟　雷怀彦

九三学社（12名）

王亦凡（女）　戈银生　冯　彪
朱玉红（女）　孙学刚　孙新民
张和平　张学鹏　张普选　陈兴冲
屈建军　董建华

无党派人士（11名）

王　锐　王向机　毛曼君（女）
文立新　朱　琨　刘丽珍（女）
米宏图　萧　菡（女）　张汉燚（藏族）
柴绍豪　郭晓霭（女）

工商业联合会（17名）

马生华（回族）　王金生　王焕臣
户丁一　刘　俊　刘建民　吴兴虎
宋艾芳（女）　陈启建　尚祖光
赵东平　赵满堂　姬书平　敏文祥（回族）
韩　庆　韩金龙　魏职勤

总工会（1名）

朱亚丽（女）

中国共产主义青年团（1名）

柳　鹏

妇女联合会（7名）

李燕青（女，回族）　何艳君（女）
陈玉萍（女）　郑永莲（女）
夏　添（女）　梁　英（女）
雷菊芳（女）

青年联合会（1名）

齐进军

台胞联谊会（3名）

杜　逸（女）　陈建华（女）　蔡培辉

归国华侨联合会（6名）

伏可夫　闫鹏勋　李存文　张玉虎
段建玲（女）　黄建平

科学技术协会（11名）

田毓龙　史振业　孙启国　李仁年
李峰瑞　杨生荣　邱家稳　张延丰
程百杰　傅　华（女）　蒲钢青

经济界（76名）

丁守明　万长生　马一奴（回族）
马江河　王忠邦　王建中　王贵平
王晋良　王祥安　王福祥　车　明
毛鹏茜　方向瑜　叶益强　田　成
白堆仓　冯旭东　宁一海　刘占学
刘志文　刘杰华　刘淑娥（女）
牟建邦　杜志伟　李　强　李人志
李国文　李宝萍（女）　李晓安
杨明基　肖创英　吴宏国　何维彪
张　萍（女）　张　瑞　张凤槐
张有平　张全年　张尚虎　张凯辉
张建友　张振强　张勤和　陈庆生
陈朝晖　武　毅　林怀宣　尚爱民
周保年　房　忠　赵小明　赵成德
郝怀民　郝献国　冒爱民　哈润荣(回族)
段广勇　洪秋良　贾　萍（女）
贾笑天　党连元　徐加合　高兰银
郭奚若（回族）　唐　瑶（女）
唐新英（女）　梅建生　常　青
康　义　覃伯德　傅志辉　解可敬
蔡根泉　谭国翘　樊怀玉　燕海增

科学技术界（55名）

王　为　王世宇　王兰民　王炎明
王庭富　石立峰　冉新权　刘玉生
刘忠文　刘根钰　许铭生　孙矿生
孙继光　严　平　李仁金　李伟中
李树豹　杨白民　杨海峰　肖玉火
宋学斌　宋焕玲（女）　张　宾
张文仁　张书余　张怡静（女）
张润利　张家渔　陈　汉　陈金根
陈建玉　周启运　周剑平　周惠娣（女）
郝文欣　祝忠明　姚世宏　秦大河
顾　伟　柴顺林　倪克非　高玉江
高建国　高清和　郭志斌　浦铜良
常建荣　梁传密　颉光普　喜文华(回族)
韩金仓　窦新生　蔡国仁　滕文川
魏瑜年

农业界（32名）

丁连生　丁学德　卜发生　才学鹏

卫孺牛　马忠明　马得成（回族）
王凤鸣　邓　煜　卢首百　毕　阳
华文哲　刘　斌　刘俊正　安继忠
李世和　杨封科　杨树军　何清吉
宋尚有　张　平　张　强　张鸣实
陈克枫　周锁奎　赵　杰　赵岩冰（女）
骆洪元　郭奇志　雷志强　路泽生
蔺秦生

教育界（46名）

丁雨田　马双成　马如云　马跃洲
王汝发　王兴隆　王芳霞（女）
王克太　王肃元　王晓兰（女）
王晓明　王维兰（女）　文海成
石玉亭　石培基　叶小平　田振际
吕世虎　刘　琦　刘金郎　刘信生
羊正宁　孙　杰　李　瀛　李同祥
李志强　何开源　辛刚国　张方明
张俊宗　陈炳璋　周永革（女）
赵万勇　赵庆芳（女）　胡雨来
钟承奎　俞建宁　姜秋霞（女）
贾国江　郭晓霞（女）　盛世高
阎庆生　盖宇仙（女）　黎世祺
薛德胜　魏邦龙

文化艺术界（19名）

马　刚　马　江（女，回族）
马少青（保安族）　王博渊　田卫戈
丛铁军　刘亚明　苏孝林　李天圣
李林安　杨满年　何胜江　张改琴（女）
邵振国　郭惠玉（女，藏族）常文海
麻友兰　雷通霞（女）　窦凤霞（女）

社会科学界（11名）

马雪彬（女）　王文全　王冀青
尹伟先　刘醒初　纪新民　李并成
吴景山　张生桢　范　鹏　金庆礼

医药卫生界（21名）

于建新　马东兵　王平基　车　岩（女）
刘　巍　刘艳春（女）　李　丽（女）
李　慧（女）　李玉生　李金田
张乔英（女）　陈锦祥　周伯展
郑天珍（女）　徐　杰（女，满族）
高建邦　常亚霖　蒋　琳（女）
谢贵林　廖志峰　魏虎来

社会福利与社会保障界（7名）

马玉莲（女）　马福财（东乡族）
何文元　房锋生　姚振华　唐延生
梁　力

体育界（2名）

杨　卫（藏族）　高亚萍（女）

新闻出版界（11名）

马启昕　王　丁　孙　伟　李战吉
武来银　孟　臻　孟永辉　袁勤怀
流　云（女）　臧海群（女）
管钰年

少数民族界（33名）

马　忠（回族）　马凤梅（女，回族）
马文光（回族）　马世仁（保安族）
马尔曼（回族）　马百龄（回族）
马全英（东乡族）马秀萍（女，回族）
马富春（回族）　王　勇（回族）
王鸿生（回族）　卡玛利剑（哈萨克族）
旦正才让（藏族）　达芝芬（女，蒙古族）
乔双花（女，土族）　贡去乎金巴（藏族）
李晓红（女，回族）　吴仲英（女，回族）
安进才（回族）　张月莲（女，回族）
阿荣（女，蒙古族）　者　荣（回族）
金雅声（蒙古族）赵晓芳（女，回族）
赵惠仙（女，回族）　钟付全（裕固族）
拜惠莉（女，回族）　班省华（布依族）
恩广礼（满族）　席前进（蒙古族）
阎孟辉（女，满族）　斯琴孟和（蒙古族）
韩国军（撒拉族）

宗教界（29名）

丁军年　马天驷（回族）
马文云（东乡族）马国瑜（回族）
马振龙（东乡族）
朗木赛赤·洛藏南杰·龙仁桑盖（藏族）
加堪布仓（藏族）　贡唐·图布旦（藏族）
李耀林　杨杰芳（东乡族）

张开吉（东乡族） 陈理复 者金平（回族）
宗周加措（藏族）赵建章 柳苍德
姚玉翠（女） 袁宗善 海清礼（回族）
萨木擦仓（藏族）敏生光（回族）
堪布仓（藏族） 彭理福 韩继德
释妙林 释理因 释道证
赛仓·罗桑华尔丹（藏族）德哇仓（藏族）

对外友协（1名）

郭颖纯

特别邀请人士（66名）

卜彦杰 万国仁 马艾武 马社弟
马相忠（回族） 王 锋 王扎东（藏族）
王有贤 王志贵 王国利 王美萍（女）
王祖国 王联群 王禄维 火荣贵
石振才 卢有治 冉万祥 冯翠屏（女）
邢永安 刘天明 刘吉银
安永红（裕固族）许王清照（女）
苏永安 苏秦川 李文卿 李加琦
李学舜 李美华（女） 杨友甫
何元纲 佘学斌 张力学 张正昇
张正谦 张世秀 张亚生 张国华
张国斌 张贵生 张家昌 张能绪
陈元龙（东乡族）陈端亮 欧家威
卓 航 周守群 庞 波 赵祥明
侯建钧 贾兴勤 柴生祥 徐 伟
郭成录 陶润仁 黄正军 曹水成
盛占省 梁兰芝（女） 寇永杰
彭维友 葛正芳 惠怀荣 樊佩君（女）
魏其奎

机构设置

经十届一次常委会议决定，省政协设办公厅、研究室、提案委员会、社会和法制委员会、文史资料和学习委员会、经济委员会、人口资源环境委员会、科教文卫体委员会、民族和宗教委员会、港澳台侨和外事委员会、农业和农村工作委员会。

【甘肃省各市、县、区政协领导人名单】

兰州市

市政协主席 左灿湘

县（市、区）政协主席

城关区 李玉兰（女）
七里河区 巴怀亮
西固区 王习军
安宁区 马玲媛（女，东乡族）
红古区 陈芦骐
永登县 史存瑞
榆中县 黄宗利
皋兰县 朱宗义

天水市

市政协主席 冯沙驼

县（市、区）政协主席

秦州区 霍秀清（女）
麦积区 贾应珍
武山县 颉卫星
甘谷县 李爱菊（女）
秦安县 高霆钧
张家川县 李栋一
清水县 刘怀珍（女）

白银市

市政协主席 张廷魁

县（市、区）政协主席

白银区 陈 忪
平川区 郝进义
景泰县 谈守礼
靖远县 雒联奎
会宁县 宋维平

金昌市

市政协主席 姚忠兴

县（市、区）政协主席

金川区 张俊礼
永昌县 索玉珊（满族）

嘉峪关市

市政协主席 周 生

临夏回族自治州

州政协主席 戴 耿

县（市、区）政协主席

临夏市 魏光辉

临夏县 周 钰（回族）

永靖县 康建才

东乡县 周 财

和政县 沈志平

广河县 马绍先（回族）

康乐县 苏国树

积石山县 龚恒元

甘南藏族自治州

州政协主席 丹智草（女，藏族）

县（市、区）政协主席

合作市 韩雪峰（藏族）

夏河县 仁青东智（藏族）

碌曲县 尕藏南杰（藏族）

玛曲县 尕 考（藏族）

迭部县 杨正才（藏族）

临潭县 牛汝霖（藏族）

卓尼县 杨世英（藏族）

舟曲县 董燕青

庆阳市

市政协主席 张文先

县（市、区）政协主席

西峰区 张金彤

环 县 田建堂

庆城县 贾兴勤

华池县 常玉海

合水县 邓文涛

镇原县 黄清文

宁 县 刘 政

正宁县 袁喜言

平凉市

市政协主席 王应天

县（市、区）政协主席

崆峒区 张新平

静宁县 陈向华（女）

泾川县 郭虎林

灵台县 魏惠琴（女）

崇信县 完颜华（满族）

华亭县 邵海荣

庄浪县 杨振基

陇南市

市政协主席 邱正保

县（市、区）政协主席

武都区 王淑英（女）

成 县 白云升

文 县 杜生虎

西和县 李廷俊

徽 县 宋小平

康 县 田生才

两当县 唐启荣

礼 县 马忠惠

宕昌县 孙书诚

定西市

市政协主席 秦素梅（女）

县（市、区）政协主席

安定区 杨海荣

临洮县 陈永寿

陇西县 包志宏

通渭县 郑俊清

渭源县 张亚农

漳 县 赵玉忠

岷 县 何义忠

武威市

市政协主席 焦天成

县（市、区）政协主席

凉州区 刘兆祥

天祝县 马官保（女，蒙古族）

古浪县 倪天祯

民勤县　　　　毛集高

张掖市

市政协主席　　王开堂

县（市、区）政协主席

甘州区　　　　郭尚勤

肃南县　　　　高林俊（裕固族）

高台县　　　　袁成高

临泽县　　　　韩起祥

山丹县　　　　张百祥

民乐县　　　　刘富荣

酒泉市

市政协主席　　杨　林

县（市、区）政协主席

肃州区　　　　李洪斌

玉门市　　　　张　勇

敦煌市　　　　年海义

金塔县　　　　李春祥

瓜州县　　　　卢永年

肃北县　　　　常　寿（蒙古族）

阿克塞县　　　哈里弟（哈萨克族）

甘肃省各级政协组织和委员数

（截至2008年底）

项目＼级别	省　级	地级市	县级（市、区）	合　计
组织数	1	14	86	101
委员数	570	3932	10459	14961

（赵一红　郭巍丽　编写　杜尊贤　审稿）

政协宁夏回族自治区委员会

项宗西　主　席

李淑芬　副主席

马国权　副主席

陈守信　副主席

袁汉民　副主席

陶　源　副主席

解孟林　副主席

张乐琴　副主席

安纯人　副主席

朱玉华　秘书长

【全体委员会议】

九届一次会议 2008年1月15日至21日在银川举行。应出席420人，实到390人。大会开幕前举行了预备会议，审议通过了九届一次会议主席团和秘书长名单、会议议程、提案审查委员会名单等，八届政协主席任启兴在会议结束时讲话。开幕大会由九届一次会议主席团常务主席、大会执行主席项宗西主持。自治区党政军和有关方面领导到会祝贺。主席团常务主席袁汉民、马国权受自治区政协八届常委会委托分别向大会作常委会工作报告和提案工作情况的报告。会议听取并审议了政协宁夏回族自治区委员会第八届常务委员会工作报告和提案工作情况的报告。列席了自治区人大十届一次会议，听取并讨论《政府工作报告》和其他报告。会议对自治区政协八届委员会的工作表示满意，要求九届委员会继续努力，争取作出更大的贡献。会议期间，共举行主席团会议3次，大会发言1次，选举大会1次；收到大会发言材料43份，有10名委员作大会发言；收到提案561件，经审查立案523件，其中委员提案385件、团体提案138件。会议选举项宗西为自治区政协第九届委员会主席、李淑芬等8人为副主席、朱玉华为秘书长、马凯等83人为常务委员。自治区党委书记陈建国、自治区政协主席项宗西在会议闭幕时讲话。

【常务委员会会议】

第1次会议 2008年2月1日在银川召开。应到97人，实到90人。会议的主要议题是组建九届自治区政协专门委员会。会议通过了《政协宁夏回族自治区第九届委员会专门委员会通则》，通过了九届自治区政协副秘书长名单和专门委员会组成人员名单。项宗西在会议结束时讲话。李淑芬主持会议。

第2次会议 2008年3月18日在银川举行。应到97人，实到92人。会议主要议题是传达学习贯彻全国“两会”精神。项宗西主持会议并传达了全国政协十一届一次会议精神，要求全区各级政协组织和广大政协委员增强大局意识、责任意识和创新意识，真正把思想统一到全国“两会”精神及中共中央和自治区党委的重大决策部署上来，以更加开放的思想观念、更加执著的奋斗精神、更加扎实的工作作风，认真履行各项职能。

第3次会议 2008年6月25日至26日在银川举行。应到97人，实到88人。会议主要议题是围绕中小企业发展建言献策。为了开好这次会议，自治区政协会前专门组织了4个专题调研组，分别由4位副主席带队，邀请有关专家学者参加，深入到银川、石嘴山、吴忠、固原市开展调研。会议听取了自治区政府关于我区中小企业发展情况的通报，听取了自治区政协4个调研组的汇报，听取了自治区民主党派、工商联和自治区政协常委及五市推荐的中小企业负责人代表的发言，并进行了分组讨论。项宗西在会议结束时讲话。

第4次会议 2008年9月18日在银川举行。应到97人，实到90人。会议主要议题是围绕农村民生问题建言献策。为了开好这次会议，会前自治区政协专门组织了4个调研组，分别由4位副主席带队，并邀请有关学者参加，深入到银川、石嘴山、吴忠、固原、中卫五市就我区农村民生问题开展调研。会议听取了自治区主席助理田明关于全区农村民生情况的通报，听取了自治区政协4个调研组关于我区农村环境保护、农民增收、新型农村合作医疗实施情况和固原市地震救灾工作的调研汇报，还听取了民主党派、工商联、政协常委及五市推荐的农民代表关于如何进一步解决好当前我区农村民生问题的发言。项宗西主持会议并在会议结束时讲话。

第5次会议 2008年10月20日在银川举行。应到97人，实到89人。会议主要议题是传达学习中共十七届三中全会精神、全国政协十一届三次常委会议精神以及自治区党委十届六次全体（扩大）会议精神。项宗西要求全区各级政协组织、政协各参加单位和广大政协委员，要以高度的政治责任感和使命感，认真学习领会全会精神，加强组织领导，切实把思想和行动统一到中共十七届三中全会和自治区党委十届六次全体（扩大）会议精神上来。

第6次会议 2008年12月22日在银川举行。应到97人，实到94人。会议主要是为即将召开的自治区政协九届二次会议做准备。会议听取了自治区政府书面通报的自治区政协九届一次会议提案办理情况，审议通过了关于召开自治区政协九届二次会议的决定；审议通过了自治区政协九届二次会议议程、日程等有关文件；审议并原则通过了常委会工作报告和提案工作报告（草案）；会议还通过了自治区政协第九届委员会委员增补名单和有关人事任免事项等。

【专门委员会工作】

提案委员会 九届一次会议以来，共征集提案613件，经审查立案572件。截至2008年底，99.6%的提案已经办复。通过编发《提案工作手册》、举办提案知识讲座，使委员了解政协提案的历史沿革，提高委员对提案工作重要性的认识；通过联系自治区发改委、水利厅等相关部门向委员通报重点工作进展情况；组织委员参加视察调研活动，帮助委员知情明政，为提案者撰写提案创造条件。召开提案工作联席会议，向各民主党派、工商联和政协专门委员会通报提案总体办理情况，介绍提案的征集方向和重点，协调相关提案的联合督办和调研。进一步拓宽提案的来源渠道，及时将政协常委会议上的发言和专委会的调研成果转化为提案。选择发改委、财政厅、建设厅等8家重点承办单位，筛选出12件事关全区经济、社会发展大局和群众切身利益的提案作为自治区政协九届一次会议重点提案。改进了提案交办方式，实现了以“电子文本”形式移交提案，方便了政府办公厅分办和承办单位受理。邀请新闻媒体召开提案宣传工作座谈会，挖掘提案资源，主动向新闻单位提供提案信息，积极利用报纸、广播、电视、互联网等媒体，对提案中的热点问题及重点提案的办理落实情况进行宣传。组织西部十二省（区、市）政协提案工作第19次联席会议。组织开展各类视察、调研和考察活动5次，使委员对国情、区情和相关行业的发展有了更深层次的了解。

经济委员会 一年来，共组织委员开展各类活动33项（次），其中专题调研4项，视察考察4次，专题报告会5次，座谈讨论会20次，向自治区党委、政府和有关领导提交书面意见建议4份，提交提案、社情民意反映4份。赴石嘴山市对中小企业生产经营情况进行调查，完成《关于自治区政协九届三次常委会议情况的报告》，报送自治区党委，得到陈建国书记批示。深入宁夏天地奔牛集团等15家重点骨干企业进行调研，提出了《关于实现我区装备制造业跨越式发展的意见》。联系自治区建设厅、民政厅等有关部门的负责同志就我区开发、生产和推广使用新型抗震房屋情况进行了调研。承办“改革开放30周年宁夏经济发展论坛”，刊印了《改革开放30周年宁夏经济发展论坛征文汇编》和《改革引领发展，数据透视变化——盘点宁夏改革开放30周年经济社会发展成就》手册。组织委员视察了永宁县、李俊镇、叶盛镇农业生产基地。赴宁东能源化工基地视察参观，听取了宁东办及有关企业的情况介绍并进行座谈。举办“宁夏经济发展问题的思考”讲座、全区经济运行情况通报会和学习《关于进一步促进宁夏经济社会发展的若干意见》报告会。参加全国二十三省区市政协经济委员会联系会议，提交了《加强交流与合作，促进区域经济发展》交流材料。组织安排分管领导出席各种全国性重要会议、区内重要经济活动30余次。加强与对口单位的联系与合作，协助办公厅接待了全国政协经济委员会等来宁考察组。

人口资源环境委员会 举办“气候变化与科学发展”报告会，邀请自治区气象局有关领导为政协委员讲解气候变化与气象科学发展方面的知识。视察我区银西防洪工程等地，详细了解银西防洪工程的建设运行，向自治区党政有关领导报送了《关于加强银西防洪工程建设的几点建议》。对我区建筑节能工作进行专题调研，向自治区党委报送了《关于我区建筑节能工作的调研报告》。会同自治区政协人口资源环境委员会，以及自治区发改委、经委、财政厅等部门的负责同志组成调研组，赴银川市和石嘴山市对我区主体功能区规划和石嘴山市循环经济试点情况进行调研，形成《关于召开石嘴山市资源城市转型工作专题会议的建议》，报送自治区党委、政府，王正伟主席作出批示。对我区农村环境保护工作进行专题调研，向自治区政协九届四次常委会议提交了《关于我区农村环境保护工作的调研报告》。就我区基层计划生育服务站建设情况进行专题调研，实地考察了7个基层计生服务站所，向自治区党委、政府报送了《关于加强我区基层计划生育服务站建设的调研报告》。开展“宁夏地震灾害与防震减灾对策”课题研究，组织课题组成员赴四川、云南、山西等省调研并收集了相关资料，形成专题报告初稿。组织委员对有关部门的行风政风建设进行了民主评议。加强与全国政协和兄弟省区政协人口资源环境委员会的联络。接待外地政协考察团，交流工作，联络感情。

教科文卫体委员会 承担并完成了常委会调研任务，实地考察了3个新农合经办机构和4个农村医疗机构，形成了《宁夏新型农村合作医疗实施情况的调研报告》。承办了2008年度宁夏政协“兴华成才助学金”发放活动的组织与实施工作，102名学子得到资助。组织全体委员就自治区五十大庆重点项目“四馆三中心”建设情况进行了视察。承办了“纪念改革开放30周年暨自治区成立50周年政协委员书画作品展”。协助办公厅组织接待了香港福建希望工程基金会实施“援建农村希望小学”工程落成剪彩活动。就我区职业教育发展情况和民盟宁夏区委会进行了联合调研，形成了《关于我区职业教育发展情况的调研报告》。组织部分委员就宁夏体育运动训练管理中心竞技体育人才培养和训练场馆基础设施建设情况开展了视察活动。联合文史和学习委员会组成视察组，深入海原大地震遗迹，详细了解大地震遗迹保护情况。就群众关心的热点、难点问题提出提案3件、社情民意7条，得到党委、政府领导的批示和重视。组织举办了“学习和落实科学发展观，构建社会医疗卫生保障体系”专题讲座。举办了“新型农村合作医疗情况通报会”、“职业教育发展情况通报会”及庆祝“五·一二”国际护士节联谊会。应邀参加了自治区党委、政府对口职能部门召开的工作会议、重要活动和座谈研讨会共计15次。参加了西部十二省（区、市）政协“加强产学研结合，促进科技成果转化，推动经济发展”研讨会、十六省（市、区）政协“知识产权与自主创新”研讨会及全国部分省（市、区）政协教科文卫体委员会“农村卫生工作”研讨会。

社会和法制委员会 举办了《劳动合同法》法制讲座和与本委业务知识相关的座谈会。就固原市地震救灾情况进行了专题调研，起草了《关于固原市地震救灾情况的调研报告》，对我区社区建设情况进行了专题调研，形成了《关于我区社区建设情况的调研报告》，报送自治区党委、政府。深入银川、固原两市，实地考察厂矿企业，召开座谈会听取多方面的意见建议，并走访农民工代表，形成并上报了《关于我区农民工合法权益保障情况的调研报告》，为自治区党委、政府决策提供了参考。深入银川市及所属 3 区、2 县、1 市调研基层政协工作，形成了《关于银川市（县、区）政协工作情况的调研报告》。组织委员到石嘴山监狱和银川监狱深入服刑人员劳动教育改造和生产生活现场，就监狱警察执法、管理、教育改造罪犯等工作进行考察。组织委员对《中华人民共和国老年人权益保障法（修订草案）》、自治区《关于进一步规范法官、检察官、警察、律师相互关系，维护司法公正的暂行规定》等法律法规（草案）或（征求意见稿）进行协商讨论，提出修改意见。对中卫市及区直有关部门“五五”普法工作进行了中期督导检查。组成“加强我区卫生监督体系建设”重点提案督办小组，提出了对重点提案办理的具体意见和建议。召开“自治区政协委员行风评议座谈会”，对行政执法部门和重点窗口服务行业的行风建设进行了评议。及时处理群众来信来访，加强与全国政协、自治区对口部门、市县（区）政协的工作联系。

民族和宗教委员会 对我区散居少数民族权益保障情况进行了调研，报送了《关于我区散居少数民族权益保障情况的调研报告》。就我区清真食品产业发展情况进行了调研，向自治区党委、政府上报了《关于我区清真食品产业发展情况的调研报告》。就五大宗教团体发挥积极作用、服务社会的情况进行了视察，形成《关于自治区宗教团体服务社会情况的视察报告》并报送自治区党委、政府。组织部分民族和宗教界委员到自治区五十周年大庆重点项目工程施工现场进行了视察，提出意见和建议。协助全国政协民宗委对我区宗教界人士和信教群众为促进经济社会发展服务的情况进行了调研。就少数民族聚居地区农民增收情况进行了调研。积极协助自治区政协办公厅继续加强与香港福建希望工程基金会的联系。承办了原北京回民学院支宁人员及国家民委调宁老同志庆祝自治区成立五十周年联谊会。与银川市政协民族宗教港澳台侨联络委员会联合开展了我区散居少数民族工作情况的调研。举办新时期党的民族理论和民族政策专题讲座。加强与自治区有关部门和宗教团体的联系与协作。

文史和学习委员会 结合传达全国政协文史工作座谈会精神和筹备全区政协文史工作座谈会，了解基层政协文史工作现状，探讨文史工作发展对策。根据全国暨地方政协文史委员会主任会议确定的文史资料选题征集编辑方案，积极参与全国政协文史资料选题协作。经过认真筛选，为全国政协《亲历共和国》丛书推荐了 25 篇史料；配合“人民政协成立 60 周年记事”、“纪念人民政协文史工作 50 周年”、“民族自治区及自治州、县的成立历程”等选题协作规划，整理筛选了相关稿件。组织委员实地察看了交通、体育、农垦、邮政、电力、岩画等部分在建和建成的行业专题博物馆，向自治区党委提交了视察报告。与教科文卫体委员会联合组织委员实地察看了海原大地震遗址，向自治区党委提交了视察报告。组织部分委员对固原市中小企业发展情况进行了调研。就九三学社宁夏区委会提出的重点督办提案《关于加强我区农村生活污水处理的建议》进行了现场督办。邀请自治区地震局负责同志向在银自治区政协委员、政协机关干部以及各民主党派、工商联机关干部做了汶川大地震与我区地震形势的专题报告。全年共编印了6期、30余万字的《学习参考资料》。组织委员前往吉林、黑龙江两省考察政协文史和学习工作。参加了在江西省召开的全国暨地方政协文史委员会主任会议、在西安市召开的西北五省（区）暨西安市政协文史资料工作第二十二次协作会议。

港澳台侨和外事委员会 一年来，共开展专题调研2次、视察3次、考察2次，提交视察、考察、调研报告5份；举办报告会1次、专题学习会3次；接待港澳同胞5批112人次，走访看望委员35人次；全体委员通过不同渠道累计向汶川地震灾区捐款172万余元，向自治区政协“兴华成才助学基金”捐款63万人民币。组织委员学习胡锦涛总书记3月4日和3月7日就发展两岸关系发表的重要讲话。在台湾大选前夕举办了“海峡两岸关系形势”报告会。组织委员对吴忠市中小企业发展情况进行了专题调研，提出了抓紧制订《宁夏中小企业促进条例（草案）》等5条意见建议。组织委员对全区归国留学人员发展创业情况进行调研，向自治区党委、政府呈报了调研报告及《关于加快我区农业信息资源共享工程建设的建议》。组织委员对我区“农家乐”旅游情况进行视察，向自治区党委、政府呈报了视察报告及《关于为六盘山旅游扶贫试验区划拨宣传费用的建议》。组织委员对银川市、石嘴山市两地三资企业发展情况进行视察，报送了《关于打造我区清真餐饮品牌推动清真餐饮连锁店发展的建议》。组织委员赴中宁、吴忠等地视察农业银行服务我区“三农”情况。赴香港、澳门看望在港澳的宁夏政协委员，指导成立了港区委员活动小组。配合办公厅邀请港澳地区宁夏政协委员参加自治区成立五十周年庆祝活动，并圆满完成了组织协调工作。接待了香港青年企业家考察团、香港宁夏同乡会回宁考察团、台湾经贸代表团等。与自治区党委统战部、自治区党委台湾工作办公室等9个部门建立了“自治区涉台涉侨部门工作联席会议制度”。与自治区党委台湾工作办公室联合举办了2008年台胞台属迎春茶话会、2008千乡万才计划宁夏会员学校导入活动，与银川市政协民族宗教和港澳台侨委员会联合举办了“海峡两岸关系形势报告会”等。

【重要活动】

召开征集全国“两会”提案座谈会 2008年1月29日，自治区政协召开征集全国“两会”提案座谈会。座谈会上，5市和23个厅局负责人根据中共十七大精神，结合国家的发展政策、发展方向、发展要求，重点就我区需要国家解决的一些重大问题进行发言。项宗西主席在会上指出，全国政协委员要高度重视，认真结合工作实际和五市及各厅局的意见建议，认真筛选、修改、完善、整理提案素材，抓紧时间，精心准备全国“两会”提案和大会发言，确保数量，提高质量，把促进国家和我区又好又快发展的心声反映到全国“两会”上。

视察中卫市中小企业发展 2008年4月11日，项宗西主席率领部分驻宁全国政协委员及自治区政协各专委会负责人赴中卫市视察了中小企业发展状况，并与当地领导以及企业代表就如何发展中小企业进行座谈交流。

召开信息和宣传工作座谈会 2008年5月7日，自治区政协召开政协信息和宣传工作座谈会，传达全国政协反应社情民意信息工作和新闻宣传工作座谈会精神，全面总结、部署全区政协信息和宣传工作。会议就《自治区政协关于进一步加强信息和宣传工作的意见》（讨论稿）和《关于充分发挥〈自治区政协工作简讯〉作用加强基层政协工作动态信息报送工作办法》（讨论稿）进行了讨论。

举办政协委员培训班 2008年5月8日至9日，自治区政协委员培训班在银川举办。此次培训旨在帮助新一届政协委员加深对人民政协的历史、性质、地位、作用和任务的认识，较好地掌握政协工作的方法，尽快进入委员的角色。项宗西主席要求，广大政协委员在培训学习中要集中精力、潜心钻研，团结互助、加强交流，联系实际、学以致用，力争用所学知识指导实践，促进本职工作，在人民政协的工作中作出更大贡献。

举行抗震救灾捐款仪式 2008年5月14日，自治区政协举行了抗震救灾捐款仪式，自治区政协主席、副主席和秘书长带头捐款，机关干部职工也踊跃捐款。自治区政协原领导和一些离退休的老同志也纷纷赶到政协机关捐款。自治区各民主党派、工商联，各市县（区）政协和政协各参加单位以及广大政协委员纷纷慷慨解囊，奉献爱心。

现场督办环保提案 2008年6月13日，自治区政协提案委员会会同自治区政府办公厅、九三学社宁夏区委会和自治区环保局及有关专家和学者就《关于加强农村生活污水处理的建议》和《关于治理农村生态污染的建议》提案，深入现场督办提案，并与提案承办单位进行座谈交流。

庆祝政协宁夏回族自治区委员会成立50周年 2008年9月17日，自治区政协在宁夏人民会堂召开座谈会，庆祝自治区政协成立50华诞。项宗西主席出席会议并讲话。自治区党委常委、统战部长马金虎代表自治区党委，向政协宁夏回族自治区委员会成立50周年表示祝贺。

庆祝自治区政协成立50周年理论研讨会 2008年9月17日在银举行。项宗西主席发表讲话，李淑芬副主席主持会议。研讨会共收到论文100篇，内容紧密联系我区政协工作实际，充分展示了我区人民政协理论研究的最新成果，4位优秀论文获奖者在会上作了交流发言。会上还宣布了庆祝自治区政协成立50周年理论研讨会优秀论文和第十三届全区政协好新闻评选结果。

举行纪念改革开放30周年书画作品展 2008年9月19日，自治区政协举行纪念改革开放30周年暨自治区成立50周年政协委员书画作品展，表达全区各级政协委员对祖国发展欣欣向荣和我区各族人民生活和谐安康的良好祝愿，推动政协书画艺术活动有力开展。

举办深入学习实践科学发展观专题学习班 2008年10月13日，自治区政协机关举办处以上领导干部专题学习班，按照中央和自治区党委的统一部署，继续深入学习实践科学发展观。自治区政协秘书长、机关党组书记朱玉华在学习班上作了动员讲话。

召开学习科学发展观专题辅导报告会 2008年10月21日，自治区政协召开学习实践科学发展观辅导报告会，项宗西主席作专题辅导报告。自治区政协、各民主党派、工商联、黄埔同学会机关干部职工也一同听取了辅导报告。

举行各界人士新年茶话会 2008年12月30日，自治区政协办公厅、自治区党委统战部共邀我区各族各界人士在悦海宾馆叙友情、话合作、庆新年。自治区领导王正伟、于革胜、刘晓滨、齐同生、马秀芬、姚爱兴、李淑芬、马国权、陈守信、袁汉民、解孟林、张乐琴、安纯人等出席茶话会。马金虎主持茶话会。全国政协委员、民建宁夏区委会主委孙贵宝和全国政协委员、自治区伊斯兰教协会会长杨发明分别代表民主党派和民族宗教界在茶话会上发言，表达了全区各族各界建设小康社会的共同心声。

政协机关荣获自治区文明单位称号 近年来，自治区政协机关以深入开展“双创”工作为主线，以创新党组织生活形式为先导，以干部管理培训为重点，以廉政文化建设为支撑，以文体活动交流联谊为载体，内抓管理，外树形象，活跃工作，凝心聚力，机关整体工作水平和工作成效迈上了新台阶。2007 年年底，顺利通过了自治区文明委和区直机关工委检查组关于创建自治区级“文明单位”、“党建工作先进单位”工作检查考核和区直机关工委第四轮党建工作先进单位考核，成为自治区级文明单位。

【重要文件】

常委会工作报告（2008 年 1 月 15 日）（摘要） 自治区政协第八届委员会，在自治区党委的领导和全国政协的指导下，在自治区政府及社会各界的大力支持下，坚持以邓小平理论和“三个代表”重要思想为指导，认真贯彻落实中共十六大及历次全会和十七大精神，坚持科学发展观，牢牢把握团结和民主两大主题，围绕中心，服务大局，与时俱进，开拓创新，团结和带领广大政协委员，认真履行政治协商、民主监督、参政议政职能，各项工作都取得了新进展，为促进全区经济、政治、文化和社会建设作出了积极贡献。（一）围绕中心，服务大局，认真搞好政治协商；（二）关注热点，拓宽渠道，积极推进民主监督；（三）深入实际，调查研究，不断提高参政议政实效；（四）突出主题，凝心聚力，为构建和谐宁夏贡献力量；（五）适应形势，注重实效，全面加强自身建设。五年来，八届政协从实际出发，求真务实，开拓创新，在履行职能的实践中，积累了不少经验和体会，为我们进一步推进人民政协事业发展提供了有益启示，主要有：（一）必须摆正位置，始终坚持把党委的领导和政府的支持作为开展政协工作的政治保障；（二）必须服务大局，始终坚持把促进发展作为政协工作的第一要务；（三）必须发挥优势，始终坚持把团结民主两大主题作为推动和谐宁夏建设的神圣使命；（四）必须与时俱进，始终坚持把开拓创新作为永葆政协工作生机的不懈动力；（五）必须服务群众，始终坚持把协助党委政府实现好、维护好、发展好最广大群众的根本利益作为政协工作的出发点和落脚点。

陈建国在自治区政协九届一次会议闭幕会上的讲话（2008 年 1 月 21 日）（摘要） 九届自治区政协领导班子已经选举产生。这一届自治区政协任期的五年，是充满机遇和挑战的五年，是政协工作乘势而上、奋发有为的五年。这次“两会”审议、讨论的自治区政府工作报告，对推进我区各项事业跨越式发展做出了一系列部署和安排。实现我们既定的奋斗目标，让美好的蓝图变为现实，必须依靠全区各族人民同心同德，艰苦奋斗。统一战线是中国共产党团结一切可以团结的力量，夺取革命、建设和改革事业胜利的重要法宝，也是中国共产党执政兴国的重要法宝。中国共产党领导的多党合作和政治协商制度是我国的一项基本政治制度，也是我国社会主义政治制度的特有优势。我们一定要进一步认识坚持中国共产党领导的多党合作和政治协商制度的重大意义，始终不渝地坚持这个重要法宝，发挥这一特有优势。相信新一届自治区政协和政协委员一定能够肩负起时代和历史赋予的光荣使命，解放思想，与时俱进，在奋力开创我区跨越式发展的新局面中发挥重要的作用，作出更大的贡献。就做好政协工作提几点要求：第一，坚持高举旗帜，自觉维护核心。第二，突出工作重点，主动服务中心。第三，关注民生民情，积极反映人民群众的意愿。第四，坚持团结民主，努力凝聚人心。第五，发挥人才优势，促进文化繁荣。第六，加强自身建设，提高履职能力。

项宗西在自治区政协九届一次会议闭幕会上的讲话（2008年1月21日）（摘要） 在自治区党委的正确领导和社会各界的大力支持下，经过与会同志的共同努力，自治区政协九届一次会议圆满完成了各项议程，现在就要闭幕了。这次大会是在我区深入贯彻落实中共十七大精神、奋力推进跨越式发展的新形势下召开的。会议期间，委员们审议通过了自治区政协第八届委员会常务委员会工作报告、提案工作报告和九届一次会议政治决议等，列席了自治区第十届人民代表大会第一次会议，听取并讨论了王正伟主席所作的政府工作报告和其他报告，选举产生了自治区政协新一届领导班子和政协常委。委员们以高度负责的精神和饱满的政治热情，对五年来我区经济社会各项事业发展所取得的巨大成绩给予高度评价，围绕我区经济、政治、文化和社会建设中的一系列重大问题以及人民群众普遍关心的热点、难点问题积极协商议政，并就进一步做好新形势下人民政协工作，提出了许多很好的意见建议。这次会议开得很成功，是一次民主、求实、团结、鼓劲的大会，是一次承前启后、继往开来的大会。

当前，人民政协事业面临着难得的发展机遇，处于一个大有作为的重要时期。中共十七大对全面建设小康社会进行了全面部署，自治区第十次党代会制定了跨越式发展的宏伟目标，中央及自治区对进一步加强人民政协工作都作出了具体部署，这些都为人民政协履行职能、发挥作用提供了重要的政治保障和更为广阔的舞台。九届自治区政协的五年，正处于我区跨越式发展、建设和谐社会的关键时期。做好这五年的工作，具有极其重要的意义。我们一定要着眼于政协工作新的实践和新的发展，进一步增强机遇意识、责任意识和创新意识，明确肩负的职责和使命，认真履行职能，扎实开展工作，为推进人民政协事业的新发展而努力奋斗。一、认真学习，统一思想，全面贯彻落实中共十七大精神。二、围绕中心、服务大局，不断提高履行职能的工作水平。做好新一届自治区政协工作，必须立足我区政协工作发展的实际，确立一个明晰的、正确的工作思路。全区各级政协组织、政协各参加单位和广大政协委员，要继续坚持围绕中心、服务大局的工作原则，坚持把促进发展作为履行职能的第一要务，紧紧围绕自治区第十次党代会提出的奋力推进跨越式发展、建设和谐宁夏、实现我区经济社会又好又快发展的目标任务和工作要求，牢固树立和全面落实科学发展观，把主要精力放在全面建设小康社会的综合性、全局性、前瞻性问题的思考上，放在对改革发展稳定深层次矛盾的分析上，放在自治区党委、政府关注的大事要事和人民群众关心的热点难点问题的对策研究上，使政协的各项工作与经济社会发展的整体要求相适应、相统一、相协调。三、以人为本，关注民生，切实把实现好、维护好、发展好最广大人民的根本利益作为人民政协工作的出发点和落脚点。人民政协汇集了社会各界的代表人物，与不同阶层、不同利益群体的群众有着广泛而深入的联系。坚持以人为本，高度关注民生，积极协助党委和政府解决民生问题，是人民政协的优良传统，也是人民政协的职责所在。

四、求真务实，开拓创新，以良好的工作作风和精神状态推进政协工作。面对人民政协事业不断发展的新形势，我们要完成本届政协的各项工作任务，必须大力弘扬和衷共济、埋头苦干、开拓创新、真诚奉献的精神。

【机构设置】

2008年2月1日自治区政协九届一次常委会议决定，政协宁夏回族自治区第九届委员会设置提案委员会、经济委员会、人口资源环境委员会、教科文卫体委员会、社会和法制委员会、民族和宗教委员会、文史和学习委员会、港澳台侨联络委员会。

根据宁党办〔2008〕20号《关于同意自治区政协港澳台侨联络委员会更名的批复》，自2008年3月3日起，自治区政协港澳台侨联络委员会更名为自治区政协港澳台侨和外事委员会。

【组织概况】

主　席

项宗西

副主席

李淑芬（女）　马国权（回族）
陈守信　袁汉民　陶　源　解孟林
张乐琴（女，回族）　安纯人

秘书长

朱玉华

常务委员名单（按姓氏笔画为序）

马　凯（回族）　马三保（回族）
马小林（回族）　马义真（回族）
马中勇　马丽岩（女，回族）
马秀珍（女）　马明芳（回族）
马金元（回族）　马宗保（回族）
马彩霞（女，回族）　王　俭（回族）
王大陆　王丹华（满族）　王生林（回族）
王永亮（回族）　王有才　王建军
王建国　王春秀（女）　左　兵
田裕民（回族）　邢学宁　吕新平
朱奕龙　刘　佳（女）　刘立言（女）
刘兴勇　刘安邦　刘金虎　孙占财
买　霞（女，回族）　苏培学　李　进（女）
李　岚（回族）　李卫东（女）
李锦平　李新闻　杨发明（回族）
杨兆海　杨彦聪　杨继国（回族）
杨培君　杨瑞生　吴有文　吴自生
吴桂兰（女）　何季麟　何晓勇（回族）
何嘉伦　沈克尼　宋晓华（女）
张　锦（女）　张全太　张欣毅
张思源　陈　舒　陈庆成　陈庆梓
陈逢千　林祥江　金文彦（回族）
周　涛　周生俊　郑国祥　郑俊武
郑歌平　赵满礼　胡迅雷　保继荣（回族）
姜爱祖　徐永富　高建华　郭建川
梅廷彦　蒋启瑞　景湛国　释耀正
鲁国会　温炳成　蔡　明　谭光德（回族）
魏兆庆

委员名单（按姓氏笔画为序）

中国共产党（38名）

马三保（回族）　马宇桢（回族）
马明芳（回族）　王　俭（回族）
王永耀　王有才　王建军　王建国
尹全洲　朱玉华　刘立言（女）
刘兴勇　刘春增　刘新华　苏培学
李　岚（回族）　李淑芬（女）
杨玉经（回族）　吴有文　吴自生
沈　凡　张八五　张乐琴（女，回族）
张全太　张思源　陈守信　林祥江
金韶琴（女，回族）　项宗西
贾捷频（女，回族）　倪立新
海生莲（女，回族）　陶　源
黄宗信　景湛国　路　芳（女）
解孟林　蔡　明

中国国民党革命委员会（14名）

王丹华（满族）　刘安邦
买　霞（女，回族）李　良（回族）
张　杰　范生军　周生俊　庞立忠

赵学芝（女）　徐自亮　徐武清
焦兴奋　鲍嘉铭　蔡　菁（女）

中国民主同盟（14名）

王玉山　左宏阁（女）　田　桦（女）
吕汝健（壮族）　安纯人　李新闻
杨国保　何仲义　余占国　张欣毅
陈　军　姜爱祖　曾国福　曾祥岚（女）

中国民主建国会（10名）

马中勇　王剑义　刘利军（女，回族）
李令杰　李康军　沙迎春（女，回族）
欧治国　黄志全　蒋启瑞　解　方

中国民主促进会（12名）

王春秀（女）　李耀宗　杨瑞生
吴心华　吴方鑫　张春娟（女，回族）
陈玉琪　赵　清　赵云萍（女）
胡梅珍（女，回族）　高云海
梅廷彦

中国农工民主党（9名）

马少忠（回族）　王生林（回族）
王国华　王金花（女，回族）
邢学宁　张　文　童安荣　蔡　伟
潘多俊

九三学社（10名）

马丽岩（女，回族）　王大陆
刘玉华（女）　买晓燕(女,回族)
杨惠玲(女,回族)　宋晓华（女）
张　爱　赵英男　袁汉民　蒋　齐

无党派民主人士（8名）

孙晓阳　沈克尼　沈德志　赵满礼
徐　宁　高丽玲（女）　高建华
樊玉峰

中国共产主义青年团（3名）

马金元（回族）　杨　帆（女）　赵　涛

总工会（8名）

王东鹏　杜永芝（女）　吴玉章（回族）
陈万龙　陈兰芳（女，回族）
赵晓芳(女,回族)　鲁国会　谭兴玲(女)

妇女联合会（11名）

马　兰(女,回族)　马晓林(女,回族)
马淑珍（女，回族）　叶宪静（女）
吴心芳（女）　吴桂兰（女）
张丽萍（女，满族）　张磬兰（女）
武玉兰（女，回族）　徐惠芳（女）
蔡　菊（女）

青年联合会（3名）

朱奕霏　刘　明（回族）　张　雷

工商业联合会（23名）

万　文　马　强（回族）
马少勇（回族）　马胜方　王岩杰
仇建军（回族）　史　仁　兰德卿(回族)
刘良富　刘金虎　孙占财　孙珩超
李竹琴（女）　李春兴　杨立功(回族)
杨彦聪　范海龙　罗玉林（回族）
金学武（回族）　郑国祥　胡文成
蒋方达　温炳成

科学技术协会（9名）

马力文(女,回族)　王晓生（回族）
方树星　闫进忠　李锦平　张晓玲（女）
徐建民　黄　刚　温淑萍（女）

台湾同胞联谊会（3名）

车晓兰（女，回族）　胡晓红（女）
柯　英（女，高山族）

归国华侨联合会（9名）

王良启　朱奕龙　买若春（女，回族）
杨　海　吴永平　柯允君　姜小玲（女）
洪静云（女，回族）　黄朝克(满族)

文化艺术界（15名）

马建军（回族）　田裕民（回族）
冯剑华（女）　乔　华（女）
李　宪　李林洲　吴善璋　何继英（女）
宋　鸣（满族）　陈长祥　周仕华
郑歌平　赵云台（女，回族）
柳　萍（女）　郭　刚

科学技术界（22名）

马彦学（回族）　马燕生　王　萍（女）
王英华（女）　王润强

白　杰（蒙古族）刘荣荣（女）
李卫东（女）　何季麟　何晓勇(回族)
张克平　张登凤　陈玉萍（女）
金群华（回族）　宗燕凌（女）
赵　巍　赵全仁　段庆奎　贺广霖
郭建川　楼晓钦　薛塞光

社会科学界（19名）

马　平（回族）　马宗保（回族）
马振福（回族）　牛维同　左　兵
布青沪　刘天明　刘建国　杨继国(回族)
张伦林（回族）　张宗奇　武宇林（女）
金文彦（回族）　郎　伟（回族）
胡迅雷　徐永福　鲁忠慧（女）
戴红霞（女，满族）　魏兆庆

经济界（28名）

马　雪(女,回族)　马卫红(女,回族)
马林峰　马富强（回族）　王天林
王新生　王黎君　尤天彪　吕新平
刘　佳（女）　李广林　李维新(回族)
沙　莉（女，回族）　张志芳（女）
张金山　张景华（满族）　陈　忻
陈　舒　陈庆成　陈逢千　金　泽(回族)
赵文泓　哈秀龙（回族）　钟景明
侯　新　蓝　涛（畲族）　谭光德(回族)
霍庆华

农业界（15名）

马金梅（女，回族）　马维亮(回族)
田军仓　田黛君（女，蒙古族）
吕鸿钧　孙　云　杨培君　杨彩霞（女）
张亚红（女）　张俊民　周　涛
徐新福　高同义　郭志乾　解树民

教育界（22名）

马玉芳（女，回族）　马小林（回族）
马彩霞（女，回族）　王伟杰（回族）
石凤朝　代秀卿（女）　齐　岳
关清凡　祁建军　李　伟（回族）
李　进（女）　李院院
杨　怡(女,回族)　杨卫华(女,傣族)
张剑云（满族）　陈少娟（女，满族）
金存钰（回族）　周延波
赵智宏（女，满族）　饶鸿久
高新民　黄占华

体育界（5名）

王　红　祁春霞（女）　买玉祥（回族）
明　炎　徐　宁（女）

新闻出版界（9名）

于小龙　马　跃（回族）　王永亮(回族)
庄电一　杨兆海　何建国　陈宁霞（女）
武兴华　海　军（回族）

医药卫生界（21名）

马秀珍（女）　马瑞霞（女，回族）
王兰新（女）　刘　华（女，满族）
刘　媛（女）　孙广宏
李　丽(女,满族)　杨银学　沈　冰
张　锦（女）　尚明远
罗向红（女，回族）　周莉薇（女）
胡　杰　保继荣（回族）　姚成立
班学勤（回族）　郭　龙　姬玉玲（女）
葛利军　韩中媛（女，回族）

社会福利与社会保障界（4名）

马　勤（女，回族）　杜　勇
杨淑丽（女）　陈现场

散居少数民族（8名）

朴凤兰(女,朝鲜族)　伊　宁(维吾尔族)
刘国莲(女,藏族)　齐晓荣(女,蒙古族)
杨永圣（藏族）　赵　实（纳西族）
梅　花（女，哈萨克族）
董　莉（女，满族）

宗教界（16名）

马　怀（回族）　马义真（回族）
马占文（回族）　马生礼（回族）
王富贵（回族）　刘　琦（回族）
李　晶　李德贵（回族）
杨万宝（回族）　杨发明（回族）
吴清芳（回族）　张宗峰
金仲华（回族）　高仲孝
康伏海（回族）　释耀正

特别邀请人士（52 名）

于晓兵　于华民　马　刚（回族）
马　凯（回族）　马天芳（回族）
马亚平（回族）　马良志（回族）
马英杰（回族）　马国权（回族）
王　中　王　勇　王延华　王国栋(回族)
王保林（回族）　王盛华　邓向贵(回族)
甘丽莎（女，回族）　朱木原
朱江平　伍文贵（回族）　任新远
闫　勇　苏　阳（回族）
李秀昆（蒙古族）李建新
李捍国（回族）　李铁路（回族）
杨学林（回族）　杨树青（回族）
杨振兴　何嘉伦　沈晓明
宋广禄（回族）　张建中　陈庆梓
武　珅　林　劲　郑俊武　孟祥瑞
胡文善　侯占岭　洪为民
洪梅香（女，回族）　夏普明
倪云山（回族）　徐小龙　黄家荣
康占胜　韩占山　谢晓光（女）
黎达生　魏　锋（满族）

委员增补名单

（2008 年 12 月 22 日自治区政协九届六次常委会议增补）

李桂林（中共）　王振平（民革）

委员辞职名单

（2008 年 12 月 22 日自治区政协九届六次常委会议通过）

朱江平（特别邀请人士）

【宁夏回族自治区各市、县、区政协领导人名单】

银川市

市政协主席　洪梅香（女，回族）
县（区、市）政协主席
兴庆区　王玉红（女）
金凤区　张玉宝
西夏区　任秀英（女）
永宁县　王连生（回族）
贺兰县　张学义
灵武市　周生俊（回族）

石嘴山市

市政协主席　王　中
县（区）政协主席
大武口区　祈光明
平罗县　万青山
惠农区　马国忠（回族）

吴忠市

市政协主席　马英杰（回族）
县（区、市）政协主席
利通区　马世武（回族）
青铜峡市　宁文孝
同心县　马长伟（回族）
盐池县　高盐芬（女）

固原市

市政协主席　邓向贵（回族）
县（区）政协主席
原州区　马彦明（回族）
西吉县　黄如林
隆德县　马如斌（回族）
泾源县　马寿康（回族）
彭阳县　邓万儒

中卫市

市政协主席　李捍国
县政协主席
中宁县　吴洪志
海原县　李有成

宁夏回族自治区各级政协组织和委员数

（截至2008年底）

级别 / 项目	自治区	设区的市	县（不设区的市、市辖区）	合计
组织数	1	5	20	26
委员数	421	1189	2440	4050

（沈 燕 蒋永忠 编写 康占胜 审稿）

政协青海省委员会

白　玛　主　席

赵启中　副主席

陈资全　副主席

西纳·洛桑旦贝坚赞　副主席

鲍义志　副主席

仁青安杰　副主席

李忠保　副主席

罗朝阳　副主席

韩玉贵　副主席

马志伟　副主席

马长庆　副主席

吴生业　秘书长

【全体委员会议】

十届一次会议 2008年1月8日至15日在西宁举行。十届政协共有委员390人，出席会议361人。预备会议选举47名委员组成主席团，赵启中为大会秘书长。第一次主席团会议推选白玛等11人为主席团常务主席。会议听取并审议了白玛所作的政协第九届青海省委员会工作报告和鲍义志所作的关于九届政协提案工作情况的报告。列席了青海省十一届人大一次会议，听取并审议宋秀岩省长所作的《政府工作报告》，以及计划、财政和"两院"报告。会议选举白玛为政协青海省第十届委员会主席，赵启中、陈资全、西纳·洛桑旦贝坚赞、鲍义志、仁青安杰、李忠保、罗朝阳、韩玉贵、马志伟、马长庆为副主席，吴生业为秘书长，于杨等67人为常务委员。中共青海省委书记强卫在闭幕会上作重要讲话。会议通过的政治决议指出，科学发展观既是我国经济社会发展的重要指导方针，也是人民政协事业发展进步必须遵循的行动指南。全省各级政协组织和广大政协委员要深刻理解科学发展观的科学内涵、精神实质和根本要求，增强贯彻落实科学发展观的自觉性，切实把科学发展观贯穿于履行职能的各个环节。要紧紧围绕建设富裕文明和谐新青海的奋斗目标，牢固树立推动科学发展的参政议政观，建科学发展之言，立科学发展之论，献科学发展之策；要充分发挥人民政协人才荟萃、智力密集、联系广泛的优势，为青海的科学发展、和谐发展凝智聚力；要坚持团结和民主两大主题，多做发扬民主、增进团结、促进和谐的工作，为实现科学发展创造良好的社会环境；要积极参与以解决民生问题为重点的社会建设，把实现好、维护好、发展好最广大人民群众的根本利益作为政协工作的出发点和落脚点，更加主动地体察民情、反映民意、关注民生，为青海经济社会健康快速协调可持续发展作出新的贡献。

【常务委员会会议】

第1次会议 2008年1月17日在西宁市举行，应出席79人，实到56人。会议审议通过了政协青海省第十届委员会常务委员会关于设置专门委员会的决定，通过了政协青海省第十届委员会各专门委员会主任、副主任任命名单，通过了政协青海省第十届委员会副秘书长任命名单。白玛主席作了讲话。

第2次会议 2008年3月18日在西宁市举行。常委会组成人员61人出席。会议传达学习了全国政协十一届一次会议精神，审议通过了关于十届一次会议提案审查情况的报告。

第3次会议 2008年6月26日至27日在西宁市举行。常委会组成人员54人出席。会议的主要议题是围绕民营经济科技创新与人才培养进行专题研讨。听取了副省长马建堂所作的《关于青海省民营经济科技创新与人才培养情况的通报》，省政协副主席鲍义志代表教科文卫体委员会作《关于我省民营经济科技创新与人才培养的调研报告》，14位常委作大会发言。与会同志围绕会议主题分组进行了深入讨论，提出了很好的意见建议。会议任命王爱民为政协第十届青海省委员会副秘书长，朵权贵为政协青海省委员会海东地区工作委员会副主任。赵启中副主席在会议结束时讲话。

第4次会议 2008年9月24日至25日在西宁市举行。常委会组成人员36人出席。会议围绕学习贯彻省委十一届四次全体会议精神，进一步解放思想，贯彻落实科学发展观，加快全省诚信体系建设参政议政。会议听取了王令浚副省长关于加快全省诚信体系建设的情况通报，省政协经济委员会作了《青海诚信体系建设的现状和建议》的主题发言，省政协常委、各民主党派省委、省工商联和部分州县政协就如何加快全省诚信体系建设作了大会发言，与会同志围绕会议主题进行了认真讨论，提出了意见和建议。白玛主席在会议结束时讲话。

第5次会议 2008年12月27日至28日在西宁市举行。常委会组成人员47人出席。会议传达了中共青海省委十一届五次全体会议精神，决定省政协十届二次会议于2009年1月11日在西宁召开。审议通过了政协第十届青海省委员会常务委员会工作报告（草案）和报告人名单（草案），政协第十届青海省委员会常务委员会关于政协十届一次会议以来提案工作情况的报告（草案）和报告人名单（草案），青海省政协十届二次会议议程（草案）、日程（草案），审议了《出访澳大利亚、新西兰情况的报告》（书面）。会议任命王绚、陈道明、范增成、王舰同志为政协第十届青海省委员会副秘书长，李生琪为政协青海省委员会海东地区工作委员会主任。

【专门委员会】

提案委员会 十届一次会议以来，共收到提案361件，其中党派团体提案69件，占提案总数的20.9%。以上提案经提案委员会认真审查，立案330件，作为来信处理的31件。截至2008年12月底已全部办理完毕。从办理结果看，提案所提意见建议被采纳、问题已经得到解决或基本解决的107件，占提案总数的32.4%；列入计划逐步解决的104件，占提案总数的31.5%，留待今后工作中借鉴参考的97件，占提案总数的29.4%；由于政策原因或条件限制，暂时不能解决的22件，占提案总数的6.7%。主要做了以下工作：一是加强学习，提高委员的思想认识和综合素质；二是认真做好提案征集和审查立案工作；三是多措并举，注重协商，促进办理工作务实见效；四是重视发挥新闻媒体作用，进一步加强提案宣传工作。

经济委员会 围绕省政协常委会确定的重要议政课题“加快我省诚信体系建设”进行深入调研，形成《青海省诚信体系建设现状和建议》的调研报告，并作为省政协十届四次常委会议主题报告，经常委会审议后，报中共青海省委、省政府。组织委员先后对医疗、食品安全、节能减排等社会普遍关注的问题进行视察，并及时以政协信息、社情民意的形式进行反映。召开“为非公有制经济发展建言献策座谈会”，就我省非公有制企业如何应对金融危机的影响进行了分析研讨，对进一步支持发展非公有制经济提出了37条意见建议。

人口资源环境委员会 对我省工业企业污染减排治理情况进行调研，形成了《关于对我省工业污染减排治理工作的几点建议》的报告，呈报省委、省政府和有关部门，省委书记强卫和时任省委常委、副省长马建堂作了批示。对我省退耕还林（草）工程实施情况进行专题调研，形成了《关于我省退耕还林（草）工程实施情况的调研报告》，宋秀岩省长和邓本太副省长分别作了批示。对我省黄河水电资源开发中的移民安置问题进行调研，重点对移民安置工作中存在的问题，通过《社情民意》向省委、省政府作了及时反映，省长宋秀岩，省委副书记骆惠宁，省委常委、副省长徐福顺分别作了批示。

教科文卫体委员会 围绕我省民营企业科技人才培养、使用以及科技创新工作情况，组织委员到海东、西宁、海西等地对30家中小民营企业进行了深入细致的调研，形成了《关于我省民营企业科技创新与人才培养的调研报告》，并作为省政协十届三次常委会议主题报告，经常委会议审议后，报中共青海省委，省领导强卫、宋秀岩等作出批示。认真组织委员深入实际，开展考察视察活动。一是视察医疗卫生工作；二是视察城乡群众体育和全民健身工作；三是视察普通高中教育发展情况。

民族宗教和港澳台侨委员会 拉萨“3·14”事件发生后，及时组织民族宗教界部分委员和有关人士召开座谈会，组织和动员委员开展维稳工作。组织委员深入海南、玉树、果洛3州及其所属9县、25个乡镇、50多个工程点就三江源自然生态保护建设工程建设情况进行调研。根据全国政协办公厅的要求，组织部分委员就我省宗教界人士和信教群众在促进经济社会发展中发挥积极作用情况进行调研。根据中办发〔2007〕17号文件的要求，会同西宁市政协联合组织部分省、市政协委员，视察西宁市台商投诉协调工作，提出了积极为台资企业排忧解难的三条意见建议，省委常委、副省长徐福顺作了批示。通过举办中秋茶话会、定期召开座谈会、举办委员活动日等形式，同民族宗教界上层人士、港澳台侨委员和有关人士加强联系。

社会和法制委员会 组织部分委员，对我省就业和劳务输出工作进行调研，提出了立足实际、合并县一级党校和职业学校、相对集中使用培训资金等6条意见建议，副省长高云龙作了批示。组织委员就“平安青海”建设情况，深入西宁市、海东地区、海南州及司法厅、旅游局及大通、互助、共和三县十二个县直机关、乡镇、企业、学校、村委会、居委会、矛盾调解中心和建新监狱进行调研、视察，提出了进一步推动齐抓共建局面、扩大基层平安创建覆盖面、建立健全长效工作机制等5条意见建议，省委副书记骆惠宁作了批示。组织部分委员视察城市无障碍设施建设情况。参与了《青海省人民政府重大行政决策程序规定（草案）》、《青海省农村土地承包条例（修订）》等11项法律、法规的协商讨论。

学习和文史委员会 根据不同时期的学习重点，丰富学习内容，精心选编印发《学习资料》。配合办公厅举办委员学习培训班，编印了《人民政协理论研究与探讨》专辑。结合纪念改革开放30年，编印了《纪念改革开放三十周年》专辑。开展调研、视察活动：一是组织部分委员深入西宁市、海西州等地，对我省文物保护情况进行专题视察，形成了《关于我省文物保护工作情况的视察报告》。省委常委、省委宣传部部长曲青山作了批示。二是组织部分委员赴海东地区及玉树州，就我省非物质文化遗产的保护工作情况进行专题调研，形成了《关于我省非物质文化遗产保护工作情况的调研报告》。三是积极反映社情民意，编写的《高度重视和加强古建筑的消防工作》，省委常委、副省长徐福顺作了批示。征集出版了《委员风采》第三辑。组织召开了全省文史工作会议。

【重要活动】

第一期十届政协委员培训班 2008年5月19日至23日，省委统战部、省政协办公厅和省社会主义学院举办为期一周的十届省政协委员培训班。参加培训的委员共有102名，其中新进委员77名。省政协副主席赵启中，省委统战部、省社会主义学院负责同志出席开班仪式。培训班围绕政协章程、政协统战理论，以及撰写提案、反映社情民意等内容组织了专题讲座。邀请全国政协常委李昌鉴作专题报告。

全省政协系统为“5·12”汶川地震灾区积极捐款 “5·12”汶川地震发生后，省政协迅速召开主席会议动员支援汶川抗震救灾。全省各级政协组织和广大政协委员、政协工作者纷纷向地震灾区伸援手、献爱心。据不完全统计，截至5月20日，全省各级政协组织和委员向灾区捐款捐物超过1600万元。

全国政协人口资源环境委员会调研组来青调研 2008年5月26日至27日以全国政协人口资源环境委员会主任张维庆任组长、副主任任启兴为副组长的“主体功能区规划与人口资源环境问题研究”调研组来青进行调研。邓本太副省长向调研组介绍了我省省情及经济社会发展情况，并就我省“主体功能区规划”编制和人口、资源、环境等方面的情况作了汇报。省政协副主席赵启中、仁青安杰陪同调研。

第十九次州市地政协工作联系会议 2008年7月15日至17日在黄南藏族自治州举行。省政协主席白玛，副主席赵启中、鲍义志、韩玉贵，秘书长吴生业及各州、西宁市政协，政协海东工委、格尔木市政协和黄南州所属四县政协负责同志共70余人参加会议。会议探讨了充分发挥政协委员主体作用和界别作用的途径及方法，交流了不断推进人民政协工作的经验。白玛主席、赵启中副主席作了讲话。

全国政协副主席、中央统战部部长杜青林来青调研 2008年7月24日至26日，杜青林在青海省委书记、省人大常委会主任强卫等陪同下，到西宁市、黄南藏族自治州等地，深入塔尔寺、隆务寺等著名藏传佛教寺庙和西宁东关清真大寺实地考察调研，与当地干部群众、专家学者和宗教界代表人士进行座谈交流，专程看望十世班禅大师的母亲尧西·索朗卓玛，走访慰问藏族基层干部和农牧民群众。考察期间，杜青林还看望了青海省政协、各民主党派主要负责人和统战部机关干部。

全国政协文史和学习委员会来青调研 2008年7月28日至8月3日，由全国政协文史和学习委员会副主任郑欣淼、桑结加为组长的专题调研组一行来青调研。调研组与我省全国政协委员，省、市、区（县）政协委员就“如何搞好人民政协学习工作”举行座谈，并先后到西宁市、海西州、黄南州和海东地区调研。省政协主席白玛，副主席赵启中、李忠保、韩玉贵陪同调研。

驻青全国政协委员视察监狱工作 2008年8月21日至22日，受全国政协办公厅委托，省政协主席白玛率驻青全国政协委员对青海监狱工作进行了视察。委员们围绕青海监狱布局调整、体制改革、监管改造等内容，听取了省司法厅、省监狱管理局的工作汇报，并深入青海省女子监狱、东川监狱、西宁监狱实地考察。通过报告、提案、社情民意等形式向全国政协和省委、省政府及有关部门反映，促进了相关问题的解决。

全国政协民族和宗教委员会调研组来青调研 2008年8月25日至28日，全国政协民族和宗教委员会副主任赵金铎带领调研组，对我省推动藏区经济社会发展和稳定方面的情况进行了专题调研。调研组在青期间，青海省领导白玛、多杰热旦、马顺清、仁青安杰、李忠保、马长庆分别陪同和参加了调研组的各项活动。

澳门特别行政区全国政协委员来青视察 2008年8月27日至31日，以全国政协常委、中央政府驻澳门联络办副主任徐泽为团长，全国政协常委、澳门特别行政区行政会委员、澳门康泽工商有限公司董事长廖泽云为副团长的澳门特别行政区全国政协委员视察团一行38人，在全国政协常委、副秘书长杨崇汇的陪同下，来青视察。视察团听取了省政协主席白玛，省委常委、副省长徐福顺关于我省省情和改革开放30年来青海经济社会发展情况，以及今后发展思路的汇报。并赴西宁市、海南州、海北州、黄南州实地考察我省生态环境保护与建设、旅游业发展、民族文化和藏医药发展情况。

全国政协人资环委员会专题调研组来青调研 2008年9月7日至10日，全国政协人口资源环境委员会副主任秦大河率领全国政协人口资源环境委员会专题调研组，就建立“三江源生态补偿机制试验区”等相关问题进行专题调研。听取副省长马建堂关于建立三江源生态补偿机制有关政策建议的汇报。

深入学习实践科学发展观活动动员大会 2008年10月7日，省政协机关召开深入学习实践科学发展观活动动员大会，对省政协机关开展深入学习实践科学发展观活动进行动员部署，省政协主席白玛作动员讲话。

纪念改革开放30周年座谈会 2008年11月18日在西宁召开。省有关民主党派、省工商联、州市政协及省政协办公厅的负责同志作了大会发言。白玛主席作了讲话。

全省政协文史工作会议 2008年11月27日至28日在西宁举行。会议传达了全国政协文史资料工作座谈会和全国暨地方政协文史委员会主任会议精神，交流了全省各级政协文史工作的经验，探讨了新形势下政协文史工作的思路和任务。西宁市政协等8个单位的代表作了发言，26个政协单位提交了书面材料，回顾交流了开展文史工作的情况及经验和做法，表彰奖励了文史工作先进集体和先进工作者。白玛主席、韩玉贵副主席分别作了讲话。

新年茶话会 2008年12月29日在西宁举行。省委书记强卫，省委副书记、省长宋秀岩，省政协主席白玛及省委、省人大常委会、省政府、省政协、省军区、省高级人民法院、省人民检察院、驻地部队和省武警总队的领导同志，在宁的全国人大代表、全国政协委员，部分老同志，部分知名人士的遗属，各民主党派省委、省工商联、各人民团体的负责同志，各族各界代表人士和各方面的专家学者代表等130多人聚集一堂，喜迎新年。省委书记强卫发表讲话。省政协主席白玛主持茶话会。

【重要文件】

常委会工作报告（2008年1月8日）（摘要） 报告分两个部分。第一部分，总结了九届常委会五年来的工作。五年来，在中共青海省委的领导下，九届省政协高举邓小平理论和“三个代表”重要思想伟大旗帜，牢牢把握团结民主两大主题，紧紧围绕全省工作大局，认真履行政治协商、民主监督、参政议政职能，为推进青海改革开放和现代化建设作出了新贡献，开创了我省政协工作新局面。(一)加强理论学习研讨，为人民政协工作发展提供了新动力。（二）坚持团结民主两大主题，民主政治建设取得新进展。（三）贯彻落实科学发展观，为经济社会又好又快发展做出了新贡献。（四）关注民生问题，在构建和谐青海中有新作为。（五）重视建章立制，履行职能的“三化”建设有新进步。（六）围绕提高素质能力，自身建设取得新成效。五年来，在履行职能的过程中不断探索积累了一些宝贵的经验。归结起来就是：坚持中国共产党对人民政协的领导是政协工作必须遵循的根本原则。坚持科学理论指导是做好政协工作的根本思想基础。坚持围绕中心、服务大局是人民政协履行职能必须始终坚持的方向。坚持团结和民主是人民政协工作的永恒主题。坚持以人为本是人民政协工作的出发点和落脚点。坚持做好民族宗教工作是青海政协工作的突出特点和重要任务。坚持抓好自身建设是政协履行职能的重要保障。第二部分，从深入学习贯彻中共十七大精神，打牢人民政协工作的思想基础；围绕团结民主两大主题，发挥人民政协在建设中国特色社会主义民主中的重要作用；坚持围绕中心服务大局方针，为建设富裕文明和谐新青海献计出力；发挥人民政协和谐属性，为建设和谐青海做贡献；把握省情实际，为促进民族团结、宗教和睦发挥作用；突出界别特点，充分发挥界别作用和委员主体作用；解放思想、与时俱进，努力开创全省政协工作新局面；立足推进工作，切实抓好政协自身建设八个方面，对今后工作提出了建议。

中共青海省委书记强卫在政协十届青海省委员会第一次会议闭幕会上的讲话（2008年1月15日）（摘要） 要实现建设新青海的奋斗目标，需要全省上下共同努力，需要各项工作全面推进，但最急需的仍然是人才。只有以最大诚意、最大热情、最大力度去汇聚人才、用好人才，才能够把建设新青海的美好蓝图变成美好现实，才能够创造无愧于时代、无愧于人民的实在业绩。要坚定不移地实施人才强省战略，千方百计地集聚各方英才，调动一切积极因素，团结一切可以团结的力量，扎扎实实地把建设新青海的伟大事业推向前进。一、凝聚人才是建设新青海的迫切需要。全省各级党委政府、各行各业、各个方面都要充分认识凝聚人才的极端重要性和现实紧迫性，切实把凝聚人才摆到决定事关新青海建设成败的战略位置，全面加强人才培养、引进和使用工作，为建设富裕、文明、和谐新青海提供强有力的人才保证和智力支持。二、培养人才是建设新青海的关键环节。一是培养人才，必须明确人才需求；二是培养人才，必须加强教育培训工作；三是培养人才，前提还在于发现人才，形成人才辈出、各得其所、各展所长的生动局面。三、引进人才是建设新青海的外部助力。一是引进人才，就要解放思想；二是引进人才，必须创新机制；三是引进人才，不能叶公好龙，要让各类人才在青海心情舒畅地施展才华，放心、放胆、放手地建功立业。四、用好人才是建设新青海的成败所在。要最大限度地发挥人才的积极性和创造性，使各类人才在建设新青海的共同事业中八仙过海、各显神通。各级领导干部要以党和人民的事业为重，破除论资排辈的陈旧观念，克服嫉贤妒能的狭隘心理，做有爱才之心、识才之志、容才之量、用才之艺的领导者。五、全省各级政协组织和广大政协委员要高举中国特色社会主义的伟大旗帜，坚持建设富裕、文明、和谐新青海的共同目标，围绕中心、服务大局，深入开展调查研究，为建设新青海多立有用之言、多献务实之策、多建为民之功。要坚持民主与团结两大主题，充分发挥自身优势，调动一切积极因素，团结一切可以团结的力量，进一步巩固和发展全省各族人民、各个阶层、各个方面团结奋斗、共谋发展的大好局面。要大力加强人民政协自身建设，注重发挥民主党派和无党派人士的作用，注重发挥各个界别的作用，注重发挥政协委员的主体作用，切实把各级政协组织建设成为凝才聚贤、共谋发展的重要平台。全省各级党委要认真贯彻党的十七大关于政协工作的新要求和《中共中央关于加强人民政协工作的意见》，高度重视、切实加强、不断改进人民政协工作，充分调动各级政协组织的积极性，充分发挥广大政协委员的创造性，把各级政协组织和广大政协委员凝聚到建设新青海的共同事业中。

【组织概况】

主　席

白　玛（藏族）

副主席

赵启中　陈资全

西纳·洛桑旦贝坚赞（藏族）
鲍义志(土族) 仁青安杰(藏族)
李忠保 罗朝阳 韩玉贵(女,撒拉族)
马志伟(满族) 马长庆(东乡族)

秘书长

吴生业

常务委员名单（按姓氏笔画为序）

于 杨 久美彭措(藏族) 马 青(回族)
马 林 马 骥（回族） 马正党
马玉芬(女,回族) 马成录（回族）
马成贵（回族） 马虎城（回族）
王 虎 王 昆 王 绚（女） 王 舰
王 海 王小平 王心岳 王佐龙
王作全（藏族） 仁青才仁（藏族）
邓吉牛 邓晓辉 旦却加（藏族）
仝平安 冯建平 冯锐强
兰发良（土族） 尧西·贡布甲（藏族）
匡 湧 朱台青 池立群 汤向军
杜宗兰（女） 杜德志 杨国利
苏建平 李 军 李三旦（藏族）
李军农 李家翔 更 阳（藏族）
更嘎才旦(藏族) 吴大伟（满族）
何厚镗 张周平 张德树 陈 志
陈孝全 陈道明（女） 苗晓雷
范增成 拉茂赛赤(藏族) 周小莹(女)
周卫军 南雪迅 饶 勇 夏 忠
柴建中 娘毛先（女，藏族）
韩凤清（回族） 韩兴旺（撒拉族）
韩阿乙草（撒拉族） 曾 伟
解小平 赛 朵（蒙古族）
德青旺茂（女，藏族） 霍庆华

委员名单（按姓氏笔画为序）

中国共产党（14名）

白 玛（藏族） 冯锐强 杜宗兰（女）
杨 颐 李 军（省军区）
李东平 李军农 吴天荣 吴生业
张敬科 陈资全 周小莹（女）
周贤安 赵启中

中国国民党革命委员会（5名）

马志伟（满族） 左克厚 陈道明（女）
周锡文 曹海玲（女）

中国民主同盟（6名）

王 虎 李 武 张 瑛 陶怡锋（女）
董汇泽 鲍义志（土族）

中国民主建国会（5名）

王 舰 王建民（女） 冯可心（女）
张 颖（女） 徐正光

中国农工民主党（5名）

王 昆 司文钰 时洪光 张周平
陈光明（回族）

九三学社（6名）

王云琳 刘海玲（女） 杜德志
范增成 姜 仲 徐振中

无党派人士（11名）

于 扬 王玉山(藏族) 王忠诚
左任宏 刘书杰 李余成 张 杰（女）
张维国（回族） 陆 定（女）
唐 涓（女） 娘毛先（女，藏族）

中国共产主义青年团［青年联合会］（7名）

马金彪（回族） 王文剑 陈园升
拉茂赛赤（藏族） 周卫军
袁 勇（藏族） 韩胡才（撒拉族）

总工会（8名）

久 太（藏族） 王志学
东坝阿宝（藏族） 刘春梅（女，土族）
周敏茹（女） 宗明慧（女）
常伟宁 鲁振荣（撒拉族）

妇女联合会（10名）

王 绚（女） 申海莲（女）
包国英（女） 冯全忠（女）
刘 萍（女，满族）麦乐嫦（女）
张青玲（女） 周 毛（女，藏族）
谢 琼（女） 潘 杰（女）

工商联（12名）

于兴国（蒙古族）马 青（回族）
马文忠（回族） 马海龙（回族）
王 德（藏族） 王力山 匡 湧

孙玉梅（女） 李家翔 张德树
范玉明 金 宁（女）

台湾同胞联谊会（2名）

朱台青 徐惠芳（女）

归国华侨联合会（3名）

刘春月（女） 武玉岗 薛万蓉（女）

文化艺术界（14名）

马玉宝（撒拉族） 冯兴禄（藏族）
杨海东 更登达吉（藏族）
更嘎才旦（藏族） 吴本儒
香毛措（女，藏族）高大伟 高生耀
崔亚娟（女） 康 瑛（女，回族）
阎惠昌 照日格（蒙古族） 樊光明

科学技术界、科学技术协会（22名）

邓小川 邓吉牛 乔晓兰（女，蒙古族）
杨 琦（回族） 苏建平 李 群
李生辰 李冬雪（女） 宋 放
张 莉（女） 陈 列 陈玉华（女）
陈晓光 高延林 高学忠 唐道城
章建良 韩 发 韩凤清（回族）
韩生福（回族） 程颐农（女）
温 广

社会科学界（8名）

马 林 马虎城（回族） 王心岳
王佐龙 石乐生 全 武 孙发平
谢 平（女，藏族）

经济界（76名）

丁永杰 于世光 马 钰 马正党
王小平 王邦帝 王延玲 王能新
王维斌 扎西才吉（女，藏族）
方 方 邓晓辉 巴麻仁欠（藏族）
朱春玲(女,满族) 任 岩（女）
刘 丰 刘 新 刘山青 刘永安
池立群 安 宁 安平绥 孙 强
孙永贵 孙德薇（女） 杨 勇(藏族)
杨世荣 杨伯让 杨越州 李 安
李大为 李志诚 李宏伟 李银会
余湘军 汪京萍（女） 沈 青
沈传立 宋玉龙（土族） 宋亚强
宋昌新 张 刚 张国生 张要武(藏族)
张恒伟 张蓝青（女） 陈九谕(彝族)
陈道河 邵 磊 苗晓雷 罗平兴
周辅军 郑爱军 荆海龙 南雪迅
钟良基 饶 勇 洪金界 娄新年
费东斌 姚洪仲 秦伟时 贾 楠
贾文芳（回族） 夏 忠 柴建中
郭海安 郭继庄 康维新 韩选民
韩阿乙草（撒拉族） 董 璞
董利刚 谢健强 樊俊昌 霍庆华

农业界（7名）

王 海 李三旦（藏族） 宋仁德
阿旺尖措（藏族） 罗新青（女）
谢冬梅（女） 霍 青

教育界（26名）

才 洛（女，藏族） 马 坚（回族）
马红茹（女，回族） 王作全（藏族）
先巴多杰（藏族） 刘晓青（女）
刘润玲（女） 刘靳丽娟（女）
关桂霞（女，满族） 那成英（满族）
李 晓 李鲁会 吴 钰（藏族）
汪 渊 完德扎西（藏族）
张 宏（女） 张银生
阿秀梅（女，蒙古族） 陈 刚
陈 志 陈永贵（藏族）
娜 英（女，蒙古族）
索卫华（蒙古族）
谈云波（女，蒙古族）
韩小雁（女，蒙古族） 焦环玉（女）

体育界（2名）

冯建平 林 云

新闻出版界（5名）

王宏伟 巴延云（女，藏族） 张进京
陈孝全 赵顺录

医药卫生界（15名）

久 美(蒙古族) 马立义（回族）
牛惠民 巴卓玛（女，藏族）
任世存（女） 刘翔宁
祁淑英（女，蒙古族） 杜玉雄(回族)

杨国利　李　勇　李启旺　张红武（女）
泽仁娜姆（女，藏族）
菊红花（女，蒙古族）
端　智（藏族）

对外友好（6名）

马金祁　扎西拉忠（女，藏族）
吴大伟（满族）　何厚铿　曾　伟
解小平

社会福利和社会保障界（10名）

久美彭措（藏族）　马　骥（回族）
马显民（回族）　马俊德（回族）
尼　玛（女，藏族）汤向军　宋令文
张洪秀美（女）　龚行加（藏族）
程致和

少数民族界（35名）

丁显成（藏族）　马文忠（回族）
马玉芬（女，回族）马显云（回族）
马五四么力(撒拉族)巴羊欠（藏族）
布赛依（藏族）　卡　先（藏族）
旦却加（藏族）　尕玛加（藏族）
吉美坚赞（藏族）　成列加措（藏族）
多　旦（藏族）　多　吉（蒙古族）
米占良（土族）　祁生华（女，土族）
祁福全（藏族）　豆本加（藏族）
李　红（女，藏族）李巷秀（藏族）
冶生彪（回族）　张宗盛（土族）
阿　群（藏族）　罗松仁青（藏族）
周有元（土族）　星全成（土族）
洛　桑（藏族）　莫　平（苗族）
韩文俊（撒拉族）　韩玉贵(女,撒拉族)
韩兴旺（撒拉族）　韩进录（回族）
斯　琴(女,蒙古族)　彭毛才旦（藏族）
德青旺茂（女，藏族）

宗教界（35名）

土　观（藏族）　马长庆（东乡族）
马成林（回族）　马成录（回族）
马成贵（回族）　马克胜（回族）
马洪伟（回族）　仁青才仁（藏族）
仁青安杰（藏族）　公　保（土族）
叶西尼玛（藏族）　叶强堪布（藏族）
仝平安　西纳·洛桑旦贝坚赞（藏族）
次　科（藏族）　红格多杰（藏族）
贡　钦（藏族）　苏福宝（回族）
李占寿（回族）　更智合（藏族）
更藏班玛南杰(藏族)肖永禄（回族）
佐　日（藏族）　阿饶仓（藏族）
罗松龙仁（藏族）　泽智桑旦（藏族）
洛桑丹津尖措（蒙古族）
夏布拉（藏族）　郭加华（藏族）
韩卓辉（撒拉族）　堪布多杰（藏族）
喇宗静（土族）　释慈云（女）
嘉仪·洛桑公却三排（土族）
赛　朵（蒙古族）

特邀人士（35名）

丁　琳（回族）　马家峰　戈　桦
田明星　冯德科（藏族）
兰发良（土族）　尧西·贡布甲（藏族）
刘凤贞（女）　刘发德　孙仲良
杨曙光　苏廷贤　李　军　李　毅
李忠保　李建青（女）　更　阳(藏族)
吴　捷（女）　吴新德（土族）
张　旭　张世辉　张晓峰　陆元庆
罗朝阳　官　却（藏族）　钟振良
姚国恒　索南才让（藏族）
夏吾顿珠（藏族）　郭莲玉（女）
桑结加（藏族）　阎宝亮　惠爱宁（女）
满开清（回族）　赞　杰（藏族）

辞去省政协委员名单（2008年12月28日十届五次常委会会议通过）

杨　琦　周小莹（女）

【青海省各市（州）、县、区政协领导】

西宁市

市政协主席　姚国恒
区（县）政协主席
城东区　张梅玲
城中区　戴福山
城西区　杨中海

大通回族土族自治县 李　明
城北区 张建华
湟中县 赵邦玥
湟源县 何旭林

海东地区

县政协主席
民和回族土族自治县 马光耀（土族）
化隆回族自治县 拉　加（藏族）
循化撒拉族自治县 陈明范（撒拉族）
互助土族自治县 郑有梅
乐都县 祁万杰
平安县 谈正涌

海南藏族自治州

州政协主席 尕玛加（藏族）
县政协主席
共和县 尕玛才让（藏族）
贵南县 候毛才让（藏族）
同德县 兰本加（藏族）
兴海县 曼　科（藏族）
贵德县 田国华

海西蒙古族藏族自治州

州政协主席 巴羊欠（藏族）
县（市）政协主席
格尔木市 马家峰
德令哈市 吴福兰
乌兰县 尖加（蒙古族）
都兰县 乔格图（蒙古族）
天峻县 洛科加（藏族）

海北藏族自治州

州政协主席 苏廷贤
县政协主席
祁连县 张永福（藏族）
刚察县 尕多杰（藏族）
海晏县 成列加措（藏族）
门源回族自治县 马生福（回族）

黄南藏族自治州

州政协主席 多　吉（蒙古族）
县政协主席
同仁县 王海宏（土族）
尖扎县 哇　洛（藏族）
泽库县 改托吉博（藏族）
河南蒙古族自治县 谈　仓（蒙古族）

果洛藏族自治州

州政协主席 索南才让（藏族）
县政协主席
玛沁县 多　伟（藏族）
甘德县 军　部（藏族）
达日县 卓玛措（藏族）
久治县 刘立明（藏族）

玉树藏族自治州

州政协主席 丁显成（藏族）
县政协主席
玉树县 弋旺尕（藏族）
囊谦县 保　杰（藏族）
称多县 吾　昂（藏族）
治多县 马次巴登（藏族）
杂多县 白多杰（藏族）
曲麻莱县 宁　才（藏族）

青海省各级政协组织和委员数

（截至 2008 年底）

级别 项目	省级	自治州 （地级市）	县 （市、区）	合计
组织数	1	7	41	49
委员数	388	1239	3403	5030

（彭毛才旦 编写　杨曙光 审稿）

政协新疆维吾尔自治区委员会

艾斯海提·克里木拜　主　席

黄昌元　副主席

王　伟　副主席

买买提江·艾买提　副主席

柳耀华　副主席

王永明　副主席

柯赛江·赛力禾加　副主席

柯　丽　副主席

刘晏良　副主席

热孜万·艾拜　副主席

买买提艾山·托乎达力　副主席

阿尤甫·铁衣甫 副主席

阿不都力提甫·阿不都热依木 副主席

巴 代 秘书长

【全体委员会议】

十届一次会议 2008年1月13日至20日在乌鲁木齐举行。会议审议通过了艾斯海提·克里木拜主席所作的常务委员会工作报告，审议通过了政协十届一次会议政治决议和提案工作情况报告。与会人员列席了自治区人大十一届一次会议，协商讨论了自治区政府工作报告和计划、财政、法院、检察院工作报告。选举产生了政协自治区第十届常委会常委及政协第十届委员会主席、副主席。委员们就发展现代农业、社会主义新农村建设、新型工业化建设、生态建设和环境保护、科技创新体系建设、教育均衡发展、社会保障和群众生活等问题，提出了意见和建议。会议期间共收到提案896件，正式立案871件。中共中央政治局委员、自治区党委书记王乐泉与自治区党政军及生产建设兵团领导出席了开、闭幕大会，并参加小组或联组讨论，听取大会发言。艾斯海提·克里木拜主席在闭幕时作了讲话。

【常务委员会会议】

第1次会议 2008年1月21日在乌鲁木齐召开。会议研究部署了自治区政协第十届委员会常委会工作，协商审议通过了人事任免事项。自治区政协主席艾斯海提·克里木拜主持会议并讲话。

第2次会议 2008年5月26日至27日在乌鲁木齐召开。会议围绕打击“三股势力”，维护新疆稳定和抵御毒品渗透等问题进行专题议政。自治区副主席贾帕尔·阿比布拉应邀出席会议。自治区有关部门负责人参加会议，并听取大会发言。自治区政协副主席黄昌元主持会议。会议协商讨论并审议通过了自治区政协常委会议《关于打击“三股势力”维护社会稳定的建议案》、《关于加强新疆禁毒工作的建议案》。

第3次会议 2008年9月17日至18日在乌鲁木齐召开。会议围绕加强我区城市社区卫生服务工作和全面推进新型农牧区合作医疗制度建言献策。会议听取自治区人民政府领导关于自治区政协十届一次会议提案办理情况的通报。协商决定自治区政协专门委员会设置变动方案，通过有关人事任免事项。协商讨论并审议通过自治区政协常委会议《关于进一步做好我区城市社区卫生服务工作的建议案》、《关于进一步完善新型农牧区合作医疗制度的建议案》。

第4次会议 2008年12月22日至23日在乌鲁木齐召开。会议审议通过自治区政协常委会工作报告（草案）、提案工作情况的报告（草案）。审议通过关于召开自治区政协十届二次会议的决定（草案）、议程（草案）、日程（草案）、列席范围（草案）、分组办法和小组召集人名单（草案），各次大会执行主席和主持人名单（草案），常委会工作报告、提案工作情况的报告报告人名单（草案），秘书长、副秘书长名单（草案）。听取和审议自治区政协各专门委员会2008年工作报告。

【专门委员会工作】

提案委员会 各族各界委员、政协各参加单位、政协专门委员会共提出提案1023件，经审查立案993件，其中党派团体提案116件，有关经济建设的提案444件，科教文卫体方面的提案248件，关注民生和政策法规方面的301件。提案交由92个承办单位办理。未立案的提案转为委员来信送交有关部门参考。截至2008年12月31日，共办复提案989件，办复率99.9%。提案的意见建议，已经解决或采纳的A类提案391件，列入计划拟解决的B类提案370件，留作参考的C类提案228件。

经济委员会 就促进石油天然气中下游产品深加工，推动地方经济社会发展，农业、畜牧业发展，维护社会稳定、构建和谐农村牧区，推进新型工业化进程，粮食安全等问题进行了调研。成立课题组，选择自治区经济科技发展前沿的难点热点问题，组织政协委员中相关领域的专家、学者进行课题研究。全年共组织进行专题调研5项、考察与咨询服务3项、专题研讨会1次、课题研究2项、座谈研讨2项、情况通报3项；提交团体提案7份。对2008年所有活动成果进行整理，编辑《建言献策录》、《建言献策录》（专辑）各1册。

民族宗教社会法制委员会 以促进社会政治稳定、关注民生、民族进步、宗教和谐、奥运安保为工作重点。针对打击“三股势力”和禁毒工作、加强自治区监狱劳教工作、抵御渗透、加强边境少数民族群众收听收看广播电视工作、发挥宗教界人士和信教群众在促进经济社会发展中的积极作用、关注较少人口民族发展等问题开展调研。对自治区廉租房、经济适用房建设管理情况，《塔里木河流域水资源管理条例》实施情况，宗教历史文物保护情况进行考察。

教科文卫体委员会 围绕构建和谐社会、关注民生这一主题，开展调研、考察、座谈、情况通报、走访、联谊等活动33项（次），参加活动的委员达440人次。针对我区社区卫生服务工作和全面推行新型农牧区合作医疗制度的情况，进行了系统的调研、视察、研讨及资料整理工作。就新疆高等院校发展现状以及在新时期如何加快发展问题进行了深入调研。开展了“送医、送药、送教、送书、送体育”下乡活动。

人口资源环境委员会 组织委员参观考察金风科技股份有限公司风力设备和风能发展、“500”水库北水南调工程建设、雅玛里克山和黑山头林业基地生态环境和荒山绿化建设情况。组织委员围绕稳定基层计划生育队伍、主体功能区规划与人口资源环境建设、开都河流域生态环境保护和水资源开发利用等问题开展调研，为自治区决策提供参考意见。

港澳台侨和外事委员会 紧紧围绕自治区经济和社会发展中的重要问题，就恢复开展边境旅游、区内外侨情、我区回国留学人员基本情况等问题，组织委员开展专题调研，提交调研报告4份。结合世界经济增长放缓、不确定因素增加以及复杂的国际形势，组织在乌鲁木齐的全国政协委员和自治区政协委员听取国际形势报告会。充分发挥政协联系各界、协调各方的特点和优势，坚持“请进来，走出去”的方针，积极开展了促进团结、凝聚力量方面的工作。

文史资料和学习委员会 坚持“征集无禁区，出版有纪律”的原则，共征集史料约35万字，编辑出版了汉文版《新编新疆文史资料第六集·上海儿女在新疆》，维吾尔文版《新疆文史资料选辑》第50辑。《新编新疆文史资料第五集·昆仑山上红旗飘》。针对蒙古族图瓦人生活条件和医疗改善、中国三大英雄史诗之一《玛纳斯》的保护与传承、自治区文物保护法实施情况展开考察调研。承办全区文史工作座谈会，加强与基层政协交流，加大对基层政协的指导力度。

【重要活动】

自治区政协文史工作座谈会 2008年2月22日在乌鲁木齐召开。自治区政协主席艾斯海提·克里木拜出席会议并讲话。自治区政协副主席阿尤甫·铁衣甫主持开幕会。全区各地州市政协分管文史资料工作的领导、文史委员会主任、自治区政协部分常委和委员参加会议。会议传达了全国政协文史工作座谈会精神，审议通过了《政协新疆维吾尔自治区委员会关于加强文史资料工作的意见》。

自治区政协提案交办会 2008年2月20日，自治区政协召开提案交办会，向自治区人民政府及有关部门交办自治区政协十届一次会议提出的982件提案。自治区政协主席艾斯海提·克里木拜出席会议并讲话。自治区政协副主席黄昌元主持会议。自治区政协副主席买买提江·艾买提、柯赛江·赛力禾加、热孜万·艾拜、阿尤甫·铁衣甫出席会议。自治区政协秘书长巴代与自治区人民政府副秘书长、办公厅主任闫勤进行了提案交接。

自治区基层政协工作座谈会 2008年3月26日至27日在乌鲁木齐召开。自治区政协副主席黄昌元主持开幕会并讲话。各州市政协主席、秘书长，各地区政协工委主任，各县（市、区）政协主席、党组书记围绕如何提高政协履行职能水平，如何与党委、政府配合，围绕中心服务大局，为各地经济社会发展积极建言献策等开展了热烈讨论。自治区政协主席艾斯海提·克里木拜出席闭幕会并作重要讲话，对新一届基层政协领导提出要求和希望。

全国政协调研组来疆调研 2008年5月29日，自治区党委副书记、自治区主席努尔·白克力等领导与以全国政协人口资源环境委员会主任张维庆为组长的全国政协调研组一行进行了座谈。全国政协人口资源环境委员会调研组此次就我区主体功能规划与人口资源环境有关情况进行调研。自治区政协主席艾斯海提·克里木拜主持座谈会。

自治区政协举行向离任驻新疆全国政协常委代发纪念牌仪式 2008年8月12日，自治区政协举行向离任驻新疆全国政协常委代发纪念牌仪式。受中共中央政治局常委、全国政协主席贾庆林委托，自治区政协主席艾斯海提·克里木拜向不再连任的驻新疆十届全国政协常委克尤木·巴吾东、陈德敏、阿不都热依木·阿吉伊明、朱振中颁发纪念牌。自治区政协副主席热孜万·艾拜、买买提艾山·托乎达力、阿尤甫·铁衣甫出席仪式。自治区政协秘书长巴岱主持仪式。

自治区领导与全国政协考察调研组座谈 2008年8月14日，自治区党委副书记、自治区主席努尔·白克力与全国政协常委、中国科协副主席齐让率领的全国政协考察调研组座谈。此次全国政协考察团就贯彻实施《全民科学素质行动计划纲要》赴疆调研，考察团由全国政协科协界委员组成。自治区副主席靳诺就我区贯彻实施《全民科学素质行动计划纲要》情况作了介绍。

全国政协副主席阿不来提·阿不都热西提看望自治区政协工作人员 2008年9月11日，全国政协副主席阿不来提·阿不都热西提在自治区政协主席艾斯海提·克里木拜的陪同下，亲切看望了自治区政协机关的工作人员，并进行座谈。阿不来提·阿不都热西提对新疆的经济社会发展和自治区政协的各项工作给予了充分肯定和高度评价，并提出了希望和要求。自治区政协副主席热孜万·艾拜、买买提艾山·托乎达力、阿尤甫·铁衣甫及秘书长巴代出席座谈会。

自治区基层政协领导学习研讨班 2008年11月4日至6日在乌鲁木齐举办。自治区政协主席艾斯海提·克里木拜出席开班式并就加强学习研究、进一步提高理论水平和工作能力，深入贯彻落实科学发展观、努力开创政协工作新局面，切实增强履行职能效果、不断提高政协工作水平，向参加学习研讨班的全区各级政协领导提出了明确要求。副主席买买提江·艾买提、热孜万·艾拜、买买提艾山·托乎达力、阿尤甫·铁衣甫，秘书长巴代出席了开班式。买买提江·艾买提副主席出席结业式并讲话。

自治区政协主席艾斯海提·克里木拜率新疆代表团出访亚美尼亚、阿塞拜疆 2008年11月13日，自治区政协主席艾斯海提·克里木拜率新疆政府代表团出访亚美尼亚、阿塞拜疆。新疆政府代表团考察了新疆企业在阿塞拜疆的投资项目及与阿展开经贸合作的情况。阿塞拜疆议会第一副议长兹亚法特·阿斯克罗夫会见了代表团一行。双方讨论了在多个领域开展合作的相关事宜，对今后双方加强合作与交流充满信心。亚美尼亚总理季格兰·萨尔基相会见了中国新疆维吾尔自治区政府代表团一行。

自治区政协召开专题协商会 2008年11月28日，自治区政协召开专题协商会，围绕我区与周边国家恢复并开展边境旅游问题与自治区人民政府进行专题协商。自治区政协主席艾斯海提·克里木拜，自治区副主席胡伟，自治区政协副主席黄昌元、柯丽、阿尤甫·铁衣甫及秘书长巴代以及自治区公安厅、外（侨）办、旅游局、乌鲁木齐海关、新疆出入境检验检疫局、新疆民航管理局、武警边防总队、口岸办等有关部门的领导出席了会议。自治区政协副主席热孜万·艾拜主持会议。

【重要文件】

中共中央政治局委员、自治区党委书记王乐泉在自治区政协十届一次会议闭幕时的讲话（2008年1月20日）（摘要）
这次会议是在我区各族干部群众深入学习贯彻党的十七大、国务院32号文件精神和中央经济工作会议、自治区党委七届五次全委（扩大）会议精神，不断推进经济社会又好又快发展，努力开创自治区改革开放和现代化建设新局面的大好形势下召开的，具有十分重要的意义。会议期间，来自天山南北的各族各界政协委员以高度的政治责任感和历史使命感，围绕自治区改革发展稳定中的一系列重大问题，认真履行职责，积极建言献策，提出了许多宝贵的意见和建议。这是一次民主、团结、求实、奋进的大会，必将对自治区改革开放和现代化建设产生积极而深远的影响。

自治区九届政协任期的五年，是我区历史发展进程中十分重要的时期。我们圆满地完成了“十五”计划的各项任务，制定并开始实施“十一五”规划，自治区改革开放和现代化建设取得了巨大成就，全区上下呈现经济发展、社会稳定、民族团结、边防巩固、人民生活不断改善的大好局面。在此，我代表自治区党委、自治区人民政府，向在座的各位委员，并通过你们向全区各级政协委员、各民主党派、无党派爱国人士、各人民团体和社会各族各界人士表示衷心的感谢！

自治区十届政协任期的五年，是我们全面贯彻落实党的十七大精神、加快推进自治区改革开放和现代化建设的重要时期。去年年底，国务院下发了32号文件，明确提出了促进新疆经济社会发展的总体要求、指导原则、基本思路、战略目标和战略重点、重大项目、政策措施，对加快新疆经济社会发展、造福各族人民具有重大的现实意义和深远的历史意义。面对新的形势和任务，全区各级政协组织要高举中国特色社会主义伟大旗帜，坚持以邓小平理论和“三个代表”重要思想为指导，全面贯彻落实科学发展观，牢牢把握团结和民主两大主题，紧紧围绕自治区改革发展稳定的大局，认真履行政治协商、民主监督、参政议政的主要职能，动员和组织政协委员、各民主党派、人民团体和各族各界人士，调动一切积极因素，团结一切可以团结的力量，众志成城，开拓奋进，扎实工作，为开创自治区改革开放和现代化建设新局面做出更大贡献。

一、深入贯彻落实科学发展观，不断促进新疆经济社会又好又快发展。自治区党委七届五次全委（扩大）会议，坚持以科学发展观为指导，认真贯彻落实党的十七大、国务院32号文件精神和中央经济工作会议精神，立足当前，着眼长远，确定了自治区“十一五”后三年经济社会发展的新要求、新目标和重大措施，全面部署了改革发展稳定和党的建设工作。抓住机遇，加快发展，是全区各级党政的崇高历史使命，也是人民政协义不容辞的责任。各级政协组织要始终把促进发展作为履行职能的第一要务，牢固树立和全面落实科学发展观，把促进科学发展、和谐发展作为自觉行动、找准履行职能的结合点和切入点，为推进自治区经济社会又好又快发展多献良策。

二、充分发挥人民政协的组织优势，共同做好维护社会稳定的各项工作。稳定是改革和发展的前提，是新疆的大局。多年来的实践告诉我们，在新疆，没有稳定的环境，什么事也干不成。当前，我区稳定形势总体是好的，但影响社会政治稳定的问题仍然不少。新疆地处反分裂、反恐怖斗争的最前沿，国际政治斗争的风云变幻随时可能会对我区的稳定造成现实的、直接的影响。新疆面临的反分裂、反恐怖斗争形势依然严峻。面对当前复杂多变的稳定形势，全区各级政协组织和广大政协委员要始终保持清醒头脑，进一步增强忧患意识，居安思危，深刻认识维护新疆稳定的极端重要性，牢固树立稳定压倒一切的思想不动摇，进一步把思想和行动统一到中央关于维护新疆稳定的各项重大决策和自治区党委的重要部署上来，自觉站在反分裂斗争的第一线，在维护祖国统一、反对民族分裂这个事关国家最高利益和新疆各族人民根本利益的大是大非问题上，始终做到认识不含混、态度不暧昧、行动不动摇，始终做到旗帜十分鲜明、立场十分坚定。

三、紧紧围绕团结和民主两大主题，在构建社会主义和谐社会中发挥重要作用。人民政协工作是团结各界、凝聚人心的工作，是党的群众工作的重要方面，在构建社会主义和谐社会中肩负着重要职责。要协助党委和政府妥善处理各类人民内部矛盾，维护群众的合法权益，凝聚各族人民的智慧和力量，不断开创新疆团结和谐、蓬勃发展的新局面。

四、适应新形势新任务的要求，切实加强政协履行职能的制度化、规范化和程序化建设。《中共中央关于加强人民政协工作的意见》和政协章程对政协履行职能作出了明确规定。各级政协组织和广大政协委员要坚持“服务大局、突出重点、坚持创新、有所作为”的工作思路，准确理解和把握政治协商、民主监督、参政议政的科学内涵，结合工作实践，积极探索新形势下开展政协工作的新形式、新方法，不断完善政协工作的运行机制，建立健全履行职能的各项制度和程序，使政协工作体现时代性、把握规律性、富有创造性。

五、切实加强自身建设，不断提高做好政协工作的能力和水平。人民政协要履行好职能、发挥好作用，必须自觉适应新形势新任务的要求，全面加强自身建设。要把思想理论建设摆在各级政协组织自身建设的首要位置，发扬人民政协注重学习的优良传统，积极组织和推动政协委员学习邓小平理论和“三个代表”重要思想，深刻理解和正确把握科学发展观的科学内涵和精神实质，学习统一战线理论和政协理论，学习党和国家的方针政策，使政协委员不断增强政治责任感和历史使命感，更加关注民生，积极参与国是，认真履行神圣职责。要进一步强化政治观念，切实增强政治敏锐性和政治鉴别力，坚持把维护祖国统一、反对民族分裂作为自己的重要职责，肩负起维护祖国统一和各民族大团结的神圣使命。

加强和改善党对政协工作的领导，是开创政协工作新局面的根本保证。全区各级党委要按照总揽全局、协调各方的原则，进一步加强和改善对人民政协工作的领导，把是否重视人民政协工作、能否发挥好人民政协的作用，作为检验领导水平和执政能力的一项重要内容。

自治区党委副书记、自治区政协主席艾斯海提·克里木拜在自治区政协十届一次会议闭幕时的讲话（2008年1月20日）（摘要）　经过全体委员和与会同志的共同努力，自治区政协十届一次会议已经圆满完成了各项议程。大家认真履行职责，积极参政议政，为加快自治区经济社会发展献计献策，提出了很多很好的意见建议，充分体现了自治区各族各界同心同德、团结合作、共同致力于全面建设小康社会的强烈意愿。会议自始至终充满了民主协商、共谋发展的浓厚气氛，开得很圆满、很成功，是一次民主和谐的大会、求真务实的大会、团结奋进的大会。

这次大会在充分酝酿、认真协商的基础上，选举产生了自治区十届政协主席、副主席、秘书长和常务委员。这是自治区党委和各族各界对我们的信任，我代表当选的各位同志，向各位委员表示衷心的感谢！我们决不辜负大家的期望和重托，一定继承和发扬历届政协的优良传统和作风，按照这次大会的部署要求开展工作，结合自治区的实际情况开拓创新，团结协作，尽职尽责，努力把政协工作提高到一个新的水平。

完成自治区新一届政协肩负的使命，发挥好人民政协的积极作用，需要我们按照中央的要求和政协章程的规定，坚持工作原则，突出工作重点，讲究工作方法，重视工作实效，切实做好履行职能的各项工作。我们要全面贯彻落实党的十七大精神，毫不动摇地坚持中国特色社会主义理论体系，走中国特色社会主义民主政治发展道路，始终坚持政协工作正确的政治方向。我们要牢牢把握团结和民主两大主题，发挥协调关系、汇聚力量、建言献策、服务大局的重要作用，坚持广开言路、畅所欲言、求同存异、体谅包容的原则，努力营造团结、民主、活跃、和谐的政协工作氛围。我们要认真实践科学发展观，按照聚精会神搞建设、一心一意谋发展的要求履行职能，积极为实现自治区经济社会又好又快发展献计出力。我们要积极参与和谐社会建设，坚持以人为本，关注群众生活，讲大局，讲团结，协助党委、政府做好协调关系、理顺情绪、化解矛盾、增进共识的工作，为构建和谐新疆贡献力量。我们要自觉维护社会政治稳定，从维护国家最高利益和新疆各族人民根本利益的要求出发，立场坚定、旗帜鲜明地反对民族分裂主义和非法宗教活动，坚决维护新疆的社会政治稳定。我们要切实加强自身建设，自觉适应新形势新任务的要求，努力形成合作共事、真抓实干的风气，始终保持积极主动、尽职尽责的良好精神状态，不断开拓政协工作的新局面。

常委会工作报告（2008 年 1 月 13 日）（摘要） 过去的五年，是新疆历史上发展与稳定非常好的一个时期。在新疆这个重要的历史发展阶段里，自治区九届政协发挥了积极的作用，做出了应有的贡献。五年来，在自治区党委的领导下，九届政协以邓小平理论和“三个代表”重要思想为指导，始终坚持用科学发展观统领政协工作，牢牢把握团结和民主两大主题，认真开展政治协商、民主监督和参政议政，履行职能取得了新成绩，服务大局做出了新贡献，自身建设迈出了新步伐。

一、党政重视支持政协工作采取了有力措施。九届政协以来，自治区党委高度重视对政协工作的领导，自治区人民政府大力支持政协履行职能，有针对性地采取一系列重要举措，为自治区政协工作创造了良好条件。(1)召开政协工作会议。2005 年 1 月，自治区党委召开各地、各部门党政主要领导参加的政协工作会议，对加强政协工作做出了安排部署，要求各级党委切实加强和改进对政协工作的领导。(2) 提出加强政协工作的意见。2006 年 2 月，《中共中央关于加强人民政协工作的意见》颁发后，自治区党委及时进行专题研究，结合新疆实际，制定了贯彻落实中央《意见》的实施意见。实施意见从深入学习领会中央意见的基本精神、切实为人民政协履行职能创造良好条件、大力加强各级政协的自身建设、切实加强和改善党对政协工作的领导等四个方面提出了 17 条具体意见。(3)转发政协工作重要文件。近年来，自治区党委办公厅、政府办公厅以不同形式，分别转发或印发了自治区政协《关于做好委员视察工作的意见》、《关于加强和改进提案工作的意见》、《自治区政协提案工作条例》等政协工作的重要文件。(4)建立工作协调配合机制。自治区党委每年都听取政协党组的工作汇报，研究解决政协工作的有关问题。自治区人民政府与自治区政协建立联席会议制度。政府职能部门与政协各专门委员会通过联合开展调研、检查、座谈等形式，使政协委员的意见建议及时转化为政府决策的依据。(5) 支持政协自身建设。为适应政协事业发展的需要，自治区党委决定将自治区政协的委员规模由 480 名扩大到 530 名，使一些新的社会阶层的代表人士能够进入政协组织。自治区党委、人民政府还调整提高各级政协委员活动经费标准，对基层政协建设每年给予专项经费补助，支持政协信息化建设，帮助改善政协机关的办公条件。(6) 党政领导重视政协工作。九届政协期间，中共中央政治局委员、自治区党委书记王乐泉同志等自治区党政领导经常出席政协召开的会议，发表重要讲话。及时阅批政协建议案、调研报告和社情民意信息，认真采纳政协委员提出的意见建议，高度重视发挥政协组织的职能作用。自治区党委和政府的这些重要举措，对于推动自治区政协工作的健康发展，广泛凝聚各方面的智慧力量，产生了积极的效果。

二、政协履行职能做出了新的贡献。九届政协期间，我们以全体会议、常委会议为重点，以专门委员会为基础，围绕自治区的中心工作开展履行职能的各项活动，为促进自治区经济社会发展做出了新的贡献。(1) 全体会议的重要作用得到充分发挥。全体会议是政协履行职能的最高形式。我们从会议的筹备、组织和会后成果转化等各个环节入手，进行了改进和加强。(2) 常委会议的专题协商取得明显效果。九届政协共召开 20 次常委会议，先后组织了关于社会主义新农村建设、促进新型工业化发展、构建社会主义和谐新疆、工业发展合理布局、节能减排等问题的专题协商。在深入协商讨论的基础上，常委会议和主席会议形成了 8 个建议案和若干专题报告。自治区领导多次对这些建议案和调研报告作出批示。(3) 提案工作的实际效果进一步增强。围绕提高提案质量、办理质量、服务质量开展工作。九届政协共收到提案 4855 件，立案 4535 件，确定重点提案 41 件，由政协主席、副主席督办。密切与政府各部门的联系，征求和了解各承办单位对提案的意见建议，进行提案来源情况的调查分析，深入细致地做好提案办理的服务工作。(4) 调研视察取得新的成果。政协的调查研究要有政协的特色，要在组织形式、工作角度、关注重点等方面体现出政协的界别特点和人才智力优势，求精、求深、求实，拿出高质量的调研成果。根据这样的调研思路，九届政协组织有关界别的委员，在不同领域开展 112 项调查研究活动，完成调研报告 108 份，内容涉及经济社会发展的各个方面，就相关工作提出意见建议。召开关于非公有制经济发展、新农村建设、企业创新与科技强区等专题研讨会，深化调查研究的成果。组织委员对塔里木河流域综合治理、新疆煤田灭火、工业园区发展、机场建设情况进行视察考察。建立课题研究机制，将政协工作与委员本职工作相结合，请政协委员中的专家主持课题，完成了加快向西开放、乌昌经济一体化等 19 个课题研究项目。认真做好驻疆全国政协委员开展活动的组织和服务工作，积极协助全国政协在新疆的视察、调研，通过全国政协向中央反映了一些事关新疆经济社会发展的重大问题。

三、参与构建和谐社会发挥了应有作用。五年来，围绕自治区提出的构建社会主义和谐社会的工作重点履行职能，为维护社会政治稳定、建设和谐新疆做出了应有贡献。(1) 发挥优势维护稳定。坚决贯彻中央关于维护新疆稳定的重大决策和自治区党委的重要部署，牢固树立稳定压倒一切的思想不动摇，旗帜鲜明地反对民族分裂主义和非法宗教活动。(2) 广泛团结凝聚力量。在坚持共同的政治基础之上，不断巩固和发展各党派、各团体、各民族、各阶层的大团结。就加快人口较少民族乡村发展、推进兴边富民行动、促进民族教育、发展民族文化等问题进行调研。协助党委、政府做好宗教工作，走访慰问爱国宗教人士，召开宗教界委员座谈会，开展对宗教问题的调研。重视做好新的社会阶层的团结工作，召开民营企业家代表座谈会，听取他们的意见，反映他们的呼声。加强与港澳台同胞的联系，维护归侨侨眷的合法权益，开展对外友好交流，密切联系沟通，为宣传新疆、建设新疆贡献了力量。(3) 重视民生反映民意。坚持把广大人民群众的利益作为工作的出发点和落脚点，针对食品安全、困难群众救助、抗震安居工程等问题进行专题调研；组织捐款捐物、送医送药下乡、举办专业讲座、开展咨询服务、协调捐资助学和慈善活动。重视反映社情民意信息工作，共编发《新疆政协信息》493 期，发挥了政协信息在党政舆情汇集和分析机制中的积极作用。(4) 关注社会事业发展。组织委员开展对“四五”普法情况的检查，提出了做好“五五”普法工作的建议。组织开展了文化产业发展、双语教学、城镇社区卫生服务、青少年权益和外来务工人员权益保护等专题调研，积极促进各项社会事业的发展。围绕发展循环经济，多次开展调查研究和座谈讨论，推动了自治区相关政策法规的制定和实施。就伊犁河流域生态保护、艾比湖生态治理、天山野果林保护等问题，进行深入调研，提出对策建议，促进了自治区的生态环境保护和建设。(5) 积极征编文史资料。五年来，共征集各类文史资料汉文 380 万字、维吾尔文 170 万字；编辑出版汉文版文史资料 8 辑、维吾尔文版文史资料 5 辑，合作编辑出版了哈萨克族、回族、蒙古族和柯尔克孜族专题文史资料，丰富了新疆的基础史料。

四、政协自身建设得到了切实加强。在学习借鉴的基础上，结合实际情况，努力开拓创新，自身建设取得了新的进展。(1) 加强政协委员队伍建设。采取召开常委专题学习讲座，举办培训班、报告会，编发学习资料等形式，积极将委员的自我学习、自我教育引向深入。制定《关于进一步加强同委员联系的意见》，明确加强与委员联系的具体办法，注重发挥委员的特长和优势，合理安排各专委会委员，组织开展不同界别的活动，适时举行情况通报会、座谈会，着力做好委员履行职责的各项服务工作。(2) 加强与党派、团体和无党派人士的联系。制定《关于加强与民主党派新疆区委会、自治区工商联联系的意见》，加强工作联系，及时研究参政议政的有关问题。安排自治区政协委员中的民主党派负责人兼任专门委员会领导，充分吸收民主党派成员和无党派人士参加专门委员会工作。支持和保障各党派、团体和无党派人士在政协各种会议上发表意见、提出建议。充分发挥各党派、团体的自身优势，组织开展联合调研。(3) 加强工作制度建设。制定和修订全体会议工作规则、常务委员会工作规则、专门委员会通则、提案工作条例等一系列规章制度，对政协例会、委员视察、提案工作、信息工作等，做出明确的规定。(4) 加强对政协工作的宣传。九届政协多渠道、多形式组织开展政协宣传工作，全面反映各族各界政协委员履行职能的成果。在庆祝新疆政协成立 55 周年之际，新疆主要新闻媒体刊发专版、专访和纪念文章，对自治区政协工作进行了全面集中的宣传报道。设立政协新闻发言人，建立新疆政协网站。将自治区政协机关报《亚洲中心时报》由周一刊扩增为周三刊。(5) 加强对基层政协的指导。召开两次基层政协工作经验交流会、建立乡镇政协委员联络小组等一些有效做法被各地政协广泛采用。多次对基层政协工作进行专题调研，重视研究县级政协的特点和作用，就基层政协的机构设置、工作条件等问题，向自治区党委提出建议。加强对基层政协的工作指导，重视对基层政协干部的培训，保持与基层政协的密切联系。(6) 加强专门委员会工作。九届政协高度重视专门委员会建设，统一思想认识，明确工作要求，理顺工作关系，加强人员配置，落实工作经费，积极为专门委员会开展工作创造条件。(7) 加强政协机关建设。狠抓思想作风和工作作风建设，进一步强化服务意识，不断提高办文、办会、办事水平，工作效率和为履行职能服务的能力有了明显提高。

回顾自治区九届政协五年来的工作实践，联系人民政协的发展历程，我们深刻地体会到，政协工作中的一些重要原则，既是我们过去的宝贵财富，也是今后必须长期坚持的基本经验。必须始终坚持中国共产党的领导，坚持和完善中国共产党领导的多党合作和政治协商制度，用中国特色社会主义理论体系指导政协工作，坚定不移地贯彻执行党的路线方针政策，保证政协工作沿着正确的政治方向发展；必须始终坚持团结和民主两大主题，切实把这两个主题贯穿于政协工作的各方面，贯穿于政协事业发展的全过程，团结一切可以团结的力量，调动一切可以调动的积极因素，最大限度地增加和谐因素，最大限度地减少不和谐因素，凝聚全社会的智慧和力量，为实现全面建设小康社会的宏伟目标作出贡献；必须始终坚持把促进发展作为履行职能的第一要务，围绕中心、服务大局，深入贯彻落实科学发展观，调动广大政协委员的积极性、创造性，聚精会神搞建设，一心一意谋发展，在促进自治区经济建设、政治建设、文化建设、社会建设中发挥积极的作用；必须始终坚持把维护社会政治稳定作为政协工作的重要任务，动员各族各界政协委员坚定地同民族分裂主义和非法宗教活动作斗争，自觉肩负起维护祖国统一、维护社会稳定、维护民族团结的神圣使命；必须始终坚持推进履行职能的制度化、规范化、程序化，健全重大问题决策前协商的制度，完善民主监督机制，提高参政议政水平，组织好履行职能的各项工作；必须始终坚持把最广大人民的利益作为政协工作的出发点和落脚点，把各族群众的利益放在第一位，深入实际，深入基层，倾听群众呼声，体察群众意愿，了解和反映社情民意，协助党委和政府实现好、维护好、发展好最广大人民的根本利益。

十届政协工作建议：

一、深入贯彻落实党的十七大精神。要按照中央和自治区党委的统一部署，积极组织和推动广大政协委员认真学习领会党的十七大精神，切实把党的十七大精神贯彻落实到履行职能的各项实际工作中去。

二、积极为自治区经济社会发展建言献策。要牢固树立科学发展观，把促进经济社会又好又快发展作为履行职能的第一要务，充分发挥政协组织的优势，为全面实现新疆经济社会发展的战略目标贡献力量。

三、努力为构建和谐新疆贡献力量。要坚持大团结大联合，加强各党派团体和各族各界的合作共事，最广泛最充分地调动一切积极因素，不断促进社会和谐。以人为本，关注民生，关心弱势群体，维护公平正义，正确反映和兼顾不同方面群众的利益，为党委和政府解决好人民群众就业、看病、住房、入学和社会保障等问题献计出力。

四、充分发挥政协在维护稳定中的重要作用。要始终保持清醒的头脑，进一步增强忧患意识，居安思危，深刻认识维护新疆社会政治稳定的极端重要性，牢固树立稳定压倒一切的思想不动摇，把思想认识统一到中央关于维护新疆稳定的重大决策和自治区党委的重要部署上来。要深入揭露民族分裂主义分子的各种违法犯罪事实和反华分裂行径，始终做到在大是大非问题上认识不含混、态度不暧昧、立场不动摇，旗帜鲜明地反对民族分裂主义和非法宗教活动，坚决维护祖国统一。

五、进一步加强政协自身建设。要充分发挥人民政协作为中国共产党领导的多党合作和政治协商机构的作用，支持各民主党派、工商联和无党派人士参与自治区重大方针政策的协商讨论及其履行职责的各项活动，尊重和保障他们在政协的各种会议上发表意见、提出提案、反映社情民意、进行大会发言，切实搞好在政协的各项协商活动。要注重体现人民政协的界别特点，积极探索发挥界别作用的方法和途径，为各界别开展活动提供更加完善的制度保证，使界别活动更加经常、更加规范、更加有效。要突出政协委员的主体作用，重视做好政协委员的学习培训工作，完善学习规划，丰富学习内容，创新学习形式。要加强与党政有关部门的联系与沟通，建立健全政协委员意见建议的办理和反馈机制。要进一步健全政治协商程序，完善民主监督机制，提高参政议政实效，把履行职能的各项工作提高到一个新水平。要加强对基层政协工作的指导，及时总结交流各地政协履行职能的经验。要继续加强政协专门委员会建设，充分发挥专门委员会的基础作用。要切实加强政协机关建设，增强全局观念和服务意识，保证机关工作协调统一、规范有序、精干高效地运行。

十届一次会议政治决议（摘要） 会议认为，过去的5年，自治区党委、自治区人民政府团结带领全区各族人民，高举中国特色社会主义伟大接帜，全面贯彻落实党的十六大精神，牢固树立科学发展观，认真贯彻执行党中央、国务院关于新疆工作的战略部署，大力实施西部大开发，优势资源转换，全方位开放、可持续发展和人才强区战略，圆满完成了“十五”计划的各项任务，制定并开始实施“十一五”计划，全区上下呈现出经济又好又快发展、社会政治大局稳定、民族团结、边防巩固、人民生活不断改善的大好局面。与会委员对自治区过去5年的巨大成就给予了高度评价，认为今后5年的发展目标鼓舞人心，工作部署切实可行。

会议强调，中国共产党第十七次全国代表大会是在我国改革发展关键阶段召开的一次十分重要的会议，对于继续解放思想、坚持改革开放、推动科学发展、促进社会和谐、夺取全面建设小康社会新胜利，具有重大的现实意义和历史意义。学习贯彻党的十七大精神，是当前和今后一个时期人民政协的重要政治任务。要认真学习贯彻落实党的十七大精神，自觉把思想和行动统一到十七大精神上来，把力量和智慧凝聚到十七大确定的各项任务上来，把学习贯彻十七大精神同人民政协履行职能的实践结合起来，进一步提高政协工作的能力和水平，为自治区的改革开放和现代化建设作出新的贡献。

会议指出，在全面建设小康社会、构建社会主义和谐新疆的新的发展阶段，人民政协肩负着光荣的历史使命。要认真贯彻落实自治区党委七届五次全委（扩大）会议精神，紧紧围绕自治区的中心工作，深入调查研究，认真履行职能，为加快自治区经济社会发展献计出力。要充分发挥人民政协作为最广泛的爱国统一战线组织的作用，广泛团结各党派、各团体和各族各界人士，充分调动各方面的积极性，最大限度地增加和谐因素，最大限度地减少不和谐因素，积极参与构建社会主义和谐社会。要深刻认识维护新疆稳定的极端重要性，增强忧患意识，保持清醒头脑，牢固树立稳定压倒一切的思想不动摇，坚决同民族分裂主义和非法宗教活动作斗争，为维护自治区社会政治大局稳定发挥积极作用。

【组织概况】

主　席

艾斯海提·克里木拜（哈萨克族）

副主席

黄昌元　王　伟

买买提江·艾买提（维吾尔族）

柳耀华　王永明

柯赛江·赛力禾加（哈萨克族）

柯丽（女，回族）　刘晏良

热孜万·艾拜（女，维吾尔族）

买买提艾山·托乎达力(柯尔克孜族)

阿尤甫·铁衣甫（维吾尔族）

阿不都力提甫·阿不都热依木（维吾尔族）

秘书长

巴　代（蒙古族）

常务委员名单（按维吾尔文字母顺序排列）

阿巴斯·麦麦提（维吾尔族）
阿布力米提·阿布都卡迪尔（维吾尔族）
阿不力米提大毛拉阿吉（维吾尔族）
爱新觉罗·溥新（满族）
艾努瓦尔（哈萨克族）
艾尼瓦尔·依沙克（维吾尔族）　白　钢
波里亚（俄罗斯族）
布娲鹣·阿布拉（女，维吾尔族）
潘晓燕（女）　汤宝鹏
托合塔尔·艾力巴吐尔（哈萨克族）
吐尔逊娜依·依不拉音江(女,维吾尔族)
吐尔逊江·力提甫（维吾尔族）
吐　娜（女，蒙古族）
吐尔根·依布拉音（维吾尔族）
滕玉芬(女)　田国柱　张炳科　张东起
张广和　吉力力·纳斯尔（维吾尔族）
郑明禹　贾殿赠　蒋平安　蒋二葆
陈　旗　陈玉芳（女）
哈丽娜·努尔（女，乌孜别克族）
胡志斌（回族）
呼西旦·阿巴拜克力（女，维吾尔族）
达尼亚·沙依托夫（维吾尔族）
旦皮力（蒙古族）
多斯坦·柯尔曼拜（哈萨克族）
董新光　董立勃　邓　平
热娜·玉素甫（女，维吾尔族）
热木吐拉·依达也提（维吾尔族）
左尔敦·霍加（维吾尔族）
沙达提·艾木都（女，维吾尔族）
沙塔尔·沙吾提（维吾尔族）　孙广信
隋　霞（女）　夏立宛（蒙古族）
单　玫（女）　许月英（女）
谢日甫江·大毛拉阿吉（维吾尔族）
房应征（女）
范卫东　哈布勒·吾斯满（哈萨克族）
哈吉牙克巴尔·孔俄尔（哈萨克族）
库尔曼拜克·多孜尔拜克（哈萨克族）
卡玛斯亚·沙布尔（哈萨克族）　孔庆平
库来惜·阿不都拉（女，哈萨克族）
克然木·依不拉音（维吾尔族）　高继宏
高国英（女）　关伊梅（女，锡伯族）
古丽帕丽·阿不都拉（女，维吾尔族）
拉力汗·沙拉伯克（女，塔吉克族）
李建宏　李　荣（女）李　为　刘珍祥
刘　山（达斡尔族）　刘世科
马　德（回族）　马寿新（回族）
马柯湘（女，回族）　马　龙（回族）
马　莉（女，维吾尔族）
买买提吐尔地·巴拉提
提·马合木提（维吾尔族）
牛汝极　阿吉·阿不都热扎克(维吾尔族)
阿西木阿吉·阿不都热衣木（维吾尔族）
艾山·吐拉克（维吾尔族）
约尔古丽·加帕尔（女，柯尔克孜族）
月日古丽·马木提（女，维吾尔族）
王全生　王晓敏（女）　王浪涛
武立德（蒙古族）
伊尔扎提·扎达（塔塔尔族）
杨敏贤(女)　闫　勤　闫存兴　尹　平

委员名单（按维吾尔文字母顺序排列）

中国共产党（24 名）

阿不都热合曼·甫拉提（维吾尔族）
阿不力孜·吾守尔（维吾尔族）
阿尤甫·铁衣甫（维吾尔族）
艾斯海提·克里木拜（哈萨克族）
巴　代(蒙古族)　吐尔逊·牙生(维吾尔族)
朱信义　居来提·卡德尔（维吾尔族）
居来提·买买提明（维吾尔族）
黄昌元　贺新莲（女）
沙达提·艾木都（女，维吾尔族）
克然木·依不拉音（维吾尔族）
郭永辉　束迪生（回族）
马丽艳（女，回族）

毛 恒 马合木提（维吾尔族）
孟传杰 艾山·吐拉克（维吾尔族）
王全生 王 伟 王伟博 闫 勤

中国国民党革命委员会（4名）

张慧诚 周殿生 胡世梅（女） 蒋平安

中国民主同盟（6名）

金茂强 陈 旗 陈冬季 胡文英（女）
许 征 王正荣（女）

中国民主建国会（4名）

唐天林 张尚建 韩 强 董新光

中国民主促进会（4名）

童兆玲（女） 孙钰华（女）
史建新 牛汝极

中国农工民主党（4名）

滕玉芬（女） 赵玉兰（女）
孟庆才 王平道

九三学社（5名）

白 鸥（女） 贾殿赠 韩慎贵
赖惠成 李安民

无党派人士（5名）

张东起 党恩强 曹新华 宋亚君
柯文虎

中国共产主义共青团（2名）

艾尼瓦尔·阿不都热合曼（维吾尔族）
隋 霞（女）

总工会（3名）

巴哈尔古丽·吾兰（女，哈萨克族）
毕大合买提·阿汗（哈萨克族）
尼加提·马合木提（维吾尔族）

妇女联合会（5名）

帕塔木·巴拉提（女，维吾尔族）
托兰汗·塔哈依（女，柯尔克孜族）
库来惜·阿不都拉（女，哈萨克族）
毛菊旦·依那亚提（女，哈萨克族）
王建玲（女）

青年联合会（2名）

艾尔肯·尤努斯（维吾尔族） 尹 平

工商业联合会（40名）

阿布都热西提·克依木（维吾尔族）
阿布都外力·肉孜（维吾尔族）
巴格古丽·沃拉勒泰（女，哈萨克族）
帕力哈提·吾斯曼（维吾尔族）
贾 伟 张炳善 张炳科 张力波
赵小林 赵文贤 赵伟国
陈圣镇 钱金耐 霍蓝蓝（女）
胡宜昌 黄银荣 邓 平
邓 春（女） 热地里·阿不拉（维吾尔族）
热合木提拉·赛买提（维吾尔族）
孙广信 徐 杰 徐峰林 石剑雄
项明琴（女）
吾加阿布都拉·沙吾尔（维吾尔族）
康和平 康万廷 吕士忠 李建宏
李建国 李利涛 林文俊 马英贵（回族）
木合塔尔·马木提（维吾尔族） 孟金水
聂如旋 月日古丽·马木提（女，维吾尔族）
杨敏贤（女） 岳志荣

科学技术协会（4名）

帕尔哈提·克力木（维吾尔族）
田国柱 贾合亚（哈萨克族） 齐荣宽

台湾同胞联谊会（3名）

张广和 陈辉枚（女，高山族） 曾庆英（女）

归国华侨联合会（4名）

白 玺（回族）
库尔曼别克·多孜尔拜克（哈萨克族）
李佩芳（女） 李香明

文学艺术界（31名）

艾克拜尔·阿布力孜（维吾尔族）
白 钢 白 鹰
吐尔逊娜依·依不拉音江（女，维吾尔族）
吐尔逊江·力提甫（维吾尔族）
周 涛 祝 谦 蒋 林（女）
程林新 韩子勇 代理根（蒙古族）
董立勃 邓志明（回族）
迪丽娜（女，维吾尔族）
热娜·玉素甫（女，维吾尔族）
热依古丽·热尔扎克（女，哈萨克族）
夏米力（乌孜别克族）
夏木斯·胡玛尔（哈萨克族）

库尔曼江·孜克热亚（哈萨克族）
古再力努尔·库尔班（女，维吾尔族）
兰其建　李伯霖　刘　霞（女）
马柯湘（女，回族）　马国玉（回族）
米丽古丽·艾买提（女，维吾尔族）
努尔夏提·居马巴依（柯尔克孜族）
吾斯曼·艾买提（维吾尔族）　王　博
瓦依提江·吾甫尔（维吾尔族）
伊再提·伊力亚斯（女，维吾尔族）

科学技术界（41 名）

阿布力米提·阿不都卡迪尔（维吾尔族）
巴寅亮（锡伯族）
甫拉提·阿不力米提（维吾尔族）
陶建伟　吐尔根·依布拉音（维吾尔族）
张新玲（女）　张利莉（女）　张云峰
赵林生　朱双华　景武峰
吉力力·阿不都外力（维吾尔族）
常志远
热里班·霍加阿不都（女，维吾尔族）
曾小刚　崔元玗（女）　徐天昊
许月英（女）　史玉光
范旭华（女）　范卫东　傅春利
哈布勒·吾斯满（哈萨克族）
高建国　高国英（女）　高烈卿
罗建基　李　晓　李　明　刘学军
刘世科
木拉提·哈米提（维吾尔族）
努尔波拉提（哈萨克族）
努尔江·布尔林（哈萨克族）
约尔古丽·加帕尔（女，柯尔克孜族）
王翠萍(女)　王　娜(女)　吴淑云(女)
吴以兰(女)　王新成　闫存兴

社会科学界（34 名）

艾合买提江·艾山（乌孜别克族）
艾尔肯·依不拉音（维吾尔族）
艾景顺　潘晓燕（女）　汤一溉
吐　娜（女，蒙古族）　赵　霞（女）
池重庆　邱栋久
多斯坦·柯尔曼拜（哈萨克族）
迪拉热·哈米提（女，维吾尔族）
热孜万·艾拜（女，维吾尔族）
孙学仁　崔书杰
赛力克·吾哈拜（哈萨克族）
辛培雄　康廷凤（女）
库尔西·阿尤甫（维吾尔族）
高新梅（女）　郭普校　李　成
李　荣（女）　刘志诚　刘珍祥
刘晓延　柳耀华
阿西木阿吉·阿不都热衣木（维吾尔族）
王致雄　王振华　王发胜　吴　宪
王浪涛　温　浩　杨乃初

经济界（48 名）

艾力肯·依布拉音（维吾尔族）
艾斯克尔别克·多米西（哈萨克族）
白志刚　托乎提·亚克夫（维吾尔族）
吐尔逊·阿不都热衣木（维吾尔族）
田建荣　张国栋　张　野　郑明禹
甄振邦　姜爱玲（女）　陈玉芳（女）
陈云华　钱　勇　侯丽春（女）
杜鲁坤·托乎提（维吾尔族）　刁国庆
苏　斌　孙建军　孙建宁(回族)　徐海新
史新玲（女）　肖　虎　范　萍（女）
哈拜·马太（哈萨克族）
孔　岩（女，回族）郭新明　关武平
顾中秦　罗　平　罗志秋
李华珍（女）　雷以亮　刘建锋
刘晏良　马家英（女）　马　德（回族）
买买提·艾沙（维吾尔族）
阿皮孜·尼牙孜（维吾尔族）
王永明　万丛书　万克初　杨盛杰
姚建新　雍其新　袁银芝（女）
玉素甫·哈斯木（维吾尔族）
尤努斯·沙力（维吾尔族）

农业界（44 名）

阿布拉·阿布都克力木（维吾尔族）
阿不列孜·热合曼（维吾尔族）
阿不力米提·努尔（维吾尔族）
阿黑哈提·对山别克（哈萨克族）

阿衣姑·卡地尔（女，维吾尔族）
阿合买提江·托合提（维吾尔族）
艾哈买提·哈斯木（维吾尔族）
艾努瓦尔（哈萨克族） 安沙舟
别达勒汗·柯孜尔汗（哈萨克族）
布娲鹲·阿布拉（女，维吾尔族）
兵拜·丽娜（女，蒙古族）
塔力甫·吾斯曼（维吾尔族）
托乎提·艾合买提（维吾尔族）
张新国 张 璐 张 勇 赵英宗
蒋二葆
呼西旦·阿巴拜克力（女，维吾尔族）
迪里夏木·哈斯木（维吾尔族）
地里木拉提·阿布都巴海（维吾尔族）
热沙来提·木沙（女，维吾尔族）
沙 力（东乡族） 佘 青（女）
房应征（女） 冯桂珍（女，回族）
胡拜都拉·哈赛因（哈萨克族）
库尔班·努尔（维吾尔族）
克尔克孜·艾依地马提（塔吉克族）
孔庆平
古丽巴尔·尼牙孜（女，维吾尔族）
李 新 李寿山 刘明军
买合木提·肉孜（维吾尔族）
买买提·阿不都拉（维吾尔族）
吾布力·买买提力（维吾尔族）
乌斯满·沙吾提（维吾尔族）
吾买尔·阿不都拉（维吾尔族）
王建玉
依不拉音·马木提（维吾尔族）
闫洪山 杨 琳（女）

教育界（44名）

阿不拉江·艾买提（维吾尔族）
阿尔孜古丽·吾布力哈斯木
（女，柯尔克孜族）
艾尔肯·阿不都卡德尔（维吾尔族）
阿肯江·托呼提（维吾尔族）
艾合买提·库吐鲁克（维吾尔族）
艾克拜尔·斯拉吉丁（维吾尔族）
布丽燕（女） 张先亮
江丽·努尔排斯（女，哈萨克族）
赵嘉麒 庄文举 陈建国 陈 军
黄明凤（女） 胡绍强
胡小玲（女，俄罗斯族）
热孜万古丽·海力力（女，维吾尔族）
沙塔尔·沙吾提（维吾尔族）
苏 勤（女） 崔建新
夏木什努尔·帕孜力别克(女,哈萨克族)
许 燚 吾甫尔·司马义（维吾尔族）
高继宏 高 丽（女）郭新荣（女）
郭玉兰（女，回族） 关芳芳(女,锡伯族)
古丽帕丽·阿不都拉（女，维吾尔族）
古拉拉·多斯木汗（女，哈萨克族）
李宝城 李西茜（女） 李彦明
吕开娥（女） 刘巧燕（女）
马 龙（回族） 马敏芳（女，回族）
马月英（女，回族） 孟吉翔
木尔扎别克·阿不力卡斯（哈萨克族）
阿吉·阿不都热扎克（维吾尔族）
伊莉曼·艾孜买提（女，维吾尔族）
杨新贵 尹勇胜

体育界（3名）

艾尼瓦尔·依沙克（维吾尔族）
李文杰（壮族）
买买提司地克·阿不都拉（维吾尔族）

新闻出版界（10名）

安思国 吉格吉加甫（蒙古族）
克力木·色提尼牙孜（维吾尔族）
李 为 李维青（女） 林苏马
刘长明 米吉提·卡德尔（维吾尔族）
艾吉尔古丽·哈斯木（女，维吾尔族）
万卫平

医药卫生界（31名）

阿不力孜·阿不拉（维吾尔族）
阿依努尔（女，维吾尔族）
艾尔肯·苏来曼（维吾尔族）
帮吉尔（蒙古族）
帕提玛·司的克娃（女，塔塔尔族）

汤宝鹏　张金莎（女）　张明涛
赵泽亮（锡伯族）　陈　虹（女）
哈丽姗·努尔（女，乌孜别克族）
热汗阿不都·热依木（女，维吾尔族）
赛力克·马高维亚（哈萨克族）
宋　镇　熊　进
哈那培亚·努尔尕吉（哈萨克族）
柯　丽（女，回族）高晓唯　管永虎
古力巴哈·玉买尔（女，维吾尔族）
古丽娜·阿不力孜（女，维吾尔族）
路秋海　刘　山（达斡尔族）
马合木提·艾合买提（维吾尔族）
木衣丁·阿帕尔阿吉（维吾尔族）
海丽曼（女，柯尔克孜族）
王建共　王晓敏（女）
伊尔扎提·扎达（塔塔尔族）
艾力·麦合木提（维吾尔族）
于胜德

社会福利界（5名）

胡志斌（回族）　刘林亭
马　莉（女，维吾尔族）
吾买尔江·米孜艾合买提（维吾尔族）
雅库甫江·乌买尔（维吾尔族）

少数民族界（39名）

阿迪力·吐尔逊（维吾尔族）
阿曼古丽·买提玉素甫（女，维吾尔族）
阿米娜·吾守尔（女，维吾尔族）
阿木尔巴特（蒙古族）
爱新觉罗·溥新（满族）
阿依木汗·海如拉（女，哈萨克族）
巴特欧其尔（蒙古族）
波里亚（俄罗斯族）
布海里且木·吐尔送（女，维吾尔族）
托合塔尔·艾力巴吐尔（哈萨克族）
图尔干·克然木（柯尔克孜族）
特留哈孜·瓦泰（哈萨克族）
居马德力·阿合提（哈萨克族）
曲　代（蒙古族）
迪来塞木·热西提（女，维吾尔族）
热西旦·阿布杜拉（女，维吾尔族）
左尔敦·霍加（维吾尔族）
斯迪克·买斯依提（维吾尔族）
哈提拉尔·夏牙合买提(女,乌孜别克族)
黑勒木汗·托合道（哈萨克族）
柯赛江·赛力禾加（哈萨克族）
卡马斯亚·沙布尔（哈萨克族）
昆道列提·艾力木阿吉（哈萨克族）
关伊梅（女，锡伯族）
拉力汗·沙拉伯克（女，塔吉克族）
刘春祥（满族）　马学林（回族）
满苏尔·阿比里（哈萨克族）
买热木·木沙巴由夫（女，维吾尔族）
买买提艾力·阿龙（柯尔克孜族）
买买提吐尔地·巴哈提（柯尔克孜族）
麦麦提·吐孙（维吾尔族）
买买提江·艾买提（维吾尔族）
买买提艾山·托乎达力（柯尔克孜族）
木拉提汗·铁力更（哈萨克族）
娜仁高娃（女，蒙古族）
瓦哈甫·阿扎买提（乌孜别克族）
武立德（蒙古族）
依克巴力·沙菲尼（女，塔塔尔族）

宗教界（34名）

阿不都力提甫·阿不都热依木(维吾尔族)
阿巴斯·麦麦提（维吾尔族）
阿布都黑力力·斯马依力（维吾尔族）
阿布都卡地尔·沙吾提（维吾尔族）
阿布来提·阿不都瓦依提（维吾尔族）
阿不来提·吾守（维吾尔族）
阿不力米提大毛拉阿吉（维吾尔族）
艾合买提·肉孜（维吾尔族）
艾力肯·吾守尔（维吾尔族）
巴拉提·塔依尔阿吉大毛拉（维吾尔族）
托肯·苏来曼(哈萨克族)　常　义(回族)
达拜·奴拉肯（哈萨克族）
旦皮力（蒙古族）
热木吐拉·依达也提（维吾尔族）
赛来大毛拉·阿吉（维吾尔族）

夏立宛（蒙古族）
谢日甫江·大毛拉阿吉（维吾尔族）
冯彦才（回族）
哈吉牙克巴尔·孔俄尔（哈萨克族）
科依木·热依木（维吾尔族）
古力先·买买提（维吾尔族）
李士超（回族）　马寿新（回族）
马合沙提·哈比旦（哈萨克族）
买买提明·吾斯曼（维吾尔族）
买买提卡斯木卡日木（维吾尔族）
那　勤（蒙古族）
乃比汗·阿不利孜（维吾尔族）
努尔艾合买提·伊明（维吾尔族）
阿比孜·尼牙孜（维吾尔族）
吾拉因·托合提（维吾尔族）
司马义·赛都拉（维吾尔族）
杨卫东（回族）

特别邀请人士（32名）

阿不都热依木·阿不力孜（维吾尔族）
阿汗·赛提哈木扎（哈萨克族）
阿米娜·阿不都热合满（女，维吾尔族）
艾尔肯·哈斯木（维吾尔族）
艾则孜·木沙（维吾尔族）
安尼瓦尔·玉山（维吾尔族）
张作祖　张晓伟
吉力力·纳斯尔（维吾尔族）
朱马克·哈的尔（柯尔克孜族）
周应斌　金海民　成　平　黄公毅
达尼亚·沙依托夫（维吾尔族）
丁怀山
沙吾提别克·努尔兰（哈萨克族）
才·木克（蒙古族）
单　玫（女）　许福清
格尔夏（蒙古族）　刘　东
买买提明·夏一丁（维吾尔族）
买买提·艾则孜（维吾尔族）
买买提·努尔（维吾尔族）
何米提·司马义（维吾尔族）
吾提库尔·阿里木（维吾尔族）
王宗社　吴琪林
亚力坤·卡的尔（维吾尔族）　于忠良
玉素甫江·阿不都热西提（维吾尔族）

【新疆维吾尔自治区各市（州）、县、区政协领导名单】

乌鲁木齐市

市政协主席　黄公毅
县（区）政协主席
天山区　王风林
沙依巴克区　黄继松
头屯河区　穆明·艾木都拉（维吾尔族）
水磨沟区　赵明志
新市区　阿不力米提·买买提（维吾尔族）
米东区　安尼瓦尔·买买提（维吾尔族）
达坂城区　保　军
乌鲁木齐县　刘军民

克拉玛依市

市政协主席　玉素甫江·阿不都热西提（维吾尔族）
沙湾县　张保林
区政协主席
独山子区　张德新

石河子市

市政协主席
吐尔逊别克·坎吉别克（哈萨克族）

五家渠市

市政协主席　曹莲英（女）

阿拉尔市

市政协主席
库来西·沙吾提（维吾尔族）

图木舒克市

市政协主席

马木提·买买提（维吾尔族）

伊犁哈萨克自治州

州政协主席

沙吾提别克·努尔兰（哈萨克族）

县（市）政协主席

奎屯市　袁建海

伊宁市　陈树仁

伊宁县　阿布都力木·比西尔（维吾尔族）

霍城县　王　黎

尼勒克县　叶尔肯（哈萨克族）

昭苏县　唐沙哈尔·巴根（哈萨克族）

特克斯县　海米提·吾拉玛洪（维吾尔族）

巩留县　阿加尔布（女，维吾尔族）

新源县　阔别根（哈萨克族）

察布查尔锡伯自治县　努尔夏提·霍加尔斯坦（哈萨克族）

塔城地区

县（市）政协主席

塔城市　付　明

乌苏市　李克龙

额敏县　巴格达体·居玛什（哈萨克族）

裕民县　然安·扎和热木（哈萨克族）

托里县　克孜尔别克·胡沙英（哈萨克族）

和布克赛尔蒙古自治县　哈里木汗·白肯（哈萨克族）

阿勒泰地区

县（市）政协主席

阿勒泰市　柯孜尔·布拉力（哈萨克族）

哈巴河县　毛林·阔平（哈萨克族）

布尔津县　波拉提·阿仁（哈萨克族）

吉木乃县　米兰·朱马别克（女，哈萨克族）

福海县　赛买提·哈依尔汗（哈萨克族）

富蕴县　热马赞·依沙（哈萨克族）

青河县　翁哈尔别克（哈萨克族）

博尔塔拉蒙古自治州

州政协主席　丁怀山

县（市）政协主席

博乐市　沙依劳·哈布远西（哈萨克族）

精河县　卡热·玉素甫（维吾尔族）

温泉县　聂现清

昌吉回族自治州

州政协主席　成　平

县（市）政协主席

昌吉市　李玉旭

玛纳斯县　陆振友

呼图壁县　陶振友

阜康市　王卫平

吉木萨尔县　张锐敏

奇台县　何风玲（女）

木垒哈萨克自治县　蔡　云（女）

吐鲁番地区

县（市）政协主席

吐鲁番市 阿不都尼亚孜·马合木提（维吾尔族）

托克逊县 买买提·胡加拉（维吾尔族）

鄯善县 买合木提·木合买提（维吾尔族）

哈密地区

县（市）政协主席

哈密市 加帕尔·克尤木（维吾尔族）

伊吾县 买毛娜·艾则孜（女，维吾尔族）

巴里坤哈萨克自治县 木合马旦·勿交拜（哈萨克族）

巴音郭楞蒙古自治州

州政协主席 张晓伟

县（市）政协主席

库尔勒市 张喜模

和静县 周建设

和硕县 马心坦

博湖县 邓贞谋

轮台县 秦建社

尉犁县 刘振征

若羌县 刘彦杰

且末县 吴　旭

焉耆回族自治县 江　英（女）

阿克苏地区

县（市）政协主席

阿克苏市 闫明英

温宿县 阿不拉·塔瓦尔（维吾尔族）

拜城县 杨新义

库车县 刘全山

新和县 帕尔哈提·那满（维吾尔族）

沙雅县 艾合买提·忙苏尔（维吾尔族）

乌什县 吐地·白克日（维吾尔族）

阿瓦提县 艾则孜·艾力（维吾尔族）

柯坪县 冯志和

克孜勒苏柯尔克孜自治州

州政协主席 买买提·努尔（维吾尔族）

县（市）政协主席

阿图什市 卡德尔·吾斯满（维吾尔族）

阿合奇县 朱马哈德·牙合甫（柯尔克孜族）

乌恰县 赵炳文

阿克陶县 吐尔洪·艾买提（维吾尔族）

喀什地区

县（市）政协主席

喀什市 塔依尔·阿不都克里木（维吾尔族）

疏勒县 古丽巴哈尔·布尔汉（女，维吾尔族）

疏附县 肉孜·阿布都拉（维吾尔族）

巴楚县 麦麦提·马木提（维吾尔族）

伽师县 迪丽阿拉·阿布力孜（女，维吾尔族）

岳普湖县 买买提依明（维吾尔族）

英吉沙县 哈迪尔艾拜都拉（维吾尔族）

麦盖提县　吾守·祖农（维吾尔族）
莎车县　阿木提胡达拜迪（维吾尔族）
泽普县　买买提·沙地克（维吾尔族）
叶城县　阿布力米提·斯拉木（维吾尔族）
塔什库尔干塔吉克自治县　莫尼·塔比力迪（塔吉克族）

和田地区
县（市）政协主席
和田市　买买提托乎提·吐送托合提（维吾尔族）
和田县　艾则孜·努尔（维吾尔族）
皮山县　吾吉买买提（维吾尔族）
墨玉县　阿不杜瓦伊提·帕沙（维吾尔族）
洛浦县　肉孜买买提·巴拉提（维吾尔族）
于田县　塔依尔·买托乎提（维吾尔族）
策勒县　库来西·阿不都热西提（维吾尔族）
民丰县　托克送·买提玉素甫（维吾尔族）

新疆维吾尔自治区各级政协组织和委员数

（截至2008年底）

项目＼级别	自治区	设区的市（自治州）	县（不设区的市、市辖区）	合计
组织数	1	7	95	103
委员数	517	1721	10881	13119

（才　炜 编写　张　旭 审稿）

附：

地方各级政协组织和委员数统计表(截至 2008 年底)

级别/项目 省自治区直辖市	省(自治区、直辖市)		副省级市		设区的市(州、盟、地区)		县(不设区的市、市辖区)		合计	
	组织数	委员数	组织数	委员数	组织数	委员数	组织数	委员数	组织数	委员数
北京	1	730			16	3827	2	308	19	4865
天津	1	780			15	3462	3	649	19	4891
河北	1	751			11	5255	172	32399	184	38405
山西	1	569			11	3764	119	17936	131	22269
内蒙古	1	527			12	3202	101	13437	114	17166
辽宁	1	799	2	1009	12	4278	100	19029	115	25115
吉林	1	588	1	549	8	2723	60	12868	70	16728
黑龙江	1	720	1	607	11	3678	132	21406	145	26411
上海	1	812			18	4983	1	202	20	5997
江苏	1	772	1	465	12	5147	106	23874	120	30258
浙江	1	693	2	976	9	3635	89	18741	101	24045
安徽	1	745			17	6344	105	18325	123	25414
福建	1	696	1	412	8	3042	84	18449	94	22599
江西	1	690			11	4070	99	18796	111	23556
山东	1	748	2	1126	15	6065	140	30854	158	38793

续表

级别 / 项目 / 省自治区直辖市	省(自治区、直辖市)		副省级市		设区的市(州、盟、地区)		县(不设区的市、市辖区)		合计	
	组织数	委员数	组织数	委员数	组织数	委员数	组织数	委员数	组织数	委员数
河南	1	869			18	6811	158	31254	177	38934
湖北	1	719	1	562	16	5363	98	21636	116	28280
湖南	1	748			14	4999	123	25814	138	31561
广东	1	973	2	1010	19	7011	121	25386	143	34380
广西	1	693			14	4758	109	17390	124	22841
海南	1	382			2	488	16	2342	19	3212
重庆	1	836			18	4885	21	5236	40	10957
四川	1	887	1	643	20	7355	181	33924	203	42809
贵州	1	585			7	2544	88	14762	96	17891
云南	1	649			16	5212	129	23756	146	29617
西藏	1	477			7	1325	30	1212	38	3014
陕西	1	627	1	562	9	2971	106	16446	117	20606
甘肃	1	570			14	3932	86	10459	101	14961
宁夏	1	421			5	1189	20	2440	26	4050
青海	1	388			7	1239	41	3403	49	5030
新疆	1	517			7	1721	95	10881	103	13119
合计	31	20961	15	7921	379	125278	2735	493614	3160	647774

图书在版编目（CIP）数据

中国人民政治协商会议年鉴．2008年/钱运录主编．
—北京：中国文史出版社，2009.12
ISBN 978－7－5034－2471－7

Ⅰ．中…　Ⅱ．钱…　Ⅲ．中国人民政治协商会议—2008—年鉴
Ⅳ．D627－54

中国版本图书馆 CIP 数据核字（2009）第117126号

责任编辑： 曾小丹　韩　军

出版发行：**中国文史出版社**
网　　址：www.wenshipress.com
社　　址：北京市西城区太平桥大街23号　　邮编：100811
电　　话：010－66173572　66168268　66192736（发行部）
传　　真：010－66192703
印　　装：北京新华印刷厂
经　　销：全国新华书店
开　　本：787×1092mm　1/16
印　　张：57.25　　字数：1370千字
印　　数：3000册　　插页：10
版　　次：2009年12月北京第1版
印　　次：2009年12月第1次印刷
定　　价：80.00元
